D1670304

Löffelholz
Repetitorium der Betriebswirtschaftslehre

Repetitorium der Betriebswirtschaftslehre

Sechste Auflage

Von

Dr. Josef Löffelholz

CIP-Kurztitelaufnahme der Deutschen Bibliothek

Löffelholz, Josef:

Repetitorium der Betriebswirtschaftslehre/
von Josef Löffelholz. – 6. Aufl. – Wiesbaden:
Gabler, 1980.

ISBN 3-409-32592-1

1. Auflage 1965
2. Auflage 1967
3. Auflage 1970
4. Auflage 1971
5. Auflage 1975
6. Auflage 1980

© 1980 Betriebswirtschaftlicher Verlag Dr. Th. Gabler GmbH, Wiesbaden
Umschlaggestaltung: Horst Koblitz, Wiesbaden
Gesamtherstellung: VID – Verlags- und Industriedruck GmbH, Walluf b. Wiesbaden
Alle Rechte vorbehalten. Auch die fotomechanische Vervielfältigung des Werkes (Fotokopie,
Mikrokopie) oder von Teilen daraus bedarf der vorherigen Zustimmung des Verlages.
Printed in Germany

ISBN 3 409 32592 1

Vorwort zur 6. Auflage

Der ungewöhnliche Erfolg dieses Repetitoriums hält weiter an. Es darf wohl als besondere Anerkennung des Werkes betrachtet werden, daß es an einigen Universitäten und Gesamthochschulen in Übungen und Kursen als „Textbuch" benutzt wird. Aus diesem Grund hat sich der Verlag entschlossen, eine preiswerte Studienausgabe herzustellen.

Die fünfte Auflage wurde gründlich überarbeitet und auf den neuesten Stand gebracht. Vor allem wurde das Kapitel über Operations Research auf 85 Seiten erweitert. Weiterhin wurde auch die sehr umfangreiche neueste Literatur berücksichtigt, die sich in vielen Bereichen der Betriebswirtschaftslehre bahnbrechend auswirkte. Bei der sechsten Auflage handelt es sich um einen unveränderten Nachdruck.

An dieser Stelle möchte ich wiederum den vielen Lesern und auch Universitätslehrern danken, die mir wertvolle Anregungen zur Verbesserung der Darstellung gaben.

Josef Löffelholz

Aus dem Vorwort zur 1. Auflage

Der „Zeitschrift für Betriebswirtschaft" wurde seit ihrem Neubeginn nach dem Kriege (1950) ein „Betriebswirtschaftliches Repetitorium" beigegeben. Seit seinem Erscheinen erfreute es sich einer ständig wachsenden Beliebtheit – nicht nur bei den Studenten, sondern auch bei vielen Praktikern, die ihr Wissen auffrischen und den neuen Erkenntnissen anpassen wollten. Deshalb hat sich jetzt der Verlag entschlossen, das „Betriebswirtschaftliche Repetitorium" in systematischer Zusammenstellung als Buch herauszubringen. Zu diesem Zweck wurde es völlig neu bearbeitet und ergänzt.

Da die Probleme im „Betriebswirtschaftlichen Repetitorium" nicht in systematischer Folge behandelt wurden, ergaben sich im Laufe der Jahre sehr viele Überschneidungen; viele Probleme wurden in verschiedenen Zusammenhängen mehrfach dargestellt. Bei der Neubearbeitung konnten wir uns jedoch nicht entschließen, alle diese Überschneidungen zu beseitigen. Denn einmal ist es bei einem Repetitorium zweckmäßig, wenn wichtige Probleme zwei- oder auch dreimal an verschiedenen Stellen jeweils in anderen Zusammenhängen dargestellt werden, sie prägen sich dann besser ein, und zum anderen wird das Buch sicherlich sehr viel auch als Nachschlagewerk benutzt, es erleichtert dann die Lektüre, wenn ein Problemkreis geschlossen dargestellt ist.

Jedem Hauptabschnitt sind „Literaturhinweise" angefügt, die einem vertieften Studium dienen können und durchweg größere Literaturverzeichnisse enthalten.

Josef Löffelholz

Inhaltsverzeichnis

Erstes Kapitel

Betriebswirtschaft und Betriebswirtschaftslehre

Zweites Kapitel

Betriebsorganisation und Unternehmungsführung

A. Betriebliche Organisation

Sechstes Kapitel

Der Absatz (Vertrieb)

Betriebswirtschaft und Betriebswirtschaftslehre

A. Betrieb und Unternehmung als Objekt der Betriebswirtschaftslehre

I. Betrieb und Unternehmung

1. Der Betrieb

Betrieb und Wirtschaftsordnung

Die Betriebswirtschaft und damit auch die Betriebswirtschaftslehre werden weitgehend von der jeweils herrschenden „Wirtschaftsordnung", dem „Wirtschaftssystem", dem „Wirtschaftsstil" (Bechtel) und dem „Wirtschaftsgeist" (Sombart) bestimmt. „Wirtschaftsgeist" und „Wirtschaftssystem" sind wiederum abhängig von der Gesellschaftsordnung und dem von der Gesellschaft geformten „Menschenbild" der jeweiligen Epoche. Doch gibt es wirtschaftliche Tatbestände, die allen Wirtschaftssystemen gemeinsam sind, wie z. B. der Betrieb als die technische Organisationseinheit, in der die Produktionsfaktoren (Arbeit, Betriebsmittel wie Werkzeuge und Werkstoffe sowie Roh- und Hilfsstoffe) kombiniert werden, ferner das „ökonomische Prinzip" (in seiner weitesten Bedeutung) als Wirtschaftlichkeitsprinzip. Vgl. hierzu auch die kurze geschichtliche Darstellung S. 62 ff.

Danach unterscheidet Erich Gutenberg **„systemindifferente"** und **„systembezogene Tatbestände"** der Betriebswirtschaft, je nachdem, ob diese Tatbestände den Betrieben *aller* Wirtschaftssysteme oder nur jenen des jeweils herrschenden Systems eigen sind (Gutenberg, Grundlagen der Betriebswirtschaftslehre, Bd. I: Die Produktion, 21. Aufl., 1975).

Der Betrieb als systemindifferenter Begriff (Gutenberg)

Der Betrieb ist ein solcher systemindifferenter Tatbestand. Seitdem es Menschen gibt, gibt es auch Betriebe, in denen sie als gesellige Wesen wirtschaften. Der Betrieb ist also ein soziales Gebilde, in dem (1) Arbeitskräfte, (2) technische Arbeits- und Betriebsmittel (Werkzeuge, auch Grund und Boden) und (3) Werkstoffe (Roh- und Hilfsstoffe) als *Produktionsfaktoren* (s. S. 30 ff.) nach dem *Prinzip der Wirtschaftlichkeit*, d. h. dem Prinzip „sparsamster Mittelverwendung" (s. S. 34 f. und 40 f.) kombiniert werden, um Güter zur menschlichen Bedürfnisbefriedigung herzustellen. Durch die optimale Kombination der Produktionsfaktoren soll der größte *technische Wirkungsgrad (Produktivität)* erreicht werden (s. S. 35 f.). Ferner hat der Betrieb eines jeden Wirtschaftssystems das Bestreben, jederzeit seinen Zahlungsverpflichtungen nachkommen zu können, d. h. den Betrieb im finanziellen Gleichgewicht zu halten, er handelt nach dem *Prinzip des finanziellen Gleichgewichts*.

Die *Kombination der Produktionsfaktoren*, das *Prinzip der Wirtschaftlichkeit* und das des *finanziellen Gleichgewichts* sind *systemindifferente Tatbestände*. Sie sind den Betrieben aller Wirtschaftssysteme eigen und kennzeichnen deshalb nur den Betrieb als *abstraktes Gebilde*. Darum „hat man es bei ihm immer nur mit einem Teil und nicht mit einem Ganzen zu tun. Denn das Prinzip der Wirtschaftlichkeit vermag als solches, abgeschnitten von seiner determinierenden Ergänzung, kein ganzheitliches Gebilde herzustellen". (Grundlagen der Betriebswirtschaftslehre Bd. I, a. a. O.). Erst durch die komplementären, systembezogenen Tatbestände (Determinanten) wird der Betrieb zu einem Ganzen — eben den Betrieben der einzelnen Wirtschaftssysteme —, der Zunftbetrieb des Mittelalters z. B. durch die „Idee der standesgemäßen Nahrung" (Haushaltung und Produktionsbetrieb sind noch nicht getrennt; der Betrieb arbeitet auf Bestellung und noch nicht für einen anonymen Markt; ihm ist die Gewinnmaximierung fremd). Auf die systembezogenen Tatbestände der U n t e r n e h - m u n g kommen wir noch zurück (S. 19).

Der Betrieb als geistiges Phänomen (Nicklisch)

Andere Betriebswirtschaftler fassen den Betriebsbegriff wesentlich weiter und sehen in ihm ein geistiges oder soziologisches Phänomen.

So N i c k l i s c h : „Die Betriebe sind die Organisationseinheiten der Wirtschaft, in denen sich der Wertumlauf (der Dienstleistungen und im Rücklauf der geldlichen Gegenwerte) vollzieht, und zwar als Umlauf innerhalb eines Ganzen und Gliedes zugleich." (Die Betriebswirtschaft, 7. Aufl. 1932, S. 159). Doch sieht Nicklisch im Betrieb n i c h t e i n t e c h n i s c h e s, sondern ein wirtschaftliches, d. h. bei ihm ein g e i s t i g e s P h ä n o m e n. Das Technische wird freilich nicht ausgeschlossen, es ist die notwendige Voraussetzung des Wirtschaftlichen. Nicklisch stellt also den Menschen in den Mittelpunkt des Betriebs: „Der Betrieb ist der Mensch an seinem Arbeitsplatze, ausgerüstet mit Werkzeugen, Stoffen und tätig, um die Zwecke zu verwirklichen, die er sich zur Befriedigung seiner Bedürfnisse gesetzt hat." (Wirtschaftliche Betriebslehre, 5. Aufl. 1922, S. 36.) Diese Auffassung entspricht der normativistischen Einstellung Nicklischs (s. unten S. 902 f.).

Der Betrieb als Organismus und Organ der Gesamtwirtschaft (Mellerowicz)

Mellerowicz nimmt — etwas schematisch gesehen — eine Mittelstellung zwischen Nicklisch und Gutenberg ein. Er betrachtet den Betrieb sowohl als Organismus als auch als Organ der Gesamtwirtschaft. Die „I d e e d e s b e t r i e b s - w i r t s c h a f t l i c h e n O r g a n i s m u s als eines einheitlichen Sinnzusammenhangs" konkretisiert sich in der betrieblichen Organisation und schlägt sich zum anderen wirtschaftlich im betrieblichen Wertsystem nieder, „durch das die Rationalität der betrieblichen Funktionserfüllung eindeutig determiniert wird" (Allg. Betriebswirtschaftslehre, 14. Aufl. Bd. I. 1973). Der Betrieb muß aber auch als O r g a n d e r G e s a m t w i r t s c h a f t betrachtet werden. Nach Mellerowicz sind für diese Betrachtungsweise typisch die Auffassungen der „Normativisten" J. F. Schär, Nicklisch und Fritz Schmidt. Diese Betrachtungsweise erhellt erst das Problem der Einordnung des Betriebes in die Gesamtwirtschaft. Infolgedessen ist die b e t r i e b s w i r t s c h a f t l i c h e D e n k w e i s e eine dreifache: 1. eine k a l k u l a t o r i s c h e , 2. eine o r g a n i s a t o r i s c h e (konstruktive) und 3. eine g e m e i n w i r t s c h a f t l i c h e (die sozialethisch ausgerichtet ist).

Für die Gestaltung der Betriebswirtschaft ist die W i r t s c h a f t s o r d n u n g von ausschlaggebender Bedeutung. „Betrieb und Unternehmung unterscheiden sich dadurch, daß die Unternehmung eine historische Form des Betriebes ist, ebenso wie es die Eigen- und Zunftwirtschaft waren, die Genossenschaft und Gemeinschaft sind" (a. a. O.). Über Mellerowicz s. unten S. 914 ff.

Der Betrieb als Unterbegriff der „Unternehmung"

Die bisherigen Auffassungen sahen im Betrieb den Oberbegriff, in der Unternehmung als einem historischen Gebilde den Unterbegriff. Auf die Betriebswirtschaftler, die in der Unternehmung den Oberbegriff und im Betrieb den Unterbegriff sehen, kommen wir im nächsten Abschnitt noch zurück.

Der Betrieb als Gliedbetrieb

Von den bisherigen Betriebsbegriffen muß scharf ein zweiter, ebenfalls sehr geläufiger Betriebsbegriff unterschieden werden: der Betrieb als technische oder organisatorische Gliedeinheit innerhalb der Unternehmung. So besteht eine Unternehmung z. B. aus einem Gießereibetrieb, einem Tischlerbetrieb, einem Schlossereibetrieb usw. Man spricht in diesem Falle, um Mißverständnisse zu vermeiden, besser von „Gliedbetrieben" (Nicklisch).

2. Die Unternehmung

Die Unternehmung als systembezogener Begriff

Die Unternehmung ist der unserem „liberalistisch-kapitalistischen" Wirtschaftssystem eigentümliche Betrieb. Als der Zunftbetrieb des Mittelalters begann für den Markt zu produzieren und der Handel (Entdeckung Amerikas usw.) sich immer stärker intensivierte, löste man die marktorientierte Produktion aus der Haushaltung und organisierte sie in einem selbständigen Betrieb, der „Unternehmung", deren Wertumlauf durch die Buchhaltung in einem geschlossenen System quantifiziert wird. Das Kapital ist das der Unternehmung von der Haushaltung zur Verfügung gestellte Vermögen. Die Unternehmung ist danach ein wirtschaftlich selbständiger *(Autonomie-Prinzip)*, für den Markt produzierender und nach dem *Erwerbswirtschaftsprinzip* von dem Unternehmer *allein* geführter Betrieb *(Alleinbestimmungs-Prinzip)*. Die H a u s h a l t u n g ist nicht nur geschichtlich, sondern auch soziologisch der u r s p r ü n g l i c h e , die U n t e r n e h m u n g ein „a b g e l e i t e t e r B e t r i e b" (Nicklisch).

Nach *Gutenberg* ist die Unternehmung zunächst ein Betrieb, charakterisiert durch die s y s t e m i n d i f f e r e n t e n T a t b e s t ä n d e : Faktorkombination, Prinzip der Wirtschaftlichkeit und Prinzip des finanziellen Gleichgewichtes; sie wird nun durch die s y s t e m b e z o g e n e n T a t b e s t ä n d e : das e r w e r b s w i r t s c h a f t l i c h e P r i n z i p , das P r i n z i p d e r A u t o n o m i e u n d d a s d e r A l l e i n b e s t i m m u n g determiniert. Fehlt einer der systembezogenen Tatbestände, so haben wir nicht mehr die für unser Wirtschaftssystem typische Betriebsform, die „Unternehmung", vor uns. Das kommt häufig vor, besonders im gegenwärtigen „Spätkapitalismus". Durch die Eingriffe des Staates und den Einfluß der Arbeitnehmer (Mitbestimmung) wird das Alleinbestimmungsprinzip eingeschränkt. Durch die Zunahme gemeinnütziger Aufgaben in der Wirtschaft wird in vielen Betrieben auch das Erwerbswirtschaftsprinzip, vor allem in seiner strengen Form des P r i n z i p s d e r G e w i n n m a x i m i e r u n g (einen auf die Dauer möglichst hohen Gewinn auf das investierte Kapital zu erzielen), zum Teil oder auch ganz ausgeschaltet. So streben z. B. viele öffentliche Betriebe nach einem *„angemessenen Gewinn"*, wie öffentliche Versorgungsbetriebe, Verkehrsbetriebe, Sparkassen, Versicherungsanstalten u. dgl. Da auch sie, besonders in der Gegenwart, „nach kaufmännischen Prinzipien", d. h. vor allem nach dem (zwar „gemilderten") Erwerbswirtschaftsprinzip und dem Autonomieprinzip, geführt werden sollen und auch geführt werden, rechnet man sie mit Recht noch zu den Unternehmungen. Dagegen werden die Produktionsbetriebe, bei denen das Erwerbswirtschaftsprinzip und mit ihm meist auch das Autonomieprinzip und vor allem das Alleinbestimmungsprinzip ganz ausgeschaltet sind, nicht zu den Unternehmungen gerechnet. Diese Betriebe werden nach dem P r i n z i p d e r K o s t e n - d e c k u n g (die Erträge sollen lediglich die Kosten decken) oder dem P r i n - z i p d e r G e m e i n n ü t z i g k e i t (die Betriebe erhalten Zuschüsse der öffentlichen Hand) geführt, z. B. öffentliche Schulen, Krankenhäuser, Theater u. dgl. Die Grenze zwischen „Unternehmungen" und „Nichtunternehmungen" ist natürlich sehr flüssig. (Näheres über diese Prinzipien vgl. unten S. 171 ff.)

Die Unternehmung als Erkenntnisobjekt der Betriebswirtschaftslehre

Eine Reihe von Betriebswirtschaftlern sieht in der U n t e r n e h m u n g das alleinige Erkenntnisobjekt der Betriebswirtschaftslehre bzw. „Privatwirtschaftslehre" und im B e t r i e b nur einen Unterbegriff der Unternehmung. So vor allem Wilhelm R i e g e r (Einführung in die Privatwirtschaftslehre, 1927, 2. Aufl. 1959) und seine Schule; ferner Martin Lohmann, Alfred Walther u. a.

Rieger beschäftigt sich nur mit der kapitalistischen Unternehmung, die als Träger und Exponent der Geldwirtschaft und des Kapitalismus entstanden ist. Eine Erwerbswirtschaft ist „eine geschlossene wirtschaftliche Einheit, die zum Zwecke des Gelderwerbs für ihre Rechnung und Gefahr Güter herstellt oder vertreibt, oder die sich in der gleichen Absicht in einem Hilfsgewerbe betätigt. Sie muß auf reine Geldrechnung abgestellt sein". Die kleingewerblichen Betriebe, selbständigen Handwerker, öffentlichen Betriebe, Genossenschaften usw. klammert Rieger aus dem Unternehmensbegriff ausdrücklich aus, „wir wollen ja das neue Phänomen charakterisieren", nämlich die kapitalistische Unternehmung. Ihr Kriterium ist das G e w i n n p r i n z i p : Der einzige Zweck der Unternehmung ist, Gewinn zu erzielen, und zwar für den Unternehmer. Das Gewinnprinzip bedingt auch das Risiko, ein weiteres Kriterium der Unternehmung.

Die Unternehmung als „selbständiger Erzeugungsbetrieb" (Kosiol)

Den weitesten Begriff der Unternehmung hat Erich Kosiol entwickelt („Einführung in die Betriebswirtschaftslehre", 1968). Nach ihm wird die Unternehmung

durch die F r e m d b e d a r f s d e c k u n g und die w i r t s c h a f t l i c h e
S e l b s t ä n d i g k e i t gekennzeichnet, die u n t e r n e h m e r i s c h e Ent -
s c h e i d u n g e n bedingen. Die Fremdbedarfdeckung, die Bedarfsdeckung für
einen Markt, bedingt das freiwillig übernommene M a r k t r i s i k o , ein weiteres Kriterium der Unternehmung. Den Unternehmen stehen die Haushalte
gegenüber, denen das Begriffsmerkmal der Fremdbedarfsdeckung fehlt. „Wird
die Unternehmung in dieser Weise als s e l b s t ä n d i g e r E r z e u g u n g s -
b e t r i e b aufgefaßt, so erhält man einen theoretischen Begriff, der von der
historischen Entwicklung und der jeweiligen Wirtschaftsordnung unabhängig
ist und alle Varianten und Differenzierungen der tatsächlichen Gestaltung umschließt. Weitere Merkmale der realen Sozialgebilde können dazu dienen,
U n t e r b e g r i f f e der Unternehmung zu bilden." (Kosiol) — Näheres darüber
s. unten S. 930 f.

Die Unternehmung als Instrument verschiedener Interessengruppen

Die Unternehmung ist — wie Ralf-Bodo S c h m i d t zeigt — ein Instrument in
der Hand des wirtschaftenden Menschen, und ihr Aufbau und ihr Produktionsprozeß lassen sich aus den entsprechenden Entscheidungsvorgängen deuten.
Doch ist sie nicht ein Instrument einzelner Personen, sondern verschiedener
menschlicher Interessengruppen. „Im Gegensatz zur Fiktion des homo oeconomicus treten u. a. macht- und prestigestrebende Unternehmer, risikoscheue Gesellschafter, sicherheitsbewußte Arbeitnehmer, ferner der Staat und die Gesellschaft auf und damit Interessenten, die in z. T. erheblich divergierender
Weise auf die Unternehmungsziele und -prozesse einwirken wollen und es auch
tun." (Wirtschaftslehre der Unternehmung, 1969.) Der Instrumentalcharakter
der Unternehmung wird jedoch vorrangig durch die Interessen ihrer zur Leitung befugten Trägerpersonen geprägt, die sich allerdings nur nach bestimmten Spielregeln zu äußern vermögen.

II. Der Betrieb als Organ der Volkswirtschaft

Die Volkswirtschaft besteht infolge der Arbeitsteilung aus den verschiedenartigsten Betrieben, deren jeder zwar einen selbständigen „Organismus" darstellt, der aber selbst wieder Organ der Volkswirtschaft ist. Verschiedene
Autoren haben sich mit der Stellung der Betriebe als „Organ der Volkswirtschaft" eingehend befaßt (so vor allem Erich Schäfer, Die Unternehmung,
8. Aufl. 1973, ferner M. R. Lehmann, Allgemeine Betriebswirtschaftslehre,
3. Aufl. 1956).

Die Betriebsarten nach den Funktionen innerhalb der Volkswirtschaft

Nach ihren Funktionen innerhalb der Volkswirtschaft unterscheiden wir folgende Betriebsarten:

A. Produktivbetriebe (E. Schäfer): Betriebe, die Leistungen für andere hervorbringen. Ihnen stehen die Haushaltungen („Konsumtivbetriebe", Schäfer)
gegenüber. Die Produktivbetriebe gliedern sich in:

I. Sachleistungsbetriebe (Gutenberg) oder *Produktionsbetriebe* (Schäfer): Betriebe, die Sachgüter erzeugen, ihre Funktion ist die „Sachleistung" (Gutenberg). Zu ihnen gehören:

1. U r p r o d u k t i o n s b e t r i e b e („Urstoffbetriebe", Schäfer; „Gewinnungsbetriebe", Gutenberg): Sie ringen der Natur die Rohstoffe und Naturprodukte ab. Das sind:

    a) Betriebe der *Land- und Forstwirtschaft* und der *Fischerei;*

    b) *Bergbaubetriebe:* Sie bilden die Montan-Industrie i. e. S. — Man rechnet zu ihnen vielfach auch die weiterverarbeitenden Hüttenwerke: Montan-Industrie i. w. S.

    c) *Betriebe zur Gewinnung und Verarbeitung von Steinen und Erden:* Steinbrüche, Sand- und Kiesgruben, Ziegeleien, Zementfabriken usw.

    d) *Energiewirtschaftliche Betriebe* zur Wasser-, Gas- und Elektrizitätsversorgung.

2. V e r a r b e i t e n d e   B e t r i e b e, Fertigungsbetriebe: Sie verarbeiten Rohstoffe und Halberzeugnisse. Die amtliche Statistik rechnet Betriebe mit 10 und mehr Beschäftigten zur *„Industrie",* die anderen zu den Handwerksbetrieben. Sie können nach verschiedenen Gesichtspunkten unterteilt werden. Wir folgen hier weitgehend der amtlichen Statistik, wobei sich die einzelnen Wirtschaftszweige zum Teil überschneiden (so stellt z. B. die elektrotechnische Industrie auch Konsumgüter her); sie unterscheidet: Betriebe der

    a) *Grundstoff- und Produktionsgüterindustrien:* Hüttenwerke, Gießereien, Chemische Industrie, Sägewerke u. a.

    b) *Investitionsgüterindustrien:* Stahlbau (Brücken, Stahlhochbauten usw.), Maschinenbau, elektronische Industrie u. a.

    c) *Verbrauchsgüterindustrie oder Konsumgüterindustrie:* Textilindustrie, Bekleidungsindustrie, lederverarbeitende Industrie, Schuhindustrie, feinkeramische und Glasindustrien, holzverarbeitende Industrie, insbesondere Möbelindustrie, Nahrungs- und Genußmittelindustrie u. a.

    d) *Baugewerbe:* Es zerfällt in das (1) Bauhauptgewerbe: Hochbau (Gebäude), Tiefbau (Kanäle, Bahnen und Straßen, Brücken, Deiche, Talsperren u. a.) und (2) Baunebengewerbe: Maler, Glaser, Dachdecker, Installateure usw.

II. Dienstleistungsbetriebe („Mittlerbetriebe", Schäfer): sie verkaufen Dienstleistungen und gliedern sich in:

1. H a n d e l s b e t r i e b e (die keineswegs „unproduktive" Betriebe sind): Sie sorgen für die Verteilung der Waren der Produktionsbetriebe, indem sie sie in geeigneten Zusammenstellungen (Sortimenten) an günstig gelegenen Orten (Transportübernahme und Lagerhaltung) und zu Bedingungen, die für den Käufer günstig sind, anderen Betrieben, in der Regel durch Werbung, anbieten.

2. V e r k e h r s b e t r i e b e: Sie übernehmen einmal den Transport von Gütern und Personen auf Schiene, Straße, Wasserweg und in der Luft und zum andern die Nachrichtenübermittlung.

3. Bankbetriebe: Sie übernehmen Dienstleistungen im Zahlungs- und Kreditverkehr. Sie sind ebenso wie die Versicherungsbetriebe im finanziellen Bereich der Volkswirtschaft tätig.

4. Versicherungsbetriebe: Sie übernehmen gegen Prämien die Deckung zufälligen, aber abschätzbaren Vermögensbedarfs (Risikoschutz).

5. sonstige Dienstleistungsbetriebe, wie Gaststätten- und Beherbergungsgewerbe, Schneider, Friseure, Theater, Kino, Schulen, Krankenhäuser, Wohnungsvermietung usw., ferner die freien Berufe wie Ärzte, selbständige Wirtschaftsprüfer, Kommissionäre, Makler, Agenten usw.

B. Haushaltungen („Konsumtivbetriebe", Schäfer). Sie sind Betriebe, bei denen die Einnahmen das Primäre sind, da sich die Ausgaben nach ihnen richten müssen. Sie haben infolgedessen eine andere wirtschaftliche Struktur als die Produktionsbetriebe, bei denen durch ihre Erwerbstätigkeit die Ausgaben den Einnahmen vorausgehen. Sie zerfallen in zwei sehr verschiedenartige Gruppen:

1. Öffentliche Haushaltungen: Haushaltungen der Gemeinden, Gemeindeverbände und des Staates;

2. Private Haushaltungen.

Die Haushaltungen haben gleichfalls produktive Aufgaben, denn sie stellen auch Leistungen aller Art her, die allerdings großenteils immaterieller Natur und daher quantitativ schwer oder gar nicht faßbar sind. Bei den öffentlichen Haushaltungen sind z. B. ganz offensichtlich produktiv: die Energieversorgung, der Straßen- und Brückenbau, die Straßenreinigung, die Feuerwehr, die Müllabfuhr usw. — Leistungen immaterieller Art „produzieren" z. B. die Finanzbehörden durch Verwaltung der Einnahmen und Ausgaben des Staates und der Gemeinden sowie die übrigen Verwaltungsbetriebe. Die Polizei „produziert" öffentliche Sicherheit; das klingt zunächst befremdend, wenn man jedoch bedenkt, daß eine „Wach- und Schließgesellschaft mbH", sicherlich eine am Gewinn orientierte Unternehmung, ähnliche Aufgaben wie die Polizei erfüllt, dann versteht man, daß auch solche Behörden wie die Polizei „produktive Leistungen" hervorbringen. — Mit den öffentlichen Haushalten hat sich vor allem Albert Schnettler befaßt (Betriebe, öffentliche Haushalte und Staat, Berlin 1964).

Die privaten Haushaltungen

Es ist nicht richtig und zweifellos irreführend, wenn man die privaten Haushaltungen als reine Konsumtionsbetriebe oder Konsumtivbetriebe bezeichnet; denn die Konsumtion liegt außerhalb des Wirtschaftlichen. Auch die privaten Haushaltungen sind Produktionsbetriebe. Die Arbeit der Hausfrau ist keineswegs „unproduktiv", ja die Volkswirtschaftler und Statistiker bestreiten nicht, daß auch die Hausfrauenarbeit strenggenommen zum Sozialprodukt beiträgt. Wenn man sie nicht aufnimmt, dann nur wegen ihrer schweren Erfaßbarkeit, weil die Hausfrau nicht mit einer festen Geldsumme entlohnt wird. Die „Wertschöpfung" der Hausfrau in der Bundesrepublik wird von den Statistikern auf 40 bis 50 Milliarden DM geschätzt.

Der private Haushalt ist in der modernen Wirtschaft der wirtschaftliche Betrieb der Familie. Er verkörpert die wirtschaftliche Seite des Familienlebens. Man kann deshalb nicht sagen, der private Haushalt gehöre nur zu einem Teil der Wirtschaft an (Ruberg, Schäfer). Es ist umgekehrt, das Familienleben hat auch einen wirtschaftlichen Aspekt, der sich eben im Haushalt, einem rein wirtschaftlichen Gebilde, manifestiert. Der private Haushalt hat u n m i t t e l b a r keine kulturellen Aufgaben, doch stellt er die Mittel zur Verfügung, kulturelle Bedürfnisse zu befriedigen.

Was den Haushalt als den ursprünglichen Betrieb von der Unternehmung, dem abgeleiteten Betrieb, unterscheidet, sind folgende Kriterien: Der private Haushalt produziert nicht für den Markt, sondern nur für seine Mitglieder. Die Produktion ist stark mit Imponderabilien behaftet, die Produkte sind großenteils immaterielle Güter und quantitativ schwer oder gar nicht erfaßbar. Beim privaten Haushalt — wie auch beim öffentlichen — gehen die Einnahmen grundsätzlich den Ausgaben voraus, bei der Unternehmung gehen die Ausgaben den Einnahmen voraus. Der private Haushalt ist einnahmenorientiert, die private Unternehmung ist ausgaben-, d. h. selbstkostenorientiert. Mit den privaten Haushalten haben sich vor allem Erich Egener (Der Haushalt, Berlin 1952), H. A. Dubberke (Betriebswirtschaftliche Theorie des privaten Haushalts, Berlin 1958), Eva Bössmann (Probleme einer Dynamischen Konsumfunktion, Berlin 1957) und Hans Raffée (Konsumenteninformation und Beschaffungsentscheidung des privaten Haushalts, Stuttgart 1969).

III. Der Betriebsprozeß der Unternehmung

Der Betriebsprozeß der Unternehmung besteht in einem Durchlauf von Werten durch die Unternehmung: Sie kauft Güter auf dem B e s c h a f f u n g s m a r k t, be- oder verarbeitet diese Güter und verkauft die Fertigerzeugnisse auf dem A b s a t z m a r k t. *Gutenberg* unterscheidet drei „güterwirtschaftliche Teilbereiche betrieblichen Vollzugs": (1) Beschaffung, (2) Leistungserstellung und (3) Leistungsverwertung. Diesen drei güterwirtschaftlichen Teilbereichen stellt er die „finanzielle Sphäre" gegenüber (s. unten S. 581 f.).

Absatz- und Beschaffungsmarkt

Dem **Beschaffungsmarkt** entnimmt der Betrieb die Güter und Dienste, die er zur Leistungserstellung benötigt: Güter des A n l a g e v e r m ö g e n s (Maschinen, Werkzeuge usw.), Güter des U m l a u f - o d e r B e t r i e b s v e r m ö g e n s (Rohstoffe, Hilfsstoffe, Halbfertigerzeugnisse oder bei Handelsbetrieben Fertigerzeugnisse), A r b e i t s k r ä f t e (der Arbeitsmarkt ist ebenfalls Beschaffungsmarkt), Energie (Elektrizität, Kohle), immaterielle Werte (Patente, Lizenzen), Geldmittel in Form von Krediten usw.

An den **Absatzmarkt** gibt der Betrieb die hergestellten oder gehandelten Waren ab; die Dienstleistungsbetriebe stellen dem Absatzmarkt die Dienste gegen Entgelt zur Verfügung.

Die Unternehmung ist also in zweifacher Weise mit dem Markt verbunden: Einmal mit dem Beschaffungsmarkt, der für den Handelspartner Absatzmarkt ist, und zum anderen mit dem Absatzmarkt, dem Beschaffungsmarkt des Käufers.

Das Modell des betriebswirtschaftlichen Wertekreislaufs

Dem *Güterstrom*, der die Unternehmung vom Beschaffungs- zum Absatzmarkt durchfließt, entspricht der gegenläufige *Strom der Geldmittel*, die als Erlöse aus dem Absatzmarkt in die Unternehmung einfließen und die als Kaufpreise und Löhne wieder in den Beschaffungsmarkt abfließen. Die Differenz zwischen den Erlösen und den Aufwendungen ist der Erfolg (Gewinn oder Verlust). Die folgende A b b i l d u n g zeigt das Modell des betriebswirtschaftlichen Wertekreislaufs (Werttransformation), das *„wichtigste allgemeine Grundmodell der Betriebswirtschaftslehre"* (E. Heinen).

Geldausgänge	Zahlungsmittel	Geldeingänge
Beschaffungs-markt	Produktions-prozeß	Absatzmarkt
Mitteleinfuhr	Güter	Leistungsergebnis

Ein **„Grundprozeß der Unternehmung"** besteht nach E. *Gutenberg* aus folgenden Akten: 1. Zahlungsakte in Form von Auszahlungen zur Beschaffung von Materialien und Dienstleistungen, 2. Beschaffungsakte zum Erwerb der betriebsnotwendigen Materialien und Dienstleistungen, 3. Akte zur Zusammenfassung der menschlichen Arbeitsleistung mit der technischen Apparatur zur funktionsfähigen Einheit, 4. Akte der betrieblichen Leistungsverwertung, 5. Zahlungsakte in Form von Einzahlungen als Folge der Leistungsverwertung. Die Zahlungsakte am Anfang und am Ende des Grundprozesses machen den finanziellen Teilbereich des Grundprozesses aus. Dadurch, daß sich die Prozesse im güterwirtschaftlichen und im finanziellen Bereich in völlig anderem Rhythmus bewegen, wird der finanzielle Teilbereich zu einem wichtigen Problem der Unternehmung.

Der innerbetriebliche Umsatzprozeß

Der innerbetriebliche Umsatzprozeß ist der Fluß der Vermögens- und Leistungswerte vom Eingang der Güter aus dem Beschaffungsmarkt bis zum Abgang der Güter in den Absatzmarkt. Die S c h n e l l i g k e i t , mit der sich dieser Umsatz im Betrieb vollzieht, ist für die einzelnen Vermögensteile sehr verschieden: Die Gegenstände des U m l a u f v e r m ö g e n s gehen als *Verbrauchsgüter* (Rohstoffe u. dgl.) bei der Leistungserstellung voll in das Erzeugnis ein und werden damit in ihrem ganzen Wert umgesetzt. Die Gegenstände des A n l a g e - v e r m ö g e n s (Gebäude, Maschinen u. dgl.) dagegen werden als *Gebrauchs-güter* bei der betrieblichen Leistungserstellung nur genutzt; sie gehen deshalb nur mit Teilen ihres Wertes in das Erzeugnis ein, werden also nur allmählich umgesetzt.

Dieser Unterschied wird in der U m s a t z r e c h n u n g dadurch zum Ausdruck gebracht, daß die Verbrauchsgüter in der Rechnungsperiode mit ihrem gesamten Wert als Aufwand verrechnet werden. Der durch die Nutzung der Gebrauchsgüter entstandene Wertverzehr dagegen findet in den Abschreibungen seine Berücksichtigung.

Der G r u n d u n d B o d e n wird bei der Leistungserstellung nur genutzt, aber nicht umgesetzt. Eine Entwertung kann daher nur durch ein Sinken der Preise auf dem Grundstücksmarkt erfolgen, umgekehrt kann sich ihr Wert beim Steigen der Grundstückspreise erhöhen.

IV. Die Betriebsfunktionen

Das Problem der betriebswirtschaftlichen Funktionen nimmt in der Literatur der letzten Jahre einen wachsenden Raum ein, insbesondere als heuristisches Prinzip der Forschung und der Lehre. Viele Gesamtdarstellungen der Betriebswirtschaftslehre sind nach Funktionen gegliedert, z. B. die „Einführung in die Betriebswirtschaftslehre" von Martin Lohmann (Produktion, Absatz und Beschaffung, Investition und Finanzierung), ferner die „Betriebswirtschaftslehre" von Gutenberg (Produktion, Absatz, Finanzen). Auch dieses Repetitorium ist nach Funktionen gegliedert.

Begriff und Wesen der Funktion

Der Begriff der Funktion, wie er in der Betriebswirtschaftslehre gebraucht wird, entstammt der Physiologie und bezeichnet die Betätigungsweise und Leistung von Organen eines Organismus. Die Unternehmung, selbst ein Organ der Volkswirtschaft, besitzt „eine Stufenfolge von Organen (auch ‚Stellen' oder ‚Abteilungen' genannt). Organ kann sein eine Person oder Personengruppe oder auch eine Sachinstitution (z. B. automatische Sortiermaschine). Zumeist aber wird es eine Kombination aus Person und Sacheinrichtung darstellen" (E. S c h ä f e r, Die Unternehmung, S. 167). Nach M e l l e r o w i c z ist die *Funktion „eine personengebundene Aufgabe mit Abhängigkeitscharakter von einem größeren Ganzen"* (Allgemeine Betriebswirtschaftslehre, Bd. III).

Arten der Funktionen

Als betriebswirtschaftliche Funktionen werden genannt:

(1) Leitung
(2) Verwaltung,
(3) Beschaffung,
(4) Lagerung,
(5) Produktion,
(6) Transport,
(7) Finanzwirtschaft (Finanzierung),
(8) Personalwesen und
(9) Absatz

Die meisten Autoren fassen jedoch mehrere dieser Funktionen zusammen. So werden vielfach Leitung, Verwaltung, Lagerung, Transport, Personalwesen nicht als selbständige Elementarfunktionen angesehen und den Funktionen *Beschaffung, Produktion und Absatz* zugeordnet.

Systematik der Funktionen

Verschiedentlich wurde versucht, die betriebswirtschaftlichen Funktionen nach verschiedenartigen Prinzipien zu systematisieren. Einige wichtige Beispiele:

1. Nach außer- und innerbetrieblichem Betätigungsfeld unterscheidet S c h m a l e n b a c h („Neue Aufgaben der Betriebswirtschaftslehre", in Betriebswirtschaftliche Beiträge 1948, Heft 1):

1. e x t e r n e F u n k t i o n s k r e i s e : Beschaffung und Absatz;

2. i n t e r n e F u n k t i o n s k r e i s e : Personalwesen, Anlagenwirtschaft, Vorratswirtschaft (Lagerwesen), Innentransport, Fertigung (oder andersartige Leistungen);

3. a l l g e m e i n e F u n k t i o n s k r e i s e : Betriebliche Finanzwirtschaft, betriebliches Rechnungswesen und Betriebsorganisation.

Wie Schäfer mit Recht sagt, handelt es sich bei diesen Funktionskreisen nicht nur um Hauptfunktionen.

2. Nach Grund- oder Haupt-, Teil- und Durchführungsaktionen hat E. S c h ä - f e r den produktionswirtschaftlichen Funktionsbereich, die Absatzfunktion und in grober Aufgliederung die Beschaffungsfunktion unterteilt.

Der produktionswirtschaftliche Funktionsbereich gliedert sich nach ihm in:

A. G e i s t i g - ö k o n o m i s c h e F u n d i e r u n g
   1. Produktionsidee
   2. Entwicklung (Forschung)

B. V o r s t a d i u m d e r F e r t i g u n g
   1. Entwurf oder Gestaltbildung (Konstruktion oder Modell, Muster)
   2. Probefertigung
   3. Planung der neuen Fertigung insgesamt

C. F e r t i g u n g i m w e i t e r e n S i n n e' (Kernfunktion der Produktionsaufgabe)
   1. Arbeitsvorbereitung
   2. Vorratshaltung für die Fertigung
   3. Fertigung im engeren oder eigentlichen Sinne (Produktionsdurchführung)
   4. Fertigungskontrolle
   5. Verpackung

D. H i l f s f u n k t i o n e n d e r F e r t i g u n g
   1. Wartung und Erhaltung von Anlagen und Werkzeugen
   2. Innentransport
   3. Energieversorgung
   4. Reinigung

E. N e b e n f u n k t i o n e n
   z. B. Kistenmacherei in Maschinenfabrik, Hausdruckerei eines Industriebetriebes.

Die **Absatzfunktion** hat Schäfer wie folgt aufgegliedert.

A. A b s a t z v o r b e r e i t u n g
   1. Markterkundung
   2. Auswertung bisheriger Erfahrungen (Absatzstatistik)
   3. Absatzplanung
   4. Werbung (= generelles Angebot)

B. Absatzanbahnung
1. Angebot (individuelles)
2. Bearbeitung von Anfragen
3. Bemusterung

C. Absatzdurchführung (= „Verkauf"/Kernfunktion der Absatzaufgabe)
1. Verkaufsabschluß
2. Verkaufsdurchführung (Auftragsbearbeitung, Auftragsabwicklung, Verpackung, Versand, Übergabe)

D. Finanzielle Durchführung des Absatzes
1. Rechnungsstellung
2. Inkasso
3. Absatzfinanzierung

E. Vorratshaltung für den Verkauf
1. Lagerhaltung im Werk
2. Haltung von Auslieferungslagern
3. Unterhaltung von Konsignationslagern

F. Erhaltung der Absatzbeziehungen
1. Kundendienst (Beratung, Reparaturen, Ersatzteildienst usw.)
2. Kundenpflege (Besuche, Erinnerungswerbung usw.).

Die **Beschaffungsfunktion** gliedert sich nach S c h ä f e r s Vorschlag in:

A. Bedarfsklärung nach Art, Umfang, Zeit

B. Auswahl unter den Bezugsmöglichkeiten: 1. nach Lieferländern, 2. nach Lieferfirmen, 3. nach Warenqualität

C. Einholen von Angeboten

D. Bestellen (Kernstück der Beschaffung)

E. Herbeiholen (Transportfunktion)

F. Übernahme (Kontrolle, Qualitätsprüfen, Reklamationen)

G. Rechnungsprüfung und Begleichung.

3. **Nach der Rangordnung der Funktionen** unterscheidet W. H a s e n a c k (Funktionslehre, in HdB, 3. Aufl. 1957):

1. Fundamentalfunktionen, das sind Funktionen auf erhöhter Ebene, die überhaupt erst den Rahmen schaffen müssen, ehe der Betrieb arbeiten kann. Hierzu gehören Führung, Verwaltung, Planung, Struktur-Finanzierung und -Organisation, Investitionen, Erzeugnisgestaltung, Erhaltungsvorsorge und Kräftepflege.

2. Ablauffunktionen, wie Beschaffung, Lagerung, Erzeugung, Verkauf;

3. Begleitfunktionen, wie Rechnungswesen, Kontrollieren, Revidieren, Reparieren.

Die Fundamentalfunktionen untergliedert er weiter in:

a) I n i t i a t i v - F u n k t i o n e n , das sind die Funktionen, die selbständig anregend wirken, hierzu gehören mit Ausnahme (im allgemeinen) der Finanzierungsfunktionen alle Fundamentalfunktionen,

b) die V e r w a l t u n g s f u n k t i o n e n , wie Überwachung, Arbeits- und Sachverwaltung, Abrechnung.

4. E. Gutenberg unterscheidet folgende betriebswirtschaftliche Hauptfunktionen:

1. die Führungsfunktion (Führen, Planen, Organisieren)
2. die Beschaffungsfunktion
3. die Absatzfunktion
4. die Funktion der Leistungserstellung (Fertigungsfunktion einschl. Lagerwirtschaft)
5. die Gestaltungsfunktion (Gestalten der Produkte, damit sie den technischen und absatzpolitischen Forderungen genügen)
6. die Finanzierungsfunktion
7. die Kontrollfunktion (des betrieblichen Rechnungswesens)

Diese Gliederung des Gegenstandes der Betriebswirtschaftslehre nach Funktionen statt nach Institutionen wird im zunehmenden Maße angewandt; denn nach Gutenberg erlaubt sie es, „die betriebswirtschaftlich wichtigen Tatbestände in einem geschlossenen Zusammenhang darzustellen, erweist sich jedoch als problematisch, wenn branchen- oder produktionszweigeigentümliche Sachverhalte analysiert und beschrieben werden sollen."

Gliederung der Betriebe nach dem Vorherrschen einzelner Funktionen

Die betriebswirtschaftlichen Hauptfunktionen finden wir in allen Unternehmungen, gleichgültig welcher Art. Doch unterscheiden sich die Unternehmen einzelner Wirtschaftszweige durch die sehr unterschiedliche Bedeutung der einzelnen Hauptfunktionen, wie u. a. E. Schäfer (a. a. O.) gezeigt hat:

Beschaffungsbetonte Unternehmungen finden wir im Aufkaufhandel (für Alt- und Abfallstoffe, für landwirtschaftliche Erzeugnisse) und in der Konservenindustrie, in erheblicher Abschwächung auch in Industrien mit geringer Produktionstiefe, z. B. Herstellung von Schmierseife, Knochenleim.

Produktionsbetonte Unternehmungen sind die meisten Industrie- und Handwerksbetriebe, aber auch das Transportgewerbe und die Darbietungsunternehmungen.

Lagerbetonte Unternehmungen gibt es in manchen Industriezweigen (Möbelindustrie, Klavierbau), im Großhandel (Holzhandel, Weinhandel, Hopfenhandel).

Absatzbetonte Unternehmungen sind die Konsumgüterindustrien, ganz besonders die Hersteller von Markenartikeln, das Darbietungsgewerbe, der Einzelhandel.

Finanzierungsbetont sind die im Finanzmarkt auftretenden Mittlerbetriebe: Banken, Versicherungsgesellschaften, Holdinggesellschaften.

V. Produktionsfaktoren und Faktorkombination

Das Wesen der Produktion

P r o d u k t i o n   i m   w e i t e r e n   S i n n e ist die Herstellung von wirtschaftlichen Gütern, zu denen auch die Bereitstellung immaterieller Güter und Dienstleistungen gehört. Sie dient der Befriedigung der menschlichen Bedürfnisse.

Nach diesem (vorwiegend volkswirtschaftlichen) Begriff gehören alle Tätigkeiten der Unternehmung zur Produktion.

P r o d u k t i v ist nicht nur, wie die nationalökonomischen Klassiker und Karl Marx behaupteten, die auf die Erzeugung von Sachgütern gerichtete menschliche Arbeit[1]). Nach der heute herrschenden Auffassung ist jede planmäßige Arbeit, die mittelbar oder unmittelbar auf die Befriedigung eines Bedürfnisses gerichtet ist, produktiv, also auch die Arbeit der Hausfrau, des Lehrers, des Schauspielers, des Politikers, des Arztes usw., zumal auch sie eine wirtschaftliche Seite aufweist. (Die Arbeitsleistung der Hausfrau gehört auch zum Sozialprodukt; doch wird sie mangels exakter Maßstäbe *statistisch* im Sozialprodukt nicht erfaßt.)

Die P r o d u k t i o n   i m   e n g e r e n   S i n n e , ein Begriff, der in der Betriebswirtschaftslehre eine große Rolle spielt, ist jene Funktion des Betriebes, insbesondere des gewerblichen Betriebes, die die technische Erzeugung der Güter vollzieht und die von den Funktionen Beschaffung, Finanzierung und Absatz abgegrenzt wird (s. oben S. 26). In diesem Sinne wird auch die Produktion im engeren Sinne oft als produktiv, die anderen Funktionen als unproduktiv bezeichnet, was jedoch wegen der Doppelsinnigkeit des Wortes „unproduktiv" leicht mißverstanden werden kann.

Im Begriff der *Produktionsfaktoren* wird der Begriff Produktion allerdings weiter gefaßt und darunter die gesamte dem Betriebsziel der Unternehmung dienende Tätigkeit verstanden.

1. Die Produktionsfaktoren

Nach der **volkswirtschaftlichen Lehre der Klassiker** gibt es als Quellen des Einkommens drei Produktionsfaktoren: 1. die A r b e i t , 2. den B o d e n und 3. das K a p i t a l. Ihnen entsprechen die drei Einkommensarten: L o h n , B o d e n r e n t e und U n t e r n e h m e r p r o f i t. Die Volkswirtschaftslehre sucht damit die Verteilung des Volkseinkommens zu erklären. Doch wird von neueren Volkswirtschaftlern — ebenso wie in der Betriebswirtschaftslehre — der Boden zu den Kapitalgütern gerechnet und nur als eine besondere Art von Sachkapital betrachtet. Die sozialistischen Lehren erkennen in der Regel nur die Arbeit als Produktionsfaktor an.

Die **Betriebswirtschaftslehre,** die den betriebswirtschaftlichen Produktionsprozeß zu analysieren sucht, kennt (nach der herrschenden Meinung) drei Produk-

---

[1]) Die Klassiker gliederten die Volkswirtschaft in Produktion, Zirkulation, Distribution und Konsumtion, rechnen also Verkehr, Handel, Kredit- und Zahlungsverkehr u. a. Dienstleistungen nicht zur Produktion.

tionsfaktoren: 1. die A r b e i t , 2. die B e t r i e b s m i t t e l (Anlagegüter: Gebäude, Grund und Boden, Maschinen und dergleichen) und 3. W e r k - s t o f f e (Rohstoffe, Halbfabrikate und dergleichen). Sie sieht nicht wie die Volkswirtschaftslehre in den Produktionsfaktoren die Quellen des Einkommens, sondern die zur Erreichung des Betriebszieles notwendigen Faktoren.

In der Volkswirtschaftslehre hat Jean-Baptiste Say zu den drei Produktions-faktoren Arbeit, Boden und Kapital als vierten Produktionsfaktor die „unter-nehmerische Tätigkeit" hinzugefügt. Ihm folgte in der Betriebswirtschaftslehre vor allem Erich G u t e n b e r g , der in seinen „Grundlagen der Betriebswirt-schaftslehre" (1. Band: die Produktion) folgende Aufstellung der Produktions-faktoren gibt:

I. E l e m e n t a r f a k t o r e n

1. Arbeitsleistung,

2. Betriebsmittel oder Arbeitsmittel (auch Grund und Boden),

3. Werkstoffe (Roh-, Halb- und Fertigfabrikate).

II. D i s p o s i t i v e F a k t o r e n

4. Geschäfts- und Betriebsleitung,

5. Planung
6. Betriebsorganisation
}
derivative Faktoren

Gutenberg begründet diese Aufteilung wie folgt: Die Produktionsfaktoren (2) Betriebsmittel und (3) Werkstoffe sind die „produzierten Produktionsmittel" der Volkswirtschafter; die Werkstoffe seien jedoch zweckmäßig „als selbstän-dige produktive Elemente" aufzufassen. Die „Arbeitsleistung" ist nach Guten-berg objektbezogen, die „dispositive Arbeit" dagegen (Produktionsfaktoren 4—6) funktionsbezogen. Es ist die Funktion des Unternehmers, die drei Elementar-faktoren zu einer produktiven Einheit zu kombinieren. Diese Arbeit „wurzelt in den drei Schichten des Irrationalen, Rationalen und des Gestaltend-Vollzie-henden". So gesellen sich zu der im Irrationalen wurzelnden (4) „Geschäfts- und Betriebsleitung" als derivate Produktionsfaktoren: (5) die vorausschau-ende rationale Planung und (6) die gestaltend-vollziehende Betriebsorganisa-tion. Sie sind gleichsam die rationalen Bestandteile der „Geschäfts- und Betriebsleitung". (Vgl. auch unten S. 253).

Die Ansicht M e l l e r o w i c z ' deckt sich insofern mit der Auffassung Guten-bergs, als Mellerowicz die „dispositiven Faktoren" als „Organisation" (in einem weiteren Sinne) bezeichnet.

Martin L o h m a n n geht bei der Bestimmung der Produktionsfaktoren von den dem „konkreten Produktionsprozeß der Unternehmung .. zugeführten und in ihn eingesetzten volkswirtschaftlichen Grundleistungen" aus und kommt zu folgenden „fünf Hauptgruppen der Produktionsfaktoren": (1) menschliche Arbeitsleistung, (2) Anlagenutzungen, (3) Werkgüter einschließlich Energie, (4) Unsicherheit und Risiko und (5) Steuern sowie ähnliche Gemeinlasten.

2. Die Faktorkombination

Aufgabe des Unternehmers ist es, die elementaren Faktoren „zu einer funktionsfähigen betrieblichen Einheit zusammenzufassen" (Gutenberg). Diese Zusammenfassung der Produktionsfaktoren im Betrieb, die Faktorkombination, muß in bestimmter Weise erfolgen, um einen größtmöglichen Erfolg zu erzielen. Arbeitskräfte müssen nach Art und Menge genau bestimmt und optimal eingesetzt werden, die Produktionsmittel sind ebenfalls mengen- und qualitätsmäßig richtig einzusetzen und mit der Arbeit möglichst rationell zu kombinieren, damit der Ertrag des Wirtschaftens den Aufwand an Arbeit und Produktionsmitteln möglichst übersteigt. So bildet der Betrieb ein „System der Produktionsfaktoren". „In dem Akt der Kombination ist das Nebeneinander der Produktionsfaktoren aufgehoben. Sie sind aus einem übergeordneten Prinzip heraus zu einer Einheit gefügt und miteinander in eine systematische Beziehung gebracht" (Gutenberg, Betriebswirtschaftslehre als Wissenschaft, 1957).

Die „produzierten Produktionsmittel" überwiegen im „kapitalintensiven Betrieb", der Produktionsfaktor Arbeit ist mengemäßig im „arbeitsintensiven Betrieb" (z. B. in Handwerksbetrieben) der ausschlaggebende Faktor. Von den drei Elementarfaktoren können die Betriebsmittel und die Werkstoffe ganz fehlen, wie z. B. beim selbständigen Gepäckträger, beim Fremdenführer und dergleichen, niemals aber die Arbeit. Man nennt deshalb auch die Arbeit häufig den „ursprünglichen Produktionsfaktor" (z. B. Fritz Schmidt), zumal auch alle produzierten Produktionsmittel (auf früheren Produktionsstufen) aus Arbeit hervorgegangen sind.

VI. Die Erfolgsrelationen im betriebswirtschaftlichen Prozeß: Wirtschaftlichkeit, Rentabilität und Produktivität

1. Der Erfolg und die Erfolgsrelationen

Erfolg und Rationalprinzip

Es ist die Aufgabe des Betriebes, die Faktorkombination rational, d. h. nach dem „ökonomischen Prinzip" zu gestalten, um einen optimalen Erfolg zu erreichen. Die absoluten Erfolgszahlen allein besagen gar nichts über die Angemessenheit des Erfolges. Wenn ein Unternehmen einen Reingewinn von 100 000 DM erzielt hat, so können wir allein aus dieser Zahl keine Schlüsse ziehen, ob dieser Erfolg groß oder klein ist; denn die Zahl allein sagt nichts darüber aus, wie der Erfolg zustande gekommen ist. Hatte die Unternehmung z. B. ein Eigenkapital von 1 Mill. DM, so ist ein Reingewinn von 100 000 DM sehr groß; besaß dagegen die Unternehmung 20 Mill. DM Eigenkapital, so ist der Reingewinn gering.

Die absolute Erfolgszahl ist eine Differenzgröße. Sie ist die Differenz zwischen Aufwand (Kosten) und Ertrag. Die Grundformel des Erfolges lautet:

$$\text{Erfolg} = \text{Ertrag} - \text{Aufwand.}$$

Der Erfolg kann also nur beurteilt werden, indem der oder die Erfolgsfaktoren, d. h. die Größen, durch die er zustande kommt, zueinander in Beziehung gesetzt werden, z. B. der Gewinn zum Eigenkapital. Solche E r f o l g s r e l a t i o n e n sind die *Wirtschaftlichkeit,* die *Rentabilität* und die *Produktivität.*

Eine Relation besteht im einfachsten Falle aus drei Teilen, den beiden Bezugsgliedern oder Relaten und dem eigentlichen Ausdruck der Relation, dem Bezugsstifter oder Relator.

Während also alle Erfolgsbegriffe Differenzgrößen sind, sind alle Wirtschaftlichkeitsbegriffe (hier im weitesten Sinne gebraucht) Relationen (Quotienten). Da man stets nur gleichartige Größen (entweder D-Mark oder Kilometer oder Stunden) voneinander abziehen, hingegen ungleichartige Größen auch durcheinander dividieren kann (z. B. km/Stunden), gibt es nur wenige Erfolgsbegriffe, hingegen viele Wirtschaftlichkeits-Arten. Man spricht bei ungleichartigen Bezugsgrößen von dimensionalen Quotienten (Stunden/km) im Gegensatz zu dimensionslosen Quotienten. Soll der Dividend in Prozenten des Divisors ausgedrückt werden, so ist der Dividend mit 100 zu multiplizieren. Das geschieht sehr häufig bei wirtschaftlichen Relationen.

Uneinheitliche Terminologie

Wegen der Möglichkeit, bei der Bildung von Erfolgsrelationen ganz verschiedene Bezugsgrößen zu wählen, gehen die Meinungen über die Wirtschaftlichkeitsbegriffe, je nachdem, welche Bezugsgrößen gewählt werden, sehr auseinander. Außerdem weichen die Auffassungen über die einzelnen Bezugsgrößen, wie Leistung, Ertrag, Gewinn, Kapital, bei den einzelnen Betriebswirtschaftern oft voneinander ab, so daß die Erfolgsrelationen auch aus diesem Grunde sehr unterschiedlich sind.

Doch handelt es sich zu einem sehr großen Teil um rein terminologische Differenzen. Es wäre sehr viel gewonnen, wenn man gerade auf diesem Gebiet eine einheitliche Terminologie schaffen würde, durch die viele Mißverständnisse behoben werden könnten. So ist der Begriff der Produktivität durch die Europäische Produktivitätszentrale mit Erfolg vereinheitlicht worden (s. unten S. 35).

Das ökonomische Prinzip

Alle wirtschaftlichen Erfolgsrelationen gründen sich letztlich auf das „ökonomische Prinzip" oder „Rationalprinzip", das früher und vielfach noch heute definiert wird als das „Streben, mit möglichst geringen Opfern möglichst großen Nutzen oder eine möglichst große Annehmlichkeit zu erzielen" (Karl Bücher). Mit Recht hat Rieger eingewandt, daß es nicht angehe, eine Gleichung aus lauter Unbekannten aufzustellen. Man hat daher neuerdings das ökonomische Prinzip schärfer analysiert und es eingeteilt in:

1. Das O p t i m u m p r i n z i p : Mit gegebenen Mitteln ist die größtmögliche Leistung zu erzielen.

2. Das S p a r p r i n z i p (P r i n z i p   d e s   k l e i n s t e n   M i t t e l s): Eine angestrebte Leistung ist mit möglichst geringen Mitteln zu erreichen.

Beim ökonomischen Prinzip werden Aufwand und Nutzen in Beziehung gesetzt und ergeben die Ergiebigkeit der Handlung.

$$\text{Ergiebigkeit} = \frac{\text{Aufwand}}{\text{Nutzen}}$$

Das „ökonomische Prinzip" ist, wie Alfred Amonn nachgewiesen hat (Objekt und Grundbegriffe der theoretischen Nationalökonomie, 1927), als der individuale Faktor der Wirtschaft für die Volkswirtschaftslehre ohne Bedeutung, da es kein spezifisch-soziales Verkehrsprinzip darstelle. Als sogenanntes Vernunftsprinzip sei es zwar auch für die spezifisch-nationalökonomische Erkenntnis notwendig, bedinge jedoch nicht ihre Eigenart. Soweit gilt das ökonomische Prinzip also nur für die Betriebswirtschaft, nicht dagegen für die Volkswirtschaft.

Das ökonomische Prinzip — die allgemeine Erfolgsrelation — wird von vielen Autoren als r e i n t e c h n i s c h e s P r i n z i p angesehen (so vor allem von v. Gottl-Ottlilienfeld), andere sehen in ihm das Kriterium (bzw. Identitätsprinzip) der Betriebswirtschaftslehre schlechthin, wieder andere — und das ist wohl die herrschende Meinung — sagen, es gelte für j e d e r a t i o n a l e Handlung und kennzeichne infolgedessen nicht das wirtschaftliche Handeln.

Diese letzten Autoren engen das Rationalprinzip für die Betriebswirtschaftslehre ein und bilden meist folgende Erfolgsrelationen:

1. W i r t s c h a f t l i c h k e i t
2. R e n t a b i l i t ä t und
3. P r o d u k t i v i t ä t

Mit diesen drei Erfolgsrelationen wollen wir uns im folgenden beschäftigen. Weil sie in der Betriebswirtschaftslehre so große Bedeutung haben, stellen wir die wichtigsten und instruktivsten Lehrmeinungen einander gegenüber.

2. Die Prinzipien der Wirtschaftlichkeit in der Literatur

Da es sich bei allen Arten der Wirtschaftlichkeit, Produktivität und Rentabilität um Erfolgsrelationen handelt, sind, wie bereits gesagt, die Arten der Wirtschaftlichkeiten fast unbeschränkt, da man zahllose erfolgswirksame Größen in Beziehung setzen kann. Das ist mit ein Grund für die unterschiedlichen Auffassungen über die Wirtschaftlichkeitsprinzipien.

Man hat gelegentlich versucht, die verschiedenen Meinungen über die Wirtschaftlichkeit und unabhängig davon die über die Rentabilität zu klassifizieren. Diese Versuche sind deshalb unbefriedigend, weil bei fast allen Auffassungen die Prinzipien Wirtschaftlichkeit und Rentabilität in einem inneren Zusammenhang stehen und die meisten Autoren für die Produktivität und die Wirtschaftlichkeit mehrere, zwar strukturell gleichartige, aber inhaltlich verschiedene, in innerem Zusammenhang stehende Arten von Wirtschaftlichkeitsprinzipien entwickelten. Wir gehen deshalb im folgenden von der „herrschenden Meinung" aus und zeigen dann einige besonders bemerkenswerte Abweichungen. Es kann sich dabei nur um eine Auswahl handeln, die natürlich immer etwas subjektiv ist.

a) Die „herrschende Meinung"

Die meisten Auffassungen über die Erfolgsrelationen in der Betriebswirtschaft gehen vom R a t i o n a l p r i n z i p oder ö k o n o m i s c h e n P r i n z i p aus, das für alle menschlichen Handlungen gilt, und entwickeln daraus die Prinzipien der Produktivität, der Wirtschaftlichkeit und der Rentabilität.

Produktivität

Die P r o d u k t i v i t ä t oder „t e c h n i s c h e E r g i e b i g k e i t" (Mellerowicz) oder „T e c h n i z i t ä t" (Kosiol) ist das Verhältnis der Ausbringungsmenge zu den Einsatzmengen der Produktionsfaktoren.

$$\text{Produktivität} = \frac{\text{Ausbringungsmenge}}{\text{Einsatzmenge}}$$

Die Produktivität eines Produktionsprozesses kann sehr hoch sein, während die Wirtschaftlichkeit ungünstig ist. Das ist z. B. der Fall, wenn dem Mengenergebnis keine entsprechenden wirtschaftlichen Verwertungsmöglichkeiten gegenüberstehen.

Bei der praktischen Produktivitätsmessung ermittelt man als Kennzahlen mehrere „T e i l p r o d u k t i v i t ä t e n", um die Produktivität der einzelnen Produktionsfaktoren beurteilen zu können. So kann man als Einsatzmenge den Materialeinsatz, die produktiven Stunden, die Arbeiterstunden und dergleichen einsetzen. Wir kommen darauf noch zurück.

Man unterscheidet bei der Produktivitätsmessung die direkte und die indirekte Methode.

Die **direkte Methode** der Produktivitätsmessung ist rein technisch ausgerichtet und bezieht sich unmittelbar auf den Produktionsprozeß. Sie ermittelt t e c h n i s c h e Kennzahlen für die eingesetzten Produktionsfaktoren und dient der betrieblichen Leistungs- und Fehlerkontrolle. Sie gehört in erster Linie zum Aufgabenbereich des Ingenieurs, doch ist auch der Betriebswirtschaftler heranzuziehen, wenn neben p a r t i e l l e n auch g l o b a l e P r o d u k t i v i t ä t e n ermittelt werden sollen. Die praktische Produktivitätsmessung spielt heute in der gesamten Welt eine sehr große Rolle, zumal man die Kennziffern in wachsendem Maße zu zwischenbetrieblichen Vergleichen benutzt. Der Entwicklung einheitlicher Termini, Verfahren und Formeln hat sich schon in den zwanziger Jahren das RKW angenommen; nach dem zweiten Weltkrieg wurden die Bestrebungen durch die Gründung der E u r o p ä i s c h e n P r o d u k t i v i t ä t s - z e n t r a l e (EPZ) in Paris, der als deutsche Zentralstelle das Rationalisierungs-Kuratorium der Deutschen Wirtschaft (RKW) angehört, auf internationale Basis gestellt.

Die **indirekte Methode** der Produktivitätsmessung ist ökonomisch-analytisch, nicht unmittelbar betriebswirtschaftlich orientiert und stützt sich auf laufende Produktionsstatistiken, Arbeitsmarktstatistiken, Statistiken der Wirtschaftsverbände und volkswirtschaftliche Gesamtrechnungen. Sie ermittelt Kennzahlen für Wirtschaftszweige, Branchen, Landteile und Länder, die auch für den Einzelbetrieb sehr wichtig sind.

Wirtschaftlichkeit

Die Wirtschaftlichkeit oder „Ökonomität" (Mellerowicz) ist das Verhältnis von Ertrag und Aufwand oder von Leistung und Kosten.

$$\text{Wirtschaftlichkeit} = \frac{\text{Ertrag}}{\text{Aufwand}} \quad \text{oder} \quad \frac{\text{Leistung}}{\text{Kosten}}$$

Die Wirtschaftlichkeit ist um so günstiger, je größer als 1 die Kennziffer ist, oder in Prozenten ausgedrückt (durch Multiplikation des Dividenden mit Hundert), je weiter die Kennziffer über 100 % liegt.

Die Wirtschaftlichkeit beschränkt sich nach herrschender Auffassung nicht nur auf das Verhältnis von Ertrag und Aufwand, sondern auch von Leistung und Kosten sowie Leistungsmengen und Kosten. Als Kosten kommen neben einzelnen Kostenarten (Material-, Lohn-, Fertigungs-, Herstellungskosten) auch die Sollkosten, die Kosten anderer Betriebe, die Kosten der Wirtschaftszweige (Kostenstatistik des Statistischen Bundesamtes) und dergleichen in Betracht. Nach Mellerowicz ist „die Kostenanalyse die unentbehrliche Ergänzung und Weiterführung der Erfolgsanalyse auf dem Wege zur Wirtschaftlichkeitsmessung und Wirtschaftlichkeitskontrolle" (Allg. Betriebswirtschaftslehre, 14. Aufl., 1973).

Bezeichnet man mit Gutenberg die tatsächlich erreichte Aufwands- oder Kostensituation mit „Istaufwand" und die günstigste Aufwands- oder Kostensituation, die sich in einem gegebenen Betrieb in Hinsicht auf eine bestimmte Produktionsleistung erzielen läßt, als „Sollaufwand", dann ist bei gegebener Produktionsleistung die

$$\text{Wirtschaftlichkeit} = \frac{\text{Istaufwand}}{\text{Sollaufwand}}$$

Die Differenz zwischen Soll- und Istaufwand, bezogen auf eine bestimmte Produktionsleistung, wird auch als *„Wirtschaftlichkeitsabweichung"* bezeichnet.

Danach ergibt sich: bei gegebenem Aufwand ist die

$$\text{Wirtschaftlichkeit} = \frac{\text{Soll-Produktionsleistung}}{\text{Ist-Produktionsleistung}} \quad \text{oder} \quad \frac{\text{Soll-Ertrag (wertm.)}}{\text{Ist-Ertrag (wertm.)}}$$

Diese Kennzahl der Wirtschaftlichkeit hat praktisch nur wenig Bedeutung. Aus diesem Grunde sei auf sie nicht näher eingegangen. (Gutenberg, Einführung in die Betriebswirtschaftslehre, Wiesbaden 1958, S. 31 f.).

Die Rentabilität

Die Rentabilität ist das Verhältnis von Erfolg (Gewinn) zum Kapital.

$$\text{Rentabilität} = \frac{\text{Gewinn} \times 100}{\text{Kapital}}$$

Während die Wirtschaftlichkeit dazu dient, die Ergiebigkeit einer Leistung oder eines Kostenaufwandes zu messen, also ein Mittel der Betriebsdisposition ist, ist die Rentabilität selbst das Ziel dieser Betriebsdisposition. „Die W i r t - s c h a f t l i c h k e i t bestimmt die Form, die R e n t a b i l i t ä t den Inhalt des betrieblichen Handelns. Die Wirtschaftlichkeit betrifft die Mittel, die Rentabilität das Ziel der betriebswirtschaftlichen Bestrebungen" (Mellerowicz, a. a. O.). Die Rentabilität ist die Rendite des Unternehmungskapitals. Sie dient also nicht unmittelbar zur Messung des Erfolges der Faktorkombination.

b) Die Wirtschaftlichkeitsarten nach M. R. Lehmann

Max Rudolf Lehmann hat versucht[1]), die Wirtschaftlichkeitsarten in ein System zu bringen, das wir hier stichwortartig wiedergeben wollen, weil es, auch wenn es teilweise von der herrschenden Meinung abweicht, einen guten Einblick in den ganzen Komplex der Erfolgsrelationen im Betriebsprozeß gibt, worauf auch Gutenberg hinweist, und weil die von Lehmann entwickelten Wirtschaftlich-keitsarten *praktisch sehr brauchbare Kennziffern* darstellen.

Die Einteilung der „Wirtschaftlichkeiten"

Lehmann unterscheidet eine sehr große Anzahl von Wirtschaftlichkeiten. Er gliedert sie, von dem Oberbegriff „Wirtschaftlichkeiten" ausgehend, wie folgt:

Die „G e s a m t h e i t e n a l l e r W i r t s c h a f t l i c h k e i t e n" (Wirtschaft-lichkeit als Oberbegriff) ist die Relation zwischen Aufwandsgrößen und Lei-stungs- oder Ertragsgrößen. Je nachdem, welche Größe im Zähler und welche im Nenner steht, unterscheidet Lehmann:

$$E i n s a t z - W i r t s c h a f t l i c h k e i t e n = \frac{\text{Leistung oder Ertrag}}{\text{Aufwand}} \quad \text{und}$$

$$A u s b r i n g - W i r t s c h a f t l i c h k e i t e n = \frac{\text{Aufwand}}{\text{Leistung oder Ertrag}}$$

Das „D e n k e n i n E i n s a t z - W i r t s c h a f t l i c h k e i t e n" ist ein „auf-wands-ausgerichtetes Wirtschaftlichkeits-Denken", da es eine irgendwie gear-tete Aufwandsgröße als Bezugsgröße für Leistung oder Ertrag setzt. Das „D e n - k e n i n A u s b r i n g - W i r t s c h a f t l i c h k e i t e n" ist ein „ertrags-ausge-richtetes Wirtschaftlichkeits-Denken", es hat eine irgendwie geartete Leistungs- oder Ertragsgröße als Bezugswert.

---

[1]) Siehe Lehmann, Allgemeine Betriebswirtschaftslehre, 3. Auflage, Wiesbaden 1956, ferner insbesondere Lehmann, Wirtschaftlichkeit, Produktivität und Rentabilität, in ZfB 1958, S. 537 ff., 614 ff., 671 ff., 746 ff. und 1959, S. 218 ff.

Bei den Einsatz-Wirtschaftlichkeiten liegt „Unwirtschaftlichkeit" dann vor, wenn der Quotient kleiner als 1 ist; bei der Ausbring-Wirtschaftlichkeit ist es umgekehrt. Multipliziert man den Dividenden mit Hundert, so erhält man die Wirtschaftlichkeiten in Prozenten.

Produktivitäten

P r o d u k t i v i t ä t e n , als Unterbegriff der Wirtschaftlichkeiten, „sind gewissermaßen die typischen Wirtschaftlichkeiten der P r o d u k t i o n s - S e i t e der Betriebswirtschaften oder auch der Volkswirtschaft im Ganzen". Die B e - g r i f f s g l e i c h u n g lautet:

$$\text{Produktivität} = \frac{\text{Produktions-Ergebnis}}{\text{Produktiv-Kräfte}}$$

Der **Zähler „Produktions-Ergebnis"** kann durch folgende Größen ausgedrückt werden:

a) die E r z e u g n i s m e n g e n ,

b) den betrieblichen B r u t t o - P r o d u k t i o n s w e r t , der sich aus sämtlichen Kosten der Produktion zusammensetzt, und

c) den betrieblichen N e t t o - P r o d u k t i o n s w e r t , die „b e t r i e b l i c h e W e r t s c h ö p f u n g"; das ist das im Betrieb erzeugte Geldeinkommen (der betriebliche Beitrag zum Volkseinkommen) und besteht aus der Summe von (1) Arbeitserträgen (insbesondere Löhnen und Gehältern), (2) Gemeinerträgen (insbesondere Steuern) und (3) Kapitalerträgen (für Fremd- und Eigenkapital). Die Wertschöpfung ergibt sich auch aus der Differenz von Rohertägen (nach außen abgegebenen Güterwerten) und den „Vorleistungskosten" (von außen hereingenommene Güterwerte, wie Rohstoffe, Abschreibungen, fremde Lohnarbeit, Wagnisse). Vgl. unten S. 59.

Die e r s t e Verhältniszahl: E r z e u g n i s - M e n g e n , ist nach Lehmann rein technisch und wirtschaftlich wenig aussagefähig. Es handelt sich dabei um die Produktivität im Sinne der herrschenden Meinung.

Die z w e i t e Größe: B r u t t o - P r o d u k t i o n s w e r t , eignet sich nach Lehmann allenfalls für innerbetriebliche Vergleiche wegen der Verschiedenartigkeit der Betriebe, dagegen nicht für zwischenbetriebliche Vergleiche.

Bedeutung kommt daher nur der d r i t t e n Größe, der W e r t s c h ö p f u n g , zu; sie ist generell verwendbar und generell aussagekräftig.

Im **Nenner „Produktiv-Kräfte"** können gleichfalls die verschiedensten Größen stehen. Es kommen vor allem als Ausdruck der Produktiv-Kräfte folgende Größen in Betracht:

a) Zur Erfassung der P r o d u k t i v i t ä t d e r A r b e i t (Arbeitsproduktivität) drei Größen:

    aa) Kopfzahl der Belegschaft,

    ab) geleistete bzw. bezahlte Arbeitsstunden der Belegschaft,

    ac) bezahlte Arbeitsvergütungen (Löhne und Gehälter);

b) zur Erfassung der P r o d u k t i v i t ä t   d e s   S a c h k a p i t a l s das gesamte Anlage- und Umlaufvermögen;

c) zur Erfassung der „V o l l - P r o d u k t i v i t ä t" die Summe von Arbeits-vergütungen und Rechnungszinsen auf das im Betrieb arbeitende Sachkapital. Die „Voll-Produktivitäten" sind nach Lehmann die weitaus wichtigsten Produk-tivitätskennzahlen, weil bei ihnen die beiden Produktionsfaktoren: Arbeit und Sachkapital, „auf deren Einsatz und Wirksamwerden die Erstellung des Produk-tions-Ergebnisses beruht . . ., Berücksichtigung finden", oder mit anderen Wor-ten, sie vermögen den Erfolg der Faktorkombination am treffendsten wieder-zugeben.

Es sei hier nebenbei bemerkt, daß es sich bei all diesen Produktivitäten n i c h t um die P r o d u k t i v i t ä t   i m   S i n n e   d e r   h e r r s c h e n d e n   M e i n u n g handelt, die nur durch rein m e n g e n mäßige Verhältnisse ausgedrückt wird.

Auf diese Weise erhält Lehmann „15 S c h a t t i e r u n g e n   d e r   P r o d u k -t i v i t ä t". Davon sind nach ihm generell und praktisch jedoch nur folgende drei Arten der Produktivität generell aussagefähig.

$$\frac{c}{ac} = \begin{array}{l}\text{P r o d u k t i v i t ä t}\\ \text{d e r   A r b e i t}\end{array} = \frac{\text{Wertschöpfung}}{\text{Arbeitsvergütungen}} \cdot 100$$

$$\frac{c}{b} = \begin{array}{l}\text{P r o d u k t i v i t ä t}\\ \text{d e s   K a p i t a l s}\end{array} = \frac{\text{Wertschöpfung}}{\text{Sachkapital}} \cdot 100$$

$$\frac{c}{c} = \begin{array}{l}\text{V o l l - P r o d u k -}\\ \text{t i v i t ä t}\end{array} = \frac{2 \cdot \text{Wertschöpfung}}{\text{Arbeitsverg.} + x^0/_0 \text{ vom Sachkapital}} \cdot 100$$

Lehmann geht noch weiter und sucht auch das Verhältnis zwischen der Produk-tivität der Arbeit und der Produktivität des Kapitals (Sachkapital) in einer Kennziffer zu erfassen, da ja beide Größen zusammenhängen. Zunächst wird die K a p i t a l i n t e n s i t ä t (Sachkapital je Arbeitsvergütung) und daraus die Produktivität des Kapitals ermittelt, bei der die Produktivität der Arbeit als Bezugsgröße der Kapitalintensität gesetzt wird:

$$\text{Kapitalintensität} = \frac{\text{Sachkapital}}{\text{Arbeitsvergütung}}$$

$$\text{Produktivität des Kapitals} = \frac{\text{Produktivität der Arbeit}}{\text{Kapitalintensität}} = P_k \, {}^0/_0$$

Die Rentabilitäten

Die Rentabilitäten sind die „typischen W i r t s c h a f t l i c h k e i t e n   d e r F i n a n z - S e i t e der Betriebswirtschaften oder des ganzen Wirtschafts-lebens". Sie sind das Verhältnis des Reingewinns (Kapitalertrag) zum Unter-nehmungskapital bzw. Unternehmerkapital (Eigenkapital) sowie zum Umsatz.

Daraus ergeben sich folgende drei Formeln (die der herrschenden Meinung entsprechen):

$$\text{Unternehmungs-Rentabilität} = \frac{\text{Kapitalertrag} \cdot 100}{\text{Kapital}}$$

$$\text{Eigenkapital-Rentabilität} = \frac{\text{Eigenkapital-Ertrag} \cdot 100}{\text{Eigenkapital}}$$

$$\text{Umsatz-Rentabilität} = \frac{\text{Erfolg} \cdot 100}{\text{Umsatz}}$$

Sonstige Wirtschaftlichkeiten

Als „sonstige Wirtschaftlichkeiten" bezeichnet Lehmann in der **ersten Gruppe:**

(1) die T e c h n i s c h e n   W i r k u n g e n der Produktion mit der Begriffsgleichung

$$\text{Technische Wirkungen} = \frac{\text{erstellte Ertragsgüter-Mengen}}{\text{eingesetzte bzw. verbrauchte Kostengüter-Mengen}}$$

die im wesentlichen mit der „volkswirtschaftlichen Produktivität" identisch ist, und

(2) die M a r k t l i c h e n   W i r k u n g e n mit der Formel

$$\text{Marktliche Wirkungen} = \frac{\text{erzielte Ertragsgüter-Preise}}{\text{angelegte Kostengüter-Preise}}$$

Zur **zweiten Gruppe** von „sonstigen Wirtschaftlichkeiten" rechnet Lehmann die

(3) E r z e u g n i s - E r s t e l l u n g s k o s t e n , die folgende Formel hat:

$$\text{Erzeugnis-Erstellungs-kosten} = \frac{\text{Kosten-Anfall}}{\text{Mengen-Erzeugung}} = \text{Erzeugnis-Kostenpreis}$$

Bei dieser letzten „Wirtschaftlichkeit" handelt es sich um eine „Ausbring-Wirtschaftlichkeit", im Gegensatz zu allen anderen bisher besprochenen Wirtschaftlichkeiten, die „Einsatz-Wirtschaftlichkeiten" darstellen.

c) Wirtschaftlichkeit und Rentabilität nach Gutenberg

Systemindifferente und systembezogene Prinzipien

Erich G u t e n b e r g betrachtet das W i r t s c h a f t l i c h k e i t s p r i n z i p , das er auch ökonomisches Prinzip nennt, „wesentlich technisch" als systemindifferentes Prinzip, das den (systemindifferenten) Betrieb kategorial bestimmt, das wir also in allen Wirtschaftssystemen antreffen. Es ist „das Prinzip sparsamster Mittelverwendung". (Gutenberg, Grundlagen der Betriebswirtschaftslehre, Bd. I, 5. Kap.)

Der Betrieb und seine systemindifferenten Prinzipien erhalten erst Sinn und Aufgabe durch die Determinanten, die Kriterien der Betriebe der einzelnen konkreten Wirtschaftssysteme sind. In der Unternehmung als dem systembezogenen Betrieb des „kapitalistischen Wirtschaftssystems" wird das Wirtschaftlichkeitsprinzip durch das e r w e r b s w i r t s c h a f t l i c h e P r i n z i p oder R e n t a b i l i t ä t s p r i n z i p determiniert. Beide, Wirtschaftlichkeits- und Erwerbswirtschaftlichkeitsprinzip, haben zwar die gleiche Struktur und eine „gemeinsame Wurzel", aber sie sind mit verschiedenen Inhalten versehen.

Die Koppelung des Wirtschaftlichkeits- und Erwerbswirtschaftlichkeitsprinzips

Das Wirtschaftlichkeitsprinzip ist in der Unternehmung mit dem erwerbswirtschaftlichen Prinzip, welches nicht ganz mit dem G e w i n n m a x i m i e r u n g s - P r i n z i p identisch ist, aber in ihm doch seine letzte Steigerung erfährt, g e k o p p e l t , nicht koordiniert. Das Wirtschaftlichkeitsprinzip ist zwar vollwirksam, aber dem erwerbswirtschaftlichen Prinzip, der Rentabilität, untergeordnet. Wir können das immer wieder an zahllosen Beispielen aus dem Wirtschaftsleben beobachten. So sind in der Hochkonjunktur bei anhaltend starker Nachfrage Betriebe mit sehr hoher Rentabilität oft wenig darauf bedacht, die Wirtschaftlichkeit ihres Produktionsprozesses zu steigern.

Die Diskrepanz von Wirtschaftlichkeitsprinzip und gewinnmaximalem Prinzip zeigt Gutenberg in einer exakten Analyse. Bei atomistischer Konkurrenz auf „offenen" Märkten (produzierte Güter und Dienste stehen unbegrenzt zur Verfügung) werden bei gegebenen Preisen die Betriebe gleiche Kostenfunktionen aufweisen. Sie werden so viele Gütermengen produzieren, daß sie maximale Gewinne erreichen. Das Gewinnmaximum liegt nun bei der Ausbringungsmenge, bei der die Grenzkosten[1]) gleich dem Preis sind. Das folgende Zahlenbeispiel macht das deutlich. Bei einer Produktion von 12 Stück sind die Grenzkosten (die Kosten des letzten Stücks) gleich dem Preis, und der Gewinn ist am höchsten.

Stück	Stück- kosten	Grenz- kosten	Preis	Gesamt- kosten	Gesamt- erlös	Gewinn
10	10		12	100,—	120	20,—
11	10,1	11	12	111,10	132	20,90
12	10,25	12	12	123,—	144	21,—
13	10,5	13	12	136,50	156	19,50

Der Betrieb befindet sich bei einer Produktion von 12 Stück im „b e t r i e b s - i n d i v i d u e l l e n G l e i c h g e w i c h t ", d. h. der Betrieb arbeitet nicht mit den geringstmöglichen Stückkosten, wenn er die gewinngünstigste Produktmenge erzeugt.

Wenn die Betriebe einer Gruppe t e c h n i s c h g l e i c h s t r u k t u r i e r t sind und noch Gewinn erzielen, dann werden sie durch Betriebserweiterungen die Produktion so lange erhöhen, bis die durch das erhöhte Angebot sinkenden Preise im Kostenoptimum angelangt sind. In diesem Fall sind D u r c h - s c h n i t t s k o s t e n = G r e n z k o s t e n = P r e i s . Das „G r u p p e n - g l e i c h g e w i c h t " ist erreicht: gewinnmaximale und kostenoptimale Ausbringung stimmen überein.

---

[1]) Die Grenzkosten sind der Kostenzuwachs für die Leistungseinheit der jeweils letzten Produktionseinheit. Sie messen also die Zunahmerate der Gesamtkosten bei Steigerung der Ausbringung (Erhöhung des Beschäftigungsgrades), s. unten S. 375.

Dieses Beispiel zeigt, daß die R e n t a b i l i t ä t das o b e r s t e L e i t p r i n -
z i p der kapitalistischen Unternehmung ist, daß sie aber das Wirtschaftlichkeitsprinzip „gewissermaßen als Instrument sparsamster Mittelverwendung benutzt und dennoch den Betrieb ihm nicht überantwortet". Gutenberg bezeichnet
das als „kategoriale Umklammerung des Prinzips der Wirtschaftlichkeit durch
das erwerbswirtschaftliche Prinzip".

d) Technizität und Rentabilität nach Kosiol

Erich K o s i o l faßt den Begriff der Rentabilität wesentlich weiter, als es sonst
üblich ist. Auch er geht aus von der Wirtschaftlichkeit im allgemeinen Sinn, als
der rationalen Ergiebigkeit des betrieblichen Geschehens, gemessen an dem
optimalen Verhältnis von Ergebnis und Einsatz, und gliedert sie in technische
und ökonomische Wirtschaftlichkeit (HdBw., 3. Aufl., Art. „Rentabilität"; ferner: Einführung in die Betriebswirtschaftslehre, Wiesbaden 1968, S. 20 ff. u.
261 ff.):

1. T e c h n i s c h e W i r t s c h a f t l i c h k e i t oder **Technizität** ist die mengenmäßige Ergiebigkeit: sie entspricht der betriebswirtschaftlichen Produktivität.

2. Ö k o n o m i s c h e W i r t s c h a f t l i c h k e i t oder **Rentabilität** ist die wertmäßige Ergiebigkeit und kann sein:

a) s u b j e k t b e z o g e n e R e n t a b i l i t ä t : sie ist auf den Träger der Rente
(Kapitalanleger, Investor) bezogen und wird nach den Regeln der Finanzmathematik ermittelt; und

b) o b j e k t b e z o g e n e R e n t a b i l i t ä t, die eigentliche Unternehmungsrentabilität: ihr liegt der gesamte Produktions- und Umsatzprozeß einer
Unternehmung zugrunde, indem sie an die Verbrauchsmengen und Preise
anknüpft. Dabei werden bei der

α) p a g a t o r i s c h e n R e n t a b i l i t ä t die (pagatorisch definierten) Erträge und Aufwendungen der pagatorischen oder Finanzbuchhaltung und
bei der

β) k a l k u l a t o r i s c h e n R e n t a b i l i t ä t die Kosten und Leistungen
der kalkulatorischen oder Betriebsbuchhaltung entnommen.

Ferner unterscheidet Kosiol zwischen:

1. B e w e g u n g s r e n t a b i l i t ä t e n : sie drücken Erfolgsrelationen zwischen
Periodenerträgen und Periodenaufwendungen oder Periodenleistungen und Pe-
riodenkosten aus. Je nachdem, was als Bezugsgröße (Zähler) gewählt wird,
unterscheidet Kosiol Ertrags-, Aufwands-, Leistungs- und Kostenrentabilität.
Ferner bringt er Erfolgsfaktoren in Beziehung zum Umsatz: Gewinn : Aufwand
= U m s a t z r e n t a b i l i t ä t oder Umsatzgewinnrate.

2. B e s t a n d s r e n t a b i l i t ä t e n : zu ihr gehört vor allem die (pagatorische)
„Kapitalrentabilität" (d. i. die Rentabilität i. S. der herrschenden Meinung).

Der R e n t a b i l i t ä t s g r a d einer Unternehmung wird nach Kosiol durch
das Verhältnis von Ist-Rentabilität zur Soll-Rentabilität ausgedrückt.

e) Das Rentabilitätsprinzip in der Privatwirtschaftslehre

Wilhelm R i e g e r , der Hauptvertreter der „Privatwirtschaftslehre", die sich ganz auf die Lehre von der (kapitalistischen) Unternehmung beschränkt, lehnt die „Betriebswirtschaftslehre" als Wissenschaft ab und damit natürlich auch die Begriffe Wirtschaftlichkeit und Produktivität, die nur für den „technischen Betrieb" gelten. Als Objekt der Privatwirtschaftslehre erkennen Rieger und seine Schule nur die R e n t a b i l i t ä t an, das Prinzip der Gewinnmaximierung. Nach ihm hat jedes Wirtschaftssystem seine eigene „Einzelwirtschaftslehre", die grundsätzlich nichts mit den Einzelwirtschaftslehren anderer Wirtschaftssysteme zu tun hat. (Siehe oben S. 20 f.)

f) Wirtschaftlichkeit als normativistisches Prinzip

Wird die Wirtschaftlichkeit als e t h i s c h - n o r m a t i v e s oder n o r m a - t i v i s t i s c h e s Prinzip aufgefaßt, so wird sie meist unter gesamtwirtschaftlichem Aspekt gesehen. So ist nach Johann Friedrich S c h ä r der Grundgedanke des Handels, „daß die Größe seines ‚Gewinns' von der Größe des Nutzens abhängt, den er durch seine Arbeit der Allgemeinheit leistet" (Allg. Handelsbetriebslehre, 1911). Ähnlich S c h m a l e n b a c h : „Es ist also die gemeinwirtschaftliche, nicht die privatwirtschaftliche Wirtschaftlichkeit, die unserer theoretischen Arbeit die Richtung gibt." Ähnliche Auffassungen finden wir bei Fritz S c h m i d t , W. P r i o n , M e l l e r o w i c z , S e y f f e r t , R ö s s l e , Guido F i s c h e r , J. K o l b i n g e r u. a. (vgl. darüber L ö f f e l h o l z , Wirtschaftsethik, in HdBw., 4. Aufl., 3. Bd. 1976).

Doch ist es bisher nicht gelungen (und es kann u. E. auch gar nicht gelingen), mathematisch exakte Maßstäbe für diese *„Gemeinwirtschaftlichkeit"* zu finden. Das normativistische Prinzip der Gesamtwirtschaftlichkeit erschöpft sich bei vielen Autoren in der Aufforderung, Handlungen zu unterlassen, „die privatwirtschaftlich profitlich sein mögen, gemeinwirtschaftlich aber keine Bedeutung haben" (*Schmalenbach*, Pretiale Lenkung des Betriebs, 1948), oder aber man glaubt, wenn die betriebswirtschaftliche Wirtschaftlichkeit oder die Rentabilität gewahrt seien, dann sei auch die Gesamtwirtschaftlichkeit gegeben. So W. *Kalverams* „christliches Postulat": „Wirtschafte wirtschaftlich!" (Der christliche Gedanke in der Wirtschaft, 1949). Damit ist freilich nichts gegen die Existenzberechtigung einer normativistischen Betriebswirtschaft gesagt (vgl. auch unten S. 68 und passim). So ist das Gemeinwirtschaftlichkeitsprinzip nichts Irreales, es hat in der Praxis seine Gültigkeit. Das ist besonders offensichtlich bei Betrieben der öffentlichen Hand. Die Eisenbahnbetriebe sind zumeist verstaatlicht, weil sie mit Rücksicht auf die Gemeinwirtschaftlichkeit auch unrentable Linien betreiben müssen, die ein privater Betrieb u. U. einzustellen gezwungen wäre. Ähnliche gemeinwirtschaftliche Erwägungen spielen bei Versorgungsbetrieben eine Rolle (Sozialtarife). Doch auch der private Unternehmer steht sehr häufig vor Entscheidungen, die die Gemeinwirtschaftlichkeit berühren; so geht die z. Z. wohl durchaus berechtigte Kritik an der Konsumgüterindustrie, sie wecke in der „Gesellschaft im Überfluß" durch ihre oft sehr reißerische Werbung ständig neue Bedürfnisse für höchst überflüssige Güter, um den Absatz zu steigern, vom Gemeinwirtschaftlichkeitsprinzip aus. Selbstverständlich fundiert dieses Prinzip in der Ethik und kann von einer *empirischen* Betriebswirtschaftslehre nicht gelöst werden.

VII. Das betriebliche Risiko und die Risikopolitik

„Jeder wirtschaftlichen Betätigung drohen Gefahren des Mißlingens und Verlustmöglichkeiten in zahlreichen Arten und in ständiger Variation. Wir pflegen diese, jede wirtschaftliche Handlung begleitenden Gefahren, Zufälligkeiten und Unsicherheitsfaktoren, die der Unternehmer bewußt auf sich nimmt, Risiken zu nennen" (Kalveram). Das Risiko spielt also in der Unternehmung eine sehr große Rolle und hat innerhalb der Betriebswirtschaftslehre zur Entwicklung einer „Risikolehre" geführt.

1. Begriff und Wesen des Risikos

Das Risiko im weiteren Sinn ist ein „k o n s t i t u i e r e n d e s   M e r k m a l   d e s   L e b e n s b e g r i f f e s" überhaupt (Wilhelm Vershofen). „Denn ein Leben ohne Gefahren, ein Leben, das sich in seinen Bestrebungen, Gefahren zu vermeiden oder Gefahren zu begegnen, nicht selbst aufbraucht, ist nicht vorstellbar." (M. R. Lehmann, Allgemeine Betriebswirtschaftslehre, 3. Auflage, Wiesbaden 1957.)

M. R. L e h m a n n hat versucht, den Risikobegriff als einen Unterbegriff eines weiteren, ebenfalls allgemeinen Lebensbegriffes anzusehen, nämlich als Unterbegriff des Begriffs der V e r a n t w o r t u n g. Aus dem Oberbegriff Verantwortung leitet er ab: (1) e t h i s c h e Verantwortung, (2) p o l i t i s c h e Verantwortung, (3) r e c h t l i c h e Verantwortung (gleichbedeutend mit Haftung) und (4) w i r t s c h a f t l i c h e Verantwortung (gleichbedeutend mit *Risiko*). Lehmann sieht diese vier Verantwortungsbereiche in stufenförmiger und wechselseitiger Abhängigkeit, da „sich durch entsprechende rechtliche Bestimmungen eine ethische Verantwortung in eine wirtschaftliche Verantwortung, d. h. in ein Risiko, oder eine gewöhnliche politische Verantwortung in eine rechtliche Verantwortung oder eine Haftung umformen läßt, was meist gleichzeitig ein Risiko mit sich bringt".

Man kann gegen die Gleichsetzung von wirtschaftlicher Verantwortung und Risiko im weiteren Sinne einwenden, daß es sich hier nicht um zwei synonyme Begriffe handele; doch sind beide Komplementärbegriffe.

Der Risikobegriff

Das Risiko ist die mit jeder wirtschaftlichen Tätigkeit verbundene Verlustgefahr, die das eingesetzte Kapital bedroht, sei es durch eine mögliche Gewinnminderung, einen Gewinnentgang oder durch die Möglichkeit der Kapitalminderung und schließlich des völligen Kapitalverlustes (Mellerowicz, Allg. Betriebswirtschaftslehre, a. a. O.).

Risiko und **Wagnis** werden heute in der Betriebswirtschaftslehre meist synonym gebraucht. Sie waren ursprünglich auch sprachlich synonym (griech. rhiza = Wurzel, Klippe; volkslat. risicare = Klippen umschiffen; ital. „risico = Wagnis); heute sind sie es jedoch *sprachlich* nicht mehr. Das „Wagnis" setzt ein Handeln, nämlich ein „Wagen" voraus („Wer nicht wagt, nicht gewinnt!"); während das „Risiko" heute fast mit „Gefahr" identisch ist und auch solche Tatbestände umfaßt, die kein Handeln (kein Wagen) voraussetzen. Die beiden Wörter werden

deshalb in der Betriebswirtschaftslehre auch von denen nicht synonym gebraucht, die es zu tun vorgeben; denn alle sogenannten Elementarrisiken (die
uns durch die Natur drohen, wie Brand, Blitzschlag, Krankheit, Tod) werden
meist nicht unmittelbar durch Handlungen ausgelöst. (Doch können auch Elementarrisiken durch ein Wagnis verursacht werden, wie etwa durch gefährliche
und fahrlässige Sprengungen, gefährliche und fahrlässige Laboratoriumsver-
suche, mangelnde Schutzvorrichtungen usw.) Natürlich kann man alle Risiken
unter den Oberbegriff U n t e r n e h m e r w a g n i s bringen und faßt dann
alle Einzelrisiken (auch z. B. die Gefahren des Blitzschlages) als Ausfluß des
Unternehmungswagnisses auf. „Zielsetzung und Betätigung, um das Ziel zu erreichen, sind die Bedingungen, ohne die kein Risiko entsteht ... Ein Wagnis besteht dann insofern, als es nicht absolut gewiß ist ..., daß das Ziel erreicht
werden kann" (Nicklisch, Die Betriebswirtschaft, 7. Auflage 1932). Insofern
kann man von Risiko im weiteren und engeren Sinne sprechen.

Dieser sprachlichen Differenziertheit hat Curt S a n d i g (Hdw. d. B., 3. Aufl.
1939, „Risiko") Rechnung getragen. Er unterteilt das „R i s i k o i m w e i t e r e n
S i n n e" in: (1) G e f a h r : Objektive Gegebenheit; menschliche Unzuläng-
lichkeit (z. B. Materialfehler, fehlerhafte Arbeit usw.); (2) R i s i k o i m e n g e -
r e n S i n n e : die mit jeder betriebswirtschaftlichen Leistung verbundene
Möglichkeit eines materiellen oder immateriellen Schadens; (3) W a g n i s : der
wagende Einsatz von Kräften oder Mitteln für eine betriebliche Leistung.

Die *moderne „Entscheidungslehre"* faßt den Risiko-Begriff enger und versteht
darunter nur (mit Hilfe der Wahrscheinlichkeitsrechnung) exakt meßbare Unsicherheiten der Erwartungen und nennt diese Erwartungen *„Risiko-Erwartungen"* im Gegensatz zu den nicht meßbaren *„unsicheren Erwartungen"* (s. unten
S. 180 f.).

Risiken und Chancen

M. R. L e h m a n n hat dem Risikobegriff „eine Art G e g e n b e g r i f f" gegenübergestellt, nämlich den Begriff der **Chance**. Diese Gegenüberstellung ist
deshalb wichtig, weil der Betriebswirt im allgemeinen nur dann bereit sein
wird, freiwillig Risiken auf sich zu nehmen, wenn er mit zumindest gleichgroßen
Chancen rechnen kann (besonders Verlustrisiken gegenüber Gewinnchancen).
*Die Risiken müssen also zu den Chancen stets in einem angemessenen Verhält-
nis stehen,* wenn sich dieses Verhältnis auch nur in Ausnahmefällen in Zahlen
ausdrücken läßt.

In einer früheren Arbeit hat Lehmann den Chancenbegriff als Oberbegriff be-
nützt und dann innerhalb dieses Oberbegriffes zwischen p o s i t i v e n oder
eigentlichen C h a n c e n und n e g a t i v e n C h a n c e n oder Risiken unterschieden (1. Aufl. der „Allgemeinen Betriebswirtschaftslehre" 1930).

Eine ähnliche Unterscheidung stammt von Erich S c h ä f e r : Er gliedert die
„E r t r a g s f a k t o r e n" in **positive** und **negative Ertragsfaktoren**. „Als positiv
wird man die ertragsförderlichen Möglichkeiten und Lagen ansehen, als negativ
die ertragshemmenden und -schädigenden. Die positiven Ertragsfaktoren kann
man als Chance, Vorteil oder Differentiallage bezeichnen: Besondere Arbeits-

begabungen, eigene Patente, verkehrsgünstiger Standort, alter Ruf. Die negativen lassen sich weitgehend unter dem Begriff des R i s i k o s zusammenfassen." (Schäfer, Die Unternehmung, 8. Aufl., 1973).)

Die „Lehre vom Risiko"

Einige Betriebswirtschaftler haben wegen der großen Bedeutung des Risikos für die Unternehmung sowie der betrieblichen Risikopolitik innerhalb der Betriebswirtschaftslehre eine eigenständige „Lehre vom Risiko" entwickelt, so als erster Friedrich L e i t n e r (Die Unternehmungsrisiken, Berlin 1915), Karl O b e r p a r l e i t e r (Funktionen- und Risikenlehre des Warenhandels, 1930, 2. Auflage 1955), Heinrich N i c k l i s c h (Die Betriebswirtschaft, 7. Auflage, Berlin 1932), Karl F. B u s s m a n n (Das betriebswirtschaftliche Risiko, 1955) und neuerdings vor allem die „*Entscheidungslehre*" (s. unten S. 171 ff., insbes. S. 180 f.) haben sich systematisch mit dem Wesen des Risikos beschäftigt.

Die Entstehungsursachen des Risikos

Mit den Entstehungsursachen des Risikos haben sich alle Autoren befaßt, die eine Risikolehre entwickelt haben. Besonders bekanntgeworden ist der Versuch O b e r p a r l e i t e r s, die Risikofaktoren nach den einzelnen Grundbereichen ihres Ursprungs zu sondern. Unter „Risikofaktoren" versteht er „jene menschlichen und natürlichen Energien . . ., deren Betätigung oder Ruhe Gelingen oder Nichtgelingen des ökonomischen Zweckhandelns, hier der Tauschleistung, entscheidet" (Oberparleiter, a. a. O.).

Unterstellt man den Unternehmer als „relativ vollkommen", d. h. im Vergleich zu seinen Wettbewerbern, so verbleiben nach Oberparleiter die f o l g e n d e n **Risikofaktoren** als Ursprung seiner Wagnisse:

I. die am eigenen Leistungsprozeß Mitwirkenden

    A. Hauptsubjekte (Gesellschafter, leitende Angestellte, Geldgeber, Lieferanten, Abnehmer),

    B. Hilfssubjekte (die übrigen Belegschaftsmitglieder, Frachtführer, Versicherer, Anwälte usw.),

II. die Wirtschaftsobjekte

    A. Anlageobjekte (Grundstücke, Maschinen, Transportmittel usw.),

    B. Umlaufobjekte (Roh-, Hilfsstoffe, Handelswaren, Wertpapiere),

III. die Natur (Elementarereignisse),

IV. die menschliche Gesellschaft als

    A. Markt (Waren-, Dienstleistungs-, Geld-, Kapitalmarkt),

    B. Verfassungsrechtliche Autorität (Staat, Länder, Gemeinden),

    C. Gesellschaftsgruppen (Gewerkschaften, Parteien, Religionsgemeinschaften),

    D. Einzelindividuum abseits des Leistungsvorganges (Brandstifter, Diebe und dergleichen).

Die Arten des Risikos

Die Risiken sind nicht nur ihrer Zahl, sondern auch ihren Arten nach fast unübersehbar groß. Um ihr vielschichtiges Wesen einigermaßen zu erfassen, hat man versucht, sie unter den verschiedensten Gesichtspunkten zu ordnen. Die umfangreichste Systematisierung stammt wohl von Karl F. B u s s m a n n (a. a. O.). Er unterscheidet:

1. N a c h d e r A r t d e s A u f t r e t e n s
   a) schleichendes Risiko,
   b) schlagendes Risiko (wie Naturkatastrophen, höhere Gewalt usw.).

2. N a c h d e m E n t s t e h u n g s o r t
   a) innerhalb des Betriebes entstandene Risiken,
   b) außerhalb des Betriebes entstandene, diesen aber direkt betreffende Risiken.

3. N a c h d e m G e f ä h r d e t e n
   a) physisches Risiko, „körperliches Wagnis", häufig z. B. im Bergbau, bei Verkehrsunternehmen, Epidemien usw.,
   b) materielles Risiko.

4. N a c h d e r M e ß b a r k e i t
   a) meßbares Risiko,
   b) nicht meßbares Risiko (nach *Nicklisch* das Risiko im engeren Sinne).

5. N a c h d e n W i r t s c h a f t s g r u p p e n
   a) Industrierisiko,
   b) Handwerksrisiko,
   c) Handelsrisiko,
   d) Verkehrsbetriebliches Risiko,
   e) Bankenrisiko,
   f) Versicherungsrisiko.
   Die meisten dieser Risiken treten in allen Wirtschaftsgruppen auf, doch haben sie in den einzelnen Wirtschaftsgruppen eine oft sehr unterschiedliche Bedeutung; zudem hat jede Wirtschaftsgruppe ihre arteigenen Risiken.

6. N a c h d e r b e t r i e b l i c h e n R e c h t s f o r m , wie z. B. Einzelfirma, Offene Handelsgesellschaft, Aktiengesellschaft, Genossenschaft usw.

7. N a c h d e n U n t e r n e h m u n g s f u n k t i o n e n
   a) Beschaffungsrisiko: hinsichtlich des Ortes, der Zeit, der Quantität und Qualität, der Sicherung des Wertgefälles;
   b) Lagerungsrisiko: hinsichtlich des Lagerortes, der Lagerdauer (Umschlagshäufigkeit), Sortimentierung, Lagerkontrolle, Feuer, Diebstahl, Einbruch, Schwund, Verderb;
   c) Fertigungsrisiko: hinsichtlich Arbeitskraft, Menge und Güte des Materials, Arbeitsvorbereitung, Maschinen und Werkzeuge, Innentransporte;

d) Verwaltungsrisiko: hinsichtlich der Menschenführung, wert- und mengenmäßige Erfassung, Gliederung und Einsatz von Vermögen, Arbeitsausrüstung und Arbeitsmaterial;

e) Vertriebsrisiko: hinsichtlich des Absatzmarktes, der Preise, Mode und Konkurrenz.

8. Nach den Produktionsfaktoren

a) Arbeitsrisiko: es betrifft die Arbeitenden, und zwar den Unternehmer und die Belegschaft,

b) Kapitalrisiko: Risiken an Geld- und Sachkapital.

9. Nach Vermögenseigenschaften

a) Liquiditätsrisiko: Hinsichtlich Zahlungsfähigkeit bzw. Liquiditätsgrad,

b) Risiko der Vermögenszusammensetzung: hinsichtlich des Verhältnisses von Anlage- zum Umlaufvermögen, von Eigen- zu Fremdkapital, Reservenbildung und optimaler Vermögenskombination im Hinblick auf die Erfüllung des Betriebszweckes.

10. Nach der Ertragszielung

a) Rentabilitätsrisiko: hinsichtlich des Verhältnisses des Gewinns zum Kapital (Eigen- oder/und Fremdkapital), des Verhältnisses des Gewinns zu Umsatz,

b) Wirtschaftlichkeitsrisiko: hinsichtlich des Verhältnisses von Ertrag zu dem zu seiner Erzielung notwendigen Aufwand.

11. Nach dem Geschäftswert: Geschäftsrisiko: das Risiko, bei dem durch irgendwelche Ereignisse der (originäre oder derivative) Geschäftswert gemindert wird.

2. Die Risikopolitik der Unternehmung

Die Risiken, als ständig drohende Verlustgefahren, kann die Unternehmung durch zahllose vorbeugende Maßnahmen z. T. ganz ausschalten, z. T. mehr oder weniger mindern. Solche Maßnahmen sind (nach Sandig, a. a. O. und Mellerowicz, Allg. Bwl., Bd. 2):

1. Begrenzung der Risiken durch entsprechende Verträge, bestimmte Preisbildungsformen (vor allem bei langfristigen Fertigungen), durch eine entsprechende Betriebspolitik, z. B. bei Verkäufen von Gütern mit schwankenden Preisen durch sofortiges Abschließen eines entsprechenden Gegengeschäftes, durch Lieferungs- und Zahlungsbedingungen;

2. Verteilung der Risiken, und zwar örtliche: verschiedene Absatzgebiete mit unterschiedlicher Struktur; sachliche: verschiedene Artikelgruppen mit zeitlich oder sozial unterschiedlichem Bedarf;

3. Teilung der Risiken, z. B. durch den Abschluß von Konsortialgeschäften bei Gewährung von Großkrediten, im Bankwesen bei Übernahme von Emissionen;

4. Überwälzung der Risiken auf den Abnehmer (z. B. Transportrisiko);

5. b e s o n d e r e   S i c h e r u n g durch dingliche Sicherheiten oder durch die Stellung von Bürgschaften;

6. V e r s i c h e r u n g e n , d. h. Übertragungen der Risiken auf berufliche Risikoträger durch Prämienzahlungen;

7. K u r s s i c h e r u n g s g e s c h ä f t e gegen Valutarisiken.

Durch diese Maßnahmen können zwar zahlreiche Risiken vermindert, aber doch nur ein Bruchteil von ihnen ganz ausgeschlossen werden.

Effektive Risikoverluste als Kosten

Die A u f g a b e   d e s   R e c h n u n g s w e s e n s ist es, sämtliche Kosten und Leistungen (Erträge), die ihrem Wesen nach „Qualitäten" sind, in Q u a n t i - t ä t s g r ö ß e n zu erfassen. „Was nicht meßbar ist, muß meßbar gemacht wer- den" (Galilei). Die Risiken haben nun einen qualitativen Charakter, der sich unmittelbar überhaupt nicht in Quantitäten ausdrücken läßt, da das Risiko ja nur die G e f a h r eines Verlustes ist. Ob das d r o h e n d e   E r e i g n i s   e i n - t r i t t , ist bei jedem Risiko u n g e w i ß . Tritt es ein, entstehen der Unter- nehmung Kosten.

Nun scheint es auf den ersten Blick das einfachste, die e f f e k t i v e n   R i s i k o - v e r l u s t e als Kostenarten zu behandeln und in die Kostenrechnung zu über- nehmen. Das Risiko selbst wird also unberücksichtigt gelassen; erst wenn der Verlust eingetreten ist, wird er in die Kostenrechnung übernommen (in die Kontenklasse 4). Doch ist eine solche direkte Verrechnung der entstandenen Risikoverluste g r u n d s ä t z l i c h   f a l s c h ; ihr Anfall ist zu sehr zufalls- bedingt und unregelmäßig, als daß sie auf die Kostenrechnung direkt einwirken dürfen. Man kann z. B. einen großen Maschinenschaden nicht dem Auftrag belasten, der bei Eintritt des Schadens gerade auf dieser Maschine bearbeitet wurde. Bei kleineren Risikoverlusten wird eine direkte Verrechnung allerdings häufig vorgenommen. Es gibt auch Fälle, wo sie gerechtfertigt ist (vgl. Melle- rowicz, a. a. O. Bd. 2).

Die quantitative Erfassung des Risikos

Die Risikobewertung hat also die Verlust g e f a h r zu bewerten, d. h. die W a h r s c h e i n l i c h k e i t , mit der der V e r l u s t tatsächlich e i n t r i t t . Bei zahlreichen Risiken läßt sich nun die Größe des Risikos mit Hilfe der W a h r s c h e i n l i c h k e i t s r e c h n u n g und der S t a t i s t i k befriedigend messen.

Für das Risiko gilt in quantitativer Beziehung nach M. R. Lehmann (a. a. O.) die allgemeine Gleichung:

$$\text{Risiko} = \frac{\text{ungünstige Möglichkeiten}}{\text{Gesamtmöglichkeiten}}$$

Wie sich andererseits für die Chancen die Gleichung aufstellen läßt:

$$\text{Chance} = \frac{\text{günstige Möglichkeiten}}{\text{Gesamtmöglichkeiten}}$$

Doch lassen sich nicht alle Risiken zahlenmäßig bewerten. Man unterscheidet deshalb:

1. meßbare (bezifferbare) Risiken,

2. nicht meßbare (unbezifferbare) Risiken.

Man kann natürlich nicht generell die verschiedenen Risikoarten einer dieser beiden Gruppen zuweisen. Es kommt in jedem Einzelfall auf den Grad der Erkenntnis an, die der Unternehmer von dem betreffenden Risiko besitzt, d. h. ob die statistischen Unterlagen ausreichen, um die Wahrscheinlichkeit des Risikos zu berechnen. „Da aber der Ausbau des betriebswirtschaftlichen Rechnungswesens bzw. im besonderen der betriebswirtschaftlichen Statistik unsere Erkenntnisse gerade auf diesem Gebiet zu erweitern und zu vertiefen geeignet ist, so bedeutet das, daß mit der Verbesserung der Rechnungsorganisation allmählich eine immer größere Anzahl von Risiken bezifferbar werden muß" (Lehmann).

Im Anschluß an die Gliederung der Risiken in bezifferbare und unbezifferbare unterscheidet Lehmann noch zwischen: **1. speziellen Risiken** und **2. generellen Risiken.** In der Regel sind die generellen Risiken, zu denen vor allem das *allgemeine Unternehmerrisiko* gehört, nicht bezifferbar, während die speziellen Risiken, z. B. Schadenfeuerrisiko, Betriebsunterbrechungsrisiko, Kreditrisiko, Transportrisiko usw., mindestens zu einem erheblichen Teil bezifferbar sind. Doch gibt es auch manche speziellen Risiken, die sich zahlenmäßig nicht ausdrücken lassen, wie z. B. alle diejenigen Risiken, die gewissermaßen auf der „Tücke des Objekts" beruhen (Lehmann), so z. B. Risiken, die sich aus diskreten Materialmängeln von Maschinen, Apparaten, Ofenanlagen usw. ergeben. Die generellen Risiken sind dadurch gekennzeichnet, daß sie als *„singuläre Erscheinung"* aufgefaßt werden müssen, d. h. aber, sie entziehen sich der Wahrscheinlichkeitsrechnung und sind unbezifferbar. Dagegen sind spezielle Risiken, meist Massenerscheinungen, für die das „Gesetz der großen Zahl" gilt.

Das allgemeine Unternehmerwagnis

Das wichtigste generelle Risiko ist das allgemeine Unternehmerwagnis. Es bedroht die Unternehmung als Ganzes. Da jede Unternehmung ein individuelles Gebilde ist, ist es eine singuläre Erscheinung und weder meßbar noch im voraus bewertbar. Seine Ursachen liegen ganz überwiegend in der außerbetrieblichen Sphäre. Eine Möglichkeit der Berücksichtigung in den Kosten ist nicht gegeben. Daher muß dieses Risiko im Gewinn abgegolten werden. Sein wesentlicher Bestandteil ist nach Klinger (Wagnisse und Steuern als Kosten- und Gewinnfaktoren, 1948) das Preisrisiko.

In der Marktwirtschaft spielt, worauf u. a. Mellerowicz hinweist (a. a. O.), infolge der unabhängigen Preisbildung die Höhe des kalkulierten allgemeinen Unternehmerwagnisses keine Rolle. Dagegen hat man versucht in den verschiedenen Kalkulationsvorschriften bei öffentlichen Aufträgen irgendwelche Bemessungsgrundlagen zu finden. So war in den LSÖ das allgemeine Unternehmerwagnis wie folgt bemessen: 1,5 % vom betriebsnotwendigen Vermögen und 1,5 % vom Umsatz, jedoch nicht mehr als 4,5 % des betriebsnotwendigen Vermögens. Dieses Verfahren wurde nach dem Krieg in den Berliner Leitsätzen von 1946 und in den LSP vom 21. 11. 1953 beibehalten, jedoch unter Kürzung der Wagnissätze. Diese Bemessungsgrundlagen sind natürlich nur ein „Notbehelf" (Mellerowicz).

Versicherung der Risiken gegen Zahlung von Prämien

„R i s i k e n   m i t   F r e m d d i e n s t c h a r a k t e r" (Lehmann) sind diejenigen Risiken, gegen die man sich versichern kann. Diese Fremdversicherung von Risiken macht uns den Kostencharakter der speziellen Risiken besonders deutlich. Die laufend gezahlten Versicherungsprämien sind echte Kosten und werden unmittelbar der Kostenartenklasse 4 in der Buchhaltung belastet. Tritt ein (versicherter) Risikoverlust ein, so wird er der Klasse 2 (eingetretene Risikoverluste) belastet. Dasselbe Konto erhält dann eine Gutschrift, wenn das Versicherungsinstitut die Versicherungssumme bezahlt.

Derartige Versicherungen bei privaten oder öffentlich-rechtlichen Versicherungsunternehmen sind (nach Mellerowicz, a. a. O.)   n u r   d a n n   z w e c k - m ä ß i g, wenn ein Ausgleich innerhalb des Betriebes auf lange Sicht nicht zu erwarten ist, also vor allem für Katastrophenschäden (Feuer, Überschwemmung u. a.). In anderen Fällen ist diese Form der Risikoübertragung häufig zu teuer.

Die kalkulatorische Erfassung von Einzelwagnissen

Die „R i s i k e n   m i t   W a g n i s k o s t e n c h a r a k t e r" (Lehmann) sind diejenigen speziellen und meßbaren Risiken, gegen die man sich zwar nach außen nicht versichern kann   o d e r   w i l l, die man aber durch sogenannte „Selbstversicherung" berücksichtigt. Diese besteht darin, daß man einerseits, buchhalterisch betrachtet, zu Lasten der laufenden Erfolgsrechnung in angemessenem Umfang bilanzmäßige Rückstellungen macht und daß man andererseits in die Preiskalkulationen entsprechende Kostenbeträge, eben die sogenannten „*Wagniskosten*", einstellt (Lehmann, a. a. O.).

Die *Technik der Verbuchung* entspricht der üblichen Behandlung kalkulatorischer Kostenarten: durch die Buchung Klasse 4 über den Betriebsabrechnungsbogen nach Klasse 5 bzw. direkt nach Klasse 9 ins Betriebsergebnis. Die effektiven Wagnisverluste werden in der Klasse 2 belastet.

In der   K o s t e n s t e l l e n -   bzw.   K o s t e n t r ä g e r r e c h n u n g   können die kalkulatorischen Wagniskosten entweder als Gemeinkosten auf die Kostenstelle umgelegt oder aber als Sondereinzelkosten bzw. Gruppen-Gemeinkosten einzelnen Trägern und Trägergruppen zugerechnet werden. Voraussetzung ist natürlich eine   R i s i k o s t a t i s t i k   zur Ermittlung der Risikoquoten.

M e l l e r o w i c z   unterscheidet im einzelnen folgende **sechs „kalkulatorische Einzelwagnisse":** 1. Beständewagnis, 2. Anlagenwagnis, 3. Mehrkostenwagnis, 4. Gewährleistungswagnis, 5. Entwicklungswagnis und 6. Vertriebswagnis.

1. Das   B e s t ä n d e w a g n i s   ist die Verlustgefahr durch Schwund, Veralten, Entwertung und Güteminderung. Es wird meist als Gemeinkostenart in der Kostenstellenrechnung dem Materialbereich zugerechnet.

2. Das A n l a g e w a g n i s ist die Verlustgefahr durch Anlageschäden. Es umfaßt der Natur nach auch das Abschreibungswagnis (aus unrichtiger Bemessung der Abschreibungen) und das Katastrophenwagnis. Das Abschreibungswagnis ist ein Korrekturposten für Fehlschätzungen der Lebensdauer von Anlagegütern. — Das Katastrophenwagnis wird meist durch eine Versicherung gedeckt; es hat für die Einzelunternehmung singulären Charakter, nicht aber für das Versicherungsunternehmen.

3. Das M e h r k o s t e n w a g n i s ist die Verlustgefahr durch Ausschuß (arbeits- oder materialbedingten) und Nacharbeit. Fällt der Ausschuß relativ gleichmäßig und in gleicher Höhe an, kann er direkt verrechnet werden.

4. Das G e w ä h r l e i s t u n g s w a g n i s stellt die Verlustgefahren durch Garantieübernahmen gegenüber den Abnehmern dar. Es wird in der Praxis stark beachtet, weil hierfür steuerliche Rückstellungen gebildet werden können, im Gegensatz zu anderen Risiken.

5. Das E n t w i c k l u n g s w a g n i s ist die Verlustgefahr durch erfolglose Entwicklungsarbeiten. Das Entwicklungswagnis ist z. T. eine singuläre Erscheinung und stellt deshalb ein generelles Risiko dar, dessen quantitative Erfassung schwierig ist.

6. Das V e r t r i e b s w a g n i s besteht aus den Verlustgefahren aus der Unabsetzbarkeit der Waren oder aus Preissenkungen, aber auch durch Ausfälle und Währungseinbußen bei Debitoren. Dieses Debitorenrisiko ist die Verlustgefahr bei Zahlungseingängen; die Praxis sucht sich seit langem durch Delkredere-Rückstellungen vor diesem Risiko zu sichern.

VIII. Der Wert in Betriebswirtschaft und Betriebswirtschaftslehre

1. Die Stellung des wirtschaftlichen Wertes in der Wertlehre

Der Begriff des Wertes

Der Wert ist ein Kosmopolit der Wissenschaften. Er begegnet uns in der Mathematik und Logik, in den Wirtschaftswissenschaften, der Physik (z. B. als Energiewerte), in der Chemie als Wertigkeit oder Valenz der Atome, in der Technologie als Größt- und Kleinstwert einer mathematischen Funktion. In der Philosophie gibt es logische, metaphysische, ethische und ästhetische Werte. Die Wirtschaftswissenschaften kennen Gebrauchswert und Tauschwert. In der Betriebswirtschaftslehre gibt es einen ganzen Katalog von Werten: Anschaffungs- und Verkaufswert, Kostenwert und Ertragswert, Wiederbeschaffungswert, Buchwert, Gemeiner Wert, Teilwert usw. Alle diese Wertbegriffe sind offensichtlich von völlig verschiedener Natur. Doch darf man vermuten, daß sie eine gemeinsame logische Grundlage haben. Diesen Fragen geht die *Wertlehre* oder *Axiologie* nach.

Der *Wert* ist *ganz allgemein* das Verhältnis zwischen zwei Größen, in den Naturwissenschaften ein Objekt-Objekt-Verhältnis, in den Geistes- und Sozialwissenschaften ein Subjekt-Objekt-Verhältnis, nämlich der Grad der Tauglichkeit, den ein Gut besitzt, um ein sinnliches, wirtschaftliches, ästhetisches, ethisches oder metaphysisches Bedürfnis des Menschen zu befriedigen. Danach können wir unterscheiden: (1) „Lustwerte", (2) Güterwerte, (3) Vitalwerte (z. B. Macht, Glück), (4) ästhetische Werte, (5) sittliche Werte und (6) „höchste Werte". Diese Reihenfolge zeigt zugleich die Rangfolge der Wertsphären, deren „Gesetzlichkeit" Nicolai Hartmann untersucht hat (Ethik, 3. Aufl. 1949). Danach sind die niederen Werte die Voraussetzung der höheren Werte, ihre äußere Bedingung, sie sind die „tragenden Werte", d. h. die vitalen, sozialen und sittlichen Werte, die die Unternehmung berühren, werden von den niederen, fundamentaleren wirtschaftlichen Werten getragen, so können z. B. dringliche soziale Betriebseinrichtungen nicht ausgeführt werden, wenn sie nicht finanziert werden können. Diese fundamentale Bedeutung der wirtschaftlichen Werte hat mit zu ihrer einseitigen Überschätzung beigetragen. (Über die Stellung der wirtschaftlichen Werte im Wertreich vgl. *Löffelholz, Der Wert als Problem der Betriebswirtschaft, in Gegenwartsprobleme der Betriebswirtschaft, Baden-Baden, Frankfurt a. M. 1955.*)

Die (1) Lust-, (2) Güter- und (3) Vitalwerte sind „M i t t e l w e r t e" oder „K o n s e k u t i v w e r t e" (Scheler), d. h. Werte, die nicht um ihrer selbst, sondern um eines anderen Wertvollen willen erstrebt werden; diese erstrebten höheren Werte können wiederum Mittelwerte sein, die aber in der letzten Stufe der Wertfolge einen *Eigenwert* oder *Selbstwert* erstreben. Als Eigenwerte gelten ästhetische, ethische und transzendente Werte. *Wirtschaftliche Werte* sind also *stets Mittelwerte*.

Der verschiedenartige Wertbegriff in den *Natur- und Geisteswissenschaften* charakterisiert den Unterschied beider Wissenschaftsbereiche: Der Wert ist in den Naturwissenschaften ein reines Objekt-Objekt-Verhältnis, das also außerhalb des geistigen und sozialen Bereiches besteht. Der Wert in den Geisteswissenschaften dagegen ist ein Objekt-Subjekt-Verhältnis und hat daher stets einen psychischen, geistigen oder sozialen Aspekt. Unter *Wert im engeren Sinne*, im Sinne der „Wertlehre" (Axiologie), versteht man nur den Wert als Objekt-Subjekt-Verhältnis, also das Verhältnis eines wollenden, wünschenden, begehrenden Subjekts zu einem Objekt. Auch bei allen *wirtschaftlichen Werten* liegt, auch wenn es häufig nicht den Anschein hat, stets ein *Objekt-Subjekt-Verhältnis* zugrunde.

Der Wert in den Wirtschaftswissenschaften

Der französische Nationalökonom Proudhon nannte den Wert den „Eckstein des ökonomischen Gebäudes"; Böhm-Bawerk bezeichnet ihn als den „Kompaß unserer wirtschaftlichen Handlungen". Bei den alten Volkswirten stand er im Mittelpunkt ihres Lehrgebäudes. Dagegen haben viele neue Wirtschaftswissenschaftler den Terminus „Wert" ganz aus der Wirtschaftslehre verbannt, wie Cassel, Liefmann, Adolf Weber, Walter Eucken, H. von Stackelberg und viele moderne Betriebswirtschaftler, wie z. B. E. Gutenberg, A. Walther, E. Schäfer, M. Lohmann u. a. Wenn einige dieser Autoren ausdrücklich darauf hinweisen, daß die Wirtschaftswissenschaften auf den so stark umstrittenen Wertbegriff ganz verzichten können, so ist das insofern nicht richtig, als natürlich auch der Preis, die Kosten, der Ertrag, der Aufwand, der Lohn usw. Werte sind, nämlich Güterwerte. Dadurch, daß diese Autoren den allgemeinen Wertbegriff vermeiden, verzichten sie darauf, die teils objektiven, teils subjektiven Gründe des Güterwertes, nämlich ihre Fundierung in Endwerten, zu untersuchen, was natürlich ohne philosophische Begründungen nicht möglich ist, und beschränken sich auf die Erklärung des Preisphänomens. Das ist durchaus zulässig, aber das *Phänomen* des wirtschaftlichen Wertes wird dadurch beiseite geschoben.

Begründung des wirtschaftlichen Wertes

Der Wert eines (materiellen oder immateriellen) wirtschaftlichen Gutes gründet sich auf:

1. die *Nützlichkeit,* den Nutzen, die Ophelimität, d. h. die Tauglichkeit eines Gutes, menschlichen Zwecken zu dienen. Die Nützlichkeit eines Gutes nennt man seinen *Gebrauchswert.* Sie allein macht jedoch noch nicht den wirtschaftlichen Wert eines Gutes aus. So hat z. B. Sonnenlicht einen ungeheuer hohen Gebrauchswert für den Menschen, aber es hat keinen wirtschaftlichen Wert. Es ist ein sog. „freies Gut". Hinzukommen muß

2. die *Seltenheit,* die *Knappheit* des Gutes, d. h. die Notwendigkeit, zur Erlangung von beschränkt vorhandenen Gütern „Opfer" aufzubringen, d. h. andere Güter (Arbeit, Werkzeuge usw.) einzusetzen. Die Seltenheit kann bedingt sein durch a) die Natur, b) gesellschaftliche Einrichtungen, wie Eigentumsrechte, Patentrechte, Monopole und c) technische Schwierigkeiten der Beschaffung, wie z. B. bei der Gewinnung von Stickstoff.

Diese beiden Komponenten begründen den wirtschaftlichen Wert eines Gutes. Das Gut wird in der Tauschwirtschaft zu einem Tauschobjekt, es erlangt *Tauschwert.*

Der Wertbegriff in der Volkswirtschaftslehre

Die Volkswirtschaftslehre, die „alles marktwirtschaftliche Geschehen in ein System wissenschaftlicher Gesetze einzuordnen" hat (Rüstow), ist vornehmlich an dem Tauschwert interessiert, also am Tausch: Objekt gegen Objekt. Das Austauschverhältnis wird in der Geldwirtschaft in der Geldeinheit gemessen und ist dann mit dem Preis identisch. Der *Preis* ist danach der durch den Markt quantifizierte Tauschwert. Die *objektivistischen* Theorien erklären die Bildung des Tauschwertes der Güter aus den zur Herstellung der Güter aufgewandten Kosten. Nach der *Produktionskostentheorie* (Adam Smith) entspricht der Wert der Güter ihren Produktionskosten, die sich zusammensetzen aus (1) dem Lohn für die aufgewandte Arbeit, (2) dem Zins für das investierte Kapital und (3) der Rente für die Benutzung des bei der Produktion erforderlichen Bodens. Die *Arbeitswerttheorie* (David Ricardo, Karl Marx) hält lediglich die Arbeitskosten für den Maßstab des Güterwertes, da sie das „Kapital" (produzierte Produktionsmittel) als „vorgetane Arbeit" und die Grundrente als Ergebnis der Preisbildung betrachtet. Der Wert einer Ware wird danach von der in ihr enthaltenen Arbeitsmenge bestimmt.

Der Preis ist jedoch nur scheinbar ein Objekt-Objekt-Verhältnis, denn die letzte Wertquelle ist für den Preis — neben der Seltenheit — der *Gebrauchswert,* der sich innerhalb der Haushaltungen bildet. Die *subjektivistischen Werttheorien* gehen deshalb vom Gebrauchswert aus und sehen den Bestimmungsgrund für den Gebrauchswert in subjektiven und psychologischen Faktoren. Diese alte Wertlehrer erreichte ihren Höhepunkt in der *Grenznutzentheorie*, die auf dem Prinzip des Gossenschen Gesetzes beruht; danach nimmt die Intensität eines Bedürfnisses mit zunehmender Befriedigung ab. Der Wert eines beliebig teilbaren Gutes bestimmt sich nach dem Nutzen, der mit der letzten Teilmenge zu erzielen ist (Grenznutzen).

Die *moderne ökonomische Werttheorie* hat den Gegensatz zwischen objektivistischer und subjektivistischer Betrachtungsweise in der „Gleichgewichtstheorie" zu überwinden versucht. Danach ergibt sich die Höhe des Tauschwertes aus dem funktionalen, exakt darstellbaren Zusammenhang zwischen Angebot und Nachfrage am Markt, wobei bei der Bestimmung der Nachfrage die subjektiven Faktoren berücksichtigt werden.

2. Der Wert in der Betriebswirtschaft

Die beiden wertbestimmenden Komponenten

Die Tätigkeit aller Betriebe (im weiteren Sinne) ist wirtschaften, denn nur in Betrieben wird gewirtschaftet. Wirtschaften ist die Beschaffung von Gütern nach dem ökonomischen Prinzip. Das *ökonomische Prinzip* ist das Bestreben, ein optimales Verhältnis zwischen den eingesetzten Mitteln (Aufwand) und dem erreichbaren Nutzen (Ertrag) zu erzielen. Das bedeutet bei jeder wirtschaftlichen Handlung einen *Nutzen- und Kostenvergleich*, nämlich das Verhältnis von Nutzen unnd Aufwand oder Ertrag und Kosten zu bestimmen. Das aber ist nichts anderes als „*werten*"[1]. Es werden also unabhängig voneinander bewertet:

1. der Nutzen, Gebrauchswert oder Eignungswert und

2. der Aufwand, d. h. der Wert der „Opfer", die für die Beschaffung der wirtschaftlichen Güter gebracht werden müssen.

Diese den wirtschaftlichen Wert bewirkenden „*Vorwerte*" entsprechen den „Wertquellen", wie sie die Volkswirte festgestellt haben. Die Seltenheit der Güter äußert sich in dem Aufwand an Arbeits- und Produktionsmitteln zur Beschaffung und Herstellung der materiellen oder immateriellen Güter; denn alle sog. knappen Güter verursachen bei ihrer Beschaffung und Erzeugung sowie beim Vertrieb Kosten.

Wir haben nun zu unterscheiden zwischen dem betriebswirtschaftlichen Wert in *Haushaltungen* und in *Unternehmungen*.

---

[1] *Literaturhinweise zum betriebswirtschaftlichen Wertproblem:* J. Löffelholz: Der Wert als Problem der Betriebswirtschaft, in Gegenwartsprobleme der Betriebswirtschaft, Baden-Baden 1955, Seite 25—39. — August Marx: Der Wert in der Betriebswirtschaft... Stuttgart 1958. — Konrad Mellerowicz: Wert und Wertung im Betrieb, Essen 1952. — E. Pausenberger: Wert und Bewertung (Sammlung Poeschel), Stuttgart 1963. — Werner Ruf: Die Grundlagen eines betriebswirtschaftlichen Wertbegriffs, Bern 1955. — Waldemar Wittmann: Der Wertbegriff in der Betriebswirtschaftslehre, Köln - Opladen 1956.

Der betriebswirtschaftliche Wert in der Haushaltung

In Haushaltungen sind sowohl Gebrauchswert als auch Aufwand stark subjektiv bedingt. Beim Gebrauchswert ist das ohne weiteres klar. Für den Antialkoholiker hat eine Flasche Schnaps gar keinen oder einen ganz geringen Gebrauchswert. Doch auch die Bewertung des Aufwandes ist stark subjektiv und psychologisch bedingt, so ist einmal die Höhe des Einkommens für die Bewertung der Geldeinheit und damit die Einschätzung der Bedürfnisse von sehr großer Bedeutung, zum anderen ist die Bedürfnisskala der einzelnen Menschen außerordentlich verschieden.

Diese Vorgänge in der Haushaltung sind keineswegs wirtschaftlich irrelevant. Im Gegenteil, sie sind wesentliche Bestimmungsgründe der Preisbildung. Das hat besonders die *Grenznutzenschule* erkannt, doch sah sie, wie bereits erwähnt, im Grenznutzen den alleinigen Bestimmungsgrund des wirtschaftlichen Wertes. Die „mathematische Schule" hat dagegen die „*Wirtschaftspläne der Haushaltungen*" eingehend untersucht, um das Zusammenspiel zwischen den Dispositionen der Haushaltungen und den Dispositionen der Unternehmungen zu ergründen und darauf die „*Gleichgewichtstheorie*" aufzubauen. — Die Daten über die Höhe der zu erwartenden Nachfrage zur konkreten Absatz- und Produktionsplanung sucht die *Marktforschung* zu ermitteln.

Der Wert in der Unternehmung

Die Unternehmung entstand bekanntlich durch Loslösung der Produktionswirtschaft aus dem Haushalt der mittelalterlichen Zunftwirtschaft, um soweit als möglich alle Produktionsvorgänge und Produktionswerte quantifizieren zu können. Das heißt nichts anderes, als daß vor allem der Nutzen- und Aufwand-Vergleich quantifiziert werden und der stark intuitive, traditionsgebundene Nutzen- und Aufwand-Vergleich durch exakte Wirtschaftlichkeitsrechnungen ersetzt werden mußte. Nutzen und Aufwand werden „quantifiziert" und wandeln sich in

1. *Ertrag,* als den quantifizierten Nutzen, den quantifizierten Gebrauchswert und

2. *Kostenwert,* den quantifizierten Aufwand, gleichsam die „Quantifizierung der Knappheit".

Da diese beiden Werte sekundärer Natur sind und von den Tauschwerten, den Preisen, abgeleitet sind, wird der *Marktpreis* (Marktzeitwert) der wichtigste betriebswirtschaftliche Wert.

Der *Kostenwert* setzt sich zusammen: aus (1) den Preisen der im Produktionsprozeß verzehrten Güter, (2) den Löhnen für Arbeitsleistungen, (3) den Zinsen für Kapitalnutzung und (4) den Prämien für eingegangene Risiken. Der Kostenwert wird also wesentlich von Preisen des Beschaffungsmarktes gebildet. Der *Ertrag* dagegen wird bestimmt von den Preisen des Absatzmarktes. Die objektiven wertbildenden Daten für die betriebswirtschaftlichen Werte sind also die Marktpreise.

Die Unternehmung hat nun die Aufgabe, das Wertgefälle zwischen den Preisen des Beschaffungsmarktes und denen des Absatzmarktes optimal zu gestalten.

Sie muß bestrebt sein, ihre Erzeugnisse zu einem Preis abzusetzen, der möglichst über dem Kostenwert (Selbstkosten) des Produktes liegt (Gewinnmaximierung); denn sie kann auf die Dauer nicht zu einem Kostenwert produzieren,
der über dem Marktpreis liegt. Das heißt aber, daß der Kostenwert auch eine
Komponente der Preisbildung ist. Diese Probleme werden in der *Preistheorie,*
auf die wir noch eingehen (s. S. 533 ff.), behandelt. Sie bildet die Grundlage der
betrieblichen Absatz- und Preispolitik. Danach kommt „das Gesetz von Angebot
und Nachfrage" voll nur auf dem Markt der *unbeschränkten* Konkurrenz zur
Geltung, den es aber in Wirklichkeit noch nie gegeben hat und auch nie geben
wird. Bei beschränkter Konkurrenz, sei es beim Monopol oder Oligopol, sei es
bei staatlicher Preisbildung, hat die Unternehmung einen unmittelbaren Einfluß auf die Preisbildung bzw. die Kosten- und Ertragsgestaltung. Doch kann
die Unternehmung, die ein absolutes Angebotsmonopol besitzt, zur Optimierung
des Gewinnes den Preis nicht willkürlich hoch festsetzen. Er ist bei der Preisfestsetzung abhängig (1) von der Kaufkraft der Konsumenten und (2) von der
Kapazität des Betriebes. Der Monopolist sucht daher nicht nach dem höchsten
Preis, sondern nach dem Preis, der unter Berücksichtigung der voraussichtlichen
absetzbaren Mengen und der besten Ausnutzung der Kapazität den höchsten
Gesamterfolg bringt.

Die „*mathematische Schule*" griff das Wertproblem wieder auf und entwickelte
eine „ökonomische Werttheorie" zur Bestimmung von Kriterien für die Rationalität wirtschaftlicher Entscheidungen. „Innerhalb dieses spezifischen Modells
ökonomischer Entscheidungen ist das Problem des wirtschaftlichen Wertes zu
formulieren." Man versucht „dem individuellen Bewertungsvorgang eine konstitutive Rolle im Modell rationaler ökonomischer Entscheidungsprozesse zuzu-
weisen", damit sei „die Notwendigkeit einer Lehre vom wirtschaftlichen Wert
im System der traditionellen Preistheorie nachgewiesen; zugleich besteht dann
die Möglichkeit, nach anderen Typen ökonomischen Rationalverhaltens und den
entsprechenden Bewertungsvorgängen zu fragen". (Gerhard Kade, Artikel
„Wert", im Handwörterbuch der Sozialwissenschaften, 1961).

3. Wichtige Arten des betriebswirtschaftlichen Wertes

Marktzeitwert oder Marktpreis

Der Marktzeitwert, Marktpreis oder Tageswert, ist derjenige Wert, zu dem ein
Gut im offenen Markt an einem bestimmten Zeitpunkt allgemein erhältlich ist.
Er ist identisch mit dem juristischen Begriff „Gemeiner Wert" oder „Verkehrs-
wert" gemäß § 40 HGB. Danach sind bei der Aufstellung des Inventars und der
Bilanz sämtliche Vermögensgegenstände und Schulden nach dem Wert anzusetzen, der ihnen in dem Zeitpunkt beizulegen ist, für welchen die Aufstellung
stattfindet. Auf die Einzelheiten bei der Bewertung in der *Bilanz* kommen wir
noch ausführlich zurück.

Der Marktwert kann ein *Beschaffungsmarktwert* oder ein *Absatzmarktwert*
sein (Einkaufs- oder Verkaufspreis), je nachdem, ob das Unternehmen Güter
oder Dienstleistungen auf dem Beschaffungsmarkt einkauft oder Erzeugnisse
auf dem Absatzmarkt veräußert.

Der Marktzeitwert ist nach unseren bisherigen Darlegungen richtunggebend für alle Bewertung des Betriebes. K. Mellerowicz bezeichnet ihn daher als den „betriebswirtschaftlichen Hauptwert" (Wert und Wertung im Betrieb, Essen 1951). Daneben gibt es noch eine große Anzahl anderer Wertarten, die ganz bestimmten Zwecken dienen. Stets aber sind sie unmittelbar oder mittelbar abhängig von dem Marktwert. Man nennt sie deshalb *„Sonder- oder Hilfswerte".* Die wichtigsten dieser Sonderwerte sollen im folgenden kurz dargestellt werden.

Kostenwerte

Die *Kostenwerte* enthalten die Kosten der beschafften oder erzeugten Güter. Der Kostenwert entspricht dem *„Anschaffungswert"* (Rechnungsbetrag + Beschaffungskosten: Fracht, Zoll, Versicherung, Spesen usw.) oder dem *„Herstellungswert",* wenn das Gut noch im eigenen Betrieb be- oder verarbeitet wurde (Materialkosten + der Summe der zur Fertigung aufgewendeten Kosten). Werden zu den Herstellungskosten noch die Vertriebs- und Verwaltungskosten hinzugerechnet, dann erhält man den *Selbstkostenwert.* (Über den Begriff „Kosten" siehe unten S. 724 ff. und 728 ff.)

Sind diese Kostenwerte Werte der Vergangenheit *(„historische Werte"),* die also angeben, welche Kosten ein Gut bei seiner Beschaffung, Bearbeitung und beim Vertrieb tatsächlich verursacht hat, nennt man sie *Ist-Kosten.* Beziehen sich diese Werte jedoch auf die in der zukünftigen Periode voraussichtlich entstehenden Kosten, spricht man von *Plankosten, Standardkosten* oder *Standards.*

Aufwand und Ertrag

Der *Aufwand* oder die *Aufwendungen,* die sich in der Betriebswirtschaftslehre nicht mit den Kosten decken, sind die von einer Unternehmung während einer Abrechnungsperiode verbrauchten Güter und Dienstleistungen, die in der Erfolgsrechnung den Erträgen gegenübergestellt werden. Es gibt nun Aufwendungen, die keine Kosten sind, die sogenannten *„neutralen Aufwendungen",* und zwar (1) nichtzweckbedingter, betriebsfremder Aufwand (z. B. Spenden) und (2) zeitraumfremder Aufwand (Aufwendungen, die in der vorangegangenen oder der nachfolgenden Rechnungsperiode als Aufwand anfallen); und umgekehrt gibt es Kosten, die keine Aufwendungen sind, so sogenannte *„Zusatzkosten"* (das sind stets kalkulatorische Kosten, wie z. B. Unternehmerlohn).

Den Aufwendungen wird in der Erfolgsrechnung der *Ertrag* gegenübergestellt; das ist nach der heute herrschenden Auffassung der von einer Unternehmung einem Rechnungszeitabschnitt zuzurechnende Wert der von ihr *erstellten* Güter und Dienste — sowohl die bereits abgesetzten wie auch die auf Lager genommenen Güter. Bei den bereits abgesetzten Gütern und Dienstleistungen handelt es sich um den *„realisierten Ertrag"* („Absatzertrag", E. Schäfer; „Umsatzertrag", Kalveram), bei den auf Lager genommenen Gütern um den *„unrealisierten Ertrag";* beide zusammen werden auch *„Produktionsertrag"* („betrieblicher Ertrag", Kalveram) genannt. Der Ertrag kann geldwertmäßig oder mengenmäßig erfaßt werden und ist im letzten Fall gleich dem *„Ausstoß"* („Output").

Von einigen Betriebswirten wird der „Ertrag" jedoch enger gefaßt und darunter nur der einem Rechnungszeitabschnitt zuzurechnende Wert der a b g e -
s e t z t e n Güter und Dienste verstanden — das ist die in der doppelten Buchführung vorherrschende Auffassung. Die kalkulatorische Ergebnisrechnung ist
aber nur aussagefähig, wenn ihr der weite Begriff („Produktionsertrag") zugrunde gelegt wird. Bei diesen Begriffsdifferenzierungen handelt es sich meist
nur um terminologische Verschiedenheiten. So beschränkt z. B. E. *Kosiol* den
Terminus „Ertrag" auf den „realisierten Ertrag" und nennt den „Produktionsertrag" die „(kalkulatorischen) Leistungen" (Art. „Ertrag", in HdB, 3. Aufl.). —
W. *Rieger* faßt umgekehrt den Ertragsbegriff noch wesentlich weiter als den
herrschenden und bezeichnet alle Habenposten der laufenden Konten der Buchführung als „(fingierte) Erträge", alle Soll-Posten als „(fingierte) Aufwendungen". Das Gewinn- und Verlustkonto sammelt nach Rieger im Soll die „echten
Erträge", im Haben die „echten Aufwendungen" (Privatwirtschaftslehre,
2. Aufl.).

Gelegentlich wird der Ertrag auch mit den „*Erlösen*" aus den abgesetzten
Gütern gleichgesetzt (der „Absatzertrag" stimmt faktisch, aber nicht begrifflich
weitgehend mit ihm überein). Schließlich wird häufig (besonders in der Praxis)
der Ertrag mit dem „*Erfolg*" gleichgesetzt, so auch noch im Begriff „*Ertragswert*" (s. unten).

Unter „*Erfolg*" *i. w. S.* versteht man das Ergebnis des Wirtschaftens, unter
„*Erfolg*" *i. e. S* die Differenz zwischen Aufwendungen und Erträgen, also Ge-
winn oder Verlust. So wird die „Gewinn- und Verlustrechnung" heute vielfach
„*Erfolgsrechnung*" genannt.

Wertschöpfung

Die *Wertschöpfung* ist der Beitrag der Betriebswirtschaft zum Volkseinkommen. Dieser Beitrag ist eine Maßgröße, die das vom Betrieb erzeugte Gütereinkommen und das von ihm erzeugte Geldeinkommen erfassen will. Wertschöpfung ist also gleich dem erzeugten Gütereinkommen und gleich dem erzeugten Geldeinkommen. Das vom Betrieb *erzeugte Gütereinkommen* ergibt
sich aus den gesamten Roherträgen, nämlich den nach außen abgegebenen
Güterwerten, von denen die „Vorleistungskosten", das sind die von außen hereingenommenen Güterwerte, also die Leistungen irgendwie vorgelagerter Produktionsstufen, abgezogen werden. Die Wertschöpfung als *erzeugtes Geldeinkommen* ist die Summe von Arbeitserträgen, Gemeinerträgen (Steuern und
Abgaben) und Kapitalerträgen. Die Wertschöpfungsrechnung, die aus der
Brutto-Erfolgsrechnung entwickelt wird, wurde vor allem von M. R. *Lehmann*
entwickelt (Leistungsmessung durch Wertschöpfungsrechnung, Essen 1954). Sie
wird in abgewandelten Formen weiterhin vertreten von Nicklisch, Erich Schäfer, Oberparleiter, Alfred Walther u. a.

Ertragswert oder Erfolgswert

Der „Ertragswert", oder richtiger „Erfolgswert" auch „Zukunftserfolgswert",
ist der durch Kapitalisierung zukünftige Erfolg aus einer bestimmten Erfolgsquelle (z. B. Mieteinnahmen eines Hauses, Gewinne einer Unternehmung, Gewinne aus einem Wertpapier) errechnete Gegenwartswert dieser Erfolgsquelle.

Er ist besonders wichtig für die Ermittlung eines Grundstückswertes sowie des Wertes ganzer Unternehmungen. Er wird nach der Formel für die ewige Rente errechnet:

$$\text{Erfolgswert} = \frac{\text{zukünftiger Jahreserfolg} \times 100}{\text{Kapitalisierungszinsfuß}}$$

Der zukünftige Erfolg ist in der Regel unbekannt, es muß deshalb der Erfolg der Vergangenheit zugrunde gelegt werden, und zwar wird man den Durchschnittserfolg mehrerer Jahre wählen, der aber noch um außerordentliche Gewinne und Verluste berichtigt werden muß. Bei der Bewertung von Unternehmungen sind auch alle Reserven (offene und stille) in den Erfolg einzurechnen. Schließlich muß auch das Preisniveau und die voraussichtliche Marktentwicklung berücksichtigt werden. Als Kapitalisierungszinsfuß wird der landesübliche Zinsfuß gewählt. Auf die Bewertung der ganzen Unternehmung kommen wir noch zurück (s. unten S. 615 ff.).

Wiederbeschaffungswert, Reproguktionswert oder Tageswert

Der Wiederbeschaffungswert ist der Wert, zu dem ein Gut im gegenwärtigen Zeitpunkt wiederbeschafft bzw. reproduziert werden kann. In den Kalkulationen sollte stets mit Wiederbeschaffungswerten gerechnet werden. Der Wiederbeschaffungswert wird auch bei der Bilanzierung gefordert, um unabhängig von den Preisschwankungen die Substanz des Betriebes zu erhalten, so insbesondere von F. Schmidt. Dieser fordert die Tageswertrechnung und bezeichnet als Gewinn im Sinne seiner „organischen Bilanzauffassung" nur den Umsatzgewinn, der über den Tagesbeschaffungswert der Kosten hinaus erzielt wird. Die Differenzen zwischen dem Anschaffungs- und dem Wiederbeschaffungswert sind sind „Wertänderungen am ruhenden Vermögen". (Näheres siehe unten S. 784 f.).

Verrechnungspreis

Der Verrechnungspreis ist ein Preis für Güter und Dienstleistungen, der in der Kostenrechnung für eine oder mehrere Abrechnungsperioden unverändert gehalten wird, der also unter Umständen erheblich vom Marktpreis abweichen kann. Durch die Verwendung von Verrechnungspreisen will man außerbetriebliche Preisschwankungen über lange Perioden ausschalten, um die innerbetrieblichen Leistungen richtig bewerten zu können. Den Verrechnungspreisen können zugrundegelegt werden (1) die tatsächlichen Beschaffungswerte, (2) Durchschnittswerte der Vergangenheit unter Berücksichtigung zu erwartender Preisentwicklungen oder (3) die Wiederbeschaffungspreise.

Buchwerte

Buchwerte sind Werte, mit denen das Anlagevermögen in der Buchhaltung geführt wird. Es sind in der Regel die Anschaffungswerte abzüglich der Abschreibungen. Auch Buchwerte sind — wie der Verrechnungspreis — innerbetriebliche Werte; sie sind in der Regel niedriger als die Marktwerte und enthalten dann stille Reserven. Die sog. „Merkposten" in der Bilanz (Vermögenswerte, die bis auf 1 DM abgeschrieben sind) sind besonders typische Buchwerte.

Immaterielle Werte

Immaterielle Werte sind die Werte der immateriellen Vermögensteile einer Unternehmung, wie z. B. Patentrechte, Firmennamen (Goodwill), Standort, Tüchtigkeit der Leitung und der Mitarbeiter, Stammkundschaft usw. Diese immateriellen Werte dürfen grundsätzlich nicht bilanziert werden. Nur im Fall des Verkaufs einer Unternehmung können sie als Aktivposten aufgenommen werden, sind aber allmählich zu tilgen.

Niederstwertprinzip

Das Niederstwertprinzip ist ein wichtiger handelsgesetzlich vorgeschriebener Bewertungsgrundsatz (§§ 153 ff. AktG 1965). Bei der Bilanzierung des Umlaufvermögens einer Unternehmung (Barbestände, Wechselbestände, Roh- und Hilfsstoffe, Wertpapiere usw. sind die Bestände, wenn zur Bewertung mehrere Werte in Frage kommen, nach dem niedrigsten Wert zu bewerten; das kann sein der Anschaffungs- bzw. Herstellungswert oder der Börsen- oder Marktpreis oder, falls diese nicht feststellbar sind, der Tageswert am Bilanzstichtag. Beim Anlagevermögen gilt das Niederstwertprinzip nur zum Teil. Das Niederstwertprinzip kann zu beträchtlichen gesetzlich erzwungenen stillen Reserven führen. (Näheres siehe unten S. 713.)

Steuerrechtliche Wertbegriffe

Die steuerlichen Bewertungsvorschriften haben das Ziel, zum Zweck der Einkommensbesteuerung, den Jahresgewinn so genau wie möglich zu ermitteln und insbesondere Gewinnverschiebungen auf spätere Jahre auszuschalten. Grundsätzlich ist bei der steuerlichen Bewertung der „Gemeine Wert" anzuwenden, wenn nichts anderes vorgeschrieben ist. Der Gemeine Wert ist der Wert, der sich durch den im gewöhnlichen Geschäftsverkehr für ein Wirtschaftsgut nach dessen Beschaffenheit zu erzielenden Preis unter Berücksichtigung preisbeeinflussender Umstände, nicht dagegen ungewöhnlicher oder persönlicher Verhältnisse, bestimmt. Er entspricht etwa dem Wiederbeschaffungspreis. Ein weiterer wichtiger Wertbegriff im Steuerrecht ist der *Teilwert*, das ist der Wert, der einem einzelnen Wirtschaftsgut beizumessen ist, berechnet nach dem Betrag, den ein Erwerber des ganzen Unternehmens im Rahmen des Gesamtkaufpreises dafür zahlen würde, wenn er den Betrieb fortführte. Anlagegüter und Teile des Vorratsvermögens sind bei der Bilanzaufstellung zum Teilwert zu bewerten, wenn er niedriger ist als der Anschaffungs- oder Herstellungswert. Das Steuerrecht hat auch besondere von der betrieblichen Praxis abweichende Termini für die *Abschreibung* aufgestellt. Die „*Absetzung für Abnutzung — AfA*" ist die bei der Ermittlung des steuerpflichtigen Gewinnes abzugsfähige Abschreibung für den technischen und wirtschaftlichen Verschleiß von Anlagegütern (§ 7 EStG). Unter „*Abschreibung*" dagegen versteht das Steuerrecht nur die bei marktwirtschaftlich bedingten Wertminderungen vorgenommene Abschreibung.

Literatur zu diesem Kapitel s. unten S. 74 ff.

B. Die Betriebswirtschaftslehre als Wissenschaft

I. Entwicklung der Betriebswirtschaftslehre

Die Betriebswirtschaft und damit auch die Betriebswirtschaftslehre werden weitgehend von dem jeweils herrschenden Wirtschaftssystem bestimmt; es sind *„geschichtliche Produkte"* (Sombart). Das ist gegenwärtig die freie Verkehrswirtschaft oder die „kapitalistische" Marktwirtschaft. Sie hat ihren Ursprung in der Renaissance und löste die ständische Wirtschaft des Mittelalters ab, die durch ihre traditionalistische, dem Gewinnstreben abholde Produktionsweise („Idee der standesgemäßen Nahrung") gekennzeichnet ist und auch als „ständisch-sozialistisches Wirtschaftssystem" (Löffelholz) bezeichnet wurde.

Die freie (kapitalistische) Marktwirtschaft entwickelte sich in v i e r g e n e t i s c h e n E p o c h e n , die vom Gang der Geschichte bestimmt sind:

1. der R e n a i s s a n c e : sie ist gekennzeichnet durch Entstehung und Ausbau der mit Kapital ausgestatteten, „autonomen" Unternehmung; die Grundlagen zu einer quantifizierenden Wirtschaftsrechnung werden gelegt;

2. dem M e r k a n t i l i s m u s : mit der starken Ausbreitung der Unternehmung in Mitteleuropa setzt nunmehr Auf- und Ausbau der Handels- und Verkehrsorganisation ein, die die Voraussetzung der Industrialisierung ist;

3. dem I n d u s t r i a l i s m u s oder H o c h k a p i t a l i s m u s : er ist gekennzeichnet durch die Entstehung und Entwicklung des neuzeitlichen Industriebetriebes („Industrielle Revolution");

4. dem Ü b e r g a n g z u r „ s o z i a l e n M a r k t w i r t s c h a f t " : die sozialen Belange werden in der Wirtschaft und in den Betrieben in zunehmendem Maße berücksichtigt.

Die G e s c h i c h t e d e r B e t r i e b s w i r t s c h a f t s l e h r e kann unter zwei verschiedenen Aspekten betrachtet werden: (1) Man beschränkt sich im wesentlichen auf eine Untersuchung der literarischen Erzeugnisse der vergangenen Zeiten, wie das Eduard Weber (Literaturgeschichte der Handelsbetriebslehre, Tübingen 1914) und Rudolf Seyffert (Artikel: Betriebswirtschaftslehre, Geschichte der, im Handwörterb. d. Betriebsw. 3. Aufl. 1956) tun, oder (2) man geht von den betriebswirtschaftlichen Problemen aus, wie sie sich der Praxis bieten. Diese Betrachtungsweise ist umfassender und kann als „Problemgeschichte" bezeichnet werden: Quellen sind nicht nur die literarischen Erzeugnisse, sondern auch die alten Geschäftsbücher, Gutachten aller Art, Unternehmungssatzungen (Bankstatute) usw. Nach dieser Methode gingen u. a. Werner Sombart (Der moderne Kapitalismus) und Löffelholz vor (Geschichte der Betriebswirtschaft und der Betriebswirtschaftslehre, Stuttgart 1935) und in der Volkswirtschaftslehre u. a. Werner Stark (Die Geschichte der Volkswirtschaftslehre in ihrer Beziehung zur sozialen Entwicklung, aus dem Englischen, Dordrecht 1960).

1. Die Betriebswirtschaftslehre der Renaissance

Die Renaissance ist wirtschaftlich gekennzeichnet durch die starke Ausdehnung des Mittelmeerhandels als Folge der Kreuzzüge. Es bilden sich in Oberitalien und später in Mitteleuropa große Märkte, die eine spekulative Einstellung des neuen Unternehmertums bedingen und ein bisher unbekanntes Macht- und Gewinnstreben fördern. Es entwickelt sich der Produktivkredit (im Zunftbetrieb gab es nur Konsumtionskredite — kanonisches Zinsverbot), und damit wird der Zins gerechtfertigt. Dazu kommen einige große Erfindungen, die die soziale und wirtschaftliche Umwälzung überhaupt erst ermöglichen (Kompaß, Buchdruck, Schießpulver und Hochofen), sowie die großen Entdeckungen (Amerika, Seeweg nach Ostindien).

Der intensiver werdende Handel drängt den Betrieb zur R e c h e n h a f t i g - k e i t . Voraussetzung war die Einführung des indisch-arabischen Zahlensystems. Bahnbrechend wirkt hier das Rechenbuch von Leonardo Pisano, Liber Abaci von 1202. Doch dauert es noch mehr als drei Jahrhunderte, bis die dekadischen Zahlen die römischen Zahlenzeichen aus den Handelsbüchern ganz verdrängt haben. Die eigentliche Voraussetzung für die Entstehung der Unternehmung ist jedoch die d o p p e l t e B u c h h a l t u n g , die sich in verschiedenen Etappen entwickelt: Einführung des Personenkontos (um 1250), des Sachkontos (um 1300), des Inventars, des doppelten Buchungssatzes (um 1340), des formellen Abschlusses (um 1400) und die Einführung des Bilanzkontos (um 1420). Die doppelte Buchführung bewirkte die Spaltung des mittelalterlichen Zunftbetriebes in U n t e r n e h m u n g u n d H a u s h a l t u n g . Mit ihr entsteht die Unternehmung als autarke, „ökonomische Person" (Sombart). Sie führt zur Bildung des Kapitalbegriffs, aus dem sich zahlreiche G r u n d b e g r i f f e d e r n e u - z e i t l i c h e n B e t r i e b s w i r t s c h a f t entwickeln, so vor allem die Begriffe des Unternehmungsgewinnes, der Rentabilität, des Risikos u. a. Die Buchhaltung zwingt zu einer Quantifizierung möglichst aller Kosten und ist die Grundlage für eine exakte K o s t e n r e c h n u n g , die einen völligen Bruch im Denken des traditionell ausgerichteten Zunftbetriebes bewirkt. Sombart hat daher mit Recht die Erfindung der doppelten Buchführung nicht nur ihrer Bedeutung, sondern auch ihrem Wesen nach neben die Entdeckungen Galileis und Newtons gestellt: „Die doppelte Buchhaltung erschließt uns den Kosmos der wirtschaftlichen Welt." Die Entwicklung der Buchhaltung ist daher eine der größten g e i s t i g e n Leistungen der Neuzeit. Mit ihr beginnt die „w i s s e n - s c h a f t l i c h e B e t r i e b s f ü h r u n g , die ein notwendiges Begriffsmerkmal der kapitalistischen Unternehmung ist" (Sombart). Näheres s. unten S. 719 f.

Trotz dieser großen geistigen Leistungen ist ihr l i t e r a r i s c h e r N i e d e r - s c h l a g sehr gering, er beschränkt sich auf oft sehr primitive Darstellungen der doppelten Buchhaltung (die erste gute Darstellung gab der Franziskaner Mönch Luca Pacioli in seinem großen mathematischen Werk von 1494) und verkehrstechnische Schriften, abgesehen von einer Reihe von Büchern über die Kaufmannsmoral. Seyffert, der seine Betrachtung vornehmlich auf die literarischen Erzeugnisse beschränkt, spricht deshalb von der „Frühzeit der verkehrs- und rechnungstechnischen Anleitungen (bis 1675)". Die überraschend geringe literarische Produktion hat jedoch ihren Grund darin, daß die Buchführung von den zunächst wenigen Kaufleuten, die sie bereits anwenden, als Geschäftsgeheimnis gehütet wird. Das gleiche gilt für die verkehrstechnischen Schriften, die zunächst betriebsinterne Aufzeichnungen sind und als Geschäftsgeheimnis betrachtet werden. Später, als das Verkehrswesen mehr und mehr Allgemeingut der Kaufmannschaft wird, werden derartige „Geschäftsbücher" veröffentlicht. So war auch das bedeutendste Werk „Il Negoziante" (1638) von Giovanni Domenico P e r i , einem Genueser Kaufmann, ursprünglich ein Geschäftsbuch.

2. Der Merkantilismus

Mit der starken Verbreitung der Unternehmung wird vom 17. Jahrhundert an
die Handels- und Verkehrsorganisation immer stärker ausgebaut. Das kommt
auch im Namen dieser Epoche, dem „Merkantilismus", zum Ausdruck. Dieser
Ausbau der Handels- und Verkehrsorganisation erstreckt sich auf die Differenzierung der Handelsbetriebe (Groß- und Kleinhandel, Branchen- und Überseehandel; Ausbau des Messehandels) sowie die Weiterbildung der Verkehrsbetriebe (Spedition, Post, Schiffahrt und Banken).

Diese Entwicklung, an der möglichst alle Kaufleute interessiert werden müssen
und auch sind, führt zu einer Flut von l i t e r a r i s c h e n W e r k e n , die den
Kaufmann über diese neuen Errungenschaften des Handels und des Verkehrs
zu unterrichten suchen. Zahlreiche „Systeme der Handlung", Handelslexika,
Handelskompendien riesigen Umfangs erscheinen in allen europäischen Ländern. Es handelt sich natürlich nur um beschreibende und systematisierende
Kompendien, die uns heute sehr antiquiert anmuten. Die w i c h t i g s t e n
S c h r i f t e n sind von Jacques Savary („Parfait Négociant" von 1675), Paul
Jacob Marperger (1656—1778), der etwa 60 handelskundliche Bücher schrieb,
von Carl Günther Ludovici (1707—1778), Grundriß eines vollständigen Kauf-
mannssystems (1756), Johann Georg Büsch, Theoretisch-praktische Darstellung
der Handlung (1792) und Johann Michael Leuchs, System des Handels (1804). —
Rudolf Seyffert nennt diese Epoche wegen dieser reichen literarischen Produktion die „Zeit der systematischen Handlungswissenschaften (1675—1804)".

Als die merkantilistische Epoche zu Ende geht und die Kaufleute mit den Han-
delsorganisationen vertraut sind, hört die Abfassung langatmiger „Systeme des
Handels" von selbst auf, man begnügt sich jetzt mit kurzgefaßten Handels-
kunden, die zur Ausbildung und als Nachschlagebücher für den Kaufmann vollkommen ausreichen.

3. Der Industrialismus

Nach Schaffung der weltumfassenden Verkehrs- und Handelsorganisation kann
nunmehr die Technisierung und Rationalisierung des Gewerbebetriebs einsetzen. Mit der Erfindung der Dampfmaschine, die damals geradezu erfunden
werden m u ß t e , ist die Voraussetzung für die Massenproduktion und damit
für den Industriebetrieb geschaffen.

Im Vordergrund der betrieblichen Problematik stehen jetzt zwar die t e c h -
n i s c h e n Fragen der Produktion, die jedoch zwangsläufig auch neue betriebswirtschaftliche Probleme aufwerfen, deren Klärung in einer Wechselwirkung
zum Ausbau des i n d u s t r i e l l e n R e c h n u n g s w e s e n s steht. Er ist vor
allem gekennzeichnet durch eine starke Systematisierung. Der Jahresabschluß
wird jetzt überall durch systematische Inventarisierung vervollkommnet. Um
1841 wird das Problem der Erfassung von Wertminderungen durch die Abschreibung erkannt und angewandt; sie wurde erstmals von Otto in seinem
Werk „Buchführung für Fabrik-Geschäfte" von 1850 dargestellt. Um die Jahrhundertmitte wird erstmals das Wesen der Gemeinkosten beschrieben (Freders-
dorff), doch vergehen noch Jahrzehnte, bis die Gemeinkosten als Zuschläge auf
die Fertigungslöhne in der Kostenrechnung berücksichtigt werden. 1877 fordert

Ballewski („Die Calculation für Maschinenfabriken") die Gemeinkosten abteilungsweise zu sammeln; damit ist die Kostenstelle geschaffen. Auch der Einfluß des sinkenden Beschäftigungsgrades auf die Kostenrechnung wird bereits untersucht.

Doch ist die Literatur dieser Epoche trotz der großen betriebswirtschaftlichen Fortschritte wiederum sehr dürftig, und zwar aus den gleichen Gründen wie in der Renaissance. Wie damals die Buchhaltung, so betrachtet man jetzt das industrielle Rechnungswesen als Geschäftsgeheimnis. Dazu kommt noch, daß die technologischen Probleme vor den rein betriebswirtschaftlichen im Vordergrund standen und die industrie w i r t s c h a f t l i c h e n Fragen auch zum Arbeitsgebiet des Ingenieurs gehörten.

4. Die Betriebswirtschaftslehre im 20. Jahrhundert

Konzentration und Intensivierung der industriellen Produktion in den Jahrzehnte um die Jahrhundertwende bringen einen Umschwung in dieser Richtung und führen den Industrieunternehmer stärker an die rein betriebswirtschaftlichen Probleme heran. Der immer schärfer werdende Wettbewerb auf in- und ausländischen Märkten zwingt zu einer größeren Beachtung der betriebswirtschaftlichen Seite der Unternehmung. Dadurch wird der Betriebswirtschaftslehre der Weg in die Hochschule und Universität bereitet.

Um die Jahrhundertwende entstehen die ersten H a n d e l s h o c h s c h u l e n, die schnell an Bedeutung und Verbreitung gewinnen. Im Mittelpunkt stehen zwar zunächst noch die „Kontorwissenschaften" (Buchhaltung, kaufmännisches Rechnen, Schriftverkehr und Kontoarbeiten). Doch werden schon in der Zeit bis zum ersten Weltkrieg einige bahnbrechende Versuche gemacht, die Betriebswirtschaftslehre in ein w i s s e n s c h a f t l i c h e s S y s t e m zu fassen, so vor allem von Josef H e l l a u e r (1871—1956) in seinem „System der Welthandelslehre" von 1910, von Johann Friedrich S c h ä r (1846—1924) in seiner „Allgemeinen Handelsbetriebslehre" von 1911, Heinrich N i c k l i s c h (1876—1946) in seiner „Allgemeinen Kaufmännischen Betriebslehre als Privatwirtschaftslehre des Handels (und der Industrie)" von 1912 (7. Aufl., 1930, u. d. T. „Die Betriebswirtschaft") und Rudolf D i e t r i c h in seiner „Betrieb-Wissenschaft" von 1914.

Alle diese Systeme sind n o r m a t i v ausgerichtet, d. h. sie gehen von idealen Grundnormen aus, die im Ethischen wurzeln, so z. B. bei Nicklisch Freiheit, Gerechtigkeit, Pflicht und Gemeinschaft. Näheres siehe unten S. 902 ff.

Im Gegensatz dazu ging Eugen S c h m a l e n b a c h (1873—1955) „empirisch-realistisch" vor und veröffentlichte zunächst zahlreiche wegweisende empirische Aufsätze über betriebswirtschaftliche Spezialthemen; erst allmählich konzentrierte sich seine Forschung auf die Kostenlehre und die Lehre von der Dynamischen Bilanz (s. unten S. 777 ff. u. 904). Er begründete die „Kölner Schule", zu der u. a. Ernst Walb, Walter Mahlberg und Erwin Geldmacher gehörten.

Angeregt durch die Geldentwertung nach dem Kriege entwickelte Fritz S c h m i d t (1882—1950) die Lehre von der „Organischen Bilanz", die streng auf Tageswerten gegründet ist; diese Bilanzlehre baute er später zu einem betriebswirtschaftlichen System aus (s. unten S. 783 ff. u. 908 ff.). Ihr stellte Walter le Coutre (1885—1965) seine Statische bzw. Totale Bilanzlehre gegenüber (siehe unten S. 788 ff.).

Weitere „Systeme" der Betriebswirtschaftslehre wurden u. a. entwickelt von Friedrich L e i t n e r , Alexander H o f f m a n n , Wilhelm R i e g e r , die alle das Erkenntnisobjekt der Betriebswirtschaftslehre auf die Unternehmung beschränken, ferner von Ernst Walb, Konrad Mellerowicz, M. R. Lehmann u. a.

Daneben wurden bis zum zweiten Weltkrieg alle Gebiete der Betriebswirtschaftslehre, vor allem die K o s t e n r e c h n u n g , unter immer größerer Anteilnahme der Praxis, erheblich weiter entwickelt.

Die Zeit n a c h d e m z w e i t e n W e l t k r i e g ist durch die Rezeption der betriebswirtschaftlich relevanten Teile der „mathematischen Wirtschaftslehre" gekennzeichnet, der der Weg durch die ständig wachsende Anwendung der mathematischen Methode, insbesondere des Operations Research, in der betriebswirtschaftlichen Praxis schnell geebnet wurde.

Die Betriebswirtschaftslehre der Gegenwart „stellt in immer stärkerem Maße die menschlichen E n t s c h e i d u n g e n auf allen Ebenen der betrieblichen Hierarchie und in allen Teilbereichen der Betriebswirtschaft in den Mittelpunkt des wissenschaftlichen Bemühens" (Heinen). Tragendes Element bilden die **Entscheidungen des wirtschaftenden Menschen in der Einzelwirtschaft.** Die Betriebswirtschaft wird als Organisation gesehen, die in der Regel mehrere Ziele verfolgt. Der Mensch und die menschliche Zusammenarbeit rücken in den Vordergrund des wissenschaftlichen Interesses. Die Erklärung und Gestaltung der menschlichen Entscheidungen auf allen Ebenen der betrieblichen Hierarchie und in allen Teilbereichen der Betriebswirtschaft stellen den Kern des neuen Wissenschaftsprogramms der Betriebswirtschaftslehre dar. Aus diesem Grunde haben wir in dieser Auflage zwei wichtige Systeme der *entscheidungsorientierten Betriebswirtschaftslehre* (Heinen und Kosiol) besonders ausführlich dargestellt (siehe unten S. 846 ff.). Über die betrieblichen Entscheidungen siehe unten S. 167 ff. insbes. 171 ff.

II. Objekt und Methoden der Betriebswirtschaftslehre

Im Gegensatz zum S y s t e m , der materiellen Seite einer Wissenschaft, betreffen die M e t h o d e n ihre f o r m a l e Seite. Sie werden daher weitgehend von dem F o r m a l - oder E r k e n n t n i s o b j e k t der Wissenschaft bestimmt.

Das **Material- oder Erfahrungsobjekt** umfaßt den g a n z e n konkreten Gegenstand, auf den sich eine Wissenschaft richtet. Das **Formal- oder Erkenntnisobjekt** ist durch das Prinzip (I d e n t i t ä t s p r i n z i p), unter dem sie d i e s e s G a n z e betrachtet, gekennzeichnet. Das Erkenntnisobjekt wird also durch ein heuristisches „Ausleseprinzip" aus dem Erfahrungsobjekt gewonnen.

Jedes Erfahrungsobjekt dient verschiedenen Wissenschaften als Objekt, so z. B. die Betriebswirtschaft nicht nur der Betriebswirtschaftslehre, sondern auch der Volkswirtschaftslehre, der Betriebssoziologie, der Technologie, der Agrarchemie, dem Wirtschaftsrecht, der Wirtschaftsethik, der Wirtschaftspädagogik usw.

Die M e i n u n g e n über das Erfahrungs- und das Erkenntnisobjekt der Betriebswirtschaftslehre gehen weit auseinander. Doch liegt das nicht daran, wie gelegentlich behauptet wird, daß sie noch eine junge Wissenschaft ist, denn auch in den anderen Wissenschaften, insbesondere den Geisteswissenschaften, gehen die Ansichten über ähnliche und entsprechende Probleme diametral auseinander. So wird über Erfahrungs- und Erkenntnisobjekt der Philosophie, der ältesten aller Wissenschaften, bis zum heutigen Tage gestritten.

1. Das Erkenntnisobjekt der Betriebswirtschaftslehre

E r f a h r u n g s o b j e k t der Betriebswirtschaftslehre ist der Betrieb, nämlich die von einem einheitlichen Willen gestaltete und geleitete Arbeitsorganisation, die planmäßig die Mittel zur Bedürfnisbefriedigung beschafft und bereitstellt. Aus diesem umfassenden konkreten Gegenstand löst die Betriebswirtschaftslehre durch ein **Identitätsprinzip** ihr abstraktes Erkenntnisobjekt heraus. Dieses Prinzip ist nach den herrschenden Meinungen das umfassende Prinzip der W i r t s c h a f t l i c h k e i t, das dem der Rentabilität übergeordnet ist, oder das Prinzip der R e n t a b i l i t ä t oder in noch engerer Betrachtung das Prinzip der G e w i n n m a x i m i e r u n g.

Die B e t r i e b s w i r t s c h a f t s l e h r e betrachtet also das Er - f a h r u n g s o b j e k t Betrieb unter dem Gesichtspunkt (1) der Wirtschaftlichkeit bzw. (2) der Rentabilität oder (3) der Gewinnmaximierung.

Die drei Prinzipien schließen sich bei den meisten Autoren nicht aus, entscheidend ist nur, welches als Identitätsprinzip gewählt wird. Diejenigen, die dem Prinzip der Wirtschaftlichkeit den Vorrang geben, schließen neben der Unternehmung auch öffentliche Betriebe, öffentliche und private Haushaltungen sowie alle historischen Betriebe mit ein. Wird als Identitätsprinzip die Rentabilität gewählt, so wird das Erkenntnisobjekt auf den erwerbswirtschaftlichen Betrieb und beim Prinzip der Gewinnmaximierung auf die kapitalistische Unternehmung beschränkt. Dabei herrscht über diese Prinzipien keineswegs Einigkeit (s. oben S. 34 ff.).

2. Die Betriebswirtschaftslehre als theoretische Wissenschaft

Die Betriebswirtschaftslehre wird heute überwiegend als theoretische Wissenschaft aufgefaßt, deren Erkenntnisse die praktische (angewandte) Wissenschaft („Kunstlehre") verwertet, um Mittel und Wege zu suchen, mit denen die Praxis bestimmte Ziele erreichen kann. Über das W e s e n der betriebswirtschaftlichen Theorie gehen wiederum die Meinungen stark auseinander.

Die p o s i t i v i s t i s c h beeinflußte **empirisch-realistische Richtung** tritt für die „reine" oder exakte Theorie ein und beschränkt sich auf das Tatsächliche, Gesicherte und Zweifelsfreie. Sie läßt in der Regel nur die „exakten" Methoden der Naturwissenschaften gelten und versucht, wo irgend möglich, m a t h e - m a t i s c h e M e t h o d e n anzuwenden (siehe unten). Das geschieht auch in der Betriebswirtschaft seit Beginn der exakten Wissenschaften in der Renaissance durch die Bildung von **Modellen,** d. h. durch Abstraktion gewonnene, vereinfachte Abbilder der Wirklichkeit. Das bedeutendste Modell der Betriebswirtschaftslehre ist die doppelte Buchhaltung (s. oben S. 63). Die „reine" Theorie verlangt eine „wertfreie" Wissenschaft, d. h. frei von allen „bekennenden" Werturteilen. Über den Positivismus und Neopositivismus s. unten S. 384 f.

Eine weitere Richtung: die **verstehende oder anschauliche Theorie,** sieht in der Betriebswirtschaftslehre eine Geisteswissenschaft, der also auch das „V e r s t e h e n" als Methode eigen ist, d. h. das intuitive Erfassen des objektiven *Sinnes* eines Gegenstandes aus ihm selbst heraus. Diese Richtung verwirft die „reine" Theorie in der Betriebswirtschaftslehre nicht, sieht aber in ihr nur das Fundament der verstehenden Theorie; jene erklärt rein kausal und sucht allgemeine Gesetze, diese ist überkausal und werthaft determiniert und sucht die Struktur und Bewegtheit aus den entsprechenden Zielen zu erkennen; sie ist teleologisch ausgerichtet. Nach ihr kann die reine Theorie den Betrieb a l s G a n z e s nicht erfassen (s. auch unten S. 69 f.).

Noch ein Schritt weiter — der Übergang ist fließend — geht die **normative Betriebswirtschaftslehre,** die „N o r m e n", d. h. Werte für das praktische Verhalten der im Betriebe Tätigen setzt, darum spricht man auch von einer *„praktischen Wissenschaft".* Diese normative Wissenschaft kann sein:

1. eine **empirisch-normative** oder **praktisch-normative** oder (im engeren Sinne) **„praktische" Betriebswirtschaftslehre.** Sie leitet die Normen für das wirtschaftliche Verhalten des Unternehmers aus der reinen Theorie ab, ist also n i c h t e t h i s c h   a u s g e r i c h t e t, und

2. eine **„normativistische"** (Löffelholz) oder **„normativ-wertende"**[1]) (Keinhorst, Wöhe) **Betriebswirtschaftslehre:** sie verwendet Normen der „praktischen Philosophie", nämlich der Ethik, als heuristische Prinzipien für das theoretische System der Betriebswirtschaftslehre, das zugleich auch (anders als die „reine Theorie", die nur nach reiner Erkenntnis strebt) unmittelbar der Praxis dienen will. Solche Normen sind z. B. Gerechtigkeit, Freiheit, Pflicht, „Gemeinwirtschaftlichkeit" u. dgl. (Vgl. dazu J. Löffelholz, Wirtschaftsethik, in HdBw., 4. Aufl., 3. Bd., 1976.)

Vielfach wird — logisch nicht richtig — unter normativer Betriebswirtschaftslehre n u r die ethisch ausgerichtete Betriebswirtschaftslehre verstanden und ihr die nicht ethisch ausgerichtete normative als „praktische" Betriebswirtschaftslehre gegenübergestellt.

3. Betriebswirtschaftslehre und Volkswirtschaftslehre

Nach der herrschenden Meinung sind Betriebswirtschaftslehre und Volkswirtschaftslehre zwei selbständige Wissenschaften mit verschiedenen Erkenntnisobjekten. Die Identitätsprinzipien sind das Wirtschaftlichkeits- bzw. Rentabilitätsprinzip einerseits und das Prinzip des Gleichgewichts des Wirtschaftskreislaufs der Märkte andererseits. Doch wird heute, besonders unter den Anhängern einer „reinen" Wissenschaft, die Forderung erhoben, beide Disziplinen zu einer „e i n h e i t l i c h e n   W i r t s c h a f t s w i s s e n s c h a f t" zu verschmel-

---

[1]) Normativ-wertend ist hier zu weit gefaßt, da ja auch die (nicht ethisch fundierte) empirisch-normative Betriebswirtschaftslehre Normen setzt und wertet.

zen; diese Richtung wurde besonders durch die Rezeption der betriebswirtschaftlich relevanten Teile der „mathematischen" Volkswirtschaftslehre durch die Betriebswirtschaftslehre stark gefördert.

Eine weitere Richtung tritt für eine den beiden Disziplinen ü b e r g e o r d n e t e „einheitliche Wirtschaftstheorie" ein, die die den beiden Disziplinen gemeinsamen Begriffe und Probleme umfaßt.

Nebenbei sei bemerkt, daß es logisch durchaus möglich wäre, beide Wirtschaftsdisziplinen zu einem in sich geschlossenen System zu verschmelzen und ein ihnen gemeinsames Erkenntnisobjekt zu konstituieren.

4. Die Methoden

Die e m p i r i s c h - r e a l i s t i s c h e T h e o r i e stellt meist die in den Naturwissenschaften wichtige Methode der **Induktion** in den Vordergrund. Sie ist als die charakteristische Erkenntnismethode der Erfahrungswissenschaften das gedankliche Fortschreiten von Einzelbeobachtungen zur Formulierung allgemeiner Sätze, die jedoch stets nur von einer hypothetischen Gewißheit sind, weil die „echte", unvollständige Induktion von verhältnismäßig wenigen beobachteten Einzelfällen auf alle gleichartigen Fälle schließt. Auch alle naturwissenschaftlichen Gesetze haben erkenntnistheoretisch einen hypothetischen Charakter; so erwies sich der Schluß, daß alle Metalle schwerer sind als Wasser, als falsch, nachdem man das Kalium entdeckt hatte. Der Induktion schließt sich der Beweis der induktiv gewonnenen Erkenntnisse durch V e r i f i k a t i o n an, d. h. es muß versucht werden, eine Annahme (Hypothese) durch Erfahrung oder einen logischen Beweis zu „verifizieren", d. h. als „wahr" zu erweisen.

Im Gegensatz zur Induktion leitet die **Deduktion** das Besondere aus dem Allgemeinen ab. Sie leitet aus Definitionen und Axiomen Sätze ab und stellt einen sich immer erweiternden Zusammenhang neuer Einsichten her.

Von Vertretern der reinen Theorie wird zum Teil die I n d u k t i o n als die vorherrschende oder gar als die alleingültige Methode bezeichnet. Doch stehen nach herrschender Auffassung beide Methoden, sich ständig ergänzend, nebeneinander. So wird z. B. das Erkenntnismaterial empirisch gewonnen und durch Induktion „aufbereitet". Die Prinzipien, nach denen es induktiv aufbereitet wird, sind aber deduktiv gewonnen. „Induktion ohne Deduktion ist ein Schiff ohne Kompaß, Deduktion ohne Induktion ein Kompaß ohne Schiff" (Franz Oppenheimer).

Eine weitere wichtige Einteilung der Methoden ist die in die Methode des Erklärens und des Verstehens. Die Methode des **Erklärens,** die in allen Wissenschaften angewandt wird, führt ein Unbekanntes auf ein Bekanntes zurück, so erklärt man z. B. einen unbekannten Begriff, indem man die einzelnen bereits bekannten wesentlichen Merkmale angibt, aus dem er besteht (Begriffserklärung, Definition). — Nach der herrschenden Meinung reicht aber die Methode des Erklärens in den Geistes- und Sozialwissenschaften, deren Erkenntnisobjekt teleologisch determiniert ist, nicht aus, man muß auch den objektiven *Sinn* der Erscheinungen des geistigen und sozialen Lebens durch **Verstehen** mit Hilfe der Intuition zu erfassen versuchen (Max Weber, Schär, Nicklisch, F. Schmidt, Mellerowicz, Gutenberg u. a.). Wir haben oben (Seite 68) bereits die Bedeutung der verstehenden oder anschaulichen Theorie dargestellt. Von den Neopositivisten wird die Methode des Verstehens abgelehnt, da das Verstehen zwar neue Einsichten vermittle, die aber zur Begründung allgemeingültiger Erkenntnisse nicht ausreichten, weil sie nicht „verifizierbar" seien.

In neuerer Zeit wird in zunehmendem Maße auch in den Wirtschaftswissenschaften die **Semiotik** angewandt, die Lehre von den Zeichen, besonders den sprachlichen (Sprachanalyse). Ihr Ziel ist allgemein eine exakte Definition der grundlegenden Begriffe eines empirischen Wissenschaftsbereiches in einer ideal-formalisierten „Sprache", der Kalkülsprache, die als ein System von Zeichen (Wörtern) und Symbolen (insbesondere aus Mathematik, Physik, Logistik) entwickelt wird. Die Semiotik zerfällt in die (1) *Syntax:* sie analysiert die Beziehungen der Zeichen zueinander und bestimmt die Formgesetze und Formregeln, in der mathematischen Logik die Regeln des logischen Schließens; (2) die *Semantik,* die Lehre von den Beziehungen der (sprachlichen) Zeichen zum genannten Gegenstand, sie analysiert die Bedeutung der Zeichen, in der mathematischen Logik die Bedeutung des Logikkalküls. — Danach zerfällt die wissenschaftliche Sprache in die *Objektsprache,* die Kalkülsprache und die *Metasprache,* die in ihrem nichtsemantischen Teil alles ausdrückt, was in der Objektsprache ausgesagt wird. Durch weitgehende Ausgestaltung der Metasprache sollen nicht nur Widersprüche in der Objektsprache, sondern auch verschleierte Werturteile ausgeschaltet werden.

Die *Anwendung der Semiotik* in den Wirtschaftswissenschaften ist schon sehr alt, denn auch die doppelte Buchhaltung ist bereits ein semiotisches System. Semiotische Systeme und Modelle werden heute vor allem entwickelt in der mathematischen Wirtschaftstheorie, der Kybernetik, der Informationstheorie, dem Operations Research und der Elektronischen Datenverarbeitung.

Über die Anwendung der **mathematischen Methoden** in der Betriebswirtschaftslehre ist viel gestritten worden, doch bieten sich bei der stark quantifizierbaren Struktur fast aller Wirtschaftsvorgänge *(„Quantifizierung")* die mathematischen Methoden in Theorie und Praxis geradezu an.

In der r e i n e n T h e o r i e gründet sich die Anwendung der Mathematik auf die quantitativen Aspekte vieler betriebswirtschaftlicher Erscheinungen. Die großen Vorteile der mathematischen Methoden führten dazu, soweit als möglich aus komplexen Erscheinungen die quantitativen Aspekte zu isolieren. Der E r k e n n t n i s w e g ist folgender: Eine verbal zu erfassende Erscheinung (erste Stufe) wird durch Zuordnung ihrer Elemente zu mathematischen Elementen in einem mathematischen Modell dargestellt (zweite Stufe), das mathematische Analysen gestattet (dritte Stufe). Die Ergebnisse dieser Analysen werden in Beziehung auf die verbal erfaßte Erscheinung interpretiert (vierte Stufe). Die wichtigsten Gebiete der mathematischen Methoden sind die Kosten- und Produktionstheorien sowie die Theorie der Preisabsatzfunktion, die im *Operations Research* ihre besondere Methodik fanden (s. unten S. 209 ff.).

Nach der herrschenden Meinung ist die a l l e i n i g e V e r w e n d u n g d e r m a t h e m a t i s c h e n M e t h o d e n in der Betriebswirtschaftslehre abzulehnen, da sie nur die quantifizierbare Struktur der einzelnen Wirtschaftsvorgänge zu erklären vermöge. Man wendet mit Recht ein, daß sie den Menschen in der Wirtschaft und damit auch den Betrieb als G a n z e s nicht zu erfassen vermöge und daß sie keine Wesenszusammenhänge erkennen könnte. Aus diesem Grund wird (z. B. von Sombart, Salin und Spiethoff) eine „a n s c h a u - l i c h e T h e o r i e" verlangt, die die „reine Theorie" in sich einschließt.

In d e r b e t r i e b s w i r t s c h a f t l i c h e n P r a x i s wird die einfachere Mathematik bereits seit der Erfindung der Buchhaltung und Einführung der Kostenrechnung angewandt, in jüngster Zeit, besonders mit der Ausbreitung des Operations Research und der elektronischen Datenverarbeitung, wird auch die höhere Mathematik in der Praxis in zunehmendem Maße angewandt, es ist die gleiche Entwicklung wie in den „Ingenieur-Wissenschaften", wo die Mathematik vor etwa 100 Jahren auch nur sehr langsam Eingang fand.

An allen U n i v e r s i t ä t e n und H o c h s c h u l e n nimmt infolgedessen das Operations Research im betriebswirtschaftlichen Studium durchweg schon einen sehr breiten Raum ein. Das setzt auch ein umfassendes Studium des „mathematischen Instrumentariums" voraus, wie es unten auf S. 218 f. aufgeführt ist. Die gebräuchlichsten *mathematischen Lehrbücher* sind auf S. 897 aufgeführt.

5. Das methodische Vorgehen bei betriebswirtschaftlichen Untersuchungen

Das methodische Vorgehen bei betriebswirtschaftlichen Untersuchungen läßt sich nach G u t e n b e r g (Betriebswirtschaftslehre als Wissenschaft, Krefeld 1957) im allgemeinen beschreiben:

1. als Gewinnung von Tatsachenkenntnis, 2. als Kausalanalyse, 3. als Finalanalyse, 4. als Analyse nach der Methode „verstehender" Sozialwissenschaft.

Die T a t s a c h e n k e n n t n i s kann beruhen (1) auf eigener Erfahrung und Sachkenntnis, (2) auf der Einholung von Information zur Ergänzung der persönlichen Erfahrung und Sachkenntnis, (3) auf monographischen Arbeiten, vornehmlich beschreibender Art (nach der deskriptiven Methode, (4) auf systematisch durchgeführten Befragungen, (5) auf primär-statistischen Erhebungen und (6) auf der Bearbeitung sekundär-statistischen Materials.

Die K a u s a l a n a l y s e untersucht den Kausalnexus ganz bestimmter Konstellationen inner- und außerbetrieblicher Daten; das sind z. B. der technische Stand der Betriebsausrüstung, der Leistungsstand der beschäftigten Personen, der Stand der betrieblichen Planung und Organisation, der Stand der Beschäftigung, Verkaufspreise, Absatzvolumen, Beschaffungspreise, Lohn- und Gehaltsstandard usw. Ändert sich eines dieser Daten, dann ändert sich auch der Zusammenhang der Elemente des Betriebsprozesses. Die Kausalanalyse untersucht nun den Kausalnexus bei Änderung eines dieser Daten, inwieweit sich dann auch der Gesamtzusammenhang der Elemente des Betriebsprozesses ändert.

Die F i n a l a n a l y s e (Pragmatik) untersucht, zu welchem Ergebnis bestimmte Maßnahmen bei einer bestimmten Ausgangslage führen oder welche Wirkungen technische, absatzpolitische oder finanzielle Verfahren haben. Sie gehört in den Bereich der normativen Betriebswirtschaftslehre.

Die A n a l y s e n a c h d e r M e t h o d e „ v e r s t e h e n d e r" S o z i a l w i s - s e n s c h a f t versucht, durch „Verstehen" „die Sinngehalte zu erschließen, um deren Analyse es geht. Oder man wird Ideal- oder auch Realtypen bilden, soweit man sich nicht soziologischer oder psychologischer oder arbeitswissenschaftlicher Methoden bedient" (Gutenberg). Vgl. auch oben S. 68.

III. Die Gliederung der Betriebswirtschaftslehre

1. Die Allgemeine Betriebswirtschaftslehre

Die Betriebswirtschaftslehre wird durchweg in Forschung und Lehre in die Allgemeine und die Spezielle Betriebswirtschaftslehre gegliedert.

Die Allgemeine Betriebswirtschaftslehre befaßt sich mit Problemen, die den Betrieben aller Wirtschaftszweige gemeinsam sind. Sie hat es nach M e l l e r o - w i c z (Allgemeine Betriebswirtschaftslehre, 13./14. Aufl., I. Bd. 1973) bei ihren Untersuchungen mit zwei Hauptkomplexen zu tun: mit dem Betriebsaufbau, der Betriebsstruktur, und mit dem Arbeitsablauf im Betrieb, der Analyse der Bewegungsvorgänge in den Betrieben. Von diesen Problemkreisen ausgehend gliedert M e l l e r o w i c z die betriebswirtschaftliche Theorie in vier Hauptkomplexe:

I. Z e n t r a l p r o b l e m e   b e t r i e b s w i r t s c h a f t l i c h e r   T h e o r i e (Objekt und Methoden der Betriebswirtschaftslehre),

II. P r o b l e m e   d e s   B e t r i e b s a u f b a u s (Morphologie)

    1. Formgebende Faktoren: Produktionsrichtung und Produktionstechnik; Betriebsgröße und Teilkapazitäten; innerbetriebliche und außerbetriebliche Standortwahl

    2. Der finanzielle Aufbau

    3. Der organisatorische Aufbau

    4. Unternehmungsformen und Konzentrationsformen

III. P r o b l e m e   d e s   B e t r i e b s a b l a u f s (Katallaktik)

    1. Formgebende Faktoren: Kosten, Wert und Preis; Risiken, Umsatz, Ergebnis

    2. Die betrieblichen Funktionen und ihre Analyse: Beschaffung, Produktion, Vertrieb, Verwaltung und Leitung

    3. Die Organisation der Arbeitsabläufe

    4. Die Überwachung des Betriebsablaufs: das Rechnungswesen; Kontrolle und Revision

    5. Der zwischenbetriebliche Verkehr: Markt- und Konsumforschung; Einrichtung des zwischenbetrieblichen Verkehrs; Kosten des zwischenbetrieblichen Verkehrs

IV. P r o b l e m e   d e r   s o z i a l e n   B e t r i e b s g e s t a l t u n g

Diese Gliederung der Allgemeinen Betriebswirtschaftslehre ist hier nur beispielhaft gegeben, um den Problemkreis, mit dem es die Allgemeine Betriebswirtschaftslehre vor allem zu tun hat, anzudeuten. Fast jeder Betriebswirtschaftler hat seine eigene „Systematik". So gliedert Guido F i s c h e r die Allgemeine Betriebswirtschaftslehre in drei Hauptabschnitte: (1) Der Betrieb und

seine beiden Elemente: Menschliche Arbeit und Kapital; (2) Der Vermögenskreislauf und die betriebliche Leistung; (3) Die Marktverbundenheit des
Betriebes.

Viele Darstellungen der Allgemeinen Betriebswirtschaftslehre sind streng nach
den *Betriebsfunktionen* gegliedert, z. B. die „Einführung in die Betriebswirtschaftslehre" von Martin Lohmann: Produktion, Absatz und Beschaffung, Investition und Finanzierung, ferner die Betriebswirtschaftslehre von Gutenberg:
Produktion, Absatz, Finanzen sowie auch die vorliegende Allgemeine Betriebswirtschaftslehre.

2. Die Besondere oder Spezielle Betriebswirtschaftslehre

Die Betriebslehren der einzelnen Wirtschaftszweige

Die Spezielle Betriebswirtschaftslehre beschäftigt sich nach der „traditionellen"
Auffassung mit den betriebswirtschaftlichen Problemen der einzelnen Wirtschaftszweige. Sie wird im allgemeinen in folgende Hauptgruppen gegliedert:

1. Die Industriebetriebslehre: Sie untersucht die besonderen Probleme des Industriebetriebes, so vor allem Standortfragen, Einkauf, Lagerwesen, Produktion,
Absatz, Betriebsorganisation und Rechnungswesen.

Die Industriebetriebslehre kann man wiederum in eine allgemeine und in eine
spezielle Lehre einteilen; die letztere befaßt sich mit den betriebswirtschaftlichen Problemen der einzelnen Industriezweige. Auch die Handwerksbetriebs-
lehre kann man hierzu rechnen.

2. Die Handelsbetriebslehre: Sie beschäftigt sich mit dem Handelsbetrieb und
dem Warenverkehr und kann eingeteilt werden in die L e h r e v o m H a n -
d e l s b e t r i e b, die die Organisation des Handels, den Großhandel, den Einzelhandel und den Außenhandel untersucht, ferner die Werbung und die
Warenkalkulation, sowie die W a r e n v e r k e h r s l e h r e, die das Verkehrswesen, die Märkte und Messen, die Kaufvertragstechnik u. a. behandelt.

3. Die Bankbetriebslehre: Sie beschäftigt sich mit der Organisation des Bank-
wesens, den Bankgeschäften (Kreditgeschäft, Zahlungsverkehr, Effekten-
geschäft), der Organisation des Bankbetriebs, dem bankbetrieblichen Rechnungswesen und den Geld- und Kreditmärkten.

4. Die Versicherungsbetriebslehre: Sie untersucht die Organisation des Versicherungswesens, die einzelnen Versicherungszweige und ihre Geschäfte, die
innerbetriebliche Organisation und als besonderen Zweig die Sozialversicherung.

5. Die Verkehrsbetriebslehre. Sie beschäftigt sich mit den Verkehrsbetrieben
aller Art.

6. Die landwirtschaftliche Betriebslehre. Sie ist natürlich auch eine spezielle
Betriebswirtschaftslehre, führt aber wegen der Eigentümlichkeiten des Land-
wirtschaftsbetriebes und nicht zuletzt wegen der Ausbildung der Studenten ein
Sonderdasein, das aber methodologisch im Grunde nicht gerechtfertigt ist.

7. Die Lehre von den öffentlichen Betrieben: Sie beschäftigt sich mit den Betrieben der öffentlichen Hand, sowohl den privatrechtlichen und „gemischtwirtschaftlichen" wie auch den nichtprivatrechtlichen öffentlichen Betrieben.

Zu den speziellen Betriebslehren rechnet man auch noch die

8. Betriebswirtschaftliche Steuerlehre und

9. die Lehre vom Treuhandwesen.

Die **Lehre von der Betriebstechnik** wird nicht zur Betriebswirtschaftslehre als Wissenschaft gerechnet. Dazu gehören die „propädeutischen Fächer", wie die Buchhaltung, kaufmännisches Rechnen, Finanzmathematik, Briefverkehr, Organisationsmitteltechnik und dergleichen.

IV. Literaturhinweise

1. Betriebswirtschaftliche Bibliographien

Betriebswirtschaftliches Literatur-Lexikon. Bibliographie für die Jahre 1955—1960/61. Hrsg.: Zeitschrift für Betriebswirtschaft (6!5 Seiten), Wiesbaden 1962.

Wirtschaft und Betrieb. Bibliographie des deutschsprachigen Schrifttums seit 1945 mit Autoren- und Sachregister. Hrsg. von L. Rossipaul. Stammheim/Calw. Lose-Blatt-Ausgabe.

2. Sammelwerke und Lexika

Dr. Gablers Wirtschaftslexikon. Hrsg. von R. Sellien und H. Sellien. 2 Bde., 9. Aufl., Wiesbaden 1975.

Handbuch der Wirtschaftswissenschaften. Hrsg. von K. Hax und Th. Wessels. 2 Bde., 2. Aufl., Köln und Opladen 1965.

Handwörterbuch der Betriebswirtschaft. Begr. von H. Nicklisch. 3. Aufl. Hrsg.: H. Seischab und K. Schwantag Stuttgart 1956—1962; 4. Aufl. Hrsg.: E. Grochla und W. Wittmann, 3 Bde, Stuttgart 1974—1976.

Handwörterbuch der Sozialwissenschaften. Hrsg. von v. Beckerath, Bente, Brinkmann, Gutenberg u. a., 12 Bde. u. 1 Registerbd., Stuttgart, Tübingen, Göttingen 1956 ff.

Staatslexikon. Recht, Wirtschaft, Gesellschaft. Hrsg.: Görres-Gesellschaft, 6. Aufl. — 8 Bde., Freiburg 1957 bis 1963.

Die Wirtschaftswissenschaften. Sammelwerk. Hrsg. von E. Gutenberg. 60 jeweils in sich abgeschlossene Lieferungen, zusammen rund 10 000 Seiten, Wiesbaden.

3. Gesamtdarstellungen der Betriebswirtschaftslehre

Federmann, Rudolf: Betriebswirtschaftslehre in Schaubildern, Wiesbaden 1976.

Fischer, Guido: Die Betriebsführung, Bd. 1: Allgemeine Betriebswirtschaftslehre, 10. Aufl., Heidelberg 1967.

Fischer Guido: Die Betriebsführung, Bd. 2: Betriebliche Marktwirtschaftslehre (2. Bd. der Allg. Betriebswirtschaftslehre), 3. Aufl., Heidelberg 1967.

Gutenberg, Erich: Grundlagen der Betriebswirtschaftslehre. Bd. 1: Die Produktion. 21. Aufl. 1975, Bd. 2: Der Absatz, 15. Aufl. 1976, Bd. 3: Die Finanzen. 6. Aufl., Berlin, Heidelberg, New York 1973.

Gutenberg, Erich: Einführung in die Betriebswirtschaftslehre. (Die Wirtschaftswissenschaften). Wiesbaden 1958.

Heinen, Edmund: Einführung in die Betriebswirtschaftslehre, 6. Aufl., Wiesbaden 1977.

Illetschko, Leopold L.: Unternehmenstheorie, 2. Aufl., Wien 1967.

Jacob, H.: Allgemeine Betriebswirtschaftslehre in programmierter Form. 3. Aufl., Wiesbaden 1976.

Kirsch, W.: Betriebswirtschaftslehre: Systeme, Entscheidungen, Methoden. Wiesbaden 1974.

Kosiol, Erich: Einführung in die Betriebswirtschaftslehre. Neuauflage, Wiesbaden 1968.

Lehmann, Max Rudolf: Allgemeine Betriebswirtschaftslehre. 3. Aufl., Wiesbaden 1956.

Lohmann, Martin: Einführung in die Betriebswirtschaftslehre. 4. Aufl., Tübingen 1964.

Mayer, Leopold: Grundriß der Allgemeinen Betriebswirtschaftslehre, 2. Aufl., Wiesbaden 1970.

Mellerowicz, Konrad: Allgemeine Betriebswirtschaftslehre, 13./14. Aufl., 5 Bde. (Sammlung Göschen), Berlin 1970/1973.

Mertens, Peter, und H. D. Plötzeneder: Programmierte Einführung in die Betriebswirtschaftslehre, 3 Bde, 2. Aufl., Wiesbaden 1974.

Müller-Merbach, Heiner: Einführung in die Betriebswirtschaftslehre, 2. Aufl., München 1976.

Raffée, H.: Grundprobleme der Betriebswirtschaftslehre, Göttingen 1974.

Rieger, Wilhelm: Einführung in die Privatwirtschaftslehre. 3. Aufl., Erlangen 1964.

Rössle, Karl: Allgemeine Betriebswirtschaftslehre. 5. Aufl., Stuttgart 1956.

Schäfer, Erich: Die Unternehmung. Einführung in die Betriebswirtschaftslehre. 8. Aufl., Köln und Opladen 1973.

Schmidt, Fritz: Allgemeine Betriebswirtschaftslehre, Wiesbaden 1952 (Die Handelshochschule Bd. 2).

Schmidt, Ralf-Bodo: Wirtschaftslehre der Unternehmung. 2 Bde. I. Bd. Grundlagen, Stuttgart 1969, II. Bd. Zielerreichung, Stuttgart 1973.

Schneider, Erich: Einführung in die Wirtschaftstheorie, 3 Bde., 14., 13. bzw. 12. Aufl., Tübingen 1973, 1972 u. 1969.

Ulrich, H.: Die Unternehmung als produktives soziales System, 2. Aufl., Bern u. Stuttgart 1970.

Walther, Alfred: Einführung in die Wirtschaftslehre der Unternehmung. 2 Bde. Bd. 1: Der Betrieb. 2. Aufl. 1959. Bd. 2: Die Unternehmung, Zürich 1953.

Wöhe, Günter: Einführung in die Allgemeine Betriebswirtschaftslehre. 11. Aufl., Berlin 1973.

4. Objekt und Methoden der Betriebswirtschaftslehre

Bierfelder, Wilhelm: Wege und Irrwege mathematischen Denkens in Wirtschaftstheorie und Unternehmenspolitik. Kallmünz 1958.

Brand, Heinz W.: Über die Fruchtbarkeit mathematischer Verfahren in der Wirtschaftstheorie. Frankfurt 1959.

Castan, E.: Typologie der Betriebe, Stuttgart 1963.

Dlugos, G., G. Eberlein u. H. Steinmann (Hrsg.): Wissenschaftstheorie und Betriebswirtschaftslehre, Düsseldorf 1972.

Fischer-Winkelmann, W. F.: Methodologie der Betriebswirtschaftslehre, München 1972.

Forker, H. J.: Das Wirtschaftlichkeitsprinzip und das Rentabilitätsprinzip. Ihre Eignung zur Systembildung. Berlin 1960.

Glöckner, P.-H.: Das Finden von Begriffen. (Betriebswirtschaftliche Abhandlungen). Stuttgart 1963.

Gutenberg, Erich: Betriebswirtschaftslehre als Wissenschaft. Krefeld 1957.

Heinen, E.: Grundlagen betriebswirtschaftlicher Entscheidungen. Das Ziel der Unternehmung, 3. Aufl., Wiesbaden 1976.

Jehle, W. (Hrsg.): Systemforschung in der Betriebswirtschaftslehre, Stuttgart 1975.

Kade, G.: Die logischen Grundlagen der mathematischen Wirtschaftstheorie als Methodenproblem der theoretischen Ökonomik. Berlin, München 1958.

Katterle, Siegfried: Normative und explikative Betriebswirtschaftslehre. Göttingen 1964.

Kirsch, W.: Entscheidungsprozesse. 3 Bde., Wiesbaden 1970/71.

Kirsch, W., I. Bamberger, E. Gabele u. H. K. Klein: Betriebswirtschaftliche Logistik — Systeme, Entscheidungen, Methoden —, Wiesbaden 1973.

Koch, Helmut: Grundlagen der Wirtschaftlichkeitsrechnung. Probleme der betriebswirtschaftlichen Entscheidungslehre. Wiesbaden 1970.

Köhler, R.: Theoretische Systeme der Betriebswirtschaftslehre im Lichte der neueren Wissenschaftslogik, Stuttgart 1966.

Löffelholz, J.: Wissenschaft und Praxis. Ein Beitrag zum Problem des Erkenntnisobjektes der Betriebswirtschaftslehre, in: Aktuelle Betriebswirtschaft, Festschrift für K. Mellerowicz, Berlin 1952.

Löffelholz, J.: Der Wert als Problem der Betriebswirtschaftslehre, in: Gegenwartsprobleme der Betriebswirtschaft, Festschrift für W. le Coutre, Frankfurt 1955.

Löffelholz, J.: Wirtschaftsethik, in: HdBw., 4. Aufl., Bd. 3, 1976.

Moxter, Adolf: Methodologische Grundfragen der Betriebswirtschaftslehre, Köln und Opladen 1957.

Scheibler, A.: Betriebswirtschaftliche Entscheidungen in Theorie und Praxis. Wiesbaden 1974.

Schönpflug, Fritz: Betriebswirtschaftslehre. Methoden und Hauptströmungen. 2. Aufl., Stuttgart 1954.

Schreiber, R.: Erkenntniswert betriebswirtschaftlicher Theorien. Einführung in die Methodik der Betriebswirtschaftslehre. Wiesbaden 1960.

Seyffert, Rudolf: Über Begriff, Aufgaben und Entwicklung der Betriebswirtschaftslehre. 4. Aufl., Stuttgart 1957.

Stählin, W.: Theoretische und technologische Forschung in der Betriebswirtschaftslehre, Stuttgart 1973.

Stich, A. O.: Die Entwicklung der Betriebswirtschaftslehre zur selbständigen Disziplin. Basel 1955.

Tietz, Bruno: Bildung und Verwendung von Typen in der Betriebswirtschaftslehre, Köln und Opladen 1960.

Ulrich, H. (Hrsg.): Zum Praxisbezug der Betriebswirtschaftslehre in wissenschaftstheoretischer Sicht, Bern u. Stuttgart 1976.

Weber, Chr. E.: Die Kategorien des ökonomischen Denkens. Berlin 1958.

Wöhe, Günter: Methodologische Grundprobleme der Betriebswirtschaftslehre, Meisenheim 1959.

5. Betriebswirtschaftliche Zeitschriften

Betriebswirtschaftliche Forschung und Praxis. Begründet von W. Hasenack. Herne, Berlin.

Management International. Internationale Zeitschrift für Betriebswirtschaft und Unternehmensführung. Hrsg.: mehrere internationale wissenschaftliche Organisationen. Wiesbaden.

Der österreichische Betriebswirt: Hrsg.: Hochschule für Welthandel, Wien.

Die Unternehmung. Schweizerische Zeitschrift für Betriebswirtschaft. Redaktor: Otto Angehrn. Bern.

Unternehmensforschung. Operations Research. Würzburg.

Zeitschrift für Betriebswirtschaft (ZfB). Begr. von Fritz Schmidt. Hrsg. seit 1964 E. Gutenberg. Wiesbaden.

Schmalenbachs Zeitschrift für betriebswirtschaftliche Forschung (ZfbF), bis zum 16. Jahrg. Zeitschrift für handelswissenschaftliche Forschung (ZfhF), neue Folge. Begr. von Eugen Schmalenbach. Hrsg. im Auftrag der Schmalenbach-Gesellschaft von K. Hax. Köln - Opladen.

Betriebsorganisation und Unternehmungsführung

A. Betriebliche Organisation

Die betriebswirtschaftliche Organisationslehre

Die Organisation spielt in der Betriebswirtschaft als „die planvolle Zuordnung von Menschen und Sachen zu optimaler Leistung" (Mellerowicz) eine sehr große Rolle. Sie wird von verschiedenen Betriebswirtschaftlern sogar als Produktionsfaktor bezeichnet. Es ist daher verständlich, daß schon sehr viel über die betriebswirtschaftliche Organisation und ihre Probleme geschrieben wurde und daß sich sogar große Spezialzeitschriften ihr widmen. Und doch ist die betriebswirtschaftliche Organisationslehre noch recht uneinheitlich und unvollkommen. Doch hat man bislang in der Literatur die betriebliche Organisation vorwiegend als statisches System gesehen. Erst in den letzten Jahren gewann man über die neuentstandene interdisziplinäre *Systemforschung*, die vor allem auch soziologische und psychologische Aspekte berücksichtigt, tiefere Einblicke in die Dynamik der betrieblichen Organisation.

I. Begriffliche und theoretische Grundlagen

1. Begriff und Wesen der Systemforschung

Entwicklung und Wesen der Systemforschung

Die immer stärkere Anwendung der exakten Methoden, der „Methoden der Naturwissenschaften", in den Sozialwissenschaften hat in zunehmenden Maße die quantitativen Strukturen vieler Sozialgebilde (sozialer Organisationen) erkennen lassen und zeigte überraschend, daß biologische, soziale und mechanische Gebilde vielfach isomorphe Systeme und Strukturen aufweisen. Diese Erkenntnis führte zu Systemanalysen, die eine eigenständige interdisziplinäre Wissenschaft begründeten, die *Systemtheorie*. Soweit die Systemwissenschaft formalisierte Systeme (Formal- oder Idealmodelle) entwickelt, ist sie eine Idealwissenschaft oder Formalwissenschaft (wie Mathematik und Logik) im Gegensatz zu den Realwissenschaften.

Die Systemtheorie hat insofern eine sehr große Bedeutung für die Praxis, als sich die Betriebe heute äußerst instabilen Umweltverhältnissen gegenübersehen. Die Systemforschung ermöglicht aber die Dynamik der betriebswirtschaftlichen Organisationssysteme, die bisher fast nur statisch gesehen wurden, ganz in den Blickpunkt zu rücken und sich auf das Kriterium der Flexibilität auszurichten, um die Organisation den veränderten Umweltbedingungen schnell anpassen zu können. Die von der Systemforschung entwickelten Formalmodelle dienen den

Realwissenschaften zur Bildung oder Verbesserung von Realmodellen. Andererseits entwickelt die Systemforschung aus den Realmodellen der Realwissenschaften Ideal- oder Formalmodelle. (Siehe darüber H. Fuchs, Systemtheorie und Organisation, Wiesbaden 1973.)

Der Begriff des Systems und der Organisation

Unter System versteht die Systemforschung *eine Menge von geordneten Elementen mit Eigenschaften, die in Beziehung (Relation) zueinander stehen,* z. B. *den Menschen, das Gehirn, das Auto, die Zange, die Volkswirtschaft, die Unternehmung, aber auch das Würfelspiel, Pferd u n d Reiter, den mit der Zange arbeitenden Menschen.* Die Menge der Relationen zwischen den Elementen eines Systems ist seine *Struktur.* Unter *Element* versteht man einen Bestandteil eines Systems, der innerhalb dieser Gesamtheit nicht weiter zerlegt werden kann.

Unter *Organisation* versteht die reine Systemtheorie die Ordnung bzw. die Struktur der Elemente eines Systems. In der Systemtheorie werden die Begriffe der Organisation und der Struktur nicht unterschieden. Der Unterschied liegt vielmehr im Gebrauch der entsprechenden Wörter in den verschiedenen Wissenschaftsbereichen und in der Umgangssprache. Einer der Unterschiede ist z. B. darin zu sehen, daß mit dem Wort Organisation sowohl der Vorgang des Organisierens als auch das organisierte Ganze verstanden wird. Die *Organisationen im realwissenschaftlichen Sinne* sind die sozialen Systeme, z. B. Staat, Gemeinde, Familie, Unternehmung, Verbände usw.

Allgemeine Systemtheorie und Systemforschung

Die amerikanische Systemwissenschaft teilt sich in zwei Richtungen: die General Systems Theory einerseits und das Systems Research oder Systems Engineering andererseits, die in Deutschland meist Systemforschung genannt wird.

Die G e n e r a l S y s t e m s T h e o r y, die vor allem auf den Biologen Ludwig von Bertalanffy zurückgeht und von Ashby und Boulding weiter entwickelt wurde, will als neue interdisziplinäre Formalwissenschaft die einzelnen Realwissenschaften zu einer „Einheit der Wissenschaft" integrieren. Sie soll eine für alle Systeme geltende Theorie aufstellen und strebt eine exakte mathematische Formulierung der von ihr entwickelten Begriffe, Beziehungen, Gesetze u. dgl. an. Sie benutzt dazu vor allem die Vektor- und Matrizenrechnung, die Topologie, die Theorie der Differentialgleichungen und die Funktionentheorie. Eine solche Wissenschaft kann für alle Natur- und Sozialwissenschaften große Bedeutung gewinnen. Sie steckt aber noch in den Anfängen. Der wissenschaftliche Nutzen und die Praktizierbarkeit einer solchen „Superwissenschaft" werden aber von einigen Autoren (Hempel, Ackoff, Kosiol u. a.) angezweifelt.

Das S y s t e m s R e s e a r c h, S y s t e m s E n g i n e e r i n g oder die S y s t e m f o r s c h u n g ist dagegen pragmatisch ausgerichtet. So wollen Kosiol und Mitarbeiter den Begriff Systemforschung „als Sammelbezeichnung für alle Möglichkeiten realwissenschaftlicher Interdisziplinforschung" verwenden[1]. Den

---

[1] Kosiol, Szyperski, Chmielewicz: Zum Standort der Systemforschung, ZfbF 1965, S. 337 ff.

Unterschied solcher Interdisziplinforschung zu den übergreifenden Wissenschaften sehen sie darin, daß die übergreifende Wissenschaft isomorphe Strukturen in völlig verschiedenen Objektbereichen der Realität aufzeigt, während die Interdisziplinen einen ganz bestimmten Problembereich, z. B. Automation, Maschinenbau oder Raumfahrt, untersuchen und sich dabei der Theorien verschiedener Einzeldisziplinen bedienen. Im konkreten Fall ist dann hinzuzufügen, welche Art von Systemforschung, z. B. Systemforschung für Automation, vorliegt.

2. Arten der Systeme

Natürliche und künstliche Systeme

Nach der *Entstehung der Systeme* können wir folgende Systeme unterscheiden:

1. N a t ü r l i c h e   S y s t e m e

    a) *anorganische Systeme:* Planetensystem, Atomsystem und dgl., die Gesamtheit der Beziehungen in anorganischen Systemen ist meist eine dynamische Ordnung (dynamisches System);

    b) *organische Systeme:* die Organismen der Pflanzen und Tiere sowie die biologische Familie, ferner die informellen Gruppen (s. unten S. 380 ff.);

2. V o m   M e n s c h e n   g e s t a l t e t e   S y s t e m e , „k ü n s t l i c h e S y s t e m e"

    a) *logische Systeme:* Alphabet, Logiksymbole, Zahlensysteme, Kontenplan und dgl.; es sind statische Systeme;

    b) *mechanische Systeme:* technische Maschinen, Automaten u. dgl.; es sind dynamische Systeme wie auch die folgenden Systeme,

    c) *soziale Systeme:* die Familiengemeinschaft, das Staatsvolk, die Religionsgemeinschaft u. dgl.,

    d) *kombinierte Systeme* aus sozialen und sachlichen Elementen, sogen. „*Mensch-Maschine-Systeme*" oder *sozio-mechanische Systeme:* die Haushaltung, die Unternehmung, die Gemeindeorganisation, die Staatsorganisation, die Kirche und dgl.

Gesamt- und Teilsysteme, In- und Umsysteme

Jedes reale System ist Element eines anderen Systems, ein Teilsystem, Untersystem, Subsystem oder Insystem in einem Gesamtsystem, Übersystem, Supersystem oder Umsystem. Das Teilsystem ist also ein Bestandteil eines Gesamtsystems, der bestimmte Elemente („Randelemente") dieses Systems enthält, die nicht nur untereinander, sondern auch mit Elementen anderer Teilsysteme des Gesamtsystems gekoppelt sind. Die Beziehungen der Teilsysteme eines Gesamtsystems lassen sich aus der Strukturmatrix des Gesamtsystems ablesen.

Offene und geschlossene Systeme

Ein *offenes System* ist ein System, das mindestens ein Element („Randelement") enthält, das zu Elementen anderer Systeme in Wechselwirkung steht. Alle realen Systeme sind offene Systeme, d. h. sie stehen im gegenseitigen Austausch von Materie, von Energie und Informationen mit umgebenden Systemen. Die in ein Element oder auch in ein System eingehende Materie, Energie oder Information sind der *Input* (Eingabe), die aus ihm ausgehenden Objekte sind der *Output* (Ausgabe).

Ein *geschlossenes System* hat keine Randelemente, d. h. Elemente, die mit Elementen anderer Systeme in Wechselwirkung stehen. Wie bereits angedeutet, können reale Systeme allenfalls nur näherungsweise geschlossene Systeme sein. Doch werden in der Systemtheorie geschlossene Formalsysteme entwickelt, die alle für einen bestimmten Zusammenhang wesentliche Eigenschaften und Relationen zu erfassen suchen.

Stabile und kybernetische Systeme

Stabile Systeme sind dynamische Systeme, die, wenn sie durch eine Störung aus dem Gleichgewicht gebracht werden, wieder in den Zustand des Gleichgewichts zurückgehen. Das sind vor allem kybernetische Systeme; in ihnen wird die Rückkehr zum Gleichgewicht durch Rückkoppelungen bewirkt. Näheres über Kybernetik und kybernetische Systeme s. unten S. 97 ff.

Stabile dynamische Systeme sind stets *zweckstrebige (finale) Systeme*, d. h. sie streben einem bestimmten Sollwert zu. Die Kybernetik als Teilgebiet der Systemforschung hat in der Stabilitätstheorie *Stabilitätsgesetze* entwickelt, die nicht nur die Grundlage der Automatisierung bilden, sondern auch große Bedeutung für soziale, insbesondere wirtschaftliche Systeme haben bzw. haben werden.

3. Die Organisationstheorie als Teilgebiet der Systemforschung

Die gegenwärtige Organisationstheorie

Die *Organisationstheorie* kann als Teilgebiet der Systemforschung betrachtet werden; sie beschäftigt sich nur mit den von Menschen hervorgebrachten sozialen und mechanischen Systemen; es fallen also darunter nicht nur Mensch-Maschine-Systeme, sondern auch rein mechanische und rein soziale Systeme. Diese Systeme sind stets zielgerichtet.

Die *betrieblichen Organisationen* sind stets sozio-mechanische Systeme (Mensch-Maschine-Systeme), das sind Systeme, die mittels zwischenmenschlicher Kooperation und Koordination von Menschen und Sachen der Leistungserstellung dienen. Es gehören dazu die Unternehmung, private und öffentliche Haushalte, Theater, Schulen, Kirchen, Militär, Kongresse, Massenversammlungen, Nachrichtensysteme und dgl. Die Systemanalyse der *Unternehmungsorganisation* ist praxiologisch eingestellt, da sie empirische Systeme analysiert. Sie zieht die Technologie (Informationstheorie und Regelungstechnik) sowie die Organisationssoziologie, die Psychologie und die Sozialpsychologie heran. Diese interdisziplinäre Kommunikation wird durch den Einsatz elektronischer Datenverarbeitungsanlagen außerordentlich erleichtert.

Die *Entscheidungsprobleme* sind auch in der gegenwärtigen Organisationstheorie in den Vordergrund getreten, ja die Theorie der Entscheidungen kann

„geradezu als Bezugsrahmen für die Analyse des Organisationsphänomens angesehen werden. Es ist daher verständlich, daß die Rezeption organisationstheoretischer Überlegungen in der betriebswirtschaftlichen Organisationslehre und in der Theorie der Unternehmung vor allem deren entscheidungstheoretische Komponenten umfaßte." (Kreikebaum, ZfB 1965, S. 675). — Die entscheidungsorientierte Betriebswirtschaftslehre sieht im Betrieb „eine Entscheidungseinheit, die durch Entscheidungsprozesse gekennzeichnet wird. Organisation ist die *konkrete Gestaltung dieser Entscheidungsprozesse* im Betrieb". (H. Albach, Organisation, im HdSw.)

Die Ansätze der gegenwärtigen Organisationstheorie

In der gegenwärtigen Organisationstheorie lassen sich nach E. *Grochla* folgende vier Forschungsansätze relativ deutlich unterscheiden (ZfB 1969, S. 1 ff.):

1. *pragmatische Ansätze,* die sich in der anglo-amerikanischen Managementlehre und in dem größten Teil der deutschen betriebswirtschaftlichen Organisationslehre finden;

2. *entscheidungstheoretische Ansätze,* die zum Teil enge Beziehungen zu nationalökonomischen Fragestellungen aufweisen, und in denen das klassische unipersonale Entscheidungsmodell um die Annahme erweitert wird, daß die Entscheidungsakte sich in multipersonalen Entscheidungseinheiten vollziehen;

3. *verhaltenstheoretische Ansätze,* die vor allem durch soziologische, sozialpsychologische und psychologische Forschungen repräsentiert werden;

4. *informationstechnologische Ansätze,* die mit dem steigenden Einsatz informationsverarbeitender Sachmittel — insbesondere in Form automatischer Datenverarbeitungsanlagen — und der zunehmenden Auseinandersetzung mit der organisatorischen Problematik dieser Entwicklung entstanden sind.

Durchführung der Systemanalyse auf dem Gebiet der Organisation

In Anlehnung an verschiedene Konzeptionen amerikanischer Autoren hat *Gertrud Wegner*[1]) die vier folgenden *generellen Grundschritte* einer Systemanalyse unter Berücksichtigung ihrer Anwendung auf die Betriebsorganisation entwickelt:

1. *Analyse der Zielsetzung* („*Aufgabenanalyse*" nach Kosiol): Sie hat die Aufgaben festzustellen, die durch das zu gestaltende System erfüllt werden sollen, sowie die formalen Kriterien zu ermitteln, denen die Leistungserstellung im System genügen muß.

2. *Analyse der Elemente:* Sie hat zu ermitteln, auf welche Art und mit welchen Mitteln diese Aufgaben erfüllt werden können; Elemente betriebsorganisatorischer Systeme sind die Aktionsträger Mensch und Sachmittel in Verbindung mit den ihnen übertragenen Verrichtungen aus dem Prozeß der Zielerreichung.

---

[1]) Gertrud Wegner: Systemanalyse und Sachmitteleinsatz in der Betriebsorganisation, Wiesbaden 1969.

3. *Analyse der Beziehungen:* Sie untersucht folgende drei Fragen: (1) Zwischen welchen Elementen sind aktive Beziehungen herzustellen? (2) Welche Eigenschaften eines Elementes werden durch die jeweiligen Beziehungen aktiviert? (3) Wie wirken sich im Rahmen bestimmter Elementkombinationen Veränderungen des Verhaltens eines Elementes auf ein anderes mit ihm in Beziehung stehendes Element aus?

4. *Analyse des Systemverhaltens:* Sie hat auf Grund der bisher ermittelten Informationen über Ziele, Elemente und Beziehungen ein Modell zu entwickeln, in dem die Gesamtheit der Elemente sowie deren Beziehungen zueinander enthalten sind.

Die Systemforschung ist die Voraussetzung für die *optimale organisatorische Gestaltung* von Betrieben. Die betriebliche Systemanalyse wurde bereits mit Erfolg angewandt bei der Lösung technischer Gestaltungsprobleme im Produktionsbereich, ferner im Bereich der Informationstechnologie bei der Gestaltung betrieblicher Datenverarbeitungssysteme, bei der Prognose des Verhaltens sozialer Organisationseinheiten und deren Koordination mit dem betrieblichen System und auf anderen Gebieten.

4. Die Organisation nach der Organismusidee (Nicklisch)

Nach Heinrich Nicklisch (Betriebswirtschaftslehre, 7. Aufl., 1932; Der Weg aufwärts! Organisation, 1934) sind die Betriebe die „letzten und kleinsten Organisationseinheiten", aus der der „Organismus des Weltganzen" sich aufbaut. Von der übergeordneten Ganzheit erhält der Betrieb auch seine Zwecke, das ist vor allem die Bedürfnisbefriedigung. Diese Zwecke äußern sich im menschlichen Bewußtsein in den *großen Organisationsgesetzen:* Gesetz der Zwecksetzung, das der Gestaltung und das der Erhaltung, die eigentlich nur eins sind, „nämlich das der Zwecksetzung, das nach Raum und Zeit in die Umwelt des Menschen übertragen, durch Gestaltung und Erhaltung erscheint". — „Zwecke, die verwirklicht werden sollen, müssen von den Menschen, die daran mitwirken, selbst gesetzt oder erkannt sein, wenn während ihrer Verwirklichung keine Bedrohung für sie aus den menschlichen Bewußtseinen (Gewissen) heraus entstehen können." Darin äußert sich das Gesetz der Zwecksetzung, das Nicklisch auch als das Gesetz der Freiheit oder das Gesetz des Gewissens oder des Geistes bezeichnet hat. — „ . . . Im tiefsten seines Bewußtseins aus innerstem Wesen heraus" hat der Mensch auch einen Sinn für Ganzheit und Gliedschaft und eine Neigung für Einen und Gliederung, Arbeitsvereinigung und Arbeitsteilung. „Ohne sie könnte er durch keinerlei Beobachtung und ‚Erfahrung' die Fähigkeit erlangen, zu einen und zu gliedern, wie er es tun muß, wenn er Zweckgründe bildet." Aus diesem Bewußtsein ergibt sich das Gesetz der Gestaltung. Die Worte „Einen" und „Gliedern" bezeichnen die beiden Gestaltungsrichtungen, die der Mensch auch in der Wirtschaft betätigen muß. Doch es genügt noch nicht, Gestalt zu geben, die Bedürfnisse fordern fortgesetzte Erneuerung. Dabei ist die wichtigste Forderung, daß nichts von Wesen und Stärke verlorengehe. Das ist das Gesetz der Zwecksetzung als Gesetz der Erhaltung.

Die Gesetze der Organisation spielen in Nicklischs System eine sehr große Rolle. Dem menschlichen Bewußtsein, das sich im Gewissen äußert, ist die Gemeinschaftsidee inhärent, aus ihren Zwecken (Bedürfnisbefriedigung) ergeben sich die Gesetze der Organisation, aus denen Nicklisch dann seine umfassende *Leistungslehre* entwickelt. Nur aus dieser philosophischen Grundlage heraus kann Nicklischs Stellungnahme zum Gewinnproblem, zur Lohnfrage, zur Rentabilität verstanden werden.

5. Die Organisation als „integrative Strukturierung von Ganzheiten" (Kosiol)

Erich Kosiol (Organisation der Unternehmung, 2. Aufl., Wiesbaden 1976) sieht in der Organisation eine *Struktur* und versteht darunter „die gefügehafte Ordnung der Glieder eines Ganzen", wobei „die einzelnen Glieder zueinander in zusammenhängende wechselseitige Verhältnisse von Gleichordnung, Über- und Unterordnung" gebracht werden. Den Begriff der Organisation beschränkt er jedoch „auf den Bereich des Lebendigen und hier wiederum auf den menschlichen Handlungsbereich im weitesten Sinne und damit auf die Humanwissenschaften . . .".

Um den Organisationsbegriff auf die ganzheitliche Strukturierung als Ziel *menschlicher* Tätigkeit zu begrenzen und ihn von den anorganischen und sonstigen Strukturerscheinungen abzuheben, kennzeichnet er den organischen Zusammenhang der Organisation als „integrative Verflochtenheit", wobei er unter dem *biologischen* Begriff der *Integration* „die wechselseitige Abhängigkeit der Glieder und die gegenseitige Durchdringung ihrer Aufgaben" versteht. Das Wesen der Organisation umschreibt Kosiol in kurzer Formulierung als *integrative Strukturierung von Ganzheiten"*.

Das Phänomen Betriebsorganisation kann wissenschaftlich unter technischem, soziologischem und psychologischem Aspekt untersucht werden. Die Betriebswirtschaftslehre betrachtet nach Kosiol die Unternehmung als Aktionsgebilde zur Erreichung von Zielen durch Willenshandlungen, die Betriebsorganisation erscheint deshalb als bestimmte Verfahrensweise dieser Handlungen, als *Verfahrenstechnik*, als *Technik der integrativen Strukturierung*. Aufgaben- und Arbeitsteilung sowie Aufgaben- und Arbeitsvereinigung sind daher Probleme der Kooperationstechnik. Die Verfahrenstechnik der Organisation unterscheidet sich „als *integrative Strukturtechnik*" wesentlich von der *Realtechnik* oder Ingenieurtechnik.

Die beiden *technischen Fundamentalprinzipien* der Verfahrenstechnik, die „systembildenden Prinzipien der Organisationslehre", sind das *Grundprinzip der Zweckmäßigkeit*, das die technisch beste Lösung von Unternehmensaufgaben anstrebt, sowie das *Grundprinzip der „Technizität"*, „der mengenmäßigen oder technischen Wirtschaftlichkeit". Doch nicht Zweckmäßigkeit und Technizität sind bei der Organisation letztlich entscheidend, sondern die *Rentabilität* *(„Ökonomik")*, das wirtschaftliche und oberste Grundprinzip der Strukturtechnik.

Die Organisation als endgültig gedachte Strukturierung, die in der Regel auf längere Sicht gelten soll und stabilen Charakter hat, unterscheidet Kosiol von der *Improvisation*, die zwar auch integrative Strukturierung ist, aber eine mehr vorübergehende, noch offenbleibende, provisorische Regelung darstellt. Auch die *dispositiven Tätigkeiten* (Dispositionen), die neben den organisatorischen Maßnahmen stehen, trennt Kosiol scharf von der Organisation, da sie „als Einzelmaßnahmen im konkreten Sonderfall auftreten und keine strukturierende Wirkung haben".

In der Unternehmung muß als drittes *technisches Fundamentalprinzip* das *Grundprinzip oder Gesetz des Gleichgewichts* herrschen. Das heißt, sie darf weder unter- noch überorganisiert sein. Bei *Überorganisation* als zu starker Strukturierung bleibt zu wenig Spielraum für freie und bewegende Dispositionen im Einzelfall, bei *Unterorganisation* dagegen werden umgekehrt zu wenig Tatbestände genereller Strukturierung unterworfen. Dadurch entstehen in beiden Fällen *Gleichgewichtsstörungen. Es ist daher ein ausgewogenes Verhältnis von Organisation, Improvisation und Disposition von größter Bedeutung.*

Wiederholung der betriebswirtschaftlichen Handlungsvorgänge sind Vorbedingung der Organisation; denn strukturierbar und damit organisierbar sind nur Wiederholungsvorgänge, deren Ablauf durch die Strukturierung ein für allemal einheitlich geregelt wird. Eine weitere Vorbedingung für die Organisation bildet die *Aufgabenteilung* (so nennt Kosiol die Arbeitsteilung); Aufgaben, die nicht auf mehrere Menschen verteilt werden können, sind nicht organisierbar.

Bei der Organisation handelt es sich um ein *Formalproblem*, da die organisatorische Betrachtung weitgehend von dem realen Inhalt der Sachverhalte abstrahiert und sich auf die formalen Strukturverhältnisse konzentriert. Das zeigt sich deutlich in der Unterscheidung zweier realverbundener Seiten der Organisation: die Strukturierung erstreckt sich einerseits auf den *Aufbau der Unternehmung* als Gebilde und Beziehungszusammenhang, andererseits auf den *Ablauf des Geschehens* in der Unternehmung als Arbeitsprozeß. Die Aufbau- und Ablauforganisation ist unten S. 932 ff. ausführlich dargestellt.

6. Die Organisation als Produktionsfaktor (Gutenberg)

Erich Gutenberg (Grundlagen der Betriebswirtschaftslehre, Bd. 1, 21. Aufl., 1975) kennt neben den drei *Elementarfaktoren:* (1) Arbeitsleistung, (2) Arbeits- und Betriebsmittel und (3) Werkstoffe einen vierten Produktionsfaktor, den *dispositiven Faktor,* die „Geschäfts- und Betriebsleitung". Der Elementarfaktor „Arbeitsleistung" ist nach Gutenberg objektbezogen, die „dispositive Arbeit" der Geschäfts- und Betriebsleitung dagegen funktionsbezogen. Sie wurzelt großen Teils im *Irrationalen.* Das *rationale Element* der Geschäfts- und Betriebsleitung ist die „Betriebsplanung", die durch das *gestaltend-vollziehende Element,* die „Betriebsorganisation", im Betrieb verwirklicht wird. Planung und Organisation sind nach Gutenberg auch Produktionsfaktoren, die als Elemente der „Geschäfts- und Betriebsführung" jedoch keine originäre, sondern *derivative Produktionsfaktoren* sind, da ihre ausführenden Organe nicht zur Geschäfts- und Betriebsleitung gehören, aber „ihre Anweisungsbefugnisse aus dem obersten Direktionsrecht der Geschäfts- und Betriebsleitung" ableiten.

Gutenberg faßt also den Begriff Betriebsorganisation sehr eng und versteht unter Betriebsorganisation „nur diejenige Apparatur ..., die die Aufgabe hat, eine durch Planung vorgegebene Ordnung im Betrieb zu realisieren". Organisation und Planung werden also scharf getrennt, das ist nach Gutenberg notwendig, denn „Mängel, die der Fertigungsprozeß aufweist, können sowohl in Unzulänglichkeiten der betrieblichen Planung als auch der Betriebsorganisation als auch im persönlichen Versagen der Betriebsleitung begründet sein". Gutenberg sieht also in der „Betriebsorganisation nicht die letzthin entscheidende und gestaltende Kraft des betrieblichen Geschehens ... Sie unterstützt die Geschäfts- und Betriebsleitung bei ihrer Aufgabe, die Faktoren Arbeit, Betriebsmittel und Werkstoff zu einer leistungsfähigen betrieblichen Einheit zusammenzufassen". Sie ist „nicht in dem Sinne produktiv, daß sie neue Zielsetzungen, Verhaltensmöglichkeiten oder gar neue Werte ... aus sich selbst hervorzubringen vermöchte". Nicht die betrieblichen Vorgänge und Tätigkeiten, sondern die *Beziehungen* zwischen ihnen sind Gegenstand der Organisation.

Die Betriebsorganisation beruht auf Regelungen, nach denen der Betriebsprozeß verlaufen soll. Betriebliche Vorgänge mit einem verhältnismäßig hohen Maß an Gleichartigkeit und Periodizität werden *generell* geregelt, andere *fallweise*. Es ist einleuchtend, daß man soweit als möglich und gegebenenfalls durch organisatorische Maßnahmen die „*fallweisen Regelungen*" durch „*generelle Regelungen*" zu substituieren sucht: „die Tendenz zur generellen Regelung nimmt mit abnehmender Variabilität betrieblicher Tatbestände zu." Diese Tendenz bezeichnet Gutenberg als das **„Substitutionsprinzip der Organisation".** Je mehr es gelingt, individuelle Regelungen durch generelle Regelungen zu ersetzen, um so mehr wird die Organisation entpersönlicht. Die individuellen Befugnis-, Entscheidungs- und Dispositionsbereiche im Unter- und Mittelbau der Großbetriebe werden dadurch immer kleiner. Es besteht die Tendenz, die „*freien Organisationsformen*" immer mehr in „*gebundene Organisationen*" zu überführen.

Das Substitutionsprinzip darf nicht überspannt werden. Es gibt „für jede zu lösende organisatorische Aufgabe ein Optimum an freier und gebundener Form" (Kosiols „Gesetz des Gleichgewichts"). „Dieses Optimum wird durch das Substitutionsprinzip der Organisation, also durch das Maß an Gleichartigkeit und Beständigkeit bestimmt, welches der zu organisierende Tatbestand aufweist oder das sich für ihn erreichen läßt."

II. Die organisatorische Gestaltung

Die Organisationslehre wird von sehr vielen Betriebswirtschaftlern, z. B. Nordsieck, Hennig, Ulrich, Kosiol (s. unten S. 932 ff.), eingeteilt in

1. die **Lehre vom organisatorischen Aufbau,** die sich mit den Elementen der Organisation, der Aufgaben- und Funktionsverteilung, der zweckmäßigsten Organisationsform, den Befehls- und Verkehrswegen, dem Instanzenbau- und Kompetenzsystem befaßt, und in

2. die **Lehre vom Arbeitsablauf,** d. h. der Regelung aller gleichzeitig oder nacheinander erfolgenden Arbeitsleistungen, die auf die Lösung bestimmter Aufgaben gerichtet sind.

Diese Teilung in Aufbau- und Ablauflehre darf nicht verwechselt werden mit der s t a t i s c h e n und d y n a m i s c h e n B e t r a c h t u n g s w e i s e, denn man kann sowohl den Aufbau wie auch den Ablauf der Organisation statisch und auch dynamisch betrachten. Auch der organisatorische Aufbau ist ständigen Änderungen unterworfen, so daß er einer dynamischen Betrachtungsweise durchaus zugänglich ist, während umgekehrt der Arbeitsablauf eine gewisse Stetigkeit hat, so daß er auch statisch betrachtet werden kann. „Die Frage nach den zulässigen Organisationsformen bzw. der optimalen Organisation eines Betriebes bei gegebenem Entscheidungsprozeß ist statisch. Die Probleme der Anpassung an eine bestimmte Situation oder an Veränderungen der Umwelt sind dynamischer Natur." (H. Albach: Art.: „Organisation, betriebliche", in HdSW).

1. Die Organisation des Aufbaus des Betriebes

a) Die Elemente der Organisation

Die Elemente, die „Bausteine" der Organisation, sind (nach der herrschenden Meinung) (1) die m e n s c h l i c h e A r b e i t s k r a f t, (2) die H i l f s m i t t e l oder Sachobjekte der Organisation, zu denen die maschinellen Arbeitskräfte und technischen Stoffe gehören, und weiterhin, da die Organisation eine dynamisch sich verwirklichende Ordnung ist, auch (3) die Z e i t, und schließlich, da die Kräfte und Stoffe örtlich gebunden sind, noch (4) der R a u m (le Coutre rechnet auch noch die Verfahrensweisen zu den Organisationselementen — Organisationslexikon, 1930).

Der Mensch als Subjekt und Objekt der Organisation

Der Mensch ist als Organisator S u b j e k t der Organisation und als der wesentliche Bestandteil der zu organisierenden Kräfte zugleich auch O b j e k t der Organisation, „A u f g a b e n t r ä g e r" oder „F u n k t i o n s t r ä g e r". Doch kann die menschliche Arbeitskraft nicht nach den gleichen rationellen Methoden wie die Sachobjekte in den Betriebsorganismus eingegliedert werden. Neben der A r b e i t s h y g i e n e und der A r b e i t s p h y s i o l o g i e sind P s y c h o l o g i e und S o z i o l o g i e bei der Betriebsorganisation von größter Bedeutung, denn sie ermöglichen „die Bestgestaltung des Verhältnisses Mensch zu Arbeit und Mensch zu Mensch. Zur Bestgestaltung des Verhältnisses Mensch zur Arbeit sind die Arbeit den Menschen und die Menschen der Arbeit anzupassen. Die Anpassung der Arbeit an die Menschen erfolgt durch entsprechende Gestaltung der Betriebsorganisation, also der Arbeitsgliederung und der Arbeitsabläufe, ferner der Arbeitsmittel (Arbeitsplatz, Werkzeuge, Geräte, Maschinen usw.). Die Anpassung der Menschen an die Arbeit geschieht durch Auswahl mit Hilfe von psychologischen Eignungsuntersuchungen und durch Anlernung und Ausbildung nach psychologisch bedingten Anlern- und Ausbildungsverfahren ... Zur Bestgestaltung des Verhältnisses Mensch zu Mensch sind die Zusammenarbeitenden so auszuwählen, daß sich die Leistungen der einzelnen steigern, d. h. keiner der Gruppenangehörigen darf einen die Zusammenarbeit störenden Einfluß ausüben". (Hennig, Betriebswirtschaftliche Organisationslehre, 2. Aufl. 1948; in die späteren Auflagen wurde diese Stelle wegen ihrer soziologischen Aussage nicht mehr übernommen.)

Die menschlichen Beziehungen und Verhaltensweisen

Die sogenannte „s o z i o l o g i s c h e R i c h t u n g" der Wirtschaftswissenschaft geht in der Organisationslehre von den „m e n s c h l i c h e n B e z i e h u n g e n" aus. So sieht Johann P l e n g e, der „Begründer der Organisationslehre als gestaltender Beziehungslehre" (Linhardt) in der Organisation „bewußte Einheit aus bewußten Teilen" (Drei Vorlesungen über allgemeine Organisationslehre, 1919). Auf ihn stützt sich Hanns L i n h a r d t (Grundlagen der Betriebsorganisation, Essen 1954): „Organisation ist Verhältnisgestaltung bei Verfolgung gesetzter Zwecke mit gegebenen Mitteln ... Bei aller Organisation durchdringen sich menschliches Denken und menschliches Handeln wechselseitig." „Der Natur des Menschen entsprechend sind alle denkmöglichen und praktischen Verhältnisse auf drei Arten zurückführbar, Verhältnisse des Menschen zum Menschen, zur Sache und zur Idee, wobei die Sache auf die Idee, die Idee auf das G r u n d v e r h ä l t n i s M e n s c h z u M e n s c h zurückgeführt werden kann." Die natürlichen, direkten menschlichen Beziehungen werden durch institutionelle Organisationsmittel in organisierte Beziehungen verwandelt, so wird die V e r k e h r s w i r t s c h a f t durch das G e l d organisiert, die B e - t r i e b s w i r t s c h a f t durch die K a p i t a l r e c h n u n g. Die Organisation ist „eine Konkretisierung im Geistigen", aus der sich eine Stufenfolge „höherer und niederer, konkreter und abstrakter Betriebszwecke" ergibt.

Die Hilfsmittel

Die technischen Hilfsmittel sind die natürlichen Kräfte (Wasserdampf, Wasserkraft, Elektrizität, Atomkräfte usw.) sowie die Stoffe, die meist selbst schon „vorgeleistete Organisation, erstarrte Anwendungsformen von zweckmäßigen Stoff- und Kraftkombinationen" (Theisinger) sind.

Zu den technischen Hilfsmitteln gehören auch die O r d n u n g s v e r f a h r e n , die formalen (z. B. Alphabet, Numerierung, Farbe, Größe) und sachlichen Ordnungsverfahren (z. B. geographische Lage, Umfang des Geschäftsverkehrs, Liquiditätsgrad) und die daraus entstehenden Ordnungssysteme (z. B. Kontenplan, Ablageplan).

b) Die Aufgaben des Betriebes und die Aufgabenverteilung

Die Aufgabenanalyse

Jede Unternehmung hat eine „G e s a m t a u f g a b e" (Kosiol) oder „Oberaufgabe" (Nordsieck), die in zahlreiche Teilaufgaben gegliedert und „Ausgangs- und Endpunkt jeder Organisationsuntersuchung" ist (Nordsieck). Die Aufgabengliederung, nach der die Teilaufgaben auf die Aufgabenträger verteilt werden, ergibt sich aus der Aufgabenanalyse.

Die G l i e d e r u n g s p r i n z i p i e n d e r A u f g a b e n a n a l y s e sind nach Kosiol (der die Prinzipien Nordsiecks — die folgenden Nr. 1, 2 und 5 — um zwei weitere ergänzt hat):

1. Aufgabengliederung nach Verrichtungen (V e r r i c h t u n g s a n a l y s e) : entladen, transportieren, sortieren, drehen, sägen, schreiben, rechnen.

2. Aufgabengliederung nach den Objekten (O b j e k t a n a l y s e), die bearbeitet werden. Die beiden ersten Prinzipien sind in der Regel miteinander kombiniert.

3. Aufgabengliederung nach dem Rang (R a n g a n a l y s e), nämlich nach Entscheidung (Leitung) und Ausführung.

4. Aufgabengliederung nach Phasen (P h a s e n a n a l y s e) : (1) Planung, (2) Realisation (Verwirklichung, Durchführung) und (3) Kontrolle.

5. Aufgabengliederung nach Zwecken (Z w e c k a n a l y s e) : nach exogener und endogener Zweckbeziehung. Jede Teilaufgabe, die sich unmittelbar aus der Gesamtaufgabe ergibt (e x o g e n e r Z w e c k), löst sekundäre Aufgaben, nämlich „V e r w a l t u n g s a u f g a b e n" (Nordsieck) aus (e n d o g e n e r Z w e c k).

Nach Kosiol dürfen keine synthetischen Aspekte in die Aufgabenanalyse hineingebracht werden; das ist z. B. der Fall, wenn man eine Autofabrikation zunächst nach dem Objektprinzip einteilt in Motorenbau, Chassisbau, Karosseriebau usw. und die einzelnen Abteilungen nach dem Verrichtungsprinzip dann unterteilt in Stanzerei, Bohrerei, Fräserei usw. Die „Abteilung" ist bereits ein aufgabensynthetischer Begriff, dessen Verwendung in der Analyse diese verzerrt.

Die Aufgabensynthese und Funktionsgliederung

Wenn der Organisator die Aufgabenanalyse beendet hat, beginnt die eigentliche Organisation. Er muß versuchen, die Einzelaufgaben nach synthetischen Prinzipien zusammenzufassen, um sie optimal auf die A u f g a b e n t r ä g e r (die betriebsangehörenden Personen), auf die (Organisations-)Stellen zu verteilen. Eine S t e l l e besteht nach Ulrich „aus einem oder mehreren Arbeitsträgern, welche bestimmte Aufgaben zu lösen oder Funktionen zu erfüllen haben und dazu mit Kompetenz und Verantwortung ausgestattet sind". Nach Kosiol und Nordsieck umfaßt die Stelle dagegen nur den Funktionsbereich e i n e r e i n - z i g e n Person. Die Vereinigung von funktionsmäßig zusammengehörenden Stellen ist die „A b t e i l u n g".

Die Organisationsstellen eines Betriebes sind jedoch nicht nur nach den Aufgaben, sondern auch nach den F u n k t i o n e n gegliedert. Aufgabengliederung und Funktionsgliederung betrachten den organisatorischen Aufbau jeweils von einem anderen Gesichtspunkt, nämlich in dem einen Fall von den A u f g a b e n der einzelnen Stellen im Hinblick auf die Gesamtaufgabe der Unternehmung und im anderen Fall von den F u n k t i o n e n , d. h. „von den personengebundenen Aufgaben mit Abhängigkeitscharakter von einem größeren Ganzen" (Mellerowicz), nämlich dem Betriebsorganismus. „Funktion im Betrieb wird als objektivierte Aufgabe des Sachbereiches verstanden, dagegen Aufgabe als subjektivierte Funktion in einem Personenbereich" (Linhardt). Bei der Funktionsgliederung sind danach die Stellen in die H a u p t f u n k t i o n s b e r e i c h e : 1. Leitung, 2. Verwaltung, 3. Beschaffung, 4. Produktion, 5. Finanzierung, 6. Absatz, gegliedert. Die Funktionsgliederung entspricht der Arbeitsvereinigung, nämlich dem Streben, die durch die Arbeitsteilung differenzierten Organisationsstellen zu einer Einheit zu vereinigen.

c) Der Instanzenaufbau und das Kommunikationssystem

Die Verkehrswege

Die einzelnen Organisationsstellen müssen sowohl hinsichtlich ihrer Aufgaben wie ihrer Funktionen im ständigen Verkehr miteinander stehen: Es werden

Befehle erteilt, Vorschläge gemacht, Wünsche geäußert, Fragen gestellt, Mitteilungen gegeben. Diese Verkehrsäußerungen teilt U l r i c h in drei verschiedene Arten:

1. **Befehle** = verbindliche Weisungen, die vom Befehlsempfänger befolgt werden müssen.

2. **Vorschläge** = Anregungen, die der Empfänger zu unverbindlicher Prüfung entgegennimmt.

3. **Mitteilungen, Informationen** = Nachrichten (im weiteren Sinne), die zur Orientierung des Empfängers dienen.

Der B e f e h l s w e g ist der für den organisatorischen Aufbau wichtigste Weg, da er auch die **Rangordnung der Organisationsstellen** bestimmt. Vorschläge und Informationen können kreuz und quer, von oben nach unten und ebensogut aber auch von unten nach oben gegeben werden. Der erste Verkehrsweg, die B e f e h l s e r t e i l u n g, kann n u r v o n o b e n n a c h u n t e n erfolgen. Aus der Regelung der Befehlsgewalt ergibt sich deshalb die hierarchische Rangordnung der Organisationsstellen, der **Instanzenaufbau**.

„Die Rangordnung ist (nach Fayol [Allg. u. industr. Verwaltung, 1929]) die Reihe von leitenden Angestellten, welche von der höchsten Autorität bis zum untersten Arbeitnehmer führt. Der Dienstweg ist der Weg, welchen die von der höchsten Autorität ausgehenden oder an sie gerichteten Nachrichten gehen, indem sie alle Stufen der Rangordnung durchlaufen." Diese Rangordnung hängt nach Fayol „fast einzig und allein von der Zahl der in dem Unternehmen Beschäftigten" ab. Fayol hat aus diesen Grundgedanken sogar eine g e o m e t r i s c h e P r o g r e s s i o n entwickelt. Er nimmt dabei an, daß auf je 15 Arbeiter ein Meister und auf je 4 leitende Angestellte ein höherer leitender Angestellter komme. Danach braucht ein Unternehmen mit 240 Angehörigen 2 Rangstufen, mit 15 000 Angehörigen 4 Rangstufen, mit 250 000 7 Rangstufen. Neuerdings hat auch Chr. G a s s e r ähnliche Untersuchungen angestellt.

Diese mathematische Errechnung der Zahl der Rangstufen mag auf den ersten Blick etwas sehr schematisch anmuten, sie dürfte aber im großen und ganzen zutreffend sein, wenngleich die Zahl der Rangstufen in den einzelnen Wirtschaftszweigen mehr oder weniger von dem starren Schema abweicht.

Sind in einem Betrieb z u w e n i g R a n g s t u f e n vorhanden, werden die leitenden Persönlichkeiten zu stark belastet. Hennig kennt Betriebe, von denen er behauptet, „daß sie auf den Nervenzusammenbruch der leitenden Persönlichkeiten hin organisiert sind" (a. a. O.). Gibt es umgekehrt in einem Betrieb z u v i e l R a n g s t u f e n, so wird der Aufbau unübersichtlich und unklar. Es wird in diesen Betrieben zu viel befohlen, und die Selbständigkeit der untergeordneten Rangstellen wird zu stark gehemmt.

Zentralisation und Dezentralisation

In der Praxis und auch in der Literatur werden Befehlswege und die übrigen Kommunikationswege sehr häufig miteinander verwechselt (worauf Ulrich aufmerksam macht — a. a. O.). In gut organisierten Betrieben spielen die Befehle eine weit geringere Rolle als die Informationen und die Vorschläge. Befohlen soll nur ausnahmsweise werden und möglichst nur innerhalb einer bestimmten

Abteilung oder von der Direktion. Diesem Streben kommt die Dezentralisation der Betriebsorganisation entgegen.

Nach Fayol ist die **Zentralisation** ein „Naturgesetz", nach dem in jedem Organismus die Wahrnehmungen zum Gehirn laufen und von diesem die Befehle wieder ausgehen. In der Betriebsorganisation spricht man von Zentralisation, wenn alle gleichartigen Arbeiten verschiedener Stellen einheitlich von einer Stelle erledigt werden. Die V o r t e i l e der Zentralisation sind Kostenersparnis, bessere Verwendung von Spezialisten, Konzentration der Interessen und Einheitlichkeit der Entscheidungen. Die erheblichen N a c h t e i l e sind die Überlastung der leitenden Stellen und die Beeinträchtigung der Initiative und Verantwortungsfreudigkeit der nachgeordneten Stellen. (Vgl. dazu auch unten S. 303 ff.)

Bei der **Dezentralisation** werden Entscheidungs- und Befehlsbefugnisse an untergeordnete Funktionsträger übertragen oder „delegiert" (D e l e g a t i o n v o n K o m p e t e n z e n). Mit der Übertragung von Kompetenzen muß die Übertragung entsprechender Autorität und Verantwortung verbunden sein. Der V o r t e i l der Dezentralisation ist die größere Elastizität und die Entlastung der übergeordneten Instanzen. Es besteht jedoch bei der Dezentralisation die Gefahr, daß durch eine nicht sorgfältige Verteilung der Kompetenzrechte eine uneinheitliche Willensbildung innerhalb der Unternehmung entsteht; sie ist durch die Erteilung allgemeiner Richtlinien (Rahmenanordnungen) an die nachgeordneten Instanzen zu vermeiden.

Das **Management by exception,** das M a n a g e m e n t n a c h A u s n a h m e - p r i n z i p i e n , ist eine in den USA entwickelte Organisationsform der Unternehmensführung mit streng systematisch durchgeführter D e z e n t r a l i s a - t i o n . Danach behält sich die höhere Stelle die Entscheidung n u r in Ausnahmefällen vor, während sie die Erledigung der Normalfälle an eine untergeordnete Instanz delegiert hat. Ist in einer Unternehmung eine vollständige Planungsrechnung eingeführt, so greift die Unternehmensleitung nur ein, wenn Abweichungen über das Normale hinausgehen. V o r a u s s e t z u n g für das Management nach Ausnahmeprinzipien sind (1) klare Definition der delegierten Kompetenzen, (2) Aufstellung umfassender Richtlinien für die Entscheidungen der einzelnen Stellen, (3) Überwachung der Beauftragten und (4) echte Übertragung von Vollmachten und Verantwortung.

Instanzenaufbau und Kompetenzsystem

Der Instanzenaufbau ist durch die Rangordnung der Organisationsstellen bestimmt. Als **Instanz** bezeichnet man eine Stelle mit Befehlsgewalt über andere Stellen, also eine Stelle mit leitenden Funktionen. Dabei hat jede Instanz ihre **Kompetenz,** d. h. das Recht, alle zur Erfüllung ihrer bestimmten Aufgaben oder Funktionen notwendige Anordnungen zu treffen. Man spricht deshalb auch vom Kompetenzsystem. Zu den Kompetenzen einer Stelle gehört auch die „K o m - p e t e n z - K o m p e t e n z" , d. h. die Kompetenz, Kompetenzen an untergeordnete Stellen zu delegieren.

Die I n s t a n z als Aufgabenträger wird — nach Kosiol — durch folgende d r e i G r u n d f u n k t i o n e n charakterisiert:

1. die E n t s c h e i d u n g s f u n k t i o n : sie besitzt innerhalb ihres Aufgabenbereichs Entscheidungskompetenz;

2. die A n o r d n u n g s f u n k t i o n : zur Verwirklichung der Entscheidung
kann sie persönliche Anordnungen treffen;

3. die I n i t i a t i v f u n k t i o n : sie hat innerhalb ihres Aufgabenbereichs
„selbständig Initiative zu ergreifen, indem sie sich für deren sachgemäße Erfüllung dauernd von sich aus aktiv und richtungweisend einsetzt" (Kosiol).

Der Instanzenaufbau setzt naturgemäß auch den **Instanzenzug** oder **Dienstweg**
voraus, d. h. alle Befehle müssen grundsätzlich alle Rangstufen durchlaufen.
Obgleich der Instanzenzug in Großbetrieben oft lang und zeitraubend sein kann,
so soll doch grundsätzlich an ihm festgehalten werden. Denn es kann leicht
Verwirrung bringen, wenn eine höhere Instanz einer unteren Befehle erteilt,
ohne die Zwischeninstanzen davon in Kenntnis zu setzen. Doch ist ein gut organisierter Betrieb instanzenmäßig so dezentralisiert aufgebaut, daß auch die
untersten Instanzen soweit als irgend möglich mit Befugnissen für letzte Entscheidungen ausgestattet sind. Es hat also jede Organisationsstelle im organisierten Betriebsablauf ihre bestimmten Aufgaben, Funktionen und damit auch
Kompetenzen und Verantwortungen. Aus diesem Instanzenaufbau und aus der
Stellen- und Abteilungsgliederung ergibt sich der *Geschäftsverteilungsplan* des
Gesamtbetriebes oder auch eines Teilbetriebes, z. B. Einkauf, Lagerhaltung usw.

Man teilt den Instanzenaufbau im allgemeinen in **drei „Ebenen"** im Hinblick auf
das Leitungsproblem:

1. die u n t e r e E b e n e : sie umfaßt die untersten Stellen und Aufgabenträger, die k e i n e Instanzen mehr sind, sondern vor allem Ausführungsaufgaben
haben und nur einfache Entscheidungen treffen;

2. die o b e r s t e E b e n e : die Unternehmensleitung, das Top-Management;
sie ist die oberste und „letzte Instanz";

3. die m i t t l e r e F ü h r u n g s e b e n e , das Middle-Management: ihr gehören alle Zwischeninstanzen an, die sich zwischen die oberste Unternehmensleitung und die instanzlosen Ausführungsstellen einschieben. Sie ist im größeren
Betrieb mehrstufig und geht z. B. vom „Werksdirektor" über die „Abteilungsleiter" bis zum Meister und Vorarbeiter. In Kleinbetrieben entfällt sie meist
(s. unten S. 303).

Management by Results

Das Management by Results, zielgesteuerte Unternehmensführung, der systematische Ausbau der Zielplanung zum Führungsinstrument, insbesondere zur
Koordinierung dezentraler Entscheidungen. Die *Grundsätze* sind: (1) Die Abteilungen und Arbeitsgruppen sollen ihre ganze Aufmerksamkeit auf wenige, möglichst quantitative Entscheidungsmaximen konzentrieren können; (2) die Ziele
sollen für die Erfüllungsträger motivierende Kraft besitzen; (3) die Entscheidungsträger sollen auf allen Ebenen der Unternehmungshierarchie über die
von ihnen erwarteten Verhaltensweisen ausreichend informiert werden; der
jeweilige Erfüllungsgrad der Ziele ist durch Vergleich zwischen geplanter und
effektiver Leistung zu ermitteln.

Management by Objectives

Das Management by Objectives ist eine in den letzten 10 Jahren in den USA entwickelte Organisationsform der Unternehmensführung, bei der die Unternehmensleitung sowie alle anderen Entscheidungsträger ihr Handeln nach klar umrissenen, operationalen Zielen ausrichten. Also kein allgemein umrissenes Unternehmensziel, etwa Gewinnmaximierung, sondern z. B. die in einer Periode erreichbare Steigerung des Umsatzes. Daraus werden die für die einzelnen Entscheidungsbereiche maßgebenden Bereichsziele abgeleitet. Durch das Management by Objectives werden die Entscheidungsbereiche unmittelbar koordiniert.

Kompetenzabgrenzung

Ein besonderes Problem ist die Kompetenzabgrenzung. Vor allem müssen Kompetenzüberschneidungen vermieden werden. Dabei ist die Ein- und Zuordnung der zahlreichen Hilfsarbeiten, die bei jeder leitenden Tätigkeit ständig anfallen, besonders schwierig, wie etwa die Ausführung von Verwaltungsaufgaben, das Bereitstellen der Hilfsmittel für die eigentliche Arbeitsdurchführung usw. Es haben sich in der Praxis drei Grundtypen der Kompetenzgliederung entwickelt, die wir im folgenden besprechen wollen.

d) Die Kompetenzsysteme

Unter den Kompetenzsystemen verstehen wir besondere Organisationsformen der Stellenglieder und des Instanzenaufbaus. Wir unterscheiden im allgemeinen folgende drei typische Kompetenzsysteme: 1. Die Linienorganisation, 2. die Stablinienorganisation und 3. die funktionale Organisation.

(1) Die Linienorganisation

Bei der Linienorganisation sind *alle* Organisationsstellen in einen einheitlichen Befehlsweg eingegliedert, der von der obersten Instanz bis zur untersten Stelle geht. Jeder Leiter hat alle Aufgaben seiner Kompetenz selbst zu erledigen oder von seinen Untergebenen erledigen zu lassen. Er trägt für die in seinem Befehlsbereich vorgenommenen Arbeiten die volle Verantwortung. Die Linienorganisation hat schematisch dargestellt folgendes Aussehen:

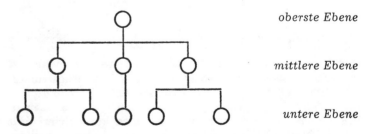

oberste Ebene

mittlere Ebene

untere Ebene

Die Gliederung der Stellen kann sowohl in die B r e i t e wie auch in die T i e f e erfolgen. Bei der **Breitengliederung** sind einer Stelle eine größere Anzahl von Stellen untergeordnet; sie weist infolgedessen relativ wenig Rangstufen auf. Bei der **Tiefengliederung** sind den leitenden Stellen nur wenige Stellen untergeordnet, und es entsteht dadurch eine stärkere Staffelung der Rangordnung. Die Betriebsorganisation kann zwar stärker der Breiten- bzw. der Tiefengliederung entsprechen, doch wird die Gliederung in der Praxis nie einheitlich sein. Manche Abteilungen müssen ihrer Natur nach stärker in die Tiefe gegliedert werden, andere haben die Tendenz, in die Breite zu gehen. (Siehe auch unten S. 184 f.)

Dieses **Prinzip der Zentralinstanzen** ist zwar sehr einfach und grenzt Pflichten und Rechte klar ab, erleichtert die Einhaltung der Betriebsordnung, aber es führt leicht zu einer starken Belastung der leitenden Personen und einer Zersplitterung ihrer Arbeit.

Weiterhin ist die r e i n e Linienorganisation s c h w e r f ä l l i g , weil nur ein Verkehrsweg für Befehle und Informationen besteht. Eine reine Linienorganisation findet sich vor allem beim Militär, wo es sogar ein Vergehen ist, wenn der Dienstweg nicht eingehalten wird. Die Linienorganisation wird jedoch in der Wirtschaftspraxis bezüglich der Informationswege meist nicht streng eingehalten. Schließlich wirkt auch die Linienorganisation der Spezialisierung entgegen. Einem Meister unterstehen z. B. zahlreiche Spezialarbeiter, deren Arbeit er z. T. nicht beurteilen kann.

(2) Stablinienorganisation

Um dem Nachteil der reinen Linienorganisation zu entgehen, hat man neuerdings **beratende Arbeitsstäbe** bei den einzelnen Betriebsleitern eingerichtet. So wird das Direktionssekretariat zu einem D i r e k t i o n s s t a b erweitert, in dem sich Spezialkräfte befinden, die zwar keine Befehlsgewalt haben (die hat die leitende Stelle), die aber unmittelbar die Leitung unter Vermeidung bürokratischer Instanzenwege berät. So kann der Direktionsstab des Generaldirektors aus Sekretär und verschiedenen Fachreferenten (verschiedene Techniker, Juisten, Finanzsachverständige, Statistiker usw.) bestehen. Auch können aus leitenden Betriebsangehörigen Ausschüsse und dergleichen gebildet werden, die regelmäßig zu Beratungen zusammentreten. Es kommt sogar vor, daß solche Stäbe als besondere Forschungsgesellschaften mit eigenem Rechtscharakter gebildet werden. In größeren Unternehmungen werden Z e n t r a l a b t e i l u n g e n gebildet, die weiter nichts sind als derartige Direktionsstäbe. Sie bestehen z. B. aus einer Planungsabteilung, technisch-wissenschaftlichen Abteilung (Laboratorien), aus einer Organisations-, Rechts- und volkswirtschaftlichen Abteilung. Diese beratenden Abteilungen stehen auch den unteren Instanzen zu Auskünften zur Verfügung. Die Zentralstellen werden natürlich, wenn notwendig, auch mit eigener Befehlsgewalt ausgerüstet zur Durchführung spezieller Aufgaben. Das gilt z. B. für eine Organisationsabteilung, wenn sie auch mit Revisionsaufgaben betraut wird.

In Großbetrieben können auch untere Instanzen mit solchen beratenden Hilfskräften versehen werden.

(3) Die Funktionsorganisation (Funktionsmeister- oder Mehrliniensystem)

Taylor hat als erster das Liniensystem strikt abgelehnt (Die Betriebsleitung, 3. Aufl. 1917). „Das Unterordnungs- oder militärische System wird verlassen und dafür das Funktions- oder Tätigkeitssystem eingeführt." Bei den Liniensystemen fallen dem Meister derart verschiedenartige Aufgaben zu, daß er nicht imstande ist, sie alle in der richtigen Weise zu lösen. Taylor fordert deshalb, diese Aufgaben auf verschiedene Meister zu verteilen. Er schreibt darüber: „Das Funktionssystem gipfelt in dem Bestreben, jedem Aufsichtsorgan vom Betriebsleiter bis zum Meister hinunter nur so viel Pflichten aufzuerlegen, wie er wirklich erfüllen kann; wenn möglich sollte jeder nur seine Haupttätigkeit ausüben. Während in der gewöhnlichen Organisation die Arbeiter, in Gruppen eingeteilt, stets nur e i n e m Meister unterstehen, von welchem sie alle Befehle und Anweisungen erhalten, sind sie in dem neuen System m e h r e r e n Meistern gleichzeitig unterstellt, von denen jeder für sich nur für ganz bestimmt abgegrenzte Gebiete verantwortlich ist und nur in diesem mit den Arbeitern unterhandelt. Die Arbeiter empfangen ihre Befehle und Unterweisungen in größeren Fabriken beispielsweise von acht verschiedenen Meistern, von denen sich vier zur Beaufsichtigung und Anleitung der Arbeiter stets in der Werkstatt aufhalten. Die anderen vier sitzen im Arbeitsbüro, sie arbeiten die schriftlichen Anweisungen für die Arbeiter aus und empfangen die Aufschreibungen der Leute über verfahrene Arbeitszeiten usw."

Dieses System, das die Einführung der „wissenschaftlichen Betriebsführung" sehr befruchtete, hat zwar den Vorteil des „direkten Weges" der spezialisierten Funktionen (Taylor) und erspart Leerlauf durch direkte fachliche Anweisungen; es verstößt aber gegen den Grundsatz der „E i n h e i t   d e r   A u f t r a g s - e r t e i l u n g". Das System scheitert in der Praxis meist an gewissen Überschneidungen der Kompetenzen und persönlichen Reibungen der Instanzen. Der Schüler Taylors, H. E m e r s o n, hat deshalb (1913) aus dem „funktionalen System" eine *Stablinienorganisation* entwickelt. (Über Taylor s. unten S. 383 f.)

e) Die Organisation der Unternehmensleitung

Die Unternehmensleitung (Top Management) kann nach dem Zustandekommen der obersten Entscheidungen sein: 1. eine „S i n g u l a r i n s t a n z" oder 2. eine „P l u r a l i n s t a n z" (Kosiol); im ersten Fall besteht die Unternehmensleitung aus einer einzigen Person, im zweiten Fall aus mehreren Personen. Bei größeren Betrieben ist infolge der hohen Anforderungen an Kenntnissen und Erfahrungen die Pluralinstanz heute vorherrschend. (Siehe auch unten S. 185 f.)

Bei einer P l u r a l i n s t a n z unterscheidet man wiederum:

1. Das D i r e k t o r i a l s y s t e m : In der Leitungsgruppe hat eine Person eine Führungsposition und entscheidet endgültig, so etwa der Vorsitzer des Vorstandes einer Aktiengesellschaft, der Generaldirektor. Das Direktorialsystem sichert eine straffe Lenkung des Betriebes. Doch dürfen in Aktiengesellschaften nach dem neuen Aktiengesetz (§ 77) ein oder mehrere Vorstandsmitglieder Meinungsverschiedenheiten im Vorstand nicht mehr gegen die Mehrheit seiner Mitglieder entscheiden.

2. Das K o l l e g i a l i t ä t s s y s t e m : Die einzelnen Mitglieder der Unternehmensleitung beteiligen sich gleichberechtigt an der Leitung des Unternehmens. Jeder von ihnen verwaltet selbständig ein Ressort. Alle über die Ressortgrenze hinausgehenden Entscheidungen werden vom Kollegium der Direktoren entschieden.

Um eine e i n h e i t l i c h e W i l l e n s b i l d u n g zu erzielen, können verschiedene Organisationsformen für das K o l l e g i a l i t ä t s p r i n z i p gewählt werden (nach W. Riester, zit. von Kosiol, Organisation der Unternehmung, a. a. O.):

1. Die P r i m a t k o l l e g i a l i t ä t : Der Vorstand besteht aus gleichberechtigten Mitgliedern, an deren Spitze ein Vorsitzer steht. Nach dem alten Aktienrecht entschied, falls die Satzung nichts anderes bestimmte, bei Meinungsverschiedenheiten der Vorsitzer. Die Stellung des Vorsitzers hatte häufig ein derartiges Gewicht, daß er praktisch allein entschied. Das neue Aktiengesetz läßt deshalb nur noch Mehrheitsbeschlüsse zu.

2. Die A b s t i m m u n g s k o l l e g i a l i t ä t : Alle Entscheidungen werden von den Vorstandsmitgliedern nach dem Mehrheitsprinzip gemeinsam getroffen.

3. Die K a s s a t i o n s k o l l e g i a l i t ä t : Alle Entscheidungen müssen einstimmig getroffen werden. Diese Form ist im allgemeinen nur zweckmäßig, wenn der Vorstand aus wenigen Mitgliedern besteht.

4. Die R e s s o r t k o l l e g i a l i t ä t : Für verschiedene Aufgabenbereiche werden Kollegien gebildet; jedes Ressortkollegium bearbeitet einen Fachbereich; der Vorstandsvorsitzer koordiniert die Ergebnisse der verschiedenen Kollegien.

2. Die Organisation des Arbeitsablaufs im Betrieb

Das Wesen des Arbeitsablaufs hat H. W. *Hennig* (a. a. O) wie folgt charakterisiert: „Der Arbeitsablauf ist das zeitliche Hinter- und Nebeneinander von Vorgängen, er dient der Erfüllung einer Teilaufgabe in einem Betrieb oder Betriebsverbund oder beim Verkehr von Betriebsverbunden, Betrieben und Personen (z. B. Unternehmen und Kunde, Behörde und Staatsbürger)."

Die G e s t a l t u n g d e s A r b e i t s a b l a u f s dient nach Hennig einem v i e r f a c h e n Z w e c k :

1. E r z i e l u n g h ö c h s t e r W i r t s c h a f t l i c h k e i t : Die Arbeitsabläufe sind genau zu analysieren; Bestimmungselemente des Arbeitsablaufs sind: „Zeit, Ort, Subjekt, Prädikat (Art des Vorgangs), Dativobjekt, Akkusativobjekt, Unterlage, Werkzeug." Durch schaubildliche Darstellung ist dann der Arbeitsablauf wirtschaftlich zu gestalten bei einer angemessenen Auslastung der Mitarbeiter und Bewertung ihrer Arbeit.

2. E r z i e l u n g g ü n s t i g s t e r G ü t e : Sie wird erreicht durch Prüfung (Kontrollen und Revisionen), so z. B. durch statistische Qualitätskontrollen;

3. E r z i e l u n g s c h n e l l s t e r u n d t e r m i n s i c h e r s t e r A r b e i t s - a b w i c k l u n g : Sie wird gesichert durch die sorgfältige Aufstellung von Terminplänen;

4. E r r e i c h u n g h ö c h s t e r A r b e i t s f r e u d e : Die Arbeitsabläufe müssen so organisiert werden, daß unter Berücksichtigung der gesetzlichen Vorschriften (Betriebsverfassungsgesetz usw.) durch die in den Einzelfällen erforderlichen Dispositionen sachliche und damit gerechte Entscheidungen getroffen werden. Sachliche Gesichtspunkte sind fachliche und charakterliche Eignung sowie Verdienste um den Betrieb.

„Die integrierte Prozeßstruktur" (Kosiol)

Die Ablauforganisation umfaßt nach Kosiol die i n t e g r i e r t e   P r o z e ß -
s t r u k t u r. „Innerhalb einer integrierten Aufgabenstruktur handelt es sich
besonders um die zusätzliche, in Einzelheiten gehende r a u m z e i t l i c h e
S t r u k t u r i e r u n g der Arbeitsprozesse. Als Teile dieser raumzeitlichen
Strukturierung lassen sich die Bestimmungen von Arbeitsgängen und ihre Zusammenfassung zu Arbeitsgangfolgen, die Leistungsabstimmung, die Regelung
der zeitlichen Belastung von Arbeitsträgern und die Ermittlung der kürzesten
Durchlaufwege nennen. Letztes Ziel der raumzeitlichen Strukturierung ist die
Erreichung der k ü r z e s t e n   D u r c h l a u f z e i t aller Bearbeitungsobjekte
durch die Unternehmen. Unter Berücksichtigung optimaler Auslastung aller
Stellen, die bestimmte Objekte im fortschreitenden Arbeitsprozeß passieren
müssen, soll der Arbeitsablauf so gestaltet werden, daß alle Objekte mit optimaler Geschwindigkeit die Unternehmung durchlaufen."

Die M e t h o d e n   d e r   P r o z e ß s t r u k t u r i e r u n g bestehen nach Kosiol
aus der Arbeitsanalyse und der Arbeitssynthese. Die A r b e i t s a n a l y s e gibt
(wie jede Aufgabenanalyse) einen Überblick über die Gesamtheit aller anfallenden und auf Aufgaben und Arbeitsträger zu verteilenden analytischen Arbeits-
teile beliebiger Ordnung. Sie unterscheidet sich von der Aufgabenanalyse nur
durch die besondere Betonung der sich in Raum und Zeit realisierenden Erfül-
lungsvorgänge. D i e   A r b e i t s g a n g a n a l y s e wählt einen s y n t h e -
t i s c h e n Komplex von Arbeitsteilen, den Arbeitsgang, zum Ausgangspunkt
für tiefere Gliederungen in synthetische Teilarbeit niedrigerer Ordnung. Nach
Kosiol ist die Analyse der Arbeitsgänge gleichbedeutend mit der Analyse der
S t e l l e n a u f g a b e n.

Die A r b e i t s s y n t h e s e hat die Arbeitsverteilung, die Arbeitsvereinigung
und die Raumgestaltung zur Aufgabe. Die A r b e i t s v e r t e i l u n g behandelt
alle Fragen, die mit der Leistungszuweisung an Personen (Arbeitssubjekte) auftreten, und kann daher als p e r s o n a l e   S y n t h e s e bezeichnet werden. Die
A r b e i t s v e r e i n i g u n g befaßt sich mit dem Folgezusammenhang von Arbeitsteilen beliebiger Ordnung. Sie sucht die Leistung einzelner Arbeitssubjekte
untereinander abzustimmen. Da sie die zu bewältigende Arbeitsmenge zeitlich
regelt, kann man sie auch t e m p o r a l e   S y n t h e s e nennen. Die bestmögliche R a u m g e s t a l t u n g ist zur Bestimmung der optimalen Durchlaufgeschwindigkeit aller Objekte durch die Unternehmung erforderlich. Kosiol
nennt sie l o k a l e   S y n t h e s e.

In der betriebswirtschaftlichen Literatur zur Organisation des Arbeitsablaufes
liegen zwei G l i e d e r u n g s v e r s u c h e   f ü r   A r b e i t s p r o z e s s e vor,
und zwar von REFA (Das REFA-Buch, Bd. I: Arbeitsgestaltung, 10. Aufl. 1961)
und von F. Nordsieck (Rationalisierung der Betriebsorganisation, 2. Aufl. 1955).
Kosiol (a. a. O.) hat beide kritisch gewürdigt und miteinander verglichen.

Die Grundsätze des Organisierens

Wie bereits erwähnt, haben viele Autoren allgemeine Grundsätze des Organi-
sierens herausgearbeitet. Wir bringen hier als Beispiel die 17 „Grundsätze des
Organisierens in der Rangfolge einer Verfahrenstechnik", wie sie Otto R.
S c h n u t e n h a u s aufgestellt hat:

1. Klarheit und Übersichtlichkeit im sach- und ziellogischen Aufbau der Institution. — 2. Ausrichtung aller Organisationsfragen auf die Organisationseinheit und ihre Oberaufgabe. — 3. Direkte Abhängigkeit der Funktion: Organisieren von der obersten Instanz (Nur-Instanz). — 4. Stärkster Sicherungs- und Kontrollgrad am schwächsten Verdichtungs- und Kontaktpunkt. — 5. Einheit der Leitung. — 6. Trennung der Leitungsfunktion von den Ausführungsfunktionen. — 7. Eindeutige Rangordnung (Instanzenzug der persönlichen Organisations- oder Strukturträger). — 8. Übereinstimmung von Kompetenz und Verantwortung. — 9. Elastizität und Austauschbarkeit der persönlichen Organisationsträger. — 10. Volle Unterweisung und Information der persönlichen Organisationsträger. — 11. Terminierung aller Aufgaben. — 12. Vermeidung der Dauerüberlastung der Organisationsträger. — 13. Scharfe Gliederung der Verbindungswege. — 14. Anpassung der Organisationshilfsmittel an die Kapazität der Organisationseinheit. — 15. Zureichende Informierung der Fremdbeteiligten auf kürzestem Wege und in kürzester Frist. — 16. Periodische Überprüfung der Organisationsanweisungen. — 17. Wirtschaftlichkeit des Organisierens und der Organisation. — (Schnutenhaus, Allgemeine Organisationslehre, Berlin 1951, S. 128—169.)

III. Die Kybernetik

Begriff und Entstehung der Kybernetik

Die Kybernetik (vom griech. kybernetes, der Steuermann) ist eine junge *exakte* Wissenschaft, die eine *rein formale* Theorie der Kommunikation und Regelung komplexer, sich selbst regelnder Systeme (z. B. Gehirn, Blutkreislauf, soziale Kommunikationen, Unternehmung) zu entwickeln sucht. Da sie vom Inhalt dieser Systeme völlig abstrahiert, berührt sie alle Wissenschaften, die sich mit solchen Systemen beschäftigen, wie Biologie, Medizin, Physik, Technik, Sprachwissenschaft, Pädagogik, Soziologie, Wirtschaftswissenschaften und Philosophie. Ihre Erkenntnisse gelten gleichermaßen für tierische Organismen, physikalische und technische, sich selbst regelnde Mechanismen, soziale Kommunikationen, wie die Unternehmung, sowie auch für komplexe Theorien.

Die M e t h o d e n d e r K y b e r n e t i k sind insbesondere Mathematik (u. a. Mengenlehre), mathematische und mechanische Statistik, Logistik und Semiotik, die Wissenschaft von den Zeichen und Symbolen.

Die Kybernetik als a l l g e m e i n e W i s s e n s c h a f t entwickelte sich während des letzten Krieges, als man in verschiedenen amerikanischen Wissenschaftler-Teams Anlagen der *Elektronischen Datenverarbeitung* konstruierte und dabei die Ähnlichkeit biologischer (neuro-hormonaler), sozialer und technischer Regelungsprozesse entdeckte. Besonders vorangetrieben wurde diese neue Wissenschaft durch den Mathematiker Norbert Wiener, der ihr 1947 auch den Namen Kybernetik gab.

Die Kybernetik hat ein *eigenes Begriffssystem* entwickelt, das zum großen Teil zwar aus seit langem bekannten Begriffen besteht, die aber neu gefaßt, präzisiert und verallgemeinert worden sind, so z. B. die Begriffe System, Systemtheorie, Information, Regelung, Regelkreis u. dgl. m.

Doch ist das Begriffssystem noch nicht völlig einheitlich und systematisch entwickelt. Daraus und infolge der stürmischen Entwicklung erklärt es sich, daß die einzelnen Definitionen des Begriffes „Kybernetik" voneinander abzuweichen scheinen. Doch ist die Definition des Begriffes gegenüber der Gesamtheit der Assoziationen, die der Terminus in den einzelnen Wissenschaften auslöst insofern einheitlich, als in ihnen jeweils der eine oder andere Aspekt der jeweiligen Wissenschaft stärker hervorgehoben wird. In der Betriebswirtschaftslehre befaßt sie sich mit der Regelung der Unternehmungsorganisation, insbesondere des Betriebsprozesses, ist also ein Zweig der Betriebsorganisationslehre. Die Betriebskybernetik unterscheidet sich von der deskriptiven und induktiven Organisationslehre durch die Anwendung mathematischer, physikalischer und logistischer Methoden. Der Betrieb wird als ein sich selbst regelnder Mechanismus, ein sog. *Servomechanismus,* betrachtet, auf den man den mathematischen Apparat anwenden kann, den man zur Spezifikation eines sich selbstregelnden Systems und zur Berechnung seines Verhaltens braucht. Sie kann insofern also als ein rechentechnisches System bezeichnet werden. So erschien ein Werk „Kybernetik und Deckungsbeitragsrechnung" (Verfasser: Dr. Unterguggenberger, Wiesbaden 1974).

Die Kybernetik als Teilgebiet der Systemforschung

Die Systemtheorie (s. oben S. 77 ff.) hat insofern eine sehr große Bedeutung für die Praxis, als sich die Betriebe heute äußerst instabilen Umweltverhältnissen gegenübersehen. Die Systemforschung ermöglicht nun, die Dynamik der betriebswirtschaftlichen Organisationssysteme, die bisher fast nur statisch gesehen wurden, ganz in den Blickpunkt zu rücken und sich auf das Kriterium der Flexibilität auszurichten, um die Organisation den veränderten Umweltbedingungen schnell anpassen zu können.

Die allgemeine Systemtheorie (General Systems Theory) soll eine für alle Systeme geltende Theorie aufstellen und strebt eine exakte mathematische Formulierung der von ihr entwickelten Begriffe, Beziehungen, Gesetze u. dgl. an. Sie benutzt dazu vor allem die Vektor- und Matrizenrechnung, die Topologie, die Theorie der Differentialgleichungen und die Funktionstheorie. Eine solche Wissenschaft kann für alle Natur- und Sozialwissenschaften große Bedeutung gewinnen. Sie steckt noch in den Anfängen, wird aber für die Zukunftsforschung in den Wirtschaftswissenschaften größte Bedeutung gewinnen. Das gilt auch für die *Kybernetik,* die sich mit den äußerst komplexen stabilen Systemen beschäftigt, das sind dynamische Systeme, die, wenn sie durch eine Störgröße aus dem Gleichgewicht gebracht werden, durch Rückkopplung wieder in den Zustand des Gleichgewichts zurückgehen.

Stabile dynamische Systeme sind stets *zweckstrebige (finale) Systeme,* d. h., sie streben einem bestimmten Sollwert zu. Die Kybernetik als Teilgebiet der Systemforschung hat in der Stabilitätstheorie *Stabilitätsgesetze* entwickelt, die nicht nur die Grundlage der Automatisierung bilden, sondern auch große Bedeutung für die zukünftige Gestaltung sozialer, insbesondere wirtschaftlicher Systeme haben bzw. haben werden.

Das kybernetische System

Unter einem System versteht die Systemtheorie eine Menge von Elementen mit Eigenschaften, die in Beziehung (Relation) zueinander stehen, z. B. den Menschen, das Gehirn, das Auto, die Zange, die Volkswirtschaft, die Unternehmung, aber auch das Würfelspiel, Pferd u n d Reiter, den mit der Zange arbeitenden Menschen. Die Kybernetiker bezeichnen diese Systeme als „*Maschine*".

Man hat diese Systeme nach der K o m p l e x i t ä t klassifiziert in:

1. e i n f a c h e S y s t e m e — mit nur wenigen verschiedenartigen Elementen und Relationen, z. B. Zange, Schraubstock, Würfelspiel, Uhr, Kontenplan;

2. k o m p l e x e, a b e r v o l l s t ä n d i g e x a k t b e s c h r e i b b a r e S y s t e m e, z. B. Elektronenrechner, das Planetsystem, Verkehrsregelung, Buchhaltung, Liquidität, Rentabilität und dgl.;

3. ä u ß e r s t k o m p l e x e S y s t e m e, d. h. Systeme, die n i c h t mehr v o l l s t ä n d i g e x a k t b e s c h r e i b b a r sind, z. B. das Gehirn, die Volkswirtschaft und die Unternehmung.

Einfache und komplexe Systeme können d e t e r m i n i e r t sein, d. h. die Wirkung ihrer Teile aufeinander ist e x a k t v o r a u s s a g b a r, z. B. bei der Zange, bei der Pupille, beim Planetsystem und beim Elektronenrechner, da er genau das tut, was man ihm vorgeschrieben hat. — Alle drei Systemkategorien können auch p r o b a b i l i s t i s c h sein, d. h. die Wirkung ihrer Teile aufeinander ist zwar nicht e x a k t v o r a u s s a g b a r, doch kann man mit der Wahrscheinlichkeitsrechnung wahrscheinliche Aussagen über sie machen. Beim Würfelspiel weiß man nicht, welche Augenzahl beim Wurf erscheint, doch kann man Wahrscheinlichkeiten bestimmen. Probabilistisch sind auch psychische Reaktionen, ferner Lagerhaltung, Liquidität und Rentabilität. Ä u ß e r s t k o m p l e x e S y s t e m e sind s t e t s p r o b a b i l i s t i s c h; wären sie determiniert, wären sie auch exakt beschreibbar. *Äußerst komplexe, probabilistische Systeme sind die Systeme der Kybernetik.*

Homöostasis

Jedes kybernetische System ist ein S e l b s t r e g l e r, ein S e r v o m e c h a - n i s m u s oder eine H o m ö o s t a s i s; das spezielle Regelgerät ist der *Homö-ostat*, wie z. B. der Thermostat, der die Temperatur einer Heizung regelt oder auch die Temperatur des menschlichen Körpers; ferner der Fliehkraftregler von James Watt (1788 erfunden), der bei der Dampfmaschine die Zufuhr des Dampfstroms selbsttätig regelt. Auch das Leben in der Pflanzen- und Tierwelt ist homöostatisch; Eingriffe des Menschen haben die Selbstregulierung der Natur oft gestört und erheblichen Schaden angerichtet. Schließlich ist auch eine U n t e r n e h m u n g ein homöostatisches System, das weitgehend einem biologischen Modell analog ist; „die im Innern des Unternehmens verrichteten Dienstleistungen wirken wie der Blutkreislauf und die innersekretorischen Drüsen: sie aktivieren und konditionieren sämtliche Teile". (Stafford Beer: Kybernetik und Management, 1962).

Die Analogie von Buchhaltung und Nervensystem hat Schmalenbach bereits 1925 beschrieben. „Wenn man den Betrieb mit einem anderen Wirtschaftskörper, etwa einem menschlichen Körper, vergleicht, dann fällt dem Rechnungswesen des Betriebes zum Teil die Aufgabe des Gedächtnisses und der Nerven zu. Die Nerven des Menschen zeigen an, daß irgendwo im Körper eine Reizung sich vollzieht; eine Verwundung, ein Mangel, eine Störung lösen durch die Nerven Abwehrfunktion aus. So hat das Rechnungswesen des Betriebes, und ganz besonders das innere Rechnungswesen, die Aufgabe, jeden Mangel, jede Verwundung, jede Indisposition des Betriebes, die nicht durch andere, gröbere Mittel offenbar wird, dem Gehirn des Betriebes, das heißt der Betriebsleitung, kundzutun. — Der Arbeiter und selbst der Ingenieur sind geneigt, diese Arbeit als eine unproduktive Aufgabe anzusehen; als produktiv erscheinen ihm nur die Muskeln. Das ist begreiflich. Aber die Muskeln leisten nichts, wenn das Nervensystem gestört ist. Und auch im Betriebe ist die Arbeit der ausführenden Organe nicht fruchtbar, wenn nicht die großen und kleinen Störungen, denen diese Arbeit unterworfen ist, dem Kopf des Betriebes offenbar werden." (Zit. nach Kosiol, Kostenrechnung, Wiesbaden 1964, Seite 62).

Der kybernetische Regelkreis

Das kybernetische System wird als sogenannter Regelkreis dargestellt (s. Abbildung). Für Verhaltensweise und Größe der Werte innerhalb des Informationssystems besteht eine Norm, ein „S o l l w e r t", eine Zielvorstellung, eine „F ü h r u n g s g r ö ß e". Dieser Sollwert bestimmt das Verhalten des „R e g l e r s" (beim Menschen das Gehirn, bei der Unternehmung die Betriebsleitung). Der Regler bestimmt nun die „S t e l l g r ö ß e", das sind die Maßnahmen der Steuerung zur Erreichung des Ziels und gibt sie weiter an die „R e g e l s t r e c k e", das sind die ausführenden Organe, die „S t e l l g l i e d e r", in der Unternehmung der ausführende *Betrieb*. Die Stellgrößen können nun innerhalb der Regelstrecke gestört werden. Diese „S t ö r g r ö ß e n" müssen in der Regelstrecke (im Betrieb) beachtet werden. Stellgrößen und Störgrößen werden als „R e g e l g r ö ß e n" an den „M e ß f ü h l e r" oder „M e ß w e r t g e b e r" weitergegeben, der jetzt den Soll-Ist-Vergleich durchführt und dessen Werte durch „R ü c k k o p p l u n g" an den Regler weitergibt, der bei einem vom Sollwert abweichenden Meßwert eine Verhaltenskorrektur vornimmt.

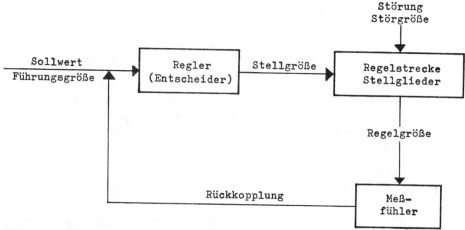

Führungsgröße = geplantes Ziel (Sollwert)
Regler = Entscheider, z. B. die Betriebsleitung

Stellgröße = Maßnahmen der Steuerung zur Erreichung des Ziels

Regelstrecke = Entscheidungsfeld, der tatsächliche Leistungsablauf, z. B. der Betrieb

Stellglieder = die Glieder der Regelstrecke, die den Leistungsablauf den Stellgrößen entsprechend beeinflussen, z. B. die Abteilungsleiter im Betrieb

Störgröße = innerbetriebliche und außerbetriebliche Störungen

Regelgröße = die Ist-Werte im Gegensatz zum Soll-Wert

Meßfühler = der Soll-Ist-Vergleich

Rückkopplung = Information an den Regler über den Soll-Ist-Vergleich.

Jedes kybernetische System besitzt ferner **Ultrastabilität,** d. h., es hat die Fähigkeit, sich (innerhalb gewisser Grenzen) unvorhergesehenen Änderungen der Umweltbedingungen derart anzupassen, daß es entsprechend sein System ändert, d. h. es ist fähig, aus „Erfahrungen" zu „lernen" und sich dementsprechend „selbst zu organisieren" (N. Wiener). Das System hat die Fähigkeit zum „Überleben", es besitzt „*Ultrastabilität*" (Ashby).

Information und Informationstheorie

Diese selbsttätige Regelung erfolgt durch Informationen. Der Thermostat gibt die Wärmegrade des Zimmerthermometers als Information an die Ventile der Heizung weiter.

Unter I n f o r m a t i o n versteht man in der Kybernetik alle Nachrichten im weitesten Sinne des Wortes, z. B. auch Stromstöße, die den Thermostaten regeln, oder Nervenimpulse im menschlichen Körper. Die Informationen — A. Adam spricht von „Informationsgütern" — können beschafft, gelagert, umgewandelt, veredelt (z. B. statistische Auswertung), abgesetzt, gebraucht, verbraucht und entwertet werden. Bei den äußerst komplexen Systemen, wie der U n t e r - n e h m u n g , ist der Informationsfluß außerordentlich groß („Informationslawine") und mit Unsicherheit behaftet.

Während man in der Buchhaltung die Ströme der Geld- und Güterwerte schon seit Jahrhunderten in ein exaktes System gebracht hat, sucht jetzt die Informationstheorie den Informationsfluß ebenfalls in einem exakten System zu erfassen. Sie „untersucht die Gewinnung der Information, die Verarbeitung und Speicherung, beschäftigt sich mit der Informationsübermittlung, wertet und strukturiert die Information, erfaßt sie rational, objektiv in einem Kalkül und prüft die Ergebnisse auf ihre Voraussagbarkeit" (Ernest Kulhavy, Operations Research, Wiesbaden 1963).

Die Information ist für die Informationstheorie — ebenso wie die Operation für das Operations Research — eine „leere" Folge von Symbolen, der Inhalt interessiert sie nicht. „Die Bedeutung der Symbole bleibt ausgeklammert" (Zemanek). Es geht ihr allein darum, wie man das Maximum einer fehlerfreien Informationsbeschaffung, -übermittlung, -wandlung usw. erreichen kann.

Der Betrieb wird als **Kommunikationssystem** aufgefaßt, in dem die einzelnen Organisationselemente in einem ständigen Informationsaustausch stehen. Die Informationen haben ihren Ursprung in der I n f o r m a t i o n s q u e l l e oder dem S e n d e r , das sind Personen, Dinge oder Prozesse, die Informationen aus einer begrenzten Zahl möglicher Informationen produzieren. Die Informationstheorie kann mittels der Statistik angeben, welche Informationselemente häufiger vorkommen werden als andere, und infolgedessen die Wahrscheinlichkeit der Aufeinanderfolge der Symbole bestimmen.

Die entstandene Information wird vom Sender an den Ü b e r m i t t l e r weitergegeben, der sie seinerseits so umwandelt, daß sie für den nachfolgenden Informationskanal geeignet ist. Der Übermittler ist beispielsweise im Falle des Radios das Mikrophon, der Sender, die Röhren usw.; er besteht also aus der technischen Ausrüstung, die zwischen der Nachrichtenquelle und dem Kanal steht.

Der I n f o r m a t i o n s k a n a l ist der Teil des Systems, der die Informationen weiterleitet, z. B. der Nerv, der Telefondraht, beim Radio die elektrische Welle, bei Übermittlung schriftlicher Informationen der Bote und die Post u. dgl. m.

Der E m p f a n g s a p p a r a t ist die technische Ausrüstung, die zwischen dem Kanal und dem nachfolgenden I n f o r m a t i o n s e m p f ä n g e r steht. Er wandelt die aus dem Kanal eintreffenden Nachrichten so um, daß sie für den Empfänger verständlich werden. Der E m p f ä n g e r steht am Ende des Kommunikationsprozesses.

Bei dem Durchlauf durch den Kanal sind die Informationen Störungen ausgesetzt; doch behandelt die Informationstheorie nur solche Störungen, deren Stärke im vorhinein nicht bestimmt werden kann. V o r a u s s a g b a r e Störungen sind bei der Bestimmung der Kapazität des Informationskanals zu berücksichtigen.

Arten der Störungen

Störungen können in allen drei Phasen der Kommunikation (1. der Informationsgabe, 2. dem Informationstransport und 3. der Informationsaufnahme) auftreten. Die Störungen sind nach ihren Ursachen:

1. **technische Störungen:** Codierungs- oder Decodierungsfehler oder Rauschen oder Schwunderscheinungen während der Übermittlung im Informationskanal infolge zu geringer Kanalkapazität (channel overload) oder durch allgemeine physikalische Erscheinungen (z. B. athmosphärische Störungen);

2. **semantische Störungen:** zwischen Sender und Empfänger besteht keine Einigung über die Bedeutung benutzter Signale, z. B. im Betrieb verschiedene Auffassungen zwischen Kaufmann und Ingenieur;

3. **psychologische Störungen:** sie können im Betrieb auftreten bei Konfliktsituationen zwischen Vorgesetztem und Untergebenem oder zwischen konkurrierenden ranggleichen Stellen.

Die mathematischen Modelle

Die einzelnen Elemente des Kommunikationsprozesses: Sender, Übermittler, Kanal, Empfangsapparat und Empfänger, sind in der Informationstheorie die Elemente der m a t h e m a t i s c h e n M o d e l l e, in denen der Maßstab für die Informationen und die Kanalkapazität eine wichtige Rolle spielen.

Der M a ß s t a b f ü r d i e P r o d u k t i o n d e r I n f o r m a t i o n e n bei der Quelle kann nicht die Zahl der Symbole einer Information sein, denn die Informationsquelle wählt aus einer jeweils begrenzten Zahl von Symbolen, wobei die Reihenfolge der ausgewählten Symbole Wahrscheinlichkeitsgesetzen folgt, die Wahrscheinlichkeit spielt beim Zusammenstellen einer Information eine bedeutende Rolle. Man hat deshalb den thermodynamischen Begriff der E n t r o p i e als Maßstab gewählt, der den Wahrscheinlichkeitsgrad der Reihenfolge der Informationssymbole bestimmt. Die Entropie der Quelle bezeichnet also den Zufallsgrad, den Verteilungsgrad der Symbolfolge bei einer begrenzten Liste von Symbolen. Je geringer der Grad von Zufall und von Auswahl, um so geringer die Entropie und die Information. In der Praxis der Kybernetik spielt der Informationsfluß der elektronischen Datenverarbeitung eine große Rolle.

Die zweite wichtige Größe des Kommunikationsprozesses ist die K a p a z i t ä t e i n e s I n f o r m a t i o n s k a n a l s. Sie wird gemessen an der Menge an Informationen, die durch ihn hindurchfließen.

Mit den beiden Größen Entropie H und Kanalkapazität C können wir jetzt den f u n d a m e n t a l e n **Lehrsatz der Informationstheorie** aufstellen. Über einen Kanal können bei einem geeigneten Verschlüßler Informationssymbole mit einer Durchschnittsrate von nahezu C/H gesendet werden, doch kann dieser Kanal ohne Rücksicht auf die Güte des Verschlüßlers niemals mehr als C/H aufnehmen. Eine Verschlüsselung ist also um so wirkungsvoller, je besser die statistischen Eigenschaften von Informationsquelle und Übertragungskanal sind. Je größer die Freiheit der Wahl, um so größer ist auch die Unbestimmtheit, welche Nachricht ausgewählt wird, um so größer ist die Entropie und die Information. Kommen noch Störungen dazu, wird die Unbestimmtheit noch größer.

Die Informationstheorie behandelt also die U n b e s t i m m h e i t der kybernetischen Systeme. Bei Systemen einfacher Komplexität handelt es sich um s t o c h a s t i s c h e P r o z e s s e, bei denen man nach den Lehrsätzen der Wahrscheinlichkeitstheorie statistische Schlußweisen anwendet. Bei den ä u ß e r s t k o m p l e x e n S y s t e m e n reichen die stochastischen Methoden nicht mehr aus, hier sucht die Informationstheorie mit Hilfe der statistischen Mechanik Kommunikationssysteme zu konstruieren, bei denen der Informationsfluß trotz der Unbestimmtheit optimiert wird.

Der Schwarze Kasten

Ein weiterer wichtiger Grundbegriff der Kybernetik ist der Schwarze Kasten (Black Box). Während die Unbestimmheit der äußerst komplexen Systeme zu der Informationstheorie führte, sucht man der „ä u ß e r s t e n K o m p l e x i - t ä t" der kybernetischen Systeme durch den Schwarzen Kasten Herr zu werden. Da das äußerst komplexe System nicht exakt beschrieben werden kann, wird der Regelmechanismus, soweit seine Funktionsweise undurchsichtig ist,

als Schwarzer Kasten in das System eingebaut. Was in ihm vorgeht, ist nicht
feststellbar oder braucht nicht festgestellt zu werden.

Die Wirkungsweise des Schwarzen Kastens besteht darin, daß man die logischen
und statistischen Beziehungen zwischen den Informationen, die i n den
Schwarzen Kasten h i n e i n g e h e n , und den Anweisungen, die aus ihm her-
auskommen, ermittelt. Dadurch wird von vornherein eine starke Auslese ermöglicht; man spricht von der E n t r o p i e d e r S e l e k t i o n. Ein sehr ver-
einfachtes Beispiel zur Veranschaulichung: Eine kleine Fabrik mit nur 10 verschiedenen Arbeitsvorgängen könnte auf Grund der Kombinatorik (Permutation = m!) über 3,6 Millionen Produktionspläne aufstellen. Das ist praktisch
unmöglich. Man konstruiert nun, um das Verfahren der kleinsten Auswahl anzuwenden, einen Schwarzen Kasten, indem man die technischen und wirtschaftlichen Produktions- und Arbeitsbedingungen, die Beschaffungs- und Absatzmöglichkeiten und dgl. in exakten Verfahren berücksichtigt. Dadurch reduziert
sich die gewaltige Zahl der Produktionspläne auf ein Minimum. Ein solches
Auswahlverfahren ist schon von jeher angewandt worden, doch wird der
Schwarze Kasten innerhalb eines Modells exakt und systematisch konstruiert.
Unter den verbleibenden Plänen kann man mit weiteren Methoden die optimale Lösung suchen.

„Schwarze Kasten" trifft man im allgemeinen dort an, wo Systeme durch Prozesse gekennzeichnet werden, wo es sich also um dynamische Systeme handelt.
Die Elemente der dynamischen Systeme werden als „Schwarze Kasten", die
einen bestimmten Eingang in einen Ausgang umsetzen, betrachtet. Will man
über diesen Umsetzungsprozeß Näheres in Erfahrung bringen, so muß das betreffende Element als Subsystem behandelt werden. Dies bedeutet ein Ersetzen
des Elements durch eine Anzahl von Subsystemen, das nachstehend anschaulich
gemacht wird[1]).

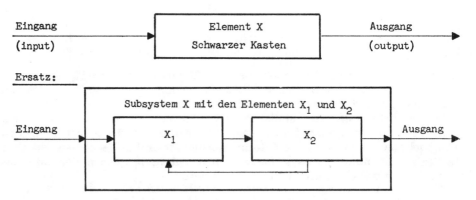

Die Elemente des Subsystems beeinflussen einander derart, daß Selbstregulierung möglich wird. Der Ausgang von Element X_1 ist z. B. ein Auftrag, der von
Element X_2 als Eingang erfahren und in Aktion umgesetzt wird. Diese Aktion,
als Ausgang des Elements X_2, wird wiederum von Element X_1 als gegebener

---

[1]) Die Abbildung sowie die Erläuterungen dazu wurden dem Werk: Unterguggenberger, Kybernetik und Beitragsdeckungsrechnung, Wiesbaden 1974, entnommen.

Zustand, als Eingang, erfahren und veranlaßt, bei Feststellung einer Abweichung vom Sollzustand, Korrekturentscheidungen (Beisteuerungsmaßnahmen) des Elements X_1. Die Korrekturentscheidung stellt die Selbstregulierung sicher. Dynamische, sich im Hinblick auf eine bestimmte Zielsetzung selbständig regelnde Systeme heißen — wie bereits erwähnt — kybernetische Systeme.

Möglichkeiten und Grenzen der Kybernetik

Die großen Erfolge, die man durch die allgemeine Kybernetik in den verschiedenen Wissenschaften und der Technik — vor allem mit Hilfe der großen Elektronenanlagen — erreicht hat (man denke nur an die mechanische Schildkröte), haben zu einer Überschätzung der Kybernetik geführt, die teilweise schon an Hybris grenzt. So etwa, wenn der junge amerikanische Professor John G. Kemeny behauptet, es gäbe keinen schlüssigen Beweis für einen wesentlichen Unterschied zwischen Mensch und Maschine, da wir uns für j e d e menschliche Handlung ein mechanisches Gegenstück vorstellen könnten. Oder wenn man meint, a l l e wirtschaftlichen Prozesse könnten in mechanische Regelungsprozesse verwandelt werden. Zweifellos wird die Kybernetik in der Betriebswirtschaft eine ständig wachsende Bedeutung gewinnen, ebenso wie die Automation und die elektronische Datenverarbeitung, mit denen sie praktisch ja eng zusammenhängt, aber die Annahme, die Unternehmung sei nur ein Mechanismus, eine Regelungsmaschine, bleibt zwar eine brauchbare Arbeitshypothese, die aber stets nur in einem — letztlich sogar untergeordneten — Teilbereich der Betriebswirtschaft mit Erfolg angewandt werden kann. So schreibt der englische Kybernetiker Stafford Beer, anknüpfend an die Analoga: „Mensch — Maschine", „Unternehmung — Organismus": „In der gesamten kybernetischen Sprache taucht überall die Gefahr auf, den entsprechenden Systemen willkürlich Zwecke zu unterschieben ... Da die Kybernetik nun aber gerade alle Arten von Systemen untersucht und da sie die Frage nicht interessiert, ob das betreffende System belebt ist oder nicht (und wenn belebt, ob mit Bewußtsein ausgestattet oder nicht), steht sehr viel mehr auf dem Spiel als ein irreführender Sprachgebrauch ... Gibt es jemanden, der angesichts einer mechanischen Schildkröte die Bedeutung der Ethik, der Ästhetik und der Religion leugnen wollte? So absurd das zu sein scheint, solche Menschen gibt es. Es steht allerdings zu hoffen, daß sich diejenigen, die eine wirkliche Einsicht in die Möglichkeiten und in das Versprechen der Kybernetik gewonnen haben, nicht zu ihnen rechnen." (Kybernetik und Management, Hamburg 1962).

Management-Informationssystem

Das Management-Informationssystem (MIS), auch *computergestütztes Informationssystem, integriertes Management-Informations- und Kontrollsystem* genannt, ist ein System im Sinne kybernetischer Betrachtungsweise, bei dem die EDV-Anlage ein Element bildet, das mit anderen Elementen des Systems (z. B. Mensch) in Beziehung steht.

Das MIS ist auf die schnelle und funktionsbezogene Versorgung der Führungskräfte mit aktuellen Informationen für die Urteils- und Entscheidungsfindung gerichtet. Die aus dem (elektronischen) Datenverarbeitungsprozeß gewonnenen internen Daten und maschinell gespeicherte externe Daten werden in maschinell geführten D a t e i e n geordnet, bereitgestellt, bei Bedarf elektronisch verknüpft und ausgewertet. Die Dateininhalte müssen logisch einheitlich strukturiert sein, damit die Daten verschiedener Dateien maschinell verknüpfbar sind. Die Menge solcher Dateien wird D a t e n b a n k genannt; sie ist wesentlicher Bestandteil des MIS. MIS haben einheitliche Strukturen, sind aber unternehmensindividuell; Form und Inhalt hängen von subjektiven Vorstellungen der Unternehmensleitung ab, ferner u. a. von Größe, Branche, Organisationsstruktur der Unternehmung. Der Aufbau des MIS dauert Jahre und erfordert hohen Aufwand. Das „totale", die gesamte Unternehmung umspannende MIS ist in absehbarer Zeit noch nicht zu realisieren, u. a. weil die theoretischen Grundlagen fehlen und die Computer-Software noch nicht effizient genug ist. Teilsysteme sind bereits mit Erfolg eingeführt und werden in verstärktem Maße aufgebaut.

Die Informatik

Die „Informationslawine", die in allen Bereichen der Wissenschaft und der Praxis auf uns zurollt, kann nur mit Hilfe der **Elektronischen Datenverarbeitung** bewältigt werden. Die wachsende Bedeutung der EDV führte zur Bildung einer neuen interdisziplinären Wissenschaft, der *Informatik*. Sie ist die Theorie und Technologie der Datenverarbeitung *(Computer Science)*. Da die BRD auf diesem Gebiet einen großen wissenschaftlichen und technologischen Rückstand gegenüber anderen Industrieländern aufweist und der Bedarf an EDV-Fachleuten in den nächsten Jahren um ein vielfaches zunehmen wird, empfahl der Bundesminister für wissenschaftliche Forschung im Mai 1968, eine Studienrichtung „Informatik" an deutschen Hochschulen einzuführen nach dem Vorbild der Computer-Science in den USA. An einer Reihe von Hochschulen wurden inzwischen Lehrstühle für Informatik errichtet. Dort kann man nach einem neunsemestrigen Studium bereits den akad. Grad eines *Diplom-Informatikers* erwerben. Auch Fachhochschulen und höhere Wirtschaftsfachschulen haben größtenteils schon die Informatik in ihr Lehrprogramm aufgenommen. Schwerpunkte sind die Systemtheorie, die Informationstheorie, die Codierungstheorie, die Programmiersprachen und die Struktur digitaler Systeme. Beim Betriebs-Informatiker tritt die Informationstheorie etwas zurück zugunsten der Betriebswirtschaftslehre.

IV. Literaturhinweise

Acker, Heinrich: Die organisatorische Stellengliederung im Betrieb. 2. Aufl., Wiesbaden 1962.

Bleicher, Knut (Hrsg.): Organisation als System, Wiesbaden 1972.

Blohm, H.: Organisation, Information und Überwachung. Wiesbaden 1969.

Böhrs, Hermann: Organisation des Industriebetriebes. Wiesbaden 1963.

Dreger, W.: Management-Informationssysteme, Wiesbaden 1973.

Fischer, G.: Die Grundlage der Organisation. 2. Aufl., Dortmund 1948.

Forrester, J. W.: Grundsätze einer Systemtheorie (aus dem Englischen), Wiesbaden 1972.

Fuchs, H.: Systemtheorie und Organisation, Wiesbaden 1973.

Grochla, Erwin: Automation und Organisation. Wiesbaden 1966.

Häusler, J.: Grundfragen der Betriebsführung. Wiesbaden 1966.

Hennig, K. W.: Betriebswirtschaftliche Organisationslehre. 5. Aufl., Wiesbaden 1971.

Hill, W., R. Fehlbaum u. P. Ulrich: Organisationslehre, 2 Bde., Bern 1974.

Hoffmann, F., Entwicklung der Organisationsforschung, 2. Aufl., Wiesbaden 1976.

Kochs, G. J.: Kaufmännische Organisation und Rationalisierung. Wiesbaden 1970.

Kosiol, Erich: Grundlagen und Methoden der Organisationsforschung. Berlin 1959.

Kosiol, Erich: Organisation der Unternehmung. Wiesbaden 1962.

Kosiol, Erich: Einführung in die Betriebswirtschaftslehre. Wiesbaden 1968.

Linhardt, Hans: Grundlagen der Betriebsorganisation. Essen 1954.

Mand, Josef: Betriebsorganisation. 3. Aufl., Wiesbaden 1968.

Nordsieck, Fritz: Betriebsorganisation. Lehre und Technik. 2 Bde. Stuttgart 1961.

Römheld, D.: Informationssysteme und Management-Funktionen, Wiesbaden 1973.

Scheibler, A.: Unternehmungs-Organisation. Wiesbaden 1974.

Schmalenbach, Eugen: Über Dienststellengliederung in Großbetrieben. Köln und Opladen 1959.

Schnutenhaus, O. R.: Allgemeine Organisationslehre. 2. Aufl., Berlin 1964.

Ulrich, H.: Betriebswirtschaftliche Organisationslehre, Bern 1949.

Wegner, Gertrud: Systemanalyse und Sachmitteleinsatz in der Betriebsorganisation. Wiesbaden 1969.

Wild, Jürgen: Grundlagen und Probleme der betriebswirtschaftlichen Organisationslehre. Berlin 1966.

Wild, Jürgen: Neuere Organisationsforschung in betriebswirtschaftlicher Sicht. Berlin 1967.

Zeitschrift für Organisation (ZfürO). Hrsg. von Ges. f. Organisation. Wiesbaden.

Kybernetik

Adam/Helten/Scholl: Kybernetische Modelle und Methoden. Köln/Opladen 1970.

Beer, Stafford: Kybernetik und Management, 1962.

Cherry, E. C.: Kybernetik, 1954.

Cherry, E. C.: Kommunikationsforschung, — eine neue Wissenschaft, 1963.

Frank, H. G. (Hrsg.): Kybernetik — Brücke zwischen den Wissenschaften, 3. Aufl. 1964.

Kramer, Rolf: Information und Kommunikation, 1965.

Meyer-Eppler, W.: Grundlagen und Anwendungen der Informationstheorie, 1959.

Mirow, Heinz M.: Kybernetik — Grundlage einer allgemeinen Theorie der Organisation, Wiesbaden 1969.

Steinbuch, K.: Automat und Mensch, 2. Aufl. 1963.

Wiener, Norbert: Kybernetik — Regelung und Nachrichtenübertragung im Lebewesen und in der Maschine, 2. Aufl. 1963.

B. Mechanisierung und Automatisierung der Betriebsorganisation

Von den Organisationsmitteln ist die mechanische und elektronische Datenverarbeitung für die Organisation nicht lediglich ein besonders wertvolles Hilfsmittel, sie hat vielmehr die Organisationsstruktur völlig umgestaltet. Man hat das Vordringen der Automation in Produktion und Verwaltung nicht zu Unrecht „die zweite industrielle Revolution" genannt.

Wir beschäftigen uns zunächst mit dem Lochkartenverfahren, das man nicht nur als Vorläufer der elektronischen Datenverarbeitung bezeichnen kann, sondern das auch noch in mannigfacher Weise mit ihr verbunden wird. Dann behandeln wir die Elektronische Datenverarbeitung und gehen schließlich noch kurz auf das Wesen der Automation ein.

I. Das Lochkartenverfahren

Entstehung und Wesen

Das Lochkartenverfahren wurde von dem Deutschamerikaner Dr. Hermann Hollerith 1889 zur Auswertung der Volkszählung von 1890 erfunden. Er stellte kleine Zahlkärtchen her mit 30 Feldern, deren jedes eine andere Bedeutung hatte. Für jeden einzelnen Erhebungsfall wurde ein Zahlkärtchen an allen zutreffenden Stellen gelocht und dann in einer Zählmaschine, die die Löcher elektrisch abtastete, ausgewertet. Das Verfahren wurde sehr schnell weiterentwikkelt, die Maschine wurde mit Additionszählern, Schreibwerken und sonstigen Zusatzgeräten versehen. In Deutschland wurden die ersten Lochkartenmaschinen 1910 benutzt. Das Lochkartenverfahren dient kaufmännischen, statistischen und wissenschaftlichen Zwecken zur Erfassung und automatischen Verarbeitung umfangreicher in Zahlen ausdrückbarer Daten. Die numerischen Daten (*„Informationen"*) werden auf Lochkarten übertragen, in denen an ganz bestimmten Stellen mit verschiedenen Zahlwerten, den „Lochstellen", Löcher eingestanzt werden, die später von Sortiermaschinen und rechnenden und schreibenden Tabulatoren mechanisch oder elektrisch abgetastet werden, um die Daten nach verschiedenen Gesichtspunkten zu ordnen, rechnerisch auszuwerten und die Ergebnisse in Klarschrift niederzuschreiben. Die Lochkarten lassen sich beliebig oft auswerten.

Die sehr kostspieligen Maschinen wurden meist nur gemietet und seltener gekauft; die Monatsmieten lagen bei etwa 4000 bis 5000 DM, dazu kamen noch die Kosten für das Bedienungspersonal (Locher, Prüfer u. a.).

1. Die Lochkartenmaschinen

Die Lochkarte

Die Lochkarte, die Grundlage des Lochkartenverfahrens und z. Z. auch noch weitgehend der EDV, ist in 21 oder 40 Spalten (Kleinformat) oder in 80 oder 160 Spalten (Normalformat), die „Lochspalten", eingeteilt und diese in zehn oder zwölf waagerechte Zeilen, die „Lochzeilen", die die Zahlen 0 bis 9 sowie gegebenenfalls 2 „Steuerlöcher" enthalten, die die Maschine veranlassen, bestimmte „Befehle" auszuführen. Durch Lochung mehrerer Lochstellen in einer Spalte können bis zu 29 Symbole in einer Spalte ausgedrückt werden; dadurch reicht eine Spalte auch aus, um einen Buchstaben des verschlüsselten Alphabets zur Aufnahme von Texten einzulochen. Je nach dem höchstmöglichen Stellenumfang der einzelnen Informationen (z. B. Ordnungsnummer, Geldbetrag, Namen, Konto-Nummer) werden meist mehrere nebeneinanderliegende Spalten zu einem „Lochfeld" zusammengefaßt; auf einer Lohnabrechnungskarte wird man z. B. für den Lohnbetrag 5 Spalten zu einem

Lochfeld zusammenfassen, drei für die Mark-, zwei für die Pfennigbeträge. Am oberen Kartenrand ist in der Regel die Bedeutung der Lochfelder in Klarschrift aufgedruckt. Auch die eingelochten Daten können bei einzelnen Maschinen während des Lochens oder gesondert mit besonderen Maschinen („B e s c h r i f - t e r n") am oberen Rand oder einer anderen Stelle der Karte in Klarschrift angegeben werden.

Neben den Normalkarten werden häufig „V e r b u n d k a r t e n" verwandt, das sind Lochkarten, bei denen der Urbeleg gleichzeitig Lochkarte ist. Die Klarschriftangaben sind in den Zwischenraumzeilen der Lochkarte angebracht, so z. B. bei Inventurkarten, Lohnkarten und dem Lochkartenscheck.

Die M a t r i z e n k a r t e n sind Lochkarten, die bestimmte Daten enthalten, die für viele Karten gleichbleibend sind, z. B. Durchschnitts- oder Verrechnungspreise in Materialkarten, gesetzliche Abzüge in Nettolohnkarten, feste Daten der einzelnen Arbeitsgänge in der Arbeitsvorbereitung für Arbeitsfolgekarten; Banknummern, Bankkunde, Kontonummer und Schecknummer im Lochkartenscheck. In die individuellen Lochkarten, die auf dem Duplizierlocher mit den Matrizenlochkarten vorgelocht sind, werden dann jeweils nur noch die individuellen Daten eingelocht.

Die Locher

Die Locher sind numerische oder Z a h l e n l o c h e r , die nur Ziffern lochen und eine Zehnertastatur wie die Additionsmaschine haben, oder A l p h a b e t - l o c h e r mit Schreibmaschinentastatur, die Zahlen und Buchstaben lochen. Eine Locherin locht stündlich bis zu 1200 Karten mit 12 000 Anschlägen. Neben den H a n d l o c h e r n gibt es a u t o m a t i s c h e L o c h e r , die an Schreib- oder Buchungsmaschinen angeschlossen sind und während des Schreibens der Urbelege entweder gleich die Lochkarten (S y n c h r o n l o c h u n g) oder einen endlosen Lochstreifen (mit mehreren „Lochkanälen") stanzen, der dann in einem automatischen Locher die Lochkarten anfertigt. Auch M a g n e t b ä n - d e r nehmen heute die Daten auf, die dann in Speziallochern automatisch in Lochkarten übertragen werden. Der Z e i c h e n l o c h e r tastet noch ungelochte Lochkarten (meist mit Matrizen vorgelochte Verbundkarten) ab, auf denen mit Spezialgraphitstiften in vorbezeichnete Felder Striche, entsprechend den zu lochenden Daten, angebracht sind, und locht die Karten. Mit automatischen F e r n l o c h e r n ist eine direkte Übertragung durch Telefon oder Fernschreiber der Lochkartendaten mit großer Geschwindigkeit möglich.

Der P r ü f e r oder die P r ü f m a s c h i n e ist zur Nachprüfung der manuell gelochten Karten notwendig. Die gelochten Karten werden in den Prüfer eingegeben und die Daten nochmals eingetastet; die Maschine blockiert, wenn die eingetasteten mit den gelochten Daten nicht übereinstimmen.

Der D o p p l e r oder die D u p l i z i e r m a s c h i n e stellt automatisch Lochkartenduplikate her (auch in abweichender Anordnung der Löcher), z. B. zur schnelleren Auswertung großer Kartenpakete auf zwei oder mehr Lochkartenanlagen oder zur Weiterleitung an andere Betriebe; so können bei bargeldloser

Lohnzahlung die Betriebe Lohnkartenduplikate an die kontoführende Bank zur unmittelbaren Verbuchung weitergeben. Der Doppler wird auch zur Vorlochung von Kartenpäckchen mit Matrizenkarten, 8000 bis 30 000 Karten, bei e l e k t r o - n i s c h e n   M a s c h i n e n bis zu 60 000 Karten, verwandt.

Die Sortiermaschinen

Die Sortiermaschinen ordnen die Karten nach bestimmten Merkmalen in getrennte (13 bis 14) Ablagefächer in der für die Auswertung notwendigen Reihenfolge. Da sie jeweils nur eine Spalte mechanisch oder elektrisch abtasten, müssen die Karten bei einer Sortierung meist mehrmals durch die Maschine laufen, bei einer Sortierung nach Kontonummern mit sechs Stellen also sechsmal. Die Stundenleistung beträgt für eine Spalte 8000 bis 30 000 Karten, bei elektronischen Maschinen bis zu 60 000 Karten.

Der K a r t e n m i s c h e r ist ein Sortiergerät, das verschiedene Kartenpakete auf übereinstimmende Daten vergleicht und entsprechend zusammenmischt. B e i s p i e l aus dem Kreditwesen: Die Umsatzkarte eines Kontokorrentkontos wird vor die entsprechende Saldenkarte, die den alten Kontostand aufweist, und vor die Anschriftenkarte des Kontos gemischt; dann wird mit Hilfe dieser drei Karten in der Tabelliermaschine der Kontoauszug geschrieben; die Karten werden danach im Sortierer wieder getrennt und in verschiedenen Karteien abgelegt.

Die Tabelliermaschine (Rechen- und Buchungsautomat)

Die Tabelliermaschine oder der Tabulator ist das Kernstück des Systems. Es ist ein Rechen- und Buchungsautomat mit automatischem Schreibwerk. Das „P r o - g r a m m", d. h. die Reihenfolge der einzelnen Rechen- und Schreiboperationen, wird der Maschine durch Schalttafeln mit losen Kabelschnüren oder durch auswechselbare Leitkammern mit festen „Programmen" eingegeben. Der Tabulator tastet die Karten ab, führt die angegebenen Rechen- oder Buchungsoperationen aus und schreibt die Ergebnisse in Tabellen (z. B. Lohnabrechnung, bei der Arbeitsvorbereitung Laufkarte, Begleitkarte und Terminblatt), Listen (z. B. Zahltagliste, Rechnungsjournal) oder Einzeldokumente (z. B. Rechnungen, Mahnungen und dgl.).

Weiter kann er die Summe eines bestimmten Kartenstaplers im S u m m e n - l o c h e r in eine neue Karte zur Weiterverarbeitung einlochen, z. B. die Summen von Rechnungen, die dann im Rechnungsjournal niedergeschrieben werden. Die Stundenleistung der traditionellen Tabelliermaschine war rund 5000 bis 15 000 Karten. Doch werden heute die Tabelliermaschinen mit einem Elektronenrechner gekoppelt, wodurch wesentlich höhere Leistungen erzielt werden.

Der R e c h e n l o c h e r, der meist mit dem Tabulator verbunden ist und auch multipliziert und dividiert, entnimmt der Karte bestimmte Werte (z. B. Menge und Einzelpreis), führt mit ihm eine der vier Grundrechnungsarten aus (Menge $\times$ Einzelpreis) und locht das Ergebnis in die Karte ein (Gesamtpreis). Karten mit gleichgelochten Lochfeldern können auch zusammengefaßt werden,

z. B. werden die gleichen Materialsorten auf verschiedenen Lagerkarten mit dem gleichen Einzelpreis multipliziert und die Ergebnisse auf eine neue Karte eingelocht.

2. Die Entwicklung des Lochkartenverfahrens

Die Lochkartenmaschinen suchte man ständig zu verbessern, durch Vereinfachung und Beschleunigung der Arbeitsabläufe und Erweiterung des Anwendungsbereichs. Neuerdings werden die Tabelliermaschinen mit elektronischen Rechenmaschinen gekoppelt und bilden dann bereits den Übergang zur „Automation", sofern das Lochkartensystem durch Lochkartenautomaten gesteuert wird, wie z. B. die IBM-CPC. Doch ist der Arbeitsgang auch dann immer noch in zahlreiche selbständige Einzelabläufe aufgeteilt, die durch den Transport der Karten und durch Steuerung der Maschine manuell verbunden werden müssen, auch ist die Arbeitsgeschwindigkeit gegenüber der elektronischen Datenverarbeitung sehr gering.

3. Die Anwendung des Lochkartenverfahrens

Eine rationelle Anwendung des Lochkartenverfahrens setzt eine verhältnismäßig große Zahl von Daten voraus, die nach verschiedenen Merkmalen in kurzer Zeit ausgewertet werden müssen. Man stellte früher die Faustregel auf, daß sich Lochkartenmaschinen nur lohnten, wenn die Karten wenigstens dreimal ausgewertet würden; doch kann in den modernen Betrieben das Lochkartenverfahren auf nahezu allen Gebieten des betrieblichen Rechnungswesens, der Statistik, der Lohn- und Provisionsabrechnung, der Fakturierung, der Debitoren-, Kreditorenbuchhaltung und anderen Gebieten der Buchführung, der Lager-, Material- und Betriebsabrechnung, der Plankostenrechnung, der Kalkulation, der Arbeitsvorbereitung, der Auftrags-, Fertigungs- und Materialkontrolle sowie in Banken, Versicherungsbetrieben und Behörden angewandt werden.

B e i s p i e l e i n e r V e r k a u f s s t a t i s t i k : Jeder einzelne Posten der ausgehenden Rechnungen wird nach Rechnungsnummer, Absatzbezirk, Vertreter, Artikel, Stückzahl und Betrag — alle nichtnumerischen Angaben in Zahlen verschlüsselt — in einer Lochkarte erfaßt. Bei der Auswertung werden folgende Listen ausgeschrieben: Umsatzstatistik (1) nach Artikeln (Artikelstatistik), (2) nach Bezirken, (3) nach Rechnungsnummern (zur Kontrolle) und (4) nach Vertretern geordnet; in der letzten Liste wird gleichzeitig auch die Vertreterprovision berechnet, die Liste wird damit auch zur Provisionsabrechnung.

II. Die elektronische Datenverarbeitung

1. Wesen, Bedeutung und Entwicklung

Begriff und Wesen

Die elektronische Datenverarbeitung (EDV), engl. automatic (electronic) data processing, ist ein Verfahren, bei dem mittels elektronischer Rechenanlagen eine einfache oder komplizierte mathematische Aufgabe mit zahlreichen zu verarbeitenden Daten gelöst wird. Man hat die EDV-Anlagen auch als „Elektronengehirn" bezeichnet; sie können in der Tat sehr viel schneller und exakter rechnen als der Mensch, sie können auch einfache logische Entscheidungen treffen, aber der Mensch muß ihnen alle Operationsschritte und „Befehle", die zur Lösung einer Aufgabe notwendig sind, vorher als umfangreiches „Programm" in das „Elektronengedächtnis", das Speicherwerk, eingeben.

Die EDV ist in der kaufmännischen Verwaltung die Weiterentwicklung des bisherigen Lochkartensystems zu der augenblicklich höchsten Stufe der Büroautomation. Die EDV fußt auf der Elektronik (Bauelement ist die Elektronenröhre) und der Kybernetik, der Steuerungslehre, die die Regelungstechnik auf wirtschaftliche und gesellschaftliche Regelungsvorgänge überträgt. Kennzeichen für die Arbeitsweise der Elektronenrechner ist der automatische und sich selbst kontrollierende Arbeitsablauf, der die Ausführung von Rechenoperationen und einfachen logischen Entscheidungen auf Grund von Teilresultaten zuläßt und der nach Eingabe des Programms und später der Arbeitsdaten umfangreiche Endergebnisse und selbst deren komplizierteste Auswertungen liefert.

Die elektronische Datenverarbeitung ist für den B e t r i e b s w i r t aus zwei verschiedenen Gründen von Bedeutung: einmal kann er sie für zahlreiche betriebswirtschaftliche Aufgaben, wie z. B. Betriebsabrechnung und Planungsrechnung, hervorragend verwenden, zum anderen hat er ein entscheidendes Wort bei der Frage mitzureden, ob sich der Einsatz einer Elektronenanlage lohnt und welche Maschinen sich für den Betrieb am besten eignen. Nun besteht aber gegenwärtig zum Teil noch eine gewisse Scheu der Betriebswirte vor dem Gebiet der EDV, weil die Mathematik dabei eine große Rolle spielt. Die Bedeutung der Mathematik in der Elektronik soll keineswegs bestritten werden, doch die eigentlichen mathematischen Arbeiten bei der EDV werden von Mathematikern, Ingenieuren und technischen Spezialisten erledigt, die aber ohne den erfahrenen Betriebswirt nicht auskommen können. Der Betriebswirt jedoch, der einen Teil seiner Arbeiten dem Elektronenrechner übertragen will, muß über das Wesen und die Arbeitsweise der EDV sowie über die verschiedenen Typen der EDV-Anlage genau Bescheid wissen; dazu bedarf es aber keiner Mathematik. Diese Kenntnisse sind notwendig, weil der Betriebswirt wissen muß:

1. was die EDV-Anlage im einzelnen technisch leisten kann,

2. welche wirtschaftlichen Aufgaben er mit den verschiedenartigen Elektronenanlagen lösen kann, welche nicht oder nur in unwirtschaftlicher Weise,

3. welche Daten zur Lösung dieser Aufgaben benötigt werden,

4. wie diese Daten am günstigsten aufbereitet werden,

5. welche betrieblichen Umorganisationen durch die EDV notwendig sind; so muß z. B. die Betriebsabrechnung bei Einführung der EDV ganz neu organisiert werden.

Alle diese Fragen können nicht ohne genaue Kenntnis der Arbeitsweise der EDV beantwortet werden. Heute ist es zum Teil noch so, daß sich umgekehrt Mathematiker und Techniker erst mit den kaufmännischen Aufgaben, die mittels der Elektronik gelöst werden sollen, vertraut machen müssen. Dabei ist es nur natürlich, daß sie so gründlich nicht in dieses Gebiet eindringen können, wie es der Betriebswirt beherrscht. Zur Ein- und Durchführung der EDV bedarf es eines gut aufeinander eingespielten Teams zwischen Betriebswirt, Techniker und Mathematiker.

Das Arbeitsteam bei der EDV

Will man einen Arbeitsprozeß, z. B. die Fertigungsplanung oder die Betriebsabrechnung, von Elektronenrechnern ausführen lassen, ist zunächst — in der ersten Stufe der Programmierung — eine Problemanalyse und Wirtschaftlichkeitsuntersuchung notwendig, bei der Betriebswirt und Kostenrechner die führende Rolle zu übernehmen haben:

1. Analyse des Ist-Zustandes,

2. Planung des Soll-Zustandes,

3. Vergleich der Struktur des bisherigen und des geplanten Verfahrens und

4. Vergleich der Kosten des bisherigen und des geplanten Verfahrens.

Bei diesen Überlegungen wird die Art der EDV-Anlage — sofern nicht eine bereits vorhandene benutzt werden soll — nicht berücksichtigt. In der zweiten Stufe der EDV-Planung wird dann gemeinsam mit den Technikern, Mathematikern und den Herstellerfirmen die am besten geeignete Elektronenanlage ausgewählt. In der dritten Stufe der EDV wird das „Programm", der spezielle Befehlskodex für die Elektronenanlage, aufgestellt; das ist nun die besondere Aufgabe der Mathematiker, Techniker und Programmierer. Wir kommen auf die Programmierung noch zurück.

Entwicklungsstufen der EDV

Man kann verschiedene Stufen der EDV je nach der Art der M a s c h i n e n - s t e u e r u n g unterscheiden:

1. Elektronische Rechenmaschinen zur E r g ä n z u n g d e s t r a d i t i o n e l - l e n L o c h k a r t e n s y s t e m s. Die Tabelliermaschine wird mit einem Elektronenrechner gekoppelt. Das „Programm" ist jedoch auf die sehr begrenzte Zahl von Operationen beschränkt wie das traditionelle Lochkartensystem.

2. L o c h k a r t e n g e s t e u e r t e M a s c h i n e n (z. B. IBM CPC): Der Maschine werden die Operationsbefehle durch Lochkarten eingegeben. Doch bei häufiger Wiederholung des gleichen Programms, wie es in der Verwaltung das übliche ist, ist dieses System unzureichend. Durch L o c h s t r e i f e n gesteuerte Maschinen haben zwar eine unbegrenzte Aufnahmekapazität, doch sind sie an eine starre Reihenfolge der Operationsschritte gebunden, sie können „Sprungbefehle", die gespeicherte Daten von jeder beliebigen Stelle des Speichers in Mikrosekunden (= millionstel Sekunden) zur Verfügung stellen, nicht ausführen und sind daher für die Verwaltung meist ungeeignet (nicht dagegen für Technik und Physik).

3. Speichergesteuerte Maschinen: Sie können in einem Magnet-trommel- oder Magnetkernspeicher sehr umfangreiche Programme und Arbeits-daten aufnehmen und sind die automatischen EDV-Anlagen im eigentlichen Sinne. Alle „Befehle", auch Sprungbefehle, werden in Bruchteilen von Sekun-den ausgeführt. Hierhier gehören alle Großrechenanlagen.

2. Der Aufbau der elektronischen Datenverarbeitungs-Anlage

Alle EDV-Anlagen bestehen aus (1) dem *Eingabegerät*, (2) dem *Rechenwerk*, (3) dem *Speicherwerk*, (4) dem *Leit- oder Steuerwerk* und (5) dem *Ausgabegerät*. Die einzelnen Aggregate müssen in der Geschwindigkeit ihrer Arbeitsweise möglichst gut aufeinander abgestimmt sein; das ist heute bei größeren Anlagen mit „automatischer Vorrangsteuerung", die wir unten noch beschreiben, befrie-digend gelöst; das Eingabewerk arbeitet sonst entweder viel zu langsam oder viel zu schnell; man benutzt auch Zwischenspeicher („*Pufferspeicher*") zum Ausgleich der verschiedenen Geschwindigkeiten. Das Zusammenspiel der ein-zelnen Aggregate zeigt diese Abbildung.

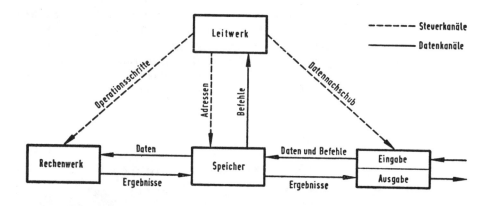

Die „Zahlensprache"

Die Daten werden in der „Zahlensprache" eingegeben, doch nicht im Dezimal-system, sondern im *Zweier-* oder *Binär-System* (binär = aus zwei Einheiten bestehend), da eine Elektronenröhre entweder Strom hat oder nicht, eine Stelle der Magnettrommel entweder magnetisiert ist oder nicht. Das Binär-System besteht also nur aus zwei Zahlen (1 und 0), in der Maschine dargestellt durch Impuls (1) und Nichtimpuls (0). Das wichtigste Binärsystem ist das Dualsystem. Während die Ordnungsgröße des Dezimalsystems die Basis 10 einer Potenz mit ganzzahligen Exponenten ist ($10^0 = 1; 10^1 = 10; 10^2 = 100; 10^3 = 1000$), hat das D u a l s y s t e m als Ordnungsgröße die Basis 2. den Aufbau des „reinen Dual-systems" zeigt die folgende Tabelle:

Dezimal-system	Dualsystem $2^4\ 2^3\ 2^2\ 2^1\ 2^0$				
1					$1 = 1 \times 2^0 = 1$
2				1	$0 = 1 \times 2^1 = 2$
3				1	1
4			1	0	$0 = 1 \times 2^2 = 4$
5			1	0	1
6			1	1	0
7			1	1	1
8		1	0	0	$0 = 1 \times 2^3 = 8$
9		1	0	0	1
10		1	0	1	0
11		1	0	1	1
12		1	1	0	0
13		1	1	0	1
14		1	1	1	0
15		1	1	1	1
16	1	0	0	0	$0 = 1 \times 2^4 = 16$

Mit diesen Binärzahlen lassen sich alle Rechenoperationen ausführen. Zwei Additionsbeispiele:

$$
\begin{array}{r}
010 = 2 \\
+\ 101 = 5 \\
\hline
111 = 7
\end{array}
$$

$$
\begin{array}{r}
101 = 5 \\
011 = 3 \\
110 = 6 \\
010 = 2 \\
\hline
1 \\
10 \\
1 \\
\hline
10\,000 = 16
\end{array}
$$

$\left.\begin{array}{c} 1 \\ 10 \\ 1 \end{array}\right\}$ Überträge auf nächste Stelle

Das „reine Dualsystem" hat bei vielen Eingaben und wenigen Rechenschritten große Nachteile, man verwendet deshalb in der wirtschaftlichen Verwaltung „d u a l e   v e r s c h l ü s s e l t e   D e z i m a l s y s t e m e", bei denen man die Dezimal s t e l l e n beibehält; das einfachste dieser Systeme ist der „8421-Code": die Zahl 387 wird danach verschlüsselt: 0011 1000 0111. Dieses System wurde, um die Rechenoperationen zu vereinfachen, verschiedenfach modifiziert.

Eingabeeinheiten

Bit (binary digit, Zweierschritt) = elementare Informationseinheit im Binärsystem, also 0 oder 1. „*Wort*" = die kleinste Dateneinheit, dargestellt in einer geordneten Folge von Binärzahlen. Die „Wörter" haben bei den meisten Elektronengeräten die gleiche Länge, d. h. die gleiche Stellenzahl. „*Satz*" = eine Zusammenfassung von „Wörtern" aus maschinentechnischen Gründen. „*Block*" = eine Informationseinheit, bestehend aus einer Gruppe von Wörtern und Sätzen. „*Befehl*" = ein Rechen- oder Operationsschritt des Programms; eine Lohn- und Gehaltsabrechnung braucht z. B. 1500 bis 2000 „Befehle". Eine Gruppe von 8 Bits ist ein *Byt*.

3. Die einzelnen Maschinenaggregate

Das Eingabewerk

Das Eingabewerk (input) führt die Daten in der „Zahlensprache" in die Elektronenanlage mit folgenden *Informationsträgern* ein: (1) *Lochkarten:* die Lesegeschwindigkeit ist gering, etwa 500 Karten je Minute; (2) *Lochstreifen:* Lesegeschwindigkeit 100—1200 Zeichen je Sekunde; (3) *Magnetschrift,* magnetische Zahlenschrift, die auch von Menschen gelesen werden kann und die mit dem „Inscriber" auf allen zu bearbeitenden Belegen angebracht wird: Lesegeschwindigkeit mehrere 1000 Belege je Minute; die Magnetschrift ist auch zum Sortieren der Belege geeignet; (4) *Magnetband,* das zugleich der Träger der externen Speicherung (siehe unten) sein kann: Lesegeschwindigkeit bis zu 200 000 Zeichen je Sekunde; (5) *elektrische Schreibmaschine,* mit der durch Handeingabe die Daten eingeführt werden; sie hat nur als Ergänzungseingabemittel Bedeutung; (6) *elektronischer Klarschriftleser,* der eine Umwälzung bedeutet hat.

Der Speicher

Der Speicher nimmt alle Daten auf, die zur Auslösung *(Programmspeicherung)* oder Durchführung der Verarbeitungsoperationen *(Informationsdaten,* wie Lagernummer, Lagerbestand) im Rechengerät benötigt werden. *Speichermedien* sind Elektronenröhren (sehr geringe Kapazität, daher in der Verwaltung nicht gebräuchlich), Magnetkerne, Magnettrommel, Magnetplatten und Magnetbänder. Wir unterscheiden:

1. *Sequenz-Speicher:* die Speicherstellen werden in der starren Reihenfolge der Speicherstellen abgetastet (nur für technische und physikalische Zwecke geeignet); und

2. *Random-Access-Speicher* (wahlfreier Zugriff): die Verarbeitung kann in beliebiger Folge unter Zugriff zu allen Speicherstellen erfolgen *(Sprungbefehle);* es können z. B. aus dem Speicher der Lohnabrechnung die Stammunterlagen jedes Arbeiters (Stammnummer, Name, Alter, Beschäftigungsart, Lohnstufe, Steuergruppe, Sozialversicherungsdaten, laufende Abzüge, Bruttobezüge u. a.) in Mikrosekunden (millionstel Sekunden) dem Rechengerät zugeführt werden.

Der *interne Speicher* oder Kernspeicher ist fester Bestandteil der EDV. Seine Zugriffsgeschwindigkeit beträgt Nanosekunden (Milliardstelsekunden), doch ist seine Kapazität beschränkt, eine mittlere Rechenanlage nimmt bis zu 100 000 Stellen auf. Wegen der geringen Kapazität des internen Speichers werden noch *externe Speicher* benutzt (Magnetplatten, Magnetbänder), deren Zugriffsgeschwindigkeit allerdings sehr viel geringer ist. Bei Kleinanlagen, an deren Entwicklung jetzt sehr gearbeitet wird, werden auch Lochkarten als externe Speicher verwendet. Sie enthalten z. B. bei elektronischer Lohnbuchhaltung alle Stammdaten der einzelnen Lohnempfänger. Sie arbeiten natürlich relativ langsam.

Das Rechenwerk

Im Rechenwerk werden die eigentlichen Rechen-, Vergleichs- und Entscheidungsoperationen (Ja-Nein-Entscheidungen) zur Datenverarbeitung ausgeführt. In der Verwaltung werden ausschließlich *Digitalrechner* benutzt; sie führen alle Rechenoperationen nur durch Zählen aus, sie zählen wie „an den Fingern" (lat. digitus — Finger), z. B. $3 \times 3 = (1 + 1 + 1) + (1 + 1 + 1) + (1 + 1 + 1)$.

Die *Analogrechner* der Techniker und Mathematiker lösen die kompliziertesten Rechenprobleme — ähnlich wie der Rechenschieber — mit Hilfe von mathematischen oder physikalischen Problemen, die die gleichen (analogen) Formeln wie das zu lösende Problem haben (z. B. die Integriermaschine). Für die kaufmännischen Rechenprobleme sind ihre Speicherkapazitäten viel zu gering und die Ergebnisse in den letzten Stellenwerten zu ungenau. Doch können sie in dem Operations Research verwendet werden.

Das Leitwerk

Das Leitwerk, Kommandowerk, Stellwerk oder die Steuereinheit ist das komplizierteste Gerät der Elektronenanlage. Es steuert die Aufeinanderfolge der einzelnen Operationen, es entnimmt die Befehle dem Speicherwerk, entschlüsselt sie und öffnet die Schaltwege zur Ausführung der Befehle beim Rechenwerk, Speicherwerk oder bei der Ein- und Ausgabe. Zum Leitwerk gehört auch das *Bedienungspult* mit Schaltern, Lämpchen und Anzeigern, von dem aus der Arbeitsgang eingeleitet, beobachtet und für glatten Ablauf gesorgt wird. Bei der *serialen* oder *seriellen* Arbeitsweise der Geräte wird jeweils nur eine einzige Operation („Serie") ausgeführt; bei *paralleler* Arbeitsweise können zur gleichen Zeit mehrere Operationen („parallel" nebeneinander) ausgeführt werden.

Das Ausgabewerk

Das Ausgabewerk übermittelt die verarbeiteten Informationen als Resultate an die Außenwelt. Die *Ausgabe-Informationsträger* können sein (1) *Lochkarten:* Ausgabegeschwindigkeit 200 Karten je Minute, (2) *Schnelldrucker:* 600 Zeilen in der Minute; er druckt Listen, Formulare, Rechnungen und Tabellen; oder (3) *Magnetbänder:* bis zu 300 000 Zeichen je Sekunde.

Die Weiterentwicklung der EDV-Anlagen

In den letzten Jahren haben die EDV-Anlagen stürmische Fortschritte gemacht. Die Kapazität der internen Speicher wurde ständig vergrößert, die Geschwindigkeiten erhöht, die Anpassungen der Aggregate aneinander vervollkommnet. Vor allem ist die stürmische Entwicklung durch die Art der eingesetzten *Schaltelemente* gekennzeichnet, nämlich durch Relais-Rechner, Röhren, Transistoren und Monolithe. Äußerlich ist die Entwicklung über die einzelnen Schaltelemente vor allem durch die Größenverhältnisse der Baugruppen gekennzeichnet. Man teilt deshalb die einzelnen Entwicklungsstufen bereits in Generationen ein. Baugruppen, die in der ersten Generation einen Kasten von Schubladengröße mit Röhren bestückten, wurden in der zweiten Maschinengeneration auf postkartengroßen gedruckten Schaltungen untergebracht und in der dritten Generation ist eine integrierte Monolith-Baugruppe mit gleicher Funktionsstärke nur noch briefmarkengroß.

Doch sei ausdrücklich bemerkt, daß unabhängig von den verwendeten Bauelementen die Schaltungen aller bisherigen und auch der kommenden Maschinengenerationen die gleichen logischen Aufbau- und Funktionsprinzipien zugrunde liegen, wie wir sie bereits dargestellt haben.

4. Die Computer-Generationen

Die Entwicklung der EDV-Anlagen wird also auf Grund der Schaltelemente nach Generationen eingeteilt. Man hat allerdings bei dieser Einteilung die unmittelbaren Vorläufer der Generationen, den Relais-Rechner, übersehen, und er ist der eigentliche Stammvater der EDV-Anlagen; er arbeitete allerdings noch nicht elektronisch.

Man teilt deshalb die Computer-Entwicklung in folgende Generationen ein:

Vorläufer: Relais-Rechner,

1. Generation: Röhren,

2. Generation: Transistoren,

3. Generation: Monolith-Baugruppen

4. Generation: LSI-Baugruppen (LSI = Large Scale Integration)

Vorläufer: Relais-Rechner (1940—1950)

Der Ingenieur Konrad *Zuse* begann 1932 (damals 22jährig) mit der Entwicklung von Rechenmaschinen. Die Z 1 von 1938 war eine noch rein mechanisch, aber bereits eine nach dem Binärprinzip arbeitende Maschine. Die 1939 folgende Z 2 verwendete bereits 200 Relais als Rechenwerk. Die 1941 entwickelte Z 3 war die erste funktionsfähige programmgesteuerte Rechenanlage der Welt. Die Programme waren in Normalfilm gelocht, der von der Anlage abgetastet wurde. Der Programmablauf war noch rein linear. Die Anlage, die aus einem Rechenwerk mit 600 Relais und einem Speicher mit 2000 Relais bestand, bewältigte in einer Minute 30 bis 50 Operationen.

Die erste Generation der Elektronenrechner (1946—1960)

Die ersten Anlagen dieser Computer-Generation waren Röhrenriesen: die 1959 vollendete ENIAC (Electronic Numerial Integrator and Calculator) wog 30 Tonnen, besaß fast 18 000 Elektronenröhren und hatte einen Stromverbrauch von 174 kW. Ihr folgten weitere Riesenröhren, die BINAC oder UNIVAC I. Sie wurden fast ausschließlich zur Berechnung mathematisch-technischer Aufgaben angewandt. Wegen ihrer Größe und ihrer Kosten fanden diese Großanlagen kaum Verwendung in den Unternehmungen.

Doch wurden gleichsam als Abfallprodukte dieser Entwicklung „Röhrenzwerge" entwickelt. Es waren kleine Röhrenrechner, wie die BULL Gamma 3, die IBM 609 und die UNIVAC 40, sie wurden in den fünfziger Jahren häufig zur Ergänzung von Lochkarten Anlagen eingesetzt, zur Steigerung ihrer Rechengeschwindigkeit und ihrer Programmierungs- und Speicherfähigkeit.

Die zweite Generation der Elektronenrechner (1960 bis etwa 1967)

Die große Wende in der Entwicklung der Computer trat erst ein, als Transistoren als Schaltelemente benutzt wurden. Dadurch wurde es möglich, auch kleinere und damit relativ billige und kompakte Anlagen mit beachtlicher Leistungsfähigkeit zu konstruieren.

Als erste transistorische EDV-Anlage wurde 1959 eine UNIVAC UCT in Hamburg aufgestellt. Ihr folgte IBM 1960 mit der 1401 EDV-Anlage, die sich überraschend schnell durchsetzen konnte. Von ihr und ihren Schwesteranlagen 1410, 1440 und 1460 wurden 1970 in Deutschland noch rund 500 Exemplare betrieben.

Während in der ersten Computer-Generation außer Lochkarten und Lochstreifen bereits als weitere externe Speichermedien M a g n e t b ä n d e r und gelegentlich auch M a g n e t t r o m m l e r eingesetzt wurden, verwendete man in der zweiten Generation in immer stärkerem Umfang außer Magnetbändern als besondere Neuerung die M a g n e t p l a t t e . Mit dieser war ein direkter Zugriff möglich. Während ein Magnetband wie ein Tonband abgespult werden muß, wenn eine bestimmte Stelle auf dem Band gesucht wird, kann bei einer Magnetplatte auf einen bestimmten Datensatz direkt zugegriffen werden, ähnlich wie man bei der Schallplatte den Tonabnehmer auf eine jede beliebige Stelle der Platte direkt aufsetzen kann. Dadurch wird es möglich, aus sehr großen Dateien einzelne Datensätze in Bruchteilen von Sekunden herauszusuchen, z. B. für Kontenbestandsabfragen bei Banken oder Platzreservierungen im Flugverkehr. Der direkte Zugriff zu den Daten (R a n d o m   a c c e s s) und die sofortige Verarbeitung (R e a l t i m e - V e r a r b e i t u n g) sind von außerordentlichem Vorteil.

Die dritte Generation der Elektronenrechner (seit 1965)

Die dritte Maschinen-Generation ist durch den Monolith gekennzeichnet. Die Monolith-Technik ist eine Spielart der Mikroschalttechnik; bei ihnen bestehen die einzelnen Schaltkreise aus winzig kleinen Baugruppen auf einem Halbleiter-Kristall von 0,5 $\times$ 0,5 $\times$ 0,2 mm, z. B. 15 Silizium-Transistoren und 13 Widerstände mit den dazugehörigen Verbindungsleitungen, maximal bis 300 Bauelemente. Durch den Monolithen erhöht sich die Arbeitsgeschwindigkeit und die Sicherheit des Rechners ganz erheblich.

Die Monolith-Technik hat vor allem die Bestrebung zur i n t e g r i e r t e n D a t e n v e r a r b e i t u n g außerordentlich beschleunigt. Man geht davon aus, daß normalerweise die meisten in einem Unternehmen vorhandenen Datenverarbeitungsaufgaben miteinander im Zusammenhang stehen. Man versucht deshalb, von der Bearbeitung von Einzelaufgaben mit Datenverarbeitungsanlagen (z. B. Fakturierung, Lagerabrechnung, Kontokorrentführung) wegzukommen und alle Vorgänge oder Maßnahmen, die ein Geschäftsvorfall erfordert, in einem einzigen Komplex zu erledigen. Das heißt, daß z. B. ein Bestellvorgang von einem entsprechenden Programmkomplex nach allen Richtungen, in die er sich auswirkt, verarbeitet wird; daß also automatisch die Fakturierung, die Abbuchung der bestellten Mengen von den Lagerbeständen und die Belastung des Kundenkontos erfolgt. Es leuchtet ein, daß oft die gleichen Ausgangsdaten den verschiedensten Aufgaben zugrunde liegen, die bei einzelner Bearbeitung

der Aufgabengebiete jeweils wieder neu in die Datenverarbeitungsanlage ein-
gegeben werden müßten, und daß die integrierte Verarbeitung auch das Aus-
geben von Zwischenergebnissen, die wiederum die Ausgangsdaten für andere
Aufgaben darstellen, weithin unnötig macht. Der Integration sind natürlich
Grenzen gesetzt. Trotzdem bleibt in fast allen Fällen das Ziel einer guten
Datenverarbeitungsorganisation, nach einmaliger Eingabe der Daten eines
Geschäftsvorfalles möglichst alle Folgearbeiten automatisch von Programmen
in den Datenverarbeitungsanlagen ausführen zu lassen.

Bei der dritten Maschinen-Generation werden als i n t e r n e S p e i c h e r
M a g n e t k e r n s p e i c h e r u n d M a g n e t d r a h t s p e i c h e r verwendet.
Der Hauptbestandteil des M a g n e t k e r n s p e i c h e r s sind Ferritkerne, von
denen jeder ein Bit, d. h. eine binäre 0 oder 1 speichern kann. Das Speichern in
einem einzelnen Kern bzw. das Lesen aus einem Kern geschieht nach dem
Coinzidenzprinzip. Dieses Verfahren vereinfacht das Ansteuern der einzelnen
Kerne — in Arbeitsspeichern von Datenverarbeitungsanlagen befinden sich
viele tausende — ganz wesentlich. Die direkte Ansteuerung eines jeden Kernes
wäre viel zu aufwendig und zu teuer. Der M a g n e t d r a h t s p e i c h e r ist
mit dem Kernspeicher verwandt. Es ist auch ein Speicher mit sehr kurzer Zu-
griffszeit, der aber im Gegensatz zum Kernspeicher meist nicht nach dem
Coinzidenzprinzip, sondern als Speicher mit sogenannter äußerer Wortauswahl
aufgebaut wird.

Die vierte Maschinen-Generation

Die Hersteller der EDV-Anlagen sind heute bemüht, durch Rationalisierungen
die Herstellungskosten der Schaltelemente zu ermäßigen. Die Kosten eines
Schaltelements oder einer Speicherstelle betrugen in der ersten Maschinen-
Generation Hunderte von DM. Sie reduzierten sich in jeder der beiden folgenden Generationen auf etwa ein Zehntel, so daß zur Zeit ein solches Bauteil nur
noch 1,— DM oder noch weniger kostet. In der vierten Generation werden zumindest die Kosten der Schaltelemente erneut auf ein Zehntel zurückgehen und
künftig in Pfennigen zu berechnen sein. Diese Verbilligung wird der LSI-Tech-
nik zu verdanken sein. Die „L a r g e - S c a l e - I n t e g r a t i o n" ist das Kennzeichen der vierten Generation. Das wird dadurch erreicht, daß eine Baugruppe
ein Vielfaches an Funktionen übernehmen kann als die gleich große Baugruppe
der 3. Generation.

5. Die Programmierung

Begriff und Wesen

Ein P r o g r a m m der EDV ist eine Reihe zeitlich aufeinanderfolgender Instruktionen, die die Elektronenanlagen zur Ausführung bestimmter Operationen steuern. Eine I n s t r u k t i o n besteht aus zwei Teilen, dem B e f e h l und
meist noch aus einer oder mehrerer Adressen; eine A d r e s s e ist ein ver-
schlüsseltes Kennzeichen (Zahl), mit der eine bestimmte Stelle im Speicher
(Stundenlohnsatz, Preis, Lagerartikel) angesprochen wird. B e i s p i e l : Das
Rechenwerk hat die Arbeitsstunden eines Lohnempfängers ermittelt, nun
kommt die Instruktion: Suche im Speicher den Lohnsatz (Adresse) und multipliziere ihn (Befehl) mit den Arbeitsstunden!

Die Bedürfnisse der Benutzer sind unterschiedlich. Mathematiker geben der Maschine straff strukturierte[1]) Aufgaben. In der Unternehmung sind die Aufgaben in der Regel bedeutend weniger klar strukturiert[2]). Je weniger Struktur in einer Aufgabe zu finden ist, desto größer ist der Abstand zum Rechenautomaten, den es mit Hilfe der Programmiersprachen zu überbrücken gilt.

Insbesondere wenden sich Mediziner, Verkehrs- und Raumplanungsfachleute, Juristen, Bibliothekare und Unternehmer mit den unterschiedlichsten Aufgabenstellungen an den Automaten. Man benötigt also sowohl allgemeine als auch spezielle p r o b l e m b e s c h r e i b e n d e und p r o b l e m o r i e n t i e r t e   S p r a c h e n.

Man kann bildlich von drei Programmierebenen sprechen:

— computerinterne Sprachen (M a s c h i n e n s p r a c h e n),

— computernahe Sprachen (m a s c h i n e n o r i e n t i e r t e   S p r a c h e n),

— benutzernahe Sprachen (p r o b l e m o r i e n t i e r t e   S p r a c h e n).

Doch gibt es bislang noch keine Sprache, die sich für alle Verwendungszwecke und Ebenen technisch und wirtschaftlich gleichermaßen eignet. Es sind jedoch Ansätze in dieser Richtung vorhanden. Im übrigen gibt es auf den verschiedenen Anwendungsgebieten und Ebenen zahlreiche Sprachen, von denen eine große Zahl besonders für einzelne Maschinenfabrikate geeignet ist.

Grundsätzlich gilt: Je näher die Sprache der Maschine steht, desto stärker fabrikatgebunden ist sie. Eine Entscheidung zugunsten einer Sprache (oder Sprachfamilie) kann also gleichzeitig die Bindung an ein Maschinenfabrikat bedeuten und damit die Handlungsfreiheit in der Zukunft einschränken. Dies kommt einer Zwangsehe mit einem Fabrikat gleich, von der man sich nur mit großem Aufwand loskaufen kann.

Die P r o g r a m m i e r u n g ist die stets schwierige und langwierige Vorarbeit der EDV. Ein kompliziertes Programm besteht oft aus mehreren tausend Instruktionen, seine Ausarbeitung dauert Monate und kostet oft 10 000 bis 100 000 DM. Ned Chapin schätzt die Kosten einer Instruktion je nach der Kompliziertheit des Programms auf 5 bis 25 $ und die Arbeitsleistung eines Programmiers auf 200 bis 400 Instruktionen in der Woche. Doch werden die Kosten der Programmierung durch Ausbau und Verfeinerung symbolischer Programmierungsverfahren und durch „Programmbibliotheken" (s. unten) ständig gesenkt.

Die Anforderungen an das Programm

Die Programmierung hat sechs Forderungen zu erfüllen: (1) Wirtschaftlichste Ausnutzung der Speicherkapazität; (2) Erreichung der optimalen Geschwindigkeit durch zweckentsprechende Speicherung der Daten; (3) optimale Abstim-

---

[1]) Struktur ist hier im Sinne von Gesetzmäßigkeit zu verstehen.

[2]) Aufgaben im Bereich des Rechnungswesens, wie z. B. Lagerwirtschaft oder Buchhaltung, können als einigermaßen strukturiert bezeichnet werden, während es Aufgabenstellungen der mittleren und oberen Betriebsführung, in denen man die Automaten einzusetzen wünscht, oft an einer eindeutigen Struktur mangelt.

mung der verschiedenen Geschwindigkeiten der einzelnen Aggregate, die Summen der zusätzlichen Wartezeiten (Zugriffszeiten) muß ein Minimum sein; (4) Integrierung der EDV, d. h. mehrere ursächlich miteinander in Zusammenhang stehende Arbeitsgebiete müssen in einem einheitlichen System zusammengefaßt werden, damit nur ein Minimum an Eingabedaten manuell hergestellt wird und der größte Teil aller Informationen schon als das Ergebnis vorheriger Berechnungen anfällt (i n t e g r i e r t e   E D V); (5) Richtigkeit des Programms, die sorgfältig zu überprüfen ist, und (6) Einfachheit des Programms; diese letzte Forderung steht oft mit den übrigen, insbesondere mit der ersten, nämlich der wirtschaftlichsten Ausnutzung der Speicherkapazität, in Widerspruch.

Die einzelnen Phasen der Programmierung

Der   e r s t e   S c h r i t t   der Programmierung, der eine eingehende S y s t e m - a n a l y s e des zu programmierenden Arbeitsablaufs vorausgeht, ist die Aufstellung eines „B l o c k d i a g r a m m s", das ist ein Schema, in dem die einzelnen aufeinanderfolgenden Operationen („Blöcke") graphisch so dargestellt sind, wie sie in der Rechenanlage zeitlich ablaufen sollen (s. Abb. 2). Dabei werden für die einzelnen Operationsarten meist bestimmte S y m b o l e verwandt: E i n -   u n d   A u s g a b e - S y m b o l e : Starte!, Lies!, Schreibe!, Halt!; E n t - s c h e i d u n g s s y m b o l e (stets Ja- oder Nein-Entscheidungen): Vergleiche!, Prüfe die Gleichwertigkeit der Daten!, Kontrolliere die Ergebnisse!, Lösche bestimmte Daten!; M o d i f i k a t i o n s s y m b o l e :   Ändere die Speicheradresse oder den Operationsschlüssel!, R e c h e n s y m b o l e : Addiere!, Subtrahiere!, Multipliziere!, Dividiere!, Runde auf oder ab!

Das Blockdiagramm wird in Verbindung mit den zuständigen Betriebswirten ausgearbeitet und soll auch dem, der nicht mit der EDV-Technik vertraut ist, verständlich sein. Es ist in der Regel noch nicht auf eine bestimmte Rechenanlage abgestellt und dient, sofern noch keine Rechenanlage vorhanden ist, dazu, die geeignetsten Maschinen auszuwählen. Für den Programmierer ist das Blockdiagramm die Arbeitsunterlage zur Aufstellung des Ablaufprogramms.

Der   z w e i t e   S c h r i t t   der Programmierung ist zunächst die Ausarbeitung eines   h a l b d e t a i l l i e r t e n   A b l a u f p r o g r a m m s .   Die einzelnen Blöcke (in der Abbildung Block 3,0) werden in Hauptinstruktionen, diese dann (in der Abbildung Block 3,2) im d e t a i l l i e r r t e n   A b l a u f p r o g r a m m in die letzten Operationsschritte aufgelöst. Es handelt sich um die Übersetzung der im Blockdiagramm grob skizzierten Abläufe in Einzelinstruktionen. Dabei muß ein Block oft in Hunderte von Instruktionen aufgelöst werden, wobei eine Code-Schrift verwendet wird (ST = Start, LS = Lies!, SB = Schreibe!, ADD = Addiere!, VGL = Vergleiche!, LOE = Lösche!, HLT = Halt! usw.).

Der   d r i t t e   S c h r i t t   ist die Verschlüsselung der Instruktionen in die Maschinensprache. In der Abbildung sind die Instruktionen des Block 3, 2 nach dem 4344-Ziffern-Code verschlüsselt. Die ersten 4 Ziffern geben die Reihenfolge der Befehle an, die zweiten 2 Ziffern die Operation (19 = Multipliziere!), die nächsten 4 Ziffern enthalten die Datenadresse und die letzten 4 Ziffern die Befehlsadresse im Befehlsspeicher.

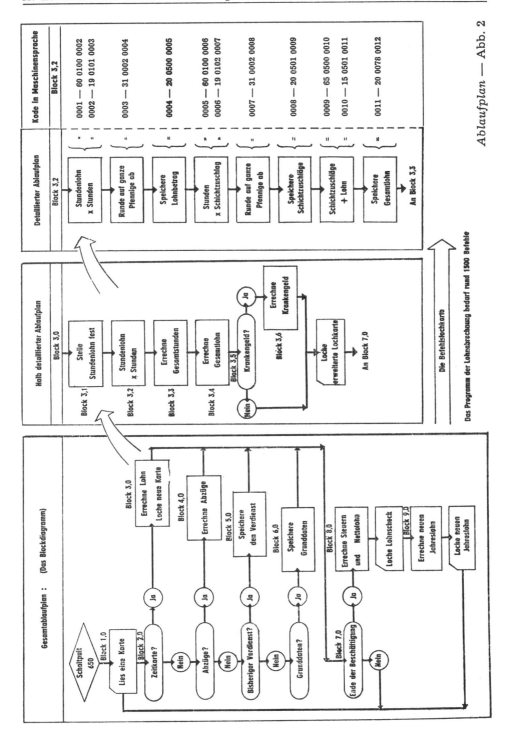

Ablaufplan — Abb. 2

Damit ist die Programmierung jedoch noch nicht beendet. Der v i e r t e S c h r i t t ist der Programmtest (engl. Debugging = „Entlausung"). Bei den Tausenden von Befehlen ist es unvermeidlich, daß Fehler im Programm (Rechenfehler, Übersehen einer Instruktion, Schreibfehler usw.) enthalten sind. Das Programm wird deshalb Schritt für Schritt an der Maschine überprüft. Vielfach wird dabei ein A u t o m o n i t o r verwandt, der während des Programmablaufs eine Liste der dabei ausgeführten Operationen schreiben läßt; dadurch wird der Prüfungstest wesentlich vereinfacht.

Obwohl die Programme gleicher Arbeitsprozesse in den einzelnen Betrieben sehr verschieden sind, haben die Herstellerfirmen „Standardprogramme" oder „Hilfsroutinen" (Subroutines) ausgearbeitet, die kleine oder größere Teilprogramme für oft wiederkehrende Operationen enthalten, in „P r o g r a m m - b i b l i o t h e k e n" (meist karteimäßig zusammengestellt). Sie haben die Programmierung sehr stark vereinfacht. Auch unterhalten die Herstellerfirmen B e r a t u n g s b ü r o s , die die Programmierung ganz übernehmen oder bei ihr mitwirken. Während die Herstellerfirmen überwiegend *maschinenorientierte Programme* entwickeln, werden neuerdings in wachsendem Maße von *Software-Firmen anwendungsorientierte Programme* angeboten.

III. Die Automation

Begriff und Arbeitsweise

Unter (Voll-)Automation versteht man eine betriebliche Automation, bei der komplizierte Produktionsprozesse oder Verwaltungs- und Büroarbeitsgänge ohne menschliches Eingreifen ausgeführt und dabei selbständig gesteuert werden, aber nicht rein mechanisch wie die Zeiger eines Uhrwerks, die Verkaufsautomaten, die Revolverdrehbank, die einfachen Buchungs-, Rechen- und Lochkartenmaschinen, sondern auch unter Berücksichtigung veränderlicher Faktoren und Störungen, die während der Arbeitsvorgänge auftreten können und die früher das Eingreifen des Menschen erforderlich machten.

Die Automation beruht auf der *Kybernetik,* der Lehre von der Steuerung oder Regelung, die sich auf biologische und technisch-physikalische Regelungsvorgänge stützt (siehe oben Seite 97 ff.). Das kybernetische Modell ist ein Regelkreis, der selbsttätig gesteuert wird. Er entdeckt alle Störungen, die von außen kommen und berichtigt sie sofort. Dazu ist ein sicherer Durchlauf aller „Informationen" über Arbeitsablauf und Störungen notwendig, die mittels „Rückkopplung" einer elektronischen Datenverarbeitungsanlage gemeldet werden und entsprechende Steuerungen auslösen. Der Elektronenanlage werden die für die Durchführung und Steuerung eines Arbeitsprozesses notwendigen Operations- und Rechenschritte in einem umfangreichen Programm eingegeben.

Die Automation in der industriellen Fertigung

Bei der industriellen Fertigung von Massenprodukten werden die Arbeitsvorgänge eines Fließprozesses zu einer einzigen vollautomatisch gesteuerten „Transfermaschine" zusammengefaßt. Meß- und Fühlgeräte an den Arbeitsmaschinen (für Längeneinheiten, Drücke, Temperaturen, Materialspannungen, Geschwindigkeit u. dgl.) geben ihre Informationen an das Elektronengerät weiter, das dann jeweils die entsprechenden Befehle zur Steuerung an die Maschine leitet (Rückkopplung). Der Idealtyp einer automatischen Fabrik ist die von Sargrove 1943 entworfene und später errichtete Fabrik für einen Rundfunkapparat: Die gesamte Anlage besteht aus zwei Transfermaschinen (je 23 Meter lang, 2 Meter hoch und 60 cm breit), die Steuerung erfolgt durch 20 Elektronengeräte. Zur Bedienung werden nur zwei Arbeitskräfte benötigt, und zwar zur Einführung des Materials, zur Entnahme der fertigen Geräte und zur Kontrolle der Maschinen. Die maximale Produktion pro Tag beträgt 1500 Geräte, das sind fast drei Geräte in der Minute.

Vor- und Nachteile der Automation

Manuelle und mechanische Arbeiten werden von der Maschine übernommen und entlasten den Menschen. Die Produktionsmenge wächst außerordentlich an, und die Qualität der Erzeugnisse wird verbessert. Da die Entwicklung der Automation erst in den Anfängen steht, sind ihre Auswirkungen nicht abzusehen, man spricht mit Recht von der „zweiten industriellen Revolution". Die wirtschaftlichen Nachteile der Automation betreffen — soweit voraussehbar — nur Übergangserscheinungen. Die Anlagekosten der Automation sowie der Programmierung sind außerordentlich hoch, die Berechnung der zukünftigen Rentabilität ist wegen dieser hohen Investitionskosten, der betrieblichen Neuorganisation und des meist stark erhöhten Ausstoßes sehr schwierig, führt oft zu Fehlinvestitionen und kann die Marktsituation entscheidend ändern. Die Automation kann bei anhaltender Konjunktur zu vorübergehender Arbeitslosigkeit führen, doch wohl kaum zu dauernder, da die freigesetzten Arbeiter bald in der sich erweiternden Produktion wieder eingesetzt werden. Der Anteil der fixen Kosten in der Kostenstruktur steigt weiterhin sehr stark an, wodurch die Wirtschaft noch unelastischer wird. Die Automation ist vor allem für Großbetriebe geeignet, doch auch in mittlere Betriebe dringt sie allmählich ein, benachteiligt sind aber sehr viele kleinere Betriebe. Dadurch wird die Konzentration in der Wirtschaft sehr stark gefördert.

Die Automation in Verwaltung und Büro

Die Automation in Verwaltung und Büro wurde bereits in dem vorangegangenen Abschnitt über die elektronische Datenverarbeitung (S. 111 ff.) eingehend behandelt. Hier sei sie nur in ihrer Bedeutung für die Automation nochmals erwähnt. Die Automation in Verwaltung und Büro betrifft immer nur Teilbereiche der Verwaltung, und zwar solche Arbeitsgänge, bei denen eine Masse von Daten nach gleichartigen Methoden zu verarbeiten ist. Die Automation wird hier deshalb nie das Ausmaß erreichen können wie in der industriellen Fertigung, wenngleich es in der modernen Staats- und Wirtschaftsverwaltung zahlreiche automatisierungsfähige Bereiche gibt.

Neben den Digitalrechnern (S. 100), die allein für diese automatisierungsfähigen Bereiche in Frage kommen, werden in der Verwaltung aber auch noch SpezialElektronen-Geräte, die *Analogrechner* (s. S. 117), benutzt zur Vorbereitung von Unternehmungsentscheidungen in Planung, Absatzprogramm, Produktionsverfahren usw. Sie antworten auf die Frage: „Was würde geschehen, wenn ...?" wobei die Antwort zahlreiche veränderliche Größen berücksichtigt. Diese Geräte können natürlich selbst keine Entscheidungen treffen; denn der Entscheidungsprozeß selbst ist nicht automatisierungsfähig.

IV. Literaturhinweise

v. Belkum, J. W., und Th. J. v. d. Meer: Elektronik für den Kaufmann. Allgemein-verständliche Darstellung. Wiesbaden 1961.

Grochla, Erwin: Automation und Organisation. Wiesbaden 1966.

Grochla, Erwin (Hrsg.): Handwörterbuch der Organisation. Stuttgart 1969.

Grochla, Erwin, u. F. Meller: Datenverarbeitung, Reinbek 1974.

Heinrich, L.: Mittlere Datentechnik, 3. Aufl., Köln 1972.

Holtgrewe, K.: Automation und Entscheidung. Wiesbaden 1967.

Jacob, H. (Hrsg.): Elektronische Datenverarbeitung als Instrument der Unternehmensführung. Wiesbaden 1972.

Meller, Studienkreis: Die Gliederung der Datenverarbeitungsstelle und ihre Einordnung in die Organisation der Unternehmung. Wiesbaden 1967.

Mertens, Peter: Industrielle Datenverarbeitung. Wiesbaden 1969.

Müller-Lutz, H. L.: Das programmierte Büro. Wiesbaden 1964.

Müller-Lutz, H. L.: Das automatisierte Büro. Wiesbaden 1965.

zur Nieden, Manfred: Maschinelle Datenverarbeitungssysteme in der Unternehmung. Wiesbaden 1971.

Schachtschabel, Hans G.: Automation in Wirtschaft und Gesellschaft (rohwolts deutsche enzyklopädie Bd. 124). Reinbeck bei Hamburg 1961.

Schneider, C.: Datenverarbeitungs-Lexikon. 2. Aufl., Wiesbaden 1975.

Scholly, H.: Einführung in die EDV. Wiesbaden 1975

Schweiker, K. F.: Grundlagen einer Theorie betrieblicher Datenverarbeitung. Wiesbaden 1966.

Seibt, D.: Organisation von Software-Systemen, Wiesbaden 1972.

Steinbuch, Karl: Automation und Mensch. 3. Aufl., Berlin 1969.

C. Die Unternehmungsformen

Wir wollen uns nunmehr mit den verschiedenen Unternehmungsformen beschäftigen. Die Ansicht, die Unternehmungsformen ergäben sich aus den Rechtsformen und die Lehre von den Unternehmungsformen hätte juristischen Charakter, ist nicht ganz richtig. Die Unternehmungsformen sind aus dem Bedürfnis der Wirtschaft heraus entstanden und zum Teil schon vor Jahrhunderten von ihr gestaltet worden. Der Gesetzgeber hat die Handels- und Gesellschaftsbräuche erst nachträglich ordnend zusammengefaßt und kodifiziert. Die Bedeutung, die diese Kodices als rechtlich festgelegte betriebswirtschaftliche Bräuche und Normen in der Wirtschaftspraxis haben, läßt daher zu Unrecht die Lehre von den Unternehmungsformen als rein juristisch erscheinen, zumal die meisten Vorschriften kein zwingendes Recht sind. Ob z. B. der Gesetzgeber im neuen Aktienrecht die Möglichkeit, stille Reserven zu legen, stark beschneidet oder nicht, ist primär eine betriebswirtschaftliche und eine wirtschaftspolitische Frage und keine juristische.

I. Die Organisation der Unternehmung

Eine Unternehmung ist — wie Sombart treffend gesagt hat — eine *„ökonomische Person"* (in Analogie zur „juristischen Person"). Sie wird vor allem dadurch zu einem selbständigen Wirtschaftssubjekt, daß sie mit einem eigenen Vermögen ausgestattet wird. Dieses Vermögen, das *Kapital*, stammt z. T. vom

Eigentümer der Unternehmung (Eigenkapital) und z. T. von Dritten (Fremd-kapital).

Für den *Innenbetrieb*, den Leistungsprozeß (Beschaffung, Produktion, Absatz), ist es nur mittelbar von Bedeutung, aus welchen Quellen das Kapital stammt, ob es Eigen- oder Fremdkapital ist. Die *„Organisation des Betriebes"* bezieht sich auf die Betriebsstruktur; sie befaßt sich mit der Eingliederung der mensch-lichen Arbeitsleistung und der Sachmittel in den Arbeitsvollzug, d. h. mit der optimalen *Kombination der Produktionsfaktoren.* Die *Organisation der Unter-nehmung"* dagegen hat es mit dem äußeren Aufbau der Betriebswirtschaft zu tun, mit der Kapitalstruktur und den Unternehmungsformen.

Die Kapitalstruktur der Unternehmung

Die Verschiedenheit der Unternehmungsformen beruht vor allem auf der Kapitalstruktur der Unternehmung sowie der Stellung der Eigenkapitalgeber innerhalb der Unternehmung.

Die folgende Übersicht gibt die typischen Merkmale des Eigenkapitals und des Fremdkapitals in einer Gegenüberstellung wieder. Jedoch bestehen zwischen den jeweils gegensätzlichen Merkmalen des Eigenkapitals und des Fremdkapi-tals z. T. sehr viele Zwischenstufen, so daß es zuweilen schwierig ist, zu ent-scheiden, ob betriebswirtschaftlich gesehen Eigenkapital oder Fremdkapital vorliegt, so etwa bei stillen Gesellschaftern oder bei Aktionären, denen eine feste Dividende garantiert ist und deren Haftung fast ganz ausgeschaltet wurde (wie z. B. bei den österreichischen „Volksaktien").

Eigenkapital	**Fremdkapital**
1. *Veränderliche Größe:* Meist ständig wechselnd je nach der Entwicklung der Unternehmung. Durch Anhäufung der Gewinne wächst das Eigenkapital an, durch Verluste und Kapitalentnah-men (z. B. Ausschüttung von Gewinnen) vermindert es sich. — Bei der AG ist der eine Teil des Eigenkapitals eine feste Größe (das Grundkapital), der andere Teil eine ständig veränderliche Größe (Rücklagen).	1. *Feste Größe:* Die Kreditsumme ist meist unveränderlich, doch kann durch Zuschlag der Zinsen oder durch Amor-tisation sich die Größe verändern, sie ist aber im vorhinein festgelegt.
2. *Unbestimmter Ertrag:* Der Ertrag ist abhängig von dem finanziellen Erfolg der Geschäftstätigkeit. Doch kommt es zuweilen vor, daß ein fester Zins-anspruch vereinbart wird, sofern ein Gewinn erzielt wird. Sogar die Teil-nahme am Verlust kann bis zu einem gewissen Grad ausgeschaltet werden.	2. *Fester Zinsanspruch,* der unabhängig von dem Erfolg der Unternehmung ist. Doch kann auch eine Beteiligung am Gewinn (selten am Verlust) ausgemacht sein („partiarisches Darlehen").

3. *Haftung für die Schulden der Unternehmung:* Die Haftung ist entweder unbeschränkt (dann haftet auch das Privatvermögen) oder (mindestens) auf die Kapitaleinlage beschränkt (bei GmbH, AG und eGmbH).

3. *Keine Haftung für die Schulden der Unternehmung.* Dieses Merkmal ist besonders typisch für das Fremdkapital; es kann niemals pauschal für die Schulden der Unternehmung haftbar gemacht werden.

4. *Unbefristete Hingabe;* doch kommen gelegentlich auch befristete Beteiligungen vor.

4. *Befristete Hingabe;* doch sind Ausnahmen möglich, so z. B. bei Hypothekarkrediten.

5. *Mitbestimmungsrecht des Kapitalgebers:* sein Umfang kann gesetzlich und vertraglich sehr verschieden gestaltet sein, es ist am stärksten bei der Stillen Gesellschaft und der AG eingeschränkt.

5. *Kein Mitbestimmungsrecht des Kapitalgebers;* doch sind Ausnahmen häufig, insbesondere bei starker Verschuldung der Großunternehmung oder bei einem Großkredit.

6. *Persönliche Mitarbeit des Kapitalgebers:* sie besteht gewöhnlich bei den Personenunternehmungen, ist aber bei der Aktiengesellschaft institutionell ausgeschlossen.

6. *Keine persönliche Mitarbeit des Kapitalgebers;* doch kommen auch hier Ausnahmen vor, insbesondere, wenn eine Unternehmung stark verschuldet ist.

Die einzelnen Unternehmungsformen

Aus der Kombination dieser verschiedenen, z. T. stark variierbaren Merkmale des Eigenkapitals, insbesondere der Haftung, der Mitbestimmung und der persönlichen Mitarbeit, ergibt sich die Struktur der einzelnen Unternehmungsformen.

Die gebräuchlichste Einteilung der Unternehmungsformen ist die in „Personenunternehmungen" (auch „Personalunternehmungen") und „Kapitalgesellschaften". Die Bezeichnung ist logisch nicht ganz richtig, aber sie kennzeichnet den Charakter dieser beiden Hauptformen. Bei der *Personenunternehmung* sind Eigenkapitalgeber und Unternehmer grundsätzlich identisch; sie ist an einen bestimmten Personenkreis gebunden. Die Unternehmer sind für die Schulden der Unternehmung mit ihrem ganzen Vermögen haftbar (Kommanditisten sind grundsätzlich keine Unternehmer). Bei der *Kapitalgesellschaft* dagegen steht die Bedeutung des anonymen Kapitals im Vordergrund; die Gesellschafter sind grundsätzlich nur durch ihre Kapitaleinlage, nicht durch ihre persönliche Mitarbeit an die Gesellschaft gebunden.

Zu den Unternehmungen werden heute in der Regel auch die *Genossenschaften* gezählt, die zwar juristisch keine „Handelsgesellschaften" sind, aber heute in der Regel als kaufmännische Unternehmungen geführt werden (wie z. B. die „Volksbanken"); sie sind nach dem HGB auch stets Kaufleute im Rechtssinne.

Ferner rechnet man heute im allgemeinen auch die *öffentlichen Wirtschaftsbetriebe* zu den Unternehmungen, wie etwa die öffentlichen Sparkassen, die öffentlichen Versicherungsinstitute, Versorgungsbetriebe und dergleichen.

Wir unterscheiden also:

A. Personenunternehmungen

1. Einzelunternehmen, der „Einzelkaufmann",
2. Offene Handelsgesellschaft (OHG),
3. Kommanditgesellschaft (KG),
4. stille Gesellschaft.

B. Kapitalgesellschaften

1. Aktiengesellschaft (AG),
2. Gesellschaft mit beschränkter Haftung (GmbH),
3. Kommanditgesellschaft auf Aktien (KGaA),
4. (bergrechtliche) Gewerkschaft.

C. Die Genossenschaften

D. Öffentliche Betriebe

1. Öffentliche Betriebe in nicht-privatrechtlicher Form
   a) Körperschaften (mit eigener Rechtspersönlichkeit und Mitgliedern)
   b) Anstalten (ohne eigene Rechtspersönlichkeit und ohne Mitglieder)
2. Öffentliche Unternehmen in privatrechtlicher Form (Kapitalgesellschaften).

II. Die Personenunternehmen

1. Die Einzelunternehmung

Begriff und Wesen

Bei der *Einzelunternehmung*, der „*Einzelfirma*" oder dem „*Einzelkaufmann*" ist der Eigenkapitalgeber *eine* Person, sie hat nur *einen* „Inhaber", der in der Regel auch die Unternehmung leitet. Er haftet den Gläubigern unbeschränkt, d. h. nicht nur mit seinem Geschäftsvermögen, sondern auch mit seinem ganzen Privatvermögen. Die Einzelunternehmung ist die *ursprüngliche Unternehmungsform*.

Ihr großer *Vorteil* liegt darin, daß in ihr Betätigungsdrang und Kapitalkraft des Inhabers eng verschmolzen sind. Nach Schmalenbach herrscht beim Einzelkaufmann das „System der erblichen Monarchie". Der Einzelkaufmann ist in der Tat im Bereich seiner Firma ein „absoluter Monarch", sofern er nicht durch einen Großkredit in ein Abhängigkeitsverhältnis geraten ist. Er strebt nicht nur nach Gewinn, er findet auch in der Entwicklung seiner Unternehmung eine innere Befriedigung. Die persönliche Entschlußkraft des Einzelkaufmanns kann sich durch schnelle Anpassung an die Marktlage frei entfalten.

Die *Firma* des Einzelunternehmens muß den Familiennamen und mindestens einen Vornamen enthalten (§ 18 HGB). Zusätze sind zulässig („Autohaus Heinrich Schneider"). Wechselt der Inhaber einer Einzelunternehmung durch Tod oder Verkauf, und der neue Inhaber führt einen anderen bürgerlichen Namen, so kann dieser trotzdem die bisherige Firma weiterführen, gegebenenfalls durch einen Zusatz.

Die *Nachteile der Einzelunternehmung* ergeben sich aus dieser persönlichen Bindung des Kapitaleigners an die Unternehmung, und zwar sind sie vor allem *finanzieller Natur.* Der Ausdehnung durch Selbstfinanzierung aus zurückgehaltenen Gewinnen sind vor allem bei einer progressiven Besteuerung des Einkommens enge Grenzen gezogen. Infolge der geringen Kapitalkraft der Einzelunternehmung ist auch die Beschaffung von langfristigem Kapital außerordentlich begrenzt. Sie ist vor allem auf Lieferanten- und Bankkredite angewiesen. Die Möglichkeit *kurzfristiger* Kredite sind jedoch oft unzureichend, weil sie sich der Höhe des Eigenkapitals und des Umsatzes anpassen müssen. Weiterhin mangelt es der Einzelfirma oft an den notwendigen Kreditsicherheiten. Das ist das Hauptproblem des sogenannten *„Mittelstandskredits".* Wegen dieser schwachen Kapitalbasis wird die volle Entfaltung der persönlichen Initiative des Einzelkaufmanns oft durch Kapitalknappheit behindert. Bei starkem Ausdehnungsdrang führt der enge finanzielle Rahmen oft zur Umwandlung in kreditfähigere Unternehmungsformen, wie OHG und GmbH.

Ein *weiterer Nachteil* der Einzelfirma ist die mangelnde Kontinuität der Unternehmungsleitung. Der Tod des Inhabers kann den Fortbestand des Unternehmens in Frage stellen.

Bedeutung der Einzelfirma

Im Klein- und Mittelgewerbe (Handwerk) sowie im Einzelhandel, die für ihren Geschäftsbetrieb in der Regel nicht viel Kapital benötigen, hat die Einzelfirma auch heute noch die größte Bedeutung. Rund 90 % aller Unternehmungen in der Bundesrepublik werden als Einzelunternehmen (einschl. der bürgerlichen Gesellschaft) geführt. Sie beschäftigen annähernd 50 % aller Erwerbstätigen.

2. Die Offene Handelsgesellschaft

Begriff und Wesen

Die Offene Handelsgesellschaft (OHG) ist eine Gesellschaft, die unter einer eigenen Firma einen Handelsbetrieb führt und deren Gesellschafter den Gesellschaftsgläubigern *unbeschränkt haften,* d. h. nicht nur mit ihrem Gesellschaftsanteil, sondern mit ihrem *gesamten* Vermögen.

Die OHG ist rechtlich zwar *keine juristische Person* (wie die AG und die GmbH), sie ist aber mit ihr sehr verwandt, denn sie kann unter ihrer Firma Rechte erwerben und Verbindlichkeiten eingehen, Eigentum erwerben sowie vor Gericht klagen und verklagt werden. — Die OHG ist unter ihrer *Firma* in das Handelsregister einzutragen; sie ist also stets Vollkaufmann. Die Firma der OHG muß die Namen aller Gesellschafter oder wenigstens die Namen eines Gesellschafters mit einem das Gesellschaftsverhältnis andeutenden Zusatz enthalten (z. B. „Mayer & Co" oder „Mayer OHG").

Die OHG ist gleichsam der kapital- und arbeitsmäßige Zusammenschluß mehrerer Unternehmer zu einer Handelsfirma. Im Gegensatz zur Kapitalgesellschaft liegt das Schwergewicht der gesellschaftlichen Betätigung in der engen persönlichen und wirtschaftlichen Verkettung des Gesellschafters mit der Gesellschaft, die in der Regel auch den vollen persönlichen Einsatz des Gesellschafters bei der Führung der Gesellschaft erfordert.

Die Führung der Gesellschaft

Die *Geschäftsführung* der Gesellschaft, d. h. die Rechtsverhältnisse der Gesellschafter untereinander bezüglich der Mitarbeit, können im *Gesellschaftsvertrage* frei vereinbart werden und sind es in der Regel auch. Im Zweifel kann jeder Gesellschafter über gewöhnliche Geschäfte allein entscheiden, ungewöhnliche Geschäfte müssen einstimmig beschlossen werden.

Zur *Vertretung der Gesellschaft* nach außen ist jeder Gesellschafter einzeln berechtigt (Einzelgeschäftsführung). Der Gesellschaftsvertrag kann abweichende Regeln vorsehen, was meist der Fall ist. So kann z. B. eine *Gesamtvertretung* etwa derart vereinbart werden, daß stets nur zwei Gesellschafter oder ein Gesellschafter zusammen mit einem Prokuristen für die Gesellschaft zeichnen dürfen. (Derartige Beschränkungen der Vertretungsbefugnis müssen ins Handelsregister eingetragen werden.)

Die Gewinnverteilung

Die Einlagen des Gesellschafters bilden seinen Kapitalanteil, der, wenn nichts anderes vereinbart, aus dem Gewinn zunächst mit 4 % zu verzinsen ist. Überschießende Gewinne sowie die Verluste werden nach Köpfen verteilt. *Meist* ist jedoch im Gesellschaftsvertrag eine *abweichende Regelung* getroffen, so wird vor allem eine Vorwegnahme eines Arbeitsentgeltes, die Verteilung des Gewinnes nach der Mitverantwortung und dergleichen mehr vereinbart. Jeder Gesellschafter kann aus der Gesellschaftskasse jährlich bis zu 4 % seines für das letzte Geschäftsjahr festgelegten Kapitalanteils entnehmen, doch sind unabhängig davon meist monatliche Entnahmen vereinbart.

Auflösung der OHG

Die OHG wird aufgelöst: 1. wenn im Gesellschaftsvertrag eine bestimmte Dauer der OHG festgelegt ist, mit dem Eintritt dieses Zeitpunktes (sehr selten); 2. durch Beschluß der Gesellschafter; 3. durch Eröffnung des Konkurses über das Vermögen der Gesellschaft, 4. durch den Tod eines Gesellschafters, sofern nicht der Gesellschaftsvertrag die Fortführung der Gesellschaft unter den übrigen Gesellschaftern gestattet, was fast immer der Fall ist; 5. durch die Eröffnung des Konkurses über das Privatvermögen eines Gesellschafters, doch wird im Gesellschaftsvertrag in der Regel vorgeschrieben, daß in diesem Falle der in Konkurs geratene Gesellschafter auszuscheiden hat; 6. durch Kündigung seitens eines Gesellschafters, sofern der Gesellschaftsvertrag nichts Abweichendes enthält, was die Regel ist; 7. durch gerichtliche Entscheidung auf Klage eines Gesellschafters aus wichtigem Grunde, z. B. wegen grober Verletzung der Gesellschaftspflichten durch einen anderen Gesellschafter.

Nach Auflösung der Gesellschaft findet die *Abwicklung* (Liquidation) statt, sofern nicht das Konkursverfahren über das Gesellschaftsvermögen eröffnet wurde. Die *Liquidatoren* oder *Abwickler* (in der Regel sind das die Gesellschafter) haben die laufenden Geschäfte zu beenden, die Forderungen der Gesellschaft einzuziehen, das übrige Vermögen (Maschinen, Waren) in Geld umzusetzen und die Gläubiger zu befriedigen. Das verbleibende Vermögen wird unter die Gesellschafter nach deren Kapitalanteilen ausgeschüttet.

Die Bedeutung der OHG

Die OHG finden wir vor allem im Großhandel sowie bei kleineren und mittleren Gewerbebetrieben. In diesen Wirtschaftszweigen ist sie die gegebene Gesellschaftsform. Etwa $3^1/2$ % aller Unternehmungen und 38 % aller Handelsgesellschaften in der Bundesrepublik sind OHG und KG; sie beschäftigen rund 17 % aller Erwerbstätigen.

Die finanziellen Möglichkeiten der OHG

Die Kapital- und Kreditbasis der OHG ist meist wesentlich größer als die der Einzelfirma. Infolgedessen steht der OHG im allgemeinen Fremdkapital leichter zur Verfügung, zumal in der Solidarhaftung der Gesellschafter eine erhöhte Sicherheit der Gläubiger begründet liegt.

Das *Risiko* für die Gesellschafter ist — wie bei der Einzelfirma — sehr groß, da jeder mit seinem gesamten Gesellschafts- und Privatvermögen für alle Verbindlichkeiten der OHG haftet, auch für die beim Eintritt schon vorhandenen, unbekannten Schulden und nach dem Austritt für die bis zu seinem Ausscheiden begründeten Verbindlichkeiten. Wegen dieses Risikos wird in vielen Fällen die GmbH der OHG vorgezogen.

3. Die Kommanditgesellschaft

Die Kommanditgesellschaft (KG) ist eine Personengesellschaft, bei der *ein Teil* der Gesellschafter *unbeschränkt haftet* (persönlich haftende Gesellschafter, *Komplementäre),* der *andere Teil* ist zwar mit einer *Kapitaleinlage* beteiligt *(Kommanditisten),* grundsätzlich aber von der Geschäftsführung ausgeschlossen. Sie unterscheidet sich von der OHG also dadurch, daß neben einem oder mehreren unbeschränkt haftenden Gesellschaftern auch Gesellschafter beteiligt sind, die den Gesellschaftsgläubigern nicht unmittelbar haften.

Auch die KG ist *keine juristische Person.* Für sie gelten die gleichen Vorschriften wie für die OHG, soweit sie nicht die besondere Rechtsstellung des Kommanditisten betreffen. Die *Firma* der KG muß gleichfalls einen das Gesellschaftsverhältnis ausdrückenden Zusatz enthalten (in der Regel „Kommanditgesellschaft" oder abgekürzt „KG" oder auch „& Co."). Der Name des Kommanditisten darf nicht in die Firma aufgenommen werden.

Die Geschäftsführung

Auch bei der KG ist für die Rechtsstellung der Gesellschafter in erster Linie der *Gesellschaftsvertrag* entscheidend. Ist aber die Rechtsstellung der Gesellschafter in dem Gesellschaftsvertrag nicht geregelt, so gelten die Bestimmungen des HGB. Danach liegt die Geschäftsführung grundsätzlich in den Händen der

Komplementäre. Sie vertreten auch die Gesellschaft nach außen. Im Gesellschaftsvertrag können natürlich auch dem Kommanditisten weitgehende Befugnisse in der Geschäftsführung zugesprochen werden. Das ist häufig der Fall, wenn ein Gläubiger der Unternehmung seine eingefrorenen Forderungen in einen Gesellschaftsanteil verwandelt und Kommanditist der Unternehmung wird. Nach dem HGB sind die Kommanditisten nicht berechtigt, den Maßnahmen der Komplementäre zu widersprechen, wenn die Maßnahmen im Rahmen des üblichen Geschäftsbetriebs bleiben. Die Kommanditisten können die Abschrift der Jahresbilanz verlangen und deren Richtigkeit auf Grund der Geschäftsbücher und Geschäftspapiere nachprüfen.

Die Kommanditgesellschaft ist bei weitem *nicht so verbreitet wie die OHG.*

Die Finanzstruktur

Die Kapitalbeschaffung durch Aufnahme von Kommanditeinlagen ist wegen der beschränkten Haftung der Kommanditisten häufig nicht schwierig. Durch Aufnahme einer größeren Zahl von Kommanditisten kann die Kapitalbasis und damit auch die Kreditfähigkeit stark ausgeweitet werden. Ein weiterer Vorteil der Kapitalbeschaffung durch Aufnahme von Kommanditisten besteht auch darin, daß der Kommanditist nach dem Gesetz keinen Einfluß auf die Geschäftsführung hat. Seine Kontrollrechte sind nur gering. In der Praxis hat sich der Kommanditist jedoch häufig — wie bereits erwähnt — einen größeren, oft sogar beherrschenden Einfluß auf die Geschäftsführung eingeräumt.

4. Die Stille Gesellschaft

Die Stille Gesellschaft ist eine Gesellschaft, bei der sich jemand an dem Handelsgewerbe eines anderen mit einer in dessen Vermögen übergehenden Einlage beteiligt, ohne daß dies nach außen hervortritt. Das Gesellschaftsverhältnis wird weder in der Firma noch im Handelsregister erwähnt. Der Stille Gesellschafter haftet nicht persönlich, sondern nur mit seiner Einlage und ist von der Geschäftsführung grundsätzlich ausgeschlossen. Man hat daraus mit Recht geschlossen, daß die Stille Gesellschaft *weder wirtschaftlich noch rechtlich eine Gesellschaft* darstellt. Die Einlage des Stillen Gesellschafters ähnelt einem Kredit mit Beteiligung am Gewinn und Verlust („partiarisches Darlehen"). Häufig ist sogar im Gesellschaftsvertrag die Teilnahme am Verlust ausgeschlossen. Den Gläubigern des Inhabers gegenüber haftet der Stille Gesellschafter nicht. Beim Konkurs der Firma ist er, soweit seine Einlage nicht durch Anteil am Verlust aufgezehrt ist, Konkursgläubiger. Beim Austritt des Stillen Gesellschafters wird die Einlage gewöhnlich zum Nominalbetrag zurückgezahlt, d. h. an den stillen Reserven hat der Stille Gesellschafter keinen Anteil. Diese Fragen sind im Gesetz nicht geregelt und werden meist auch im Gesellschaftsvertrag vernachlässigt. Das führt vielfach zu Streitigkeiten.

Die Finanzstruktur

Die Kreditbasis wird durch die Begründung einer Stillen Gesellschaft nicht erweitert, da sie nach außen hin nicht in Erscheinung tritt. „Die Stille Gesellschaft hat als solche überhaupt keinen Kredit" (Eltzbacher). Doch kann die Stille

Einlage verpfändet werden. Ähnlich wie der Kommanditist wirkt auch der Stille Gesellschafter häufig sehr aktiv an der Geschäftsführung mit, insbesondere wenn ein Großschuldner seinen Kredit in eine stille Beteiligung umwandelt.

5. Gesellschaft bürgerlichen Rechts und Verein

Die bürgerlich-rechtliche Gesellschaft (§§ 705—722 BGB) ist der Zusammenschluß von natürlichen oder juristischen Personen zur Erreichung eines gemeinsamen Zweckes. Sie ist keine juristische Person, das Gesellschaftsvermögen daher gemeinschaftliches Vermögen zur gesamten Hand; die Gesellschafter haften persönlich mit ihrem eigenen Vermögen. Die Geschäftsleitung ist ähnlich wie bei der OHG.

Die Gesellschaft bürgerlichen Rechts spielt auch im Wirtschaftsleben eine Rolle, insbesondere bei *Gelegenheitsgesellschaften, Bankkonsortien* (z. B. zur Begebung von Emissionen), ferner *Gewinn- und Interessengemeinschaften, Holding-Gesellschaften* sowie *Konzerne* selbständiger Unternehmungen sind häufig Gesellschaften bürgerlichen Rechts.

Auch die *Vereine* (§§ 21—79 BGB) kommen im Wirtschaftsleben häufig vor, z. B. bei Kartellen und Syndikaten, ferner bei Wirtschaftsverbänden.

III. Die Kapitalgesellschaften

Wesen der Kapitalgesellschaften

Während bei den Personenunternehmen Eigenkapitalgeber und Unternehmer grundsätzlich identisch sind, sind bei den Kapitalgesellschaften Kapitaleigentum und Unternehmungsführung grundsätzlich in verschiedenen Händen. Die Gesellschafter haben, besonders bei der AG, auf die Führung der Unternehmung grundsätzlich keinen unmittelbaren Einfluß. Ihr Risiko ist in der AG immer, in der GmbH regelmäßig auf die Kapitaleinlage beschränkt. Die Kapitalgesellschaft ist — im Gegensatz zur OHG und KG — juristische Person, ihr Fortbestand ist von einem Wechsel der Gesellschafter völlig unabhängig. Der Einfluß der Gesellschafter auf die Geschäftsführung beschränkt sich auf ihr Stimmrecht in der Hauptversammlung, das nach Kapitalanteilen, nicht nach Köpfen ausgeübt werden kann. „Unternehmer" sind die Geschäftsführer der Gesellschaft, die „Manager". Infolge ihrer in der Regel sehr großen Kapitalbasis sowie des beschränkten Risikos des Anteils und schließlich wegen der weitgehenden Publizität ist die Kapitalgesellschaft, insbesondere die AG, die für langfristige Kapitalbeschaffung größerer Unternehmen günstigste Form.

1. Die Aktiengesellschaft

Die Entstehung der Aktiengesellschaft

Als im 19. Jahrhundert die Großindustrie entstand und das gewaltige Eisenbahnnetz errichtet wurde, reichte die Kapitalkraft von Personenunternehmen zur Finanzierung dieser riesigen Aufgaben nicht mehr aus. Man gründete nach dem Vorbild der alten überseeischen Handelskompanien, die zwar auch Aktien ausgegeben haben, aber einen stark politischen Charakter hatten, die *moderne Aktiengesellschaft*. Sie kann eine beinahe unbegrenzte Zahl von Gesellschaftern aufnehmen. Es gibt Aktiengesellschaften, die weit über hunderttausend Gesellschafter haben. Die AG vermag deshalb riesige Kapitalien aufzubringen und wurde die typische Form der Großunternehmung, sie ist die Unternehmungsform der Großindustrie, der modernen Verkehrs- und Kreditwirtschaft. Sie ist der *„Prototyp der reinen Kapitalgesellschaft"*.

Die Vielzahl der Gesellschafter gibt der AG einen vereinsähnlichen Charakter; früher nannten sich auch viele AG „Aktienvereine", was jedoch heute nicht mehr zulässig ist. Doch widerspricht die *Unpersönlichkeit* der Unternehmungsform (franz.: Société Anonyme) dem Wesen des Vereins. Die Aktionäre, ausgenommen die Großaktionäre, haben keinerlei persönliche Bindung mehr an die Gesellschaft. Über die Entwicklung der Aktiengesellschaft in der *Konzernverflechtung* s. unten S. 177 ff.

Karl Marx über die Aktiengesellschaft

Einer der ersten, die das Wesen der Aktiengesellschaft in ihrer Bedeutung für Wirtschaft und Gesellschaft klar erkannten, war Karl *Marx*. Nach ihm ist die Aktiengesellschaft durch drei Merkmale gekennzeichnet:

„1. Ungeheure Ausdehnung der Stufenleiter der Produktion, die für Einzelkapitale unmöglich war ...

2. Kapital ... erhält hier direkt die Form von Gesellschaftskapital ... im Gegensatz zum Privatkapital, und seine Unternehmungen treten auf als Gesellschaftsunternehmungen im Gegensatz zu Privatunternehmungen. Es ist die Aufhebung des Kapitals als Privateigentum innerhalb der Grenzen der kapitalistischen Produktionsweise selbst.

3. Verwandlung des wirklich fungierenden Kapitalisten in einen bloßen Dirigenten, Verwalter fremden Kapitals, und der Kapitaleigentümer in bloße Eigentümer, bloße Geldkapitalisten." (Marx, Das Kapital, Berlin 1953, III, S. 477.)

Marx hatte jedoch mit seiner darauf gegründeten Prognose insofern unrecht, als er glaubte, die Konsequenz dieser neuen Entwicklung sei „eine neue Finanzaristokratie, eine neue Sorte Parasiten in Gestalt von Projektenmachern, Gründern und bloß nominellen Direktoren. Ein ganzes System des Schwindels und Betrugs mit Bezug auf Gründungen, Aktienausgabe und Aktienhandel. Es ist Privatproduktion ohne die Kontrolle des Privateigentums" (a. a. O., S. 479 f.). Ohne Zweifel zeitigte der *„Effektenkapitalismus"* in den Jahrzehnten vor dem ersten Weltkrieg große Auswüchse durch die Spekulation; doch haben sich die Verhältnisse nach dem ersten Weltkrieg sehr schnell insofern gewandelt, als die Effektenspekulation ganz in den Hintergrund trat (in Deutschland wurde das Effektentermingeschäft 1930 verboten) und die Aktie zur Anlage von Spargeldern in immer weiteren Kreisen volkstümlich wird. Die amerikanischen Aktiengesellschaften sind bei ihrem großen Kapitalbedarf geradezu auf die Kleinaktionäre angewiesen; die Mehrzahl der amerikanischen Aktionäre gehören dem Mittelstand und der Arbeiterklasse an. Diese Entwicklung hat Marx nicht vorausgesehen; sie widersprach seiner These von der Selbstzerstörung des Kapitalismus.

Die Stellung der Aktionäre

Die Kapitalanteile der einzelnen Aktionäre sind an den Besitz der *Aktie* geknüpft, deren Eigentum leicht übertragen werden kann. Die Aktionäre sind zwar die Gesellschafter der AG, sie sind aber grundsätzlich von der Geschäftsführung ausgeschlossen. Doch kann ein Aktionär Organ, d. h. Mitglied des Vorstandes oder Aufsichtsrates einer AG sein. Besitzt er dabei ein großes „Aktienpaket", so hat er auch einen entscheidenden Einfluß auf die Geschäftsführung. In diesem Fall, der häufig vorkommt, sind Kapitalgeber und Unternehmer in einer Person vereinigt. Natürlich kann auch ein Großaktionär — und er tut es in aller Regel — entscheidenden, oft schwer durchschaubaren Einfluß auf die Aktiengesellschaft nehmen, ohne dem Vorstand oder Aufsichtsrat anzugehören. Näheres über die Aktie siehe Seite 671 ff.

Die Aktionäre haften *nicht persönlich,* d. h. sie können von den Gläubigern der Gesellschaft nicht unmittelbar in Anspruch genommen werden, selbst dann nicht, wenn sie ihren Kapitalanteil noch nicht voll eingezahlt haben.

Geschäftsführung und Verwaltung der AG

Die Einflußnahme des Aktionärs auf die Geschäftsführung beschränkt sich im wesentlichen auf das Stimmrecht in der *Hauptversammlung.* Die Hauptversammlung wählt den *Aufsichtsrat,* das Kontrollorgan der Aktionäre. Der Aufsichtsrat bestellt wiederum den *Vorstand,* der die Geschäfte führt. „Der *Vorstand* hat die Interessen des Betriebes, der *Aufsichtsrat* diejenigen des Kapitals und der *Arbeitsrat* diejenigen der Angestellten und Arbeiter wahrzunehmen" (Schmalenbach). Die Führungs- und Verwaltungsorganisation der AG hat also einen „demokratischen" Charakter. Man hat sogar die Hauptversammlung mit dem Parlament, den Aufsichtsrat mit der Zweiten Kammer und den Vorstand mit der Regierung verglichen. Dieser Vergleich hinkt indessen sehr, weil der Einfluß des „AG-Parlaments", d. h. der Hauptversammlung, auf die Geschäftsführung gegenüber einem Staatsparlament überaus gering ist.

Der *Vorstand* führt die Geschäfte der AG und vertritt sie nach außen. Im Gegensatz zu der früheren Regelung können weder der Aufsichtsrat noch die Hauptversammlung dem Vorstand bindende Weisungen erteilen. Dieses „*Führerprinzip*" des Vorstandes, das von den Nationalsozialisten in das *Aktiengesetz* vom 30. 1. 1937 mit aufgenommen wurde, ist im neuen Aktiengesetz von 1965 zugunsten der Hauptversammlung und des Aufsichtsrates stärker beschränkt worden.

Die Vorstandsmitglieder werden vom Aufsichtsrat auf höchstens fünf Jahre bestellt. Der Aufsichtsrat kann die Bestellung zum Vorstandsmitglied widerrufen, wenn ein wichtiger Grund vorliegt. Auch das neue Aktiengesetz gestattet nicht, wie vielfach gefordert wurde, daß die Bestellung und Abberufung des Vorstandes der Hauptversammlung übertragen wird. Doch kann nach dem Aktiengesetz vom 6. September 1965 die Hauptversammlung unter gewissen Voraussetzungen dem Vorstand das Vertrauen entziehen. Damit wird ausdrücklich anerkannt, daß der Vorstand zu seiner Amtsführung nicht nur das Vertrauen des Aufsichtsrates, sondern auch grundsätzlich das der Aktionäre bedarf (§ 84 AktG 1965).

Der *Aufsichtsrat* hat die Geschäftsführung zu überwachen. Er kann jederzeit die Bücher und Schriftstücke der AG einsehen sowie die Vermögensgegenstände einsehen und prüfen. Der Vorstand hat dem Aufsichtsrat regelmäßig, mindestens vierteljährlich über den Gang der Geschäfte und die Lage des Unternehmens sowie bei wichtigem Anlaß zu berichten. Um das „*Führerprinzip*" zu beschränken, hat das neue Aktiengesetz die Pflicht des Vorstandes zur Berichterstattung wesentlich erweitert. Die Mitglieder des Aufsichtsrates werden von der Hauptversammlung auf vier Jahre gewählt, soweit sie nicht nach dem Mitbestimmungsgesetz oder dem Betriebsverfassungsgesetz von der Belegschaft in den Aufsichtsrat zu wählen sind. (Vgl. unten S. 334.)

Hauptversammlung und Kleinaktionär

Die *Hauptversammlung* ist rechtlich zwar als die Versammlung der Kapitalgeber das höchste Organ der AG. Auf den ersten Blick scheint die Hauptversammlung in der Tat sehr erhebliche Rechte zu haben; denn sie bestellt die Mitglieder des Aufsichtsrates, sie entlastet den Vorstand und Aufsichtsrat, sie bestellt die Abschlußprüfer, sie muß Satzungsänderungen und Maßnahmen der Kapitalbeschaffung und der Kapitalherabsetzung beschließen. Es besteht auch kein Zweifel, daß der Großaktionär einen entscheidenden Einfluß auf die AG hat, aber der Kleinaktionär ist sehr benachteiligt. Dazu kommt noch, daß nach dem Betriebsverfassungsgesetz die Belegschaft ein Drittel, bei den Montangesellschaften (Mitbestimmungsgesetz) sogar zwei Drittel der Aufsichtsratsmitglieder wählt.

Doch nimmt sich auch das Aktiengesetz von 1965 nicht unmittelbar des Kleinaktionärs an. Das ist — in einer Marktwirtschaft — durchaus richtig, denn dem Kleinaktionär dürfen grundsätzlich keine größeren Rechte gegeben werden als den sonstigen Aktionären. Deshalb wird auch eine „*Volksaktie*", die mit besonderen politisch oder sozial bedingten Vorzugsrechten ausgestattet ist, allgemein abgelehnt. Andererseits enthält aber das Gesetz eine Reihe von Bestimmungen, die den Aktionären, die eine *Minderheit* darstellen, einen besonderen Schutz gewähren. Sie dienen in erster Linie dem Kleinaktionär. Die wichtigste Bestimmung des AktG 1965 ist das *erweiterte Auskunftsrecht* des Aktionärs, das seit Jahrzehnten sehr umstritten ist. Auf der einen Seite hat der Aktionär ein Interesse an einer möglichst umfassenden Unterrichtung, um sein Stimmrecht entsprechend ausüben zu können. Auf der anderen Seite ist der Vorstand daran interessiert, daß durch die von ihm gegebenen Auskünfte die Gesellschaft nicht geschädigt wird, und sucht zu verhüten, daß aus Gründen des Wettbewerbs Geschäftsgeheimnisse preisgegeben werden. Diesen Interessentengegensatz sucht das neue Aktiengesetz durch einen angemessenen Ausgleich zu überbrükken. Nach dem früheren Aktiengesetz entschied allein der Vorstand nach pflichtgemäßem Ermessen darüber, ob durch eine Auskunft die Belange der Gesellschaft verletzt wurden. Diese Regelung hat in der Tat oft zu untragbaren Verhältnissen geführt. Verweigert der Vorstand eine Auskunft, so kann nach dem neuen Aktiengesetz ein Aktionär das örtliche Landgericht anrufen, das dann nach dem schnellen und billigen Verfahren der freiwilligen Gerichtsbarkeit über die *sachliche* Berechtigung der Verweigerung entscheidet.

Das Depotstimmrecht

Die Aktionäre überlassen sehr häufig den Banken, in deren Depot sich ihre Aktien befinden, auf Grund einer schriftlichen Ermächtigung (die höchstens

15 Monate gilt) ihr Stimmrecht. Dagegen hat man eingewandt, daß die Verwaltung der AG dadurch nicht mehr der Kontrolle durch die Aktionäre unterläge. Die Überlassung des Stimmrechts zahlreicher Aktionäre an die Banken gebe diesen eine beherrschende Stellung in der Hauptversammlung. Das Bankenstimmrecht müsse deshalb abgeschafft werden. Nach dem früheren Gesetz (§ 104 AktG) waren zwar die Banken verpflichtet, das Stimmrecht im Interesse des Aktionärs auszuüben und bei wichtigen Beschlüssen um Weisungen zu bitten. Die Ermächtigung wird von den Banken meist aber bei Übersendung des Depotauszugs lange vor der Hauptversammlung und vor Bekanntwerden der Tagesordnung eingeholt.

Der *Regierungsentwurf* verlangte deshalb eine Spezialvollmacht, die für jede Hauptversammlung gesondert auf einem bestimmten Formular eingeholt werden mußte. Dagegen wurde nicht zu Unrecht eingewandt, daß infolge dieses umständlichen Verfahrens weitaus die meisten Aktionäre in der Hauptversammlung nicht mehr vertreten sein würden. Da sich das Depotstimmrecht in jahrzehntelanger Praxis bewährt habe und Mißbräuche durch die Banken sehr selten gewesen seien, wäre die Vertretung durch die Banken immer noch besser als gar keine Vertretung in der Hauptversammlung. Das neue Aktiengesetz (§ 135) hat es deshalb bei der allgemeinen Vollmacht belassen, die 15 Monate Gültigkeit hat. Statt der früheren „Ermächtigung" wurde allerdings jetzt eine „Vollmacht" im Rechtssinne vorgeschrieben, d. h. die Bank darf nicht mehr wie früher im eigenen Namen auftreten. Den Banken wird außerdem eine vermehrte Unterrichtungspflicht auferlegt. Sie müssen den Aktionären, deren Aktien sie im Depot haben, Abstimmungsvorschläge unterbreiten und um Abstimmungsweisungen bitten. Werden diese Weisungen nicht abgegeben, kann die Bank nach ihren Vorschlägen abstimmen.

Die Rechnungslegung der AG

Der Vorstand hat nach einem bestimmten Schema den Jahresabschluß mit Billigung des Aufsichtsrats festzustellen. Nach den alten Aktienrechtsvorschriften des HGB, das bis 1937 das Aktienrecht regelte, hatte allein die Hauptversammlung den vom Vorstand aufgestellten Jahresabschluß festzustellen. Der *Referentenentwurf* zu einem Aktiengesetz von 1958 wollte der Hauptversammlung dieses Bilanzfeststellungsrecht wiedergeben, doch hat sich das Aktiengesetz von 1965 diesen Vorschlägen nicht angeschlossen. Es bleibt bei der früheren Regelung; doch können Vorstand und Aufsichtsrat beschließen, die Feststellung des Jahresabschlusses der Hauptversammlung zu überlassen, was in der Praxis jedoch selten vorkommen dürfte (§ 172).

Der *Jahresgewinn* muß aber voll ausgewiesen werden. Die „willkürliche" Bildung *stiller Reserven* („stille Willkürrücklagen", „stille Ermessensrücklagen") ist nicht mehr erlaubt. Stille Rücklagen können nur noch als „*stille Zwangsrücklagen*" entstehen, nämlich auf Grund gesetzlicher Höchstwertvorschriften oder infolge steuerlich zulässiger Sonderabschreibungen oder im Rahmen planmäßiger Abschreibungen (§§ 154 f. AktG 1965). — Die Hälfte des *Jahresgewinnes* kann der Vorstand (vor der „Bilanzfeststellung") in die freie Rücklage einstellen (§ 58), über die Verwendung der anderen Hälfte entscheidet die Hauptversammlung (§ 174). — Über die Selbstfinanzierung siehe Seite 651 ff.

Wirtschaftliche Sonderformen der AG

Die Aktiengesellschaft hat eine Reihe wirtschaftlicher Sonderformen entwikkelt, die ihrer wirtschaftlichen Struktur nach von der üblichen Form der Aktiengesellschaft abweichen.

Gelegentlich kommt es vor, daß alle Aktien einer AG in einer Hand sind; wir sprechen von der *„Einmanngesellschaft"*. Natürlich muß auch dieser „Einmann-Aktionär" alle zwingenden Vorschriften des Gesetzes beachten: „Wahl" eines Aufsichtsrates, Bestellung eines Vorstandes, Pflichtprüfung und Veröffentlichung des Jahresabschlusses u. a. Der Einmann-Aktionär kann sich natürlich selbst zum Aufsichtsrat bestimmen oder sich von dem von ihm „gewählten" Aufsichtsrat als Vorstand bestellen lassen, beides kann er aber nicht zugleich sein. — Häufig hat auch ein Aktionär die *absolute Herrschaft* über eine AG. Er braucht dazu in der Regel nicht einmal 50 % der Aktien zu besitzen, denn erfahrungsgemäß üben viele Kleinaktionäre ihr Stimmrecht nicht aus.

Eine gewisse Bedeutung kommt auch der *Familien-AG* zu, bei der die Aktien in den Händen einer Familie sind. Oft wird eine Personengesellschaft in eine AG umgewandelt, um die Besitzverhältnisse einer verzweigten Familie einfacher zu gestalten. Die Aktien einer reinen Familien-AG sind ganz im Familienbesitz und werden nicht gehandelt. Trotzdem muß die Bilanz veröffentlicht werden.

Konzerne gründen oft eine AG, der die Aktien der Einzelgesellschaften sowie auch sonstige Beteiligungen zur einheitlichen Verwaltung übertragen werden, die sogenannte *Holding-Gesellschaft* (Halte-Gesellschaft) oder *Dachgesellschaft*. Die Holding-AG verfügt meist über keinen eigenen Produktionsbetrieb, sondern beschränkt sich auf die einheitliche Lenkung des Konzerns. Die Aktionäre der einzelnen Gesellschaften erhalten die Aktien der Holding-Gesellschaft. (Über den *Konzern* und das Konzernrecht vgl. unten S. 177 ff.)

Die Bedeutung der AG

In Deutschland gab es vor dem Kriege etwa 7000 Aktiengesellschaften, in der Bundesrepublik bestehen noch rund 2200. Das ist zwar nur 0,1 % aller Unternehmungen in der Bundesrepublik; doch beschäftigen die Aktiengesellschaften annähernd 20 % aller in der Wirtschaft tätigen Personen. Das Grundkapital aller Aktiengesellschaften betrug 1960 rd. 27 Mrd. DM und 1976 fast 80 Mrd. DM. — In anderen Ländern hat die AG eine noch größere Bedeutung, da dort die GmbH keine oder nur eine geringe Rolle spielt. So gibt es in der kleinen Schweiz rd. 46 000 Aktiengesellschaften, von denen aber nur 4000 ein Grundkapital von über 500 000 fr. haben. In Großbritannien bestehen rund 150 000 Aktiengesellschaften.

2. Die Kommanditgesellschaft auf Aktien

Wesen und Bedeutung

Die Kommanditgesellschaft auf Aktien (KGaA) ist die Verbindung einer Kommanditgesellschaft und einer Aktiengesellschaft (§§ 278 ff. AktG 1965). Auch ihre Gesellschafter bestehen aus Komplementären und Kommanditisten. Die

Komplementäre (ein oder mehrere Gesellschafter) haften persönlich mit ihrem ganzen Vermögen, die Kommanditisten oder *Kommandit-Aktionäre* nur mit ihren Einlagen, die durch Aktien verbrieft sind. Ihre Stellung ist die gleiche wie die der Aktionäre der AG. Die *Komplementäre* bilden stets den Vorstand der KGaA. Sie können also im allgemeinen nicht abberufen werden.

Vor- und Nachteile der KGaA

Die KGaA hat bei der Kapitalbeschaffung die Vorteile der AG, denn sie hat durch Aktienemissionen Zugang zum Kapitalmarkt. Da die Komplementäre zugleich den Vorstand der KGaA bilden, ist dieser an der Entwicklung der Gesellschaft wesentlich stärker interessiert als der meist kapitallose Vorstand der AG. Die volle Haftung der Komplementäre fördert eine sorgsame Bilanz- und Geschäftspolitik. Auf der anderen Seite ist der Einfluß der Kommandit-Aktionäre natürlich dadurch, daß die Komplementäre stets den Vorstand bilden, noch stärker von einer Einflußnahme auf die Geschäftsführung ausgeschaltet als bei der AG. Das ist ein großer Nachteil. Zudem entsteht häufig ein Widerstreit der Interessen zwischen beiden Gruppen, weil die Komplementäre — noch mehr als der Vorstand einer AG — zur Gewinnanhäufung neigen, während die Kommanditisten die Ausschüttung möglichst hoher Dividenden bevorzugen.

Bedeutung der KGaA: Die KGaA hat in Deutschland nur geringe Verbreitung gefunden.

3. Die Gesellschaft mit beschränkter Haftung

Wesen der GmbH

Während die Handelsgesellschaften bereits seit einigen Jahrhunderten bestehen und sich über mannigfache Formen zu ihrer heutigen Gestalt entwickelt haben, ist die GmbH Anfang der 90er Jahre „am grünen Tisch" konstruiert worden (GmbH-Gesetz von 1892). Man wollte ein Mittelding zwischen der Aktiengesellschaft und der OHG schaffen. Der Versuch ist gelungen, denn die GmbH hat in allen Zweigen der Wirtschaft Fuß gefaßt und wurde eine der beliebtesten Gesellschaftsformen; sie wurde später auch in Österreich, Polen, der Tschechoslowakei, Bulgarien, Frankreich und der Schweiz eingeführt.

Die GmbH ist gleichfalls eine Kapitalgesellschaft mit juristischer Persönlichkeit und daher der Aktiengesellschaft sehr ähnlich. Sie entsteht daher auch, wie die Aktiengesellschaft, erst durch Eintragung in das Handelsregister.

Für die Verbindlichkeiten der Gesellschaft haftet wie bei der AG nur das Gesellschaftsvermögen, nicht jedoch die Gesellschafter. Wirtschaftlich unterscheidet sich jedoch die GmbH von der AG durch den *kleinen Kreis der Gesellschafter,* der selten mehr als zehn überschreitet. *Wirtschaftlich* hat deshalb die GmbH meist eine größere Ähnlichkeit mit der OHG und der KG als mit der AG. Wir finden sie darum auch vor allem bei mittleren und kleineren Betrieben, die sich zur Kapitalbeschaffung nicht an den Kapitalmarkt wenden wollen, die aber trotzdem die Vorteile der Kapitalgesellschaften (insbesondere Beschränkung der Haftung, größere Kapitalbasis) wahrzunehmen suchen.

Das „*Stammkapital*" der GmbH (Gesellschaftskapital) muß mindestens 20 000 DM, die *Stammeinlage* jedes Gesellschafters mindestens 500 DM betragen.

Das Mitgliedschaftsrecht der Gesellschafter beruht auf ihrem *Geschäftsanteil*, der sich nach der Höhe der Stammeinlage richtet. Geschäftsanteile sind übertragbar, doch bedarf die Abtretung eines Geschäftsanteils der gerichtlichen oder notariellen Beurkundung. Die Geschäftsanteile sind infolgedessen viel schwerer übertragbar als die Aktien.

Das *Stimmrecht* der Gesellschafter richtet sich nach der Höhe ihrer Geschäftsanteile. Die Gesellschafter haben Anspruch auf den nach der jährlichen Bilanz sich ergebenden Reingewinn, und zwar nach dem Verhältnis ihres Geschäftsanteils. Doch kann im Gesellschaftsvertrag etwas anderes vereinbart werden. Gelegentlich wird in der Satzung noch eine Nachschußpflicht der Gesellschafter festgesetzt.

Die Organe der GmbH

Die GmbH wird gesetzlich durch einen oder mehrere *Geschäftsführer* vertreten. Sie sind ein Organ der GmbH und haben eine dem Vorstand der AG entsprechende Stellung. In der Regel sind einer, mehrere oder alle *Gesellschafter* auch die Geschäftsführer; doch können es auch Nichtgesellschafter sein. Die Geschäftsführer werden im Gesellschaftsvertrag oder durch Beschluß der Gesellschafterversammlung bestellt und können grundsätzlich jederzeit abberufen werden.

Das zweite Organ der GmbH ist die *Gesellschafterversammlung*, die der Hauptversammlung der AG entspricht. Hauptaufgabe der Gesellschafterversammlung ist die Feststellung des Jahresabschlusses und die Verteilung des Reingewinns, die Bestellung und Abberufung sowie die Entlastung der Geschäftsführer. Die Beschlüsse der Gesellschafter können auch außerhalb einer Gesellschafterversammlung durch schriftliche Abstimmung gefaßt werden.

Die GmbH kann auch einen *Aufsichtsrat bestellen;* hat sie mehr als 500 Arbeitnehmer, muß nach dem BetrVerfG ein Aufsichtsrat bestellt werden.

Vor- und Nachteile der GmbH

Die Unternehmungsführung der GmbH ist *elastischer* und *wendiger* als die einer AG. Der schwerfällige Verwaltungsapparat fällt fort, da die Bildung eines Aufsichtsrates zwar möglich, aber nicht erforderlich ist und die Gesellschafter schriftlich abstimmen können. Die geringe Anzahl von Gesellschaftern ermöglicht es, Beschlüsse reibungsloser durchzuführen. Die *Publizitätsvorschriften* sind wesentlich beschränkter als bei der AG und geben der Konkurrenz keinen Einblick in die Kapitaldispositionen und Vermögens- und Finanzstruktur. Die *schwere Übertragbarkeit der Geschäftsanteile* hat den Vorteil, daß die Gesellschafter in der Regel nicht wechseln und daher eine Kontinuität in der Geschäftspolitik gesichert ist. Die beschränkte Haftung hat die GmbH mit der AG gemein. Weiterhin sind *Kapitaleigentum* und *Unternehmungsführung* rechtlich zwar streng getrennt, aber in der Praxis in der Regel vereinigt.

Den großen verwaltungswirtschaftlichen Vorteilen steht aber der *Nachteil* einer *wesentlich kleineren Kapital- und Kreditbasis* gegenüber, die vielfach nicht größer ist als die einer OHG. Die geringere Publizität und die schwere Übertragbarkeit der Geschäftsanteile verstärken das Risiko der Beteiligung an einer

GmbH. Da die GmbH-Anteile nicht öffentlich (an der Börse) gehandelt werden, hat man auch nicht die Möglichkeit, sich über die Entwicklung des inneren Werts der Anteile zu unterrichten.

Bedeutung der GmbH

Die GmbH hat sich, wie bereits erwähnt, in allen Zweigen der Wirtschaft schnell entwickelt und wurde eine der wichtigsten Unternehmungsformen für Betriebe mittlerer Größe. In der Bundesrepublik bestanden 1950 nur 22 400 GmbH, heute bestehen rund 135 000 GmbH mit einem Stammkapital von insgesamt 70 Mrd. DM, d. h. im Durchschnitt je Gesellschaft 500 000 DM.

Die GmbH & Co. KG

Um die Vorteile einer Kapitalgesellschaft mit denen einer KG zu verbinden, wurde die GmbH & Co. KG geschaffen. Bei dieser Gesellschaftsform ist der vollhaftende Gesellschafter oder Komplementär eine GmbH. Alle anderen Gesellschafter haften als Kommanditisten nur mit ihrer Einlage. Da auch die Gesellschafter der GmbH — die übrigens gleichzeitig Kommanditisten der KG sein können — nur mit ihrer Einlage haften, hat man mit dieser Gesellschaftsform die unbeschränkte und solidarische Haftung vollkommen ausgeschaltet.

4. Die bergrechtliche Gewerkschaft

Wesen und Struktur der Gewerkschaft

Die Gewerkschaft des Allgemeinen Berggesetzes von 1865 ist eine sehr alte Unternehmungsform, die ganz den besonderen bergbaulichen Verhältnissen angepaßt ist; denn der Kapitalbedarf eines Bergbauunternehmens ist zunächst — beim Abteufen (Anlage des Schachtes) — noch sehr gering, wächst jedoch ständig mit dem Ausbau der Grube und ist infolge der Ungewißheit der Schürfungen nie im voraus genau zu bestimmen. Sie hat deshalb kein nominell festgelegtes Grundkapital, das Kapital ist vielmehr in Anteile, *Kuxe,* eingeteilt, die ein quotenmäßiges Anteilsrecht darstellen. Ein Kux lautet gewöhnlich auf den tausendsten oder den hundertsten Teil des Gewerkschaftskapitals.

Der Hauptunterschied zur AG, mit der die Gewerkschaft manche Ähnlichkeit hat, liegt in der *Zubußepflicht* der Gewerken, wie die Gesellschafter der Gewerkschaft heißen. Die Gewerkschaft erhebt zunächst anteilmäßig den Kapitalbetrag, der zur Errichtung der Anlagen erforderlich ist. Weitere Einzahlungen, die Zubußen, werden je nach Bedarf erhoben. Da die Höhe des jeweiligen Kapitalbedarfs nicht voraussehbar ist, können die Zubußen außerordentlich groß werden. Ebenso ungewiß sind die Ertragsaussichten. Die Gewerkschaft ist deshalb die *risikoreichste Kapitalgesellschaft.*

Wer wegen zu hoher Zubußen zahlungsunfähig oder zahlungsunwillig ist, kann der Gewerkschaft seinen Kux zur Verwertung zur Verfügung stellen (Abandonrecht), wenn er es nicht vorzieht, ihn selbst zu verkaufen. Ein weiterer Unterschied zur AG liegt in der Starrheit der Anteile. Nach dem Änderungsgesetz von 1922 darf eine Gewerkschaft nur bis zu 10 000 Kuxe ausgeben. Der Kux wird ins Gewerkenbuch eingetragen, braucht aber nicht verbrieft zu sein; ein

Kuxschein, der von Natur ein schwerfälliges *Rektapapier* ist, wird nur auf Antrag ausgestellt. Die Übertragung des Kuxes erfolgt durch Zession und Umschreibung im Gewerkenbuch. Die Übertragung und damit der Börsenhandel der Kuxe wird dadurch erleichtert, daß er mit einer Blankozession ausgestattet ist, die dem Kux bei der verwahrenden Bank beigefügt wird.

Bedeutung der Gewerkschaft

Obgleich die Gewerkschaft den besonderen Finanzierungsbedürfnissen im Bergbau sehr angepaßt ist, hat sie doch ihre frühere Bedeutung völlig eingebüßt. Wegen des schwerfälligen Handels mit Kuxen und des Zwangs, unter Umständen große Zubußen leisten zu müssen, hat der Kux seine frühere Beliebtheit gänzlich verloren. Die Form der Gewerkschaft wird deshalb bei Neugründungen schon längst nicht mehr gewählt. Fast alle Gewerkschaften wurden inzwischen in Aktiengesellschaften umgewandelt. Die Kuxe der letzten noch bestehenden Gewerkschaften sind vollzählig im Besitz von Aktiengesellschaften. An den deutschen Börsen werden seit einigen Jahren auch keine Kuxe mehr notiert.

IV. Die Genossenschaften

Wesen der Genossenschaft

Die Genossenschaft ist eine *Gesellschaft von nichtgeschlossener Mitgliederzahl mit dem Zweck, den Erwerb oder die Wirtschaft ihrer Mitglieder, der Genossen, mittels gemeinschaftlichen Geschäftsbetriebes zu fördern.* Die Genossenschaft ist also weder eine Personengesellschaft noch eine Kapitalgesellschaft, ja *rechtlich* überhaupt *keine Handelsgesellschaft*, sondern ein *wirtschaftlicher Verein*, der in seinem verwaltungsmäßigen Aufbau den Kapitalgesellschaften, in seiner personellen Gestaltung den Personengesellschaften ähnelt.

Die *Rechtsgrundlage* der Genossenschaften ist das Genossenschaftsgesetz vom 1. 5. 1889, in der Fassung vom 2. 5. 1898 (mit vielen Änderungen).

Der *Genossenschaftsgedanke* kommt zum Ausdruck

1. in ihrem *Zweck*, der *nicht* auf die *Erzielung von Gewinn*, sondern auf *Selbsthilfe* der Genossen durch gegenseitige Förderung gerichtet ist;

2. in der *Gleichberechtigung der Mitglieder* untereinander ohne Rücksicht auf die Höhe der Kapitalbeteiligung an der Genossenschaft sowie in der Selbstverwaltung durch die Genossenschaftsorgane;

3. im *gemeinschaftlich begründeten Geschäftsbetrieb;*

4. in der *gemeinwirtschaftlichen Preispolitik:* im Geschäftsverkehr mit den Mitgliedern werden die üblichen Marktpreise (Tagespreise) berechnet, ein etwaiger Überschuß wird nachträglich durch Rückvergütung an die Mitglieder, ihren Anteilen entsprechend, verteilt *(passive Preispolitik).* Bei Einkaufsgenossenschaften des Handels und des Handwerks werden den Mitgliedern Preise unter dem Tagespreis berechnet, bei Absatzgenossenschaften Preise über dem Tagespreis vergütet *(aktive Preispolitik).*

Die Entstehung der Genossenschaft

Die Genossenschaft ist die älteste wirtschaftliche Vereinigung, der wir bereits im Mittelalter begegnen (Zünfte, Gilden). Doch ist das *moderne* Genossenschaftswesen erst im Industriezeitalter entstanden. Die Auswirkungen des industriellen Aufschwungs auf den gewerblichen und landwirtschaftlichen Mittelstand führte zu sozial-reformatorischen Plänen und Versuchen, die Notlage dieser Wirtschaftskreise durch genossenschaftliche Zusammenschlüsse zu beheben. *Saint-Simon* und Charles *Fourier* entwickelten in *Frankreich* den Gedanken der Produktivgenossenschaften (Associations). In England gründete Richard *Owen* 1844 die erste berühmte Verbrauchergenossenschaft in *Rochdale* („Die redlichen Pioniere von Rochdale"). In *Deutschland* war V. A. *Huber* (1800—1869) der theoretische Wegbereiter der Genossenschaften. Die ersten praktischen Erfolge hatte Friedrich Wilhelm *Raiffeisen* (1818—1888), ein Bürgermeister im Westerwald, der 1847 die erste ländliche Genossenschaft gründete, die allerdings noch stark karitativen Charakter hatte. Die erste gewerbliche Genossenschaft gründete Hermann *Schulze-Delitzsch* (1808—1883), Kreisrichter in Delitzsch im Jahre 1849. Er ist auch, wobei ihn Raiffeisen unterstützte, der Schöpfer des *Genossenschaftsgesetzes*, das 1867 erlassen wurde, als es schon annähernd 700 Genossenschaften gab. Das ist ein Beweis dafür, daß die wirtschaftliche Unternehmensform primär vor der Rechtsform steht (vgl. oben S. 126 f.). Das Genossenschaftswesen und die Bedeutung der Genossenschaften behandeln wir später.

Arten der Genossenschaften

A. W i r t s c h a f t l i c h unterscheiden wir folgende Genossenschaftsformen:

1. *Förderungsgenossenschaften* oder Hilfsgenossenschaften, die lediglich Hilfswirtschaften der auch weiterhin selbständig bestehenden Mitgliederwirtschaften sind. Sie können wiederum sein

a) *Warenbezugsgenossenschaften:* (1) Bezugsgenossenschaften der Handwerker (Handwerkergenossenschaften), (2) Einkaufsgenossenschaften des Handels (z. B. Edeka-Genossenschaft = Einkaufszentrale der Kolonialwarenhändler), (3) Bezugsgenossenschaften der Landwirte, (4) Konsumvereine oder Verbrauchergenossenschaften;

b) *Absatzgenossenschaften:* (1) Absatzgenossenschaften der Handwerker, (2) landwirtschaftliche Absatzgenossenschaften und Produktiongenossenschaften (Molkereigenossenschaften und dergleichen).

2. *Produktivgenossenschaften* oder Vollgenossenschaften, bei denen neben dem Genossenschaftsbetrieb keine Mitgliederwirtschaften bestehen, weil die Mitglieder in der Genossenschaft gemeinsam arbeiten; diese Genossenschaften, von denen man sich früher sehr viel versprach, sind praktisch ohne Bedeutung geblieben. (Ein Zerrbild echter Produktivgenossenschaften sind die „Landwirtschaftlichen Produktionsgenossenschaften" der SBZ.)

3. *Kreditgenossenschaften:* (1) Gewerbliche Kreditgenossenschaften, meist sogenannte „Volksbanken", (2) ländliche Spar- und Darlehnskassen (Raiffeisenkassen);

4. *Verkehrsgenossenschaften;*

5. *sonstige Genossenschaften* wie Baugenossenschaften, Nutzungsgenossenschaften (landwirtschaftliche Betriebsgenossenschaften, wie Dresch- und Zuchtgenossenschaften).

B. R e c h t l i c h bestehen zwei *Haftpflichtformen:*

1. *Genossenschaften mit unbeschränkter Haftpflicht (eGmuH);* die Genossen haften für die Schulden der Genossenschaft mit ihrem ganzen Vermögen; diese Form ist meist nur bei landwirtschaftlichen Genossenschaften anzutreffen;

2. *Genossenschaften mit beschränkter Haftpflicht (eGmbH);* die Genossen haften nur mit ihrem Geschäftsanteil und mit einer im Statut festgelegten *Haftsumme,* die nicht kleiner sein darf als der Geschäftsanteil, für die Schulden der Gesellschaft.

Verboten ist es, Versicherungsunternehmen, Hypothekenbanken oder Bausparkassen (ausgenommen die vor dem 1. 10. 1931 gegründeten) in Formen der Genossenschaft zu betreiben.

Rechtsnatur der Genossenschaft

Die Genossenschaft ist eine *juristische Person* und im *Genossenschaftsregister* (nicht im Handelsregister!) beim zuständigen Amtsgericht einzutragen. Dort sind auch alle Genossen namentlich zu melden. Die *Firma* der Genossenschaft ist stets eine Sachfirma mit dem Zusatz eGmbH. Ein *Mindestkapital* ist für die Genossenschaft nicht vorgeschrieben.

Die Organe der Genossenschaften

Die Genossenschaft hat wie die Aktiengesellschaft *drei Organe:* den Vorstand, den Aufsichtsrat und die Generalversammlung.

Der *Vorstand,* der aus mindestens zwei Genossen bestehen muß, führt die Geschäfte und vertritt die Genossenschaft nach außen. Er wird von der Generalversammlung gewählt. Die Tätigkeit des Vorstandes ist bei kleinen Genossenschaften ehrenamtlich.

Der *Aufsichtsrat,* der aus mindestens drei Genossen bestehen muß, hat den Vorstand bei der Geschäftsführung zu überwachen. Er wird gleichfalls von der Generalversammlung aus der Mitte der Genossen gewählt. Im übrigen sind die Rechte und Pflichten des Vorstandes und Aufsichtsrates ähnlich wie bei der AG.

Die *Generalversammlung,* das oberste Organ der Genossenschaft, wählt Vorstand und Aufsichtsrat, prüft die Geschäftsführung, genehmigt den Abschluß und bestimmt die Gewinnverteilung. Sie entlastet ferner den Vorstand sowie den Aufsichtsrat. Bei Genossenschaften mit sehr vielen Mitgliedern (über 1500), können die Genossen Vertreter wählen, die dann in der Generalversammlung die Rechte der Genossen ausüben *(Vertreterversammlung).* Genossenschaften mit mehr als 3000 Mitgliedern müssen eine Vertreterversammlung wählen.

Die Organisation des Genossenschaftswesens

Um die Wirksamkeit des genossenschaftlichen Zusammenschlusses zu erhöhen, die einzelnen oft sehr kleinen Genossenschaften fachmännisch zu beraten und zu unterstützen und um die Kreditfähigkeit der einzelnen Genossenschaften zu erhöhen und ihre Kreditbasis zu stärken, wurden bereits von Schulze-Delitzsch und Raiffeisen *Genossenschaftsverbände und zentrale Spitzeninstitute des Waren- und Kreditverkehrs* gegründet: 1889 der „Allgemeine Verband der auf Selbsthilfe beruhenden deutschen Erwerbs- und Wirtschaftsgenossenschaften", 1864 die „Deutsche Genossenschaftsbank Soergel, Parisius & Co.", 1876 die „Landwirtschaftliche Zentraldarlehenskasse", 1877 der „Generalverband deutscher Raiffeisengenossenschaften".

Das *Genossenschaftswesen in Deutschland* gliedert sich heute in folgende *Genossenschaftszweige:*

1. *Kreditgenossenschaften:* Volksbanken und Raiffeisenkassen, die meist als Spar- und Darlehenskassen firmieren,

2. *Absatzgenossenschaften* zum gemeinschaftlichen Verkauf landwirtschaftlicher oder gewerblicher Erzeugnisse,

3. *Produktivgenossenschaften* zur Herstellung und zum Verkauf auf gemeinschaftliche Rechnung (sie sind gesamtwirtschaftlich ohne Bedeutung),

4. *Konsumgenossenschaften* zum gemeinschaftlichen Einkauf von Lebens- und Wirtschaftsgütern und deren Absatz im Einzelhandel,

5. *Einkaufs- und Magazingenossenschaften* zur Beschaffung und Benutzung von Gegenständen des landwirtschaftlichen oder gewerblichen Betriebes auf gemeinschaftliche Rechnung,

6. *Wohnungsbaugenossenschaften.*

Jeder dieser Genossenschaftszweige ist in einer dreistufigen Organisation gegliedert, nämlich in 1. den Unterbau, 2. den Mittelbau und 3. den Oberbau. Im Mittel- und Oberbau bestehen starke Konzentrationsbestrebungen zwischen den Verbänden und Zentralkassen.

1. Der U n t e r b a u besteht aus den örtlichen Einzelgenossenschaften.

2. Der M i t t e l b a u besteht aus den regionalen Genossenschaftsverbänden sowie den Zentralgenossenschaften des Warenverkehrs (Einkaufszentralen oder sonstige Warenzentralen) und des Kreditverkehrs (Zentralkassen); in einigen Landesteilen haben sich schon Verbände und Zentralkassen zusammengeschlossen.

3. Den O b e r b a u bildet der Deutsche Genossenschafts- und Raiffeisenverband e. V., Bonn, zu dem sich 1972 der Deutsche Genossenschaftsverband (Schultze-Delitzsch) e. V., Bonn, und der Deutsche Raiffeisenverband e. V., Bonn, zusammengeschlossen haben. Zum Oberbau gehört ferner als Zentralbank die Deutsche Genossenschaftskasse, Frankfurt a. M.

Durch das Genossenschaftsgesetz von 1889 wurde für alle Genossenschaften eine *Pflichtprüfung* vorgeschrieben, die mindestens alle zwei Jahre von den *Genossenschaftsverbänden* auszuüben ist. Sie ist sowohl eine formale Prüfung (auf rechnungsmäßige und legale Richtigkeit) wie auch eine materielle Prüfung (auf geschäftspolitische Richtigkeit).

Bedeutung der Genossenschaften

Die Zahl der Genossenschaften in der Bundesrepublik Deutschland hat durch Zusammenlegungen zwar ständig abgenommen, so bestanden 1950 noch über 26 000 Genossenschaften, während es 1976 nur noch rd. 12 000 Genossenschaften gab. Doch stieg ihre Mitgliederzahl in derselben Zeit von 2,9 Mill. (1950) auf rd. 10 Mill. (1976). Die Zahl der Kreditgenossenschaften (Volksbanken und Raiffeisenbanken) sank von rd. 12 000 im Jahr 1950 auf rd. 5000 im Jahr 1976, ihre Bilanzsumme stieg aber in der gleichen Zeit von 3,8 Mrd. DM (1950) auf rd. 200 Mrd. DM (1976). Mit 20 000 Bankstellen verfügen die Kreditgenossenschaften heute über das dichteste Bankstellennetz in Europa. Die rd. 9000 ländlichen Waren- und Dienstleistungsgenossenschaften hatten 1976 einen Warenumsatz von über 50 Mrd. DM. Die rd. 1000 gewerblichen Waren- und Dienstleistungsgenossenschaften hatten 1976 etwa den gleichen Umsatz.

V. Öffentliche Unternehmungen

Öffentliche Wirtschaftsbetriebe oder öffentliche Unternehmungen sind Betriebe, die sich ganz oder überwiegend im *Eigentum einer Gebietskörperschaft* (Staat, Gemeinde) befinden und auf deren Leitung die öffentliche Hand einen maßgebenden Einfluß hat. Sie sind von sehr *verschiedenartiger wirtschaftlicher und rechtlicher Struktur* und reichen von den privatwirtschaftlichen Kapitalgesellschaften, deren Kapital ganz oder zum Teil im Besitz der öffentlichen Hand ist, bis zu den reinen „Verwaltungsbetrieben" (Regiebetrieben), die weder administrativ noch wirtschaftlich selbständig sind, wie z. B. Schlachthöfe, Krankenhäuser, Domänen und Gemeindeforsten.

Betriebsformen nach dem Wirtschaftlichkeitsprinzip

Nach dem Wirtschaftlichkeitsprinzip können wir unterscheiden:

1. *Reine Erwerbsbetriebe:* sie streben nach höchster Rentabilität und unterscheiden sich in der Regel nicht von privaten Unternehmungen. Dazu gehören vor allem die Industriebetriebe der öffentlichen Hand wie Berg- und Hüttenwerke, Elektrizitätswerke, Schiffswerften, Banken und dergleichen. Sie dienen der öffentlichen Hand lediglich als Erwerbsmittel. Gegenwärtig spielen sie eine große Rolle in der Wirtschaft, so besitzt die Bundesrepublik bundeseigene Industrieunternehmungen und Beteiligungen mit einem Nominalkapital von insgesamt rund 1,7 Mrd. DM, das effektiv auf rund 4 Mrd. DM geschätzt wird. Eine derart starke Beteiligung des Staates an der Industrie wird von den Vertretern der Marktwirtschaft verurteilt und eine Überführung der staatseigenen Betriebe in Privatbesitz angestrebt; so wurden in der Bundesrepublik die Preußag, die Volkswagenwerk-AG und die VEBA durch die Ausgabe von „Volksaktien" reprivatisiert (s. S. 672 f.).

2. *Betriebe mit dem Kostendeckungsprinzip:* Sie streben nicht nach Gewinn, jedenfalls nicht nach Gewinnmaximierung, sondern aus sozialen Gründen nur nach Kostendeckung. Hierzu gehören vor allem Verkehrs-, Nachrichten- und Versorgungsbetriebe (z. B. Bundesbahn und Bundespost), die ihre Monopolstellung aus sozialen Gründen nicht ausnutzen *(Bedarfsdeckungsmonopole)*.

3. *Zuschußbetriebe:* Es handels sich hier um Betriebe, die aus sozialen Gründen ihre Preise (Tarife) so niedrig festsetzen müssen, daß die Einnahmen nicht einmal ausreichen, um die Kosten zu decken. Dazu gehören z. B. Krankenhäuser, Höhere Schulen, Universitäten, Theater und dergleichen. Würde z. B. eine Universität nach Kostendeckung streben, wären die Hörsäle leer.

Betriebsformen nach Vermögens- und Verwaltungsstruktur

Nach der Vermögens- und Verwaltungsstruktur können wir folgende Formen der öffentlichen Wirtschaftsbetriebe unterscheiden:

I. Betriebe in privatrechtlicher Form

1. *Gemischtwirtschaftliche Unternehmen:* Außer der öffentlichen Hand sind noch Privatpersonen oder Privatunternehmen beteiligt: Das ist z. B. bei einigen Binnenschiffahrts-AG der Fall, an denen der Bund beteiligt ist, ferner bei den reprivatisierten Unternehmen.

2. *Öffentliche Kapitalgesellschaften* (AG oder GmbH): Ist an ihnen nur *ein* Hoheitsträger beteiligt, so handelt es sich um reine *Scheingesellschaften,* nämlich um „Einmanngesellschaften". Sind mehrere Hoheitsträger beteiligt (etwa Bund und Länder), so besteht zwischen ihnen häufig eine gewisse Interessenspannung. Öffentliche Kapitalgesellschaften sind nicht nur Industrieunternehmen, die sich in öffentlicher Hand befinden, sondern auch Versorgungsbetriebe (Elektrizitäts-, Gas- und Wasserwerke) und Verkehrsbetriebe, also Betriebe mit dem Kostendeckungsprinzip.

II. Betriebe in nicht-privatrechtlicher Form: Sie können sein:

1. *Betriebe mit eigener Rechtspersönlichkeit:* Dazu gehören u. a. die öffentlichen Sparkassen, die Deutsche Bundesbank und andere Banken, dazu gehörte die Deutsche Reichsbahn seit 1924: Diese Betriebe, deren Vermögen aus dem der Gebietskörperschaft ausgegliedert ist *(„Sondervermögen"),* haben einen *Vorstand,* der verantwortlich die laufenden Geschäfte führt und den Betrieb gerichtlich und außergerichtlich vertritt. Das *oberste Organ* ist ein Verwaltungsrat, der die Geschäftsführung des Vorstandes beaufsichtigt und Richtlinien für die Geschäftspolitik gibt.

2. *Betriebe ohne eigene Rechtspersönlichkeit:* Sie können wiederum sein:

a) *administrativ und wirtschaftlich selbständig:* Hierher gehören vor allem die *Bundesbahn* und die *Bundespost:* Sie sind Anstalten öffentlichen Rechts mit einem aus dem Gesamtvermögen des Bundes ausgegliederten „Sondervermögen", aber sie sind nicht selbständige juristische Personen wie früher die Reichsbahn. Dazu gehören ferner die *kommunalen Eigenbetriebe:* Bei ihnen kann die *Betriebs-* oder *Werksleitung* den Betrieb nicht vertreten, diese Befugnis hat ein *Verwaltungsrat* oder *Werksausschuß,* der aus Vertretern der Gemeinde (Ratsherren) besteht. Die Abrechnung erfolgt nach genau geregelten kaufmännisch-wirtschaftlichen Grundsätzen. Sie haben zwar kein Eigenkapital, können aber Rücklagen zur Investitionsfinanzierung bilden. Sie sollen in der Regel für die Gemeindekasse einen Gewinn erwirtschaften.

b) *administrativ und wirtschaftlich nicht selbständige Betriebe*, sogenannte *reine Regiebetriebe* (Verwaltungsbetriebe): Sie werden unmittelbar durch die öffentliche Körperschaft geführt und von Beamten verwaltet, so z. B. Krankenhäuser, Schlachthöfe, Domänen, Gemeindeforsten, Theater und dergleichen.

Bundesbank, Bundesbahn und Bundespost

Wir wollen zum Schluß noch die drei bedeutendsten öffentlichen Wirtschaftsbetriebe der Bundesrepublik behandeln, die uns auch beispielhaft zeigen, wie verschiedenartig die öffentlichen Unternehmungen aufgebaut sind.

Die **Deutsche Bundesbank** ist „eine unabhängig von der Bundesregierung bestehende, bundesunmittelbare *juristische Person* des *öffentlichen Rechts* eigener Art, die für den monetär-kreditären Bereich das dem Bund zustehende Hoheitsrecht der Steuerung der Währung selbständig in bankmäßiger Form und unter Zuhilfenahme bankwirtschaftlicher Mittel wahrnimmt ...“ (v. Spindler u. a., Die Deutsche Bundesbank, 2. Aufl. 1960). Obgleich nach Artikel 88 Grundgesetz eine Bundesbank als Währungs- und Notenbank von der Bundesregierung zu errichten ist, ist die Bundesbank *kein Verfassungsorgan* (umstritten). Die Bundesbank ist ferner kein Gewerbebetrieb, da sie nicht nach Gewinn strebt, dennoch ist sie *Kaufmann* im Rechtssinne, d. h. die Vorschriften des HGBs und seiner Nebengesetze gelten auch für die Bundesbank.

Das *Grundkapital* von 290 Mill. DM ist ganz in Händen des Bundes, der auch allein Anspruch auf den Gewinn hat.

Die *drei Organe* der Bundesbank: 1. Der *Zentralbankrat*, das oberste Organ der Bundesbank, bestimmt die Währungs- und Kreditpolitik und stellt die Richtlinien für die Geschäftsführung auf. Er setzt sich zusammen aus den Mitgliedern des Direktoriums der Bundesbank und den Präsidenten der „Landeszentralbanken", den ehemaligen selbständigen Notenbanken der Länder, die jetzt mit der Bundesbank verschmolzen sind, aber noch ihren alten Namen „Landeszentralbank" führen. — 2. Das *Direktorium* besteht aus dem Präsidenten, dem Vizepräsidenten und bis zu 8 weiteren Mitgliedern, die der Bundespräsident auf Vorschlag der Bundesregierung ernennt. Das Direktorium führt die Geschäfte und verwaltet die Bank. — 3. Der *Vorstand einer Landeszentralbank*. Auch er ist Organ der Bundesbank; er führt die in dem Bereich einer LZB anfallenden Geschäfte durch.

Es war ursprünglich vorgesehen, das Kapital der Bundesbank in Privathand zu überführen. So war die *Reichsbank* zwar gleichfalls eine *Anstalt öffentlichen Rechts*, doch war ihr gesamtes Grundkapital (1939 150 Mill. RM) in privaten Händen und wurde gehandelt. — Ebenso ist heute das Kapital der Deutschen Genossenschaftskasse (des kreditwirtschaftlichen Spitzeninstituts der Genossenschaften) mindestens zu 50 % im Besitz von Genossenschaften und Genossenschaftsverbänden, obgleich die Kasse eine öffentlich-rechtliche Anstalt und keine Körperschaft[1]) ist.

---

[1]) Eine Körperschaft hat Mitglieder, eine Anstalt nicht. Körperschaften sind stets, Anstalten manchmal juristische Personen.

Die **Deutsche Bundesbahn** ist gleichfalls eine Anstalt des öffentlichen Rechts mit einem aus dem Gesamtvermögen des Bundes ausgegliederten Sondervermögen. Sie ist aber im Gegensatz zur Bundesbank keine juristische Person.

Da sie Sondervermögen ist, hat sie eine eigene Wirtschafts- und Rechnungsführung. Obgleich sie keine juristische Person ist, ist ihr eine große Selbständigkeit im Wirtschafts- und Rechtsverkehr zugebilligt. Ihre Wirtschafts- und Rechtsstruktur weist also folgende Merkmale auf: (1) sie ist nichtrechtsfähiges Sondervermögen mit eigener Wirtschafts- und Rechnungsführung; (2) sie wird durch die Bundesregierung verwaltet und ist daher eine „autonome öffentliche Anstalt"; (3) sie wird nach kaufmännischen Grundsätzen verwaltet; (4) sie hat die Interessen der deutschen Volkswirtschaft zu wahren.

Die *Organe der Bundesbahn* sind der Verwaltungsrat und ein vierköpfiger Vorstand, der die Geschäfte leitet. Der Verwaltungsrat, das Beschlußorgan, hat 20 Mitglieder, die sich aus vier ständeähnlichen Gruppen zusammensetzen.

Die **Deutsche Bundespost** ist in ihren Grundzügen wie die Bundesbahn organisiert, doch wird sie vom Bundesminister für das Post- und Fernmeldewesen geleitet. Sie hat also keinen Vorstand wie die Bundesbahn.

IV. Literaturhinweise

Allgemeines

Bick, O.: Die Gelegenheitsgesellschaft. 2. Aufl., Wiesbaden 1968.

Buchwald, F. u. E. Tiefenbacher: Die zweckmäßige Gesellschaftsform nach Handels- und Steuerrecht. Heidelberg 1959.

Gestaltwandel der Unternehmung. Nürnberger Hochschulwoche. Berlin 1954.

Götze, Hermann: Wesen und Bedeutung der Gesellschaftsformen. Berlin 1948.

Hubacher, Rudolf: Die betriebswirtschaftliche Bedeutung der Unternehmungsformen. Bern 1954.

Thier, W.: Die Unternehmensgestaltung in steuerlicher Sicht. Herne 1959.

Personengesellschaften

Koenigs, F.: Die stille Gesellschaft. Berlin 1961.

Möhle, Fritz: Die Personengesellschaft OHG — KG — StG. 2. Aufl., Stuttgart 1957.

Senftner: Georg: Die offene Handelsgesellschaft und die stille Gesellschaft. Stuttgart 1958.

Ulm, Ernst und Withold Meyer: Offene Handelsgesellschaft, Kommanditgesellschaft, Einzelkaufmann. Frankfurt 1955.

Aktiengesellschaften

Adler/Düring/Schmaltz: Rechnungslegung und Prüfung der Aktiengesellschaften. 4. Aufl., 3 Bde., Stuttgart 1968, 1970 und 1972.

Die Aktiengesellschaft. Zeitschrift für das gesamte Aktienwesen, Hamburg.

Dülfer, Eberhard: Die Aktienunternehmung. Eine betriebswirtschaftlich-morphologische Betrachtung. Göttingen 1962.

Löffelholz, J.: Die Aktiengesellschaft und der Konzern. Betriebswirtschaftliche Einführung, Wiesbaden 1967.

Obermüller, W. Werner und K. Winden: Aktiengesetz 1965. Bd. 1: Erläuterungen, Bd. 2: Textausgabe. Stuttgart 1965.

Schmalenbach, Eugen: Die Aktiengesellschaft. 7. Aufl., Köln und Opladen 1950.

Schönle, Herbert: Die Einmann- und Strohmanngesellschaft. München 1957.

Sieber, Hagenmüller, Kolbeck, Scherpf: Handbuch der Aktiengesellschaft. 2 Bde., Loseblattausgabe, Köln - Marienburg.

Gesellschaft mit beschränkter Haftung

Baumbach, Adolf und Alfred Hueck: GmbH-Gesetz. 14. Aufl., München - Berlin 1970.

Hofbauer, M. A.: Die GmbH & Co. KG in der Praxis. Wiesbaden 1970.

Sellien, R. u. H. Brose: Die GmbH. 2. Aufl., Wiesbaden 1959.

Wilke, O. u. K. Berg u. a.: Handbuch der GmbH., 2. Aufl., Köln 1962.

Genossenschaften

Draheim, Georg: Die Genossenschaft als Unternehmungstyp. 2. Aufl. Göttingen 1955.

Henzler, Reinhold: Die Genossenschaft, eine fördernde Betriebswirtschaft. Essen 1957.

Henzler, Reinhold: Betriebswirtschaftliche Probleme des Genossenschaftswesens. Wiesbaden 1963.

Meyer E, H. G. Meulenbergh: Genossenschaftsgesetz. 11. Aufl., München 1970.

Zeitschrift für das gesamte Genossenschaftswesen. Göttingen.

Öffentliche Betriebe

Ruberg, Carl: Gemeinde-Wirtschaftsbetriebe. 2. Aufl., Siegburg 1962.

Schnettler, Albert: Öffentliche Betriebe. Essen 1956.

Schnettler, Albert: Betriebe, öffentliche Haushalte und Staat. Berlin/München 1964.

D. Unternehmenszusammenschlüsse

I. Unternehmenszusammenschlüsse und Konzentration

Begriff der Unternehmenszusammenschlüsse

Der Unternehmenszusammenschluß ist der lockere oder feste Zusammenschluß zweier oder mehrerer Unternehmungen zu bestimmten wirtschaftlichen Zwekken. Da es zahlreiche Zwecke für die Unternehmenszusammenschlüsse gibt, sind auch die rechtlichen und wirtschaftlichen Formen der Zusammenschlüsse sehr verschieden. Sie reichen von lockeren Verbänden, die die rechtliche und wirtschaftliche Selbständigkeit ihrer Mitglieder nicht antasten, bis zum Zusammenschluß zweier oder mehrerer Unternehmen bei völliger Aufgabe der wirtschaftlichen und rechtlichen Selbständigkeit.

Unternehmenszusammenschlüsse sind ein *Charakteristikum unserer Wirtschaft*, das sich in der fortschreitenden Konzentration der Wirtschaftsstruktur äußert („organizational revolution" — K. H. Boulding). Bevor wir daher im einzelnen auf die Zwecke und Formen der Unternehmenszusammenschlüsse eingehen, wollen wir uns kurz der Problematik der Konzentration zuwenden.

Wesen und Bedeutung der Konzentration

Karl *Marx* folgerte aus seiner umfassenden Analyse der kapitalistischen Wirtschaft das „*Gesetz der Konzentration*", wonach die Großunternehmungen als Folge der Akkumulation des Kapitals zwangsläufig die Kleinbetriebe allmählich aufsaugten und zu beherrschenden Monopolunternehmen würden (die aber wegen der geringen Kaufkraft der ausgebeuteten Arbeiter zugrunde gehen müßten). Ein Wahrheitskern liegt in dieser Prophezeiung, aber Karl Marx schießt auch hier weit über das Ziel hinaus.

Seit etwa der Mitte des vorigen Jahrhunderts ist in allen Industriestaaten (in England früher, in Deutschland später) eine ständig wachsende Konzentration festzustellen, d. h. eine „Verdichtung wirtschaftlicher Kategorien" (J. Heinz Müller), nämlich des Kapitals („Kapitalkonzentration"), der Produktion („Betriebskonzentration"), des Standorts („räumliche Konzentration"). Eine horizontale Konzentration besteht, wenn Betriebe der gleichen Produktionsstufe (etwa Autofabriken) sich zu einem Unternehmen oder einem Konzern vereinigen. Vertikale Konzentration liegt vor, wenn Unternehmen verschiedener Produktionsstufen (Kohlenbergwerk, Erzbergwerk, Hüttenwerk, Maschinenbau) sich zusammenschließen, um die Vorteile der vertikalen „Verbundwirtschaft" auszunutzen (vgl. unten S. 431 ff.).

Die Konzentration äußert sich in vier Formen:

(1) Die Großunternehmen wachsen relativ stärker als die Kleinbetriebe; diese Tendenz ist besonders für die Konzentration in den USA charakteristisch (z. T. als Folge der scharfen Anti-Trust-Gesetze); in den meisten amerikanischen Industriezweigen bestreiten einige wenige Unternehmen und Konzerne den weitaus größten Teil des Umsatzes.

(2) Die Zahl der Kleinbetriebe geht als Folge der zunehmenden Industrialisierung in den meisten Industriezweigen zurück, nämlich (nach Fourastié) in den Wirtschaftszweigen des „sekundären Sektors" der Wirtschaft (vornehmlich Industriebetriebe), während sich die großenteils kleineren Betriebe des „tertiären Sektors" (vornehmlich Handels-, Dienstleistungsbetriebe und freie Berufe) wesentlich stärker vermehren (Näheres s. unten S. 321).

(3) Zwei oder mehrere Unternehmungen schließen sich durch Fusion zu einer Unternehmung zusammen unter völliger Aufgabe ihrer rechtlichen und wirtschaftlichen Selbständigkeit.

(4) Mehrere Unternehmungen schließen sich zu locker oder straff organisierten Verbänden zusammen, um die Wirtschaft ihrer Mitglieder zu fördern. Hierher gehören einmal die Unternehmenszusammenschlüsse, die den Wettbewerb zu lenken und zu beeinflussen suchen, wie Kartelle, Konzerne, Interessengemeinschaften und Trusts, ferner auch die lockeren Unternehmerverbände, die die Interessen ihrer Mitglieder gegenüber Dritten vertreten; sie stellen heute meist keine sehr schwache Konzentrationsform mehr dar, denn die „Interessenverbände („pressure groups") mit ihren Vertretern (den „Lobbyisten"[1]) spielen in der Wirtschaftspolitik eine nicht zu unterschätzende Rolle.

Die Ursachen und Auswirkungen der Konzentration

Die Ursache der Konzentration ist nicht, wie Karl Marx glaubte, die Akkumulation des Kapitals durch die Ausbeutung der Arbeiter, sondern die zunehmende

---

[1]) Sie suchen in dem Wandelgang (engl. lobby) der Parlamente, aber auch anderwärts, die Abgeordneten zu beeinflussen. In den USA ist der Lobbyist eine rechtlich anerkannte Institution und muß im Handelsregister eingetragen sein. In der Bundespublik ist seine Existenz umstritten.

Industrialisierung der Wirtschaft, die wachsende Konkurrenz, die geringe Anpassungsfähigkeit der kapitalintensiven Betriebe an wirtschaftliche Wechsellagen und die abnehmende Transparenz der Märkte. Ferner können persönliche Gründe eine Rolle spielen, wie vor allem das Streben nach Macht, sowie politische Motive, so gründet oder erwirbt der Staat häufig Unternehmungen mit dem Ziel der „kalten Sozialisierung". Die Bundesrepublik ist zwar der größte deutsche Konzernunternehmer, doch liegen hier derzeit keine Sozialisierungstendenzen vor.

Da die Ursachen der Konzentration sehr verschieden sind, wirkt sie sich auch sehr unterschiedlich aus. Auf der einen Seite ermöglicht sie erst die fortschreitende Industrialisierung durch umfassende *Rationalisierungen* und *produktionstechnische Verbesserungen*. Ein Auto kann nicht mehr in Klein- oder Mittelbetrieben hergestellt werden, sondern nur in Großunternehmen. Diese Konzentration braucht auf den freien Wettbewerb keineswegs ungünstig zu wirken. Im Gegenteil, der technische Fortschritt bringt eine solche Fülle technischer Neuerungen (Elektromotor, Ottomotor, Werkzeugmaschinen u. dgl.), die die Wettbewerbsfähigkeit vieler kleinerer Betriebe bedeutend erhöhen. Weiterhin geben die modernen, neuartigen Rohstoffe, wie die synthetischen Fasern, die Kunststoffe, der synthetische Gummi dem Wettbewerb, selbst zwischen Riesenunternehmen, neuen Auftrieb. Man spricht hier von „*Substitutionskonkurrenz*". — Weiterhin bedingen die ständig *größer werdenden Märkte* eine größere Betriebs- und Kapitalkonzentration.

Die technische Entwicklung führt also keineswegs, wie Marx glaubte, zu einer immer stärkeren Ausschaltung des Wettbewerbs, im Gegenteil, sie fördert zwangsläufig zunächst sogar den Wettbewerb und kann, wie z. B. nach den „Gründerjahren" (um 1875), zu einem ruinösen Wettbewerb führen, der die Unternehmen veranlaßt, sich zusammenzuschließen, um den Wettbewerb zu beschränken, zu lenken oder gar auszuschalten. Nicht zu Unrecht nannte man damals die Kartelle „Kinder der Not". „Die *Spannung zwischen der zunehmenden Konkurrenz und ihrer Abwehr* ist ein fundamentaler Tatbestand der neuesten Wirtschaftsgeschichte" (Euken, Grundriß der Wirtschaftspolitik, 1952). Doch auch das Bestreben konzentrierter Wirtschaftsbereiche, den Wettbewerb zu beschränken, braucht nicht unbedingt ungünstig zu wirken. So kann in *Strukturkrisen* ein Unternehmensverband durch Absprache die Überkapazität abbauen, um den ruinösen Wettbewerb zu beenden. In *Konjunkturkrisen* kann eine Preisabsprache bewirken, daß an sich gesunde Grenzbetriebe über die Krise hinweggebracht werden.

Hier zeigen sich jedoch bereits die Gefahren der Konzentration. Jede größere wirtschaftliche Konzentration bedeutet auch eine „*Zusammenballung wirtschaftlicher Macht*", die auf Kosten der Allgemeinheit ausgenutzt werden kann, indem sie nach einem *Monopol* strebt, um durch überhöhte Preise die Gewinnspanne zu erhöhen. Doch darf die Gefahr, ein vollkommenes Monopol zu errichten, nicht überschätzt werden, und zwar aus folgenden Gründen:

1. Es gibt häufig „*Außenseiter*", die den Preis der Monopoloide (monopolähnlicher Unternehmen und Kartelle) unterbieten, um ihren Umsatz zu erhöhen, und dadurch das Kartell zwingen, die Preise zu senken. Gegen den Außenseiter wehren sich sehr finanzstarke Monopoloide gelegentlich dadurch, daß sie die

·eigenen Preise so lange unter Selbstkosten halten, bis der Außenseiter nachgeben muß, dem Kartell beitritt oder konkursreif vom Kartell übernommen wird.

2. Es gibt wenig *absolute* Monopole. Selbst wenn ein Unternehmen oder eine Unternehmergruppe (Kartell) ein Monopol besitzt, so besteht meist die Möglichkeit für die Nachfrager, auf andere Produkte auszuweichen, die die Monopolware zu ersetzen vermögen *(heterogene, monopolistische, Surrogat- oder Substitutionskonkurrenz)*.

Doch auch bei einem vollkommenen Monopol kann der *Preis* nicht beliebig festgesetzt werden. Der Monopolist muß bei der Preisfestsetzung stets auf die kauffähige Nachfrage Rücksicht nehmen (siehe darüber unten S. 542 ff.).

Entwicklung der Konzentration in Deutschland

Die Konzentration in Deutschland beginnt mit der starken Industrialisierung um die Mitte des 19. Jahrhunderts. Sie äußert sich in einer ständigen Abnahme der gewerblichen Betriebe bei gleichzeitiger Zunahme der Beschäftigten, wobei insbesondere die *Großbetriebe* stark zunahmen: Zahl der Betriebe mit mehr als 1000 Beschäftigten: *1875* 115 Betriebe, *1907* 478 Betriebe, *1926* 605 und *1939* ·760 Betriebe. In dieser Zeit entwickelten sich auch große *Konzerne,* sie bestanden vor dem zweiten Weltkrieg vor allem in der Eisen- und Stahl-Industrie, im Bergbau, in der chemischen und elektrotechnischen, in der Margarine- und Zigarettenindustrie. Anders als in den USA spielten in Deutschland auch die *Kartelle* von jeher eine große Rolle (s. unten S. 167 f.).

Nach Beendigung des zweiten Weltkrieges verfügten die Besatzungsmächte eine radikale *„Entflechtung der Konzerne und Kartelle"* nach dem Vorbild der amerikanischen Anti-Trust-Gesetzgebung zur „Zerschlagung wirtschaftlicher Machtballungen". Diese *Dekartellisierung* und *Dekonzernierung* war für die deutschen Verhältnisse nicht geeignet, zumal nicht im damaligen Zeitpunkt, wo die deutsche Wirtschaft durch die Kriegszerstörungen und die Demontage völlig danie·derlag und die zurückgestaute Inflation unsere Wirtschaft vollends drosselte. Zerschlagen wurden vor allem die Konzerne und Großunternehmen. Die Verbundwirtschaft an der Ruhr, die organisch gewachsene „IG-Farben Aktiengesellschaft", die Großbanken und die Filmwirtschaft wurden ungeachtet ihrer Existenzbedingungen in zahlreiche Teilbetriebe aufgelöst. Die Zerschlagung der Großbanken, die kein Monopol besaßen, in 30 kleinere Regionalbanken war für deutsche Verhältnisse untragbar. Mit der Erlangung der Souveränität durch ·die Bundesrepublik wurden die alliierten Dekonzentrationsgesetze wesentlich lockerer gehandhabt und schließlich durch das Gesetz gegen Wettbewerbs·beschränkung *(Kartellgesetz)* vom 27. 7. 1957 endgültig ersetzt.

Inzwischen (etwa seit 1955) hat eine *neue Welle der Konzentration* in der Bun·desrepublik eingesetzt, vor allem in der Mineralölverarbeitung, in der chemischen, tabakverarbeitenden und metallverarbeitenden Industrie sowie in zahlreichen anderen Wirtschaftszweigen (Warenhauskonzerne); auch die Großbanken sind neu erstanden. Diese Entwicklung wurde gefördert durch steuerliche Abschreibungsmöglichkeiten („steuerfreie Selbstfinanzierung"), ferner durch ·das Umsatzsteuersystem (Allphasensteuer), das zur vertikalen Konzentration anreizte, durch das umsatzsteuerrechtliche Organschaftsprinzip und das einkommensteuerliche Schachtelprivileg sowie durch das Umwandlungsgesetz, das durch das Aktiengesetz von 1965 wesentlich verschärft wurde (s. unten S. 689). Der *Gemeinsame Markt* der EWG hat inzwischen eine neue Konzentrationswelle ausgelöst, da der Großmarktraum in gewissen Wirtschaftszweigen noch größere Unternehmen verlangt.

Die deutsche Konzentrations-Enquete

Diese Konzentrationsentwicklung in der Bundesrepublik, die sehr heftig diskutiert wurde, hat 1960 die Bundesregierung veranlaßt (Ges. v. 31. 12. 1960), eine umfassende *Enquete zur Klärung der Marktstellung der Unternehmen und Unternehmensverbindungen* in den verschiedenen Wirtschaftsbereichen zu veranstalten. Es sollte vor allem geklärt werden, welche Änderungen in den Zahlen- und Größenverhältnissen von kleinen, mittleren und großen Unternehmen eingetreten sind, sowie ob und inwieweit sich hierdurch und durch Unternehmenszusammenschlüsse die Wettbewerbsverhältnisse wesentlich verändert haben.

Die *Durchführung* wurde dem *Bundesamt für gewerbliche Wirtschaft* übertragen, das von einer Kommission von 12 Mitgliedern (darunter 6 Hochschullehrer) beraten wurde. 1964 hat das Bundesamt einen zusammenfassenden Bericht über das Ergebnis der Enquete dem Bundestag erstattet, dem im Herbst 1964 ein Anlageband mit ausführlichen Einzelberichten folgte. Die Enquete zeigte, daß der *Konzentrationsgrad der westdeutschen Wirtschaft* zwar groß ist, sich aber *von 1954 bis 1960 nicht stark erhöht* hat.

Das Bundesamt führte *drei Einzelenqueten* durch: es erfaßte (1) die 10 größten Unternehmungen aus 30 (von insgesamt 32) Industriegruppen, (2) die 1000 größten Unternehmen der Industrie und (3) die 100 größten Unternehmungs-Verbindungen der Industrie.

(1) Das Bundesamt hat zur Messung des *Konzentrationsgrades (Konzentrationsrate)* in der ersten Untersuchung den Anteil der *10 größten Unternehmen einer Industriegruppe* (Industriezweig) am Gesamtumsatz dieser Gruppe ermittelt. Den höchsten Konzentrationsgrad (über 50 %) haben danach (in den Klammern die Prozentzahlen von 1954 und 1960 sowie die Differenz): Die Mineralölverarbeitung und Kohlenwertstoff-Industrie (72,6 %; 91,5 %; + 18,9 %); die tabakverarbeitende Industrie (68,8 %; 84,5 %; + 15,7 %); Schiffbau (71,5 %; 69,0 %; — 2,5 %); Fahrzeugbau (58,6 %; 67,0 %; + 8,4 %); kautschuk- und asbestverarbeitende Industrie (60,7 %; 59,7 %; — 1,0 %); eisenschaffende Industrie (51,6 %; 57,8 %; + 6,2 %); Glasindustrie (45,7 %; 51,7 %; + 6,0 %). Den schwächsten Konzentrationsgrad wiesen auf: Textilindustrie (7,1 %; 7,2 %), holzverarbeitende Industrie (6,6 %; 7,3 %) und Bekleidungsindustrie (6,5 %; 7,4 %).

(2) Die *1000 größten Unternehmen der Industrie* hatten einen Umsatzanteil 1954 von 52,6 % und 1960 von 55,4 %. Das ist eine unbedeutende Zunahme (2,8 %), die zudem nur auf den Umsatzanstieg der fünfzig größten Unternehmen zurückzuführen ist; diese gehörten vor allem zum Fahrzeugbau, zur Mineralölverarbeitung, zur chemischen, elektrotechnischen und eisenschaffenden Industrie. Der Umsatz des kleinsten der tausend Unternehmen betrug 1954 20 Mill. DM und 1960 32 Mill. DM.

(3) Die *100 größten Unternehmungs-Verbindungen* (Konzerne — Kapitalbeteiligung mindestens 50 %) in der Industrie hatten einen Umsatzanteil am industriellen Gesamtumsatz im Jahr 1954 von 33,6 % und 1960 von 38,8 %. Der Umsatz der kleinsten der hundert Unternehmen-Verbindungen betrug 1954
163 Mill. DM und 1960 260 Mill. DM.

Der *internationale Vergleich* zeigt, daß in den westlichen Industrieländern die
gleichen Industriegruppen hochkonzentriert sind. Das größte deutsche Industrieunternehmen (VW-Werk) stand 1962 erst an 35. Stelle der Weltrangliste.

II. Zweck und Formen der Unternehmenszusammenschlüsse

Zweck der Unternehmenszusammenschlüsse

Die Unternehmenszusammenschlüsse haben, wie bereits erwähnt, die verschiedenartigsten wirtschaftlichen Zwecke, die auch für die Wahl der wirtschaftlichen und rechtlichen Form der Unternehmungszusammenschlüsse maßgebend
sind. Die wichtigsten Zwecke der Unternehmenszusammenschlüsse sind folgende:

1. *gemeinsame Vertretung der Interessen* der zusammengeschlossenen Unternehmungen gegenüber Dritten, z. B. in Unternehmungsverbänden, insbesondere
der Wirtschaftszweige, Arbeitgeberverbänden u. dgl.;

2. *gemeinsame Durchführung spezieller Aufgaben,* die das einzelne Unternehmen aus Kostengründen nicht durchführen kann, wie z. B. Forschung und Entwicklung, gemeinsame Auslandsvertretungen, Herstellung von Vorprodukten
usw.;

3. *gemeinsame Durchführung eines bestimmten Geschäfts* durch mehrere Unternehmungen *(Konsortialgeschäft),* z. B. Großbauten durch verschiedene Archi-
tekten, Bau- und Installationsfirmen; ferner Konsortialgeschäfte von Kreditinstituten (gemeinsamer Ankauf einer Wertpapieremission, um die Absatzmöglichkeiten zu verbreitern; Gemeinschaftskredite, das sind Großkredite, in deren
Risiko sich mehrere Banken teilen);

4. *gemeinsame Festlegung von Rationalisierungsmaßnahmen,* insbesondere Normierung und Typisierung der Produkte, ohne die Absicht, damit den Wettbewerb zu regeln oder zu beeinflussen, ferner die Festlegung der Konditionen
(Geschäftsbedingungen, nicht aber den Preis) sowie auch Festlegung von Kal-
kulationsrichtlinien;

5. der *ständige Erfahrungsaustausch* (ERFA-Gruppen des Rationalisierungs-
kuratoriums der deutschen Wirtschaft — RKW), auch über Preise (Preismeldestellen, Open-price associations), gemeinsame Verwertung von Patenten u. a.;

6. die *Ausnutzung der „Verbundwirtschaft",* das ist die produktionstechnische
Zusammenfassung mehrerer Betriebe zur Erhöhung der Wirtschaftlichkeit (z. B.
in der Montanindustrie zur besseren Ausnutzung der anfallenden Energien;
vgl. unten S. 431 ff.);

7. *einmaliger oder fallweiser Aufkauf großer Mengen börsengängiger Waren oder Wertpapiere* durch mehrere Unternehmer, um das Angebot künstlich zu verknappen und die Preise hochzutreiben (Corner, Schwänze);

8. *die Regelung oder Ausschaltung des Wettbewerbs* zwischen den einzelnen zusammengeschlossenen Unternehmungen durch bindende Festsetzung einheitlicher oder Mindestpreise, der Absatzquoten der einzelnen Unternehmungen oder Aufteilung des Absatzgebietes auf die einzelnen Unternehmungen (Kartelle);

9. *einheitlicher Absatz selbständiger Unternehmen* durch eine Verkaufszentrale (Syndikat);

10. die *Sicherung einer gleichmäßigen Gewinnerzielung* der zusammengeschlossenen Unternehmungen durch Zusammenlegung und Neuverteilung des Gewinnes;

11. die *Ausnutzung steuerlicher Vergünstigungen,* insbesondere Einsparung der Umsatzsteuer und Ausnutzung der Organschaft und des Schachtelprivilegs durch Zusammenschluß in Konzernen.

Organisationsformen der Unternehmenszusammenschlüsse

Die Unternehmenszusammenschlüsse können erfolgen:

(1) durch *Errichtung eines Verbandes* (in der Rechtsform des Vereins), dessen geschäftsführendes Organ die Interessen der Mitglieder Dritten gegenüber vertritt und die Mitglieder berät: Unternehmerverbände (i. e. S.), Arbeitgeberverbände u. dgl.;

(2) durch *vertragliche Vereinbarungen zur Durchführung einzelner Geschäfte:* Konsortien;

(3) durch *vertragliche Vereinbarungen* wirtschaftlich und rechtlich selbständig bleibender Unternehmungen *zur Regelung oder Beschränkung des Wettbewerbs* zwischen den Vertragspartnern: Kartelle;

(4) durch *Errichtung eines gemeinsamen Verkaufskontors* (meist als GmbH), das die gesamte Produktion der im Kartell zusammengeschlossenen Unternehmungen verkauft: Syndikat;

(5) durch vertragliche *Vereinbarungen zur Wahrung und Förderung gemeinsamer Interessen,* innerhalb deren Bereich die Unternehmungen ihre wirtschaftliche Selbständigkeit aufgeben: Vertragskonzern, Interessengemeinschaft;

(6) durch *kapitalmäßige Bindungen* (Beteiligungen, Take-over): bei der die Unternehmungen ihre wirtschaftliche und nur zum Teil ihre rechtliche Selbständigkeit: Konzerne, oder

(7) ihre rechtliche Selbständigkeit ganz aufgeben: Trusts;

(8) durch *Fusion,* bei der die fusionierenden Unternehmen zu einer Unternehmung verschmelzen.

Danach unterscheiden wir folgende Formen der Unternehmungszusammenschlüsse:

1. Unternehmensverbände,
2. Konsortien,
3. Kartelle und Syndikate,
4. Interessengemeinschaften,
5. Konzerne,
6. Trusts und
7. Fusionen.

III. Die einzelnen Formen der Unternehmenszusammenschlüsse

1. Unternehmensverbände

Wesen und Arten der Unternehmensverbände

Zu den Unternehmensverbänden *im weiteren Sinne* gehören natürlich auch die Kartelle, Syndikate, Konzerne u. dgl., doch faßt man den Begriff meist *enger* und versteht darunter Vereinigungen von Unternehmen des gleichen fachlichen Wirtschaftszweiges, die die gemeinsamen wirtschaftlichen Interessen ihrer Mitglieder fördern und insbesondere gegenüber der Öffentlichkeit, gegenüber den staatlichen Regierungs-, Verwaltungs- und Gesetzgebungsorganen und gegenüber anderen Wirtschaftszweigen vertreten. Ferner informieren und beraten sie ihre Mitglieder (meist auch in Verbandszeitschriften) und trachten innere Gegensätze auszugleichen. Sie suchen die öffentliche Meinung über Presse, Rundfunk und andere Massenmedien sowie durch Gemeinschaftswerbung günstig zu beeinflussen.

In der modernen Wirtschaft ist vor allem die *Interessenvertretung gegenüber dem Staat* von größter Bedeutung, zumal auch der Staat die berechtigten Interessen der Verbände in seiner Wirtschaftspolitik wahrnehmen muß und bestrebt ist, mit den Wirtschaftsverbänden eng zusammenzuarbeiten. Dabei stehen die einzelnen Wirtschaftsverbände untereinander oft in scharfer Konkurrenz in dem Bestreben, einen möglichst großen Einfluß auf die staatliche Wirtschaftspolitik zu gewinnen. Die Spitzenverbände der Wirtschaft (der Industrie, des Einzelhandels, des Großhandels, des Bankgewerbes, des Versicherungswesens usw.) sind in der Regel am Regierungssitz oder in dessen Nähe vertreten, und ihre Lobbyisten belagern ständig die Regierung und die Parlamentsabgeordneten, um ihre Interessen durchzusetzen. So wird verschiedentlich behauptet, daß die starke Ausweitung des Interventionismus auf die Tätigkeit der Verbände (*„pressure groups"*) zurückzuführen sei (s. oben S. 152).

Die Unternehmensverbände sind meist *fachlich und regional stark gegliedert.* Im gleichen Wirtschaftszweig können auch konkurrierende Verbände entstehen, so gibt es vielfach für Klein-, Mittel- und Großbetriebe des gleichen Wirtschaftszweiges verschiedene Verbände.

Die *Einstellung der einzelnen Unternehmungen zu ihrem Verband* ist sehr unterschiedlich, da auch ihre Interessen stark differieren können, je nach der Größe, der Rechtsform, der Absatzgebiete (kein oder starker Außenhandel), der

Ertragskraft, der Produktionsstruktur (mit oder ohne Weiterverarbeitung) usw. Große Unternehmungen sind auf die Verbände weniger stark angewiesen als kleinere Betriebe, deren Leistungen durch die Verbände sehr stark gefördert werden können, und haben doch häufig einen größeren Einfluß in den Verbänden als die kleinen Betriebe. Im allgemeinen ist in der Bundesrepublik das Verhältnis der Unternehmungen zu ihren Verbänden gut.

Die *Preisinformations-Verbände* sind, soweit sie das „open-price-system" pflegen, eine neuartige Form der Unternehmerverbände. In ihrer *lockeren und älteren Form* senden die Verbände regelmäßig „Preisberichte", „Preisstatistiken", „Preisspiegel", „Marktinformationen" u. dgl., soweit ihnen die Preise, Zahlungs- und Lieferungsbedingungen bekanntwerden, an ihre Mitglieder. In der *straffen Form* des Preisinformationsverbandes *(open-price-system)* verpflichten sich die Mitglieder durch Preis- oder Marktinformationsverträge einer Zentralstelle *(„Preismeldestelle")* ihre jeweiligen Preise, Zahlungs- und Lieferbedingungen sowie alle Abweichungen von diesen Preisen zu melden. Jedes Mitglied erhält von der Stelle jede Auskunft aus dem gesammelten Material. Eine Bindung oder Empfehlung, sich an diese Preise zu halten, besteht nicht. — Ob diese Open-price-Verbände Kartelle sind, ist umstritten: die einen halten sie für getarnte Preiskartelle *(„Informationskartelle")*, die anderen für eine den modernen Wettbewerb fördernde Institution. (Vgl. dazu *F. St. Behrens:* Marktinformation und Wettbewerb, Köln 1963.)

Arbeitgeberverbände

Die Arbeitgeberverbände, eine Sonderform der Wirtschaftsverbände, nehmen die wirtschaftlichen und sozialen Interessen ihrer Mitglieder gegenüber den Arbeitnehmerverbänden (Gewerkschaften) wahr. Sie entstanden mit der Arbeiterbewegung zwischen 1860 (England) und etwa 1890 (Deutschland), zunächst häufig mit den Wirtschaftsverbänden organisatorisch verbunden. Sie entwickelten sich — gleichzeitig mit den Gewerkschaften — sehr rasch und wurden später ganz selbständig. In der Bundesrepublik bestehen gegenwärtig 37 fachliche Spitzenverbände, darunter für 25 Industriezweige, für das Handwerk, für Land- und Forstwirtschaft, Einzel-, Groß- und Außenhandel, Bank-, Versicherungs- und Verkehrsgewerbe sowie 13 überfachliche gemischtgewerbliche Landesverbände. Der *Spitzenverband* ist der Bundesverband der Deutschen Arbeitgeberverbände in Köln. Sein sehr umfangreiches *Aufgabengebiet* geht am besten aus dem Arbeitsbereich seiner verschiedenen Ausschüsse hervor, diese bestehen für: Arbeitsrechtsschutz, Arbeitnehmererfinderrecht, Koordinierung der Lohn- und Tarifpolitik, lohn- und tarifpolitische Grundsatzfragen, Leistungslohn, Eigentumsbildung, Heimarbeitsfragen, Arbeitsvermittlung und Arbeitslosenversicherung, Schwerbeschädigtenfragen, Berufsausbildung und Berufsberatung, Nachwuchs- und sozialpolitische Jugendarbeit, Sozialversicherung und betriebliche Sozialfürsorge, soziale Betriebsgestaltung, Presse und Öffentlichkeit, Haushaltsausschuß.

Organisation der Wirtschaftsverbände

Die Verbände haben meist vier Organe:

1. Die *Mitgliederversammlung:* Sie findet meist jährlich statt und dient heute vor allem dem Erfahrungsaustausch und dem Fachgespräch. Sie hat auch die

Verbandspolitik zu billigen; jedes Mitglied hat eine Stimme. Doch werden größere Meinungsverschiedenheiten heute meist im Vorstand, Beirat oder in den Ausschüssen ausgetragen.

2. Der *Vorstand* (Präsidium): Ihm gehören mehrere Leiter der Mitgliedsfirmen ehrenamtlich an. Diese versuchen häufig auch ihre eigenen Interessen durchzusetzen; darum erstreben viele Unternehmen einen Sitz im Verbandsvorstand.

3. Die *Geschäftsführung:* Dieses Organ des Verbandes mit hauptberuflichen Geschäftsführern hat in den großen Verbänden mit seinen zahlreichen Fachstäben oft einen sehr erheblichen Einfluß.

4. Der *Beirat:* Er besteht aus Leitern der Mitgliedsfirmen und findet sich bei vielen großen Verbänden, um den Vorstand zu unterstützen und zu beraten. Er hat eine ähnliche Funktion wie der Aufsichtsrat der Aktiengesellschaft.

5. Die *Ausschüsse:* Sie spielen heute eine große Rolle in den Verbänden, bearbeiten Einzelfragen und bereiten die Entschlüsse des Vorstandes vor. Ihm gehören nicht nur Unternehmensleiter, sondern auch leitende Angestellte der Mitgliedsfirmen an. Es gibt Ausschüsse vor allem für: Finanzen, Betriebsvergleiche, Rechnungswesen (ggf. mit Unterausschüssen für Kostenrechnung, Bilanzen usw.), für Steuern, Rechts- und Versicherungsfragen, Wettbewerbsregeln, Tariflohn und Tarifwesen, Werbung (Gemeinschaftswerbung, Ausstellungen), Absatzfragen (Marktforschung, Konditionen), zentrale Kreditkontrollen, Verkehrsfragen usw.

Die Industrie- und Handelskammern

Mit gewissen Einschränkungen können auch die Industrie- und Handelskammern trotz ihres öffentlich-rechtlichen Charakters zu den Wirtschaftsverbänden gerechnet werden. Sie entstanden bereits Anfang des 19. Jahrhunderts nach französischem Vorbild (Savary um 1670) als Interessenvertretung der gewerblichen Wirtschaft eines Bezirks. Sie wurden später (1870 in Preußen) *Körperschaften des öffentlichen Rechts mit Zwangsmitgliedschaft.* Sie vertreten heute die gewerbliche Wirtschaft gegenüber den kommunalen Behörden, beraten ihre Mitglieder, erstatten Gutachten (z. B. über Handelsbräuche oder Fragen der Vergleichswürdigkeit bei Konkursen), erteilen Auskünfte, sind Träger der Lehrlingsausbildung, errichten Fach- und Berufsschulen, stellen Sachverständige, schlichten Wettbewerbsstreitigkeiten und wirken bei Eintragungen im Handelsregister mit.

In der *Bundesrepublik* gibt es gegenwärtig 80 Kammern, die Dachorganisation ist der Deutsche Industrie- und Handelstag. — *Mitglieder* sind alle im Handelsregister eingetragenen Unternehmen sowie Wirtschaftsbetriebe öffentlichen Rechts, die im Kammerbezirk ihren Sitz oder eine zur Gewerbesteuer veranlagte Niederlassung haben. Handwerksbetriebe sind nicht zur Mitgliedschaft verpflichtet, können aber beitreten, wenn sie gleichzeitig in Handwerksrolle und im Handelsregister eingetragen sind. — Die *Organe der Kammern* sind der Beirat, der von den Mitgliedern gewählt wird und das Präsidium bestellt. Beirat und Präsidium bestellen auch Hauptgeschäftsführer (Syndikus).

Die **Internationale Handelskammer (IHK)** wurde 1919 mit Sitz in Paris gegründet. Mitglieder sind Industrie- und Handelskammern, Unternehmensverbände und (ohne Stimmrecht) Einzelunternehmen aus 66 Ländern. Sie ist eine private Organisation. In 41 Ländern bestehen nationale Komitees und Geschäftsstellen, in der Bundesrepublik die Deutsche Landesgruppe der IHK, Köln. Zweimal im Jahr findet ein Kongreß statt. Die *Aufgaben der IHK* (mit 27 ständigen Ausschüssen) sind (1) die Abstimmung der Mitglieder auf eine einheitliche Auffassung über grundlegende Fragen der internationalen Wirtschaftspolitik, die sie vor den Regierungen vertritt, und (2) Vereinbarungen und Durchführung bestimmter rechtlicher und technischer Maßnahmen zur Erleichterung des internationalen Handelsverkehrs, vor allem Vereinheitlichung der handelsüblichen Vertragsformen (International Commercial Terms — Incoterms) und des internationalen Zahlungs- und Kapitalverkehrs u. dgl. Die IHK unterhält einen sehr erfolgreichen ständigen Schiedsgerichtshof für Handelsstreitigkeiten in Paris.

Die Handwerkskammern

Die Handwerkskammern, entstanden durch Handwerkerschutzgesetz von 1897, sind sowohl Interessenvertretungen des Handwerks, als auch Organe der handwerklichen Selbstverwaltung. Sie sind wie die Industrie- und Handelskammern Körperschaften des öffentlichen Rechts und haben ähnliche Aufgaben wie diese.

2. Konsortien

Wesen der Konsortien

Konsortien sind Gelegenheitsgesellschaften (bürgerlichen Rechts), die von Unternehmungen zur Durchführung einzelner oder einer Reihe gleichartiger, großer Geschäfte für begrenzte Dauer gegründet werden, um das Risiko zu teilen, die Kapitalbasis zu vergrößern oder den Absatzmarkt zu verbreitern. Sie kamen bereits im Mittelalter vor und waren damals weit häufiger als heute.

Die *Konsorten* bleiben wirtschaftlich und rechtlich selbständig. Die gemeinschaftliche Rechnung wird vom *Konsortialführer,* der dafür meist eine Provision erhält, nur für das Konsortialgeschäft geführt. Die sonstigen Geschäfte der Konsorten bleiben völlig unberührt. Nach Abschluß des Geschäfts wird die gemeinschaftliche Rechnung abgeschlossen und der Gewinnanteil gleichmäßig an die Konsorten verteilt. — Am wichtigsten ist heute das Konsortialgeschäft im Bankwesen, doch wird es auch in Industrie und Handel noch getätigt.

Das Konsortialgeschäft im Kreditwesen

Die häufigste Form des Konsortialgeschäfts im Kreditwesen ist das *Emissionskonsortium* zum Absatz von Effektenemissionen (Aktien und Schuldverschreibungen). Das *Übernahmekonsortium* übernimmt die Gesamtheit der von einer Aktiengesellschaft, einer Pfandbriefanstalt oder der öffentlichen Hand auszugebenden Aktien-, Pfandbrief- oder Schuldverschreibungsemission zu einem festen Kurs (Übernahmekurs) und verkauft sie dann zu einem etwas höheren Kurs (1—$1^{1}/_{2}$ % höher) über die Bankschalter der Konsorten und ihrer Filialen. Die Konsorten geben häufig einen Teil der Emission an andere Kreditinstitute als Unterkonsorten zum kommissionsweisen Verkauf weiter. Das *Plazierungskonsortium* übernimmt die Wertpapiere kommissionsweise und verkauft sie gegen eine Bonifikation von etwa $1^{1}/_{4}$ %.

Beim *Kreditkonsortium* schließen sich mehrere Banken zusammen, um einen Großkredit (Kontokorrent-, Wechsel- oder mittel- oder langfristigen Kredit) auf gemeinsame Rechnung zu gewähren. Es handelt sich dabei häufig um eine Bevorschussung der später auszugebenden Emission, oder es sind Garantiekonsortien für besondere Geschäfte der Industrie, z. B. große Exportaufträge.

Das Konsortialgeschäft in Industrie und Handel

In der *Industrie* kommen Konsortialgeschäfte jetzt etwas häufiger vor, da die Großaufträge wachsen. Durch das Konsortium sollen bei *bestimmten Großgeschäften* das Risiko oder die Kosten verteilt werden, z. B. bei Spezialforschungen, Patentauswertung und dgl. Haben diese Aufgaben Erfolg, so verwandelt sich das Konsortium häufig in eine Gesellschaft oder einen Verband. Auch *Großbauaufträge* werden häufig von Konsortien durchgeführt, dabei schließen sich Betriebe gleicher oder verschiedener Produktionsstufen zusammen; der Grund für die Konsortialverbindung ist meist die Haftungsverteilung, insbesondere bei längerfristigen Garantieverpflichtungen.

Im *Handel* wurden bereits im Mittelalter Konsortien gebildet, um gemeinsam eine damals sehr risikoreiche Schiffahrt zu finanzieren. Heute werden solche Risiken von Versicherungsgesellschaften übernommen. Handelskonsortien werden daher nur noch gelegentlich bei Großgeschäften im Außenhandel geschlossen.

Die Partizipation

Die Partizipation oder das Metageschäft ist mit dem Konsortialgeschäft sehr verwandt, es unterscheidet sich von ihm dadurch, daß es nach außen nicht in Erscheinung tritt und meist nur wenige Partner hat. Diese Partizipienten oder Metisten kaufen z. B. einen großen Warenposten fest und treten beim Absatz im eigenen Namen auf. Die gemeinsame Rechnung wird in einem *Konto a mèta* bei zwei, *Konto a terzo* bei drei, *Konto a quarto* bei vier Partizipienten geführt. Doch bezeichnet man jede Partizipation ungeachtet der Partner als Metageschäft, weil dies am häufigsten vorkommt. In früheren Zeiten stand die Partizipation im Warenhandel in hoher Blüte, bis zum ersten Weltkrieg spielte sie auch noch in der Devisen- und Effektenarbitrage eine große Rolle. Durch die guten Telefonverbindungen zwischen den Börsenplätzen wurden jedoch die Kurse stark nivelliert und die Arbitrage ging sehr stark zurück.

3. Kartelle

a) Begriff und Arten des Kartells

Begriff

Kartelle sind vertragsmäßige Zusammenschlüsse wirtschaftlich und rechtlich weitgehend selbständig bleibender Unternehmungen der gleichen Wirtschaftsstufe zur Beeinflussung des Marktes durch Wettbewerbsbeschränkung. Man bezeichnet auch solche Verbände häufig als Kartelle, die grundsätzlich keine Vereinbarungen zur Wettbewerbsbeschränkung treffen, die aber doch zu Kartellen werden können. Das Wort „Kartell" stammt vom lateinischen charta, ein Blatt Papier, chartula, ein Briefchen, eine Urkunde, im Mittelalter nannte man den Fehdebrief und die Kampfordnung der Turniere cartel.

Die Arten des Kartells nach ihren Zielen

Je nach der Zielsetzung sowie nach der Art und dem Grad ihrer Bindung unterscheidet man folgende Arten der Kartelle:

I. Kartelle niederer Ordnung: Kartelle, die keinen direkten Einfluß auf Produktion oder Absatz ihrer Mitglieder haben und die nach außen hin nicht in Erscheinung treten.

a) Unternehmungsverbände, die zu Kartellen werden können:

1. *Konditionenverbände bzw. Konditionenkartelle:* Es sind Verbände selbständiger Unternehmungen derselben Produktionsstufe, die Absprachen über Gewährung von Rabatten, Verzugszinsen, Verpackungsspesen, Zahlungszielen, Lieferfristen und ähnliche Lieferungsbedingungen, nicht aber über Preise getroffen haben.

2. *Normungs- und Typisierungsverbände bzw. Normen- und Typenkartelle:* Es sind Verbände selbständiger Unternehmer, die lediglich eine einheitliche Anwendung von Normen oder Typen vereinbart haben. Sie sind in der Regel keine Kartelle.

3. *Rationalisierungsverbände bzw. -kartelle:* Sie sollen die Rationalisierung wirtschaftlicher Vorgänge regeln und die Leistungsfähigkeit der beteiligten Unternehmen in technischer, betriebswirtschaftlicher oder organisatorischer Beziehung heben und dadurch die Befriedigung des Bedarfs verbessern. Diese Rationalisierungsverbände können leicht zu Wettbewerbsbeschränkungen führen.

4. *Kalkulationsverbände bzw. -kartelle:* Sie vereinbaren für ihre Mitglieder bestimmte bindende Kostenrechnungsregeln. Dazu gehören einheitliche Kontenrahmen, Abrechnungsformulare, Buchungs- und Kostenrechnungsrichtlinien; hierbei handelt es sich noch nicht um Kartelle. Doch gewinnen diese Verbände Kartellcharakter, wenn vertraglich effektive Kalkulationswerte (Mengen des Einsatzmaterials, Höhe der aufzuwendenden Lohnkosten, angenommener Beschäftigungsgrad für die Verrechnung der Gemeinkosten) vertraglich festgelegt werden; sie nähern sich dann den Produktionskartellen. Dasselbe gilt auch bei Ausschreibungen (Submissionen) der öffentlichen Hand; hier können Vereinbarungen über effektive Kalkulationswerte zu *Submissionskartellen* führen.

5. *Preismeldestellen bzw. Informationskartelle:* Die Preismeldestellen sind grundsätzlich noch keine Kartelle (s. oben S. 159); sie können sich aber beinahe unmerklich zu Preiskartellen entwickeln.

b) Verbände, die in der Regel Kartelle sind:

6. *Preiskartelle:* Sie sind Kartelle desselben Produktionszweiges, die nicht nur einheitliche Zahlungs- und Lieferungsbedingungen, sondern auch bindende Mindestpreise, die durch Erfahrungsaustausch über die Selbstkostenrech-

nung ermittelt werden, vereinbart haben. Daher kann ein Kalkulations-
kartell sehr leicht zu einem Preiskartell führen. Beim Preiskartell werden
die Mitglieder, die weiter nach dem Grenzkostenprinzip handeln, ihre Produktion erhöhen; das führt dann zur Kontingentierung der Produktionsmengen, zum Produktionskartell. — Die Zinsabkommen im Kreditwesen
gehören als *Zinskartelle* auch zu den Preiskartellen.

7. *Submissionspreiskartell:* Eine Abart der Preiskartelle: Unternehmer, die
   sich an einer öffentlichen Ausschreibung beteiligen wollen, treffen Absprachen über die Preisforderungen.

II. Kartelle höherer Ordnung: Kartelle, die einen direkten Einfluß auf Produktion oder Absatz ihrer Mitglieder haben und die meist auch nach außen
hin in Erscheinung treten:

8. *Produktionskartelle:* Es sind Kartelle, die die Beschränkung der Produktionsmengen auf einen bestimmten Umfang zur Stabilhaltung oder zur Erhöhung der Preise vereinbart haben. Werden einzelne Werke dabei stillgelegt, so ist zusätzlich ein Gewinnverteilungs-Vertrag erforderlich (Pool)
   bzw. eine Abfindungsprämie.

9. *Quotenkartelle:* In den Kartell-Vereinbarungen werden die Aufträge oder
   die Angebote für die Mitglieder nach Quoten aufgeteilt. Im Falle der Auf-
   tragsverteilung werden die Bestellungen bei einer zentralen Stelle gesammelt und den Mitgliedsfirmen nach ihrem Schlüsselanteil zugewiesen.
   Im Falle der Angebotsverteilung wird nach einer Marktanalyse die Ge-
   samtmenge der Jahres- oder Quartalsproduktion festgelegt; die Mitgliedsfirmen erhalten eine nach ihrer technischen Kapazität und nach den vor-
   gelegten Unterlagen der Kostenrechnung bemessene Zuweisungsquote über
   die von ihnen herzustellende, anzubietende oder zu verkaufende Menge.

10. *Gebietskartelle* oder *Marktaufteilungskartelle:* Es sind Kartelle, die das ge-
    samte Absatzgebiet auf die Mitgliedsfirmen aufgeteilt haben, vor allem, um
    Transport- und Werbungskosten einzusparen; das Gebietskartell kann auch
    ein Kartell niederer Ordnung sein.

11. *Gewinnverteilungskartelle oder Pools:* Es sind Kartelle, bei denen zusätz-
    lich zu Vereinbarungen über Konditionen, Preise und Angebots- oder Pro-
    duktionsmengen die zentral erfaßten Gewinne schlüsselmäßig auf die Mit-
    glieder verteilt werden.

12. *Syndikate,* die straffste Organisationsform der Kartelle: Der gesamte Ab-
    satz der Mitgliedsfirmen wird von einer Zentralstelle, dem Syndikat, aus-
    geführt. Das Syndikat hat eine eigene Rechtspersönlichkeit und übernimmt
    den gesamten Verkehr mit den Verbrauchern. Das Syndikat ist also zwi-
    schen Produzent und Verbraucher als *„Werkhandelsgesellschaft"* einge-
    schaltet und verfügt über eigene Verkaufs- und Abrechnungsstellen. Nach
    außen hin tritt das Syndikat als Monopolist in Erscheinung, sofern keine
    Außenseiter vorhanden sind. Die Kartellmitglieder sind gleichsam Lohn-
    handwerker des Syndikats. Voraussetzung für die Errichtung des Syndikats
    sind *vertretbare Erzeugnisse,* insbes. Grundstoffe.

Die Einteilung der Kartelle in solche *niederer und höherer* Ordnung, die noch allenthalben gebraucht wird, wird heute vielfach abgelehnt, weil sie keine praktische Bedeutung mehr habe; denn jedes Kartell niederer Ordnung könne auch bei äußerlich unwesentlichen Bindungen zu einem Kartell höherer Ordnung werden.

Weitere Arten der Kartelle

Nicht alle Arten der Kartelle lassen sich in die eben besprochene Gliederung einreihen. So gibt es vor allem noch:

Krisenkartelle, Kartelle, die in einer Krise errichtet werden, und zwar unterscheiden wir dabei (1) *Strukturkrisenkartelle*, die in einer Krise, die durch grundlegende Änderungen der Wirtschaftsstruktur entstanden ist, errichtet werden. Hier sucht das Kartell durch Absprachen Überkapazitäten abzubauen, um einen ruinösen Wettbewerb zu beenden. Die Errichtung eines Produktionskartells sowie eines Gewinnverteilungskartells wird in der Regel notwendig sein. Ein solches Strukturkrisenkartell war das 1959 errichtete deutsche Kohle-Öl-Kartell, das aber wegen Außenseitern scheiterte. In (2) *Konjunkturkrisenkartellen,* die in einer vorübergehenden Depression errichtet werden, sucht man gleichfalls durch Preisabsprachen den ruinösen Wettbewerb zu beseitigen; dadurch kann erreicht werden, daß an sich gesunde Grenzbetriebe die Krise überstehen. Sie führen aber leicht zu ungesunden Wettbewerbsbeschränkungen.

Im- und Exportkartelle: Das sind Kartelle jeder Art, die den Außenhandel der Mitglieder zu fördern suchen.

Zwangskartelle: Sie werden gelegentlich auf Veranlassung des Staates errichtet, gleichfalls, um einen ruinösen Wettbewerb zu vermeiden, sie wurden in Deutschland z. B. nach dem ersten Weltkrieg in der Kohle-, Kali- und Energiewirtschaft errichtet.

Rechtsformen des Kartells

Der Zusammenschluß der selbständigen Unternehmen kann erfolgen in der Form der Gesellschaft des bürgerlichen Rechts, des eingetragenen oder nichteingetragenen Vereins, der Gesellschaft mit beschränkter Haftung oder der Aktiengesellschaft. Kartelle niederer Ordnung, die nur einen nach innen gerichteten Charakter haben, werden meist in Form der bürgerlichen Gesellschaft errichtet. Dagegen pflegen Kartelle, die auch nach außen auftreten, eine Rechtsform zu wählen, die das Auftreten im Geschäftsverkehr erleichtert. Hier finden wir vor allem die GmbH, selten dagegen die AG (wegen des Erfordernisses eines hohen Grundkapitals, der umfangreichen Organisation und der Prüfungs- und Publizitätsvorschriften). Vielfach wird auch eine Kombination von Innen- und Außenwirkung in Form einer Doppelgesellschaft gewählt, die meist aus einer bürgerlichen Grundgesellschaft und einer GmbH mit Geschäftsführungsaufgaben besteht. Die Syndikate, die ja eine zentrale Verkaufsorganisation haben, wählen meist diese Form.

Bei der Wahl der Rechtsform spielt auch die *steuerliche Behandlung* eine große Rolle, insbesondere im Hinblick auf Umsatz-, Körperschaft-, Einkommen-, Gesellschaft- und Gewerbesteuer. Da die Kartelle selbst keine Erwerbsunternehmungen sind, hat man auf die besonderen Verhältnisse des Kartells durch Ausschaltung der Doppelbesteuerung bei der Einkommensteuer Rücksicht genommen.

Vor- und Nachteile der Kartelle

Vorteile: Kartelle können die *Rationalisierung der Produktion* (Rationalisierungskartelle, Normierungs- und Typisierungskartelle, Kalkulationskartelle) *und des Vertriebs* (Konditionenkartelle, Preiskartelle, Gebietskartelle, Produktionskartelle und Syndikate) fördern. Weiterhin können durch Kartelle große und ungesunde Marktschwankungen ausgeschaltet werden, die Fertigungsplanung kann mit einer größeren Stetigkeit rechnen; dadurch wird das investierte Kapital besser ausgenutzt, und die Selbstkosten können gesenkt werden. Die *Krisenkartelle* können einen ruinösen Wettbewerb stark abschwächen oder unterbinden, indem die Angebotsmengen eines Wirtschaftszweiges an den kaufkräftigen Bedarf angepaßt werden. Dadurch werden Zusammenbrüche vermieden und die Arbeitsplätze gesichert. In einzelnen Wirtschaftszweigen, wie dem *Kreditwesen*, der *Versicherungswirtschaft* und dem *Verkehrsgewerbe*, sind Kartelle sogar notwendig, da hier ein zu scharfer Wettbewerb leicht zu Zusammenbrüchen führt, die die Gesamtwirtschaft schwer schädigen und große Krisen auslösen können. So hat z. B. der Zusammenbruch einer Großbank für die gesamte Wirschaft unübersehbare Folgen, wie die Bankenkrise 1931 gezeigt hat.

Nachteile: Alle (echten) Kartelle bezwecken eine *Beschränkung des Wettbewerbs*. Die dadurch bedingten Marktverschiebungen können der Gesamtwirtschaft, wie wir gesehen haben, große Vorteile bringen, aber auch Nachteile, wenn es vor allem dem Kartell gelingt, ein *Monopol* oder ein *Oligopol* zu errichten. Das kann zu einer Stagnation der Betriebstechnik, zu einer Versteifung der innerbetrieblichen Organisation und zu einem *überhöhten Preisniveau* führen. Solche *Auswirkungen* kann bereits ein Konditionenkartell haben, sie brauchen aber nicht einmal beim Preiskartell einzutreten, das etwa als Krisenkartell errichtet wird. Der volkswirtschaftliche Nutzen bzw. der Nachteil eines Kartells kann deshalb nur von Fall zu Fall beurteilt werden. Daraus erklärt sich auch die unterschiedliche Behandlung der Kartelle durch den Staat.

Der Staat und die Kartelle

Die Regierungen bzw. die obersten Gerichte der Industriestaaten nahmen schon sehr früh zu dem Kartellproblem Stellung. Anfangs neigte man meist dazu, gestützt auf den demokratischen Gedanken liberaler Vertragsfreiheit in der Wirtschaft, die Kartelle unbeschränkt zu erlauben, es herrschte *„Kartellfreiheit"*. Später, als sich die Macht der Kartelle stärker bemerkbar machte, erließ man Kartellgesetze, die nur dem Mißbrauch der Kartelle entgegentraten (*„Mißbrauchsregelung"*). Schließlich ging man in vielen Staaten zu einem generellen *Kartellverbot* über. Die Vereinigten Staaten machten hier bereits 1890 den Anfang, da bei dem stürmischen Aufschwung der Wirtschaft die Kartelle zu sehr großen Auswüchsen führten. Die sehr scharfe „Anti-Trust-Gesetzgebung" (Sherman Bill von 1890) verbot generell alle Kartelle; die Konzentration erfolgte sodann durch Konzernbildung.

Entwicklung der Kartelle in Deutschland

In Deutschland fällt die erste Epoche einer lebhafteren Kartellgründung in die Zeit des wirtschaftlichen Niedergangs nach den stürmischen „Gründerjahren" um 1875. Es entstanden große Zusammenschlüsse, vor allem in der Kohlen-, Kali- und Eisenindustrie. Sie waren zunächst „Kinder der Not" (Emil Kirdorf), doch war das später keineswegs immer der Fall, es wurden gerade auch in Zeiten der Hochkonjunktur viele Kartelle gegründet. Deutschland und Frankreich waren die „klassischen Länder der Kartelle". Um 1900 gab es in Deutschland rund 400 Kartelle, denen weit über 1200 Unternehmungen angeschlossen waren. Das wichtigste deutsche Kartell war damals das Rheinisch-Westfälische Kohlensyndikat (gegründet 1893). Das Reichsgericht nahm bereits 1897 zu dem Kartellproblem Stellung und erklärte Kartellverträge für zulässig *(Kartellfreiheit)*, ja es erlaubte sogar Sperren wegen Außenseiter, in der Auffassung, daß Kartelle einem ruinösen Preiswettbewerb entgegenwirkten. Nur sittenwidrige „Knebelungen" der Kartellmitglieder waren verboten.

Im ersten Weltkrieg nahmen die Kartelle infolge der Kriegswirtschaft sehr stark zu. Diese Bewegung setzte sich *nach dem Krieg* aus anderen Gründen fort: Auf Grund des Sozialisierungsgesetzes vom 23. 3. 1919 wurden *Zwangskartelle* in der Kohlenwirtschaft und in der Kaliwirtschaft errichtet; in der gleichen Weise wollte die sozialdemokratische Regierung die Eisen- und Energiewirtschaft zwangskartellisieren mit dem Ziel der „kalten Sozialisierung". Doch dazu kam es nicht mehr, da die Sozialdemokraten 1920 aus der Reichsregierung ausschieden. Die Kartelle nahmen allerdings in dieser Krisenzeit (Inflation) weiter zu. 1925 bestanden in Deutschland bereits 2500 Kartelle. Die öffentliche Meinung wandte sich jetzt gegen die Kartelle, sie hätten während der Inflation das Geldentwertungsrisiko auf den Abnehmer abgewälzt und außerdem den Preis deutscher Produkte über das Weltmarktniveau hinausgetrieben. Um dem entgegenzuwirken, wurden 1923 die „Verordnung gegen Mißbrauch wirtschaftlicher Machtstellungen" *(Kartellverordnung)* erlassen. Die Kartelle wurden unter staatliche Aufsicht (Reichswirtschaftsminister und Kartellgericht) gestellt, die gegen den Mißbrauch der Kartellmacht einzuschreiten hatte, insbesondere gegen den Kartellzwang Mitgliedern und Außenseitern gegenüber. 1933 wurde von den Nationalsozialisten das *Zwangskartellgesetz* eingeführt, das dem Reichswirtschaftsminister die Möglichkeit geben sollte, Unternehmungen aus volkswirtschaftlichen Gründen zu Kartellen zusammenzuschließen, zum Zwecke staatlicher Wirtschaftslenkung.

Nach dem Zusammenbruch 1945 erließen die Besatzungsmächte in Deutschland das allgemeine *Kartellverbot* zur Zerschlagung „übermäßiger Konzentrationen deutscher Wirtschaftskraft". Ausnahmen waren gestattet und wurden von den alliierten Dekartellisierungsbehörden genehmigt. Mit der Wiedererlangung der deutschen Souveränität wurde der Erlaß eines neuen Kartellgesetzes akut.

Die Entstehung des deutschen Kartellgesetzes von 1957

1949 wurde die Bundesregierung von den Besatzungsmächten aufgefordert, ein Kartellgesetz vorzubereiten. 1951 wurde der Regierungsentwurf zu einem Kartellgesetz bereits fertiggestellt, doch das Gesetz wurde erst 1957 vom Bundestag angenommen. Die Verzögerung entstand durch den jahrelangen Streit, ob man Kartelle grundsätzlich verbieten und nur in gerechtfertigten Fällen Ausnahmen zulassen sollte *(Verbotsregelung)* oder ob man die Bildung von Kartellen grundsätzlich gestatten und nur ihren Mißbrauch verbieten sollte *(Mißbrauchsregelung)*. Der Unterschied zwischen Verbots- und Mißbrauchsregelung scheint zunächst nur von theoretischer Bedeutung, er hat aber entscheidende rechtliche Auswirkung: Bei der *Verbotslösung* ist jedes Kartell grundsätzlich verboten. Jede kartellverdächtige Vereinbarung ist der Kartellbehörde vorzulegen, und *die Unternehmer müssen beweisen,* daß sie nicht gegen das Gesetz verstoßen. Umgekehrt ist es bei der *Mißbrauchsregelung:* hier *muß die Kartellbehörde beweisen,* daß ein Mißbrauch vorliegt, und das ist, wie die frühere Praxis in zahlreichen Fällen bewiesen hat, oft sehr schwierig.

In den langjährigen Kartelldebatten hat der damalige Bundeswirtschaftsminister Erhard die Verbotsregelung zwar durchsetzen können, doch ist der ursprüngliche Regierungsentwurf in den langen Jahren der Beratung nicht ungerupft geblieben; in wesentlichen Punkten hat man den Argumenten und dem Drängen der Gegner der Verbotsregelung (insbes. der Industrie) nachgeben müssen. Auch heute noch ist das Gesetz stark umstritten, und es besteht vielfach die Ansicht, daß es seine Bewährungsprobe noch nicht bestanden habe.

b) Das deutsche Kartellgesetz (GWB)

Das Recht der Wettbewerbsbeschränkung

Nicht nur durch das *Kartell,* das durch Vereinbarungen von Unternehmungen gleicher Produktionsstufe zustande kommt *(horizontale Wettbewerbsbeschränkung),* wird in der Wirtschaft der Wettbewerb beschränkt, sondern auch durch Vereinbarungen von Unternehmen verschiedener Produktionsstufen, vor allem zwischen Produktionsbetrieben und Handel *(vertikale Wettbewerbsbeschränkung),* insbesondere durch *Preisbindungen der zweiten Hand,* sowie schließlich durch *marktbeherrschende Unternehmungen* (Monopole). Harold Rasch (Wettbewerbsbeschränkungen: Kartell- und Monopolrecht, 3. Aufl. 1966) gliedert das gesamte Wettbewerbsrecht in folgende Teile:

Wettbewerbsrecht im weiteren Sinn:

I. *Wettbewerbsrecht im engeren Sinn:* Gesetz gegen den unlauteren Wettbewerb, Rabattgesetz, Zugabeverordnung usw.

II. *Recht der Wettbewerbsbeschränkungen:*

    1. *Recht der gesetzlichen Monopole:* Patent-, Gebrauchsmusterschutz-, Warenzeichengesetz;

    2. *Recht der vertraglichen Wettbewerbsbeschränkungen:*

        a) *Kartellrecht:* Recht der horizontalen Wettbewerbsbeschränkungen;

        b) *Recht der vertikalen Wettbewerbsbeschränkungen,* insbesondere der vertikalen Preisbindung;

    3. *Recht der marktbeherrschenden Unternehmen* und Konzerne (Monopole).

Das deutsche Kartellgesetz vom 27. 7. 1957 befaßt sich, wie seine offizielle Bezeichnung „*Gesetz gegen Wettbewerbsbeschränkungen*" (GWB) zum Ausdruck bringt, nicht nur mit dem

(1) *Kartellrecht* (II, 2, a), sondern auch mit den beiden anderen den Wettbewerb vertraglich beschränkten Institutionen: den

(2) *vertikalen Wettbewerbsbeschränkungen*, insbesondere der Preisbindung der zweiten Hand (II, 2, b), und den

(3) *marktbeherrschenden Unternehmen* und Konzernen (II, 3).

Verbotsgrundsatz

Kartelle sind nach § 1 GWB grundsätzlich verboten: „Verträge, die Unternehmen oder Vereinigungen von Unternehmen zu einem gemeinsamen Zweck schließen, und Beschlüsse von Vereinigungen von Unternehmen sind unwirksam, soweit sie geeignet sind, die Erzeugung oder die Marktverhältnisse für den Verkehr mit Waren oder gewerblichen Leistungen durch Beschränkung des Wettbewerbs zu beeinflussen." Die Verträge sind also zivilrechtlich nicht nichtig, sondern nur *unwirksam*, d. h. vertragliche Rechte können aus ihnen nicht hergeleitet werden; sie sind nicht strafrechtlich verboten. Bei Verstößen gegen das Kartellgesetz können nur „Bußgelder" verhängt werden.

Ausnahmen vom Kartellverbot

Von dem grundsätzlichen Kartellverbot läßt das Kartellgesetz *zwei Kategorien von Ausnahmen* zu:

I. Bestimmte Kartellarten sind grundsätzlich zulässig („Gilt-nicht"-Kartelle[1])), sie müssen aber mit einer genauen Angabe der Abmachungen und mit Stellungnahmen der durch die Abmachungen betroffenen Kunden- bzw. Lieferantenkreise bei der Kartellbehörde *angemeldet* werden (§ 9). Die Abmachungen bedürfen nicht der Zustimmung der Kartellbehörde, doch werden sie erst gültig, wenn die Kartellbehörde ihnen nicht binnen drei Monaten nach der Anmeldung widerspricht. Es handelt sich hier streng genommen um Unternehmensverbände, die ausnahmsweise zu Kartellen werden können.

Anmeldepflichtige Kartelle: Sechs Arten von Kartellen sind grundsätzlich und ohne Genehmigung durch das Kartellamt zulässig, sie bedürfen zu ihrer Wirksamkeit nur der Anmeldung bei der Kartellbehörde:

1. *Konditionenkartelle:* Verträge und Beschlüsse, die die einheitliche Anwendung allgemeiner Geschäfts-, Lieferungs- und Zahlungsbedingungen zum Gegenstand haben, sind gestattet, sofern sich die Regelungen nicht auf die Preise beziehen und die Abnehmer und Lieferanten nicht benachteiligen (§ 2).

2. *Rabattkartelle:* Absprachen über Rabatte sind zulässig, sofern die Rabatte ein echtes Leistungsentgelt darstellen und nachweislich nicht gewisse Kunden oder Wirtschaftsstufen einseitig bevorzugen (§ 3).

---

[1]) Sie heißen so, weil die betreffenden Paragraphen (§§ 2, 3, 5 und 6) mit „§ 1 *gilt nicht...*" beginnen.

3. *Normungs- und Typungskartelle* (Rationalisierungskartelle): Absprachen über die einheitliche Anwendung von technischen Normen und Typen zur Rationalisierung sind grundsätzlich nur anmeldepflichtig (§ 5 Abs. 1).

4. *Spezialisierungskartelle* (Rationalisierungskartelle — früher genehmigungspflichtig, jetzt nach GWB-Nov. v. 15. 9. 1965 nur anmeldungspflichtig): Absprachen, in denen die Zuweisung der ausschließlichen Herstellungsrechte bestimmter Artikel auf die einzelnen Mitglieder des Kartells geregelt ist, um die Kosten zu senken: A baut Kühlschränke bis 80 Liter, B von 80—120 Liter, C alle größeren Kühlschränke. Diese Kartelle sind allerdings nur dann anmeldepflichtig, wenn sie einen wesentlichen Wettbewerb bestehen lassen (§ 5 a).

5. *Kalkulationsverfahrenskartelle:* Absprachen über einheitliche Richtlinien im Rechnungswesen (einheitliche Kontenpläne, Buchhaltungs- und Kostenrechnungsrichtlinien), die lediglich eine Rationalisierung der Kalkulationsverfahren bedeuten und der Erziehung der Unternehmen dienen, sind zulässig (§ 5 Abs. 4). Dagegen sind „echte" Kalkulationskartelle (s. oben S. 163) grundsätzlich unzulässig.

6. *Exportkartelle:* Absprachen, die der Sicherung und Förderung der Ausfuhr dienen sollen, sind zulässig, sofern sich diese Absprachen ausschließlich auf die Auslandsmärkte beschränken (§ 6 Abs. 1). Die harte Konkurrenz auf dem Weltmarkt kann es für die nationale Wirtschaft oft geraten erscheinen lassen, sich nicht selbst als Konkurrenz auf dem Weltmarkt gegenüberzutreten. Solche Kartelle sollen auch beim Bestehen von Monopolen (Außenhandelsmonopole) oder Kartellen auf den Auslandsmärkten eine „countervailing power" bilden.

II. Weitere Kartellarten können auf Antrag von der Kartellbehörde genehmigt werden. Im Unterschied zu den Kartellen, die nur angemeldet werden müssen, muß hier der Kartellbehörde bewiesen werden, daß das betreffende Kartell notwendig und gesamtwirtschaftlich wünschenswert ist.

G e n e h m i g u n g s p f l i c h t i g e K a r t e l l e : Folgende Arten von Kartellabsprachen sind wirksam, wenn sie die Genehmigung des Bundeskartellamtes und in bestimmten Ausnahmefällen des Bundeswirtschaftsministers erhalten:

1. *Strukturkrisenkartelle:* Das Kartellamt kann, wenn sich die Nachfrage nachhaltig ändert und der Absatz in einem bestimmten Wirtschaftszweig auf die Dauer zurückgeht, Verträge genehmigen, die eine planmäßige Anpassung der Kapazität an den Bedarf herbeiführen sollen, vorausgesetzt, daß die Regelung unter Berücksichtigung der Gesamtwirtschaft und des Gemeinwohls erfolgt (§ 4). *Konjunkturkrisenkartelle* sind dagegen grundsätzlich verboten.

2. *Rationalisierungskartelle,* die den Wettbewerb beeinträchtigen: Gehen die Absprachen, die eine Rationalisierung bezwecken, über die Festlegung von Normen und Typen hinaus, oder wird der Wettbewerb durch Spezialisierungskartelle stark beeinträchtigt, so bedürfen sie der Zustimmung des Kartellamts (§ 5 Abs. 2). Auch *Preiskartelle* und *Syndikate* können lediglich zu Rationalisierungszwecken errichtet werden (§ 5 Abs. 3). Doch wird in jedem dieser Fälle der Wettbewerb beschränkt. Das Kartellgesetz sieht deshalb vor, daß diese Rationalisierungskartelle nur erlaubt werden dürfen, wenn der Rationalisierungserfolg in einem angemessenen Verhältnis zu der damit verbundenen Wett-

bewerbsbeschränkung steht, wenn sich ferner bei Preiskartellen und Syndikaten die Rationalisierung auf andere Weise nicht erreichen läßt.

3. *Exportkartelle*, die auch den Inlandsmarkt berühren, sind genehmigungspflichtig (§ 6 Abs. 2).

4. *Importkartelle*: Absprachen von Importeuren zur Regelung des Wettbewerbs auf Auslandsmärkten sind zulässig, sofern sie den Wettbewerb auf den Inlandsmärkten nicht oder nur unwesentlich berühren (§ 7). Zu solchen Absprachen ist die deutsche Wirtschaft insbesondere genötigt, wenn auf den Auslandsmärkten Monopole (staatliche Außenhandelsmonopole) oder ausländische Exportkartelle bestehen. Die Errichtung des Einfuhrkartells bedeutet dann gleichfalls die Schaffung einer „countervailing power".

5. *Generalklausel*: Der Bundeswirtschaftsminister ist ermächtigt, in Ausnahmefällen Kartelle zuzulassen, wenn eine „Beschränkung des Wettbewerbs aus überwiegenden Gründen der Gesamtwirtschaft und des Gemeinwohls" notwendig ist, ferner wenn eine unmittelbare Gefahr für den Bestand des überwiegenden Teiles der Unternehmungen eines Wirtschaftszweiges besteht, die Kartellierung den Bestand der Unternehmen zu garantieren verspricht und keine anderen Maßnahmen zur Erhaltung der gefährdeten Unternehmungen getroffen werden können (§ 8); das sind vornehmlich Konjunkturkrisenkartelle.

Bereichsausnahmen

Bestimmte Unternehmungen und Wirtschaftsbereiche können aus gesamtwirtschaftlichen Gründen nicht oder nicht ganz dem freien Wettbewerb ausgesetzt werden, dazu gehören vor allem die Verkehrswirtschaft, die Landwirtschaft, das Bank- und Versicherungswesen sowie die Energiewirtschaft. Doch sind auch öffentliche und gemeinwirtschaftliche Unternehmungen *grundsätzlich* dem Kartellgesetz unterworfen (§ 98).

Verkehrswesen: Bundespost, Bundesbahn, Schienenbahnen des öffentlichen Verkehrs (auch private) und Landverkehrsunternehmen, die einer Sonderregelung durch Gesetz oder Rechtsverordnung unterliegen, werden vom Kartellgesetz nicht berührt. — Der Auslandsverkehr, der See- und Luftverkehr sowie der Fracht- und Schleppgutverkehr in der Küsten- und Binnenschiffahrt unterliegen nur einer Mißbrauchsaufsicht (§ 99).

Land- und Forstwirtschaft: Das Kartellgesetz erkennt die Notwendigkeit der bestehenden Marktordnungsgesetze für Getreide-, Zucker-, Milch- und Fettsowie der Vieh- und Fleischwirtschaft an. Verträge über Erzeugung, Verarbeitung und Absatz land- und forstwirtschaftlicher Produkte unterliegen deshalb grundsätzlich nur einer Mißbrauchsaufsicht (§ 100). Das Branntwein- sowie Zündholzmonopol werden dagegen vom Kartellgesetz gar nicht berührt.

Kreditwesen und Versicherungswirtschaft: Die Deutsche Bundesbank und die Kreditanstalt für Wiederaufbau unterliegen nicht dem Kartellgesetz. Die übrigen *Kreditinstitute* sowie die *Versicherungsunternehmen* unterliegen einer Mißbrauchsregelung. Ursprünglich wollte man sie dem Kartellgesetz überhaupt nicht unterwerfen, da sie bereits der besonderen Banken- bzw. Versicherungsaufsichtsbehörde unterliegen. Nunmehr können — aber nur gemeinsam mit der Banken- bzw. Versicherungsaufsichtsbehörde — die Kartellbehörden bei dem Nachweis von Mißbräuchen eingreifen (§ 102).

Europäische Gemeinschaften: Das Kartellgesetz findet gleichfalls keine Anwendung, soweit der Montanunion-Vertrag vom 18. 4. 1951 sowie der EWG-Vertrag vom 25. 3. 1957 besondere Vorschriften enthalten. Wir kommen gleich darauf zurück.

Energiewirtschaft: Wettbewerbsbeschränkende Absprachen zwischen Unternehmen der Energiewirtschaft (Strom, Gas) und der Wasserwirtschaft untereinander oder mit Gebietskörperschaften unterliegen aus ähnlichen Erwägungen wie Absprachen im Verkehrswesen nur einer Mißbrauchsaufsicht (§ 103).

Das Kartellrecht der Europäischen Wirtschaftsgemeinschaft

Das Kartellrecht der EWG ist in Art. 85—90 EWG-Vertrag geregelt. Daneben gilt weiterhin das nationale Kartellrecht, soweit es nicht dem Kartellrecht der EWG widerspricht. Art. 85 verbietet wettbewerbsbeschränkende Absprachen, Kartelle sind nichtig (nicht nur unwirksam wie im deutschen Kartellrecht). Doch fallen grundsätzlich nicht unter das EWG-Kartellrecht: Landwirtschaft, Verkehrsbetriebe und öffentliche Unternehmen. Von dem generellen Kartellverbot können unter bestimmten Voraussetzungen individuelle oder generelle Freistellungen erfolgen. Diese Bestimmungen des EWG-Vertrages sind sehr weit gefaßte Generalklauseln, die durch Durchführungsvorschriften erst seit 1962 allmählich konkretisiert werden. Die VO Nr. 17 des Rates vom 6. 2. 1962 übertrug der Kommission die Durchführung des EWG-Kartellrechts. Diese hat dann mit der VO Nr. 27 vom 3. 5. 1962 Ausführungsbestimmungen über Form, Inhalt und andere Einzelheiten der in der VO Nr. 17 des Rates vorgesehenen Anträge und Anmeldungen erlassen. Für eine bestimmte Gruppe von Alleinvertriebs-Verträgen wurde eine einfache Anmeldung gestattet (VO Nr. 153 vom 21. 12. 1962). Bis Ende 1964 gingen rd. 38 000 Anmeldungen von Wettbewerbsverträgen bei der Kommission ein. Da diese nicht einzeln geprüft und genehmigt werden können, ermächtigte der Ministerrat am 3. 2. 1965 die Kommission, durch generelle Freistellungen von Gruppen *(„Gruppenausnahmen")* gewisser einfacher Alleinvertriebs- und Lizenzverträge das Verfahren wesentlich zu vereinfachen; von dieser Regelung werden rd. 10 bis 20 000 Anmeldungen erfaßt. Die Rechtsprechung der Kommission bei Ausschließlichkeitsverträgen ist strenger als die des Bundeskartellamtes; Verträge, die dem Händler einen absoluten Gebietsschutz gewähren, gelten als unzulässig (Fall Grundig-Consten) — vom Gerichtshof der Europäischen Gemeinschaften inzwischen bestätigt.

Die *Bußen,* die nach VO Nr. 17 (v. 6. 2. 1962) verhängt werden können, sind ganz erheblich. Für vorsätzliche oder fahrlässige *Verstöße* gegen Art. 85 Abs. 1 oder Art. 86 EWG-Vertrag können z. B. Geldbußen bis zu 4 Mill. DM und darüber hinaus bis zu 10 % des letzten Jahresumsatzes (!) des betreffenden Unternehmens verhängt werden. Eine Buße in dieser Höhe kann zum Zusammenbruch des betroffenen Unternehmens führen. (Literatur: Kleemann, Die Wettbewerbsregeln der EWG, Baden-Baden 1962.)

Die Preisbindung der zweiten Hand

Verbotsprinzip: In der Wirtschaft ist es seit langem üblich, daß Produzenten (seltener Großhändler) die *Kleinverkaufspreise ihrer Waren für alle Einzelhändler bindend festlegen;* bei Verstößen gegen die Bindung kann unter Umständen Schadenersatz gefordert werden, oder es ist eine Vertragsstrafe zu zahlen, oder die Lieferungen werden gesperrt. Diese Preisbindung der zweiten Hand bedeutet in der Regel eine Politik fester Preise, die zu einer Preisstarrheit führen kann und das Preisgefüge aus dem ausgedehnten Markt der preisgebundenen Waren „vereist" und zu überhöhten Preisen führt. Insofern hat die Preisbindung der zweiten Hand einen *kartellähnlichen Charakter*. Aus diesem Grund hat das Kartellgesetz die *Preisbindung der zweiten Hand grundsätzlich verboten:* Verträge zwischen Unternehmen über Waren oder gewerbliche Leistungen sind *nichtig*, soweit sie einen Vertragsbeteiligten in der Freiheit der Gestaltung von *Preisen oder Geschäftsbedingungen* bei solchen Verträgen beschränken, die er mit Dritten über die gelieferten Waren, über andere Waren oder über gewerbliche Leistungen schließt (§ 15). Danach sind also Preisbindungsverträge *nichtig* und nicht wie die Kartellverträge nur unwirksam.

Allerdings macht das Kartellgesetz *zwei wesentliche Ausnahmen:* Das Verbot gilt (wie auch schon in der VO von 1930) nicht für (1) *Markenartikel* und (2) *Verlagserzeugnisse* (insbesondere Bücher, deren Preise „traditionsgemäß" gebunden sind, da sonst die Marktordnung des Buchhandels stark gestört würde).

Die Preisbindung bei Markenartikeln: Die Markenartikel waren (von Verlagserzeugnissen abgesehen) schon seit langem das eigentliche Objekt der Preisbindung der zweiten Hand, so daß damit der wichtigste Markt der gebundenen Preise weitgehend von dem Verbotsprinzip ausgenommen wird. Das Gesetz versteht unter „Markenwaren" Erzeugnisse, deren Lieferung in gleichbleibender oder verbesserter Güte von den preisbindenden Unternehmen gewährleistet wird und die selbst oder deren Umhüllung oder Ausstattung mit einem Firmen-, Wort- oder Bildzeichen (Marke) versehen sind (§ 16). Markenartikel sind *Güter des laufenden Verbrauchs* (Lebens- und Genußmittel, Kosmetika, Pharmazeutika, Filme, Treibstoffe usw.) und *Gebrauchsgüter* (Haushaltsartikel, Elektrogeräte, Kraftwagen), doch nicht nur Erzeugnisse für letzte Konsumenten, sondern auch für gewerbliche (Chemikalien, Arbeitsgeräte) und landwirtschaftliche Verbraucher (Düngemittel).

Die Preise dürfen aber nur bei solchen Markenartikeln gebunden werden, „die *mit gleichartigen Waren anderer Hersteller oder Händler im Wettbewerb stehen*" (§ 16 Abs. 1). Die Markenartikel (nicht dagegen die Verlagserzeugnisse) müssen beim Bundeskartellamt *angemeldet* werden, das die Preisbindungen laufend überwacht. Es kann *eingreifen* und die Preisbindung für unwirksam erklären, wenn (1) die Voraussetzungen der Preisbindung nicht mehr vorliegen (Fehlen des Wettbewerbs mit gleichartigen Waren anderer Hersteller, Fehlen der Markenartikeleigenschaft), oder (2) die Preisbindung mißbräuchlich oder sonst in volkswirtschaftlich unerwünschter Weise gehandhabt wird (§ 17). Diese Mißbrauchskontrolle durch das Kartellamt ist schwer durchführbar. — Ende 1964 waren insgesamt 110 000 Preisbindungen beim Kartellamt registriert. Durch GWB-Nov. v. 15. 9. 1965 wurden die Eingriffsmöglichkeiten der Kartellbehörde bei mißbräuchlichen Preisbindungen durch Erweiterung der meldepflichtigen Tatbestände sowie durch Einführung eines *öffentlichen Preisbindungsregisters,* das die Kontrolle verbessern soll, erweitert (§ 16 Abs. 4).

Vorteile der Preisbindung: Die preisgebundenen Markenartikel haben stets die gleiche Qualität, und man kann sie in allen einschlägigen Geschäften zum gleichen Preis einkaufen. Die Preisbindung kann ferner verhindern, daß zwischen den einzelnen Einzelhändlern ein ruinöser Wettbewerb betrieben wird.

Nachteile: Sie schaltet nicht nur den ruinösen Wettbewerb, sondern weitgehend jeden Wettbewerb im Handelssektor aus und verhindert so, daß kostengünstiger arbeitende Handelsbetriebe ihre kostenmäßigen Vorteile auch dem Verbraucher zugute kommen lassen. In Zeiten guter Konjunktur sind vielfach die Handelsspannen stark überhöht und belasten die Verbraucher. Beim Rückgang der Konjunktur suchen meist die Hersteller die Preise und die Händler die hohen Gewinnspannen möglichst lange aufrechtzuerhalten; die Händler denken in starren Gewinnspannen und glauben, für gewisse Artikel müsse z. B. eine Gewinnspanne von 35 % aufrechterhalten werden — ungeachtet konjunktureller und absatzpolitischer Änderungen.

Das Nachlassen der Konjunktur in den letzten Jahren hat dann auch infolge der Auswüchse der Preisbindung zu einer starken *Aufweichung des Systems* bei vielen Waren geführt — nicht nur in der Bundesrepublik, sondern auch in anderen Staaten. Wegen der hohen Handelsspannen wurde die Preisbindung immer mehr umgangen, durch „Beziehungskäufe" oder „Direktkäufe" beim Hersteller oder Großhändler, durch „Betriebs-", „Belegschafts-" oder „Behördenhandel" und durch die Entstehung von „Diskonthäusern" (s. unten S. 565), „Preisbrecherläden", die preisgebundene Markenartikel, deren Vertriebswege nicht überwacht werden, unter dem gebundenen Preis verkaufen. Das brachte den „Außenseitern" großen Erfolg und führte zur Aufhebung vieler Preisbindungen, insbesondere bei Genußmitteln, Uhren, Elektroartikeln, Möbeln, Hausrat usw. Die Preisbindung wurde vielfach in eine *„Preisempfehlung" („empfohlener Richtpreis …")* umgewandelt, die nach herrschender Auffassung allerdings auch beim Kartellamt angemeldet werden muß (vgl. auch unten S. 565 f.)

Diese Entwicklung, die durch zahlreiche Prozesse die breite Öffentlichkeit auf die Problematik der Preisbindung der zweiten Hand aufmerksam machte, hat die *Forderung nach Abschaffung der Preisbindung* erheblich verstärkt, insbesondere von teuren, dauerhaften Konsumgütern (Kühlschränke, Fernsehgeräte u. dgl.).

Weite Kreise der Markenartikelindustrie treten allerdings nach wie vor für die Preisbindung ein, und sicherlich ist sie für einige Arten von Markenartikeln auch gerechtfertigt. — Nach *Mellerowicz* müssen s e c h s F o r d e r u n g e n erfüllt sein, um eine Preisbindung von Markenartikeln zu rechtfertigen:

1. Es dürfen keine überhöhten Handelsspannen bestehen, sonst entsteht ein „Grauer Markt" (Belegschaftshandel, Diskonthäuser usw.).

2. Die Rabattpolitik muß maßvoll sein.

3. Es dürfen keine Überkapazitäten bestehen, denn sie führen zu scharfer Konkurrenz, die der Handel zu Rabattzugeständnissen ausnutzt.

4. Die Vertriebswege sind sorgfältig zu wählen; die Devise „Umsatz um jeden Preis" führt leicht zum „Grauen Markt".

5. Die Überwachung der Vertriebswege ist notwendig; denn wenn die Preisbindung nicht „lückenlos" ist, weicht sie auf.

6. Die Preispolitik muß elastisch gehandhabt werden und muß sich rechtzeitig an Änderungen der Strukturverhältnisse anpassen.

Das marktbeherrschende Unternehmen (Monopol)

In der Industriewirtschaft spielen große und größte Unternehmen eine immer gewichtigere Rolle. Sie alle haben die natürliche Tendenz, sich einen immer größeren Anteil am Markt zu sichern und womöglich die Konkurrenz auszuschalten. Gelingt einem Unternehmen das, so wird es zum *Monopol*. Beherrschen nur zwei oder einige wenige Unternehmen den Markt *(Dyopol* bzw. *Oligopol),* so können sie, auch wenn keine Absprachen vorliegen, infolge der „Gruppendisziplin" („Corpsgeist"), ggfs. unter der „Preisführerschaft" meist der umsatzstärksten Unternehmung, ungesunde Wettbewerbsbeschränkungen einführen.

Der Gesetzgeber konnte das Entstehen marktbeherrschender Unternehmen nicht einfach verbieten und wollte es auch nicht, da marktbeherrschende Unternehmungen oft ohne die Absicht, den Markt zu monopolisieren, entstehen. Jede Unternehmung, die ein völlig neuartiges Produkt auf den Markt bringt, wird den Markt für dieses Gut so lange beherrschen, bis ein Konkurrenzunternehmen auftritt. Deshalb stellte das Kartellgesetz das marktbeherrschende Unternehmen nur unter *Mißbrauchsaufsicht* (§ 22). Eine allgemeine laufende Staatsaufsicht wurde allgemein abgelehnt.

Die *Kartellbehörde kann eingreifen* (1) bei mißbräuchlicher Ausnutzung einer Marktstellung in der Preisbildung und der Festlegung der Geschäftsbedingungen sowie (2) bei mißbräuchlichem Abschluß von *Koppelungs-Verträgen* (der Abschluß des Vertrages wird davon abhängig gemacht, daß der Partner außer der gewünschten Ware noch sachlich oder handelsüblich nicht zugehörige Waren oder Dienstleistungen abnimmt).

Die *Eingriffe der Kartellbehörde* sind relativ begrenzt:

(1) Die Kartellbehörde kann mißbräuchliches Verhalten untersagen und Verträge für unwirksam erklären (§ 22 Abs. 4).

(2) Der Zusammenschluß von Unternehmen durch Fusion oder kapitalmäßigen Bindungen ist der Kartellbehörde unverzüglich anzuzeigen, wenn dadurch die Unternehmen für eine bestimmte Art von Waren oder Dienstleistungen einen Marktanteil von 20 % oder mehr erreichen oder — neuerdings durch GWB-Nov. v. 15. 9. 1965 — auch wenn sie mehr als 10 000 Beschäftigte oder 500 Mill. DM Jahresumsatz oder eine Bilanzsumme von mehr als 1 Mrd. DM haben (§ 23). Die Behörde kann aber lediglich die Beteiligten zu einer mündlichen Verhandlung oder einer schriftlichen Äußerung auffordern (§ 24).

(3) Marktbeherrschende Unternehmen sowie zugelassene Kartelle und preisbindende Markenartikel-Firmen dürfen keine Lieferanten oder Kunden zu Liefer- oder Bezugssperren gegenüber Konkurrenzfirmen veranlassen (Aufforderung zum *wirtschaftlichen Boykott)* oder andere Unternehmen unbillig behindern oder unterschiedlich behandeln *(Diskriminierung).* Das Kartellamt kann solche Verstöße untersagen.

Ordnungswidrigkeiten und Geldbußen

Während man ursprünglich in den Entwürfen Verstöße gegen das Gesetz strafrechtlich ahnden wollte, beschränkt sich das geltende Gesetz auf die Ahndung von „Ordnungswidrigkeiten" durch „Geldbußen". Ordnungswidrigkeiten, d. h. Verstöße gegen das Kartellgesetz und gegen Verfügung einer Kartellbehörde, können, wenn sie vorsätzlich begangen werden, mit einer Buße bis zu 100 000 DM, bei Fahrlässigkeit mit einer Buße bis zu 30 000 DM geahndet werden (§ 38—43).

Kartellbehörden

Kartellbehörden sind:

1. *das Bundeskartellamt,* Berlin: es ist vor allem zuständig für erlaubnispflichtige Kartelle, marktbeherrschende Unternehmungen und Preisbindungen der zweiten Hand;

2. *der Bundeswirtschaftsminister:* er ist zuständig für Genehmigungen in Ausnahmefällen (§ 8) und

3. die nach Landesrecht zuständige *oberste Landesbehörde* (meist der Wirtschaftsminister): sie ist zuständig vor allem für anmeldepflichtige Kartelle.

Bisherige Auswirkungen des Kartellgesetzes

In den ersten Jahren seiner Tätigkeit kam das Bundeskartellamt den *Kartellisierungswünschen,* insbesondere der Grundstoffindustrie, sehr weit entgegen — nicht nur, daß die meisten der bereits bestehenden Kartelle und Syndikate bestehenbleiben konnten, es genehmigte auch eine Reihe neuer Syndikate (Steinzeug-, Kali-, Basalt-, Thomasphosphat-, Terrazzo-Syndikat u. a.). Seit 1961 wurden die Genehmigungen strenger gehandhabt, es wurde sogar eine Reihe Rationalisierungs-Kartelle abgelehnt.

Die *Markenartikel,* die beim Kartellamt angemeldet wurden, sind außerordentlich stark gestiegen. Die jüngste Entwicklung der Preisbindung der Markenartikel wurde bereits dargestellt. Auch das Kartellamt hat mehrfach auf die Nachteile der Preisbindung hingewiesen.

Gegenüber den *marktbeherrschenden Unternehmungen* hat das Kartellamt praktisch kaum etwas ausrichten können, da es materielle Grundsätze über die Mißbräuche marktbeherrschender Unternehmen nicht gibt. Zudem sind Mißbräuche schwer aufzuspüren, und das Kartellamt muß den Mißbrauch beweisen. Von den Kartellgegnern — auch vom Bundeskartellamt — wird deshalb eine *weitere Erschwerung* vertraglicher Wettbewerbsbeschränkungen durch Kartelle und Preisbindungen sowie *stärkere Eingriffsmöglichkeiten* gegenüber marktbeherrschenden Unternehmen gefordert.

4. Die Interessengemeinschaft (IG)

Die Interessengemeinschaft ist ein Zusammenschluß von Unternehmungen, die *rechtlich selbständig* bleiben, deren *wirtschaftliche Selbständigkeit* aber in verschiedenem Grade von der bloßen Gewinngemeinschaft *bis hart an die Grenze der Aufgabe der Selbständigkeit gemindert werden kann* (Mellerowicz).

Die Interessengemeinschaft *unterscheidet sich vom Kartell* durch den engeren Zusammenschluß, den größeren innerbetrieblichen Einfluß, vor allem auf den verfügbaren Reingewinn der Gewinngemeinschaft. Weitere Ziele der Interessengemeinschaft sind die Bildung von Rationalisierungs-, Produktions-, Betriebs- und Verteilungsgemeinschaften. *Vom Konzern unterscheidet sich* die IG dadurch, daß der Konzern auch eine Verwaltungsgemeinschaft darstellt. Die IG steht also *zwischen Kartell und Konzern.* Interessengemeinschaften sind oft Vorläufer von Konzernen und Trusts. Auch die Interessengemeinschaften unterliegen dem *Kartellgesetz.*

5. Konzerne

Begriff und Wesen

Der Konzern ist ein *Zusammenschluß mehrerer rechtlich selbständig bleibender Unternehmen (Konzernunternehmen) unter einheitlicher Leitung* zu wirtschaftlichen Zwecken im gegenseitigen Beherrschungs- und Abhängigkeitsverhältnis durch kapitalmäßige Beteiligung oder auf Grund von vertraglichen oder satzungsmäßigen Rechten mit gemeinsamer Gewinnrechnung.

Beim *Unterordnungs-* oder *Subordinations-Konzern* hat ein Unternehmen, das „herrschende Unternehmen" oder die „Muttergesellschaft", die Leitung über die übrigen „abhängigen Unternehmen" oder „Tochtergesellschaften". Der *Gleichordnungs-* oder *Koordinations-Konzern,* bei dem die Konzernunternehmen zwar unter einheitlicher Leitung stehen, aber *unabhängig* voneinander sind, entwickelt sich meist aus einem Kartell oder einer Interessengemeinschaft, wobei die beteiligten Unternehmen einer *Dach-* oder *Holdinggesellschaft* ihre Betriebe übertragen und dafür Aktien der Dachgesellschaft erhalten. Die Dachgesellschaft hat meist keine eigenen Produktionsbetriebe.

Bei den *horizontalen Konzernen* sind Unternehmen der gleichen Fertigungsstufe zusammengefaßt; bei den *vertikalen Konzernen* Unternehmen verschiedener Produktionsstufen, z. B. Kohlenbergwerk, Erzbergwerk und Hüttenwerk. Bei den *diagonalen Konzernen* (Grochla) haben sich produktionsfremde Unternehmen verbunden. Es können *organische Konzerne* sein, wenn zwischen den Gliedbetrieben noch ein leistungsmäßiger Zusammenhang besteht, so werden in der chemischen Industrie von Gliedbetrieben Grundstoffe weiterverarbeitet oder Nebenprodukte verwertet. Unorganische oder heterogene Konzerne sind die *konglomeraten Konzerne* (conglomerates) oder *Mischkonzerne.* Bei ihnen bestehen zwischen den Gliedbetrieben keine leistungsmäßigen Zusammenhänge mehr (z. B. ITT = International Telephone & Telegraph Corp. in USA; der Oetker-Konzern und die Flick-Gruppe in Deutschland). Diese hochdiversifizierten Riesengebilde haben in den letzten Jahren sehr stark zugenommen. Der Grund solcher Zusammenschlüsse war z. T. die Verbesserung der Unternehmensleitung sowie auch der Liquiditäts- und Risikoausgleich zwischen den produktionsfremden Unternehmen, der sich auch gesamtwirtschaftlich günstig auswirken kann.

Die *Gründe zur Konzernbildung* sind meist sehr komplex. Zunächst erstrebt man beim horizontalen Konzern weitgehende Rationalisierungen durch Auftrags- und Sortenausgleich, Spezialisierungen der Produktion, gemeinsame

Forschung und Entwicklung, ferner Stärkung der Kapitalbasis und Finanzausgleich (große Konzerne haben häufig eine eigene Bank), Vereinheitlichung der Absatzorganisation u. dgl. Beim vertikalen Konzern sind die Vorteile der Verbundwirtschaft (s. S. 415) ausschlaggebend. Doch wird meist auch eine *Marktbeherrschung* angestrebt.

Die Bedeutung der Konzerne

Der Kampf gegen die Kartelle und die Erschwerung der Kartellbildung hat — das lehren insbesondere auch die Erfahrungen in den USA — den Unternehmungen den anderen Weg der Konzentration gewiesen, nämlich den Zusammenschluß im Konzern. Bereits 1927 waren nach einer Erhebung des Statistischen Reichsamtes von rund 21,3 Mrd. RM Gesamtaktienkapital der Aktiengesellschaften fast 14,7 Mrd. RM, also rund zwei Drittel, aktiv oder passiv konzernverschachtelter Besitz. Begünstigt durch das Kartellverbot der Besatzungsmächte sowie das Kartellgesetz von 1957 waren Ende 1960 vom Gesamtkapital von 31,6 Mrd. DM deutscher Aktiengesellschaften 8,3 Mrd. DM im Schachtelbesitz anderer Aktiengesellschaften, 1,42 Mrd. DM in Dauerbesitz anderer Anteilseigner, doch überwiegend wieder anderer in- und ausländischer Unternehmungen sowie der öffentlichen Hand, und 10,9 Mrd. DM waren nicht festellbarer Besitz. Nimmt man an, daß vom Dauerbesitz und nichtfeststellbarem Besitz — niedrig gerechnet — die Hälfte verschachtelt war, so dürfte das Ausmaß der Konzern-Verschachtelungen in der Bundesrepublik fast 70 % des Aktienkapitals ausmachen.

Nachteile der Konzernverflechtungen

Diese zunehmenden Unternehmensverflechtungen („Verschachtelungen"), die zu immer feineren Formen entwickelt wurden, führten zu einer ständig sich erweiternden *Kluft zwischen Gesetz und Rechtswirklichkeit.* Die Gesellschaft mit weitgestreutem Aktienbesitz — das Leitbild der bisherigen aktienrechtlichen Gesetzgebung — ist wenigstens der Zahl nach die Ausnahme geworden. Es überwiegt die Gesellschaft, auf deren Geschicke ein Großaktionär, der regelmäßig ein anderes Unternehmen ist, maßgebenden Einfluß ausübt und deren Geschäftsführung auf die Interessen dieses anderen Unternehmens ausgerichtet ist. Infolgedessen ist die Rechtsform der Aktiengesellschaft für zahlreiche Unternehmen nur noch die äußere Organisationsform, zum Nachteil der Minderheits-Aktionäre.

Die konzernmäßigen Bindungen haben das aktienrechtliche Kräftespiel zwischen den Organen der Gesellschaft lahmgelegt. Die Geschicke dieser Gesellschaft werden außerhalb der aktienrechtlichen Zuständigkeitsordnung durch Entscheidungen bestimmt, die sich überwiegend jeder rechtlichen Ordnung entziehen. So wird z. B. beim „Organvertrag" das Organunternehmen wirtschaftlich, finanziell und organisatorisch derart in ein anderes Unternehmen eingegliedert, daß es „keinen eigenen Willen" mehr hat. Die Minderheits-Aktionäre einer abhängigen Gesellschaft stehen in der Hauptversammlung dem Großaktionär (d. h. der beherrschenden Unternehmung) gegenüber, den die Verwaltung der beherrschenden Unternehmung vertritt.

Entwicklung des Konzernrechts

Aus diesen Gründen wird schon seit Jahren gefordert, daß die Konzernbildung im Interesse der Allgemeinheit, insbesondere auch der mittelständischen Wirtschaft und der Minderheits-Aktionäre, rechtlich geregelt wird und die Verschachtelungen leichter durchschaubar gemacht werden.

Die Konzernzusammenbrüche in den Krisenjahren um 1931 führten zwar zu einigen bemerkenswerten Ansätzen zur Regelung des Konzernrechtes, die aber das Aktiengesetz von 1937 nicht wieder aufgegriffen hat. Dagegen hat das deutsche *Konzernsteuerrecht* seit 1920 schrittweise die Voraussetzungen für die *steuerliche* Anerkennung von Organschaftsverträgen geschaffen. Schließlich sind nach §§ 22 f. *Kartellgesetz* Fusionen und Konzernbildungen der Kartellbehörde anzuzeigen, wenn der Marktanteil der zusammengeschlossenen Unternehmen für eine Ware mehr als 20 % erreicht oder wenn sie mehr als 10 000 Beschäftigte oder 500 Mill. DM Jahresumsatz oder eine Bilanzsumme von mehr als 1 Mrd. DM (s. oben S. 175).

Das neue **Aktiengesetz von 1965**, das erstmals ein umfassendes Konzernrecht entwickelt, will den Konzern als solchen nicht verhindern oder gar bekämpfen. Es versucht lediglich die *konzernartigen Unternehmensverbindungen rechtlich zu erfassen* und *durchsichtig zu machen*, um die betroffenen Gesellschaften, die außenstehenden Aktionäre und die Gläubiger besser zu schützen sowie Leitungsmacht und Verantwortlichkeit der Konzernspitze in Einklang zu bringen. (§§ 291 ff. AktG 1965).

Begriff und Formen der „verbundenen Unternehmen"

Das neue Aktiengesetz regelt im Dritten Buch nicht nur das Recht der „echten" Konzerne, sondern auch noch vier Formen anderer durch Kapitalbeteiligung oder Unternehmensverträge verbundener Unternehmen, die keineswegs Aktiengesellschaften zu sein brauchen (abhängige Unternehmen müssen allerdings stets Aktiengesellschaften sein). Diese Formen schließen eine wechselseitige Verbindung nicht aus, d. h. eine Unternehmensverbindung kann mehreren der fünf Gruppen angehören. Das Gesetz knüpft an die einzelnen Unternehmensverbindungen jeweils bestimmte Rechtsfolgen.

Das Gesetz unterscheidet folgende Formen von „verbundenen Unternehmen":

1. *„in Mehrheitsbesitz stehende Unternehmen und mit Mehrheit beteiligte Unternehmen"*, das sind Unternehmen, bei denen entweder die Mehrheit ihrer Anteile oder die Mehrheit ihrer Stimmrechte (Mehrheitsbeteiligung) einem anderen Unternehmen gehört. Diese Unternehmensverbindung setzt kein Beherrschungsverhältnis voraus (§ 16 AktG).

2. *„abhängige und herrschende Unternehmen"*, das sind rechtlich selbständige Unternehmen, von denen das eine auf Grund von Beteiligungen oder auch von satzungsmäßigen oder von vertraglichen Rechten unmittelbar oder mittelbar auf ein anderes Unternehmen einen Einfluß ausüben k a n n. Von dem abhängigen Unternehmen wird vermutet, daß es mit dem herrschenden Unternehmen einen Konzern bildet; diese Vermutung kann widerlegt werden, wenn keine einheitliche Leitung besteht (§ 17 AktG).

3. *„Konzernunternehmen"*, das sind rechtlich selbständige Unternehmen, die auf Grund von Beteiligungen, von satzungsmäßigen oder von vertraglichen Rechten unter einer e i n h e i t l i c h e n L e i t u n g stehen; dabei können die Unternehmen in einem Unterordnungs- oder einem Gleichordnungsverhältnis stehen (§ 18 AktG).

4. *„wechselseitig beteiligte Unternehmen"*, das sind inländische Kapitalgesellschaften und bergrechtliche Gewerkschaften, bei denen jedem Unternehmen mehr als der vierte Teil der Anteile des anderen Unternehmens gehört (§ 19 AktG).

5. *„durch einen Unternehmensvertrag verbundene Unternehmen";* auf die verschiedenen Arten der Unternehmensverträge kommen wir noch zurück.

Die wichtigsten Rechtsfolgen der einzelnen Unternehmensverbindungen

Bei *allen verbundenen Unternehmen* hat der Vorstand die Pflicht, dem Aufsichtsratvorsitzenden von sich aus oder auf dessen Verlangen über alle wichtigen Vorgänge bei verbundenen Unternehmen zu berichten (§ 90) sowie in der Hauptversammlung Auskunft über die rechtlichen und geschäftlichen Beziehungen der Gesellschaft zu einem verbundenen Unternehmen zu geben. — Ferner müssen alle Unternehmen Forderungen und Verbindlichkeiten gegenüber verbundenen Unternehmen in der Bilanz ausweisen und im Geschäftsbericht über bestimmte Beziehungen zu verbundenen Unternehmen berichten.

In Mehrheitsbesitz stehende Unternehmen bzw. *abhängige Unternehmen* dürfen grundsätzlich keine Aktien der an ihnen mit Mehrheitsbesitz beteiligten Gesellschaften bzw. der herrschenden Gesellschaft übernehmen (§ 56). Weiterhin müssen die Beteiligungen an Kapitalgesellschaften in der Bilanz ausgewiesen (§ 151) und die Veränderungen der Beteiligungen im Geschäftsbericht angegeben werden (§ 160).

Im *Konzern* kann das herrschende Unternehmen den abhängigen Aktiengesellschaften Weisungen erteilen, doch solche, die für die abhängigen Gesellschaften nachteilig sind, nur dann, wenn ein Beherrschungsvertrag vorliegt *(Vertragskonzern);* wir kommen darauf noch zurück. Alle Konzerne sind ferner zur Aufstellung von *Konzernabschlüssen* verpflichtet (§ 329 ff.).

Die *wechselseitig beteiligten Unternehmen* umfassen auch sehr lockere Unternehmensverbindungen. Es geht dem Gesetzgeber hier vor allem um die verschärfte wechselseitige Mitteilungspflicht der wechselseitig beteiligten Unternehmen. Ferner können bei ihnen die Rechte aus Anteilen an einem anderen Unternehmen nur für höchstens 25 % aller Anteile des Unternehmens ausgeübt werden (§ 328).

Unternehmensverträge

Unternehmensverträge im Sinne des Gesetzes (§ 298 ff.) liegen nur vor, wenn das beherrschte oder das zur Gewinnabführung verpflichtete oder in sonstiger Weise durch den Vertrag betroffene Unternehmen eine Aktiengesellschaft ist. Der andere Vertragsteil kann jede zulässige Unternehmensform haben (auch die der bürgerlichen Gesellschaft). Allen Unternehmensverträgen muß die Hauptversammlung mit einfacher Stimmenmehrheit, aber mindestens einer Dreiviertel-Kapitalmehrheit, zustimmen. Die Verträge werden erst mit ihrer Eintragung im Handelsregister wirksam. Das Gesetz enthält ferner Vorschriften zum Schutze der betroffenen Gesellschaft, der Gläubiger (§§ 300—303) und der außenstehenden Aktionäre (§§ 304—307). Im einzelnen werden durch das Gesetz folgende fünf Unternehmensverträge geregelt, von denen der Beherrschungsvertrag und der Gewinnabführungsvertrag die wichtigsten sind:

1. Der *Beherrschungsvertrag:* Durch ihn unterstellt sich eine Aktiengesellschaft der Leitung eines anderen Unternehmens. Das herrschende Unternehmen braucht keine Mehrheitsbeteiligung beim abhängigen zu haben. Der Beherrschungsvertrag begründet stets einen Konzern *(Vertragskonzern).* Um die Beziehungen zwischen den Konzernunternehmen durchsichtiger zu machen, legt der Gesetzgeber großen Wert auf den Abschluß eines Beherrschungsvertrages. Der *„faktische Konzern",* dem kein Beherrschungsvertrag zugrunde liegt, unterliegt deshalb schärferen Bestimmungen: Er darf, wie bereits erwähnt, den abhängigen Unternehmen keine für diese nachteilige Weisungen erteilen (§ 311). Der Vorstand einer abhängigen Gesellschaft eines faktischen Konzerns hat jährlich einen recht lästigen *Abhängigkeitsbericht* zu erstatten (§ 312), der vom Abschlußprüfer und Aufsichtsrat eingehend zu prüfen ist. Schließlich unterliegen das herrschende Unternehmen eines faktischen Konzerns und seine gesetzlichen Vertreter (es braucht keine AG zu sein) besonders scharfen Haftungsvorschriften (§§ 317 f.). Der Gesetzgeber will durch diese Vorschriften verhindern, daß Gläubiger und außenstehende Aktionäre geschädigt werden.

2. Der *Gewinnabführungsvertrag:* In ihm verpflichtet sich eine Aktiengesellschaft, ihren *ganzen* Gewinn an ein anderes Unternehmen abzuführen. Doch ist vor der Gewinnabführung aus dem Jahresüberschuß der Betrag in die gesetzliche Rücklage einzustellen, der erforderlich ist, um sie innerhalb der ersten fünf Geschäftsjahre, die während des Bestehens des Vertrages beginnen, gleichmäßig auf den zehnten oder den in der Satzung bestimmten höheren Teil des Grundkapitals aufzufüllen. Weitere Vorschriften dienen — ebenso wie bei den folgenden Unternehmensverträgen — dem Schutz der Gesellschaft, der Gläubiger und der außenstehenden Aktionäre.

3. Die *Gewinngemeinschaft* oder der Pool: Hier verpflichtet sich eine Aktiengesellschaft, ihren Gewinn ganz oder zum Teil mit den Gewinnen anderer Unternehmen zusammenzulegen. Der Gewinn wird dann in der Regel nach einem bestimmten Schlüssel verteilt.

4. Der *Teilgewinnabführungsvertrag:* Bei ihm verpflichtet sich eine Aktiengesellschaft, einen Teil ihres Gewinnes an einen anderen, der kein Unternehmen zu sein braucht, abzuführen.

5. Der *Betriebspachtvertrag* und der *Betriebsüberlassungsvertrag:* In ihnen wird der Betrieb einer Aktiengesellschaft einem anderen verpachtet oder überlassen.

Mitteilungspflicht

Größere Beteiligungen (mehr als 25 % und mehr als 50 % des Aktienkapitals) müssen Aktionäre, die Unternehmen sind, künftig der Gesellschaft melden; dadurch sollen Kapitalverschachtelungen leichter durchschaubar gemacht werden. Die Beteiligung sowie der Verlust der Beteiligung sind in den Gesellschaftsblättern bekanntzumachen (§§ 20 ff. AktG 1965). — *Wechselseitig beteiligte Unternehmen* unterliegen, wie bereits erwähnt, einer noch größeren Mitteilungspflicht.

Der Konzernabschluß

Der Konzern besteht zwar aus rechtlich selbständigen Unternehmen, ist aber infolge der einheitlichen Leitung w i r t s c h a f t l i c h eine E i n h e i t. Die Jahresabschlüsse der einzelnen Konzernunternehmen geben daher, selbst wenn man sie in einer Bilanz durch Addition der Posten zusammenfaßte, nur ein verzerrtes Bild von der Vermögens- und Ertragslage des Konzerns und der einzelnen Konzernunternehmungen; denn die Beziehungen zwischen den einzelnen Konzernunternehmen können die Abschlußzahlen sehr stark aufblähen. Infolge der ständig zunehmenden Verflechtungen hat sich mehr und mehr die Ansicht durchgesetzt, daß die P f l i c h t z u r A u f s t e l l u n g v o n K o n z e r n -
a b s c h l ü s s e n eingeführt werden soll.

Im Konzernabschluß müssen die i n n e r k o n z e r n l i c h e n B e z i e h u n -
g e n soweit wie möglich a u s g e s c h a l t e t werden, d. h. die sich auf die einzelnen Konzernunternehmen beziehenden Beteiligungen, die auf diese Beteiligungen entfallenden Eigenkapitalien, die Schuldverhältnisse zwischen den Konzernunternehmen sowie die zwischen ihnen erzielten Erfolge müssen aufgerechnet werden. Ein in dieser Weise bereinigter Konzernabschluß, eine *„konsolidierte Bilanz"*, gibt nicht nur die Vermögens- und Ertragslage des Konzerns wieder, sondern liefert darüber hinaus wertvolle Hinweise für die Beurteilung des einzelnen Konzernunternehmens. Der Konzernabschluß kann natürlich die Einzelabschlüsse der Konzernunternehmen nicht ersetzen. Für die einzelnen Konzernunternehmen, die ja rechtlich selbständig sind, bleiben die allgemeinen Vorschriften über die Rechnungslegung nach wie vor bestehen.

Das A k t i e n g e s e t z v o n 1 9 6 5 (§§ 329—338) hat die Rechnungslegung des Konzerns erstmals umfassend geregelt. Der Gesetzgeber ist aber bei seinen Vorschriften über den Konzernabschluß (Konzernbilanz, Konzern-Gewinn- und -Verlustrechnung und Konzerngeschäftsbericht) vorsichtig und schrittweise vorgegangen, um der Wirtschaft zu ermöglichen, reibungslos in die neuen Vorschriften hineinzuwachsen.

6. Trusts

Der Trust ist ein *Zusammenschluß von Unternehmungen, der die rechtliche und wirtschaftliche Selbständigkeit der einzelnen Unternehmungen aufhebt und zu einer einzigen Unternehmung führt.*

Der Trust ist ebenso wie das Kartell auf die Beherrschung des Marktes gerichtet. Sein Streben geht im allgemeinen aber auch auf innerbetriebliche Rationalisierung und betriebswirtschaftliche Kontrolle der Produktion, so etwa durch die Stillegung unrentabel arbeitender Betriebe. Wir unterscheiden auch hier *Horizontaltrusts* (Unternehmen desselben Wirtschaftszweiges) und *Vertikaltrusts* (Unternehmen verschiedener Produktionsstufen).

IV. Literaturhinweise

Arbeitskreis Krähe: Konzernorganisation. 2. Aufl. Köln/Opladen 1964.

Behrens, Fr. St.: Marktinformation und Wettbewerb. Köln 1963.

Bussmann, K.-F.: Kartelle und Konzerne. Sammlung Poeschel, 1963.

Grochla, Erwin: Betriebsverband und Verbandsbetrieb, Berlin 1959.

Grochla, Erwin: Betriebsverbindungen. Sammlung Göschen, 1969.

Langen, Eugen, U. Schmidt u. E. Niederleithinger: Kommentar zum Kartellgesetz. 5. Aufl., Neuwied/Berlin 1976.

Löffelholz, J.: Die Aktiengesellschaft und der Konzern. Wiesbaden 1967.

Mayer, Leopold: Kartelle, Kartellorganisation und Kartellpolitik. Wiesbaden 1959.

Rasch, Harold: Deutsches Konzernrecht. 3. Aufl., Köln/Berlin 1966.

E. Die Unternehmensführung

I. Wesen und Aufgaben der Unternehmensführung

1. Begriff und Organisation der Unternehmensführung

Unternehmensführung, Unternehmensleitung, Management

Die Begriffe Unternehmensführung, Unternehmensleitung und Management haben (wie viele derartige Begriffe) eine doppelte Bedeutung; man versteht darunter einmal eine *Institution*, nämlich den mit der Führung oder der Leitung betrauten Personenkreis, und zum anderen eine *Funktion*, und zwar den Aufgabenbereich dieser Personengruppe.

Unter *Unternehmensführung* verstand man früher allgemein die Tätigkeit des oder der Leiter der Unternehmung, eine Auffassung, die der autoritären patriarchalischen Betriebsordnung früherer Zeiten entsprach und die noch im 19. Jahrhundert vorherrschte. Mit der fortschreitenden Rationalisierung der Betriebsorganisation, der Entwicklung der „wissenschaftlichen Betriebsführung" („scientific management", Taylor, 1911) werden dann systematisch Führungsaufgaben und Führungsverantwortung in hierarchischer Stufenfolge mehr und mehr an die Mitarbeiter delegiert. Danach ist *Unternehmensführung oder Betriebsführung* (als funktionaler Begriff) *im arbeitsteiligen Betrieb der Inbegriff* aller *leitenden, anleitenden oder disponierenden Tätigkeit* von der obersten Unternehmensleitung über die Abteilungsdirektoren bis hinunter zu den Meistern und Vorarbeitern.

Die *Europäische Produktivitäts-Agentur (EPA) der OEEC* hat auf der internationalen Konferenz 1957 in Paris (unter Mitwirkung deutscher Betriebswirtschafter) die

„Stufen der Unternehmensführung" (Levels oft Management) festgelegt:

1. *Oberste Unternehmensführung* (Top Management): sie umfaßt den Generaldirektor und die ihm unmittelbar unterstellten Direktoren, ferner Direktoren, die ein oder mehrere Hauptressorts der Unternehmung (Fertigung, Vertrieb u. dgl.) leiten.

2. *Mittlere Unternehmensführung* (Middle Management): hierzu gehören alle leitenden Mitarbeiter zwischen der obersten und der untersten Stufe, wie Leiter selbständiger Abteilungen, Verkaufsbüros u. dgl.

3. *Unterste Unternehmensführung* (Lower Supervision, Junior Management): sie besteht aus den Meistern, denen unmittelbar die Arbeiter unterstehen, und den Mitarbeitern in ähnlichen Stellungen in der Verwaltung.

Diese drei Stufen wird es nur in Unternehmen von einer gewissen Größe an geben. In kleineren werden sie mehr zusammenfallen, besonders das Middle Management wird fehlen.

Der Terminus *Management* wird heute meist gleichbedeutend mit Unternehmensführung gebraucht. Er hat allerdings in der amerikanischen Literatur und Praxis eine etwas abweichende Bedeutung (vgl. darüber Gutenberg, Unternehmensführung, Wiesbaden 1962, S. 20).

Der Begriff *Unternehmensleitung* (Top Management) ist im Schema der EPA vielleicht etwas weitgefaßt. Meist versteht man darunter nur die oberste Führungsinstanz, „die die letzte Entscheidung zu treffen hat und für alle Maßnahmen die unmittelbare Verantwortung nach außen trägt" (Arbeitskreis Krähe der Schmalenbach-Gesellschaft, Leitungsorganisation, Köln und Opladen 1958), z. B. den Vorstand der AG oder Genossenschaft, die Geschäftsführung der GmbH, in den USA den „Board of Directors".

Die Organisation der Unternehmensführung

Die Unternehmensführung kann je nach der Gliederung des *Instanzenaufbaus* sein (s. oben S. 92 ff.):

1. Die *Linienorganisation:* Alle Organisationsstellen sind in einen einheitlichen Befehlsweg eingegliedert, der von der obersten Instanz bis zur untersten Stelle geht. Jeder Leiter hat alle Aufgaben seiner Kompetenz selbst zu erledigen oder von seinen Untergebenen erledigen zu lassen.

2. Die *Stablinienorganisation:* Wegen der starken Belastung der oberen Instanzen bei der Linienorganisation hat man neuerdings beratende Arbeitsstäbe bei den einzelnen Betriebsführern eingerichtet, so z. B. das Direktionssekretariat, Planungsabteilungen, technisch-wissenschaftliche Abteilungen, Entwicklungslaboratorien, Organisations-, Planungs-, Operations-Research-, Rechts- und volkswirtschaftliche Abteilungen usw. mit *beratenden Funktionen.*

3. Die *Funktionsorganisation* (Funktionsmeistersystem von Taylor): Die Meister der unteren Führungsschicht sind stark spezialisiert, um ihre Leistungsfähigkeit zu erhöhen, und jeder Arbeiter untersteht gleichzeitig mehreren Meistern, in größeren Fabriken beispielsweise acht verschiedenen Meistern. Es erspart zwar durch direkte fachliche Anweisungen Leerlauf, verstößt aber gegen den Grundsatz der „Einheit der Auftragserteilung", und seine Einführung wird wegen gewisser Überschneidungen der Kompetenzen und persönlicher Reibung der Instanzen sehr erschwert. (Näheres darüber siehe oben S. 92 ff.)

Die **Unternehmensleitung** besteht bei einer einköpfigen Leitung *(Singularinstanz)* aus dem Leiter, bei einer mehrköpfigen Leitung *(Pluralinstanz)* kann sie nach verschiedenen Prinzipien organisiert sein:

1. Das *Direktorialsystem:* Ein Mitglied der Leitung („Generaldirektor") entscheidet bei Meinungsverschiedenheit der Mitglieder, so z. B. früher häufig der Vorsitzer des Vorstandes einer AG; die übrigen Mitglieder des Vorstandes mußten jedoch häufig auch die Verantwortung für seine Entscheidungen tragen, sie konnten dann Einspruch erheben und allenfalls ihre gegenteilige Auffassung dem Aufsichtsrat vortragen. Nach dem neuen Aktiengesetz (§ 77) ist das Direktorialsystem nicht mehr zulässig (s. oben S. 94).

2. Das *Kollegialsystem:* Die Mitglieder haben bei Entscheidungen gleiche Rechte, alle Beschlüsse werden mit Stimmenmehrheit oder — zum Teil beschränkt auf bestimmte Fälle — mit Einstimmigkeit gefaßt. In diesen Systemen verwaltet häufig jedes Mitglied ein bestimmtes Ressort selbständig, und nur die über die Ressortgrenzen hinausgehenden Entscheidungen werden vom Kollegium der Mitglieder getroffen. (Näheres siehe oben S. 94).

2. Träger der betrieblichen Entscheidungen

„Unternehmer-Unternehmungen" und „Geschäftsführer-Unternehmungen"

In jedem Betrieb, gleich welcher Wirtschaftsordnung, müssen *„grundlegende Entscheidungen"* (Mellerowicz) getroffen werden. Träger grundlegender Entscheidungen war in Frühkulturen, wo die Produktion noch in der Klein- oder Großfamilie lag, das Familienoberhaupt, der Familienälteste, in der kapitalistischen Unternehmung ist es der Unternehmer oder, wie bei der AG, der Geschäftsführer (Manager), in den (kommunistischen) zentralgeleiteten Verwaltungswirtschaften die oberste Wirtschaftsverwaltungsbehörde. Wer Träger der grundlegenden betrieblichen Entscheidungen ist, hängt also ganz vom Wirtschaftssystem ab.

In unserem *kapitalistischen Wirtschaftssystem* haben sich die Träger der obersten betrieblichen Entscheidungen stark gewandelt und differenziert. Im Frühkapitalismus war der Eigentümer der Unternehmung fast stets auch der Unternehmer, der die grundlegenden Entscheidungen traf. Sein *patriarchalisches* Verhältnis zu den Mitarbeitern hat sich bis in den Hochkapitalismus hinein gehalten und kommt heute noch gelegentlich in landwirtschaftlichen und Handwerksbetrieben vor.

Mit der Entstehung der *Kapitalgesellschaften* (AG und GmbH) sowie der Genossenschaften im 19. Jahrhundert änderte sich dieses Verhältnis. Die Eigentümer dieser Gesellschaften haben zwar in außerordentlichen Fällen noch ein Entscheidungsrecht (z. B. die Aktionäre in der Hauptversammlung), aber sie sind grundsätzlich nicht mehr die „Unternehmer" im ursprünglichen Sinne. Die wichtigsten Träger der grundlegenden Entscheidungen sind vielmehr die Geschäftsführer, die Manager, in der AG Vorstand und Aufsichtsrat. Gutenberg nennt sie *„Geschäftsführer-Unternehmungen"* oder *„Manager-Unternehmungen"*, im Gegensatz zu den „Unternehmer-Unternehmungen", bei denen Eigentum an der Unternehmung und Geschäftsführung zusammenfallen (Gutenberg, Unternehmensführung, Wiesbaden 1962).

Es kann natürlich vorkommen, daß auch bei juristischen Personen das gesamte Eigentum in der Hand der Geschäftsführer liegt, dann haben wir es auch hier mit einer „Unternehmer-Unternehmung" zu tun. Auch bei Familienaktiengesellschaften haben die Familienmitglieder meist einen größeren Einfluß auf die Entscheidungen; wie überhaupt in Aktiengesellschaften mit einer kleinen Zahl von Aktionären oder mit einem Großaktionär, der häufig noch im Aufsichtsrat sitzt, die Entscheidungsrechte des Vorstandes stark beschnitten sein können. Bei den „Publikumsaktiengesellschaften" sind durch das AktG von 1937, mit dem die Nationalsozialisten das „Führerprinzip" in der Aktiengesellschaft einführten, die Entscheidungsrechte der Aktionäre stark beschnitten worden. Das neue Aktiengesetz hat deshalb die Forderung erfüllt, ihre Rechte wieder wesentlich zu erweitern und andererseits die Entscheidungsmacht der Verwaltung (Vorstand und Aufsichtsrat) durch Beschränkung der Bildung stiller Reserven sowie durch größere Publizität und erweiterte Bilanzprüfung einzudämmen (vgl. oben S. 136 ff.).

Mitbestimmung der Arbeitnehmer

Neben Unternehmungseigentümern und Geschäftsführung gibt es in der modernen Unternehmung noch ein drittes „Zentrum betrieblicher Willensbildung" (Gutenberg, a. a. O.): die Mitbestimmung der Arbeitnehmer in der Unternehmung, die sich auf die Idee der „Betriebsdemokratie" mit ihrer „sozialindividualistischen" Arbeitsordnung gründet. Nach dem Betriebsverfassungsgesetz (Näheres s. unten S. 332 ff.) werden die Mitbestimmungsrechte durch den Betriebsrat und die Betriebsversammlung (beratend durch den Wirtschaftsausschuß) ausgeübt. Der Betriebsrat hat in bestimmten sozialen Angelegenheiten ein Mitbestimmungsrecht. Weiterhin muß der Aufsichtsrat größerer Kapitalgesellschaften (über 500 Arbeitnehmer) zu einem Drittel aus Vertretern der Arbeitnehmer bestehen. Wesentlich weitergehende Mitbestimmungsrechte haben die Arbeitnehmer der Betriebe des Bergbaus und der Eisen- und Stahlindustrie durch das Mitbestimmungsgesetz vom 24. 5. 1951. Sie senden mehr Mitglieder in den Aufsichtsrat (qualifizierte Mitbestimmung), außerdem muß zum Vorstand ein Arbeitsdirektor gehören. (Näheres s. unten S. 334 und S. 377 ff.).

Eine ähnliche Regelung wie für die Betriebe des Bergbaus und der Stahlindustrie wollen die Gewerkschaften für alle größeren Betriebe durchsetzen. Von einschneidender Bedeutung ist dabei ihre Forderung, die Mitglieder des Aufsichtsrates und des Vorstandes durch ihre Spitzenorganisationen zu bestimmen („überbetriebliche Mitbestimmung"), und zwar mit der Begründung, die Wahl dieser Mitglieder durch die Belegschaft selbst könnte durch die Unternehmungsleitung beeinflußt sein und wäre nicht objektiv genug. Dagegen befürchten die Arbeitgeber, die Ernennung der Verwaltungsmitglieder durch die Gewerkschaften würde u. U. betriebsfremden Funktionären einen erheblichen Einfluß in der Verwaltung verschaffen, sie würden weniger die Interessen der Unternehmung vertreten, wie es nach dem Gesetz ihre Pflicht ist, als vielmehr die der Gewerkschaft. Zudem würden die Gewerkschaften dann die ganze Wirtschaft beherrschen.

Die „**soziale Betriebsführung**" behandeln wir später (unten S. 376 ff.).

II. Die Entscheidungen der Unternehmensleitung

1. Die obersten Prinzipien der Betriebsführung

Die *konstitutive Entscheidung* der Unternehmung ist die Festlegung der Ziele der Unternehmung. In der bisherigen Literatur werden meist als das oberste oder gar einzige Ziel der Unternehmung das *Erwerbsstreben* allgemein oder, in seiner schärferen Fassung, die *Gewinnmaximierung* angenommen. Diese Prämisse hat den Vorteil, daß sie exakte Analysen ermöglicht. Wir wollen zunächst kurz auf die systembezogenen „Obersten Prinzipien" der Betriebsführung eingehen, weil sich aus ihnen zum Teil die verschiedenartigen Ziele der Betriebe ableiten. — Über den *Entscheidungsprozeß* s. unten S. 214, über *Entscheidungsmodelle* S. 214.

Das Bedarfsdeckungsprinzip

Der optische Zweck aller Betriebe liegt im Außerwirtschaftlichen; der Betrieb ist eine dauerhafte soziale Institution zur planmäßigen Beschaffung materieller und immaterieller Güter, um menschliche Bedürfnisse zu befriedigen. Dieses Ziel wird in *den* Betrieben direkt erreicht, in denen Produktion und Konsumtion noch nicht getrennt sind, in denen also die Produktion der Güter im Betrieb der Familie ausgeführt wird. Diese Betriebe suchen einen „nach Umfang und Art fest umschriebenen Vorrat von Gebrauchsgütern, d. h. ... ihren natürlichen Bedarf, zu decken" (Sombart, Moderner Kapitalismus, I. Bd.). Sie handeln nach dem „*Bedarfsdeckungsprinzip*" (Sombart). Dazu gehört aber nicht nur die autarke Hauswirtschaft der Vorzeit (sofern es sie in einer reinen Form überhaupt gegeben hat), dazu gehören auch die Betriebe fast aller vorkapitalistischen Wirtschaftssysteme; sie tauschen zwar bereits und haben auch den Geldverkehr eingeführt, aber sie erstreben nur einen fest umschriebenen Vorrat von Verbrauchsgütern, dessen Umfang und Art durch eine traditionsgebundene Wirtschaft festgelegt wird. So strebt der mittelalterliche Zunftbetrieb, der als „Organ" der Zunft noch keine Autonomie besitzt *(„Organprinzip"* — Gutenberg), nach der „standesgemäßen Nahrung" (necessaria und convenientia), und die statische, universalistische Zunftordnung sorgt dafür, daß ihm nicht mehr, aber auch nicht weniger zufließt, daß das justum pretium (gerechter Preis) nicht verletzt wird und das Prinzip der *„gemeinwirtschaftlichen Wirtschaftlichkeit"* gewahrt bleibt. E. Gutenberg spricht von dem „*Prinzip angemessener Gewinnerzielung*" („Angemessenheitsprinzip").

Das erwerbswirtschaftliche Prinzip

In der Renaissance löst sich die neue Wirtschaftsgesinnung von dem universalistischen, traditionsgebundenen Bedarfsdeckungsprinzip der Zunftwirtschaft und ersetzt es durch das individualistische *erwerbswirtschaftliche Prinzip*. Die Unternehmung befreit sich aus der organhaften Verbindung der Zunft und wird damit autonom *(„Autonomieprinzip"* — Gutenberg). Das systembezogene Prinzip der typischen (kapitalistischen) Unternehmung ist das *Prinzip der Gewinnmaximierung*. (Jacob Fugger antwortet auf die Frage, warum er immer noch arbeite, er habe doch schon überreichlich genug: Ich will gewinnen, soviel ich kann!) Beim erwerbswirtschaftlichen Prinzip sind alle betrieblichen Maßnahmen so zu treffen, daß in jeder Situation die günstigste Rentabilität erzielt wird.

Wird dieses Prinzip in der Unternehmung mit rationalen Methoden (Buchhaltung, Kostenrechnung) verfolgt, so spricht man vom *Prinzip der Gewinnmaximierung*: Der Gewinn, die Differenz zwischen Kosten und Erlös, soll durch optimale Festsetzung der Absatzmenge und unter Beachtung der Minimalkostenkombination (eine Kombination verschiedener untereinander austauschbarer Produktionsfaktoren, deren Einsatz die geringsten Kosten verursacht) möglichst groß werden. Auf weitere Unternehmensziele kommen wir noch zurück.

Weitere Betriebstypen unseres Wirtschaftssystems

Wenn auch das Erwerbswirtschaftsprinzip für unser Wirtschaftssystem charakteristisch ist, so schließt das nicht aus, daß in ihm Betriebe auch nach anderen Prinzipien geleitet werden. So werden viele öffentliche Betriebe, für die das Prinzip der Gewinnmaximierung ungeeignet ist (die Eisenbahn z. B. muß auch unrentable Strecken unterhalten), nach dem (gemeinnützigen) *Bedarfsdeckungsprinzip* geführt. Ihr Ziel ist „beste Bedarfsdeckung, höchster produktiver Beitrag des Einzelbetriebs zur Gesamtbedarfsdeckung" (Mellerowicz). E. Gutenberg spricht auch hier vom Prinzip der *„angemessenen Gewinnerzielung"* (doch gilt dieses Prinzip im strengen und wörtlichen Sinne nur für öffentliche Betriebe, die noch einen Gewinn erzielen, nicht aber für Zuschußbetriebe, wie öffentliche Schulen, öffentliche Theater). Andererseits gibt es öffentliche Betriebe, die zwar nach dem „Angemessenheitsprinzip" geführt werden sollen, die aber dennoch einen erklecklichen Gewinn abwerfen, wie z. B. kommunale Versorgungsbetriebe und Sparkassen. Hier nähert sich das Angemessenheitsprinzip dem Gewinnmaximierungsprinzip. Schließlich ist das Angemessenheitsprinzip in unserer Wirtschaft noch in Betrieben vorherrschend, die stark traditionsgebunden sind, wie kleine bäuerliche und Handwerksbetriebe.

In der „spätkapitalistischen Epoche" („Neukapitalismus" — Mellerowicz) gewinnt auch das *„Organprinzip"* (Gutenberg) teilweise Geltung, und zwar in verstaatlichten Wirtschaftsbereichen, die als Organe einer *„Gemeinwirtschaft"* angesehen werden und zum Teil sogar schon nach dem (abgewandelten) *„Prinzip plandeterminierter Leistungserstellung"* (das Leistungssoll der Betriebe wird von einer Zentralplanstelle vorgegeben) geführt werden; die *„Planifikation"* in Frankreich nähert sich in dem sehr umfangreichen verstaatlichten Wirtschaftssektor diesem Prinzip, das in der *„zentralgeleiteten Verwaltungswirtschaft"* (der „Kommunistischen Planwirtschaft") vorherrscht.

Der „mittlere Weg"

Dieses Nebeneinander verschiedenartiger Wirtschaftsprinzipien führt Mellerowicz (Allgemeine Betriebswirtschaftslehre, 1 Bd., 14. Aufl. 1973, Sammlung Göschen) zu der Ansicht, daß es sich „bei der Suche nach der optimalen Wirtschaftsordnung" nicht um die Alternative: freie Verkehrswirtschaft oder Planwirtschaft handeln könne, „sondern zwischen diesen beiden idealtypischen Wirtschaftsformen ergibt sich eine ganze Skala von Wirtschaftsordnungen, die Elemente aus beiden Grundtypen übernommen haben. Je nach dem Einfluß und Gewicht einer der beiden Ordnungen ergibt sich der jeweilige Standort in dieser Skala. Alle diese Zwischenformen faßt man unter dem Begriff Wirtschaftsordnung des *„mittleren Weges"* zusammen ... Die rechte Seite dieser Gruppe wird begrenzt durch die sogenannte ‚soziale Wirtschaft', die linke Seite durch die Planwirtschaft mit freier Konsum- und Arbeitsplatzwahl. Die Mitte bildet die gelenkte Marktwirtschaft und der liberale Sozialismus." Für den Lenkungsgrad und die Lenkungsmethoden stellt Mellerowicz drei Grundsätze auf: 1. Eingriffe des Staates in die Unternehmensführung, nur wenn notwendig; 2. bei notwendigen Eingriffen sind zunächst nur marktkonforme indirekte Mittel (pretiale Lenkung, Steuerlenkung usw.) anzuwenden; 3. reichen indirekte Mittel nicht aus, müssen direkte Lenkungsmaßnahmen ergriffen werden; doch lehnt Mellerowicz eine „Sozialisierung auf kaltem Wege" ab.

2. Unternehmungsziele und Unternehmerverhalten

Die Zielfunktionen

Mit dem Vordringen sozialpsychologischer Methoden in den Wirtschaftswissenschaften wurde erkannt, daß die Unternehmung (im eigentlichen Sinne) keineswegs nur nach dem Gewinnmaximierungsprinzip geführt wird.

So haben empirische Untersuchungen in Deutschland und vor allem in den USA gezeigt, daß die Unternehmungen auch andere, meist mehrere Ziele gleichzeitig anstreben. *E. Heinen* (Grundlagen betriebswirtschaftlicher Entscheidungen. Das Zielsystem der Unternehmung, 3. Aufl., Wiesbaden 1976) hat alle Ziele, die eine Unternehmung verfolgen kann, im Begriff „*Zielfunktion*" zusammengefaßt. Sie werden durch die „*Zielentscheidungen*" erfüllt. Alle anderen Entscheidungen beziehen sich auf die „Wahl der Mittel, deren sich die Unternehmung bedienen soll, um ihrer Zielfunktion zu entsprechen". Es sind die „*Mittelentscheidungen*". Die Zielvorstellungs- und -verhaltensweisen sind also äußerst komplex. *H. Koch* (Betriebliche Planung, Wiesbaden 1961) stellt folgenden *Katalog der Zielvorstellungen* der Leitung auf:

1. Höherer Wohlstand bzw. Besitz einer Existenzgrundlage; man spricht nicht ganz korrekt auch vom Gewinnstreben oder vom Erwerbsprinzip.

2. Selbständigkeit beim Einkommenserwerb: ein Arbeitnehmer gründet ein Unternehmen, um Einkommen aus selbständiger Position zu erzielen.

3. Höhere soziale Stellung.

4. Größere wirtschaftliche Machtstellung, z. B. Gründung und Ausbau von Konzernen und Konzentrationstendenzen beruhen oft auf diesem Prinzip.

5. Unterstützung von Verwandten.

6. Pflege der Firmentradition.

7. Wohlergehen der Belegschaft.

8. Wohlergehen des Staatsganzen.

Analyse der Zielfunktionen der Unternehmung

E. Heinen (Die Zielfunktion der Unternehmung, in „Zur Theorie der Unternehmung", Wiesbaden 1962) hat die Zielfunktion der Unternehmung sehr eingehend analysiert und die *Zielvorstellungen* der Unternehmungsleitung „nach ihrer Wirkung auf die Geldsphäre der Unternehmung" *systematisiert*:

1. Monetäre Zielvorstellungen: Sie können innerhalb der Geldsphäre der Unternehmung quantitativ erfaßt werden:

a) *Das Gewinnstreben:* Das Erwerbsstreben tritt in verschiedenen Formen in Erscheinung, z. B. als Streben nach angemessenem oder absolut-maximalem Gewinn. Schwierigkeiten bei der Analyse dieser Zielvorstellung ergeben sich aus den verschiedenartigen Interpretationen des Gewinnbegriffs. — Nach Heinen besitzen „nur auf dem vollkommenen Markt und in Konkurrenzsituationen die Unternehmer keine andere Wahl, als den Gewinn zu maximieren ...", bei anderen, insbesondere unvollkommenen Märkten besteht dagegen keine unbedingte Notwendigkeit, die Unternehmungsentscheidungen nach dem erwerbswirtschaftlichen Maximierungsprinzip auszurichten".

b) *Das Umsatzstreben:* Es ist in der Regel mit dem Gewinnstreben eng verbunden, denn höherer Umsatz bringt auch höheren Gewinn, sofern sich das Unternehmen in der Gewinnzone befindet. Es scheint in der strengen Form der Umsatzmaximierung bei jenen Unternehmungen vorzuherrschen, die unter oligolistischem Wettbewerb stehen und bei denen gleichzeitig eine Trennung zwischen Eigentümer- und Geschäftsführerfunktion vorliegt.

2. Nicht-monetäre Zielvorstellungen: Sie schlagen sich nicht oder nicht unmittelbar quantitativ in der Geldsphäre der Unternehmung nieder. Dazu gehören vor allem:

a) *Streben nach Prestige und Macht:* Es entspringt den gesellschaftlichen Bedürfnissen des Unternehmers. Nach *Parson* stellen Erfolgs-, Prestige- und Machtstreben fundamentale Ziele der Geschäftswelt dar, die weitgehend gesellschaftlich institutionalisiert sind. — Macht- und Gewinnstreben brauchen durchaus nicht übereinzustimmen, so gibt es z. B. zahlreiche Fälle, in denen über die Verhältnisse hinaus aus reinem Prestige gebaut wird, in denen Erweiterungsinvestitionen vorgenommen werden, „um es der Konkurrenz zu zeigen", oder Firmen aufgekauft werden, um sie der „Konkurrenz vor der Nase wegzuschnappen".

b) *Ethische und soziale Prinzipien:* Sie können einmal der persönlichen Überzeugung des Unternehmers entspringen (individual-ethisch motivierte Verhaltensweise), sie können andererseits aber auch auf gesellschaftlich institutionalisierte Normen zurückgehen „... Die ethischen Prinzipien der Gesellschaft beeinflussen unvermeidbar die Verhaltensweise der Unternehmer ... Wer ausschließlich den Gewinn maximiert, handelt eine scharfe gesellschaftliche Mißbilligung ein." (K. E. Boulding, zit. nach Heinen, a. a. O.)

c) *Streben nach Unabhängigkeit:* Ein Unternehmer könnte die Gewinne steigern, wenn er einen neuen Gesellschafter aufnähme oder das Fremdkapital erhöhte oder sich einem Konzern anschlösse; er verzichtet aber darauf, um „Herr im Haus zu bleiben".

d) *Sonstige Zielvorstellungen:* z. B. „die Freude an schöpferischer Betätigung, der Wille zur Bestätigung der eigenen Persönlichkeit, das Gestaltenwollen, die Freude am Vollbringen und das Verpflichtetsein gegenüber einer Idee, einem Werk oder einer Gesellschaft". Auch derartige Ziele, die keineswegs selten sind, lassen sich nicht dem Erwerbsstreben subsumieren.

Die Rangordnung der Unternehmensziele

Die Motivationsstrukturen der Unternehmer sind bisher in ihrer größenmäßigen Zusammensetzung kaum exakt untersucht worden. Die Meinung, welche Unternehmensziele im Vordergrund stehen, gehen daher stark auseinander. Wir können folgende *drei Richtungen* unterscheiden:

1. Die *erste Richtung* sieht in der Gewinnmaximierung das einzige Prinzip der Unternehmung. Vertreter sind vor allem die national-ökonomischen Klassiker, sie konstruierten (als Arbeitshypothese) den *homo oeconomicus*, den Idealtyp des kapitalistischen Unternehmers: Es handelt streng rational, wobei vollkommene Konkurrenz, vollkommene Markttransparenz *(Transparenzprämisse)*, vollkommene Anpassungsfähigkeit *(Reaktionsprämisse)* des Unternehmers vorausgesetzt wird, um das Funktionieren des Marktmechanismus exakt untersuchen zu können. Doch wurden mit der fortschreitenden Forschung die Voraussetzungen variiert: Man untersucht das Unternehmerverhalten auf monopolistischen Märkten, beim Bestehen von Unsicherheiten (Risiko und Spekulation) usw. Unternehmensziel blieb aber allein die Gewinnmaximierung, obgleich die meisten der großen Unternehmer des 19. Jahrhunderts äußerten, daß sie nicht um des Gewinnes willen arbeiteten (Fr. Krupp, Justus von Liebig, Werner von Siemens, Ernst Abbe usw. — W. Rathenau: „Ich behaupte, daß noch niemand in der wirtschaftlichen Welt wahrhaft Großes geleistet hat, dem der persönliche Erwerb wichtig, oder die Hauptsache war ... Wer an persönlichem Geldgewinn hängt, kann überhaupt kein großer Geschäftsmann sein." — Geschäftlicher Nachwuchs, in „Kritik der Zeit", 7. Aufl. 1912).

Auch heute noch sieht ein großer Teil der Wirtschaftswissenschaftler im Gewinnmaximierungsprinzip die einzige für die Wirtschafts*theorie* relevante Determinante der kapitalistischen Unternehmung. Am konsequentesten wird diese Ansicht von Wilhelm *Rieger* und seinen Schülern vertreten.

2. Von der *zweiten Richtung* wird das Gewinnmaximierungsprinzip als oberste oder primäre Leitmaxime der Unternehmung abgelehnt. Die Vertreter dieser Richtung gehören der *normativistischen Schule* an, sie sehen die obersten Prinzipien der Unternehmung in ethischen Maximen, wie z. B. dem Prinzip der „*Gemeinwirtschaftlichkeit*", das sich auf ethische Normen wie Gerechtigkeit, Treue, Ehrlichkeit und andere Tugenden gründet. Am konsequentesten wurde diese Richtung vertreten von J. Fr. Schär, Nicklisch, Schönpflug und deren Schülern sowie mit gewissen Einschränkungen auch andere Betriebswirtschaftler, wie z. B. Schmalenbach, F. Schmidt, Mellerowicz, Prion und Seyffert. — Es wird verschiedentlich behauptet, die normativistische Schule, wie Nicklisch und seine Schüler, lehne das Gewinnstreben der Unternehmen als unsittlich ab; das ist keineswegs der Fall. Sie erkennt die Bedeutung des Gewinnmaximierungsprinzips für die Unternehmung durchaus an. Es spielt im Werk Nicklischs sogar eine große Rolle, doch wird es ethischen Prinzipien (insbesondere der Gerechtigkeit) unterstellt; so fordert z. B. Nicklisch auch eine Beteiligung der Arbeitnehmer am Gewinn, da er nicht nur auf das Kapital, sondern auch auf die Arbeit zurückzuführen sei. — Erkennt man die Existenzberechtigung einer normativistischen Betriebswirtschaftslehre an, die in die praktische Philosophie hineinragt und neben oder über der betriebswirtschaftlichen Theorie steht, so ist dieser Standpunkt durchaus berechtigt.

3. Auch die *dritte Auffassung* erkennt die betriebswirtschaftliche Relevanz aller Zielvorstellungen der Unternehmung an, sieht aber im Gewinnmaximierungsprinzip das die (kapitalistische) Unternehmung determinierende Prinzip. Wenn auch festgestellt wird, daß es neben dem Erwerbsstreben noch zahlreiche andere Zielvorstellungen der Unternehmungsleitung gibt, so kommt dem Erwerbs- oder Rentabilitätsstreben doch eine ganz besondere Bedeutung in den Zielfunktionen der Unternehmung zu; denn die „nicht-monetären" Ziele können nicht erreicht werden, wenn der Unternehmer das Rentabilitätsprinzip mißachtet. Mag er seine Ziele noch so hoch gesteckt haben, er kann nicht über seinen Schatten springen. Die Rentabilität seiner Unternehmung zieht seinen „höheren" Zielen Grenzen, die er nicht überschreiten kann, will er nicht zugrunde gehen. Die Rentabilität bestimmt zwar nicht allein die allgemeine Entwicklung der Unternehmung, sie ist aber entscheidend für ihr Sein oder Nichtsein.

Unternehmerverhalten bei unterschiedlichen Erfolgslagen

Auf dieser Tatsache beruht auch das Verhalten der Unternehmung bei unterschiedlichen Erfolgslagen. Bei einem Unternehmen, das stark sinkende Gewinne ausweist, müssen alle nicht-monetären Zielvorstellungen vor dem Gewinnmaximierungsprinzip ganz in den Hintergrund treten; denn es geht um die Existenz des Unternehmens, die nur durch steigende Gewinne gesichert werden kann. Der Unternehmer wird unter Umständen sogar gegen soziale und ethische Prinzipien verstoßen (das braucht keine Gesetzesverletzung zu sein), um überleben zu können.

Bei anhaltend hohen Gewinnen, womöglich in einer stabilen Konjunktur, wird eine Unternehmung jedoch viele nicht-monetäre Ziele zu verwirklichen suchen. Sie wird ihre Macht erweitern, selbst durch den ungünstigen Ankauf schwacher Unternehmen, sie wird kostspielige Repräsentationsbauten errichten, sie wird ihre freiwilligen Sozialleistungen erhöhen, sie wird Stiftungen machen (nicht immer nur aus altruistischen Gründen) und dergleichen mehr. Alle diese nicht-monetären Ziele rücken in den Vordergrund, und das um so mehr, als man hohe Gewinne nicht gerne publiziert. Das Streben, die Gewinne kürzerfristig noch weiter zu steigern, wird in diesen Situationen gering sein. Dagegen wird selbst ein kleiner Rückgang der Gewinne eine Änderung der Unternehmenspolitik zur Folge haben, um den Gewinn wenigstens wieder auf die alte Höhe zu bringen. Daraus ergeben sich *zwei Folgerungen:*

1. Mit zunehmender Verschlechterung der Erfolgslage verstärkt sich das Streben nach maximalen unmittelbaren Gewinnen; die nicht-monetären Zielvorstellungen verlieren an Bedeutung. Bei anhaltend hohen Gewinnen treten die nicht-monetären Ziele gegenüber dem Gewinnmaximierungsprinzip mehr in den Vordergrund.

2. Das Streben, eine Gewinnminderung zu vermeiden, ist im allgemeinen stärker als das Streben, den Gewinn zu steigern.

Gewinnlimitierung unter verschiedenartigen „Nebenbedingungen"

Aus dem letzten Beispiel geht hervor, daß eine Unternehmung, die ein nicht-monetäres Ziel erreichen will, den Gewinn limitieren muß. J. Bidlingmaier (Unternehmerziele und Unternehmerstrategien, Wiesbaden 1964) bezeichnet die

Motivationsstruktur der Unternehmer als *Zielkombination*, „bei der die Maximierung einer Zielkomponente (z. B. Gewinnmaximum) die gleichzeitig erstrebte maximale (z. B. Umsatzmaximum) oder hinreichende (z. B. Umsatzerhaltung) Erfüllung des ‚Verbundziels' (‚Verbundziele') ausschließt". Für die Unternehmungen, deren Ziele primär auf Gewinnoptimierung gerichtet sind, sind alle übrigen Zielvorstellungen nach Bidlingmaier „Nebenbedingungen" (das sind aber keineswegs „im Verhältnis zu einem Hauptzweck zweitrangige untergeordnete Ziele"). Die Nebenbedingungen können also *Minimalziele* sein, z. B. Sicherung der Momentanliquidität oder der Selbständigkeit; sie beeinträchtigen das Hauptziel der Unternehmung, die Gewinnoptimierung, wenig. Sind hingegen die Nebenbedingungen (nicht direkt erfolgsbezogene) *Maximalziele,* z. B. Umsatzmaximierung, maximale Sicherheit, so kann aus der Erfolgshöhe nicht geschlossen werden, ob das Unternehmen sein Ziel erreicht hat. Bidlingmaier hat eine Übersicht über wichtige Zielkombinationen bei gewinnorientierten Unternehmungen in einem Schema aufgestellt, das wir (in gedrängter Fassung) hier wiedergeben:

A. Gewinnlimitierung unter *außerökonomischen* Nebenbedingungen, und zwar

    a) unter *maximalen* Nebenbedingungen, z. B. maximale Steigerung der Macht, der Sicherheit oder des Prestiges,

    b) unter *minimalen* Nebenbedingungen, z. B. Wahrung der Selbständigkeit, Erfüllung der Gerechtigkeit usw.;

B. Gewinnlimitierung unter *ökonomischen* Nebenbedingungen

    a) unter *maximalen* Nebenbedingungen, und zwar

        1. Umsatzmaximierung bzw. Marktanteilsmaximierung,

        2. maximale Versorgung der Arbeiter oder der Abnehmer,

        3. maximale Kapazitätsausnutzung (Vollbeschäftigung),

        4. Maximierung des Wachstums;

    b) unter *minimalen* ökonomischen Nebenbedingungen, und zwar

        1. Aufrechterhaltung dauernder Liquidität (Wahrung des finanziellen Gleichgewichts),

        2. Umsatzerhaltung,

        3. Schaffung von ausreichendem Einkommen für alle Arbeitnehmer,

        4. Sicherung einer Mindestwachstumsrate,

        5. Erhaltung des guten Rufes der Firma und des Markennamens,

        6. Erhaltung des Unternehmens.

3. Merkmale und Arten der Führungsentscheidungen

Grundlegende und laufende Entscheidung (Mellerowicz)

Die „Entscheidungen der Leitungskräfte" unterteilt Mellerowicz (Unternehmenspolitik, Bd. 1, 3. Aufl., 1976) in (1) grundlegende Entscheidungen und (2) laufende Entscheidungen.

13 BRep.

Zu den „grundlegenden Entscheidungen", die „das Gesicht des Betriebes oder seine Stellung im Markt wesentlich prägen oder ... die Liquidation bezwecken", rechnet Mellerowicz hauptsächlich folgende Fälle: (1) Betriebsgründung, (2) Fusion, (3) Erweiterung, (4) Sanierung, (5) Liquidation. Die Planung, die zwar nach Mellerowicz als Grundsatzplanung auch Leitungsaufgabe ist, rechnet Mellerowicz nicht mehr zu den grundlegenden Entscheidungen, da sie nicht mehr alleinige Aufgabe der Leitung ist und zum entscheidenden Teil von Stabsstellen durchgeführt wird. Bei den laufenden Entscheidungen der Leitungskräfte handelt es sich natürlich auch nur um grundsätzliche Entschlüsse, doch kommen sie relativ häufig vor. Zu den laufenden Entscheidungen rechnet Mellerowicz auch das Setzen der Unternehmensziele, „soweit dies nicht zu den grundlegenden Entscheidungen gehört".

Man kann gegen diese Gliederung einwenden, daß Mellerowicz auch Entscheidungen zu den laufenden Entscheidungen zählt, die „das Gesicht des Betriebes oder seine Stellung im Markt" für längere Zeit wesentlich prägen können, wie z. B. die Planung, das Setzen der Ziele usw. Die „grundlegenden Entscheidungen" Mellerowicz' nennt C. Sandig (Betriebswirtschaftspolitik, Stuttgart ²1966) „konstitutive Entscheidungen", eine Bezeichnung, die u. E. zutreffender ist.

Auf den mittleren Führungsebenen unterscheidet Gutenberg zwischen generellen und fallweisen Entscheidungen (s. oben S. 84 f.).

Merkmale echter Führungsentscheidung (Gutenberg)

Nicht alle Entscheidungen, die die Unternehmensleitung trifft, sind nach Gutenberg „echte Führungsentscheidungen" (Gutenberg, Unternehmensführung, Wiesbaden 1962). Drei Merkmale kennzeichnen echte Führungsentscheidungen:

1. Das erste Merkmal echter Führungsentscheidungen ist „das Maß an Bedeutung, das eine Entscheidung für die Vermögens- und Ertragslage und damit für den Bestand eines Unternehmens besitzt".

2. Das zweite Merkmal echter Führungsentscheidungen ist ihr Ziel: sie sind auf das Ganze der Unternehmung gerichtet; es handelt sich also um „Entscheidungen, die die Geschäftsleitung aus ihrer besonderen Verantwortung für das Ganze des Unternehmens und aus ihrer Kenntnis des Zusammenhangs heraus" trifft.

3. Das dritte Merkmal echter Führungsentscheidungen ist ihre Nicht-Delegierbarkeit an untergeordnete Führungskräfte; es handelt sich um Entscheidungen, die entweder nicht an untergeordnete Stellen übertragbar sind oder, obwohl tatsächlich übertragbar, im Interesse des Unternehmens und seiner Führung nicht delegiert werden dürfen.

Auf Grund dieser Analyse echter Führungsentscheidungen hat Gutenberg einen **Katalog echter Führungsentscheidungen** aufgestellt, die die drei Merkmale echter Führungsentscheidungen erfüllen:

1. Festlegung der Unternehmenspolitik auf weite Sicht:

Es handelt sich dabei vor allem um folgende Fragen: „Welche Ziele sollen für den überblickbaren Zeitraum festgelegt werden? Zu welchen Maßnahmen soll sich die Unternehmensleitung entscheiden? Welche Voraussetzungen sind notwendig, um Entscheidungen auf weite Sicht treffen zu können? Jede Festlegung einer Politik, die die Unternehmensleitung in einem bestimmten Zeitabschnitt zu treiben beabsichtigt, bedeutet, daß darüber Entscheidungen getroffen werden, wie die Unternehmensleitung in Zukunft zu operieren gedenkt."

2. Die Koordinierung der großen betrieblichen Teilbereiche:

Die nicht von sich aus zueinander strebenden Teile des Unternehmensganzen müssen durch die Unternehmensleitung zu einer Einheit zusammengebunden werden. „Sie allein hat die Vollmacht und die Übersicht, dem betrieblichen Geschehen die Ordnung zu geben, nach der es sich vollziehen soll und in der jeder Vorgang, jeder manuelle und maschinelle Prozeß seinen Ort und seinen Zusammenhang findet. Dieses Einfügen von Tätigkeiten in eine Ordnung bezeichnet man als Koordinierung. Indem sie koordiniert, stabilisiert die Unternehmensleitung die Ordnung, nach der der Betriebsprozeß in allen seinen Teilbereichen ablaufen soll."

3. Die Beseitigung von Störungen im laufenden Betriebsprozeß:

Der Betriebsprozeß, mag er noch so gut organisiert sein, läuft nicht reibungslos ab. „Menschliche Unzulänglichkeiten, organisatorische Mängel, Planungsfehler, technisches Versagen, unzulängliche Anpassungsmaßnahmen an sich ändernde Bedingungen wirtschaftlicher oder technischer Art stellen einige Ursachen für das Entstehen von Reibungsverlusten im Ablauf des gesamtbetrieblichen Geschehens dar." Im Regelfall genügen die Vollmachten der Abteilungsleiter, um Störungen innerhalb ihrer Abteilung zu beseitigen. „Entstehen die Störungen aber durch Mängel in der Zusammenarbeit von Abteilungen, beruhen sie auf Kompetenzkonflikten, dann kann sich die Notwendigkeit ergeben, daß die Unternehmensleitung eingreifen muß. Im allgemeinen verlangen doch nur wenige Störungen im laufenden Betriebsprozeß das Eingreifen der Unternehmensleitung."

4. Geschäftliche Maßnahmen von außergewöhnlicher betrieblicher Bedeutsamkeit:

Ein Katalog dieser Maßnahmen kann natürlich nicht gegeben werden, da sie von Fall zu Fall verschieden sind. Bei einem kleinen Unternehmen kann schon die Anschaffung einer kleinen Maschine eine Maßnahme von außergewöhnlicher betrieblicher Bedeutsamkeit sein. Entscheidend ist, daß bei diesen Maßnahmen die drei „Merkmale echter Führungsentscheidungen" vorhanden sind.

5. Die Besetzung der Führungsstellen im Unternehmen:

Daß die Besetzung der Führungsstellen im Unternehmen allein Aufgabe der Unternehmensleitung ist, ist wohl selbstverständlich. Doch wird bei großen Unternehmungen die Besetzung von Führungsstellen der unteren und mittleren Führungsebene meist nicht von der obersten Unternehmensleitung vorgenommen werden. Bis zu welcher Stufe der betrieblichen Hierarchie die Geschäftsleitung die Besetzung von Führungsstellen von ihrer Zustimmung abhängig machen soll, ist vor allem von der Größe der Unternehmung abhängig und kann nicht allgemein, sondern nur von Fall zu Fall entschieden werden.

Entscheidungen unter Unsicherheit

Die Höhe des Gewinns ist nicht nur abhängig von der Handlungsweise des Unternehmers (die das Modell des homo oeconomicus allein voraussetzte), sondern auch noch von zahlreichen Größen, auf die der Unternehmer keinen Einfluß hat. Es sind die *„Daten"*, die als *„Rahmenbedingungen"* mit in das Entscheidungsverfahren einbezogen werden müssen und die sich der Unternehmer durch *Informationen* beschafft. Solche Daten sind vor allem die Angebotsstruktur auf dem Absatzmarkt, das Verhalten der Nachfrager und der Konkurrenten in ihrer Absatzpolitik, ferner die allgemeine Konjunkturentwicklung, politische Krisen (Korea-Krise), gesetzliche Vorschriften, Änderungen des Zolltarifs, Witterungsbedingungen (z. B. in der Textilindustrie) usw. Es sind unzählige Daten, unter denen im Einzelfall manche besonders hervortreten.

Bei unternehmerischen Entscheidungen sind die Plan-Daten meist *nicht genau* und können später von den Ist-Daten abweichen *(Daten-Inkongruenz);* ferner ist die Datenkonstellation, die einer Entscheidung zugrunde liegt, meist *nicht vollständig,* so daß auch aus diesem Grunde die vorausgesagten Erwartungen („Zukunftsvorstellungen") *unsicher* sind. Bei vielen Daten, insbesondere bei häufig wiederkehrenden Entscheidungen (Routineentscheidungen) oder Entscheidungen, die nur eine kurze Planungsperiode betreffen, ist die Unsicherheit der Erwartung geringer. Sie kann durch gute und zusätzliche Informationen (z. B. Marktforschung), die die Daten liefern, weiter verringert werden. Umgekehrt ist der Sicherheitsgrad der Erwartungen um so kleiner, je lückenhafter und ungenauer die Informationen sind; das ist besonders bei Entscheidungen auf lange Sicht der Fall.

Sicherheitsgrad der Erwartungen

Der Sicherheitsgrad der Erwartungen muß im rationalen Entscheidungsprozeß berücksichtigt werden. Wir können nach dem Sicherheitsgrad *drei Arten von Erwartungen* unterscheiden:

1. **Sichere Erwartungen:** Die für die Entscheidung zur Verfügung stehenden Daten sind so genau und vollständig, daß mit dem Eintreten des erwarteten Ereignisses mit *Sicherheit* gerechnet werden kann. Zwischen Plan-Daten und Ist-Daten besteht Daten-Kongruenz. In der Praxis haben meist nur einfache Entscheidungen der unteren und mittleren Führungsebene sichere Erwartungen, nicht dagegen „echte Führungsentscheidungen".

2. **Risiko-Erwartungen:** Die für die Entscheidung zur Verfügung stehenden Daten sind zwar genau und vollständig, aber sie lassen eine statistisch berechenbare Abweichung der erwarteten Ereignisse zu. Ein Fabrikant von Skiern hat festgestellt, daß der Absatz von Skiern schwankt, je nachdem, ob der Winter schneereich oder schneearm ist. Er hat nun aus den Absatzzahlen vergangener Jahre genau ermittelt, um wieviel Prozent der Absatz in schneereichen und in schneearmen Wintern von einer Norm abweicht. Diese Unsicherheit ist also meßbar, und der Unternehmer kann sie bei seinen Entscheidungen berücksichtigen. Die moderne Entscheidungslehre nennt diese meßbare Unsicherheit der Erwartungen *Risiko* und solche Erwartungen *Risiko-Erwartungen.* Der Unternehmer trifft *„Entscheidungen unter Risiko".* Der Ski-Fabrikant

kann das durch die verschiedenartigen Schneeverhältnisse bedingte Risiko dadurch minimieren, daß er seine Kapazität auf die ermittelte Absatznorm abstellt. Das Risiko bleibt natürlich bestehen, daß er in schneearmen Wintern zu viel und in schneereichen Wintern zu wenig Skier produziert.

3. **Unsichere Erwartungen:** Die zur Entscheidung zur Verfügung stehenden Daten sind ungenau und lückenhaft, es ist nicht sicher, ob das erwartete Ereignis überhaupt eintritt oder ob es so wie erwartet eintritt. Der Unternehmer trifft *„Entscheidungen unter Unsicherheit"*. Im Gegensatz zur Risiko-Erwartung, wo man die mögliche Abweichung des Ereignisses exakt berechnen und bei der Entscheidung berücksichtigen kann, kann hier das Ereignis mit *verschiedenen Werten* eintreten. Der Fabrikant eines völlig neuartigen Kunststoff-Produkts, über dessen Absatzmöglichkeiten verschiedene Marktforschungsinstitute sehr widersprechende Gutachten abgegeben haben, kann nach dem ungünstigsten Gutachten 20 % seiner Produktion, nach dem günstigsten 70 % absetzen. Dazu kommen noch verschiedene Möglichkeiten, wie sich die Konkurrenten verhalten werden *(„Reaktionserwartungen")*.

Einwertige und mehrwertige Erwartungen

Der Fabrikant des Kunststoff-Produkts in diesem letzten Beispiel sieht sich also auf Grund der unterschiedlichen Informationen durch die Marktforschungsinstitute mehreren Datenkonstellationen gegenübergestellt. Seine Erwartungen sind *mehrwertig* (oder wie man auch, aber nicht ganz treffend, sagt: *„mehrdeutig")*.

Sichere Erwartungen und Risiko-Erwartungen sind dagegen *einwertig* (eindeutig). Unser Beispiel des Ski-Fabrikanten hat gezeigt, daß auch die unsicheren Risiko-Erwartungen einwertig sind; er hat auf Grund seiner Wahrscheinlichkeitsrechnung keine andere Wahl, als die Kapazität auf den Durchschnittsabsatz einzustellen. Er steht, ebenso wie bei sicheren Entscheidungen, nur *einer* Daten-Konstellation gegenüber.

Helmut *Koch* lehnt den Terminus „mehrwertige Erwartungen" ab und spricht von *„mehrwertigen Zukunftsvorstellungen"*, weil „man in der ökonomischen Theorie den Begriff der Erwartungen bereits in dem Sinne zu verwenden pflegt, daß nur oder vorwiegend mit dem Eintritt einer bestimmten Daten-Konstellation gerechnet wird, wie es auch im allgemeinen Sprachgebrauch der Fall ist. Und in diesem Sinn wird der Erwartungsbegriff auch dann gebraucht, wenn Ungewißheit vorliegt. Durch die Prägung des Ausdrucks „mehrwertige Erwartungen" würden also terminologische Unklarheiten geschaffen. Nur wenn von mehreren für glaubhaft geachteten Daten-Konstellationen einer besonders hohen Wahrscheinlichkeitsgrad beigemessen wird, könnte man sagen, der Eintritt dieser Daten-Konstellation wird erwartet. (Koch, Betriebliche Planung, Wiesbaden 1961.)

Maßnahmen zur Minderung der Unsicherheit

Der Unternehmer ist in den meisten Fällen gezwungen, trotz den mehrwertigen Erwartungen (Zukunftsvorstellungen), eine Entscheidung zu treffen. Es gibt nun eine Reihe von Maßnahmen, um diese Ungewißheit zu mindern (wie sie u. a. H. Koch, a. a. O., S. 109 ff., zusammengestellt hat):

1. „Schubladen-Planung", „Zeitliche Verschiebung der Entscheidung" (Koch). „Eventualplanung" (Beste): Von mehreren möglichen Daten-Konstellationen wird jeweils das Optimum und die dazugehörige Entscheidung bestimmt, aber noch nicht getroffen. Die mehrwertige Prognose wird „in die Schublade gelegt" und abgewartet, welche der Datenkonstellationen tatsächlich eintrifft und dann die dazugehörige Entscheidung getroffen. Nehmen wir an, der Fabrikant des neuartigen Kunststoff-Produkts unseres Beispiels hätte bereits eine Testproduktion begonnen. Auf Grund der unterschiedlichen Marktforschungen verschiebt er aber die Erweiterungsinvestitionen und wartet ab. Wird nun das Produkt gut aufgenommen, wird er die Kapazität erhöhen. Reagieren darauf die Konkurrenten, wie er erwartet hat („Reaktionserwartung"), zieht er aus seiner Schublade die bereits untersuchten Daten-Konstellationen und ergreift die vorgesehenen Gegenmaßnahmen. So geht der Entscheidungsprozeß sukzessiv weiter, bis die Unternehmung entweder ihre geplante Produktionskapazität erreicht oder sie verringert oder die Produktion ganz aufgibt.

Nach H. Koch erweist sich dieses Erfahren vor allem dann als sinnvoll, „wenn die zukünftige Entwicklung sehr undurchsichtig ist, und die Unternehmensleitung mit plötzlichen Änderungen der Marktsituationen rechnen muß, bei denen keine Zeit bleibt, die erforderlichen Umstellungsmaßnahmen sorgfältig zu planen". Aus diesem Grunde wird dieses Verfahren in der Praxis nur in seltenen Fällen angewandt.

2. **Intensivierung der Datenbeschaffung:** Ist die Daten-Konstellation mehrwertig, wird sich der Unternehmer bemühen, den Sicherheitsgrad der Erwartungen durch Beschaffung neuer Daten zu erhöhen. Der Fabrikant des neuen Kunststoff-Produkts in unserem Beispiel, der aus Optimismus und aus Kostengründen nur kleine Marktumfragen hat durchführen lassen, veranlaßt jetzt eine umfassende Markterforschung, die ihm größere Sicherheit bringen soll. Der Ski-Fabrikant unseres Beispiels verschafft sich langfristige Wetterprognosen, um sein Risiko etwas zu vermindern. H. Koch erwähnt im einzelnen folgende Methoden der „Intensivierung der Prognosebemühungen" (a. a. O., S. 109 ff.):

a) *Methode der Extrapolation:* Man unterstellt dabei, daß sich die bisherige Tendenz der Nachfrageentwicklung auch in Zukunft fortsetzt. Ist z. B. der Absatz eines Produkts in den letzten zehn Jahren um jährlich 10 % gestiegen, so nimmt der Unternehmer an, daß sich die Nachfrage auch im nächsten Jahr um rund 10 % erhöhen wird. Die Entwicklung der Nachfrage nach Möbeln wird nach dem Ifo-Institut von folgenden fünf Einflußfaktoren maßgeblich beeinflußt: (1) Bevölkerungswachstum, (2) Zahl der Eheschließungen, (3) Wohnungsbau, (4) Volkseinkommen, (5) Möbelpreise und allgemeines Preisniveau. Danach versuchte das Ifo-Institut festzustellen, welche quantitative Beziehung zwischen diesen Einflußfaktoren und der Möbelnachfrage besteht, und berechnete durch eine multiple Korrelation den Trend der zukünftigen Absatzentwicklung.

Diese Extrapolation ist im allgemeinen nur für kurzfristige Prognosen zuverlässig. So kann ein neuartiges, dauerhaftes Produkt (Fernseher, Waschmaschine) eine ungewöhnlich hohe Absatzkurve aufweisen, solange der Markt noch nicht genügend gesättigt ist; dann aber schrumpft der Absatz sehr stark.

b) *Die deduktive Bildung von Voraussagen:* Sie ist die am häufigsten angewandte Methode der Voraussage. Aus bestimmten wirtschaftlichen oder politischen Ereignissen zieht man Schlüsse auf die wirtschaftliche Entwicklung und auf die Nachfrage. Eine Umstellung der Straßenbauweise erhöht die Nachfrage nach Zement und senkt die nach Asphalt. Ist der Markt eines neuartigen Produkts (Rundfunk, Fernsehgeräte) gesättigt, dann tritt nur noch die Ersatznachfrage auf, die sich aus der Zahl der vorhandenen Produkte und ihrer durchschnittlichen Lebensdauer ziemlich genau ermitteln läßt. Ein starker Jahrgang an ABC-Schützen steigert die Nachfrage nach Fibeln, ein Krieg die Nachfrage nach Waffen. Starke Zollerhöhungen in einem Lande drosseln die Einfuhr. — Derartige Informationen findet der Kaufmann im Wirtschaftsteil der Zeitungen, er liest ihn vor allem, um Daten zu gewinnen, die seine Entscheidungen beeinflussen könnten. So bedeutsam diese Daten für die Entscheidungen auf kurze Sicht sein mögen, sie sind für langfristige Prognosen jedoch meist mit Vorsicht zu verwerten.

c) Die *induktive Bildung von Voraussagen:* Auch aus früheren Erfahrungen lassen sich für die Entscheidungen wertvolle Daten gewinnen. Wenn bisher vor jeder Olympiade der Absatz der Fernsehgeräte stark anstieg, darf der Unternehmer erwarten, daß es auch vor der nächsten Olympiade so sein wird; doch muß dabei berücksichtigt werden, wieweit der Markt bereits gesättigt ist.

d) *Der Analogieschluß zur Bildung von Voraussagen:* Man geht davon aus, daß, wenn sich die Erwartungen unter ganz bestimmten Bedingungen erfüllt haben, sie sich auch in einem anderen Fall unter gleichartigen Bedingungen erfüllen werden. Hat ein Unternehmer ein Produkt in Australien gut verkauft, kann er damit rechnen, daß er es auch in dem benachbarten Neuseeland, das eine ähnliche Bevölkerungsstruktur und ähnliche Lebensgewohnheiten aufweist, gut absetzt. Man hat in der Praxis auch mit Erfolg aus der gleichartigen, aber zeitlich verschobenen Entwicklung des Bedarfs verschiedener Völker Analogieschlüsse gezogen. So hat die Feldmühle AG eine neue Großanlage für Kartonfabrikation errichtet, in der Annahme, daß die Bundesrepublik — nach dem Trend in den USA und in Deutschland sowie wegen gleichartiger Lebensche Analogieschlüsse können jedoch, wenn andere Daten übersehen wurden, zu Fehlentscheidungen führen.

Die „restliche Unsicherheit" bei Entscheidungen

Trotz allen diesen Maßnahmen bleibt bei Entscheidungen unter Unsicherheit stets eine „*restliche Ungewißheit*" (Koch). Handelt es sich dabei um *einwertige* Erwartungen, die aber auf einer sehr ungenauen Daten-Konstellation beruhen, so kann der Unternehmer — nach dem *Prinzip der Vorsicht* — von den ungenauen, geschätzten Daten jeweils den exakten Wert auswählen, bei dem hinreichend Sicherheit besteht, daß er nicht zu günstig ist. Er verzichtet lieber auf einen Teil des erwarteten Gewinns, wenn er dafür größere Sicherheit eintauschen kann.

gewohnheiten — den hohen Kartonbedarf der USA bald erreichen werde. Sol-
Bei *mehrwertigen* Erwartungen wurden bereits zahlreiche Lösungen vorgeschlagen, um zur optimalen Entscheidung zu gelangen. Sie haben aber alle eine gemeinsame Grundkonzeption, die Unternehmensleitung stellt sich „angesichts der Mehrwertigkeit ihrer Zukunftsvorstellung über die Daten-Konstellation die Aufgabe, einen höheren Grad an Sicherheit zu erlangen, daß die der Optimums-

bestimmung und damit der Entscheidung zugrunde gelegten Erfolgsziffern gegebenenfalls auch tatsächlich eintreffen werden, daß sie also hinsichtlich dieser Erfolgsziffern keine bzw. nicht zu große Überraschung erlebt" (Koch, a. a. O.).

Dabei geht man teilweise so vor, daß „man die den verschiedenen Alternativen zugehörigen Gewinnziffern mit *(subjektiven) Wahrscheinlichkeits-Koeffizienten* gewichtet".

Gutenberg geht z. B. von einer bestimmten Kombination eigener Maßnahmen (bestimmte Aktion oder Alternative) und einer bestimmten Kombination der fremden Maßnahmen (Verhalten der Käufer und Konkurrenten, auch der Trendverläufe) aus. Der zusätzliche Gewinn bei dieser Kombination eigener Maßnahmen ist eine Funktion der Kombination eigener Maßnahmen und der fremder Maßnahmen. Da aber auch andere Kombinationen von Verhaltensweisen der Käufer und Konkurrenten und der Trends für möglich und unterschiedlich wahrscheinlich gehalten werden, werden diese anderen fremden Kombinationen mit gewissen *Wahrscheinlichkeitsgraden* bewertet (10 = höchstwahrscheinlich, 0 = unmöglich). Es handelt sich hier natürlich nicht um eine mathematische Wahrscheinlichkeit, sondern um *subjektive Bewertungen*. Dieses Verfahren ermöglicht es, von vornherein eine Reihe der möglichen fremden Kombinationen auszuschalten; nur einige der möglichen Daten-Konstellationen bleiben für den Unternehmer interessant. In der gleichen Weise wird mit den anderen möglichen Kombinationen eigener Maßnahmen verfahren. Auch sie werden nach der Wahrscheinlichkeit, welchen Mindestgewinn sie bringen, bewertet. (Gutenberg, Unternehmensführung, a. a. O., S. 79 ff.).

Andere Autoren suchten ohne Wahrscheinlichkeits-Koeffizienten auszukommen. Hier wird dem Gesichtspunkt der Erhöhung des Grades der Prognosesicherheit in der Weise Rechnung getragen, daß man unter den verschiedenen Erfolgsziffern, die bei jeder Alternative für günstigere oder ungünstigere Daten-Konstellationen ermittelt worden sind, nur jeweils eine Erfolgsziffer bzw. ein Ziffernpaar zur Optimumbestimmung heranzieht und diese Ziffer unter dem Gesichtspunkt der Verringerung der Überraschungsgefahr auswählt.

H. *Koch* (a. a. O., S. 133 ff.) unternahm einen anderen Lösungsversuch. „Diesem zufolge setzt sich die Unternehmensleitung angesichts der Mehrwertigkeit ihrer Vorstellung über die zukünftige Beschaffenheit der Daten das Ziel, einen *höheren Grad der Sicherheit* zu besitzen, daß *keine Verluste bzw. zu niedrige Gewinne entstehen*. Dieses Ziel ... wird als ein Vorziel betrachtet, dessen Realisierung die Vorbedingung für die Gewinnmaximierung darstellt." Koch geht dabei von der Annahme aus, daß der Unternehmer bei gegebenem Einsatz seiner Mittel den maximalen Unternehmungsgewinn anstrebt. Dabei wird unterstellt, daß der Unternehmer eine von den verschiedenen ernsthaft möglichen Daten-Konstellationen als besonders wahrscheinlich ansieht, so daß er von vornherein diese Daten-Konstellation seiner Entscheidung zugrunde legt. Nun ist der Unternehmer häufig nicht in der Lage, Unterschiede im Wahrscheinlichkeitsgrad des Eintritts dieser oder jener Daten-Konstellation zu machen, und seine Entscheidung von vornherein auf eine „zu erwartende" Daten-Konstellation abzustellen. Er sieht sich vielmehr oft verschiedenen Situationen gegenüber, deren Wahrscheinlichkeit ihm als gleich oder jedenfalls als nicht unterscheidbar vorkommt. Hier ist er gezwungen, sämtliche als glaubhaft angesehenen Daten-Konstellationen in gleicher Weise zur Optimumbestimmung heranzuziehen. Diejenige Daten-Konstellation, die der Gewinnermittlung für eine bestimmte Alternative jeweils zugrunde gelegt wird, bezeichnet Koch als die *„primär betrachtete"* Daten-Konstellation, während er die jeweils übrigen Situationen *„sekundär betrachtete"* Daten-Konstellationen nennt. Jede der verschiedenen Daten-Konstellationen wird bei der Vorausberechnung der Erfolgsziffern einmal als „primär" betrachtet, im übrigen aber als eine „sekundäre" Situation angesehen. Die Gewinnsicherheit bezieht sich jeweils nur auf den möglichen Eintritt einer sekundär betrachteten Daten-Konstellation. Für die von Koch vertretene Konzeption ist es grundlegend, daß der Unternehmer, sobald er einen Prognosefehler bemerkt, die Unternehmungsweise nachträglich ändert und die in bezug auf die tatsächlich eingetretene oder bevorstehende Situation optimale Alternative zu realisieren sucht. Für jede Alternative errechnet Koch den erwarteten Gewinn abzüglich der Gewinnminderung durch die eventuell notwendig werdende Umstellung (Einführung der Sekundärkomponente).

III. Die betriebliche Planung

1. Wesen der betrieblichen Planung

Begriff und Formen betrieblicher Planung

Der Mensch plant in seinem Betrieb, solange er überhaupt wirtschaftet. So plante der urzeitliche Jäger seine Jagden, die Konservierung und Lagerhaltung seiner Nahrung. Seine Planung war aber von den mannigfachsten Imponderabilien (Aberglaube!) beeinflußt. „Der Leiter eines jeden Wirtschaftsgebildes handelt auf Grund eines Wirtschaftsplanes. Zu allen Zeiten und überall vollzieht sich das menschliche Wirtschaften in Aufstellung und Durchführung von Wirtschaftsplänen. Auf Plänen beruht also alles wirtschaftliche Handeln. Genauigkeit und zeitliche Reichweite der Pläne sind bei den verschiedenen Menschen sehr verschieden ... Ohne Plan aber wirtschaften Menschen niemals", sagt Walter E u c k e n (Die Grundlagen der Nationalökonomie, 7. Aufl., 1959, S. 78 f.).

Eine r a t i o n a l e B e t r i e b s p l a n u n g beginnt aber erst mit der Renaissance, als die *Unternehmung* entstand. Der Zweck der damals erfundenen Buchhaltung und des Rechnungswesens ist die Rückrechnung, nämlich das bisherige Betriebsgebaren einer vergangenen Periode zu durchleuchten. Diese Rückrechnung gibt aber zugleich auch dem Betriebsleiter zahlenmäßige Anhaltspunkte für seine Dispositionen, eben für die Planung. In der n e u e s t e n Z e i t , als durch die zunehmende Kapitalintensivierung und die außerordentliche Verfeinerung der Arbeitsmethoden die Kostenrechnung immer weiter ausgebaut wurde, begannen die Großunternehmen in immer stärkerem Umfang die Planung unter systematischer Beachtung aller voraussehbarer Einflüsse zahlenmäßig möglichst exakt festzulegen. Wir können sie als *rationale* oder *systematische Betriebsplanung* bezeichnen.

Zunächst wurden jedoch nur für einzelne wichtige Bereiche des Betriebsgebarens Planzahlen festgelegt, vor allem für Finanzierung, Absatz, Beschaffung und Fertigung, dann auch für Kosten und Ergebnisse. Es handelt sich in diesem Fall um systematische **Teilplanungen.** Diese Entwicklung führte zwangsläufig weiter zu der **systematischen Gesamtplanung** oder **„betrieblichen Vollplanung"**

(Gutenberg), die nunmehr alle Funktionsbereiche der Betriebswirtschaft als eine Ganzheit umfaßt: Beschaffung, Fertigung, Lagerhaltung, Absatz und Finanzierung. Diese systematische Gesamtplanung ermöglicht es, alle Funktionsbereiche leistungs- und kapazitätsmäßig aufeinander abzustimmen und zu koordinieren *(integrierte Planung).* Gutenberg nennt die Notwendigkeit, alle Funktionsbereiche und Betriebsabteilungen *unter Berücksichtigung der „Engpässe"* ständig harmonisch aneinander anzupassen und zu einer Einheit zu gestalten, das **„Ausgleichsgesetz der Planung";** es ist das *Gesetz „der Dominanz des Minimumsektors,* d. h. des schwächsten Teilbereiches im Gesamtsystem betrieblicher Betätigung" (Gutenberg, Grundlagen der Betriebswirtschaftslehre, Bd. I., a. a. O.).

Die Planung als systemindifferenter und systembezogener Begriff

Der Begriff der betrieblichen Planung wird häufig wesentlich enger gefaßt und auf die rationale Planung beschränkt. Doch ist die Betriebsplanung ein s y s t e m i n d i f f e r e n t e r B e g r i f f. Die Planung eines Urjägers und die eines modernen Großbetriebes unterscheiden sich nicht im Wesen, sondern nur in den Methoden der Planung; der eine „peilt über den Daumen", der andere setzt elektronische Rechenmaschinen ein „zum Entwerfen einer Ordnung, nach der sich bestimmte Vorgänge vollziehen sollen" (Gutenberg). Doch unterliegt die Planung als systemindifferenter Begriff dem systemindifferenten Prinzip der Wirtschaftlichkeit, sie wird in unserem Wirtschaftssystem durch das systembezogene Rentabilitätsprinzip determiniert.

Die Planung als Kriterium des Betriebes

Die Betriebsplanung ist ein Kriterium der Betriebswirtschaft. Man könnte daher die Betriebswirtschaften auch als „Planwirtschaften" im Gegensatz zur freien Marktwirtschaft, die keinen Plan kennt, bezeichnen und die Betriebswirtschaftslehre als „Planwirtschaftslehre", wenn das Wort Planwirtschaft nicht zu einem vieldeutigen politischen Schlagwort abgesunken wäre. Eine Volkswirtschaft in der Organisationsform der „zentralgeleiteten Verwaltungswirtschaft" ist eine Betriebswirtschaft, auch im strengen Sinne unserer Wissenschaft. Freilich hat es bisher noch nie eine solche totale „Planwirtschaft" gegeben. Alle Versuche, die Volkswirtschaft nach „totalen" Wirtschaftsplänen zu lenken, sind gescheitert. Die sowjetische Wirtschaft ist nie eine t o t a l e Planwirtschaft gewesen, und heute weniger denn je.

Ziele rationaler Betriebsplanung

Die rationale Betriebsplanung hat im einzelnen folgende Ziele:

1. B e s t m ö g l i c h e V o r a u s s c h a u : Von manchen Praktikern wird eingewandt, daß diese umfangreichen methodischen Planungen keinen großen Wert hätten, denn es käme im Wirtschaftsleben meist anders, als man dachte. Diese Meinung stützt sich auf den an sich richtigen Gedanken, daß alle Planzahlen Schätzungen sind — auch dann, wenn sie mit elektronischen Rechenautomaten mathematisch ermittelt worden sind. Aber eine Schätzung kann intuitiv über den Daumen gepeilt werden, sie kann aber auch in einer systematischen Analyse alle vorausschaubaren Bestimmungsfaktoren berücksichtigen

und das zu planende Betriebsgebaren mit einem Genauigkeitsgrad bestimmen, der, wie die Praxis immer wieder zeigt, der tatsächlichen Entwicklung sehr nahe kommt, wie z. B. die Arbeitsgestaltung mit Hilfe von REFA-Methoden.

2. K o n t r o l l e   d e s   B e t r i e b s g e b a r e n s : Nicht weniger wichtig ist der zweite Zweck systematischer Gesamtplanung. Selbst bei bester Planung ergeben sich zahlreiche Abweichungen des Solls vom Ist. Gehen diese Abweichungen über eine gewisse Toleranz hinaus, dann ist den Ursachen nachzugehen. Nach einer umfassenden Kostenplanung zeigt sich genau, an welcher Kostenstelle, ja an welchem Arbeitsplatz Abweichungen entstanden sind, die die betreffende Kostenstelle zu vertreten hat; man geht den Ursachen nach und sucht sie abzustellen.

3. E r z i e h e r i s c h e   W i r k u n g : Die systematische Betriebsplanung hat eine erhebliche erzieherische Wirkung bis hinunter zu den einzelnen Arbeitergruppen, denen die Planzahlen ja bekannt sind. Den Angehörigen der einzelnen Kostenstellen ist das Ziel gegeben, das ihren Leistungen entspricht. Jede Kostenstelle hat ihr eigenes Budget, das die Verantwortungsfreudigkeit weckt und zur Sorgfalt, Sparsamkeit und Höchstleistung erzieht.

4. E r m i t t l u n g   l e i s t u n g s g e r e c h t e r   P r ä m i e n : Der Soll-Ist-Vergleich ermöglicht die Feststellung guter Leistungen, wenn die Ist-Zahlen unter den Soll-Zahlen liegen. Dementsprechend können leistungsgerechte Prämien, die ein guter Leistungsanreiz sind, verteilt werden.

Über die *Ziele der Plankostenrechnung* s. unten S. 838 ff.

„Unterplanung" — „Überplanung"

In der Praxis werden Betriebe, deren Planung nicht den neuzeitlichen Anforderungen der Betriebsführung entspricht, „u n t e r p l a n t e" Betriebe genannt. Ein Betrieb kann jedoch auch „ü b e r p l a n t" sein, und derartige Überplanungen sind gar nicht selten. Auch sie sind unwirtschaftlich. Dabei ist die Verschwendung von Arbeitskraft und Kosten gar nicht einmal das Ausschlaggebende. Ein überplanter Betrieb ist meist unelastisch und kann sich infolge seines bürokratischen Betriebsgebarens den marktwirtschaftlichen Gegebenheiten nicht mehr so schnell anpassen, wie oft notwendig. Die große Gefahr aller zentral geleiteten Verwaltungswirtschaften ist die Überplanung, die auch alle sowjetischen Wirtschaften kennzeichnet.

Nun setzt aber eine integrierte Betriebsplanung keineswegs voraus, daß alle Funktionsbereiche bis in alle Einzelheiten durchgeplant sind. Es wird in vielen Fällen vollkommen ausreichen, wenn einzelne Funktionsbereiche in „Umrissen" vorgeplant werden. Man spricht daher von **„Umrißplanung"** oder „grober Planung". Wichtig ist, daß in der Gesamtplanung kein Betriebsbereich übergangen wird, wobei vielfach eine Umrißplanung genügt.

Beschränkung des Planungsrisikos

Bei der Planung lassen sich nicht alle Faktoren, die die Entwicklung bestimmen, voraussehen. Man weiß aber in vielen Fällen im voraus, wo *Änderungen* eintreten können oder sogar wahrscheinlich sind. Die systematische Betriebsplanung muß die möglichen Abweichungen soweit als möglich berücksichtigen oder sie aus der Planungsrechnung ganz auszuschalten suchen. Das Planungsrisiko kann auf verschiedene Weise beschränkt werden:

1. Zeitliche Beschränkung: Je weniger weit die Planung in die Zukunft reicht, um so wahrscheinlicher ist die Richtigkeit der Voraussage. Man zerlegt deshalb die Planung in verschiedene Zeiträume. Die langfristige Planung (2, 3, 5 oder mehr Jahre) kann nur eine grobe Planung oder eine Umrißplanung sein. Die praktisch wichtigste Planungsperiode ist das Jahr. Doch wird auch das Jahr wieder in Quartale, Monate und sogar Wochen und Tage zerlegt. Ergeben sich innerhalb der Planperiode durch Ereignisse, die nicht abzustellen sind, große Abweichungen, so ist die Planung den neuen Verhältnissen entsprechend zu ändern.

2. Ausschaltung marktwirtschaftlicher Einflüsse: Preis- und Lohnänderungen können die gesamte Planung unter Umständen sehr verzerren und ihren Aussagewert außerordentlich herabmindern. Infolgedessen sucht man Einflüsse, die der Innenbetrieb nicht zu vertreten hat, durch Verwendung von (konstanten) *Verrechnungspreisen* und *Verrechnungslöhnen* auszuschalten und dadurch in die Planung eine gewisse Konstanz zu bringen. Die Verrechnungspreise weichen häufig bei starken Marktpreisschwankungen um 20 bis 30 % von den Marktpreisen ab. Sie haben natürlich keinerlei absatzpolitische Bedeutung.

3. Berücksichtigung des Beschäftigungsgrades: Bei Plankostenrechnungen entstehen durch Veränderung des Beschäftigungsgrades (des Ausstoßes) sehr erhebliche Kostenabweichungen. Diese möglichen Beschäftigungsänderungen können bei der Planung durch die flexible Plankostenrechnung berücksichtigt und durch die Grenzkostenrechnung, die nur die leistungsabhängigen, d. h. proportionalen Kosten, nicht die zeitbezogenen Bereitschaftskosten oder fixen Kosten in die Rechnung einbezieht, ausgeschaltet werden. Wir kommen darauf noch zurück.

4. Einfügung von Kapazitäts- und Zeitreserven in die Planungsrechnung: Durch die Einfügung solcher Reserven in die Planungsrechnung können die Abweichungen bis zu einem gewissen Grad ausgeglichen werden, ohne daß die Planung geändert zu werden braucht.

2. System der betrieblichen Vollplanung

Die Teilpläne

Nach den Hauptfunktionen des Betriebes sind folgende funktionalen Teilpläne, die sich wiederum aus einer Anzahl von Unterplänen zusammensetzen, zu unterscheiden (wir folgen hier dem umfassenden Werk von Konrad Mellerowicz: Planung und Plankostenrechnung, Band I: Betriebliche Planung, 3. Aufl., Freiburg 1976):

1 Beschaffungsplan

11 Investitionsplan
12 Materialbeschaffungsplan
13 Personalbeschaffungsplan
14 Beschaffungskostenplan

2 Produktionsplan

21 Programmplanung, sie besteht aus:

211 Erzeugnisplan (Artikelauswahl)
212 Verfahrensplan
213 Artikelgestaltungsplan

22 Durchführungsplan oder Vollzugsplan, er besteht aus:

221 Bereitstellungsplanung (innerbetriebliche Beschaffungsplanung der Arbeitsvorbereitung)
222 Ablaufplanung: Terminplan, Maschinenbesetzungsplan, Transportplan usw.

23 Produktionskostenplan

3 Lagerplan

31 Pläne der Materialarten und Lagermengen
32 Pläne der Lagereinrichtung und des Lagerpersonals
33 Lagerkostenplan

4 Absatzplan

41 Pläne der abzusetzenden Erzeugnisarten und Mengen
42 Pläne der zu erzielenden Erlöse
43 Pläne der Absatzwege und der Vertriebsorganisation
44 Absatzkostenplan

5 Verwaltungsplan

51 Verwaltungsorganisationsplan
52 Verwaltungsarbeitsplan
53 Verwaltungskostenplan

Die Daten und Ergebnisse dieser fünf funktionalen Teilpläne werden in drei Gruppenplänen zusammengefaßt, die sämtliche funktional gegliederten Teilpläne einbeziehen:

6 Finanzplan: er umfaßt die Auswirkungen aller funktionalen Teilpläne auf die betrieblichen Einnahmen und Ausgaben; auf die Kapitalbeschaffung, Kapitalverwendung und Kapitalrückzahlung. Er muß vor allem mit dem Investitionsplan koordiniert sein und besteht aus folgenden Teilplänen:

61 ordentlicher Finanzplan: unterteilt in kurz- und langfristigen Finanzplan

611 Kreditplan
612 Zahlungsmittelplan

62 außerordentlicher Finanzplan

7 Ergebnisplan: er umfaßt die erfolgswirksamen Vorgänge sämtlicher funktionalen Teilpläne und zerfällt in:

71 Ertragsplan (vor allem aus dem Absatzplan abgeleitet)
72 Aufwandplan (aus sämtlichen Teilplänen abgeleitet)

8 Bilanzplan: er umfaßt die Auswirkungen der funktionalen Teilplanungen auf das Vermögen und die Schulden des Betriebs. Er ist vor allem abgeleitet aus dem Investitionsplan, dem Lagerplan, dem Finanzplan und dem Absatzplan sowie dem Ergebnisplan (Abschreibungen und Gewinn).

Die einzelnen Teilpläne werden an anderen Stellen ausführlich behandelt.

Integration der Teilpläne

Die Koordinierung bzw. Abstimmung der betrieblichen Teilbereiche nennt Gutenberg mit Recht „die zentrale Aufgabe der Geschäfts- und Betriebsleitung". Sie ist auch die schwierigste Aufgabe bei der Aufstellung der betrieblichen Pläne.

Es wird meist gefordert, daß man die Gesamtplanung auf den Absatz ausrichten müsse. Andere dagegen behaupten, daß die Fertigung der Planung zugrunde zu legen sei. So einfach läßt sich dieses Problem nicht lösen. Man kann niemals ein Verkaufsprogramm aufstellen, ohne von den betrieblichen Gegebenheiten auszugehen. Maßgebend für die gesamte Planung ist vor allem die Betriebskapazität, nach der sich in jedem Fall die Planung richten muß. Doch spielen weiterhin die finanziellen Gegebenheiten eine wichtige Rolle. Was nützt das beste Verkaufsprogramm, wenn es nicht finanziert werden kann. Auch die Personalverhältnisse sind zu beachten, z. B. Facharbeitermangel. Schließlich kann auch der Beschaffung eine ausschlaggebende Rolle zukommen, insbesondere wenn es sich um Betriebe handelt, deren Produktion von sehr knappen Rohstoffen abhängt, z. B. die Atomkraftwerke vom äußerst seltenen Uran oder Plutonium. Auch in rohstoffknappen Zeiten muß von der Beschaffung ausgegangen werden.

Auf diese Tatsache stützt *Gutenberg* sein bereits erwähntes *„Ausgleichsgesetz der Planung"*, nämlich auf die „Feststellung ..., daß alle Planung sich jeweils auf den schwächsten Teilbereich betrieblicher Betätigung, in diesem Sinne auf den Minimumsektor einnivelliert" (s. oben S. 202).
Daher unterscheidet M e l l e r o w i c z nach dem jeweiligen Ausgangsplan

1. absatzdeterminierte Planung
2. gewinndeterminierte Planung
3. kapazitätsdeterminierte Planung
4. beschaffungsdeterminierte Planung.

Die a b s a t z d e t e r m i n i e r t e P l a n u n g geht von der Annahme aus, daß die gesamte Betriebsentwicklung von den Absatzmöglichkeiten bestimmt wird. Ihr liegt eine umfassende Marktforschung zugrunde, die auch festzustellen hat, wieweit der Absatz durch Werbung, Produktentwicklung und Kundendienst erweitert werden kann. Da die Produktionskapazität in der Regel eine Rolle spielt, ist die absatzdeterminierte Planung oft sehr langfristig und unterstellt eine stufenweise Anpassung der Produktionskapazität an den Absatz.

Die g e w i n n d e t e r m i n i e r t e Planung geht von der zukünftigen Leistungsfähigkeit des Betriebes aus und ist meist nur bei Verkäufermärkten von Bedeutung. Die starke Konkurrenz zwingt zu äußerst „scharfer" Kalkulation.

Die k a p a z i t ä t s d e t e r m i n i e r t e Planung ist im umgekehrten Falle wichtig; wenn bei anhaltend starker Nachfrage die Kapazität nicht beliebig erweitert werden kann. Dann ist die optimale Ausnutzung der Kapazität durch Programmplanung (Erzeugnis-, Verfahrens- und Erzeugnisgestaltungsplan) der Ausgangsplan für die Gesamtplanung.

Die b e s c h a f f u n g s d e t e r m i n i e r t e P l a n u n g ist angebracht, wenn die Beschaffung Engpässe aufweist: Rohstoffknappheit, Arbeitskräftemangel und dergleichen.

Die Anpassungsprinzipien bei der Koordinierung der Pläne

D i e A n p a s s u n g d e r P l ä n e aneinander kann nach Theodor B e s t e (Die Produktionsplanung, ZfhF, 1938, S. 345 ff.) nach drei Prinzipien erfolgen:

1. dem P a r a l l e l p r i n z i p : die gesamte Produktion wird sofort abgesetzt; der Absatzplan ist gleichzeitig Produktionsplan, d. h. die Lagerhaltung von Fertigfabrikaten ist fast überflüssig;

2. dem S t u f e n p r i n z i p : dem langfristigen Absatzplan wird die Kapazität in stufenweiser Erweiterung angepaßt;

3. dem A u s g l e i c h u n g s p r i n z i p : bei stark schwankendem Absatz wird die Produktionsplanung weitgehend vom Absatzplan gelöst und die starken Absatzschwankungen durch große Fertiglager ausgeglichen.

Die Bedeutung der langfristigen Planung

Am Anfang jeder Gesamtplanung steht die Aufstellung langfristiger Pläne. Die langfristige Planung, die sich auf viele Jahre, ja sogar Jahrzehnte erstreckt, ist keineswegs eine Errungenschaft der modernen Wirtschaft. Jede große Investition setzte von jeher eine langfristige Planung voraus: der Bau einer Festung, eines neuen Bauernhofes, die Gründung einer Stadt, die Errichtung oder Vergrößerung eines Produktionsbetriebes und dergleichen. Nur bestanden früher nicht so viele und unvorhersehbare Risiken wie in der neuzeitlichen Wirtschaft. Die langfristige Planung war deshalb früher sehr einfach und konnte sich fast ganz auf die Intuition stützen. Heute dagegen sind die außerwirtschaftlichen, nämlich die geistigen, politischen und gesellschaftlichen Einflüsse auf die wirtschaftliche Entwicklung außerordentlich groß, und sie bewirken infolge der großen naturwissenschaftlichen und technischen Fortschritte ein sich geradezu überstürzendes Entwicklungstempo. Je stärker die Entwicklung vorangetrieben wird, um so notwendiger ist eine rationale langfristige Planung, die sich nicht mehr auf das Fingerspitzengefühl verläßt. Das anschaulichste Beispiel für die Bedeutung langfristiger Planung ist der Gemeinsame Markt, denn seine Errichtung wird die Entwicklung der europäischen Wirtschaft sehr beschleunigen und große Neuinvestitionen, die stets sorgfältige langfristige Planungen voraussetzen, erforderlich machen.

Alle die erwähnten außerwirtschaftlichen Faktoren und ihr möglicher Einfluß auf die Wirtschaftsstruktur müssen bei der langfristigen Planung durch systematische Sammlung von Informationen berücksichtigt werden. Kurzwellige, nicht strukturell bedingte Konjunkturschwankungen sind ohne Bedeutung; ent-

scheidend ist der Gesamttrend, etwa bei der Errichtung einer neuen Automobil-
fabrik der zukünftige Bedarf an Kraftfahrzeugen, der von außerordentlich vielen wirtschaftlichen und außerwirtschaftlichen Faktoren abhängig ist.

Der Bereich langfristiger Planung

Langfristige Planungen sind bei allen I n v e s t i t i o n s - und K a p a z i t ä t s -
p l a n u n g e n erforderlich, weil die Produktion für längere Zeit an die angestrebte Kapazität gebunden ist. Hier liegt deshalb der Planungsschwerpunkt.
Daraus sind dann l a n g f r i s t i g e Finanzpläne, Absatzpläne, Personalpläne
und Beschaffungspläne zu entwickeln.

Bei einer M e h r p r o d u k t f e r t i g u n g , deren Produktionsprogramm sich
schnell umstellen läßt, ist die Planung einfach und kann meist kürzer sein, bei
der durch die Automation begünstigten E i n p r o d u k t f e r t i g u n g sind die
Risiken meist wesentlich größer und die Planungen deshalb schwieriger.

Langfristige Pläne sind stets G r o b - oder U m r i ß p l a n u n g e n , an denen
die kurzfristigen Pläne auszurichten sind. In der sowjetischen Planwirtschaft
spricht man im gleichen Sinne bei den Fünf-, Zehn- und Fünfzehn-Jahresplänen
von „p e r s p e k t i v i s c h e n P l ä n e n" und bei den Einjahresplänen von
den „o p e r a t i v e n P l ä n e n". (Natürlich handelt es sich hier um autorita-
tiv festgelegte Pläne, die kein Marktrisiko in unserem Sinne kennen.)

Den U n t e r s c h i e d z w i s c h e n l a n g f r i s t i g e r u n d k u r z f r i s t i -
g e r P l a n u n g kennzeichnet Mellerowicz (a. a. O.) an den für beide
charakteristischen Fragestellungen:

(1) Die k u r z f r i s t i g e P l a n u n g fragt, welcher Absatz und welches Er-
    gebnis in der Planperiode erzielbar sind.

(2) Die l a n g f r i s t i g e P l a n u n g dagegen fragt, welche Wege notwendig
    sind, welches Programm erstellt, welche Anstrengungen gemacht und wel-
    che Märkte gewonnen werden müssen, um einen langfristigen Standard-
    gewinn zu erzielen.

Alternativpläne

Da jede langfristige Planung große Unsicherheiten in sich birgt, werden, wenn
möglich, Alternativpläne aufgestellt; das sind Umrißpläne, die für verschiedene,
möglicherweise eintretende Entwicklungen bereit liegen. Sie sind jedoch nur
dort notwendig und sinnvoll, wo die Möglichkeit verschiedener ü b e r s c h a u -
b a r e r Entwicklungen gegeben ist und wo der Betrieb diesen verschiedenen
Entwicklungsmöglichkeiten schnell angepaßt werden kann.

Alternativpläne sind natürlich auch bei der k u r z f r i s t i g e n Planung sehr
gebräuchlich. Sie sind nicht mit den sogenannten „P l a n v a r i a n t e n" identisch, die bei der Planung ausgearbeitet und der Unternehmungsleitung zur
Entscheidung vorgelegt werden, etwa ob Produkt A oder Produkt B erzeugt
werden soll.

Da bei der langfristigen Planung sehr viele und zum Teil alternierende Daten
verarbeitet werden müssen, hat ihre Aussagefähigkeit durch die Verwendung
e l e k t r o n i s c h e r D a t e n v e r a r b e i t u n g s m a s c h i n e n außerordentlich gewonnen.

IV. Operations Research — „Unternehmensforschung"

1. Begriff und Wesen des Operations Research

Noch vor einem guten Jahrzehnt war der Begriff des Operations Research in der deutschen Betriebswirtschaftslehre fast ganz unbekannt. Im neuen Großen Brockhaus (Bd. 8, 1955) suchen wir das Wort vergeblich; ja selbst das Handwörterbuch der Betriebswirtschaft (in der 3. Aufl., 1960) hat dem Operations Research kein besonderes Stichwort gewidmet. Inzwischen gibt es eine deutsche Zeitschrift: „Unternehmensforschung — Operations Research", zahlreiche Bücher und unzählige Aufsätze über Operations Research. Kurzum, Operations Research als *„Optimalplanung unternehmerischer Entscheidungen mit Hilfe mathematischer Methoden"* hat einen überraschend schnellen Eingang in die Wirtschaftspraxis gefunden. So dürften sich heute schon alle größeren Unternehmungen des Operations Research bedienen. Da auch die Betriebswirtschaftslehre in wachsendem Maße mathematische Methoden anwendet, ist das Operations Research großenteils unmittelbar in das Fach integriert und wird in Spezialschriften und Spezialvorlesungen behandelt.

Entstehung

Das Operations Research ist während des Zweiten Weltkriegs in England als wissenschaftliche Methode zur Beschaffung und Auswertung quantitativer Unterlagen für militärische Entscheidungen und Operationen entwickelt worden, und zwar zunächst als Grundlage für die Bestimmung der Standorte der englischen Radarluftüberwachung. Das Arbeitsteam des Kernphysikers und Nobelpreisträgers Blackett, dem drei Biologen, zwei mathematische Physiker, ein Astronom, ein Physiker, zwei Mathematiker, ein Statistiker und ein Militär angehörten, hat äußerst wirkungsvoll das Radarnetz für die englische Luftverteidigung organisiert und den Luftkrieg über England entscheidend beeinflußt. Diese Verfahren wurden 1941 von den Vereinigten Staaten übernommen, und zwar für die Planung der Operationen der Luftwaffe, der Marine und des Heeres. Am bekanntesten und für das Wesen des Operations Research am aufschlußreichsten ist die Bearbeitung des Geleit-Problems. Es galt die Optimalgröße der Geleitzüge zu bestimmen, um innerhalb einer bestimmten Frist eine möglichst große Warenmenge mit dem geringsten Risiko über den Atlantik zu bringen. Der Geleitzug wurde als eine Kreisfläche dargestellt, die die zu bestimmende Zahl der Transportschiffe enthält und umgeben ist von einem Ring der begleitenden Kriegsschiffe. Auf Grund dieses Modells wurde die optimale Geleitzuggröße für maximale monatliche Warentransporte unter Berücksichtigung der Überfahrzeit und geringsten Verlustquoten einwandfrei festgestellt. Weiterhin wurde das Operations Research von zahlreichen Teams mit annähernd 1000 Wissenschaftlern im U-Boot-Krieg, im Luftkrieg über Deutschland und im Landkrieg in Frankreich eingesetzt. Das Operations Research hat also entscheidend zum Ausgang des Krieges beigetragen. Das zeigt zugleich die große Bedeutung des Operations Research für praktische Probleme.

Ende der vierziger Jahre fand das Operations Research auch in der amerikanischen Wirtschaft Eingang, angeregt durch militärische Operations Research, die ausgesprochen wirtschaftlichen Charakter haben, so z. B.: Bestimmung der Art und Zahl der Waffen, mit denen die Wehrmacht auszurüsten ist, um diese Ziele mit den niedrigsten Kosten zu erreichen; die nutzbringendste Verteilung des Wehrmachtetats auf die verschiedenen Tätigkeitsbereiche der Wehrmacht; der günstigste Einsatz von Truppen und Waffen in bestimmten militärischen Situationen und dergleichen mehr.

Begriff und Kriterien des Operations Research

Jeder zielgerichteten Entscheidung geht eine *Planung* voraus, die bei einfachen und · Routineentscheidungen kaum als solche wahrgenommen wird, die aber, wenn zwischen schwer durchschaubaren Alternativen gewählt werden muß, eine sorgfältige Planung verlangt, um eine optimale Entscheidung zu treffen. Das gilt besonders für unternehmerische Entscheidungen, die aber bislang auf Grund reicher Erfahrungen und mit einem fein ausgebildeten Fingerspitzengefühl getroffen wurden. Je größer aber die Unternehmungen und die Wirtschaftsräume, je differenzierter die Produktionsprozesse und je komplexer die Tatbestände wurden, um so mehr versagten die altgewohnten Methoden. Da die Unternehmung ein „Komplex von Quantitäten" darstellt, bietet sich hier die Mathematik an, die in dem Operations Research die entsprechenden Verfahren zur Optimalplanung entwickelte. Ohne dieses mathematische Instrumentarium ist die moderne Unternehmung gar nicht mehr denkbar.

Die schnelle Verbreitung des Operations Research wurde allerdings nur durch die *elektronische Datenverarbeitung* ermöglicht; denn die meisten Probleme des Operations Research sind derart umfangreich, daß sie ohne Elektronenrechner nicht gelöst werden könnten.

Die *vier Kriterien,* die das Operations Research kennzeichnen, hat M ü l l e r - M e r b a c h (ZfhF 1963, S. 191 ff.) zu ermitteln versucht:

1. Es werden Entscheidungen vorbereitet, nicht getroffen. Die Unterlagen für optimale Entscheidungen werden geschaffen, d. h., es werden *optimale Pläne* aufgestellt.

2. Es handelt sich stets um optimale Pläne. Das Optimum kann z. B. Gewinnmaximierung, Kostenminimierung, Minimierung des Verlustrisikos, Minimierung der Wartezeiten (u. a. bei der optimalen Verkehrsplanung) sein. Wenn dabei auch in vielen Fällen eine wirklich optimale Planung gar nicht möglich ist, so steht das nicht im Widerspruch dazu, daß stets ein Optimum angestrebt wird.

3. Es werden mathematische, mathematisch-statistische und logistische Methoden benutzt. Das zu lösende Problem wird in einem abstrakten Modell nachgebildet, das mit mathematischen, mathematisch-statistischen oder logistischen Methoden optimiert wird. Ein Modell, das sich mit *mathematischen Methoden* lösen läßt, ist z. B. die Kostengleichung, die zur Herleitung der Losgrößenformel führt, oder ein lineares Ungleichungssystem mit Optimierungsfunktion, das mittels der linearen Planungsrechnung gelöst wird. *Mathematisch-statistische* Methoden werden bei solchen Optimierungsmodellen angewendet, in denen statistische Wahrscheinlichkeitsverteilungen auftreten, wie z. B. bei einigen Problemen der optimalen Lagerhaltung und der Warteschlangen. Logistische Methoden sind z. B. die digitale Simulation und die Boolesche Algebra (wir kommen darauf noch zurück).

4. Es werden quantitative Ergebnisse gewonnen, d. h., es sollen mit den Methoden des Operations Research die Zusammenhänge zwischen den Einflußgrößen eines Problems analytisch quantifiziert werden.

Operations Research ist danach die Anwendung mathematischer Methoden zur Vorbereitung optimaler Unternehmensentscheidungen.

Doch muß hier noch erwähnt werden, daß Operations Research nichts grundsätzlich Neuartiges darstellt. In der Standorttheorie arbeitete man ja auch schon lange mit mathematischen Modellen und exakten Methoden, wie Heinrich von Thünen, Launhardt, Alfred Weber u. a. Auch fast alle Unternehmen, denken wir nur an Montanbetriebe, haben schon von jeher einfache und kompliziertere Verfahren in der Art des Operations Research angewandt.

Das *Neuartige* des Operations Research ist der Versuch, möglichst alle Entscheidungen von weittragender Bedeutung durch eine *exakte analytische und numerische Berechnung der Folgen der verschiedenen alternativen Möglichkeiten vorzubereiten*. Das Operations Research sucht also systematisch die Gleichartigkeit zwischen anscheinend beziehungslosen oder beliebigen Tätigkeiten zu entdecken. Man sucht vor allem auch Variable in die Analyse einzubeziehen, die man früher als „Imponderabilien" betrachtet hätte und deren Analyse nur mit Hilfe elektronischer Rechenanlagen möglich ist.

In dem Operations Research kann grundsätzlich *jedes Verfahren* — insbesondere der Mathematik, Statistik, Technologie, Physik, Biologie usw. — angewandt werden. Doch wurde eine Reihe von b e s o n d e r e n V e r f a h r e n für die Zwecke des Operations Research entwickelt, die sich in besonders vielen gleichartigen Einzelfällen erfolgreich anwenden lassen. Man darf annehmen, daß mit der schnell fortschreitenden Ausbreitung des Operations Research noch wesentlich mehr solcher spezieller Verfahren ausgebildet werden, so z. B. auf dem Gebiet der Logistik, die noch ungeahnte Verfahrensmöglichkeiten enthält.

Wie seine Entstehungsgeschichte zeigt, ist das Operations Research keineswegs eine spezifische betriebswirtschaftliche Disziplin, sie wird außer in der Betriebswirtschaft in der Technologie, der Volkswirtschaft (Gesamtplanungen), der Verwaltung, der Politik, der Soziologie, den Naturwissenschaften, der Wissenschaftsforschung und auf militärischem Gebiet angewandt. Bezeichnend dafür ist, daß in den USA 1957 mehr als 40 % aller registrierten Operationsforscher Ingenieure, weitere 45 % Mathematiker, Statistiker oder Naturwissenschaftler und nur 15 % Wirtschaftswissenschaftler waren. Von den 219 Gründungsmitgliedern der Deutschen Gesellschaft für Unternehmungsforschung (1961) waren mindestens 75 % Ingenieure, Mathematiker, Statistiker und Naturwissenschaftler. Trotzdem dürfte das Operations Research derzeit seine größte Bedeutung in der Betriebswirtschaft und der Technologie haben.

Anwendungsbereich und typische Anwendungsbeispiele

Das Operations Research wird heute bereits i n f a s t a l l e n B e r e i c h e n d e r W i r t s c h a f t angewandt, so in der Urproduktion, der Landwirtschaft, Montanindustrie und Fischerei, in allen Zweigen der verarbeitenden Industrie, im Handel und Verkehrswesen, im Kredit- und Versicherungswesen.

Typische Beispiele für die Anwendung des Operations Research sind: Entwicklung und Durchführung langfristiger Planungen; Standortfragen; Investitionsentscheidungen; Bestimmung der Lagerhaltung an Fertigerzeugnissen und Kontrolle der ausführenden Abteilungen; Ermittlung der optimalen Losgrößen; Angleichung der Produktion an Verkaufsvoraussagen, Bestimmung des Erzeugnisprogramms und Programmplanung; Analyse von Absatz- und Verteilungsproblemen; Bewertung von Leistungen; Entscheidung, ob benötigte Einzelteile im eigenen Betrieb hergestellt oder bei Dritten gekauft werden sollen; Kontrolle der Arbeit der Herstellungsabteilungen.

Der Gang des Verfahrens

Es läßt sich natürlich bei der Vielfalt der Aufgaben und der Methoden kein einheitlicher Gang des Verfahrens des Operations Research aufstellen. Doch wird sich das Verfahren meist in folgenden Etappen abwickeln (nach Churchman - Ackoff - Arnoff: Operations Research, 4. Aufl. 1969):

1. *Die Formulierung des Problems:* Es muß versucht werden, eine möglichst umfassende Zielsetzung zu berücksichtigen. Dabei ist festzustellen, welche Vorgangsweise im Hinblick auf eine Gruppe von Zielen am wirksamsten ist. Daher muß bei der Formulierung des zu untersuchenden Problems ein Maß für die Wirksamkeit angegeben und dessen Brauchbarkeit nachgewiesen werden.

2. *Entwurf eines mathematischen Modells:* Es stellt die Wirksamkeit des untersuchten Systems als *Funktion* (f) einer Reihe von Veränderlichen dar, von denen zumindest eine beeinflußbar ist. Die allgemeine Formel eines Operations-Modells ist:

$$E = f(x_i, y_j),$$

wobei E die Wirksamkeit des Systems bedeutet, x_i die Veränderlichen des Systems, die beeinflußt werden können, und y_1 jene Veränderlichen, die nicht beeinflußbar sind. Einschränkungen bezüglich der Werte der Veränderlichen können durch weitere Gleichungen oder Ungleichungen ausgedrückt werden.

3. *Die Ableitung einer Lösung aus dem Modell:* Es kommen vor allem analytische und numerische Methoden in Betracht. Erstere verwenden die mathematische Ableitung (z. B. Differential- und Integralrechnung, Matrizenrechnung, lineare Programmierung). Bei numerischen Verfahren probiert man etwa verschiedene Werte der beeinflußbaren Variablen des Modells aus und wählt die günstigsten Werte aus. Solche Methoden reichen vom einfachen Probieren bis zur komplexen Iteration, das ist ein Verfahren, bei dem die aufeinanderfolgenden Werte sich immer mehr der Optimallösung nähern.

4. *Überprüfung des Modells und der Lösung:* Da ein Modell nur ein abstraktes Abbild der Wirklichkeit ist, das zeigt, wie sich Veränderungen im System auf seine Gesamtleistung auswirken, ist stets seine Angemessenheit zu überprüfen, indem man nachprüft, wie genau es die Auswirkungen derartiger Veränderungen vorherzubestimmen vermag.

5. *Die Überwachung und Anpassung der Lösung:* Die aus dem Modell abgeleitete Lösung wird unbrauchbar, wenn sich der Wert einer oder mehrerer nicht erfaßter Variablen oder Beziehungen zwischen den Variablen wesentlich ge-

ändert haben. Man muß deshalb Verfahren entwickeln, mit denen man feststellen kann, wann wesentliche Änderungen eintreten, und Regeln aufstellen, wie die Lösung unter Berücksichtigung dieser Veränderungen zu modifizieren ist.

6. *Die praktische Verwirklichung der Lösung:* Die überprüfte Lösung muß in Betriebsanweisungen übersetzt werden, die im Betrieb durchzuführen sind.

Diese sechs Phasen werden selten in der angegebenen Reihenfolge durchlaufen. Sie können sogar gleichzeitig erfolgen. In anderen Fällen kann das Problem erst dann endgültig formuliert werden, wenn die Untersuchung fast schon abgeschlossen ist. Meist besteht ein dauerndes Wechselspiel zwischen den verschiedenen Phasen.

2. Betriebswirtschaftliche Modelle

Begriff des Modells

Ein Modell ist nach *Heinen* ein in sich widerspruchsfreies Aussagesystem eines Ausschnittes der Wirklichkeit, der von dem Aussagesystem in vereinfachender, abstrahierender Weise erfaßt wird (Einführung in die Betriebswirtschaftslehre, 6. Aufl., Wiesbaden 1977).

Das „Material", aus dem Modelle bestehen, sind *sprachliche Ausdrücke,* d. h. Begriffe und solche Aussagen, die Beziehungen zwischen den durch die Begriffe wiedergegebenen Sachverhalten herstellen. Die Entwicklung betriebswirtschaftlicher Modelle setzt eine Sprache voraus, in der die Modellaussagen formuliert werden. Die Umgangssprache der betrieblichen Praxis ist für diese Zwecke nur begrenzt tauglich. Die betriebswirtschaftliche Forschung muß daher eine *theoretische Sprache* entwickeln, die von den genannten Mängeln frei ist. Die zunehmende mathematische Formulierung betriebswirtschaftlicher Modelle ist hieraus zu erklären. Die *Mathematik* ist eine durch exakte syntaktische Regeln beherrschte künstliche Sprache.

Arten des Modells

Folgende Arten der Modelle unterscheidet *E. Kosiol* (Einführung in die Betriebswirtschaftslehre, Wiesbaden 1968).

(1) Nach der Funktion: *Beschreibungsmodelle* und *Erklärungsmodelle;* letztere sind auch für Prognosezwecke geeignet;

(2) nach der Abbildungsart: *ikonische* (bildhafte) und *symbolische* (abstrakte) *Modelle;* letztere werden unterteilt in verbale, logistische und mathematische Modelle; logistische und mathematische Modelle sind *Kalkülmodelle;*

(3) nach dem Merkmal des Realitätsbezuges: *Realmodelle,* die Gegenstände der empirischen Realität abbilden, und *Idealmodelle,* die keinen Realitätsbezug aufweisen; Realmodelle enthalten Hypothesen, die der empirischen Wirklichkeit entsprechen sollen, Idealmodelle dagegen enthalten unverbindliche Annahmen.

(4) *Kalkülmodelle* können sein: *Ermittlungsmodelle*, z. B. Buchhaltung und Kapitalwertermittlung, sowie *Entscheidungsmodelle*, z. B. lineare Verteilungsmodelle. Ermittlungsmodelle ermitteln lediglich ein quantitatives Ergebnis, Entscheidungsmodelle bestimmen darüber hinaus aus einem Variationsbereich die optimale Lösung; es sind die Modelle des Operations-Research.

Erklärungs- und Entscheidungsmodelle (nach E. Heinen)

Die **Erklärungsmodelle** lassen sich nach dem sprachlichen Ausdruck in *verbale* und *mathematisch-formale Erklärungsmodelle* gliedern. Die Mehrzahl der bestehenden Erklärungsmodelle in der Betriebswirtschaftslehre sind verbaler Natur; doch dringt mehr und mehr die mathematische Ausdrucksweise vor. Allerdings lassen sich viele Probleme gar nicht oder nur bedingt mathematisch formulieren.

Ein Erklärungsmodell besteht zunächst aus sogenannten *Erklärungsgleichungen*. Die unabhängigen Variablen in ihnen werden als „*Aktionsparameter*" oder „Instrumentalvariable" bezeichnet und geben die im Modell erfaßten Entscheidungstatbestände wieder. Sie zeigen in ihrer Gesamtheit die zur Verfügung stehenden *Handlungsmöglichkeiten (Alternativen)*. Eine Alternative ist eine bestimmte zulässige Ordnung von Werten der Aktionsparameter.

Betriebswirtschaftliche Erklärungsmodelle können generell-bestimmender oder konkret-rechnerischer Natur sein. *Generell-bestimmende Modelle* enthalten nur allgemeine Aussagen über Tendenzen oder Veränderungsarten. Die Entscheidungskonsequenzen werden nicht durch konkrete Zahlen dargestellt. *Konkretrechnerische Erklärungsmodelle* geben dagegen zahlenmäßig an, wie die Folgen von Entscheidungen sein werden. Sie sind die Domäne des betriebswirtschaftlichen *Rechnungswesens*.

Generell-bestimmende Erklärungsmodelle finden wir in der Produktions- und Kostentheorie, der Preis- und Absatztheorie und der Finanzierungstheorie.

Die **Entscheidungsmodelle** ermöglichen eine optimale oder „befriedigende" Gestaltung des betriebswirtschaftlichen Entscheidungsfeldes. Heinen sucht dann die Grundlagen für das Verständnis mathematischer Entscheidungsmodelle zu vermitteln. Die von ihm beispielhaft dargelegten Modelle bilden die Basis für die Entwicklung umfassender und wirklichkeitsnaher Entscheidungsmodelle der modernen Betriebswirtschaftslehre. Auch die Entscheidungsmodelle gliedert Heinen in *generell-bestimmende* und *konkret-rechnerische Entscheidungsmodelle*. In der betriebswirtschaftlichen Praxis sind nur solche Entscheidungsmodelle unmittelbar anwendbar, die die optimalen Werte der Aktionsparameter konkret-rechnerisch aufzeigen. Doch benötigt die Betriebswirtschaftslehre auch generell-bestimmende Entscheidungsmodelle als Vorstufe für die Entwicklung konkret-rechnerischer Modelle. Sie liefern ferner Hinweise für die Gewinnung und Verarbeitung konkret-rechnerischer Informationen. Konkret-rechnerische Entscheidungsmodelle werden von dem Operations Research entwickelt. (Heinen: Einführung in die Betriebswirtschaftslehre, 6. Aufl., Wiesbaden 1977.)

Deterministische, stochastische und strategische Modelle

Die Modelle des Operations Research kann man ferner in deterministische, stochastische und strategische Modelle einteilen.

1. Bei den *deterministischen Modellen* führt jede Entscheidung zu eindeutig bestimmten Ergebnissen. Die mathematische Grundlage für diese Modelle ist die Kombinatorik, die mathematische Logik, die Algebra und die Analysis.

2. Bei den *stochastischen Modellen* sind die genauen Werte einiger Parameter des Modelles nicht bekannt, sondern nur ihre Wahrscheinlichkeitsverteilungen oder Schätzwerte auf Grund statistischer Erhebungen. Die Ergebnisse der Modellanalyse sind deshalb nur Wahrscheinlichkeitsaussagen. Die mathematische Grundlage für diese Modelle ist die Wahrscheinlichkeitsrechnung.

3. Bei den *strategischen Modellen* muß damit gerechnet werden, daß ein „Gegner" gewisse Parameter des Modells bestimmt. Die mathematische Grundlage dieser Modelle ist die Spieltheorie, auf die wir noch zurückkommen. Gegner kann auch die Natur sein: „Spiel gegen die Natur"; dabei werden bestimmte Prozesse der Natur (z. B. Witterung, Ernteausfall) gleichsam personifiziert.

3. Die Problembereiche und Verfahren des Operations Research

Optimalitätskriterien

Optimalitätskriterien sind die Kriterien, nach denen beurteilt wird, inwieweit Lösungen von Optimierungsproblemen ein *Optimum* darstellen. Die zum Vergleich stehenden Lösungen müssen der jeweiligen Zielfunktion entsprechen, die das Optimum anstrebt, das sowohl *ein maximaler* als auch *ein minimaler Wert* sein kann. Der Begriff Optimum ist also relativ.

Als Optimalitätskriterien kommen in der Unternehmung z. B. in Betracht: die Gewinnmaximierung, die Umsatzmaximierung, die maximale Kapazitätsauslastung, die maximale Arbeitsproduktivität, die kostenminimalen Losgrößen, die kostenminimalen Lagerhaltungs- und Transportpläne u. dgl. m.

Die Optimalwerte sind in der Regel allerdings nur unter Beachtung von Einschränkungen *(Restriktionen)* zu erreichen, da die Unternehmung mehrere Zielfunktionen hat, die zum Teil miteinander kollidieren. So wird z. B. die Gewinnmaximierung nur erreicht, wenn das Produktionsprogramm optimal ist. Es ist dann aber nicht der maximale, sondern nur der optimale, der „beste" Gewinn. Die Begriffe „optimal" und „maximal" sind deshalb scharf zu trennen, worauf *Müller-Meerbach* in seinem grundlegenden Werk „Operations Research — Methoden und Modelle der Optimalplanung" (3. Aufl., 1974) besonders hinweist.

Wenn es nicht möglich ist, eine optimale Lösung zu finden, muß man sich mit einer *suboptimalen* Lösung begnügen. Nach Müller-Meerbach entstehen suboptimale Lösungen aus drei Gründen: (1) In der Praxis werden die einzelnen Teilprobleme meist getrennt voneinander betrachtet. Da sie im allgemeinen miteinander verknüpft sind und sich daher beeinflussen, bilden die einzelnen Optimallösungen kein Optimum für das Gesamtproblem. Die einzelnen Lösungen bezeichnet man als *suboptimal* oder *partialoptimal* im Gegensatz zum *Total-*

optimum. (2) Viele Probleme haben mehrere Optima, von denen eines das gesuchte *Globaloptimum* ist, und die anderen die *Suboptima* oder *Lokaloptima* darstellen. (3) Viele Probleme lassen sich durch die heute bekannten Verfahren nicht mit vertretbarem Rechenaufwand lösen. Man bezeichnet sie als *ungelöste Probleme.* Sie lassen sich z. T. mit Näherungsverfahren oder heuristischen Verfahren lösen. Wir kommen darauf noch zurück.

Problembereiche des Operations Research

Man hat vielfach versucht, das Operations Research nach den Problemkreisen, die es behandelt, zu gliedern. So führen Churchman, Ackoff und Arnoff in ihrem Werk „Operations Research, eine Einführung in die Unternehmensforschung" (5. Aufl., Wien und München 1971) folgende Problemkreise des Operations Research auf:

Lagerhaltungsprobleme: Sie erfordern eine oder beide der folgenden Entscheidungen: (1) wieviel in Auftrag gegeben, d. h. zu produzieren oder einzukaufen ist, und (2) wann der Auftrag erteilt werden soll. Bei diesen Entscheidungen müssen die Lagerhaltungskosten gegen eine oder mehrere der folgenden Kosten abgewogen werden: Auftragskosten bzw. Kosten der Auflegung einer Produktionsserie, durch Erschöpfung des Lagerbestandes oder verzögerte Lieferung, verursachte Kosten u. a. Die mathematischen Instrumente für die Lösung dieser Probleme sind die Gleichungen für die wirtschaftlichen Auftragsmengen sowie die *lineare Planungsrechnung.*

Zuteilungsprobleme: Sie ergeben sich, (1) wenn eine Reihe von Operationen durchzuführen ist und es hierzu verschiedene Wege gibt, und (2) wenn die Hilfsmittel und Einrichtungen nicht verfügbar sind, um jede Operation in der bestmöglichen Weise durchzuführen. Die Operationen und Hilfsmittel sind dann so zu kombinieren, daß die optimale Leistung erzielt wird. Die mathematischen Instrumente zur Lösung dieser Probleme sind vor allem die *lineare Planungsrechnung.*

Wartezeitprobleme: Sie entstehen, wenn Personen oder Güter durch eine oder mehrere Stellen bedient oder bearbeitet werden müssen. Dabei müssen in der Regel die zu bedienenden Einheiten oder die Bedienungsstellen warten, wodurch Kosten entstehen. Das Eintreffen der zu bedienenden Einheiten bzw. die Organisation der Bedienungsstellen ist nun so zu gestalten, daß die Summe beider Kosten ein Minimum wird. Zur Lösung dieser Probleme wurde die *Warteschlangen-Theorie* entwickelt. Weiterhin ist die *Ablaufplanungs-Theorie* auf Probleme anwendbar, bei denen die Reihenfolge festzusetzen ist, in der die bereitstehenden Einheiten bedient werden sollen.

Ersatzprobleme: Bei ihnen sind je nach der Art des „Alterungsprozesses" zwei Fälle zu unterscheiden: (1) die betreffenden Einrichtungen verlieren *durch den Gebrauch* allmählich ihre Leistungsfähigkeit, oder (2) sie *veralten* durch den technischen Fortschritt, oder (3) sie fallen *durch Bruch* u. dgl. plötzlich aus. Bei allmählichem Leistungsabfall besteht das Problem darin, den Zeitpunkt der Ersetzung so zu wählen, daß die Summe aus den Kosten der neuen sowie den Kosten für die Erhaltung der Leistungsfähigkeit der alten Einrichtung und die durch Ausfall verursachten Kosten minimiert werden. Bei Einrichtungen, die vollständig ausfallen, ist festzustellen, welche Stücke zu ersetzen sind und wie man sie ersetzen soll, um die Gesamtsumme der Kosten so niedrig wie möglich zu halten.

Instandhaltungsprobleme sind ein Sonderfall der Ersatzprobleme, da bei der Instandhaltung nicht eine ganze Einheit zu erneuern ist, sondern ein Bestandteil ausgetauscht werden muß. Sie sind deshalb mit den gleichen Methoden wie die Ersatzprobleme zu lösen.

Konkurrenzprobleme: Sie entstehen, wenn die Entscheidung des einen Partners in ihrer Wirksamkeit durch die Entscheidung eines anderen beeinträchtigt werden kann. Die meist diskutierte Konkurrenzsituation ist ein „*Spiel*". Ein Spiel ist charakterisiert durch eine Anzahl von Spielern, durch Spielregeln, die alle erlaubten Züge festlegen, durch eine Reihe von Endsituationen (gewinnen, verlieren, unentschieden) und den mit diesen Endsituationen verbundenen Gewinn bzw. Verlust. Das mathematische Verfahren zur Lösung dieser Probleme ist die „*Spieltheorie*".

Kombinierte Probleme: In den wirklichen Systemen tritt nur selten eines der soeben besprochenen Probleme einzeln auf. So besteht z. B. ein Produktionsplanungs-Problem aus einer bestimmten Kombination von Lagerhaltungs-, Zuordnungs- und Wartezeitproblemen. Kombinierte Probleme behandelt man meist so, daß man ein Problem nach dem anderen löst. Doch wird man dabei in vielen Fällen kein echtes Optimum erreichen.

Abschließend heben Churchman, Ackoff und Arnoff noch hervor, daß sich der Leser nicht zu sehr durch die *Namen* der einzelnen abstrakten Modelle beeinflussen lassen darf, so sind z. B. Lagerhaltungsmodelle auch auf Geld-, Betriebskapital- und Personalprobleme anwendbar; Warteschlangen-Modelle können unter Umständen zur Lösung bestimmter Lagerhaltungsprobleme von Nutzen sein, u. dgl. m.

Die Verfahren des Operations Research

Es ist bisher noch nicht gelungen, die Methoden des Operations Research in befriedigender Weise systematisch zu gliedern. Es haben sich zwar ganz spezifische Operations-Research-Methoden herausgebildet, die sich aber zumeist auf Wahrscheinlichkeitsrechnung, Statistik und Analysis stützen. So finden wir bei den Versuchen einer Systematisierung der Operations-Research-Verfahren uralte mathematische Methoden, wie z. B. die Wahrscheinlichkeitstheorie und die Statistik, vermischt mit neuen Operations-Research-Methoden, wie z. B. der Warteschlangen-Theorie, der Monte-Carlo-Methode, der Spieltheorie, dem Entscheidungsbaumverfahren.

Das Operations Research bedient sich also keineswegs nur neuartiger, komplizierter mathematischer Rechenverfahren. Da es als Optimalplanung definiert wird, ist das mathematische Instrumentarium äußerst umfangreich. So gehören auch Optimierungsprobleme, die mit einfachen linearen Gleichungssystemen zu lösen sind, zum Operations Research.

Auch *H. Müller-Meerbach* hat in seinem grundlegenden, einführenden Werk „Operations Research — Methoden und Modelle der Optimalplanung" (Berlin und Frankfurt, 3. Aufl. 1974) die linearen Gleichungssysteme sowie auch die Differenzialrechnung zum mathematischen Instrumentarium des Operations Research gerechnet.

Das mathematische Instrumentarium des Operations Research

Das Instrumentarium des Operations Research besteht nach *Müller-Meerbach*, der jedem dieser Instrumente ein umfangreiches Kapitel seines Buches widmet, aus folgenden Teilgebieten, auf die wir später noch näher eingehen werden:

L i n e a r e G l e i c h u n g s s y s t e m e : Die lineare Algebra, deren wichtigste Methoden zur Schulmathematik gehören, bildet eine wichtige Grundlage für die meisten Methoden der mathematischen Planung. Mit diesen einfachen linearen Gleichungssystemen können auch zahlreiche Operations-Research-Probleme gelöst werden, so z. B. die Gewinnschwellenanalyse (Break-even-point), die Auswahl des optimalen Produktionsverfahrens, die Teilbedarfsrechnung in Montagebetrieben und die innerbetriebliche Leistungsverrechnung u. a.

Die D i f f e r e n t i a l r e c h n u n g , die auch zur Schulmathematik gehört, enthält die klassischen Methoden zur Bestimmung von Optimallösungen und bildet damit das klassische Werkzeug des Operations-Researchers. Die Anwendung der Differentialrechnung bei Operations-Research-Problemen zeigt Müller-Meerbach u. a. an der klassischen Bestellmengenformel (Losgrößenformel), der Bestimmung des gewinnmaximalen Preises des Angebotsmonopolisten, des Gesetzes zum Ausgleich des Grenznutzens u. a.

Die l i n e a r e P l a n u n g s r e c h n u n g : Sie ist das wichtigste Instrument des Operations Research. Sie ist (als Simplex-Methode) nichts anderes als die Generalisierung und Erweiterung der Methoden zur Lösung von linearen Gleichungssystemen. Ihre Behandlung nimmt in dem zitierten Werk von Müller-Meerbach fast 100 Seiten ein. Wir werden uns später auch eingehend mit ihr befassen.

Die n i c h t l i n e a r e P l a n u n g s r e c h n u n g : Sie ist im Gegensatz zur linearen Planungsrechnung ein noch wenig erforschtes Gebiet. Sie behandelt solche Optimierungsprobleme, bei denen die Zielfunktion und/oder mindestens eine Nebenbedingung in ihren Variablen nichtlinear ist. Eine neue Methode der nichtlinearen Planungsrechnung ist die „Black-box-Methode", auf die wir später noch eingehen werden.

M a t r i z e n r e c h n u n g : Sie ist aus der Determinanten-Methodik zur Lösung linearer Gleichungen mit zahlreichen Einflußzahlen (Unbekannten) hervorgegangen. Sie wird mit Vorteil dort angewandt, wo einzelne Elemente einer Menge sich voneinander durch Angabe von Einflußzahlen unterscheiden. Sie wird seit langem in der Baustatik, Elektrotechnik und anderen technischen Gebieten zur Ausrechnung linearer Abhängigkeiten benutzt. In der Betriebswirtschaft wird sie neuerdings zunehmend und mit sehr großem Erfolg, vor allem in der Kostenrechnung, zur Berechnung optimaler Fertigungsprogramme und zur Darstellung der Verflechtungsstruktur ganzer Betriebe in Matrizenmodellen angewandt. Sogar die gesamte Buchhaltung wird in einigen Großbetrieben unter Verwendung der elektronischen Datenverarbeitung in Matrizenrechnung geführt.

G r a p h e n t h e o r i e : Sie hat vor allem durch die *Netzplantechnik* für die Terminplanung bei Großobjekten eine zentrale Bedeutung erlangt.

K o m b i n a t o r i k : Zu jeder praktischen Anwendung mathematischer Methoden gehört die Abschätzung des erfolgreichen Rechenaufwandes, der mit Hilfe der Kombinatorik ermittelt werden kann.

H e u r i s t i s c h e   V e r f a h r e n : Da viele mathematische Optimierungsprobleme nur mit unverhältnismäßig hohem Rechenaufwand exakt gelöst werden können, verwendet man sogenannte heuristische Verfahren oder Näherungsverfahren, um eine möglichst optimale Lösung zu finden. Sie haben eine große Bedeutung bei der Optimalplanung.

E n t s c h e i d u n g s b a u m v e r f a h r e n : Für Probleme, die mit heuristischen Verfahren gelöst werden können, lassen sich auch exakte Lösungen berechnen, und zwar mit den sogenannten Entscheidungsbaumverfahren, zu denen die Dynamische Planungsrechnung, das „Branching and Bounding-Verfahren" und die begrenzte Enumeration gehören. Alle diese Verfahren bestehen im Prinzip in einer Enumeration, d. h. in der *Berechnung aller möglichen Lösungen und der Auswahl der besten Lösung*.

Die g a n z z a h l i g e   P l a n u n g s r e c h n u n g : Eine große Zahl von Problemen der linearen und nichtlinearen Planungsrechnung verlangt für die Variablen ganzzahlige Werte, so z. B. bei Investitionsproblemen, in denen nur *ganze* Anzahlen von Maschinen und Anlagen installiert werden können; ferner bei Problemen der Personal- und Maschineneinsatzplanung, wenn nur jeweils *ganze* Zahlen von Arbeitern und Maschinen für bestimmte Aufträge einzusetzen sind. Zur Lösung solcher Probleme sind verschiedene Methoden entwickelt worden, auf die wir noch zurückkommen.

Die W a h r s c h e i n l i c h k e i t s t h e o r i e : In vielen Problemen der Praxis sind keine festen Daten bekannt. Es lassen sich nur Wahrscheinlichkeiten angeben, mit denen die einzelnen Ereignisse eintreten. Die Wahrscheinlichkeitsrechnung spielt deshalb bei der Optimalplanung eine erhebliche Rolle. Ein bekanntes Verfahren der Wahrscheinlichkeitstheorie ist die *Warteschlangentheorie*, auf die wir noch zurückkommen.

S t a t i s t i k (insbesondere *Prognoserechnung*): Die Methoden der statistischen Prognoserechnung gehören zwar nicht eigentlich zum Gebiet des Operations Research, dennoch spielen sie bei sehr vielen Problemen eine bedeutende Rolle.

Die S i m u l a t i o n : Viele Probleme der Praxis sind zu kompliziert, um sie als ein geschlossenes lösbares Formalproblem darstellen zu können. In solchen Fällen wendet man die Methode der Simulation an. Diese Methode der *experimentellen Mathematik* sucht die Wirklichkeit nachzubilden, doch nicht nur die Struktur der Realität, sondern auch das Verhalten (Aktionen und Reaktionen) der Realität nachzuahmen. Sie wird besonders dort eingesetzt, wo analytische und numerische Methoden versagen. Das Hauptanwendungsgebiet der Simulation bilden stochastische Prozesse, auf die durch Steuerungsmaßnahmen Einfluß genommen werden kann. Eine bekannte Methode der Simulation ist die *Monte-Carlo-Methode.*

Die S p i e l t h e o r i e : Ihr Ziel liegt in der Bestimmung optimaler Spielstrategien zwischen zwei oder mehr Personen. Sie hat in der betrieblichen Praxis bisher noch wenig Anwendung gefunden. Dennoch hat sie einen festen Platz im Operations Research erworben. Wir kommen darauf noch zurück.

Da das mathematische Instrumentarium des Operations Research zum Verständnis der Optimalplanung und ihrer Anwendungsmöglichkeiten besonders wichtig ist, verwenden wir im folgenden die umfangreiche Gliederung des Instrumentariums von *Müller-Meerbach.*

4. Das Instrumentarium des Operations Research

(1) Lineare Gleichungssysteme

Bedeutung der linearen Gleichungssysteme

Die linearen Gleichungssysteme sind ein elementares Grundwerkzeug der Mathematik. Deshalb bauen viele Rechenverfahren des Operations Research auf den Methoden zur Lösung von linearen Gleichungssystemen auf, so unmittelbar die lineare Planungsrechnung (Simplex-Methode), auf die wir noch ausführlich eingehen werden. Ferner können auch zahlreiche Optimierungsprobleme mit Hilfe von einfachen linearen Gleichungssystemen gelöst werden. Die wichtigsten Methoden der linearen Gleichungssysteme sind aus der Schulmathematik bekannt, weshalb wir hier nicht mehr darauf eingehen. Doch wollen wir an einem bekannten Beispiel zeigen, wie die lineare Algebra zur Lösung von Optimierungsproblemen angewandt werden kann.

Break-even-Analyse

Die Break-even-Analyse sucht den Break-even-point, den Nutzschwellpunkt, Deckungspunkt, Gewinnpunkt oder „Toten Punkt" zu ermitteln. Es ist der Punkt, an dem der Erlös der verkauften Produkte gerade die Gesamtkosten deckt, an dem also weder ein Gewinn noch ein Verlust entsteht. Die Kosten-Deckungsmenge im Break-even-Point deckt gerade die vollen Kosten.

In Einproduktunternehmen, in denen sich alle fixen Kosten auf eine Produktart verteilen, läßt sich die Kostendeckungsmenge im Break-even-Point in einer einfachen Formel ermitteln. Nehmen wir folgende Symbole an:

$$p = \text{Erlös (Preis) je Stück}$$
$$K_f = \text{gesamte fixe Kosten}$$
$$k_v = \text{variable Kosten je Stück}$$
$$x = \text{verkaufte Stücke je Periode}$$
$$x_D = \text{Kostendeckungsmenge}$$
$$G = \text{Gewinn}$$
$$G_B = \text{Bruttogewinn, Deckungsbeitrag } (x \cdot p - x \cdot k_v)$$

Der Gewinn einer Unternehmung setzt sich zusammen aus dem Erlös ($x \cdot p$) abzüglich der gesamten proportionalen Kosten ($x \cdot k_v$) und der fixen Kosten.

$$G = xp - xk_v - K_f$$

Ist nun der Gewinn gleich Null, so ergibt sich die Kostendeckungsmenge.

$$x_D = \frac{K_f}{p - k_v}$$

Ferner ist im Break-even-Point der Bruttogewinn (Deckungsbeitrag) gleich den fixen Kosten:

$$xp - xk_v = K_f$$

Ein Beispiel zur Errechnung des Break-even-Point

Die Betriebsabrechnung einer Unternehmung weist folgende Daten auf:

Reinerlös (Gesamtumsatz)	5 000 000,— DM
Verkaufseinheiten	1 250 000 Stck.
Erlös je Verkaufseinheit	4,— DM
proportionale Kosten	3 000 000,— DM
proportionale je Stück	2,40 DM
fixe Kosten	1 600 000,— DM
Gesamtkosten	4 600 000,— DM
Gewinn	400 000,— DM

60 % des Reinerlöses decken mithin die proportionalen Kosten. Die restlichen 40 % verbleiben zur Deckung der fixen Kosten und zum Gewinn.

Die Deckungsmenge beträgt

$$x_D = \frac{1\,600\,000}{4 - 2{,}40} = 1\,000\,000 \text{ Stück}$$

Der Deckungsumsatz ($x_D \cdot p$) beträgt $1\,000\,000 \cdot 4 = 4\,000\,000$ DM.

Wenn der oben genannte Reinerlös von 5 000 000 DM als normaler Monatsumsatz betrachtet wird, so beträgt der *Beschäftigungsgrad,* mit dem das Unternehmen arbeiten muß, um eine volle Kostendeckung zu erreichen.

$$\text{Beschäftigungsgrad} = \frac{\text{Deckungsumsatz} \times 100}{\text{Gesamtumsatz}} = \frac{400\,000\,000}{5\,000\,000} = 80\,\%$$

Das Unternehmen wird also bei einem Beschäftigungsgrad von 80 % gerade die volle Kostendeckung erzielen. Wenn Gewinne entstehen sollen, muß ein höherer Beschäftigungsgrad erreicht werden; Verluste treten ein, wenn der Beschäftigungsgrad unter 80 % ist. Die folgende Tabelle zeigt die Entwicklung bei verschiedenen Beschäftigungslagen und dementsprechenden Umsatzwerten.

(a) Verkaufs-einheiten	(b) Erlös	(c) Proportionale Kosten	(d) Deckungs-beitrag (b-c)	(e) Fixe Kosten	(f) Reingewinn (oder Verlust) (d-e)
	DM	DM	DM	DM	DM
250 000	1 000 000	600 000	400 000	1 600 000	⁒ 1 200 000
500 000	2 000 000	1 200 000	800 000	1 600 000	⁒ 800 000
750 000	3 000 000	1 800 000	1 200 000	1 600 000	⁒ 400 000
1 000 000	4 000 000	2 400 000	1 600 000	1 600 000	0
1 250 000	5 000 000	3 000 000	2 000 000	1 600 000	+ 400 000

Break-even-Diagramme

In der folgenden Abbildung ist die Break-even-Analyse für unser Zahlenbei-spiel grafisch dargestellt.

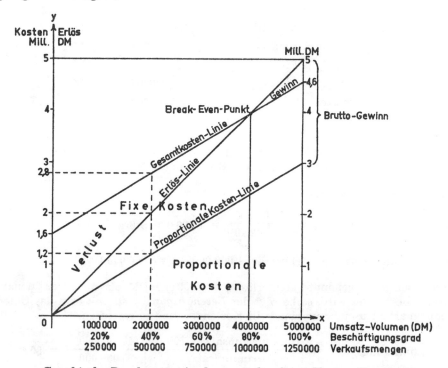

Graphische Break-even-Analyse mit den fixen Kosten über den proportionalen Kosten

Auf der X-Achse werden das Umsatzvolumen in DM, der Beschäftigungsgrad bzw. die Verkaufsmengen abgetragen. Die Y-Achse bezeichnet die Kosten sowie die Erlöse in Mill. DM. Die Gesamtkostenlinie schneidet die Erlöslinie im Break-

even-Point, der bei 80 % Beschäftigungsgrad bzw. 4 000 000 DM Erlös und
1 000 000 verkaufte Einheiten liegt. Das Dreieck, gebildet von der Gesamtkostenlinie, der Erlöslinie und der y-Achse unterhalb der Gesamtkostenlinie
stellt die *Verlustzone* dar; das Dreieck rechts vom Kostendeckungspunkt oberhalb der Gesamtkostenlinie ist die *Gewinnzone.*

Sänke z. B. das Umsatzvolumen auf 2 000 000 DM oder 40 % der Kapazität, so
wären die proportionalen Kosten 1 200 000 DM (= 60 % von 2 000 000 DM), die
fixen immer noch 1 600 000 DM (2 800 000 — 1 200 000). Der Verlust beliefe sich
auf 800 000 DM (2 800 000 — 2 000 000 DM). Diese Zusammenhänge zeigen die
gestrichelten Linien.

(2) Die Differentialrechnung

Das Wesen der Differentialrechnung

Die Funktion als die Beziehung zwischen veränderlichen Größen, den Variablen,
die in einem bestimmten Abhängigkeitsverhältnis stehen, spielt in Mathematik,
Physik und Technik schon seit langem eine bedeutende Rolle. Schießt man
z. B. ein Geschoß mit der Anfangsgeschwindigkeit v_0 senkrecht in die Höhe, so
ist die nach t Sekunden erreichte Höhe h eine Funktion von v_0 und t. Ballistiker
interessiert nun, ob das Geschoß in einem bestimmten Zeitpunkt steigt oder
schon fällt, wie rasch es steigt oder fällt, wie groß die Geschwindigkeit in einem
beliebigen Zeitpunkt ist. Vor ähnlichen Problemen stehen heute auch die Be-
triebs- und Volkswirte, da sich sehr viele wirtschaftliche Beziehungen mittels
mathematischer Funktionen ausdrücken lassen. So z. B., wenn sie den Verlauf
der Kosten als Funktion des Beschäftigungsgrades untersuchen; sie wollen wissen, wie schnell die Kosten bei Veränderung des Beschäftigungsgrades steigen
bzw. fallen, wann ihre Funktionskurve bestimmte Wendepunkte erreicht usw.
Auch die Beziehungen zwischen Nachfrage und Preis, Einkommen und Sparen,
zwischen Zins und Kapitalbildung usw. usw. können als mathematische Funktionen dargestellt werden.

In allen diesen Fällen geht es darum, genaue Aussagen über die V e r ä n d e -
r u n g e n v o n F u n k t i o n e n zu machen. Bekanntlich haben Leibniz
(1646—1716) und Newton (1642—1727) unabhängig voneinander in der D i f f e -
r e n t i a l r e c h n u n g das Mittel gefunden, solche Änderungen zahlenmäßig
zu erfassen. Der große Fortschritt in Physik und Technik des letzten Jahrhunderts wäre ohne die Infinitesimalrechnung (infinitum lat. = unendlich) oder
Analysis, zu der außer der Differentialrechnung noch ihr Gegenstück, die
Integralrechnung, gehört, gar nicht möglich gewesen.

Die Differentialrechnung als Verfahren der Optimalplanung

Die Differentialrechnung gehört deshalb zu den klassischen Methoden der
mathematischen Optimierung. Sie kann als typisch für das Gebiet des Operations Research angesehen werden und wird in ungezählten Variationen angewandt, wobei sich in betrieblichen Entscheidungssituationen „das jeweilige Ziel-
kriterium als stetige und differenzierbare Funktion formulieren läßt" (Müller-
Merbach, a. O.).

In der klassischen Wirtschaftstheorie wird sie z. B. beim Problem des optimalen Preises eines Angebotsmonopolisten (Cournotscher Punkt), beim Ertragsgesetz sowie beim Gesetz der optimalen Bedürfnisbefriedigung am Punkt gleichen Grenznutzens (2. Gossensches Gesetz) angewandt. In der Betriebswirtschaft werden mit ihrer Hilfe — um nur die bekanntesten Anwendungen zu nennen — z. B. die optimale Bestellmenge, die optimale Losgröße, der optimale Lagerbestand, der optimale Kostenpunkt, die optimale Betriebsgröße u. dgl. ermittelt. Müller-Merbach hat in seinem Buch „Operations Research" (a. a. O.) einige charakteristische Beispiele eingehend dargestellt, bei denen — was die Regel ist — eine Gegenläufigkeit mehrerer Einflußfaktoren besteht: „Bei der Lagerauffüllung vor Preiserhöhungen sind es die Einsparungen beim Einkauf zum alten Preis, die den Lagerkosten entgegenlaufen. Bei der klassischen Bestellmengenformel sind es die Beschaffungskosten und Lager- bzw. Zinskosten. Die Saldierung der gegenläufigen Kosten führt hier auf die zu differenzierenden Funktionen."

Literatur:

Müller-Merbach, Operations Research, Modelle und Methoden der Optimalplanung, 3. Aufl. 1974, Berlin und Frankfurt 1974, S. 54—87; R. G. D. Allen, Mathematik für Volks- und Betriebswirte, 3. Aufl. Berlin 1967, S. 141—398; Härtter und Stüwe, Lehrbuch der Mathematik für Volks- und Betriebswirte, Göttingen 1967; Franz Josef Fay, Infinitesimalrechnung und Nichtlineare Optimierung, Einführung in die Differential- und Integralrechnung, Anwendungsbeispiele aus dem Bereich der Wirtschaft, 2. Aufl. Wiesbaden 1970.

Ein Literaturverzeichnis mathematischer Lehrbücher für Wirtschaftswissenschaften findet sich auf S. 897.

(3) Die lineare Planungsrechnung

Wesen der linearen Planungsrechnung

Die lineare Planungsrechnung ist die vom Operations Research am meisten angewandte Methode, um *optimale Verhaltensweisen festzulegen*, d. h., sie dient zur Bestimmung einer optimalen Verteilung unter Verwendung begrenzter Hilfsmittel, um ein gewünschtes Ziel zu erreichen. Diese Hilfsmittel können z. B. die finanziellen Mittel sein, die das Unternehmen für einen bestimmten Zweck zur Verfügung hat, die Kapazität eines Werkes oder einer bestimmten Maschine usw. Das gewünschte Ziel können die *niedrigsten Kosten* oder der *höchste erreichbare Gewinn* aus der Art der Verwendung der verfügbaren Mittel sein. Die mathematische Aufgabe besteht also darin, Extremwerte, d. h. ein Maximum oder ein Minimum einer linearen Funktion unter beliebig vielen Nebenbedingungen zu suchen.

Der Terminus

Vielfach wird im deutschen Sprachbereich in Anlehnung an den englischen Terminus der Ausdruck „lineare Programmierung" oder „lineares Programmieren" verwendet. Mit Recht wendet sich Müller-Merbach gegen diesen Terminus, da der Ausdruck „Programmierung" und „programmieren" bereits für das Programmieren von Rechenautomaten, d. h. für das Aufstellen von Rechenprogrammen, verwandt wird. Eine solche Doppelverwendung dieses Terminus führt, insbesondere auf Gebieten, die viele Berührungspunkte haben, „zu grotesken Mißverständnissen" (Müller-Merbach, a. a. O.).

Das lineare Modell

Bei der Formulierung des linearen Modells hat man zunächst die *Variablen* oder Unbekannten, die zu bestimmen sind, zu ermitteln. Sie sind die *Strukturvariablen,* im Gegensatz zu den Schlupfvariablen, die verwandt werden, um Ungleichungen in Gleichungen zu verwandeln und auf die wir noch eingehend zurückkommen.

Das Modell der linearen Planungsrechnung hat *folgende Voraussetzung:*

1. Es hat eine **Z i e l f u n k t i o n** : Ein bestimmtes Ziel, das sich mathematisch in einer *linearen Funktion* ausdrücken läßt, ist zu optimieren (z. B. Maximierung des Gewinns oder Minimierung der Kosten).

2. Die Zielfunktion kann nur unter bestimmten, beliebig vielen **N e b e n - b e d i n g u n g e n** oder Restriktionen (z. B. Kapazitäts- oder Absatzbeschränkungen), die den Optimierungsprozeß einengen, optimiert werden. Die Nebenbedingungen, in denen dieselben Unbekannten erscheinen wie in der Zielfunktion, müssen lineare Gleichungen sein; sind es *Ungleichungen,* so müssen sie durch Schlupfvariable (Hilfs- oder Leerlaufvariable) in Gleichungen umgewandelt werden. Nebenbedingungen sind stets vorhanden; denn ohne sie würde das Maximum, bzw. das Minimum im Unendlichen liegen.

3. Die gesuchten Größen dürfen nicht negativ werden (**N i c h t n e g a t i v i - t ä t s b e d i n g u n g**).

Anwendung der linearen Planungsrechnung

Die lineare Planungsrechnung kann besonders bei folgenden Problemen angewandt werden:

Z u t e i l u n g s p r o b l e m : Es entsteht bei der Optimierung ökonomischer und technischer Prozesse, wenn (1) eine oder mehrere Aktivitäten (ökonomische oder technische Tätigkeiten, Prozesse) ausgeführt werden sollen, wobei es mehrere Ausführungsmöglichkeiten gibt, (2) nicht genügend Ressourcen (Material, Energie, Arbeitskräfte) vorhanden sind, um jede Aktivität mit Nutzen auszuführen. Das Problem liegt dann darin, Aktivitäten und Ressourcen so zu kombinieren, daß der Gesamtnutzen maximiert wird.

T r a n s p o r t p r o b l e m , *Distributionsproblem* oder *Verteilungsproblem:* Es läßt sich folgendermaßen formulieren: An mehreren Versandorten lagern bestimmte Mengen eines einheitlichen Produkts, die zu bestimmten Empfangsorten in jeweils bestimmten Mengen transportiert werden sollen. Das Problem besteht darin, den Transport so zu organisieren, daß die Gesamttransportkosten möglichst gering sind. Das Problem ist aber nicht nur auf den Gütertransport beschränkt, sondern trifft alle Verteilungsprobleme mit einer ähnlichen Struktur wie das Transportproblem.

M i s c h u n g s p r o b l e m : Eine Mischung, die bestimmte Bedingungen erfüllen muß, ist mit den geringsten Kosten herzustellen bzw. so zu gestalten, daß bei gleichen Kosten die maximale Wirksamkeit erzielt wird. Es tritt in vielen Sektoren auf, z. B. beim Einsatz von Rohstoffmischungen in der Metallurgie und in der chemischen Industrie, bei der Planung städtebaulicher Grundeinheiten, bei der Aufteilung einer gegebenen Streitmacht in gemischte Verbände, die maximale Schlagkraft haben sollen.

Z u s c h n i t t p r o b l e m : Bei ihm geht es darum, große Mengen stangen- oder plattenförmigen Materials (z. B. Bleche, Stoffe) von gegebenen Abmessungen aus Rohmaterial von größeren Abmessungen so zuzuschneiden, daß der entstehende Abfall minimal wird.

Ein Beispiel aus der Produktionsplanung

Die Verfahren der linearen Planungsrechnung lassen sich am besten an einem einfachen Beispiel darstellen. Wir wählen ein Beispiel aus der Produktionsplanung, einem Gebiet, das gern zur Erläuterung der linearen Planungsrechnung verwendet wird[1]).

Ein Unternehmen stellt mit Hilfe von drei Maschinenanlagen (A, B, C) zwei Produkte (P_1, P_2) her. Die Preise der beiden Produkte werden als fest angenommen. Die Differenz zwischen diesen Preisen und den variablen Stückkosten ergibt den Deckungsbeitrag (Gewinn) je Stück. Das Problem besteht nun darin, *die* Kombination der zu erzeugenden Mengen beider Produkte zu ermitteln, die bei konstanten Absatzpreisen, konstanten variablen Stückkosten und den technischen Kapazitäten der Anlagen einen maximalen Gewinn erbringen.

Die Maschinenstunden, die zur Produktion jeweils einer Einheit der Produkte P_1 und P_2 benötigt werden, sowie die insgesamt verfügbaren Maschinenstunden der einzelnen Anlagen (technische Kapazitäten), ferner die Kosten und Preise sind in Tabelle 1 angegeben.

Tabelle 1

Maschinenanlage	P_1	P_2	Maschinenkapazität in Stunden je Periode
A	3 Std.	5 Std.	450 Std.
B	0 Std.	1 Std.	60 Std.
C	5 Std.	4 Std.	600 Std.
Variable Stückkosten	7 DM/Std.	12 DM/Std.	
Planpreise	11 DM/Std.	22 DM/Std.	
Deckungsbeitrag (Stückgewinn)	4 DM/Std.	10 DM/Std.	

Zur Lösung dieses Optimierungsproblems können *verschiedene Verfahren* angewandt werden:

1. P r o b i e r e n . Das Beispiel ist relativ einfach, und es besteht in der Tat die Möglichkeit, durch Probieren die optimale Lösung zu bestimmen. Müller-Meerbach hat einen solchen Versuch mit einem ähnlichen Problem ausgeführt und

[1]) So z. B. Angermann: Lineare Programmierung, im „Handwörterbuch der Sozialwissenschaften", 1959; diesem Beispiel von Angermann sind unsere Zahlen entnommen. Auch Müller-Merbach, a. a. O., wählt zur ersten Einführung in die Lineare Planungsrechnung ein Beispiel aus der Produktionsplanung.

zeigt im Anschluß die Nachteile derartiger Lösungsversuche: (1) Man ist nicht sicher, ob man wirklich die optimale Lösung gefunden hat. (2) Man verliert schnell die Übersicht über die Zahlen, selbst bei derart kleinen, einfachen Problemen. (3) Der Zeitaufwand ist durch die unsystematische Sucherei sehr hoch.

2. D i e   g r a p h i s c h e   D a r s t e l l u n g : Da unsere Optimierungsaufgabe zweidimensional ist, d. h. nur zwei Unbekannte enthält, nämlich die zu produzierenden Mengen der beiden Produkte, läßt sie sich leicht graphisch lösen. Bei drei Unbekannten wird eine graphische Lösung bereits sehr unübersichtlich, bei mehr als drei Unbekannten unmöglich.

3. Die   S i m p l e x - M e t h o d e : Bei ihr werden die Gleichungen in einer Matrix (Simplex-Tableau) zusammengestellt, die Schritt für Schritt (Iterationen) nach bestimmten Regeln so lange in neue Matrizen umgewandelt werden, bis in einer Matrize die optimale Lösung gefunden ist. Sie ist heute das wichtigste Verfahren der linearen Planungsrechnung. Mit großen Rechenautomaten können Probleme bis zu einer Größenordnung von mehreren hundert Nebenbedingungen und mehreren hundert Variablen bewältigt werden. Selbst noch größere Probleme lassen sich durch Zerlegung lösen, wenn sie eine dazu geeignete Struktur haben.

Der mathematische Ansatz

Zielfunktion ist das optimale Produktionsprogramm: Es soll diejenige Mengenkombination der Güter P_1 und P_2 erzeugt werden, die den maximalen Gewinn bringt. Die Variablen sind also die zu erzeugende Menge x_1 von P_1 und x_2 von P_2, deren Absatz den größten Gewinn bringt. Die variablen Stückkosten und die Planpreise der beiden Produkte sind bekannt (s. Tabelle 1), die fixen Kosten mögen 300 DM betragen, der Gewinn ist dann:

$$G = (11x_1 - 7x_1) + (22x_2 - 12x_2) - 300$$

(1) $$G = 4x_1 + 10x_2 - 300 = \text{Max!}$$

Die Gleichung (1) ist die *Zielfunktion* des Optimierungsproblems. Die Zielfunktion ist jedoch kein absolutes, sondern nur ein *relatives Maximum*, da es nur unter bestimmten Nebenbedingungen erreichbar ist. Diese Nebenbedingungen sind in unserem Beispiel durch die technischen Maximalkapazitäten der drei Maschinenanlagen gegeben. Die Kapazität der *Anlage A* beträgt für den betrachteten Zeitraum 450 Maschinenstunden. Die Produktion einer Einheit P_1 beansprucht Anlage A 3 Stunden, die einer Einheit P_2 5 Stunden. Von beiden Produkten können jeweils nur so viele Mengeneinheiten x_1 und x_2 hergestellt werden, daß die Summe der benötigten Fertigungszeiten kleiner oder höchstens gleich, nicht jedoch größer als 450 Stunden ist. Das läßt sich in folgender *Ungleichung* ausdrücken:

(2) $$3x_1 + 5x_2 \leq 450$$

Entsprechende Ungleichungen lassen sich auch für die Anlagen B und C aufstellen.

(3) $$0x_1 + 1x_2 \leq 60$$

(4) $$5x_1 + 4x_2 \leq 600$$

Alle drei Ungleichungen erfüllen die *Nichtnegativitätsbedingungen,* denn x_1 und x_2 können nur positive Werte oder 0, nicht aber negative Werte annehmen; negative Produktmengen gibt es nicht. Die Nichtnegativitätsbedingungen schreibt man in der Formel:

(5) $x_1 \geqq 0; \quad x_2 \geqq 0$

Der typische Ansatz der linearen Planungsrechnung lautet demnach:

Zielfunktion:

$$G = 4x_1 + 10x_2 - 300 = \text{Max!}$$

Nebenbedingungen:

$$3x_1 + 5x_2 \leqq 450$$
$$0x_1 + 1x_2 \leqq 60$$
$$5x_1 + 4x_2 \leqq 600$$

Nichtnegativitätsbedingungen:

$$x_1 \geqq 0; \quad x_2 \geqq 0$$

Die graphische Lösung

In einem Koordinatensystem werden auf der Abszisse die Mengeneinheiten x_1 des Produktes P_1 und auf der Ordinate die Mengeneinheiten x_2 des Produktes P_2 abgetragen (siehe Abbildung). Die Ungleichungen der Nebenbedingungen, die durch die Kapazitäten der drei Maschinenanlagen gegeben sind, lassen sich auf folgende Weise geometrisch interpretieren.

Wenn mit A n l a g e A nur Produkt P_1 hergestellt würde, dann könnte bei voller Ausnutzung der Kapazität $\dfrac{450}{3} = 150$ Einheiten P_1 produziert werden, d. h. für $x_2 = 0$ wird $x_1 = 150$. Wird umgekehrt die gesamte Kapazität der Anlage A zur Produktion von P_2 verwandt, so können $\dfrac{450}{5} = 90$ Einheiten P_2 bearbeitet werden, für $x_1 = 0$ wird also $x_2 = 90$. Tragen wir die Werte $x_1 = 150$ und $x_2 = 90$ auf ihren Achsen ab und verbinden sie, dann erhalten wir in der *Kapazitätsgeraden* der Maschinenanlage A die graphische Darstellung der Nebenbedingung $3x_1 + 5x_2 \leqq 450$. Die Punkte auf dieser Geraden geben alle möglichen Mengenkombinationen von x_1 und x_2 an, die bei voller Auslastung der Maschinenanlage A erzeugt werden können. Wird jedoch die Kapazität von A nicht voll ausgenutzt, dann ergeben sich Mengenkombinationen von x_1 und x_2, die unterhalb der Geraden A liegen.

In entsprechender Weise können die Kapazitätsgeraden von Anlage B und C eingezeichnet werden.

Da A n l a g e B nur bei der Produktion des Erzeugnisses P_2 mitwirkt, können durch Einsatz der vollen Kapazität $\dfrac{60}{1} = 60$ Einheiten P_2 hergestellt werden.

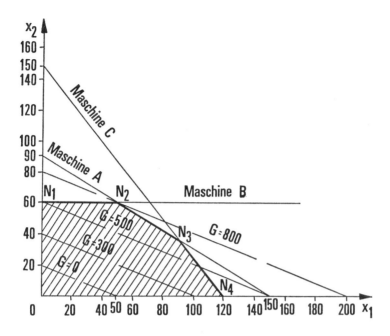

Die Nebenbedingung $x_2 = 60$ ist geometrisch eine Parallele zur x_i-Achse im Abstand 60.

A n l a g e C ist am Produktionsprozeß beider Produkte beteiligt. Für $x_1 = 0$ können $\frac{600}{4} = 150$ Einheiten P_1, für $x_2 = 0$ können $\frac{600}{5} = 120$ Einheiten P_2 hergestellt werden. Die Kapazitätslinie der Maschinenanlage C ist demnach die Gerade, die die Punkte 150 auf der x_2-Achse und 120 auf der x_1-Achse verbindet.

D e r B e r e i c h z u l ä s s i g e r L ö s u n g e n , die die Kapazitätsbeschränkungen der drei Maschinen berücksichtigen, wird durch das in dem Koordinatensystem schraffierte Fünfeck 0 N_1 N_2 N_3 N_4 dargestellt. Nur Mengenkombinationen, die auf den Seiten oder innerhalb des Fünfecks liegen, können ausgeführt werden. Bei Mengenkombinationen, die außerhalb dieses Fünfecks liegen, reicht die Kapazität einer Anlage oder zweier Anlagen nicht aus.

Es gilt jetzt die g e w i n n o p t i m a l e K o m b i n a t i o n zu ermitteln. Die lineare Zielfunktion kann auch als Gerade in das Koordinatensystem eingezeichnet werden. Für alle Kombinationen, die den gleich großen Gewinn erbringen, besteht dann jeweils eine Gerade in der x_1-, x_2-Ebene, deren Steigung durch das Verhältnis der Stückgewinne (4 bzw. 10 DM/St $= -\frac{2}{5}$) festgelegt ist. Durch Variation des Gewinns erhalten wir im Koordinatensystem eine Schar paralleler Geraden mit der Steigung $-\frac{2}{5}$, die man allgemein als *Iso-Gewinnlinien* bezeichnet. Jede dieser Geraden enthält für einen bestimmten Gewinn alle

Mengenkombinationen von x_1 und x_2, durch deren Absatz dieser Gewinn realisiert wird. Wir setzen nun in unsere Gleichung verschiedene Gewinne ein und übertragen die sich ergebenden Geraden in unser Koordinatensystem.

$$G = \quad 300 - 300 = \quad 0$$
$$G = \quad 400 - 300 = \quad 100$$
$$G = \quad 600 - 300 = \quad 300$$
$$G = \quad 800 - 800 = \quad 500$$
$$G = 1100 - 300 = \quad 800$$

Die Gerade für $G = 0$ bildet die Gewinnschwelle, die man auch als Break-Even-Schwelle bezeichnet, im Gegensatz zur einfachen Break-even-Analyse besteht hier nicht ein einzelner Gewinnpunkt, vielmehr verläuft die Gewinnschwelle durch den gesamten zulässigen Bereich. Mit steigendem Gewinn verschieben sich die Gewinnlinien parallel nach oben. Das gewinnmaximale Produktionsprogramm wird durch den Punkt (x_1, x_2) gleich $(50, 60)$ gekennzeichnet. Es ist der Punkt N_2. Das Gewinn-Niveau liegt bei 500. Iso-Gewinnlinien höheren Niveaus schneiden den zulässigen Bereich nicht mehr.

a) Die Simplex-Methode

Die Simplex-Methode[1] ist in der linearen Planungsrechnung das weitaus wichtigste Verfahren. Es wurde bereits in den 40er Jahren von dem Amerikaner George B. Dantzig[2] zur Lösung linearer Gleichungssysteme ausgearbeitet. Es verwendet dabei die Methoden der Inversion von Matrizen und wurde ständig weiter entwickelt — vor allem auch, um es zur Lösung großer Probleme auf EDV-Anlagen anwenden zu können.

Der Verfahrensgang

Wir wollen die Simplex-Methode an demselben Beispiel erläutern, an dem wir auch die graphische Lösung darstellten. Doch berücksichtigen wir nicht mehr die fixen Kosten, die ja bei jeder Mengenkombination in gleicher Höhe anfallen:

(1)	$G = 4x_1 + 10x_2 = \text{Max!}$	Zielfunktion
(2)	$3x_1 + 5x_2 \leq 450$	
(3)	$0x_1 + 1x_2 \leq 60$	Nebenbedingungen
(4)	$5x_1 + 4x_2 \leq 600$	
(5)	$x_i \geq 0;\ (i = 1,2)$	Nichtnegativitätsbedingungen

---

[1] Die Simplex-Methode hat ihren Namen von dem geometrischen Terminus Simplex erhalten. Ein Simplex n-ter Dimension ist der einfachste linear begrenzte Körper im n-dimensionalen Raum. Im zweidimensionalen Raum ist jedes Dreieck ein Simplex, im dreidimensionalen Raum jedes Tetraeder.
[2] Vgl. George B. Dantzig: Maximization of a linear Function of Variables Subject to Linear Inequalities, in: T. C. Koopmans: Activity Analysis of Production and Allocation, London - New York 1951, S. 339 ff.

Die Simplex-Methode baut auf den Verfahren zur Lösung linearer Gleichungssysteme auf, die in Matrizenform dargestellt werden. Nun sind aber die Nebenbedingungen Ungleichungen. Sie werden durch die Einführung von S c h l u p f -
v a r i a b l e n oder L e e r l a u f v a r i a b l e n in Gleichungen verwandelt. In
unserem Falle stellen die Schlupfvariablen „Scheinprodukte" dar, die die unaus-
genutzten Kapazitäten der drei Maschinenanlagen auslasten sollen. Da in dem
Beispiel drei Kapazitäten als mögliche Engpässe berücksichtigt werden müssen,
sind drei Scheinprodukte einzuführen (x_3, x_4 und x_5). Die neuen Gleichungen
lauten nunmehr:

$$(2a) \quad 3x_1 + 5x_2 + 1x_3 + 0x_4 + 0x_5 = 450$$

$$(3a) \quad 0x_1 + 1x_2 + 0x_3 + 1x_4 + 0x_5 = 60$$

$$(4a) \quad 5x_1 + 4x_2 + 0x_3 + 0x_4 + 1x_5 = 600$$

Das Scheinprodukt x_3 lastet die Kapazität der Maschine I aus, x_4 die der Maschine II und x_5 die der Maschine III.

Dementsprechend muß auch die Zielfunktion umgestaltet werden:

$$(1a) \quad G = 4x_1 + 10x_2 + 0x_3 + 0x_4 + 0x_5 = Max!$$

Die N i c h t n e g a t i v i t ä t s b e d i n g u n g gilt auch für die Schlupfvariablen, die ja gleichfalls nicht negativ sein können.

Durch die Einführung der drei „Scheinprodukte" haben wir zwar die drei Ungleichungen in Gleichungen verwandelt, aber wir haben statt ursprünglich zwei
jetzt fünf Unbekannte in drei Gleichungen. Das Gleichungssystem ist also unter-
bestimmt, d. h. es gibt unendlich viele verschiedene Lösungen. Das hat bereits
die graphische Darstellung (s. oben S. 229) gezeigt, bei der es unendlich viele
Iso-Gewinnlinien gibt. Doch haben wir schon dort gesehen, daß nur die Iso-
Gewinnlinien, die durch das Fünfeck $0\ N_1\ N_2\ N_3\ N_4$ gehen oder es berühren, eine
zulässige Lösung darstellen, d. h. nur bei ihnen reicht die Kapazität der Anlagen aus. Eine z u l ä s s i g e L ö s u n g ist also dann gegeben, wenn die errechneten Werte die Nebenbedingungen erfüllen, nicht aber unbedingt auch die
Zielfunktion. Auf diesem Umstand baut die Simplex-Methode auf, denn wir
wissen aus der elementaren Algebra, daß ein lineares Gleichungssystem mit
mehreren Unbekannten nur gelöst werden kann, wenn ebenso viel Gleichungen
vorhanden sind wie Unbekannte. Die Simplex-Methode geht nun bei der Lösung
dieses Problems, daß mehr Unbekannte als Gleichungen vorhanden sind, in folgender Weise vor:

Liegen einschließlich der Zielfunktion m Gleichungen vor, so haben wir n Strukturvariablen und m Schlupfvariablen. Von den (m + n) Variablen sind die
Werte von genau m Variablen bestimmbar, wenn die n Variablen gleich Null
gesetzt werden. Die n Variablen, die gleich Null gesetzt wurden, heißen N i c h t -
b a s i s v a r i a b l e n , die m Variablen die B a s i s v a r i a b l e n . Ihre Werte
lassen sich aus den Gleichungen berechnen. Das Ergebnis dieser Rechnung ist
eine B a s i s l ö s u n g . In der Graphik liegen — unser Beispiel zugrunde gelegt — die Basislösungen stets an den Eckpunkten des Fünfecks $0\ N_1\ N_2\ N_3\ N_4$.

Im Eckpunkt N_1 müssen also zwei Variablen gleich Null und drei Variablen größer als Null sein. In N_1 ist x_1, das voraussetzungsgemäß Nichtbasisvariable ist, gleich Null, ebenso auch die Schlupfvariable x_4, da die Kapazität der Maschinenanlage B voll ausgelastet ist. Dagegen ist $x_2 = 60$, die Schlupfvariable x_3 der Maschine A $450 - 300 = 150$ und die Schlupfvariable x_5 der Maschine C $= 360$. In N_1 sind also x_1 und x_4 gleich Null, x_2, x_3 und x_5 größer als Null. In dem Eckpunkt N_2 sind $x_1 = 50$ und $x_2 = 60$ und die Schlupfvariablen sind gleich Null. N_2 kennzeichnet also das gewinnmaximale Produktionsprogramm.

Das Simplex-Tableau der Ausgangslösung, Simplex-Tableau I

Wir müssen nunmehr unser Gleichungssystem in eine Matrize, das Simplex-Tableau der Ausgangslösung, eintragen (siehe Tableau I). In den Spalten c bis h ist unser Gleichungssystem dargestellt, und zwar in Zeile a die Zielfunktion, und in den Zeilen c bis e die drei Gleichungen der Nebenbedingungen. Die senkrechte Doppellinie symbolisiert die Gleichheitszeichen in den Spalten.

Tableau I

	a	b	c	d	e	f	g	h
a	Gewinn-beiträge pro Einheit d. Basis-variablen	—	G	4	10	0	0	0
b	—	Basis	Lösung	x_1	x_2	x_3	x_4	x_5
c	0	x_3	450	3	5	1	0	0
d	0	x_4	60	0	①	0	1	0
e	0	x_5	600	5	4	0	0	1

Wir gehen nun von einer Basislösung als dem Produktionsprogramm I aus, und zwar wählen wir den Eckpunkt 0 unserer Graphik (S. 229). Hier sind sowohl x_1 wie x_2 gleich Null. Die drei Schlupfvariablen haben deshalb den Wert $x_3 = 450$, $x_4 = 60$ und $x_5 = 600$. Um die Kapazität auszulasten, werden also nur die „Scheinprodukte" hergestellt. Da die Gewinnbeiträge pro Einheit dieser Schein-produkte gleich Null sind (Spalte a), ist für x_1 und x_2 der Gewinn ebenfalls Null. x_1 und x_2 werden also zu Nichtbasisvariablen, x_3, x_4 und x_5 dagegen zu Basis-variablen. In Spalte b werden die Basisvariablen x_3, x_4 und x_5 eingetragen, in Spalte a die Gewinnbeiträge der einzelnen Basisvariablen, die in diesem Fall gleich Null sind.

Nunmehr ist noch zu prüfen, ob die erste Basislösung bereits optimal ist. Hierzu werden die errechneten Werte für x_3, x_4 und x_5 in die Zielfunktionen eingesetzt:

$$G = 4 \cdot 0 + 10 \cdot 0 + 0 \cdot 450 + 0 \cdot 60 + 0 \cdot 600 = 0$$

Bei einem Gewinn von Null ist aber das Maximum noch nicht erreicht. Es muß deshalb versucht werden, ein besseres Programm, als es die erste Basislösung darstellt, zu finden, mit dem Zweck, den Gewinn zu steigern.

Simplex-Tableau II für Produktionsprogramm II

Da im Ausgangs-Tableau nur die Scheinprodukte Basisvariablen sind, gilt es nun schrittweise — in I t e r a t i o n e n — die Schlupfvariablen in der Basis durch die Strukturvariablen x_1 und x_2 zu ersetzen. Zunächst muß die Strukturvariable ermittelt werden, die als erste in die Basis aufzunehmen ist, die sog. E i n g a n g s v a r i a b l e. Es ist d i e bisherige Nichtbasisvariable, deren Koeffizient in der Zielfunktion den höchsten positiven Wert hat. Wir suchen also jetzt in der Gewinnzeile a die P i v o t - S p a l t e (pivot, franz. = Drehpunkt, Angelpunkt) oder S c h l ü s s e l s p a l t e. Das ist in unserem Fall Spalte e, x_2 hat hier den Koeffizienten 10, d. h. jede erzeugte Einheit des Produktes P_2 bringt einen Gewinnbeitrag von 10.

Nun muß eine der Basisvariablen entfernt werden, die sog. A u s g a n g s - v a r i a b l e, um x_2 Platz zu machen. Das bedeutet, daß dadurch, daß x_2 Basisvariable wird, der Gewinn wächst und ein Teil der Kapazität der Maschinen jetzt ausgenutzt wird. Die Maschinenstunden der einzelnen Anlagen, die zur Fertigung einer Einheit des Produktes P_2 benötigt werden, sind in der P i v o t - S p a l t e (Spalte e) angegeben. Durch Division der verfügbaren Kapazitäten in Spalte c durch die entsprechenden Koeffizienten der Pivot-Spalte erhalten wir die Anzahl des Produktes P_2, die mit jeder der Maschinen hergestellt werden kann:

$$\text{Maschine A:} \quad 450 : 5 = 90$$
$$\text{Maschine B:} \quad 60 : 1 = 60$$
$$\text{Maschine C:} \quad 600 : 4 = 150$$

Da bei der Produktion von P_2 alle drei Maschinen beansprucht werden, können insgesamt nur 60 Einheiten erzeugt werden, da Maschine B der Engpaß ist. Das heißt, der k l e i n s t e Q u o t i e n t bestimmt die größte Produktmenge von P_2. Er begrenzt damit auch den Gewinnbeitrag von P_2. Die Maschine B ist also jetzt voll ausgelastet, das Scheinprodukt x_4 wird damit gleich Null und verschwindet aus der Basis, an seine Stelle tritt jetzt x_2. Die Zeile d ist die P i v o t - Z e i l e oder S c h l ü s s e l z e i l e. Somit enthält die Basis (Spalte b) jetzt x_3, x_2 und x_5.

Die Pivot-Zeile oder Schlüsselzeile wird also bestimmt, indem man die Konstanten der Basisvariablen (Spalte c) durch die entsprechenden in der gleichen Zeile stehenden positiven Koeffizienten der Pivot-Spalte dividiert und unter diesen Koeffizienten den mit dem niedrigsten Wert auswählt; er bestimmt die Pivot-Zeile. Der Koeffizient im Schnittpunkt der Pivot-Zeile und der Pivot-Spalte ist das P i v o t - E l e m e n t oder einfach der P i v o t oder die S c h l ü s s e l - z a h l. Sie wird durch einen Kreis gekennzeichnet.

Bei der Aufstellung des neuen Tableaus ist zu berücksichtigen, daß im Produktionsprogramm II, das das neue Tableau ermitteln soll, 60 Einheiten des Produkts P_2 erzeugt werden sollen. Der Wert ist in Spalte c bei x_2 einzutragen. Eine Einheit P_2 benötigt 5 Maschinenstunden der Maschine A, für 60 Einheiten sind demnach 300 Stunden erforderlich. Die Leerzeit der Maschine A für x_3 beträgt somit $450 - 300 = 150$, die in Spalte c bei x_3 einzutragen sind. Zur Produktion von 60 Einheiten P_2 benötigt Maschine C $4 \cdot 60 = 240$ Maschinenstunden. Die Leerzeit der Maschine C für x_5 beträgt demnach $600 - 240 = 360$, ist ebenfalls in Spalte c einzusetzen sind. Produktionsprogramm II wird also in unserer Graphik durch den Eckpunkt N_1 gekennzeichnet.

Nunmehr müssen wir die r e c h t e n S e i t e n d e r G l e i c h u n g e n x_3, x_2 und x_5 (Zeilen c, d und e) entsprechend umformen, d. h. es sind die Koeffizienten der Spalten d bis h auf Grund der neuen Werte in Spalte c zu berechnen.

Die P i v o t G l e i c h u n g (= Pivot-Zeile, Zeile d) ist mit d e m Faktor zu multiplizieren, der bewirkt, daß das Pivot-Element zu 1 wird. Nun ist zufälligerweise in unserem Beispiel das Pivot-Element gleich 1, so daß sich an der rechten Seite dieser Gleichung nichts ändert.

Bei der Berechnung der x_3-Gleichung (Zeile c) müssen wir zunächst von der maximalen Kapazität der Maschine A den Teil abziehen, der zur Produktion von 60 Einheiten P_2 erforderlich ist. Der Rest ist die Leerkapazität der Maschine A und damit gleich dem neuen Wert von x_3. Wir multiplizieren deshalb die Pivot-Gleichung (x_2) mit dem Koeffizienten für x_2 in der x_3-Gleichung (Zeile c) und subtrahieren das Ergebnis von der x_3-Gleichung:

$$
\begin{array}{lrl}
\text{(d)} & 60 = & 0x_1 + 1x_2 + 0x_3 + 1x_4 + 0x_5 \\
\text{(d} \cdot 5) & 300 = & 0x_1 + 5x_2 + 0x_3 + 5x_4 + 0x_5 \\
\text{(c)} & 450 = & 3x_1 + 5x_2 + 1x_3 + 0x_4 + 0x_5 \\
\diagdown & 300 = & 0x_1 + 5x_2 + 0x_3 + 5x_4 + 0x_5 \\
\hline
\text{(c-d} \cdot 5) & 150 = & 3x_1 + 0x_2 + 1x_3 - 5x_4 + 0x_5
\end{array}
$$

oder, da x_1 und $x_4 = 0$ gesetzt werden, $150 = 1x_3$

Der Wert für x_3 läßt sich auch auf folgende Weise bestimmen:

$$450 = 3x_1 + 5x_2 + 1x_3 + 0x_4 + 0x_5$$

Geben wir den Nichtbasisvariablen den Wert Null, dann ist

$$450 = 5x_2 + 1x_3$$

Wird für $x_2 = 60$ eingesetzt, ergibt sich

$$450 - 300 = 1x_3 = 150$$

Wir tragen nunmehr diese Gleichungen in das Tableau II ein.

Die entsprechende Rechnung für Zeile e ergibt

$$
\begin{array}{lrl}
\text{(e)} & 600 = & 5x_1 + 4x_2 + 0x_3 + 0x_4 + 1x_5 \\
\text{(d} \cdot 4) & 240 = & 0x_1 + 4x_2 + 0x_3 + 4x_4 + 0x_5 \\
\hline
\text{(e-d} \cdot 4) & 360 = & 5x_1 + 0x_2 + 0x_3 - 4x_4 + 1x_5
\end{array}
$$

Tableau II

	a	b	c	d.	e	f	g	h
a	Gewinn-beiträge pro Einheit d. Basis-variablen	/	G	4	10	0	0	0
b		Basis	Lösung	x_1	x_2	x_3	x_4	x_5
c	0	x_3	150	③	0	1	—5	0
d	10	x_2	60	0	1	0	1	0
e	0	x_5	360	5	0	0	—4	1
f	G_1	—	600	0	10	0	10	0
g	$G_1 - G$	—	600 — 0	—4	0	0	10	0

Die Nichtbasisvariablen x_1 und x_4 werden Null gesetzt und man erhält $360 = 1x_5$

Da P r o d u k t i o n s p r o g r a m m II, das Tableau II festlegt, im Gegensatz zu Programm I einen Gewinn abwirft, ist nunmehr der G e w i n n dieses Programms zu ermitteln. Er wird nur von x_2 bestimmt und beträgt $10 \cdot 60 = 600$. Entsprechend müssen alle Koeffizienten der rechten Seite der Gewinngleichung mit 10 multipliziert werden. Die Gewinnfunktion (Zielfunktion) des Programms II lautet demnach:

$$G_1 = 600 = 0x_1 + 10x_2 + 0x_3 + 10x_4 + 0x_5$$

Diese Gleichung wird in Zeile f eingetragen.

Mit Hilfe des S i m p l e x - K r i t e r i u m s ist nunmehr zu bestimmen, ob das Produktionsprogramm II bereits die optimale Lösung darstellt. Zu diesem Zweck wird die ursprüngliche Zielfunktion von der Zielfunktion des Produktionsprogramms II abgezogen. Sind in dieser Differenzfunktion negative Koeffizienten enthalten, so liegt noch kein optimales Produktionsprogramm vor.

Als a l l g e m e i n e R e g e l formuliert: Bei der Simplex-Methode ist eine optimale Lösung erst dann erreicht, wenn alle Differenzkoeffizienten der ursprünglichen und der ermittelten Zielfunktion positiv oder gleich Null sind. In unserem Beispiel lautet die Differenzfunktion:

$$G_1 = 600 = \quad 0x_1 + 10x_2 + 0x_3 + 10x_4 + 0x_5$$
$$G = 0 = \quad 4x_1 + 10x_2 + 0x_3 + \quad 0x_4 + 0x_5$$

$$\overline{G_1 - G = 600 = -4x_1 + \quad 0x_2 + 0x_3 + 10x_4 + 0x_5} \quad = \text{Differenzfunktion}$$

In unserem Beispiel ist das optimale Programm noch n i c h t erreicht, da x_1 den negativen Koeffizienten — 4 aufweist. Wir müssen deshalb das Simplex-Tableau des Produktionsprogramms III aufstellen.

Das Simplex-Tableau des Produktionsprogramms III

Das dritte Simplex-Tableau wird nach denselben Regeln aufgestellt wie das zweite. Allerdings kann jetzt zur Bestimmung der Pivot-Spalte nicht mehr die ursprüngliche Zielfunktion herangezogen werden. Wir müssen jetzt die Differenzfunktion wählen, und zwar bestimmt der Koeffizient, der den höchsten n e g a t i v e n Wert hat, die Pivot-Spalte. Es ist in unserem Fall x_1 mit dem Koeffizienten — 4. Die Pivot-Spalte ist also Spalte d. Würde x_1 nicht in die Basis aufgenommen, wäre der Gewinnentgang pro Einheit des Produkts P_1 am größten.

Dann müssen wir die Werte der Basisvariablen des Tableaus II (Spalte c) durch die entsprechenden Koeffizienten der Pivot-Spalte dividieren:

x_3: $150 : 3 = 50$

x_2 wird nicht dividiert, da der Divisor Null ist,

x_5: $360 : 5 = 72$

x_3 wird nunmehr A u s g a n g s v a r i a b l e und bestimmt die P i v o t - Z e i l e. Das P i v o t - E l e m e n t ist 3 und ist mit einem Kreis gekennzeichnet. Die Basisvariablen (Spalte b) sind also jetzt: x_1, x_2 und x_5 mit den Gewinnbeiträgen (Spalte a) von 4, 10 und 0.

Nunmehr müssen wir bei der Erstellung des Tableaus II die Pivot-Gleichung durch das Pivot-Element dividieren:

(c) $150 = 3x_1 + 0x_2 + 1x_3 - 5x_4 + 0x_5$

(c : 3) $50 = 1x_1 + 0x_2 + \dfrac{1}{3}x_3 - \dfrac{5}{3}x_4 + 0x_5$

Da die Nichtbasisvariablen x_3 und x_4 gleich Null sind, so ist $x_1 = 50$.

Die übrigen Gleichungen sind so umzuformen, daß der Koeffizient in der Pivot-Spalte Null wird. Da in unserem Beispiel für die Gleichung x_2 in der Pivot-Spalte eine Null steht, muß nur die Gleichung x_5 umgeformt werden:

$\left(\dfrac{c}{3}\right)\cdot 5$ $250 = 5x_1 + 0x_2 + \dfrac{5}{3}x_3 - \dfrac{25}{3}x_4 + 0x_5$

(e) $360 = 5x_1 + 0x_2 + 0\ x_3 - 4\ x_4 + 1x_5$

$(e) - \left(\dfrac{c}{3}\cdot 5\right)110 = 0x_1 + 0x_2 - \dfrac{5}{3}x_3 + \dfrac{13}{3}x_4 + 1x_5$

Für x_3 und $x_4 = 0$ (Nichtbasisvariablen) wird $x_5 = 110$

Tableau III

	a	b	c	d	e	f	g	h
a	Gewinn pro Einheit d. Basisvariablen	—	G	4	10	0	0	0
b	—	Basis	Lösung	x_1	x_2	x_3	x_4	x_5
c	4	x_1	50	1	0	$1/3$	$-5/3$	0
d	10	x_2	60	0	1	0	1	0
e	0	x_5	110	0	0	$-5/3$	$13/3$	1
f	G_2	—	800	4	10	$4/3$	$10/3$	0
g	$G_2 - G$	—	$800 - 0$	0	0	$4/3$	$10/3$	0

Um den Gewinn des Tableaus III (G_2) zu ermitteln, müssen wir die Gleichungen der einzelnen Basisvariablen mit den entsprechenden Gewinnbeiträgen (Spalte a) multiplizieren und die neuen Gleichungen dann addieren:

$$(c \cdot 4) \qquad 200 = 4x_1 + 0x_2 + \frac{4}{3} x_3 - \frac{20}{3} x_4 + 0x_5$$

$$(d \cdot 10) \qquad 600 = 0x_1 + 10x_2 + 0 \ x_3 + 10 \ x_4 + 0x_5$$

$$(c \cdot 4) + (d \cdot 10) \ 800 = 4x_1 + 10x_2 + \frac{4}{3} x_3 + \frac{10}{3} x_4 + 0x_5$$

Wir tragen die Gewinngleichung G_2 in die Zeile f des Tableaus III ein.

Nunmehr ist mit Hilfe des S i m p l e x - K r i t e r i u m s festzustellen, ob das Produktionsprogramm III optimal und der Gewinn maximiert ist. Zu diesem Zweck wird die ursprüngliche Zielfunktion von der Gewinnfunktion G_2 des Tableaus III abgezogen.

$$G_2 = 800 \qquad = 4x_1 + 10x_2 + \frac{4}{3} x_3 + \frac{10}{3} x_4 + 0x_5$$

$$G = 0 \qquad = 4x_1 + 10x_2 + 0 \ x_3 + 0 \ x_4 + 0x_5$$

$$G_2 - G = 800 - 0 = 0x_1 + 0x_2 + \frac{4}{3} x_3 + \frac{10}{3} x_4 + 0x_5$$

Da in der Differenzfunktion ($G_2 - G$) kein Koeffizient negativ ist, ist dieses Produktionsprogramm optimal.

Bei einer Mengenkombination von $P_1 = 50$ Einheiten und $P_2 = 60$ Einheiten wird ein Gewinn von 800 erzielt. Die Maschinen A und B sind voll ausgelastet, bei Maschine C ergibt sich eine Leerkapazität von 110 Stunden ($x_5 = 110$).

Zusammenfassung der Rechenregeln der Simplex-Methode

Folgender Algorithmus wird zur iterativen Lösung eines linearen Gleichungssystems bevorzugt angewandt:

1. Man formuliert den m a t h e m a t i s c h e n A n s a t z mit Zielfunktion, Nebenbedingungen (Restriktionen) und Nichtnegativbedingungen, wobei Ungleichungen der Nebenbedingung durch Einfügung von Schlupfvariablen in Gleichungen umgewandelt werden.

2. Man überträgt das Gleichungssystem in das S i m p l e x - T a b l e a u d e r A u s g a n g s l ö s u n g. Dabei enthält die Kopfzeile (in unserem Beispiel Zeile b) die Nichtbasisvariablen, die Kopfspalte (Spalte b) die Basisvariablen (im Ausgangstableau die Schlupfvariablen).

3. Zur Aufstellung des z w e i t e n S i m p l e x - T a b l e a u s sucht man in der Zielfunktion die Spalte mit dem größten Koeffizienten; es ist die Pivot-Spalte oder Schlüsselspalte.

4. Man ermittelt die P i v o t - Z e i l e oder Schlüsselzeile, indem man zunächst das jeweilige Element der rechten Gleichungsseite (in unserem Fall die Kapazi-

tät, Spalte c) durch den entsprechenden Koeffizienten der Pivot-Spalte dividiert. Die Zeile mit dem kleinsten Koeffizienten ist die Pivot-Zeile. Der gemeinsame Koeffizient von Pivot-Zeile und Pivot-Spalte ist das P i v o t - E l e m e n t.

5. Man multipliziert die Pivot-Zeile mit einem Faktor, der bewirkt, daß das Pivot-Element zu 1 wird.

6. Man subtrahiert von (bzw. addiert zu) den anderen Zeilen jeweils ein entsprechendes Vielfaches (bzw. einen entsprechenden Bruchteil) der Pivot-Zeile, so daß die Koeffizienten in der Pivot-Spalte zu 0 werden. So werden die Nichtbasisvariablen in der Kopfspalte durch die Basisvariablen ersetzt.

7. Mit Hilfe des S i m p l e x - K r i t e r i u m s stellt man bei dem neuen Simplex-Tableau fest, ob die optimale Lösung gefunden ist. Die Zielfunktion des neuen Tableaus wird von der ursprünglichen Zielfunktion abgezogen, und man erhält die D i f f e r e n z f u n k t i o n. Die optimale Lösung ist erreicht, wenn alle Differenzkoeffizienten positiv oder 0 sind.

8. Das l e t z t e T a b l e a u ergibt: a) die optimale Lösung, b) den maximalen Gewinn, c) den Grenznutzen der Engpässe und d) die freistehenden Kapazitäten.

b) Das Transportproblem

Wesen und Bedeutung

Das Transportproblem, Verteilungs- oder Distributionsproblem war eines der ersten Probleme, auf das Dantzig die lineare Optimierung anwandte, da es mit einem besonders einfachen Algorithmus[1]) gelöst werden kann. Es ist ein interessanter Spezialfall der allgemeinen linearen Optimierung, der das Wesen der Linearplanung besonders gut zeigt.

Beim Transportproblem geht es darum, die Transportkosten zu minimieren, wenn ein gleichartiges Produkt von einer bestimmten Zahl von Versandorten zu einer bestimmten Zahl von Empfangsorten transportiert werden soll. Formal dieselbe Entscheidungssituation ist aber auch in allen Ver- oder Zuteilungsproblemen gegeben, in denen Elemente aus zwei verschiedenen Mengen paarweise zugeordnet werden sollen, so z. B. die Verteilung von Arbeitskräften auf bestimmte Arbeitsplätze, von Material auf Werkstätten, die optimale Bombardierung feindlicher Orte von mehreren Flugplätzen aus, die Zuordnung von Freiern auf Heiratskandidatinnen auf Grund von Persönlichkeitsmerkmalen (Heiratsproblem), dieses Problem spielt heute bei der Heiratsvermittlung mittels Computer eine besondere Rolle.

Der mathematische Ansatz des Problems

Das Transportproblem läßt sich folgendermaßen formulieren: Von m Ursprungsorten S_i (i = 1, 2, ..., m) sollen die dort lagernden Mengen a_i eines einheitlichen Produkts (z. B. Kohle, Erze, Zement, Kartoffeln) zu n Bestimmungsorten D_j

---

[1]) Unter Algorithmus versteht man ein eindeutig bestimmtes Verfahren zur schematischen Lösung einer Klasse von Aufgaben (z. B. das Ziehen von Quadratwurzeln aus natürlichen Zahlen auf drei Dezimalstellen genau).

$(j = 1, 2, \ldots, n)$ transportiert werden, so daß der Bestimmungsort D_j die Menge b_j erhält. Es besteht also die Gleichgewichtsbedingung:

$$\sum_{i=1}^{m} a_i = \sum_{j=1}^{n} b_j$$

Der Bedarf der D_n Bestimmungsorte ist gleich der in den S_m Ursprungsorten lagernden Menge.

Das Problem besteht nun darin, die Gesamttransportkosten K für den Transport des Produkts zu minimieren. Bezeichnet man die von S_i nach D_j zu transportierende Menge mit x_{ij} und die Transportkosten je Stück mit c_{ij}, so kann man Zielfunktion und Nebenbedingungen formulieren:

Zielfunktion:.

(1) $$K = \sum_{i=1}^{m} \sum_{j=1}^{n} c_{ij} x_{ij} \rightarrow \text{Min}$$

Nebenbedingungen (Restriktionen):

(2) $$\sum_{i=1}^{m} x_{ij} = b_j$$

d. h., jeder Bestimmungsort muß ausreichend beliefert werden;

(3) $$\sum_{j=1}^{n} x_{ij} = a_i$$

d. h., der Bestand jedes Ursprungsorts muß vollständig ausgeliefert werden.

Nebenbedingung — für alle Variable

(4) $$x_{ij} \geq 0$$

Da die in der Praxis auftretenden Transport- und Verteilungsprobleme häufig sehr groß sind, ist der Rechenaufwand bei Anwendung der Simplex-Methode meist sehr groß. Man wendet deshalb *Näherungsverfahren* an und kann oft mit wenigen Iterationen die Optimallösung finden. Das einfachste Verfahren ist die bekannte, bereits von Dantzig angewandte *Nord-West-Regel*, die nur eine Ausgangslösung bringt und meist viele iterative Verbesserungen notwendig macht. Sie hat deshalb nur noch historische Bedeutung. Doch wird sie in fast allen Lehrbüchern behandelt, weil sich an ihr die Optimalverfahren besonders anschaulich erläutern lassen. Aus diesem Grund wollen auch wir sie an einem Beispiel erläutern.

Beispiel für die Optimierung eines Transportproblems[2])

Es sind 21 leere Güterwagen von 3 Stellen, den Ursprungsorten S_{ij}, wo Überschuß an solchen Wagen besteht, an 5 Bestimmungsorte D_{ij} zu bringen, die

---

[2]) Die Zahlen des Beispiels sind entnommen aus Churchman — Ackoff — Arnoff, Operations Research. Einführung in die Unternehmensforschung, 4. Aufl., Wien/München, 1968.

Bedarf an solchen Wagen haben. Dabei sind die Wege so zu wählen, daß die Transportkosten ein Minimum ausmachen. Tabelle 1 zeigt die mengenmäßigen Erfordernisse des Programms.

Bestimmungs-orte / Ursprungsorte	D_1	D_2	D_3	D_4	D_5	Summe (Über-schüsse)
S_1	X_{11}	X_{12}	X_{13}	X_{14}	X_{15}	9
S_2	X_{21}	X_{22}	X_{23}	X_{24}	X_{25}	4
S_3	X_{31}	X_{32}	X_{33}	X_{34}	X_{35}	8
Summe (Fehlmengen)	3	5	4	6	3	21

Tabelle 1

Mengenmäßige Erfordernisse des Programms

Die 3 Ursprungsorte S_1, S_2 und S_3 haben einen Überschuß von $9 + 4 + 8 = 21$ Wagen, den 5 Bestimmungsorten fehlen $3 + 5 + 4 + 6 + 3 = 21$ Wagen.

Tabelle 2 zeigt die *Transportkosten je Einheit* (Wagen) c_{ij} vom Ursprungsort S_i zum Bestimmungsort D_j (i bezeichnet allgemein stets die Zeile, j die Spalte). Die Kosten sind mit Minuszeichen versehen, da sie negative Gewinne sind.

Wir müssen jetzt die Werte für die Größen x_{ij} ($i = 1, 2, 3$; $j = 1, 2, 3, 4, 5$) von Tabelle 1 ermitteln, die das gesteckte Ziel mit den geringsten Gesamtkosten K erreichen:

$$K = \sum_{j=1}^{5} \sum_{i=3}^{3} c_{ij} x_{ij} = \sum_{i=1}^{3} \sum_{j=1}^{5} c_{ij} x_{ij}$$

Ermittlung der ersten zulässigen Lösung

Die erste zulässige Lösung finden wir mit der *Nord-West-Regel*. Wie ihr Name andeutet, beginnen wir in der linken oberen Ecke der Tabelle 1 und vergleichen die bei S_1 verfügbare Menge, nämlich 9 Wagen, mit der bei D_1 fehlenden Menge, nämlich 3 Wagen. S_1 kann also den Bedarf von D_1 voll decken und behält noch 4 Wagen übrig (siehe Tabelle 3). Mit diesem Rest kann auch der Bedarf von D_2 nämlich 5 Wagen, gedeckt werden, und es bleibt immer noch ein Rest von einem Wagen, der nun D_3 zugewiesen wird. Damit ist aber der Bedarf von D_3 noch nicht gedeckt, es fehlen noch 3 Wagen. Diesen Bedarf muß jetzt S_2 decken,

Bestimmungs- orte / Ursprungsorte	D_1	D_2	D_3	D_4	D_5
S_1	C_{11} —10	C_{12} —20	C_{13} —5	C_{14} —9	C_{15} —10
S_2	C_{21} —2	C_{22} —10	C_{23} —8	C_{24} —30	C_{25} —6
S_3	C_{31} —1	C_{32} —20	C_{33} —7	C_{34} —10	C_{35} —4

Tabelle 2

Transportkosten je Einheit c_{ij}

das danach noch 1 Wagen übrig hat, den es D_4 überläßt. Der Bedarf von D_4 ist damit noch nicht gedeckt. Jetzt muß S_3 einspringen; es kann mit seinen 8 Wagen den Restbedarf von D_4 (5 Wagen) und den ganzen Bedarf von D_5 (3 Wagen) decken. Damit sind wir in der unteren rechten Ecke, der Süd-Ost-Ecke, angelangt. Alle Wagen sind von den Ursprungsorten an die Bestimmungsorte transportiert, deren Bedarf damit gedeckt ist. Wir haben eine zulässige Lösung gefunden.

Bestimmungs- orte / Ursprungsorte	D_1	D_2	D_3	D_4	D_5	Summe
S_1	③	⑤	①			9
S_2			③	①		4
S_3				⑤	③	8
Summe	3	5	4	6	3	21

Tabelle 3

Erste zulässige Lösung

Wir berechnen jetzt die Gesamtkosten dieser ersten zulässigen Lösung:

$$K = x_{11}c_{11} + x_{12}c_{12} + x_{13}c_{13} + x_{23}c_{23} + x_{24}c_{24} + x_{34}c_{34} + x_{35}c_{35} =$$
$$= 3(-10) + 5(-20) + 1(-5) + 3(-8) + 1(-30) + 5(-10) + 3(-4) = 251$$

Das Stepping-Stone-Verfahren zur Ermittlung der Optimallösung

Um festzustellen, ob diese erste Lösung die optimale ist, müssen noch weitere Lösungen gesucht werden. Denn es ist durchaus möglich, ja fast sogar wahrscheinlich, daß eine andere Verteilung der Wagen günstigere Lösungen bringen würde.

Die Werte der ersten zulässigen Lösungen sind in Tabelle 3 eingekreist. Wir müssen nun die Kosten berechnen, die sich aus der *Nicht*verwendung d e r Felder ergeben, die keine eingekreisten Zahlen enthalten; wir wollen sie „freie Felder" nennen, im Gegensatz zu den von einer eingekreisten Zahl „besetzten Felder".

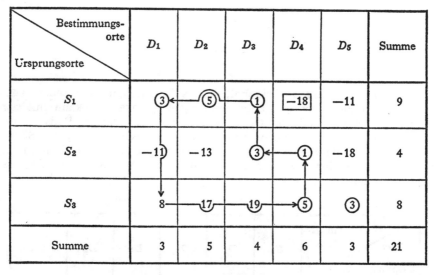

Tabelle 4

Erste zulässige Lösung mit Bewertungen: K = 251

Das Stepping-Stone-Verfahren bringt die Lösung. Von jedem freien Feld aus wird folgender Kreislauf vollzogen: Wir gehen von dem gewählten freien Feld (etwa S_3D_1) zu d e m nächsten, auf der *gleichen Zeile* gelegenen besetzten Feld, bei dem in der *gleichen Spalte* ein weiteres besetztes Feld liegt. Zu diesem Feld geht jetzt unser Kreislauf. In Tabelle 4 geht also der Weg von S_3D_1 nach S_3D_4 und von da nach S_2D_4. Nach der gleichen Methode gehen wir weiter und gelangen nun zu S_2D_3 und dann nach S_1D_3. Von dort geht es nach S_1D_1 und zurück nach dem Ausgangsfeld S_3D_1. S_1D_2 wird umgangen, da in seiner Spalte kein besetztes Feld liegt. Damit ist der zur Bewertung von S_3D_1 notwendige Kreislauf beendet.

Nun addieren wir mit *abwechselndem* Plus- und Minuszeichen die Kosten c_{ij} der angeschnittenen Felder und setzen den Wert in das betreffende Feld ein.

$$c_{3,1} = + (-10) - (-30) + (-8) - (-5) + (-10) - (-1) = +8$$

Das Feld $S_3 D_1$ erhält also den Wert $+8$.

Dieses Verfahren wird so oft wiederholt, bis alle freien Felder bewertet sind. Es ergeben sich dann folgende Kreisläufe.

Zusammenstellung der Kreisläufe

1. $S_3 D_1$: $+ S_3 D_4 - S_2 D_4 + S_2 D_3 - S_1 D_3 + S_1 D_1 - S_3 D_1$

2. $S_2 D_1$: $+ S_2 D_3 - S_1 D_3 + S_1 D_1 - S_2 D_1$

3. $S_2 D_2$: $+ S_2 D_3 - S_1 D_3 + S_1 D_2 - S_2 D_2$

4. $S_3 D_2$: $+ S_3 D_4 - S_2 D_4 + S_2 D_3 - S_1 D_3 + S_1 D_2 - S_3 D_2$

5. $S_3 D_3$: $+ S_3 D_4 - S_2 D_4 + S_2 D_3 - S_3 D_3$

6. $S_2 D_5$: $+ S_2 D_4 - S_3 D_4 + S_3 D_5 - S_2 D_5$

7. $S_1 D_4$: $+ S_1 D_3 - S_2 D_3 + S_2 D_4 - S_1 D_4$

8. $S_1 D_5$: $+ S_1 D_3 - S_2 D_3 + S_2 D_4 - S_3 D_4 + S_3 D_5 - S_1 D_5$

Iteration zur Optimierung des Programms

Eine Optimallösung haben wir mit dieser ersten zulässigen Lösung noch nicht erreicht. Denn in den freien Feldern stehen noch negative Werte. Wenn aber in einem oder in mehreren freien Feldern noch negative Zahlen stehen, ist eine Verbesserung der Zielfunktion möglich.

Diese Verbesserung wird durch ein Iterationsverfahren erreicht, das in *folgenden Schritten* vorgeht:

1. Von den negativen Werten wählt man den größten aus, in unserem Beispiel -18 im Feld $S_1 D_4$. Es gibt zwar noch ein freies Feld mit dem Wert -18 ($S_2 D_5$), doch es ist gleichgültig, welches dieser Felder wir nehmen, ja in der Praxis ist es oft vorteilhafter, von anderen als dem größten negativen Wert auszugehen.

2. Man legt noch einmal den Weg zurück, der zur Ermittlung dieses größten negativen Wertes durchlaufen wurde und wählt jene eingekreisten Werte aus, die ein *positives* Vorzeichen trugen. In obiger Zusammenstellung ist es der 7. Kreislauf. Positiv sind darin $S_1 D_3$ mit dem eingekreisten Wert 1 und $S_2 D_4$ gleichfalls mit dem Wert 1. Da beide den Wert 1 haben, können wir eines der beiden Felder auswählen, wir wählen $S_2 D_3$ als kleinsten Wert.

3. Wir bilden nun die *neue Tabelle 5 a*, in der wir den größten negativen Wert durch diesen kleinsten eingekreisten Wert ersetzen. In unserem Beispiel kommt also jetzt in Feld $S_1 D_4$ eine eingekreiste 1. Dementsprechend müssen nunmehr die Summen der Überschüsse und der Fehlmengen dieser Änderung angepaßt werden, d. h., es muß der eingekreiste Wert in $S_2 D_3$ von 5 auf 4 vermindert werden, und $S_1 D_3$ wird zum freien Feld mit dem Wert 0. Wir erhalten jetzt Tabelle 5 b.

Bestimmungsorte / Ursprungsorte	D_1	D_2	D_3	D_4	D_5	Summe
S_1	○	○	○	①		9
S_2			○			4
S_3				○	○	8
Summe	3	5	4	6	3	21

Tabelle 5 a

Bestimmungsorte / Ursprungsorte	D_1	D_2	D_3	D_4	D_5	Summe
S_1	③	⑤	0	①	7	9
S_2	—11	—13	④	18	0	4
S_3	—10	—1	1	⑤	③	8
Summe	3	5	4	6	3	21

Tabelle 5 b

Zweite zulässige Lösung: K = 233

Da jetzt der negative Wert — 18 beseitigt ist, können wir daraus schließen, daß sich die Gesamttransportkosten dieser Lösung um 18 vermindert haben: 251 — 18 = 233. Der gleiche Betrag ergibt sich, wenn wir die Gesamtkosten K als Summe der Einzelkosten c_{ij} ermitteln.

Da es immer noch 3 Felder mit negativen Zahlen gibt, fahren wir in der gleichen Weise fort, Schritt für Schritt die negativen Werte zu eliminieren. Wir benötigen dazu noch drei Iterationen, deren Ergebnisse in den Tabellen 6, 7 und 8 wiedergegeben sind. *Tabelle 8* weist keine negativen Werte mehr aus und zeigt damit die *optimale Lösung*. Die Gesamtkosten K belaufen sich bei der dritten Lösung auf K = 181, bei der vierten auf 151 und bei der Optimallösung auf K = 150.

Bestimmungs-orte Ursprungsorte	D_1	D_2	D_3	D_4	D_5	Summe
S_1	③	①	④	①	7	9
S_2	2	④	13	31	13	4
S_3	$\boxed{-10}$	−1	1	⑤	③	8
Summe	3	5	4	6	3	21

Tabelle 6
Dritte zulässige Lösung: K = 181

Bestimmungs-orte Ursprungsorte	D_1	D_2	D_3	D_4	D_5	Summe
S_1	10	①	④	④	7	9
S_2	12	④	13	31	13	4
S_3	③	$\boxed{-1}$	1	②	③	8
Summe	3	5	4	6	3	21

Tabelle 7
Vierte zulässige Lösung: K = 151

Bestimmungs-orte Ursprungsorte	D_1	D_2	D_3	D_4	D_5	Summe
S_1	10	1	④	⑤	7	9
S_2	11	④	12	30	12	4
S_3	③	①	1	①	③	8
Summe	3	5	4	6	3	21

Tabelle 8
Optimale zulässige Lösung: K = 150

Literatur zur linearen Planungsrechnung:

Béla Kreko: Lehrbuch der linearen Optimierung, 3. Aufl. Berlin 1968. — Berg, C. C., U.-G. Korb u. a.: Mathematik für Wirtschaftswissenschaftler. Bd. I: Analysis, Bd. II. Lineare Algebra und lineare Programmierung, 2. Aufl., Wiesbaden 1976. — Müller-Merbach: Operations Research, Methoden und Modelle der Optimalplanung, 3. Aufl. Berlin, Frankfurt 1974, S. 88 ff. — Müller-Merbach: Lineare Planungsrechnung für die Wirtschaftspraxis, 1970. — Stefan Vajda: Einführung in die Linearplanung und die Theorie der Spiele, 2. Aufl., München, Wien 1966.

(4) Nichtlineare Planungsrechnung

Begriff und Bedeutung

Die nichtlineare Planungsrechnung behandelt Optimierungsprobleme, bei denen die Zielfunktion und/oder mindestens eine Nebenbedingung in ihren Variablen nicht linear sind.

Im Gegensatz zur linearen Planungsrechnung ist die nichtlineare Planungsrechnung noch wenig entwickelt. Das liegt einmal daran, daß die lineare Planungsrechnung für die Praxis weit größere Bedeutung hat, die meisten Optimalprobleme können mit der linearen Planungsrechnung gelöst werden, und zum anderen sind die nichtlinearen Planungsprobleme so verschiedenartig, daß es kein einheitliches Rechnungsverfahren für sie gibt. Es wurde bereits die Ansicht vertreten, in jedem Einzelfall müsse ein spezielles Lösungsverfahren entwickelt werden. Doch es gibt schon eine Reihe von exakten und Näherungsverfahren für Probleme mit spezieller Struktur, die allerdings durchweg einen hohen Rechenaufwand erfordern. So bilden die Probleme mit konkav verlaufender, zu maximierender oder konvex verlaufender, zu minimierender Zielfunktion eine wichtige Klasse der nichtlinearen Probleme. Auf sie kommen wir noch zurück. Eine weitere Klasse sind die Probleme mit linearen Restriktionen. Wenn in diesen Fällen die Zielfunktion ihren Extremwert (Maximum bzw. Minimum) in einem Eckpunkt des zulässigen Bereichs einnimmt, kann die Simplexmethode angewandt werden. Ist die Zielfunktion bei linearen Restriktionen quadratisch (quadratische Optimierungsprobleme), so kann bei einer konkav zu maximierenden oder einer konvex zu minimierenden Zielfunktion ein der Simplexmethode ähnliches exaktes Lösungsverfahren angewandt werden.

Suboptima und Globaloptimum

Die Probleme der nichtlinearen Planungsrechnung haben zum großen Teil keine einzige und eindeutige Optimallösung, sondern weisen mehrere Optima auf, von denen eines das gesuchte *Global-, Total-* oder *Gesamtoptimum* ist und die anderen *Suboptima* oder *Lokaloptima* sind. Probleme, die nur ein Optimum und keine Suboptima enthalten, sind unimodular.

Suboptima können ferner bei Problemen auftreten, deren Lösung einen zu großen Rechenaufwand erfordern („Unlösbare Probleme"). Man begnügt sich dann mit Näherungsverfahren oder heuristischen Verfahren. Schließlich können Suboptima vorkommen, wenn ein sehr großes Problem in einzelne Teilprobleme aufgegliedert wird, die getrennt gelöst werden. Unter dem Optima der einzelnen Teilprobleme gibt es dann allerdings kein Globaloptimum des Gesamtproblems. Man muß auch hier versuchen, mit Näherungsverfahren das Totaloptimum zu finden.

Konvexe und konkave Planungsrechnung

Konvex, „nach außen gewölbt", ist ein Bereich (eine Punktmenge), wenn die linearen Verbindungen zwischen allen Punkten dieses Bereiches nur innerhalb dieses Bereiches verlaufen, d. h. wenn jeder Punkt der Verbindungsstrecke zweier Mengenpunkte der Menge angehört.

Eine *Funktion* ist *konvex*, wenn die Funktionswerte auf der Verbindungsstrecke zwischen allen beliebigen Paaren von Punkten nicht größer sind als die entsprechenden gewichteten Mittelwerte (Linearkombination) der Funktionswerte in diesen beiden Punkten. Die Funktion f(x) ist also konvex, wenn für je zwei Punkte x_1 und x_2 der Menge und ein beliebiges $\lambda (0 \leq \lambda \leq 1)$ die Ungleichung gilt:

$$f\left[(1 - \lambda) x_1 + \lambda x_2\right] \leq (1 - \lambda) f(x_1) + f(x_2)$$

Für $\lambda = \frac{1}{2}$ ergibt sich zum Beispiel

$$f\left(\frac{x_1 + x_2}{2}\right) \leq \frac{f(x_1) + f(x_2)}{2}$$

Eine Funktion mit nur einer unabhängigen Variablen bildet eine nach außen gewölbte Kurve. So sind die Parabel $y = x^2$ und das Paraboloid $y = x_1^2 + x_2^2 + x_3^2$ konvexe Funktionen, ebenso die Hyperbel $y = \frac{1}{x}$ für $x < 0$.

Bei der *konkaven* („nach innen gewölbten") *Funktion* sind die Funktionswerte auf der Verbindungsgeraden zwischen allen beliebigen Paaren von Punkten nicht kleiner als die entsprechenden gewichteten Mittelwerte der Funktion. Das ist der Fall bei der Hyperbel $y = \frac{1}{x}$ für $x < 0$. Multipliziert man eine konvexe Funktion mit -1, so erhält man eine konkave Funktion und umgekehrt.

Die konvexe Planungsrechnung behandelt solche Probleme, bei denen der Lösungsbereich konvex ist, sowie die zu minimierende Zielfunktion im gesamten Lösungsbereich konvex verläuft. Konvexe Planungsprobleme haben stets nur ein Optimum, sie sind unimodular.

Graphische Darstellung nichtlinearer Optimierungsprobleme

Wir gehen von folgendem mathematischen Ansatz eines nichtlinearen Optimierungsproblems aus:

$$G = x^2 + y^2 \rightarrow \max$$
$$x + y \leq a$$
$$x \quad\quad \leq b$$

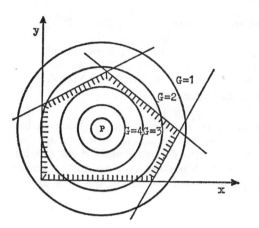

Abb. 1

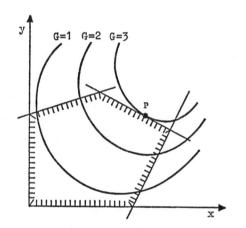

Abb. 2

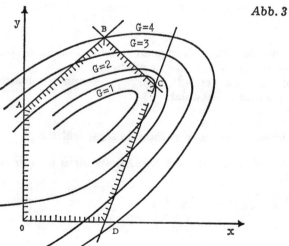

Abb. 3

Aus den graphischen Darstellungen erkennt man leicht, daß die Zielfunktion der Abbildungen 1 und 2 konvex, die der Abbildung 3 dagegen konkav ist. In der Abbildung 1 und 2 gibt des deshalb nur ein Optimum, und zwar jeweils in Punkt P. Dagegen weist Abbildung 3 drei Optima auf, und zwar in den Punkten B, C und D, wobei B das globale Maximum ist, während C und D Suboptima sind.

Verfahren zur Lösung nichtlinearer Probleme

Zu den konvexen Optimierungsproblemen gehören zunächst alle linearen Probleme, die mit der Simplexmethode leicht lösbar sind. Die Probleme der *quadratischen Planungsrechnung* bestehen zwar aus linearen Restriktionen, haben aber eine quadratische Zielfunktion. Für ihre Lösung wurden eine Reihe von Verfahren entwickelt, die Künzi und Krelle in „Nichtlineare Programmierung" (1962) eingehend dargestellt haben.

Alle konvexen nichtlinearen Optimierungsprobleme lassen sich ferner mit der *Suchmethode* lösen. Dabei beginnt man an einem beliebigen Punkt, z. B. dem Koordinatenkreuz, und geht einen Schritt in beliebiger Richtung. Ergibt er einen besseren Wert für die Zielfunktion, dann wird er ausgeführt. So tappt man im Zick-Zack-Kurs weiter, wobei stets die Restriktionen beachtet werden müssen, bis man den Optimalwert gefunden hat. Das Verfahren ist sehr zeitraubend und läßt sich meist nur mit Elektronenrechnern durchführen. Man hat allerdings verschiedene Verfahren entwickelt, die die Suche erleichtern.

Literatur über die nichtlineare Planungsrechnung

Die Literatur über dieses Gebiet ist nicht sehr umfangreich und beschränkt sich fast ausschließlich auf Aufsätze. Im übrigen siehe Fay, F. J.: Infinitesimalrechnung und nichtlineare Optimierung, 2. Aufl., Wiesbaden 1972; Künzi und Krelle, Nichtlineare Programmierung, Berlin - Göttingen - Heidelberg 1962.

(5) Graphentheorie

Begriff und Bedeutung

Die Graphentheorie, ein Teilgebiet der mathematischen Topologie, hat als Verfahren der betrieblichen Planung, insbesondere der Netzplantechnik, in den letzten Jahren eine ständig wachsende Bedeutung erlangt.

Ein *Graph* besteht aus Punkten, den sogenannten *Knoten*, und aus Strecken, den sogenannten *Kanten*, die die Knoten miteinander verbinden. Die Kanten können dabei in eine Richtung weisen und werden dann *Pfeile* genannt, und der entsprechende Graph, ein *gerichteter Graph* (s. Abb. 4 a), im Gegensatz zum *ungerichteten Graph* (Abb. 4 b). In einem *vollständigen Graph* ist jeder Knoten durch Kanten verbunden (Abb. 4 b). Ein vollständiger Graph mit n Knoten enthält $\frac{n\,(n-1)}{2}$ Kanten. In einem *Baum-Graph* (Abb. 4 c) führt von jedem Knoten zu jedem anderen nur eine Kante, ein „*Weg*". Ein Baum mit n Knoten enthält immer (n — 1) Kanten. In einem gerichteten Graphen heißt ein geschlossener Kantenzug, in dem kein Element doppelt vorkommt und die Kanten alle gleich gerichtet sind, eine *Schleife*. (Abb. 4 d.)

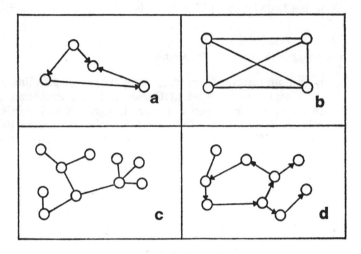

Abb. 4

Netzplantechnik

Die Netzplantechnik oder Netzwerktechnik ist das wichtigste Anwendungsgebiet der Graphentheorie. Sie stellt alle Vorgänge zur Durchführung eines Projekts in ihrem zeitlichen Ablauf in einem Graphen dar, wobei die zeitlichen Abhängigkeiten zwischen den einzelnen Vorgängen exakt eingezeichnet werden.

Die Netzplantechnik dient der Terminplanung komplizierter Arbeitsabläufe und komplexer Projekte, um ihre einzelnen Teilprojekte optimal zu koordinieren. Die Netzplantechnik wurde erstmals 1957 in den USA von M. R. Walker und James E. Kelley entworfen, und zwar die Methode des kritischen Weges (Critical Path-Method — CMP). Fast gleichzeitig wurden dann eine Reihe von Abwandlungen entwickelt. Die amerikanische Marine schuf in Zusammenarbeit mit privaten Unternehmen das System PERT (Program Evaluation and Review Technique); unabhängig davon entwickelte IBM die Least Cost Estimating and Scheduling (LESS). Die einzelnen Systeme unterscheiden sich vor allem in Einzelheiten der Zeitschätzung und Zeitanalyse. Die ursprünglich für militärische Entwicklungsprojekte geschaffene Technik wurde in zunehmendem Maße auch von Unternehmungen benutzt und ist durch Berücksichtigung von Kapazitätsbeschränkung und Kosten über die reine Zeitplanung hinaus, insbesondere auch durch den Einsatz von Computern, verfeinert worden.

Das **Grundmodell der Netzplantechnik** läßt sich in folgende drei Grundphasen einteilen: (1) die Strukturanalyse, (2) die Zeitanalyse und (3) die Ablaufkontrolle.

1. Die Strukturanalyse oder Strukturplanung

Die Strukturanalyse hat zunächst die einzelnen Arbeitsgänge des Arbeitsablauf
in ihrer zeitlichen Aufeinanderfolge sowie die technologischen Abhängigkeiten
der einzelnen Arbeitsgänge festzulegen. Dann werden diese Daten in Form eines
Netzes dargestellt (siehe Abb. 5), das sich aus „Ereignissen" (events) und „Tätigkeiten" oder „Aktivitäten" (activities) zusammensetzt.

Die *Ereignisse* werden als Punkte bzw. Kreise ins Netz aufgenommen; sie sind
durch den Zeitpunkt gekennzeichnet und geben den Beginn und den Abschluß
einer oder mehrerer Tätigkeiten wieder. Die *Tätigkeiten* sind ein Teilprozeß im
ganzen Ablaufplan, sie nehmen Zeit in Anspruch und verursachen Kosten.
Technologische Abhängigkeiten werden durch Blind-, Nullzeit- oder Schein-
tätigkeiten, denen keine Zeitwerte zugeordnet werden, wiedergegeben. Die
zeichnerische Verbindung der Ereignisse mit den die Tätigkeiten und Schein-
tätigkeiten darstellenden Linien ergibt das Ablaufabbild des Projektes, das
Netz. Die Netze werden in Literatur und Praxis zeichnerisch unterschiedlich

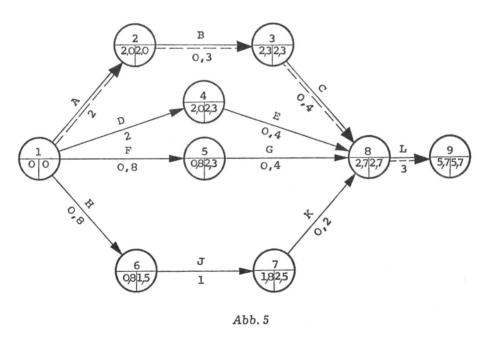

Abb. 5

Ereignis: die oberen Zahlen zeigen die Nummern der Ereignisse,
die linke untere Zahl die Anfangs-, die rechte die Endtermine der
Tätigkeiten.

A
—
2

Tätigkeit und Angabe der Zeitdauer

= = = ⇒ kritischer Weg

dargestellt. Für den *logischen Aufbau eines Netzes* hingegen gelten nach N. Kern (Netzplantechnik, Wiesbaden 1969) folgende zwei *Grundregeln:*

1. Jede Tätigkeit ist durch ein unmittelbar vor- und ein unmittelbar nachgeordnetes Ereignis begrenzt.

2. In einem Netz darf keine Tätigkeit hinsichtlich der Zeit rückwärts verlaufen.

Die Tätigkeiten werden in unserem Diagramm durch Linien mit großen Buchstaben und die Ereignisse durch Kreise mit Zahlen dargestellt, und zwar zeigen die oberen Zahlen die Nummern der Ereignisse. Die Tätigkeiten treiben den auf das angestrebte Endergebnis gerichteten Prozeß jeweils von einem Ereignis zum anderen. Die Ereignisse sind Zwischenergebnisse, die jedoch nicht alle hintereinander geschaltet sind. So gehen in unserem Diagramm vom Ereignis 1 vier Teilprozesse aus, die im Ereignis 8 wieder zusammenlaufen. Es entstehen zwei Schleifen.

Sind alle Tätigkeiten und Ereignisse im Netz festgelegt und in einer Liste der Arbeiten (s. Tabelle unten S. 253) aufgenommen, dann sind die Voraussetzungen für die zweite Stufe der Netzplantechnik, die Zeitanalyse, gegeben.

2. Die Zeitanalyse oder Zeitplanung

Der Strukturplan enthält noch keine Zeitschätzung für die einzelnen Tätigkeiten. Es müssen deshalb jetzt in Zusammenarbeit mit den einzelnen betroffenen Abteilungen die Zeiten für alle Tätigkeiten zunächst in einer Liste (s. Tabelle) aufgestellt werden, das sind z. B. Arbeitszeiten, Lieferzeiten, Wartezeiten u. dgl. Die Zeitwerte sind beim PERT-Verfahren gewogene arithmetische Mittelwerte aus einem „optimistischen", einem „normalen" und einem „pessimistischen" Zeitwert. Das Zeitmaß ist gewöhnlich die Woche und der Tag; in unserem Beispiel wählten wir die Woche.

Diese Zeiten werden dann in den Netzplan bei den Tätigkeiten eingetragen, und man kann sehr rasch die Zeit- und Terminplanung durchführen. Man beginnt bei Ereignis 1 mit dem Zeitpunkt Null und addiert entlang der einzelnen Strecken die Dauer der Tätigkeit. Die Ergebnisse, die den *Anfangs*termin der nachfolgenden Tätigkeiten darstellen, werden in die Kreise der Ereignisse eingetragen; es ist in unserem Diagramm die untere linke Zahl in den Kreisen.

Der Arbeitsablauf besteht also aus einer Reihe gleichwertig nebeneinander laufender Teilvorgänge, die verschieden lange Zeit benötigen, in unserem (sehr vereinfachten) Beispiel: Anfertigung des Gehäuses (A + B + C) 2,7 Wochen, Beschaffung und Prüfung der Lager (D + E) 2,4 Wochen, Anfertigung der Wellen (F + G) 1,2 Wochen und Anfertigung der Zahnräder (H + J + K) 2,0 Wochen; insgesamt werden, einschließlich L Zusammenbau, 5,7 Wochen benötigt.

Die Dauer des gesamten Arbeitsablaufs wird von *den* Teilprozessen bestimmt, die die längste Zeit beanspruchen, in unserem Beispiel die Anfertigung des Gehäuses (A + B + C + L = 5,7 Wochen). Diesen längsten Weg nennt man den „primären" oder „*kritischen Weg*" oder „*kritischen Pfad*". Die Planzeiten der „sekundären" und „tertiären Wege" enthalten für einzelne Ereignisse (nicht notwendig für alle) Zeittoleranzen, die sog. *Schlupfe* oder *Pufferzeiten;* sie weisen auf unausgenützte Kapazitäten hin. Der kritische Pfad muß besonders sorgfältig beachtet werden; man muß bestrebt sein, die Tätigkeiten des kritischen Pfades möglichst zu beschleunigen, um die Gesamtzeit des Arbeitsablaufs zu verkürzen, Engpässe zu beseitigen und die Kosten zu senken sowie freie Kapazitäten der sekundären Wege auszunutzen.

Nun braucht aber nicht jede Tätigkeit zum frühesten Termin zu beginnen, um den Endtermin, in unserem Beispiel 5,7 Wochen, einzuhalten. Die Tätigkeiten auf den sekundären Wegen können je nach den Pufferzeiten später beginnen. So braucht das Drehen der Wellen nicht zum Zeitpunkt Null zu beginnen, wesentlich sind nur die Zeiten, zu denen die einzelnen Tätigkeiten spätestens abgeschlossen sein müssen, damit der Gesamtplan rechtzeitig erfüllt wird, also in 5,7 Wochen. Wir ermitteln die spätesten Anfangstermine durch Rückwärtsrechnung vom Endpunkt aus (s. Tabelle). Die Pufferzeit ist die Differenz zwischen spätestem und frühestem Ende.

Die *Vorwärtsrechnung* vom Zeitpunkt Null an zeigt uns nur die frühesten Anfangszeiten (im linken unteren Feld unserer Kreise). Mit der *Rückwärtsrechnung* stellt man durch Berücksichtigung der Pufferzeiten die spätesten Anfangstermine fest. Sie können aus unserer Tabelle abgelesen werden und sind im rechten Feld unserer Kreise eingezeichnet.

Tätigkeit (activity)	Dauer (Wochen)	frühester Anfang	frühestes Ende	spätester Anfang	spätestes Ende	Pufferzeit
A Bau des Gußmodells für Gehäuse	2,0	0	2,0	0	2,0	krit. W.
B Gießen des Gehäuses	0,3	2,0	2,3	2,0	2,3	krit. W.
C Bearbeitung des Gehäuses	0,4	2,3	2,7	2,3	2,7	krit. W.
D Beschaffung von Lagern	2,0	0	2,0	0,3	2,3	0,3
E Prüfung der Lager	0,4	2,0	2,4	2,3	2,7	0,3
F Drehen der Wellen	0,8	0	0,8	1,5	2,3	1,5
G Wärmebehandlung der Wellen	0,4	0,8	1,2	2,3	2,7	1,5
H Drehen der Zahnräder	0,8	0	0,8	0,7	1,5	0,7
J Fräsen der Zahnräder	1,0	0,8	1,8	1,5	2,5	0,7
K Wärmebehandlung der Zahnräder	0,2	1,8	2,0	2,5	2,7	0,7
L Zusammenbau	3,0	2,7	5,7	2,7	5,7	krit. W.

Tabelle der Tätigkeiten mit Zeitplanung

3. Ablaufkontrolle bei der Netzplantechnik

Ist die Struktur- und Zeitplanung endgültig fertiggestellt, dann werden die berechneten Daten den betroffenen Betriebsabteilungen übergeben, und die Arbeit an dem Projekt kann zum festgesetzten Zeitpunkt beginnen. Je nach der Projektdauer berichten die betrieblichen Abteilungen der *Ablaufkontrollstelle* wöchentlich, täglich oder in einem anderen Rhythmus über den Projektfortschritt. Beim Polaris-Projekt der amerikanischen Marine wurden 14 Tage als Ablaufkontrolle mit den geplanten Werten verglichen. Ergeben sich Abweichungen, so muß zunächst geprüft werden, ob sie noch in den Grenzen der Planungen liegen. Sehr oft kann die Kontrollstelle bereits von noch nicht beendeten oder noch gar nicht begonnenen Tätigkeiten feststellen, daß eine Änderung ihrer Zeitwerte gegenüber den ursprünglichen Planwerten notwendig ist. Eine erneute Durchrechnung des Netzplanes zeigt dann die Auswirkungen dieser Änderungen auf das Gesamtprojekt. Es können Auswirkungen von Start- und Endtermin sowie von Pufferzeiten von noch nicht beendeten Tätigkeiten auftreten. Die Projektdauer kann beeinflußt werden, und bisher unkritische Wege können kritisch werden. Sind die Abweichungen erheblich, so muß gegebenenfalls die Struktur des Planes verändert werden. Jede Änderung ist sofort den betroffenen Betriebsabteilungen zu melden. Auch die Unternehmensleitung erhält laufend Berichte über den Fortgang der Arbeiten in Form von Tabellen und Graphiken als Entscheidungsunterlagen.

Der Gozinto-Graph

Stücklisten als Graph

Die Stückliste in den Fertigungsbetrieben ist eine Produkt- und Teilebedarfsrechnung zur Materialplanung. Sie gibt in tabellarischer Übersicht an, welche und wie viele Einzelteile (Bauelemente) und Zwischenprodukte aus vorangehenden Produktionsstufen für die Fertigung eines Endprodukts benötigt werden. Sie wird vom Konstruktionsbüro auf Grund der Konstruktionszeichnungen aufgestellt.

Der Amerikaner *A. Vazsonyi* hat die Stückliste als Graphen dargestellt, den Gozinto-Graphen, den er dem nicht existierenden „gefeierten italienischen Mathematiker Zepartzat Gozinto" zuschreibt. Schreibt man diesen Namen in englischer Schreibweise „that part that goes into", so drückt der erfundene Name den Inhalt des Gozinto-Graphen aus, In ihm wird angegeben, welche Menge eines Teils (that part) in eine Einheit eines höheren Teils direkt eingeht (goes into). Nach Müller-Merbach kann man alle herkömmlichen Stücklistenauflösungsmethoden als spezielle Anwendungen der Graphentheorie verstehen. Eine allgemeine Eingliederung in diese Theorie erfahren die Methoden durch den Gozinto-Graphen.

Beispiel eines Gozinto-Graphen

Ein sehr einfacher Gozinto-Graph ist in Abbildung 1 dargestellt (das Beispiel ist dem Werk „Operations Research" von Müller-Merbach, a. a. O., entnommen). Die *Knoten* bezeichnen die Art der Einzelteile und die *Pfeile* die zur Fertigung des betreffenden Einzelteils benötigten Mengen der vorgelagerten Produktionsstufen (Baugruppen). In unserem Graphen ist 5 das Fertigprodukt, zu dessen Herstellung drei Teile der Baugruppe 1, ein Teil der Baugruppe 3 und je zwei Teile der Baugruppen 2 und 4 benötigt werden. Das Zwischenprodukt 3 benötigt zu seiner Fertigung fünf Teile der Baugruppe 1 und zwei Teile der Baugruppe 2 und das Zwischenprodukt 4 zwei Teile der Baugruppe 3 und vier Teile der Baugruppe 2.

Nehmen wir an, daß zur Zeit ein Auftragsbestand *(Primärbedarf)* von 180 Stück des Endprodukts 5, von 400 Stück der Baugruppe 4 als Ersatzteile und 50 Stück der Baugruppe 2 vorliegen. Für die Produkte der Baugruppen 1 und 3 besteht kein Primärbedarf. In Abbildung 1 ist der Primärbedarf in die Knoten (untere Zahl) eingetragen.

Nun gilt es noch, die *gesamte Bedarfsmenge* jeder Baugruppe in der Stückkostenauflösung zu ermitteln. Die Gesamtbedarfsmenge jeder Baugruppe ist gleich ihrem Primärbedarf plus dem in die übergeordneten Produkte eingehenden Sekundärbedarf.

Lösung an Hand des Graphen

Wir können nun diese einfache Aufgabe unmittelbar an Hand des Graphen berechnen (siehe dazu Abbildung 2). Wir beginnen bei dem Endprodukt 5. Zur Fertigung der 180 Stück werden von den Baugruppen 4 und 2 je 360 Stück, von Baugruppe 3 180 Stück und von Baugruppe 1 540 Stück benötigt. Diese Mengen zählt man zu den Primärbedarfen zu. Für Baugruppe 4 steht damit der Gesamtbedarf bereits fest: 360 Stück Sekundärbedarf plus 400 Stück Primärbedarf = 760 Stück Gesamtbedarf. Zur Fertigung dieser 760 Stück benötigte die Baugruppe 4 von Baugruppe 3 1520 Stück und von Baugruppe 2 3040 Stück. Der Gesamtbedarf der Baugruppe 3 besteht nur aus Sekundärbedarf: 180 + 1520 = 1700 Stück. Für Baugruppe 2 beträgt der Gesamtbedarf 50 Stück Primärbedarf plus Sekundärbedarf von 3400 + 360 + 3040, das ergibt insgesamt 6850 Stück. Für Baugruppe 1 besteht nur Sekundärbedarf: 8500 + 540 = 9040 Stück.

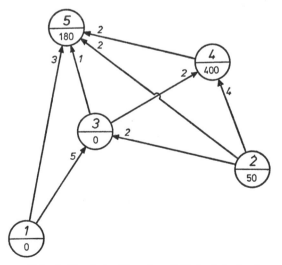

Abb. 1: Gozinto-Graph mit Primärbedarf

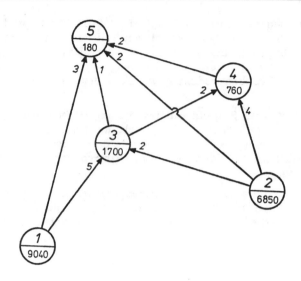

Abb. 2: Gozinto-Graph mit Gesamtbedarf

Lösung durch Umformung der Bedarfe in ein lineares Gleichungssystem

Wir können diese Aufgabe auch als lineares Gleichungssystem formulieren und erhalten folgenden Ansatz, wenn wir für die Baugruppen x_1 bis x_5 einsetzen:

$x_1 = 5x_3 + 3x_5$ (Primärbedarf ist gleich 0)

$x_2 = 50 + 2x_3 + 4x_4 + 2x_5$

$x_3 = 2x_4 + x_5$ (Primärbedarf ist gleich 0)

$x_4 = 400 + 2x_5$

$x_5 = 180$ (Primärbedarf ist gleich 0)

Wir bringen nun alle Variablen auf die linke Seite der Gleichung und erhalten:

$$
\begin{aligned}
x_1 \quad & - 5x_3 && - 3x_5 &&= 0 \\
x_2 - & 2x_3 - 4x_4 && - 2x_5 &&= 50 \\
& x_3 - 2x_4 && - x_5 &&= 0 \\
& && x_4 - 2x_5 &&= 400 \\
& && x_5 &&= 180
\end{aligned}
$$

Die Lösung lautet:

$$
\begin{aligned}
x_1 &= 9040 \\
x_2 &= 6850 \\
x_3 &= 1700 \\
x_4 &= 760 \\
x_5 &= 180
\end{aligned}
$$

Lösung mittels Matrizenrechnung

Schließlich ist die Stücklistenauflösung, d. h. also die Berechnung der Gesamt-bedarfe, mittels der Matrizenrechnung unter Einsetzung von Datenverarbei-tungsanlagen möglich. Es gibt dafür bereits Spezialprogramme, die sogenannten „Stücklistenprozessoren".

Dispositionsstufenverfahren

Wir haben der Anschaulichkeit wegen nur eine sehr kleine Stückliste gewählt, in der Praxis besteht sie häufig aus hunderten, ja sogar tausenden End- und Zwischenprodukten sowie Einzelteilen. Hier ist die Stücklistenauflösung auch für die größten EDV-Anlagen schwierig. Man wendet daher das Dispositions-stufenverfahren an: Alle Produkte werden nach ihrer Rangstellung in Gozinto-Graphen gestuft. Die Endprodukte bilden die Stufe 0, die höchste Stufe; die Produkte, die nur in Endprodukte eingehen, sind die Stufe 1; die Produkte, die nur in Stufe 1 eingehen, sind die Stufe 2 usw. Für jede Stufe wird eine spezielle Bedarfsrechnung durchgeführt.

Weitere Anwendung der Graphentheorie

Bei R e i h e n f o l g e p r o b l e m e n , bei denen es um die Ermittlung der wirksamsten Folge mehrerer Tätigkeiten geht, kann gleichfalls der Gozinto-Graph angewandt werden. Es geht dabei um Entscheidungsalternativen in den verschiedenen zulässigen Reihenfolgen von Tätigkeiten. Die optimale Wirkung wird durch das Planungsziel bestimmt, das z. B. in möglichst niederen Kosten, möglichst geringem Zeitbedarf oder möglichst kurzem Weg besteht.

Das wohl bekannteste Reihenfolgeproblem ist das *Traveling-salesman-Problem*, das Problem des Handlungsreisenden oder Rundreiseproblem. Es entstand bei der Aufgabe, die optimale (kürzeste) Reiseroute eines Handlungsreisenden für eine Reihe von Orten zu finden, wobei er jeden Ort nur einmal besuchen darf und am Ende der Rundreise wieder am Ausgangsort eintrifft. Die Knoten des betreffenden Gozinto-Graphen sind die Orte, die Kanten die Wege mit Angabe der Längen. Dieses Problem gilt auch für Bereiche der *Ablaufplanung*, z. B. die optimale Reihenfolge bei Sortenfertigung. Ein exaktes Lösungsverfahren für diese Probleme gibt es nicht, wohl aber brauchbare Iterationsverfahren. Wir kommen darauf noch zurück.

Das T r a n s p o r t p r o b l e m , das wir bereits behandelt haben (s. o. S. 238 ff.), kann gleichfalls an Graphen dargestellt werden (siehe darüber Müller-Merbach a. a. O., Seite 251—261).

Literatur:

Allgemeine Literatur zur Graphentheorie: Busacker und Saaty: Endliche Graphen und Netzwerke (deutsche Übersetzung), München, Wien 1968. — D. König: Theorie der endlichen und unendlichen Graphen, New York o. J. — Müller-Merbach, Operations Research, 3. Aufl. Berlin und Frankfurt 1974.

Über Netzplantechnik: Falkenhausen: Prinzipien und Rechenverfahren der Netzplan-technik, 2. Aufl., Kiel 1968. — N. Kern: Netzplantechnik, Betriebswirtschaftliche Analyse von Verfahren der industriellen Terminplanung, Wiesbaden 1969. — Müller-Merbach, Netzplantechnik, Berlin, Heidelberg, New York 1971. — J. Thron: Die Ein-fügung der Netzplantechnik in die betriebliche Datenverarbeitung, Frankfurt 1969. — v. Wasielewski: Praktische Netzplantechnik. Wiesbaden 1975. — Jacob, H.: Anwen-dung der Netzplantechnik im Betrieb, Wiesbaden 1969.

(6) Kombinatorik

Die Kombinatorik ist die mathematische Lehre, die untersucht, auf welche verschiedene Arten eine gegebene Zahl von Elementen angeordnet und zu Gruppen (Zusammenstellungen, Komplexionen) zusammengefaßt werden kann. Viele einfache wirtschaftliche Probleme (z. B. der Wahrscheinlichkeitsrechnung) lassen sich mit Hilfe der Kombinatorik lösen. Sie ist ferner wichtig, um den bei der Anwendung mathematischer Methoden notwendigen Rechenaufwand zu ermitteln.

Probleme mit voneinander unabhängigen Variablen

Wenn für verschiedene voneinander unabhängige Variable eines Problems unterschiedlich viele ganzzahlige Werte zulässig sind, so ergibt das Produkt der Anzahl der Werte jeder Variablen die Zahl der unterschiedlichen Lösungen.

1. B e i s p i e l : Eine Frau hat 8 Kleider und 6 Hüte, die sie kombinieren will. Es gibt $8 \cdot 6 = 48$ Kombinationsmöglichkeiten. Berücksichtigt sie auch noch ihre 5 Schals, so kann sie $8 \cdot 6 \cdot 5 = 240$ verschiedene Kombinationen tragen.

2. B e i s p i e l : Ein Unternehmen, das in 6 Werken 6 verschiedenartige Produkte erzeugt, will die Produktion erweitern. Für jedes Produkt bestehen zwei Möglichkeiten: entweder die Produktion um eine bestimmte Quote zu erhöhen oder sie unverändert zu lassen. Die Zahl der Erweiterungsmöglichkeiten ist $2 \cdot 2 \cdot 2 \cdot 2 \cdot 2 \cdot 2 = 2^6 = 64$.

3. B e i s p i e l : Die Zahl der verschiedenen Tippreihen im Fußball-Toto bei der 11er-Wette, der 12er-Wette und der 13er-Wette sind folgende

$$3^{11} = \quad\ \ 177\,147 \text{ Tippreihen bei der 11er-Wette}$$

$$3^{12} = \quad\ \ 531\,441 \text{ Tippreihen bei der 12er-Wette}$$

$$3^{13} = 1\,594\,323 \text{ Tippreihen bei der 13er-Wette}$$

Permutationen

Sind die Elemente voneinander abhängig, so gelten die Regeln der Permutation zur Berechnung der Zahl der unterschiedlichen Lösungen. Sind den m Elementen einer Menge je ein Element einer anderen gleichgroßen Menge zuzuordnen, so hat das erste Element der ersten Menge die Wahl unter m Elementen der zweiten Menge, das zweite Element der ersten Menge aber nur die Wahl unter $(m-1)$ Elementen, das dritte die Wahl unter $(m-2)$ Elementen der zweiten Menge und für das letzte Element der ersten Menge bleibt nur noch ein Element der zweiten Menge übrig. Die formale Lösung lautet also:

$$m \cdot (m-1) \cdot (m-2) \cdot (m-3) \ldots 2 \cdot 1 = m!$$

(m! lies „m-Fakultät"). Diese Rechenregel ist die Permutation, z. B.: $4! = 1 \cdot 2 \cdot 3 \cdot 4 = 24$. Der Wert von m! wächst mit steigendem m sehr schnell: $4! = 24$; $8! = 40\,320$; $16! = 20{,}9$ Billionen.

B e i s p i e l : Ein Unternehmer will 8 verschiedenartige Werke in verschiedenen Städten der Bundesrepublik errichten, dazu stehen 8 verschiedene Städte zur Verfügung. Die Zahl der Zuordnungsmöglichkeiten beträgt $8! = 40\,320$.

Variationen

Stehen bei der Zuordnung den m Elementen der einen Menge nur n Elemente
der anderen Menge gegenüber, so können nicht allen m Elementen der ersten
Menge Elemente der zweiten Menge zugeordnet werden. Werden 3 Elemente
„zur 2. Klasse" zugeordnet, so ergibt das

$$\begin{matrix} 1\ 2 & 1\ 3 & 2\ 3 \\ 2\ 1 & 3\ 1 & 3\ 2 \end{matrix} = 6$$

Für das erste der n Elemente der einen Menge stehen m Elemente der anderen
Menge zur Verfügung, für das zweite Element der ersten Menge sind noch
(m — 1), für das dritte (m — 2), für das (n — 1)-te noch (m — n + 2) und schließlich für das n-te Element noch (m — n + 1) Element der zweiten Menge. Die
Zuordnungsmöglichkeiten oder *Variationen von m Elementen zur n-ten Klasse*
betragen also:

$$m \cdot (m — 1) \cdot (m — 2) \cdot (m — n + 2) \cdot (m — n + 1) = \frac{m!}{(m — n)!}$$

B e i s p i e l : In einer Dose befinden sich n Kugeln verschiedener Farbe, es
sollen nun n Kugeln (n ≤ m) herausgenommen und in der Reihenfolge der Wahl
aufgestellt werden. Die Möglichkeiten betragen

$$m \cdot (m — 1) \cdot (m — 2) \cdot (m — n + 2) \cdot (m — n + 1) = \frac{m!}{(m — n)!}$$

Befinden sich zehn Kugeln in der Dose, von denen vier gezogen werden sollen,
so gibt es $\dfrac{10!}{6!} = 10 \cdot 9 \cdot 8 \cdot 7 = 5040$ Möglichkeiten.

Binomialkoeffizienten

Im Gegensatz zu den Variationen ist es bei den *Kombinationen im engeren
Sinne* unerheblich, welches der n Elemente einer Menge welchem der m Elemente einer anderen Menge (m ≤ n) zugeordnet wird. Die Zahl der Zuteilungs-
möglichkeiten ist natürlich geringer als die Zahl der Variationen oder in Grenz-
fällen gleich groß; denn jede Kombination kann verschiedene Variationen enthalten. Jeweils n! Variationen bilden die gleiche Kombination, denn n Elemente
lassen sich auf n! verschiedene Weisen zuordnen, wobei keine anderen der m
Elemente der zweiten Menge belegt werden. Die Zahl der Kombinationen unterscheidet sich also durch den Faktor n! von der Zahl der Variationen. Es ergibt
sich also der Ansatz:

$$\frac{n!}{(m — n)! \cdot n!} = \frac{m \cdot (m — 1) \cdot (m — 2) \ldots (m — n + 1)}{1 \cdot 2 \cdot 3 \ldots n}$$

Dafür wird das Symbol $\dfrac{m}{n}$ verwendet (sprich „m über n"). Die Zahlen nennen
wir *Binomialkoeffizienten*. Zu beachten ist:

$$\binom{m}{0} = 1; \quad \binom{m}{m} = 1.$$

Einige Beispiele:

$$\binom{5}{1} = \frac{5}{1} = 5$$

$$\binom{8}{3} = \frac{8 \cdot 7 \cdot 6}{1 \cdot 2 \cdot 3} = 56$$

$$\binom{10}{5} = \frac{10 \cdot 9 \cdot 8 \cdot 7 \cdot 6}{1 \cdot 2 \cdot 3 \cdot 4 \cdot 5} = 252$$

Von neun Personen sollen fünf in einen Ausschuß gewählt werden. Wieviel Möglichkeiten gibt es?

$$\binom{9}{5} = \frac{9!}{(9-5)! \cdot 5!} = \frac{9!}{4! \cdot 5!} = \frac{9 \cdot 8 \cdot 7 \cdot 6 \cdot 5}{1 \cdot 2 \cdot 3 \cdot 4 \cdot 5} = 126$$

Im Zahlenlotto werden 6 Zahlen von 49 ausgewählt. Von der Zusatzzahl abgesehen, beträgt die Zahl der Kombinationen von 49 Elementen zu je 6

$$\binom{49}{6} = \frac{49!}{43! \cdot 6!} = \frac{49 \cdot 48 \cdot 47 \cdot 46 \cdot 45 \cdot 44}{1 \cdot 2 \cdot 3 \cdot 4 \cdot 5 \cdot 6} = 13\,983\,816,$$

also fast 14 Millionen verschiedene Kombinationen.

Literatur: Die Kombinatorik wird in allen Lehrbüchern der Statistik und Wahrscheinlichkeitsrechnung behandelt.

(7) Heuristische Verfahren

Wesen und Arten dieser Verfahren

Beim Traveling-Salesman-Problem, dem Problem des Handlungsreisenden oder Rundfahrtproblem, das wir bereits erwähnt haben, geht es um die Frage nach der optimalen Rundfahrt eines Handlungsreisenden, der eine bestimmte Zahl von Orten je einmal zu besuchen hat und am Ende der Reise wieder am Ausgangsort eintrifft. Handelt es sich dabei nur um 8 Orte, so gibt es schon 8! = 40 320 Rundreisen, bei 16 Orten 16! = 20,9 Billionen. Hier ist der Rechenaufwand für eine exakte Lösung viel zu groß. Das ist bei zahlreichen Optimierungsaufgaben der Fall. Man verwendet hier Näherungsverfahren oder heuristische Verfahren an. Infolge der verschiedenartigen Problemstellungen wurden bereits viele solcher Verfahren entwickelt.

Die heuristischen Verfahren lassen sich nach *Müller-Merbach* (a. a. O.) in zwei Gruppen einteilen: Die *Eröffnungsverfahren* und die *suboptimierenden Iterationsverfahren.* (Andere Autoren bezeichnen nur die Eröffnungsverfahren als heuristische Verfahren.)

Eröffnungsverfahren sind solche Verfahren, die nach bestimmten Regeln zu einer Ausgangslösung führen, die durch das Verfahren nicht weiter verbessert werden kann. Es gibt nur eine einzige Lösung, und die ist meist nicht optimal. Bei den suboptimierenden Iterationsverfahren wird versucht, die Lösung schrittweise zu verbessern. Sie wird oft als Fortsetzung eines Eröffnungsverfahrens eingesetzt, führt jedoch auch nicht mit Sicherheit zur Optimallösung.

Lösung des Rundfahrtproblems durch Eröffnungsverfahren

Zur Lösung des Rundfahrtproblems können z. B. folgende Eröffnungsverfahren angewandt werden:

1. Das Verfahren des besten Nachfolgers, in unserem Fall das Verfahren des nächsten Ortes. Wir gehen vom Ausgangspunkt aus und suchen den nächsten Nachbarort. Von diesem gehen wir wieder zum nächstgelegenen Ort und so fort, bis wir zum Ausgangsort zurückkehren. Dabei ist zu vermeiden, daß ein Ort zweimal berührt wird. Das Verfahren führt meist zu keinen guten Lösungen.

2. Das Verfahren der sukzessiven Einbeziehung. Bei diesem Verfahren geht man beim ersten Schritt vom Ausgangspunkt A zum Nachbarort B und wieder zurück. Dann fügt man in diesen Kurzzyklus A — B — A von mehreren möglichen Nachbarorten wiederum den günstigst gelegenen Ort ein und erhält A — C — B — A. Dann sucht man den weiteren vorteilhaft gelegenen Ort D in den Rundgang einzubeziehen und kommt zu dem Weg A — D — C — B — A. So fährt man fort, bis alle Orte in die Rundfahrt eingefügt sind. Diese Verfahren ist wesentlich günstiger als das Verfahren des besten Nachfolgers.

Suboptimierende Iterationsverfahren

Die suboptimierenden Iterationsverfahren suchen nach ganz bestimmten Regeln eine bereits bestehende Lösung, z. B. die des Eröffnungsverfahrens (s. oben), schrittweise zu verbessern.

Das suboptimierende Iterationsverfahren von H. *Grögler,* das Müller-Merbach *„Partial-Enumeration"* nennt, berechnet z. B. bei unserem Traveling-Salesman-Problem für alle Gruppen von je 2, 3, 4 usw. benachbarten Orten der Rundreise alle Permutationen, d. h. alle möglichen Teilfolgen, und wählt jeweils die beste aus. Um bei unserem Beispiel zu bleiben, ist bei der Permutation von drei Orten zunächst die Folge A — B — C in die Alternativfolgen A — C — B, C — B — A, C — A — B, B — C — A und B — A — C abzuwandeln. Für jede Dreiergruppe gibt es also (3! — 1) = 5 Alternativgruppen. Mit diesem Verfahren können Verbesserungen in den einzelnen Gruppen erreicht werden. Die Grobstruktur der Lösung bleibt aber unverändert, so daß sie nicht immer zum Optimum führt.

Dieses Verfahren, das einen hohen Rechenaufwand erfordert, wird dadurch vereinfacht, daß man zunächst nur *die* Alternativfolgen bestimmt, bei denen eine bessere Lösung erwartet werden kann. So zeigt beim Traveling-Salesman-Problem oft schon das Straßennetz deutlich, welche Alternativen von vornherein ausscheiden. Dadurch kann der Rechenaufwand wesentlich herabgesetzt werden. (Siehe dazu das nächste Kapitel: Enumeration.)

Die verschiedenen Verfahren, die hier angewandt werden können, hat Müller-Merbach in seinem Werk Operations-Research (a. a. O., S. 282—305) ausführlich dargestellt; dort werden auch weitere Anwendungen heuristischer Verfahren behandelt: Eröffnungsverfahren für das Transportproblem der linearen Planungsrechnung und Verfahren zur Lösung von Raumzuordnungsproblemen zur Maschinenbelegungsplanung.

(8) Enumeration

Begriff und Arten der Enumeration

Enumeration ist bei einem Optimierungsproblem die Berechnung aller möglichen Lösungen oder aller aussichtsreich erscheinenden Teillösungen, um ein Optimum zu finden.

Bei der **Vollenumeration** werden sämtliche möglichen Lösungen errechnet. Sie ist nur anwendbar, wenn die Zahl der Lösungen gering ist. Hat der Handlungsreisende beim Rundfahrproblem nur 5 Orte (einschließlich des Start- und Zielortes) zu besuchen, so gibt es $(5! - 1) = 24$ mögliche Rundreisen. Hier ist die Lösung durch Vollenumeration die einfachste. Bei 11 Orten gibt es aber schon $(11! - 1) = 3\,628\,800$ Rundreisen.

Bei *anderen Enumerationsverfahren* werden während des Entscheidungsprozesses deshalb solche Lösungen ausgeschieden, bei denen man von vornherein erkennen kann, daß sie zu keiner Optimallösung führen können. Hierher gehören vor allem die *dynamische Planung*, das *Branching and Bounding* und die *begrenzte Enumeration*. Auch die „*Partial-Enumeration*", die im vorigen Abschnitt beschrieben wurde, rechnet hierzu.

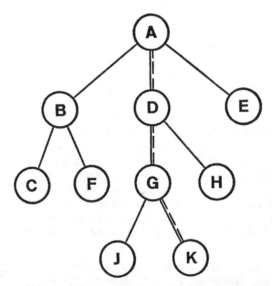

Abb. 1: Schema des Entscheidungsbaums

Müller-Merbach bezeichnet diese Verfahren als „*Entscheidungsbaumverfahren*", weil sich die Entscheidungsfolgen durch einen Baum-Graph, den Entscheidungsbaum, darstellen lassen. In dem vorstehend abgebildeten Entscheidungsbaum werden 3 Entscheidungen gefällt, und zwar in der Entscheidungsfolge A, D, G. Die „toten Zweige" des Baumes enden an den Knoten, die nicht zu einer optimalen Lösung führen können.

Die dynamische Planungsrechnung

Die dynamische Planungsrechnung oder dynamische Programmierung ist ein Verfahren zur Optimierung mehrstufiger Entscheidungsprozesse, bei denen jede Entscheidung eine mehr oder weniger günstige Ausgangsposition für die nächste Entscheidung schafft. Sie wendet dabei das *Optimalitätsprinzip* von Richard E. *Bellmann* (Dynamic Programming, Princeton, 1957) an: „Jede optimale Politik kann nur aus optimalen Teilpolitiken gebildet werden." Politik wird dabei als eine Folge von Entscheidungen verstanden. Eine optimale Entscheidungsfolge hat hier folgende Eigenschaft: Wie immer die Ausgangssituation und die erste Entscheidung sind, die nachfolgenden Entscheidungen müssen hinsichtlich der Situation, die sich aus der ersten Entscheidung ergibt, eine optimale Entscheidungsfolge bilden. Im Entscheidungsprozeß werden die Teillösungen, die ungünstiger sind als eine andere, bereits ermittelte Teillösung ausgeschieden. Es handelt sich also um eine *parallel organisierte, stufenweise Enumeration*.

Beispiel von Bellman

Eine bestimmte Menge von Gütern soll in zwei Produktionen eingesetzt werden. Auf die Produktion I entfällt die Teilmenge y, auf die Produktion II die Teilmenge $(x-y)$. Die Produktion I bringt den Gewinn g, die Produktion II den Gewinn h und beide zusammen bringen den Gesamtgewinn G. Die Zielfunktion im einstufigen Entscheidungsprozeß der linearen Planungsrechnung ist:

$$g(y) + h(x - y) = G(y, x - y) \rightarrow \text{Max!}$$

In einem mehrstufigen Prozeß, bei dem sich die Teilmenge y auf ay und die Teilmenge $(x-y)$ auf $b(x-y)$ verringert, steht für die folgende zweite Stufe die Gütermenge $ay + b(x-y) > 0$ zur Verfügung, die wiederum in bestimmten Teilmengen auf die beiden Produktionen aufgeteilt wird. Die Teilmengen werden nun für jede Stufe so aufgeteilt, daß der Gesamtgewinn G für alle Stufen bis zur n-ten Stufe maximiert wird. Wir erhalten dann folgende Zielfunktion:

$$G = \underbrace{g(y_1) + h(x_1 - y_1)}_{\text{1. Stufe}} + \underbrace{g(y_2) + h(x_2 - y_2)}_{\text{2. Stufe}} + \ldots + \underbrace{g(y_n) + h(x_n - y_n)}_{\text{n-te Stufe}}$$

Dabei ist

$x = x_1$: Anfangsbestand an Gütern in Geldeinheiten

$y = y_1$: Der auf die Produktion I in der ersten Stufe entfallende Betrag, auf die Produktion II entfällt in der gleichen Stufe $x_1 - y_1$.

$x_2 = ay_1 + b(x_1 - y_1)$: Anfangsbestand an Gütern für die zweite Stufe

$x_n = ay_{n-1} + d(x_n - y_{n-1})$: Anfangsbestand an Gütern für die n-te Stufe.

Die dynamische Planungsrechnung ermittelt also im Gegensatz zur linearen Planung durch ihre stufenweise Entscheidungsfolge auch optimale Entscheidungen in den Teilstufen. Die Entscheidungen, die auf Grund der Teillösungen getroffen werden, ermöglichen in einem Betriebsprozeß eine optimale Betriebspolitik im Sinne der Zielfunktion der gesamten Planung.

**Das Traveling-Salesman-Problem als Problem der dynamischen
Planungsrechnung**

Bei der Lösung des Traveling-Salesman-Problems mit der dynamischen Planungsrechnung wollen wir als Beispiel ein Straßennetz mit 5 Orten wählen
(siehe die folgende *Entfernungsmatrix* und den *Graph des Straßennetzes* — die
Strecken sind nicht im proportionalen Verhältnis gezeichnet). Auf der 1. Stufe

nach von	A	B	C	D	E
A	∞	16	12	4	8
B	16	∞	6	18	11
C	12	6	∞	10	2
D	4	18	10	∞	9
E	8	10	2	9	∞

Entfernungsmatrix in km zwischen den Orten A bis E

des Entscheidungsprozesses werden zunächst die zweigliedrigen Folgen, in der
2. Stufe die dreigliedrigen, in der 3. Stufe die viergliedrigen, in der 4. Stufe

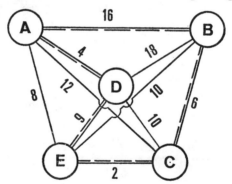

Abb. 2: Straßennetz des Handlungsreisenden

die fünfgliedrigen und schließlich in der 5. Stufe die sechsgliedrigen Folgen
ermittelt, unter denen sich die optimale Rundreise befinden muß.

Nr.	Folge		Lösung
1	A	– B	16
2	A	– C	12
3	A	– D	4
4	A	– E	8

Tab. 1: Die vier zweigliedrigen Folgen der 1. Stufe

Nr.	Folge	Lösung
1	A – B – C	22
2	A – B – D	34
3	A – B – E	25
4	A – C – B	18
5	A – C – D	22
6	A – C – E	14
7	A – D – B	22
8	A – D – C	14
9	A – D – E	13
10	A – E – B	18
11	A – E – C	10
12	A – E – D	17

Tab. 2: Die 12 dreigliedrigen Folgen der 2. Stufe

Nr.	Folge	Lösung
1	A – B – C – D	32
2	A – C – B – D	(36)
3	A – B – E – D	34
4	A – E – B – D	(37)
5	A – C – E – D	(23)
6	A – E – C – D	20
7	A – B – C – E	24
8	A – C – B – E	(29)
9	A – B – D – E	(43)
10	A – D – B – E	33
11	A – C – D – E	(31)
12	A – D – C – E	16
13	A – B – D – C	(44)
14	A – D – B – C	28
15	A – B – E – C	(27)
16	A – E – B – C	25
17	A – E – D – C	(27)
18	A – D – E – C	15
19	A – C – D – B	(40)
20	A – D – C – B	20
21	A – C – E – B	(25)
22	A – E – C – B	16
23	A – D – E – B	24
24	A – E – D – B	(35)

Tab. 3: Die 24 viergliedrigen Folgen der 3. Stufe

Nr.	Folge	Lösung
1	A - B - C - D - E	(41)
2	A - D - B - C - E	30
3	A - D - C - B - E	(31)
4	A - B - C - E - D	33
5	A - E - B - C - D	(35)
6	A - E - C - B - D	(34)
7	A - D - B - E - C	(43)
8	A - B - E - D - C	(44)
9	A - D - E - B - C	34
10	A - D - C - E - B	(27)
11	A - D - E - C - B	21
12	A - E - C - D - B	(38)

Tab. 4: Die 12 fünfgliedrigen Folgen der 4. Stufe

Nr.	Folge	Lösung
1	A - D - B - C - E - A	38
2	A - B - C - E - D - A	37
3	A - D - E - B - C - A	46
4	A - D - E - C - B - A	37

Tab. 5: Die 4 sechsgliedrigen Folgen mit der optimalen Rundreise in Stufe 5

In den ersten drei Stufen wird noch die Vollenumeration angewandt. Doch bei der Berechnung der viergliedrigen Folge (Tabelle 3) zeigt sich, daß hier alle Wege Alternativwege sind, von denen jeweils einer der kürzere ist, z. B. von A nach D entweder über B — C oder umgekehrt über C — D. Ein Optimum weisen die Nummern 1, 3, 6, 7, 10, 12, 14, 16, 18, 20, 22 und 23 auf. Die übrigen Folgen, die längere Wege aufweisen, werden in der nächsten Stufe nicht mehr berücksichtigt. Dadurch scheiden jetzt 12 Folgen aus, so daß Stufe 4 nur noch 12 viergliedrige Folgen aufweist, wobei jeweils von 3 Wegen einer der kürzeste ist, z. der Weg von A nach E über D — B — C, von A nach D über B — C — E. Ein Optimum weisen die Folgen 2, 4, 9 und 11 auf. Die übrigen scheiden aus, so daß es in Stufe 5 nur noch 4 Folgen gibt, von denen zu unserer Überraschung zwei Wege (2 und 4) das gleiche Optimum — 37 km — aufweisen. Doch erkennen wir bei näherem Zusehen, daß es sich um denselben Weg handelt, nur in Folge 4 in umgekehrter Richtung.

Literatur zur dynamischen Planungsrechnung

Monographien: R. Bellman: Dynamic Programming, Princeton N.J. 1957. — G. Hadley: Nichtlineare und dynamische Programmierung, Würzburg, Wien 1969. — G. L. Nemhauser: Introduction to Dynamic Programming, New York 1966. — J. Piehler: Einführung in die dynamische Optimierung, Leipzig 1966. — J. S. Wentzel: Elemente der dynamischen Programmierung, München, Wien 1966.

Die dynamische Planungsrechnung wird ferner ausführlich behandelt in H. Müller-Merbach: Operations Research, 3. Aufl., Berlin, Frankfurt 1974. — P. Stahlknecht, Operations Research, 2. Aufl., Braunschweig 1970.

Branching and Bounding

Technik des Verfahrens

Die Technik des „Branching and Bounding"-Verfahrens hat Müller-Merbach (Operations Research, a. a. O.) sehr anschaulich dargestellt: Man beginnt mit einem gedachten „Topf", der alle Lösungen enthält, die man jedoch nicht kennt. Man kennt nur eine untere Zielfunktionsgrenze, d. h. die Kostengrenze, die mit Sicherheit von keiner Lösung unterschritten wird. Nun spaltet man die im Topf enthaltene Menge an Lösungen in zwei oder mehr disjunkte Mengen auf, die man in unterschiedlichen Töpfen unterbringt. Dieser Vorgang ist das *Branching* (das „Verzweigen"). Für jeden Topf bestimmt man wieder eine untere Zielfunktionsgrenze, die entweder größer oder gleich der Grenze für den Gesamttopf ist. Die Bestimmung der Untergrenze ist das *Bounding* (Begrenzen). Die in dem Topf mit der niedrigsten Untergrenze enthaltenen Lösungen spaltet man wiederum in Untermengen auf, die man in unterschiedlichen Töpfen unterbringt und für die man ebenfalls wieder eine untere Grenze bestimmt. Dieses Verfahren setzt man solange fort, bis der Topf mit der geringsten unteren Zielfunktionsgrenze nur noch eine einzelne Lösung enthält, die dann die Optimallösung ist, da alle anderen Töpfe eine höhere oder bestenfalls die gleiche Untergrenze aufweisen.

Anwendung des Branching and Bounding auf das Job-Shop-Problem

Kombinatorische Optimierungsprobleme treten häufig bei der Fertigungsablaufplanung auf. Beim „Job-Shop-Problem" liegen verschiedene Aufträge vor, die nacheinander in mehreren Fertigungsstufen bearbeitet werden müssen. Die Zielfunktion ist die optimale Reihenfolge, in der die Aufträge die Produktion zu durchlaufen haben, das ist in der Regel die Reihenfolge mit der kürzesten Durchlaufzeit, also die Reihenfolge, bei der der letzte Auftrag möglichst früh fertig ist.

In dem folgenden Beispiel werden vier Aufträge (A1, A2, A3 und A4) mit drei Maschinen (M1, M2 und M3) bearbeitet[1]). Dabei werden folgende Bedingungen gestellt:

1. Jede Maschine kann zur gleichen Zeit nur einen Auftrag bearbeiten.

2. Auf jeder Maschine wird ein begonnener Auftrag ohne Unterbrechung zu Ende bearbeitet.

---

[1]) Das Zahlenbeispiel ist dem Aufsatz von Dr. Peter Stahlknecht: Branching and Bounding, in der Zeitschrift Kostenrechnungs-Praxis 1966, S. 119 ff. entnommen. Es ist auch wiedergegeben in dem Werk von Stahlknecht: Operations Research, 2. Aufl. 1970, S. 234 ff.

3. Für jeden Auftrag ist der Fertigungsgang vorgeschrieben, d. h. die Reihenfolge, in der er die Maschinen zu durchlaufen hat.

4. Wenn eine Maschine frei wird, beginnt sofort die Bearbeitung des nächsten Auftrages, sofern ein solcher zur Bearbeitung noch vorliegt.

5. Transportzeiten zwischen den einzelnen Maschinen werden vernachlässigt.

6. Die Aufträge können zwischen den einzelnen Maschinen gelagert werden.

Die Bearbeitungszeiten sind in Tabelle 1 zusammengestellt.

Maschine	Auftrag	A1	A2	A3	A4	Summe
M1		5	8	4	4	21
M2		4	3	9	10	26
M3		7	1	3	6	17
Summe		16	12	16	20	64

Tabelle 1: Bearbeitungszeiten

Alle vier Aufträge haben den gleichen Fertigungsgang, d. h. sie durchlaufen die drei Maschinen in der gleichen Reihenfolge („Identical Routing"), nämlich

M1 — M2 — M3.

Wir nehmen ferner an, daß alle drei Maschinen die vier Aufträge in der gleichen Reihenfolge bearbeiten. Die optimale Auftragsfolge ist gesucht (theoretisch gibt es in unserem Beispiel 4! = 24 mögliche Auftragsfolgen). Unser Verfahren ist auf einer einfachen Abschätzung der Durchlaufzeit aufgebaut. Die Ergebnisse zeigt die nebenstehende Tabelle 2.

Beim ersten Rechenschritt setzen wir nacheinander jeden der vier Aufträge: A1, A2, A3 und A4 an den Beginn der Auftragsfolge, also zuerst A1. Steht A1 an der Spitze, so ist Maschine M1 durch diesen Auftrag 5 Stunden belegt. Für die Bearbeitung der übrigen Aufträge braucht sie noch $8 + 4 + 4 = 16$ Stunden. In der Zeit können zwar die Maschinen M2 und M3 schon arbeiten, den letzten Auftrag können sie aber auf keinen Fall vor Ablauf dieser $5 + 16 = 21$ Stunden bearbeiten. Ist der letzte Auftrag A2, sind M2 und M3 zusammen noch $3 + 1 = 4$ Stunden belegt, ist er A3, dann noch $9 + 3 = 12$ Stunden, und ist er A4, dann noch $10 + 6 = 16$ Stunden. Da wir nicht wissen, welcher der letzte Auftrag sein wird, können wir nur sagen, daß M2 und M3 mindestens noch 4 Stunden belegt sind. Zusammen ergibt sich, daß die Durchlaufzeit mindestens

$$5 + 16 + 4 = 25 \text{ Stunden}$$

beträgt.

Wenn A1 an der Spitze steht, können wir aber auch sagen, daß dieser Auftrag nach $5 + 4 = 9$ Stunden aus Maschine M2 kommt, daß M2 durch die übrigen Aufträge weitere $3 + 9 + 10 = 22$ Stunden belegt ist und daß anschließend M3 noch mindestens 1 Stunde für den letzten der Aufträge belegt ist. Demzufolge muß die Durchlaufzeit sogar mindestens

$$9 + 22 + 1 = 32 \text{ Stunden}$$

betragen.

Rechen-schritt Nr.	Reihen-folge der Aufträge	Maschinen belegt bis	Weitere Belegung der Maschine	Mindest-belegung der nachf. Maschine	Abschätzg. für Durch-laufzeit	Mindest-Durch-laufzeit	Forsetzg. bei Rechen-schritt
1	1	5	16	4	25	32	
		9	22	1	32		
		16	10	—	26		
	2	8	13	11	32	37	
		11	23	3	37		
		12	16	—	28		
	3	4	17	4	25	31	2
		13	17	1	31		
		16	14	—	30		
	4	4	17	4	25	31	4
		14	16	1	31		
		20	11	—	31		
2	31	9	12	4	25	31	3
		17	13	1	31		
		24	7	—	31		
	32	12	9	11	32	36	
		16	14	6	36		
		17	13	—	30		
	34	8	13	4	25	37	
		23	7	1	31		
		29	8	—	37		
3	312	17	4	16	37	37	
		20	10	6	36		
		25	6	—	31		
	314	13	8	4	25	34	
		27	3	1	31		
		33	1	—	34		
4	41	9	12	4	25	31	5
		18	12	1	31		
		27	4	—	31		
	42	12	9	11	32	33	
		17	13	3	33		
		21	10	—	31		
	43	8	13	4	25	34	
		23	7	1	31		
		26	8	—	34		
5	412	17	4	12	33	33	
		21	9	3	33		
		28	3	—	31		
	413	13	8	4	25	31	6
		27	3	1	31		
		30	1	—	31		
6	4132	21	—	—	21	31	Minimum
		30	—	—	30		
		31	—	—	31		

Tab. 2: *Ermittlung der kürzezsten Durchlaufzeit durch „Branching and Bounding"*

Eine dritte — hier allerdings bedeutungslose — Abschätzung ergibt sich noch, wenn man berücksichtigt, daß A1 nach $5 + 4 + 7 = 16$ Stunden aus M3 kommt und diese Maschinen weitere $1 + 3 + 6 = 10$ Stunden belegt ist. Daraus folgt, daß die Durchlaufzeit mindestens

$$16 + 10 = 26 \text{ Stunden}$$

betragen muß.

Daraus ergibt sich der Schluß, daß in allen Auftragsfolgen, bei denen A1 am Anfang steht, die Durchlaufzeit mindestens 32 Stunden sein wird.

Auf entsprechende Weise (siehe Tabelle 2) kann man schließen, daß die Durchlaufzeit mindestens 37 Stunden beträgt, wenn A2 am Anfang der Auftragsfolge steht, und mindestens 31 Stunden, wenn mit A3 oder A4 begonnen wird. Es ist also zweckmäßig, zunächst A3 oder A4 an den Anfang zu stellen.

Beim z w e i t e n R e c h e n s c h r i t t beginnen wir deshalb mit Auftrag A3, an den wir nacheinander die Aufträge A1, A2 und A4 anschließen. Wir errechnen nun wieder die Abschätzungen für die Durchlaufzeit: mindestens 31 Stunden bei A3 — A1, mindestens 36 Stunden bei A3 — A2 und mindestens 37 Stunden bei A3 — A4. Die Mindestdurchlaufzeit beträgt also 31 Stunden bei A3 — A1.

Beim d r i t t e n R e c h e n s c h r i t t wählen wir die Folge A3 — A1 und ermitteln die Abschätzungen für A3 — A1 — A2 und A3 — A1 — A4. In dieser Weise fahren wir fort.

Bei j e d e m R e c h e n s c h r i t t wählen wir also die Mindestdurchlaufzeit des vorhergehenden Rechenschritts. Bei jedem Rechenschritt werden alle diejenigen Auftragsfolgen nicht mehr berücksichtigt, an die in vorangehenden Rechenschritten schon ein Auftrag angehängt wurde. Das Optimum, d. h. die Auftragsfolge mit der geringsten Durchlaufzeit (Minimum), ist dann erreicht, wenn gleichzeitig alle übrigen Auftragsfolgen — die unvollständigen, an die noch kein weiterer Auftrag angehängt worden ist, und die vollständigen, die sich in vorangegangenen Rechenschritten ergeben haben — einen größeren Mindestwert für die Durchlaufzeit aufweisen.

Beim s e c h s t e n R e c h e n s c h r i t t ermitteln wir in unserem Beispiel die optimale Auftragsfolge:

$$A4 — A1 — A3 — A2$$

Die optimale Durchlaufzeit beträgt also 31 Stunden.

Das Verfahren läßt sich durch einen Baum-Graphen veranschaulichen, wie die folgende Abbildung zeigt. Dabei sind die Rechenschritte aus Tabelle 2 unmittelbar neben den Knoten des Entscheidungsbaumes angegeben. Das Bild zeigt den Anteil derjenigen Kombinationen, die man durch das Branching and Bounding nicht fortzusetzen braucht und die dadurch den Rechenumfang wesentlich reduzieren. (Das Beispiel sowie das Bild sind entnommen dem Werk: P. Stahlknecht: Operations Research, 2. Aufl. 1970).

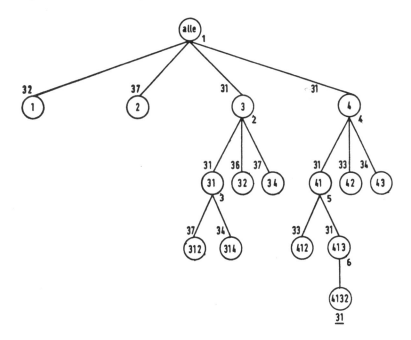

Meist sind die Probleme in der Praxis komplizierter als in unserem Beispiel, so daß man unser Verfahren nicht bis zur optimalen Lösung fortsetzen kann. Es wurde aber ein Näherungsverfahren entwickelt, bei dem man von einem gewissen Rechenschritt an nur die beste Teilfolge fortsetzt oder solche Teilfolgen nicht mehr fortsetzt, die zwar nach ihrem Mindestwert für die Durchlaufzeit noch zu berücksichtigen wären, die aber gegenüber den anderen Teilfolgen nur aus sehr wenigen Aufträgen bestehen.

Die begrenzte Enumeration

Die begrenzte Enumeration verfährt in gleicher Weise wie die Vollenumeration, doch wird jeweils *die* Teillösung abgebrochen, die nicht zum Optimum führen kann. Wir wählen wiederum unser Beispiel vom Traveling-Salesman (s. Tab. 3). Die ersten 5 Schritte führen zur Rundreise A — B — C — D — E — A mit 49 km. Der 6. Schritt ist die Strecke A — B — D mit 34 km, nun beträgt aber die Strecke A — B — C — D nur 32 km. Wir brechen deshalb diese Teillösung ab. So fahren wir fort und können die Teillösungen 2, 4, 5, 6, 7, 12, 14 und 15 vorzeitig abbrechen. Statt (6 — 1)! = 120 Möglichkeiten, brauchen wir nur

Teil-lösung	Nr.	Rundreisen	Kilometer
1	1	A – B	16
	2	A – B – C	22
	3	A – B – C – D	32
	4	A – B – C – D – E	41
	5	A – B – C – D – E – A	49
2	6	A – B – D	34
3	7	A – B – C	22
	8	A – B – C – E	24
	9	A – B – C – E – D	33
	10	A – B – C – E – D – A	37
4	11	A – B – E	25
	12	A – B – E – C	27
	13	A – B – E – C – D	37
5	14	A – C	12
	15	A – C – B	18
	16	A – C – B – D	36
6	17	A – C – D	22
	18	A – C – D – B	40
7	19	A – C – E	14
	20	A – C – E – B	24
	21	A – C – E – B – D	42
14	42	A – E – C	10
	43	A – E – C – B	16
	44	A – E – C – B – D	44
15	45	A – E – D	17
	46	A – E – D – B	35

Tabelle 3: Die Bestimmung der optimalen Rundreise

54 Wege zu ermitteln, um den optimalen Rundweg zu finden. Er wurde mit dem 10. Schritt ermittelt: A — B — C — E — D — A = 37 km.

Bei größeren Problemen erfordert dieses Verfahren jedoch einen oft erheblichen Rechenaufwand. Man kann es aber wesentlich vereinfachen, wenn man, wie Müller-Merbach vorschlägt, zuvor mit einem heuristischen Verfahren ein Suboptimum sucht und nun mittels der begrenzten Enumeration das Totaloptimum ermittelt. Das Suboptimum bildet bei Minimumproblemen die Obergrenze, bei Maximumproblemen die Untergrenze. Dadurch sind wesentlich weniger Rechenschritte erforderlich.

In unserem Beispiel führen die Verfahren des besten Nachfolgers sowie der sukzessiven Einbeziehung (s. oben S. 261) bereits zum Totaloptimum. Doch kann man bei diesen heuristischen Verfahren natürlich nicht erkennen, ob man das Totaloptimum oder nur ein Suboptimum ermittelt hat. Diese Gewißheit bringt erst die begrenzte Enumeration.

Es wurden noch *weitere Verfahren* der begrenzten Enumeration entwickelt, die Müller-Merbach (Operations Research, S. 324 ff.) eingehend dargestellt und an Beispielen erläutert hat. Er zeigt auch noch weitere Anwendungsmöglichkeiten der Enumerationsverfahren („Entscheidungsbaumverfahren"), so die Bestimmung der *optimalen Bestellmenge bei ungleichmäßigem Bedarf*, die Ermittlung des *optimalen Fließbandabgleichs* (mit möglichst wenig Arbeitern das Fertigungssoll eines Fließbandes zu erreichen), das *Knapsack- oder Rucksackproblem* (einen Rucksack optimal zu füllen oder allgemein ein knappes Gut optimal zu verwenden).

Literatur:
Bücher über die Enumeration gibt es noch keine, doch wird sie in fast allen Lehrbüchern über Operations Research dargestellt, s. insbesondere Müller-Merbach, Operations Research, a. a. O.

(9) Ganzzahlige Planungsrechnung

Wesen der ganzzahligen Planungsrechnung

Bei sehr vielen Problemen der linearen und nichtlinearen Planungsrechnung müssen *einige* oder *alle* Variablen ganzzahlige Werte haben (integer programming). Im ersten Fall ist es die gemischt-ganzzahlige Planungsrechnung (mixed-integer programming), im zweiten Fall die total-ganzzahlige Planungsrechnung (all-integer programming).

Die Notwendigkeit der Ganzzahligkeit kann nach P. Stahlknecht (Operations Research, a. a. O.) folgende *zwei Ursachen* haben:

1. Die Planung verlangt „*Ganzzahligkeit im ursprünglichen Sinne*": Stellt ein Unternehmen auf seinen Maschinenanlagen zwei Produkte her, etwa Kühlschränke und Waschmaschinen, so muß bei der Ermittlung der optimalen Maschinenbelegung mit ganzzahligen Werten gerechnet werden, denn es können keine halben Kühlschränke produziert werden. Hier kann die richtige Lösung meist durch Auf- oder Abrunden gefunden werden.

2. Das Problem verlangt „*Ganzzahligkeit durch alternative Entscheidungs-möglichkeiten*": Bei der Ermittlung eines optimalen Produktionsprogramms entsteht z. B. die Frage, ob eine neue Maschine investiert werden soll oder nicht. Bei einer etwaigen Beschaffung der Maschine entstehen schon vor Produktions-aufnahme fixe Kosten. Betragen diese z. B. 1000 DM, so ist in die Kostenfunktion der Wert $1000 \cdot u$ aufzunehmen. Die Variable u hat nur die beiden ganzzahligen Werte 0 (die Maschine wird nicht angeschafft) oder 1 (die Maschine wird angeschafft). Der Faktor u ist also eine Boolesche (binäre) Variable. Man spricht auch von „0 - 1"-Problemen.

Verfahren der ganzzahligen Planungsrechnung

Die ganzzahlige Planungsrechnung hat sehr viele Theoretiker angelockt, inter-essante Modelle zu entwerfen, die aber fast alle den Nachteil haben, daß ihre Lösung einen nicht mehr vertretbaren Rechenaufwand erfordern. Nach Müller-Merbach lassen sich die verschiedenen Methoden in drei Gruppen einteilen: Cutting-Plane-Verfahren, Entscheidungsbaumverfahren (Enumerationsverfah-ren) und heuristische Verfahren.

Das *Cutting-Plane-Verfahren* wurde von Ralph E. Gomory entwickelt. Bei die-sem Verfahren werden zu den ursprünglichen Restriktionen iterativ künstliche, restriktivere Begrenzungen (Cutting Planes) hinzugefügt, die den durch die anfänglichen Begrenzungen beschriebenen Bereich weiter einengen. Dies ge-schieht mit dem Ziel, daß die optimale Lösung des immer enger begrenzten zu-lässigen Bereichs auf einen ganzzahligen Punkt fällt. Im Optimierungsvorgang wendet man unter Vernachlässigung der Ganzzahlbedingung die Simplexme-thode an.

Literatur: Viele Lehrbücher über Operations Research und der linearen Planungs-rechnung gehen auf die wichtigsten Verfahren der ganzzahligen Planungsrechnung ein, siehe insbesondere Müller-Merbach, a. a. O.

(10) Wahrscheinlichkeitstheorie

Die Wahrscheinlichkeitsrechnung

Bei vielen Problemen der Optimalplanung lassen sich keine festen Werte, son-dern nur Wahrscheinlichkeiten ermitteln. Wir wollen uns deshalb zunächst kurz mit den wichtigsten Rechenregeln der Wahrscheinlichkeitstheorie befassen.

Die Wahrscheinlichkeit läßt sich mathematisch definieren:

$$\text{Wahrscheinlichkeit} = \frac{\text{Zahl der günstigen Fälle}}{\text{Zahl der möglichen Fälle}}$$

Beim Würfeln ist die Wahrscheinlichkeit, daß eine 4 fällt, $^1/_6$. Die Zahl der günstigen Fälle ist 1, die Zahl der möglichen Fälle ist 6. Es ist zwar keineswegs gesagt, daß bei 6 Würfen auch eine 6 fällt, doch bei zahlreichen Wiederholungen strebt die *relative Häufigkeit*, daß eine 6 fällt, gegen $^1/_6$, ihren *Grenzwert*. Wie-derholt man ein Experiment mehrmals, so wird sich jedes Ereignis mit einer gewissen Häufigkeit einstellen, es ist die absolute Häufigkeit. Der Quotient aus der absoluten Häufigkeit und der Anzahl der Ereignisse (Ergebnisse von Experimenten u. dgl.) ist die relative Häufigkeit:

$$\text{relative Häufigkeit} = \frac{\text{absolute Häufigkeit}}{\text{Anzahl der Ereignisse}}$$

Nach dem *Gesetz der großen Zahl* treten bei der relativen Häufigkeit eines Ereignisses E (Ergebnisse von Experimenten usw.) die Zufälligkeiten um so mehr zurück, je größer die Zahl der Ereignisse ist. Die Wahrscheinlichkeit ist als Grenzwert der relativen Häufigkeit das „Maß des Zufalls". Jede Wahrscheinlichkeit (engl. probability = P) ist eine Zahl zwischen 0 und 1:

$$0 \leq P(E) \leq 1$$

Ein *unmögliches Ereignis* hat die Zahl 0, ein sicheres Ereignis die Zahl 1. Sage ich, beim Münzwerfen fällt weder Zahl noch Wappen, so ist das ein unmögliches Ereignis, die Wahrscheinlichkeit ist 0, sage ich, es fällt entweder Zahl oder Wappen, so ist es ein sicheres Ereignis, die Wahrscheinlichkeit ist 1. In der Statistik wird diese Wahrscheinlichkeit meist mit 100 multipliziert und in Prozenten ausgedrückt: ($0 \% \leq P(E) \leq 100 \%$).

Additions- und Multiplikationsregel

Häufig sollen die Wahrscheinlichkeiten von zusammengesetzten Ereignissen berechnet werden. Dabei ist zu unterscheiden zwischen der Summe und dem Produkt von Ereignissen und dementsprechend zwischen der Additionsregel und der Multiplikationsregel der Wahrscheinlichkeitstheorie.

Die *Additionsregel* oder *Entweder-oder-Regel* lautet: Die Wahrscheinlichkeit, daß von zwei oder mehr Ereignissen (A, B, C ...), die voneinander unabhängig sind, *entweder* das eine *oder* das andere eintritt, ist gleich der Summe der Wahrscheinlichkeiten für das Eintreffen jedes einzelnen der Ereignisse: P (A) + P (B) + P (C) ... Wird z. B. danach gefragt, wie groß die Wahrscheinlichkeit ist, daß beim Würfeln entweder eine 1 oder eine 6 fällt, so lautet die Lösung:

$$P(1) + P(6) = \frac{1}{6} + \frac{1}{6} = \frac{1}{3}$$

Soll ermittelt werden, wie oft beim Würfeln eine Zahl zwischen 1 und 6 fällt, also entweder 1 oder 2 oder 3 oder 4 oder 5 oder 6, so lautet die Lösung:

$$P(1) + P(2) \ldots P(6) = \frac{1}{6} + \frac{1}{6} + \frac{1}{6} + \frac{1}{6} + \frac{1}{6} + \frac{1}{6} = 1.$$

Das heißt, daß eine Zahl zwischen 1 und 6 fällt, ist ein sicheres Ereignis.

Die *Multiplikationsregel* oder *Sowohl-als-auch-Regel* lautet: Die Wahrscheinlichkeit, daß von zwei oder mehr Ereignissen *sowohl* das eine *als auch* das andere eintritt, ist gleich dem Produkt der Wahrscheinlichkeiten für das Eintreten jedes einzelnen Ereignisses. Diese bedingte Wahrscheinlichkeit schreibt man P (A | B). Vor dem Strich steht das betrachtete Ereignis, hinter ihm das bedingende Ereignis.

Wie groß ist die Wahrscheinlichkeit, mit einem Würfel nacheinander erst 6, dann 1 zu würfeln, also sowohl 6 als auch 1?

Die Lösung lautet

$$P (A) = 1/6 \text{ und } P (B) = 1/6; \quad P (A \mid B) = 1/6 \cdot 1/6 = 1/36.$$

Im letzten Beispiel sind die beiden Ereignisse *stochastisch* unabhängig, d. h. die Wahrscheinlichkeit für das Eintreten des Ereignisses A ist unabhängig davon, ob das Ereignis B eingetreten ist oder nicht. Einfache zufällige oder stochastische Prozesse können mit der Wahrscheinlichkeitsrechnung behandelt werden *(Monte-Carlo-Methode)*, kompliziertere mit der *Simulation*, auf die wir noch eingehen werden.

Wahrscheinlichkeitsverteilungen

Die Wahrscheinlichkeitsverteilungen stehen im Mittelpunkt der Wahrscheinlichkeitstheorie; denn sie geben für die möglichen Folgen eines Zufallsprozesses die zugehörigen Wahrscheinlichkeiten bzw. Wahrscheinlichkeitsdichten an. Die **Zufallsvariable** (random variable), die das Ergebnis eines Zufallsprozesses kennzeichnet, ist eine Variable, die mit gewissen Wahrscheinlichkeiten bestimmte Werte annehmen kann. Die Zufallsvariable ist **diskret** und führt zu diskreten Verteilungen, wenn sie nur diskrete (isolierte) Werte annehmen kann (z. B. Augenzahl der Würfel, Zahl der Ausschußstücke, Zahl der Arbeiter an den Maschinen). Die Zufallsvariable ist **stetig** oder kontinuierlich und führt zu stetigen Verteilungen, wenn sie nur stetige (kontinuierliche) Werte aufweist (z. B. Arbeitszeit, Temperatur, Länge von Stahlstäben); sie kann dann innerhalb eines gegebenen Bereichs alle Werte annehmen. Beispiel: Es sollen Stahlstäbe von 2,00 m Länge geschnitten werden. Da keine Maschine absolut exakt arbeitet, muß mit Abweichungen nach oben oder unten gerechnet werden, die bei einer Nachprüfung kontinuierlich zwischen 1,98 und 2,02 m liegen.

Beispiel einer diskreten Verteilung

Spielt man mit zwei Würfeln und will die Wahrscheinlichkeit feststellen, mit wieviel Würfen man jeweils die Augensummen 2 bis 12 erhält, so hat man 36 Möglichkeiten, weil jedes der 6 Ergebnisse des einen Würfels mit jedem der 6 Ergebnisse des anderen kombiniert werden kann. Bei dem Versuch müssen die Würfel verschieden gefärbt sein, um sie unterscheiden zu können. Es ergibt sich folgende Verteilung

Ergebnis: Augenzahl	2	3	4	5	6	7	8	9	10	11	12
Wahrscheinlichkeiten	$1/36$	$2/36$	$3/36$	$4/36$	$5/36$	$6/36$	$5/36$	$4/36$	$3/36$	$2/36$	$1/36$

Die Augenzahl 2 erhält man nur, wenn beide Würfel eine 1 haben, die Wahrscheinlichkeit ist $1/36$. Die Augenzahl 7 erhält man bei folgenden Würfen: $1 + 6$, $2 + 5, 3 + 4, 4 + 3, 5 + 2, 6 + 1$; die Wahrscheinlichkeit ist $1/36 = 1/6$. Die Wahrscheinlichkeitsverteilungen beim Operations Research sind meist diskrete Verteilungen.

Die Gleichverteilung

Bei der Gleichverteilung hat jedes Ereignis die gleiche Wahrscheinlichkeit. So beträgt die Wahrscheinlichkeit beim Würfeln für jede Augenzahl zwischen 1 und 6: $P(x) = \frac{1}{6}$ für $x = 1, 2, \ldots 6$. Die *diskrete Gleichverteilung* wird bei n Ereignissen definiert durch

$$P(x) = \frac{1}{n} \text{ für } 1 \leq x \leq n.$$

Bei der *stetigen (kontinuierlichen) Gleichverteilung* kann die Wahrscheinlichkeit den größtmöglichen Wert b und den kleinstmöglichen Wert a annehmen. Die Wahrscheinlichkeitsdichte beträgt

$$f(x) = \frac{1}{b - a}.$$

Die Binomialverteilung

Die Binomialverteilung oder Bernoullische Verteilung wurde von Jakob *Bernoulli* (1654—1705), dem Begründer der Wahrscheinlichkeitstheorie, entwickelt. Wir wollen sie uns zunächst an einem *Beispiel* veranschaulichen.

Wenn man beim Würfeln mit n Würfeln spielt und will feststellen, mit welcher Wahrscheinlichkeit p eine bestimmte Augenzahl A einmal, zweimal .. oder x-mal vorkommt, so ist die Wahrscheinlichkeit, daß diese Zahl bei bestimmten x Würfeln auftritt, gleich p^x. Die Wahrscheinlichkeit, daß diese Zahl bei einem bestimmten Würfel *nicht* geworfen wird, ist $(1 - p)$, und die Wahrscheinlichkeit, daß sie bei bestimmten $(n - x)$ Würfen *nicht* auftritt, gleich $(1 - p)^{n-x}$. Da es nun $\binom{n}{x}$ verschiedene Kombinationen von x unter n Würfeln gibt (s. oben S. 258 f.), ist die Wahrscheinlichkeit P, daß x beliebige Würfel die bestimmte Zahl A zeigen:

$$P(X = x\text{-mal } A) = \binom{n}{x} p^x \cdot (1{-}p)^{n-x}$$

Die Werte p und q sind also irgendwelche positive Zahlen, die kleiner als 1 sind, deren Summe aber gleich 1 ist, und n ist eine beliebige ganze positive Zahl. Der Mittelwert der Binomialverteilung ist $n \cdot p = n(1 - q)$, die Streuung $n \cdot p \cdot q = n \cdot p(1 - p)$.

Die Wahrscheinlichkeit, daß die Zahl 3 bei $n = 4$ Würfel und $x = 2$mal, 3mal erscheint:

$$P(x = 2\text{mal } 3) = \binom{4}{2}\left(\frac{1}{6}\right)^2\left(\frac{5}{6}\right)^2 = 0{,}11574$$

$$P(x = 3\text{mal } 3) = \binom{4}{3}\left(\frac{1}{6}\right)^3\left(\frac{5}{6}\right)^1 = 0{,}01543$$

Diese sehr wichtige diskrete Verteilung wird angewandt, wenn wiederholte Versuche über eine Alternative vorliegen. Da x nur bestimmte ganzzahlige Werte annehmen kann, gibt es nur Wahrscheinlichkeiten für positive ganzzahlige x-Werte.

Die Poisson-Verteilung

Bei der Binomialverteilung konnte das *Nichteintreten* eines Ereignisses quantitativ genau bestimmt werden. Das ist jedoch keineswegs immer möglich. Die Zahl der innerhalb einer bestimmten Zeitspanne eintreffenden Telefonanrufe kann man ermitteln, aber es gibt keine Nicht-Telefonanrufe. Oder anders ausgedrückt: Es handelt sich um Probleme, bei denen die Wahrscheinlichkeit nicht konstant ist. Bleiben wir bei den Telefonanrufen: Infolge der zufälligen Verteilung der Anrufe ist nicht zu erwarten, daß in jeder der gleichen Zeitspannen, die stichprobenweise bearbeitet werden, genau die gleiche Zahl von Anrufen eintrifft. Ist die mittlere Anzahl λ der bei den einzelnen Stichproben eintreffenden Anrufe ermittelt, so gibt die Poissonverteilung die Wahrscheinlichkeiten p (x) dafür an, daß eine beliebig herausgegriffene Stichprobe gerade x (x = 0, 1, 2, 3, ...) Anrufe aufweist. Das heißt, die Poissonverteilung gibt an, welcher prozentuale Anteil ($100 \cdot P(x)$ %) einer langen Reihe von Stichproben mit genau 0 bzw. 1 bzw. 2 ... Anrufen besetzt ist. Die Poissonverteilung wird definiert durch

$$P(x) = \frac{\lambda^x e^{-\lambda}}{x!}$$

Dabei ist:

e = 2,718 ... die Basis des natürlichen Logarithmus

λ = der Mittelwert der in den Stichproben erfaßten Anrufe, er drückt die Dichte von Zufallspunkten innerhalb der Stichproben aus

x = 0, 1, 2, 3, ... die genaue Anzahl der Anrufe in einer Zeitspanne

$x! = 1 \cdot 2 \cdot 3 \cdot \ldots \cdot (x-1) \cdot x$.

Die Poissonverteilung ist eine wichtige diskrete unsymmetrische Verteilung, die aber mit wachsendem λ gegen 0 strebt, d. h. die Verteilung wird dann nahezu symmetrisch.

Beispiele für die Poissonverteilung: Die Zahl der Pannen an den Kraftfahrzeugen eines größeren Fuhrparks; die Zahl der Ausschußstücke innerhalb einer Produktion; die Zahl der Verkehrsmittel pro Weg und Zeiteinheit; die Zahl der eintreffenden Personen an einem Schalter (Warteschlangen); die Zahl der Fehlerstellen im komplizierten Mechanismus u. dgl.

Die Exponentialverteilung

Die Poisson-Verteilung zeigt die Wahrscheinlichkeit, mit der ein Ereignis x-mal in einer bestimmten Zeiteinheit T eintritt, wenn durchschnittlich λ Ereignisse je Zeiteinheit unabhängig voneinander eintreten. Die Exponentialverteilung dagegen zeigt die zeitlichen Abstände t des Eintretens der Ereignisse, so z. B. die Lebensdauer technischer Erzeugnisse (Glühlampen, Radioröhren in Brennstun-

den), die Dauer von Telefongesprächen, die in der Telefonzentrale erfaßt
werden. Es ist also eine statistische Zeitreihenanalyse zur Berechnung eines
exponentiell gewichteten Mittels und ist mithin eine stetige Verteilung. Die
Wahrscheinlichkeitsdichte sinkt mit zunehmendem Wert der Variablen und beträgt:

$$f(t) = \lambda e^{-\lambda t}$$

Mittelwert μ[1]) und Varianz σ (Streumaß)[2]) dieser Verteilung sind

$$\mu = e^{-1}, \sigma^2 = \lambda^{-2}$$

Beispiel[3]): Die Reparatur eines Autos dauert durchschnittlich 3 Stunden. Wie
groß ist die Wahrscheinlichkeit, daß die Reparaturzeit höchstens 2 Stunden beträgt?

Vorausgesetzt wird, daß die zur Reparatur eines Wagens benötigte Zeit T, gemessen in Stunden, einer Exponentialverteilung mit dem Parameter $\lambda = 3^{-1} =$
$^1/_3$ folgt. Wir erhalten mit $P (t \leq 2) = F_{t=2} = 1 - e^{-2/3} = 1 - 0,513 = 0,487$ eine
Wahrscheinlichkeit von knapp 50 %.

Die Exponentialverteilung tritt immer im Zusammenhang mit der Poisson-Verteilung auf. Sind die zeitlichen Abstände der Ereignisse exponential-verteilt,
dann ist die Häufigkeit der Ereignisse je Zeiteinheit Poisson-verteilt und umgekehrt.

Die Exponentialverteilung zeichnet sich durch Einfachheit und Schnelligkeit in
der Rechnung, durch geringen Speicherbedarf bei der Berechnung durch Elektronenrechner und durch Anpassungsfähigkeit wegen der Gewichtungsmöglich-
keit spezieller Daten aus.

Die Gaußsche Normalverteilung

Die Normalverteilung, die wichtigste Wahrscheinlichkeitsverteilung, ist gleichfalls eine stetige Verteilung. Ihre Wahrscheinlichkeitsdichte wird in der bekannten Glockenkurve dargestellt (s. unten S. 283). Sie bezieht sich auf eine stetige veränderliche Variable, die alle Werte von $+ \infty$ bis $- \infty$ annehmen kann.
Beispiele sind die Körpergröße gleichaltriger Kinder, die täglichen Milcherträge
einer Kuh, die Fehler bei Messungen oder die Länge der Streichhölzer einer
Streichholzschachtel. Doch sind nicht alle eingipfligen Verteilungskurven „normal", d. h. symmetrisch, so z. B. die Verteilung von Umsätzen, Einkommen und
dgl., sie ergeben eine schiefe eingipflige Kurve.

Die Verteilungsfunktion der Normalverteilung wird wie folgt definiert:

$$\gamma(x) = \frac{1}{\sigma\sqrt{2\pi}} \cdot \int\limits_{-\infty}^{\mu+k\sigma} e^{\frac{-(x-\mu)^2}{2\sigma^2}} dx$$

---

[1]) Der Mittelwert ist ein Merkmalswert einer statistischen Reihe (hier Zeitreihe), der
zur Charakterisierung der allgemeinen Niveaulage der Reihenwerte herangezogen
wird, insbesondere das arithmetische Mittel.

[2]) Varianz oder quadratische Streuung ist die Streuung um den Mittelwert, es ist das
Quadrat der Standardabweichung, d. i. die mittlere quadratische Abweichung.

[3]) Das Beispiel ist entnommen: Sachs, Statistische Auswertungsmethoden, 1968, S. 235.

x = jeder x-beliebige Wert einer Häufigkeit; μ = Mittelwert; σ = Varianz;
e, π = Konstante (e = 2,718282..., π = 3,141593...); γ = gesuchter Tafelwert;
k = beliebiges Vielfaches von σ.

Dieses Integral ist elementar nicht lösbar, doch gibt es umfangreiche Tabellen-
werke zur Auswertung der Verteilungsfunktion.

Annähernd normal verteilte Merkmale sind in der Wirtschaft gelegentlich, im
technisch-naturwissenschaftlichen Bereich sehr häufig zu beobachten. Ferner ist
z. B. der Stichprobendurchschnitt als Zufallsvariable betrachtet bei großem
Stichprobenumfang annähernd auch dann als normal verteilt zu betrachten,
wenn über die Verteilung der Grundgesamtheit nichts bekannt ist. Schließlich
eignet sich die Normalverteilung zur Approximation vieler theoretischer Verteilungen unter gewissen Voraussetzungen, z. B. der Binomialverteilung.

Erwartungswerte

Bei Prozessen, deren Ausgang vom Zufall beeinflußt wird, läßt sich kein Ereignis mit Sicherheit voraussagen, wir können nur die Wahrscheinlichkeit seines
Eintreffens ermitteln. Die wichtigsten Methoden einer solchen Wahrscheinlichkeitsrechnung haben wir soeben dargestellt. Nun wird aber auch häufig die
Frage gestellt, welches Ereignis man *im Durchschnitt* zu erwarten hat. Diese
Größe wird der Erwartungswert der Zufallsvariablen X genannt und mit E(X)
bezeichnet. Er entspricht dem gewogenen (gewichteten) arithmetischen Mittelwert. Beim Würfelspiel will man z. B. wissen, welche (mittlere) Augenzahl man
im Durchschnitt erwarten kann. Da jede Augenzahl die Wahrscheinlichkeit
p = $^1/_6$ hat, ist der Erwartungswert:

$$E(X) = 1 \cdot \frac{1}{6} + 2 \cdot \frac{1}{6} + 3 \cdot \frac{1}{6} + 4 \cdot \frac{1}{6} + 5 \cdot \frac{1}{6} + 6 \cdot \frac{1}{6} = 3,5$$

oder allgemein formuliert:

$$E(X) = \sum_{i=1}^{n} x_i p_i$$

Warteschlangentheorie

Die Warteschlangentheorie oder Stauungs- oder Queue-Theorie untersucht die
Prozesse, in denen Einheiten zwecks Abfertigung oder Bearbeitung eine oder
mehrere Stellen durchlaufen müssen. Wenn eine Stelle nicht frei ist, entstehen
Warteschlangen.

Die Warteschlangentheorie wurde zuerst in der Fernmeldetechnik angewandt,
zur Berechnung der optimalen Dimensionierung von Telefonleitungen. Der
Zeitaufwand, der durch das Warten auf Telefonanschluß entsteht, wurde dem
Aufwand für die Unterhaltung einer Telefonzentrale bestimmter Größe gegenübergestellt. Die Theorie analysiert also die Beziehungen, die sich bei dem
Warten in einer Reihe ergeben, z. B. der Kunden, die auf Bedienung warten;
der Autos an einer Straßenkreuzung, die auf das Grün der Ampel warten; der
Flugzeuge, die darauf warten, landen zu können; der Erzeugnisse eines Fließ-
bandes, die auf Überprüfung „warten".

Wenn die eintreffenden Einheiten nicht in der erwarteten Weise reagieren, d. h. sie stellen sich nicht an, um zu warten, bis sie an die Reihe kommen, sondern gehen gleich wieder fort oder warten erst eine Weile und wenden sich dann ab, so kann die Warteschlangentheorie nicht angewandt werden.

Die Wartezeit einer Warteschlange kann berechnet werden, wenn man die Anzahl der eintreffenden Ablaufelemente, z. B. Reisende vor einem Fahrkartenschalter, Autos an der Kreuzung, Arbeitsstücke auf dem Fließband, ihre wahrscheinliche zeitliche Verteilung, die durchschnittliche Zuwachsrate und die durchschnittliche Länge der Warteschlange, die Zahl der Abfertigungsstellen und die Abfertigungzeit im Abfertigungszentrum kennt.

Wenn die Ankunfts- und Abfertigungsverteilungen nicht mathematisch erfaßt werden können, dann benutzt man andere Verfahren, z. B. das Monte-Carlo-Verfahren, um numerische Ergebnisse zu erhalten. Wir kommen darauf noch zurück.

Eine Warteschlange ist durch die Wahrscheinlichkeiten P_n definiert, wobei zu irgendeiner Zeit 0, 1, 2, 3 oder n Einheiten in der Schlange warten werden. Ist die mittlere Ankunftsrate größer als die mittlere Abfertigungsrate, dann wächst die Warteschlange ins Unendliche.

In einer Untersuchung führt Max Munz[4] *vier Hauptprobleme* an, die mit Hilfe der Warteschlangentheorie gelöst werden können:

Eingang	Abfertigungszeit je Einheit	Ausgang	Beispiel
I. unregelmäßig unregelbar	a) gleichbleibend	regelmäßig	Autowaschen
– „ –	b) unterschiedlich	unregelmäßig	Bedienung im Detailgeschäft
II. regelmäßig regelbar	a) gleichbleibend	regelmäßig	Eisenbahnfahrpläne; industrielle Serienfertigung
– „ –	b) unterschiedlich	unregelmäßig	Autoreparaturen

B. O. Marchall[5] gibt folgendes anschauliches Beispiel an einer Straßenkreuzung entstehenden Warteschlange von Kraftfahrzeugen:

T = Bestimmte Grünlichtperiode

L = Autolänge

to = Verzögerungsperiode beim Anfahren

t = Zeit, um die Entfernung S zurückzulegen

S = Entfernung, die in der Zeit t zurückgelegt wird

---

[4] Max Munz, Das Problem der Warteschlangen, in BFuP 1959, S. 275 ff.

[5] B. O. Marchall, Queuing Theory, in: Operations Research for Management, Vol. I, 1954, S. 145 ff.

td = Verzögerungszeit zwischen dem Starten von einem Auto zum anderen

k = Anzahl der Autos

V = uniforme Geschwindigkeit

Aus $t = to + \dfrac{S}{V}$ und $T = k_{td} + t = k_{td} + to + \dfrac{kL}{V}$

ergibt sich, daß die Anzahl der Autos k, die in der Lage sein wird, in einer bestimmten „Grün-Zeit" über die Kreuzung zu kommen, sich belaufen wird auf

$$k = \frac{T - to}{t_d + \dfrac{L}{V}}.$$

Die Ankunft der Einheiten im Abfertigungszentrum (Schalter, Straßenkreuzung) kann *determiniert* sein (d. h. zu festliegenden Zeitpunkten geschehen) oder *stochastisch*. In letzterem Fall, der sehr häufig ist, ergibt sich eine Poisson-Verteilung, nach der die Wahrscheinlichkeit $p_n(t)$, daß im Zeitintervall t genau n Einheiten (n = 0, 1, 2, ...) ankommen, durch folgende Formel definiert wird, wobei λ die Ankunftsrate, d. h. die durchschnittliche Anzahl der in der Zeiteinheit ankommenden Einheiten bedeutet:

$$p_n(t) = \frac{(\lambda t)^n \cdot e^{-\lambda t}}{n!}$$

(11) Simulation

Begriff und Arten

Bei vielen Problemen in der Praxis ist es nicht möglich oder zu aufwendig, sie durch ein mathematisches Modell zu beschreiben. Hier wird die Simulation angewandt, d. h. zielgerichtetes Experimentieren an Modellen, die der Wirklichkeit nachgebildet sind. So werden im Sandkastenspiel militärische Operationen simuliert, bei den Unternehmensspielen werden zum Zweck der Schulung an einem Unternehmensmodell von den Spielteilnehmern, die z. B. den Vorstand darstellen, Entscheidungen getroffen. Die Simulation des Operations Research wird in der Regel mit Elektronenrechnern durchgeführt.

Bei der *deterministischen Simulation* sind alle Struktur- und Ablaufdaten determiniert. Mit ihrer Hilfe stellt z. B. die Bundesbahn ihre Fahrpläne auf, indem der gesamte Betriebsablauf innerhalb eines bestimmten Streckennetzes vom Elektronenrechner simuliert wird.

Bei der *stochastischen Simulation*, der Monte-Carlo-Methode, sind die Ablaufdaten dagegen von zufälligen Einflüssen abhängig, die bei der Simulation berücksichtigt werden müssen.

Die Monte-Carlo-Methode

Die Monte-Carlo-Methode kann man als einen Spezialfall der Zufallsstichprobenverfahren bezeichnen. Es ist also ein nicht-mathematisches Verfahren, und zwar gleichsam ein Ersatz für Wahrscheinlichkeitsgleichungen. Es werden

Zufallszahlen erzeugt. An die Stelle mathematischer Funktionen treten Tabellen von Zufallszahlen. Diese können z. B. durch Würfeln oder durch das Werfen einer Münze gewonnen werden. Wenn man eine Münze genügend oft (etwa 1000mal) geworfen hat, dann ist die relative Häufigkeit, ob Zahl oder Adler geworfen wurde, mit geradezu vollständiger Sicherheit annähernd gleich. Im Monte-Carlo-Verfahren spiegelt also die Streuung der Zufallszahlen die Streuung der Realität wider. Durch den Einsatz von Elektronenrechnern ist die Erzeugung von Zufallszahlen am günstigsten.

Ein sehr *anschauliches Beispiel* aus der Fertigungstechnik haben Churchman, Ackoff, Arnoff (Operations Research, deutsch, 4. Aufl. 1968) gegeben. Es geht darum, die Lebensdauer eines Fertigprodukts, das sich aus zwei Bestandteilen zusammensetzt, in Form einer Häufigkeitskurve darzustellen. Die Lebensdauerkurven der beiden Einzelkomponenten sind bekannt, sie sind Gaußsche Normalkurven und haben folgenden Verlauf:

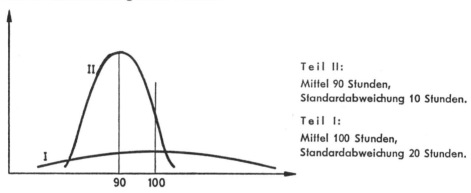

Teil II:
Mittel 90 Stunden,
Standardabweichung 10 Stunden.

Teil I:
Mittel 100 Stunden,
Standardabweichung 20 Stunden.

Um die Lebensdauer des Fertigprodukts kurvenmäßig beschreiben zu können, werden zunächst aus einer Random-Tabelle Zahlen (nämlich Standard-Abweichungen) entnommen und diese in Stunden umgewandelt (siehe die folgende Tabelle).

Teil I		Teil II	
Random Normal-Nummern	Lebensdauer in Stunden	Random Normal-Nummern	Lebensdauer in Stunden
0,464 x 20 + 100 = 109,28		0,137 x 10 + 90 = 91,37	
0,060 x 20 + 100 = 101,20		−2,526 x 10 + 90 = 64,74	
1,486 x 20 + 100 = 129,72		−0,354 x 10 + 90 = 86,46	
1,022 x 20 + 100 = 120,44		−0,472 x 10 + 90 = 85,28	
1,394 x 20 + 100 = 127,88		−0,555 x 10 + 90 = 84,45	
0,906 x 20 + 100 = 118,12		−0,513 x 10 + 90 = 84,87	
1,179 x 20 + 100 = 123,58		−1,055 x 10 + 90 = 79,45	
−1,501 x 20 + 100 = 69,98		−0,488 x 10 + 90 = 85,12	
−0,690 x 20 + 100 = 86,20		0,756 x 10 + 90 = 97,56	
1,372 x 20 + 100 = 127,44		0,225 x 10 + 90 = 92,25	

Aus den beiden Lebensdauerkurven nimmt man diejenigen Teile, die zuerst unbrauchbar werden, deren Leben nach Ablauf der angeführten Stunden gewissermaßen abläuft, und erhält auf diese Weise die Lebensdauerkurve des Fertig-
produktes, im vorliegenden Fall also:

91,37	84,87
64,74	79,45
86,46	69,98
85,28	86,20
84,45	92,25

Erzeugung von Zufallszahlen

Um gesicherte Ergebnisse zu erhalten, sind bei der Simulation meist wesentlich
mehr als zehn Zufallszahlen (random numbers) — wie in unserem Beispiel —
notwendig. Es wurden deshalb Verfahren entwickelt, mit denen man Tabellen
von Zufallszahlen (Randomtafeln) erzeugt. Es sind Tabellen von Ziffern 0 bis 9,
deren Anordnung mit Hilfe eines einfachen (uneingeschränkten) Zufallsmecha-
nismus festgelegt wird.

Zur Erzeugung von Random-Tafeln bedient man sich in der Praxis elektronischer Rechenautomaten, die entweder durch elektronisches „Rauschen" Zufallszahlen erzeugen oder diese nach einer zahlentheoretischen Funktion errechnen. Die Verfahren, nach einer zahlentheoretischen Funktion Zufallszahlen
zu erzeugen, heißen „Zufallszahlen-Generatoren". Sie sind teilweise bereits auf
bestimmte Computertypen zugeschnitten. Ein kleiner Ausschnitt aus einer solchen Tabelle der Rand-Corporation ist nachstehend wiedergegeben; ihr haben
wir auch die Zufallszahlen für unser vorstehendes Beispiel entnommen (Spalte
(1) und (2)).

Randomtafel: Normalverteilte Zufallszahlen

$$\mu = 0, \quad \sigma = 1$$

	(1)	(2)	(3)	(4)	(5)	(6)	(7)
1	0,464	0,137	2,455	−0,323	−0,068	0,296	−0,288
2	0,060	−2,526	−0,531	−1,940	0,543	−1,558	0,187
3	1,486	−0,354	−0,634	0,697	0,926	1,375	0,785
4	1,022	−0,472	1,279	3,521	0,571	−1,851	0,194
5	1,394	−0,555	0,046	0,321	2,945	1,974	−0,258
6	0,906	−0,513	−0,525	0,595	0,881	−0,934	1,579
7	1,179	−1,055	0,007	0,769	0,971	0,712	1,090
8	−1,501	−0,488	−0,162	−0,136	1,033	0,203	0,448
9	−0,690	0,756	−1,618	−0,445	−0,511	−2,051	−0,457
10	1,372	0,225	0,378	0,761	0,181	−0,736	0,960
11	−0,482	1,677	−0,057	−1,229	−0,486	0,856	−0,491
12	−1,376	−0,150	1,356	−0,561	−0,256	0,212	0,219
⋮							

Die „*Mid-Square-Methode*" von John von Neumann ist wohl der bekannteste dieser Generatoren. Es wird eine Zahl von mindestens 4 Dezimalstellen quadriert, dann schneidet man aus der gewonnenen achtstelligen Zahl die mittleren 4 Stellen heraus, quadriert diese wieder und fährt so weiter fort. Die so gewonnenen vierstelligen Zahlen bilden eine Folge von gleichverteilten Zufallszahlen. Beispiel:

4371	19 1056 41
1056	01 1151 36
1151	01 3248 01
3248	10 5495 04
5495	und so weiter.

Es handelt sich bei allen derartigen Zufallszahlen um „*Pseudo-Zufallszahlen*", da die Zahlen nicht durch einen reinen Zufall entstehen, wie die echten Zufallszahlen, die man z. B. durch Würfeln erhält.

Ein weiterer Generator ist die „*Methode der multiplikativen Kongruenz*" von Tausski und Todd: Es werden zwei ganze Zahlen a und b festgelegt. Eine beliebige Zufallszahl als Anfangswert multipliziert man mit der Zahl a und dividiert das Produkt durch die Zahl b. Der Divisionsrest ist die neue Zufallszahl. Sie wird wieder mit a multipliziert, und das Produkt wird durch b dividiert u. s. f.

Die Simulation hat in den letzten Jahren in der Praxis *sehr an Bedeutung gewonnen,* da sie mit dem Faktor Unsicherheit in vielen wirtschaftlichen Problemen besser fertig wird als analytische mathematische Verfahren, zumal die schnelle Entwicklung der Computertechnik die Erzeugung von Zufallszahlen sehr erleichtert.

Literatur:

Horst Koller, Simulation und Planspieltechnik — Berechnungsexperimente in der Betriebswirtschaft, Wiesbaden 1964. — Rolf Koxholt: Die Simulation — Ein Hilfsmittel der Unternehmensforschung, München 1967. — Peter Mertens: Simulation, Sammlung Poeschel, Stuttgart 1969. — Wolfgang Müller: Die Simulation betriebswirtschaftlicher Informationssysteme, Wiesbaden 1969. — Ferner behandeln alle Lehrbücher über Operations Research auch die Simulation, so insbesondere Churchman, Ackoff, Arnolf, Operations Research, 4. Aufl., Wien, München 1968, S. 166-175. — H. Müller-Merbach, Operations Research, 3. Aufl. 1974. — Peter Stahlknecht, Operations Research, 2. Aufl., 1970, S. 169-196.

(12) Spieltheorie

Entstehung und Wesen

Mit Spielen, besonders mit Glücksspielen, haben sich die Mathematiken schon lange beschäftigt. Es ist sogar ein wichtiger Zweig der Mathematik, die Wahrscheinlichkeitstheorie, aus Fragen des Glücksspiels entstanden. Blaise Pascal beschäftigte sich, angeregt durch Glücksspieler, 1654 mit Wahrscheinlichkeitsproblemen des Würfelspiels und formulierte dabei das Zurechnungsproblem. Eine „*Theorie der Spiele*" wurde allerdings erst 1928 von dem amerikanischen Mathematiker John von Neumann vorgelegt; er ist dabei aber vornehmlich an den logischen Grundlagen der Quantenmechanik, nicht dagegen an der praktischen Anwendung der Theorie interessiert. Erst als er gemeinsam mit dem Wirtschaftswissenschaftler Oskar Morgenstern die „Theory of games and economic behavior" 1944 entwickelte (deutsch „Spieltheorie und wirtschaftliches Verhalten", 1961), wurde die Spieltheorie zur Lösung wirtschaftlicher Fragen angewandt.

Es geht dabei natürlich nicht mehr um Glücksspiele, sondern um *„strategische Spiele"*, d. h., Spiele, die einen gesellschaftlichen oder wirtschaftlichen Wettbewerb zum Inhalt haben, bei denen Interessengegensätze ausgetragen werden, wobei man vielfach von Gesellschaftsspielen ausgeht.

Wenn die Spieltheorie selbst auch *wenig in der Praxis angewandt* werden kann, so hat sie doch sehr stark zur Entwicklung der Theorie der linearen Planungsrechnung beigetragen und hat einen festen Platz in dem Operations Research.

Arten der Spiele

1. Nach der *Zahl der beteiligten Spieler* unterscheiden wir:

   a) *Zweipersonenspiele:* Es geht um Konfliktsituationen zwischen zwei Partnern bzw. zwei Systemen, so z. B. beim Schachspiel,

   b) *Mehrpersonenspiele:* Die Zahl der Spieler ist größer als 2 (z. B. Skat, Bridge). Dabei können Koalitionen gebildet werden; die Spieler können sich auch zu zwei Parteien zusammenschließen, wodurch die n-Personenspiele auf Zweipersonenspiele zurückgeführt werden.

1. Nach dem *Ergebnis des Spiels* unterscheiden wir:

   a) *Nullsummenspiele:* Die Summe der Gewinne aller Spieler ist gleich Null, d. h., der Gewinn des einen ist ein Verlust des anderen, Gewinne und Verluste kompensieren sich. Beim Zweipersonen-Nullsummenspiel oder Rechteckspiel stehen sich die Interessen der Spieler antagonistisch gegenüber. Die Spielausgänge von Zweipersonen-Nullsummenspielen können in Matrizen erfaßt werden (sog. Matrixspiele),

   b) *Nicht-Nullsummenspiele:* Gewinne und Verluste der Beteiligten gleichen sich nicht aus. Man kann solche Spiele in Nullsummenspiele umwandeln, indem man einen fiktiven Spieler einführt, dessen Gewinn (bzw. Verlust) die Summe der übrigen Gewinne zu Null ergänzt.

3. Nach dem *Umfang der den Spielern zugänglichen Informationen* unterscheiden wir:

   a) *Spiele mit vollständiger Information:* Jeder Spieler kennt im Zeitpunkt jedes persönlichen Zuges die Ergebnisse aller vorhergegangenen persönlichen und zufälligen Züge seiner Partner. Er ist über die Spielsituation vollständig informiert, so z. B. beim Schachspiel.

   b) *Spiele mit unvollständiger Information:* Der Spieler ist über die Spielsituation im Ungewissen So kennt z. B. kein Skatspieler zu Beginn des Spiels die Karten seiner Gegner und die Karten, die im Skat liegen. Diese Ungewißheit kennzeichnet die meisten Konfliktsituationen der Praxis.

4. Nach der *Art der Züge* unterscheiden wir:

a) Spiele, die nur aus *zufälligen Zügen* bestehen: Das sind die Glücksspiele oder Hasardspiele. Die Spieler haben keinerlei bewußten Einfluß auf den Verlauf des Spiels, so z. B. beim Würfelspiel und Roulette. Mit diesen Spielen beschäftigt sich *nicht* die Spieltheorie, sondern die Wahrscheinlichkeitsrechnung.

b) Spiele, die nur aus *persönlichen Zügen* bestehen: Die Spieler bestimmen den Verlauf des Spiels, so z. B. beim Schach. Es sind rein *strategische Spiele*. Für die Spieler werden eine Anzahl von Spielregeln angegeben, die für sie verbindlich sind. Der einzelne Spieler erstellt danach einen vollständigen Plan, nach dem er die Entscheidungen bei den einzelnen Zügen jeweils unter Berücksichtigung der ihm zur Verfügung stehenden Informationen trifft.

c) Spiele, in denen *sowohl zufällige wie persönliche Züge* auftreten, wie z. B. beim Skat. Auch hier spielt die Strategie eine Rolle.

Beispiel eines Standortproblemes

Im folgenden bringen wir ein sehr anschauliches Beispiel von Rudolf Henn über das Standortproblem zweier konkurrierender Warenhäuser[1]).

A n n a h m e n :

1. Es bestehen zwei Unternehmen, die die Absicht haben, je ein Warenhaus zu errichten: U_1 und U_2.

2. Es handelt sich um eine große Unternehmung (U_1) und eine kleine Unternehmung (U_2).

3. Für die Wahl der Standorte stehen 4 Städte zur Verfügung: A, B, C und D.

4. Die 4 Städte liegen an einer Hauptverkehrslinie.

5. Die Entfernung zwischen den 4 Städten beträgt jeweils 20 Kilometer.

6. Die Zahl der Einwohner der 4 Städte ist unterschiedlich groß:
A: 20 000, B: 40 000, C: 20 000 und D: 20 000 Einwohner.

7. Jeder Einwohner der 4 Städte gibt pro Woche eine Geldeinheit aus:

    A = 20 000 Geldeinheiten
    B = 40 000 Geldeinheiten
    C = 20 000 Geldeinheiten
    D = 20 000 Geldeinheiten
    ─────────────────────
      100 000 Geldeinheiten
      (pro Woche total)

---

[1]) Henn: Strategische Spiele und unternehmerische Entscheidungen, ZfB 1958, S. 279. Wir bringen das Beispiel in der gekürzten Fassung von E. Kulhavy, Operations Research, Wiesbaden 1963.

8. Eine Stichprobenuntersuchung ergibt:

   a) 80 % des Gesamtumsatzes einer Stadt entfallen auf U_1, wenn U_1 der Stadt näher liegt als U_2;

   b) 60 % des Gesamtumsatzes einer Stadt entfallen auf U_1, wenn beide ihren Sitz in derselben Stadt haben bzw. gleich weit voneinander entfernt sind;

   c) 40 % des Gesamtumsatzes einer Stadt entfallen auf U_1, wenn U_1 weiter von der Stadt entfernt ist als U_2.

9. Der Gewinn ist dem Umsatz proportional.

Die Spielsituation ist durch die Annahmen 1—9 gegeben, und es entsteht jetzt für die betriebswirtschaftliche Operationsforschung die Aufgabe, herauszufinden, wo die beiden Unternehmungen ihre Warenhäuser vorteilhafterweise errichten sollen. Es wird vorausgesetzt, daß beide Unternehmungen „vernünftig handeln" und daß jede Gewinnzunahme bei einer Entscheidung von U_1 gleichzeitig zu einer Gewinnabnahme bei U_2 führt.

Da die Ausgaben pro Woche in allen 4 Städten laut Annahme 7 genau 100 000 betragen, genügt es, bei den nachfolgenden Berechnungen nur die Handlungen bzw. Überlegungen *einer* Unternehmung, nämlich U_1, anzuführen. Die entsprechenden Zahlen für U_2 sind nur jeweils die Ergänzungen auf 100 000.

Wenn sich die Unternehmung U_1 für eine Gründung in der Stadt B und die Unternehmung U_2 für eine in der Stadt A entscheidet, dann ergibt sich der Gesamtumsatz gemäß Annahme 8 wie folgt:

Städte   A   B   C   D

Unternehmung (U_2) (U_1)

Der Umsatz von U_1 in B beläuft sich lt. Annahme 8 a auf 80 % des Gesamtumsatzes von B, weil U_1 der Stadt B näher liegt als U_2, daher 80 % von 40 000 = 32 000.

Der Umsatz von U_1 in C beläuft sich lt. Annahme 8 a auf 80 % des Gesamtumsatzes von C, weil U_1 der Stadt C näher liegt als U_2, daher 80 % von 20 000 = 16 000.

Der Umsatz von U_1 in D beläuft sich lt. Annahme 8 a auf 80 % des Gesamtumsatzes von D, weil U_1 der Stadt C näher liegt als U_2, daher 80 % von 20 000 = 16 000.

Der Umsatz von U_1 in A beläuft sich lt. Annahme 8 c auf 40 % des Gesamtumsatzes von A, weil U_1 von der Stadt A weiter entfernt liegt als U_2, daher 40 % von 20 000 = 8000.

Addiert man die 4 Stadtumsätze von U_1

$$8000 + 32\,000 + 16\,000 + 16\,000 = 72\,000,$$

so erhält man den Gesamtumsatz, den U_1 erzielen kann, wenn sie sich für die Stadt B und wenn sich U_2 für die Stadt A entscheidet. Das Entscheidungspaar lautet:

$$U_1 \qquad\qquad\qquad U_2$$
errichtet das Warenhaus in
$$B \qquad\qquad\qquad\qquad A$$

Entscheidung		Umsatz der Unternehmung U_1				Gesamtumsatz	
		Stadt				U_1	U_2
von U_1	von U_2'	A	B	C	D	U_1	U_2
Stadt B	Stadt A	8 000	`32 000	16 000	16 000	72 000	28 000

Der Umsatz von U_2 ist die Ergänzung auf 100 000, somit 28 000.

Es werden nun für alle möglichen Entscheidungspaare die Gesamtumsätze berechnet und eine *Zahlungsmatrix für U_1* aufgestellt.

Zahlungsmatrix für U_1

Warenhaus von U_1 in	Umsätze von U_1			
	Warenhaus von U_2 in			
	A	B	C	D
A	60 000	(48 000)	56 000	64 000
B	72 000	(60 000)	64 000	68 000
C	64 000	(56 000)	60 000	72 000
D	56 000	52 000	(48 000)	60 000

In dieser Matrix finden wir u. a. auch die 72 000 unseres Entscheidungspaares

$$U_1 \qquad\qquad\qquad U_2$$
$$B \qquad\qquad\qquad\qquad A$$

Als nächstes werden die *Zeilen*minima, welche die ungünstigen Fälle für U_1 in der jeweiligen Zeile darstellen, herausgesucht und in der Matrix eingeklammert. Es sind die Umsätze:

$$48\ 000$$
$$(60\ 000)$$
$$56\ 000$$
$$48\ 000$$

Das größte dieser 4 Zeilenminima ist der Umsatz von 60 000. Dieser Umsatz ist für U_1 der größtmögliche, den U_2 in keinem Fall verhindern kann. Der Umsatz von 60 000 für U_1 entsteht dann, wenn sich beide Unternehmen dafür entscheiden, ihre Warenhäuser in B zu errichten.

19 BRep.

Zu dem gleichen Ergebnis gelangt man auch dann, wenn man an Stelle der *Zahlungsmatrix* für U_1 jene *für U_2* aufstellt.

Zahlenmatrix für U_2

Warenhaus von U_1 in	Umsätze von U_2			
	Warenhaus von U_2 in			
	A	B	C	D
A	40 000	52 000	44 000	36 000
B	(28 000)	(40 000)	(36 000)	32 000
C	36 000	44 000	40 000	(28 000)
D	44 000	48 000	52 000	40 000

Die Zahlen sind die Ergänzung der U_1-Zahlen auf 100 000.

Während bei U_1 die *Zeilen*minima festgestellt wurden, müssen hier die *Spalten*-minima abgelesen werden. Es sind die Umsätze:

$$28\ 000$$
$$(40\ 000)$$
$$36\ 000$$
$$28\ 000$$

Das größte dieser 4 Spaltenminima ist der Umsatz von 40 000. Dieser Umsatz ist für U_2 der größtmögliche, den sich U_2 sichern kann. Er ergibt ebenfalls das Entscheidungspaar

U_1	U_2
B	B

Die Stelle: 2. Zeile/2. Spalte nennt man den *Sattelpunkt der Matrix*. In diesem Zusammenhang ist es interessant, darauf hinzuweisen, daß die *Linearplanung ein Sattelpunktfall des Nullsummen-Zweipersonenspieles* und damit ein Spezialproblem der Spieltheorie ist.

Schließlich sei noch erwähnt, daß man die U_2-Umsätze auch direkt aus der U_1-Matrix herauslesen kann; nur muß

a) anstatt des *größten* Spalten*minimums*

b) das *kleinste* Spalten*maximum*

gesucht werden. Im vorliegenden Fall:

$$72\ 000$$
$$(60\ 000)$$
$$64\ 000$$
$$72\ 000$$

Die Zahlenmatrix erlaubt es, sofort die optimale Entscheidung abzulesen. Wenn beispielsweise U_2, anstatt sich in B niederzulassen, aus irgendwelchen irrationalen Gründen in die Stadt D zieht, dann ist die optimale Entscheidung (Strategie) für U_1 die Stadt C, denn dort wird der Umsatz 72 000. Die Anwendung der Spieltheorie sichert dem Spieler ein bestimmtes Resultat, das sich noch verbessern kann, wenn der Gegenspieler „fehlerhaft spielt", beispielsweise in die Stadt C anstatt in die Stadt B zieht.

Unternehmensspiele

Die Unternehmensspiele (Business-Games) bzw. das Operational Gaming sind eine besondere Form der Experimentiertechnik. Die Planspiele für Unternehmensführung sind aus militärischen Planspielen, die in USA entwickelt wurden, hervorgegangen und dienen der Ausbildung des Unternehmensnachwuchses. Die Partner des Spiels vertreten meist gruppenweise zwei und mehr Unternehmungen, die mit gleichen Startbedingungen (gleiche Betriebsgröße, Betriebs- und Finanzstruktur) vor mehr oder weniger komplizierte sich wandelnde Umweltsituationen gestellt werden, die sich in mathematischen oder logischen Modellen nachbilden lassen. Zur Vorbereitung der Entscheidungen sind sorgfältige dynamische Betriebsplanungen oder bei funktionellen Planspielen, die nur Teilbereiche der Unternehmung (z. B. Absatz oder Produktion) umfassen, Teilplanungen aufzustellen. In jeder Spielperiode, die ein bis zwölf Monate umfaßt, müssen zahlreiche Entscheidungen getroffen werden, deren Auswirkungen auf die Unternehmensentwicklung und auf die Umweltsituation elektronische Rechenmaschinen ermitteln. Auf Grund der Ergebnisse einer Periode werden die Entscheidungen für die nächste vorbereitet und getroffen. Eine Spielperiode dauert bis zu mehreren Stunden, das ganze Planspiel meist mehrere Tage. Die bekanntesten Planspiele wurden seit 1956 entwickelt von AMA (American Management Association), IBM, Esso, Carnegie, Westinghouse und anderen Großfirmen sowie von einigen amerikanischen Universitäten. Planspiele sind in den USA sehr verbreitet; in Deutschland wurden sie wegen ihrer hohen Kosten bisher nur von einigen Großfirmen durchgeführt, doch werden sie auch in den Ausbildungsplan deutscher Universitäten allmählich eingeführt. (Eisenführ, Ordelheide, Pack: Unternehmungsspiele in Ausbildung und Forschung, Wiesbaden 1974.)

Diese Unternehmensspiele, wie auch die Planspiele in der militärischen Ausbildung, sind Variantenerprobungen an mathematischen, Sandkasten- und anderen Modellen. Sie gehören aber nur zum Teil in das Gebiet der Spieltheorie, sie fallen in ein Gebiet, in dem sich Probleme des Spiels mit solchen der Simulation verbinden.

Literatur:

Bühlmann, Nievergelt: Einführung in die Theorie und Praxis der Entscheidung bei Unsicherheit, 1969. — Burger: Einführung in die Theorie der Spiele, 2. Aufl. 1966. — Morgenstern: Spieltheorie und Wissenschaft, 2. Aufl. 1966. — Neumann, Morgenstern: Spieltheorie und wirtschaftliches Verhalten, 3. Aufl. 1973. — Vajda: Theorie der Spiele und Linearprogrammierung, 1962. — Vajda: Einführung in die Linearplanung und die Theorie der Spiele, 4. Aufl. 1973. — Vorobjoff: Grundlagen der Spieltheorie, 1967. — Wentzel: Elemente der Spieltheorie, 1966.

Die Spieltheorie wird ferner in den meisten allgemeinen Werken über Operations Research behandelt, s. insbesondere Churchman, Ackoff, Arnoff: Operations Research, 4. Aufl. 1968, S. 473-509; Müller-Merbach: Operations Research, 3. Aufl. 1974.

V. Literaturhinweise

1. Unternehmensführung

Angermann, A.: Entscheidungsmodelle. Frankfurt 1963.

Bidlingmaier, J.: Unternehmensziele und Unternehmensstrategien, Wiesbaden 1964.

Drucker, Peter Ferdinand: Neue Management Praxis, 2 Bde. Düsseldorf 1974.

Fischer, Guido: Die Führung von Betrieben (Sammlung Poeschel), 2. Aufl. Stuttgart 1966.

Gäfgen, G.: Theorie der wirtschaftlichen Entscheidung. 3. Aufl. Tübingen 1975.

Gutenberg, Erich: Unternehmensführung. Organisation und Entscheidungen. Wiesbaden 1962. (Die Wirtschaftswissenschaften 45.Lfg.)

Häusler, J.: Grundfragen der Betriebsführung. Wiesbaden 1966.

Heinen, E.: Grundlagen betriebswirtschaftlicher Entscheidungen, 3. Aufl., Wiesbaden 1976.

Hendrikson, K. H.: Rationelle Unternehmensführung in der Industrie. Wiesbaden 1966.

Jacob, H. (Hrsg.): Unternehmensführung — Fallstudien, Wiesbaden 1976.

Junckerstorff, K.: Grundzüge des Managements. Wiesbaden 1960.

Kirsch, W. (Hrsg.): Unternehmensführung und Organisation. Wiesbaden 1973.

Kosiol, Erich: Organisation des Entscheidungsprozesses. Berlin 1959.

Mellerowicz, Konrad: Unternehmenspolitik. 3 Bde. 2. Aufl., Freiburg 1965.

Pack, L. (Hrsg.): Unternehmerseminar, Schriftenreihe, bisher 2 Bände, Wiesbaden 1969 und 1973.

Sandig, Curt: Betriebswirtschaftspolitik. 2. Aufl., Stuttgart 1966.

Scheibler, A.: Betriebswirtschaftliche Entscheidungen in Theorie und Praxis. Wiesbaden 1974.

Scheibler, A.: Zielsysteme und Zielstrategien der Unternehmensführung. Wiesbaden 1974.

2. Betriebliche Planung

Albach, H.: Beiträge zur Unternehmensplanung. Wiesbaden 1969.

Ellinger, Th.: Ablaufplanung. Stuttgart 1959.

Grochla, E. u. Szyperski, N. (Hrsg.): Modell- und computer-gestützte Unternehmungsplanung, Wiesbaden 1973.

Häusler, J.: Planung als Zukunftsgestaltung. Wiesbaden 1969.

Koch, Helmut: Betriebliche Planung. Grundlagen und Grundfragen der Unternehmungspolitik. Wiesbaden 1961 (Die Wirtschaftswissenschaften 36. Lfg.)

Literaturverzeichnis der Planungsrechnung, Arbeitsgemeinschaft Planungsrechnung (AGPLAN) Frankfurt.

Mellerowicz, Konrad: Planung und Plankostenrechnung. 2. Bände. 3. Aufl., Freiburg 1973/1974.

Ulrich, H. (Hrsg.): Unternehmungsplanung, Wiesbaden 1974.

Unternehmensplanung als Instrument der Unternehmungsführung. Wiesbaden 1965.

Weilenmann u. Nüsseler: Planungsrechnung in der Unternehmung. Stuttgart 1971.

3. Operations Research

Churchman, C. West, Russel L. Ackoff, E. Leonard Arnoff: Operations Research, Eine Einführung in die Unternehmensforschung. 5. Aufl., München 1971.

Fay, F. J.: Lineare Algebra und lineare Optimierung, 2. Aufl., Wiesbaden 1972.

Gößler, R.: Operations-Research-Praxis, Wiesbaden 1976.

Hanssmann, F.: Unternehmensforschung, Wiesbaden 1971.

Henn, Rudolf (Hrsg.): Operations-Research-Verfahren, Schriftenreihe, 22 Bde. Mei-
     senheim 1963—1976.

Kerner, Werner: Operations Research, 4. Aufl. (Sammlung Poeschel). Stuttgart 1971.

Krelle, W., H. P. Künzi: Lineare Programmierung. Zürich 1959.

Kulhavy, Ernest: Operations Research. Die Stellung der Operationsforschung in der
     Betriebswirtschaftslehre. Wiesbaden 1963.

Müller-Merbach, Heiner: Operations Research. Methoden und Modelle der Optimal-
     planung, 3. Aufl. München 1974.

v. Neumann, J. und Oskar Morgenstern: Spieltheorie und wirtschaftliches Verhalten.
     3. Aufl., Würzburg 1973.

v. Rago, L. J.: Operations Research in der Produktionspraxis. Wiesbaden 1970.

Unternehmensforschung. Operations Research. Zeitschrift. Würzburg.

Vajda: Einführung in die Linearplanung und die Theorie der Spiele. 4. Aufl., München
     1973.

Woitschach, N., G. Wenzel: Lineare Planungsrechnung in der Praxis. 2. Aufl. Stutt-
     gart 1963 (zur ersten Einführung).

Zemaneck, H.: Elementare Informationstheorie. München 1959.

*Die Spezialliteratur zu den einzelnen Methoden des Operations Research sind unter
den jeweiligen Kapiteln angegeben.*

F. Die Standortlehre

Standortfaktoren und Standortwahl

Die Wahl des geeigneten Standortes ist unter den Produktionsbedingungen
jeder räumlich gebundenen Unternehmung für ihre Entwicklung von entschei-
dender Bedeutung. Wie auch bei manchen anderen Problemkreisen hat sich zuerst die Nationalökonomie der Standortlehre angenommen (von Thünen, Roscher, Alfred Weber), obgleich es sich im wesentlichen um betriebswirtschaftliche Probleme handelt. Erst neuerdings sind die Standortfragen auch von den
Betriebswirtschaftlern eingehender behandelt worden, da Standortprobleme
auch mit dem Operations Research erfolgreich gelöst werden können (vgl. oben
S. 287 f.).

I. Begriff und Wesen des Standorts

Der Standort ist der *Ort der Niederlassung landwirtschaftlicher oder gewerblicher Betriebe*. Bei dem Standortproblem handelt es sich also um die „r ä u m -
l i c h e E i n f ü g u n g der Unternehmung in den wirtschaftlichen Zusammenhang" (E. Schäfer). Dabei hat der Betrieb so günstig wie möglich zu wählen.

Von dem Standort ist der *rechtliche Sitz* einer Unternehmung streng zu unterscheiden; denn häufig befindet sich der rechtliche Sitz einer Unternehmung
dort, wo sich die Geschäftsleitung mit der Verwaltung befindet, während die
eigentlichen Produktionsbetriebe in entfernteren Gegenden errichtet wurden.

Jeder Standort hat verschiedenartige *Eigenschaften,* und zwar

1. *natürliche Eigenschaften:* wie Klima, Höhe, Lage, Bodenart, Bodenschätze, Wasserkräfte u. dgl.;

2. *rechtliche Eigenschaften:* politische Freiheiten und Bindungen, steuerliche, sozial- und wirtschaftspolitische Belastungen, wie Niederlassungsverbote (z. B. für Fabrik in Villenviertel), Bebauungspläne, Grenzgebiet usw., und schließlich

3. *wirtschaftliche Eigenschaften:* Nähe von Rohstofflagern, von billigen Arbeitskräften, von günstigen Absatzgebieten (Großstädten), Lage an Wasserläufen, Seehäfen, Verkehrspunkten, Nähe von Konkurrenzbetrieben usw.

Die Standortfaktoren

Bei der Wahl des Standortes für eine bestimmte wirtschaftliche Aufgabe handelt es sich im betriebswirtschaftlichen Sinne vor allem um die *Beeinflussung der Kosten* der Erzeugnisse *durch die verschiedenen Standortfaktoren.* Die Standortfaktoren hat vor allem Alfred Weber in seinen beiden Werken „Industrielle Standortslehre, Allgemeine und kapitalistische Theorie des Standorts" (2. Aufl., Tübingen 1923) und „Über den Standpunkt der Industrien" (Tübingen 1909 und 1922) untersucht.

Die Standortfaktoren sind „*Kostenvorteile,* die von einem Hierhin- oder Dorthingehen der Produktion abhängen, die die Produktion hierhin oder dorthin ziehen" (Weber).

Nach dem G e l t u n g s b e r e i c h der Standortfaktoren können wir unterscheiden:

1. *allgemeine Standortfaktoren,* die von sämtlichen Wirtschaftszweigen berücksichtigt werden müssen, und

2. *spezielle Standortfaktoren,* die nur für bestimmte Produktionen in Frage kommen, wie z. B. ein hinreichend warmes Klima beim Anbau von Wein oder Tabak oder der Feuchtigkeitsgehalt der Luft bei der Verarbeitung der Baumwolle oder der Bindung an Rohstoffvorkommen.

Wir können weiterhin n a c h d e r Z e i t b e d i n g t h e i t unterscheiden:

1. *statische Standortfaktoren,* das sind Faktoren, die sich nicht verändern, wenigstens nicht in absehbarer Zeit, wie z. B. Mineralvorkommen, Wasserstraßen, Waldbestände usw., und

2. *dynamische Faktoren,* das sind Faktoren, die die Standortbedingungen in kürzerer Zeit ändern können, z. B. politische Freiheiten und Bindungen, steuerliche, sozial- und wirtschaftspolitische Belastungen, Bebauungspläne innerhalb eines Stadtgebietes, Änderungen des Straßennetzes usw. Doch zeigt bereits das letzte Beispiel, daß die Grenze zwischen statischen und dynamischen Standortfaktoren nicht scharf zu trennen ist.

Der ä u ß e r e L e b e n s r a u m eines Betriebes wird bestimmt durch

1. den *Beschaffungsradius* des Betriebes, er ist die durchschnittliche räumliche Entfernung der Zulieferungsbetriebe von der Unternehmung, und

2. den *Absatzradius,* er ist die durchschnittliche Entfernung des Betriebes von seinen Kunden. Die Beschaffungs- und Absatzradien der Betriebe haben sich infolge der außerordentlichen Verbesserungen und Rationalisierungen des Verkehrswesens (Kraftwagenverkehr) bei den einzelnen Betrieben ständig vergrößert.

Freier und gebundener Standort

Eine sehr wichtige Unterscheidung der Standorte ist die in freie und gebundene Standorte:

1. *Freie Standorte* sind solche, die Kostenvorteile aufweisen. Die Geschäftsleitung kann zwischen den verschiedensten Standorten wählen, und zwar wird sie sich für den Standort entscheiden, der die günstigste Kosten- und Ertragssituation aufweist.

2. *Gebundene Standorte* sind solche, an die eine Unternehmung geographisch, klimatisch oder aus sonstigen natürlichen, aber auch rechtlichen oder wirtschaftlichen Gründen gebunden ist. Wir können danach weiter unterscheiden:

a) den *natürlichen Standort:* der Standort setzt bestimmte natürliche Gegebenheiten voraus, so vor allem bei der Urerzeugung (Landwirtschaft, Bergbau), sofern es sich nicht um *Ubiquitäten* handelt, das sind nach Alfred Weber die Rohstoffe, die überall (ubique) vorkommen. Das gilt freilich streng genommen nur für die Luft (Stickstoffwerke), doch schon nicht immer für das Wasser („relative Ubiquität").

b) *Wirtschaftlichgebundener Standort,* es handelt sich hier um Orte, die aus wirtschaftlichen Gründen gebunden sind, so z. B. Sägewerke an Waldgebiete, Zuckerfabriken an Rübenanbaugebiete usw. Die Grenze zwischen freien und wirtschaftlich gebundenen Standorten ist sehr flüssig; denn letztlich sind fast alle Standorte wirtschaftlich gebunden.

II. Der landwirtschaftliche Standort

Thünens „Isolierter Staat"

Die Zusammenhänge zwischen dem natürlichen Standort der landwirtschaftlichen Betriebe und dem Intensitätsgrad der Anbauverfahren hat zuerst Heinrich v o n T h ü n e n in seinem klassischen Werk „Der isolierte Staat in Beziehung auf Landwirtschaft und Nationalökonomie" (1826) untersucht. Thünens Arbeit, die lange Zeit verkannt wurde, hat einen vorwiegend betriebswirtschaftlichen Charakter; sie ist darüber hinaus für das *„Modelldenken",* das Verfahren der modernen Wirtschaftstheorie, geradezu vorbildlich. Schließlich sucht man heute die landwirtschaftliche und industrielle Standortlehre in einer a l l g e m e i n e n S t a n d o r t l e h r e zu vereinheitlichen. Aus diesen Gründen soll die Lehre hier kurz dargestellt werden.

Thünen geht von einem nach außen völlig abgeschlossenen, kreisförmigen und im Inneren gleichartigen, durch keine Schiffahrtsstraßen aufgegliederten Wirtschaftsraum aus, in dessen Mittelpunkt eine große Stadt als einziger Absatzmarkt liegt. Der Boden ist von gleicher Güte. Das ist sein M o d e l l. Die Preise für die Agrarprodukte bestehen aus den Selbstkosten und aus den Transportkosten, die infolge der Sperrigkeit der landwirtschaftlichen Erzeugnisse stark ins Gewicht fallen. Da mit zunehmender Entfernung des Standorts der Betriebe von dem zentralen Markt die Beförderungskosten ebenfalls zunehmen und da sich andererseits mit dem zunehmenden Intensitätsgrad der Betriebsweise die Kosten gleichfalls erhöhen, muß die Intensität der Anbauverfahren mit der Entfernung vom Markt abnehmen, man geht zu einer extensiveren Bodenkultur über. Daraus leitet Thünen die Regel ab: *Die Intensität der Bodenkultur nimmt mit wachsender Entfernung vom Markte ab.*

Thünen teilt das Gesamtgebiet seines Modells in f ü n f „K r e i s e" ein, die konzentrisch um das Absatzzentrum gelagert sind. Im *ersten Kreis,* der dem Markt am nächsten liegt, wird intensive Garten- und Gemüsekultur betrieben. Im *zweiten Kreis* finden wir die Forstwirtschaft, die zwar extensiver Art, jedoch mit hohen Beförderungskosten verbunden ist. Der *dritte Kreis* betreibt den Körneranbau, und zwar mit abnehmender Intensität (Fruchtwechselwirtschaft, Koppelwirtschaft, Dreifelderwirtschaft). Im *vierten Kreis* finden wir die Viehzucht, weil der Absatz des Viehes keine Beförderungskosten verlangt. Im *fünften und letzten Kreis* wird nur noch Jagd betrieben. *Intensitätsgrad und Entfernung des Standortes vom Markt stehen also im entgegengesetzten Verhältnis,* und die Wahl des Betriebssystems ist von der Lage zum Markt abhängig.

Die Erkenntnisse gelten uneingeschränkt für alle Wirtschaftssysteme. Natürlich handelt es sich um ein Modell, von dem die Wirklichkeit sehr stark abweicht, so ist z. B. die B o d e n q u a l i t ä t sehr v e r s c h i e d e n ; ferner bestehen z a h l r e i c h e M a r k t z e n t r e n, deren Kreise sich in mannigfacher Weise überschneiden, und schließlich werden durch die V e r v o l l k o m m n u n g d e s V e r k e h r s die Transportkosten derart stark gesenkt, daß sich der Zusammenhang zwischen Intensitätsgrad der Betriebsweise und der Marktlage stark lockert, ohne daß er jedoch aufgehoben wird. Auch die Reihenfolge der Bebauungsweise kann sich aus mannigfachen Gründen ändern. Das alles betont Thünen schon ausdrücklich.

III. Der industrielle Standort

Die Standortfaktoren

Beim Industriebetrieb machen sich nach Alfred Weber d r e i g e n e r e l l e S t a n d o r t f a k t o r e n" geltend:

1. die „r e l a t i v e P r e i s h ö h e d e r M a t e r i a l l a g e r", darunter versteht er die Preise der Rohstoffe am Fund- oder Produktionsort;

2. die „A r b e i t s k o s t e n h ö h e", das sind die Arbeitskosten (Löhne), bezogen auf eine Produktionseinheit;

3. die T r a n s p o r t k o s t e n.

Mit Hilfe dieser Standortfaktoren konstruiert man das sogenannte *Standort-dreieck,* das die drei wesentlichen Standorte miteinander verbindet: nämlich den Ort der billigsten R o h s t o f f e , den O r t der billigsten A r b e i t s - k r ä f t e und den K o n s u m e n t e n o r t . Innerhalb dieses Dreiecks muß sich der kostengünstigste Standort befinden.

Je nachdem, nach welchem der drei Standorte sich der Betrieb orientiert, unter-scheiden wir:

1. den *rohstofforientierten Standort,*

2. den *arbeitsorientierten Standort* und

3. den *konsumorientierten oder absatzorientierten Standort.*

Der rohstofforientierte Standort

Bei Betrieben, die Ubiquitäten verarbeiten (gewisse Erden), kommt eine Roh-stofforientierung nicht in Betracht. Bei Betrieben dagegen, die „lokalisierte Rohstoffe", wie z. B. Kohle und Erze, verarbeiten, ist nach der Art zu unter-scheiden, wie der Rohstoff in die Produktion eingeht: die *Reinmaterialien* gehen restlos oder überwiegend in das Produkt ein, die *Grobmaterialien* dagegen hinterlassen erhebliche Rückstände. Betriebe mit lokalisierten Grobmaterialien bevorzugen die Nähe der Materialvorkommen, um hohe Transportkosten zu vermeiden. Die Reinmaterialien dagegen lockern die Bindung des Standorts an den Rohstoff bis zu einem gewissen Grade auf. Wesentlich ist stets der *Material-index,* das ist das V e r h ä l t n i s d e s G e w i c h t s d e s M a t e r i a l s z u d e m d e s P r o d u k t e s . Der Materialindex ist um so größer, je höher sich der Anteil der schwergewichtigen Rohstoffe mit starkem Gewichtsverlust be-läuft. *Je größer der Materialindex, desto stärker ist die Rohstofforientierung,* während bei den Industrien mit geringem Materialindex die Tendenz zur Arbeits- oder Konsumorientierung vorherrscht.

Sind mehrere Reinmaterialien oder Materialien mit geringem Gewichtsverlust von verschiedenen Orten herbeizuschaffen, so ist es häufig zweckmäßig, die Rohstoffe und die von den vorgelagerten Betrieben hergestellten Teile in den Konsumort zu befördern, wie dies z. B. im Schuh- und Bekleidungsgewerbe häufig ist. Werden m e h r e r e G r o b m a t e r i a l i e n verwendet, so wird der Standort zweckmäßig dem Orte angenähert bzw. dahin verlegt, wo das Material mit dem höchsten Materialindex gewonnen wird. Beispiele sind Hoch-öfen, Eisen- und Walzwerke, Papier- und Zuckerindustrie. Wenn zur Herstel-lung eines Produktes verschiedene Materialien und Teile aus verschiedenen Standorten beschafft werden müssen und der Absatz sich nach verschiedenen Richtungen und Entfernungen vollzieht, so heben sich Vor- und Nachteile aus der Analyse der verschiedenen Standortfaktoren weitgehend auf, so daß für die Wahl des günstigsten Standortes das Transportkostenproblem in den Hintergrund rückt.

Die E l e m e n t e d e r T r a n s p o r t k o s t e n (Gewicht, Entfernung, Art der Transportwege und Transportmittel) werden oft durch t a r i f l i c h e Gestal-tung korrigiert: Sondertarife, Staffeltarife, Differenzierung der Tarife nach Sperrigkeit und Verderblichkeit der Güter. Die Frachttarife sind natürlich ein sehr dynamischer Standortfaktor.

Der arbeitsorientierte Standort

Wenn die Löhne und sonstigen Arbeitsbedingungen an verschiedenen Orten erhebliche Unterschiede aufweisen, so ziehen die Gebiete mit den niedrigsten Löhnen die arbeitsintensiven Betriebe an. Voraussetzung ist natürlich, daß der Einsparung an Arbeitskosten nicht ein höherer Transportaufwand gegenübersteht.

Wir fassen zusammen: Betriebe mit *arbeitsintensiver Struktur,* deren Arbeitskoeffizient den Material- und Produktionsmittelkoeffizienten übersteigt, können ihren Standort mehr nach den Arbeitsmärkten orientieren als kapitalintensive und rohstoffintensive Betriebe.

Der absatz- und konsumorientierte Standort

Bei den absatzorientierten oder konsumorientierten Betrieben handelt es sich nicht nur um Betriebe mit geringem Materialindex, sondern vor allem auch um Betriebe, die eine s t ä n d i g e   u n d   n a h e   F ü h l u n g n a h m e   m i t   d e n K o n s u m e n t e n oder sonstigen Käufern voraussetzen, z. B. die Lebensmittel- und Genußgüterindustrien, das Bau-, Anbringer- und Reparaturgewerbe, die Beherbergungs-, Handels- und Verkehrsbetriebe, die Einzelhandelsgeschäfte und die Handwerker usw.

Die Agglomerationsfaktoren

Die Standortbildung wird auch stark durch die A b h ä n g i g k e i t eines Betriebes von seinen Vorlieferanten beeinflußt. Die Agglomerationsfaktoren der Standortwahl sind die Vorteile, die aus der *räumlichen Verdichtung mannigfacher, sich ergänzender Industrien* entstehen.

Die Herstellung von Teilen zusammengesetzter Erzeugnisse und von Hilfsmaterialien wird oft in den Bezirken jener Betriebe, welche die Haupterzeugnisse herstellen, vorgenommen. Agglomerativ wirken vor allem die *Kohlenvorkommen* und *Verhüttungswerke,* die eine große Anzahl verschiedenartigster Verarbeitungsbetriebe (Brückenbau, Hochbau, Maschinenbau) an sich ziehen.

Sehr viele Betriebe lassen sich in den Vororten der G r o ß s t ä d t e nieder, weil hier ein ausgedehnter Markt von Arbeitskräften aus ähnlichen Industriezweigen die Anwerbung geeigneter Facharbeiter erleichtert, weil die Versorgung mit Gas und Strom besser und sicherer ist, weil der Transport durch gute Straßen, bequeme Verladeeinrichtungen und durch ein fachkundiges Zubringergewerbe verbilligt wird. Vor allem finden hier konsumorientierte Industrien ein gutes Absatzfeld (Brauereien, Lebensmittel- und Genußmittelindustrien). Andererseits haben die Großstädte als Standort auch erhebliche Nachteile: hohe Löhne, hohe Grundstückspreise, Steuern und Abgaben. Diese Tendenzen wirken deglomerativ. Weiterhin äußern sich als D e g l o m e r a t i o n s f a k t o r e n günstige Verkehrsverbindungen, niedrige Bodenkosten und Arbeitslöhne, die vor allem bei Industrien mit geringem Materialindex eine ausschlaggebende Rolle spielen.

IV. Die Standortprobleme der neueren Wirtschaftstheorie

Die Standortfiguren

Die neuere Standortlehre sucht — ähnlich so wie es schon von Thünen tat — die Standortprobleme m a t h e m a t i s c h zu erfassen. Bereits Alfred Weber entwickelte die Standortfigur, nach der sich theoretisch für einen Betrieb der Standort ergibt, der die günstigsten Transportverhältnisse aufweist.

Die Standortfiguren werden (wir folgen hier z. T. wörtlich der Weberschen Darstellung) sich in irgendeiner Beziehung zum Konsumort bilden durch die Auswahl der Materiallager, die von ihm her gesehen für deren Bildung die günstigsten sind. Ubiquitäten werden bei der Schaffung der Figuren nicht mitwirken. Werden sie allein verwandt, kann man keine Standortfigur entwickeln; der Standort wird sich am Konsumort orientieren. Dagegen werden lokalisierte Materialien Standortfiguren als Grundlage der Produktionsorientierung schaffen. Die Figuren werden um so vielgestaltiger sein, je mehr derartige verschiedene Materialien verwandt werden. Die Zahl der Eckpunkte wird gleich sein dem Konsumort zuzüglich der Zahl der Materiallager.

Die I s o d a p a n e n sind in der graphischen Darstellung der Standortfiguren die Linien, auf denen die Orte liegen, deren Transportkostenniveau gleich hoch ist. Sie verlaufen meist als regelmäßige konzentrische Ringe um ein *Transportkostenminimum*. Bestehen mehrere benachbarte Transportkostenminima, so werden sich die Kreise entsprechend verformen.

Um die konkrete Bildung der Figuren zu erkennen, geht man vom Konsumort aus. Für die Auswahl ist der T r a n s p o r t k o s t e n i n d e x der entstehenden Transportfigur maßgebend. Die Lösung der Frage, wo der Standort sein wird, läßt sich gewinnen durch die Anschauung, daß jede der Ecken der Standortfigur (also der Konsumort und jedes der Material- und Kraftlager) mit der Stärke seiner Komponente an den Standort ziehen wird, d. h. die Konsumortkomponente mit dem Produktgewicht, jede Materialkomponente mit dem Gewicht ihrer Materialien.

Die Anwendung des Substitutionsprinzips in der Standortlehre

Unter *Substitution* versteht man den Austausch bestimmter Wirtschaftsmittel gegen andere, wenn z. B. von zwei gleichartigen Produktionsfaktoren einer im Verhältnis zum anderen billiger wird, so wird man den relativ teueren durch den relativ billigeren Produktionsfaktor substituieren; so etwa, wenn man Handarbeit durch Maschinenarbeit ersetzt. Dieses letzte Beispiel zeigt uns bereits die Bedeutung der Substitution für die Standortwahl. Sind an einem Ort die Arbeitslöhne so niedrig, daß die Produktion durch Handarbeit billiger ist als durch Maschinenarbeit, so wird man diesen Standort dem vorziehen, wo hohe Löhne zum Übergang zur Maschine zwingen. In der Standortlehre wird also der jeweilige Standort durch die Substitutionspunkte der standortlich bedingten Produktionsmittelgruppen bestimmt. Dabei sind vor allem die Transportkosten und die Lagerrente, die sich je nach Standort und Bevölkerungsdichte verändern, bestimmend. „Wird die konkrete Lage einer Produktion durch die Bodenqualität oder das Klima hervorragend begünstigt, so ist sie doch nicht etwa durch die Bodenqualität oder das Klima bestimmt, sondern das Substitutionsprinzip weist der Bodenqualität oder dem Klima die Bedeutung zu, die ihm im wirtschaftlichen Gesamtzusammenhang zukommt" (Predöhl).

Man hat die Auswirkungen des Substitutionsprinzips mathematisch dargestellt und versucht, den Einfluß produktionsbestimmender Faktoren (Arbeit und Kapital) auf den Produktionsumfang in zwei Systemen von „Schichtlinien" für zwei Gebiete zu verdeutlichen. Mit Hilfe dieser *Isoquanten* wurden die Arbeits- und Kapitalbewegungen zwischen zwei Gebieten untersucht (E. M. Hoover, Versuch einer raumwirtschaftlichen Umgliederung, Weltwirtschaftsarchiv 1938, I). Auch das O p e r a t i o n s R e s e a r c h hat Verfahren zur Bestimmung des optimalen Standorts entwickelt (siehe das Beispiel oben S. 287 f.).

Würdigung der mathematischen Richtung der Standortlehre

Bereits T h ü n e n hat die Grenzen seiner Modellanalyse erkannt: „Einleuchtend muß es sein, daß, wie vollendet auch einst die Theorie der Landwirtschaft dastehen möge, dennoch das Geschäft des Landwirts, wenn er nicht blinder Nachahmer sein, sondern sich die Gründe, wonach er handelt, stets bewußt sein will, niemals mechanisch werden kann, sondern immer ein ernstes und tiefes Studium seines Standpunktes und der Verhältnisse der bürgerlichen Gesellschaft erfordern wird."

Othmar S p a n n lehnt gleichfalls die analytische Betrachtung als *alleinige* Methode ab und schließt sich W. Roscher an. Nach ihm ist der einzelne Betrieb nicht isoliert, sondern in ein Netz wirtschaftlicher und außerwirtschaftlicher Beziehungen verflochten. Spann lehnt die Standortlehre Thünens keineswegs ab, hebt aber hervor, daß Thünens Begriff „Entfernung vom Markt" kein räumlicher, geographischer Begriff, sondern durch die Frachtkosten bestimmt sei. Er bedeute aber nicht eigentlich ein bloß größenmäßiges „Kosten"element, sondern eine bestimmte Eingliederungsbedingung der Einzelwirtschaft in den gesamten Gliederbau und bezeichne „ein qualitatives Gliedschaftsverhältnis, das erst abgeleiteterweise den räumlichen Standort bestimmt, d. h. erst in der räumlichen Auswirkung". Aus diesem Grunde müssen nach Spann alle Versuche, den industriellen Standort lediglich mathematisch zu bestimmen, scheitern. „Obwohl mathematische Elemente in solchen Untersuchungen verwendbar sind, so können sie niemals, wie in der mathematischen Physik, durchgängig gelten. Faßt man jene ‚Orientierung' (d. h. Rohstoff-, Verbrauchs- und Arbeitsorientierung) als Ausdruck bestimmter Gliedhaftigkeiten bestimmter Betriebe, so erkennt man leicht:

1. daß noch andere hinzukommen, die noch nicht mathematisch veranschlagt werden können, z. B. da Vertrauen nun einmal Bedingung des Kredites ist, die persönlichen Beziehungen zu Kapitalgebern (die mit ihren bestimmten Wohnsitzen oft genug den Ausschlag für den Standort geben) ...;

2. aber wird bei jener mathematisch-mechanischen Behandlung ... verkannt, daß auch die Kosten nie etwas mechanisch Gegebenes sind, sondern a) von den jeweils zu errichtenden Betrieben, schließlich b) vom gesamten Gliederbau der Wirtschaft abhängen." (Spann, Die Haupttheorien der Volkswirtschaftslehre, 27. Aufl. 1967).

Adolf Weber ist der Ansicht, *Alfred Weber* zöge „im Grund genommen nur die Kundenproduktion und nicht die Marktproduktion mit ihrer Interdependenz in den Bereich seiner Überlegungen und ginge somit an dem Wesentlichen vorbei". A. L ö s c h meint: „Es gibt keine wissenschaftliche, eindeutige, sondern nur eine praktische Lösung des einzelwirtschaftlichen Standortproblems: Durchprobieren."

V. Die Standortwahl in der Praxis

Die Betriebe, die sperrige Rohstoffe mit im Verhältnis zum Gewicht geringem Wert und großem Gewichtsverlust verarbeiten, also einen *hohen Materialindex* aufweisen, neigen zur *Rohstofforientierung.* Wir finden sie daher vor allem in der „S c h w e r"i n d u s t r i e , im Bergbau und in der Verhüttung. Die Betriebe dagegen mit überwiegendem *Arbeitsindex* und einem im Vergleich zu den verwandten Materialien hohen Wert der Produkte tendieren zur *Arbeitsorientierung.* Wir finden hier vor allem die *Verarbeitungs-* oder *Veredelungsindustrien* sowie das *Handwerk.*

Die *Produktionsmittel-* und *Baustoffindustrien* folgen teils der Rohstoff-, teils der Arbeits- und Absatzorientierung. Werden verschiedene sperrige Rohstoffe verarbeitet, wie Kohle und Eisen in der Verhüttungsindustrie, so gibt der Rohstoff mit geringerem spezifischem Gewicht, also höheren Beförderungskosten für die Gewichteinheit, den Ausschlag. Aus diesem Grunde *wandern die Eisenerze zur Kohle;* sie werden nicht an ihrem Vorkommen verhüttet, sondern an denen der Kohle, weil es billiger ist, die Erze zur Kohle, als diese zu den Erzen zu transportieren. Die *Konzentration der Hüttenindustrien* und zahlreicher eisen- und stahlverarbeitender Industrien *über allen großen Kohlenvorkommen,* an der Ruhr, im Saargebiet, in Oberschlesien, in England und in den USA, ist eine Folge der *Rohstofforientierung des Standorts.*

Die *Verkehrsorientierung* spielt auch eine erhebliche Rolle. Sie steht in engem Zusammenhang mit der Rohstofforientierung und deckt sich mit ihr insofern, als die Wahl des Standorts in der Nähe der Rohstofflager aus der Erwägung erfolgt, daß sich mit ihr geringere Transportkosten für die notwendigen Materialien verbinden. Es kommt jedoch häufig vor, daß die Betriebe sich nicht unmittelbar an den Rohstoffvorkommen niederlassen können. In diesem Fall werden sie v e r k e h r s m ä ß i g günstig gelegene Standorte bevorzugen, wie die Lage an Wasserstraßen oder großen Eisenbahnlinien. Betriebe, die ausländische Rohstoffe verarbeiten, sind oft in den Seehäfen anzutreffen. Die Sondertarife der Verkehrsmittel, insbesondere der Eisenbahnen, ermöglichen allerdings häufig die Entfernung von den Materialvorkommen und Rohstoffvorkommen und die Annäherung an die Absatzmärkte.

Die *Kraftorientierung* war früher von sehr großer Bedeutung. Vor Erfindung der Dampfmaschine nutzten die Betriebe vor allem die Wasserkraft aus und siedelten sich an den Flüssen mit starkem Gefälle an. Nach Erfindung der Dampfmaschine wurden die Orte großer Kohlenvorkommen zu einem wichtigen Standort der Industrie. Seitdem jedoch die elektrische Energie durch den Ausbau großer Stromverteilungsnetze zur wichtigsten Kraftquelle geworden ist, ist die Kraftorientierung der Betriebe ganz in den Hintergrund getreten.

VI. Literaturhinweise

Behrens, Karl Christian, Allgemeine Standortbestimmungslehre. 2. Aufl., Köln und Opladen 1971.

Brede, H.: Bestimmungsfaktoren industrieller Standorte. Berlin/München 1971.

Hansmann, K.-W.: Entscheidungsmodelle zur Standortplanung, Wiesbaden 1974.

Jacob, H.: Zur Standortwahl der Unternehmungen, 2. Aufl. Wiesbaden 1973.

Liebmann, H.-P.: Die Standortwahl als Entscheidungsproblem. Würzburg/Wien 1971.

Weber, Alfred: Industrielle Standortlehre. 2. Aufl. Tübingen 1923.

G. Betriebsgröße und Unternehmenswachstum

I. Klassifikation der Betriebe in Groß-, Mittel- und Kleinbetriebe

Die Bedeutung dieser Klassifikation

Schon von jeher teilt man die Betriebe nach den Betriebsgrößen in „Groß-", „Mittel-" und „Kleinbetriebe". Doch handelt es sich dabei lediglich um eine vornehmlich *qualitative Klassifikation* der Betriebe, denn die quantitative Abgrenzung dieser drei Größen ist ganz unterschiedlich und dient vor allem praktischen Zwecken. Die Finanzbehörde rechnet z. B. alle Unternehmen mit mehr als 50 Beschäftigten zu „Großbetrieben", bei denen jährlich eine Betriebsprüfung stattfindet, bei den restlichen „Kleinbetrieben" wird nur mindestens alle drei Jahre einmal geprüft. Eine andere Einteilung geht vom Finanzierungsstandpunkt aus und rechnet nur die Unternehmen zu Großbetrieben, die Zugang zum Kapitalmarkt, d. h. zu den Effektenmärkten haben, das sind in der Regel nur Aktiengesellschaften, alle anderen Betriebe können allenfalls Hypothekarkredite aufnehmen und sind im übrigen auf Eigenfinanzierung angewiesen. — Die *amtliche Statistik* rechnet zu den industriellen Kleinbetrieben Betriebe mit 10 bis 100 Beschäftigten, zu Mittelbetrieben Betriebe mit über 100 bis 1000 und zu Großbetrieben Betriebe mit mehr als 1000 Beschäftigten; das Statistische Bundesamt hat jetzt sieben Betriebsgrößenklassen gebildet (Betriebe mit 1—9, 10—49, 50—99, 100—199, 200—499, 500—999 sowie 1000 und mehr Beschäftigten). — Von den zahlreichen unterschiedlichen Gliederungen nach diesem Klassifikationsprinzip seien noch Einteilungen zum Zwecke der Kreditprüfung, Kreditanalyse und des Betriebsvergleichs erwähnt.

Aus den Bestrebungen, die Betriebe nach ihrer Größe zu klassifizieren, läßt sich schließen, daß die einzelnen Betriebsgrößen ganz besondere Strukturen und Probleme haben. So hat Jacob *Viel* (Betriebs- und Unternehmungsanalyse, 2. Aufl. 1958) eine Reihe teils qualitativer, teils quantitativer Merkmale zur Unterscheidung von Groß- und Kleinbetrieben herausgestellt: fabrikmäßige oder handwerkliche Herstellung, Arbeit auf Bestellung oder für den anonymen Markt, kaufmännische Qualifikation des Unternehmensleiters, Umfang der Belegschaft, Umfang der Kapitalinvestition und Umsatzgröße.

Werner *Sombart* (Der moderne Kapitalismus, III. Bd., 2. Halbbd. 1928) hat folgende Merkmale angegeben, nach denen man die Betriebsgröße bestimmen kann:

(1) *personale:* Zahl der beschäftigten Personen: ein sicheres, aber sehr trügerisches Merkmal angesichts der verschiedenen „organischen" Zusammensetzung des Kapitals;

(2) *reale:* das sind

    a) Größe (Zahl) der Arbeitsmittel: Spindeln, Lokomotiven, Tonnengehalt der Schiffe;

    b) Mengen der verarbeiteten Rohstoffe oder der erzeugten Güter oder sonst vollzogenen Leistungen (Tonnenkilometer, Wechseldiskonte, vermittelte Gespräche);

    c) Größe der genutzten Bodenfläche (bei den landwirtschaftlichen Betrieben);

(3) *kapitale:* die Größe des aufgewandten Kapitals.

Die Leitungsorganisation verschieden großer Unternehmen

Peter F. *Drucker* (amerikanischer Soziologe und Betriebsberater österreichischer Herkunft) hat die Industriebetriebe in vier verschiedene Größenklassen eingeteilt und versucht, die verschiedenartigen *Strukturen des Management* herauszuarbeiten (Die Praxis des Management, 5. Aufl., Düsseldorf 1966).

1. *Das kleine Industrieunternehmen:* Im Gegensatz zum handwerklichen Betrieb, der von einem Alleininhaber geführt wird, ist es bereits ein Unternehmen, das zwischen dem Mann an der Spitze und dem Arbeiter noch eine Rangstufe braucht. Doch ist weder die praktische noch die planende Seite der Tätigkeit des Unternehmensleiters allein eine ganztätige Aufgabe, er wird neben der Leitung des Betriebes noch eine Spezialfunktion, wie etwa den Verkauf oder die Produktion, ausüben. Trotzdem braucht das Unternehmen bereits eine Organisation des Management. Der kleine wie auch der mittlere Industriebetrieb haben stets eine *„funktionale dezentrale Organisation"*, d. h. die einzelnen größeren Gebiete der Unternehmenstätigkeit bilden integrierte Einheiten mit jeweils einem Höchstmaß von Verantwortlichkeit. Das *Hauptproblem* des Kleinunternehmens — und auch des Mittelbetriebes — ist gewöhnlich, daß sie zu klein sind, um sich das Management zu halten, das sie eigentlich brauchten. Die leitenden Stellungen in diesen Unternehmungen erfordern eine größere Vielseitigkeit als die entsprechenden Stellungen in großen und sehr großen Unternehmungen. Doch sie fordern das gleiche Können. Der obersten Leitung stehen nicht wie bei größeren Unternehmen hochqualifizierte technische und fachliche Kräfte zur Seite. Drucker schlägt deshalb vor, daß Kleinunternehmen eine Art *Beirat* aus Außenseitern organisieren, der aus einem Vertreter der Hausbank, dem Rechtsanwalt der Firma, einem Betriebsberater, einigen Großkunden, einigen Lieferanten und dgl. zusammengesetzt ist.

2. *Der Mittelbetrieb* unterscheidet sich vom Kleinunternehmen in doppelter Hinsicht. Zunächst erfordert die Leitung der laufenden Geschäfte einen Mann für sich. Es ist nicht mehr möglich, daß dieser gleichzeitig auch die grundsätz-

liche allgemeine Unternehmungspolitik leitet. Diese Aufgabe mag allerdings vielleicht noch nicht die volle Arbeitskraft eines Mannes beanspruchen; so kann sie etwa vom Leiter der Finanzen neben seinen finanziellen Aufgaben mitübernommen werden. Unternehmungen dieser Größenordnung brauchen daher stets ein *Führungskollegium,* das regelmäßig zu Planungsbesprechungen zusammenkommt. Auch hier stellt sich bereits das Problem der Beziehungen der fachlichen Vorgesetzten zur Unternehmungsspitze.

3. *Das große Unternehmen:* In ihm muß die eine oder andere leitende Funktion als Aufgabe einer Gruppe, eines *Kollegiums,* organisiert sein. Entweder ist es die oberste Leitung der laufenden Geschäfte oder die allgemeine Bestimmung der Unternehmenspolitik, die für einen Mann zu groß ist und daher aufgeteilt werden muß. Über die Organisation der Unternehmensleitung siehe oben S. 94 f. — In großen Unternehmen ist das *föderalistische Organisationsprinzip* stets das bessere, d. h. die verschiedenen Teilbetriebe sind als „selbständige Produktionseinheiten" zu integrieren, jede mit ihrem eigenen Markt und Erzeugnis, jede selbstverantwortlich für Gewinn und Verlust. Doch damit entsteht das Problem der Beziehungen zwischen der obersten Unternehmensleitung und den selbständigen Leitern der förderalistischen Einheiten, die oft zu Schwierigkeiten führen.

4. *Das sehr große Unternehmen* ist dadurch gekennzeichnet, daß sowohl die Leitung der laufenden Geschäfte wie auch die allgemeine Bestimmung der Unternehmenspolitik auf *Gruppenbasis* organisiert sein muß. Und jede dieser Aufgaben beansprucht die volle Arbeitskraft mehrerer Leute. Für das sehr große Unternehmen kommt nur die föderalistische Dezentralisation in Frage. Das Unternehmen ist zu groß und zu vielgestaltig, als daß es sich in anderer Form organisieren ließe. Schließlich wird hier die *Organisation der Unternehmensspitze* und ihre Beziehungen zum „operating management" zu einem wichtigen Problem, das mehr als alles andere die Aufmerksamkeit und die Kraft der Unternehmensspitze beansprucht. Die systematische Organisation der obersten Leitung ist deshalb hier am schwierigsten, aber auch am wichtigsten.

Das W a c h s t u m   d e r   U n t e r n e h m u n g e n ist nach Drucker dadurch gekennzeichnet, daß sich ein Unternehmen nicht allmählich und unmerklich vom kleinen zum mittleren und zum großen Unternehmen entwickelt. Jede der Stufen hat eine eigene Struktur, *die Größe ist sowohl eine Angelegenheit der Qualität wie der Quantität.* Der Übergang von einer Größenordnung in eine andere ist deshalb das schwierigste Problem, und ist weitgehend ein Problem der Haltung des Management; denn die wichtigste Bedingung für ein erfolgreiches Wachstum ist die Fähigkeit des Management, seine Grundeinstellung und sein Verhalten radikal zu ändern. Sobald das Unternehmen größer wird, hat die oberste Führung in ganz anderen Zeiträumen zu denken; je größer es wird, um so weiter in die Zukunft hat sie zu handeln. Das Verhältnis zwischen der Stellung von Aufgaben und ihrer Durchführung wird anders; je größer das Unternehmen wird, um so mehr wird die Leitung sich mit der Zielsetzung zu befassen haben und um so weniger mit den einzelnen Schritten zur Erreichung dieser Ziele. Hier werden oft sehr große Fehler gemacht, und der Fall ist häufig, daß derjenige, der ein Unternehmen aufgebaut hat, nicht gewillt und nicht imstande ist, Autorität und Verantwortung zu teilen und zu delegieren. So war die

Ford Motor Company in den 30er Jahren nach Drucker „ein Musterbeispiel schlechten Geistes, schlechter Organisation und schlechter Beziehungen", nur deshalb, weil der alte Ford sie in der Art zu führen suchte, wie ein kleines Unternehmen im allgemeinen geführt wird. Sein Sohn Henry II hat das, als er das Werk übernahm, erkannt und das Management radikal umgestaltet.

Doch betreffen diese Probleme nicht nur die oberste Unternehmensleitung. Auch das *mittlere Management* des wachsenden Unternehmens muß sich nicht weniger umstellen, und es fällt ihm nicht weniger schwer.

II. Die Problematik des Unternehmenswachstums

Unternehmenswachstum als langfristige Erscheinung

Eine Unternehmung kann bei besonderem Bedarf zu gewissen Zeiten (Saison) ihre Produktion vorübergehend wesentlich erhöhen. Doch wird hier niemand von einer „wachsenden Unternehmung" sprechen. Denn die Normalkapazität wird hier nicht vergrößert, sondern es wird versucht, durch Überstunden, Einstellung von Aushilfspersonal, Überbeanspruchung von Maschinen und Menschen der Maximalkapazität möglichst nahezukommen oder sie, gegebenenfalls auch durch vorübergehende Beschäftigung fremder Betriebe, zu übersteigen. Doch alle diese Maßnahmen haben nur den provisorischen Charakter einer „short-run period". Die „wachsende Unternehmung" setzt also — dem Sprachgebrauch folgend — voraus, daß eine Vergrößerung der potentiellen Kapazität für eine „long-run period" *dauerhaft* ist. Die Dauer dieser Periode ist betriebsindividuell sehr verschieden lang.

Das U n t e r n e h m e n s w a c h s t u m kann erfolgen durch

A. *internes Wachstum,* und zwar

    1. durch Ausweitung eines einzelnen Betriebes am Standort,

    2. durch Errichtung eines neuen Betriebes (Zweigbetriebes) innerhalb der Unternehmung, und zwar

        a) eines Betriebes mit gleicher Produktionsfunktion (mutiples Wachstum — wir kommen darauf noch zurück),

        b) eines Betriebes mit andersartiger Produktionsfunktion (mutatives Wachstum);

B. *externes Wachstum:*

    3. durch Fusion zweier oder mehrerer schon bestehender Unternehmen.

Beim *internen Wachstum* eines Produktionsbetriebes handelt es sich durchweg auch um eine Vergrößerung der Unternehmung. Dagegen braucht das *externe Wachstum* keine Betriebsvergrößerung zur Folge zu haben; denn bei einer Fusion zweier Unternehmungen wird die potentielle Kapazität der fusionierenden Betriebe häufig nicht verändert.

Multiple und mutative Vergrößerung

Das Wachstum eines Betriebes kann eine multiple (multiplikative) oder eine mutative Erweiterung sein:

1. Die m u l t i p l e E r w e i t e r u n g ist ein Wachstum bei *unveränderter Produktionsfunktion*, d. h. die technisch-organisatorischen Produktionsbedingungen (die Produktionsfaktorqualität) ändern sich nicht. Das ist z. B. der Fall, wenn zur Erhöhung der Kapazität die vorhandenen Anlagen um ein x-faches vermehrt werden oder wenn eine Unternehmung für die Dauer vom Zweischicht- zum Dreischichtbetrieb übergeht (vgl. dazu unten S. 479 ff.).

Eine rein multiple Erweiterung wird allerdings nur bei kleinen Betriebserweiterungen eintreten, wenn etwa ein Hochofenbetrieb mit fünf Öfen einen sechsten anbläst. Doch eine Unternehmung, die ihre gesamte Fertigungsanlage durch Errichtung eines zweiten Betriebes mit den gleichen Anlagen vergrößert hat, hat sich nicht einfach verdoppelt; denn diese Vergrößerung hat erhebliche organisatorische Änderungen zur Folge, das gilt hier inbesondere für die Leitung, den Vertrieb und die Verwaltung, die vor vielen völlig neuen Problemen stehen, wie bereits oben gezeigt wurde. Doch auch der Fertigungsbetrieb, der sich anscheinend verdoppelt hat, wird neue organisatorische Probleme aufwerfen, so können insbesondere Hilfsbetriebe (Instandsetzungsabteilung) zusammengelegt werden usw., wodurch seine Struktur sich ändert. Es hat sich also bereits die *Produktionsfunktion gewandelt*, die Vergrößerung verlief mutativ.

2. Die m u t a t i v e V e r g r ö ß e r u n g der Unternehmung verändert die Produktionsfunktion, d. h. die technisch-organisatorischen Produktionsbedingungen. Das ist vor allem der Fall bei der *Vergrößerung des Produktions- und Absatzprogrammes*, das sowohl eine Erweiterung in der Produktionsbreite wie auch in der Produktionstiefe bewirken kann.

a) D i e P r o d u k t i o n s b r e i t e ist durch die Größe des Sortiments gekennzeichnet. Bei Erweiterung der Produktionsbreite, d. h. bei „*horizontalem Wachstum*", werden ein oder mehrere neue Artikel ins Sortiment aufgenommen. Das geschieht vor allem, um das Sortiment zu vervollständigen, Marktchancen auszunutzen, Käuferwünschen entgegenzukommen, Betriebsteile mit Überkapazität voll zu beschäftigen und dergleichen mehr.

b) D i e P r o d u k t i o n s t i e f e wird von der Anzahl der Produktionsstufen bestimmt. Bei Vergrößerung der Produktionstiefe, d. h. bei „*vertikalem Wachstum*", werden dem Betrieb ein oder mehrere neue Betriebe vor- oder nachgelagerter Produktionsstufen angegliedert. Bei der *Backward Integration* wird eine vorgelagerte Produktionsstufe angeschlossen, z. B. wird eine Weberei um eine Spinnerei erweitert; bei der *Forward Integration* wird eine nachgelagerte Produktionsstufe angegliedert, der Weberei wird eine Färberei angeschlossen. Das geschieht vor allem, um sich von fremden vor- oder nachgelagerten Betrieben unabhängig zu machen, um das Produkt konsumreifer zu gestalten oder um einen größeren Marktanteil zu erringen.

Scheinbar multiple Erweiterungen einer Unternehmung haben häufig einen mutativen Charakter, d. h. es verändert sich auch die Produktionsfunktion.

III. Der neuere Begriff und die Messung der Betriebsgröße

Betriebsgrößen im Betriebsvergleich

Nach unseren bisherigen Darlegungen ist ein exakter Vergleich der Betriebsgrößen nach verschiedenen Wirtschaftszweigen unmöglich, weil eine einheitliche Bezugsgröße fehlt. Eine Wirtschaftsprüfergesellschaft mit 200 Beschäftigten ist ein Großbetrieb, der vielleicht schon seine optimale Kapazitätsgrenze erreicht hat. Das Gegenstück ist ein Wasserwerk, das eine amerikanische Großstadt versorgt, rund 7500 Menschen beschäftigt und dessen Generaldirektor sagte: „Wir brauchen kein größeres Management als ein Spielwarenladen." Andererseits machen die Betriebsmittel (Anlagevermögen) der Wirtschaftsprüfergesellschaft nur einen winzigen Bruchteil der Betriebsmittel des Wasserwerkes aus. Das gleiche gilt für den Umsatz.

Wenn die amtliche Statistik die Betriebsgrößen nach der *Zahl der Beschäftigten* vergleicht, so ist diese Statistik trotzdem aussagefähig, denn man kann daraus die durchschnittlichen Größenordnungen der Betriebe in den einzelnen Zweigen der Wirtschaft hinsichtlich der Beschäftigtenzahl ersehen. Das ist vor allem für den Wirtschaftspolitiker aufschlußreich, weniger dagegen für den Betriebswirt; er möchte exakt das Wachstum eines *einzelnen* Betriebes ermitteln und vor allem in die Zukunft planen, wie groß soll der Betrieb in einem, in zwei oder fünf Jahren sein. Dazu freilich braucht er nicht nur exakte Maßgrößen, sondern auch einen „exakten" Begriff der Betriebsgröße.

Der Begriff der Betriebsgröße

Wir haben bereits verschiedene Maßgrößen (Beschäftigungszahl, Produktionskapazität) kennengelernt und gesehen, daß diese Größen zum Teil wenig aussagefähig zur exakten Messung der Betriebsgröße sind, sie haben entweder qualitativen Charakter oder greifen nur ein quantitatives Merkmal der Betriebsgröße heraus (Beschäftigtenzahl), das nur einen der drei Produktionsfaktoren berücksichtigt (Arbeitskräfte) und allein nicht entscheidend ist für das Wachstum der Unternehmung.

In der neueren betriebswirtschaftlichen Literatur geht man bei der Bestimmung der Betriebsgröße vom Gesamtumfang der eingesetzten Produktionsmittel aus. Danach ist *Betriebsgröße „der Umfang des Gesamteinsatzes der vom Unternehmer kombinierten Produktionsmittel"* (H. *Koch*, Art. Betriebsgröße, im Handw. d. Sozialw., 1959).

Da die eingesetzten Produktionsfaktoren bei Änderungen der Betriebsgröße qualitativ nicht konstant bleiben und ihre Zusammensetzung sich mengenmäßig ändert, läßt sich jedoch der Umfang des Produktionsmitteleinsatzes *nicht exakt* messen, wie besonders H. *Koch* (a. a. O.) gezeigt hat:

(1) Mit steigender Betriebsgröße nimmt in der Regel die *Maschinisierung und Mechanisierung* zu, die Arbeitskräfte werden durch die Maschine substituiert, d. h. der Einsatz von Betriebsmitteln (Maschinen) steigt stärker als die Beschäftigtenzahl, die vielleicht sogar noch abnimmt.

(2) Die Zusammensetzung der Betriebsmittel kann sich infolge des *unterschiedlichen Grades ihrer Teilbarkeit* verändern; in einer Halle mit 50 Maschinen-

aggregaten können z. B. noch 10 weitere Aggregate untergebracht werden, ohne daß eine neue Halle gebaut werden muß.

(3) Die *Erweiterung des Produktionsprogrammes* verändert gleichfalls die Zusammensetzung der Produktionsfaktoren in den einzelnen Teilbereichen des Betriebes, es handelt sich hierbei um die „horizontale Betriebsvergrößerung" in die „Produktionsbreite" und die „vertikale Betriebsvergrößerung" in die „Produktionstiefe".

Die Maßstäbe der Betriebsgröße

Man sucht nun durch *exakt quantifizierbare Hilfsgrößen* den Produktionsmitteleinsatz wenigstens annähernd genau zu erfassen. Solche Hilfsgrößen, die je nach dem Betrieb einen sehr unterschiedlichen Aussagewert haben, sind vor allem:

(1) die *Zahl der Beschäftigten:* Sie ist nur in sehr arbeitsintensiven Betrieben mit geringem technischen Fortschritt aussagefähig; denn ein Betrieb kann durch Automatisierung seine Kapazität wesentlich erhöhen, wo hingegen die Beschäftigungszahl abnimmt. Über die Bedeutung der amtlichen Statistik, der die Zahl der Beschäftigten zugrunde liegt, haben wir oben bereits gesprochen (S. 302 und 307);

(2) die *Lohn- und Gehaltssumme* ist aus den gleichen Gründen nur sehr bedingt brauchbar;

(3) der *Rohstoffeinsatz je Zeiteinheit:* Er ist in rohstofforientierten Betrieben aussagefähig, wenn es sich um einen für den Betrieb charakteristischen Rohstoff handelt, die Leistungen homogen sind und das Produktionsprogramm nicht geändert wird; das ist z. B. bei einem Sägewerk der Fall;

(4) der *Umsatz je Zeiteinheit:* Er ist in vielen Fällen, insbesondere auch bei Betrieben mit heterogenen Leistungen, geeignet, doch müssen Preisschwankungen eliminiert werden. Der Umsatz ist eine sehr beliebte Maßgröße, die neuerdings auch in der amtlichen Statistik verwendet wird;

(5) die *Ausbringungsmenge je Zeiteinheit:* Sie ist sehr brauchbar bei Einproduktbetrieben, Betrieben mit starrer Kuppelproduktion oder bei Betrieben, bei denen die Menge der einzelnen Produkte auf einen Nenner gebracht werden kann;

(6) das *investierte Kapital:* es ist als Maßgröße wenig geeignet (selbst wenn die stillen Reserven aufgelöst sind), da es den Faktor Arbeitskräfte und damit Änderungen der Produktionsfunktion durch Substitution der Arbeit durch Maschinen nicht berücksichtigt. Noch ungeeigneter ist das *Eigenkapital* als Maßstab der Betriebsgröße;

(7) die *Anzahl der Arbeitsplätze oder der Maschinenaggregate:* sie ist in Betrieben mit homogenen Produktionsverfahren sehr geeignet, sofern die Arbeitsplätze bzw. die Maschinenaggregate gleiche Kapazität haben, z. B. in Webereien die Anzahl der Spindeln, in der Zementindustrie die Anzahl der Drehöfen.

Die Wachstumsrate

Die Gründe für das Unternehmenswachstum sind den Zielfunktionen der Unternehmung kongruent, das Streben nach Erwerb, nach Sicherheit, nach sozialem Prestige, nach Befriedigung der Tätigkeit usw. Über die Bedeutung und Rangordnung dieser Ziele haben wir bereits eingehend gesprochen (s. oben S. 189 f.). Allerdings steht die Unternehmung in der modernen Wirtschaft unter einem ständigen Druck, ihr Wachstum zu fördern, um mit der technischen Entwicklung Schritt zu halten. Der *technische Fortschritt* ist allerdings in den einzelnen Wirtschaftszweigen verschieden und im Tempo schwankend.

W. *Wittmann* hat zur exakten Bestimmung des Wachstums den Begriff der *„unternehmungsindividuellen Wachstumsrate"* entwickelt (W. Wittmann, Überlegungen zu einer Theorie des Unternehmungswachstums, in ZfhF 1961, S. 493 ff.). Er versteht darunter das Wachstum pro Zeiteinheit, und zwar das mittlere Wachstum oder den Anstieg des Wachstumstrends, nicht dagegen den effektiven Wachstumsverlauf, da er mit der „short-run period" zu sehr schwankt. Diejenige Wachstumsrate, die mit einer vorgegebenen Zielfunktion der Unternehmung am besten harmoniert, bezeichnet Wittmann als *„optimale Wachstumsrate"*. Dagegen ist die „minimale Wachstumsrate" jene Wachstumsrate, die nicht unterschritten werden darf, wenn die Existenz der Unternehmung nicht gefährdet werden soll. Wittmann ist der Ansicht, daß die minimale Rate durch das Wachstum des Wirtschaftszweiges oder der Gesamtwirtschaft vorgegeben ist. Das andere Extrem ist das *maximale Wachstum*, das nach Wittmann durch die äußeren Umstände (Entwicklung des Absatzmarktes, Liefermöglichkeit der Investitionsgüterindustrie usw.) und durch die Größe der jeweils verfügbaren finanziellen Mitteln bestimmt wird. Man kann unter der Wachstumsrate sowohl eine *Größe der Vergangenheit*, das Ergebnis der bisherigen Wachstumsentscheide, verstehen oder eine die Entscheidungen mitbestimmende Vorstellung *zukünftiger Entwicklungen*, die natürlich auf der Erfahrung und sorgfältigen Untersuchungen beruhen muß.

Die Beziehungen zwischen *Betriebsgröße und Kostenverlauf*, oder genauer die Veränderung der Kostenstruktur bei Anpassungsprozessen, sowie das Problem der *optimalen Betriebsgröße* behandeln wir an anderer Stelle (Seite 460 bzw. S. 468 f. und 477 ff.).

Die „Theorie des Unternehmungswachstums"

Eine „Theorie des Unternehmungswachstums" wird erst seit einigen Jahren entwickelt. Doch wirft Walter *Müller* (Zur betriebswirtschaftlichen Problematik des Unternehmungswachstums, in: Die Unternehmung 1964, H. 4, S. 185 ff.) mit Recht die Frage auf, ob für eine „Theorie des Unternehmungswachstums" überhaupt eine Berechtigung vorliege, denn die Betriebswirtschaftslehre habe sich seit langem schon mit Modellen von Wachstumsentscheidungen beschäftigt. So sind *Entscheidungen über Investitionen* im industriell-gewerblichen Bereich der Wirtschaft zumeist Wachstumsentscheide, und das Entscheidungsmodell, das ihnen zugrunde liegen sollte, wurde von der Wirtschaftstheorie als eine Variante der Wirtschaftlichkeitsrechnung entwickelt, ohne daß man dabei unter dem Eindruck gestanden hätte, damit einen Baustein zu einer speziellen Wachstumslehre zu liefern. Dasselbe gilt für *Entscheidungen über die Sortiments-*

breite und die Produktionstiefe, die häufig eine neue Wachstumsphase einleiten, von *Finanzierungsentscheidungen,* von Entscheidungen über einen *Ausbau der Organisation* usw. Auf allen wichtigen Lebensgebieten der Unternehmung werden solche Wachstumsentscheidungen getroffen, mit denen sich seit langem auch die Betriebswirtschaftslehre beschäftigt. Daher tauchen in der Literatur unter dem Titel „Wachstumsprobleme" viele Probleme auf, die schon altbekannt sind. Doch kommt W. Müller zu dem Schluß, daß die „Neuetikettierung traditioneller Probleme dann *einen guten Sinn* habe, wenn sie zum Ausgangspunkt einer Erweiterung und Vertiefung der Problemstellung zu werden vermag". Wie unsere vorstehende Darstellung gezeigt hat, besteht zwischen den einzelnen Modellen von Wachstumsentscheidungen eine enge Verwandtschaft, die man früher nicht sah, da man die einzelnen Wachstumsprobleme zu isoliert betrachtete. „Das gemeinsame Merkmal des ‚Größerwerdens' färbt auf die Problematik der Entscheide ab und verleiht dieser über alle, aus der Verschiedenheit des Entscheidungsobjektes sich ergebenden Unterschiede hinweg eine bestimmte Einheitlichkeit." (Müller, a. a. O., S. 189)

IV. Literaturhinweise

Baumberger, H. U.: Die Entwicklung der Organisationsstruktur in wachsenden Unternehmungen. Bern 1961.

Brändle, R.: Unternehmenswachstum. Wiesbaden 1970.

Busse von Colbe. W.: Die Planung der Betriebsgröße. Wiesbaden 1964.

Gutenberg, E.: Über den Einfluß der Gewinnverwendung auf das Wachstum der Unternehmung, ZfB 1963, S. 194 ff.

Hax, K.: Unternehmungswachstum und Unternehmungskonzentration in der Industrie, in ZfhF 1961, S. 1 ff.

Pankoke, W.: Die Anpassung der Führungsorganisation an wachsende Betriebsaufgaben. Zürich 1964.

Penrose, Edith T.: The Theory of the Growth of the firm. Oxford 1959.

Perlitz, M.: Die Prognose des Unternehmenswachstums aus Jahresabschlüssen deutscher Aktiengesellschaften. Wiesbaden 1973.

Probleme wachsender Industrieunternehmungen in einer wachsenden Volkswirtschaft, gewidmet Theodor Beste, in ZfhF 1964, Heft 4/5.

Walterspiel, Georg: Betriebswachstum aus Abschreibungen? Kritische Studie. Wiesbaden 1977.

Wittmann, W.: Überlegungen zu einer Theorie des Unternehmungswachstums, ZfhF 1961 S. 493 ff.

Zahn, E.: Das Wachstum industrieller Unternehmen. Wiesbaden 1971.

H. Die Unternehmung im Markt

I. Wesen und Arten der Märkte

Die Unternehmung als Organ der Volkswirtschaft

Die Unternehmung wird als eine sich dynamisch verwirklichende Ordnung, d. h. als ein *Organismus* (im übertragenen Sinne) aufgefaßt; andererseits ist in unserer arbeitsteiligen Wirtschaft die Unternehmung auch *Organ der Volkswirtschaft* (s. oben S. 21, 68), die selbst wieder einen Organismus darstellt. Wie das Organ im biologischen Organismus hat jede Unternehmung innerhalb der

Volkswirtschaft bestimmte Funktionen. Im kybernetischen Modell der freien Marktwirtschaft ist der freie Wettbewerb auf dem vollkommenen Markt der Homöostat, der die Wirtschaft steuert. Das Modell wird komplizierter, wenn, wie es tatsächlich der Fall ist, kein vollkommener Markt besteht, wenn heterogene Konkurrenz, Oligopole und Monopole den freien Wettbewerb beschränken oder wenn die Elastizität von Angebot und Nachfrage (wie z. B. in der Montanindustrie und der Landwirtschaft) so gering ist, daß der Staat schützend eingreifen muß, um die Wirtschaftsordnung aufrechtzuerhalten. Die Betriebswirtschaftslehre wird von diesen Problemen, soweit sie die Preisbildung betreffen, besonders berührt; doch damit beschäftigen wir uns später (s. unten S. 533 ff.). Hier interessiert uns die z w i s c h e n b e t r i e b l i c h e O r g a n i - s a t i o n d u r c h d e n M a r k t.

Erich *Schäfer* hat den „volkswirtschaftlichen Leistungsprozeß" als „Gesamtablauf zwischen Natur und menschlichem Bedarf" eingehend dargestellt (Die Unternehmung, Köln/Opladen 8. Aufl. 1973, S. 1 ff.). Die „U r s t o f f - o d e r U r p r o d u k i o n s b e t r i e b e" stehen am Anfang dieses Prozesses, sie ringen der Natur die Rohstoffe ab und machen die Naturkräfte nutzbar. Die Rohstoffe werden dann von den Betrieben der Zwischensphäre, den „P r o d u k t i o n s - m i t t e l b e t r i e b e n" in mehr oder weniger zahlreichen Zwischenstufen verarbeitet und dann in der letzten Sphäre, in der „V e r b r a u c h s g ü t e r - o d e r K o n s u m g ü t e r i n d u s t r i e" konsumreif gemacht und den Haushaltungen angeboten. Außer diesen drei Arten von Produktionsbetrieben gibt es nach Schäfer dann noch die H a n d e l s b e t r i e b e, die insbesondere an der Umgruppierung des Güterstromes mitwirken, sei es durch ihre sammelnde oder aufteilende Tätigkeit, sei es durch ihre Aussortierungsarbeit einerseits und durch ihre sortimentsbildende Tätigkeit andererseits, sowie die V e r k e h r s - b e t r i e b e, die Personen, Güter oder Nachrichten zwischen den einzelnen Betrieben transportieren. Schließlich sind noch die D i e n s t l e i s t u n g s - b e t r i e b e zu nennen (Handelsbetriebe, Banken, Gaststättengewerbe, Friseurgeschäfte usw.). — Siehe oben S. 21 ff.

Nun bildet das einzelne Unternehmen aber nicht nur ein Glied in einer einfachen Kette zwischen Natur und menschlichem Bedarf, es liegt vielmehr im Schnittpunkt einer Reihe solcher Verkettungen oder Abläufe. Das Erzeugnis einer Produktionsstufe, z. B. Zellstoff oder Leder oder Holzschrauben, „überquert" auf seinen weiteren Wegen bis zur letzten Nutzungsform eine ganze Reihe von Produktionsketten. „Jede Produktionsstufe, also jeder gewerbliche Betrieb, steht daher in einem ganzen System sich überkreuzender Produktionsabläufe der Volkswirtschaft." (Schäfer)

Der Markt

In der freien Marktwirtschaft sind die Unternehmungen durch die Märkte miteinander verbunden. Auf ihm treffen sich Angebot und Nachfrage der Betriebe und bilden grundsätzlich die Preise. Der Markt ist also der *ökonomische* Ort des Tausches, an dem sich durch Zusammentreffen von Angebot und Nachfrage die Preise bilden.

Arten der Märkte

Man kann die Märkte nach verschiedenen Gesichtspunkten einteilen:

1. **nach den gehandelten Gütern**

    a) *Sachgütermarkt:* Er kann wiederum eingeteilt werden in den Markt von Erzeugnisgruppen, etwa Produktionsgüter-, Investitionsgüter- oder Konsumgütermarkt, bis hinunter zum Markt einzelner Erzeugnisse: Kohlenmarkt, Büchermarkt, Goldmarkt usw.

    b) *Dienstleistungsmarkt,* dazu gehören der Frachtenmarkt, der Prämienmarkt der Versicherungsgesellschaften usw.

    c) *Kreditmarkt,* der Markt, auf dem Geldkapital angeboten und Kapitalrechte (z. B. Anteilsrechte) nachgefragt werden; er wird unterteilt in

    aa) *Geldmarkt:* er ist der Markt des kurzfristigen Geldkapitals, das die Funktion von Zahlungsmitteln ausübt (kurzfristige Kredite in Geldform);

    bb) *Kapitalmarkt:* er ist der Markt für langfristige Kredite und Beteiligungskapital; Objekte des Kapitalmarktes sind öffentliche Anleihen, Industrieobligationen, Hypothekenpfandbriefe sowie Beteiligungen an Unternehmen in Form von Aktien oder Anteilen;

    d) *Arbeitsmarkt:* der Markt, auf dem Arbeitnehmer ihre Arbeitsleistungen anbieten; der sich bildende Preis ist der *Arbeitslohn;* nicht zum Arbeitsmarkt gehören die Dienstleistungen Selbständiger (Ärzte usw.), sie gehören auf den Dienstleistungsmarkt;

2. **nach der Organisationsform:**

    a) *Organisierter Markt:* Das Zusammentreffen von Käufern und Verkäufern ist in bestimmten Formen organisiert; hierzu gehören vor allem

    aa) *die Auktion,* die freiwillige Versteigerung, das ist der öffentliche Verkauf an Meistbietende; im Welthandel ist es die übliche Marktveranstaltung für nichtfungible, d. h. nicht vertretbare oder ersetzbare Waren, wie z. B. Tabak, Felle, Holz, Kunstgegenstände;

    bb) *die Börse,* sie ist ein regelmäßig stattfindender Markt für vertretbare (fungible) Güter, d. h. Güter, deren Beschaffenheit allgemein bekannt ist und deren Mengen untereinander austauschbar sind; die Kaufabschlüsse werden daselbst getätigt, ohne daß die Ware vorhanden ist oder vorher besichtigt wurde („abstrakter Markt" — Mellerowicz). Wir unterscheiden fünf Arten von Börsen nach dem Gegenstand des Börsenhandels:

    (1) *Waren- oder Produktenbörsen* für den Handel mit börsengängigen Waren, zum Teil Spezialbörsen (Baumwoll-, Zucker-, Getreide-, Metallbörsen usw.); um die Waren vertretbar zu machen, hat man bestimmte Typen festgelegt,

    (2) *Geld- und Wechselbörsen* für den Handel mit ausländischen Geldmünzen, Banknoten und Devisen,

(3) *Effektenbörsen* oder *Fondsbörsen* für den Handel mit Wertpapieren (Aktien, Obligationen, Kuxe, Bezugsrechte usw.); ihnen ist meist ein börsenmäßiger Geldmarkt angegliedert,

(4) *Versicherungsbörsen* für Schiffahrt- und Luftfahrtversicherungen,

(5) *Frachtbörsen* zum Abschluß von Schiffahrts- und Schiffschleppgeschäften („Schifferbörse" in Duisburg-Ruhrort und „Schiffahrts- und Luftverkehrsbörse" in Hamburg).

cc) *Messen*, Veranstaltungen mit Marktcharakter, die ein umfassendes Angebot mehrerer Wirtschaftszweige oder eines Wirtschaftszweiges bieten, im allgemeinen in regelmäßigem Turnus einmal oder mehrmals am gleichen Ort (nicht zu verwechseln mit Ausstellungen);

dd) *Jahrmärkte*, das sind jährlich zu feststehenden Zeiten gehaltene Krammärkte in Kleinstädten und auf dem Lande für die regelmäßige Bedarfsdeckung der Bevölkerung (gehandelt werden Textilien, Schuhe, Topfwaren usw.); sie haben kaum noch Bedeutung;

ee) *Wochenmärkte*, Spezialmärkte, besonders für Lebensmittel, an einem oder mehreren Wochentagen an bestimmten Plätzen, den „Marktplätzen", in Großstädten auch in Markthallen.

b) *Nichtorganisierte Märkte* sind jedes Zusammentreffen von Angebot und Nachfrage außerhalb bestimmter Marktveranstaltungen; der weitaus größte Teil des Warenaustausches vollzieht sich heute auf nichtorganisierten Märkten.

3. **nach den Zugangsmöglichkeiten der Marktpartner:**

a) *Offener Markt:* Der Zugang zum Markt steht jedem als Anbietendem und Nachfragendem unbeschränkt offen (Beispiel: Jeder kann seine Dienste als Kofferträger am Markt anbieten);

b) *Beschränkter Markt:* Der Zugang zum Markt ist nur unter bestimmten Voraussetzungen möglich (Patente, Lizenzen, Monopole, straff organisierte Kartelle versperren den Weg, oder man muß eine Konzession oder einen Befähigungsnachweis besitzen, usw.);

c) *Geschlossener Markt:* Zugang zum Markt ist auf der Angebots- oder Nachfrageseite einem bestimmten Kreis vorbehalten (hierher gehören z. B. Staatsmonopole, etwa das Branntweinmonopol; das Tabakmonopol in Österreich und Italien, das Monopol der Post als Anbieter für Beförderungsleistungen; ferner der Staat als Nachfrager für Rüstungsgüter).

4. **nach dem räumlichen Bereich des Marktes:**

a) *Lokalmärkte, Regionalmärkte;*

b) *Inlands- und Auslandsmärkte;*

c) der *Weltmarkt*, der Markt für Welthandelsgüter.

5. nach dem Grade der „Vollkommenheit" des Marktes (Begriffe der Marktformenlehre und Preistheorie):

a) *Vollkommener Markt:* Es bestehen keine Präferenzen (lat. Bevorzugung), d. h. keine Unterschiede im Angebot und in der Nachfrage. Es müssen folgende Bedingungen erfüllt sein: (1) die Wirtschaftsgüter sind vollkommen gleichartig (homogen) in Qualität, Ausstattung, Lieferfrist u. dgl., (2) alle Marktteilnehmer verhalten sich gleichartig, (3) handeln nach dem erwerbswirtschaftlichen Prinzip und (4) reagieren sofort auf Änderungen einzelner Marktgrößen (Angebotspreis und -menge, Kaufkraft, Dringlichkeit der Nachfrage u. dgl.); (5) der Markt ist vollkommen transparent. Auf einem vollkommenen Markt besteht für eine Ware zu einem bestimmten Zeitpunkt nur e i n Marktpreis; doch kann auch auf ihm unvollständige Konkurrenz (s. unten 6) herrschen, z. B. ein Oligopol. — Einen vollkommenen Markt gibt es in der Wirklichkeit nicht, er ist Modell der Marktformenlehre und Preistheorie.

b) *Unvollkommener Markt:* Ein Markt, auf dem einzelne oder alle Bedingungen des vollkommenen Marktes n i c h t erfüllt sind: (1) gleichartige Wirtschaftsgüter differieren in Qualität, Ausstattung, Lieferfrist u. a., (2) die Marktteilnehmer verhalten sich aus persönlichen Gründen nicht gleichartig (Abneigung gegen Selbstbedienungsläden, gegen ausländische Unternehmen usw.), (3) handeln nicht oder nicht nur nach dem erwerbswirtschaftlichen Prinzip und (4) reagieren nicht sofort auf Änderungen von Marktgrößen, (5) der Markt ist nicht transparent, (6) der Standort der Marktteilnehmer ist verschieden. Es besteht eine heterogene (monopolistische) Konkurrenz (s. unten 6 a) mit verschiedenen *Präferenzen.*

6. nach dem Grad der Wettbewerbsfreiheit:

a) *Polypol* (griech. = Handel durch viele) oder *atomistischer Markt:* Es ist eine große Zahl von Anbietern und Nachfragern vorhanden; doch braucht deshalb kein vollständiger Wettbewerb zu bestehen:

(1) *Vollständige, reine, homogene oder atomistische Konkurrenz:* Die Zahl der Anbieter und Nachfrager ist so groß und der Marktanteil des einzelnen so klein, daß weder Anbieter noch Nachfrager einen Einfluß auf den Preis haben und ihn als Datum hinnehmen müssen;

(2) *Unvollständige, heterogene, polypolistische oder monopolistische Konkurrenz* (auch *Substitutions-* oder *Surrogat-Konkurrenz* genannt) ist eine atomistische Angebotskonkurrenz auf einem *unvollkommenen* Markt (s. oben 5 b): Jeder Marktteilnehmer hat infolge der Präferenzen eine schwach monopolistische Stellung, er kann den Preis innerhalb bestimmter Grenzen wie ein Monopolist ändern;

b) *Oligopol:* Es sind nur wenige große Anbieter und/oder nur wenige große Nachfrager vorhanden; die Oligopolisten können den Preis beeinflussen; die Konkurrenz ist daher beschränkt;

c) *Monopol:* Es gibt nur einen Anbieter und/oder nur einen Nachfrager; hier ist der Wettbewerb ganz ausgeschaltet.

Die Preisbildung auf diesen Märkten wird später eingehend behandelt (s. unten S. 533 ff.).

7. **nach dem Standpunkt der Unternehmung:**

a) *Beschaffungsmarkt:* Es ist der Markt, von dem ein Unternehmen seine Vorprodukte (Rohstoffe, Halbfabrikate, Anlagegüter usw.) bezieht („sich beschafft"); Mellerowicz rechnet auch den Arbeitsmarkt und den Finanzmarkt zum Beschaffungsmarkt;

b) *Arbeitsmarkt:* Auf ihm werden die Arbeitskräfte beschafft. Wegen seiner eigenartigen Struktur wird er von den meisten Autoren nicht zum Beschaffungsmarkt gerechnet;

c) *Kreditmarkt* oder *Finanzmarkt:* Auf ihm beschaffen sich die Unternehmungen kurzfristiges oder langfristiges Geldkapital; doch „verkaufen" sie auch Kapitaldisposition, d. h. sie geben auch Kredite (Lieferantenkredite, Anlage von Liquiditätsreserven) oder beteiligen sich an anderen Unternehmen;

d) *Absatzmarkt:* Es ist der der Produktion nachgelagerte Markt, auf dem eine Unternehmung ihre Produkte absetzt. Der Absatzmarkt des Verkäufers (Anbieters) ist für den Käufer (Nachfrager) Beschaffungsmarkt.

II. Die Wettbewerbsordnung

Begriff und Wesen des Wettbewerbs

Der Wettbewerb oder die Konkurrenz ist das die freie Marktwirtschaft im Zeichen der Gewerbefreiheit, des Freihandels und der Freizügigkeit kennzeichnende *Ordnungsprinzip der Marktwirtschaft*. Die beiden Termini „Wettbewerb" und „Konkurrenz" werden meist synonym gebraucht. Wenn sich jedoch in den letzten Jahren der Terminus „Wettbewerb" stärker durchsetzt, so liegt das wohl nicht an dem Bestreben, Fremdwörter zu vermeiden. Der Terminus „Konkurrenz", der nur im Bereich der Wirtschaft gilt, ist im Hochkapitalismus entstanden, und dem Begriff haftet — besonders auch als Folge der marxistischen Kritik — noch etwas der Akzent des skrupellosen Machtkampfes der „Kapitalisten" an. Der Terminus Wettbewerb dagegen klingt neutraler, da er auch in anderen Gebieten sehr gebräuchlich ist, man spricht vom Wettbewerb in der Kunst, im Spiel und vor allem im Sport; Franz Oppenheimer unterscheidet zwischen „friedlichem" und „feindlichem Wettbewerb", ähnlich wird heute wohl der Unterschied zwischen „Wettbewerb" und „Konkurrenz" — meist unbewußt — aufgefaßt. Er ist ähnlich wie der von „Reklame" und „Werbung".

Der Wettbewerb äußert sich auch in der Wirtschaft in dem *Streben nach besserer Leistung*, als sie die Mitbewerber aufbringen. Die bessere Leistung kann sich erstrecken auf den *Preis*, die *Qualität* und die *Werbung*. Danach werden unterschieden:

1. Der **Preiswettbewerb**: Man sucht die Mitbewerber durch einen günstigeren Preis zu übertreffen. Der Preiswettbewerb kann in einen ruinösen Preiskampf entarten, dessen schärfste Form die „cutthroat competition" ist (deutsch: „Konkurrenz des Kehle-Durchschneidens"); finanzkräftige Betriebe unterbieten kleinere Betriebe oder „Außenseiter" solange, bis sie ruiniert sind.

2. Der Qualitätswettbewerb: Die Mitbewerber sucht man durch eine bessere Qualität der Erzeugnisse zu überbieten; die bessere Qualität braucht sich nicht nur auf den Gebrauchsnutzen des Erzeugnisses zu beziehen, sie kann auch in besserer Ausstattung, schnellerer Lieferung, größerer Produktdifferenzierung (verschiedenartige Formgebung eines Produktes), besserem Kundendienst, schnellerer Belieferung mit Ersatzteilen u. dgl. m. bestehen.

3. Der ·Werbewettbewerb: Man sucht durch bessere und kostspieligere Werbung die Mitbewerber zu überbieten und den Umsatz dadurch zu steigern. Hierbei kommt allerdings der Käufer nicht in den Genuß einer besseren Leistung, im Gegenteil, der höhere Werbeaufwand erhöht die Kosten des Produkts. Der Wert des Werbewettbewerbs ist daher volkswirtschaftlich sehr umstritten.

Horizontale, vertikale und totale Konkurrenz

Diese Unterscheidung treffen Wilhelm *Vershoven,* Georg *Bergler* und Wilhelm *Rieger:*

1. *Horizontale Konkurrenz:* Sie besteht zwischen allen Marktobjekten, die von der Nachfrage als gleiche Marktobjekte betrachtet werden; es sind dies praktisch Güter von verschiedenen Firmen derselben Branche.

2. *Vertikale Konkurrenz:* Sie besteht zwischen allen Marktobjekten, die von der Nachfrage als zur Deckung eines bestimmten Bedarfes geeignet angesehen werden; dieser Begriff deckt sich weitgehend mit der „Surrogat-Konkurrenz" (Butter und Margarine — s. oben S. 314).

3. *Totale Konkurrenz:* Besteht grundsätzlich zwischen allen Marktobjekten (Näheres siehe bei Harald Scheubrein: Horizontale, vertikale und totale Konkurrenz, Nürnberg 1958).

Einschränkung und Ausschaltung des freien Wettbewerbs

Dem freien Wettbewerb als Ordnungsprinzip sind jedoch Grenzen gesetzt, und zwar vor allem aus folgenden Gründen:

1. Der freie Wettbewerb muß *aus Gründen des Gemeinwohls* in vielen Fällen und in manchen Wirtschaftsbereichen *ausgeschaltet* werden. Das Schulbeispiel ist der *Eisenbahnbetrieb,* der meist ein staatliches Monopol ist, da er auch Strecken unterhalten muß, die höchst unrentabel sind. Außerdem muß die Eisenbahn ihre Tarife nach sozialen Gesichtspunkten gestalten (Arbeiter- und Schülerkarten usw.). Aus den gleichen Gründen sind auch die *Versorgungsbetriebe* (Gas-, Elektrizitäts- und Wasserwerke) meist Monopolbetriebe in öffentlicher Hand. Auch die *Geldversorgung* einer Volkswirtschaft kann nicht dem freien Wettbewerb überlassen bleiben; die Zentralnotenbanken suchen mit ihrem geldpolitischen Instrumentarium (Diskont-, Offen-Markt-, Mindestreservenpolitik, Kreditrestriktionen usw.) die Geldversorgung zu regulieren.

In der *Lohnbildung* ist gleichfalls der freie Wettbewerb ausgeschaltet. Eine völlig freie Konkurrenz auf dem Arbeitsmarkt kann den einzelnen Arbeitnehmer wegen seiner wirtschaftlich schwachen Position zwingen, seine Arbeitskraft um jeden Preis zu verkaufen, wie es im Früh- und Hochkapitalismus allzu häufig der Fall war (Weberaufstand in Schlesien). Auf dem *Arbeitsmarkt* besteht heute in den meisten Staaten ein zweiseitiges (bilaterales) Monopol zwischen Gewerkschaft und Arbeitgeberverband. Hier wird der Preis der Arbeitskraft ausgehandelt, häufig entscheiden dabei auf Kosten der Allgemeinheit die Machtverhältnisse (Streik, Aussperrung).

2. Der freie Wettbewerb muß ferner in Wirtschaftszweigen, die lebensnotwendige Güter herstellen, eingeschränkt werden, wenn die *Elastizität von Angebot und Nachfrage sehr gering* ist; das äußert sich darin, daß entweder das Angebot weit größer als die Nachfrage ist und dieses Verhältnis nicht elastisch ausgeglichen werden kann, wie z. B. auf dem Energiemarkt und in der Landwirtschaft, oder daß die Nachfrage auf die Dauer das Angebot überwiegt, wie z. B. in der Wohnungswirtschaft. In solchen Fällen muß der Staat, wenn es sich um lebenswichtige Märkte handelt, um einem ruinösen Preisauftrieb oder Preisverfall vorzubeugen, schützend eingreifen, und zwar durch Preisüberwachung, staatliche Preisfestsetzung, Subventionen, Überlassung billigen Kapitals, Einfuhrzölle, Einfuhrkontingentierung und dergleichen.

Häufig ist diese geringe Elastizität von Angebot und Nachfrage auf Strukturwandlungen in der Wirtschaft zurückzuführen. Der Staat muß dann Maßnahmen ergreifen, damit diese Wandlungen der Wirtschaftsstruktur möglichst schnell und möglichst ohne Härten vor sich gehen. Hierzu gehören die zahllosen Maßnahmen zum Wiederaufbau der Wirtschaft nach dem Kriege, zur Einordnung der Flüchtlinge in West-Deutschland, zur Förderung der Kapitalbildung, zum Schutze der mittelständigen Industrie u. dgl.

3. Der freie Wettbewerb kann von *monopolistischen Unternehmenszusammenschlüssen* (Kartelle) oder von marktbeherrschenden Unternehmungen ausgeschaltet oder eingeschränkt werden. Diese Kartelle bzw. monopolistischen Unternehmen können zur Erhaltung der Ordnung beitragen, doch in sehr vielen Fällen sind sie Fremdkörper innerhalb der freien Marktwirtschaft und stellen eine Entartung dar. Die Staaten haben hier Gesetze gegen Wettbewerbsbeschränkungen (Kartellgesetze) erlassen, um solche Entartungen zu unterbinden. Näheres siehe oben S. 166 ff.

4. „*Unlauterer Wettbewerb*" beeinträchtigt gleichfalls den freien Wettbewerb. Auch hier muß der Staat eingreifen, um den einzelnen Wettbewerber vor unlauteren Wettbewerbshandlungen eines Mitbewerbers und die Allgemeinheit vor Auswüchsen des Wettbewerbs zu schützen. Fast alle Staaten haben *Gesetze gegen den unlauteren Wettbewerb erlassen*, in Deutschland das UWG vom 7. 6. 1909 (in letzter Fassung vom 11. 3. 1957). Die Kernvorschrift des UWG ist die „*Generalklausel*" (§ 1), wonach jede Wettbewerbshandlung, die gegen die guten Sitten verstößt, unlauter ist. Hierzu gehören nach dem UWG vor allem: unlautere Werbung durch Täuschung und Verlockung der Kunden; Werbung mit abwertender Kritik der Waren oder der Personen der Mitbewerber, der „Behinderungswettbewerb" (Boykott der Mitbewerber; Preisunterbietungen, um einen Mitbewerber zu ruinieren, Kartelle, Monopole), Unterbietung der Preise preisgebundener Waren, Irreführung von Kunden. Sittenwidriges Abspenstigmachen von Kunden und Arbeitskräften, unwahre Werbung, Angestelltenbestechung, Anlockung durch wertvolle Zugaben, Gewährung hoher Rabatte an Endverbraucher und anderes. — Über die *Gliederung des Wettbewerbsrechts* siehe oben S. 165 ff.

5. Die vom Staat erlassene *Gewerbeordnung* (die deutsche GewO vom 21. 6. 1869) bedeutet eine Beschränkung der Gewerbefreiheit und damit im gewissen Sinne auch des freien Wettbewerbs. So wird für die Ausübung gewisser Gewerbe ein „Befähigungsnachweis" gefordert (Meisterprüfung zur Ausübung bestimmter Gewerbe, Approbation des Apothekers und des Arztes, Konzessionen für Krankenhausunternehmen usw.). Die Gewerbeordnung enthält ferner Bestimmungen über Arbeitsschutz für gewerbliche Arbeiter gegen mißbräuchliche Ausnutzung, über Sonntagsruhe, Zeugnisse und Kündigung. Auch die Arbeitszeitgesetzte (Ladenschlußgesetz) gehören hierher.

III. Literaturhinweise

Markt und Wettbewerb

Bossle, R.: Marketing macht Märkte. 2. Aufl., Wiesbaden 1975.

Fischer, Guido: Betriebliche Marktwirtschaftslehre, 5. Aufl., Heidelberg 1972.

Gutenberg, Erich: Grundlagen der Betriebswirtschaftslehre, Bd. II: Der Absatz, 14. Aufl. 1974.

Leitherer, Eugen: Betriebliche Marktlehre, 2 Bde. Stuttgart 1974.

Löber, W.: Marktkommunikation. Wiesbaden 1973.

Meyer, G. W.: Die Koordination von Unternehmung und Markt. Berlin 1959.

Nagtegaal, H.: Grundlagen des Marketing. Wiesbaden 1973.

Ott, A.: Marktform und Verhaltensweise, 1959.

Schneider, Erich: Einführung in die Wirtschaftstheorie. Bd. II, 13. Aufl. 1972.

Seidenfus, H.S.: Verkehrsmärkte. Marktform — Marktbeziehung — Marktverhalten. Basel - Tübingen 1959.

Siehe auch die Literaturhinweise auf S. 499.

Drittes Kapitel

Betriebliches Personalwesen

A. Die Arbeit als Produktionsfaktor

I. Begriff und Wesen der Arbeit

Arbeit im betriebswirtschaftlichen Sinne ist *jede körperliche und geistige Tätigkeit des Menschen zum Zwecke der Bedarfsdeckung,* d. h. zur Erzielung eines Ertrages oder Einkommens. Die Arbeit unterscheidet sich nicht in der Art der Tätigkeit vom *Spiel,* sondern in ihrer Zwecksetzung. Die Arbeit ist als *„primärer Produktionsfaktor"* die den Betrieb determinierende Kategorie.

„Die Arbeit ist der entscheidende und wertvollste elementare Wirtschaftsfaktor in der Volkswirtschaft. Sie ist die eigentliche Quelle des Wohlstandes der Völker. Arbeit ist der ‚persönliche Wirtschaftsfaktor‘ ... Die Arbeit kann weder wie Waren aufbewahrt, noch durch wirtschaftliche Verwendung anderer Güter wie eine andere Ware produziert werden. Sie ist also ihrem Wesen nach keine Ware. Nur durch den Willen des arbeitenden Menschen kann sie wirksam werden." (Carell, Allg. Volkswirtschaftslehre, 14. Aufl., 1972)

Die Arbeit ist stets *objektbezogen,* sie ist Arbeit „an etwas", sie bildet das Arbeitsobjekt um. Das Ergebnis dieser Umbildung ist die *Arbeitsleistung.* Die Arbeit verleiht dem Arbeitsobjekt einen Wert oder erhöht seinen Wert. Das Verhältnis der Arbeit zum Arbeitsobjekt wird in der *„Gestaltung der Arbeit"* durch die „Arbeitswissenschaft" (s. unten) geregelt.

Die Arbeit ist andererseits stets auch *personenbezogen,* das können unmittelbar die eigene Person oder eine fremde Person sein, mittelbar ist sie — bedingt durch die zwischenbetriebliche und die innerbetriebliche Arbeitsteilung — stets auch auf fremde Personen bezogen, und zwar einmal auf die Mitarbeiter im Betrieb: das Verhältnis der Mitarbeiter zueinander wird in der *Betriebsorganisation* (betriebliche Arbeitsteilung) geregelt, und zum anderen auf betriebsfremde Personen bzw. Betriebe infolge der zwischenbetrieblichen (volkswirtschaftlichen) Arbeitsteilung über den Beschaffungs- und Absatzmarkt.

Die Arbeitsteilung

In ihrer geschichtlichen Entwicklung vollzog sich die Arbeitsteilung — idealtypisch gesehen — zunächst zwischen den Betrieben: die autarken „Hauswirtschaften" trennten sich in landwirtschaftliche Betriebe und Handwerker („Berufsbildung" — K. Bücher), die sich immer stärker spezialisierten („Berufsspaltung"). Mit der Bildung größerer Betriebe, insbesondere seit der Entstehung der kapitalistischen Unternehmung und des Industriebetriebes, entwickelte sich die *innerbetriebliche Arbeitsteilung* durch Zerlegung eines Produktionsprozesses in mehrere auf eine Person oder Personengruppe entfallende Teilprozesse (z. B. die berühmte Stecknadelfabrik Adam Smith'). Diese *„Arbeitszerlegung"* (K. Bücher) ist ein grundlegendes *Organisationsprinzip* des modernen Betriebes, das aber ergänzt werden muß durch das nicht minder wichtige korrelative *Prinzip der Arbeitsverbindung*, wonach die Teilarbeiten des zerlegten Arbeitsprozesses so aufeinander abgestimmt und verbunden werden müssen, daß ein reibungsloser Ablauf garantiert ist. Das wird besonders offensichtlich bei den Arbeiten am Fließband, gilt aber für jede Arbeitszerlegung. Arbeitszerlegung und Arbeitsverbindung sind die Kernprobleme der Betriebsorganisation.

Die Technik als Substituierung der Arbeit

Die Arbeitszerlegung wurde durch die Technik ermöglicht. Das „Eingreifen" des Menschen in die Natur mittels der Technik besteht nicht darin, daß er die Naturgesetzlichkeit umgestaltet, denn das ist unmöglich, sondern daß er die Natur belauscht, um ihre Gesetze zu erforschen, sich ihnen anzupassen und ihr Wirken für seine Zwecke auszunutzen. Die *Technik* ist danach also das *menschliche Bemühen, sich den Naturgesetzen anzupassen und ihre Wirkanlagen menschlichen Zwecken nutzbar zu machen.* Damit sind zugleich auch die Grenzen der Technik abgesteckt. Sie ist die praktische Anwendung der Erkenntnisse der Naturgesetzlichkeit zur *Substitution menschlicher Arbeitskräfte durch mechanische Hilfsmittel und Naturkräfte.* Der Zweck der Technik besteht also vor allem in der Substituierung des Produktionsfaktors Arbeit durch den Produktionsfaktor Betriebsmittel (man spricht auch von der Substitution der Arbeit durch „Kapital" und versteht dann unter Kapital „produzierte Produktionsmittel"). Der Produktionsprozeß wird also mechanisiert, maschinisiert und schließlich automatisiert. Dabei beschränkt sich diese Substitution zunächst auf die *physische,* in neuerer Zeit in früher kaum geahntem Ausmaß auch auf die *geistige Arbeit.* Die elektronischen Datenverarbeitungsanlagen, die man bildlich sehr treffend „Elektronen-Gehirne" oder „Denkmaschinen" nennt, führen bereits komplizierte „Denkvorgänge" exakter und ungeheuer viel schneller aus als der Mensch.

Vor- und Nachteile der Substitution der Arbeit

Die *Vorteile* dieser Substitution der Arbeit sind offensichtlich: Die Produktivität der Arbeit ist durch die Mechanisierung und Maschinisierung des Produktionsprozesses im letzten Jahrhundert ungeheuer gestiegen und wird noch ständig gesteigert. Ihre *Nachteile* sind auch hinreichend bekannt. Durch die Maschinisierung und Automatisierung des Arbeitsprozesses wird der Mensch immer abhängiger von der technischen Apparatur (bekannt ist das Schlagwort: „Der Mensch wird zum Sklaven der Maschine").

Betriebswirtschaftlich zeigt sich diese Abhängigkeit in einer sehr starken Verschiebung der betrieblichen Kostenstruktur. Durch die Substituierung der Arbeit sinkt nämlich der Anteil der proportionalen Kosten (Lohn) innerhalb der Gesamtkosten des Betriebes, während die *fixen Kosten* der wachsenden Anlagen stark zunehmen. Der Betrieb wird dadurch unbeweglicher, die Preisuntergrenze ist wegen der hohen Fixkosten sehr hoch, d. h. der Betrieb kann schon in Schwierigkeiten geraten, wenn sein Absatz für längere Zeit relativ geringfügig sinkt; er kann dann die fixen Kosten nicht mehr decken. Schmalenbach erkannte diese Änderung der Kostenstruktur als einer der ersten (1928 in einem Vortrag in Wien und in: „Der freien Wirtschaft zum Gedächtnis", 1956) und glaubte, der ständig wachsende Anteil der fixen Kosten an den Gesamtkosten würde die Betriebe derart unbeweglich machen, daß eine freie Marktwirtschaft nicht mehr möglich wäre. Eine weitere Folge dieser Entwicklung ist der Zwang der Wirtschaft, ihr ständig wachsendes Produktionsvolumen mit riesigem Werbeaufwand durch die Weckung zum Teil höchst bedenklicher Bedürfnisse abzusetzen. (Vgl. dazu Vance Packard: Die geheimen Verführer, 1958, Die große Verschwendung, 1960; J. K. Galbraith: Gesellschaft im Überfluß, 1963.)

Schließlich kann die Substituierung der Arbeit durch die Automation auch zur *Arbeitslosigkeit* führen, wie gegenwärtig in Amerika (in der Bundesrepublik wurden 1969 durch die Automation 1,5 Millionen Beschäftigte freigesetzt).

Die Substitution der Arbeit in den einzelnen Wirtschaftsbereichen

Die Substitution der Arbeit — gleichbedeutend mit dem technischen Fortschritt — ist in den einzelnen Wirtschaftsbereichen sehr verschieden stark, was Jean *Fourastié* („Die große Hoffnung des 20. Jahrhunderts", 2. Aufl. 1969) zu einer besonderen, allgemein anerkannten Theorie anregte. Nach Fourastié ist der technische Fortschritt in der Landwirtschaft nur mittelmäßig, im Industriebetrieb dagegen außerordentlich stark und in den Dienstleistungsbetrieben gar nicht vorhanden oder nur ganz gering. Danach teilt Fourastié die Wirtschaftszweige in: *primäre Betriebe* (insbesondere Landwirtschaft), *sekundäre Betriebe* (die Industrie) und *tertiäre Betriebe* (Handel, Banken, Versicherungen, Schulen, Verwaltung, freie Berufe und alle sonstigen Dienstleistungsbetriebe).

Diese Unterscheidung ist auch *betriebswirtschaftlich* von Bedeutung: Im *sekundären Betrieb* werden durch die starke Substituierung der Arbeit die Einzelkosten erheblich gesenkt, das Produktionsvolumen stark erweitert und die Produktivität der Arbeit ständig erhöht, das bewirkt zugleich eine Tendenz zur Senkung der Preise infolge des steigenden Angebots. Der *tertiäre Betrieb* kann zwar gar nicht oder nur in sehr geringem Maße rationalisieren, d. h. die Kosten senken und die Produktivität erhöhen, doch paßt er seine Preise ständig dem steigenden Lebensstandard an, ja die Preise für tertiäre Güter haben sogar die Tendenz, teilweise stärker zu steigen als der Lebensstandard; denn es handelt sich dabei großenteils um entbehrliche oder Luxusgüter, die von den Wohlhabenden oder der Wohlstandsgesellschaft gekauft werden, bei denen die Preise keine so große Rolle mehr spielen.

Daraus kann gefolgert werden: Die Produktion im primären Sektor steigt nur sehr langsam und hat sich (nach Fourastié) im 19. Jahrhundert etwa verdoppelt. Der ungewöhnlich große Bevölkerungszuwachs in den Industriestaaten wanderte im 19. Jahrhundert fast ganz in den sekundären Sektor ab, die Industrieproduktion stieg um ein Vielfaches. Die Produktion im tertiären Sektor stieg wesentlich langsamer, doch stärker als die landwirtschaftliche Produktion. Nun hat Fourastié weiter gefolgert und statistisch nachzuweisen versucht, daß in den Industrieländern für den Verbrauch der Güter des primären Sektors bereits ein gewisser Sättigungspunkt erreicht sei, daß für die Güter des sekundären Sektors bei dem außerordentlich großen technischen Fortschritt (Automation) in absehbarer Zeit gleichfalls eine Sättigung eintreten werde, die sich schon jetzt bemerkbar mache (vgl. die oben zitierten Werke von Galbraith und Vance Packard) und daß der Bedarf an tertiären Gütern immer stärker steigen werde. So arbeiten in den USA heute bereits 50 % der Beschäftigten im tertiären Sektor.

II. Arten der Arbeit

Wir unterscheiden folgende Arten der Arbeit, und zwar

a) **nach der Art der Tätigkeit:** 1. *körperliche Arbeit* und 2. *geistige Arbeit,* wozu auch die Arbeit der Angestellten gehört. Die Grenze zwischen geistiger und körperlicher Arbeit läßt sich nicht scharf ziehen, weil es keine körperliche Arbeit gibt, die nicht auch unter Umständen erhebliche geistige Arbeit verlangt. Umgekehrt stellt auch jede geistige Arbeit körperliche Anforderungen, wie z. B. Schreiben, Maschineschreiben, Ordnen. Da in der modernen Wirtschaft die körperliche Arbeit immer stärker durch Betriebsmittel ersetzt wird, nimmt die geistige Arbeit in wachsendem Maße zu. So werden z. B. an die Arbeiter, die komplizierte Maschinen bedienen, oft weit mehr geistige als körperliche Anforderungen gestellt.

b) **nach der betrieblichen Funktion:** 1. *leitende oder dispositive Arbeit* und 2. *ausführende Arbeit.* Diese Unterscheidung deckt sich keineswegs mit a), denn es gibt auch sehr viele geistige Arbeiten im Betriebe, die eine ausführende Tätigkeit sind; die Grenzen sind ganz flüssig.

Gutenberg unterscheidet gleichfalls nach betrieblichen Funktionen: 1. den *Elementarfaktor: Arbeitsleistung* und 2. die drei *dispositiven Produktionsfaktoren:* a) Geschäfts- und Betriebsleitung, b) Planung, c) Betriebsorganisation. — Die „Geschäfts- und Betriebsleitung" hat die drei Elementarfaktoren: Arbeitsleistung, Betriebsmittel und Werkstoffe zu einer produktiven Einheit zu kombinieren. Sie ist also die „eigentlich bewegende Kraft des Betriebsprozesses", in der freien Marktwirtschaft die Funktion des Unternehmers. Sie ist ursprünglich, und zum Teil auch heute noch, vorwiegend irrational, bestimmt von dem „Fingerspitzengefühl" des Unternehmers. Doch wurde sie durch Wissenschaft und Technik in zunehmendem Maße „ratio-nalisiert", der Ratio zugänglich gemacht — man spricht von „wissenschaftlicher Betriebsführung" —, und zwar durch die exakte *Planung* und die systematische *Organisation des Betriebsprozesses,* um die Planung „gestaltend zu vollziehen". Die dispositive Funktion des Unternehmers „wurzelt in den drei Schichten des Irrationalen, Rationalen und des Gestaltend-Vollziehenden". So gesellen sich zu der im Irrationalen wurzelnden „Geschäfts- und Betriebsleitung" als *derivative Produktionsfaktoren:* die vorausschauende rationale Planung und die gestaltend-vollziehende Betriebsorganisation. (Grundlagen der Betriebswirtschaftslehre, Bd. I: Die Produktion). Vgl. auch oben S. 29.

c) **nach der Ausbildung:** 1. *gelernte Arbeit:* die Ausbildung wird nach einer geregelten Lehrzeit durch eine erfolgreiche Prüfung abgeschlossen; 2. *angelernte Arbeit:* der Arbeiter wird in einer Anlernzeit von 4 Wochen bis 6 Monaten für eine bestimmte Tätigkeit, wie z. B. Drehen, Fräsen, Schweißen usw., angelernt; und 3. *ungelernte Arbeit.*

III. Bestimmungsgründe für die Arbeitsergiebigkeit

Die Ergiebigkeit der Arbeit ist abhängig von den objektiven Bedingungen der Arbeitsergiebigkeit und von den subjektiven Bedingungen der Arbeit, und zwar der Eignung und dem subjektiven Leistungswillen des Arbeiters.

1. **Die objektiven Bedingungen der Arbeitsergiebigkeit** sind vor allem:

   (1) *der Stand der Technik:* die Arbeitsleistung kann durch den Einsatz besserer Maschinen gesteigert werden;

   (2) *die Organisation der Arbeit:* die Arbeitsabläufe werden so gestaltet, daß unnötiger Aufwand an Kraft und Zeit vermieden wird. Auch muß für eine gewisse Abwechslung in der Arbeit gesorgt werden, da bei eintöniger Arbeit die Leistung wegen psychischer Ermüdung sinkt;

   (3) *Werk- und Rohstoffqualität:* gute Werkzeuge und Rohstoffe können die Arbeitsleistung erheblich steigern;

   (4) *Regelung der Arbeitszeit:* die Länge der Arbeitszeit sowie die richtige Einlegung erholsamer Pausen ist von sehr großem Einfluß auf die Arbeitsergiebigkeit.

2. **Die Eignung des Arbeiters,** die sich stets auf ihr Verhältnis zu den geforderten Arbeitsleistungen bezieht, kann sein:

   (1) die allgemeine körperliche, geistige und seelische Eignung;

   (2) die spezielle Begabungsrichtung für die geforderten Arbeitsleistungen;

   (3) die Fachausbildung;

   (4) die Erfahrung;

   (5) die Allgemeinbildung.

Gutenberg hat sich besonders mit dem betrieblichen Einsatz der Arbeit nach ihrer Eignung beschäftigt und unterscheidet danach *drei Eignungsbegriffe* (Grundl. der Betriebswirtschaftslehre, Bd. I, a. a. O.):

   (1) **die *realisierte Eignung,* das ist die** tatsächlich im Betrieb in Anspruch **genommene Eignung,**

   (2) die *latente, nicht in Anspruch genommene, aber jeder Zeit realisierbare Eignung* (also eine „*Eignungsreserve*" des Betriebes); sie kann von einem Mangel der Betriebsorganisation herrühren, ferner von dem Bestreben, in einer Zeit des Beschäftigungsrückganges wertvolle Arbeitskräfte zu halten, ferner werden in Krisenzeiten hochqualifizierte Arbeiter eine einfache Arbeit annehmen, um der Arbeitslosigkeit zu entgehen;

   (3) die *latente, nicht ohne weiteres realisierbare Eignung;* um sie zu realisieren, ist eine Umschulung oder Neuschulung notwendig.

Es muß das Bestreben des Betriebes sein, durch richtigen Arbeitseinsatz das „*Eignungspotential*" des Betriebes möglichst auszunutzen.

3. **Der subjektive Leistungswille des Arbeiters.** Die Bestimmungsgründe für den Leistungswillen des Arbeiters sind mannigfache, individuell sehr verschiedene *Leistungsanreize,* deren Wirksamkeit von den *persönlichen Arbeitsmotiven* und der *sozialen „Motivationsstruktur"* der Arbeiterschaft abhängig ist. Die Arbeits-

motive des Arbeiters sind (nach der Terminologie Max Webers): (1) „*zweck-rational*": bestimmt durch materielle Vorteile, (2) „*wertrational*": bestimmt durch ethische oder religiöse Wertungen, (3) „*traditional*": bestimmt durch lang-jährige Lebensgewohnheiten, und (4) *emotional:* bestimmt durch gefühlsmäßige Einstellungen, wie z. B. das Betriebsklima.

Die üblichen Maßnahmen der Betriebe zum Leistungsanreiz sind größtenteils auf zweckrationale Motivationsstrukturen abgestellt, wie besonders Lohnan-reizsysteme. Doch hat die moderne soziologische Forschung in vielen Unter-suchungen festgestellt, daß die Bestimmungsgründe für den Leistungswillen *keineswegs überwiegend zweckrational* sind. So hat z. B. das Frankfurter Insti-tut für Sozialforschung in einer umfassenden Befragung von 1176 Arbeitern verschiedener Betriebe eines Montankonzerns zur Ermittlung des „Betriebs-klimas" (veröffentlicht in „Betriebsklima", Frankfurt 1955) auch die Motiva-tionsstrukturen untersucht und die *wichtigsten „Arbeitsprobleme"* des Arbei-ters in *folgender Rangordnung* ermittelt:

1. gute Bezahlung
2. fester Arbeitsplatz
3. Anerkennung der Arbeit
4. guter Kontakt mit den Vorgesetzten
5. Sicherung gegen Unfälle
6. Rat und Hilfe bei persönlichen Sorgen
7. gute Aufstiegsmöglichkeiten
8. umfassendes Sozialprogramm.

Bei der Frage: „Was ist Ihrer Meinung nach für den Arbeitnehmer am wichtig-sten?" entschieden sich 37 % für gute Bezahlung, 29 % für Anerkennung der Arbeit und 22 % für einen festen Arbeitsplatz. Diese Entscheidung zeigt, welch bedeutende Rolle das *wertrationale* Element in der Motivationsstruktur des Arbeiters spielt. Nur ein gutes Drittel der Befragten stellte die „gute Bezah-lung" an die Spitze, beinahe ebenso vielen war die „Anerkennung der Arbeit" am wichtigsten; schließlich enthält auch die Forderung nach guter Bezahlung ein wertrationales Element, nämlich die Anerkennung der Arbeitsleistung. (Näheres s. bei Ralf Dahrendorf, Sozialstruktur des Betriebes, Wiesbaden 1959, S. 73 ff.)

IV. Arbeitswissenschaft und „Arbeitsstudien"

Begriff und Wesen

Die Arbeitswissenschaft — oder besser „Arbeitstechnik" (W. Moede) oder „Ar-beitskunde" (Johannes Riedel) — ist die *praktische Wissenschaft vom optimalen Einsatz der Arbeit im Betrieb.*

Diese Definition dürfte wohl die herrschende Meinung treffen (auch die der 1953 gegründeten „Gesellschaft für Arbeitswissenschaft"). Doch gehen die Mei-nungen über den Umfang der Arbeitswissenschaft sehr auseinander, was ja bei dem sehr vieldeutigen Terminus „Arbeitswissenschaft" verständlich ist; denn eine allumfassende „Wissenschaft von der menschlichen Arbeit" müßte quer durch die Wissenschaften laufen, von der Philosophie über Psychologie, Soziologie, Pädagogik, Wirtschaftswissenschaften, Rechtswissenschaften bis zur Physiologie, Medizin und Hygiene. So weit wird sie in der Tat auch von einigen ihrer Vertreter aufgefaßt, während das andere Extrem ihr die Existenzberechtigung als eigene Disziplin überhaupt abspricht. — Die Arbeitswissenschaft wurde auch vielfach als „*Betriebswissenschaft*" bezeichnet, doch ist dieser Name heute nur noch wenig gebräuchlich.

Die Arbeitswissenschaft im Sinne der herrschenden Meinung ist jedoch — wie übrigens jede praktische Wissenschaft — auch eine „Sammelwissenschaft": ihr Kerngebiet sind die „*Arbeitsstudien*" (rationale Arbeitsgestaltung, Arbeitsmessung und Arbeitsbewertung), die ergänzt werden durch *Arbeitspsychologie*, *Arbeitsphysiologie* und *Arbeitssoziologie*.

Die *Begründer der Arbeitswissenschaft* sind die Amerikaner Frederic Winslow *Taylor* (1856—1915), der die ersten Arbeitszeitstudien entwickelte, und Frank B. *Gilbreth* (1868—1924), dem Schöpfer der Bewegungsstudien, und dem Amerikaner französicher Abstammung *Charles Bedaux* (1888—1944), der 1916 das erste System analytischer Arbeitsbewertung („Bedaux-System") aufstellte. In *Deutschland* wurde nach dem ersten Weltkrieg (1924) zur Durchführung von Arbeitszeitstudien (Messung der einzelnen Arbeitsvorgänge mittels Stoppuhr) der „*REFA, Reichsausschuß für Arbeitszeitermittlung*", gegründet, der 1935 infolge der Ausdehnung seines Arbeitsbereiches auch auf sonstige arbeitswissenschaftliche Gebiete in „*REFA — Reichsausschuß für Arbeitsstudien*" umgewandelt wurde. Er ist 1946 als „*Verband für Arbeitsstudien — REFA — e. V.*" wieder erstanden. Seine Aufgaben erstrecken sich heute auf die Erforschung rationeller Methoden für Arbeitsgestaltung, Arbeitsbewertung, Arbeitsunterweisung und Arbeitsvorbereitung. Der REFA hält laufend Kurse zur Ausbildung von Fachleuten („REFA-Männer") ab und gibt ein grundlegendes Lehrbuch über Arbeitsstudien für die Praxis heraus („Das REFA-Buch", 5 Bände). Über das *Taylorsystem* s. auch S. 383 f.

Aufgaben der Arbeitswissenschaft

Die Arbeitswissenschaft hat als Aufgabe die Steigerung der Arbeitsleistung (Arbeitsintensivierung) und Steigerung des Arbeitsergebnisses bei konstanter Arbeitsleistung (Arbeitsrationalisierung):

a) *Steigerung der Arbeitsleistung* (Arbeitsintensivierung). Dazu werden folgende Verfahren angewandt:

1. *Eignungsprüfung*,

2. *Arbeitszeitstudien* (in Verbindung mit Bewegungs- und Wirkungsstudien),

3. *Ausarbeitung geeigneter Lohnsysteme*.

b) *Steigerung des Arbeitsergebnisses* bei konstanter Arbeitsleistung (Rationalisierung der Arbeitsvorgänge) wird erreicht durch:

1. *Arbeitsplatzgestaltung* und damit im Zusammenhang die *Arbeitsplatzbewertung*,

2. die *Arbeitsvorbereitung*.

Die Eignungsprüfung

Die Berufseignungsprüfung, nach der Jahrhundertwende von F. W. Taylor und Hugo Münsterberg in den USA und William Stern in Deutschland eingeführt, beschränkte sich zunächst auf *psychotechnische Verfahren*. Durch Tests und Aufsätze im schriftlichen Teil und Arbeitsproben im praktisch-experimentellen Teil werden erforscht (1) die Aufmerksamkeit (Konzentration, Gleichmäßigkeit, Verteilungsfähigkeit), (2) die Auffassungsgabe, (3) das Gedächtnis, (4) die Assoziationsgabe, (5) die Phantasie (sprachliche Kombination, räumliches Vorstellungsvermögen), (6) das logische Denkvermögen.

Da aber die psychotechnische Eignungsprüfung oft zu Fehlurteilen führt und kein geschlossenes Bild des Prüflings ergibt, wird in neuester Zeit daneben in wachsendem Umfang in dem *charakterologischen Testverfahren* der Charakter des Prüflings untersucht. Dabei werden in verschiedenartigen Tests und durch graphologische Untersuchungen Intelligenz, Sorgfaltsstreben, Aufgeschlossenheit, Gefühlsansprechbarkeit, Arbeitseifer, seelische Ausgeglichenheit usw. geprüft. Noch weisen die verschiedenen Verfahren, die ja bei der großen Zahl der Prüflinge relativ kurz sein müssen, mancherlei Schwächen auf, doch wird der Tiefenpsychologie bei der Eignungsprüfung eine immer größere Rolle zufallen, die freilich auch zu einer sozialethischen Gefahr werden kann, wenn der Betriebspsychologe zum „Seeleningenieur" wird.

Die „Arbeitsstudien"

Die Arbeitsstudien, das eigentliche Kernstück der Arbeitswissenschaft, sind die *praktischen Verfahren (1) zur rationalen Arbeitsgestaltung, (2) zur Zeitvorgabe für die einzelnen Arbeitsleistungen und (3) zur Arbeitsbewertung.*

Die rationale Arbeitsgestaltung wird durch die *„Arbeitsablaufstudie"* erreicht: Der Arbeitsstudien-Mann untersucht zunächst den Ist-Ablauf der neu zu gestaltenden Arbeitsgänge hinsichtlich der Organisation und des Zeitverbrauchs. Es ist eine „diagnostische Vorstudie" (Kurt Pentzlin). Die einzelnen Arbeitsvorgänge werden in „Stufen" zerlegt, diese wieder in „Arbeitsgriffe", die nochmals in die kleinste Maßeinheit, die „Griffelemente", unterteilt werden. Man verwendet bei den Untersuchungen neben der Stoppuhr auch zahlreiche psychotechnische Meßgeräte. Dabei sind auch physiologische und psychologische Faktoren zu berücksichtigen. Dann werden alle gefundenen technischen und organisatorischen Mängel beseitigt.

Die Leistungsvorgabe mittels der *„Arbeitszeitstudie"* („Zeitaufnahme") ist der zweite Schritt, der meist gleichzeitig mit der *Arbeitsbewertung* erfolgt, nämlich der Einschätzung des menschlichen Leistungsgrades durch die *Arbeitswertstudie*. — Die *Arbeitszeitstudie*, die in Zusammenarbeit mit dem Betriebsleiter und dem Meister erfolgen sollte, wird im Büro zur Ermittlung der richtigen *Vorgabezeiten* ausgewertet. Die Festlegung dieser Vorgabezeiten ist die Kernaufgabe der Arbeitsstudie, „weil einerseits die Höhe der Vorgabezeiten für die einzelnen Arbeitsgänge eines Erzeugnisses erst ein wirtschaftliches Maß für die Beurteilung der betrieblichen Leistungs- und Wettbewerbsfähigkeit ergibt und andererseits durch die Vorgabezeiten der menschlichen Leistung ein Soll oder

Ziel gesetzt wird, ohne das Bestleistungen niemals erreicht werden" (H. Böhrs, in: Böhrs, Bramesfeld u. a.: Einführung in das Arbeits- und Zeitstudium, München 1954).

Die Arbeitsbewertung, die wie die Vorgabezeiten der Leistungs- und Lohngestaltung sowie der Arbeitsvorbereitung dient, erfolgt vor allem nach zwei Methoden:

1. der *summarischen Rangfolgen-* oder *Wertstufenmethode.* Die einzelnen Arbeitsleistungen werden auf Grund von Arbeitsbeispielen in einer Rangreihe der Arbeitsgeschicklichkeit eingereiht; die einzelnen Anforderungen der Arbeitsleistung werden nicht analysiert; es ist ein einfaches Schätzverfahren, das allein nur bei einfachen Verhältnissen angewandt werden kann (Beispiel: die Rangfolge der Planstellen im öffentlichen Dienst);

2. die *analytische* oder *Richtzahlenmethode.* Es werden auf Grund der Arbeitsstudien die einzelnen verschiedenartigen Anforderungen der Arbeitsleistung analysiert, einzeln bewertet und Merkmalgruppen für die Arbeitsleistungen gebildet, die zueinander in Beziehung gesetzt werden.

Der R E F A wendet beide Methoden an und errechnet damit die *Normalleistung.* Das ist die Höhe der Leistung bei zureichender Eignung, voller Geübtheit nach einer entsprechenden Einarbeitung und Gewohnheit sowie erreichter Arbeitsbefriedigung. Von der Normalleistung nach REFA unterscheidet sich die *betriebliche Durchschnittsleistung,* die sich aus der jeweils vorhandenen technischen Ausrüstung des Betriebes mit Maschinen und Werkzeugen und dgl. und aus der Arbeitsleistung der jeweils vorhandenen Belegschaft ergibt.

Die Arbeitsplatzbewertung

Die Arbeitsplatzbewertung ist die systematische arbeitswissenschaftliche Untersuchung des ganzen Betriebes. Sämtliche Arbeitsplätze des Betriebes werden nach den Arbeitsbedingungen und den notwendigen Arbeitsleistungen untersucht und nach einem Punktsystem bewertet. Man zieht dazu vielfach freiberufliche Spezialisten (REFA-Männer) heran, die gemeinsam mit dem Arbeitsbüro des Betriebes und dem Betriebsrat die Arbeitsplatzbewertung vornehmen. Die Punktbewertung ermöglicht es, die Leistungsmöglichkeit der einzelnen Betriebsteile genau festzulegen. Sie dient vor allem auch als Grundlage für die Entlohnung.

Durchführung der Arbeits- und Arbeitsplatzbewertung

Den meisten analytischen Arbeitsbewertungsverfahren, die zuverlässigere Ergebnisse liefern als die summarischen Verfahren, liegt das „Genfer Schema der Anforderungsarten" der Internationalen Arbeitsorganisation, Genf, zugrunde. Das *REFA-Schema* enthält folgende Anforderungsarten:

I. *Können:* Es umfaßt das Können, das der Arbeitende an Angeborenem und Erworbenem zur Arbeitsstelle mitbringen muß. Es wird eingeteilt in:

I A. *Können vorwiegend nicht muskelmäßig* (geistig): Es umfaßt die Arbeitskenntnisse (Ausbildung und Erfahrung), ferner die Befähigung und Fertigkeit, fachgerecht zu denken und zu urteilen.

I B. *Können vorwiegend muskelmäßig* (Geschicklichkeit): Es handelt sich um den zur Ausführung einer Arbeit erforderlichen Grad an körperlicher Geschicklichkeit (Handfertigkeit und Körpergewandheit).

II. *Verantwortung* — für persönliche und sachliche Schäden, und zwar in bezug auf

Betriebsmittel und Erzeugnisse
den Arbeitsablauf/die Arbeit anderer
und die Sicherheit anderer

III. *Arbeitsbelastung:* Belastung des Organismus des Arbeitenden. Sie wird eingeteilt in:

III A. *Arbeitsbelastung vorwiegend nicht muskelmäßig* (geistig): Sie entsteht in erster Linie durch Nachdenken (geistige Beanspruchung) und durch Aufmerksamkeit (Sinne und Nerven).

III B. *Arbeitsbelastung muskelmäßig.*

IV. *Umgebungseinflüsse:* Belastung des Organismus z. B. durch Temperatur, Nässe, Schmutz, außergewöhnliche optische und akustische Belastung (Blendung, Lärm), Erschütterungen, Säuren, Laugen, Gase.

Nach diesem Schema werden die einzelnen Arbeitsaufgaben zergliedert und beschrieben. Jede einzelne Anforderungsart wird mit einer *„Wertzahl"* *(„Punktwert")* bewertet. Die Summe der Wertzahlen ergibt den *Arbeitswert* der betreffenden Arbeitsaufgabe oder des Arbeitsplatzes. Dabei kommt heute infolge der zunehmenden Technisierung der *geistigen und psychischen* Arbeitsbelastung (III A) eine wachsende Bedeutung zu, weshalb vielfach eine grundlegende *Reform der Arbeitsbewertung* gefordert wird.

Beim *analytischen „Rangreihenverfahren"* werden die einzelnen Anforderungsarten der verschiedenen Arbeiten eines Betriebes verglichen und in Rangreihen eingeordnet. Für jede Anforderungsart besteht eine Rangreihe. Die Addition der Rangplatznummern ergibt den Arbeitswert.

Beim *Stufen-Wertzahlverfahren,* dem gebräuchlicheren Verfahren, werden für die einzelnen Anforderungsarten Wertzahlen festgelegt, z. B.: gering = 1, mittel = 2, hoch = 3, sehr hoch = 4. — Die Bewertung der Anforderung geschieht durch Vergleich mit festgelegten Beispielen *(„Normleistung")*. Die Punktwerte der einzelnen Anforderungsarten werden addiert und ergeben den Arbeitswert.

Die Arbeitswerte dienen vor allem zur Festlegung des *Lohns*. Das geschieht meist durch die Zusammenfassung der Arbeitswerte zu *Arbeitswertgruppen,* denen *Lohngruppen* zugeordnet werden, z. B.:

Arbeitswertgruppe	Lohngruppe	Abstufung der Lohngruppen in Prozent
bis 3	1	82 %
4— 6	2	89 %
7— 9	3	95 %
10—12	4 Ecklohn	100 %
13—15	5	108 %
16—18	6	112 %

Da die Arbeitswerte und die Arbeitswertgruppen konstant bleiben, solange sich die Arbeitsverrichtung nicht ändert, und die prozentuale Abstufung der einzelnen Lohngruppen festliegt, braucht bei Lohnerhöhungen nur noch eine bestimmte Lohngruppe, der *Ecklohn*, in Geldwert festgelegt zu werden.

Multimomentverfahren

Das in England und Amerika entwickelte Multimomentverfahren (Ratio Delay Studies) zur Arbeitszeitstudie ist eine moderne Häufigkeitsstudie, die auch bei uns mehr und mehr Anwendung findet. Das Verfahren wird von H. Böhrs im REFA-Buch (Bd. 1, 10. Aufl. 1961) folgendermaßen beschrieben:

1. Der Beobachter legt zuerst das „*Programm*" seiner Häufigkeitsstudie fest, d. h. er schreibt in einem Schema nieder, welche Zeitarten er unterscheiden und an welchen Arbeitsplätzen oder Betriebsmitteln (Beobachtungsstellen) er deren Häufigkeit des Vorkommens feststellen will.

2. Nach Festlegung des Beobachtungsprogramms macht er Rundgänge, die ihn an allen Beobachtungsstellen vorbeiführen. An jeder Beobachtungsstelle trägt er in das Schema bei der gerade vorkommenden Zeitart einen senkrechten Strich („Vorkommensstrich") ein.

3. Nach einer ausreichenden Zahl von (unregelmäßigen) Rundgängen werden die Vorkommensstriche je Zeitart addiert und in Prozenten zur Gesamtzahl aller Striche sämtlicher Zeitarten ausgedrückt. Diese Prozentsätze des Vorkommens der einzelnen Zeitarten gelten zugleich auch als Prozent der Dauer der einzelnen Zeitarten.

Dank dieser Häufigkeitsstudien, bei der keine Zeiten gemessen werden, sind mit verhältnismäßig geringem Arbeitsaufwand, z. B. Arbeitselemente, Leerlauf- oder Stillstandszeiten, Vorbereitungshandlungen, Störungen usw. zu ermitteln. Es ist daher ein sehr geeignetes Verfahren zur Lösung von technischen, verwaltungsmäßigen und verkaufstechnischen Rationalisierungsproblemen, zumal eine Genauigkeit von 99 % erreicht werden kann, ohne daß dabei Meßgeräte gebraucht werden.

Arbeitsstudien im Büro

Die Arbeitswissenschaft befaßte sich früher ausschließlich mit dem Lohnarbeiter in der Industrie, doch werden neuerdings — nicht zuletzt auch wegen der starken Zunahme der Büroarbeit — Arbeits- und Zeitstudien im Büro in zunehmendem Maße durchgeführt. Methode und Zweck sind die gleichen wie bei den Arbeitsstudien in der industriellen Fertigung: (1) Beobachtung und Analyse des Arbeitsverlaufs und (2) Messen der Zeiten der einzelnen Arbeitsgänge unter Berücksichtigung des Leistungsfaktors der ausführenden Personen. Auch die Multimomentaufnahme wird mit Erfolg im Büro angewandt.

Die Arbeitsstudie kommt natürlich nur bei Büroarbeiten in Frage, die routinemäßig ausgeführt werden können. Bei der *Arbeitsablaufstudie* ist der Arbeitsablauf zu rationalisieren. Bei der *Zeitstudie* wird die mengenmäßige Leistung je Stunde oder je Arbeitstag festgelegt und gegebenenfalls werden die Gründe dafür untersucht, wenn diese Leistung bisher nicht erreicht wurde. Schließlich können die *Kosten* des einzelnen Arbeitsvorgangs ermittelt werden, etwa das Schreiben eines Briefes, die Buchung eines Postens, die Aufstellung einer Rechnung usw.

Bei der Zeitstudie ist die Schätzung des *Leistungsfaktors* der ausführenden Personen eine Besonderheit der Bürostudie. Übungsgrad und Arbeitstempo der ausführenden Personen sind sehr verschieden hoch. Das muß der Zeitstudienmann durch Einführung des Leistungsfaktors L berücksichtigen. Hat die ausführende Person einen durchschnittlichen Leistungsgrad, so ist L = 1; liegt nach der Schätzung des Zeitstudienmannes der Leistungsgrad einer Person um 10 % über der Norm, so ist L = 1,10. Nach der gebräuchlichen Normskala hat die höchste Leistung den Leistungsfaktor 1,30—1,50, die niedrigste den Leistungsfaktor 0,80—0,75. Bei einiger Übung sind die Schätzungen der Zeitstudienleute überraschend zuverlässig. Bei einer gemessenen Istzeit t_i (z. B. für das Schreiben von 20 Briefen durchschnittlicher Länge) beträgt die Normalzeit für einen Arbeitsvorgang t_N

$$t_N = t_i \cdot L$$

Sind in t_i M Arbeitsvorgänge (20 Briefe) zeitlich gemessen, so beträgt die Normalzeit je Bezugsgröße (je Brief) t_B

$$t_B = \frac{t_N}{M}$$

Je nach der Art der Tätigkeit (Grad der geistigen Konzentration) ist noch ein Zuschlagsfaktor Z für Ruhe- und Erholungspausen einzuführen; die Erholungszeit t_z beträgt

$$t_z = Z \cdot t_B$$

Der Teilarbeitsvorgang t_A ergibt sich dann aus

$$t_A = t_B + t_z.$$

Die Arbeitsvorbereitung

In den Bereich der Arbeitswissenschaft gehört zum Teil auch die Arbeitsvorbereitung, die *„planende Festsetzung aller Teilarbeiten zur zweckmäßigen Durchführung der Fertigung vom Bestelleingang bis zur Ablieferung und Abrechnung"* (Guido Fischer). Sie wird vom „Betriebsbüro", „Werkstattbüro" oder der Abteilung „Arbeitsvorbereitung" ausgeführt und ist die vorwiegend technische Detailplanung der Fertigung. Sie wird deshalb auch *„Fertigungsvorbereitung"* (Mellerowicz) oder *„Erzeugungsvorbereitung"* (K. W. Hennig) genannt, da sie ein Teil der Fertigungsausführung ist und die der Fertigungsausführung laufend vorangehenden Maßnahmen umfaßt. Sie überschreitet also den Bereich der Arbeitswissenschaft im eigentlichen Sinne und berührt bereits das Gebiet der „Produktionsplanung". Sie betrifft allerdings weniger die wirtschaftliche als vielmehr die technische Planung und ist zeitlich und sachlich mit der eigentlichen Arbeitsverrichtung unmittelbar verkoppelt. Die Arbeitsvorbereitung gewinnt also nur in solchen Betrieben Bedeutung, wo die Fertigung häufig wechselt, also bei Sorten- und Einzelfertigung, insbesondere in der Bauindustrie

(Hochbau, Tiefbau, Brückenbau, Wohnungsbau), in der Maschinen-, Elektro-, feinmechanischen und optischen Industrie. Näheres über die Arbeitsvorbereitung siehe S. 439.

Die Arbeitsvorbereitung gliedert sich in

1. die *Auftragsvorbereitung:* Ausstellung der Werkaufträge;

2. die *Ausfertigung der Stücklisten* (Listen der benötigten Werkstoffe eines Erzeugnisses oder Erzeugnisteils) an Hand der Konstruktionszeichnungen;

3. *Arbeitszeitermittlung* für die Werkaufträge und *Terminplanung* (Terminkartei);

4. *Lagervorbereitung:* Beschaffung und Bereitstellung der benötigten Werkstoffe auf Grund der Stücklisten;

5. *Werkstattvorbereitung* durch *Maschinenbelegungspläne,* durch Ausfertigung von *Laufkarten* (enthalten alle Angaben für die am Werkstück vorzunehmenden Arbeiten und laufen mit ihm mit); *Arbeitsanweisungen, Lohnstücklisten oder Lohnzettel* (enthalten die Angaben der Arbeitsoperationen mit Vorgabezeiten, Istzeiten, Lohnwert u. dgl.).

V. Arbeitsordnung und Betriebsverfassung

Die Arbeitsordnung

Arbeitszerlegung und Arbeitsverbindung (s. oben S. 319 f.) als die sich ergänzenden Prinzipien der Organisation setzen eine planmäßige *Arbeitsordnung* oder Betriebsverfassung im weiteren (soziologischen) Sinne voraus, d. h. ein *Ordnungssystem der menschlichen und sozialen Arbeitsbeziehungen.* Die Arbeitsordnung betrifft also — im Gegensatz zur Betriebsorganisation — die Sozialform des Betriebes. Die Problematik der Arbeitsordnung liegt daher auf dem Grenzgebiet zwischen Betriebswirtschaftslehre und Soziologie. Die „soziologische Richtung" der Betriebswirtschaftslehre rechnet die Arbeitsordnung noch zur Betriebsorganisation. (Über die soziale Organisation des Betriebes s. unten S. 376 ff.)

Die Arbeitsordnung hat einen *zweifachen Zweck:* Sie soll einmal die soziale und seelische Befriedigung der arbeitenden Menschen erhöhen und zum andern die Produktivität des Betriebes steigern. Im Gegensatz zur arbeitsrechtlichen Betriebsverfassung wird die Arbeitsordnung nicht nur von festen Vereinbarungen und Regeln, sondern vor allem auch von dem im Betriebe herrschenden Geist bestimmt, dem „Betriebsklima", den Human Relations.

Die Arbeitsordnung in früheren Zeiten und auch noch in der frühkapitalistischen Epoche war *patriarchalisch,* der Betriebsleiter genießt die Autorität eines Familienoberhauptes; diese Form herrscht auch heute noch vielfach in bäuerlichen und handwerklichen Kleinbetrieben vor. Im Hochkapitalismus entsteht im Großbetrieb die *„wirtschaftsindividualistische"* Arbeitsordnung, in der der Unternehmer den Betrieb autokratisch leitet, der Arbeiter hat grundsätzlich kein Mitwirkungsrecht. Mit der allmählichen Überwindung des liberalen Kapitalismus wird diese autokratische Betriebsverfassung von der *„sozialindividua-*

listischen" Arbeitsordnung mit immer stärker ausgeprägten *„betriebsdemokra-tischen"* Zügen abgelöst: Mitwirkung und Mitbestimmung der Arbeitnehmer wird eingeführt, besonders in allen Fragen, die sie angehen, durch „Partner-schaft" soll der Arbeitnehmer zum „Mitunternehmer" werden. Die Gewerk-schaften sind allerdings gegen die Mitbestimmung der im Betrieb tätigen Arbeit-nehmer in der Unternehmung, da sie fürchten, dadurch könne der *überbetrieb-liche* Zusammenschluß der Arbeiter und Angestellten leiden. Sie fordern eine „überbetriebliche Mitbestimmung", bei der auch Gewerkschaftsfunktionäre zur Mitbestimmung in den Aufsichtsrat berufen werden. Die Gewerkschaften er-hielten dadurch einen großen Einfluß auf die Wirtschaft (siehe auch S. 186).

In den sowjetischen Ländern wird eine *„sozialistische Arbeitsordnung"* ange-strebt, die aber bisher nirgends verwirklicht sein dürfte. Die dortigen indu-striellen Staatsbetriebe haben ebenso wie die (Zwangs-)Kolchosen eine *staats-kapitalistische Arbeitsordnung.* Dagegen hat der Kibbuz, eine landwirtschaft-liche Siedlungsform in Israel, eine sozialistische Arbeitsorganisation.

Die Betriebsverfassung im arbeitsrechtlichen Sinne

Der Arbeitsordnung wird in modernen Staaten durch Gesetze, Tarifverträge und Betriebsvereinbarungen ein gewisser Rahmen gegeben, wobei insbesondere die Mitwirkung der Arbeitnehmer in Angelegenheiten, die ihre Interessen be-rühren, geregelt wird.

In Deutschland wurden bereits 1848 in der Paulskirche die Grundideen einer gesetzlichen Regelung der Betriebsverfassung vorgetragen, doch erst nach dem 1. Weltkrieg im *„Betriebsrätegesetz von 1920",* das eine echte Mitwirkung der Arbeitnehmer vorsah, in die Tat umgesetzt. Die Nationalsozialisten führten durch das „Gesetz zur Ordnung der nationalen Arbeit" von 1934 das „Führer-prinzip" in den Unternehmungen ein („Betriebsführer"); der vom Reichstreu-händer der Arbeit bestellte „Vertrauensrat" der Betriebe (stets politische Funk-tionäre) als „Vertretung" der Arbeitnehmer hatte nur beratende Funktion.

Nach dem 2. Weltkrieg wurde nach Übergangslösungen durch die Kontrollrats-gesetze der Alliierten die Betriebsverfassung durch das *Betriebsverfassungs-gesetz vom 11. 10. 1952* (BVG) endgültig geregelt. Es hat sich, zumindest in den ersten Jahren, gut bewährt, doch entsprach es nach 20jähriger Geltung den in-zwischen gewandelten gesellschaftlichen Anschauungen über das Verhältnis von Kapital und Arbeit in vielen Punkten nicht mehr. So wurde es durch das neue *Betriebsverfassungsgesetz vom 19. 1. 1972* abgelöst, das auch wesentlich umfangreicher ist als das BVG 1952 (mit einigen späteren Änderungen). Bei seiner großen Bedeutung für die Arbeitsordnung und die Betriebsorganisation wollen wir kurz seine wichtigsten Bestimmungen behandeln. (Über die Bedeu-tung der Mitbestimmung s. u. S. 376 ff.).

Das Betriebsverfassungsgesetz vom 19. 1. 1972

Das BVG legt vor allem fest, in wieweit die Arbeitnehmer im Betrieb mitzu-bestimmen und mitzuwirken haben, und regelt den Teil der Betriebsverfassung, der nicht den Tarifverträgen vorbehalten ist, der aber andererseits einer über-betrieblichen Regelung bedarf. Das neue BVG bestimmt vor allem, daß es eine Friedensordnung und keine Konfliktordnung ist (§ 2 Abs. 1 BVG 72). Dieses

Gebot wird ergänzt durch (1) das Verbot des Arbeitskampfes zwischen Arbeitgeber und Betriebsrat (§ 74 Abs. 2), (2) das Verbot von parteipolitischen Betätigungen.

Die O r g a n e d e r A r b e i t n e h m e r sind nach dem neuen BVG vor allem (1) *Betriebsrat* und (2) *Betriebsversammlung.* Daneben gibt es noch eine (3) *Jugendvertretung,* deren Recht in BVG 72 neu geordnet worden ist, und einen (4) *Wirtschaftsausschuß,* deren Mitglieder nach dem alten BVG paritätisch von Vertretern der Arbeitgeber- und der Arbeitnehmerseite gestellt wurden; im neuen BVG werden seine Mitglieder aber ausschließlich vom Betriebsrat bestellt. Besteht die Unternehmung aus mehreren Betrieben, ist ein (5) *Gesamtbetriebsrat* zu bilden. Bei Konzernen kann (muß aber nicht) ein (6) *Konzernbetriebsrat* gebildet werden.

Der Betriebsrat

Der Betriebsrat (BR) als Organ und Interessenvertretung der Arbeitnehmer (mit Ausnahme der leitenden Angestellten) wird von den Arbeitern und Angestellten für 3 Jahre gewählt, wobei nach dem neuen BVG Arbeiter und Angestellte ihre Vertreter getrennt wählen, so daß also Arbeiter und Angestellte entsprechend ihrem zahlenmäßigen Verhältnis im BR vertreten sind. Das neue BVG trennt jetzt auch scharf die Funktionen und Aufgaben der Gewerkschaften und die des BR; die Gewerkschaften haben nur Hilfs- und Beratungsfunktionen.

Der Katalog der allgemeinen Aufgaben des BR ist gegenüber dem BVG 52 erweitert worden. Er kann beim Arbeitgeber Maßnahmen beantragen, die dem Betrieb und der Belegschaft förderlich sind. Er hat darüber zu wachen, daß die zugunsten der Arbeitnehmer geltenden Bestimmungen durchgeführt werden; er kann Beschwerden entgegennehmen und hat auf ihre Abstellung zu wirken. Bei sozialen Angelegenheiten hat er in bestimmten Fällen ein Mitbestimmungsrecht, so bei der Festlegung des Beginns und des Endes der Arbeitszeit, der Pausen, bei der Bestimmung von Zeit und Ort der Lohnzahlungen, bei Festlegung des Urlaubsplanes, der Berufsausbildung, der Aufstellung von Entlohnungsgrundsätzen und der Einführung neuer Entlohnungsmethoden und ähnlichem. Auch bei personellen Fragen wirkt der BR mit: Geplante Einstellungen sind dem BR bekanntzugeben, gegen die er schriftlich Bedenken geltend machen und bei Nichteinigung u. U. das Arbeitsgericht anrufen kann. Vor jeder Kündigung ist der BR zu hören. Er kann andererseits Entlassungen von Arbeitern fordern, die den Arbeitsfrieden ernstlich gefährden.

In wirtschaftlichen Angelegenheiten ist der Betriebsrat in Unternehmen mit mehr als 100 ständigen Arbeitern an der Bildung und Tätigkeit des *Wirtschaftsausschusses* zu beteiligen, der eine vertrauensvolle Zusammenarbeit zwischen Arbeitgeber und Arbeitnehmer fördern soll. In allen Betrieben mit mehr als 20 Arbeitnehmern hat der BR ein Mitbestimmungsrecht bei Maßnahmen, die sich zum Nachteil der Belegschaft auswirken würden. Der BR wirkt außerdem bei der Entsendung von Aufsichtsratsmitgliedern als Vertreter der Arbeitnehmerschaft mit. — Die Gewerkschaften haben allerdings die Bestimmungen über den Wirtschaftsausschuß abgelehnt, wie ja überhaupt die *betriebsinterne* Mitbestimmung. Sie drängen infolgedessen auch nicht auf die Bildung von Wirtschaftsausschüssen, die in vielen, meist mittleren Betrieben noch fehlen.

Die Betriebsversammlung

Sie besteht aus allen Arbeitnehmern des Betriebes und ist gleichfalls Organ der Arbeitnehmer. Ihr Leiter ist der Vorsitzende des BR. Sie muß mindestens vierteljährlich sowie auf Antrag des Betriebsleiters oder eines Viertels der bevollmächtigten Arbeitnehmer zusammentreten. Der BR hat vierteljährlich über seine Tätigkeit Bericht zu erstatten. Der Arbeitgeber ist dazu einzuladen. Die Betriebsversammlung kann Anträge dem BR unterbreiten und zu seinem Entschluß Stellung nehmen. Sie kann aber nicht ihre Beschlüsse durchsetzen. Insofern ist ihre Stellung schwach.

Vertretung der Arbeitnehmer in Aufsichtsrat und Vorstand

Der Aufsichtsrat einer AG, KGaA und einer großen GmbH (über 500 Arbeitnehmer) muß — auch nach dem BVG 1972 — zu einem Drittel aus Vertretern der Arbeitnehmer bestehen. Diese Aufsichtsratsmitglieder haben die gleichen Rechte wie die übrigen. Zum Leidwesen der Gewerkschaften wurden allerdings in rd. 900 Aktiengesellschaften, die mehr als drei Arbeitnehmervertreter in den Aufsichtsrat zu entsenden haben, nur 17 % Betriebsfremde gewählt.

Wesentlich weitergehende *Mitbestimmung* haben die Betriebe *des Kohlenbergbaues* und der *Stahlindustrie* durch das Mitbestimmungsgesetz vom 24. 5. 1951. Die Mitbestimmung ist dadurch gewährleistet, daß der Aufsichtsrat paritätisch, d. h. zu gleichen Teilen, und gleichberechtigt aus Vertretern der Eigentümerseite und der Belegschaft gebildet wird. Er besteht in der Regel aus 11 Mitgliedern; von den 5 Vertretern der Belegschaft müssen 2 der Belegschaft des Betriebes angehören, 3 weitere Mitglieder schlagen die Spitzenorganisationen der Gewerkschaften vor, 5 Mitglieder werden von den Eigentümern gewählt, der 11. Mann wird von den 10 Aufsichtsratsmitgliedern gleichsam als Unparteiischer gewählt. Diese weitergehende Mitbestimmung soll in allen Aktiengesellschaften eingeführt werden. Gesetzentwürfe lagen bereits 1974 vor.

Außerdem muß zum Vorstand (der vom AR bestellt wird) der Betriebe des Kohlenbergbaus und der Stahlindustrie ein A r b e i t s d i r e k t o r als Vertreter der Belegschaft gehören.

VI. Literaturhinweise

Betriebliches Personalwesen. Grundlegende Schriften.

Braun, K.: Personalpolitik in Unternehmen und Verwaltungen. Wiesbaden 1975.
Eckardstein, D. v., u. F. Schnellinger: Betriebliche Personalpolitik. 2. Aufl. München 1975.
Gaugler, E. (Hrsg.): Handwörterbuch des Personalwesens, Stuttgart 1975.
Goossens, Franz: Handbuch der Personalleitung. 2 Bde., 5. Aufl. München 1974.
Grössle, Karl: Der Mensch in der industriellen Fertigung. Wiesbaden 1958.
Jacob, H.: Rationelle Personalführung. Wiesbaden 1968.
Kolbinger, Josef: Bauplan sozialer Betriebsführung .Stuttgart 1959.
Kolbinger, Josef: Betriebliches Personalwesen. 2 Bde. (Sammlung Poeschel). 2. Aufl., Stuttgart 1972.
Marx, A. (Hrsg.): Personalführung, 4 Bde. Wiesbaden 1969—1972.
Mensch und Arbeit. Zeitschrift für schöpferische Betriebsführung. München.
Spindler, Gert P.: Neue Antworten im sozialen Raum. Leitbilder für Unternehmer. Düsseldorf 1964.
Weißer, H. P.: Richtlinien der Personalführung. Wiesbaden 1969.

Arbeitswissenschaft und Arbeitsstudien

Arbeits- und Zeitstudien. Fachbibliographie. Herausgeber L. Rossipaul. Loseblatt-Ausgabe. Stammheim/Calw.

Böhrs, H.: Arbeitsstudien in der Betriebswirtschaft. Wiesbaden 1967.

Hilf, Hubert Hugo: Arbeitswissenschaft. Grundlagen der Leistungsforschung und Arbeitsgestaltung. München 1957.

REFA (Hrsg.): Methodenlehre des Arbeitsstudiums. Teile 1—3, 3. Aufl. München 1973.

Reinermann: Die optimale Gestaltung der täglichen Arbeitszeit im Industriebetrieb. Wiesbaden 1968.

Wibbe, J.: Arbeitsbewertung. 3. Aufl., München 1966.

Arbeitsordnung und Betriebsverfassung

Budäus, D.: Entscheidungsprozeß und Mitbestimmung. Wiesbaden 1975.

Fäßler, K.: Betriebliche Mitbestimmung. Wiesbaden 1970.

Jacob, H. (Hrsg.): Mitbestimmung in der Unternehmung, Bd. 18 der „Schriften zur Unternehmensführung“. Wiesbaden 1973.

Neuloh, Otto: Der neue Betriebsstil. Tübingen 1960.

Sahmer, Heinz: Betriebsverfassungsgesetz. Loseblatt-Ausgabe. Frankfurt 1960 ff.

Schwerdtfeger, G.: Mitbestimmung in privaten Unternehmen. Berlin/New York 1973.

Siehe auch die Literaturhinweise S. 376 und 390.

B. Der Lohn und das Arbeitsentgelt

I. Wesen des Lohnes

1. Begriff und Bestimmung des Lohnes

Der Betrieb als Einkommmensquelle

Die Unternehmung ist eine Arbeits- oder Werksgemeinschaft, die für den Markt arbeitet und vom Markte entlohnt wird. Die Erzeugnisse, die die Unternehmung herstellt, dienen nicht unmittelbar ihren Angehörigen zur Bedürfnisbefriedigung. Sie erhalten für ihre Arbeit einen *Lohn (im weiteren Sinne)*. Die Unternehmung hat also auch den Zweck, ihren Angehörigen das notwendige Einkommen zu verschaffen, das ihre Existenz ermöglicht. Doch ist dieses Ziel im Grunde mit dem obersten Zweck der Unternehmung, nämlich der Beschaffung von Gütern zur Bedürfnisbefriedigung identisch. Infolge der Arbeitsteilung zwischen den Betrieben müssen die Betriebe ihre Erzeugnisse gegeneinander austauschen, zunächst tun sie das im Naturaltausch, später durch den indirekten Tausch auf dem Markt mittels des Geldes. Je differenzierter die Volkswirtschaft wurde, je länger der Weg der Erzeugnisse zum Verbraucher, um so selbständiger standen sich die Betriebe einander gegenüber, um so autonomer schien jenes Ziel, den Betriebsangehörigen das notwendige Einkommen zu verschaffen.

Wesen des Lohnes

Der Lohn (im weiteren Sinne) ist der Preis für geleistete Arbeit, also nicht nur die des Arbeiters, sondern auch des Angestellten, des Arztes, des Unternehmers usw. Bei selbständiger Arbeit ist die Vergütung für die geleistete Arbeit entweder in einem bei der wirtschaftlichen Tätigkeit gemachten Gewinn (i. w. S.)

enthalten (Unternehmerlohn) oder sie tritt in Form eines Entgeltes für bestimmte Dienstleistungen auf (Honorare der Wirtschaftsprüfer, Ärzte, Rechtsanwälte usw.). Bei unselbständiger Arbeit wird für die Überlassung der Arbeitskraft ein Entgelt bezahlt, und zwar handelt es sich um ein Entgelt, das im Tauschverkehr für die Überlassung der Arbeitskraft gezahlt wird. Ein solches Entgelt ist ein Preis, aber ein Preis eigener Art, da die Preislehren nur in beschränktem Umfange für die Bestimmung des Lohnes gelten.

Die Bestimmung des Lohnes

Die *Klassiker* sowie die *Marxisten* waren allerdings der Ansicht, daß der Lohn sich ausschließlich nach dem Verhältnis von Angebot und Nachfrage richtete. Besonders scharf ist die Lehre von Ricardo formuliert worden, der sagt: Die Lohnhöhe richtet sich nach den Produktionskosten der Arbeit („ehernes Lohngesetz" nach Lassalle), d. h. der Lohn kann nach Ricardo niemals über dem Existenzminimum des Arbeiters liegen. Steigt der Lohn, so vermehrt sich die Bevölkerung, und umgekehrt. Diese Lehre wurde dann noch von Lassalle, Marx und Rodbertus insofern überspitzt, als sie ausgehend von Ricardo behaupteten, der Lohn des Arbeiters sei geringer als seine Produktivität (Ausbeutungstheorie). Diese Theorien verkennen die Besonderheit der „Ware" Arbeit.

Nach den *neueren Auffassungen* gilt für die Lohnbildung zwar auch das Gesetz von Angebot und Nachfrage, doch weist der Arbeitsmarkt eine Reihe von Sonderheiten auf, die auf der Eigentümlichkeit der menschlichen Arbeit beruhen; denn die menschliche Arbeit ist ein Gut, das nicht beliebig vermehrt und nicht beliebig vermindert werden kann. Das *Arbeitsangebot* auf dem Arbeitsmarkt besteht aus drei Komponenten: der Zahl der Arbeitsfähigen, der Zahl der Arbeitstage in der Woche und der Zahl der täglichen Arbeitsstunden. Bei hohem Stundenlohn z. B. *kann* das Arbeitsangebot sinken, weil viele Arbeiter mit ihrem Lohneinkommen zufrieden und nicht willens sind, noch mehr zu arbeiten. Doch spielen hier noch die anderen Komponenten eine entscheidende Rolle. Ist z. B. die Zahl der Arbeitstage (5-Tage-Woche) oder der täglichen Arbeitsstunden gering, steigt mit der Lohnhöhe auch das Arbeitsangebot, der Arbeiter hat reichlich Freizeit, besonders reizen ihn höher bezahlte Überstunden und Nebenbeschäftigungen.

Die *Arbeitsnachfrage* wird, wie jede Nachfrage nach Produktionsmitteln, von der Grenzproduktivität bestimmt. Der Unternehmer wird solange weitere Arbeiter einstellen, bis der Grenzertrag der letzten Arbeitsstunde, die er noch nachfragt, gleich dem dafür zu zahlenden Stundenlohn ist. Die Produktivität des Grenzarbeiters ist die untere Grenze der Arbeitsnachfrage.

Eine weitere Besonderheit des modernen Arbeitsmarktes ist seine *Marktform*, denn auf ihm herrscht heute weitgehend ein *bilaterales Monopol*. Früher, als die Arbeiter noch nicht organisiert waren, waren die Unternehmer in der stärkeren Lage und konnten den Lohn drücken. Durch den Zusammenschluß der Arbeiter in Gewerkschaften besitzen die Arbeiter jetzt in einem erheblichen

Umfang ein Angebotsmonopol, dem das Nachfragemonopol der Arbeitgeberverbände gegenübersteht. Doch ebenso wenig wie bei anderen Monopolen der
Preis, kann bei dem bilateralen Monopol auf dem Arbeitsmarkt der Lohn willkürlich festgesetzt werden. Die *Produktivität der Arbeit bildet grundsätzlich
die obere Grenze des Lohnes.* Steigt der Lohn, z. B. infolge des Druckes der
Gewerkschaften, über seine Produktivität, so ist die notwendige Folge ein Ansteigen der Preise, falls die Unternehmungen die erhöhten Lohnkosten
(„Kosteninflation") nicht durch Rationalisierungen auffangen können. Trotz
höherer (Nominal-)Löhne kann mit dem Reallohn nicht mehr gekauft werden,
als produziert wurde.

Ein weiterer wichtiger Effekt der Lohnbildung ist noch zu beachten. Das Lohneinkommen tritt unmittelbar nach seiner Auszahlung auf dem Konsumgüter-
markt fast ganz als Nachfrage auf. Eine Erhöhung der Lohneinkommen steigert
mithin die Nachfrage nach Konsumgütern und indirekt auch nach Produktionsgütern. Das hat man in der Krise um 1930 verkannt, man suchte damals durch
drastische Lohnsenkungen die drückenden Kosten zu ermäßigen, drosselte aber
damit auch die Nachfrage nach Konsumgütern. Diese anhaltende Lohnsenkungs-
politik, die die Unternehmungen bei der großen Arbeitslosigkeit durchführen
konnten, drosselte aber die Nachfrage und verstärkte als *Lohn-Absatz-Spirale*
die Deflation und damit die Arbeitslosigkeit.

In einer *vollbeschäftigten Wirtschaft* kann die Produktivität der Arbeit nur
noch durch Rationalisierungen (Substituierung der Arbeit) gesteigert werden.
Im Ausmaß dieser Produktivitätssteigerung erhöht sich das Realeinkommen
— entweder durch Lohnerhöhungen oder durch Preissenkungen. Dabei ist allerdings zu beachten, daß die Steigerung der Konsumgüterproduktion auch eine
entsprechende Steigerung der Investitionsgüterproduktion bedingt und die entsprechenden Mittel durch erspartes Kapital (Sparen jeder Art, Selbstfinanzierung) dafür zur Verfügung stehen. Nur wenn das der Fall ist, können inflationistische Preissteigerungen vermieden werden. Die Gefahr einer Preissteigerung
ist allerdings bei Vollbeschäftigung sehr groß, da die Gewerkschaften — besonders wenn sie in den verschiedenen Wirtschaftszweigen einzeln vorgehen —
die für den Arbeitnehmer günstige Marktlage ausnutzen und übermäßige
Lohnforderungen stellen, die andererseits die Arbeitgeber bei der günstigen
Konjunkturlage zu gewähren bereit sind, in der Absicht, sie durch Preiserhöhungen auf den Käufer abzuwälzen. Auch wissen heute die Unternehmer,
daß steigende Löhne in vielen Wirtschaftszweigen zu erhöhter Nachfrage führen.

2. Der „gerechte Lohn"

Der Lohn als sozialethisches Problem

Das Problem des „gerechten Lohnes", oder genauer der gerechten Verteilung
des Sozialprodukts, ist eine Frage, die gegenwärtig nicht nur den verant-
wortungsbewußten Unternehmer, die Verbände der Arbeitgeber und Arbeitnehmer sowie den Arbeitnehmer selbst, sondern auch die Wissenschaftler beschäftigt. Dabei sucht man, insbesondere tun dies die Praktiker — Verfahren

zu entwickeln, z. B. die Erfolgsbeteiligung der Arbeitnehmer, durch die die Gerechtigkeit in der Entlohnung verwirklicht werden soll. Doch gründet sich der gerechte Lohn, ebenso wie der verwandte „gerechte Preis", nicht auf ein Subjekt-Objekt-Verhältnis, das durch quantitative Methoden erfaßt werden kann; denn der Wertakzent des gerechten Lohnes und des gerechten Preises liegt gar nicht in der Richtung der o b j e k t i v e n S a c h v e r h a l t e , auf die ihre Intention geht, sondern in der sittlichen Haltung der Person. Nicht der Lohn oder der Preis als Sachverhaltswert ist gerecht, sondern die sittliche Haltung der Wirtschaftspartner bzw. der Wirtschaftsgesellschaft. Leiten der mittelalterliche Gutsherr und seine Leibeigenen ihr soziales Verhältnis von einer göttlichen Wertordnung ab, an der der Mensch nicht rütteln kann, dann werden der Gutsherr und seine Leibeigenen den kargen Lohn, den die Fronarbeiter erhalten, und das hohe Einkommen des Gutsherrn als eine gerechte Verteilung des Sozialproduktes empfinden. Wenn jedoch erkannt wird, daß die Wirtschaftsordnung Menschenwerk ist, dann können den Partnern Zweifel kommen, ob diese Zurechnung rechtens ist. Die Zweifel wecken die Gerechtigkeit als sittliche Haltung sowohl des Arbeitgebers als auch des Arbeitnehmers. Der Arbeitgeber muß das Gefühl haben, ich handele gerecht, wenn ich dem Arbeiter m Mark als Lohn gebe, und umgekehrt muß der Arbeiter das Gefühl haben, ich handele gerecht, wenn ich m Mark als Lohn für meine Leistung fordere. Es geht dabei um eine sittliche Haltung, die abhängig ist von den s o z i a l e t h i s c h e n G r u n d l a g e n d e r G e s e l l s c h a f t s o r d n u n g . So hat sich in unserem System der f r e i e n M a r k t w i r t s c h a f t eine durch Tradition und Konvention anerkannte und durch Preis- und Lohnbildung regulierte Staffelung der Arbeitseinkommen aller Berufsstände und Berufe herausgebildet, die im allgemeinen g r u n d s ä t z l i c h als gerecht empfunden wird.

Die Bestimmungsgründe der normativen Bewertung des Lohnes

Die Bestimmungsgründe dieser normativen Bewertung des Lohnes sind vor allem „standesgemäßer" Lebensstandard, kulturelle Standards und Konsumnormen je nach Berufsstand, Ausbildung, sozialer Abkunft, Alter, Geschlecht, Familienstand, Familiengröße usw. Da die Lohnhöhe im einzelnen stark vom Marktmechanismus und monopolistischen Elementen (das gegenwärtige bilaterale Monopol der Arbeitgeber- und Arbeitnehmerverbände) beeinfluß wird, werden gewisse Entwicklungen häufig als Auswüchse oder Härten der Lohnbildung empfunden. Da weiterhin die Produktivität der Wirtschaft und damit das Sozialprodukt ständig steigt, entstehen immer wieder heftige Auseinandersetzungen („Lohnkämpfe"), und zwar einmal zwischen den Arbeitgebern und den Arbeitnehmern um den Anteil der Arbeitnehmer am Sozialprodukt, und zum anderen zwischen den Arbeitnehmerverbänden der einzelnen Wirtschaftszweige um die Rangfolge der „standesgemäßen" Verteilung des Produktionsüberschusses zwischen den Arbeitnehmern der einzelnen Wirtschaftszweige; so beanspruchen z. B. — wohl mit Recht — die Bergarbeiter die höchste Stelle in der Lohnskala der Arbeiter.

Die G e g n e r d e r f r e i e n M a r k t w i r t s c h a f t fordern eine andere Verteilung des Sozialprodukts; so fordern die Kommunisten z. B. „gleichen Lohn für alle". Doch hat sich diese ideologische These nicht einmal in dem „marxi-

stisch-leninistischen" Ostblock durchsetzen können; dort erhalten die Spitzen-
funktionäre Gehälter, die denen der westlichen Manager keineswegs nachstehen.

Unter den tatsächlichen Bestimmungsgründen des gerechten Lohnes spielen die
A r b e i t s m ü h e und der S c h w i e r i g k e i t s g r a d der Arbeitsaufgabe
eine entscheidende Rolle. Werden für Arbeiten, die sehr verschieden hohe
Arbeitsmühe erfordern, gleiche Löhne bezahlt, so wird das als ungerecht empfunden und wirkt stark leistungshemmend. Die Staffelung der Löhne nach
Schwierigkeitsgrad und Arbeitsmühe ist daher auch zur Schaffung von Lei-
stungsanreizen erforderlich.

Der strengen Durchführung dieses Prinzips stehen allerdings auch wieder
n o r m a t i v e F a k t o r e n entgegen, die in der Person des einzelnen Arbeitnehmers begründet liegen, so vor allem sein Geschlecht (Frauenarbeit wird häufig relativ schlechter bezahlt), sein Alter, die Dauer der Betriebszugehörigkeit,
der Familienstand, die Familiengröße usw.

Bekannt ist das umstrittene Problem des „F a m i l i e n l o h n s" (Lohnstaffe-
lung nach Familiengröße). Die durch den Familienlohn bedingten Lohndiffe-
renzen können aus praktischen Gründen nicht unmittelbar vom einzelnen
Betrieb getragen werden, da er in diesem Falle die kinderlosen Arbeitnehmer
bevorzugt einstellen würde, kinderreiche Familienväter würden als letzte Arbeit
finden. In der Bundesrepublik wurden deshalb durch das „K i n d e r g e l d -
g e s e t z v o n 1 9 5 4" Familienausgleichskassen bei den 54 Berufsgenossenschaften[1]) der einzelnen Wirtschaftszweige als Körperschaft des öffentlichen
Rechts gebildet; sie zahlen aus den Zwangsbeiträgen der Unternehmungen das
„Kindergeld" an die Erwerbstätigen.

II. Die Entlohnungsformen oder Lohnsysteme

Grundformen der Lohnsysteme

Die Schwierigkeit der Ermittlung eines optimalen Maßstabes für den Lohn
führte zu zahlreichen Entlohnungsformen oder Lohnsystemen, die sich meist
unmittelbar aus der Praxis heraus entwickelten, teils aber auch „am grünen
Tisch" ausgearbeitet wurden. Die in der Praxis üblichen Grundformen der Entlohnung sind (1) der Z e i t l o h n, (2) der A k k o r d l o h n und (3) der P r ä -
m i e n l o h n sowie (4) verschiedene M i s c h f o r m e n dieser Hauptlohnarten.

Die betriebliche Bedeutung und die ökonomische Wirkung der verschiedenen
Lohnbemessungsverfahren sind sehr unterschiedlich. Jede der vielen Lohnformen hat ihre Vor- und Nachteile. Es muß deshalb für jede Leistungsart,
jedes technische Verfahren und jeden typischen Produktionsablauf erforscht
werden, welche Entlohnungsform die günstigsten wirtschaftlichen, psychologischen und sozialen Wirkungen hat.

---

[1]) Berufsgenossenschaften sind durch Gesetz gebildete Zwangsversicherungsgemein-
schaften von Unternehmungen gleichartiger Gewerbezweige als Versicherungsträger
für die gesetzliche Unfallversicherung der in ihren Betrieben Tätigen; sie sind Selbst-
verwaltungsorgane, die paritätisch aus Arbeitgebern und Arbeitnehmern zusammengesetzt sind.

1. Der Zeitlohn

Begriff und Anwendungsgebiete

Beim Zeitlohn wird der Lohn nach der a u f g e w e n d e t e n   A r b e i t s z e i t (Stunden, Tage, Woche, Monat) bemessen; die in der Zeiteinheit ausgeführte Arbeitsleistung wird nicht berücksichtigt. Bei Änderung der Arbeitsleistung in der Zeiteinheit ändern sich die L o h n k o s t e n je Stück proportional. Beträgt z. B. der Stundenlohn 3,— DM und fertigt der Arbeiter in einer Stunde 1 Stück an, so betragen die Lohnkosten je Stück 3,— DM; steigert er seine Leistung auf 2 Stück je Stunde, so sinken die Lohnkosten je Stück auf 1,50 DM; fertigt er nur ein halbes Stück, so steigen die Lohnkosten je Stück auf 6,— DM (siehe Abbildung 1). Das Risiko des Arbeitswillens des Arbeitenden liegt also ganz beim Betrieb.

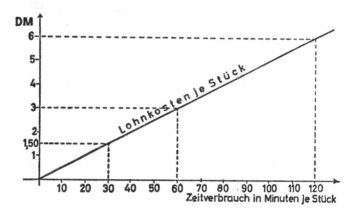

Abbildung 1: Lohnkosten bei 3,— DM Stundenlohn

Der Zeitlohn m u ß stets dort a n g e w a n d t werden, wo wegen der Vielgestaltigkeit der Arbeitsleistung eine unmittelbare Bemessung des Lohnes nach der Leistung des einzelnen Arbeiters nicht möglich ist. Wenn ferner die Q u a l i t ä t   d e r   L e i s t u n g eine besondere Rolle spielt, wie z. B. in der Schmuckindustrie, in der Feinmechanik, oder wenn gefährliche Arbeiten (Stahlbaumontage) behutsam gemacht werden müssen, ist der Zeitlohn ebenfalls angebracht. In der modernen F l i e ß b a n d p r o d u k t i o n hat der Zeitlohn wieder sehr an Bedeutung gewonnen, da der Arbeiter gezwungen wird, sich dem Tempo des Fließbandes anzupassen. Doch wendet man dort auch sehr viel den Gruppenakkord, und zwar in Form des „Zahlpunktsystems", an (s. unten S. 347 f.).

Vor- und Nachteile des Zeitlohns

Der V o r t e i l des Zeitlohns ist die einfache Berechnung des Arbeitsverdienstes (= Lohnsatz × Zeiteinheiten); weiterhin kommt beim Zeitlohn kein überhastes Arbeitstempo auf, und es kann auf die Qualität der Arbeit größere Rücksicht genommen werden. — Der N a c h t e i l des Zeitlohnes besteht vor allem darin, daß der Betrieb das Risiko des Arbeitswillens und der Arbeitsgeschicklichkeit des Arbeitenden voll trägt. Der Zeitlohn gibt keinen Anreiz, die Leistung zu steigern. Durch Überwachungsmaßnahmen muß mangelhafte Arbeitsgesinnung verhindert werden.

Festlegung der Zeitlöhne

Die Zeitlöhne sind natürlich insofern auch Leistungslöhne, als sie nach der Arbeitsmühe und dem Schwierigkeitsgrad der Arbeitsleistung gestaffelt werden („A r b e i t s w e r t l o h n"). Durch „Arbeitsstudien" werden die Anforderungen der einzelnen Arbeitsaufgaben bzw. Arbeitsplätze systematisch untersucht und einzeln oder gruppenweise nach einem Punktsystem bewertet (Arbeitsbewertung, s. oben S. 327 ff.). Die für die einzelnen Arbeitsplätze bzw. Arbeitsaufgaben errechnete Punktzahl wird mit dem tariflich festgelegten Lohnfaktor multipliziert und so der Grundlohn der einzelnen Arbeitsplätze errechnet, oder es werden Arbeitswertgruppen und ihnen entsprechende Lohngruppen gebildet (s. oben S. 328 f.).

2. Der Akkordlohn oder Stücklohn

Begriff und Wesen des proportionalen oder linearen Akkordlohns

Beim Akkordlohn wird e i n e   f e s t e   Z e i t   j e   P r o d u k t i o n s e i n h e i t (Z e i t a k k o r d) oder e i n   f e s t e r   G e l d w e r t   j e   P r o d u k t i o n s - e i n h e i t (G e l d a k k o r d) der Entlohnung zugrunde gelegt. Die Zeit, die effektiv für die Leistung benötigt wird, spielt bei der Lohnerrechnung keine Rolle. Wer in der Arbeitszeit mehr Stücke anfertigt, hat einen höheren Tagesverdienst als derjenige, der wegen Ungeschicklichkeit oder langsamer Arbeit weniger produziert. Der Akkordlohn wird ebenso wie der Prämienlohn als „L e i s t u n g s l o h n" bezeichnet (das ist insofern nicht ganz richtig, als auch bei der Festlegung der Zeitlöhne die Leistung mittelbar berücksichtigt wird).

Während sich bei Leistungsänderungen des Z e i t l o h n s die L o h n k o s t e n j e   S t ü c k   p r o p o r t i o n a l verändern und der S t u n d e n l o h n   k o n - s t a n t bleibt, bleiben bei Leistungsänderungen beim A k k o r d l o h n die L o h n k o s t e n   j e   S t ü c k   k o n s t a n t, und der S t u n d e n l o h n ä n d e r t   s i c h   p r o p o r t i o n a l zur Leistung (Abb. 2). Bei zunehmender Leistung nimmt der Zeitverbrauch je Stück ab und der Stundenverdienst zu. Beträgt z. B. der Akkordlohn je Stück 3,— DM (Lohnkosten je Stück = 3,— DM), so beträgt der Stundenlohn bei Fertigung von einem Stück in 60 Minuten 3,— DM, bei Fertigung von zwei Stück in 60 Minuten 6,— DM, von drei Stück in 60 Minuten 9,— DM (s. Abb. 3). Der Zeitverbrauch je Stück nimmt progressiv ab (Zeitverbrauch je Stück: bei Fertigung von 1 Stück je Stunde = 60 Minuten, von 2 Stück je Stunde = 30 Minuten, von 3 Stück = 20 Minuten, von 4 Stück = 15 Minuten). Auf die wenig gebräuchlichen, nichtproportionalen Akkordsysteme kommen wir noch zurück.

Der Akkordlohn ist *nur anwendbar*, wenn der Lohn exakt nach der Leistung des Arbeiters gemessen werden kann.

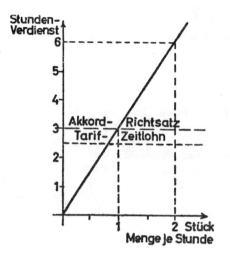

Abbildung 2:

Stundenverdienst beim Akkordlohn
von 3 DM je Stück

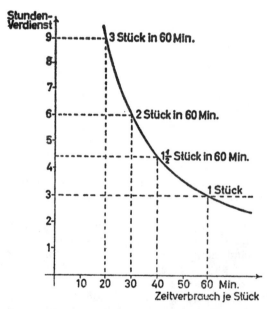

Abbildung 3:

Stundenverdienst und Zeitver-
brauch je Stück beim Akkordlohn
von 3 DM

Die Akkordrichtsätze

In den Tarifverträgen werden als Ausgangsbasis „A k k o r d r i c h t s ä t z e"
festgelegt, die sich auf die Anforderungen der Arbeitsaufgabe gründen. Der
Akkordrichtsatz für die verschiedenen Gruppen der Ungelernten, Angelern-
ten und der Facharbeiter ist der Verdienst, der bei normaler Leistung bei
Akkordarbeit von den Arbeitern dieser Gruppen erreicht werden soll. In der
Regel liegt der Akkordrichtsatz 15 % bis 25 % über dem für eine entsprechende
Zeiteinheit geltenden tariflichen Zeitlohnsatz (s. Abb. 2), zum Ausgleich des
mit dem Akkordvertrag bestätigten Willens zur Mehrleistung und als Entgelt

für die bei der Akkordarbeit erfahrungsgemäß ergiebigere Leistung, mit der die in der Arbeitsvorbereitung vorgesehenen Terminpläne eingehalten werden können. Wer den Akkordrichtsatz infolge Ungeschicklichkeit oder Bummelei nicht erreicht, erhält meist nur den bei der Akkordabrechnung sich ergebenden Lohn. In vielen Tarifverträgen ist jedoch der tarifliche Akkordrichtsatz als Mindestlohn garantiert.

Das Risiko des Betriebes infolge mangelhaften Arbeitswillens und Ungeschicklichkeit des Arbeitenden ist damit ausgeschaltet. Die Lohn-Stückkosten bleiben für den Betrieb immer gleich.

Stück-Geldakkord nach Stück-Zeitakkord

Wir unterscheiden, wie bereits erwähnt, den (1) Geldakkord und den (2) Zeitakkord.

1. Beim **Geldakkord** wird ein fester Geldwert je Produktionseinheit gezahlt. Die Formel lautet:

$$V = M \cdot g_e$$

V = Verdienst; M = erarbeitete Menge; g_e = Geldsatz je Mengeneinheit. — Der G e l d s a t z je Mengeneinheit ist das Produkt aus Vorgabezeit je Mengeneinheit t_e und Geldfaktor je Einheit der Vorgabezeit f_g:

$$g_e = t_e \cdot f_g$$

2. Beim **Zeitakkord** wird eine feste Zeit je Produktionseinheit t_e („Zeit je Einheit") vorgegeben. Der Zeitakkord wird nach folgender Formel errechnet:

$$V = M \cdot t_e \cdot f_g$$

Der G e l d f a k t o r f_g ergibt sich aus dem Sollstundenverdienst $\left(\dfrac{V}{h}\right)_{soll}$ dividiert durch den Zeitgrad Z (min) $\cdot$ 60:

$$f_g = \frac{\left(\dfrac{V}{h}\right)_{soll}}{Z \cdot 60}$$

Der Z e i t g r a d wird nach folgender Formel errechnet (t_i = verbrauchte Zeit [Ist-Zeit]):

$$Z = \frac{M \cdot t_e}{t_i}$$

Der Geldakkord ist die ursprüngliche Form des Akkords. Er wird auch heute noch in sehr vielen Unternehmungen angewandt. Doch hat der Zeitakkord den Geldakkord in den letzten Jahrzehnten stärker verdrängt, und zwar (nach H. Böhrs, Leistungslohn, Wiesbaden 1959) aus folgenden Gründen:

1. Der Zeitakkord ist unabhängig von dem jeweiligen Wert des Geldes; bei Änderungen der Tarife braucht er nicht wie der Geldakkord umgerechnet zu werden.

2. Der Zeitakkord sagt unmittelbar aus, wieviel Zeit der Arbeitende bei normaler Leistung für eine Mengeneinheit verbrauchen darf.

3. Der Zeitakkord läßt sich auch bei der Planung des Einsatzes der Arbeiter, der Maschinen und der Werkstoffe im Rahmen des betrieblichen Auftrags- und Terminwesens als wichtiges „Datum" verwenden.

Beispiel zum Vergleich von Zeitlohn und Akkordlohn

An einem schematischen Beispiel hat F. Baierl (Produktivitässteigerung durch Lohnanreizsysteme, 4. Aufl., München 1965, S. 18 f.) gezeigt, wie sich in einem Industriebetrieb, der bisher in Zeitlohn arbeitet, die geplante Einführung des Akkordlohns auswirkt.

Der Industriebetrieb produziert jährlich 100 000 Einheiten. Durch die Einführung des Akkordlohns wird nach den Vorausberechnungen den Arbeitern eine Leistungszulage von durchschnittlich 15 % ausgezahlt. Der durchschnittliche Leistungsgrad der Belegschaft liegt bei 100 %. Bei Einführung des Akkordlohns wird mit einer Steigerung des Leistungsgrades der Belegschaft um 20 % gerechnet. Der Ausstoß würde sich demnach von 100 000 auf 120 000 Einheiten erhöhen. Der Verkaufspreis der Einheit beträgt 4,50 DM.

Die K o s t e n d e r P r o d u k t i o n setzen sich wie folgt zusammen:

Fertigungsmaterial	100 000 DM
Fertigungslöhne	100 000 DM
Fertigungsgemeinkosten proportional	100 000 DM
Fertigungsgemeinkosten fix	100 000 DM
Kosten der Produktion (Herstellungskosten)	400 000 DM

O h n e d i e f i x e n Fertigungsgemeinkosten betragen demnach die Herstellkosten je Einheit 300 000 : 100 000 = 3,— DM. Nehmen wir an, daß bei der Erhöhung der Produktion durch Einführung des Akkordlohns alle Kosten mit Ausnahme der fixen Gemeinkosten proportional steigen, so ergeben sich folgende G e s a m t k o s t e n :

120 000 Einheiten × 3,— DM	360 000 DM
zuzüglich fixe Fertigungsgemeinkosten	100 000 DM
Herstellungskosten	460 000 DM

Das V e r m ö g e n setzt sich wie folgt zusammen:

Anlagevermögen	400 000 DM
Umlaufvermögen	150 000 DM
Gesamtvermögen	550 000 DM

Das U m l a u f v e r m ö g e n soll sich nun ebenfalls proportional mit der Ausbringung erhöhen, obwohl infolge der schnelleren Durchflußgeschwindigkeit beim Leistungslohn in der Regel ein geringeres Umlaufvermögen benötigt wird. Das Anlagevermögen bleibt gleich. — Auf die Produktionseinheit entfallen danach an Umlaufvermögen 150 000 DM : 100 000 = 1,50 DM. Bei einer Ausbringung von 120 000 Einheiten ergibt sich somit folgendes V e r m ö g e n :

Umlaufvermögen (120 000 × 1,50)	180 000 DM
Anlagevermögen	400 000 DM
Gesamtvermögen	580 000 DM

Die K o s t e n j e E i n h e i t sinken also von 4,— DM auf 3,83 DM, und die W i r t s c h a f t l i c h k e i t steigt von 1,125 auf 1,175, die R e n t a b i l i t ä t von 9,1 auf 13,8 %.

In der folgenden Tabelle sind die Ergebnisse zusammengefaßt:

	Kurz- zeichen	bei Zeitlohn	bei Akkordlohn
Produktionsleistung (Einheiten)	A	100 000	120 000
Ertrag (Produktionswert)	E	450 000	540 000
Herstellungskosten	K	400 000	460 000
Ergebnis	E — K	50 000	80 000
Vermögen	V	550 000	580 000
Kosten der Einheit	$\frac{K}{A}$	4,00	3,83
Wirtschaftlichkeit	$\frac{E}{K}$	1,125	1,175
Rentabilität	$\frac{E-K}{V} \cdot 100$	9,1%	13,8%
Vermögensumschlag	$\frac{E}{V}$	0,81	0,93

Schmälern hohe Akkorde die Gewinne?

Häufig klagen Unternehmer, die Fertigungskosten seien infolge der hohen Akkordlohnsätze zu stark gestiegen. Zu dieser Ansicht kommen sie auf Grund einer falschen Kalkulationsmethode, wenn sie, wie es vielfach noch geschieht, die Gemeinkosten in einem Prozentsatz auf die Löhne schlagen. Der Schweizer Betriebswirtschaftler Alfred Walther hat hierzu ein Beispiel gegeben (Einführung in die Betriebswirtschaftslehre der Unternehmung, Band 1, 1947, Seite 99 f.):

Wenn die Grundzeit zur Fertigung eines Stücks 7 Stunden, der gewollte Stundenverdienst 2,— DM, der Akkordbetrag also 14,— DM und der Gemeinkostenzuschlag 180 % beträgt, kostet das Stück

Akkordlohn	14,— DM
180 % Gemeinkosten	25,20 DM
Fertigungsgemeinkosten	39,20 DM

Fertigt der Arbeiter das Stück nun in fünf statt in sieben Stunden, so verdient er in der Stunde 2,80 DM, also 40 % mehr. Das Unternehmen hat jedoch scheinbar keinen Vorteil davon, sondern nur das unangenehme Gefühl, zu viel Lohn gezahlt zu haben. Dieser falsche Schluß beruht darauf, daß die G e m e i n k o s t e n größtenteils gar n i c h t v o m L o h n a b h ä n g i g sind, sondern von den A r b e i t s s t u n d e n. Deshalb deckt man nach neuzeitlichen Grundsätzen die Gemeinkosten nicht mehr durch einen Z u s c h l a g auf die Löhne, sondern durch einen Zuschlag auf einen vom L o h n a b h ä n g i g e n S t u n d e n s a t z.

In unserem Zahlenbeispiel wird ein Stundensatz von 3,60 DM einem Zuschlag von 180 % auf den mittleren Lohn, den wir zu 2,— DM annehmen, entsprechen. Kalkuliert man diesem Stundensatz statt mit 180 % Gemeinkostenzuschlag auf den Lohn, so ergeben sich bei verschiedenem Zeitaufwand des Akkordarbeiters die folgenden verschiedenen Fertigungskosten:

Gebrauchte Stunden	8	7 (Stückzeit)	6	5
Akkordbetrag	14,00	14,00	14,00	14,00
Gemeinkosten	28,80	25,20	21,60	18,00
(Stunden × 3,60)				
Fertigungskosten	42,80	39,20	35,60	32,00
Arbeiter verdient				
weniger	2,00	—	—	—
mehr	—	—	2,00	4,00
Unternehmen verliert	3,60	—	—	—
gewinnt	—	—	3,60	7,20

Nachteile des Akkordlohns

Voraussetzung für einen „gerechten" Akkordlohn ist die oft sehr schwierige F e s t l e g u n g d e r A r b e i t s b e d i n g u n g e n durch Zeit- und Leistungsstudien nach arbeitswissenschaftlichen Methoden (REFA). Früher kam es häufig vor, daß die Akkordbasis (Lohn je Leistungseinheit) zu niedrig festgelegt und der Arbeiter dadurch ausgebeutet und überanstrengt wurde (sog. *Akkordreißen;* „Akkordlohn — Mordlohn"). Die Nachteile des Akkordlohns liegen jedoch nicht im System, nicht in der Gefahr des zu großen Anreizes zur Leistungssteigerung, sondern allein in der großen Schwierigkeit, die A k k o r d z e i t r i c h t i g f e s t z u l e g e n. Es gibt heute eine ganze Reihe sehr guter Methoden der Akkordbestimmung, die allerdings keine betriebswirtschaftliche, sondern eine arbeitswissenschaftliche Aufgabe ist. Dadurch wird auch die berüchtigte *„Akkordschere"* unterbunden, die darin bestand, daß man bei hohen Akkordverdiensten die Akkordsätze einfach heruntersetzte (ein System, das in der Sowjetzone sehr beliebt ist).

Einzelakkord und Gruppenakkord

Die Akkordentlohnung kann weiterhin sein:

1. **Einzelakkord:** bei ihm bestehen die Lohnvereinbarungen jeweils mit dem einzelnen Arbeiter,

2. **Gruppenakkord:** bei ihm besteht der Leistungsvertrag mit einer Arbeitergruppe über Arbeitspensum und gesamte Lohnsumme, deren Verrechnung mit den einzelnen Arbeitern der Gruppe durch das Lohnbüro erfolgt. Der gemeinsam verdiente Akkordlohn wird unter die einzelnen Arbeiter, je nach der Art der Arbeit, nach verschiedenen Methoden aufgeteilt: entweder gleichmäßig oder entsprechend ihrer Lohn- und Alterseinstufung oder mit Hilfe eines Leistungsfaktors, der vom Akkordführer festgelegt ist. Das letzte System ist das **Akkordmeister-** oder **Zwischenmeistersystem.**

Beim E i n z e l a k k o r d kann sich die Leistungsfähigkeit des einzelnen voll auswirken. Der Lohn entspricht der tatsächlichen Leistung. Der Einzelakkord ist deshalb für den Akkordarbeiter die idealste Entlohnungsform. Zudem kann sich jeder Arbeiter sofort nach Schichtende seinen Verdienst selbst errechnen. Doch ist die Anwendung des Einzelakkords nicht immer zweckmäßig oder möglich. Bei kleinen Auftragstücken und kurzen Fertigungszeiten entstehen dem Betrieb durch die Bearbeitung der Einzelakkordarten und durch die Stückzahlkontrolle erhebliche Gemeinkosten. Bei Fließreihen des Zusammenbaues, ferner bei Erdarbeiten, beim Abbau in Bergwerken, bei Maurerarbeiten ist meist der Gruppenakkord die einzige Möglichkeit, einen Leistungslohn anzuwenden.

Der G r u p p e n a k k o r d hat gleichfalls V o r t e i l e . Er kann das Zusammengehörigkeitsgefühl und die Team-Arbeit einer Gruppe fördern und die besonderen Impulse der Gemeinschaftsarbeit dem Betrieb nutzbar machen. Weniger leistungswillige Arbeiter werden durch die übrigen Teilnehmer angespornt. Innerhalb der Gruppe herrscht oft ein gegenseitiger Wetteifer, der die Arbeit fördert.

N a c h t e i l e d e s G r u p p e n a k k o r d s sind soziale Differenzierungen zwischen den leistungsfähigen und den weniger leistungsfähigen Gruppenmitgliedern, ferner besteht die Gefahr, daß jüngere oder schwächere Gruppenmitglieder von älteren oder tüchtigeren Gruppenmitgliedern ausgenutzt werden. Ein ungeeigneter Gruppenführer kann die Arbeitsleistung seiner Gruppe ungünstig beeinflussen, das ist vielfach beim Akkordmeistersystem der Fall, das häufig zum Antreibersystem wird, wenn der Meister selbst am Akkord beteiligt ist.

Beim G r u p p e n a k k o r d sind vor allem *folgende Erfordernisse* zu beachten:

1. Die Gruppe muß ein in sich geschlossenes Ganzes bilden.

2. Die Arbeitsplätze und Arbeitszeiten sind aufeinander abzustimmen.

3. Die einzelnen Arbeitsplätze müssen mit arbeitsmäßig anpassungsfähigen Arbeitern besetzt werden.

4. Der Zusammenhang mit den übrigen Gruppen muß gewahrt bleiben und Verzögerungen der Materialzufuhr und Gefahr von Stauungen zu vermeiden.

5. Die Gruppe darf nicht zu groß sein, sonst schwindet für den einzelnen der Anreiz.

6. Die Gruppe muß psychologisch richtig zusammengesetzt sein, ein Erfordernis, dessen Bedeutung von der amerikanischen Betriebspsychologie außerordentlich hoch eingeschätzt wird.

Das Zahlpunktsystem

Das Zahlpunktsystem ist eine A b a r t   d e s   G r u p p e n a k k o r d s, die bei
der Fließbandfertigung gebräuchlich ist. Die gesamte, in einer Fließfertigung
(Räderstraße, Gehäusestraße, Montageband usw.) arbeitende Belegschaft bildet
eine Gruppe. An wichtigen Punkten des genau gesteuerten Produktionsablaufes
werden nicht Einzelteile, sondern zusammengebaute Aggregate gezählt und verrechnet. Dadurch wird ein kompliziertes Abrechnungssystem mit Einzelakkord-
zetteln vermieden. Überdies ist bei der Fließbandfertigung ein Einzelakkord
deshalb nicht anwendbar, weil dem Arbeiter durch das Fließband das Arbeitstempo aufgezwungen wird.

Nicht-proportionale Akkordsysteme

Die üblichste Form des Akkordes ist der P r o p o r t i o n a l a k k o r d (linearer
Akkord), bei dem die Verdienstzunahme proportional mit der Mehrleistung
steigt, einer Mehrleistung von 15 % entspricht ein Mehrverdienst von gleichfalls 15 %. In den USA sowie in Rußland hat man nicht-proportionale Akkordsysteme eingeführt, die man auch als Prämiensystem ausgestalten kann. Die
drei bekanntesten sind:

1. Der „D i f f e r e n t i a l - S t ü c k l o h n" wurde von F. W. Taylor bereits
1884 eingeführt: Bis zur Normalleistung steigt der Stundenverdienst unterproportional mit zunehmender Leistung (siehe Abb. 4 a). Bei Erreichen der Normalleistung macht die Kurve einen Sprung und steigt dann mit zunehmender Leistung überproportional. Der Leistungsanreiz ist übermäßig groß, doch wird er
als zu „scharf" empfunden, weshalb sich dieses System nur in modifizierten
Formen durchsetzen konnte. Näheres siehe unten S. 352.

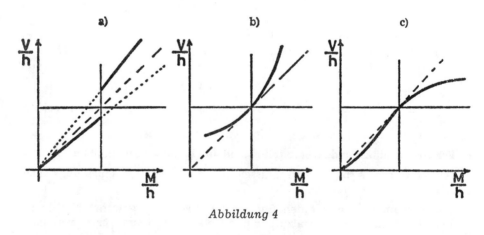

Abbildung 4

2. Beim p r o g r e s s i v e n   A k k o r d (Abb. 4 b), wie er in den sowjetischen
Ländern angewandt wird, steigt der Verdienst von der Norm an progressiv mit
der Leistungssteigerung. Auch hier ist der Anreiz übermäßig groß. Dieses
System darf in der Bundesrepublik nach den derzeit geltenden Tarifverträgen
nicht angewandt werden.

3. D e g r e s s i v e   L o h n s y s t e m e wurden in den USA entworfen (z. B. von Rowan und von Barth); da bei ihnen der Anreiz mit steigender Leistung abnimmt, dienen sie dem Schutz des Arbeiters vor Überanstrengungen (s. Abb. 4 c und Näheres unten S. 352).

<h2 style="text-align:center">3. Die Prämienentlohnung</h2>

Begriff und Wesen

Bei der Prämienentlohnung wird zu einem vereinbarten *Grundlohn* noch eine Zulage, die *Prämie*, gewährt, die von quantitativen oder qualitativen Mehrleistungen abhängig gemacht wird. Der Prämienlohn unterscheidet sich vom Akkordlohn dadurch, daß er aus zwei Teilen besteht, dem fixen Grundlohn, der nicht von der Leistung abhängig ist, und aus der zusätzlichen leistungsbezogenen Prämie; der Akkordlohn dagegen wird einheitlich bestimmt und nur aus der geleisteten Menge des Arbeitsgegenstandes ermittelt. Beim Prämienlohn erhält der Arbeiter in jedem Falle den Grundlohn, der nicht unter dem Tariflohn liegen darf; er bietet also im allgemeinen nicht den Leistungsanreiz wie der Akkordlohn.

Prämienlohn für qualitative Arbeitsleistungen

Für alle qualitativen, d. h. *arbeitszeitunabhängige* Leistungen (Qualität der Arbeitsergebnisse) ist als Anreizlohn nur der Prämienlohn anwendbar. Doch hat die Prämienentlohnung auch für quantitative, d. h. arbeitszeitabhängige Arbeitsergebnisse weite Verbreitung gefunden, da der Prämienlohn wesentlich vielseitiger gehandhabt werden kann als der reine Akkordlohn.

Prämien für qualitative Arbeitsleistungen („Intelligenz- oder Charakterleistungen") lassen sich nach H. Böhrs (a. a. O.) auf folgende *bezifferte Größen* beziehen:

1. Güte- oder Genauigkeitsgrad der Arbeitsergebnisse;

2. Ausbeutegrad der Roh- und Werkstoffe;

3. Nutzungsgrad der technischen Betriebsmittel;

4. Sparsamkeitsgrad im Verbrauch von Energie, Hilfs- und Betriebsstoffe (Werkzeuge) sowie im Aufwand für Pflege und Instandhaltung der Betriebsmittel;

5. Termineinhaltungsgrad.

Für die einzelnen Größen wird ein Sollgrad ermittelt; in dem Maße wie der Istgrad den Sollgrad erreicht oder überschreitet, wird die Höhe der Prämie in einer tabellarischen Staffel festgelegt. Es können selbstverständlich mehrere dieser Größen in die Lohnberechnung einbezogen und kombiniert werden, indem man die einzelnen Teilprämien entweder getrennt voneinander ermittelt und dann addiert oder indem man bereits ihre Bezugsgrößen miteinander koppelt.

Je nach der Art der qualitativen Leistungen, für die eine Prämie gezahlt wird, unterscheiden wir folgende Prämienarten:

1. G ü t e p r ä m i e n werden gewährt bei Verringerung des Ausschusses, Verringerung der Nacharbeit, Verringerung des Anteils minderwertiger Qualitäten.

2. S t o f f a u s b e u t e p r ä m i e n werden für hohe Ausbeute wertvoller Roh- und Werkstoffe gewährt; es wird eine größere Anzahl prozentual gestaffelter, prämienfähiger „Ausbeutungsstufen" festgelegt, bei deren Überschreitung jeweils eine höhere Prämie gewährt wird.

3. N u t z u n g s p r ä m i e n werden ausgeschüttet bei guter Maschinenausnutzung.

4. E r s p a r n i s p r ä m i e n werden gewährt bei Einsparung von Hilfs- und Betriebsstoffen, Fertigungsmaterial, bei Senkung der Energiekosten, bei geringem Verbrauch von Werkzeugen und geringem Aufwand für Pflege und Instandhaltung der Betriebsmittel.

5. T e r m i n p r ä m i e n werden gewährt bei eiligen Aufträgen, aber auch bei Neuanfertigungen von Modellen, Werkzeugen u. dgl., sofern sie bis zu einem bestimmten Termin fertiggestellt werden.

Die Prämienentlohnung muß sehr s o r g s a m geplant werden, da sie sich sonst leicht ungünstig auf andere Faktoren auswirken kann. So erwähnt F. Baierl (a. a. O.) folgende zwei Beispiele aus der Praxis für eine falsche Prämienentlohnung: Ein Unternehmen hatte Prämien auf die Senkung des Schmiermittelverbrauchs gewährt, mit dem Erfolg, daß unzureichend geschmiert wurde und die Kosten des Maschinenverschleißes weit höher stiegen als die Senkung des Schmiermittelverbrauchs. — Ein keramischer Betrieb hatte Prämien auf Kohleneinsparung gewährt; die Folge war eine Erhöhung des Ausschusses wegen ungenügenden Brandes.

Die Prämienentlohnung für qualitative Mehrleistung kann selbstverständlich auch mit einem Akkordlohnsystem kombiniert werden. So wird eine Güteprämie von anreizender Höhe verhindern, daß der Akkordarbeiter überhastet arbeitet, wodurch die Qualität der Arbeitsleistung leidet, übermäßig viel Ausschuß entsteht oder Nacharbeit notwendig wird.

Prämien für quantitative Arbeitsleistungen

Von anderer Art als die Prämie für qualitative Mehrleistungen sind die Prämien für quantitative, d. h. a r b e i t s z e i t b e z o g e n e Leistungen. Sie treten zum A k k o r d l o h n in Konkurrenz, da sie den gleichen Zweck haben, den Arbeiter zur mengenmäßigen Mehrleistung anzureizen. Der Akkordlohn ist zwar stärker verbreitet, doch hat in den letzten Jahrzehnten die Prämienentlohnung auch für Mengenleistungen ständig an Raum gewonnen. Der Prämienlohn für Mengenleistungen wirkt wesentlich m i l d e r als der Akkordlohn, da dem Arbeiter ein Fixum garantiert ist, das nicht unter dem Tariflohn liegen darf. Unternehmer und Arbeiter teilen sich also in die Lohnkostenersparnis durch Mehrleistung, dafür trägt der Unternehmer den vollen Verlust bei Minderleistungen.

Der Prämienlohn für quantitative Leistung ist *dann dem Akkordlohn vorzuziehen,* wenn sich zwar die Arbeit für einen Akkordlohn eignet, aber die Ermittlung genauer Akkorde nicht möglich ist, weil keine geschulten REFA-Männer zur Verfügung stehen oder ihre Ermittlung unwirtschaftlich sein würde (etwa bei kleinen ausgefallenen Aufträgen), oder weil die Arbeitsbedingungen schwanken, etwa bei verschiedenartigen Rohstoffen oder wechselnden Arbeitsverfahren. Ein sehr wichtiger Anwendungsbereich der Prämienlöhne sind solche Arbeitsleistungen, die den Arbeiter *psychisch und geistig stark belasten,* bei gleichzeitiger Minderung der körperlichen Beanspruchung, wie das bei der zunehmenden Technisierung in wachsendem Maße der Fall ist.

Einige bekannte Prämienlohnsysteme für quantitative Mehrleistungen

Es gibt, wie bereits erwähnt, zahlreiche Prämiensysteme. E. K o s i o l hat ein strukturelles System der Lohnformen aufgestellt und unterscheidet neben den elementaren Lohnformen: Zeitlohn und Stücklohn folgende Arten von Grundprämienlöhne, die er in seinem Buch: Leistungsgerechte Entlohnung (Wiesbaden 1962) sehr gründlich analysiert:

I. Nach dem G r u n d l o h n :
   1. Zeitlohn als Grundlohn: Prämienzeitlöhne
   2. Stücklohn als Grundlohn: Prämienstücklöhne

II. Nach dem B e m e s s u n g s m a ß s t a b :
   1. Produktionsprämien auf Zeitbasis (Zeitbemessung): Geschwindigkeitsprämien
   2. Produktionsprämien auf Stückbasis (Stückbemessung): Quantitätsprämien

III. Nach der Z u s c h l a g s g r u n d l a g e :
   1. Zuschlag zu den Zeitkosten: Zeitprämien
   2. Zuschlag zu den Stückkosten: Stückprämien

IV. Nach der P r ä m i e n f o r m :
   1. Stufige oder fixe Prämien
      a) Unregelmäßige Prämien
      b) Regelmäßig-stufige Prämien
   2. Stetige oder funktionale (regelmäßige Prämien)
      a) Lineare Prämien
      b) Nichtlineare Prämien.

Wir wollen im folgenden einige bekannte Prämienlohnsysteme kurz darstellen.

Das Halsey-Prämienlohn-System, von F. A. H a l s e y 1891 aufgestellt: Braucht der Arbeiter zur Herstellung des Produktes weniger als die Vorgabezeit, für die ihm ein fester Grundlohn zusteht, so erhält er außerdem eine Prämie in Höhe der Hälfte bis eines Drittels des Stundenlohnes der ersparten Zeit. *Beispiel:* Der Stundenlohn beträgt 2,— DM, die Vorgabezeit 10 Stunden und die Prämie 50 % des Stundenlohns; benötigt der Arbeiter nur 9 Stunden, erhält er eine Prämie von 50 % von 2,— DM = 1,— DM, also für die neun benötigten

Stunden einen Lohn von 18 + 1 = 19,— DM, das ist für die Stunde 2,11 DM.
Benötigt er nur 5 Stunden (in diesem Falle die Höchstleistung), erhält er eine
Prämie von 5,— DM, für fünf Stunden also 15,— DM, für die Stunde 3,— DM.

Beim **Rowan-System** des Amerikaners James R o w a n werden dem Arbeiter
soviel Hundertteile vom effektiv gezahlten Grundlohn als Prämie gewährt, wie
die ersparte Zeit von der Grundzeit beträgt. Vermindert sich die Grundzeit um
40 %, so beträgt die Prämie ebenfalls 40 % des Grundlohns der benötigten Zeit
(siehe oben Abb. 4 c). *Beispiel:* Der Stundenlohn beträgt 2,— DM und die Vorgabezeit 10 Stunden; benötigt der Arbeiter nur 9 Stunden, beträgt die ersparte
Zeit 10 %, die Prämie 10 % von 18,— DM (Grundlohn für 9 Stunden) 1,80 DM,
der Gesamtlohn mithin 19,80 DM, der Stundenlohn 2,20 DM. Da die Prämien-
steigerung unterproportional verläuft, ist die Gefahr der Leistungsüberforde-
rung gering.

Das **Differential-Stücklohnverfahren** von Frederic Winslow T a y l o r (1884):
Bei diesem System, das sehr große Bedeutung erlangte, wird zunächst für die
Normalleistung der Normal-Stücklohnsatz festgelegt. Daneben werden aber
noch zwei weitere Stücklohnsätze ermittelt, und zwar einen um x % höheren
und einen um y % verminderten Stücklohnsatz. Wird nun die Vorgabezeit erreicht oder sogar unterschritten oder wird die Normalarbeitsmenge erreicht
oder überschritten, so gilt der erhöhte Akkordsatz; wird dagegen die Vorgabezeit überschritten oder die Normalarbeitsmenge nicht erreicht, so gilt der verminderte Akkordsatz. Es handelt sich bei diesem System also um ein *modifiziertes Stücklohn-Akkordsystem,* bei dem durch die Abstufung der Akkordsätze der Lohn bei Erreichen der Normalleistung sprunghaft erheblich steigt
und einen sehr großen Anreiz zur Mehrleistung gibt (Abb. 4 a). Wenn die Stufe
der Normalleistung übersprungen ist, steigt der Stundenlohn wieder stetig. Die
Bedeutung des Taylorschen Systems liegt weniger in der besonderen Lohnform,
die sich nicht in ihrer ursprünglichen Gestaltung, sondern nur in modifizierten
Formen hat durchsetzen können, als vor allem in der Anwendung exakter Zeitstudien zur Ermittlung der Normalzeit (siehe oben S. 326 ff.).

Das **Pensum- oder Bonus-System** von Henry L. G a n t t (1861—1919) ist im
Gegensatz zu dem Taylorschen System ein *modifiziertes Zeitlohn-Verfahren.*
Der Arbeiter erhält einen Zeitlohn. Wird das Pensum erreicht oder überschritten, erhält der Arbeiter außerdem eine fixe Prämie oder einen „Bonus" in Höhe
von 25 bis 35 % des Grundlohns. B e i s p i e l : Der Stundenlohn beträgt 2,—
DM, das Pensum 100 Stück je Arbeitstag (8 Stunden); wird das Pensum erreicht,
erhält der Arbeiter außer seinem Grundlohn von 16,— DM einen Bonus von
25 % = 4,— DM, wird das Pensum überschritten, kann er nur bis zu 35 % =
5,60 DM mehr verdienen. Der Anreiz des Systems liegt für den Arbeiter also nur
darin, das Pensum unbedingt zu erreichen, um in den Genuß des Bonus zu kommen; der Anreiz zu weiterer Leistungssteigerung ist gering. Das System hat vor
allem Bedeutung in Betrieben mit Massen- und Großserienfertigung, in denen
die Teilleistungen genau aufeinander abgestimmt sind und größere Zwischenlager, die infolge erhöhter Mehrleistung an einzelnen Stellen entstünden, stö-
rend wirken würden. Voraussetzung ist natürlich, daß durch genaue Arbeitszeitermittlung das Pensum richtig festgestellt worden ist, das der Arbeiter normalerweise erreichen kann. Wer hinter dieser Leistung zurückbleibt, wird angelernt oder eventuell an eine andere Arbeitsstelle versetzt.

Da dieses einstufige Gannt-System („*Gantt I*") nur einen Anreiz zum Erreichen des Pensums und nicht zu weiterer Leistungssteigerung gibt, eignet es sich nur in bestimmten Fällen. Man hat es deshalb modifiziert und gestaffelte Boni eingeführt. Gannt selbst hat später in Anlehnung an Taylor ein modifiziertes Stücklohn-Prämienverfahren entwickelt („*Gantt II*").

Das **Bedaux-System** des Amerikaners Charles B e d a u x ist ein in vielen Ländern verbreitetes, sehr wirksames Prämienlohnsystem. Bedaux bewertet dabei die menschliche Arbeitsleistung direkt, d. h. ohne Rücksicht auf die Arbeitsmethode, das Werkzeug und das zu verarbeitende Material. Er legt den Lohnberechnungen eine Normalarbeitsleistung zugrunde, die die Nutzzeit u n d die Erholungspausen umfaßt; ferner berücksichtigt er die Größe der Arbeitsanstrengung, die Zeitdauer dieser Anstrengung und das erforderliche Arbeitstempo. Die auf diese Weise errechnete jeweilige *Normalarbeitsmasse* (das „Pensum") wird auf ein Maß von Minuten umgerechnet und diese Norm, der *Bedaux-Punkt (B-Punkt)*, dient zur Messung der tatsächlichen Leistung. 60 B sind die *Normalleistung* für eine Stunde. Dafür wird ein Grundlohn gezahlt, der dem Arbeiter garantiert wird. Für die über 60 B hinausgehenden Punkte wird eine Prämie vergütet. Hat ein Arbeiter z. B. 3840 B-Punkte in 48 Stunden (bei der Grundnorm von 60 B) erarbeitet, so wird durch Division der B-Punkte (Minutenleistung) durch 48 Stunden das Maß der tatsächlichen Leistung festgelegt, nämlich 80 B. Werden 60 B-Einheiten überschritten, so wird eine — je nach dem Einzelfall — proportional oder überproportional steigende Prämie gezahlt. Die Prämie kann je nach den Verhältnissen sehr verschieden gestaltet werden, so kann man z. B. von 80 B-Einheiten (dem etwa vertretbaren Optimum) an die Prämienkurve degressiv verlaufen lassen, um den Arbeiter nicht zu überfordern.

Bei organisatorischen Störungen, die die Leistungsentfaltung hemmen, wird ein „*Methodenzuschuß*" gewährt, der den betreffenden Arbeitern auf Grund einer Zeitstudie individuelle Normen einer bestimmten Anzahl von B-Einheiten zuerkennt, mit deren Hilfe sie in den prämierten Leistungsbereich gelangen.

Die besondere Bedeutung des Bedaux-Systems liegt nicht so sehr in der Prämienform, als vielmehr in den sehr einheitlich gehandhabten Verfahren der wirtschaftlichen, technischen und arbeitsphysiologischen Arbeitsanalyse und Arbeitsbewertung, die von den REFA-Verfahren abweichen. Die *Bedaux-Gesellschaft* mit ihren Tochtergesellschaften in vielen Ländern verfügt über einen großen Stab von „Bedaux-Männern" (in Europa rund 8000 Ingenieure), die das System in vielen Betrieben eingeführt haben.

Die prämienbegünstigten Personen

Beim Prämienlohnsystem macht sich immer stärker die Tendenz geltend, auch die unmittelbaren *Vorgesetzten* (insbesondere die Vorarbeiter und die Meister) an der Prämie zu beteiligen, da die Mehrleistung in den modernen Betrieben nicht nur von dem einzelnen Arbeiter abhängig ist, sondern auch von seinen Vormännern, die für die Organisation und die Gestaltung des Arbeitsablaufs unmittelbar zu sorgen haben. Doch muß dabei vermieden werden, daß die „Meistersysteme" in Antreibsysteme ausarten, wofür die Natschalniks in den

sowjetrussischen Betrieben ein berüchtigtes Beispiel sind. Es kommt auch hier
sehr auf die Persönlichkeit des Unternehmers und das Betriebsklima sowie auf
die Person des Meisters an.

III. Gewinnbeteiligung und Miteigentum der Arbeitnehmer

1. Begriff und Wesen der Gewinnbeteiligung

Begriff des Gewinns

Der Gewinn ist bekanntlich der Überschuß der Erträge über die Aufwendungen
oder der Leistungen über die Kosten. Dabei ist jedoch umstritten, wie weit man
den Begriff der Kosten fassen soll. Früher wurden der Unternehmerlohn (das
Entgelt für die Arbeitsleistungen des Unternehmers), die Risikoprämie sowie die
Verzinsung für das eingesetzte Kapital und ähnliche Kosten zum Gewinn gerechnet; in der modernen Kostenrechnung werden diese Werte als echte (zumeist kalkulatorische) Kosten jedoch vom Gewinn abgezogen; es bleibt als
Gewinn ein Residuum, das keinen Kostencharakter hat. Doch gibt es Autoren,
die den gesamten Gewinn als Kosten auffassen.

Der Gewinn als Kosten

Der Gewinn eines Unternehmens steht heute rechtlich dem Eigentümer der
Unternehmung zu, dem Eigenkapitalgeber. Dagegen wurde schon seit langem
eingewandt, daß Quelle des Gewinns nicht nur das Eigenkapital sei, sondern
auch die Arbeit aller Betriebsangehörigen, daß also auch sie einen Anspruch auf
einen Teil des Gewinnes hätten. Einer der ersten, der diese Ansicht vertrat, war
Heinrich Nicklisch; er sah im Lohn nur einen vorausbezahlten Ertragsanteil,
der ergänzt werden müsse durch einen „gerechten" Anteil am Gewinn. Der
Gewinn hat hier Kostencharakter. Den Einwand, daß dann der Arbeitnehmer
auch am Verlust teilnehmen müsse, suchte man damit zu entkräften, daß die
Unternehmung bereits laufend eine angemessene Risikoprämie als Kosten zum
Ausgleich etwaiger Verluste von den früheren Gewinnen abgezogen hätte.

Von vielen Betriebswirten wird dagegen eingewandt, daß die Gewinnbeteiligung kein Lohnsystem darstelle. Der Lohn habe Kostencharakter, die echte
Gewinnbeteiligung dagegen nicht, da der Gewinn ja die Differenz zwischen
Leistungen und Kosten ist. Der Gewinnanteil kann nachträglich nur dann ausgeschüttet werden, wenn Gewinn vorhanden ist.

Entwicklung der Gewinnbeteiligung

Die Gewinnbeteiligung ist keine Errungenschaft der „sozialen Marktwirtschaft",
sie ist weit älter, als man gemeinhin glaubt. Bereits 1791 wandelten die Inhaber
der Casseler Textilfabrik Agathof das Unternehmen in eine Stiftung mit einer
sozialen Zwecken dienenden Gewinnbeteiligung um. Auch in Amerika wurde
1794 in einer Glasfabrik eine Gewinnbeteiligung eingeführt. Nach 1840 gewann
die Idee der Gewinnbeteiligung sehr an Boden und bis zur Jahrhundertwende
wurde in Deutschland in etwa 80 Unternehmungen die Gewinnbeteiligung ein-

geführt[1]), und zwar aus sozialen Motiven: Die Löhne der (noch nicht organisierten) Arbeiter waren sehr niedrig, eine Altersversorgung gab es noch nicht. Als dann gegen Ende des Jahrhunderts mit den Löhnen der sich organisierenden Arbeiterschaft auch der Lebensstandard der Arbeiter außergewöhnlich stark anstieg, als die Arbeits- und Zeitstudien (nach 1903) die Festlegung leistungsgerechter Löhne ermöglichten und inzwischen die gesetzliche Altersversorgung eingeführt war, flaute die Einführung weiterer Gewinnbeteiligungen stark ab, und die Unternehmen förderten freiwillig stärker die betrieblichen Sozialeinrichtungen.

Nach dem zweiten Weltkrieg nahm die Gewinnbeteiligung — besonders auch im Ausland — wieder einen starken Aufschwung. Die Ursachen liegen neben den ausgesprochen sozialethischen Motiven einmal in dem Bestreben, das Betriebsklima zu verbessern, die Arbeitnehmer stärker an den Betrieb zu binden und die innere Einheit des Betriebes zu stärken. Man spricht von einer „betrieblichen Partnerschaft" zwischen Unternehmer und Belegschaft, man will den Arbeiter zum „Mitunternehmer" machen, er soll sich mitverantwortlich fühlen an der Entwicklung der Unternehmung. Dazu gehöre auch, so argumentiert man, daß die Arbeitnehmer am Gewinn beteiligt werden. Die Gewinnbeteiligung soll damit auch indirekt einen weiteren Leistungsanreiz schaffen. Nicht zuletzt waren diese Bestrebungen auch eine Art Gegenwehr gegen die Forderungen der Gewerkschaften nach überbetrieblicher gewerkschaftlicher Mitbestimmung in den Unternehmungen, die als eine Vorstufe der Sozialisierung angesehen wird.

Grundarten der Gewinnbeteiligung

Erich Kosiol unterscheidet „zwei völlig anders geartete Kategorien von Arbeitsleistung" im Betriebe, nämlich (1) die „*technische Arbeitsleistung*", die nach einem bestimmten technologischen Verfahren geistige und körperliche Tätigkeiten an einem gedanklichen oder realen Gegenstand vollzieht; dazu gehören alle ausführenden, auch leitende *technische* Arbeitsleistungen, und (2) die „*ökonomische Arbeitsleistung*", die „wirtschaftliche Wahlentscheidungen" verlangen; das sind insbesondere alle planenden Arbeiten, die verantwortliche Entscheidungen fordern, also „die im strengen Sinne unternehmerischen Tätigkeiten". Für die „technischen Arbeitsleistungen" wird Lohn gezahlt (auch Unternehmerlohn!), den „ökonomischen Arbeitsleistungen" fällt dagegen der Gewinn zu.

Danach unterscheidet nun Kosiol drei Gruppen von „Gewinn- oder Ertragsbeteiligung an Belegschaftsmitglieder" (Leistungsgerechte Entlohnung, Wiesbaden 1962):

1. Die **echte Gewinnbeteiligung,** die auf unternehmerischen Leistungen beruht, d. h. auf ökonomischen Arbeitsleistungen, die sämtliche Mitarbeiter vollziehen können, überwiegend jedoch höheren Leitungsinstanzen obliegen.

2. Die **Ersparnisbeteiligung,** die nur die *mengenmäßige* Wirtschaftlichkeit („Technizität") des Gütereinsatzes ins Auge faßt; da sie ein Entgelt für technische Arbeitsleistungen ist, ist sie als Lohn anzusehen; sie wird als „Ersparnisprämie" ausgezahlt.

---

[1]) W. W. Neumeyer veröffentlichte in ZfB, 1951, S. 270 ff. eine Liste der deutschen Industriebetriebe, die in der Zeit von 1840 bis 1928 eine Gewinnbeteiligung eingeführt **haben.**

3. Die **soziale Gewinnbeteiligung,** die aus sozialethischen Motiven heraus die Belegschaft in bestimmter, sozial abgestufter Weise an den Überschüssen der Unternehmung beteiligt. Sie ist nicht auf die Leistung bezogen.

Friedrich *Baierl* faßt die Gewinnbeteiligung als eine Untergruppe der *„Ergebnisbeteiligung"* auf (der Beteiligung des Arbeitnehmers am Betriebsergebnis oder Betriebserfolg), die er nach der *„Beteiligungsgrundlage"* in folgende Untergruppen gliedert (Produktivitätssteigerung durch Lohnanreizsysteme, 5. Aufl., München 1974):

I. Leistungsergebnisbeteiligung (Lohnanreizsysteme)

1. P r o d u k t i o n s b e t e i l i g u n g : Beteiligungsgrundlage ist die Mengenausbringung einer Produktionseinheit (Betrieb, Abteilung, Arbeitsplatz) in einem bestimmten Zeitabschnitt. Doch werden die aufgewendete Arbeitszeit bzw. die Arbeitskosten nicht berücksichtigt. Die Entlohnungsformen sind z. B. Mengenprämie, Betriebsmittel-Nutzungsprämie und Terminprämie.

2. P r o d u k t i v i t ä t s b e t e i l i g u n g : Beteiligungsgrundlage ist die „technische Produktivität" (Menge in der Zeiteinheit); hierher gehören der Akkordlohn und die Mengenprämie.

3. K o s t e n e r s p a r n i s b e t e i l i g u n g : Beteiligungsgrundlage ist die „betriebswirtschaftliche Produktivität" (Kosten je Produktionseinheit). Entlohnungsformen sind vor allem die vielseitigen Ersparnisprämien.

4. L e i s t u n g s b e t e i l i g u n g s - K o m b i n a t i o n e n : Die verschiedenen Formen der Leistungsergebnisbeteiligung können in mannigfacher Weise kombiniert werden, je nach dem Zweck, den man damit verfolgt.

II. Gewinnbeteiligung

1. U m s a t z b e t e i l i g u n g : Beteiligungsgrundlage ist der von Preisschwankungen und Lagerbewegungen bereinigte Gesamtumsatz.

2. W e r t s c h ö p f u n g s b e t e i l i g u n g : Beteiligungsgrundlage ist die Wertschöpfung, das ist die Differenz zwischen Rohertrag und den Vorleistungskosten (durch Materialbezug und Inanspruchnahme von fremden Diensten aller Art bedingte Kosten). Die Wertschöpfung ist somit das Betriebsergebnis, auf dessen Höhe die Arbeitnehmer einen gewissen Einfluß ausüben können.

3. N e t t o e r t r a g s b e t e i l i g u n g : Beteiligungsgrundlage ist der Ertrag, von dem neben den Aufwendungen des Betriebes für Materialien und fremde Dienstleistungen noch andere Aufwendungen abgezogen werden, z. B. Abschreibungen, Steuern, Verzinsung des Eigenkapitals, Risikoprämien, kalkulatorischer Unternehmerlohn u. dgl.; diese Größe enthält jedoch noch die Schwankungen der Ein- und der Verkaufspreise.

4. U n t e r n e h m u n g s g e w i n n b e t e i l i g u n g : Beteiligungsgrundlage ist der Unternehmungsgewinn, der natürlich auch von den gesamten „Außeneinflüssen" gestaltet wird. Zudem ist der Unternehmungsgewinn begrifflich sehr vieldeutig (z. B. Gewinn der Handelsbilanz, Steuerbilanz, der Gewinn nach den verschiedenen Bilanz- bzw. Bewertungstheorien).

5. B e t r i e b s g e w i n n b e t e i l i g u n g : Beteiligungsgrundlage ist der Erfolg der betrieblichen Leistungserstellung, d. h. der Betriebsgewinn als Differenz der betrieblichen Leistungen und der Kosten, wie er sich aus der Betriebsabrechnung ergibt.

6. A u s s c h ü t t u n g s g e w i n n b e t e i l i g u n g : Beteiligungsgrundlage ist der an die Eigenkapitalgeber ausgeschüttete Gewinn, also insbesondere die Dividende.

7. S u b s t a n z g e w i n n b e t e i l i g u n g : Beteiligungsgrundlage ist der nicht entnommene Gewinn.

8. K a p i t a l b e t e i l i g u n g : Beteiligungsgrundlage ist der Gewinn infolge einer Teilhaberschaft der Belegschaft am Kapital der Unternehmung. Die Arbeitnehmer erhalten z. B. Belegschaftsaktien (gratis oder zu einem niedrigen Kurs) und beziehen dann wie die Aktionäre Dividende, evtl. sogar eine Vorzugsdividende.

9. G e w i n n b e t e i l i g u n g s k o m b i n a t i o n e n : Die verschiedenen Gewinnbeteiligungsarten können natürlich auch in mannigfacher Weise miteinander kombiniert werden.

Aufschlüsselung des Gewinns

Der Aufschlüsselung des Gewinns zwischen Kapital und Arbeit muß eine Verhältniszahl zugrunde gelegt werden, die meist die Lohnsumme enthält und dann häufig *„Lohnkonstante"* genannt wird, da das Verhältnis der Lohnsumme zu der Bezugsgröße über Jahre relativ konstant bleibt. Nur bei grundlegenden Änderungen, z. B. der Produktionsverfahren (Automation), kann sich das Verhältnis ändern. Die Lohnkonstante ist vor allem das Verhältnis der Lohnsumme zum *Gesamtumsatz* oder zum *betriebsnotwendigen Kapital* oder zur *Wertschöpfung*. Vereinzelt ist die Schlüsselzahl auch das Verhältnis des Jahresumsatzes zum betriebsnotwendigen Kapital. Gelegentlich wird der innerbetriebliche Gewinnanteil am Gesamtgewinn geschätzt, so wurde z. B. gefordert, den Gewinn zwischen Kapital und Arbeit im Verhältnis 1 : 1 festzulegen.

Weiterhin muß der Gewinnanteil der Belegschaft auch noch nach bestimmten Schlüsseln auf *die einzelnen Arbeitnehmer* aufgeteilt werden. In der Praxis erfolgt die Aufschlüsselung nach *Kopfzahl, Durchschnittslohn des Arbeitnehmers, Dienstalter, besonderem Leistungsgesichtspunkt* und *sozialen Gesichtspunkten*. Häufig werden einzelne Schlüssel miteinander kombiniert, indem man den Verteilungsfaktor mit einer Punktzahl versieht und durch Addition die Gesamtpunktzahl für jeden Arbeitnehmer ermittelt.

Auszahlungsformen

Die Auszahlung der Gewinnanteile kann sehr verschieden sein. Die *bekanntesten Formen* sind: 1. Die Beträge werden bar ausgezahlt, meist jährlich einmal. 2. Es werden Zertifikate mit fester Verzinsung ausgegeben, die, häufig nach einer gewissen Sperrfrist, jederzeit eingelöst werden können. 3. Die Gewinnanteile werden in Aktien (Belegschaftsaktien) ausgezahlt (die aber häufig von den Arbeitnehmern, sofern keine Sperrfrist besteht, sofort wieder verkauft werden). 4. Die Gewinnanteile werden auf ein Sparkonto eingezahlt, bei dem häufig die Abhebungsmöglichkeiten beschränkt sind. 5. Ein Teil des Gewinnbetrags wird auf einem „Kompensationskonto" gutgeschrieben, das in schlechten Jahren dazu dienen soll, einen Verlust abzudecken. 6. Die Gewinnanteile fließen einem Pensionsfonds zu. 7. Die Gewinnanteile werden nicht verteilt, sondern fließen betrieblichen Sozialeinrichtungen (Kantine, Altersheim u. dgl.) zu — *„kollektive Gewinnbeteiligung"*. — Von den Auszahlungsformen ist unter den Arbeitnehmern die Barauszahlung erklärlicherweise am beliebtesten. Der mit der Gewinnbeteiligung bezweckte Leistungsanreiz ist um so geringer, je länger es dauert, bis der Arbeiter seinen Beteiligungsbetrag ausgezahlt erhält.

2. Die bekanntesten Gewinnbeteiligungssysteme

Schueler-Plan

Das von dem Franzosen E. Schueler 1942 entwickelte und in Frankreich verbreitete Gewinnbeteiligungssystem, der *„Proportionallohn"*, wählt als Beteiligungsgrundlage den Umsatz (Betriebsertrag), die auszuschüttende Gewinnbeteiligung verhält sich proportional zum Umsatz. Die „Lohnkonstante" ist das Verhältnis der Lohnsumme zum Umsatz im Durchschnitt der letzten Jahre. Die auf den Umsatz wirkenden Markteinflüsse werden nicht ausgeschaltet, dadurch ist der Leistungsanreiz geringer. Meist wird ein Teil der Gewinnbeteiligung einem „Kompensationskonto" zur Abdeckung von Verlusten späterer Jahre gutgeschrieben, so daß also die Arbeiter auch am Verlust beteiligt sind.

Rucker-Plan

Das von der amerikanischen Beratungsfirma Eddy-Rucker-Nickels-Corp., Boston, entwickelte und in den USA verbreitete System der Gewinnbeteiligung geht von der betrieblichen *Wertschöpfung* aus (Value added = Produktionswert abzüglich der Vorleistungen fremder Betriebe = dem vom Betriebe erzeugten Geldeinkommen; vgl. oben S. 59). Die Lohnkonstante ist also das Verhältnis der Gesamtlohnsumme zur Wertschöpfung. Der Gewinnanteil der einzelnen Belegschaftsmitglieder wird nach dem monatlichen Durchschnittsverdienst des einzelnen Arbeitnehmers aufgeschlüsselt. Der Vorteil des Planes besteht darin, daß er außerbetriebliche, insbesondere konjunkturelle Einflüsse auf den Gewinn weitgehend ausschaltet. Hierdurch wird nicht nur ein gewisser Leistungsanreiz gegeben, sondern noch ein Anreiz zur Einsparung von Material und Rohstoffen sowie zur Einhaltung von Terminen. — Der Plan sieht einen von den beiden Betriebspartnern gebildeten *„Produktionsausschuß"* vor, der bei allen kostensparenden Produktionsmaßnahmen mitberät und dazu beiträgt, etwaiges Mißtrauen auszuschalten. Auch in Deutschland wurde der Rucker-Plan in einer Reihe von Unternehmungen eingeführt.

Der Kuß-Plan der Duisburger Hütte

Der von dem Direktor der Duisburger Kupferhütte, Ernst Kuß, nach dem zweiten Weltkriege ausgearbeitete Gewinnbeteiligungsplan, der *„Ergebnislohn"*, wurde sehr bekannt und lebhaft diskutiert. Er geht trotz seines Namens „Ergebnislohn" vom *Betriebsgewinn* aus. Doch ist die Werksleitung der Hütte der Auffassung (ähnlich wie H. Nicklisch), daß der gesamte Gewinn Kostencharakter habe; der Tariflohn sei gleichsam nur eine Vorauszahlung des Anteils, den die Arbeitnehmer am Gesamtertrag haben. Der verbleibende Gewinn wird unter die Kapitalgeber und die Belegschaft aufgeteilt, und zwar im Verhältnis von Kapital und Umsatz. Die *Beteiligungsgrundlage* für die Kapitalbeteiligung ist das betriebsnotwendige Kapital, die Beteiligungsgrundlage für den Arbeitnehmeranteil der wertmäßige Umsatz. Da die Gewinnanteile von Kapital und Arbeit sehr stark differieren können, je nachdem, ob es sich um ein arbeitsintensives oder ein kapital- und materialintensives Unternehmen handelt, wird deshalb bei arbeitsintensiven Unternehmen ein Abschlag, bei kapital- und materialintensiven Unternehmen ein Zuschlag zum Ergebnislohn notwendig sein. Der Arbeitsanteil wird auf die einzelnen Arbeitnehmer nach einer besonderen Arbeitsplatzbewertung, also nach Leistungsgrundsätzen aufgeschlüsselt.

Spindler-Plan

Der von Gert Spindler ausgearbeitete und 1951 in seinem Textilunternehmen eingeführte Gewinnbeteiligungsplan ist von dem Grundgedanken getragen, alle Arbeitnehmer eines Betriebs zu „*Mitunternehmern*" zu machen, die nicht nur mitbestimmen, sondern zugleich mitverdienen und am Kapital des Unternehmens beteiligt werden sollen. (So heißt auch die bekannte und vieldiskutierte Schrift von Spindler: „Das Mitunternehmertum. Der dritte Weg zur wirtschaftlichen Mitbestimmung. Denkschrift an die Gesetzgeber", 1949). Die Belegschaft ist beteiligt am Jahresergebnis (dem steuerlichen Gewinn) und an Veränderungen des Betriebsvermögens (gemessen am steuerlichen Einheitswert) mit einem Anteil von 25 %. Die in Höhe eines Monatsgehaltes zu bildende *Sollrücklage* der „Mitunternehmer" ist am Verlust beteiligt. Zur *Mitbestimmung* in der Geschäftsführung wird ein *Wirtschaftsausschuß*, in dem auch die Belegschaft vertreten ist, gebildet, der die Belegschaft über den Geschäftsgang informiert. Die Mitbestimmung bezieht sich vor allem auf Änderung der Produktionsrichtung und des Produktionsverfahrens, auf größere Einstellungen, Entlassungen, Investitionen und Kreditaufnahmen. Für die Durchführung von Maßnahmen, die von den Mitunternehmern abgelehnt werden, muß die Geschäftsführung die Sollrücklagen sicherstellen. — In den vierzehn Jahren, in denen dieses System in der Firma Spindler besteht, hat sich der „Mitunternehmer-Vertrag" durchaus bewährt. Dabei ist Spindler der Ansicht, daß die materielle Erfolgsbeteiligung ohne eine „geistige Beteiligung" von geringer Wirkung ist (vgl. Gert P. Spindler, Neue Antworten im sozialen Raum, 1964, S. 348 ff.).

Rosenthal-Plan

Die Rosenthal-AG beteiligte auf Initiative ihres Hauptaktionärs Philipp Rosenthal bereits in den 50er Jahren die Mitarbeiter in Form einer „Arbeitsdividende" (etwa 150,— DM im Jahr) am Gewinn des Unternehmens. Da sie ihren Zweck, die *Vermögensbildung* des Mitarbeiters zu fördern, nicht erreichte, wurde sie 1962 durch Ausgabe von *Belegschaftsaktien* abgelöst. Um jedoch das Risiko beim Besitz von Rosenthal-Aktien zu vermindern, wurde 1968 die Gewinnbeteiligung auf den Erwerb von Investmentzertifikaten umgestellt. Jeder Mitarbeiter erhält nach 5 Jahren Betriebszugehörigkeit Investmentanteile in Höhe von 180,— DM. Durch Zuschüsse des Unternehmens können die Mitarbeiter außerdem zu verbilligten Kursen weitere Investmentzertifikate oder auch Rosenthal-Aktien erwerben.

Pieroth-Plan

Die Weinkellerei Elmar Pieroth (Burg Layen b. Bingen) beteiligt ihre Mitarbeiter am Gewinn mit einem *Mitarbeiterdarlehen*. Der zur Verfügung stehende Betrag wird zur Hälfte nach Köpfen und zur anderen Hälfte entsprechend der Lohnsumme des einzelnen im Verhältnis zur Gesamtlohnsumme des Unternehmens verteilt, und zwar so, daß der Gewinnanteil bei den kleineren Einkommen relativ höher ist als bei den größeren Einkommen. Die Darlehen sind fest gebunden, ausgezahlt werden nur jährlich die Zinsen. Erst beim Ausscheiden eines Mitarbeiters wird das Darlehen ausgezahlt.

Investivlohn

Unter Investivlohn versteht man alle Formen der Entlohnung, insbesondere der Gewinnbeteiligung, bei denen ein Teil des Arbeitsentgeltes oder die auf den einzelnen entfallende Erfolgsquote ganz oder zum Teil in der Unternehmung selbst oder anderwärtig (z. B. Eigenheimbau) investiert wird mit beschränkten Kündigungsmöglichkeiten seitens des Arbeitnehmers. — Ein Investivlohn wurde durch das „Gesetz zur Förderung der Vermögensbildung der Arbeitnehmer" steuerlich begünstigt (s. unten S. 362).

Der Investivlohn soll (1) die Vermögensbildung der Arbeitnehmer fördern, (2) ihre Bindung an das Unternehmen stärken und (3) verhindern, daß bei Gewinnbeteiligung die Beteiligungsquote dem Konsum zugeführt wird.

In den O s t b l o c k l ä n d e r n wird häufig ein Teil des Lohnes zu Investitionszwecken zurückbehalten (z. B. durch Zwangsanleihen), um Kaufkraft abzuschöpfen. Auch in der westlichen Welt wurden in letzter Zeit verschiedentlich Vorschläge gemacht und lebhaft diskutiert, den Investivlohn als *konjunkturpolitisches Mittel* zu verwenden, um die Kapitalbildung zu fördern und den Konsum zu drosseln; so sollen nach diesen Vorschlägen bei Tariflohnerhöhungen 1—3 % der Lohnerhöhung als „aufgestockter Investivlohn" zurückbehalten werden. Die Vorschläge werden wegen des Zwangscharakters zum Teil stark abgelehnt.

3. Die Beurteilung der Gewinnbeteiligung

Die praktische Bedeutung der Gewinnbeteligung

Es ist natürlich unmöglich, rational zu bestimmen, in welchem Verhältnis der Gewinn (nach Abzug aller Kostenbestandteile, also Unternehmerlohn, Risikoprämie, Kapitalverzinsung usw.) zwischen Kapital und Arbeit aufgeteilt werden soll. Das zeigt den irrationalen Charakter dieses Problems. So forderte ein den Gewerkschaften nahestehender Autor (G. Höpp, Paritätische Ergebnisbeteiligung, BFuP. 1961, S. 680) die Aufteilung des Gewinns zwischen Kapital und Arbeit im Verhältnis 1 : 1. Dabei betrugen nach einer Erhebung des Statistischen Bundesamtes für das Jahr 1957 die freiwilligen sozialen Betriebsaufwendungen der deutschen Aktiengesellschaften 1957 das Acht- bis Neunfache der Dividendenausschüttungen dieses Jahres und das 1,5fache der Belastung der gesamten Wirtschaft durch Einkommen- und Körperschaftsteuer. Nun kann zwar ein Teil der freiwilligen Sozialleistungen als echte Kosten angesehen werden, zum größten Teil aber dürften diese freiwilligen Leistungen einen Anteil am Gewinn darstellen, so daß also jetzt bereits den Arbeitnehmern ein weitaus größerer Anteil am Gesamtgewinn zukommt als den Aktionären. Das erklärt auch, daß sich die Gewinnbeteiligung in der Praxis nicht so durchsetzen konnte, wie viele ihrer Befürworter hofften. Es blieb eine der vielen Formen des Arbeitsentgelts.

Das schließt nicht aus, daß viele kleine und mittlere Betriebe mit einer Gewinnbeteiligung sehr gute Erfahrungen gemacht haben. Diese Erfolge beruhen aber wohl weniger auf dem zusätzlichen Arbeitsentgelt durch die Gewinnbeteiligung als vielmehr auf einer sehr guten Personalpolitik. In Großbetrieben dagegen scheint die Gewinnbeteiligung keine eindeutigen Erfolge gebracht zu haben, weil bei der globalen Gewinnbeteiligung der sozialpolitische Sinn dieser Maßnahme von den Arbeitnehmern gar nicht empfunden wird. So hat z. B. nach Erhebungen in den USA die Gewinnbeteiligung allein das Betriebsklima nicht verbessern können; in den Unternehmungen mit Gewinnbeteiligung wurde ebensoviel gestreikt wie in den anderen. Eine leistungsgerechte Entlohnungsform sowie hohe freiwillige betriebliche Sozialleistungen können, besonders in Großbetrieben, auf das Betriebsklima günstiger wirken als eine Gewinnbeteiligung.

Voraussetzung für die Einführung einer Gewinnbeteiligung

Gewinnbeteiligungs-Pläne werden von der Belegschaft sehr häufig mit einem gewissen Mißtrauen aufgenommen, da sie in dem meist komplizierten und schwer durchschaubaren Verfahren einen unsozialen Leistungsanreiz oder eine getarnte Senkung des Arbeitsentgelts vermuten, zumal auch die Gewerkschaften die betriebliche Gewinnbeteiligung scharf ablehnen (s. unten). Bei der Einführung einer Gewinnbeteiligung muß daher vorausgesetzt werden, daß ein gutes Betriebsklima herrscht, daß ein gutes leistungsgerechtes Lohnsystem vorhanden ist und daß ein von den Betriebspartnern gebildeter Ausschuß vorgesehen wird, der bei allen Maßnahmen das System mitberät und dadurch das Mißtrauen beseitigt.

Stellung der Gewerkschaften zur Gewinnbeteiligung

Die Gewerkschaften, sowohl in Deutschland wie auch im Ausland, lehnen eine Gewinnbeteiligung, insbesondere die *Individualbeteiligung der Arbeitnehmer*, grundsätzlich scharf ab. Sie erkennen zwar an, daß ein gewinnbeteiligter Arbeitnehmer häufig in höherem Maße an seiner Arbeit und seinem Betrieb interessiert ist. Die dadurch bewirkte höhere Sorgfalt und Aufmerksamkeit seien zwar positiv zu bewerten. Aber gerade die stärkere Bindung der Belegschaft an den Betrieb habe zur Folge, „daß der Arbeitnehmer nur zu leicht geneigt sein wird, der gewerkschaftlichen Politik gegenüber zurückhaltend zu sein, wenn nicht sogar sich ablehnend zu verhalten. Sein jährlicher Gewinnanteil kann für ihn zum Popanz werden, über den er seine tatsächliche Stellung in Wirtschaft und Gesellschaft vergißt. Alles, was nun eine Gewinnschmälerung bedeuten könnte, sucht er ängstlich zu vermeiden und sieht nicht, daß sein in der Regel recht geringer Anteil nur ein Judaslohn ist. Denn die Maßnahmen der Gewerkschaften, die dem Gesamtinteresse der Arbeitnehmer dienen sollen, werden durch eine solche Haltung in ihrer Wirksamkeit und Stoßkraft geschwächt." (Tuchtfeld in Gewerkschaftliche Monatshefte 1950, Heft 6; 1952 Heft 3.) Ein gutes Verhältnis zwischen Unternehmer und Arbeitern schwächt meist die Position der Gewerkschaften.

Die *kollektive Gewinnbeteiligung*, bei der der auf die Arbeitnehmer entfallende Gewinnanteil für soziale Betriebseinrichtungen verwendet wird, betrachten die Gewerkschaften mit weniger Skepsis, doch meint Tuchtfeld: „Vom wirtschaftspolitischen Standpunkt ... braucht sie darum noch lange keine ideale Lösung zu sein ..."

Staatliche Förderung der Gewinnbeteiligung und Vermögensbildung der Arbeitnehmer

Die Bundesregierung begünstigt durch das (1.) *Gesetz zur Förderung der Vermögensbildung der Arbeitnehmer* vom 12. 7. 1961, das abgelöst wurde durch das wirksamere *2. Gesetz vom 1. 7. 1965* und schließlich durch das *3. Gesetz vom 27. 6. 1970*, die vermögenswirksamen Zuwendungen der Arbeitgeber an ihre Arbeitnehmer. Die Zuwendungen können eine Gewinnbeteiligung („Ergebnisbeteiligung") oder ein Teil des Arbeitsentgelts sein. Diese Zuwendungen — im Höchstbetrag von 312,— DM, ab 1970 von 624,— DM — müssen als Sparbeträge (nach dem Sparprämiengesetz), als Wohnungsbaudarlehen (nach dem Wohnungsbauprämiengesetz), als Belegschaftsaktien oder als Darlehen an den Betrieb des Arbeitnehmers für wenigstens 6 Jahre gebunden sein. Sie sind dann vollständig von der Lohnsteuer und von Sozialversicherungsbeiträgen befreit. Durch das 3. Vermögensbildungsgesetz wurden 1971 diese Befreiungen aufgehoben und dafür wird eine Sparzulage aus dem Steueraufkommen gezahlt, die je nach dem Familienstand 30 bis 40 % des gesparten Betrages ausmacht. Durch die Zulagen werden Rentenminderungen vermieden, die durch die Befreiung von Sozialabgaben eintreten konnten.

IV. Betriebliche Sozialleistungen

1. Begriff und Wesen des betrieblichen Sozialaufwandes

Betriebliche Sozialleistungen oder Sozialaufwendungen sind alle Personalaufwendungen, die nicht Lohn, d. h. Aufwendungen unmittelbar für die Arbeitsleistung des Arbeitnehmers, sind. Bevor wir auf die besondere Problematik der betrieblichen Sozialleistungen eingehen, wollen wir zuvor kurz noch ihre Entstehung behandeln, da sie uns leichter ihr Wesen verstehen läßt.

Sozialleistungen in ihrer geschichtlichen Entwicklung

Betriebliche Sozialleistungen sind wohl so alt wie der Betrieb selbst, doch handelt es sich in vorkapitalistischen Epochen um spontane und karitative Zuwendungen bei Krankheit und Invalidität oder sonstige außerordentliche Notfälle; so etwa, wenn in Primitivkulturen die arbeitsunfähigen Greise vom Familienbetrieb unterhalten werden. Erst mit der Entstehung des *kapitalistischen Industriebetriebes* im 19. Jahrhundert entwickelten sich die verschiedensten Formen rationaler Sozialleistungen. Durch das schnelle Wachstum der Fabriken und vor allem der Bergwerke wurden *systematische und planmäßige Sozialleistungen* notwendig, wie z. B. der Bau von Arbeitersiedlungen, um Arbeitskräften aus anderen Gebieten heranzuziehen (etwa in das dünnbesiedelte, bisher agrarische Ruhrgebiet), regelmäßige Unterstützungen in Krankheitsfällen (bevor es die Sozialversicherung gab), um die Arbeitskräfte zu erhalten, Gewährung von Invalidenrente, Errichtung von Badehäusern (Bergwerke), Kantinen, Einführung der Gewinnbeteiligung, um die Arbeiter an den Betrieb zu binden (siehe oben S. 354 f.), Einrichtung von Läden mit billigen Lebensmitteln für die Arbeitnehmer, Errichtung von Gewerbeschulen für den technischen und kaufmännischen Nachwuchs u. dgl. Es ist erstaunlich, wie vielfältig und umfangreich bereits die Sozialleistungen in der zweiten Hälfte des vorigen Jahrhunderts in den industriellen Großbetrieben waren (vgl. U. *Pleiß:* Freiwillige soziale Leistungen der industriellen Unternehmung, 1960, S. 41 ff.).

Alle diese Sozialaufwendungen waren durchweg „*freiwillig*", sofern nicht der Arbeitnehmer, was wohl nur bei leitenden Angestellten vorkam, einen vertraglich festgelegten Anspruch darauf hatte. Mit der Einführung der umfassenden Sozialversicherung (1881—1889) wurde dann ein Teil dieser Sozialleistungen „*gesetzlicher Sozialaufwand*". Diese Sozialgesetzgebung machte keineswegs die freiwilligen Sozialaufwendungen überflüssig, im Gegenteil, die sich in den ersten Jahrzehnten des neuen Jahrhunderts entwickelnden Arbeitsphysiologie (Arbeitsstudien), Betriebspsychologie und Betriebssoziologie ließen erkennen, welche große Bedeutung einer „*sozialen Rationalisierung*", „*Menschenökonomie*" oder „*menschlichen Arbeitsökonomie*" (Kosiol) zukommt, um die Wirtschaftlichkeit des Betriebs zu heben. Infolgedessen steigen die Sozialaufwendungen ständig an. 1928 machte der freiwillige Sozialaufwand 1,16 % der bereinigten Bruttolohn- und Gehaltssumme aus, 1960 bereits 14,4 %; im gleichen Zeitraum stieg der jährliche freiwillige Sozialaufwand pro Kopf der Arbeitnehmer von 95 RM im Jahre 1928 auf 830 DM im Jahre 1960 (Näheres siehe unten).

Das Problem der betrieblichen Sozialaufwendungen hatte natürlich seit seiner Entstehung auch einen *sozialethischen Aspekt,* unter dem bis in die zwanziger Jahre die Sozialaufwendungen vorwiegend als „Wohlfahrtspflege" eines patriarchalischen Unternehmertums angesehen wurden, wohingegen heute der Arbeitnehmer als ein in seiner menschlichen Würde gleichberechtigter „Mitarbeiter" aufgefaßt wird; „Solidarität" soll im Betriebe herrschen, d. h. „wechselseitige Verantwortlichkeit im Füreinander-Einstehen" (J. Höffner). Diese Auffassung wird heute in allen Kulturländern im wachsenden Umfang vertreten, sowohl von Wissenschaftlern (Peter Drucker, Guido Fischer, E. Friedmann, Christian Gasser, Walter Heinrich, J. Kolbinger, A. Marx, H. F. Roethlisberger, Eugen Rosenstock, Curt Sandig u. v. a.) als auch von Unternehmern (O. Debatin, H. Ford, Otto A. Friedrich, Ernst Kuss, J. G. Lincoln, F. Spiegelhalter, G. Spindler, J. Winschuh u. v. a.).

Freiwilliger und durch Rechtsverpflichtung begründeter Sozialaufwand

Vom betriebswirtschaftlichen Standpunkt muß unterschieden werden zwischen *freiwilligem Sozialaufwand* und Sozialaufwand, der auf Grund einer *gesetzlichen, vertraglichen oder gewohnheitsrechtlichen Verpflichtung* aufgebracht werden muß.

Der *freiwillige betriebliche Sozialaufwand* ist *grundsätzlich* erfolgsabhängig. Bei steigendem Erfolg ist eine Erhöhung der Sozialleistungen möglich, bei sinkenden Erfolgen wird ihr Abbau notwendig. (Die von U. Pleiß, a. a. O., vertretene Ansicht, die betrieblichen Sozialleistungen seien *ertragsabhängig*, ist insofern nicht richtig, als bei steigenden Erträgen eine Ausdehnung der Sozialleistungen nur dann möglich ist, wenn die Aufwendungen gleichgeblieben oder in geringerem Maße als die Erträge gestiegen sind; d. h. aber nichts anderes, als daß sie *erfolgsabhängig* sind.)

Im Laufe der Zeit sind jedoch zahlreiche freiwillige Sozialleistungen „betriebsnotwendig geworden, d. h. zur Aufrechterhaltung oder Verbesserung des Betriebsablaufs und zur Erreichung des Betriebszweckes unbedingt erforderlich" (W. Prion). Ja, man führt „freiwillig" viele Sozialleistungen ein, um die Leistungsfähigkeit des Betriebs zu steigern (z. B. Werkunterricht, Fortbildungskurse, Gesundheitsdienst usw.). Solcher freiwilliger Sozialaufwand ist leistungsbezogen und hat Kostencharakter. Andere freiwillige Sozialleistungen, auch solche, die nicht unmittelbar betriebsbedingt sind, wurden zum festen Bestandteil des Personalaufwandes und können nicht ohne Schwierigkeiten eingestellt oder rückgängig gemacht werden, wie z. B. die betriebliche Altersversorgung. Auch sie sind vorwiegend als Kosten anzusehen. Dieser betriebliche Sozialaufwand, der leistungsbezogen und betriebsbedingt ist, kann aber nicht mehr in dem gleichen Sinne als „*freiwillig*" bezeichnet werden wie die rein charitativen und anderen erfolgsabhängigen Sozialaufwendungen. Man hat aus diesem Grunde vielfach auf den Terminus „freiwillig" ganz verzichtet und spricht vor allem von „*zusätzlichem* oder „*betriebseigenem Sozialaufwand*" als Gegensatz zu dem durch eine Rechtsverpflichtung begründeten betrieblichen Sozialaufwand.

Der *durch Gesetz, Tarifvertrag, Vereinbarung oder Gewohnheitsrecht begründete Sozialaufwand* hat im Gegensatz zum freiwilligen stets Kostencharakter. Die Grenze zwischen dem „freiwilligen" oder dem „zusätzlichen" und dem durch eine Rechtsverpflichtung begründeten Sozialaufwand ist sehr flüssig und kann nicht genau zwischen den einzelnen Sozialleistungen gezogen werden; denn die gleiche Sozialleistung, etwa die Weihnachtsgratifikation, ist für den einen Betrieb freiwilliger Sozialaufwand, für den anderen eine durch vertragliche Vereinbarung oder durch Gewohnheitsrecht begründete Verpflichtung.

In einem im Auftrage der Bundesvereinigung der deutschen Arbeitgeberverbände 1949 erstatteten Gutachten über „die Entwicklung des betrieblichen Sozialaufwandes" nennt Franz *Spiegelhalter* den betrieblichen Sozialaufwand „*Lohn-Nebenkosten*" (unterteilt in „I. gesetzlichen und tariflichen Sozialaufwand" und „II. zusätzlichen — betriebseigenen — Sozialaufwand"). Der Terminus „Lohn-Neben*kosten*", der häufig gebraucht wird, ist insofern nicht richtig, als nur ein Teil der betrieblichen Sozialaufwendungen Kostencharakter hat.

Die Verrechnung der Sozialleistungen

Die freiwilligen Sozialleistungen werden im Rechnungswesen durchweg als Aufwendungen behandelt. Für freiwillige Sozialleistungen ist in der Kostenrechnung eine kalkulatorische und zeitliche Abgrenzung erforderlich. Doch können nur solche freiwillige Sozialaufwendungen, die Kostencharakter haben, in die Kostenrechnung übernommen werden. Alle anderen gehören als betriebliche ordentliche oder außerordentliche Aufwendungen zwar in die Periodenrechnung, aber nicht in die Kostenrechnung. In größeren Betrieben werden die freiwilligen Sozialaufwendungen mit Kostencharakter häufig als abgeleitete Kostenarten von Hilfsbetrieben (Kantinen, Werkbüchereien usw.) behandelt.

Nach verschiedenen Erhebungen werden in der Praxis die sozialen Aufwendungen sehr unterschiedlich behandelt, meist betrachtet man sie alle als Kosten (vgl. E. Gaugler: Zusätzliche Sozialleistungen in der betrieblichen Praxis, München 1957).

2. Arten der betrieblichen Sozialleistungen

Gliederungsmöglichkeiten

Man kann die mannigfachen Arten des betrieblichen Sozialaufwands nach verschiedenen Gesichtspunkten gliedern (vgl. *G. Merle:* Der freiwillige soziale Aufwand in der Industrie, 1963):

1. Nach der Form des Arbeitsentgeltes: *geldliche Leistung* (z. B. Gratifikationen, Altersversorgung, Beihilfen usw.); *Naturalleistung* (Deputatkohle, Kleidung, Eigenerzeugnisse usw.) und *Gewährung von Nutzungen* (Kollektivleistungen, z. B. Kantine, Werkarzt, Werksportplatz usw.).

2. Nach dem Empfängerkreis, z. B. alle Arbeitnehmer, nur Angestellte, Arbeitnehmer nach Ablauf einer gewissen Frist der Betriebszugehörigkeit.

3. Nach der Häufigkeit der Gewährung des sozialen Aufwandes: *laufende Aufwendungen* (Aufwendungen für Sozialeinrichtungen, Altersversorgung usw.); *periodische Aufwendungen* (Weihnachtsgratifikationen, Fortbildungslehrgänge usw.) und *einmaliger Aufwand* (Beihilfen in Notfällen, Jubiläumsgelder usw.). Diese Gliederung ist für die Finanzplanung und die Kostenplanung wichtig.

4. Nach dem Grad der wirtschaftlichen und sozialen Notwendigkeit: diese Gliederung ist wichtig, um die Mittel, die für Sozialleistungen zur Verfügung stehen, richtig zu verteilen. Dafür sind systematische Umfragen unter den Arbeitnehmern von besonderer Wichtigkeit. So haben verschiedene Umfragen heute ergeben, daß die betriebliche Altersversorgung von allen Sozialleistungen weitaus am meisten geschätzt wird, die Kollektivleistungen dagegen am wenigsten.

5. Nach der Bemessungsgrundlage: das kann sein der *Lohn und das Gehalt* oder der *Ertrag* oder die *Kopfzahl* der Belegschaft. Diese Gliederung ist wichtig, weil bei Änderung der Bemessungsgrundlage die voraussichtliche Änderung der Höhe des Sozialaufwandes bestimmt werden kann.

6. Nach Art und Ziel des Sozialaufwandes: z. B. Altersversorgung, Gratifikation, Fürsorge und Gesundheitspflege, Belegschaftsverpflegung, Wohnungshilfe usw. Diese Gliederung ist sozialpolitisch die wichtigste. Wir gehen im folgenden Abschnitt näher auf sie ein.

7. Nach kostenrechnerischen Gesichtspunkten unterscheiden wir Sozialaufwand, der Kostencharakter und der Erfolgscharakter hat.

Die Arten des betrieblichen Sozialaufwandes nach Zweck und Ziel

Es gibt eine Reihe von Klassifizierungen des betrieblichen Sozialaufwands nach Zweck und Ziel, von denen die wichtigsten herrühren von: (1) der Bundesvereinigung der deutschen Arbeitgeberverbände (1949); (2) der Gesellschaft für soziale Betriebspraxis (1953), die einen umfassenden Sozialkontenplan entworfen hat, und (3) vom Statistischen Amt der EWG (1960).

Der „Sozialkontenplan" der „Gesellschaft für soziale Betriebspraxis" zeigt am deutlichsten die verschiedenen Arten betrieblicher Sozialaufwendungen:

(I. Leistungsentgelt: Löhne, Gehälter, Abschlußvergütungen — das sind noch keine Sozialleistungen.)

II. Unabdingbare Sozialaufwendungen: Gesetzliche, tarifvertragliche und überbetriebliche vereinbarte Aufwendungen:

1. *Arbeitgeberbeiträge zur Sozialversicherung,*

2. *Beiträge zur Berufsgenossenschaft,*

3. *Tarifurlaub,*

4. *Zahlung von Arbeitsausfällen:* gesetzlich zu bezahlende Feiertage, Hausarbeitstage, Sonderurlaub für Schwerbeschädigte; Ausfallzeiten, die entsprechend tariflicher Vereinbarung zu bezahlen sind, z. B. Familienereignisse, Vorladung, Weiterzahlung der Bezüge in Krankheitsfällen innerhalb der gesetzlichen Sechswochenfrist für Angestellte,

5. *Sonstige Aufwendungen auf gesetzlicher Grundlage:* Betriebsrat, Belegschaftsversammlung; Unfallverhütung und Einrichtung für erste Hilfe; von der Behörde auf Grund des Schwerbeschädigten-Gesetzes auferlegte Einrichtungen zur Beschäftigung Schwerbeschädigter, Aufwendungen auf Grund des Mutterschutzgesetzes, Aufwendungen und Zuschüsse zur Betriebskrankenkasse nach RVO;

6. *Sonstige Aufwendungen,* die *tarifvertraglich* vereinbart sind: Sozialzulagen (Familien- und Kindergeld), Weiterzahlung von Lohn und Gehalt in Sterbefällen, Zuschüsse zum Krankengeld, sonstige Aufwendungen (Treueprämien, Wegegelder usw.);

7. *Sonstige unabdingbare Aufwendungen:* Rückstellungen für Pensionsververpflichtungen, sonstige Aufwendungen für wirtschaftliche Sicherung bei Alter oder Invalidität.

III. Betriebsbedingte Aufwendungen: Aufwendungen, die zur Durchführung der Produktionsaufgaben des Unternehmens notwendig sind oder in überwiegend betrieblichem Interesse getätigt werden:

1. *Gesundheitsdienst:* Einstellungsuntersuchungen, vorbeugende Gesundheitsmaßnahmen (Röntgenreihenuntersuchungen), Bekämpfung von Gewerbekrankheiten; Einrichtung und Instandhaltung von Sanitätsposten, Verbandsstuben, Krankenhäuser; laufende Aufwendungen für Gesundheitsdienst (z. B. Personalkosten, Arzneimittel);

2. *Arbeitsschutz und Unfallverhütung:* Arbeitsschutzschulung, aufklärende Maßnahmen zur Unfallverhütung; Arbeitsschutzkleidung, -geräte und -vorrichtungen; Belohnungsprämien für Rettung aus Unfallgefahr, laufende Aufwendungen wie Personalkosten, Materiallieferungen durch das Werk;

3. *Ausbildung und Fortbildung:* Berufsausbildung von Arbeitskräften, Werkschule bzw. zusätzlicher Unterricht für Lehrlinge, Lehrwerkstatt, Fortbildungskurse;

4. *Wohnungen und Heime* (alle hier nicht zu aktivierenden Aufwendungen),

5. Aufwendungen infolge *räumlicher Trennung von Betrieb und Wohnung:* Fahrtkosten zwischen Wohnung und Arbeitsstätte, Zuschüsse zum Fahrgeld, Trennungsentschädigung, Umzugsvergütung;

6. *Sonstige betriebsbedingte Aufwendungen:* Bestellung und Vergütung von *Arbeitskleidung,* die für besondere Arbeit notwendig ist; Werkzeitschrift, arbeitsphysiologische Maßnahmen.

I V. Z u s ä t z l i c h e   A u f w e n d u n g e n

1. *Bezahlte Ausfallzeiten:* außertariflicher Urlaub für Erholung, Lehrgänge u. dgl., Lohnzahlung für Karenztage, Weiterzahlung von Lohn und Gehalt in Sterbefällen;

2. *Aufwendungen für Erholung und Urlaub:* Zuschüsse für werkseigene oder gepachtete Ferien- und Erholungsheime; Übernahme der Urlaubskosten für Verpflegung, Unterbringung, sonstige Aufenthaltskosten, Taschengeld usw.; Zuschüsse für Urlaubsversendung von Angehörigen der Arbeitnehmer;

3. *Gratifikation und andere Geldzuwendungen aus besonderen Anlässen:* Weihnachtsgeld, Jubiläumsgelder (Firmenjubiläum, Dienstjubiläum, Familienfeiern), Barzuwendungen bei besonderen Anlässen, z. B. Betriebsfeiern;

4. *Wohnung und Heime,* soweit nicht wesentlich betriebsbedingt, sonst unter III/4;

5. *Aufwendungen infolge räumlicher Trennung von Betrieb und Wohnort,* soweit nicht als unabdingbar unter II/6 oder betriebsbedingt unter III/5;

6. *Beihilfen in Kranheits- und besonderen Notfällen* sowie bei besonderen Gelegenheiten: Geburt, Konfirmation, Hochzeit, Beerdigung; Beihilfen zum Kauf von Einkellerungskartoffeln; Sterbegelder; Studienbeihilfen für Belegschaftsangehörige und deren Kinder;

7. *Wirtschaftliche Sicherung* von Belegschaftsmitgliedern und deren Angehörigen: Zusätzliche Alters- und Invalidenrenten für Pensionäre, Witwer-, Witwen- und Waisenrenten, zusätzliche Unfallversicherung, Einrichtung zur Unterbringung von alten und invaliden Arbeitnehmern, z. B. in betriebseigenen Altersheimen;

8. *Werkfürsorge;*

9. *Belegschaftseinrichtungen:* Kindergärten, Haushaltsschulen, Kantinen, Werkgasthäuser; Kleinwerkstätten; Gemeinschaftsräume für gesellige Veranstaltungen, Sportanlagen usw.;

10. *Versorgungs- und Konsumanstalten* zum Verkauf verbilligter Waren an die Arbeitnehmer;

11. *Kulturelle und sportliche Förderung:* Werkbücherei, Bildungs- und Unterhaltungseinrichtungen, Werkorchester, Werksportvereine;

12. *Betriebsfeiern* und Belegschaftsausflüge, Jubilarfeiern.

Gliederungsschema der Europäischen Wirtschaftsgemeinschaft für den Sozialaufwand

Das Statistische Bundesamt führt im Auftrage des Statistischen Amtes der Europäischen Gemeinschaften seit 1960 jährlich in ausgewählten Industriezweigen „Erhebungen über die Aufwendungen der Arbeitgeber für Löhne und Lohnnebenkosten" durch. Zur Zeit werden im Rahmen eines dreijährigen Zyklus insgesamt 35 Industriezweige des Verarbeitenden Gewerbes erfaßt. Die Montan-Union führt entsprechende Erhebungen für die Montanbetriebe durch. Das sehr detaillierte Gliederungsschema hat den Vorteil, daß es frei von interessenbedingter Einseitigkeit ist. Da die Unternehmungen alle vier Jahre diese Aufwendungen melden müssen, empfiehlt sich die Übernahme der amtlichen Gliederung ins Rechnungswesen.

Das Gliederungsschema der Europäischen Wirtschaftsgemeinschaft für den Sozialaufwand ist vom Statistischen Bundesamt, um den Belangen der deutschen Statistik gerecht zu werden, teilweise etwas modifiziert worden. Die deutsche Fassung lautet (stark gekürzt):

I. G r a t i f i k a t i o n e n ,   A b s c h l u ß v e r g ü t u n g e n ,   1 3 .   M o n a t s g e h a l t ,   G e w i n n -   u n d   E r t r a g s b e t e i l i g u n g   s o w i e   ä h n l i c h e   A u s s c h ü t t u n g e n ,   A u s l ö s u n g e n

1. Ergebnisprämie

2. Aufwendungen auf Grund des Ges. zur Förderung der Vermögensbildung der Arbeitnehmer vom . 7. 1961, in der Fassung vom 27. 6. 1970

3. Weihnachts- und Neujahrszuwendungen, 13. Monatsgehalt, Jubiläumsgelder u. dgl.

4. Auslösungen

I I .   Z a h l u n g   f ü r   n i c h t g e l e i s t e t e   A r b e i t s z e i t

5.—9. Bezahlter Urlaub, gesetzlich zu zahlende Feiertage und ähnliche Zahlungen

I I I .   L e i s t u n g   d e r   A r b e i t g e b e r   z u r   s o z i a l e n   u n d   w i r t s c h a f t l i c h e n   S i c h e r u n g   d e r   A r b e i t n e h m e r   s o w i e   z u r   F a m i l i e n h i l f e

a) *gesetzliche Leistungen*

10. Arbeitgeberanteil zur gesetzlichen Sozialversicherung

11. Zuschüsse zur Betriebskrankenkasse nach der RVO

12. Gehaltsfortzahlung im Krankheitsfall

13.—15. Gesetzliche Zulagen zu den Leistungen der gesetzlichen Kranken- und Unfallversicherung, Beiträge zur Arbeitslosen- und Unfallversicherung

16.—18. Aufwendungen auf Grund des Kindergeld-, Mutterschutz- und Schwerbeschädigtengesetzes

b) *Tarifliche und zusätzliche Leistung*

19. Aufwendungen zur betrieblichen Altersversorgung

20. Tarifliche Leistungen zur Familienhilfe (Kindergeld usw.)

21.—22. Zusätzliche Familienunterstützung und Sonstige Leistungen

IV. Naturalleistungen und Aufwendungen für die Wohnstätten der Arbeitnehmer

23. Kohle, Koks, Gas, Strom; Verpflegung, Bekleidung usw.

24. (a) Mietzuschüsse, (b) Sonstige Aufwendungen für die Wohnstätten

25. Direkte Zahlungen: (a) Verpflegungszuschüsse, (b) Wegezeitentschädigung usw.

26. Indirekte Zahlungen (Kantinenzuschüsse, Betriebsfürsorge usw.)

V. Aufwendungen für die Berufsausbildung u. ä.

Die einzelnen Sozialleistungen als Kosten und als Gewinnbestandteil

Wir haben bereits das Problem des Kostencharakters der betrieblichen Sozialleistungen grundsätzlich behandelt. Die Meinungen, wieweit nun freiwillige Sozialleistungen Kosten oder Gewinnbestandteile sind, gehen sehr stark auseinander. Einige Autoren (z. B. Nicklisch, Guido Fischer, A. Mann u. a.) fassen die Sozialleistungen ganz oder doch vorwiegend als Gewinnanteile auf, andere, die wohl die herrschende Meinung der Praxis vertreten, sehen in den Sozialleistungen ausnahmslos Kosten. Beide Ansichten in ihrer extremen Fassung gehen sicherlich zu weit, da es freiwillige Sozialleistungen gibt, die erfolgsabhängig sind, wie vor allem die reine Gewinnbeteiligung, während andere unbedingt Kosteneigenschaft haben.

Eine Gliederung der Sozialleistungen in solche mit Kosten- und solche mit Gewinnanteilcharakter versucht H. Nietzer (Die Kostennatur betrieblicher Sozialleistungen, München 1963) zu geben:

1. Sozialleistungen mit unbedingter Kosteneigenschaft:

a) *Sozialleistungen mit öffentlich-rechtlicher Bindung:*
    hierher gehören alle Arbeitgeberbeiträge zur Sozialversicherung, ferner Leistungen auf Grund des Kindergeldgesetzes, des Mutterschutzgesetzes usw.;

b) *Leistungen mit privat-rechtlicher Bindung*, und zwar:
    aa) *auf Grund des Tarifvertrages:* hierher gehören Lohnfortzahlung im Krankheitsfalle, Fürsorge für Leben und Gesundheit, bezahlter Urlaub, Pensionsleistungen, bezahlte Ausfallzeiten usw.;

bb) *auf Grund von Betriebsvereinbarungen:* hierher gehören alle vertraglich festgelegten Vereinbarungen über Sozialleistungen jeder Art, z. B. zusätzlich bezahlter Urlaub, betriebliche Beihilfen, auch Vereinbarung über Errichtung von Kindergärten, Zahlung betrieblicher Pension u. dgl. Hierunter fallen jedoch regelmäßig nicht die unter 3 aufgeführten Sozialleistungen. Ferner nicht die echte Gewinnbeteiligung, auch wenn sie vertraglich vereinbart wurde, denn sie ist stets gewinnabhängig;

cc) *auf Grund Gewohnheitsrechtes:* hierher gehören alle Sozialleistungen, über die zwar keine Vereinbarung getroffen wurden, die aber auf Grund ständiger, von allen Beteiligten als Rechtens empfundene Übung gelten, z. B. Weihnachtsgratifikationen, die ohne Vorbehalt jahrelang gewährt wurden.

2. S o z i a l l e i s t u n g e n   m i t   b e d i n g t e m   K o s t e n c h a r a k t e r , und zwar:

a) *regelmäßig ökonomisch wirksame Sozialleistungen:* hierher gehören z. B. Werkunterricht, Schulungskurse, allgemeinbildende Lehrgänge, Studienbeihilfen für Betriebsangehörige, ferner Gesundheitsdienst in Form von Einstellungsuntersuchungen, turnusmäßigen Reihenuntersuchungen, Ausgabe von Medikamenten, Errichtung von Waschanlagen, Zuschüsse zu Erholungsaufenthalten u. dgl. sowie Maßnahmen zur Unfallverhütung, weiterhin Errichtung von Erholungsräumen, Kantinen usw.

b) *vielfach ökonomisch wirksame Sozialleistungen:* hierher gehören Maßnahmen wie Wohnungshilfen, Mietbeihilfen, Zuschüsse zu den Kosten der Anfahrt, Trennungsentschädigungen, zusätzliche Krankenversorgung, betriebliche Altersversorgung (sofern sie nicht vertraglich vereinbart ist), Herausgabe einer Werkzeitschrift, Beihilfen in unvorhersehbaren Notfällen usw. Ob dieser Sozialaufwand Kostencharakter hat, hängt wesentlich davon ab, ob die Leistungen betriebsnotwendig oder leistungsbezogen sind. Nietzer weist darauf hin, daß es dabei entscheidend auch auf die Leistungsmenge ankomme; sehr kleine Dotierungen sind bestimmt kein Leistungsanreiz. Die Meinungen über den Kostencharakter der *betrieblichen Altersversorgung* gehen sehr stark auseinander; von einigen werden sie als echte Arbeitskosten bezeichnet, andere sehen in ihnen „eine besondere Art der Zuwendungen des (Netto-) Ertragsteiles" (Bernhard) und ein Instrument, um das Arbeitsentgelt „der wechselnden Ertragslage anzupassen".

3. R e g e l m ä ß i g   k e i n e   s o z i a l e n   K o s t e n , und zwar:

a) *die echte Gewinnbeteiligung,* sie ist in jedem Fall ihrer Konstruktion nach erfolgsabhängig;

b) *sonstige Sozialleistungen:* hierher gehören Leistungen zur Förderung des Gemeinschaftsgedankens innerhalb der Belegschaft, wie Betriebsfeste, Betriebsausflüge, Finanzierung eines Werkorchesters usw.; Belegschaftsberatung (Werkfürsorge), sportliche Förderungsmaßnahmen, Leistungen auf kulturellem Gebiet (Theaterabende, Vortragsreihen, Werkbücherei), ferner Geschenke bei familiären Anlässen (Hochzeit, Geburt, Todesfall usw.). Diese Sozialleistungen werden nur in besonderen Fällen als Kosten betrachtet werden können.

Bedeutung und Umfang der betrieblichen Sozialleistungen

Eine umfassende Erhebung über Struktur und Höhe des Sozialaufwandes wurde vom Statistischen Bundesamt für das Jahr 1957 gemacht (Statistik der Bundesrepublik Deutschland: Bd. 246, Heft 3, Gehalts- und Lohnstrukturerhebung, Stuttgart 1961); die folgenden Angaben stützen sich, soweit nichts anderes vermerkt, auf diese Erhebungen.

Der *gesamte* (gesetzliche, tarifliche und freiwillige) *Sozialaufwand* betrug 1975 335 Milliarden DM, d. s. 58 % der bereinigten[1]) Lohn- und Gehaltssumme (569 Mrd. DM), der gesetzliche und tarifliche Sozialaufwand betrug 32 %, der freiwillige 21 % der bereinigten Lohn- und Gehaltssumme. Diese Zahlen erhellen die Bedeutung der Sozialleistungen, insbesondere der „freiwilligen" Sozialleistungen.

Die *Aktualität* des freiwilligen Sozialaufwandes geht aus seiner fast sprunghaft gestiegenen Höhe hervor: er betrug pro Kopf des Arbeitnehmers 1928 95 RM, 1932 188 RM, 1949 330 DM, 1957 725 DM, 1960 830 DM (s. G. Merle, a. a. O., S. 17).

Der *freiwillige* Sozialaufwand verteilt sich in seiner Höhe sehr unterschiedlich auf die *einzelnen Industriezweige.* Am höchsten ist er (in Prozent der bereinigten Lohn- und Gehaltssumme) in der Energiewirtschaft mit 45 %, in den Bergwerken mit 32 % und in der Elektroindustrie mit 23 %; am niedrigsten in der Lederindustrie mit 7,1 %, in der Bekleidungsindustrie mit 6,3 % und in der Holzindustrie mit 5,7 %. Noch niedriger ist er in Handels- und Handwerksbetrieben; doch hängt das mit der *Betriebsgröße* zusammen.

Je größer ein Betrieb ist, um so größer ist auch sein freiwilliger Sozialaufwand. So beträgt er in Großbetrieben über 1000 Beschäftigte 25,2 %, in industriellen Mittelbetrieben von 500 bis 999 Beschäftigten 14,3 %, in Kleinbetrieben von 20 bis 49 Beschäftigten nur 5,1 % der bereinigten Lohn- und Gehaltssumme.

Am höchsten in der *Dringlichkeit* der freiwilligen Sozialleistungen stehen auf Grund verschiedener Umfragen die Altersversorgung, die Invalidenversorgung, die Gratifikationen und die Hinterbliebenenversorgung; am geringsten werden die kollektiven Sozialleistungen bewertet (G. Merle, a. a. O., S. 121). Das findet seinen Ausdruck in der Entwicklung der einzelnen Arten des freiwilligen Sozialaufwands. Die Altersversorgung stieg von 4,3 % der bereinigten Lohn- und Gehaltssumme im Jahre 1949 auf 5,3 % im Jahre 1957, dagegen sank der Aufwand für Belegschaftseinrichtungen von 3,7 % im Jahre 1949 und 4,0 % 1950 auf 2,2 % 1957 und 1,4 % 1963 (s. Merle, S. 97); man muß dabei allerdings berücksichtigen, daß die Lohn- und Gehaltssumme seit 1949 außerordentlich gestiegen ist.

---

[1]) In den von der Buchhaltung erfaßten Bruttolohn- und Gehaltssummen sind Teile des betrieblichen Sozialaufwands, insbesondere des gesetzlichen und tariflichen, enthalten, z. B. bezahlte Feiertage, bezahlte Arbeitsversäumnisse usw. Diese Sozialaufwendungen sind in der bereinigten Bruttolohn- und -Gehaltssumme eliminiert.

Volkswirtschaftliche Sozialkosten

„Sozialkosten" im volkswirtschaftlichen Sinne oder „volkswirtschaftliche Kosten" bedeuten etwas ganz anderes als betriebliche Sozialkosten, nämlich vom Betrieb verursachte Kosten, die aber nicht der Betrieb trägt, sondern die auf Dritte oder die Allgemeinheit abgewälzt werden. Die Ursachen dafür sind z. B.: die im heutigen Wirtschaftsprozeß ständig zunehmende Luft- und Wasserverunreinigung, übermäßiger Abbau von Bodenschätzen, Vernichtung von Pflanzen, Betriebsunfälle und Berufskrankheiten, ferner auch Erscheinungen des wirtschaftlichen Wachstums wie überoptimale Betriebsgrößen und Monopolisierung mit ihren Nebenerscheinungen wie starker Reklame- und Verwaltungsaufwand u. a. m. — In der modernen volkswirtschaftlichen Preistheorie werden die volkswirtschaftlichen Sozialkosten zum Teil berücksichtigt, ihre Erfassung in Geldgrößen ist allerdings großenteils sehr schwierig.

3. Die betriebliche Altersversorgung

Wir wollen zum Schluß noch kurz auf die betriebliche Altersversorgung eingehen, weil sie wohl die wichtigste und betriebswirtschaftlich interessanteste Form der freiwilligen Sozialleistungen ist.

Die betriebliche Altersversorgung dient als Ersatz oder zur Ergänzung der sozialen Rentenversicherung. Sie wurde früher nur an die leitenden Angestellten gewährt, die keinen Anspruch auf gesetzliche Altersversorgung hatten, vor allem, um sie dem Betriebe zu erhalten; es waren hier also vor allem ökonomische Gründe maßgebend. Die betriebliche Altersversorgung der Arbeiter, die zwar schon sehr alt ist, aber verstärkt erst nach dem ersten Weltkrieg einsetzte, entstand zunächst vorwiegend aus karitativen Motiven, hat aber mit zunehmender Verbreitung auch ökonomische Wirkungen erhalten. So werden häufig Großbetriebe mit guter Altersversorgung Kleinbetrieben, die keine oder nur eine geringe Altersversorgung haben, von den Arbeitnehmern vorgezogen.

Formen der betrieblichen Altersversorgung

Die betriebliche Altersversorgung kann in folgenden drei Grundformen geregelt werden:

1. Selbstdeckung durch den Betrieb, und zwar

a) *ohne Rückendeckung des Betriebes:* Der Betrieb trägt das volle Risiko der den Arbeitnehmern zugesagten Altersversorgung. Er führt sie ohne Einschaltung einer Versicherung oder einer sozialen Kasse durch. Grundlage ist eine Versorgungszusage an den Arbeitnehmer. Die Ansammlung der Mittel geschieht durch innerbetriebliche Versorgungsrückstellungen; die Risikostreuung ist, besonders bei kleineren Betrieben, sehr gering, und das kann gefährlich werden.

b) *mit Rückdeckung bei einer Versicherungsgesellschaft:* Der Betrieb sucht sein Risiko durch einen *Rückdeckungsvertrag* mit einer Versicherungsgesellschaft zu mindern. Der Arbeitnehmer erlangt dadurch aber keine Ansprüche gegen die Versicherungsgesellschaft.

2. Deckung bei betriebseigenen, rechtlich selbständigen Einrichtungen:

a) *bei einer Pensionskasse:* Diese hat die Rechtsform einer Versicherungsgesellschaft auf Gegenseitigkeit und unterliegt der Versicherungsaufsicht. *Vorteile:* Die Arbeitnehmer haben unmittelbare Rechtsansprüche an die Kasse. Sie können zur Altersversorgung durch Beitragsleistung herangezogen werden. Die Kasse selbst ist persönlich steuerbefreit. *Nachteile:* Geringe versicherungstechnische Ausgleichsmöglichkeit selbst bei Großbetrieben.

b) *bei einer Unterstützungskasse:* Sie ist kein Versicherungsunternehmen und hat meist die Rechtsform eines eingetragenen Vereins oder einer GmbH. Bei Auflösung muß das Vermögen satzungsgemäß den Leistungsempfängern zufließen oder für gemeinnützige Zwecke verwandt werden. Die Betriebsangehörigen können zu keiner Beitragzahlung herangezogen werden. *Vorteile:* Es bestehen keine festen Verpflichtungen für die Unternehmungen. Die zugewandten Mittel können im Betriebe weiterarbeiten. *Nachteile:* Ungewißheit der Leistungsempfänger, die auf Leistungsfähigkeit und Leistungsfreudigkeit der Unternehmung angewiesen sind.

3. Deckung bei außerbetrieblichen Einrichtungen

a) *bei privaten Versicherungsunternehmen* (Direktversicherung): Es wird zwischen der Unternehmung und einer Versicherungsgesellschaft ein Lebensversicherungsvertrag zugunsten von Betriebsangehörigen abgeschlossen, und zwar als Einzel- oder Gruppenvertrag. Die bezugsberechtigten Betriebsangehörigen haben direkte Ansprüche auf die Versicherung. Doch ist das Bezugsrecht in der Regel widerruflich.

b) *bei der sozialen Rentenversicherung:* Die Unternehmung zahlt Beiträge zur freiwilligen Höherversicherung ihrer Betriebsangehörigen. *Vorteile:* Es ist eine bequeme zusätzliche Versorgung ohne eigene Einrichtungen oder vertragliche Bindungen. Die Aufwendungen sind Betriebsausgaben, aber lohnsteuerlich Beträge zur Zukunftsicherung. *Nachteile:* Die Arbeitnehmer werden nicht enger mit dem Betrieb verbunden, da sie beim Ausscheiden die erreichte Anwartschaft mitnehmen und der Betrieb nicht darüber verfügen kann.

V. Die bargeldlose Lohnzahlung

Die bargeldlose Lohnzahlung scheint zunächst lediglich eine Rationalisierungsmaßnahme im Zahlungsverkehr der Unternehmung, doch sie hat erhebliche soziale und organisatorische Folgen. Deshalb sei kurz auf sie eingegangen.

Wesen und Bedeutung

In den Vereinigten Staaten ist die monatliche bargeldlose Lohn- und Gehaltszahlung heute schon die übliche Form der Lohnzahlung. In Europa hat das Verfahren nach dem Kriege schnell an Bedeutung gewonnen, so auch in der Bundesrepublik, besonders in den letzten Jahren. Zwar erfüllten sich die optimistischen Erwartungen, die vor einigen Jahren geäußert wurden, nicht, daß nämlich bis 1962 alle größeren Unternehmen zur bargeldlosen Lohnzahlung

übergegangen sein würden; doch haben inzwischen neben zahlreichen Großbetrieben auch schon viele Mittel- und Kleinbetriebe die bargeldlose Lohnzahlung eingeführt.

Bei den Sparkassen waren 1973 von den 19,1 Millionen Kontokorrentkonten
(„Spargirokonten") bereits etwa drei Viertel (15 Mill.) Lohn- und Gehaltskonten.
Die Zahl der Lohn- und Gehaltskonten bei allen Kreditinstituten dürfte schät-
zungsweise 12 bis 15 Millionen betragen, das ist bei rund 29 Millionen Lohn- und
Gehaltsempfängern fast die Hälfte.

Vorteile der bargeldlosen Lohnzahlung:

1. *Für die lohnzahlende Unternehmung:* Sie hat erhebliche Kostenersparnisse,
vor allem auch durch den Übergang von der wöchentlichen zur monatlichen
Lohnzahlung, die aus Rationalisierungsgründen notwendig ist. Weiterhin entfallen die Lohntüten, die Feststellung der benötigten Geldsorten, der Geldtrans-
port von der Bank zum Betrieb, das Eintüten sowie die Aushändigung an die
Arbeitnehmer. Vorschußzahlungen werden in der Regel nicht mehr geleistet,
da die Bank des Arbeitnehmers Kredit gewährt. Die Lohnbuchhaltung wird teilweise vom Kreditinstitut geführt (s. unten). Der Rationalisierungseffekt ist jedoch schwer festzustellen (ein Betrieb schätzte die Einsparungen auf 80,— DM
jährlich je Arbeitnehmer).

2. *Für die Arbeitnehmer:* Sie können vor allem die Vorteile eines Scheck- und
Girokontos ihrer „Bankverbindung" auszunutzen. Weiterhin gleicht die monatliche Lohnzahlung die soziale Stellung des Arbeiters der des Angestellten an.

3. *Für die Kreditinstitute:* Sie gewinnen einen neuen, sehr großen Kundenkreis,
der durch den wachsenden Lebensstandard auch für die Kreditinstitute allmählich große Bedeutung erlangen wird. Die starke Zunahme des Kleinkredits bei
allen Bankgruppen ist, was auch die Großbanken feststellten, großen Teils auf
die bargeldlose Lohnzahlung zurückzuführen. Schließlich wird von vielen Sparkassen und Banken über ein starkes Anwachsen der Spareinlagen durch die
bargeldlose Lohnzahlung berichtet; sehr viele Arbeitnehmer haben Dauerauf-
träge zur Überweisung eines bestimmten Monatsbetrages auf Sparkonto
gegeben.

Die außerordentliche Zunahme der Scheck- und Girokonten macht in vielen
Banken die Einführung der elektronischen Datenverarbeitung möglich, wodurch
die Kosten für die Führung unrentabler „Bagatellkonten" erheblich gesenkt
werden. In diesem Fall können die Lohn-Lochkarten oder -Lochstreifen der
Unternehmung unmittelbar von dem Kreditinstitut verwendet werden.

In den USA wurde — ermöglicht durch die elektronische Datenverarbeitung —
jüngst eine Methode entwickelt, bei der die Unternehmen der Bank die gesamte
Brutto-Lohnsumme für alle Arbeitnehmer mit einem Scheck überweisen (One
Check Payroll Service, dt.: „Ein-Scheck-Lohnlisten-Dienst"). Bei diesem Ver-
fahren wird fast die gesamte *Lohnbuchhaltung* von der Unternehmung in die
Bank verlagert. Die Bank erhält von der Unternehmung für jeden Arbeiter eine
Lochkarte mit den Grunddaten (Name, Anschrift, Anzahl der Angehörigen,

Lohnsätze, Angaben über die Sozialversicherung, Steuern u. dgl.). Diese Daten gibt die Bank in den Speicher ihrer Elektronenanlage ein und verlangt für diese Basisarbeit von der Unternehmung eine Gebühr von 50 $ pro Arbeiter. Zum Zahltag erhält die Bank die Lohnzettel und stellt nun die vollständige Lohnliste für die Firma, die Lohnabrechnungen und die Gutschriftsanzeigen für die Arbeiter aus. Die Banken führen auch die Steuern, Versicherungs-, Gewerkschaftsbeiträge usw. ab. Diese Entwicklung ist beinahe zwangsläufig und wird sich sicherlich auch allmählich in Deutschland durchsetzen.

Schwierigkeiten bei der Einführung der bargeldlosen Lohnzahlung

Die Einführung der bargeldlosen Lohnzahlung zeigt natürlich bei allen Beteiligten erhebliche Umstellungs-Schwierigkeiten:

1. *Für die lohnzahlende Unternehmung:* Für sie bedeutet die Einführung der bargeldlosen Lohnzahlung vor allem eine erhebliche organisatorische Umstellung, insbesondere auch durch den Übergang von der wöchentlichen zur monatlichen Lohnzahlung.

2. *Für die Arbeitnehmer:* Sie müssen vor allem die Haushaltsführung auf monatliche Lohnzahlung umstellen. Weiterhin entstehen erhebliche psychologische Schwierigkeiten: Mißtrauen gegen das Bankkonto; Furcht vor Risiken; Scheu vor der Scheckzahlung. Hier kann Abhilfe durch Aufklärung seitens der Unternehmer, des Betriebsrates und der Banken geschaffen werden; der Betriebsrat hat sich nach den bisherigen Erfahrungen durchweg für die bargeldlose Lohnzahlung eingesetzt. Die größte Schwierigkeit besteht wohl darin, daß Bargeld bei der Bank abgehoben werden muß, zumal die Schalterstunden meist zeitlich ungünstig liegen und an Lohntagen mit langen Wartezeiten zu rechnen ist. Hier kann Abhilfe durch Errichtung einer Bankkasse in oder vor dem lohnzahlenden Unternehmen Abhilfe bringen. Weiterhin genießen die Lohnbeträge auf dem Bankkonto keinen Pfändungsschutz; doch kann dieser Nachteil durch eine neue rechtliche Regelung leicht behoben werden.

3. *Für die Kreditinstitute:* Die Kreditinstitute haben sich nur sehr zögernd des neuen Geschäftszweiges angenommen; denn solange die des Bankverkehrs ungewohnten Arbeiter ihren gesamten Lohn sofort nach Eingang abheben, ist die bargeldlose Lohnzahlung ein großes „Verlustgeschäft"; die Banken sind dann nur „Zweigstellen des Lohnbüros". Aus diesem Grunde haben die Spitzenverbände des Kreditwesens ihren Instituten empfohlen, von den Betrieben, die die bargeldlose Lohnzahlung eingeführt haben, eine Kontoführungsgebühr in Höhe von 1 ‰ der Lohnsumme zu erheben; doch wird heute aus Wettbewerbsgründen vielfach von den Instituten auf die Erhebung dieser Gebühr verzichtet.

Die meisten Kreditinstitute stehen nach den bisherigen Erfahrungen heute der bargeldlosen Lohnzahlung jedoch positiv gegenüber und rechnen mit der Zeit mit einem ausreichenden „Bodensatz". Die deutschen Banken berechnen nach ihren bisherigen Erfahrungen den derzeitigen Bodensatz bei Lohnkonten bereits auf 10 bis 15 % der Lohnsumme. Man rechnet in Bankkreisen allgemein damit, daß, zumal bei dem wachsenden „Wohlstand", die Arbeitnehmer schon bald so weit mit den Bankeinrichtungen vertraut sind, daß sich die Führung der Lohn- und Gehaltskonten lohnt.

VI. Literaturhinweise

Lohn und Lohnsysteme

Baierl, Friedrich: Produktivitätssteigerung durch Lohnanreizsysteme. 5. Aufl., München 1974.

Böhrs, Hermann: Leistungslohn. Erweiterte Ausgabe von Böhrs: Arbeitsleistung und Arbeitsentlohnung. 2. Aufl., Wiesbaden 1976.

Kosiol, Erich: Leistungsgerechte Entlohnung. Wiesbaden 1962.

Marx und G. Metz: Automationsgerechte Lohnabzüge. Wiesbaden 1962.

Maucher: Zeitlohn, Akkordlohn, Prämienlohn. 2. Aufl., Neuwied 1965.

Weisser, Karl: Bargeldlose Lohn- und Gehaltszahlung. 2. Aufl., Wiesbaden 1974.

Gewinnbeteiligung und Miteigentum

Duvernell (Hrsg.): Ertragsbeteiligung der Arbeitnehmer, Berlin 1965.

Fischer, Guido: Partnerschaft im Betrieb. Heidelberg 1955.

Friederichs, Hans: Ergebnisbeteiligung in der Praxis. Essen 1956.

Gewinnbeteiligung der Arbeitnehmer. Herausgeber: Zeitschrift für Betriebswirtschaft. Wiesbaden 1951.

Leber, G.: Vermögensbildung in Arbeitnehmerhand. Frankfurt 1966.

Spiegelhalter, Franz: Eigentumsbildung. Pläne und Möglichkeiten. Neuwied 1960.

Betriebliche Sozialleistungen

Höfer, R.: Betriebliche Altersversorgung. Wiesbaden 1973.

Merle, Günter: Der freiwillige soziale Aufwand in der Industrie. Berlin 1962.

Nietzer, Helmut: Die Kostennatur betrieblicher Sozialleistung. München 1963.

Pleiß, Ulrich: Freiwillige soziale Leistungen in der industriellen Unternehmung. Berlin 1960.

Preller, Ludwig: Notwendigkeit und Grenzen betrieblicher Sozialleistungen. Stuttgart/ Düsseldorf 1953.

Siehe auch die Literaturhinweise auf S. 334 f. und 390.

C. Die soziale Betriebsführung

I. Die soziale Organisation des Betriebes

Die Sonderstellung der „Sozialen Betriebsführung"

Die Soziale Betriebsführung nimmt innerhalb der Organisationslehre eine Sonderstellung ein. Die *Organisationslehre i. e. S.* beschäftigt sich mit dem *Betrieb als sachlich-technischer Einheit und als Wirtschaftsgegebenheit*, während sich die *soziale Betriebsführung* auf die Unternehmung als *soziales Gebilde* bezieht. Die Unternehmung ist nicht nur ein Produktionsbetrieb (i. w. S.) zur Erzeugung und Bereitstellung von Gütern zur Bedürfnisbefriedigung, sie ist auch die Arbeitsstätte der Betriebsangehörigen, in der sie in enger Zusammenarbeit ihren Lebensunterhalt verdienen. Der Charakter der Unternehmung als *soziales Gebilde* wird durch folgende Begriffe charakterisiert: „Betriebsgemeinschaft" (Nicklisch), „Human Relations" (Menschliche Beziehungen im Betrieb), „Industrial Relations" (Menschliche Beziehungen in der Industrie), „Mitunternehmertum" (Gert Spindler). Daraus geht schon hervor, daß die Soziale Betriebsführung ein „Grenzgebiet" darstellt, das Objekt nicht nur der *Betriebswirtschaftslehre und der Arbeitswissenschaft, sondern auch der (Betriebs-)Soziologie, der (Betriebs-)Psychologie, der (Betriebs-)Pädagogik sowie auch der Ethik und Philosophie ist.*

Die Entwicklung der Betriebsstile (Führungsstile)

Wenn heute in der Diskussion um die Sozialstruktur die „Mitbestimmung der Arbeitnehmer" eine so große Rolle spielt und man den Arbeiter zum „Mitunternehmer" machen will (Gert P. Spindler), so kann das nicht bedeuten, daß das Herrschaftsverhältnis im Betrieb beseitigt werden soll; denn, so sagt richtig der amerikanische Soziologe Reinhard Bendix (Herrschaft und Industriearbeit, 1960), „wo immer Betriebe errichtet werden, gibt es wenige, die befehlen, und viele, die gehorchen". Wollte man die Autoritätsstruktur der Unternehmung ganz aufheben, so würden solche Versuche entweder bei Scheinlösungen stehenbleiben (Syndikalismus[1])) oder führten zur Anarchie (s. Dahrendorf, Betriebliche Sozialordnung I, in HdSozW. 1959). In den sowjetischen Betrieben ist das Herrschaftsverhältnis zwischen Befehlenden und Gehorchenden noch autoritärer als in den modernen Betrieben der „kapitalistischen Wirtschaft".

Die philosophische und ethische Begründung des Herrschaftsverhältnisses ist freilich sehr verschieden und hat sich im Laufe der Entwicklung — auch in unserem Wirtschaftssystem — stark gewandelt. Bevor wir jedoch auf den Einfluß der Gesellschaftstheorien auf die Betriebsstruktur eingehen, wollen wir die Formen des Herrschaftsverhältnisses in den Betrieben behandeln, auf die sich die unterschiedlichen philosophischen Auffassungen gründen.

Der Betrieb als „legitimes Herrschaftsverhältnis" (Max Weber)

Die soziale Betriebsstruktur und die „Führungsstile" hat Max Weber in seiner Typologie der „legitimen Herrschaft"[2]) in Staat und Wirtschaft charakterisiert (Wirtschaft und Gesellschaft, Bd. 2, 4. Aufl. 1956, S. 551 ff.); er unterscheidet „drei reine Typen der legitimen Herrschaft": die charismatische, die traditionelle und die legale Herrschaft.

1. **Die charismatische Herrschaft** stützt sich auf die „Gnadengaben" (charisma), die „magischen Fähigkeiten", die „Macht des Geistes und der Rede" des Herrschenden, des „Führers" (Alexander, Perikles, Friedrich der Große, Napoleon, aber auch Nero, Stalin und Hitler), denen die „Jünger" um seiner persönlichen

---

[1]) Der Syndikalismus, eine sozialistische Bewegung in Frankreich und Italien, lehnt den Staat ab und erstrebt die wirtschaftliche Übernahme der Unternehmungen durch die genossenschaftlich organisierten Arbeiter mit Hilfe der „revolutionären Kraft des des Proletariats", das eine „ökonomische Föderation der Gewerkschaften" errichten soll. Hauptvertreter war der Philosoph Georges Sorel (1847-1922).

[2]) Ein dauerhaftes Herrschaftsverhältnis ist „durch Rechtsgründe, Gründe ihrer ‚Legitimität' innerlich gestützt" (M. Weber).

Qualitäten willen gehorchen. Sie beruht auf dem „Glauben" an den „Führer" (M. Weber) oder auf seinem „Gottesgnadentum". — In der W i r t s c h a f t finden wir diesen Betriebsstil vor allem in vorkapitalistischen Zeiten, etwa im Feudalismus. Doch auch in unserem Wirtschaftssystem hat es (nach Neuloh, Der neue Betriebsstil, 1960) dieses Charisma als „Pioniergeist" bei den großen Industrieführern der Gründerjahre gegeben (Alfred Krupp, Emil Kirdorf, August Thyssen, Werner Siemens, Ernst Abbe u. a.). Auch im modernen Betrieb spielt das Charisma, wenn auch nur in abgeschwächter Form, eine Rolle. Hitler hat vergeblich versucht, sein charismatisches „Führeridol" auch im Wirtschaftsbetrieb einzuführen, doch blieben die neuen Begriffe „Betriebsführer" und „Betriebsgefolgschaft" leere Worte.

2. Die traditionelle Herrschaft beruht auf dem Glauben an die Unantastbarkeit der bestehenden Organisation. Reinster Typ ist die *patriarchalische Herrschaft*. In dieser „Gemeinschaft" ist der Befehlende der „Familienvater", der Sippenälteste, der „Patron", der „Landesvater"; die Gehorchenden sind die „Untertanen", der Verwaltungsstab des Patriarchen sind die „Diener". Der Gehorsampflicht der Untertanen und Diener steht die „väterliche" Fürsorgpflicht des Sippenältesten, Patrons oder Landesvaters gegenüber. — Im W i r t s c h a f t s - l e b e n herrscht dieser Betriebsstil in fast allen vorkapitalistischen Perioden (z. B. dem antiken Oikos und dem mittelalterlichen Zunftbetrieb) sowie im Frühkapitalismus vor; damals hieß der Betriebsführer der „Patron", dem die „Handlungsdiener" gehorchten, der sich aber auch um deren persönliches Wohl zu kümmern hatte. In den kleinen und mittleren Betrieben des Hochkapitalismus herrschte dieser patriarchalische Betriebsstil noch vor — allerdings selten in reiner Form —, und auch heute findet man ihn noch vorherrschend in Bauernwirtschaften und kleinen Handwerksbetrieben.

3. Die „legale Herrschaft" besteht „kraft der Satzung", d. h. der staatlichen Verfassung, der Gesetze und der Betriebsordnung. Reinster Typ ist die *„bürokratische Herrschaft"*. Gehorcht wird nicht mehr der Person kraft ihres Eigenrechtes, sondern kraft der „gesetzten Regel", die bestimmt, wer ihr zu gehorchen hat und inwieweit ihr zu gehorchen ist. Der Befehlende selbst hat, wenn er einen Befehl erläßt, wiederum dem Gesetz oder der Satzung zu gehorchen. Diese Herrschaftsform ist bestimmend für den modernen Staat und grundsätzlich auch für den m o d e r n e n B e t r i e b. Der Befehlende ist der „Vorgesetzte", die Gehorchenden sind im Staate die „Beamten" und die „Bürger", im Betrieb die „Untergebenen", die heute allerdings — um das Herrschaftsverhältnis nach außen hin zu verschleiern — oft als „Mitarbeiter" bezeichnet werden; dementsprechend nennt man den „Befehl" dezent „Betriebsanweisung" oder „Hausmitteilung". Die Mitbestimmung des Arbeitnehmers bedeutet nicht, daß jeder Arbeitnehmer ein Mitspracherecht hat, sondern lediglich daß er einen Vertreter wählen darf, der in einem Betriebsorgan im begrenztem Umfang „mitbestimmen" kann und Befehlsgewalt hat. Das Herrschaftsverhältnis wird dadurch grundsätzlich nicht berührt. Denn Grundlage des technischen Funktionierens bleibt die *„Betriebsdisziplin"*, die um so wichtiger ist, je „bürokratischer" der Betrieb organisiert wird. „Die Herrschaft im privaten kapitalistischen Betrieb ist zwar teilweise *heteronom:* die Ordnung ist teilweise staatlich vorgeschrieben, ... aber er ist *autokephal* (selbständig unter eigenem Oberhaupt) in seiner zunehmenden bürokratischen Verwaltungsorganisation."

(M. Weber, a. a. O.) Daran ändert nichts, daß sich jeder Untergebene freiwillig der Betriebsführung auf Grund eines Vertrages unterworfen hat und auch jederzeit das Herrschaftsverhältnis kündigen kann. Der *„Arbeitsvertrag"* ist die Basis des kapitalistischen Betriebes.

Die *legale Herrschaft tritt jedoch nach Weber selten rein* auf. Sie enthält in aller Regel auch Elemente charismatischer oder traditioneller Herrschaft oder beider Herrschaftsformen; denn auch der Betriebsstil der modernen Unternehmung wird zu einem mehr oder weniger erheblichen Teil vom Charisma des Unternehmers oder von traditionellen Werten bestimmt. Wenn z. B. heute über die große Fluktuation innerhalb der Belegschaft geklagt wird, die überwiegend die jugendlichen Arbeitnehmer betrifft, so heben diese Klagen zum großen Teil Elemente des charismatischen oder traditionellen Herrschaftsverhältnisses hervor; man empfindet die Kündigung als einen Verstoß („Undankbarkeit") gegen das Herrschaftsverhältnis.

Führungsstile nach Gutenberg

E. G u t e n b e r g unterscheidet drei Formen von Führungsstilen: (1) die *patriarchalische Form,* die im wesentlichen mit dem gleichen Begriff von Max Weber übereinstimmt; (2) die *absolutistische Form,* die aus der patriarchalischen dadurch entstanden ist, daß die Führenden das Bewußtsein für ihre Fürsorgepflicht verloren und die Geführten nicht mehr Objekt dieses Schutzes sein wollten; (3) die *kooperative Form,* die aus der absolutistischen dadurch entstand, daß an Stelle der Begründung der Autorität aus dem Eigentum infolge der sozialen Wandlungen ihre Begründung aus der Idee der Leistung trat. (Gutenberg: Unternehmensführung, Wiesbaden 1962, S. 51 ff.)

Die „Bürokratisierung" (M. Weber)

Das Vordringen der Bürokratisierung, die nicht mit Bürokratismus verwechselt werden darf[3]), liegt nach Max Weber in ihrer technischen Überlegenheit, die sie im modernen Staat und in der modernen Wirtschaft weigehend „unvermeidlich" macht. Sie bedingt die „intensive und qualitative Erweiterung und innere Entfaltung des Aufgabenkreises der Verwaltung" (Arbeitsteilung), die ohne die „legale Herrschaft" nicht möglich wären. Das hinwiederum bewirkt die „Beschleunigung des Reaktionstempos" vermittels „sachlicher Erledigung" ohne Ansehen der Person und nach berechenbaren Regeln. Der Träger der Bürokratisierung ist daher der „menschlich unbeteiligte, daher streng ‚sachliche' Fachmann". In besonderem Maße ist Grundlage der Bürokratisierung ein „begrifflich systematisiertes und rationales Recht", bei dem Willkür sowie persönliche Begünstigung soweit als irgend möglich ausgeschaltet ist. Es herrscht deshalb auch im Wirtschaftsbetrieb die formale Rechtsgleichheit der modernen Demokratie. Eine weitere Folge der Bürokratisierung ist die „Konzentration der sachlichen Betriebsmittel" in einer Hand sowohl in der Wirtschaft wie auch in der Verwaltung. Je bürokratisierter der Betrieb ist, um so beständiger ist er;

---

[3]) Unter *„Bürokratie"* versteht man eine Schicht von (Staats-)Beamten oder (Betriebs-) Vorgesetzten in einer „Instanzenhierarchie", die kraft Satzung eine „legale Herrschaft" ausübt. — *„Bürokratismus"* bezeichnet das häufig mit der Bürokratisierung verbundene Verhalten und das spezifische Bewußtsein von Beamten oder Vorgesetzten, die oft ohne Anhörung oder Mitwirkung der Beteiligten auf Grund eines angemaßten Anspruchs die Zuständigkeits-, Verfahrens- und Formprinzipien überbetonen.

„eine einmal voll durchgeführte Bürokratie gehört zu den am schwersten zu zertrümmernden sozialen Gebilden"; die Herrschaftsbeziehungen sind „praktisch so gut wie unzerbrechlich" geworden. So sind in den Krisenjahren nach der Gründerzeit (um 1875), als die Bürokratisierung in der Wirtschaft noch nicht so fortgeschritten war, zahlreiche Großbetriebe zusammengebrochen, heute ist das dagegen nur noch ganz selten.

Während bei charismatischen und traditionellen Herrschaftsverhältnissen der Betrieb fast immer die soziale Form der „G e m e i n s c h a f t" hat, die auf seelischer Verbundenheit ihrer Gruppenmitglieder beruht und durch den „Wesenswillen" (F. Tönnies 1855—1936) konstituiert ist, tritt mit zunehmender Bürokratisierung eine „*Vergesellschaftung*" ein, d. h. in Staat und Wirtschaft herrscht die soziale Form der „G e s e l l s c h a f t" vor, die durch den „Kürwillen" (Tönnies) entsteht und in der die seelische Verbundenheit der Mitglieder immer mehr ausgeschaltet wird: „Beim Eintritt in die Fabrik legt der Arbeiter seine Seele in der Garderobe ab" (Sombart). Das „*Gemeinschaftshandeln*" wird in rational geordnetes „*Gesellschaftshandeln*" (M. Weber) übergeführt. Der Beamte im Staat und der Vorgesetzte in der Unternehmung sind bei reiner Bürokratisierung gekennzeichnet durch präzisen Gehorsam, Disziplin und Unpersönlichkeit. (Vgl. Ferdinand Tönnies, Gemeinschaft und Gesellschaft, 1. Aufl. 1887, 8. Aufl. 1935, Nachdruck 1972).

Das informelle Gruppengefüge des Betriebs

Die Webersche Typisierung der sozialen Gebilde auf Grund ihrer Herrschaftsverhältnisse wird, wie bereits bemerkt, heute allgemein anerkannt. Doch hat man diese Typisierung nach verschiedenen Richtungen hin verfeinert. So erkannte der Amerikaner *Elton Mayo* 1933 (Human Problems of an Industrial Civilization, 1933) das betriebswirtschaftlich sehr wichtige informelle Gruppengefüge des Betriebes, das seitdem in Forschung, Literatur und Praxis steigende Beachtung fand.

Der Betrieb ist nach einem bestimmten Plan organisiert, der auf der Aufgabengliederung und Funktionsteilung des Betriebes beruht und jedem Arbeitsplatz (jeder „Stelle") seine Rolle zuweist. Neben dieser *„formellen Organisation"* besteht aber in jedem Betrieb noch eine *„informelle Organisation"*, die sich spontan bildet und zu einer Vielzahl von sozialen Gruppierungen im Betriebe führt. Diese meist kleinen i n f o r m e l l e n G r u p p e n sind nun keineswegs in sich unstrukturiert und formlos, sonst wären sie keine sozialen Gruppen. Es wird mit dieser Bezeichnung angedeutet, daß sie nicht durch den Betriebszweck organisiert werden, sondern sich ganz unabhängig von der formellen Organisation spontan bilden. Die Betriebsangehörigen werden in ihrem Verhalten nicht nur von den Anordnungen der Betriebsleitung, sondern auch von ihrer Herkunft, ihren Sitten, Wünschen und Erwartungen bestimmt. „Diese informellen Phänomene verändern teilweise das formell beabsichtigte Schema, teils sind es Neubildungen und Neuerscheinungen, die neben der formellen Organisation bestehen" (Renate *Mayntz*: Die soziale Organisation des Industriebetriebes, 1958, Neuaufl. 1966). Diese informelle Organisation ist für die soziale Betriebsführung von größter Bedeutung, da sie das Betriebsklima wesentlich bestimmt und sich formelle und informelle Gruppen im Betriebe aufs innigste durchdringen können.

Sie können deshalb nicht als zwei voneinander getrennt erkennbare und selbständige Sphären betrachtet werden, sondern nur im Rahmen der in Wirklichkeit immer nur als Einheit gegebenen sozialen Organisation des Betriebes.

Die informellen Gruppen bilden sich im Betrieb auf Grund betrieblicher Kontakte und gründen sich auf gegenseitige Sympathie, gemeinsame Interessen außerbetrieblicher Art (Sport, Herkunft, häusliche Nachbarschaft usw.) und gemeinsame innerbetriebliche Bedürfnisse (gegenseitige Hilfeleistung, Information, Interessenvertretung usw.). Dabei können sich informelle Gruppen stärker mit den formellen decken, sie können aber auch quer durch den ganzen Betrieb gehen (Angehörige einer Gewerkschaft, einer Partei, eines Gesangvereins). Natürlich kann der einzelne mehreren sich überschneidenden informellen Gruppen angehören. Die Größe sowie die innere Festigkeit informeller Gruppen kann sehr verschieden sein.

Für den Betrieb ist das Verhalten der Gruppe nach außen *(Out-Group)* von Bedeutung (Störung der formellen Organisation, Rivalitäten mit anderen Gruppen). Die Gruppe kann zur „*Clique*" werden, die negativ zu den Zielen der Gemeinschaft steht und ungünstigen Einfluß auf Betrieb und Gemeinschaft ausübt. Doch auch das Innenverhalten der Gruppe *(In-Group)*, in dem die Mitglieder ihre Gruppenintegration und damit ihre soziale Sicherheit finden, ist für den Betrieb von Bedeutung. „Das Wesentliche ist, daß sich durch die Zugehörigkeit zu solchen Gruppen für den einzelnen eine neue informelle soziale Rolle mit dazugehörigem informellem Gruppenstatus und Prestige, d. h. ein gegenüber dem formalen, organisierten Rollensystem persönlich gestaltbarer sozialer Raum im Betriebe ergibt. Gerade in dieser Chance der *Spontaneität* und Freiwilligkeit erfahren die Betriebsangehörigen einen wesentlichen Teil ihrer sozialen Integration in dem Betrieb. Aus der Zugehörigkeit zu kleinen überschaubaren Gruppen beziehen sie ihre soziale Sicherheit, erwächst an ihrem ‚Arbeitsplatz' eine ‚persönliche Arbeitsatmosphäre'. Durch die Herausbildung zweier Rollensysteme im Betrieb, dem formalen in der sozialen Organisation und dem informellen in der Gruppe mit ihren jeweiligen Verhaltensnormierungen, entsteht der Freiheitsgrad in den sozialen Bindungen, der die aktive Anpassung des Menschen an die Arbeitsbedingungen ermöglicht." (R. Lepsius: Industrie und Betrieb, in Das Fischer Lexikon, Bd. 10: Soziologie, 1958).

Für die soziale Betriebsführung ist es von sehr großer Bedeutung, die bestehenden, einflußreichen informellen Gruppen zu kennen, um sie, wenn sie positiv zu beurteilen sind, zu fördern oder im anderen Falle nach Möglichkeit aufzulösen. Möglicherweise können auch die organisatorischen Maßnahmen den gegebenen informellen Beziehungen angepaßt werden; so können Störenfriede aus einer Abteilung entfernt werden, oder man kann Angehörige informeller Gruppen organisatorisch zusammenführen, so arbeiten Angehörige des gleichen Geschlechts oder der gleichen Altersstufen meist lieber zusammen.

Die „Entdeckung" der informellen Gruppen im Betriebe hat vor allem zu der Erkenntnis geführt, daß die *rein menschlichen Beziehungen* unter den Arbeitsgruppen („Human Relations") besonders gefördert und gestärkt werden müssen.

Die Elemente der informellen Organisation

„Elemente der informellen Organisation" sind nach Renate Mayntz (a. a. O.) folgende Tatbestände:

1. Die *informelle Kommunikation* weicht oft von der formellen Kommunikation ab oder läuft neben ihr her: Anordnungen von oben nach unten werden von Instanz zu Instanz abgewandelt; Berichte von unten nach oben werden häufig auf jeder Stufe durch Zusätze oder Weglassungen entstellt, usw.

2. Der *soziale Status eines Betriebsangehörigen* wird keineswegs allein durch die formelle Stellung in der Organisation bestimmt; er ist vielmehr innerhalb des Betriebes von eigener Art und von vielen Merkmalen abhängig. Hieraus können sich Verhaltensweisen ergeben, die von den Vorschriften oder dem Sinn der Organisation abweichen.

3. Die Einstellung der Betriebsangehörigen bei regelmäßig wiederkehrenden Situationen und die daraus abgeleiteten *Verhaltensnormen* decken sich nicht immer mit den Normen, die in der Betriebsorganisation auf Grund einer vielleicht anderen Einstellung des Organisators erwartet werden.

4. Die wirklich ausgeübte Autorität eines Leiters besteht aus der „*Autorität der Position* (nach Weber Ausfluß der legalen Herrschaft) und der „*Autorität der Persönlichkeit*" (nach Weber dem Charisma); sie kann also „kleiner, aber auch größer sein als die formell vorgegebene". Ein Betriebsangehöriger kann durch Beziehungen zu anderen „*informelle Macht*" besitzen (z. B. die Direktionssekretärin), die nicht mit Autorität identisch ist. Einzelne Betriebsangehörige können „kraft ihrer subjektiven Autorität", die sie sich in bestimmten Situationen erworben haben, zu „informellen Führern" auch in persönlichen Fragen der Betriebsangehörigen werden (nach Weber kraft des Charismas). Dieses charismatische Herrschaftsverhältnis (subjektive Autorität und informelles Führertum sowie auch die „informelle Macht") können erheblichen günstigen oder ungünstigen Einfluß auf die Art und die Intensität der Verwirklichung von Organisationsvorschriften haben.

5. Die Bildung „*informeller Gruppen*" ist das wichtigste Element der informellen sozialen Beziehungen innerhalb des Betriebes; sie wurden bereits im vorangegangenen Abschnitt eingehend behandelt.

Die soziale Betriebsstruktur in der Auffassung der Gesellschaftstheorien

Die geistigen Grundlagen der verschiedenen sozialen Betriebstypen gründen sich auf unterschiedliche philosophische Auffassungen von der Gesellschaft. So wird als anzustrebende Sozialstruktur das charismatische und traditionelle Herrschaftsverhältnis von dem „*Universalismus*" (Solidarismus) vertreten, das bürokratische dagegen in verschiedenen Abwandlungen vom *Individualismus, Positivismus* und *Kollektivismus*.

1. **Der Universalismus,** der zum Teil verwandt ist mit dem Solidarismus, erfaßt das Universum als Ganzheit und sucht das Individuum als das Glied eines Ganzen von dieser übergeordneten Ganzheit her zu erklären und zu verstehen (Platon, Aristoteles, Thomas von Aquino, Fichte, Adam Müller, Hegel, von Thünen, L. von Stein, F. Tönnies, H. Nicklisch u. v. a.). Der Universalismus

wurde in neuester Zeit soziologisch weiter entwickelt von Othmar Spann (1878—1950), Walter Heinrich, Wilhelm Andreae, Fritz Ottel, Karl Oberparleiter, Josef Kolbinger u. a. Danach ist „der Entfaltungsrahmen des Einzelnen aus dem Sachverhalt des Ganzen sinnvoll zu bestimmen. Dieses sinnvolle Bestimmen erfordert einen organischen Aufbau der Gesellschaft, welcher es gestattet, auf möglichst überschaubaren Gemeinschaftsstufen diesen Entfaltungsrahmen abzustecken und auf jeweils höherer Ebene den Entfaltungsrahmen der kleineren Gemeinschaften gegeneinander sinngemäß (vor allem durch Selbstverwaltung) abzuwägen ... Jede Stufe der menschlichen Gesellschaft hat einen arteigenen Entfaltungsrahmen, trägt mithin ein bestimmtes ‚Eigenleben‘. S o z i a l e   B e t r i e b s f ü h r u n g hat daher die Aufgabe dieses Eigenleben in allen Bereichen in richter Weise wahrzunehmen und es sinnvoll gegen das Eigenleben anderer Stufen (Familie, Verband und dergleichen) abzuwägen und abzugrenzen". (J. Kolbinger; Näheres über Kolbinger s. unten S. 944 ff.). Die „legale Herrschaft" mit ihrer „Bürokratisierung" steht dieser Auffassung zwar nicht entgegen, doch darf sie nicht den Betriebsstil vorwiegend bestimmen, vorherrschen soll ein charismatisches und traditionelles Herrschaftsverhältnis, eine „ständisch organisierte Wirtschaft" (Spann). Diese universalistische Betrachtungsweise ist auch vielen Betriebswirtschaftlern eigen. Sie wird in dieser oder einer abgewandelten Form von fast allen normativistisch eingestellten Betriebswirtschaftlern vertreten. Auch die meisten Unternehmer, die sich eingehender mit den sozialen Führungsproblemen beschäftigt haben, neigen zu einer universalistischen Einstellung (Abbe, Rathenau, Winschuh, Otto A. Friedrich, Gert P. Spindler u. a.).

2. Der Individualismus (O. Spann spricht vom „anorganisch-atomistischen Individualismus") betrachtet das Individuum als Selbstzweck und sieht in der allseitigen Entfaltung der Einzelpersönlichkeit das letzte Ziel. Gesellschaft und Staat („Nachtwächterstaat") sind nur Hilfsmittel zur Erreichung der Zwecke des Individuums. Das Wirtschaftsleben wird vom freien Spiel der Kräfte (*Liberalismus*) geformt. Im Arbeiter wird nur das mechanistisch-rational motivierte Individuum gesehen, das seine Arbeitskraft gegen Lohn an den Betrieb verkauft, nicht anders als der Eisenhändler seinen Stahl. Erstrebt wird die *Perfektion der Bürokratisierung*. Die s o z i a l e   B e t r i e b s o r d n u n g entsteht aus der Wechselwirkung der Individuen, die im Betriebe als homines oeconomici arbeiten. Die Human Relations werden vom Unternehmer nur unter dem Aspekt des erwerbswirtschaftlichen Prinzips gesehen. Betriebliche Sozialleistungen haben nur oder doch vorwiegend den Zweck, die Arbeitsleistungen zu steigern und den Betriebserfolg zu erhöhen. Dabei wird jedoch keineswegs ein einseitiges Profitstreben als Betriebsziel hingestellt; die Pefektion der Bürokratisierung soll durch ein ständiges Anwachsen des Lebensstandards auch dem Arbeiter und der Wirtschaftsgesellschaft zugute kommen.

Gelegentlich wird das T a y l o r - S y s t e m (siehe oben S. 325 f.) als besondere Entartung des liberalistischen Individualismus angesehen, das als „*Taylorismus*" längst überholt sei. Diese vorwiegend von Soziologen vertretene Auffassung ist falsch. Taylors „wissenschaftliche Betriebsführung" berührt keine sozialphilosophischen oder gesellschaftstheoretischen Probleme, wenngleich er später seine Methoden mit einer naiven Philosophie zu untermauern suchte, sondern ist rein arbeits- und organisations-*technisch* ausgerichtet. Der Werksingenieur Frederick Winslow *Taylor* (1856—1915) wollte der um die Jahrhundertwende in der Fertigung herrschenden autoritären „Meisterwirtschaft" mit ihrer großen Willkür und den systemlosen Improvisationen ein Ende bereiten und die Arbeit mit exakten Methoden rationalisieren *(Arbeitszeitstudien)*. „An Stelle der Strenge und Härte muß Gerechtigkeit, an Stelle der Faustregeln muß Organisation treten. ..." Der Arbeiter soll mit weniger Kraftaufwand eine größere Leistung vollbringen. Taylor hat zu diesem Zweck auch den „*leistungsgerechten Lohn*" eingeführt und als erster die *Betriebsfunktion* zu zerlegen und dann zu einem geschlossenen System zu verbinden versucht. Er wendet sich gegen „das Unterordnungs- oder militärische System" (Taylor) der alten Meisterwirtschaft, das auch ein fruchtbares Zusammenwirken von Leitung und Arbeitern verhinderte. Sein Funktionsmeister-System (siehe oben S. 93) erstrebt eine „*neue Verteilung der Pflichten zwischen den beiden Parteien Arbeiter und Leitung*", um „*ein inniges Zusammenarbeiten*" zu gewährleisten (Taylor, Shop Management, 1903, dt.: Die Betriebsleitung, 1909; The Principles of Scientific Management, 1911, dt.: Die Grundsätze wiss. Betriebsführung, 1913). Dabei sollte, wie er wörtlich schreibt, das Hauptaugenmerk der Verwaltung „darauf gerichtet sein, gleichzeitig die größte Prosperität des Arbeitgebers und des Arbeitnehmers herbeizuführen und so beider Interessen zu vereinen ..." „Größte Prosperität für beide verlangt sparsamste Ausnutzung der Arbeitskraft, der Rohstoffe und der übrigen Betriebsmittel." Als dritten Partner, der von der „wissenschaftlichen Betriebsführung" profitieren sollte, nennt er an anderer Stelle die Verbraucher (infolge der Preissenkung und Qualitätssteigerung). — Wenn an Taylor *berechtigte* Kritik geübt wurde (was ausgiebig geschah), so nur an seinen arbeits- und organisations*technischen* Methoden, die — als erster Vorstoß in Neuland — noch nicht so vollkommen waren wie heute, und weil sein Funktionsmeister-System nur selten in der ursprünglichen Form angewandt wird — aber es ist in allen modernen Betrieben in abgewandelten Formen die Grundlage der Organisation. Die Kerngedanken seines Systems sind also heute genau so gültig wie damals, sie wurden lediglich — allerdings wesentlich — *ergänzt* durch neuere Erkenntnisse, besonders durch die Betriebspsychologie und die Betriebssoziologie (Fayol, Elton Mayo u. v. a.), die es zur Zeit Taylors noch gar nicht gab.

3. **Der Positivismus,** der in seiner neusten Fassung als „Neopositivismus" oder „Logischer Positivismus" in den USA und West-Europa z. Z. recht verbreitet ist, lehnt jede Metaphysik ab. und seine Anhänger neigen daher ob ihrer empiristischen Gesellschaftsauffassung teilweise zu einem *Utilitarismus*. „Das gesamte Verhalten des Menschen wird betrachtet nur hinsichtlich seiner Beziehungen zum Milieu und dessen Bedingungen. Der homo rectus ist derjenige, der sich vollkommen dem Leben in einer vollentwickelten Gesellschaft so angepaßt hat, daß in ihm der Sinn der Pflicht, der moralischen Obligation überflüssig wird, bzw. verschwindet. Die Moralität des Einzelnen setzt nach dem Positivismus, damit sie sinnvoll sei, voraus, daß die ihn umgebende Gesellschaft moralisch ist. Die Vollkommenheit der Gesellschaft jedoch entwickelte sich nach dem Naturgesetz der Evolution als progressive Anpassung der Gesellschaft an den sozialen Status." (N. Picard: Positivismus, im Staatslexikon, 6. Aufl. 1961.) Dieser Auffassung des Positivismus entspricht daher die *Bürokratisierung in reinster Form*. Der Betrieb als soziales Gebilde gründet sich auf bloße rationale Konventionen.

Der **Neopositivismus** oder *Logische Empirismus* sieht als einzige Quelle, aus der Sätze ihren Sinn empfangen können, das mit „exakten Methoden" Beobachtbare an. Ein Satz hat nur dann einen *Sinn,* wenn er durch Erfahrung, d. h. mittels exakter Methoden, nachprüfbar ist, wenn er von wenigstens zwei Beobachtern „verifiziert" werden kann („Prinzip der *Verifikation").* Dabei kommt es — ob „sinnvoll" oder „sinnlos" — nicht auf den Wahrheitsgehalt des Satzes an. Da intersubjektive Verifikationen auf Sinneswahrnehmungen angewiesen sind, sind alle Sätze, die sich auf Werte des Seelisch-Geistigen beziehen, unverifizierbar und folglich „sinnlos". Das bedeutet (nach Ansicht der Positivisten) keineswegs, daß die s o z i a l e B e t r i e b s f ü h r u n g , weil sie mit den mannigfachsten geistigen und seelischen Werten durchsetzt ist, den „exakten Methoden" verschlossen sei. Die angewandte Mathematik und die Statistik haben höhere und speziellere Verfahren entwickelt, um auch zahlreiche solcher Werte zu quantifizieren und komplizierte Entscheidungsprobleme auch auf Gebieten wie denen der sozialen Betriebsführung lösen zu können. — Von den Gegnern des Positivismus werden diese exakten Methoden in den Sozialwissenschaften durchweg nicht abgelehnt, doch es wird eingewandt, daß es auch Aufgabe der Wissenschaft sei, jenes Gebiet, das exakten Methoden nicht zugänglich sei, mit anderen Methoden, insbesondere der Methode des „Verstehens" (siehe oben S. 69 f.) zu bearbeiten, wie es die Wissenschaften bisher auch versucht hätten. Andererseits ist die Forderung, die Wissenschaft habe sich auf die exakten Methoden zu beschränken, nicht neu, im Gegenteil, sie steht sogar am Anfang der abendländischen Wissenschaft, da sie bereits von den ionischen Naturphilosophen (7.—5. Jahrhundert v. Chr.) vertreten wurde (Thales: „Die Zahl ist das Sein."), und sie wurde in Zeiten großer naturwissenschaftlicher Erfolge immer wieder erneut erhoben (Renaissance, Aufklärung, zweite Hälfte des 19. Jahrhunderts).

4. **Der Kollektivismus** (Kommunismus, Marxismus, Nationalismus und Faschismus und dergleichen) sieht im Individuum ein unvollkommenes Wesen, das der „Vergesellschaftung" im Kollektiv bedürfe und in gesellschaftliche Verbände eingegliedert werden müsse. Der Vorrang der Gesellschaft vor dem Individuum wird in der materialistischen Ideologie des Kollektivismus gleichfalls utilitaristisch begründet. In der W i r t s c h a f t wird eine mehr oder weniger „zentral geleitete Verwaltungswirtschaft" angestrebt, deren Ideal, wie der Name schon sagt, die vollkommene Bürokratisierung ist.

II. Die Personalverwaltung

Aufgaben der Personalverwaltung

Alle größeren Betriebe haben heute ein Personalbüro oder eine Personalabteilung, der die *Personalverwaltung* obliegt — nicht natürlich die *Personalführung,* für die alle leitenden und anleitenden Personen des Betriebes die Verantwortung tragen. Doch hat die Personalabteilung die Personalführung zu überwachen.

Der *Aufgabenbereich* der Personalverwaltung umfaßt vor allem folgende Tätigkeiten:

1. *Beschaffung, Einstellung, Beförderung, Versetzung und Entlassung des Personals* — in enger Zusammenarbeit mit allen Abteilungen des Betriebes; denn alle Abteilungen brauchen, befördern und entlassen Personal.

2. Die *Personalplanung;* da sie heute eine sehr wichtige Aufgabe der Personalverwaltung ist, behandeln wir sie gesondert im nächsten Abschnitt.

3. Mitwirkung bei der *Stellenplanung des Betriebes und der Arbeitsplatzbewertung* — in Zusammenarbeit mit der Organisationsabteilung, die letztlich für diese Aufgaben zuständig ist.

4. *Überwachung des Arbeitseinsatzes,* für den die Fertigungsabteilung verantwortlich ist.

5. *Ausbildung* der Lehrlinge und Anlernlinge, *Fort- und Weiterbildung* des übrigen Personals, vor allem auf fachlichem Gebiet.

6. *Aufstellung der Besoldungsrichtlinien und des Gehaltsaufbaues* — gemeinsam mit der Unternehmensleitung. (Die Entlohnungssysteme im Einzelfall werden von der Fertigungsabteilung bestimmt.)

7. Die *Lohn- und Gehaltsabrechnung und -anweisung.*

8. Die *Bearbeitung der Sozialleistungen,* wie Altersversorgung, Betriebskrankenkasse, Gratifikationen, Unterstützungen, Beihilfen, Einweisung in verbilligte Werkswohnungen, Zuschüsse für Kantinen usw.

9. *Gesundheitswesen und Hygiene,* wie Unfallverhütung, Bekämpfung der Berufskrankheiten, Betreuung durch Werkarzt, Sanitätspersonal und Fürsorgerin, Mitwirkung bei der Gestaltung der Betriebsanlagen und Arbeitsplätze in arbeitsphysiologischer und -psychologischer Hinsicht.

10. *Gemeinschaftspflege:* Herausgabe einer Werkzeitschrift, Errichtung von Kantinen, Gemeinschaftsunterkünften, Verkaufseinrichtungen, Erholungsheimen, Kindergärten, Sportplätzen, Werkbüchereien, Veranstaltungen von Betriebsausflügen und Betriebsfesten, Ehrung von Jubilaren usw.

11. *Arbeitsrechtliche Vertretung* vor den Arbeitsgerichten und in Verhandlungen mit den Gewerkschaften, sofern diese Aufgabe nicht vom Vorstand oder der juristischen Abteilung in Zusammenarbeit mit der Personalverwaltung erledigt wird.

12. *Personalverwaltung im engeren Sinne:* Führung der Personalakten, Aufstellen von Statistiken, Auswertung der Gesetze und des Schrifttums über tarif- und arbeitsrechtliche Fragen und Information der Abteilungsleiter usw.

Die Organisation der Personalverwaltung

Die Organisation der Personalverwaltung hängt vor allem von der Betriebsgröße ab. In kleinen und mittleren Betrieben liegt die Personalverwaltung in der Hand der Unternehmensleitung, die Lohn- und Gehaltsabrechnung wird meist in der Buchhaltung ausgeführt. Mittlere Betriebe verfügen häufig bereits über ein Lohnbüro, das auch andere Aufgaben der Personalverwaltung übernimmt. Erst die Großbetriebe verfügen über eine besondere Personalabteilung. Sie ist häufig in Personal- und Sozialabteilung (unter einheitlicher Leitung) aufgeteilt, wobei der *Personalabteilung* die Aufgaben zufallen, die die Betriebsangehörigen als „Arbeitnehmer" bzw. als „Arbeitsfaktor" betreffen, während die *Sozialabteilung* die „menschlichen Probleme" (Human Relations) bearbeitet.

Neben den kaufmännischen Fachkräften verfügt eine größere Personalabteilung deshalb auch über Psychologen, Soziologen, Juristen und medizinisch ausgebildetes Personal.

Daneben haben auch die Führungskräfte aller Abteilungen gewisse Personalverwaltungs-Aufgaben. Daraus ergibt sich die Notwendigkeit einer sehr engen Zusammenarbeit aller Abteilungen mit der Personalabteilung. So liegt die letzte Entscheidung über Einstellung, Beförderung, Versetzung oder Entlassung von Personal in der Regel bei der Unternehmensleitung selbst oder bei den zuständigen Abteilungsleitern.

Die Personalabteilung ist häufig der Unternehmensleitung unmittelbar unterstellt, oder sie ist in die kaufmännische Verwaltung eingegliedert, obgleich ihr Aufgabenbereich weit über das „Kaufmännische" hinausgeht. In Unternehmungen des Bergbaus und der eisen- und stahlerzeugenden Industrie untersteht die Personalabteilung dem Arbeitsdirektor, der zum Vorstand gehört (s. oben **Seite 334**).

Gliederung der Personalabteilung

Die Personalabteilungen sind sehr unterschiedlich gegliedert. Das folgende Schema möge als Beispiel dienen, das in Großbetrieben noch stärker untergliedert sein kann:

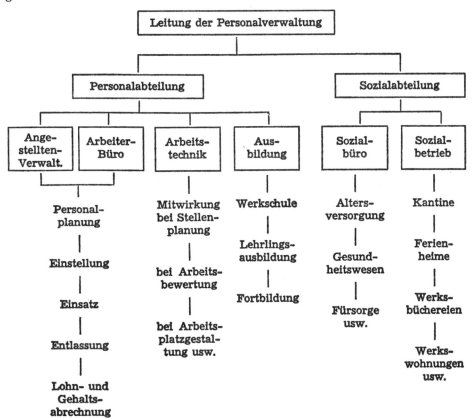

III. Die Personalplanung

Die mannigfachen Aufgaben der Personalverwaltung setzen auch eine (intuitive oder rationale) Planung voraus. August *Marx*, der sich eingehend mit der Personalplanung beschäftigt hat (Die betriebliche Personalplanung, in: Planungsrechnung und Geschäftspolitik, Wiesbaden 1962), hat der Personalplanung folgende fünf Aufgabenbereiche zugewiesen:

1. Die p e r s o n a l e B e d a r f s p l a n u n g o d e r P e r s o n a l p l a n u n g i. e. S.: Sie hat einen langfristigen Charakter und soll vorausschauend dafür sorgen, daß immer genügend Arbeitskräfte nicht nur in quantitativer, sondern auch in qualitativer Hinsicht zur Verfügung stehen. Das ist in Zeiten knapper Arbeitskräfte bei gleichzeitig erhöhter Beschäftigung der Wirtschaft besonders wichtig. Diese Art der Planung steht in sehr enger Beziehung zu der Investitionsplanung — gleichsam als Funktion der Kapazitätsplanung bzw. der Kapazität. *Nächster Anlaß* für die Personalplanung sind u. a.:

a) Gründung bzw. Errichtung einer Betriebswirtschaft.

b) Zusätzlicher Einstellungsbedarf infolge Kapazitätserweiterung.

c) Ersatzeinstellungen infolge Ausscheidens von Mitarbeitern (Pensionierung, Invalidität, Heirat bei Frauen, zwischenbetriebliche Fluktuation und Tod).

d) Notwendige Ersatzeinstellungen bei gleichzeitigen Entlassungen. Dieser Fall kann dann gegeben sein, wenn qualitativ andere Arbeitsleistungen im Betrieb benötigt werden, besonders wenn Veränderungen der Produktionsbedingungen auch eine Änderung qualitativer oder quantitativer Art im Mitarbeiterstab fordern.

e) Regelmäßig wiederkehrender Wechsel in Saisonbetrieben, die in zeitlichen Abständen Entlassungen und Wiedereinstellungen vorzunehmen gezwungen sind. Hier ist sowohl die quantitative als auch die qualitative Anpassung an die jeweils neu zu bestimmende Kapazität erforderlich.

f) Schließlich muß noch auf Entlassungen bei Beschäftigungsrückgang oder Umstellung hingewiesen werden, ein Tatbestand, der auch bei gesamtwirtschaftlich gesehener Hochkonjunktur einzelbetrieblich immer wieder vorkommen kann.

2. Die p e r s o n a l e E i n s a t z p l a n u n g : Sie hat einen kurzfristigen Charakter und ist eine ständige Aufgabe im Rahmen der Produktionsplanung unter Einschluß der Terminplanung. Der Mitarbeiterstand sowohl in quantitativer als auch in qualitativer Hinsicht („Der richtige Mann am richtigen Platz!") ist eine Funktion des Produktionsprogramms. Der Plan wird in Betrieben mit vielfacher Einzelfertigung ein anderer sein als in solchen mit einheitlicher, kontinuierlicher Massenfertigung. — Langfristige Veränderungen des Einsatzbedarfes gehören in den Aufgabenbereich der Bedarfsplanung.

3. Die p e r s o n a l e F ö r d e r u n g s p l a n u n g : Sie betrifft die Lehrlingsausbildung, die Mitarbeiter-Aus- und -Fortbildung und schließlich die Förderung des Führungsnachwuchses.

4. Die P l a n u n g d e r P e r s o n a l o r g a n i s a t i o n : Dazu gehören Fragen der Personalverwaltung, z. B. des Lohnwesens, der Lohnerfassung, -ermitt-

lung und -errechnung, des Einstellungs- bzw. Entlassungswesens u. dgl. Sie muß den Erfordernissen zeitgemäßer Personalbehandlung angepaßt sein. Daher fallen in ihren Aufgabenbereich auch Probleme des Betriebsklimas, der Verbesserung der Arbeitsbedingungen, die betriebliche Sozialpolitik, Gruppenbildung, Betriebssoziologie usw.

5. Die Planung der Lohnkosten : Sie ist nicht lediglich eine Zusammenfassung der Lohnkosten der einzelnen Teilpläne, sondern hat auch über die Lohnhöhe mitzuentscheiden und im Zusammenhang mit der Personalbedarfs- und -einsatzplanung für Lohnkosteneinsparungen (Substitution der Arbeit durch Mechanisierung und Maschinisierung) zu sorgen.

Grundsätze der Personalplanung

In der „Zusammenfassung" seiner Abhandlung über die betriebliche Personalplanung stellt August *Marx* (a. a. O.) folgende Thesen über Wesen und Durchführung der Personalplanung auf:

1. Der Grundsatz jeglicher betrieblicher Planung, nicht Selbstzweck zu sein, kommt für die Personalplanung besonders zum Ausdruck durch die Beachtung des Wirtschaftlichkeitsprinzips im Rahmen der Informationsfunktion und der Elastizität bezüglich der Lenkungs- und Kontrollfunktion.

2. Auch der Personalplan hat grundsätzlich dynamischen Charakter. Die Notwendigkeit von Planrevisionen liegt in der Veränderlichkeit der Plandaten, insbesondere ihrer bewußten Beeinflussung, eingeschlossen.

3. Nächster Anlaß der Personalplanung ist die zunehmende Verknappung des Arbeitskräfteangebots bei gleichzeitig erhöhter Beschäftigung der deutschen Wirtschaft.

4. Weiteren Anlaß bildet der Wandel der Kostenstruktur. Soziale Gesetzgebung, Kündigungsschutz und dergleichen geben großen Teilen des Lohnes fixen Charakter.

5. Die Notwendigkeit der Personalplanung ergibt sich aus der Bedeutung des Faktors Arbeit in kapazitätsbezogener wie wertmäßiger Hinsicht.

6. Sowohl der Personalplan im engeren als auch im weiteren Sinne ist laufend zu überwachen und zu ergänzen. Diskontinuierliche Planerstellungen werden der Sicherung der Unternehmung nicht mehr gerecht.

7. Grundsätzlich sollten alle Teilbereiche einer Unternehmung in die Personalplanung einbezogen werden. Die prozessuale Leistungsverflechtung bedingt eine analoge Planungsverflechtung.

8. Eine globale, zahlenmäßig orientierte Mitarbeiterplanung verbietet sich aus Produktivitäts- und Wirtschaftlichkeitserwägungen.

9. Die Durchdringung des Arbeitsprozesses im Hinblick auf die qualitativen Arbeitsanforderungen und die Erfassung der Eignungsreserven sind integrierende Bestandteile der Personalplanung.

10. Kurzfristige Personalpläne dienen den unmittelbaren Personalbestandsveränderungen; die langfristige Planung hat in Korrespondenz mit Absatz- und Investitionsplänen zu erfolgen.

11. Die Personalplanung ist unter Berücksichtigung der Ergebnisse von Maßnahmen bezüglich Bestandssicherung, Förderung, Substitution und Anpassung durchzuführen. Sie hat zudem Anregungen für diese betriebspolitischen Teilbereiche zu geben.

12. Als geeignetes Instrument zur Ermittlung, Lenkung und Kontrolle notwendiger Maßnahmen der Personalplanung ist das personale Leistungsbudget anzusprechen.

13. Der instrumentale Charakter der Personalplanung liegt allgemein in der Unterstützung betrieblicher Zielsetzungen. Auf diese wird mit der Prüfung der Realisierungsmöglichkeiten selbst wieder Einfluß genommen.

14. Es hieße die betriebliche Personalplanung überfordern, sollte sie betriebliche Risiken ausschalten, die sich aus der Ungewißheit über die Entwicklung des personalen Leistungspotentials als Ganzes, aber auch in individueller Sicht als Leistungsgrad- und Qualifikationsänderung ergeben. Es ist dem menschlichen Geist versagt, den „ökonomischen Horizont" seiner Grenzen zu entheben. Die Personalplanung wird aber die Risiken, die einen Teil jeder unternehmerischen Betätigung ausmachen, entscheidend mindern.

IV. Literaturhinweise

Bornemann, E., und D. Affeld: Betriebspsychologie. Wiesbaden 1967.

Braun, K.: Personalpolitik in Unternehmen und Verwaltungen. Wiesbaden 1975.

Dahrendorf, Ralf: Sozialstruktur des Betriebes. Wiesbaden 1959.

Gasser, Christian: Unternehmensführung im Strukturwandel. Krise der Dynamik. Düsseldorf 1972.

Jacob, H. (Hrsg.): Rationelle Personalführung. Wiesbaden 1968.

Jacob, H. (Hrsg.): Personalplanung. Wiesbaden 1974.

Kolbinger, Josef: Bauplan sozialer Betriebsführung. Stuttgart 1959.

Kolbinger, Josef: Betriebliches Personalwesen. 2 Bände (Sammlung Poeschel), 2. Aufl., Stuttgart 1972.

Lynch, D. C.: Personalführung im Betrieb. Berlin 1959.

Mand, Josef: Betriebliche Personalpolitik. Wiesbaden 1956.

Marx, August (Hrsg.): Personalführung, 4 Bde. Wiesbaden 1969—1973.

Marx, August: Die betriebliche Personalplanung, in: Planungsrechnung und Geschäftspolitik. Wiesbaden 1962.

Mayntz, Renate: Die soziale Organisation des Industriebetriebs. Stuttgart 1958. Nachdruck 1966.

Mayntz, Renate: Soziologie der Organisation. Rowohlt TB (rde 166).

Mellerowicz, Konrad: Allgemeine Betriebswirtschaftslehre, Band V: Die betrieblichen sozialen Funktionen. (Sammlung Poeschel) Stuttgart 1971.

Scherke, F.: Die Arbeitsgruppe im Betrieb. Wiesbaden 1956.

Spindler, Gert P.: Neue Antworten im sozialen Raum. Düsseldorf 1964.

Weißer, H. P.: Richtlinien der Personalführung. Wiesbaden 1969.

Zaleznik, A.: Das menschliche Dilemma der Führung. Wiesbaden 1975.

Vgl. auch die Literaturhinweise oben auf S. 292 f. und S. 376.

Viertes Kapitel

Die Materialwirtschaft

A. Die Beschaffung

I. Wesen und Aufgaben der Beschaffung

Am Anfang des Arbeitsablaufs in einer Betriebswirtschaft steht die Beschaffung der zum Produktionsprozeß benötigten Güter. Sie ist insofern die „erste" betriebswirtschaftliche Funktion. Über die Abgrenzung und den Umfang der Beschaffungsfunktion gehen die Meinungen allerdings z. T. auseinander.

Begriff und Wesen der Beschaffung

Die Unternehmungen sind in der modernen arbeitsteiligen Wirtschaft durch Märkte verbunden. Sie beziehen vom B e s c h a f f u n g s m a r k t alle Güter und Werte, die sie zur Fertigung benötigen und nicht selbst herstellen können, und vertreiben die erzeugten Güter oder die Dienstleistungen am A b s a t z - m a r k t.

Der B e s c h a f f u n g s m a r k t (im weiteren Sinne) besteht mithin aus drei Teilmärkten:

1. Waren- und Dienstleistungsmarkt;

2. Arbeitsmarkt und

3. Geld- und Kapitalmarkt.

Die **Beschaffung im weiteren Sinne** umfaßt demnach:

1. *den Einkauf von Anlagegütern, Roh- und Hilfsstoffe, von Dienstleistungen sowie Rechten* (Patente, Konzessionen, Lizenzen, Beteiligungen, Wertpapiere und dergleichen),

2. die *Einstellung von Arbeitskräften* und

3. die *Aufnahme von Kredit und Kapital* (Eigen- und Fremdkapital).

Die meisten Betriebswirtschaftler fassen die Funktion der Beschaffung jedoch wesentlich enger. **Beschaffung im engeren Sinne** ist danach nur die Beschaffung von Sachgütern, fremden Diensten und Rechten, also Punkt 1 der letzten Aufzählung; sie ist das, was man in der Praxis „E i n k a u f" nennt. Die beiden anderen Teilfunktionen (2 und 3) werden meist als besondere Hauptfunktionen dargestellt; das ist logisch zwar nicht berechtigt, doch sind diese drei Beschaffungsfunktionen sachlich und organisatorisch von so unterschiedlicher Art, daß eine gesonderte Behandlung notwendig ist.

Andererseits wird aus verrechnungstechnischen Gründen der Begriff der Beschaffung insofern weiter gefaßt, als auch die Beschaffung von Erzeugnissen anderer Betriebseinheiten der gleichen Unternehmung zur Beschaffung gerechnet wird, der Beschaffungsmarkt im eigentlichen Sinne also nicht in Anspruch genommen wird.

Die Materialwirtschaft: Beschaffung und Lagerhaltung

Die Lagerfunktion wird von den meisten Betriebswirtschaftlern nicht als Hauptfunktion angesehen, sondern je nach der Art des Lagers der Beschaffung, der Fertigung (Zwischenlager) oder dem Absatz (Verkaufslager) zugerechnet. Die Materiallager dem Beschaffungswesen zuzurechnen, wird vielfach damit gerechtfertigt, daß die beschafften Güter bis zur Nutzung in den Materiallagern b e r e i t gestellt werden und die Lagerhaltung deshalb die Beschaffung beeinflußt. Doch wird man die Lagerung im allgemeinen der Beschaffung organisatorisch neben- und nicht unterordnen. Die Funktionen des Lagerwesens sind weniger nach außen als vielmehr nach dem Innenbetrieb ausgerichtet, während der Einkauf marktmäßig orientiert sein muß. Zudem setzt die Lagerhaltung Fähigkeiten voraus, die von denen stark abweichen, die die für die Beschaffung Verantwortlichen besitzen müssen. Schließlich kann von der Lagerverwaltung eine zwangsläufige Kontrolle der Beschaffung mit übernommen werden.

Die Beschaffung in den einzelnen Wirtschaftszweigen

Eine Beschaffungsfunktion haben sämtliche Wirtschaftszweige. Sie spielt im Handel, weil er keine oder nur eine ganz geringe Fertigung (Verpackung, Kaffeerösterei und dergleichen) hat, eine sehr große Rolle. In den Industriebetrieben ist die Beschaffung von sehr unterschiedlicher Bedeutung. Bei der Urproduktion ist die Beschaffungsfunktion verständlicherweise verhältnismäßig gering, ebenso in den lohnintensiven Industriezweigen, die mit billigem Rohstoff arbeiten. Die größte Bedeutung hat die Beschaffung in den Industriezweigen, die mit sehr teuren Rohstoffen arbeiten und relativ lohn- und kapitalextensiv sind, wie z. B. die Hütten für NE-Metalle (Kupfer-, Zink-, Blei- und Silberhütten). Die Beschaffungsfunktion spielt häufig auch bei der S t a n d - o r t w a h l eine Rolle, und zwar bei allen rohstofforientierten Industrien (Sägewerke, Kokereien, Brikettfabriken). Bei den Kredit- und Versicherungsunternehmen ist die Beschaffung im engeren Sinne von sehr geringer Bedeutung; sie beschränkt sich auf Gebäude, Büroinventar, Schreibmaterialien und dergleichen.

Die Rechtsform der Beschaffung

Die benötigten Güter werden in der Regel durch einen K a u f v e r t r a g erworben, die Dienstleistungen durch einen D i e n s t - o d e r W e r k v e r t r a g. Die Zahlung erfolgt bar oder (beim Kreditkauf) zu einem späteren Termin. In Handelsbetrieben werden Waren vielfach auch in K o m m i s s i o n übernommen. Auch M i e t e und P a c h t kommen bei der Beschaffung vor, und zwar nicht nur von Geschäftsräumen bzw. ganzen Betrieben, sondern auch bei Maschinenanlagen (z. B. Lochkartenmaschinen) und anderen Ausrüstungen.

Diese Vermietung von Investitionsgütern hat nach dem Kriege in Form des Leasings eine sehr große, ständig noch wachsende Verbreitung gefunden (s. unter S. 665 ff.).

Die Aufgaben der Beschaffung im Industriebetrieb

Die wichtigsten Aufgaben der Beschaffungs- und Lagerfunktion sind (nach Kalveram):

1. Analyse des Beschaffungsmarktes,
2. Prüfung und Klarstellung der Anforderungen,
3. Einholung der Angebote,
4. Preisermittlung und Wahl des Lieferers,
5. Abstimmung der richtigen Liefertermine,
6. Einkaufsbudgetkontrolle,
7. Bestellung,
8. Terminüberwachung, Mahnwesen und Lieferkontrolle,
9. Warenannahme, Prüfung und Beanstandung,
10. Rechnungskontrolle und Vorbereitung der Verbuchung,
11. Frachtenkontrolle,
12. Einkaufsstatistik und Einkaufsregistratur,
13. Lagerverwaltung,
14. Lagerabrechnung und Lagerstatistik,
15. Altmaterial- und Restbeständeerfassung und -verwertung,
16. Behandlung von Leergut und Verpackungsmaterial.

Bei der Beschaffung von Investitionsgütern muß auch geprüft werden, ob diese durch Kauf oder Miete (Leasing) beschafft werden sollen (s. unten S. 665 ff.).

Diese Aufgaben der Beschaffungs- und Lagerfunktion können je nach Art und Größe des Unternehmens im einzelnen stärker zusammengefaßt oder weiter untergliedert werden.

II. Die Beschaffungsplanung

Wesen der Beschaffungs- oder Einkaufsplanung

Der Beschaffungsplan hat sicherzustellen, daß die Lager jederzeit angemessene und gängige Bestände aufweisen und laufend Vorsorge für den mengen-, sorten- und terminmäßig richtigen Nachschub zur Durchführung der Fertigungsaufträge getroffen wird. Damit die Lager möglichst klein, aber doch genügend leistungsfähig sind, ist eine sorgfältige Planung notwendig, die sich auf vorliegende Anforderungen, auf Erfahrungen über den Betriebsablauf und eine Schätzung der wahrscheinlichen zukünftigen Entwicklung gründen.

In der Praxis kommt es noch häufig vor, daß zu hohe Lager gehalten werden, um für den Fall unerwarteten und plötzlichen Mehrbedarfs gesichert

zu sein. Weiterhin ist es nicht selten, daß verschiedene Stellen des Betriebes, wie
Einkäufer, Lagerverwalter, technische Leitung, aus Sicherheitsgründen unabhängig voneinander Lagerreserven schaffen, weil eine einheitliche Planung
fehlt; dadurch ergeben sich Lagerbestände, die das Unternehmen durch Ver-
waltungs- und Zinskosten erheblich belasten und die Gefahr der Veralterung
und des Verderbs bergen. Der Idealzustand wäre das Zusammentreffen von
Beschaffung und Verwendung des Materials. Das kommt jedoch nur in Ausnahmefällen vor. Unvermeidliche Stockungen des Materialzuflusses infolge
n i c h t termingerechter Lieferung oder Transportschwierigkeiten sowie andere
unvorhersehbare Störungen können den Arbeitsablauf des ganzen Betriebes
unterbrechen oder erheblich verlangsamen, wenn eine störungsfreie Materialzufuhr im Augenblick der Verwendung nicht vorhanden ist. Zudem entstehen
in vielen Fällen Lagervorräte durch die Wahl der wirtschaftlichsten Beschaf-
fungsweise (der optimalen Bezugsgröße); die Beschaffung des Rohmaterials wird
wesentlich billiger, wenn man es in größeren Mengen einkauft und besondere
Gelegenheiten ausnutzt.

Der Beschaffungsplan in der Gesamtplanung

Der Beschaffungsplan muß in enger Verbindung mit der Gesamtplanung erstellt werden. Er geht also aus von der mengen- und wertmäßigen Vorschau
auf die geschäftliche Entwicklung des Unternehmens im ganzen und in den
Einzelfragen der Produktions- bzw. Absatzentwicklung. Der Beschaffungsplan
ist wiederum Voraussetzung für den Finanzierungs- und Zahlungsplan. Besteht
keine Gesamtplanung, so wird der Beschaffungsplan vielfach *statistisch* in einer
Nebenrechnung außerhalb des Rechnungswesens aufgestellt. In diesem Fall beruht er natürlich großenteils auf vagen Schätzungen und läßt kaum eine aussagefähige Analyse des Soll-Ist-Vergleichs zu.

Die *Produktionsplanung* ist für den Beschaffungsplan von besonderer Wichtigkeit. Er wird einige Monate vor Schluß des Geschäftsjahres auf Grund der
Unterlagen der Vertiebsabteilungen aufgestellt, wobei nicht nur die Umsätze
der Vorjahre berücksichtigt werden, sondern auch die bereits erkennbaren Verhältnisse der Zukunft. Auf Grund dieser Jahrespläne werden genauere Quartalsprogramme mit geschätzten Terminen für Fertigungsbeginn und Ablieferung der einzelnen Serien erstellt. Auf Grund dieser Quartalspläne kann dann
der Beschaffungsplan unter Berücksichtigung der effektiven Lagerbestände und
der Lagerbewegungen aufgestellt werden. Die Quartalsprogramme bilden dann
wieder die Grundlage für monatliche oder wöchentliche Programme.

Zentrale Planung der Beschaffung

Wie aus der Bedeutung der Gesamtplanung für den Beschaffungsplan hervorgeht, müssen zahlreiche Stellen des Betriebes bei der Beschaffungsplanung mitwirken, so insbesondere die Betriebsleitung, Konstruktionsbüros, Arbeitsvorbereitung, ferner Verkauf, Materiallager, Materialverwaltung und schließlich
der Einkauf. Deshalb ist in größeren Unternehmungen die Zusammenfassung
der mit der Vorausplanung des Materialbedarfs verbundenen Arbeiten in einer
z e n t r a l e n P l a n u n g s a b t e i l u n g notwendig. Sie erhält die
Unterlagen von den übrigen zuständigen Abteilungen und verhindert eine

Menge von Einzelbezügen und eine Kraftzersplitterung, sie führt zur Bedarfs-
zusammenfassung und zu günstigeren Preisen. Auf Grund der Unterlagen, wie
Fertigungsprogramm, Stücklisten, Bedarfsmeldungen des Lagers usw., werden
die Arten, Mengen, Qualitäten und Termine der anzufordernden Materialien
zusammengestellt und Vorschläge für die Regelung des Nachschubs nach Dringlichkeit und zeitlicher Folge unter Beachtung der jeweiligen Finanz- und Liquiditätslage ausgearbeitet.

Wegen der engen Beziehung zwischen Beschaffung und Lagerhaltung wird in
kleinen und mittleren Unternehmen vielfach die Disposition für die Vorrats
haltung und den laufenden Bedarf der Planungsstelle übertragen.

Die die Beschaffung beeinflussenden Faktoren

Je nach der Art der Materialien wird die Beschaffung von verschiedenen Faktoren beeinflußt, das sind vor allem:

1. der B e s c h a f f u n g s m a r k t , d. h. die Menge und der Preis des Angebots sowie die Lieferzeiten;

2. Die Verhältnisse im N a c h r i c h t e n - u n d G ü t e r v e r k e h r (z. B.
Transportart);

3. die P r o d u k t i o n und damit auch die Erzeugungsdisposition sowie das
Produktionsprogramm, und zwar sowohl mengenmäßig als auch hinsichtlich
seiner Zusammensetzung;

4. die G e s t a l t u n g s d i s p o s i t i o n , so vor allem die Normierung und
Typisierung, die auf die Lagerhaltung im Hinblick auf Anzahl der Lagerartikel
und Höhe des jeweiligen Bedarfs wesentlichen Einfluß haben.

Die optimale Bestellmenge (Bezugsgröße)

Für die Ermittlung der optimalen Bestellmenge gelten ähnliche Erwägungen
wie bei der Ermittlung der optimalen Losgröße. Bestimmte Kosten der Beschaffung sind einmalig, sie treten bei jeder Bestellung nur einmal auf und sind unabhängig von der bestellten Menge. Sie entsprechen also den Auflagekosten in
der Fertigung und bewirken auch hier eine Degression der Durchschnittskosten
bei zunehmender Bestellmenge. Daneben gibt es noch Kosten, die eine progressive Wirkung haben, die Zins- und Lagerkosten. Sie werden je Einheit um so
höher, je größer die aus wachsenden Bestellmengen zwangsläufig resultierenden
Durchschnittsbestände und die Lagerdauer werden. Es leuchtet ein, daß man
auch hier die gleichen Formeln verwenden kann wie zur Ermittlung der optimalen Losgröße (s. unten S. 441 f., ferner Kosiol, Einkaufsplanung und Produktionsumfang, 1956; Pack, Optimale Bestellmenge und optimale Losgröße, 2. Aufl.,
Wiesbaden 1973.)

Die entsprechende Formel von A n d l e r (Ableitung s. unten S. 443 f.) lautet in
dieser Fassung

$$x_m = \sqrt{\frac{E \cdot 200}{m \cdot p \cdot s}}$$

x_m = optimale Bestellmenge
E = feste Bezugskosten
m = Monatsbedarf
p = Zins- und Lagerkostensatz
s = Einstandspreis

In dieser Formel werden, ebenso wie bei den üblichen Losgrößen-Formeln, nicht alle wirksamen Faktoren berücksichtigt. Man hat deshalb auch hier mit Hilfe des Operations Research wesentlich kompliziertere Formeln entwickelt und weitere Variable einbezogen, wie z. B. die Kosten für Steuern und Versicherungen, die Lieferfristen, die Höhe der eisernen Bestände u. dgl. Doch auch hierbei bleiben immer noch einige wichtige Faktoren unbeachtet. Hauptprobleme bleiben (nach Mellerowicz) weiterhin:

1. die Zuverlässigkeit der vorgelagerten Teilplanungen,

2. die Realisierbarkeit der als optimal erkannten Mengenplanung am Markt,

3. die Realisierbarkeit in finanzieller und technisch-kapazitativer Hinsicht.

Die Formel erfaßt also nicht alle Belange und Bedingungen des Einkaufs. Sie kann gerade hier nur als Richtlinie dienen.

Selbstanfertigung oder Fremdbezug

Schwierigkeiten macht auch häufig die Frage, ob Halb- oder Fertigfabrikate selbst angefertigt oder fremdbezogen werden sollen. Dabei ist zu überlegen, ob die betreffenden Waren in gleicher Güte und mit gleichen technischen Erfahrungen im eigenen Betrieb hergestellt werden können, ob die Rohstoffversorgung, die Transport- und Beschäftigungslage des eigenen Betriebes und der Vorbetriebe den Fremdbezug ratsam erscheinen lassen, ob und in welchem Umfang Investierungen und Einrichtungskosten bei Eigenherstellung notwendig werden, wie sich die Kosten einschließlich der Betriebs- und Verwaltungsgemeinkosten bei Eigen- und bei Fremderzeugung zueinander verhalten und ob es sich empfiehlt, u. U. trotz höheren Kosten aus Gründen der schnelleren Versorgung, der exakteren Ausführung oder der Geheimhaltung vor der Konkurrenz die Eigenherstellung zu wählen, oder ob man umgekehrt trotz höherer Kosten wegen Kapazitätsengpässen oder aus Gründen des Arbeitskräftemangels oder dgl. den Fremdbezug vorziehen soll.

Der Ablauf der Beschaffungsplanung

Das **Beschaffungsprogramm** oder **Einkaufsprogramm** ist Voraussetzung für die Beschaffungsvollzugsplanung. Es wird aus der Analyse des Produktionsprogramms gewonnen, indem aus dem Produktionsprogramm die zu seiner Durchführung benötigten Mengen an Roh-, Hilfs- und Werkstoffen ermittelt werden.

Daneben haben jedoch auf das Beschaffungsprogramm auch noch b e t r i e b s - p o l i t i s c h e   Z i e l e einen Einfluß, so etwa, wenn der Marktlage, Kartell- oder Konzernabsprachen bezüglich des Einkaufs und dergleichen Rechnung getragen werden soll.

Das Beschaffungsprogramm erfaßt zunächst die zu beschaffenden Materialien nach der Menge und den Bedarfszeiten. Bei Materialien, die auf Vorrat zu nehmen sind, ist die B e d a r f s p l a n u n g noch durch eine V o r r a t s p l a n u n g, die mit der Lagerplanung korrespondiert, zu ergänzen. Dann wird der Gesamtbedarf zuzüglich einer Sicherheitsreserve auf die zwölf Planmonate verteilt, wobei die Lieferfristen und etwaige Terminschwierigkeiten sowie die betriebspolitischen Belange zu berücksichtigen sind. Schließlich werden die geplanten Bedarfsmengen mit den Marktpreisen bewertet. Dadurch wird aus dem Beschaffungsprogramm zugleich auch ein Zahlungsplan für die F i n a n z p l a n u n g. Wegen der schwankenden Marktverhältnisse (Preise, Lieferbedingungen, Lieferzeiten) ist das Beschaffungsprogramm möglichst e l a s t i s c h zu gestalten. Häufig ist die Aufstellung von A l t e r n a t i v p l ä n e n von großem Nutzen.

Die **Beschaffungs-** oder **Einkaufsvollzugsplanung** wird aus dem Beschaffungsprogramm, das eine Grobplanung darstellt, abgeleitet, indem der Einkaufsplan für das Vierteljahr und für den Monat in allen Einzelheiten aufgestellt wird. Die Vollzugsplanung kann häufig nur sehr kurzfristig erfolgen, da sich vor allem die Marktverhältnisse nicht für das ganze Jahr übersehen lassen. So kann ein sehr günstiger Preis, zu dem große Mengen bezogen werden können, das Beschaffungsprogramm sehr stark verändern.

III. Literaturhinweise

Grochla, Erwin: Grundlagen der Materialwirtschaft. Das materialwirtschaftliche Optimum im Betrieb. 2. Aufl. Wiesbaden 1973.

Hermann, M.: Kleines Handbuch der Einkaufspraxis. Wiesbaden 1967.

Hölscher, K.: Eigenfertigung oder Fremdbezug. Wiesbaden 1971.

Kroeber-Riel, W.: Beschaffung und Lagerung. Wiesbaden 1966.

Munz, Max: Beschaffung und Beschaffungsplanung im Industriebetrieb. Wiesbaden 1959.

Pack, L.: Optimale Bestellmenge und optimale Losgröße. 2. Aufl., Wiesbaden 1973.

Schwarz, H.: Grundfragen der Abstimmung von Materialbeschaffung, Fertigung und Vertrieb. Freiburg 1959.

Steiner, J.: Optimale Bestellmengen bei variablem Bedarfsverlauf. Wiesbaden 1975.

Sundhoff, Edmund: Grundlagen und Technik der Beschaffung von Roh-, Hilfs- und Betriebsstoffen. Essen 1958.

Theisen, P.: Grundzüge einer Theorie der Beschaffungspolitik. Berlin 1970.

B. Einkauf und Kaufvertrag

Begriff des Einkaufs

Der **Einkauf im weiteren Sinne** ist gleichbedeutend mit B e s c h a f f u n g, es gehört hierzu also auch die Marktbeobachtung, die Bedarfsplanung, der Transport und die Bezahlung. Unter „Einkauf" wird auch vielfach die Beschaffungsabteilung der Unternehmung verstanden. Der **Einkauf im engeren Sinne** umfaßt die mit dem A b s c h l u ß d e s K a u f v e r t r a g e s verbundenen Tätigkeiten, nämlich

1. Einholung und Prüfung der Angebote,

2. Abschluß des Kaufvertrages (Bestellung),

3. Warenannahme und Eingangskontrolle.

I. Einholung und Prüfung der Angebote

Einholung der Angebote

Die Unterlagen zur Einholung von Angeboten liefert das B e z u g s q u e l l e n - a r c h i v. Es besteht aus der L i e f e r a n t e n k a r t e i, dem Archiv von Katalogen, Prospekten, Preislisten und Bezugsquellenverzeichnissen. Die L i e f e - r a n t e n k a r t e i enthält für jeden Roh-, Hilfs- und Betriebsstoff und jede fremdbezogene Ware eine Karte, in der alle wichtigen Vorgänge, die mit der Beschaffung zusammenhängen, aufgezeichnet sind. Sie enthalten auch alle Lieferfirmen, von denen bisher Angebote eingeholt und Waren bezogen wurden. Die Angebote werden mit Menge, Preis und Lieferzeit eingetragen. Ferner sind Reklamationen oder Belobigungen und dergleichen mit aufzunehmen.

Die Lieferantenkartei erleichtert die Dispositionen wesentlich, doch müssen bei veränderter Marktlage und bei Veralterung der vorliegenden Angaben neue Angebote eingeholt werden. Beim Bezug großer Mengen von Waren sind vielfach submissionsähnliche Rundfragen bei mehreren Lieferfirmen zweckmäßig.

Bei der Einholung von Angeboten werden in der Regel A n f r a g e v o r - d r u c k e benutzt, insbesondere bei marktgängigen Roh- und Hilfsstoffen. Häufig wird ein Durchschlag des Anfragevordrucks so eingerichtet, daß er dem Lieferanten als A n g e b o t s vordruck dienen kann. Der Lieferant braucht nur das Lieferdatum, die Preise und Zahlungsbedingungen einzusetzen. Die eingehenden Angebote werden sofort in die Lieferantenkartei eingetragen, die Kataloge, Preislisten und dergleichen nach der Prüfung in das Bezugsquellenverzeichnis eingeordnet.

Bei n o r m i e r t e n A r t i k e l n mit g e b u n d e n e n P r e i s e n und Liefebedingungen erübrigt sich natürlich eine Einholung von Angeboten. Bei Großaufträgen werden die Angebote häufig in mündlichen Verhandlungen eingeholt.

Prüfung der Angebote

Die eingehenden Angebote werden in möglichst genauen B e z u g s k a l k u - l a t i o n e n einander gegenübergestellt, um den voraussichtlichen Einstandspreis zu ermitteln. Dabei sind die Angebote auf den E i n s t a n d s p r e i s f r e i F a b r i k unter Berücksichtigung der verschiedenen Liefer- und Zahlungsbedingungen umzurechnen. Auch sind alle Einflußgrößen zu beachten, die günstig oder ungünstig auf den Preis einwirken können; insbesondere sind die oft abweichenden Z a h l u n g s b e d i n g u n g e n zu berücksichtigen, so die angebotenen Rabatte (Mengen-, Treu- und Sonderrabatte), Skonti und sonstige Preisnachlässe. Bei der Möglichkeit, durch g r ö ß e r e B e s t e l l u n g e n einen höheren M e n g e n r a b a t t zu erzielen, ist zu beachten, daß dadurch das Lager stärker und länger belastet wird und daß Entwertungsrisiken bestehen.

II. Der Kaufvertrag (Die Bestellung)

Hat die Einkaufsabteilung über die Beschaffenheit und die Menge der zu liefernden Waren entschieden sowie die Lieferfirma abgestimmt, kann die Bestellung aufgegeben werden. Die B e s t e l l u n g ist rechtlich gleichbedeutend mit dem K a u f v e r t r a g, sofern ihr ein Angebot vorausging; andernfalls ist die Bestellung selbst das Angebot.

Der Kaufvertrag enthält V e r t r a g s b e d i n g u n g e n über

1. die Beschaffenheit der Ware,

2. die Menge der Ware,

3. Verpackung und Aufmachung,

4. Erfüllungszeit für die Lieferung,

5. Erfüllungsort für die Lieferung und Ablieferung der Ware,

6. den Preis der Ware,

7. die Zahlungsbedingungen und

8. sonstige Vertragsbedingungen.

(1) Festlegung der Beschaffenheit der Ware (Qualität)

Die Beschaffenheit der Ware kann beim Vertragsabschluß auf folgende Weise festgelegt werden:

a) Besichtung der gesamten Waren: Sie ist in Industrie und Großhandel selten. Sie kommt vor bei mangelnder Vertretbarkeit einer Ware, z. B. beim Erwerb von Konkurswaren, beim Kauf sogenannter Partiewaren in „Bausch (Pausch) und Bogen" gegen einen Pauschalpreis. Im Kaufvertrag findet man die Vertragsformeln: „wie gesehen", „Besicht erklärt" oder ähnliche.

b) Kauf nach Muster oder nach Probe. Der Vertragsabschluß erfolgt auf Grund eines M u s t e r s einer bis zu einem gewissen Grade vertretbaren Ware, so bei Rohprodukten, die marktmäßig gehandelt werden, wie Metallen, Körnerfrüchten, Flüssigkeiten, oder bei Massenprodukten ein Stück (z. B. Kleinwerkzeuge) oder ein kleiner Teil eines ganzen Stückes (so insbesondere bei Geweben) oder ein ganzes Stück, das in Serienproduktion aufgelegt werden soll, z. B. eine Maschine, ein Kleid (Modell). Häufig wird auch ein K l e i n - m o d e l l angefertigt, das dieselben technischen Eigenschaften und Größenverhältnisse besitzen muß wie die eigentliche Ausführung. — Beim T y p e n - m u s t e r wird nur der allgemeine Warencharakter bezeichnet. Wenn die zu verkaufende Warenpartie nicht von gleichartiger Qualität ist, wird ein M u s t e r b ü n d e l der verschiedenen Qualitäten zusammengestellt, so z. B. bei Rauchwarenauktionen.

c) Beschreibung der Beschaffenheit der Ware. Es handelt sich hierbei vor allem um wenig vertretbare Waren oder um Sonderanfertigungen. Die Beschreibung wird oft durch Zeichnungen, Abbildungen, Pläne und dergleichen ergänzt. Häufig finden wir die Beschreibung als Ergänzung bei Verkäufen nach Muster oder nach Bezeichnung der Qualität.

d) Konventionelle Qualitätsbezeichnungen des Handels. Im Handelsverkehr haben sich bestimmte Namen und Zeichen zur Bezeichnung bestimmter Warenarten und Qualitäten als Handelsbrauch durchgesetzt. Die Arten dieser Qualitätsbezeichnungen lassen sich in zwei Gruppen scheiden, je nachdem, ob sie nur speziell für die Waren bestimmter Handelshäuser (Fabrikmarken) oder allgemein angewandt werden (Standards, Klassen, Grade). Wir sprechen auch von „Fabriktypen" oder „Handelstypen". Häufig kommen bei allgemeinen Typen die Bezeichnungen „D u r c h s c h n i t t s q u a l i t ä t" (gute Durchschnittsqua-

lität: „gut mittel") und dergleichen vor (vgl. § 360 HGB). Die Vertragsverein-
barungen „t e l - q u e l" (falle wie sie falle) verlangt nur Lieferung einer
Warengattung ohne Rücksicht auf Qualität; doch setzt hier der Handelsbrauch
Grenzen. T y p i s i e r u n g und N o r m i e r u n g der Handelsgüter erleichtern den Einkauf außerordentlich.

e) Der Vertragsabschluß „auf Basis" einer bestimmten Qualität. Mit dem Ausdruck „auf Basis" vor der Anführung der Qualität wird erklärt, daß sich der
Preis für die gesamte Qualität versteht, daß aber der Käufer auch eine andere
Qualität liefern dürfe, sei es überhaupt, sei es innerhalb bestimmter Grenzen,
wobei sich natürlich der Preis entsprechend ändert.

Häufig wird von Fabrikanten, die Waren auf Bestellung hergestellt haben, im
Kaufvertrag die Lieferung von **Referenz-** oder **Ausfallmuster** vereinbart. Ein
Ausfallmuster hat den Zweck, den Käufer über die Beschaffenheit der zu lie-
fernden Ware, mit deren Fertigung bereits begonnen wurde, zu unterrichten.

(2) Die Festlegung der Warenmenge (Quantität)

a) Durch Angabe eines genauen Maßes. Eine direkte Mengenbezeichnung wird
nicht immer angegeben; sie ergibt sich vielfach erst durch Multiplikationen mit
einem oder mehreren Faktoren, die das Verhältnis zwischen verschiedenen Maß-
arten anzeigen, z. B. 10 Sack. Diese indirekten Mengenangaben beruhen auf
handelsüblichen Verpackungseinheiten.

b) Durch Angabe eines ungefähren Maßes. Der Mengenangabe wird „u n g e -
f ä h r", „z i r k a" beigefügt. Die Grenzen für die Abweichungen sind entweder
handelsüblich oder vertraglich vereinbart (z. B. 5 %). Diese Vertragsformel
kommt im Handel mit Industrieprodukten häufig vor, um die Lieferungsmenge
dem Fassungsraum von Emballagen oder Transportmitteln (z. B. eines Waggons)
anzupassen.

c) Eine Quantitätsgarantie übernimmt häufig der Verkäufer in der Weise, daß
am Ablieferungsort die vereinbarte Menge übergeben wird (A b l a d e g e -
w i c h t). Diese Garantie wird regelmäßig für Waren vereinbart, die leicht
Feuchtigkeit aufnehmen oder verdunsten.

d) Das Warengewicht kann mit oder ohne Verpackung festgesetzt werden. Das
R o h - oder B r u t t o g e w i c h t schließt die Verpackung ein, das R e i n -
oder N e t t o g e w i c h t diese aus. Das Gewicht der Verpackung selbst ist die
T a r a. Ist die Verpackung einer Ware schwierig zu ermitteln oder steht sie in
einem gleichbleibenden Gewichtsverhältnis zur Ware, wird der Preis vielfach
auf das Bruttogewicht bezogen, die Vertragsklausel heißt „B r u t t o f ü r
N e t t o".

(3) Verpackung und Aufmachung

a) Die Verpackung wird häufig bereits im Kaufvertrage geregelt. Ist die Art
der Verpackung nicht vorgeschrieben, dann ist der Verkäufer verpflichtet, die
Verpackung mit Sorgfalt eines ordentlichen Kaufmanns vorzunehmen, andernfalls kann er schadenersatzpflichtig werden. Vielfach bestimmen sich Art und

Technik der Verpackung nach dem H a n d e l s b r a u c h und der Versandart. Die Vereinbarungen über die Verpackung können verschiedenartig sein, je nach Art der Ware:

(1) Die Ware wird ohne Verpackung oder nur in leichter, unmittelbarer Hülle versandt. Das geschieht bei großen Sachgütern, die genügend widerstandsfähig sind, wie Stabeisen, Holz, Maschinen. Bei kleinen Stückgütern, die auf dem Transportmittel (insbes. auf Lastwagen) a u f g e s c h i c h t e t werden, spricht man von einer Versendung i n l o s e m oder l e d i g e m Z u s t a n d. „Trockenflüssige" Gegenstände (Getreide) werden auf das Transportmittel g e - s c h ü t t e t, i n l o s e m Z u s t a n d verladen. Hierzu gehört auch die Versendung von Flüssigkeiten in Tankschiffen oder Kesselwaggons und dgl.

(2) Die drei wichtigsten Emballagearten sind K i s t e n, S ä c k e und F ä s - s e r. Die meisten Industriegegenstände werden in Kisten verpackt. Dabei unterscheidet man V o l l k i s t e n und H a l b k i s t e n; diese werden bei Möbeln, Maschinen, ferner bei Äpfeln, Eiern und dergleichen verwandt. Eine Abart des Sackes ist der B a l l e n; er ist fester und gewöhnlich auch größer als der Sack. Die Ware wird zumeist entweder hineingepreßt (wie z. B. Hopfen oder Hadern) oder zuerst gepreßt und dann von Sackleinen umspannt (z. B. Baumwolle oder Baumwollwaren).

Die **Verpackungskosten** werden auch meist im Kaufvertrag gesondert geregelt. Sie werden entweder neben dem Warenwert besonders in Rechnung gestellt oder mit diesem zusammen verrechnet (Brutto für Netto). Bei L e i h p a k - k u n g e n muß der Käufer die Verpackung wieder zurücksenden.

b) Die Aufmachung ist die äußere Form, die man der Ware gibt, ohne ihr eigentliches Wesen zu verändern (A u s s t a t t u n g), sowie die Art ihrer P a c k u n g, soweit sie Bestandteil der Ware geworden ist. Aufmachung und Ausstattung ist besonders für den Einzelhandel wichtig. Da sie Bestandteil der Ware geworden ist, beeinflußt sie unmittelbar d i e Q u a l i t ä t der Ware. Gleichzeitig ist sie ein wichtiges W e r b e m i t t e l. In gewissen Wirtschaftszweigen spielt sie heute eine außerordentlich große Rolle (Kosmetik); zuweilen ist die Aufmachung teurer als die Ware selbst.

(4) Die Erfüllungszeit für Lieferung

Die Erfüllungszeit ist jene Zeit, zu der der Verkäufer auf Grund des Kaufvertrages die Waren zu übergeben hat. Je nach der Lieferzeit unterscheiden wir dabei:

a) Promptgeschäfte, bei denen der Verkäufer die Ware sofort (prompt) bzw. nach oder innerhalb einer Frist von wenigen Tagen, die dem handelsgebräuchlichen Begriff „prompt" entspricht, zu übergeben hat. Nach § 271 BGB wird zwar jeder Vertrag, bei dem nicht eine spätere Erfüllungszeit ausdrücklich vereinbart wurde oder nach den Umständen oder nach Handelsbrauch anzunehmen ist, als sofort fällig betrachtet. Das bedeutet freilich nicht, daß die Übergabe unmittelbar nach Geschäftsabschluß erfolgen muß. Der Verkäufer kann vielmehr zur Vorbereitung der Lieferung ebenso einen mäßigen Zeitraum für sich in Anspruch nehmen, wie der Käufer zur Vorbereitung der Entgegennahme. Das Promptgeschäft darf nicht mit dem „K a s s a - G e s c h ä f t" verwechselt werden. Denn beim Kassa-Geschäft muß zwar der Verkäufer sofort liefern, doch der Käufer vor allem sofort bezahlen, was beim Promptgeschäft nicht der Fall zu sein braucht.

Promptgeschäfte können auch D i s t a n z g e s c h ä f t e (Fernkauf) sein; in diesem Fall wird „prompte Verladung" bedungen, im Überseeverkehr „prompte Verschiffung".

b) Lieferungsgeschäfte, bei denen eine spätere Erfüllungszeit bedungen wird. Als Erfüllungszeit kann ein bestimmter Tag oder eine bestimmte Frist festgesetzt werden. Im Handel mit Industrieprodukten hat häufig der Käufer das Recht, zu einer beliebigen Zeit (meist innerhalb bestimmter Fristen) durch „Abruf" die Erfüllung des Geschäfts auszulösen. Gelegentlich hat auch der Verkäufer das Recht, zu einer beliebigen Zeit durch „Andienen" („Kündigung") den Vertrag zu erfüllen. — Die Erfüllung eines Vertrages in T e i l l i e f e r u n g e n z u v e r s c h i e d e n e n L i e f e r z e i t e n (S u k z e s s i v l i e f e r u n g e n) kann bedungen oder nach Handelsbrauch zulässig sein. Bedungen ist sie am häufigsten beim Geschäft „auf Abruf", indem „sukzessiver Abruf", „absendbar August—April", „sukzessive Käufers Wahl" oder ähnliches abgemacht ist.

(5) Erfüllungsort der Lieferung

Erfüllungsort ist jener Ort, wo der Verkäufer dem Käufer die Waren zu übergeben hat. Am Erfüllungsort hat die gelieferte Ware (in der Regel) jene Beschaffenheit und jene Menge aufzuweisen, die im Vertrage festgelegt sind. Von hier an geht die G e f a h r für die Ware auf den Käufer über. Weiterhin ist vom Erfüllungsort in der Regel auch der G e r i c h t s s t a n d abhängig. Der Erfüllungsort kann im V e r t r a g e ausdrücklich festgelegt sein, oder er kann indirekt aus den Vertragsabmachungen unter Berücksichtigung der H a n d e l s - b r ä u c h e hervorgehen, oder bestimmt sich andernfalls nach den D i s p o - s i t i v n o r m e n des bürgerlichen Rechts. Nach § 269 BGB ist der Erfüllungs- ort (falls nicht anderes vereinbart) der Ort, an welchem der Schuldner zur Zeit der Entstehung des Schuldverhältnisses seinen (Wohn- oder) G e s c h ä f t s - s i t z hat; nur für den Fall, daß die verkaufte Ware sich zur Zeit des Vertrags- abschlusses mit Wissen der beiden Kontrahenten an einem anderen Ort befun- den hat, bestimmt es, daß dort auch der Erfüllungsort sei. Die Preisklauseln „franco", „frei ab" haben auf den Erfüllungsort keinen Einfluß.

(6) Der Preis der Ware

Allgemeine Preisabmachungen. Im Kaufvertrag wird in der Regel ein f e s t e r Preis für die Ware angegeben, und zwar meist für eine Mengeneinheit **(Einheits- preis,** z. B. für ein Stück, für 100 kg), seltener für die gesamte Lieferung ver- schiedener Warengattungen oder Qualitäten **(Pauschalpreis).**

Gelegentlich wird bei Vertragsabschluß noch k e i n P r e i s f e s t g e l e g t. Es wird dann vereinbart, daß der zu einer bestimmten Zeit auf einem bestimm- ten Markt sich bildende Preis der ein aus den Marktpreisen verschiedener Zeiten oder verschiedener Märkte zu ermittelnde **Durchschnittspreis** gelten soll. So wird in den sogenannten S k a l a - V e r t r ä g e n des Metallhandels ver- einbart, daß der Durchschnittspreis aus den Notierungen einer bestimmten

Börse, der sich für den Lieferungsmonat ergibt, zu berechnen sei. Beim Oncall-Geschäft des Baumwollhandels errechnet sich der Lieferpreis nach dem Baumwollpreis, der am Tage des Abrufes des Käufers an einem bestimmten Markte notiert wird. — Hin und wieder wird der Preis nach dem Erlös oder nach dem Gewinn, den der Käufer mit dem aus der gekauften Ware hergestellten Fabrikat erzielt, berechnet. — Auch im Kaufvertrag wird der Preis gelegentlich als „f r e i b l e i b e n d" festgesetzt. In diesem Fall hat die Bestimmung des Preises „nach billigem Ermessen" zu erfolgen (§ 350 BGB). — Zur Festlegung des Preises werden gelegentlich auch Sachverständige herangezogen.

Preisschwankungsklausel. Häufiger kommt es vor, daß „g l e i t e n d e P r e i s e" vereinbart werden. Der Preis ändert sich dann im gleichen Verhältnis mit der Veränderung bestimmter Kosten oder wird nach abweichenden Verhältniszahlen berechnet. Hat der Verkäufer das alleinige Recht, eine Preisänderung zu verlangen, so spricht man von H a u s s e - K l a u s e l, hat es der Käufer, von B a i s s e - K l a u s e l. Preisschwankungsklauseln kommen nicht nur in Zeiten großer Geldschwankungen vor, sondern auch bei langfristigen Lieferverträgen sowie in Handelszweigen, in denen die Preisgestaltung von der Preisbewegung an bestimmten Markttagen vollauf beherrscht wird.

Preisvaluta. Im Auslandsverkehr können die Preise festgesetzt werden: (1) in der Währung des E x p o r t l a n d e s, (2) in der Währung des I m p o r t l a n d e s, (3) in der Währung eines d r i t t e n L a n d e s, wobei gewöhnlich eine besonders stabile Währung (*„Leitwährung"*) gewählt wird, die im Export- und Importlande regelmäßig verwendet wird, (4) in einer f i k t i v e n G o l d w ä h r u n g (Golddollar, Goldmark).

Der Preis in der W ä h r u n g d e s e i g e n e n L a n d e s hat den V o r t e i l für den Exporteur, daß er seine Kalkulation ohne Rücksicht auf die Devisenkurse anstellen kann; er trägt kein Währungsrisiko. Aus diesem Grunde wird zur Belebung des Exports häufig der Preis in der Währung des Importlandes festgesetzt, um dem Importeur entgegenzukommen. Die W ä h r u n g e i n e s d r i t t e n L a n d e s wird meist gewählt, wenn die Preisanstellung in der Währung des Exportlandes die Exportentwicklung hemmt, die Währung des Importlandes aber zu unsicher ist. — Nach deutschem Recht (§ 244 BGB) kann bei Geldschulden in ausländischer Währung die Zahlung in inländischer Währung auf Grund einer entsprechenden Umrechnung geleistet werden, wenn im Vertrage die Zahlung in Devisen nicht ausdrücklich bedungen wurde. In diesem Fall wird zu dem Preis die Klausel „effektiv", „in Natura" hinzugefügt.

Das Valutarisiko kann man d e c k e n, wenn man als Exporteur sofort bei Geschäftsabschluß die sich aus dem Geschäft ergebenden Devisen für die Zeit, zu der man über sie verfügen kann, verkauft; man braucht sie also erst zu liefern, wenn man sie erhält (Devisenterminverkauf). Der Importeur, der die Ware in ausländischer Währung auf Ziel gekauft hat, kann einen Devisenterminkauf abschließen; Kontrahenten sind Exporteure, die sich in der umgekehrten Lage befinden.

Nach der **Fälligkeit des Rechnungsbetrages** unterscheiden wir: den Kassa- oder Kontantpreis und den Ziel- oder Zeitpreis. Der *Kassapreis* ist zahlbar v o r, b e i oder k u r z e Z e i t n a c h der Übergabe. Die Kassafrist beträgt meist drei bis dreißig Tage. Sie wird im Vertrag durch die Klauseln: „Netto Kasse" oder „zahlbar kontant" oder ähnlich angegeben. Die *Zeitpreise* sind in verschieden langer Zeit nach der Übergabe fällig. Die Zahlungsfrist kann Monate, ja sogar Jahre betragen. Sie wird im Vertrag durch die Klauseln: „Ziel x Monate", „zahlbar in x Tagen", „Valuta x Monate" oder ähnlich ausgedrückt.

Der **Kassaskonto** oder kurz **Skonto** ist die Vergütung für die Kassazahlung eines Zeitpreises. Er wird in Prozenten ausgedrückt und entsprechend vom Preis abgezogen. Bei der Vereinbarung eines Zeitpreises handelt es sich also um einen K r e d i t k a u f , bei dem der Kassaskonto bereits in den Zeitpreis einkalkuliert ist. Der Skonto stellt also einen D i s k o n t dar und wird auch gelegentlich so genannt. Die Höhe des üblichen Skontos hängt von der Zinsfußhöhe und von den Zahlungsverhältnissen ab. Bestehen sehr lange Kassafristen, so wird für eine vorzeitige Zahlung ein „*Extraskonto*" gewährt.

Rabatt. Im Gegensatz zum Skonto ist der Rabatt ein Preisabzug, der ohne Rücksicht auf das Zahlungsziel gewährt wird. Während der Rabatt beim Einzelhandel den Zweck hat, Kunden anzulocken, gibt er beim Großhandel dem Verkäufer die Möglichkeit, die P r e i s e z u d i f f e r e n z i e r e n . Man verkauft zwar nach Einheitspreisen, begünstigt aber Großhändler (*„Funktionsrabatt*), Großabnehmer (*„Mengenrabatt"*), Kassakunden (*Barzahlungsrabatt"*), Exportkaufleute (*„Exportrabatt"*), bestimmte Berufe, Vereine (*„Sonderrabatt"*) oder Betriebsangehörige (*„Angestelltenrabatt"*). Eine besondere Art des Großhandelsrabatts ist der *Musterrabatt*, der außergewöhnlich hoch ist und den Käufer bewegen soll, die Ware zu erproben. Ein *Treurabatt* wird gewährt, wenn sich der Kunde verpflichtet, innerhalb einer bestimmten Zeit keine Waren bei der Konkurrenz zu kaufen. — Die *Dreingabe* (10 Stück geliefert, 9 Stück berechnet) und die *Draufgabe* (10 Stück bezahlt, 11 Stück geliefert) ist eine dem Rabatt ähnliche Vergütung.

Frachtbasis. Je nachdem, in welchem Umfang die Frachtkosten in den Preis mit eingerechnet werden, unterscheidet man folgende **Frachtklauseln**, die international in den „I n c o t e r m s : Internationale Regeln für die Auslegung der handelsüblichen Vertragsformeln" (letzte Fassung von 1953) geregelt sind:

1. *Ab Werk (ex works):* der Käufer trägt die gesamten Transportkosten sowie das gesamte Transportrisiko.

2. *Frei Waggon / Lkw (free on rail / truck):* der Verkäufer übergibt die beladenen Waggons / Lkw dem Frachtführer (Bahn, Spedition) am Abgangsort; der Käufer übernimmt die Transportkosten und das Transportrisiko.

3. *Frei Längsseite See- oder Binnenschiff (free alongside ship - fas):* der Verkäufer trägt Kosten und Gefahr des Landtransports; der Käufer Kosten und Gefahr der Verladung und des Schiffstransports.

4. *Frei an Bord (free on board - fob):* der Verkäufer trägt auch noch Kosten und Gefahr der Schiffsverladung, der Käufer Kosten und Gefahr des Seetransports.

5. *Kosten und Fracht (cost an freight - c & f):* der Verkäufer trägt auch die Kosten des Seetransports, nicht aber das Seetransportrisiko.

6. *Kosten, Versicherung und Fracht (cost insurance freight — cif):* der Verkäufer trägt die Kosten und auch die Gefahr des Schiffstransportes.

7. *Frachtfrei ... (freight or carriage paid to ...):* der Verkäufer trägt die gesamten Transportkosten bis zum Bestimmungsort, der Käufer das Transportrisiko von der Übergabe der Ware an den ersten Frachtführer am Abgangsort.

8. *Ab Schiff (ex ship):* Kosten und die Gefahr gehen auf den Käufer über, wenn das Seeschiff löschbereit im Bestimmungshafen liegt.

9. *Ab Kai (ex quai) verzollt / unverzollt:* Die Kostenlast und das Transportrisiko gehen auf den Käufer über, wenn die Ware auf dem Kai des Bestimmungshafens zur Verfügung steht (1) unverzollt: schon vor der Verzollung, (2) verzollt: erst nach der Verzollung.

Die Preise *„Frachtbasis"*, *„Frachtgrundlagen"* oder *„Frachtparität"* sind eine Abart der Frankopreise. Sie werden angewandt, wenn bei Geschäftsabschluß noch nicht feststeht, von welchem Ort aus der Verkäufer liefern wird, oder nach welchem Ort hin der Käufer wird beziehen wollen. Dem Käufer wird keine höhere Fracht berechnet, als durch die Klausel ausgedrückt ist.

(7) Die Zahlungsbedingungen

Die Zahlungsbedingungen enthalten Vereinbarungen über den Zahlungsort und vor allem über den Zahlungszeitpunkt von Geldschulden.

Der **Zahlungsort** ist der Erfüllungsort für die Bezahlung der gelieferten Ware. Er ist, sofern nicht etwas anderes vereinbart wurde, der Wohnort bzw. der Ort der Geschäftsniederlassung des Schuldners.

Der **Zahlungszeitpunkt** kann grundsätzlich in folgender Weise festgelegt werden:

(1) *Vereinbarung der Vorauszahlung;* sie wird vor allem bei unbekannten oder unsicheren Kunden bedungen;

(2) *Übergabe gegen Bezahlung;* diese Zahlungsbedingung ist ohne Risiko, wenn die Bezahlung bei der Übergabe am Erfüllungsort sofort nach Geschäftsabschluß erfolgen muß („Z u g   u m   Z u g"); auch die Sendung der Ware durch die Post gegen „Nachnahme" gehört hierher;

(3) *Zahlung nach Übergabe;* sie wird durch die Klauseln ausgedrückt: „sofort Kassa", „gegen bar" (s. oben);

(4) *Vereinbarung eines Zahlungszieles (Lieferantenkredit).* Es kommen hierbei kurz-, mittel- und langfristige Kredite vor. Neben dem o f f e n e n oder u n - g e d e c k t e n   K r e d i t begegnen wir hier dem s i c h e r g e s t e l l t e n   K r e d i t , und zwar Kredit gegen Akzept, im Überseeverkehr gegen D o k u - m e n t e n w e c h s e l (dokumentierte Tratte, documentary bill). Bei der Sicherstellung durch die verkaufte Ware behält sich der Verkäufer das Eigentum bis zur endgültigen Bezahlung vor (E i g e n t u m s v o r b e h a l t).

III. Literaturhinweise

Diehm, G.: Grundzüge des industriellen Einkaufs. Wiesbaden 1959.

Der Einkauf im Industriebetrieb als unternehmerische und organisatorische Aufgabe. Hrsg.: Arbeitskreis Weber/Hax der Schmalenbach-Ges. Köln/Opladen 1960.

Reddewig, Georg u. Hans-Achim Dubberke: Einkaufsorganisation und Einkaufsplanung. Wiesbaden 1959. (Auch in „Die Wirtschaftswissenschaften".)

Tengelmann, C.: Das Recht des Einkaufs. Wiesbaden 1964.

Trautmann, W. P.: Die Wertanalyse im Einkauf. Berlin/Baden 1960.

Siehe auch die Literaturhinweise auf S. 397.

C. Lagerhaltung und Lagerwirtschaft

Wir haben uns zuletzt mit der Beschaffung, der „ersten" betriebswirtschaftlichen Funktion befaßt, die am Anfang des betriebswirtschaftlichen „Kreislaufs" steht. Die Lagerfunktion, mit der wir uns nunmehr beschäftigen wollen, wird von den meisten Betriebswirtschaftlern zwar nicht als Hauptfunktion angesehen, sondern je nach Art des Lagers der Beschaffung, der Fertigung (Zwischenlager) oder dem Absatz zugerechnet. Sie hat trotzdem eine sehr große Bedeutung, wenngleich sie in der Praxis und der Literatur häufig etwas stiefmütterlich behandelt wird.

I. Die Bedeutung der Lagerfunktion

Wert und Bedeutung der Lagervorräte in der Wirtschaft

Der Wert der Lagerbestände in der Wirtschaft wird meist weit unterschätzt. Es ist allerdings nicht möglich, genauere Zahlen über die Höhe der Lagervorräte in der Wirtschaft zu ermitteln. Gelegentlich wurden fundierte Schätzungen vorgenommen. So setzte Prof. Julius Hirsch für das Jahr 1926 die Lagervorräte in Deutschland auf rd. 30 Milliarden RM an, das Statistische Bundesamt schätzte die Vorräte in der Bundesrepublik für 1954 auf 40 Milliarden DM, gegenwärtig kann man sie mit etwa 50—55 Milliarden DM ansetzen. Davon dürften schätzungsweise etwa rd. 25 Milliarden DM auf die Lagervorräte der Industrie, rd. 20 Milliarden DM auf die des Handels und rd. 10 Milliarden DM auf die der Landwirtschaft entfallen. Die Größe dieses Betrages wird besonders deutlich, wenn man in Betracht zieht, daß sie etwa ein Fünftel des Volkseinkommens ausmacht.

Bei einer derartigen Höhe der Lagervorräte wird es verständlich, daß der „*Lagerzyklus*", der durch die sehr erheblichen, z. T. saisonalen Schwankungen der Lagerhaltung verursacht wird, die Konjunkturlage stark beeinflußt. Ist der Auftragseingang rückläufig, so werden weite Teile der Wirtschaft, insbesonder der Handel, veranlaßt, ihre Lagerbestände übermäßig stark abzubauen. Dadurch wird die rückläufige Bewegung der Konjunktur noch unter Umständen verstärkt.

Wird nun die Wirtschaft dieser großen Bedeutung der Lagerhaltung durch eine entsprechende L a g e r r a t i o n a l i s i e r u n g gerecht?

Die Deutsche Bank hat vor dem Krieg eine U m f r a g e an 800 große Firmen über die Möglichkeit der Lagerrationalisierung gerichtet. Die eingegangenen Antworten ergaben: 85 % der Befragten maßen diesem Problem keine besondere Bedeutung bei, 5 % sahen überhaupt keine Möglichkeit einer solchen Rationalisierung, nur 10 % berichteten über die Erfolge ihrer Lagerrationalisierung. Inzwischen mag sich infolge der Entwicklung des Kostenwesens und der Planung vieles gebessert haben, doch wird sicherlich der Lagerwirtschaft auch heute noch nicht die Bedeutung beigemessen, die ihr zukommt.

Die relative Größe der Lager

Die relative Größe der Lager in den einzelnen Wirtschaftszweigen ist außerordentlich verschieden. Wir sprechen sogar von „l a g e r b e t o n t e n B e - t r i e b e n" (E. Schäfer) in Industrie (z. B. Möbelindustrie, Klavierbau), im Großhandel (Holzhandel, Weinhandel, Hopfenhandel) und im Einzelhandel (Juweliere, Apotheken).

Die r e l a t i v e G r ö ß e d e r L a g e r ist von den v e r s c h i e d e n s t e n F a k t o r e n a b h ä n g i g ; es sind vor allem:

(1) *Betriebsgröße:* Mit dem Anwachsen der Betriebsgröße sinkt im allgemeinen die relative Größe der Lager.

(2) *Größe des Sortiments:* Je größer das Sortiment eines Betriebes ist, um so größer werden auch die Lager sein. Einproduktbetriebe sind vom Standpunkt der Lagerhaltung das idealste.

(3) *Starke Schwankungen in Beschaffung und Absatz,* insbesondere bei Saisonbetrieben, so vor allem in der Landwirtschaft und der Nahrungsmittelindustrie, aber auch bei vielen Verbrauchsgüterindustrien, z. B. Bekleidungsindustrie (Frühjahrs- und Herbstsaison).

(4) *Umsatzhäufigkeit:* Bei Molkereien und im Milchhandel ist die Umsatzhäufigkeit außerordentlich groß, bei Goldschmieden und Juwelieren ist sie ungewöhnlich klein. Jene bedingen kleine, diese große Lager.

(5) *Schwankungen im Produktionsablauf und der Produktionsdauer:* Bei Einzelfertigung werden die Lagerbestände im allgemeinen größer sein müssen als bei Fließfertigung.

(6) *Konjunkturschwankungen* beeinflussen die relative Lagergröße außerordentlich (Absatzkrisen).

Lagerkennzahlen

Zur Errechnung der relativen Größe der Lager dienen vor allem d r e i K e n n - z a h l e n :

1. Der **Lagerumschlag,** die Umsatzhäufigkeit des Lagers: Sie gibt an, wie oft das Lager in einer Zeitperiode (einem Jahr oder einem Monat) umgesetzt wird. Sie wird errechnet, indem man den Umsatz durch den durchschnittlichen Lagerbestand dividiert. Dabei ist jedoch zu beachten, daß für die Berechnung ein einheitlicher Verrechnungspreis verwendet wird, sofern die einzelnen Lagerbestände mit ihren meist abweichenden Beschaffungspreisen verbucht sind.

Auch erhält man in der Regel falsche Ergebnisse, wenn man den Bestand an einem bestimmten Zeitpunkt erfaßt und der Rechnung nicht Durchschnittswerte (etwa arithmetisches Mittel zwischen dem Anfangsbestand und dem Endbestand) zugrunde legt. In der Rechnung darf schließlich nur d e r Umsatz berücksichtigt werden, der über das Lager geht.

2. Die **Lagerreichweite** (Henzel) oder **Lagerdauer:** Sie besagt, für welche Zeit (z. B. Tage oder Wochen) das Lager für den Absatz ausreicht, und ergibt sich aus der Division von 360 (Tage) durch den Lagerumschlag.

3. Der **Lager-Kapitalanteil:** darunter verstehen wir die Verhältniszahl zwischen dem Lagerbestand und dem in der Unternehmung arbeitenden Kapital.

F. H e n z e l , dem wir hier folgen, hat diese Kennzahlen für zahlreiche Wirtschaftszweige errechnet (Lagerwirtschaft, Essen 1950, S. 10 ff.); den Zahlen liegen Vorkriegswerte zugrunde.

Die Lagerhaltung im Großhandel

Warengattung	Lagerumschlag im Mittel jährlich	Lagerreichweite in Wochen	Lagerkapitalanteil in % des Gesamtkapitals
1. Tabakwaren	20,0	2,5	30,0
2. Kohle	11,5	6,0	4,5
3. Eisen und Stahl	5,5	9,5	27,0
4. Holzhandel	4,0	11,5	33,5
5. Baustoffe	7,5	7,0	19,0
6. Fahrräder und -teile	5,0	10,5	41,5
7. Eisenwaren	6,0	9,0	29,0
8. Rundfunkgeräte	15,5	3,5	13,0
9. Schwerchemikalien	10,0	5,0	22,0
10. Textilstoffe	4,5	11,0	35,5

Den höchsten L a g e r u m s c h l a g weist der Tabakhandel auf; dort wurde bei den einzelnen untersuchten Betrieben das Lager, je nach der Betriebsgröße, zwischen 13,6mal und 31,3mal, im Mittel also 20mal, umgesetzt. Im Holzhandel und bei Textilien ist die Umschlagsziffer am geringsten. Die Zahlen über die

Die Lagerhaltung im Einzelhandel

Warengattung	Lagerumschlag im Mittel jährlich	Lagerreichweite in Wochen	Lagerkapitalanteil in % des Gesamtkapitals
1. Kolonialwaren	8,0	6,0	29,0
2. Obst und Gemüse	25,0	2,0	10,0
3. Milch	77,0	0,7	5,5
4. Textilwaren aller Art	4,5	18,0	44,0
5. Möbel	4,0	12,5	29,5
6. Eisen-, Stahl- u. Metallwar.	3,0	18,0	35,0
7. Fahrräder u. Nähmaschinen	4,5	12,0	26,5
8. Juw., Gold- u. Silberw., Uhr.	2,0	30,0	44,5
9. Warenhäuser	6,0	7,5	26,0

Lagerreichweite zeigen, daß im Tabakgroßhandel der Lagerbestand nur für einen Umsatz von 2,5 Wochen ausreicht, im Holzhandel für 11,5 Wochen. — Der Lager-Kapitalanteil ist bei Fahrrädern und Fahrradteilen am größten, im Kohlengroßhandel am geringsten.

Der Lagerumschlag im Einzelhandel schwankt zwischen 3 und 77. Er ist im Milchhandel am größten, im Einzelhandel mit Eisen-, Stahl- und Metallwaren am gerinsten. Die Lagerreichweite ist am höchsten im Handel mit Juwelen, Gold- und Silberwaren, am niedrigsten im Milchhandel. Während beim Großhandel der Lager-Kapitalanteil mit zunehmender Betriebsgröße stieg, ist diese Tendenz beim Einzelhandel nicht so eindeutig festzustellen.

Die Lagerhaltung in der Industrie
Lagerumschlag

Fabrikateumsatz : Lagerhöhe = Lagerumschlag			
Maschinenindustrie	Roh-, Hilfs- u. Betriebsstoffe im Mittel	Halbfabrikate im Mittel	Fertigfabrikate im Mittel
1. Werkzeugmaschinen	11	49	48
2. Druckereimaschinen	11	3	45
3. Landmaschinen	7	7	14
4. Elektromaschinen	16	8	11
5. Büromaschinen	22	9	30
6. Mühlenbau	6	4	27
7. Textilmaschinen	9,5	7	83
im Mittel	12	6	29

Allerdings sind die Zahlen des Lagerumschlags in der Industrie — wie F. Henzel selbst ausdrücklich hervorhebt — wenig aussagefähig, da der Lagerumschlag bei den einzelnen Betrieben der gleichen Wirtschaftszweige teilweise ungewöhnlich stark voneinander abweicht. So betrug die Streuung bei dem Lagerumschlag in Fertigfabrikaten der Landmaschinenindustrie 3,5 bis 1000. Um hier zu aussagefähigen Ziffern zu gelangen, bedürfte es umfangreicher Erhebungen, die sich vor allem auch auf zuverlässiges Zahlenmaterial gründeten.

II. Aufgaben der Lagerhaltung

Die verschiedenen Zwecke der Lagerhaltung

Es wäre das betriebswirtschaftliche Ideal, wenn „der Einkauf von der Hand in den Mund" lebte, d. h., wenn gerade soviel eingekauft würde, wie im Augenblick zur Produktion (Industrie) oder zum unmittelbaren Absatz (Handel) benötigt würde. In diesem Fall gäbe es keine Lager (ausnahmsweise kommt das im sogenannten Streckengeschäft des Großhandels vor, bei dem die Ware das Lager des Großhändlers gar nicht berührt, wie dies z. T. im Eisenhandel der Fall ist). Ein solcher lagerloser Betrieb würde Kapital und

R a u m sparen, und es würden der fast bei jeder Lagerhaltung entstehende
V e r l u s t u n d S c h w u n d sowie die Veraltung fortfallen. Doch müssen fast
immer mehr oder weniger große Lager aus folgenden Gründen gehalten werden:

1. Die B e s c h a f f u n g ist nie ganz zuverlässig durchführbar, Verzögerungen
in der Anlieferung von Materialien sind an der Tagesordnung. Sie könnten sich
katastrophal auf den Produktionsablauf auswirken, wenn keine ausreichenden
Lager vorhanden wären.

2. Der P r o d u k t i o n s a b l a u f z w i s c h e n d e n e i n z e l n e n P r o -
d u k t i o n s p h a s e n ist fast nie so reibungslos, daß nicht Zwischenläger eingerichtet werden müßten.

3. Der A b s a t z , insbesondere bei Massenproduktion, verläuft sehr unregelmäßig, so daß zwangsläufig mehr oder weniger große Lager von Fertigfabrikaten gebildet werden müssen.

4. Eine Reihe von Produkten bedarf aus physikalischen, chemischen oder biologischen Gründen der Lagerung; so muß das grüne Holz in den Möbelfabriken
erst trocknen, ehe es verarbeitet werden kann.

5. Bestimmte Produkte können nur saisonal erzeugt werden (insbesondere
landwirtschaftliche Erzeugnisse).

Wir können daraus **zwei Hauptfunktionen** der Lagerhaltung ableiten: 1. „die
A u s g l e i c h s f u n k t i o n f ü r S t a u u n g e n" (Mellerowicz) und 2. „die
U m f o r m e r f u n k t i o n" (Kalveram).

Die Ausgleichsfunktion für Stauungen

Das Lager hat die Aufgabe, die im Güterkreislauf des Betriebes ständig auftre-
tenden unvermeidbaren S p a n n u n g e n z w i s c h e n E r z e u g u n g u n d
B e d a r f in geeigneter Weise zu überbrücken. Das Lager ist gleichsam das
Ausgleichs- und Sicherheitsbecken zur Ermöglichung eines gleichmäßigen
Arbeitsflusses und einer ungestörten Belieferung der Kundschaft. Zwischen
Anlieferung durch den Vorlieferanten und Produktionsbeginn, zwischen den
verschiedenen Produktionsstufen und zwischen Beendigung der Produktion
und Belieferung der Kunden muß jeder den glatten Arbeitsablauf hindernde
Mangel an Rohmaterialien sowie an Halb- und Fertigfabrikaten durch Einbau
von Lagern verhindert werden.

Dabei ist es notwendig, durch eine B e s c h a f f u n g s - u n d L a g e r p l a -
n u n g , d. h. durch sorgsame Vorausberechnung und Abstimmung der Anforderungen des Betriebes den Nachschub so zu gestalten, daß die Eingangslager
möglichst gering gehalten werden. Durch lückenlose Folge der hintereinander
geschalteten Produktionsgänge lassen sich Zwischenlager weitgehend einschränken, wie auch Fertiglager in vielen Fällen vermeiden, wenn die Abliefe-
rungstermine der Erzeugnisse auf die Endtermine der Produktion abgestimmt
werden. Dadurch werden Zinsen gespart und das Materialrisiko wird verringert.

Weiterhin führt die zweckmäßigste Wahl der Bestellmengen (o p t i m a l e
B e s t e l l m e n g e) und der Bestellzeiten zur billigsten Eindeckung, weil die

Rücksichtnahme auf die Bedürfnisse des Lieferanten diesen vor unliebsamen Belastungen schützt und ihm daher günstigere Preisstellungen ermöglicht. Eine zweckmäßige Lagerwirtschaft ermöglicht es ferner, die einzelnen Fertigungsprozesse auf die *rationellsten Losgrößen und Auflagehöhen* abzustellen und Einrichtungs-, Anlauf- und Umlaufkosten zu sparen, so daß Kostensenkungen entstehen, gegenüber denen die Kostensteigerungen durch Zwischenlagerung von Teilen und Halbfabrikaten zurückbleiben.

Die Lager im Industriebetrieb dienen also der Überbrückung von Spannungen zwischen Einkaufsmöglichkeiten und Materialbedarf der Fertigung, zur Ermöglichung einer fließenden Produktion in geeigneten Losgrößen und zur Überbrückung von Spannungen zwischen Erzeugung und Kundenwünschen.

Die Umformerfunktion des Lagers

Das Lager als Umformer hat in gewissem Umfang eine produktionswirtschaftliche Aufgabe, denn die Materialien werden dem Lager in einem noch nicht bearbeitungsfähigen Zustand zugeführt und verlassen es verwendungsfähig. Das Lager ist in diesem Fall erforderlich zur „Entspannung", zum Trocknen oder zum „Ausruhen" des Materials. Gießereiprodukte würden sich verziehen, wenn sie in „grünem" Zustand an der Werkbank bearbeitet würden. Hölzer müssen vor der Bearbeitung einen bestimmten Grad der Austrocknung erreicht haben. Auch zur Durchführung von Gärungs- und Reifeprozessen (Wein, Sekt, Leder im Gerbprozeß, Malz in der Mälzerei) bei entsprechenden Temperaturen und Feuchtigkeitsgraden ist eine kürzere oder längere Lagerzeit erforderlich. Hier sind häufig Lagerung und Produktionsprozeß nicht mehr scharf zu trennen. (Vgl. auch Kalveram, Industriebetriebslehre, 8. Aufl. 1973.)

III. Arten der Lager

Entsprechend dem Betriebsablauf können wir drei Gruppen von Lagern unterscheiden:

1. die R o h - , H i l f s - u n d B e t r i e b s s t o f f - L a g e r ,
2. die Z w i s c h e n l a g e r (Umlaufslager) und
3. die F e r t i g w a r e n l a g e r .

Die Aufgabe dieser Lager geht aus der Bezeichnung klar hervor. Doch werden sie in der Regel noch in verschiedene U n t e r l a g e r eingeteilt.

1. Roh-, Hilfs- und Betriebsstoff-Lager

E i n g a n g s l a g e r : In ihm werden die eingehenden Roh- und Hilfsstoffe sowie Werkzeuge und dergleichen bis zur Eignungsprüfung und Entscheidung über ihre Verwendung im Betrieb eingelagert.

H a u p t l a g e r : Es ist das Lager, das alle für die normale Fertigung erforderlichen Rohstoffe, Teile, Werkzeuge und dergleichen aufnimmt. Ein z e n - t r a l e s Hauptlager hat den Vorteil großer Übersichtlichkeit, geringer Raum- und Verwaltungskosten und einfacher Bestands- und Bewegungskontrolle. In

Großbetrieben fehlt allerdings häufig bei einer zu starken Zentralisation der Lagerhaltung der notwendige Kontakt zu den Betriebsstellen. Es wird deshalb dort oft erforderlich sein, entweder *mehrere* Hauptlager einzurichten oder aber in geschickter Kombination von Zentralisation und Dezentralisation von dem zentralen Hauptlager mehrere U n t e r l a g e r , die den einzelnen Fertigungsstellen angepaßt werden, abzuzweigen.

S e l b s t ä n d i g e N e b e n l a g e r . In ihnen werden Materialien, Werkzeuge usw. gelagert, die nur in einer Abteilung benötigt werden.

H a n d l a g e r o d e r W e r k s t o f f l a g e r : Sie dienen zur Bereithaltung von ständig benötigten Kleinmaterialien und Werkzeugen an den einzelnen Arbeitsplätzen.

H i l f s l a g e r : In ihnen werden vorübergehend Überschußmengen, z. B. aus Gelegenheitskäufen, aufgenommen, weil man die Ordnung im Hauptlager nicht stören will. Sie dienen zuweilen auch als ständige R e s e r v e l a g e r , in denen keine dauernden Bewegungen erfolgen, so daß sie vom laufenden Eingangs- und Ausgangsverkehr nicht berührt werden.

K o n s i g n a t i o n s l a g e r finden wir gelegentlich, um die eigenen Lagerbestände zu verringern. Der Lieferant legt auf seine Kosten in dem Fertigungsbetrieb ein Lager an, über das jederzeit verfügt werden kann. In der Regel bezahlt der Betrieb die Prämienbeträge für Feuer-, Diebstahl- und Wasserschädenversicherung und übernimmt für alle Schäden, die aus nichteinwandfreier Lagerung und Behandlung entstehen, die Ersatzpflicht.

L a g e r f ü r I n v e s t i t i o n s b e d a r f werden eingerichtet, wenn zur Ausführung eines Auftrages neue Fertigungseinrichtungen (Gesenke, Werkzeuge, Modelle usw.) beschafft werden müssen. Sie dienen zur vorübergehenden Einlagerung dieser Investitionsgüter.

2. Umlaufslager (Zwischenlager)

Z w i s c h e n l a g e r (im üblichen Sinne). Sie sind in der Regel nicht zu vermeiden, da die Einzelteile der einzelnen Fertigungsstufen von den sich anschließenden Fertigungsstufen in unterschiedlichen Mengen und zu unterschiedlichen Zeiten benötigt werden. Würden solche Lager fehlen, so wären Unterbrechungen und Umstellungen der Teilefabrikation und eine hohe Belastung der Maschineneinrichtung unvermeidlich. Für die einzelnen Teile müssen deshalb L o s g r ö ß e n gewählt werden, die eine rationelle Fertigung ermöglichen.

Ü b e r f l i e ß l a g e r werden eingerichtet, um gelegentlich auftretende Spitzenmengen einzulagern. Solche Lager sind notwendig, wenn nur gelegentlich Spitzen auftreten, derentwegen man den auf den durchschnittlichen Bestand dimensionierten Lagerraum nicht ausdehnen möchte.

3. Fertigwarenlager

F e r t i g w a r e n l a g e r (im üblichen Sinne) nehmen die Endprodukte auf und unterstehen bereits dem Vertriebsbereich. Häufig verzichtet man auf diese üblichen Fertiglager oder beschränkt sie auf geringe Bestände; die Erzeugnisse

werden dann vor der letzten Produktionsphase, der Ausstattung, in Z w i -
s c h e n l a g e r n gelagert, um sie nach Eingang der Bestellung den besonderen
Kundenwünschen gemäß zu gestalten. Die Verwaltung solcher Zwischenlager
untersteht vielfach bereits dem Vertrieb, jedenfalls müssen sie mit dem Vertrieb in engster Verbindung stehen.

B e r e i t s t e l l u n g s l a g e r : In ihnen werden Erzeugnisse eingelagert, die
nach besonderen Kundenwünschen gefertigt wurden und die von dem Kunden
abgenommen werden müssen.

L a g e r   f ü r   H a n d e l s w a r e n   werden eingerichtet, wenn das Unternehmen auch Handelswaren fremder Herstellung führt, die neben oder mit den
eigenen Produkten abgesetzt werden.

IV. Die Lagerplanung

Die Stellung der Lagerplanung im Gesamtplan

Es ist Aufgabe der Lagerplanung, durch sorgsame Vorausberechnung die optimale Lagerhöhe zu ermitteln. Die Lagerplanung ist also eine P l a n u n g   d e r
L a g e r b e s t ä n d e .

Da das Lager eine Ausgleichsfunktion zwischen Fertigung und Absatz oder Fertigung und Beschaffung oder zwischen einzelnen Fertigungsprozessen hat, ist die
Lagerplanung auch unmittelbar abhängig von der A b s a t z - ,   F e r t i g u n g s -
und B e s c h a f f u n g s p l a n u n g .

Die F i n a n z p l a n u n g   wird gleichfalls von der Lagerplanung beeinflußt,
und zwar um so mehr, je größer die Lager sind. Umgekehrt beeinflußt der
Finanzplan auch die Lagerhaltung, so etwa, wenn größere, sehr günstige
Beschaffungsmöglichkeiten wegen mangelnder Liquidität nicht ausgenutzt werden können.

Gleichfalls spielt die Lagerplanung auch in der K o s t e n p l a n u n g   eine sehr
gewichtige Rolle; darauf kommen wir noch bei der Behandlung der Plankostenrechnung zurück.

Der optimale Lagerbestand

Der optimale Bestand ist der Bestand, bei dem die größte Wirtschaftlichkeit der
Lagerhaltung erreicht wird. Die Kosten nicht nur der Lagerhaltung, sondern
vor allem die des Einkaufs müssen ein Minimum sein. Er ist infolge der schwankenden Beschaffungs- und Verbrauchsverhältnisse exakt gar nicht zu bestimmen. Der eiserne Bestand ist nicht zum optimalen Lagerbestand hinzuzurechnen. Weiterhin muß berücksichtigt werden, daß die Lagerdisposition nur ein
Teil der Betriebspolitik ist und auch von manchen Faktoren der allgemeinen
Betriebspolitik beeinflußt werden kann. So kommt es häufig vor, daß aus
Liquiditätsgründen der optimale Lagerbestand unterschritten wird. Mellerowicz zieht deshalb den Begriff „gewünschte Bestandshöhe" dem Begriff „optimaler Lagerbestand" vor.

Die unterste Grenze des optimalen Lagerbestandes ist die M i n d e s t e i n -
d e c k u n g , das ist ein Lagervorrat, der mindestens vorhanden sein muß, um
die normale Produktion aufrechtzuerhalten. Er braucht nicht mit dem optimalen Lagerbestand übereinzustimmen.

Weiterhin muß der z u k ü n f t i g e B e d a r f berücksichtigt werden, d. h. die
Verbrauchsmengen der einzelnen Materialarten. Er ist um so schwieriger zu
bestimmen, je komplizierter der Produktionsablauf ist. Mellerowicz (Betriebswirtschaftslehre der Industrie, 6. Aufl. 2. Bd., Freiburg 1968) zeigt an einem
praktischen Beispiel die Errechnung der „gewünschten Bestandshöhe":

„Die gewünschte Bestandshaltung soll ein Dreimonatsbedarf sein, die Lieferzeit
1 Monat, die Zeitspanne für ökonomische Ergänzung 2 Monate und die Richtzahl
7 t/Monat betragen. Das Unternehmen soll liquiditätsmäßig stark genug sein,
um eine Zeitspanne für möglichst ökonomische Ergänzung des Lagers berücksichtigen zu können. Dann ergibt sich folgende Rechnung:

	gewünschte Bestandshaltung	3 Monate
+	erwartete Lieferzeit	1 Monat
=	Mindesteindeckungszeit	4 Monate
+	Zeitspanne für ökonomische Ergänzung	2 Monate
=	Höchsteindeckungszeit	6 Monate

6 Monate $\times$ 7 t = 42 t.

Die gewünschte Bestandshöhe würde also für die betreffende Materialart 42 t
betragen."

Bei der Bestimmung des optimalen Lagerbestandes geht man in der Praxis meist
von V e r g a n g e n h e i t s z a h l e n aus und legt dem zukünftigen Bedarf
folgende Größen zugrunde: den Verbrauch der letzten Periode (Monat), den
Verbrauch im Durchschnitt der letzten Perioden oder den Verbrauch in der
gleichen Periode des Vorjahres. Bei der Zugrundelegung des Durchschnitts
mehrerer Perioden legt man in der Praxis oft für jeden Artikel feste H ö c h s t -
und M i n d e s t b e s t ä n d e fest, die nicht über- bzw. unterschritten werden
dürfen.

Um den optimalen Lagerbestand zu ermitteln, können aber auch die gleichen
Formeln, die zur Ermittlung der optimalen Losgröße und der optimalen Bestellmenge dienten, verwandt werden, denn aus ihnen ergeben sich unmittelbar die
zu planenden Bestandsbewegungen und Durchschnittsbestände, ferner verwenden diese optimalen Mengenformeln auch den Faktor Lagerkosten. Doch können
auch diese Formeln nur als Richtlinie dienen, da sie einen bestimmten gleichmäßigen Güterfluß voraussetzen. (Diese Formeln sind dargestellt oben auf
Seite 395 f. und unten auf Seite 443 f.)

Der durchschnittliche Lagerbestand entspricht regelmäßig der h a l b e n L o s -
g r ö ß e bzw. der h a l b e n B e s t e l l m e n g e .

Bei Verwendung von Lochkarten- und Elektronenmaschinen lassen sich natürlich auch hier diese Formeln noch wesentlich verfeinern.

Die Planung des Materiallagers

Das Ideal der Materialbedarfsdeckung ist die Belieferung im Zeitpunkt der Verwendung des Materials. Das ist freilich nur in Ausnahmefällen möglich. Wird der Materialbedarf nicht ausreichend gedeckt, so sind Stockungen in der Produktion unvermeidlich. Die Planung von Materialbeständen richtet sich nicht nur nach der Produktion, sondern auch nach dem E i n k a u f.

In der Materialwirtschaft empfiehlt Mellerowicz für den **Ablauf der Lagerplanung** folgenden Gang:

1. Festlegung der benötigten Materialmengen je Produktionseinheit,

2. Festxlegung der Gesamtbedarfsmengen, gegliedert nach Materialarten,

3. zeitliche Verteilung,

4. Gruppenbildung nach plantechnischen Gesichtspunkten, nämlich
   a) nach dem Produktionsprozeß,
   b) nach dem Wert,
   c) nach den Risiken,

5. Festlegung der Mindestbestände unter Berücksichtigung
   a) notwendiger Sicherheitsvorräte,
   b) der Gefahr des Veraltens,
   c) erwarteter Preisentwicklung,
   d) der Liquiditätskosten,
   e) optimaler Bestellmengen,

6. Festlegung von Beschaffungsmengen auf Grund des wirklichen Bedarfs, der notwendigen Mindestbestände und des Anfangsbestandes,

7. Aufstellung eines Einkaufsprogramms mit zeitlicher Verteilung unter Berücksichtigung optimaler Mengen (Mengenrabatte) und Transportkosten,

8. Überprüfung des Budgets an Hand gegebener Umschlagskennziffern,

9. Umrechnung von Mengen auf Werte,

10. Auswertung der Planzahlen zur Verwendung für die Finanzplanung.

Planung der Absatzlager

Die Planung der Absatzlager richtet sich zunächst nach der Spannung zwischen dem Rhythmus des Absatzes und dem der Produktion. Wir haben die verschiedenen Möglichkeiten dieser Spannung bereits kennengelernt (s. oben S. 409 f.).

Verlaufen Absatz und Fertigung im gleichen zeitlichen Rhythmus, ist ein Lager nicht erforderlich. Doch diesen Idealfall des lagerlosen Betriebes gibt es praktisch nur bei der Einzelfertigung. Bei der Massenproduktion ist, auch wenn Absatz- und Fertigungsprogramm identisch sind, ein Lager als Sicherheitsreserve notwendig, um unvorhersehbare Stockungen der Produktion ausgleichen zu können. In allen anderen Fällen ist ein um so größeres Lager notwendig, je größer die Spannungen zwischen Fertigung und Absatz sind.

Lagerpolitik

Die Lagerpolitik hat als Ziel, das Material nach Art, Menge und Zeit so zu disponieren, daß jederzeit das benötigte Material in ausreichender Menge und in der erforderlichen Qualität zur Verfügung steht (optimale Lagerhaltung, s. oben). Das Problem ist damit natürlich nicht gelöst, daß überdimensionierte Bestände gelagert werden, denn dadurch steigen die Kosten z. T. ganz erheblich. Das mag selbstverständlich erscheinen, und doch wird in der Praxis häufig dagegen verstoßen.

Eiserner Bestand

Um gegen alle Beschaffungsrisiken geschützt zu sein, halten die Betriebe einen eisernen Bestand, das ist ein langfristig gleichbleibender Vorrat an Materialien, der auch bei den größten Lieferungs- und Transportschwierigkeiten eine reibungslose Fortführung der Produktion gewährleistet. Der eiserne Bestand ist im Verhältnis zum Gesamtbestand in den einzelnen Wirtschaftszweigen außerordentlich verschieden. Sind z. B. die Beschaffungsverhältnisse im allgemeinen sehr unsicher, so muß von den betreffenden Rohstoffen ein sehr großer eiserner Bestand gehalten werden.

V. Kosten der Lagerhaltung und Lagerpolitik

Die Kosten der Lagerhaltung sind sehr beträchtlich. Sie lassen sich nach F. H e n z e l (a. a. O., ähnlich Mellerowicz, Bd. II) in drei große Gruppen zusammenfassen:

I. **Kosten der reinen Lagerung:** Sie zerfallen in:

1. **Raumkosten** für die Bereitstellung eines zweckentsprechenden Lagerraumes; sie umfassen folgende Kostenarten:

   A b s c h r e i b u n g e n auf das Lagerinventar sowie die Lagergebäude,

   V e r z i n s u n g für das Kapital, das in Lagerinventar (nicht in den Lagerbeständen) und in den Lagergebäuden gebunden ist,

   V e r s i c h e r u n g (Feuer, Diebstahl, Wasser, Katastrophen usw.) der Lagergebäude und des Lagerinventars,

   A n t e i l i g e V e r m ö g e n s t e u e r,

   B e l e u c h t u n g s k o s t e n und H e i z u n g s k o s t e n,

   I n s t a n d h a l t u n g s k o s t e n.

2. **Kosten aus den Lagerbeständen selbst:**

   V e r z i n s u n g des in den Beständen selbst gebundenen Kapitals,

   V e r s i c h e r u n g der Bestände selbst gegen Feuer, Diebstahl, Wasser usw.,

   V e r d e r b und S c h w u n d,

   Sonstige M e n g e n - oder G ü t e m i n d e r u n g e n (Veraltung), Verschiedene anteilige S t e u e r n.

II. Die Kosten der Behandlung lagernder Güter

1. **Kosten der Güterbewegung:** Einlagern einschl. Ausladen, Auslagern, Umlagern, Kosten für Bedienung und Betrieb der Transport- und Ladeeinrichtungen, Gleisanlagen usw.

2. **Kosten für quantitative oder qualitative Erhaltung:** Wasserzusatz zur Verhütung des Eintrocknens, Umschaufeln, Wenden usw., Ausbessern der Verpackung, Beseitigung entstandener Schäden usw.

3. **Kosten für qualitative Veränderung:** Mischen, Bearbeiten, Pflege bei Wein; **für quantitative Veränderung:** Teilen, Zerlegen, Abschneiden, Zurichten für die nachfolgende Bearbeitung usw.

4. **Kosten für sonstige Behandlung:** Auszeichnen, Probenehmen, Bemustern, Verwiegen, Zählen, Verpacken usw.

III. Die Kosten der Lagerverwaltung.
Hierzu gehören vor allem die Personalkosten, aber auch alle sonstigen Aufwendungen für Erfassung und Überwachung.

VI. Literaturhinweise

Brunnberg, J.: Optimale Lagerhaltung bei ungenauen Daten. Wiesbaden 1970.

Franzen, B.: Materialgerechte Planung eines Lagers. Düsseldorf 1959.

Grochla, Erwin: Grundlagen der Materialwirtschaft. Das materialwirtschaftliche Optimum im Betrieb. 2. Aufl., Wiesbaden 1973.

Göldner, J.: Aufbauorganisation der industriellen Lagerwirtschaft. Berlin 1960.

Henzel, Friedrich: Lagerwirtschaft. Essen 1950.

Klingst, A.: Optimale Lagerhaltung. Würzburg 1971.

Kroeber-Riel, W.: Beschaffung und Lagerung. Wiesbaden 1966.

Raasch, Karl: Lagerbuchführung und Lagerverwaltung. Wiesbaden 1950.

Schimmler, Harry: Der Lagerzyklus. Lagerbewegung und Konjunkturverlauf in empirischer Sicht. Berlin 1958.

Stephanic-Allmayer, Karl: Wirtschaftliche Lagerorganisation. Wien/Bregenz 1950.

Fünftes Kapitel

Die Produktion

A. Gestaltung der Produkte und der Produktion

I. Begriff und Wesen der Produktion

Die Begriffe: Produktion, Fertigung, Erzeugung

P r o d u k t i o n   i m   w e i t e r e n   S i n n e   oder „*Leistungserstellung*" (Gutenberg) ist die Herstellung wirtschaftlicher Güter — sowohl materieller wie
immaterieller Güter — sowie die Erstellung von Dienstleistungen. Dieser vorwiegend in der Volkswirtschaftslehre gebrauchte Begriff umfaßt also alle Funktionen der Betriebswirtschaft, nämlich Beschaffung, Produktion im engeren
Sinne, Finanzierung und Absatz (vgl. auch oben. S. 30).

P r o d u k t i o n   i n   e n g e r e m   S i n n e, *Erzeugung* oder *Fertigung* ist jene
Funktion des Betriebes, die die Erzeugung der Sachgüter vollzieht und die von
den Funktionen Beschaffung, Finanzierung und Absatz abgegrenzt wird. In
diesem Sinn wird der Begriff Produktion in diesem Kapitel verwandt.

Wegen der Doppeldeutigkeit des Begriffes Produktion (im weiteren Sinne und
im engeren Sinne) wird von einigen Betriebswirtschaftlern (Riebel: Industrielle
Erzeugungsverfahren, 1963) der Terminus „Produktion (im engeren Sinne)"
vermieden und statt dessen das Wort „*Erzeugung*" gebraucht. Auch der Ausdruck „*Fertigung*" im Sinne von Produktion im engeren Sinne wird von einigen Autoren (Hennig: Betriebswirtschaftslehre der industriellen Erzeugung,
1960, Riebel, a. a. O.) nicht benutzt, sie sind der Ansicht: „Das Wort Fertigung
wird im allgemeinen im engeren Sinne für die mechanische, nicht aber für die
chemische Erzeugung gebraucht; es erlaubt nicht die Bildung eines Hauptwor-
tes, das das Ergebnis bezeichnet." (Hennig, a. a. O., S. 9). Sie verwenden das
Wort „Erzeugung".

Die Betriebsfunktion Produktion (Erzeugung) ist insbesondere eine wesentliche
Teilaufgabe des „*Sachleistungsbetriebes*" (s. oben. S. 22); doch wird auch von
einigen Betriebswirtschaftlern ein Produktionsprozeß (Erzeugungsprozeß) im
Dienstleistungsbetrieb gesehen, und in der Tat sind viele Aussagen der betriebswirtschaftlichen „Produktionstheorie" auch auf Dienstleistungsbetriebe anwendbar.

Die *Produktion (Erzeugung) der Industrie* umfaßt die Gewinnung, Umwandlung und Umformung von Sachgütern, einschließlich der Energien (vgl. Hennig,
Riebel).

Die produktionswirtschaftlichen Betriebssysteme

Die produktionswirtschaftlichen Betriebssysteme werden zunächst durch die
Maschinisierbarkeit der Produktionsprozesse bestimmt. Es gibt Arbeitsprozesse,

die sich grundsätzlich oder nach dem jeweiligen Stand der Technik nicht maschinisieren lassen und deren Arbeitsweise deshalb die *Handarbeit* ist. Danach können wir zwischen *handwerklichen Betriebssystemen* und dem *Fabriksystem*, dessen Produktionsprozesse mechanisiert und maschinisiert sind, unterscheiden.

Die verschiedenen handwerklichen Betriebssysteme sind indes vorwiegend *historisch* bedingt. Nach dem Verfall der Zünfte mit ihren handwerklichen Familienbetrieben entstand im Frühkapitalismus das industrielle *Verlagssystem*, das in vielen Wirtschaftszweigen aus den selbständigen Handwerkern unselbständige Heimarbeiter machte. Die Intensivierung des Marktverkehrs (Bedarf an Massengütern) und die organisatorischen Fortschritte führten dann im 18. Jahrhundert zur *Manufaktur*, dem handwerklichen Großbetrieb, der im 19. Jahrhundert durch die Maschinisierung zur *Fabrik* wurde.

Wir können also folgende *vier produktionswirtschaftliche Betriebssysteme*, auf die wir unten ausführlich eingehen, unterscheiden:

1. das Handwerksbetriebs-System
2. das industrielle Verlagssystem
3. das Manufaktursystem
4. das Fabriksystem.

Die Teilbereiche der Produktionsfunktion

Wir geben hier einen Überblick über die Teilbereiche der Produktionsfunktion, so weit als möglich in ihrer schematischen Ablauffolge. Die einzelnen Teilbereiche werden im folgenden Abschnitt ausführlich behandelt.

1. die P r o d u k t i o n s p r o g r a m m p l a n u n g : in zunächst langfristiger Planung wird festgelegt, welche Artikel und in welcher Menge sie hergestellt werden sollen; dieser Plan ist das Produktionsprogramm;

2. F o r s c h u n g   u n d   E n t w i c k l u n g : sie sind die planmäßige Tätigkeit im industriellen Betrieb zur Verbesserung bekannter oder zur Erfindung neuer Erzeugnisse sowie zur Verbesserung der Produktionsverfahren;

3. die k o n s t r u k t i v e   E r z e u g n i s p l a n u n g : zu ihren Aufgaben gehören vor allem der Konstruktionsentwurf für die Erzeugnisse, die Anfertigung der Zeichnungen, die technischen Berechnungen, die Ausstellung der Stücklisten für jedes Einzelteil eines Erzeugnisses, die Herstellung von Modellen, die Entwicklung von Spezialwerkzeugen usw.;

4. N o r m u n g   u n d   T y p u n g : die überbetriebliche, einheitliche und für alle beteiligten Produktionsbetriebe verbindliche Festlegung von Größen, Formen, Abmessungen, Farben, Stoffen bestimmter Einzelteile, ferner von Begriffen und Arten sowie von bestimmten Typen aus Gründen der Rationalisierung;

5. A u s w a h l   d e r   P r o d u k t i o n s v e r f a h r e n : es gibt zahlreiche Fertigungsverfahren: die manuelle und maschinelle Fertigung, Einzelfertigung, Serienfertigung und Massenfertigung, Fließfertigung usw., von denen das für die jeweilige Produktion optimale ausgewählt werden muß;

6. die Produktionsplanung (im engeren Sinne): die „periodisierte Vorschau und Budgetierung des betrieblichen Produktionsprogramms und des Produktionsvollzugs" (Mellerowicz, a. a. O);

7. die Arbeitsvorbereitung: die planmäßige Vorbereitung des industriellen Produktionsprozesses zur Sicherstellung reibungslosen Material- und Arbeitsflusses sowie zur Vermeidung von Leerlauf und Doppelarbeit bei einer nicht durch das Fertigungsverfahren zwangsläufig gebundenen Produktion;

8. Planung des innerbetrieblichen Standorts: die Planung der räumlichen Lage und der optimalen Zuordnung der einzelnen Teile eines Unternehmens sowie der einzelnen Teile eines Betriebes.

Eine andere Einteilung des produktionswirtschaftlichen Funktionsbereiches nach Grund- oder Haupt-, Teil- und Durchführungsfunktionen hat Erich Schäfer gegeben (s. oben S. 26).

II. Die produktionswirtschaftlichen Betriebssysteme

1. Das Handwerksbetriebs-System

Begriff und Wesen

Im Handwerksbetrieb werden Sachen vorwiegend in Handarbeit be- oder verarbeitet, und zwar in einem Produktionsprozeß, der sich in der Regel nur wenig oder gar *nicht maschinisieren und mechanisieren* läßt. Es werden nur einfache Universalmaschinen verwandt. Der technische Fortschritt ist deshalb im Handwerk gering; es gehört nach Fourastié dem „tertiären Sektor" an (s. oben S. 321). Das Produktionsverfahren beschränkt sich auf Einzelfertigung auf Grund von Kundenbestellungen. Nur ausnahmsweise kommt Serienherstellung vor (etwa im kunstgewerblichen Handwerksbetrieb). Die Betriebsgröße im Handwerk ist deshalb gering. Der Handwerksbetrieb beschäftigt heute im Durchschnitt 4,8 Personen, der Straßenbau-Handwerksbetrieb weist die höchste Beschäftigtenzahl auf (im Durchschnitt 33,2 Personen).

Strukturwandlung des Handwerks

Die Struktur des Handwerks hat sich innerhalb der letzten 100 Jahre außerordentlich stark gewandelt. Seit Mitte des 19. Jahrhunderts entwickelten sich die Betriebe aller der Handwerkszweige, deren Arbeitsprozeß sich maschinisieren und mechanisieren läßt, zu Industriebetrieben und verdrängten die handwerkliche Erzeugung ganz oder fast ganz (Weber, Schneider, Schuster, Gerber, Töpfer, Glasbläser, Kerzenzieher, Schreiner, Müller usw.). Man entwickelte in jener Zeit der „ersten industriellen Revolution" die Theorie vom *„sterbenden Handwerk"*, die sich aber als falsch erwies; denn es zeigte sich in der Folgezeit, daß nicht nur viele Handwerksbetriebe ihre Existenzberechtigung vollauf behielten (Baugewerbe, Friseure, Metzger, Bäcker usw.), sondern daß auch sehr viele neue Handwerkszweige entstanden (Elektrotechniker, Elektroinstallateur, Mechaniker, Kfz-Reparaturwerkstätten, Wäschereien, chemische Reinigungsbetriebe, Fototechniker, Fotolaboratorien, kunstgewerbliche Betriebe usw.). So entfallen in der Bundesrepublik etwa 30 % aller Betriebe (ohne Landwirtschaft) auf das Handwerk, 16 % aller Beschäftigten arbeiten im Handwerk, in der Industrie sind nur etwas mehr als doppelt soviel Menschen beschäftigt als im Handwerk. Der Umsatz betrug 1962 im Handwerk rund 95 Milliarden DM, in der Industrie 304 Milliarden DM. — Diese Entwicklung entspricht der Theorie Fourastiés (s. oben S. 321).

2. Das industrielle Verlagssystem

Begriff und Wesen des Verlags

Der industrielle Verlag oder der „Hausindustrie-Betrieb" beschäftigt eine größere Zahl von Heimarbeitern (den „Verlegten"), die für Rechnung des Unternehmers (Verlegers) in ihren Wohnungen Lohnaufträge ausführen. Wesentlich ist dabei, daß sich der Verleger selbst im wesentlichen auf die Beschaffungs- und die Absatzfunktion beschränkt und nicht oder nicht wesentlich produziert; doch kann auch einer Fabrik ein Verlagsbetrieb angegliedert sein, der einen bestimmten Teilbereich der Produktion übernommen hat. Die Heimarbeiter erhalten vom Verleger das zu bearbeitende Material und die benötigten Hilfsstoffe sowie meist auch die technische Ausrüstung. Häufig arbeiten die Familienmitglieder, gelegentlich auch Hilfskräfte mit, die der Heimarbeiter bezahlt. Das Produktionsverfahren ist durchweg *handwerklich*. Der Verlag ist demnach eine Konzentration vieler unselbständiger Handwerker, die früher häufig selbständig waren. Der Verlag entstand nach dem Verfall der Zünfte und erreichte seinen Höhepunkt im Frühkapitalismus (16. bis 18. Jahrhundert). Es ist bereits ein Großbetrieb, der nicht auf Bestellung, sondern für den anonymen Markt arbeitet.

Auch der B u c h v e r l a g hat seinen Namen von diesem System, da viele, früher fast alle Buchverleger, die gesamte Herstellung ihrer Verlagserzeugnisse fremden (früher durchweg kleinen) Betrieben (Druckereien, Buchbindereien) übertrugen.

Die betriebswirtschaftliche Struktur des Verlages

Der Verlag erfordert nur *geringes Anlage-*, aber *relativ hohes Umlaufkapital*, da die Produktionsdauer viel länger ist als in der Fabrik. Der Arbeiter, der oft als kleiner Landwirt nur nebenberuflich für den Verlag arbeitet, liefert meist nur einmal in der Woche seine Produkte ab; der Verleger hat ferner über den Produktionsprozeß keinerlei Kontrolle. Die Kosten des Verlages sind *fast ausschließlich variable Kosten*, das bedeutet, daß der Verlag sich wechselnden Konjunkturlagen schnell anpassen kann, er wälzt das Risiko aus Umsatzrückgang fast ganz auf seine Heimarbeiter ab. *Kostentheoretisch* zeigt sich das in dem flachen Verlauf der Durchschnittskosten-Kurve (je höher die fixen Kosten, um so gekrümmter verläuft sie). Die Nutzenzone ist deshalb sehr breit, das bedeutet eine große Anpassungsfähigkeit des Verlages (s. darüber unten S. 459).

Für die *Heimarbeiter* ist dieser Vorteil des Verlages ein sehr großer Nachteil, der in früheren Zeiten von vielen Verlegern ausbeuterisch genutzt wurde. Bei Umsatzrückgang wurden die Löhne oft unter das Existenzminimum gedrückt und dadurch auch die Kinderarbeit stark gefördert. Da Heimarbeiter meist in entlegenen Gebieten wohnen (Erzgebirge, Bayerischer Wald, Alpen, früher

Schlesisches Bergland) oder ortsgebunden sind (Kleinbauern), geraten sie auch dadurch in große Abhängigkeit von den Verlegern. Durch die *Heimarbeitergesetzgebung* (anfangs in der Gewerbeordnung, dann durch das Hausarbeitsgesetz von 1911, jetzt durch das Heimarbeitergesetz vom 14. 3. 1951) und Tarifordnungen sind die Heimarbeiter heute gegen Ausbeutung geschützt.

Die Bedeutung des Verlages

Die Bedeutung des Verlagssystems geht aus den *Zahlen über die Heimarbeiter* hervor. 1961 waren etwas über 1 % aller Beschäftigten Heimarbeiter (davon der weitaus größte Teil Frauen), nämlich insgesamt rund 200 000, davon nur 25 000 Männer. Da sich aber nur bestimmte Produkte für die Heimarbeit eignen, liegt der relative Anteil der Heimarbeiter an den Beschäftigten in *einzelnen Wirtschaftszweigen* ganz erheblich höher. 1957 waren in der *Textilindustrie* 43 100 Heimarbeiter (5,7 % der in diesem Wirtschaftszweig Beschäftigten), im *Bekleidungsgewerbe* 34 400 (4,8 %), in der *Metallwarenindustrie* 21 200 (3,5 %), in der *Tabakindustrie* 13 800 (19,1 %), in der *Spielwarenindustrie* 3900 Heimarbeiter (20,5 %) beschäftigt. In der Textil- und Bekleidungsindustrie waren 1958 in 5500 Betrieben durchschnittlich 21 Heimarbeiter, insgesamt 66 000 tätig (Statistik der Textil- und Bekleidungs-Berufsgenossenschaft).

3. Das Manufaktursystem

In der Manufaktur, dem Vorläufer der Fabrik, ist — im Gegensatz zum Verlagssystem — der *handwerkliche Produktionsprozeß in großen Werkstätten zentralisiert.* Die Arbeit ist bereits weitgehend aufgeteilt und spezialisiert; doch werden nur einfache Werkzeuge und Maschinen verwandt; die Arbeit wird mit der Hand gemacht (lat. manu factum). Das *Anlagekapital* ist deshalb auch hier gering, die *Kosten* sind größtenteils *variabel.* Die Manufaktur kann sich darum konjunkturellen Wechsellagen gleichfalls schnell anpassen, besonders bei sinkender Konjunktur. Bei steigender Beschäftigung sind oft die Facharbeiter nicht in ausreichender Zahl zu beschaffen.

Die Manufaktur entstand im *Merkantilismus* — meist als staatlicher Betrieb — und erreichte im 18. Jahrhundert ihren Höhepunkt (Textil-, Möbel-, Glas-, Töpfer- und Porzellanmanufakturen). Mit dem Anbruch des Industriezeitalters wurden die Manufakturen allmählich maschinisiert und mechanisiert und damit zu Fabriken.

Doch haben sich in einigen Industriezweigen bis *heute* Manufakturen erhalten, in denen vor allem kunstgewerbliche Produkte hergestellt werden, so Porzellanmanufakturen, Betriebe für feine Glas- und Töpferwaren, für Kunstmöbel und für feine Teppiche.

4. Das Fabriksystem

Die Fabrik, der moderne Industriebetrieb schlechthin, unterscheidet sich von der Manufaktur vor allem durch die dem jeweiligen Stand der Technik entsprechende *Mechanisierung und Maschinisierung.* Der Einsatz der Technik in der Fabrik ermöglicht eine ständig steigende *Massenproduktion* für den anonymen Markt: Einzelfertigung auf Bestellung kommt nur bei Großprojekten vor (Brückenbau, Hoch- und Tiefbau, Schiffsbau und dgl.). Die Maschinen sind ebenso wie die Arbeitskräfte spezialisiert, doch ermöglicht die Gleichförmigkeit der Arbeitsverrichtungen in erheblichem Umfang den Einsatz ungelernter oder nur angelernter Arbeitskräfte. Doch gibt es in der Fabrik auch noch handwerkliche Abteilungen (Modellschreinerei, Instandhaltungsstätten und dgl.).

Das *Anlagekapital* der Fabrik ist sehr groß, die *fixen Kosten* sind *sehr hoch*. Daher ist die Anpassungsfähigkeit der Fabrik an Beschäftigungsschwankungen relativ gering. Die Durchschnittskosten-Kurve ist stark gekrümmt, die Nutzenzone ist nur schmal. Die *Abhängigkeit der Kosten vom Beschäftigungsgrad* ist daher für die Fabrik eines der vordringlichsten betriebswirtschaftlichen Probleme und wird in der modernen „*Produktions- und Kostenlehre*" untersucht (s. unten S. 447 ff.).

III. Die Gestaltung der Produkte

1. Forschung und Entwicklung

Begriff und Arten der Entwicklung

Viele Unternehmungen, insbesondere die Großbetriebe, müssen, um konkurrenzfähig zu bleiben, ihre Produktion durch eigene Forschung ständig zu verbessern, neue Produkte zu entwickeln und die Produktionsverfahren zu vervollkommnen suchen. Der Begriff „*Entwicklung*" wird häufig sehr weit gefaßt und darunter „jede auf ‚Neues' gerichtete Tätigkeit im Betriebe" verstanden (Mellerowicz); er umfaßt dann auch die Forschung.

Das Gebiet der *Entwicklung im weiteren Sinne* teilt man im allgemeinen (wir folgen hier Mellerowicz: Betriebswirtschaftslehre der Industrie, 6. Aufl. 1968) in:

1. g e b u n d e n e E n t w i c k l u n g : streng zweckgerichtete Entwicklung, die mit einem bestimmten Auftrag eines Kunden (z. B. des Staates bei Rüstungsaufträgen) verbunden ist;

2. f r e i e E n t w i c k l u n g : Entwicklung, die auf Initiative der Unternehmensleitung durchgeführt wird:

   a) F o r s c h u n g : die Entwicklungstätigkeit ist nicht unmittelbar auf Neuentwicklung eines Produktes gerichtet. Sie kann wiederum sein:

   aa) G r u n d l a g e n f o r s c h u n g : sie hat kein unmittelbar praktisches Ziel, es ist zunächst nicht oder nicht deutlich zu erkennen, ob und für welche Anwendungsgebiete ihre Ergebnisse Bedeutung gewinnen werden (wichtig vor allem in der chemischen und der elektrotechnischen Industrie);

   bb) Z w e c k f o r s c h u n g , g e r i c h t e t e F o r s c h u n g : für ihre Ergebnisse steht bei Aufgabenstellung schon ein bestimmtes Anwendungsgebiet fest. Hat sie ihr Ziel erreicht, dann beginnt die Entwicklung im engeren Sinne;

   b) E n t w i c k l u n g i m e n g e r e n S i n n e : sie beschäftigt sich mit der Neu- oder Weiterentwicklung von Erzeugnissen (die Abgrenzung gegenüber der Zweckforschung ist nicht scharf zu bestimmen); ihr Ergebnis ist ein Modell des gewünschten Erzeugnisses;

c) E r p r o b u n g : um praktisch zu erproben, ob die Fertigung des neu-
entwickelten Produktes und gegebenenfalls wie sie aufgenommen werden soll, wird häufig eine *„Null-Serie"* aufgelegt; dabei kann sich herausstellen, daß das Produkt nicht verkaufsfähig ist oder daß es noch geändert werden muß oder daß es besondere Produktionsverfahren erfordert.

Eine andere *Einteilung* ist die in:

1. Produktentwicklung
2. Verfahrensentwicklung
3. Anwendungsentwicklung

Heute spielt die Entwicklung neuer Produkte **(Innovation)** in Theorie und Praxis eine große Rolle. Vgl. darüber: Dr. R. Marr: Innovation und Kreativität,
Wiesbaden 1973.

Das Risiko der Entwicklung

Das Risiko der Entwicklung ist sehr *erheblich* und kann aus folgenden Einzelrisiken bestehen: (1) Die Entwicklung führt zu keinem Ergebnis oder (2) ist
fertigungstechnisch nicht durchführbar. (3) Die Dauer und die Kostenentwicklung bis zur Möglichkeit einer rentablen Auswertung sind häufig nicht voraussehbar. (4) Der Markt nimmt das Erzeugnis nicht ab, weil es zu teuer wird
oder weil der Bedarf zu gering ist. (5) Das neue Erzeugnis kann nicht ausreichend geschützt werden, weil es nicht patentfähig ist oder die Konkurrenz
Substitutionserzeugnisse herstellen kann. (6) Der Fertigung stehen fremde
Schutzrechte entgegen.

Bedeutung der Entwicklung

In einigen Wirtschaftszweigen hat die Entwicklung besonders große Bedeutung.
Die Spitzenbetriebe (mit Grundlagenforschung) in der chemischen und der
elektrotechnischen Industrie wenden, gemessen am Umsatz, 8—10 % für die
Entwicklung auf, dann folgen Luftfahrt-, Automobil-, Maschinenbau- und
eisenschaffende Industrie. Mittlere und kleinere Betriebe wenden sich häufig an
selbständige Forschungsinstitute (z. B. die *Battelle-Institute* in den USA und
anderen Ländern; es sind gemeinnützige Institute für industrielle Vertrags-
forschung; das deutsche Battelle-Institut wurde 1953 in Frankfurt gegründet).

Die E n t w i c k l u n g s k o s t e n können vielfach keinem Kostenträger direkt
zugerechnet werden; das gilt insbesondere für die Kosten der Grundlagenforschung. Doch auch die Kosten der Neuentwicklung sind oft so hoch, daß sie
von anderen Erzeugnissen mitgetragen werden müssen. Häufig wird eine besondere Kostenstelle für die Entwicklungskosten eingerichtet.

2. Die konstruktive Erzeugnisplanung

Die Zeichnungen

Ist ein Produkt in das Produktionsprogramm aufgenommen, hat die Konstruktionsabteilung zunächst aus Entwurfsskizzen die G e s a m t k o n s t r u k -
t i o n s z e i c h n u n g (Zusammenstellungszeichnung) anzufertigen, sie soll
den Zusammenhang und das Zusammenwirken der Teile zeigen, ohne die Einzelheiten zu berücksichtigen. Sie dient als Grundlage für die „(E i n z e l -)

Teilzeichnungen"; für jedes einzelne Teil dieses Erzeugnisses wird eine solche Teilzeichnung angefertigt, aus der die genauen Abmessungen des betreffenden Teils mit ihren Toleranzen hervorgehen. Die Gesamt- und Teilzeichnungen sind wiederum die Grundlage für die Stücklisten.

Die Stücklisten

Die Stückliste ist die *„tabellarische Darstellung der Zeichnung"* (Mellerowicz) und „die wichtigste Grundlage der Werkstattarbeit" (Kalveram). Zunächst wird eine *Gesamtstückliste (Urstückliste)* aufgestellt, in der alle Einzelteile unter genauer Angabe der Mengen, der Abmessungen und der Stoffqualität in zusammenbaumäßiger Reihenfolge enthalten sind. Bei komplizierten Erzeugnissen kann die Gesamtstückliste noch in *Gruppenstücklisten* unterteilt werden.

Die Gesamtstückliste dient in anderer Form und in anderen Zusammenstellungen als Grundlage für 1. die *Materialstückliste*, die zeigt, wieviel des benötigten Materials im Lager vorhanden ist, wieviel selbst hergestellt werden kann und wieviel von fremden Betrieben bezogen werden muß. Sie wird für die Lagerverwaltung, die Fertigung und den Einkauf aufgelöst in: 2. die *Lagerstückliste*, das Verzeichnis des am Lager vorhandenen Materials, 3. die *Fertigungsstückliste*, Verzeichnis des im Werk herstellbaren Materials, und 4. die *Einkaufsstückliste*, Verzeichnis des über den Markt zu beschaffenden Materials.

3. Normung und Typung

Normung

Unter Normung verstehen wir die einheitliche, für alle beteiligten Unternehmen verbindliche Festlegung der Größen, Abmessungen, Formen, Farben, Qualitäten bestimmter Einzelteile, ferner die verbindliche Definition technischer und organisatorischer Begriffe sowie die Festlegung mathematischer und physikalischer Symbole. Ursprünglich lehnte man eine *überbetriebliche* Normung als nicht vereinbar mit der freien Marktwirtschaft ab, und auch heute gilt eine Absprache über Normen nach dem Kartellgesetz als Kartellvertrag, der allerdings nur anmeldepflichtig ist (s. oben S. 163 und 170). Die Vorteile der Normung sind jedoch so groß, daß sie heute gar nicht mehr wegzudenken ist. Vor der Normung gab es z. B. 5300 Ausführungen von Roststäben für Öfen, nach der Normung nur noch zwei Ausführungen mit 39 verschiedenen Größen. Die 42 Arten von Feuerwehr-Schlauchkupplungen wurden durch die Normung auf eine Art reduziert. Einkochgläser, die in unzähligen Arten auf den Markt kamen, gibt es nach der Normung nur noch in zwei Arten mit zusammen vier Größen. Die rd. 400 Sorten von Mähmaschinen-Messerklingen wurde auf eine einzige genormte Klinge reduziert.

Die betriebswirtschaftlichen Vorteile der Normung sind vor allem folgende: (1) Die Normung ermöglicht die Erzeugung in größeren Serien und senkt damit die Herstellungskosten. (2) Die Lagerhaltung wird wesentlich vereinfacht und verbilligt. (3) Die Lieferzeiten werden kürzer, da alle Normen auf Lager sind. (4) Ersatzteile können leichter ausgetauscht werden (Glühbirnen mit genormten Sockeln). (5) Die Normung der Qualitäten (Mindestgüte-vorschriften) führt zur Qualitätsverbesserung. (6) Dem Käufer wird der Einkauf wesentlich erleichtert.

Der Deutsche Normenausschuß

Um die Normarbeiten in Deutschland zusammenzufassen, wurde 1917 der „Normenausschuß der Deutschen Industrie (DIN)" gegründet, der 1926 in den gemeinnützigen Zweckverband „Deutscher Normenausschuß" umgewandelt wurde; das Verbandszeichen blieb „DIN" („*Das ist Norm*"). Er umfaßt heute 55 Fachnormen- und über 80 Arbeitsausschüsse. Die DIN-Normen werden im *Deutschen Normenwerk* zusammengestellt, das derzeit über 10 800 Normblätter umfaßt. Die Normung wird auch bereits auf internationaler Basis betrieben; Spitzenorgan ist die 1946 gegründete „International Organization for Standardization".

Typung

Während die Normung im eigentlichen Sinne sich auf Einzelteile beschränkt, ist die Typung oder Typisierung die „Normung der Endergebnisse", der fertigen Produkte. Die Typung ist jedoch — und das ist ihr Unterschied zur Normung — eine vorwiegend innerbetriebliche Angelegenheit; man sucht, um die Herstellungskosten zu verringern, die Zahl der im Betrieb hergestellten Typen soweit zu reduzieren, wie es der Markt zuläßt. So hat in Deutschland eine starke Typung in einzelnen Wirtschaftszweigen zu einer unrationellen Vermehrung der Sonderwünsche der Kunden nach Spezialanfertigungen geführt, so daß die Typungen teilweise stark zurückgingen.

Die Typung hat in der Markenartikelindustrie große Bedeutung durch die bewußte Schaffung weniger, aber guter „typischer" Produkte.

Eine *überbetriebliche Typung* kann leicht zum Kartell führen, wenn die Beteiligten die Herstellung bestimmter Typen gleichartiger Erzeugnisse unter sich aufteilen, etwa die Kühlschränke verschiedener Größen.

Das Baukastensystem

Das Baukastensystem in der Produktion beruht auch auf einer Normung bzw. Typung. Man produziert bestimmte Bauelemente und Teilaggregate nicht nur für jeweils einen Typ, sondern konstruiert die zum Programm gehörenden Typen in der Weise, daß möglichst viele Bauelemente in allen oder wenigstens einem Teil der Typen verwandt werden können. Die einzelnen Typen werden dann baukastenartig aus einigen allgemeinen Grundelementen, die in Großserien hergestellt werden können, zusammengesetzt.

IV. Die Produktionsverfahren

Die verschiedenen Produktionsverfahren oder Fertigungsverfahren, d. h. die verschiedenen Formen des Produktionsablaufs, können unter verschiedenen Gesichtspunkten betrachtet und gegliedert werden.

1. Einzel- und Mehrfachfertigung

Einzelfertigung

Bei der Einzelfertigung wird ein Erzeugnis nur ein einziges Mal hergestellt, und zwar in der Regel *auf Bestellung*, nicht für den anonymen Markt. Dieses Verfahren ist als „kurzfristige Einzelfertigung" (Th. Beste) vor allem im Handwerksbetrieb üblich (Maßschneiderei, Reparaturwerkstätten usw.) und als „langfristige Einzelfertigung" im Industriebetrieb bei Großprojekten wie Brückenbau, Großmaschinenbau, Schiffsbau usw.

Massenfertigung

Bei der Massenfertigung werden auf lange oder unabsehbare Zeit die gleichen standardisierten Erzeugnisse hergestellt. Man kann unterscheiden zwischen „p r i m ä r e r" (naturgegebener) M a s s e n p r o d u k t i o n, bei der dieses Verfahren zwangsläufig ist, wie im Bergbau, im Kraftwerk, bei vielen chemischen Produktionsprozessen, und der „s e k u n d ä r e n", (technisch-organisatorischen) M a s s e n p r o d u k t i o n, wie der Konfektion, der Herstellung von Autos, Kühlschränken, Rundfunkgeräten usw. Der Arbeitsprozeß kann — das ist der Vorteil bei der sekundären Massenfabrikation — sehr stark spezialisiert und mechanisiert werden. Die Automatisierung des Produktionsablaufs setzt immer Massenfertigung voraus. Ungelernte Arbeitskräfte können eingestellt, Spezialmaschinen (Einzweckmaschinen) können eingesetzt werden. Die Herstellkosten werden stark gesenkt. Der Nachteil der Massenproduktion ist die geringe Elastizität des Betriebes. Das Anlagekapital ist sehr groß, die fixen Kosten sind hoch, und die Nutzenzone ist nur schmal.

Die Reihenfertigung

Im Gegensatz zur Massenproduktion werden bei der Reihenfertigung nur *begrenzte Mengen gleicher Erzeugnisse* hergestellt; doch ist man bestrebt, das Fließprinzip möglichst einzuhalten. Der Produktionsablauf muß aber von Zeit zu Zeit umgestellt werden. Wir unterscheiden bei der Reihenfertigung die Serien- und die Sortenfertigung.

Die **Serienfertigung** ist ein Fertigungsverfahren im Mehrproduktbetrieb, bei dem neben- oder nacheinander mehrere verschiedenartige, aber hinsichtlich der Bearbeitungsmethoden ähnliche Produkte hergestellt werden. Bei der Serienfertigung wird nach Herstellung einer bestimmten Stückzahl *(Los, Auflage)* eine neue Artikelserie aufgelegt. Die Serienfertigung ist im allgemeinen maschinenintensiver als die Einzelfertigung; sie gestattet neben der Beschäftigung eines Facharbeiterstammes, vor allem für Einrichtearbeiten, auch den Einsatz von angelernten und ungelernten Kräften.

Die **Sortenfertigung** ist die kontinuierliche Herstellung verschiedener, aber verwandter Erzeugnisse, die sich nur in einzelnen Merkmalen voneinander unterscheiden. Es wird also entweder ein Artikel in mehreren Sorten oder mehrere Artikel in jeweils verschiedenen Ausführungen hergestellt. Die S o r t e n u n t e r s c h i e d e können betreffen: Güte, Größe, Form und sonstige Ausführung des Produktes; so unterscheiden sich z. B. Walzerzeugnisse durch die Abmessung oder Biersorten durch den Zusatz verschiedener Materia-

lien. Kennzeichen für die Sortenfertigung ist g l e i c h e r   A u s g a n g s r o h -
s t o f f und/oder g l e i c h e   P r o z e ß f o l g e   f ü r   a l l e   S o r t e n auf den
gleichen Fertigungsaggregaten.

Serien- und Sortenwechsel

Jeder S e r i e n - o d e r   S o r t e n w e c h s e l bedeutet eine Unterbrechung des
Fließvorgangs und verursacht besondere Kosten durch die Umstellung des Verfahrens und den Produktionsausfall während der Rüst- und Umstellungszeit.
Es wirkt sich hier die „A u f l a g e n d e g r e s s i o n" (Schmalenbach) aus: Je
größer die Stückzahl einer S e r i e ist, um so billiger sind die Fertigungskosten,
da die Fertigung sich einspielt und die Rohmaterialkosten beim Bezug größerer
Mengen geringer wird. Ebenso sind bei einer S o r t e , je länger sie gefertigt
wird, die Fertigungskosten um so geringer, da hier der häufige Sortenwechsel
vermieden wird und die Betriebsmittel nicht dauernd auf neue Sorten umgestellt werden müssen. Je größer die Auflage der zu produzierenden Einheiten,
um so geringer sind die Durchschnitts- oder Stückkkosten. Falls für die betreffende Sorte bzw. Serie besondere Investitionen für Anlagen notwendig sind,
die bei anderen Sorten nicht benutzt werden können, wirkt sich auch die Fix-
kostendegression für die Anlagen in den Stückkosten der betreffenden Serie
aus.

Die optimale Losgröße

Von der Fertigung her gesehen ist es um so kostengünstiger, je größer die Auflage ist. Ein Mehrproduktbetrieb hat aber aus absatzpolitischen Gründen nicht
die Möglichkeit, die Auflage bestimmter Sorten und Serien beliebig hoch festzulegen. Er muß das Fertigungsprogramm wechseln. Würde ein Betrieb den
gesamten Jahresbedarf einer Serie oder Sorte in einem Durchgang herstellen,
so wären erhebliche Materialvorräte und Bestände an Halb- oder Fertig-
produkten notwendig, es würden relativ hohe Lagerkosten und Zinskosten für
das gebundene Kapital (alle Kosten für die Fertigung) entstehen. Dieses Problem hat man schon lange erkannt und versucht, auf mathematischem Wege
die *optimale Losgröße* (Auflagenhöhe) zu bestimmen. Wir kommen auf die
Methoden noch zurück (s. unten S. 441 ff.).

2. Verfahren nach dem Weg der Erzeugnisse

Baustellenfertigung bei unbeweglichem Erzeugnis

Bei der Baustellenfertigung, einer besonderen Art der Einzelfertigung, ist das
Erzeugnis (ein Hoch- oder Tiefbau, Brückenbau, Straßen- oder Kanalbau, Aus-
wechseln von Gleisanlagen usw.). *an den Boden gebunden* und muß an seinem
Standort produziert werden. An der Baustelle wird in der Regel eine Fabrik
mit sämtlichem Zubehör für Unterbringung von Materialien, Arbeitern und
Büros errichtet. Häufig können Einzelteile montagefertig beschafft oder in
einem eigenen Werk hergestellt werden, wie die Einzelteile von Fertighäusern,
Drahtgitter für Betonbauten usw. Häufig ist die *Außenmontage* an der Baustelle das letzte Glied einer fabrikmäßigen Herstellung (Einbau von Trocken-
anlagen, Ventilatoren usw.).

Verfahren bei beweglichen Erzeugnissen

1. **Werkstattfertigung:** Bei ihr sind die Bearbeitungsmaschinen artweise zusammengestellt. Die Werkstücke werden von Maschinengruppe zu Maschinengruppe geleitet. Innerhalb einer Maschinengruppe können beliebig viele gleichwertige Maschinen eingesetzt werden. Der Werkstofffluß ist von Teil zu Teil, je nach den auszuführenden Operationen, verschieden; auch die Reihenfolge, in der die einzelnen Arbeitsgruppen berührt werden, kann sich von Teil zu Teil ändern. Die Werkstattfertigung finden wir vor allem bei der Einzelfertigung.

2. **Gruppenfertigung:** Auf Grund der Arbeitspläne für gleiche und ähnliche Teile oder für Teile, die mindestens abschnittsweise in derselben Weise bearbeitet werden, sind die Maschinen nach Möglichkeit in der Reihenfolge der Bearbeitungspläne aufzustellen. Eine artenweise Zusammenstellung der Maschinen erfolgt nur dann, wenn es für die der Planung zugrundeliegenden begrenzten Stückzahlen verschiedener Teile zweckmäßig erscheint. Man nennt diese Fertigungsmethode auch die der *„beweglichen Straßen"*. Sie werden besonders bei der Reihenproduktion (Serien- und Sortenfertigung) eingesetzt.

3. **Fließfertigung:** Die Massenfertigung erfolgt nach Möglichkeit in Fließfertigung (Fließstraßen oder -bänder). Die Bearbeitungsmaschinen sind streng in der Reihenfolge der Bearbeitung aufgestellt, dabei werden in steigendem Maße Sondermaschinen (Einzweckmaschinen) eingeschoben. Um eine gleichmäßige und reibungslose Bewegung zu gewährleisten, muß der Arbeitsfluß auf der Fließstraße hinsichtlich Zeit und Durchlaufgeschwindigkeit genauestens berechnet werden.

Die Fließfertigung geschieht unter *„Zeitzwang"*, so daß Akkordlöhne nicht angewandt werden können. Dieser Zeitzwang kann zu einer arbeitsphysiologischen Monotonie führen, die sich arbeitspsychologisch ungünstig auswirkt.

3. Die „verbundene Produktion" im Mehrproduktbetrieb

Arten der „verbundenen Produktion"

Wir unterscheiden bei Mehrproduktbetrieben folgende Arten der verbundenen Produktion:

1. Parallele Produktion (v. Stackelberg) oder simultane Produktion (E. Schneider): Es werden mehrere Produkte im gleichen Betriebe erzeugt, deren Produktion aber völlig unabhängig voneinander ist. Die Produktion der einzelnen Produkte hat keinerlei Einfluß aufeinander. Es liegen also mehrere wohl unterscheidbare Bereiche einfacher Produktion (*„Einproduktbetrieb"*) vor, die in einer Unternehmung verbunden sind. Jeder Bereich kann stillgelegt werden, ohne daß die Kapazität der anderen beeinträchtigt wird.

2. Alternative Produktion: Die Produktion der verschiedenen Produkte beeinflußt sich gegenseitig derart, daß eine Vermehrung des einen Produktes die Erzeugungsbedingungen für das andere Produkt verschlechtert oder einengt, z. B. bei der Erzeugung verschiedener Garnsorten in einer Spinnerei oder verschiedener Getreidearten im Ackerbau.

3. K u p p e l p r o d u k t i o n. (auch Koppelproduktion) oder *kumulative Produktion* (v. Stackelberg) oder *verbundene Produktion* (i. e. S. E. Schneider): Die Produktion, bei der aus natürlichen oder technisch-organisatorischen Gründen zwangsläufig verschiedenartige Produkte oder Leistungen aus ein und demselben Produktionsgang hervorgehen.

Die Problematik der Kuppelproduktion

Wir unterscheiden zwei grundsätzlich verschiedene Arten der Kuppelproduktion:

1. Bei der **p r i m ä r e n** oder **n a t u r g e s e t z l i c h e n K u p p e l p r o d u k - t i o n**, der Kuppelproduktion im engeren und *eigentlichen Sinne,* fallen die Kuppelprodukte zwangsläufig in einem konstanten Mengenverhältnis an, d. h. je Einheit des einen Produktes entstehen z. B. 2, 3, .. n Einheiten eines anderen. Den Punkt, an dem die Kuppelprodukte entstehen und ein Eigendasein führen, nennt man auch *Split-off-Point.* Das Schulbeispiel für die primäre Kuppelproduktion ist die Erzeugung von Koks und Gas; eine Beeinflussung der Ausbeuteverhältnisse durch Mischung von Kohlensorten ist nur in sehr geringem Umfange möglich. Gas und Koks fallen stets gleichzeitig an; das eine Werk „fährt auf Gas" und betrachtet den Koks als Nebenprodukt, das andere ist auf Erzeugung von Koks ausgerichtet, erzielt aber zwangsläufig eine erhebliche Gasausbeute. Im Kohlenveredlungsprozeß werden außerdem Ammoniak, Teer, Benzol usw. gleichzeitig gewonnen; im Hochofenbetrieb entstehen bei der Schmelze Roheisen, Schlacke und Gichtgase; in der Zuckerfabrik Zucker und Rübenschnitzel.

2. Bei der **s e k u n d ä r e n , w i r t s c h a f t l i c h n o t w e n d i g e n K u p - p e l p r o d u k t i o n** ergibt sich der kumulative Produktionsprozeß aus technisch-wirtschaftlichen Gründen. So entstehen z. B. in den mechanischen Industrien der Holz-, Eisen- und Glasverarbeitung aus dem Bestreben nach rationeller Fertigung gekuppelte Leistungen. Wenn Bretter, Eisenstangen oder Blechtafeln bestimmter Ausmaße für die Normalfabrikation verwendet werden, so bleiben oft erhebliche Reste, die für Produkte kleineren Ausmaßes noch ausreichend sind. Es wird also „Abfall" verwertet. Eine derartige Abfallverwertung spielt heute in der „*Verbundwirtschaft*" (siehe nächsten Abschnitt) eine sehr große Rolle. Weiterhin finden wir die sekundäre Verbundenheit in Betrieben, die Saisonschwankungen ausgleichen wollen; eine Gemüsekonservenfabrik nimmt die Fleischkonservenproduktion auf, eine Marmeladenfabrik die Schokoladeproduktion, eine Fischkonservenfabrik die Leimsiederei und Fischmehlproduktion.

Bei der Kuppelproduktion müssen wir noch zwischen z w e i U n t e r f ä l l e n unterscheiden, und zwar:

1. Die Kuppelprodukte fallen stets **in einem festen unveränderlichen Mengenverhältnis** an. Das ist vor allem bei der primären Kuppelproduktion der Fall. Die chemische Industrie bietet dafür zahlreiche Beispiele.

2. Die Kuppelprodukte können innerhalb gewisser Grenzen **in ihren Mengenverhältnissen** variiert werden. Das kommt besonders bei der sekundären Kuppelproduktion vor, ist aber auch bei der primären anzutreffen. So las-

sen sich sogar die Produkte der Kokerei durch Mischung verschiedenartiger Kohlensorten in ihren Mengenverhältnissen etwas beeinflussen. In der Landwirtschaft ist man gegenwärtig bemüht, durch entsprechende Züchtungen den Anfall von Schweinefett zugunsten des Schweinefleisches einzuschränken.

Die H a u p t p r o b l e m e der Kuppelproduktion liegen auf absatzwirtschaftlichem Gebiet; denn eine genaue Kostenverrechnung ist bei der Kuppelproduktion, insbesondere der primären, nicht möglich. Bei den Nebenprodukten, die zwangsläufig anfallen, gehen häufig Angebot und Nachfrage weit auseinander, was zu ruinösem Wettbewerb auf den Märkten für diese Produkte führen kann. (Paul Riebel: Die Kuppelproduktion. Betriebs- und Marktprobleme, 1955.) Diese absatzwirtschaftlichen Probleme sowie die *Preispolitik* bei der Kuppelproduktion wird an anderer Stelle dargestellt (siehe unten S. 562 ff.).

V. Die Verbundwirtschaft

Die Verbundwirtschaft entsteht durch organisatorische Verbindungen im Produktionsbereich mehrerer produktionswirtschaftlich selbständiger Betriebe eines oder mehrerer Unternehmen, um eine höhere Wirtschaftlichkeit zu erreichen. Die Verbundwirtschaft hat die Aufgabe, alle diejenigen Stoffe (z. B. Abfallstoffe) und Energien (z. B. Wärme) nutzbar zu machen, die im Betriebe zwangsläufig anfallen, aber ohne Verbundwirtschaft entweder verloren gingen oder nicht voll ausgenutzt würden.

Die vertikale Verbundwirtschaft

Bei der vertikalen Verbundwirtschaft sind Produktionsprozesse mehrerer Betriebe verschiedener Produktionsstufen miteinander gekoppelt. In der Montanindustrie sind vor allem verbunden: Kohlenbergwerk, Kokerei, Hütte, Eisenverarbeitung und Kraftwerk; diesen Betrieben sind häufig noch angeschlossen: ein chemisches Werk, eine Zementfabrik, ferner Brückenbau, Hochbau, Maschinenbau. Bei diesen letzten Verbundbetrieben spielt allerdings weniger die produktionstechnische als vielmehr die absatzpolitische Seite die Hauptrolle; man will einen stetigen Absatz der Hüttenprodukte sichern.

Die *Verbundwirtschaft der Montanindustrie* weist folgende Koppelungen auf: Das *Bergwerk* liefert Kohle an Kokerei und Kraftwerk und erhält, wie sämtliche Betriebe, vom Kraftwerk, Dampf und Strom. Die *Kokerei* liefert Koks und Koksgas an die Hütte und die Eisenverarbeitung, Ammoniak, Teer usw. sowie Koksgas an das chemische Werk. Die *Hochöfen der Hütte* liefern Gichtgas an die Kokerei und das Kraftwerk sowie Gas, Wärme, und Roheisen an die Eisenverarbeitung und Schlacke an das Zementwerk, das daraus „Eisenportlandzement" herstellt.

Durch diesen Verbund werden vor allem die anfallenden *Gase besser ausgenutzt.* Während früher das in der Kokerei gewonnene wertvolle Koksgas zur Unterfeuerung im eigenen Betriebe benutzt wurde, werden mit der fortschreitenden Technik die Hochofengase (Gichtgase), die vorher „abgefackelt" (verbrannt) wurden, zur Unterfeuerung in den Kokereien benutzt, und das wertvollere Koksgas wird in wachsendem Maße den Städten zur Verfügung gestellt.

Weiterhin wird durch den Verbund die *Wärme* besser ausgenutzt. In der Hüttenindustrie wird das Eisen verarbeitet, solange es noch warm und formbar ist. Der weitaus größte Teil der deutschen Hüttenerzeugnisse wird vom Hochofen bis zum Stahl- und Walzwerk „in einer Hitze" verarbeitet. — Ein wichtiges Problem der *„Wärmewirtschaft"*, d. h. der wirtschaftlichen Ausnutzung der in den Brennstoffen enthaltenen Wärmeenergien, ist die *Kraft-Wärme-Kupplung,* bei der die Brennstoffenergien gleichzeitig zur Krafterzeugung und zu Heizzwecken ausgenutzt wird; dabei wird eine Brennstoffausnutzung bis zu 75 % erreicht.

Ein weiterer Vorteil des Vertikalverbundes ist der *gleichbleibende Produktionsfluß.* Die Produktion der einzelnen Teilbereiche ist in ihrer Kapazität so aufeinander abgestimmt, daß jede Produktionsstufe die nachfolgende mit Vormaterialien in ausreichender Menge und in den erforderlichen Qualitäten fristgerecht beliefert.

Die horizontale Verbundwirtschaft

Bei der horizontalen Verbundwirtschaft sind die Produktionsprozesse von Betrieben gleicher Produktionsstufe gekoppelt. Am bekanntesten ist der Verbund von mehreren *Elektrizitätswerken,* um die verschieden anfallenden Reserve- und Spitzenleistungen (z. B. zwischen Stadt, Land und Industriebezirk) auszugleichen und die Verbrauchskurve der Gesamtheit der Verbraucher einzuebnen. Ferner werden Wasserkraftwerke (hohe fixe Kosten) und Wärmekraftwerke (niedrigere fixe Kosten) miteinander gekoppelt; dem Wasserkraftwerk überträgt man die sogenannte „Grundlast", d. h. die Belastung, die ständig anfällt; die „Spitzenlast" übernehmen Dampfkraftwerke mit den geringeren fixen Kosten. — Der Verbund in der Elektrizitätswirtschaft bringt auch höhere Betriebssicherheit: fällt ein Werk durch Störung aus, springt ein anderes ein.

Doch auch unser Beispiel von dem Vertikalverbund in der Montanindustrie enthält einen horizontalen Verbund: das Kraftwerk ist ein Gemeinschaftsbetrieb aller Produktionsstufen, ebenso die Transportanlagen, ferner sind es die gemeinsame Beschaffung, die Personalplanung, Verwaltung usw.

Die horizontale Verbundwirtschaft wird oft auch zur *besseren Kapazitätsausnutzung in allen betrieblichen Bereichen* durch Ausweitung des Produktionsprogramms auf ähnliche Gebiete eingeführt. Eine Pfeifentabakfabrik nimmt die Zigarren- und Zigarettenerzeugung auf; eine Küchenherde- und Ofenfabrik stellt auch Kühlschränke her. Besonders nahe liegt es, saisonale Schwankungen des Absatzes durch Aufnahme neuer Produkte auszugleichen. Solche horizontale Verbundwirtschaft finden wir vor allem in Konsumgüterindustrien: eine Gemüsekonservenfabrik (Saison im Sommer und Herbst) erzeugt auch Fleischkonserven; eine Marmeladenfabrik nimmt die Schokoladenproduktion auf. Wir finden diese Verbundwirtschaft ferner bei elektrotechnischen Erzeugnissen, Waschmitteln und Seifen, Textilien, Schuhen usw. Auch im *Handel* ist der horizontale Verbund durch Erweiterung des Sortiments sehr häufig, oft sogar auf ganz neuartige Gebiete, etwa wenn Versandgeschäfte Fertighäuser und Gesellschaftsreisen anbieten. Auch die Angliederung von Warenhäusern an Versandgeschäfte stellt eine horizontale Verbundwirtschaft dar.

VI. Literaturhinweise

Beckmann, Liesel: Einführung in die Industriebetriebswirtschaftslehre (Sammlung Poeschel). Stuttgart 1961.

Funke, Hermann, und Blohm, Hans: Allgemeine Grundzüge des Industriebetriebes. 2. Aufl., Essen 1969.

Gutenberg, Erich: Grundlagen der Betriebswirtschaftslehre. Bd. I: Die Produktion. 21. Aufl., Berlin 1975.

Heinen, E. (Hrsg.): Industriebetriebslehre. 4. Aufl., Wiesbaden 1976.

Hennig, K. W.: Betriebswirtschaftslehre der industriellen Erzeugung. 5. Aufl., Wiesbaden 1969.

Jacob, H. (Hrsg.): Industriebetriebslehre in programmierter Form. 3 Bde. Wiesbaden 1973.

Kalveram, W.: Industriebetriebslehre. 8. Aufl., Wiesbaden 1972.

Kern, W.: Industriebetriebslehre. 2. Aufl., Stuttgart 1974.

Mellerowicz, K.: Betriebswirtschaftslehre der Industrie. 6. Aufl., 2 Bde. Freiburg 1968.

Riebel, P.: Industrielle Erzeugungsverfahren in betriebswirtschaftlicher Sicht. (Auch in „Die Wirtschaftswissenschaften".) Wiesbaden 1963.

Schäfer, E.: Der Industriebetrieb. Köln und Opladen, Bd. 1: 1969, Bd. 2: 1971.

Waffenschmidt, W. G.: Produktion. Meisenheim 1955.

B. Die Produktionsplanung

Begriff und Wesen der Produktionsplanung

Die Produktionsplanung ist *„periodisierte Vorschau und Budgetierung des betrieblichen Produktionsprogramms und Produktionsvollzugs"* (Mellerowicz). Sie soll eine unsystematische, stark gefühlsmäßige Disposition von Auftrag zu Auftrag, mit unregelmäßigem Wechsel von Terminnot und Leerlauf, mit übermäßig großen oder zu kleinen Lagerbeständen und dergleichen verhindern, und vor allem dafür sorgen, daß das Erzeugnisprogramm und die Auswahl der Produktionsverfahren einen maximalen Gewinn versprechen und daß die Kapazitäten während der Planungsperiode optimal ausgenutzt sind.

Der Produktionsplanung liegt meist das *Verkaufsprogramm* der Absatzplanung zugrunde. Doch können, wie an anderer Stelle erwähnt (S. 206 f.), auch die zukünftige Leistung, die Kapazität und die Beschaffung derart große Engpässe aufweisen, daß sie der Produktionsplanung zugrunde gelegt werden müssen. Doch selbst, wenn die Produktionsplanung vom Verkaufsprogramm ausgeht, müssen häufig auch diese Faktoren, vor allem die Kapazität, berücksichtigt werden. (Über Verkaufsprogramm und Sortimentsgestaltung s. unten S. 511 ff.).

Die Teilpläne der Produktionsplanung

Liegt das Verkaufsprogramm in seinen Grundzügen fest, dann beginnt die Ausarbeitung des Produktionsplanes, und zwar ist zunächst (1) das **Produktionsprogramm** aufzustellen, aus den Verkaufsmengen sind die Produktionsmengen abzuleiten.

Beim „Parallelprinzip" (siehe oben S. 206) stimmen beide überein: die erzeugten Mengen werden unmittelbar abgesetzt. Das ist bei Massenerzeugnissen, deren

Absatz schwankt, *nicht* der Fall. In den einzelnen Teilperioden sind Verkaufsmengen und Produktionsmengen verschieden.

Ist das Produktionsprogramm aufgestellt, dann wird jetzt (2) im **Fertigungs-
vollzugsplan** oder **Produktionsdurchführungsplan** seine Durchführung geplant.
Dieser Plan besteht aus zwei Teilplänen, dem Bereitstellungsplan und dem
Ablaufplan.

a) Der **Bereitstellungsplan** stellt den notwendigen Bedarf an Betriebsmitteln,
Arbeitskräften, Fremdleistungen und Werkstoffen fest und wird durch den
Lagerplan für Werkstoffe ergänzt. Der Bereitstellungsplan bildet die Grundlage
für den *Beschaffungsplan* (Einkaufsplan).

b) Im **Ablaufplan** werden der zeitliche und örtliche Ablauf des Fertigungs-
prozesses sowie seine Verfahren festgelegt.

Die Produktionsplanung, an der der Ingenieur wesentlich beteiligt ist, umfaßt
vorwiegend die *mengenmäßige* Seite des Betriebsprozesses. Die *wertmäßige*
Seite des Produktionsprozesses bildet eine Grundlage für die *Finanzplanung,*
die den Geld- und Kapitalbedarf der Produktionsplanung ermittelt, und für die
Kosten- und Erfolgsplanung, die für alle Kostenstellen und Kostenträger die
nach dem Produktionsplan zu erwartenden Kosten feststellt. Die nachstehende
Übersicht zeigt die Produktionsplanung im System der Gesamtplanung (sie ist
entnommen dem Aufsatz von W. Kilger, Produktionsplanung, in: „Dynamische
Betriebsplanung", Schriftenreihe der AGPLAN, Bd. 2, Wiesbaden 1959, S. 67).

I. Die Produktionsprogrammplanung

Die Produktionsprogrammplanung hat vor allem, sofern sie vom Verkaufsprogramm der Absatzplanung ausgeht, die Produktion mengenmäßig dem Absatz
anzupassen. In Betrieben, die nur auf Bestellung arbeiten, insbesondere in Betrieben mit Einzelfertigung (Großkraftmaschinen-, Turbinen-, Brücken- und
Hochbau, Schiffsbau und dergleichen), die also *auftragsorientiert* sind, spielt das
Verkaufsprogramm meist keine Rolle. Entscheidend ist hier der *Auftragsbestand.* Ein Lager für Erzeugnisse besteht nicht. Zwischen Produktions- und
Absatzmenge können jedoch infolge langer Produktionsdauer der einzelnen
Aufträge erhebliche Phasenverschiebungen eintreten.

In Betrieben der Massengüter- und Konsumgüterproduktion sind im Verhältnis
von Absatz und Produktion folgende *vereinfachte Fälle* möglich (wir folgen hier
teilweise W. Kilger, a. a. O.):

1. Fall: *Die monatlichen Absatz- und Produktionsmengen sind beide konstant.*
Verkaufs- und Fertigungsprogramm sind gleich. Eine Lagerhaltung (abgesehen
vom eisernen Bestand) ist überflüssig, Beschäftigungsschwankungen treten
nicht ein. In der Praxis ist dieser Idealfall typisch für Betriebe, die lebensnotwendigen, konstanten Bedarf decken, wie Brotfabriken, Wurstfabriken und dergleichen, ferner für Betriebe, die auf Grund fester Lieferverträge für Großabnehmer mit konstantem Bedarf produzieren.

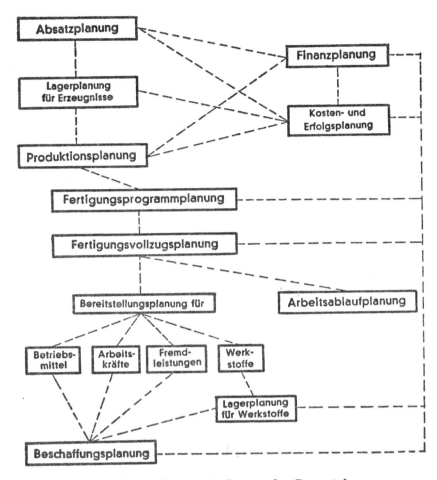

Die Produktionsplanung im System der Gesamtplanung

2. Fall: *Der Absatz weist (regelmäßige) Saisonschwankungen auf.* Hier sind folgende Unterfälle möglich (vgl. auch H. Koch: Betriebliche Planung, Wiesbaden 1961, S. 49 ff.):

a) *Die Produktion wird den Saisonschwankungen des Absatzes angepaßt.* Der Lagerbestand kann relativ klein gehalten werden, aber die Beschäftigungsschwankungen sind erheblich, und die Kapazität der Produktion muß den Saisonspitzen des Absatzes angepaßt werden, d. h. die Kapazität wird nur während der Saison vòll ausgenutzt. Eine solche Anpassung der Produktion an den Absatz ist vor allem bei Dienstleistungsbetrieben *mit geringen fixen Kosten* angebracht (z. B. bei Straßenreinigungsbetrieben, die bei Schnee- und Laubfall zahlreiche Hilfskräfte einstellen). Bei kapitalintensiven Betrieben mit hohen Fixkosten ist dagegen die Anpassung weit unrentabler als konstante Produktion mit hoher Lagerhaltung. Doch die Anpassung ist in einigen Fällen nicht möglich, nämlich bei Betrieben mit nichtlagerfähigen Produkten: z. B. Kraft-

werke, Lebensmittelfabriken mit schnell verderblichen Waren (hier hat allerdings die Konserven- und die Kühlindustrie heute starke Abhilfe geschaffen).

b) *Die Produktion wird trotz der Saisonschwankungen des Absatzes konstant
gehalten.* Die gleichmäßig ausgenützte Kapazität kann niedriger gehalten werden als in Fall 2 a), da der Ausgleich zwischen den schwankenden Absatzmengen und den konstanten Produktionsmengen durch die Lagerhaltung bewirkt
wird („Ausgleichungsprinzip"). Doch können die Saisonschwankungen derart
stark sein, daß die Lagerkosten des durchschnittlichen Lagerbestandes höher
sind als die Einsparungen durch eine konstant gehaltene Produktion.

Wir können daraus folgen, daß in vielen Fällen *weder die völlige Anpassung
noch die völlige Loslösung der Produktion* (d. h. konstante Beschäftigung) *von
den Saisonschwankungen des Absatzes* die optimale Lösung des Fertigungsprogramms darstellt. „Die *optimale Zwischenlösung* liegt dort, wo die Summe aus
den durchschnittlichen Lagerkosten pro Monat (einschließlich der kalkulatorischen Zinsen) und den Kosten der Betriebsbereitschaft ihr Minimum erreicht."
(Kilger, a. a. O.)

c) *Der Ausgleich erfolgt durch die Produktion zweier Produktgruppen mit saisonalen Absatzschwankungen, deren phasenverschobene Spitzen eine konstante
Produktion ermöglichen.* Diese „Ergänzungsplanung" (Gutenberg) kommt sehr
häufig vor, z. B. in der Textilindustrie: Wechsel zwischen Sommer- und Winter-
bekleidung, in der Sportgeräteindustrie: Wechsel zwischen Sommer- und
Wintersportgeräten, in der Landmaschinenindustrie: Bodenbearbeitungsmaschi-
nen (Absatz: Winter und Frühjahr) und Erntemaschinen (Absatz: Spätsommer
und Herbst). Ein solches Ergänzungsprogramm setzt natürlich voraus, daß die
Produktionsanlagen für die sich ergänzenden Produkte weitgehend gemeinsam
benutzt werden können. Es läßt sich mit Hilfe der Grenzkostenrechnung feststellen, ob die Aufnahme eines Ergänzungsproduktes noch gewinnsteigernd ist.
(Siehe unten S. 852 f.)

3. Fall: *Saisonschwankungen können auch bei der Beschaffung auftreten,* nicht
nur beim Absatz. So vor allem in der Konservenindustrie, da Gemüse, Obst,
Fische und andere Konservierungsgüter nur in bestimmten Jahreszeiten (Ernte)
anfallen und dann gleich verarbeitet werden müssen. Hier läßt sich die Produktion weder konstant halten, noch den Absatzschwankungen angleichen, im
Gegenteil, in der eigentlichen Produktionszeit ist der Absatz besonders niedrig,
da die Verbraucher dann frische Produkte den Konserven vorziehen. Produk-
tionsspitze (Spätsommer, Herbst) und Absatzspitze (Winter, Frühjahr) sind also
auch noch phasenverschoben.

Doch ist aus *diesem* Grunde die Planung eines solchen Betriebes keineswegs
beschaffungsdeterminiert. Auch hier liegt dem Produktionsprogramm grundsätzlich das Verkaufsprogramm zugrunde. Die Konservenindustrie muß jedoch
ihre Planung bis zu einem gewissen Grad auch nach der Beschaffung ausrichten,
wenn große Ernteschwankungen auftreten können.

4. Fall: *Veränderungen der Bedarfsstruktur bedingen Änderungen des Produktionsprogrammes.* Zeigt die Absatzplanung auf Grund der Marktanalyse Entwicklungstendenzen, die eine Änderung der Bedarfsstruktur erwarten lassen,

so wirkt sich das einschneidend auf die Produktionsplanung aus. Erlauben die Marktprognosen eine wesentliche Ausweitung des Verkaufsprogramms, so ist entsprechend das Produktionsprogramm zu ändern. Eine Grenze zieht hier die Produktionskapazität, die gegebenenfalls auf Grund einer langfristigen Absatzplanung stufenweise dem erweiterten Verkaufsprogramm angepaßt werden muß („*Stufenprinzip*"). Umgekehrt muß das Produktionsprogramm verkleinert oder umgestellt werden, wenn der Bedarf nach den betreffenden Produkten zurückgeht.

5. Fall: *Konjunkturschwankungen bedingen eine Anpassung der Produktionsplanung.* Sie verlangen besonders vorsichtige und realistische Prognosen. Zumal in solchen Fällen sehr häufig Fehler begangen werden. Ein starker Konjunkturaufschwung verführt leicht zu einer Überschätzung des zukünftigen Bedarfs und einer nicht gerechtfertigten Ausweitung des Produktionsprogramms und der Produktionskapazität. An einer solchen Überproduktion leidet heute die amerikanische Kraftfahrzeugindustrie. Das kann besonders in Zeiten der Vollbeschäftigung zu großen Kapitalfehlleitungen führen, da hier die notwendigen Arbeitskräfte nicht beschafft werden können, um die geplante Produktionserweiterung auszuführen.

Umgekehrt führt eine Krise häufig zu Drosselungen der Produktion und zu Arbeiterentlassungen, die größere Schäden verhüten sollen, aber die deflationistischen Tendenzen noch verstärken (durch die Arbeiterentlassungen geht die Kaufkraft zurück) und die Krise verschärfen. Deshalb sollte man bei Konjunkturschwankungen, ehe eindeutige Konjunkturprognosen eine grundlegende Kapazitätsänderung rechtfertigen, sich zunächst durch provisorische Maßnahmen, wie Änderungen der Schichtzahl, Einführung von Überstunden oder von Kurzarbeit, der veränderten Konjunkturlage anzupassen versuchen.

Kapazitätsdeterminierte Programmplanung

Richtet sich die Fertigungsprogrammplanung auch zunächst nach dem Verkaufsprogramm, so muß doch bei der Planung auch für eine gewinnmaximale Auslastung der bestehenden Kapazitäten gesorgt werden. Wir haben dieses Problem bereits verschiedentlich angedeutet.

Wird auf Grund des Verkaufsprogramms die Gesamtkapazität nicht ausgelastet, d. h. zeigen sich in keinem Teilbereich Engpässe, so muß versucht werden, das Verkaufsprogramm entsprechend zu erweitern. Ist das nicht möglich, d. h. ist der Käufermarkt gesättigt, dann muß die Kapazität vermindert werden.

Auch die Planung der Produktauswahl ist kapazitätsdeterminiert. Bei der Auswahl der Produkte ist nämlich nicht entscheidend, mit welchen Produkten der größte Umsatz erzielt werden kann, sondern welche Produkte unter Berücksichtigung der Engpässe den größeren Gewinn bringen; das brauchen nicht die Produkte mit dem größten Umsatz zu sein. Die Ermittlung der optimalen Auslastung der bestehenden Kapazitäten durch das Fertigungsprogramm ist Aufgabe der Plankostenrechnung, und zwar der Grenzkostenkalkulation, auf die wir noch ausführlich zurückkommen und dann dieses Problem behandeln werden.

Langfristige Programmplanung

Die Notwendigkeit der langfristigen Planung, auf die bereits hingewiesen wurde (s. o. S. 207 f.), betrifft besonders die Absatz- und Programmplanung, da sie entscheidend für die Entwicklung der Produktionskapazität ist. Unter langfristiger Planung verstehen wir jede Planung, die zwei und mehr Jahre umfaßt. Sie hat folgende Fragen zu beantworten (nach Mellerowicz, Planung und Planungsrechnung. Bd. 1: Betriebliche Planung. 2. Aufl. 1970):

1. Wie wird sich die *Gesamtnachfrage* entwickeln?
2. Welchen *Marktanteil* kann der planende Betrieb erreichen?
3. Entspricht die gegenwärtige *Kapazität* diesem Marktanteil?
4. Wie kann die Kapazität dem Marktanteil *auf lange Sicht* angepaßt werden?
5. Welche *Produktionsmengen* ergeben sich für die einzelnen Jahresperioden der langfristigen Planung?

Bei der Durchführung der langfristigen Programmplanung sind grundsätzlich folgende Feststellungen zu treffen:

1. Feststellung der Durchschnittskosten für die geplanten Perioden;
2. Feststellung des langfristig zu erwartenden Durchschnittsertrages (Standardgewinn);
3. Vergleich von Durchschnittskosten und Durchschnittsertrag, Messung des Ergebnisses am einzusetzenden Kapital, Bestimmung der Durchschnittsverzinsung des einzusetzenden Kapitals, Vergleich der Durchschnittsverzinsung mit dem erwarteten Ertrag aus dem investierten Kapital (Return on Investment — siehe unten S. 630).

Kurzfristige Programmplanung

Die kurzfristige Programmplanung, die unmittelbar für die Vollzugsplanung anwendbar sein muß, umfaßt in der Regel *ein Jahr,* sie kann aber auch für kürzere Zeit getroffen werden. Häufig wird ein quartalsmäßig laufend vervollständigter und ergänzter Jahresplan aufgestellt, der also nie älter als drei Monate ist.

Die kurzfristige Programmplanung wird zweckmäßig in folgenden *Schritten* durchgeführt:

1. Überblick über den Stand der Produktion auf Grund einer Produkt/Absatzanalyse;
2. Festsetzung der Produktionsmengen;
3. örtliche Aufteilung der geplanten Mengen auf die einzelnen Produktionsstätten;
4. zeitliche Aufteilung der geplanten Mengen;
5. Abstimmung mit der Einkaufsplanung;
6. Richtlinien zur Durchführung der Vollzugsplanung, insbesondere über die Aufstellung von Mengen- und Kostenstandards, über die Einzelplanungen für Betriebsmittel, Arbeitskräfte, Fremdleistungen und Werkstoffe usw.;

7. Einbau des Produktionsprogramms in die Gesamtplanung und Abstimmung mit den übrigen Teilplänen, insbesondere die finanzielle Abstimmung;

8. Überprüfung der Programmplanung auf organisatorische und technische Durchführbarkeit;

9. Verabschiedung des Produktionsprogramms und Bekanntgabe an die einzelnen Planungsbereiche zur Aufstellung des Vollzugsplanes.

II. Die Produktionsvollzugsplanung

Produktionsvollzugsplanung und Arbeitsvorbereitung

Die Produktionsvollzugsplanung oder Fertigungsdurchführungsplanung, die die optimale Gestaltung der Ausführung des Produktionsprogramms zur Aufgabe hat, kann man zur Arbeitsvorbereitung (im weiteren Sinne) rechnen. Sie wird auch in vielen Betrieben von den Abteilungen der Arbeitsvorbereitung (Vorkalkulation, Terminbüro, Betriebsbüro und dergleichen) ausgeführt. Doch wird in der Regel zwischen der Produktionsvollzugsplanung und der eigentlichen „Arbeitsvorbereitung" (im engeren Sinne) unterschieden und eine Trennung auch in der Praxis für zweckmäßig gehalten. Danach ist die Programmplanung als die richtunggebende Planung der Gesamtperiode und der Teilperioden einer Stabsabteilung des Betriebes zu übertragen, die Arbeitsvorbereitung dagegen als die auftragsweise Feinstplanung ist Aufgabe der mittleren und unteren Ebene des Betriebs. Sie hat die einzelnen Aufträge (Kunden- oder Werkaufträge) rechnungstechnisch von der Vorkalkulation bis zur Erstellung der Material- und Lohnscheine und fertigungstechnisch von der Stückliste bis zur Terminüberwachung vorzubereiten. Die Arbeitsvorbereitung ist deshalb stark ingenieurtechnisch ausgerichtet. Vgl. auch oben S. 330.

Die A u f g a b e n d e r A r b e i t s v o r b e r e i t u n g sind im einzelnen: Festlegung der Reihenfolge der Bearbeitungsgänge auf einer *Laufkarte* nach der durch Zeitstudien ermittelten Vorgabe der Arbeitszeiten für die einzelnen Arbeitsgänge. Parallel dazu läuft die *Vorkalkulation*. Bei schwierigen Arbeitsoperationen werden noch ausführliche *Arbeitsanweisungen* gegeben. Besonders wichtig ist die rechtzeitige Bereitstellung von Rohstoffen und Teilen durch die *Materialplanung*, von Werkzeugen durch die *Werkzeugplanung*. Der Zeitpunkt für Beginn und Etappen der Werkstattarbeit werden gemäß der *Terminplanung* in der *Terminkarte* festgehalten.

Die Teilpläne der Vollzugsplanung

Die Fertigungsvollzugsplanung hat auf Grund des Fertigungsprogramms zunächst im *Bereitstellungsplan* die benötigten Betriebsmittel, Arbeitskräfte und Werkstoffe zu ermitteln und dann im *Ablaufplan* die zur Durchführung des Produktionsprogramms notwendigen Arbeitsoperationen, die Durchlaufzeiten und Termine sowie die inneren Transportleistungen zu planen. Zwischen Bereitstellungsplan und Ablaufplan besteht ein enger Zusammenhang, und beide beeinflussen sich wechselseitig. Die Änderung des Produktionsablaufs kann die Bereitstellung neuer Maschinen erforderlich machen, und umgekehrt kann der Mangel an Arbeitskräften den Einsatz arbeitssparender Maschinen veranlassen.

1. Bereitstellungsplanung

Zu den *Betriebsmitteln*, die bereitzustellen sind, gehören außer Werkzeugen und Geräten auch Gebäude, Maschinen u. dgl., die ebenfalls auf das Fertigungsprogramm abgestimmt werden müssen. Die Planung dieser Anlagen muß natürlich langfristig erfolgen und setzt deshalb einen langfristigen Produktionsplan voraus. Dieser wird sehr häufig eine einmalige oder stufenweise Änderung der Gesamtkapazität oder der Teilkapazitäten enthalten. Bei Änderung der Gesamtkapazität, insbesondere einer stufenweisen, ist darauf zu achten, daß die Teilkapazitäten stets in einem optimalen Verhältnis stehen. Das ist besonders bei mehrstufigen Produktionsprozessen deshalb sehr schwierig, weil sich die einzelnen Teilkapazitäten nicht immer im Gleichmaß ändern lassen; das optimale Verhältnis der Teilkapazitäten wird dadurch gestört, und es bilden sich größere Engpässe. Sind nach dem Bereitstellungsplan Kapazitäten abzubauen, so wird meist ein allmählicher Abbau billiger sein als ein plötzlicher Abbau. Wie die Erfahrung lehrt, ist es überdies sehr wichtig, in der Planung die Kostenremanenz (s. unten S. 463 f.) bei einem möglichen Beschäftigungsrückgang zu berücksichtigen.

Ähnliches gilt für Änderungen des Produktionsprozesses durch Einführung neuer rationeller arbeitender Maschinen. Auch hier besteht die Gefahr, daß sich das Leistungsgefüge verzerrt und neue Engpässe entstehen. Bei der Bereitstellung neuartiger Maschinen ist auch darauf zu achten, daß sie in ihrer Leistungskraft dem Produktionsprozeß angemessen sind. Eine höchst rationell arbeitende, aber auch teure Maschine, die nur zum Teil genutzt werden kann und meist stillsteht, kann weit unrentabler sein als die alte, weniger leistungsfähige, aber voll ausgelastete Maschine. Gegen diesen Grundsatz wird bei der Einführung der Automation oft verstoßen.

Der *Bereitstellungsplan von Arbeitskräften* enthält den Gesamtbedarf an Arbeitskräften. Die Differenz zwischen dem Gesamtbedarf und den vorhandenen Arbeitskräften ergibt den Plan für notwendige Neueinstellungen. Besondere Schwierigkeiten bei der Bereitstellung von Arbeitskräften bestehen in einer vollbeschäftigten Wirtschaft. Hier treten u. a. drei neue Probleme auf: (1) Es werden die Produktionsverfahren geändert, um Arbeitskräfte einzusparen und anderweitig einzusetzen. (2) Es wird der optimale Einsatz der vorhandenen Arbeitskräfte in den verschiedenen Produktionsbetrieben ermittelt. (3) Es wird festgestellt, ob gewisse Erzeugnisse, die bisher im Betrieb hergestellt wurden, in Fremdproduktion gegeben werden können, um Arbeitskräfte einzusparen.

Im *Bereitstellungsplan für Material* (Werkstoffe, Roh- und Hilfsmittel) ist darauf zu achten, daß die Materialbeschaffung gesichert ist, daß die Lagerkapazität ausreicht, daß das Material rechtzeitig zur Stelle ist und daß umgekehrt nicht Material im Lager gehortet wird. Hier liegt das besondere Problem der Bereitstellungsplanung, nämlich daß weder zuviel noch zuwenig Material im Lager bereitgestellt wird. Wegen der mannigfachen imponderablen Faktoren läßt sich die optimale Eindeckung im allgemeinen nur auf Grund der Erfahrungen feststellen. Diesem Problem kommt erhebliche Bedeutung zu, da ein zu kleiner Lagerbestand zu vorübergehender Stillegung von Produktionsbetrieben führen kann, ein zu hoher Bestand dagegen sehr hohe Lagerkosten verursacht. (Siehe oben S. 413 f.)

2. Arbeitsablaufplanung

Die Arbeitsablaufplanung untersucht die Frage, *wie* produziert werden soll; sie muß also auch die technischen Belange des Produktionsprozesses berücksichtigen. Die Analyse der einzelnen *Planungsarbeiten* verläuft in folgenden Schritten: 1. Aufgliederung des Produktionsablaufs in Arbeitsstellen bis zu kleinsten Einheiten; 2. Zerlegung jeder Einzelleistung in ihre letzten Elemente; 3. Bereitstellung des Materials und der Arbeitsmittel (Werkzeuge, Zeichnungen, Stücklisten usw.); 4. Festlegung des Arbeitsweges für jedes Einzelteil; 5. Festlegung der Arbeitszeit für jede einzelne Arbeitsleistung; 6. Festlegung des Ausführungstermins für die einzelnen Arbeitsleistungen und 7. Festlegung der Kosten jeder Arbeitsstelle (Kostenstelle).

Auswahl des optimalen Produktionsverfahrens

Die Ablaufplanung ist verschieden je nach der Art des Fertigungsverfahrens (Einzelfertigung, Reihenfertigung; Werkstattfertigung, Fließfertigung; Kuppelproduktion usw. — s. oben S. 429 f.). Bei der Fertigungsplanung ist das für die jeweilige Erzeugung optimale Verfahren auszuwählen. Dabei sind die Durchschnittskosten (bzw. Grenzkosten) des Erzeugnisses bei jedem zur Wahl stehenden Verfahren zu ermitteln; es ist durchaus möglich und wird in der Praxis oft nicht beachtet, daß das technisch produktivste Verfahren keineswegs auch das wirtschaftlich optimale ist. Durch die Kostenvergleiche wird die Produktionsmenge ermittelt, die sog. „*kritische Menge*", von der an es sich lohnt, ein technisch produktiveres Verfahren anzuwenden.

Die Grundsätze optimaler Vollzugsplanung

Bei der Planung des Arbeitsablaufs gilt als *oberster Grundsatz:* den Ablauf so zu gestalten, daß das Arbeitsmaterial den Produktionsprozeß möglichst schnell und ohne Stockungen durchläuft und der Betrieb optimal ausgelastet ist. Daraus ergeben sich *zwei Forderungen:*

1. *Die Arbeitszeiten an den Arbeitsplätzen müssen so aufeinander abgestimmt werden, daß keine Engpässe entstehen,* an denen sich das Material bei seinem Durchlauf staut; andernfalls sind „tote Zeiten" an den Arbeitsplätzen, die keine Engpässe sind, unvermeidlich. Diese Forderung wird bei der Fließfertigung durchweg erfüllt. Man kann ihr jedoch sehr viel schwerer bei der Gruppenfertigung und erst recht bei der Werkstattfertigung nachkommen, weil hier die einzelnen Arbeitsgänge nicht „zwingend" hintereinander geschaltet sind. Die Planung muß sich in diesen Fällen nach dem Arbeitsvorgang, der die längste Bearbeitungszeit in Anspruch nimmt, ausrichten.

2. *Die Durchlaufzeiten des Materials müssen möglichst gering gehalten werden,* eine die Kosten günstig beeinflussende *Produktionsbeschleunigung* ist anzustreben.

III. Die Ermittlung der optimalen Losgröße

Die optimale Losgröße ist bei der Serien- und Sortenfertigung die kostengünstigste Auflagenhöhe einer Serie oder Sorte (s. oben S. 428). Das ist selten die größtmögliche.

Um die optimale Losgröße zu ermitteln, untersucht man, bei welcher Losgröße
die Summe der Einrichtungs-, Herstell-, Lager- und Zinskosten, also der gesamten Auflagekosten, ein Minimum ergibt. Ein Weg dazu ist, die Gesamteinrich-
tungs- und Herstellkosten sowie die entstehenden Lager- und Zinskosten bei
verschiedenen Losgrößen in ihrer gesamten anfallenden Höhe (Auflagekosten)
statistisch zu ermitteln und miteinander zu vergleichen.

Ein Beispiel für diese statistische Ermittlung der optimalen
Losgröße gibt Alford[1]). Er geht dabei von folgenden Angaben aus:

Einrichtekosten	15,— DM
Lagerkosten pro Stück und Jahr	0,01 DM
Herstellkosten pro Stück	0,25 DM
Zinsrate	10 %
Jahreskapazität	1 000 000 Stück
Geplante Jahresproduktion	960 000 Stück

Wir ermitteln nun die Auflagekosten für verschiedene Losgrößen von einer bis
sieben Auflagen, wobei wir die Lagermengen auf folgender Grundlage errechnen: Wochenproduktion 20 000 Stück; Wochenbedarf 19 200 Stück. Die Kalkulation der Auflagekosten zeigt die folgende Tabelle:

Auflagekosten	Anzahl der Auflagen pro Jahr						
	1	2	3	4	5	6	7
Losgröße (Stück)	960 000	480 000	320 000	240 000	192 000	160 000	137 000
Höchstbest. (Stück)	38 400	19 200	12 500	9 600	7 680	6 400	5 600
Höchstbestand zu Herstellk. (DM)	9 600	4 800	3 200	2 400	1 920	1 600	1 400
Einrichtekosten (DM)	15,—	30,—	45,—	60,—	75,—	90,—	105,—
durchschnittl. jährl. Lagerk. (DM)	19,20	9,60	6,40	4,80	3,80	3,20	2,80
durchschnittl. Zins (DM)	480,—	240,—	160,—	120,—	96,—	80,—	70,—
Auflagekosten	514,20	279,60	211,40	184,80	174,80	173,20	177,80

Das Zahlenbeispiel zeigt sehr deutlich den Einfluß der Kapitalbindung im Lager
auf die Kostenlage des Produkts. Die optimale Losgröße ist in unserem Beispiel
eine Auflage von 160 000 Stück, die Anzahl der Auflagen beträgt in diesem Fall
6 pro Jahr. Doch hat der Betrieb genügend Spielraum beim Abwägen von Lagerkosten und Einrichtekosten, da der Kostenunterschied zwischen den Losgrößen
von 5, 6 und 7 Auflagen im Jahr sehr gering ist. Die Kurve der auflageabhängi-
gen Kosten wird wegen des degressiven Verlaufs im Optimum relativ flach sein.

[1]) Principles of Industrial Management, zit. in Mellerowicz, Planung und Planungsrechnung, Bd. I, 2. Aufl., Freiburg 1970.

Diese statistische Ermittlung der optimalen Losgröße ist zwar sehr übersichtlich und klar, aber in der Praxis der Planung ist das Zahlenmaterial selten derart aufbereitet. Man hat deshalb schon seit langem versucht, das Optimum der Lager-Fixkosten auf m a t h e m a t i s c h e m W e g (mit Hilfe der Differentialrechnung) zu finden und eine Reihe von F o r m e l n aufgestellt.

Wir entwickeln im folgenden eine Formel, deren Ableitung der Praktiker natürlich nicht zu kennen braucht; die *Anwendung* der Formel ist sehr einfach.

x = optimale Losgröße (Anzahl der zum Los gehörenden Leistungseinheiten)
K = Gesamtkosten eines Loses
k = Kosten pro Stück eines Loses
H = Gesamtherstellkosten eines Loses
L = Gesamt-Lagerkosten
L_v = variable Lagerkosten
L_f = fixe Lagerkosten
t = Lagerzeit
p = Lagerzins pro Zeiteinheit (Monat)
m = Absatzmenge in der Zeiteinheit (Monat)
E = losfixe Kosten je Los (insbesondere Einrichtekosten)
s = losproportionale Kosten der Fertigung je Stück

$$(1) \quad K = H + L$$

$$(2) \quad k = \frac{K}{x}$$

$$(3) \quad L_v = \frac{1}{2} H \cdot \frac{p}{100} \cdot t$$

$$(4) \quad t = \frac{x}{m}$$

$$(5) \quad H = E + s \cdot x$$

$$(6) \quad L = L_v + L_f$$

$$(7) \quad K = E + s \cdot x + L_v + L_f$$

$$(8) \quad k = \frac{E}{x} + s + \frac{L_v}{x} + \frac{L_f}{x}$$

$$L_v = \frac{1}{2} H \cdot \frac{p}{100} \cdot t$$

$$= \frac{1}{2} (E + s \cdot x) \cdot \frac{p}{100} \cdot \frac{x}{m}$$

$$\frac{L_v}{x} = \frac{(E + s \cdot x) p}{200 \, m}$$

$$(9) \quad k = \frac{E + L_f}{x} + \frac{s \cdot p \cdot x}{200 \, m} + \frac{Ep}{200 \, m} + s; \text{ durch Differentiation erhält man}$$

$$(10) \quad k' = -\frac{E + L_f}{x^2} + \frac{s \cdot p}{200 \, m} = 0$$

$$(11) \quad x = \sqrt{\frac{200 \, m \, (E + L_f)}{s \cdot p}}$$

Will man die Losgröße als das Vielfache eines Monatsbedarfs ermitteln, muß man beide Seiten der Gleichung durch m dividieren und erhält die von K. *Andler* 1929 aufgestellte Formel:

$$(12) \quad x \cdot \frac{1}{m} = \sqrt{\frac{200\,(E + L_t)}{s \cdot p \cdot m}}$$

Um die Formel rechnerisch zu vereinfachen, hat *Weigmann* (Bestimmung der optimalen Losgröße, in „Technik und Wirtschaft", 1936) den Wurzelausdruck verkleinert, indem er p als Jahreszins, m als Monatsbedarf einsetzte:

$$x = \sqrt{\frac{200 \cdot 12 \cdot E \cdot m}{s \cdot p}}$$

$$(13) \quad x = 49 \sqrt{\frac{E \cdot m}{s \cdot p}}$$

Die letzte Formel wurde vom AWF (Ausschuß für wirtschaftliche Fertigung) Berlin besonders empfohlen, der sogar eigens einen Rechenstab unter Verwendung dieser Formel geschaffen hat.

In der graphischen Darstellung liegt der Punkt der optimalen Losgröße meist im Schnittpunkt der auflagefixen und auflagevariablen Kosten.

Mit der Ausbreitung der Lochkarten- und Elektronentechnik werden heute auch kompliziertere Formeln verwandt, die noch mehr Variable aufweisen, wie etwa die Kosten für Steuern und Versicherung, die verschieden hohen Arbeitstage im Jahr und dgl.

Auch bei der Wahl des A r b e i t s v e r f a h r e n s ist die Losgröße von Bedeutung. So kann man von einfacheren Arbeitsverfahren zur Verwendung arbeits- und zeitsparende Spezialvorrichtungen, Transportbändern usw. nur dann übergehen, wenn die herzustellende Stückzahl es rechtfertigt. (Vgl. darüber das Beispiel von Kalveram, Industriebetriebslehre, 8. Aufl., Wiesbaden 1972, S. 310 ff.)

Die optimale Auftragsgröße

Die optimale Auftragsgröße von Kundenaufträgen zeigt die gleiche Problematik wie die optimale Losgröße. Doch ist man dabei an die Vereinbarungen mit dem Kunden gebunden. Ein besonderes Problem stellen hier die K l e i n a u f t r ä g e dar. Die Auftragsstruktur nach Größenklassen soll an einem Betrieb des Maschinenbaus mit Einzelfertigung gezeigt werden (entnommen: Schloßbauer, Kosten von Kleinaufträgen, in Kostenrechnungspraxis 1961, Nr. 6):

	Anzahl der Aufträge %	Umsatz- anteil %
Kleinaufträge	64	9
Mittlere Aufträge	34	58
Großaufträge	2	33
	100	100

„In einem anderen dem Verfasser bekannten Betrieb entfallen auf Aufträge unter 1000 DM 45 % aller Aufträge; ihr Anteil am Umsatz beträgt hingegen nur 2,45 %."

Dieses Beispiel, das keineswegs ein extremer Ausnahmefall ist, zeigt, daß man Kleinaufträge, soweit es irgend möglich ist, *abbauen* sollte. Die Wirtschaftlichkeit der Kleinaufträge kann man natürlich nur durch die Ermittlung der optimalen Auftragsgröße feststellen. Doch sind Kleinaufträge dann gerechtfertigt, wenn es sich um gelegentliche Aufträge großer Kunden handelt oder wenn Kleinaufträge als sog. *„Füllaufträge"* angenommen werden, um die Kapazität auszulasten.

IV. Allgemeines Schema der Produktionsplanung

Wir zeigen zum Schluß dieses Kapitels noch ein Gesamtschema (S. 446), das einen Überblick über die einzelnen Planungsgebiete der Produktion gibt — von der Absatzplanung bis zum Beginn der Fertigung[1].

Der *Absatzplan* enthält in senkrechter Aufteilung die einzelnen Artikelgruppen (Schlüsselnummern) und waagerecht die für die einzelnen Monate geplanten Absatzmengen. Der *Beständeplan* enthält die Bestandsveränderungen für Fertigfabrikate und Minimumbestände. Die Summe bzw. Differenz dieser beiden Vorplanungen ergibt das Produktionsprogramm, das tabellarisch ebenso aufgebaut ist wie der Absatzplan.

Auf Grund des Produktionsprogramms und sonstiger statistischer Daten wird jetzt die *Arbeitszerlegung* geplant: für jedes zu fertigende Teil werden die Arbeitsfolgen und für jeden Arbeitsgang die Lohnstunden und die Maschinenstunden festgelegt. Ebenso werden die *Stücklisten* aufgestellt, die für jedes zu fertigende Teil den Materialbedarf angeben.

Von diesen Zahlen werden nun alle weiteren Teilplanungen abgeleitet, nämlich: die Maschinenbesetzung, die Abteilungsbelastung und der Materialbedarf. Der *Maschinenbesetzungs-Plan* sichert die Bereitstellung der benötigten Maschinen und Werkzeuge (er enthält senkrecht die Maschinengruppen und waagerecht die Maschinenstunden in den einzelnen Monaten). Dieser Plan zeigt auch, ob und welche Maschinen und Werkzeuge neu angeschafft werden müssen.

Der *Materialbedarf-Plan* (rechter Zweig auf unserem Schema) sichert die Materialbereitstellung. Aus den Stücklisten wird der Materialbedarf ermittelt, mit den vorhandenen Materialbeständen im Lager abgestimmt und daraus der *Einkaufsplan* entwickelt.

Damit ist die Produktionsplanung noch keineswegs beendet; denn es muß noch die *Belastung der einzelnen Fertigungsabteilungen* ermittelt werden. Für jede einzelne Fertigungsabteilung (Stanzerei, Bohrerei usw.) werden die gesamten erforderlichen Tagewerke zusammengestellt, einmal bezogen auf die Belegschaft, zum anderen auf die Maschinen. Daraus werden *drei weitere Teilpläne* entwickelt: die geplanten Tagewerke je Arbeitskraft werden dem vorhandenen Personal gegenübergestellt *(Personalplanung)*, woraus sich ergibt, ob Neueinstellungen von Arbeitskräften notwendig sind oder ob Arbeitskräfte frei werden.

---

[1] Das Schema ist entnommen: Mellerowicz, Planung und Plankostenrechnung. Bd. I. Betriebliche Planung, 2. Aufl., Freiburg 1970, S. 344.

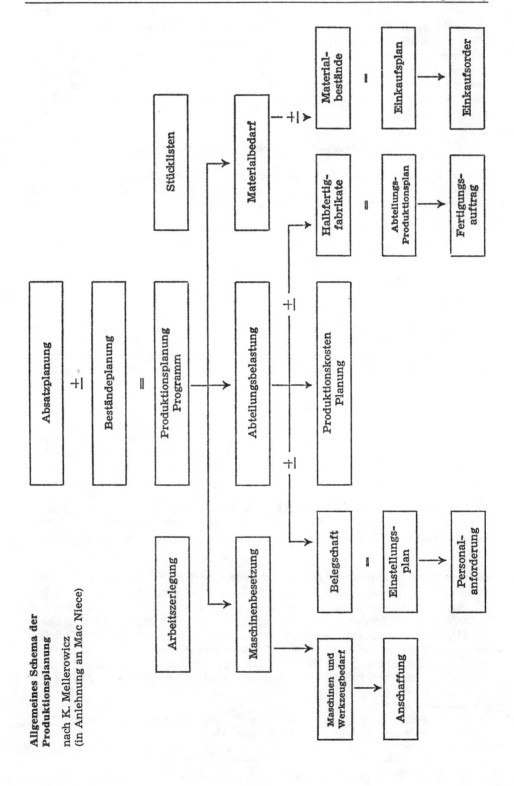

Allgemeines Schema der Produktionsplanung

nach K. Mellerowicz
(in Anlehnung an Mac Niece)

Aus den geplanten Tagewerken je Maschinengruppe und dem vorhandenen Bestand an Halbfertigfabrikaten werden monatlich für jede Abteilung *Produktionspläne* aufgestellt, die für jeden Teil die monatliche Gesamtfertigung und die tägliche Fertigung angeben. Auf Grund dieser Abteilungspläne werden dann unmittelbar die Fertigungsaufträge ausgestellt, die Fertigung kann beginnen.

Im Mittelpunkt unseres Schemas steht die *Produktionskostenplanung*, die als Budgetkontrolle ein wichtiges Mittel zur Lenkung der Unternehmung ist. Wir behandeln sie später noch ausführlich.

V. Netzplantechnik

Die Netzwerktechnik oder Netzplantechnik ist ein sehr junges Verfahren zur Planung komplizierter Arbeitsabläufe und komplexer Projekte, um ihre einzelnen Teilprozesse optimal zu koordinieren. Sie ist besonders geeignet für Arbeitsabläufe im Fertigungsbereich, doch auch in der Verwaltung, ferner zur Planung von Forschung, Entwicklung, Konstruktion, Bauvorhaben, zur Kostenanalyse u. a. Wir haben uns mit der Netzplantechnik bereits im Kapitel „Operations Research" eingehend befaßt (s. oben S. 250 ff.).

VI. Literaturhinweise

Abromeit, H. G.: Erzeugnisplanung und Produktionsprogramm. Wiesbaden 1955.

Albach, Horst: Beiträge zur Unternehmensplanung. Wiesbaden 1969.

Adam, D.: Produktionsplanung bei Sortenfertigung. Wiesbaden 1969.

Busse von Colbe, W.: Die Planung der Betriebsgröße. Wiesbaden 1964.

Ellinger, Th.: Ablaufplanung, Grundfragen der Planung des zeitlichen Ablaufs der Fertigung im Rahmen der industriellen Produktionsplanung. Stuttgart 1959.

Jacob, H.: Anwendung der Netzplantechnik. Wiesbaden 1970.

Kern, N.: Netzplantechnik. Wiesbaden 1969.

Koch, H.: Betriebliche Planung. Wiesbaden 1961.

Krüger, K.: Optimale Projektfortschrittsplanung. Berlin 1962.

Literatur zur Unternehmensplanung (Bibliographie). Hrsg.: RKW. Köln 1962.

Mellerowicz, K.: Planung und Planungsrechnung, Bd. 1: Betriebliche Planung. 2. Aufl., Freiburg 1970.

von Rago, L. J.: Operations Research in der Produktionspraxis. Wiesbaden 1970.

Seidel, N.: Praktische Fertigungsvorbereitung. München 1964.

Vischer, P.: Simultane Produktions- und Absatzplanung. Wiesbaden 1967.

v. Wasielewski, E.: Praktische Netzplantechnik mit Vorgangsknotennetzen. Wiesbaden 1976.

C. Produktions- und Kostentheorie

I. Die Grundbegriffe

Die allgemeine Produktionsfunktion

Die Ausbringung (Output) x einer Unternehmung ist eine Funktion der in ihr eingesetzten Produktionsfaktormengen $r_1, r_2 \ldots r_n$. n ist die Anzahl der verschiedenen Faktormengen, die in kg, kWh, Stück, m, Fertigungsminuten usw.

gemessen werden. Die **allgemeine Produktionsfunktion, Ertragsfunktion** oder **Input-Output-Funktion** lautet demnach:

(1) $$x = f(r_1, r_2, r_3 \ldots, r_n)$$

Die Ausbringung x entspricht auch dem *Ertrag* der Unternehmung und in der *Kostenrechnung* dem *Verbrauch*.

Limitationale Produktionsfaktoren einer Ausbringung sind Faktoren, die in einem festen Verhältnis zueinander stehen müssen, z. B. $r_1 : r_2 : r_3 = 4 : 3 : 5$. Sie sind besonders typisch für die chemische Produktion, wo bei einer Ausbringung häufig die Faktormengen in stets gleichbleibendem Verhältnis eingesetzt werden müssen.

Substitutionale Produktionsfaktoren einer Ausbringung sind die Faktoren, die in ihrem Verhältnis zueinander mehr oder weniger stark verändert und untereinander ausgetauscht, substituiert werden können. Bei vollständigem Austausch spricht man von „**alternativer Substitution**", andernfalls von „**peripherer oder Randsubstitution**" (Gutenberg).

Das Durchschnittsprodukt oder der **Durchschnittsertrag e** eines beliebigen Faktors r_i ergibt sich aus dem Verhältnis der Produktmenge x zu diesem Faktor[1]):

(2) $$e_i = \frac{x}{r_i}$$

Der Durchschnittsertrag zeigt also, wieviel Produkteinheiten auf eine Faktoreinheit entfallen.

Der Produktionskoeffizient i (von Léon Walras — 1834—1910), eine sehr wichtige Maßzahl, ist der reziproke Wert des Durchschnittsprodukts. Er gibt die Menge an, mit der der Faktor r_i an der Ausbringung x beteiligt ist:

(3) $$i = \frac{r_i}{x}$$

Zum Beispiel: $i = 10$ kWh je Stück.

Bei limitationalen Faktoren ist i konstant, bei substitutionalen Faktoren variabel.

Die Grenzproduktivität

Steigt die Einsatzmenge des Faktors r_i um Δr_i auf $r_i + \Delta r_i$, während alle übrigen Faktoreinsatzmengen gleichbleiben, und steigt die Ausbringung dadurch um Δx auf $x + \Delta x$, so ergibt die Differentiation des Produktionskoeffizienten i die Grenzproduktivität des Produktionsfaktors r_i. Es muß dabei die

---

[1]) In der Wirtschaftstheorie werden z. T. andere Symbole verwendet als die in der Mathematik genormten Formelzeichen, wie z. B. e = Basis der natürlichen Logarithmen, i = imaginäre Einheit.

partielle Differentiation (s. Fußnote 1 auf S. 469) angewandt werden, da die
Ausbringung funktional von mehreren Veränderlichen abhängt.

$$(4) \qquad \lim_{\Delta r_i \to 0} \frac{\Delta x}{\Delta r_i} = \frac{\partial x}{\partial r_i} = \frac{\partial f(r_1, r_2, \ldots r_n)}{\partial r_i}$$

Die Grenzproduktivität ist die Zunahmerate der Ausbringung, wenn die Einsatzmenge eines Faktors verändert wird. Die Grenzproduktivität wird bei *substitutionalen Faktoren* im Normalfall zunächst steigen, und zwar degressiv, d. h.
im Verhältnis zur Ausbringung mit immer kleiner werdendem Wert, schließlich
den Nullpunkt erreichen und (mit negativem Vorzeichen) fallen. Bei *limitationalen Faktoren* ergibt sie Null oder negative Werte, weil bei ihnen die Erhöhung der Einsatzmenge nur eines Faktors wirkungslos oder für die Ausbringung
sogar schädlich ist.

Die Gesamtkostenfunktion oder monetäre Kostenfunktion

Aus der allgemeinen Produktionsfunktion nach (1) ergibt sich die allgemeine
Kostenfunktion, wenn wir die einzelnen Faktormengen $r_1, r_2, \ldots r_n$ mit ihren
Marktpreisen $q_1, q_2, \ldots q_n$ bewerten und ihre Summe bilden, die die Gesamtkosten K ergibt:

$$x = f(r_1 q_1 + r_2 q_2 + \ldots + r_n q_n) = f(K)$$

In der Regel benutzt man die Umkehrfunktion dieser Funktion als Gesamtkostenfunktion:

$$(5) \qquad K = f(x)$$

Die Gesamtkostenfunktion läßt sich nur für e i n Produkt ermitteln. Bei Sortenproduktion müssen die einzelnen Sorten mittels Äquivalenzziffern auf eine
Einheitssorte umgewertet werden.

Durchschnittskosten und Grenzkosten

Die **Durchschnittskosten,** Einheits- oder Stückkosten k, die Kosten je Produkteinheit ergeben sich aus dem Verhältnis der Gesamtkosten zu der Ausbringung:

$$(6) \qquad k = \frac{K(x)}{x}$$

Die **Grenzkosten** K' sind der Kostenzuwachs für die Leistungseinheit der jeweils letzten Produktionseinheit. Sie messen also die Zunahmerate der Gesamtkosten bei Steigerung der Ausbringung (Erhöhung des Beschäftigungsgrades).
Man erhält sie deshalb durch Differentiation der Gesamtkostenfunktion.

$$(7) \qquad K' = \frac{dK}{dx} = \frac{d(r_1 q_1 + r_2 q_2 + \ldots + r_n q_n)}{dx}$$

Bei all diesen Kostenfunktionen handelt es sich um statische Modelle, die ganz
bestimmten gegebenen Voraussetzungen entsprechen, z. B. der Stetigkeit, dem
Vorhandensein von fixen und variablen Kosten usw.

II. Fixe und variable Kosten

In keinem Betrieb verläuft die Entwicklung der Gesamtproduktion proportional zu der Entwicklung der Gesamtkosten. Das liegt an dem verschiedenartigen Verhalten der einzelnen Kostenarten bei Veränderung des Beschäftigungsgrades des Betriebes. Die Bedeutung dieses Problems wurde zuerst von S c h m a l e n - b a c h erkannt[1]). Es handelt sich um den Ausnutzungsgrad der Kapazität. Unter K a p a z i t ä t verstehen wir „die technische Möglichkeit, eine bestimmte Leistungskraft einzusetzen" (Walther[2])) oder „das Produktionsvermögen eines Betriebes in einem Zeitabschnitt bei Vollbeschäftigung" (Mellerowicz[3])).

Der B e s c h ä f t i g u n g s g r a d ist der Koeffizient von Ist- und Vollbeschäftigung:

$$(8) \qquad \text{Beschäftigungsgrad} = \frac{\text{Ist-Beschäftigung} \cdot 100}{\text{Vollbeschäftigung}}$$

Unter V o l l b e s c h ä f t i g u n g versteht man einen Beschäftigungsstand, bei dem, ungeachtet einzelner unvermeidbarer Leerläufe, die Ausbringung bei gleichbleibender Anlagendimensionierung auf die Dauer nicht mehr gesteigert werden kann.

Wir unterscheiden zwei sich bei Änderung des Beschäftigungsgrades verschiedenartig verhaltende Kosten, nämlich die f i x e n und die v a r i a b l e n K o s t e n.

Wesen der fixen Kosten

Fixe oder feste Kosten sind der Teil der Gesamtkosten, der von Änderungen des Beschäftigungsgrades grundsätzlich unbeeinflußt bleibt. Die fixen Kosten entstehen also aus der B e r e i t s c h a f t z u r P r o d u k t i o n, aus der vorhandenen Kapazität.

Die fixen Kosten können jedoch in einem gewissen Umfang auch beeinflußt werden. Danach unterscheiden wir:

1. **absolut-fixe Kosten** oder **Stillstandskosten:** Das sind solche Kosten, die schon durch die Existenz des Betriebes entstehen ohne Rücksicht darauf, ob er produziert oder nicht. Dazu gehören z. B. Kapitalkosten, Zinsen, ein Teil der Abschreibungen, z. B. die für Fabrikgebäude u. dgl. (siehe Abbildung 1 S. 452).

2. **intervall-fixe Kosten, Sprungkosten** oder **relativ-fixe Kosten:** Sie entstehen erst bei Aufnahme oder Erweiterung der Produktion und bleiben für bestimmte Beschäftigungsintervalle unverändert. Sie steigen sprunghaft an, sobald ein Beschäftigungsgrad erreicht ist, von dem aus eine Vergrößerung der Ausbringungsmenge den Einsatz zusätzlicher nicht beliebig teilbarer Betriebsmittel oder sonstiger Elementarfaktoren erfordert, so z. B. Personalkosten für leitende Angestellte, Vorarbeiter, bestimmte Maschinenkosten u. dgl. Sie sind fixe

---

[1]) Schmalenbach, Grundlagen der Selbstkostenrechnung, in ZfhF, 1919, S. 49, S. 288.
[2]) Einführung in die Wirtschaftslehre der Unternehmung, I, 1947 S. 231.
[3]) Allgemeine Betriebswirtschaftslehre, II, 13. Aufl., 1970.

Kosten auf kurze Sicht und auf lange Sicht vermeidbar. In der graphischen Darstellung ergibt sie eine Treppenkurve (siehe Abbildung 1 S. 452).

Unter **Leerkosten** versteht man nichtausgenutzte fixe Kosten (siehe unten S. 462 f.).

Von Praktikern werden gelegentlich die gesamten fixen Kosten als Leerkosten bezeichnet, weil sie glauben, dieser Begriff würde den Meistern und Arbeitern leichter verständlich sein als „fixe Kosten". Er ist aber geeignet, Unklarheiten hervorzurufen.

Wirkung der fixen Kosten

In einem Betrieb, in dem nur fixe Kosten vorkämen, würde sich eine Änderung des Beschäftigungsgrades auf Gesamtkosten und Einheitskosten wie folgt auswirken:

Beschäftigungs-grad	Ausbringung	Gesamtkosten	Durchschnitts-kosten
1	100 Stück	200 DM	2,— DM
2	200 Stück	200 DM	1,— DM
3	300 Stück	200 DM	0,66 DM
4	400 Stück	200 DM	0,50 DM
5	500 Stück	200 DM	0,50 DM

Da die Gesamtkosten nur fix sind, bleiben sie trotz der Erhöhung des Beschäftigungsgrades konstant. Die Grenzkosten sind Null. Auf die Leistungseinheit bezogen entwickeln sich die fixen Kosten degressiv, d. h. ihr Anteil an den Durchschnittskosten nimmt bei zunehmendem Beschäftigungsgrad ab, bei abnehmendem Beschäftigungsgrad zu. — Betriebe, die nur fixe Kosten aufweisen, gibt es nicht. Allerdings variiert der Anteil der fixen Kosten an den Gesamtkosten bei den einzelnen Betrieben außerordentlich stark. Je größer der Anteil der fixen Kosten an den Gesamtkosten, um so starrer ist die Kostenstruktur, um so geringer ist die Elastizität des Angebots bei Preisänderungen. Der Anteil der fixen Kosten K_f an den Gesamtkosten K wird mit dem Fixkostenkoeffizienten gemessen:

$$(9) \qquad \text{Fixkostenkoeffizient} = \frac{K_f \cdot 100}{K}$$

Ein gutes Beispiel für Betriebe mit überwiegend fixen Kosten sind Theater und Kino. Die Gesamtkosten ändern sich kaum, ob ein Kino von 200 oder von 700 Personen besucht wird. Bei sehr kapitalintensiven und anlagebedingten Betrieben, wie z. B. Wasserkraftwerk (Fixkostenkoeffizient 90), der Großmaschinenindustrie, Betrieben der Zwangslauffertigung (Chemie, Papier usw.) sowie des Verkehrs (Fixkostenkoeffizient etwa 70) ist der Anteil der fixen Kosten relativ groß.

Die variablen oder veränderlichen Kosten

Variable oder veränderliche Kosten sind der Teil der Gesamtkosten, dessen Höhe vom Beschäftigungsgrad des Betriebes abhängig ist, z. B. Fertigungslöhne, Rohstoffkosten usw.

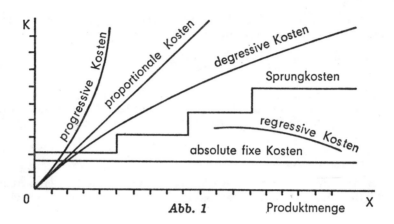

Abb. 1

Man unterscheidet nach Schmalenbach vier Arten von variablen Kosten, auf die sich die „traditionelle Kostenlehre" stützt:

1. **p r o p o r t i o n a l e K o s t e n**, die im gleichen Verhältnis mit der Veränderung der Ausbringung variieren;

2. **d e g r e s s i v e K o s t e n**, die langsamer steigen als die Ausbringung;

3. **p r o g r e s s i v e K o s t e n**, die stärker als die Ausbringung steigen und

4. **r e g r e s s i v e K o s t e n**, die beim Ansteigen des Beschäftigungsgrades nicht steigen, sondern sinken (z. B. Heizungskosten in einem Kino).

Der Verlauf der Kurven der Kostentypen bei zunehmender Produktmenge zeigt die graphische Darstellung in Abb. 1.

Proportionale Kosten

Zu ihnen gehören vor allem die Stücklöhne und die Rohstoffe. Allerdings sind reine proportionale Kostenarten relativ selten. In einem Betrieb, in dem nur proportionale Kosten vorkämen, würde sich eine Erhöhung des Beschäftigungsgrades auf Gesamtkosten und Durchschnittskosten wie folgt auswirken:

B e i s p i e l 2

Beschäftigungs-grad	Ausbringung	Gesamtkosten	Durchschnitts-kosten
1	100 Stück	200 DM	2,— DM
2	150 Stück	300 DM	2,— DM
3	200 Stück	400 DM	2,— DM
4	250 Stück	500 DM	2,— DM

Der Beschäftigungsgrad stieg jeweils um 50 Stück, ebenso proportional stiegen die Gesamtkosten. Auf die Leistung bezogen bleiben die proportionalen Gesamtkosten konstant, gleichgültig ob 100, 150 oder 200 Einheiten hergestellt werden, d. h. die Grenzkosten sind konstant und für jede Ausbringung gleich den Durchschnittskosten (im Beispiel 2 DM). — Betriebe mit ausschließlich proportionalen Kosten gibt es ebensowenig wie Betriebe mit ausschließlich fixen Kosten. Betriebe, in denen die proportionalen Kosten überwiegen, sind solche, die sehr geringe Anlage- und Bereitschaftskosten haben, z. B. handwerkliche und Reparaturbetriebe. Ein typisches Beispiel sind Straßenreinigungsbetriebe, die bei Bedarf (Schneefall) durch Einstellen zahlreicher Hilfskräfte ihre Belegschaft vervielfachen.

Degressive Kosten oder unterproportionale Kosten

Sie steigen in geringerem Maße als die Beschäftigung an, wir finden sie z. B. bei Hochöfen, wo die Kosten für Koks und Strom bei wachsender Größe der Öfen und wachsender Erzeugungsmenge nicht in dem Maße zunehmen, wie die Ausbringung. Auch die Kosten für Betriebsmaterialien, Hilfsarbeiten, Aufsicht usw. entwickeln sich in vielen Fällen degressiv. Vor allem, wenn Engpässe der Produktion überwunden werden, entwickeln sich die Kosten degressiv.

M a t h e m a t i s c h werden degressive Kosten definiert durch folgende Ungleichung:

(10) $$\frac{\Delta K}{K} < \frac{\Delta x}{x} \quad \text{(multipliziert mit } \frac{K}{\Delta x} \text{ ergibt:)} \quad \frac{\Delta K}{\Delta x} < \frac{K}{x}$$

Die beiden Differenzen sind die relativen Zunahmen der Kosten und des Beschäftigungsgrades. Bei verschwindend kleinen Zunahmen ergibt sich

(11) $$\frac{dK}{dx} < \frac{K}{x}$$

Das heißt: bei degressiven Gesamtkosten sind die Grenzkosten geringer als die Durchschnittskosten.

Progressive und überproportionale Kosten

Sie wachsen bei Erhöhung der Beschäftigung stärker als der Beschäftigungsgrad. Mathematisch ausgedrückt:

(12) $$\frac{dK}{dx} > \frac{K}{x}$$

Das heißt: bei progressiven Gesamtkosten sind die Grenzkosten größer als die Durchschnittskosten.

Die Progression tritt z. B. dann ein, wenn durch Erhöhung einzelner Kostenarten Engpässe im Produktionsablauf entstehen, so z. B. durch zu starke Stromerzeugung durch das eigene Kraftwerk oder durch Überbelastung von Maschinen, durch erhöhte Löhne für Überstunden oder Nachtarbeit.

Einwände gegen die „traditionelle Kostenlehre"

Die sogenannte „traditionelle Kostenlehre", die einen kubisch-parabolischen Charakter der Gesamtkostenfunktion und den s-förmigen Verlauf der Gesamtkostenkurve annimmt, wird heute von weiten Kreisen als nicht repräsentativ für die industrielle Produktion angesehen, und zwar einmal von der Praxis und von *den* Wissenschaftlern, die der Praxis nahestehen und denen es darum geht, einfache und brauchbare Unterlagen für die Kostenrechnung zu schaffen; für die praktischen Belange reicht die Annahme einer linearen Kostenkurve in der Regel nicht aus. Sie wird ferner abgelehnt von den Vertretern der sogenannten „m o d e r n e n K o s t e n t h e o r i e", zu denen Kurt Rummel, Alfred Weber, angloamerikanische Wissenschaftler, Erich Gutenberg u. a. gehören. Diese sind der Ansicht, der degressive und progressive Verlauf der Gesamtkostenkurve könne bei der industriellen Produktion nicht auf eine Substitutionalität der Elementarfaktoren zurückgeführt werden, sondern erkläre sich aus den Änderungen der Produktionsbedingungen (Einsatz zusätzlicher Maschinen und anderer Faktoren bei Unterbeschäftigung; Zahlung von Überstunden- und Nachtlöhnen, Überbelastung von Maschinen bei Überschreitung der Kapazität). Ä n d e r u n g e n d e r P r o d u k t i o n s b e d i n g u n g e n u n d d e r D a t e r sind aber nach Gutenberg v o l l s t ä n d i g a u s z u s c h l i e ß e n , wenn man die Abhängigkeit der Kosten von der Beschäftigung untersuchen will. Wir kommen auf dieses Problem bei der Behandlung des Ertragsgesetzes nochmals zurück (S. 464 f.).

Neuere e m p i r i s c h e U n t e r s u c h u n g e n , das sei noch erwähnt, haben indes gezeigt, daß die kubisch-parabolische Kostenfunktion zwar bei mechanisch-technischen Vorgängen selten, bei chemischen, landwirtschaftlichen und biologischen Vorgängen sehr häufig vorkommt. So hat z. B. Alois Gälweiler eine Schrift vorgelegt (Produktionskosten und Produktionsgeschwindigkeit, Wiesbaden 1960) mit den Ergebnissen jahrelanger empirischer Untersuchungen, besonders in der chemischen Industrie, über den Kostenverlauf bei Änderungen der Produktionsgeschwindigkeit (die von den modernen Kostentheoretikern in der Regel als Änderungen der Produktionsbedingungen ausgeschlossen wird). Gälweiler sucht nun an vielen empirisch gewonnenen Kostenverläufen zu zeigen, daß die Änderung der Produktionsgeschwindigkeit großenteils auf die Substitutionalität und Variierbarkeit des Elementarfaktors Energie zurückzuführen sei — in der Industrie nicht anders als in der Landwirtschaft. Dabei sind nach Gälweiler die Energieträger bei mechanisch-technischen Produktionsvorgängen, auf die sich die moderne Kostentheorie stützt, weit weniger variierbar als bei chemischen, vor allem bei organisch-chemischen und bei landwirtschaftlich-biologischen Produktionsvorgängen. Auf Grund dieser Untersuchungen kommt Gälweiler zu dem Schluß, daß die s-förmige Kostenkurve und ihre inverse Ertragskurve auch für gewisse Bereiche der industriellen Fertigung repräsentativ seien. Wir kommen darauf noch zurück (s. unten S. 464 ff.).

III. Die Kostenkurven

Lineare Gesamtkostenkurve

Sind die Produktionsfaktoren limitational, so verhalten sich die variablen Kosten bei der Steigerung der Ausbringung und der sonst gleichbleibenden Produktionsbedingungen proportional, d. h. die Gesamtkostenfunktion ist linear. Daraus ergeben sich folgende Mantelformeln:

(12) $$\text{Gesamtkostenfunktion } K = k_v\, x + K_f$$

(13) $$\text{Durchschnittskosten } k = \frac{K_v + K_f}{x} = k_v + \frac{K_f}{x}$$

(14) $$\text{Grenzkosten nach (7) } K' = k_v$$

Die additive Konstante K_f der Gesamtkostenfunktion sind die fixen Kosten, die multiple Konstante k_v die variablen Kosten. Bei l i n e a r e r G e s a m t - k o s t e n k u r v e sind mithin die G r e n z k o s t e n g l e i c h d e n v a r i - a b l e n K o s t e n. Das ist bei einer gekrümmten Gesamtkostenkurve nicht der Fall.

Nehmen wir nun für Formel (12) folgende Werte an:

$$K = 250x + 1500,$$

so zeigen die verschiedenen Kurven der Kostenfunktion den Verlauf, wie er in der folgenden Abbildung dargestellt ist (s. auch die zugehörige, untenstehende Wertetafel).

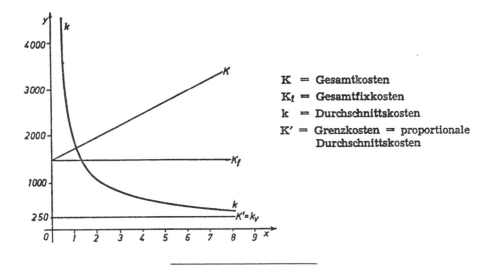

K = Gesamtkosten
K_f = Gesamtfixkosten
k = Durchschnittskosten
K' = Grenzkosten = proportionale Durchschnittskosten

W e r t e t a f e l

x =	1/4	1/2	1	1½	2	3	4	5	7
K =	1562,5	1625	1750	1875	2000	2250	2500	2750	3250
k =	6250	3250	1750	1250	1000	750	625	550	454,3

Die Gesamtkostenkurve verläuft linear nach oben steigend und beginnt auf der y-Achse bei Punkt 1500. Die Grenzkostenkurve K' ist gleich der Kurve der variablen Durchschnittskosten und verläuft parallel zur x-Achse. Die Durch schnittskostenkurve ist eine gleichseitige Hyperbel mit fallenden Werten bis zur Kapazitätsgrenze. Sie verläuft stets über der Grenzkostenkurve; denn die Durchschnittskosten, die ja auch fixe Kosten enthalten, können nicht unter die Grenzkosten sinken.

Die nicht-lineare Gesamtkostenkurve der „traditionellen Kostenlehre"

Sind die Produktionsfaktoren substitutional, so können die variablen Kosten bei Steigerung der Ausbringung einen proportionalen, progressiven, degressiven und regressiven Verlauf nehmen. Die G e s a m t k o s t e n k u r v e hat dann einen gekrümmten Verlauf. Einige typische Formen sind z. B.

$$(15) \qquad K = k_{v1} x^2 + k_{v2} x + K_f$$

$$(16) \qquad K = \sqrt{k_{v1} x + k_{v2} + K_f}$$

$$(17) \qquad K = k_{v1} x^3 + k_{v2} x^2 + k_{v3} x + K_f$$

$$(18) \qquad K_{(x)} = e^{kv \cdot x} + K_f$$

Die Formeln (15) und (16) ergeben eine Parabel, doch gilt in der Kostentheorie nur der Parabel-Ast, der im positiven Quadranten des Koordinatenkreuzes stetig entweder konkav oder konvex nach unten verläuft. Formel (17) ergibt eine kubisch-parabolische, s-förmige Kurve, die allerdings nur dann die „traditionelle" s-förmige Kostenkurve darstellt, wenn der s-förmige Teil der Kurve im positiven Quadranten liegt (s. Abb. 3 a), andernfalls ist sie konvex nach unten.

Die s-förmige Gesamtkostenkurve

Wir wollen diese traditionelle Kostenkurve (unter Zugrundelegung der Formel 17) jetzt näher untersuchen und nehmen für sie folgende Werte an:

G e s a m t k o s t e n f u n k t i o n : $K = 0,01 x^3 - 0,75 x^2 + 30 x + 300$.
G r e n z k o s t e n : $K' = 0,03 x^2 - 1,5 x + 30$.

Wir wollen noch folgende weitere Kostenfunktionen untersuchen:

K_v = die variablen Gesamtkosten,
K_f = die fixen Gesamtkosten,
k_v = die variablen Durchschnittskosten.

Ferner untersuchen wir die Wirkung der E r l ö s - (P r e i s -) K u r v e n E und der G r e n z e r l ö s k u r v e n e' auf die verschiedenen Kostenkurven. Das Wachstum der Erlöse ($E = 27 x$) verläuft bei gleichbleibendem Preis in einer linearen steigenden Kurve (Abb. 3 a), die G r e n z e r l ö s e (als erste Ableitung e' = 27) sind konstante Größen, ihre Kurven laufen parallel zur x-Achse (Abb. 3 b).

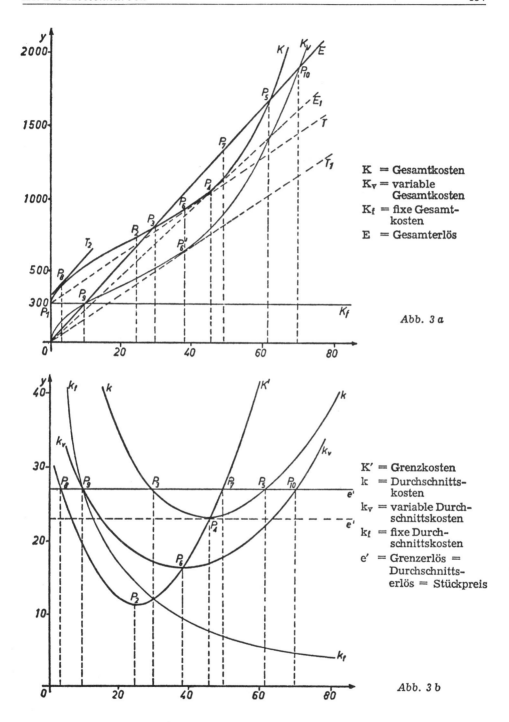

K = Gesamtkosten
K_v = variable
    Gesamtkosten
K_f = fixe Gesamt-
    kosten
E = Gesamterlös

Abb. 3 a

K′ = Grenzkosten
k = Durchschnitts-
    kosten
k_v = variable Durch-
    schnittskosten
k_f = fixe Durch-
    schnittskosten
e′ = Grenzerlös =
    Durchschnitts-
    erlös = Stückpreis

Abb. 3 b

Wertetafel

x	K	K_v	k	k_f	k_v	K'
0	300	—	—	—	—	30
1	329,26	29,262	329,26	300	29,26	28,53
2	357,08	57,08	178,54	150	28,54	27,12
3	383,52	83,52	127,84	100	27,77	25,77
5	432,5	132,5	86,5	60	26,5	23,25
10	535	235	53,5	30	23,5	18,0
20	680	380	34,0	15	19,0	12,0
30	795	495	26,5	10	16,5	12,0
40	940	640	23,5	7,5	16,0	18,0
50	1175	875	23,5	6	17,5	30,0
60	1560	1260	26,0	5	21,0	48,0
70	2155	1855	30,79	4,3	26,0	72
80	3020	2720	37,75	3,75	34,0	102

Abb. 3 a zeigt den positiven Quadranten (in dem fast alle Kostenkurven verlaufen) mit den Kurven der Gesamtkosten K, der variablen Gesamtkosten K_v, der fixen Gesamtkosten K_f und den Gesamterlösen E; Abb. 3 b zeigt den positiven Quadranten bei veränderter y-Achse mit den Kurven der Durchschnittskosten k, der variablen Durchschnittskosten k_v, der Grenzkosten K', der fixen Durchschnittskosten k_f und der Grenzerlösen e'.

Die **Grenzkostenkurve** zeigt die Steigung der Gesamtkostenkurve an (und zwar von ihrem Ursprung an, d. h. unter Ausschaltung der Fixkosten).

Die **Gesamtkostenkurve** K verläuft zunächst degressiv (konkav nach unten). Je größer die Produktionssteigerung wird, um so kleiner wird der Anteil der fixen Kosten an den Gesamtkosten, d. h. auf die Durchschnittskosten bezogen, um so billiger wird das Stück. Das zeigt die u - förmige Kurve der Durchschnittskosten k. Der Kostenvorteil durch Fallen der Stückkosten beim Anstieg des Ausstoßes wird freilich immer geringer und endet schließlich im Minimum (Tiefpunkt) der Durchschnittskostenkurve, im Punkt P_4.

Der optimale Kostenpunkt

Der Tangens der Fahrstrahlen vom Nullpunkt (z. B. die Geraden E und E_1) an die Gesamtkostenkurve mißt jeweils den Anstieg der Durchschnittskosten $\frac{K}{x} = tg\ \alpha$. Der Anstieg der Durchschnittskosten (tg α) ist nun dort am niedrigsten, wo der Fahrstrahl E_1 die Gesamtkostenkurve berührt, nämlich im Punkt P_4, dort sind die Durchschnittskosten am niedrigsten, ihre Kurve geht durch ihr Minimum (s. Abb. 3 b).

Man nennt diesen Punkt den optimalen Kostenpunkt oder das „Betriebsoptimum". Bevor die Durchschnittskostenkurve diesen Punkt erreicht, sind die Durchschnittskosten größer als die Grenzkosten. Je größer der Ausstoß wird, um so stärker sinken die Durchschnittskosten, bis sie in diesem Punkt gleich den Grenzkosten sind. In P_4 schneiden sich also Durchschnittskostenkurve und Grenzkostenkurve. Im weiteren Verlauf liegen dann die Grenzkosten über den Durchschnittskosten. Jede Produktionserhöhung steigert die Einheitskosten progressiv.

Der Zusammenhang zwischen der Kurve der variablen Gesamtkosten K_v und der variablen Durchschnittskosten k_v läßt sich in der gleichen Weise zeigen. Wo die Tangente T vom Ursprung der Gesamtkostenkurve diese Kurve oder T_1 die variable Gesamtkostenkurve berührt (P_6), erreicht k_v ihr Minimum (P_6). Der Fahrstrahl wird allerdings in einem früheren Punkt zur Tangente der Gesamtkostenkurve als der Fahrstrahl E_1 vom Nullpunkt. P_6 ist zugleich der Schnittpunkt der Grenzkostenkurve und der Kurve der variablen Durchschnittskosten. Hier müssen sich die beiden Kurven schneiden, da in diesem Punkt die Grenzkosten gleich den variablen Durchschnittskosten sind.

Der Wendepunkt der Gesamtkostenkurve

Der Wendepunkt P_2 der Gesamtkostenkurve liegt dort, wo die Grenzkostenkurve K' (1. Ableitung) ein Minimum erreicht (2. Ableitung = 0):

$$K' = 0,03\,x^2 - 1,5\,x + 30$$
$$K'' = 0,06\,x - 1,5 = 0$$
$$x = 25.$$

Der Wendepunkt liegt mithin bei 25 x. Setzen wir x = 25 in die Formel K' ein, dann erhalten wir für y 11,25.

Im Wendepunkt der Gesamtkostenkurve erreicht die G r e n z k o s t e n k u r v e ihr Minimum. Bis dahin verläuft die Gesamtkostenkurve konkav nach unten (degressiv), von nun an konvex nach unten (progressiv).

Kostenkurven und Erlöskurven

Zieht man eine Parallele T_2 zu der Erlöskurve E, die die Gesamtkostenkurve in ihrem konkav nach unten gekrümmten Teil berührt, nämlich in P_8, so erhalten wir ein „V e r l u s t m a x i m u m" der Gesamtkosten. Verfolgen wir die Gesamtkostenkurve von ihrem Ursprung an, so steigen die Kosten zunächst stärker als die Erlöse, sie streben auseinander, und zwar bis zum Punkt P_8, von wo an beide sich wieder nähern. P_8 ist also ein Verlustmaximum. Es ist zugleich der Punkt, wo die Grenzerlöskurve e' (Stückpreis) die Grenzkostenkurve schneidet.

Nach diesem Punkt steigen die Erlöse schneller als die Kosten, bis dann bei P_3 die Erlöse gleich den Kosten sind. Nun steigen die Erlöse zunächst schneller, dann jedoch langsamer als die Kosten, und in P_5 schneidet die Erlöskurve die Kostenkurve zum zweitenmal, sie tritt aus der „Nutzenzone" in die **Verlustzone**. In den beiden Punkten, wo die Erlöskurve die Gesamtkostenkurve schneidet, werden die Kosten durch den Preis genau gedeckt, weshalb Erich Schneider diese Punkte auch die D e c k u n g s p u n k t e genannt hat. In der Regel wird der untere Punkt als die **Nutzschwelle** (P_3), „*kritische Produktionsschwelle*" oder **Break-even-point,** der obere als die **Nutzgrenze** (P_5) bezeichnet. (Schnutenhaus nennt diese Punkte die „kritischen Punkte des Umsatzes".)

Beide Punkte sind auch in Abb. 3 b festzustellen, es sind dort die Punkte, wo die Grenzerlöskurve die Durchschnittskostenkurve schneidet.

Maximaler Nutzenpunkt

Der optimale Kostenpunkt stimmt in der Regel nicht mit dem maximalen Nutzenpunkt überein. Der maximale Nutzen wird dann erreicht, wenn der Kostenzuwachs infolge der erhöhten Produktion gleich dem Erlöszuwachs durch den
vermehrten Absatz ist. Die Kosten für diese Produktionserhöhung liegen zwar
h ö h e r als beim o p t i m a l e n K o s t e n p u n k t (P$_4$), sie sind sogar bis
dahin progressiv gewachsen. Dennoch tritt eine Nutzensteigerung ein, solange
die vermehrten Kosten durch den Erlös aus der zusätzlichen Produktion gedeckt
werden. Abb. 3 b zeigt, daß in diesem Punkt (P$_7$) die G r e n z e r l ö s k u r v e e′
die G r e n z k o s t e n k u r v e schneidet. Das bedeutet, daß der Gesamtnutzen
des Betriebes nach Überschreiten des optimalen Kostenpunktes noch steigt,
solange die Grenzkosten unter dem Durchschnittserlös (= Stückpreis) liegen,
d. h. bis P$_7$. Hat der Betrieb diesen Punkt überschritten, so sinkt der Gesamtgewinn. Zwischen dem optimalen Kostenpunkt P$_4$ und dem maximalen Nutzenpunkt P$_7$ liegt das P r e i s o p t i m u m.

Verläuft die Gesamterlöskurve flacher und deckt sich mit der Tangente E$_1$, so
fallen schließlich P$_7$ und P$_4$ zusammen. Diese Erlöskurve ist sowohl die Tangente (E$_1$) der Gesamtkostenkurve, wie auch die Tangente (e′$_1$) der Durchschnittskostenkurve, d. h. also in P$_4$ fallen sowohl Kostenminimum und Nut-
zenmaximum zusammen, wie auch Nutzenschwelle und Nutzengrenze. Diese Erscheinung hat man das „**Tangentenphänomen**" genannt.

Die Gesamterlöskurve E$_1$ ist zugleich auch die P r e i s k u r v e d e s G r e n z -
b e t r i e b e s, des letzten zur Marktversorgung noch notwendigen und mit den
höchsten Selbstkosten arbeitenden Betriebs.

Das Betriebsminimum

Die Gesamterlöskurve E schneidet die Kurve der variablen Gesamtkosten und
die Grenzerlöskurve e′ in Abb. 3 b die Kurve der variablen Durchschnittskosten
jeweils zweimal, in P$_9$ und P$_{10}$. Es sind die beiden Punkte, in denen der Erlös
gleich den variablen Gesamtkosten ist, d. h. die fixen Kosten werden nicht mehr
gedeckt. Der Unternehmer steht bei P$_9$ vor der Entscheidung, weiterzuarbeiten
oder zu schließen.

Der Punkt P$_{10}$, wo die Gesamterlöskurve die variable Gesamtkostenkurve zum
zweitenmal schneidet, ist p r a k t i s c h ohne Bedeutung; es ist der Punkt,
bei der die Progression infolge der „Überproduktion" derart groß ist, daß der
Betrieb die variablen Kosten gerade noch decken kann. Dieser Punkt wird praktisch niemals erreicht.

IV. Veränderung der Kostenstruktur bei Anpassungsprozessen

Die Kostenkurven bei intervall-fixen Kosten

Wir haben bereits oben (S. 450) auf die beiden Arten von fixen Kosten hingewiesen: (1) die a b s o l u t - f i x e n K o s t e n oder Stillstandskosten und (2)
die i n t e r v a l l - f i x e n K o s t e n oder Sprungkosten.

Die intervall-fixen Kosten entstehen bei Ausdehnung der Produktion durch
Aufstellung neuer Maschinenaggregate, Neueinstellung leitenden Personals und

ähnlichen Ausdehnungsbewegungen, wobei eine gleichartige Entwicklung der proportionalen Kosten vorausgesetzt wird. Man spricht in diesem Fall von **quantitativen Anpassungsprozessen**: die in einem Betrieb eingesetzten, begrenzt teilbaren Faktoreinheiten werden erhöht oder vermindert, um die Ausbringung zu steigern oder zu senken.

Der Anpassungsprozeß bei parabolischem Verlauf der Gesamtkostenkurve

Beim kubisch-parabolischen Verlauf der Gesamtkostenkurve zeigen die Kostenkurven bei intervall-fixen Kosten einen stufenförmigen Verlauf — ausgenommen natürlich die Grenzkostenkurve K′ (siehe Abb. 4 a und 4 b).

Beim folgenden Beispiel handelt es sich um einen Betrieb mit fünf gleichartigen Aggregaten. 0R sind die absolut-fixen Kosten der Ausbringung. Um die Ausbringung x_4 zu erreichen, ist eine viermalige quantitative Anpassung notwendig. Für die Ausbringung x_1 muß ein Aggregat eingesetzt werden, das einen weiteren Fixkostenbetrag RA notwendig macht. Beim Einsatz des zweiten Aggregates muß der Fixkostenbetrag BC zusätzlich aufgebracht werden. Beim Einsatz des dritten Aggregats der Fixkostenbetrag DE usw. Wird die Ausbrin-

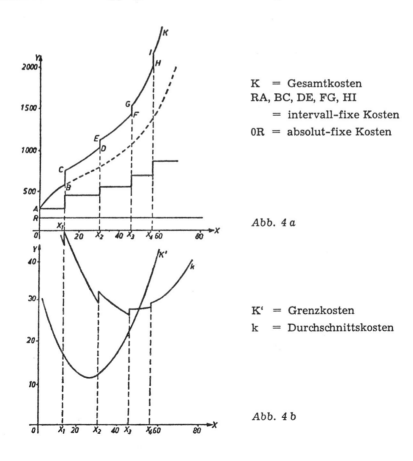

K = Gesamtkosten
RA, BC, DE, FG, HI
    = intervall-fixe Kosten
0R = absolut-fixe Kosten

Abb. 4 a

K′ = Grenzkosten
k = Durchschnittskosten

Abb. 4 b

gung x_4 e i n g e s c h r ä n k t , so werden in entsprechender Weise die einzelnen Aggregate stillgelegt und die sprungfixen Kosten abgebaut, allerdings tritt
hierbei meist eine Kostenremanenz auf (siehe darüber unten S. 463 f.).

Während die G r e n z k o s t e n K' eine stetige parabolische Kurve bilden (da
sämtliche fixen Kosten eliminiert sind), zeigt die D u r c h s c h n i t t s k o s t e n -
k u r v e k gleichfalls einen stufenförmigen Verlauf (siehe Abb. 4 b).

Der Anpassungsprozeß bei linearem Verlauf der Gesamtkostenkurve

Bei einer linearen Gesamtkostenfunktion hat die Gesamtkostenkurve einen trep-
penförmigen Verlauf, den E. Gutenberg näher untersucht hat. Er berücksichtigt
dabei den von Otto Bredt in die Kostenrechnung eingeführten Begriff der **Leerkosten,** das ist der Teil der Fixkosten, der durch die Produktion nicht genutzt
wird. Ihnen stellt Gutenberg die **Nutzkosten** gegenüber, nämlich die Fixkosten,
die bei der Produktion genutzt werden.

Die Fixkosten setzen sich meist aus Leerkosten K_l und Nutzkosten K_n zusammen:

(19) $$K_f = K_l + K_n$$

Mit dem Ansteigen der Ausbringung x verwandeln sich die Leerkosten proportional in Nutzkosten. Ist x_m die Maximalausbringung und x die Ist-Ausbringung, so verhalten sich

(20) $$K_l : (x_m - x) = K_f : x_m$$

Daraus folgt:

(21) $$K_l = (x_m - x) \frac{K_f}{x_m}$$

Bei der Maximalausbringung ist $x = x_m$ und $K_l = 0$; bei Nichtproduktion ist
$x = 0$ und $K_l = K_f$.

Da sich die Nutzkosten K_n zu den Fixkosten verhalten wie die Ist-Ausbringung
zur Maximalausbringung, gilt

(22) $$K_n : K_f = x : x_m$$

Daraus folgt:

(23) $$K_n = \frac{K_f}{x_m} x$$

Leer- und Nutzkosten treten natürlich auch bei der kubisch-parabolischen Gesamtkostenfunktion auf.

Unter Berücksichtigung der Leer- und Nutzkosten zeigt Gutenberg den *Gesamt-kostenverlauf* bei quantitativer Anpassung in folgender Darstellung:

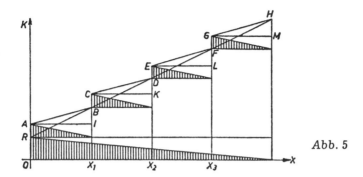

Abb. 5

Dem Beispiel liegt ein Betrieb mit vier gleichartigen Aggregaten zugrunde. Ebenso wie beim kubisch-parabolischen Verlauf der Gesamtkostenkurve sind 0R die absolut-fixen Kosten der Ausbringung. Auch in diesem Beispiel werden nacheinander die verschiedenen Aggregate in Betrieb genommen. Für die Ausbringung x_1 sind die intervall-fixen Kosten RA notwendig; beim Einsatz des zweiten Aggregates steigen die fixen Kosten um den Betrag BC usw.

Mit dieser rein q u a n t i t a t i v e n   A n p a s s u n g geht eine z e i t l i c h e A n p a s s u n g einher, die in dem allmählichen linearen Ansteigen der Ausbringung AB, CD, EF, GH zum Ausdruck kommt. Das zeitliche Ansteigen der Produktion bewirkt die allmähliche Umwandlung der Leerkosten in Nutzkosten. Die Leerkosten sind in der Abb. 5 als schraffierte Dreiecke dargestellt, und zwar weisen sowohl die absolut-fixen wie auch die intervall-fixen Kosten Leer- und Nutzkosten auf. Die Sprungkosten verwandeln sich bei Vollbeschäftigung des jeweiligen Aggregates, die absolut-fixen Kosten erst bei Vollbeschäftigung aller vier Aggregate völlig in Nutzkosten.

Die f i x e n   K o s t e n bei der Ausbringung x_4 bestehen aus den absolut fixen Kosten 0R und den intervall-fixen Kosten RA, BC, DE und FG. Die p r o p o r - t i o n a l e n   K o s t e n bei der Ausbringung x_4 setzen sich zusammen aus

$$IB + KD + LF + MH.$$

Die Kostenremanenz

Geht die Beschäftigung zurück, so verläuft die Gesamtkostenkurve in der Rück-wärtsbewegung nicht mehr wie bei der Vorwärtsbewegung. Das liegt daran, daß der Betrieb bei einer sinkenden Ausbringung die Kapazität nicht ohne weiteres einschränken kann. In der Regel liegt also die rückläufige Kostenkurve über der vorwärtsschreitenden, das heißt also, bei einem Rückgang der Beschäftigung folgen die Kosten dem Rückgang entsprechend langsamer, als man nach der Vorwärtsbewegung erwarten sollte. Die Kostenentwicklung „bleibt zurück" (lat. remanere). Man nennt diese Erscheinung die K o s t e n r e m a n e n z.

K. Mellerowicz hat die Entwicklung der einzelnen Kostenarten bei s-förmigem
Verlauf der Kurven in folgender Darstellung gezeigt (Abb. 6):

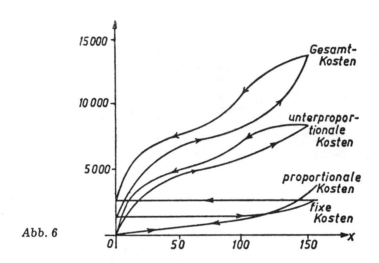

Abb. 6

Die Ursachen der Kostenremanenz sind teils außerbetrieblicher
Natur: Arbeitsrechtliche und soziale Gründe verhindern einen schnellen Abbau
der Kosten, teils sind sie innerbetrieblich bedingt. Man erwartet eine Besserung
der Beschäftigung und will z. B. gutes Stammpersonal nicht verlieren, oder
man läßt in Unkenntnis der wirklichen Betriebsorganisation noch Abteilungen
bestehen, die eingeschränkt werden könnten („Betriebsbürokratie").

Die proportionalen Kosten werden, wie die Abbildung 6 zeigt, von
der Kostenremanenz kaum betroffen. Dagegen macht sie sich bei den unterproportionalen Kosten besonders stark geltend. Zunächst sucht die
Geschäftsleitung den eingespielten Betrieb noch möglichst unverändert beizu-
behalten, bis sie erkennt, daß der Rückgang unvermeidlich ist und nun sehr
stark einschreitet, wodurch die unterproportionalen Kosten dann sehr plötzlich
abfallen (siehe Abb. 6). Auch die fixen Kosten weisen in der Darstellung
Mellerowicz' eine Remanenz auf; es handelt sich dabei um Sprungkosten.

Nimmt man einen linearen Verlauf der Gesamtkostenkurve
an, so zeigt sich die Kostenremanenz besonders bei intervall-fixen Kosten.

V. Die Produktionsfunktion von Typ A (Ertragsgesetz)

Kosten und Ertrag stehen in einem funktionalen Zusammenhang. Darauf beruht
der Versuch der Kostenlehre, den Kostenverlauf im Betrieb aus den Ertrags-
gesetzen abzuleiten.

Zur Geschichte des Ertragsgesetzes

Das wichtigste Ertragsgesetz, das G e s e t z   d e s   a b n e h m e n d e n   E r -
t r a g s z u w a c h s e s   i n   d e r   L a n d w i r t s c h a f t   oder das Gesetz des
abnehmenden Bodenertrags, wurde bereits von Jacques Turgot 1776 erkannt.
Auch die Klassiker der Volkswirtschaftslehre haben das Gesetz behandelt.

Das **Gesetz des abnehmenden Ertragszuwachses** besagt: J e d e r   M e h r a u f -
w a n d   a n   K a p i t a l   u n d   A r b e i t   e r b r i n g t   ü b e r   e i n   b e s t i m m -
t e s   O p t i m u m   h i n a u s   e i n e n   g e r i n g e r e n   E r t r a g s z u w a c h s.
Die Gültigkeit des Gesetzes des abnehmenden Bodenertrags wird heute durch-
weg anerkannt und ist auch empirisch bestätigt worden. Später hat man das
Gesetz des abnehmenden Ertragszuwachses nicht nur für die Landwirtschaft,
sondern auch f ü r   d i e   i n d u s t r i e l l e   P r o d u k t i o n   als repräsentativ
bezeichnet, so vor allem J. M. Clark 1893, der die Ansicht vertrat, daß die Produktivität der Arbeit in Verbindung mit einer bestimmten Menge Kapital zu-
sehends abnimmt; doch hat Clark die Grenznutzenlehre und das Gesetz vom
abnehmenden Ertragszuwachs vermengt. Später haben noch viele andere Wirtschaftswissenschaftler, unter anderen Schumpeter, von Stackelberg, Weddigen
und Erich Schneider ein a l l g e m e i n e s   E r t r a g s g e s e t z, das auch für
die industrielle Produktion repräsentativ sein soll, formuliert.

Von anderen Wirtschaftswissenschaftlern wird jedoch die Gültigkeit des Ertragsgesetzes für die industrielle Produktion bestritten. Es hängt in der Tat lediglich von der umstrittenen Frage ab, ob die Produktionsfaktoren innerhalb
bestimmter Grenzen austauschbar — substitutional — sind oder nicht — nämlich limitational (siehe oben Seite 448). G u t e n b e r g   teilt die Produktions-
funktionen in zwei Gruppen ein und bezeichnet das E r t r a g s g e s e t z   als
Produktionsfunktion vom Typ A, bei dem die Produktionsfaktoren substitutional
und bis zu einem gewissen Grad variierbar sind. Die **Produktionsfunktion vom
Typ B** dagegen weist limitationale Faktoren auf, und bei ihnen hat das Gesetz,
vom abnehmenden Ertragszuwachs keine Gültigkeit mehr. Gutenberg sieht die
Produktionsfunktion vom Typ A als nicht repräsentativ für die industrielle Produktion an. Doch haben verschiedene Untersuchungen, so u. a. von Gälweiler
(s. oben S. 454), gezeigt, daß die Produktionsfunktion vom Typ A zwar bei
mechanisch-technischen Vorgängen sehr selten, aber bei chemischen, biologischen und landwirtschaftlichen Prozessen sehr häufig vorkommt. Deshalb hat
E. H e i n e n   (Betriebswirtschaftliche Kostenlehre, 4. Aufl. 1973) die Kosten-
funktionslehre Gutenbergs erweitert und eine **Produktionsfunktion vom Typ C**
entwickelt, bei der das gesamtbetriebliche Geschehen in geeignete Teilvorgänge
(Elementar- oder E-Kombinationen) zerlegt wird.

Die Gesamtertragskurve

Wir wollen den Verlauf der Gesamtertragskurve von Typ A an einem B e i -
s p i e l   entwickeln: Auf 1 ha Ackerland wird Roggen erzeugt. Der Ertrag hängt
von verschiedenen variierbaren Produktionsfaktoren r (Düngemittel, Saatgut,
Arbeitsaufwand und anderem) ab:

(23) $$x = f\,(r_1, r_2, r_3 \ldots r_n)$$

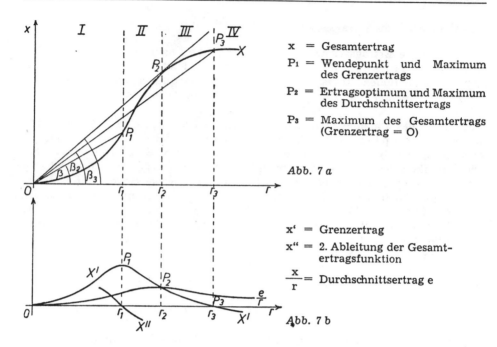

x   = Gesamtertrag

P₁ = Wendepunkt und Maximum des Grenzertrags

P₂ = Ertragsoptimum und Maximum des Durchschnittsertrags

P₃ = Maximum des Gesamtertrags (Grenzertrag = O)

Abb. 7 a

x' = Grenzertrag

x'' = 2. Ableitung der Gesamtertragsfunktion

$\dfrac{x}{r}$ = Durchschnittsertrag e

Abb. 7 b

Um den produktiven Beitrag der einzelnen Produktionsfaktoren zu ermitteln, muß jeder einzelne Produktionsfaktor gesondert untersucht und die übrigen Produktionsfaktoren konstant gehalten werden. Greifen wir nun den Arbeitsaufwand, den wir r nennen wollen, heraus, so gelangen wir (nach einem Zahlenbeispiel von Stackelberg[1])) zu folgender Wertetabelle:

Laufende Nummer	1	2	3	4	5	6
Arbeitsaufwand in Tagen	12	16	20	24	28	32
Ertrag in dz	7,5	10,5	12,5	13,75	14,5	15

Tabelle 1: Gesamtertrag

Diese Zahlenwerte ergeben eine kubisch-parabolische Gesamtertragskurve, die zunächst konvex nach unten steigt und nach Überschreitung des Wendepunktes konkav nach unten verläuft. Die Gesamtertragskurve hat mithin einen umgekehrt s-förmigen Verlauf wie die Gesamtkostenkurve (vgl. Abb. 7 a).

Die Kurve steigt zunächst langsam, weil die konstanten Faktoren sich noch stark geltend machen, später, da sich nun der erhöhte Beitrag des variablen Faktors auswirkt. Dann fällt die Kurve, denn der überhöhte produktive Beitrag des variablen Faktors wirkt hemmend auf die Ertragsentwicklung ein (z. B. werden so viel Arbeiter eingesetzt, daß sie sich gegenseitig behindern).

---

[1]) Grundlagen der theoretischen Volkswirtschaftslehre, 2. Aufl., Bern/Tübingen 1951, S. 33 ff.

Grenzertrag und Durchschnittsertrag

Der **Grenzertrag** oder die Grenzproduktivität mißt die Veränderung der Gesamtertragskurve. Mathematisch ist sie die erste Ableitung der Gesamtertragsfunktion:

$$(24) \qquad x' = \frac{dx}{dr}$$

Legt man an jeden beliebigen Punkt der Gesamtertragskurve eine Tangente, so zeigt diese die Steigung des Gesamtertrags, deren Wert die Grenzertragskurve x' wiedergibt.

In unserem Beispiel lautet die Wertetabelle des Grenzertrags:

Laufende Nummer	1	2	3	4	5
Arbeitsaufwand in Tagen	14	18	22	26	30
Grenzertrag in dz	0,75	0,5	0,31	0,19	0,125

Tabelle 2: Grenzertrag

Danach besagt das Gesetz des abnehmenden Ertragszuwachses in der Landwirtschaft in exakter Formulierung: Der Grenzertrag eines variierbaren Produktionsfaktors auf einem gegebenen Bodenstück nimmt von einer gewissen Grenze an mit steigendem Faktoreinsatz ab.

Der **Durchschnittsertrag** e oder das Durchschnittsprodukt eines Produktionsfaktors ist der Ertrag, den die Produktionseinheit erbringt. Man errechnet ihn, indem man die Ausbringung x durch die Einsatzmenge des Produktionsfaktors r dividiert.

$$(25) \qquad e = \frac{x}{r}$$

In unserem Beispiel lautet die Wertetabelle des Durchschnittsertrags:

Laufende Nummer	1	2	3	4	5
Arbeitsaufwand in Tagen	12	16	20	24	28
Durchschnittsertrag in dz	0,625	0,656	0,625	0,573	0,518

Im Koordinatenkreuz ist der Durchschnittsertrag gleich dem Anstieg der Fahrstrahlen vom Nullpunkt an die Gesamtertragskurve (radius vector). In Abb. 7 a gehen drei Fahrstrahlen an die drei kritischen Punkte P_1, P_2, P_3 der Gesamtertragskurve, deren Anstiegswerte tg β, tg β_3, tg β_2 betragen.

Die Gesamtertragskurve x verläuft in Abb. 7 a zunächst — in der I. Phase — progressiv, d. h. konvex nach unten. Im Wendepunkt P_1 der Gesamtertragskurve erreicht die Grenzertragskurve ihr Maximum; die zweite Ableitung der Gesamtertragsfunktion x'' wird Null. Vom Maximum an sinkt der Grenzertrag, bleibt aber noch positiv — II. und III. Phase. Schließlich schneidet die Grenzertragskurve die r-Achse, der Grenzertrag sinkt unter Null, und zwar in dem Punkt, in dem die Gesamtertragskurve ihr Maximum erreicht — Beginn der IV. Phase.

Das G e s a m t e r t r a g s o p t i m u m liegt nicht im Wendepunkt der Gesamtertragskurve P_1, dem Grenzertragsmaximum, sondern dort, wo der Fahrstrahl vom Nullpunkt zur Tangente der Gesamtertragskurve wird. Das ist in P_2 der Gesamtertragskurve und dem Maximum der Durchschnittskurve. Es ist zugleich der Schnittpunkt der Grenzertragskurve und der Durchschnittsertragskurve. Dieser Punkt ist das „**Betriebsoptimum**" — von der Ertragsfunktion dargestellt.

Bevor die Durchschnittsertragskurve diesen Punkt erreicht, ist der Durchschnittsertrag kleiner als der Grenzertrag. Je größer der Ausstoß wird, um so stärker steigt der Durchschnittsertrag, bis er in P_2 gleich dem Grenzertrag wird.

Diesen Punkt ermittelt man rechnerisch durch Differentiation der Durchschnittsertragsfunktion:

$$(26) \qquad \frac{de}{dr} = \frac{r\,\dfrac{dx}{dr} - x}{r^2} = 0 \qquad \text{Daraus folgt:}$$

$$(27) \qquad \frac{dx}{dr} = \frac{x}{r} = e$$

Im weiteren Verlauf liegt der Durchschnittsertrag über dem Grenzertrag; jede Produktionssteigerung senkt den Durchschnittsertrag.

Diese Ertragskurven haben einen ideal-typischen Charakter. In der Praxis zeigen sie einen zum Teil anderen Verlauf. So wurde durch empirische Untersuchungen festgestellt, daß in der Landwirtschaft die Phase I in der Regel wegfällt, der Wendepunkt der Gesamtertragskurve liegt im negativen Quadranten, die Kurve steigt von Anfang an mit abnehmenden Ertragszuwächsen. Auch die Phase IV fehlt in der Regel, denn wenn die Gesamtertragskurve vom Maximum an fällt, wirken die zusätzlichen Einsatzmengen des variablen Produktionsfaktors nicht mehr produktiv, sondern destruktiv. Hat die Ertragsfunktion das Maximum erreicht, so wird die Kurve in der Regel parallel zur r-Achse verlaufen, d. h. die erhöhten Einsatzmengen des variablen Produktionsfaktors bleiben ganz ohne Einfluß auf den Gesamtertrag.

Ertragsfunktion mit mehreren variierbaren Produktionsfaktoren

Zur Ermittlung des produktiven Beitrags der einzelnen Produktionsfaktoren muß, wie bereits erwähnt, jeder e i n z e l n e Produktionsfaktor gesondert untersucht werden. Unsere bisherige Betrachtung bezog sich dementsprechend auf nur einen Produktionsfaktor, in unserem Beispiel: den Arbeitsaufwand.

Berücksichtigen wir auch die übrigen variierbaren Produktionsfaktoren, so müssen wir, um den totalen Grenzertrag des Produkts zu ermitteln, die partielle Differentiation[1]) anwenden.

Die **Grenzproduktivität** (Zunahmerate der Ausbringung) des Faktors i (partielle Grenzproduktivität) ist gemäß (4) $\frac{\partial x}{\partial r_i}$ und der **Grenzertrag** oder das *Grenzprodukt* einer infinitesimalen Mengenänderung des Faktors i

$$(28) \qquad dx = \frac{\partial x}{\partial r_i}\, dr_i$$

Der **totale Grenzertrag des Produkts** mit n unabhängigen veränderlichen Produktionsfaktoren, d. h. das totale Produktdifferential, ist

$$(29) \qquad dx = \frac{\partial x}{\partial r_1}\, dr_1 + \frac{\partial x}{\partial r_2}\, dr_2 + \ldots + \frac{\partial x}{\partial r_n}\, dr_n$$

Gutenberg hat den totalen Grenzertrag für eine Ertragsfunktion mit zwei unabhängigen variablen Produktionsfaktoren graphisch im dreidimensionalen (räumlichen) Koordinatensystem als gewölbte Fläche dargestellt (s. Abb. 8[2])).

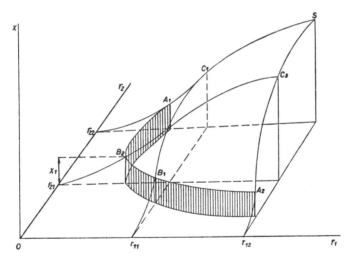

Abb. 8. Ertragsfunktion mit zwei variablen Produktionsfaktoren

---

[1]) Eine p a r t i e l l e   D i f f e r e n t i a t i o n ist notwendig, wenn in einer Funktion z = f (x, y) die beiden Veränderungen x und y unabhängig voneinander in ganz beliebiger Weise verändert werden können. Wir müssen dann partiell (anteilig) differenzieren, einmal nach x, sodann nach y. Bei jeder der beiden Differentiationen wird die n i c h t b e t r o f f e n e   V a r i a b l e   als   K o n s t a n t e behandelt. Im übrigen gelten für die partielle Differentiation grundsätzlich die gleichen Ableitungsregeln wie für die totale Differentiation. Das totale Differential dz von f (x, y) ist die Summe der beiden partiellen Differentiale. Das partielle Differential kennzeichnet man durch ein kleines Delta: δ.

[2]) Die Abbildung ist entnommen: Wolfgang Kilger, Produktions- und Kostentheorie, Wiesbaden 1958.

Die beiden horizontalen Koordinatenachsen zeigen die Einsatzmengen r_1 und r_2, die senkrechte Achse zeigt die Ausbringung x jeder Faktorkombination an. Schnitte durch die Ertragsfläche parallel zu der r_1 x-Ebene und der r_2 x-Ebene ergeben s-förmige Gesamtertragskurven: r_{11} B_1 C_1. Es wird in diesem Fall nur ein Faktor variiert, der andere bleibt konstant. Senkrechte Schnitte, die nicht parallel zu den vertikalen Koordinatenebenen und nicht durch den Nullpunkt laufen, ergeben flacher gekrümmte Gesamtertragskurven, es werden beide Faktoren kombiniert. Senkrechte Schnitte durch den Nullpunkt ergeben gerade Linien auf der Ertragsfläche.

Ein waagerechter Schnitt durch die Ertragsfläche A_1 B_2 B_1 A_2 ergibt eine H ö h e n - oder S c h i c h t e n l i n i e (Isohypse), die Erträge gleicher Höhe angibt. Diese Schichtenlinie, auf die r_1 r_2-Ebene projiziert, ist die Kurve, die alle die Kombinationen von Einsatzmengen der beiden Faktoren angibt, die den gleichen Ertrag abwerfen.

Indifferenzkurven

Durch die Ertragsfläche kann man beliebig viele Höhenlinien ziehen, sie bilden, auf die Ebene r_1 r_2 projiziert, eine Kurvenschar. Ragmar Frisch und Erich Schneider nennen diese Kurven **Ertragsisoquanten,** von Stackelberg spricht von **Isophoren.** Diese Kurven gehören zu den von Pareto so genannten **Indifferenzkurven** (Isophoren, Kostenisoquanten, Isotimen u. a.), mit deren Hilfe man Kombinationsprobleme graphisch zu lösen sucht, um z. B. festzustellen, welche Produktionsfaktorenkombination ertragsoptimal oder kostenminimal ist, welche Konsumgüterkombination für den Haushalt nutzenmaximal ist, welche Werbeausgaben erfolgsoptimal sind usw.

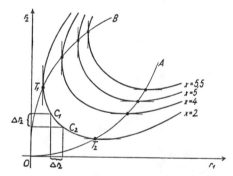

*Abb. 9. Ertragsisoquanten und Grenzen der Substituierbarkeit
der Produktionsfaktoren*

Die u-förmige Kurvenschar in Abb. 9 sind vier Ertragsisoquanten. Wir kommen auf die Bedeutung dieser Indifferenzkurven noch zurück.

Ertragsfunktion bei Niveauänderung

Das Grenzprodukt einer Faktorkombination i n b e z u g a u f d a s „N i - v e a u" bezieht sich auf eine Änderung der Produktmenge infolge einer Änderung der Faktormenge u n t e r B e i b e h a l t u n g d e s M e n g e n v e r - h ä l t n i s s e s.

Ändert man die Faktormengen r_1, r_2 ... r_n im gleichen Verhältnis, d. h. mit dem Proportionalitätsfaktor λ, so ist

$$(30) \qquad \frac{dr_1}{r_1} = \frac{dr_2}{r_2} = \ldots = \frac{dr_n}{r_n} = \frac{d\lambda}{\lambda}$$

Die Ausbringung x ist also allein von der Proportion λ abhängig, um die die Faktoren vermehrt ($\lambda > 1$) oder vermindert ($\lambda < 1$) werden.

Der *totale Grenzertrag* des Produkts bei einer Niveauänderung ist dann

$$(31) \qquad dx = \frac{d\lambda}{\lambda} \left(\frac{\partial x}{\partial r_1} r_1 + \ldots + \frac{\partial x}{\partial r_n} r_n \right)$$

Weiter ist:

$$(32) \qquad \frac{\frac{dx}{x}}{\frac{d\lambda}{\lambda}} x = \frac{\partial x}{\partial r_1} r_1 + \ldots + \frac{\partial x}{\partial r_1} r_n$$

Der Quotient $\frac{dx}{x} : \frac{d\lambda}{\lambda}$ bezeichnet das Verhältnis zwischen der relativen Änderung der Produktmenge und der entsprechenden relativen Änderung aller Faktormengen. Er drückt die Elastizität der Produktmenge in bezug auf das Prozeßniveau aus, sie ist eine Funktion der jeweiligen Faktorkombination. Erich Schneider nennt diese Elastizität die „**Niveauelastizität eines Prozesses**".

Da x eine Funktion von λ ist, können wir die Niveauelastizität eines Prozesses ε definieren[3]):

$$(33) \qquad \varepsilon = \frac{\lambda}{x} \frac{dx}{d\lambda} = \frac{d(\ln x)}{d(\ln \lambda)}$$

Grenzrate der Substitution

Die Ertragsisoquanten in Abb. 9 sind die Kurven gleicher Erträge. Jeder Punkt auf einer Isoquante zeigt, welche Faktorkombination r_1 und r_2 notwendig ist, um den Ertrag x = 2, x = 4, x = 5 usw. zu erzielen. Werden z. B. die Einsatzmengen des Faktors r_1 erhöht, müssen die des Faktors r_2 entsprechend vermindert werden, wenn der gleiche Ertrag erzielt werden soll. Das Verhältnis zwischen der Abnahme des ersetzten (substituierten) Faktors und der Zunahme des ersetzenden (substituierenden) Faktors ist das Substitutionsverhältnis beider Faktoren.

---

[3]) Die Elastizität der Funktion y = f (x) im Punkte x ist die Rate der relativen Änderung von y je Einheit der relativen Änderung von x:

$$\frac{Ey}{Ex} = \frac{d(\ln y)}{d(\ln x)} = \frac{x}{y} \frac{dy}{dx}$$

Es handelt sich hierbei um eine Logarithmische Funktion (transzendete Funktion). ln ist der natürliche Logarithmus; bei ihm wird die Zahl e (= 2,71828...) als Basiszahl benutzt. Vgl. Allen, Mathematik für Volks- und Betriebswirte. 4. Aufl. 1972.

Die infinitesimale Faktorverschiebung wird als die **Grenzrate der Substitution**
des Faktors r_2 für den Faktor r_1 bezeichnet.

Die Grenzrate der Substitution ist also die Steigung der Ertragsisoquanten. Sie
wird graphisch dargestellt durch Tangenten an die Isoquanten. Rechnerisch
erhält man sie durch Differentiation der nach r_1 aufgelösten Funktion der Ertragsisoquanten:

(34)
$$\lim_{\Delta r_1 \to 0} \frac{\Delta r_2}{\Delta r_1} = \frac{d r_2}{d r_1}$$

Die Grenzproduktivitäten der zwei variablen Produktionsfaktoren der Kosten-
funktion $x = f(r_1, r_2)$ sind $f(r_1) = \dfrac{\partial x}{\partial r_1}$ und $f(r_2) = \dfrac{\partial x}{\partial r_2}$. Da x für jede Ertragsisoquante konstant ist, muß das totale Grenzprodukt gleich Null sein:

(35)
$$dx = \frac{\partial x}{\partial r_1} dr_1 + \frac{\partial x}{\partial r_2} dr_2 = 0$$

Daraus ergibt sich die Grenzrate der Substitution:

(36)
$$\frac{dr_2}{dr_1} = - \frac{\partial x}{\partial r_1} : \frac{\partial x}{\partial r_2}$$

Die Grenzrate der Substitution ist demnach gleich dem negativen reziproken
Verhältnis der Grenzproduktivitäten beider Faktoren. Das negative Vorzeichen
erklärt sich daraus, daß in der Regel ein Faktor vermehrt und der andere vermindert wird. Ist die Grenzrate der Substitution z. B. —2, so müssen zwei Einheiten r_2 durch eine Einheit r_1 ersetzt werden, wenn die Ausbringung konstant bleiben soll.

Grenzen der Substituierbarkeit

Ist die Substitutionsmöglichkeit zwischen zwei Faktoren unbegrenzt, so ist die
Isoquante eine die Achsen schneidende Gerade oder eine gleichseitige Hyperbel,
deren Asymptoten die Achsen des Koordinatensystems sind. Praktisch wird nur
in sehr seltenen Fällen die Menge eines Faktors unbegrenzt vergrößert, die des
anderen unbegrenzt vermindert werden können.

Haben dagegen die Isoquanten die u-förmige Gestalt wie in Abb. 9, so sind die
Substitutionsmöglichkeiten der Faktoren begrenzt, und zwar liegen sie auf den
vom Nullpunkt gesehenen konvexen Kurven, die von T_1 und T_2, T_3 und T_4 usw.
der Kurventangenten begrenzt werden. Bei Faktorkombinationen, die jenseits
dieser Punkte liegen, wird keiner der Faktoren mehr durch den anderen substituiert (ersetzt), sondern die Einsatzmengen beider Faktoren summieren sich
(Δr_1 und Δr_2 sind dann beide positiv, wie die Abb. erkennen läßt). Die Grenzrate der Substitution ist in diesem Fall auch positiv; es handelt sich faktisch
nicht mehr um eine Substitution. Die Substitutionsmöglichkeiten für die einzelnen Isoquanten werden also durch die beiden Kurven 0A und 0B begrenzt.

Die Minimalkostenkombination

Besteht eine kontinuierliche Substitutionsmöglichkeit einzelner Produktionsfaktoren, so muß die Unternehmung die Faktorenkombination wählen, die die
geringsten Kosten verursacht, nämlich die M i n i m a l k o s t e n k o m b i n a -
t i o n.

Während die Grenzrate der Substitution einen Maßstab für die t e c h n i s c h e Austauschbarkeit der Produktionsfaktoren darstellt, ist die Minimalkostenkombination das w i r t s c h a f t l i c h s t e Austauschverhältnis der Faktoren. Die P r e i s e der Produktionsfaktoren müssen deshalb mit herangezogen werden. Die F a k t o r p r e i s e greifen als wirtschaftlich bestimmtes „R e g u l a t i v i n   d e n   t e c h n i s c h e n   K o m b i n a t i o n s p r o z e ß   e i n" (Gutenberg). Die Kostenfunktion lautet (siehe (1)), wenn q die Faktorpreise sind:

(37) $$K = r_1 q_1 + r_2 q_2$$

Löst man die Gleichung nach r_2 auf, wobei K als konstante Größe betrachtet wird, so entsteht graphisch eine **Kostenisoquante** oder **Isotime** (nach v. Stackelberg):

(38) $$r_2 = \frac{K}{q_2} - \frac{q_1}{q_2} r_1$$

Diese Kostenisoquante enthält alle Kombinationen der Faktoren r_1 und r_2, deren Kosten gleich hoch sind.

Bei Faktorverschiebungen muß die Kostenersparnis beim Faktor r_1 gleich dem Kostenzuwachs beim Faktor r_2 sein, d. h.

(39) $$dr_2 q_2 = - dr_1 q_1 \qquad \text{oder}$$

(40) $$\frac{dr_2}{dr_1} = -\frac{q_1}{q_2}$$

Der Quotient $q_1 : q_2$ ist in aller Regel negativ, da einer der Faktorpreise eine Preisminderung bedeutet.

Bei einer Minimalkostenkombination verhält sich also nach Gleichung (40) die Grenzrate der Substitution des zweiten Faktors für den ersten Faktor wie der Preis des ersten Faktors zu dem des zweiten Faktors.

Aus der Gesamtkostenfunktion kann man die Gleichung (40) wie folgt ableiten (s. Kilger, a. a. O., S. 33):

$$K = r_1 q_1 + r_2 q_2$$

Da $x = f(r_1, r_2) =$ konstant ist, kann man die Funktion $r_2 = \varrho(r_1)$ bilden und in die Kostenfunktion einsetzen:

$$K = r_1 q_1 + \varrho(r_1) q_2$$
$$\frac{dK}{dr_1} = q_1 + \frac{dr_2}{dr_1} q_2 = 0$$
$$-\frac{q_1}{q_2} = \frac{dr_2}{dr_1}$$

Die zweite Ableitung

$$\frac{d^2 K}{dr_1^2} = \frac{d^2 r_2}{dr_1^2}$$

ist stets positiv, folglich liegt bei K ein Minimum.

Wir können die Grenzrate der Substitution $\dfrac{dr_2}{dr_1}$ durch den reziproken Wert der Grenzproduktivitäten nach Formel (36) ersetzen und erhalten dann

(41)
$$\frac{\partial x}{\partial r_1} : \frac{\partial x}{\partial r_2} = q_1 : q_2$$

Das heißt: *die Faktorkombination ist kostenmäßig am günstigsten, wenn sich die Grenzproduktivitäten proportional zu den Faktorpreisen verhalten.*

Die Gleichung (41) kann man umformen:

(42)
$$\frac{\partial x}{\partial r_1} : q_1 = \frac{\partial x}{\partial r_2} : q_2$$

Das bedeutet: In der Minimalkostenkombination ist der Quotient aus der Grenzproduktivität des ersten Faktors und seinem Preis gleich dem Quotienten aus der Grenzproduktivität des zweiten Faktors und seinem Preis.

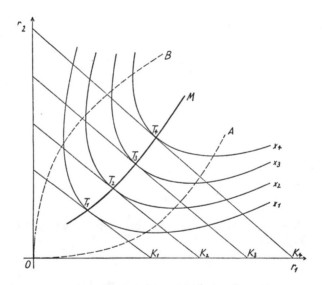

Abb. 10. Ertragsisoquanten, Kostenisoquanten und Minimalkostenlinie

Im Koordinatensystem ist die K o s t e n i s o q u a n t e nach (40) eine Gerade mit der Steigung $-\dfrac{q_1}{q_2}$ und dem Ordinatenabschnitt $\dfrac{K}{q_2}$. Variiert man das Niveau der konstanten Kosten, so erhält man eine S c h a r g e r a d e r I s o - q u a n t e n (siehe Abb. 10), die parallel verlaufen, da ihre Steigung nur von dem Verhältnis der (konstanten) Faktorpreise bestimmt wird und von K unabhängig ist:

(43)
$$\operatorname{tg} \alpha = \frac{K}{q_1} : \frac{K}{q_2} = \frac{q_2}{q_1}$$

Die Kostenisoquanten liegen um so weiter vom Nullpunkt entfernt, je größer K ist. Für eine bestimmte Ertragsisoquante liegt nun das K o s t e n m i n i m u m dort, wo eine Kostenisoquante sie tangiert. Da die Steigung der Kostenkurve vom Verhältnis der Faktorpreise bestimmt wird, folgt daraus: *Für die Minimalkostenkombination ist die Grenzrate der Substitution gleich dem umgekehrten Verhältnis der Faktorpreise;* siehe Gleichung (40).

Jede Ertragsisoquante hat demnach bei bestimmten Faktorpreisen eine eindeutig bestimmte Minimalkostenkombination.

Den fixen Kosten entspricht bei der E r t r a g s f u n k t i o n der Einsatz der Faktormengen n, die noch keine Erträge bringen. Es ist auf der Abszisse die Strecke n = 0B. Die Ertragsfunktion unter Berücksichtigung von n lautet dann

$$x = f(r) + n$$

Auch diese Betrachtung setzt substituierbare und beliebig teilbare Produktionsfaktoren voraus.

VI. Die Produktionsfunktion vom Typ B

Die bisher bestriebene Produktions- und Kostentheorie setzte eine unmittelbare Beziehung zwischen der Aufbringung und dem Verbrauch an Produktionsfaktoren voraus. Es handelte sich um stubstitutionale Produktionsfaktoren einer Ausbringung, d. h. die Faktoren konnten in ihrem Verhältnis zueinander verändert und untereinander ausgetauscht (substitutioniert) werden, also die Produktionsfunktion vom Typ A. Nun hat **Gutenberg** — wie bereits bemerkt — nachgewiesen, daß in der Industrie für viele Produktionsfaktoren derartige unmittelbare Beziehungen nicht bestehen. Die Produktionsfaktoren sind limitational, d. h. sie stehen in einem festen Verhältnis zueinander. Zwischen den Einsatz der Produktionsfaktoren und die Leistungsaufnahme sind Maschinen, Werkstätte, Hilfsbetriebe und andere Teilbetriebe geschaltet, durch welche die primären Einsatzmengen in sekundäre Produktionsfaktoren, wie Maschinenarbeit und innerbetriebliche Leistungen, transformiert werden, um erst dann in die Erzeugnisse einzugehen. „Denn die Verbrauchsmengen sind nicht unmittelbar, sondern mittelbar von der Ausbringung abhängig, und zwar über die ‚zwischengeschalteten‘ Produktionsstätten" (Gutenberg, Grundlagen der Betriebswirtschaftslehre, Bd. 1, Die Produktion, 21. Aufl. 1975, S. 326 ff.).

Gutenberg macht das an einem einfachen Beispiel sehr klar. „Bei Kraftmaschinen geht während der Umwandlung von einer Energie in eine andere immer ein Teil der eingesetzten Energie verloren. Das Verhältnis zwischen abgegebener und aufgenommener Energie bezeichnet man als den technischen Wirkungsgrad eines Betriebsmittels. Er ist immer kleiner als 1, also stets ein echter Bruch. Der Wirkungsgrad ist um so höher, je geringer der Energieverlust ist. Für einen Benzinmotor von etwa 250 ccm liegt das günstigste Verhältnis zwischen Leistung und Verbrauch zwischen 3000 und 3200 Umdrehungen/Min. Bei z. B. 2400 Umdrehungen/Min. ist der Brennstoffverbrauch größer und die PS-Leistung geringer als z. B. bei 2600 Umdrehungen/Min. Dieser Umstand ist darauf zurückzuführen, daß mit sich ändernden Drehzahlen die technischen Bedingungen der

Brennstoffausbeute variieren. Hohe Drehzahlen verursachen ebenso wie hohe Verdichtungsverhältnisse hohe Temperaturen und Drucke im Zylinder. Verändert man deshalb die Drehzahlen, so verändert man damit die Umwandlung und damit die Energieausbeute im Zylinder. Man kann deshalb für dieses Beispiel sagen, daß der Verbrauch an Brennstoff eine Funktion der Drehzahl ist, die wieder von der verlangten Leistung abhängig ist. In ähnlicher Weise wird auch der Schmiermittelbedarf von den Vorgängen im Zylinder des Motors beeinflußt. Auch dieser Verbrauch ist eine Funktion der Umdrehungen/Min. Erweitert man nun das Beispiel und berücksichtigt man auch den Verschleiß des Aggregates, dann wird man ebenfalls sagen können, daß der Verschleiß (unter anderem) von der Umdrehungszahl/Min. abhängig ist."

Die Verbrauchsfunktion

Die Abhängigkeit zwischen Verbrauch an Faktor Einsatzmengen und technische Leistung hat Gutenberg „*Verbrauchsfunktion*" genannt. Bei einem stufenweise ablaufenden Produktionsprozeß geht die Produktionsmenge jeder Vorstufe in ihrem jeweiligen Bearbeitungszustand als Einsatzstoff oder als Energie in die nachfolgende Stufe ein. Damit wird sie wesentlicher Bestandteil der Kostenfunktion der nachfolgenden Stufe. Mit steigender Produktionsgeschwindigkeit auf der nachfolgenden Stufe wachsen im Regelfall die Verbrauchsmengen an Vorprodukten in der Zeiteinheit in einer bestimmten Abhängigkeit von der Produktionsgeschwindigkeit. Die Abhängigkeit der Verbrauchsmengen von der Produktionsgeschwindigkeit ist durch die technisch bedingten Verbrauchsfunktionen des jeweiligen Produktionsvorganges gegeben. Entsprechend der Verbrauchsfunktion verändert sich mit der Produktionsgeschwindigkeit die Bedarfsmenge an Vorprodukten je Zeiteinheit, d. h. die Vorstufe muß größere Produktionsmengen bereitstellen. Aus der Kostenfunktion der Vorstufe können sich dann veränderte Kosten je Mengeneinheit des Vorproduktes ergeben, die wiederum auf den Verlauf der Kostenfunktion der nachfolgenden Stufe zurückwirken. Dabei begnügt man sich in der Praxis mit gewissen, auf Beobachtungen und Messungen beruhenden Annäherungen. Aber jede Konstruktionsabteilung und jede Planungsabteilung arbeitet mit derartigen präzisen oder nur gewissen Annäherungen genügenden Verbrauchsfunktionen (Gutenberg, a. a. O.)

Die **allgemeine Grundgleichung** der Verbrauchsfunktion ϱ lautet:

$$\varrho_{ij} = \frac{r_{ij}}{{}^{!}q} = f_{ij}(d_j)$$

r_{ij} = Faktorverbrauch i am Aggregat j,

b_j = Ausbringungseinheit am Aggregat j,

$d_j = \dfrac{b_j}{t}$ = Intensität = $\dfrac{\text{Ausbringung}}{\text{Zeiteinheit}}$,

f = Funktionssymbol.

Variiert die Intensität, so verändert sich auch i. d. R. der Verbrauch an direktem und indirektem Faktoreinsatz. Man unterscheidet 3 G r u n d f o r m e n einer Verbrauchsfunktion:

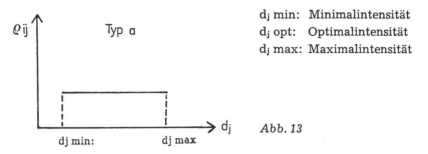

d_j min: Minimalintensität
d_j opt: Optimalintensität
d_j max: Maximalintensität

Abb. 13

Typ a: Faktorverbrauch ist für unterschiedliche Intensitäten konstant.

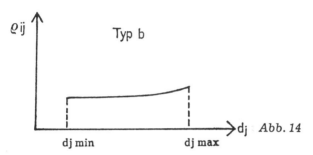

Abb. 14

Typ b: Faktorverbrauch für unterschiedliche Intensitäten zunächst konstant;
bei überhöhten Intensitäten progressiv ansteigend.

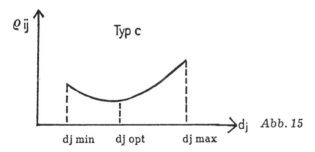

Abb. 15

Typ c: Faktorverbrauch fällt zunächst mit zunehmender Intensität bis zu einem
Optimum (Optimalintensität), um dann mit zunehmender Intensität progressiv
anzusteigen.

VII. Die Problematik der optimalen Betriebsgröße

1. Die traditionelle Lehre von der optimalen Betriebsgröße

Bei Änderung der Betriebsgröße nimmt der Anteil der fixen Kosten an den Gesamtkosten um so stärker ab, je langfristiger die Betriebsgrößenvariation betrachtet wird. Bei *kurzfristiger Anpassung* verändern sich die Fixkosten gar nicht. Bei *mittelfristiger Anpassung* erhalten die intervallfixen Kosten den Charakter von proportionalen Kosten, fix bleiben nur die absoluten Stillstandskosten. Bei *langfristiger Anpassung* werden ex definitione alle Kosten, auch die Stillstandskosten, proportional, der Anteil der fixen Kosten an den Gesamtkosten wird Null.

Die langfristige Anpassung

In seiner langfristigen Analyse beginnt Heinrich *von Stackelberg,* dem wir hier folgen (Grundlagen der theoretischen Volkswirtschaftslehre, 2. Aufl. 1951), mit den Gesamtkosten bei langfristiger Anpassung. Da die *Gesamtkosten* K_L (s. Abb. 16) alle proportional sind, beginnt die Gesamtkostenkurve im Nullpunkt. Sie verläuft (entsprechend der traditionellen Lehre) s-förmig, also zunächst degressiv, dann (wegen der zunehmenden bürokratischen Verwaltungsarbeiten u. dgl.) progressiv, die Gesamtkosten steigen schließlich stärker als die Ausbringung x. Da die Gesamtkosten mit den variablen Kosten zusammenfallen, deckt sich das Betriebsoptimum mit dem Betriebsminimum; es ist der Wendepunkt der Gesamtkostenkurve (Ausbringung $= t_0$). Das Minimum der langfristigen *Stückkostenkurve* k_0 (Abb. 17) liegt dort, wo die Stückkosten bei gegebenen Preisen der Produktionsmittel und im Rahmen des derzeitigen technischen und organisatorischen Könnens der Betriebsführung am niedrigsten sind. Bei dieser Ausbringung (t_0) liegt die *optimale Betriebsgröße.* Solange sie noch nicht erreicht ist, zeigen die langfristigen Stückkosten mit zunehmender Betriebsgröße eine fallende Tendenz; wir sprechen hier von *„Größendegression".* Ist die optimale Betriebsgröße dagegen überschritten, steigen also die langfristigen Stückkosten, so liegt *„Größenprogression"* vor (vgl. hierzu E. Schmalenbach, Kostenrechnung und Preispolitik, 8. Aufl. 1963, S. 103 ff.).

Die kurzfristige Anpassung

Bei der Gesamtkostenkurve K_0 desselben Betriebes ist bei kurzfristiger Anpassung ein Teil der Gesamtkosten fix. Hat der Betrieb nicht seine optimale Betriebsgröße erreicht, so machen sich die fixen Kosten geltend, d. h. *die kurz- (und mittel-)fristigen Gesamtkosten (K_0, K_1, K_2) liegen stets über der langfristigen Gesamtkostenkurve.* Hat der Betrieb sein Betriebsoptimum erreicht, so berührt die kurzfristige Gesamtkostenkurve K_0 mit ihrem Scheitelpunkt die langfristige bei der Ausbringung t_0. Liegt die Betriebsgröße darunter oder darüber, so wird der Betrieb die Produktion so ausrichten, daß die (geringere oder größere) Ausbringung mit den niedrigstmöglichen Gesamtkosten erzeugt wird. Der so ausgerichtete Betrieb produziert also diese Ausbringung mit ihren langfristigen Gesamtkosten, die kurzfristige Gesamtkostenkurve berührt bei dieser Ausbringung (t_1 und t_2) die langfristige Gesamtkostenkurve. H. v. Stackelberg nennt diese Ausbringung die *typische Ausbringung* (t_0, t_1, t_2) der betreffenden Betriebsgröße und sieht in ihr einen besonders geeigneten Index der Betriebsgröße.

Die typische Ausbringung weist bei allen Betriebsgrößen, die von der optimalen abweichen, keineswegs die niedrigsten Stückkosten auf (s. Abb. 17): sie liegen bei K_1 bei einer Ausbringung von t_{01} und bei K_2 bei einer Ausbringung von t_{02}. Dabei ist t_1 kleiner als t_{01} und t_2 größer als t_{02}. *Nur im Betriebsoptimum sind die Stückkosten am niedrigsten, die typische Ausbringung ist dann zugleich auch die Optimalausbringung.*

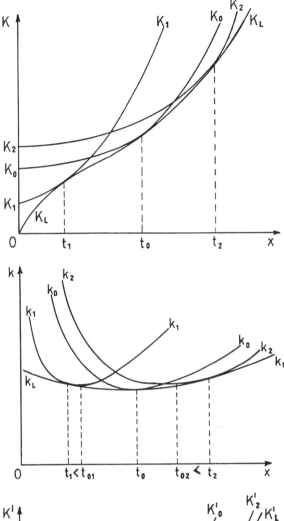

Abb. 16--18

Langfristig

K_L langfr. Gesamtkosten
k_L langfr. Stückkosten
K'_L langfr. Grenzkosten
$t_?$ typische Ausbringung =
         optimale Ausbringung

Kurzfristig

(0) optimale Betriebsgröße

K_0 kurzfr. Gesamtkosten
k_0 kurzfr. Stückkosten
K'_0 kurzfr. Grenzkosten
t_0 optimale Ausbringung

(1) unteroptimale Betriebsgröße

K_1 kurzfr. Gesamtkosten
k_1 kurzfr. Stückkosten
K'_1 kurzfr. Grenzkosten
t_1 typische Ausbringung,
         kleiner als t_{01} =
         Betriebsoptimum

(2) überoptimale Betriebsgröße

K_2 kurzfr. Gesamtkosten
k_2 kurzfr. Stückkosten
K'_2 kurzfr. Grenzkosten
t_2 typische Ausbringung,
         größer als t_{02} =
         Betriebsoptimum

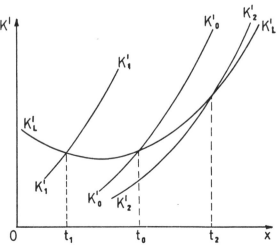

Das Verhalten der Grenzkosten

Wie Abb. 18 zeigt, stimmen die kurzfristigen und langfristigen Grenzkosten nur
für die typische Ausbringung überein; für kleinere Ausbringungen sind die
kurzfristigen Grenzkosten niedriger, für größere Ausbringungen sind sie höher
als die langfristigen Grenzkosten. Oder mit anderen Worten: *Die kurzfristigen
Grenzkosten in der Umgebung der typischen Ausbringung verlaufen steiler
als die langfristigen.*

2. Die neuere Lehre von der optimalen Betriebsgröße

Die neuere Lehre vom Unternehmenswachstum, die in der Betriebswirtschaftslehre besonders von E. Gutenberg begründet wurde, unterscheidet die *multiple
und mutative Betriebsgrößenerweiterung* (s. oben S. 306). Für beide Arten der
Betriebsgrößenerweiterung hat Gutenberg das Problem der optimalen Betriebsgröße untersucht.

Optimalausbringung bei multipler Betriebsgrößenerweiterung

Bei der multiplen Betriebsgrößenerweiterung wird bei konstanter Fertigungstechnik die Einsatzmenge eines Produktionsfaktors oder mehrerer begrenzt
teilbarer Produktionsfaktoren verändert. So werden z. B., ohne die Produktionsfunktion des Betriebes zu ändern, die vorhandenen Anlagen um ein
x-faches vermehrt. Es handelt sich also um eine *quantitative Anpassung mit
linearem Verlauf der Gesamtkostenkurve,* wie wir sie oben bereits untersucht
haben (s. oben S. 463). Bei einer multiplen Betriebsvergrößerung verläuft demnach die Gesamtkostenkurve treppenförmig, wie sie in Abb. 5 (S. 463) dargestellt ist. Entsprechend fallen die Stückkosten „sägeförmig-hyperbolisch", wenn
auch die „Sägezähne" mit steigender Ausbringung immer kleiner werden. (Die
zusätzlich eingesetzten Faktormengen müssen natürlich voll ausgenutzt sein.)
Das heißt nun: *Bei der multiplen Betriebsgrößenerweiterung gibt es keine optimale Betriebsgröße.*

Optimalausbringung bei mutativer Betriebsgrößenerweiterung

Bei der mutativen Betriebsgrößenerweiterung wird die Produktionsfunktion
geändert. Das bedeutet in der Regel, daß der Betrieb mit wachsender Betriebsgröße zu kapitalintensiven Methoden übergeht, wodurch die fixen Kosten steigen und die proportionalen fallen.

Bei seiner Analyse des Kostenverlaufs bei mutativer Betriebsgrößenerweiterung geht E. *Gutenberg* von einem sehr kleinen Betrieb aus, der nur proportionale Kosten aufweist — was in der Praxis nicht vorkommt. Die Gesamtkostenkurve K_1 beginnt, wie Abb. 19 zeigt[1]), im Nullpunkt. Der Betrieb vergrößert sich und schafft Maschinen an, die fixen Kosten betragen jetzt K_{f2}, die
Gesamtkostenkurve K_2 verläuft flacher als K_1. Eine weitere Betriebsvergrößerung erhöht wiederum die fixen Kosten (K_{f3}) und führt zur Gesamtkostenkurve K_3.

---

[1]) Die Abbildungen stützen sich auf die Darstellung des Problems bei W. Kilger,
Produktion und Kostentheorie, 1958, S. 112 ff.

Diese drei linearen Gesamtkostenkurven zeigen eine sehr unterschiedliche Steigung. K_1 verläuft sehr steil und reicht nur für eine Betriebsgröße von x_1 Ausbringungseinheiten aus. *Je kapitalintensiver der Betrieb wird, um so flacher verläuft seine Gesamtkostenkurve, d. h. um so schwächer steigen die proportionalen Kosten und um so stärker steigt die Kapazität* — als Folge der Mechanisierung — bei sinkenden Gesamtkosten.

Die Gesamtkostenkurven K_1 und K_2 schneiden sich im Punkt A. Links von A führt die Kurve K_1 zu geringeren Gesamtkosten, während rechts von A die Kurve K_2 niedriger verläuft. Hieraus folgt: *Die kapitalintensiveren Fertigungsverfahren sind erst von bestimmten Betriebsgrößen an wirtschaftlicher als die weniger kapitalintensiven Verfahren.* Vergleicht man die Gesamtkostenkurve K_2 mit dem Kurvenverlauf K_3, so erkennt man, daß die fixkostenintensivere Kostenstruktur K_3 erst vom Punkt B an zu niedrigeren Gesamtkosten führt. Die Schnittpunkte A und B sind für alle Wirtschaftlichkeitsberechnungen, bei denen die Kosten von kapitalintensiven Verfahren mit den Kosten weniger

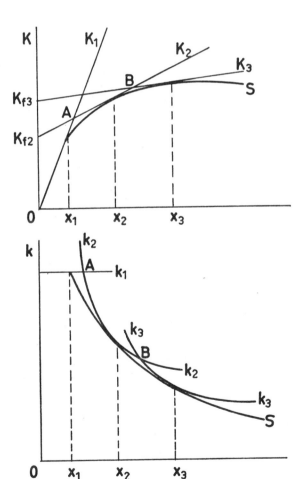

Abb. 19. Gesamtkostenkurven bei mutativer Betriebsgrößenerweiterung

Abb. 20. Stückkostenkurven bei mutativer Betriebsgrößenerweiterung

kapitalintensiver Verfahren verglichen werden, von großer Bedeutung. Die ihnen entsprechenden Ausbringungswerte werden als *„kritische Ausbringung"* bezeichnet.

Nehmen wir nun an, die Maschinisierung in unserem Betrieb verläuft ganz kontinuierlich, nicht in zwei Schritten, wie wir es bisher dargestellt haben, die Steigung der Gesamtkostenkurve fällt also stetig, dann bewegt sich der Punkt A auf der degressiv verlaufenden Umhüllungskurve S, der „long run cost curve" der angloamerikanischen Literatur. Auf ihr liegen also alle Schnittpunkte zweier Gesamtkostenkurven entsprechend der „Abfolge der Produktionsfunktion".

Im Gegensatz zur traditionellen Theorie treten nach Gutenberg bei allen normalerweise zu erwartenden Betriebsgrößen *keine Kosten der Überbeanspruchung* auf, durch die ein progressiver Verlauf der Umhüllungskurve S hervorgerufen werden könnte. Erst bei ausgesprochenen „Mammutbetrieben" wäre ein solcher Kurvenverlauf denkbar. Das aber bedeutet: *Es kann innerhalb der normalerweise realisierbaren Betriebsgrößenbereiche kein Optimum geben.*

Das zeigt uns auch die Betrachtung der *Stückkostenkurven* (Abb. 20). Die Stückkostenkurve k_1 (nur proportionale Kosten) verläuft parallel zur x-Achse. Die Stückkostenkurven k_2 und k_3 fallen dagegen hyperbolisch. Die der Gesamtkosten-Umhüllungskurve S entsprechende Stückkosten-Umhüllungskurve s fällt also mit wachsender Betriebsgröße immer weiter, d. h. *ein Betrieb arbeitet um so rentabler, je größer er ist — vorausgestzt natürlich, daß er die wachsende Produktion absetzen kann.*

Kritische Würdigung der Lehre von der optimalen Betriebsgröße

Sowohl die traditionelle wie die neuere Lehre von der optimalen Betriebsgröße haben wesentliche Einblicke in die Problematik der optimalen Betriebsgröße gegeben, aber sie führten noch nicht zu praktisch verwertbaren Ergebnissen, zumal sie *nur für Einproduktunternehmungen* gelten. Man kann zwar bei Mehrproduktbetrieben für einzelne Betriebsteile Gesamtkostenkurven angeben, für den Gesamtbetrieb ist das jedoch nicht möglich. „Die Untersuchung des Einflusses, den die Betriebsgröße auf die Kostenstruktur einer Unternehmung ausübt, sollte daher stets von den Kostenkurven und den Verbrauchsfunktionen der einzelnen Produktionsstätten ausgehen. Nur auf diese Weise kann dieses wohl schwierigste Teilgebiet der Produktions- und Kostentheorie einer wirklichkeitsnahen Lösung nähergebracht werden." (Kilger, a. a. O., S. 114.)

VIII. Produktions- und Kostentheorie der Mehrproduktunternehmen

Der bisher behandelten Produktions- und Kostentheorie liegt ein Einproduktunternehmen mit einstufiger Fertigung zugrunde. Erst in jüngster Zeit wurde damit begonnen, eine Produktions- und Kostentheorie für Mehrproduktunternehmen mit mehrstufiger Fertigung zu entwickeln (s. u. a. H. Jacob, Preispolitik, 2. Aufl. Wiesbaden 1971, S. 120 ff.). Eine solche Theorie ist deshalb sehr kompliziert, weil die Minimierung der Produktionskosten bei Mehrproduktunternehmen die Optimierung des Erzeugnisprogramms voraussetzt. Dieses

Optimum kann aber nur mit Hilfe der *Preisabsatzfunktion* (s. unten S. 540 f.) ermittelt werden. Deshalb sind die Preisabsatzfunktionen ein notwendiger Bestandteil einer Kostentheorie der Mehrproduktunternehmung.

In einem *mehrstufigen Produktionsprozeß* durchlaufen die Erzeugnisse Arbeitsplätze, die nicht funktionsgleich sind. Das bedeutet, daß die Kapazität der einzelnen Stufen auf die sie durchlaufenden Erzeugnisse kostenminimal aufzuteilen und die Reihenfolge der Bearbeitungen optimal festzulegen ist.

IX. Literaturhinweise

Abromeit, H. G.: Erzeugnisplanung und Produktionsprogramm. Wiesbaden 1955.

Adam, D.: Entscheidungsorientierte Kostenbewertung. Wiesbaden 1970.

Busse von Colbe, W.: Planung der Betriebsgröße. Wiesbaden 1964.

Gälweiler, A.: Produktionskosten und Produktionsgeschwindigkeit. Wiesbaden 1960.

Gutenberg, E.: Grundlagen der Betriebswirtschaftslehre. 1. Bd.: Die Produktion. 21. Aufl., Berlin, Heidelberg, New York 1975.

Heinen, E.: Anpassungsprozesse und ihre kostenmäßigen Konsequenzen. Köln und Opladen 1957.

Heinen, E.: Betriebswirtschaftliche Kostenlehre. Kostentheorie und Kostenentscheidungen. 4. Aufl. Wiesbaden 1973.

Heinen, E.: Das Kapital in der betriebswirtschaftlichen Kostentheorie. Wiesbaden 1966.

Jacob, Herbert: Preispolitik. 2. Aufl. Wiesbaden 1971.

Kilger, W.: Produktions- und Kostentheorie. Wiesbaden 1958.

Koch, Helmut: Betriebliche Planung. Wiesbaden 1961.

Meffert, H.: Betriebswirtschaftliche Kosteninformationen. Wiesbaden 1968.

Mellerowicz, K.: Kosten und Kostenrechnung. 1. Bd.: Theorie der Kosten. 5. Aufl. Berlin 1973.

Mellerowicz, K.: Planung und Plankostenrechnung, 1. Bd.: 2. Aufl. Freiburg 1970.

Opfermann, K.: Kostenoptimale Zuverlässigkeit produktiver Systeme. Wiesbaden 1968.

Pack, L.: Die Elastizität der Kosten. Grundlagen einer entscheidungsorientierten Kostentheorie. Wiesbaden 1966.

Pressmar, D. B.: Kosten- und Leistungsanalyse im Industriebetrieb. Wiesbaden 1971.

Riebel, P.: Die Elastizität des Betriebes. Köln und Opladen 1954.

Rummel, K.: Einheitliche Kostenrechnung. 4. Aufl. Düsseldorf 1969.

Scheibler, A.: Betriebs- und volkswirtschaftliche Produktions- und Kostentheorie, Wiesbaden 1975.

Schneider, E.: Einführung in die Wirtschaftstheorie. 2. Teil. 12. Aufl. Tübingen 1969.

Waffenschmidt, W.: Die Produktion. Meisenheim a. G. 1955.

Sechstes Kapitel

Der Absatz (Vertrieb)

A. Begriff und Wesen des Absatzes

I. Begriffliches

Die Begriffe Absatz, Vertrieb, Umsatz, Verkauf

Sofern man Beschaffung und Produktion als Hauptfunktionen der Unternehmung auffaßt, wird man als Absatz die Funktion der Unternehmung bezeichnen, die sich auf die *marktmäßige Verwertung der im Beschaffungs- und Produktionsbereich erstellten Leistungen* beziehen. Der Absatz umfaßt also als betriebliche Funktion die gesamten dispositiven, vorbereitenden und ausführenden Tätigkeiten, die unmittelbar mit der Verwertung der Betriebsleistungen verbunden sind. In diesem Sinne betreibt auch die private Haushaltung Absatz, denn sie verwertet die Arbeitskraft eines oder mehrerer ihrer Mitglieder sowie ihr Kapitalvermögen marktmäßig.

Dieser Begriff des Absatzes entspricht nicht dem des *allgemeinen Sprachgebrauchs,* der im allgemeinen unter Absatz entweder (1) nur den *Verkaufsakt* versteht („Er hat 10 000 t abgesetzt.") oder (2) die in einem Zeitraum *verkaufte Menge* („Der Absatz beträgt 10 000 t."). In der Sprache des Alltags wird man z. B. die Marktforschung nicht als Absatztätigkeit bezeichnen, allerdings wird man sie in der modernen Wirtschaftspraxis heute meist schon dazu rechnen. — Weiter wird im allgemeinen Sprachgebrauch unter Absatz nur der *Verkauf* von Waren, *nicht* dagegen die marktmäßige Verwertung von *Dienstleistungen* verstanden.

Der Begriff **Vertrieb** wird im allgemeinen gleichbedeutend mit Absatz gebraucht. Guido *Fischer* versteht allerdings unter *Absatz* die wechselseitige Beziehung der Unternehmung zum Absatzmarkt, unter *Vertrieb* „nur die einseitige Handlung des Betriebes gegenüber dem Markt" (Betr. Marktwirtschaftslehre, 5. Aufl. 1972). Diese Unterscheidung ist nicht unberechtigt und scheint dem Sprachgebrauch zu entsprechen; denn man spricht vom „Absatzmarkt" und nicht vom „Vertriebsmarkt", man wird diesen Begriff als zu eng empfinden. *Vertrieb dürfte sprachlich mehr die technische Durchführung des Absatzes bedeuten.*

Der Begriff „**Umsatz**" ist dem Wort Absatz gleichfalls sinnverwandt. Doch wird er in verschiedener Bedeutung gebraucht: (1) Meist bezeichnet man mit Umsatz „das Ergebnis der Umsatztätigkeit: den Wert oder die Menge der innerhalb einer Zeitspanne abgesetzten und abgerechneten Lieferungen und Leistungen" (Mellerowicz). Während man Betriebsleistungen, die innerhalb der eigenen

Firma verwendet werden, nicht zum Absatz rechnet, werden sie doch zum Umsatz hinzugerechnet, man spricht dann vom „*Eigenumsatz*". (2) Vielfach versteht man unter Umsatz den gesamten Umsatzprozeß der Unternehmung, den „*Umschlag*", d. h. den Wertwandel der Güter von der Beschaffung über die Fertigung bis zum Verkauf. So bezeichnet z. B. E. Schäfer den Umsatz als „Oberbegriff der betriebswirtschaftlichen Bewegungsvorgänge". (Ähnlich E. Sundhoff in: Absatzorganisation, 1958). (3) Ferner wird das Wort Umsatz häufig gleichbedeutend mit Absatz gebraucht. (4) Der Umsatzbegriff des *Steuerrechtes* umfaßt neben dem Absatz (= Menge) auch „sonstige Leistungen" sowie den „Eigenverbrauch".

Der Begriff „**Verkauf**" ist wesentlich enger als der betriebswirtschaftliche Absatz-Begriff; er umfaßt nur eine von vielen Teilfunktionen des Absatzes. Gelegentlich werden aber auch beide Begriffe synonym gebraucht.

„Absatzwirtschaft" und „Handel"

Der verbreitete Begriff „**Absatzwirtschaft**" wird im allgemeinen viel weiter gefaßt als der Begriff „Absatz". E. *Schäfer* versteht darunter die „Umgruppierung von der Naturgebundenheit der Mittel in die kulturgebundene Ordnung der Bedarfsziele". Er betrachtet dabei die lange Kette der ineinander verwobenen Beschaffungs- und Absatzakte, die die Produkte von der Gewinnung der Urproduktion bis zu ihrem Absatz an den Endverbraucher durchlaufen. K. *Mellerowicz* versteht unter Absatzwirtschaft „die gesamtwirtschaftliche Organisation der ‚Verteilung' " (Allg. Betriebswirtschaftsl., Band 3). — R. *Seyffert* gebraucht statt „Absatzwirtschaft" den Ausdruck „*Distributionswirtschaft*".

Der Begriff **Handel** wird bisweilen in einem ähnlichen Sinne wie der Begriff Absatzwirtschaft gebraucht. So ist nach R. *Seyffert* „Handel gleich Umsatzleistung anzusetzen", er ist jene „wirtschaftliche Tätigkeit, die den Austausch von Gütern zwischen Wirtschaftsgliedern, letzten Endes zwischen Produzenten und Konsumenten herbeiführt" (Seyffert, Handel, in HdB; ähnlich auch J. Hellauer). Danach betreiben auch die Landwirtschaft, die Fischerei, das Handwerk und die Industrie Handel („Produzentenhandel"). Im allgemeinen faßt man jedoch Begriff Handel *enger* und versteht darunter die gesamte Tätigkeit der Betriebe, die handelbare Marktwerte (Waren, Immobilien, Effekten, Devisen) beschaffen, um sie ohne nennenswerte Bearbeitung an andere Betriebe zu verkaufen. Die *Handelsbetriebe* haben in der Wirtschaft die wichtige Funktion der Güterverteilung, indem sie die Waren an geeigneten Orten und in geeigneten Sortimenten anbieten. In diesem Sinne wird auch der Begriff Handel im allgemeinen Sprachgebrauch verwandt; man versteht darunter die Tätigkeit der Groß- und Kleinhandelsbetriebe mit ihren mannigfachen Betriebsformen. Das schließt jedoch nicht aus, daß sich ein Industriebetrieb einen Handelsbetrieb angliedert, der die ihm wesensfremde Funktion der Verteilung seiner Produkte übernimmt (*„direkter Industrieabsatz"*, s. unten).

Unter „Handel" versteht man auch die *Institution des Handels,* nämlich die Gesamtheit aller Handelsbetriebe. Der Begriff korrespondiert dann mit dem Begriff „Industrie".

Marketing

Der Begriff Marketing, der zum Teil zum Schlagwort, zum „schillernden Begriff" (Mellerowicz) geworden ist, deckt sich mit dem Begriff Absatzfunktion, doch hebt er stärker seine stark wachsende Bedeutung für die Unternehmung in der modernen Wirtschaft hervor. Nach Peter *Drucker* (Praxis des Management, 1956, S. 52 ff.) hat jedes Unternehmen nur zwei Funktionen: „Absatz schaffen und immer Neues bieten". *„Absatz schaffen"* ist nach ihm gleichbedeutend mit Marketing. Seit 1900 hat sich nach Drucker in der Wirtschaft eine Revolution des Absatzes („marketing revolution") vollzogen. „Vor 50 Jahren war die typische Einstellung des amerikanischen Unternehmers zum Absatzproblem: ‚Die Verkaufsabteilung hat zu verkaufen, was wir produzieren.' Heute heißt es mehr und mehr: ‚Wir müssen erzeugen, was der Markt braucht!' ". In der expansiven Wirtschaft des 19. Jahrhunderts wurde in der Tat alles leicht verkauft, was produziert wurde, in der heutigen intensiven Wirtschaft, in der eine „Gesellschaft im Überfluß" (J. K. Galbraith, 1963) lebt, müssen die Unternehmer, „Die geheimen Verführer" (Vance Packard, 1958), Absatzmärkte schaffen und Absatzmärkte gestalten. Insofern hat der Begriff Marketing einen *normativen Akzent;* er ist begrifflich zwar gleichbedeutend mit Absatzfunktion, will aber in dem Begriff noch zum Ausdruck bringen, daß der Absatz als die Hauptfunktion der Unternehmung betrachtet werden muß, was man vielfach — nach Drucker besonders in Europa — nicht tut. Um die Bedeutung der Schaffung von Absatzmärkten „wirklich verstehen zu können, muß ein tiefwurzelndes soziales Vorurteil gegen das ‚Verkaufen' als unfein und schmarotzerhaft überwunden werden, während die ‚Produktion' als vornehm gilt, was zu dem Trugschluß führt, die Produktion sei die Hauptsache und der eigentliche Zweck des Unternehmens" (Drucker). *Marketing kennzeichnet also den grundlegenden Wandel in der Funktionsstruktur der Betriebe;* während früher die Unternehmungen vorwiegend produktionsorientiert waren, sind sie heute durchweg absatzorientiert.

K. *Mellerowicz* versteht in diesem Sinne unter Marketing „das Führen des Betriebes vom Markte her" — „nicht den Verkauf selbst, seine Planung, Durchführung und rechnungsmäßige Erfassung. Das ist *Merchandising* ...". Marketing ist also „die geistige Haltung des Unternehmers, der vom Markte her seinen Betrieb führt, vom Verbraucher her produziert und die fünf ... Grundlagen [nämlich: Marktforschung, Produktforschung, Werbung, Preispolitik und Erforschung der besten Absatzorganisation] benutzt, um seinen Produkten den bestmöglichen Absatz zu sichern." (Mellerowicz, Unternehmenspolitik, Bd. 2, 1963, S. 17 f.)

Die Absatzfunktion — systembezogen oder systemindifferent?

In unserem Wirtschaftssystem vollzieht sich der Absatz auf dem Markt. Es entsteht nun die Frage, ob es auch einen Absatz in Wirtschaftssystemen gibt, in denen kein Markt besteht, ob der Absatz „systembezogen oder systemindifferent" (Gutenberg — s. oben S. 17) ist.

In der *geschlossenen Hauswirtschaft* vorgeschichtlicher Zeiten und der Primitivvölker, in der der Produzent zugleich der Konsument ist, gibt es keinen Absatz. Mithin ist der Absatz ein systembezogener Tatbestand, er setzt einen

Markt voraus. Wenn auch die Historiker mit Recht bestreiten, daß es je eine totale geschlossene Hauswirtschaft gegeben habe, so steht doch zweifelsfrei fest, daß sich bei den Jäger-, Sammler- und primitiven Hirtenvölkern der Naturaltausch mit Nachbarsippen auf Seltenheitsgüter (Feuersteine, Salz, Schmucksteine und dergleichen) beschränkte, er war nur ein Gelegenheitshandel, der keine wesentliche Eigenschaft des Wirtschaftssystems ist.

Schwieriger ist die Frage zu beantworten, ob es in der *zentralgeleiteten Verwaltungswirtschaft* (der „totalen Planwirtschaft") eine Absatzfunktion gibt. Carl *Ruberg* vertritt die Meinung, daß auch der planwirtschaftliche Betrieb die Absatzfunktion ausübe, auch wenn die Leistung nicht unmittelbar vergütet werde; der Absatz brauche „nicht immer mit der rechtlichen Form des Verkaufs gekoppelt zu sein" (Absatz, in: Staatslexikon, 1957). *Gutenberg* ist dagegen der Ansicht, daß der einzelne Betrieb in der totalen Planwirtschaft weder ein Produktionsprogramm noch einen Absatzplan selbst aufstelle, noch eine Preispolitik treibe, er habe die Betriebsleistung nicht selbst zu verwerten, *nicht „abzusetzen", sondern nur „abzuliefern".* Wir möchten hier Gutenberg zustimmen, denn nach unserer Ansicht ist die zentralgeleitete Verwaltungswirtschaft ein einziger Betrieb im Sinne der Betriebswirtschaftslehre, und ebensowenig wie man sagen kann, der Hochofenbetrieb eines „kapitalistischen" Hüttenwerks hat sein Eisen an das Walzwerk „abgesetzt", kann man die Ablieferung des Tuches einer planwirtschaftlichen Weberei an einen Konfektionsbetrieb oder an den Einzelhandel „Absatz" nennen. Der *Absatz* ist deshalb auch u. E. *ein systembezogener Tatbestand.* — In den Sowjetstaaten ist freilich die „Planwirtschaft" schon derart aufgeweicht, daß man dort sehr wohl einen „Absatz" feststellen kann.

II. Die Absatzpolitik

Die Teilfunktionen des Absatzes

Die Absatztätigkeit können wir in eine Reihe von betrieblichen Tätigkeiten aufteilen.

I. Absatzvorbereitung

1. *Markterkundung, Marktforschung,*
2. *Absatzplanung:* dazu gehören auch Planung der Produkt- und Sortimentsgestaltung, der Absatzwege, der Werbung, der Preispolitik,
3. *Preisstellung,*
4. *Werbung,*
5. *Abstimmung der absatzpolitischen Maßnahmen* („optimale Kombination des absatzpolitischen Instrumentariums" — Gutenberg),
6. *Vorratshaltung:* Sortimentsbildung, Lagerhaltung,
7. *Angebot.*

II. Absatzdurchführung

1. *Verkaufsabschluß,*
2. *Auftragsabwicklung:* Abfüllen, Abwiegen, Verpacken, Übergabe,
3. *Finanzielle Durchführung:* Barzahlung, Absatzfinanzierung,
4. *Kundenpflege.*

Eine umfassendere Einteilung in Haupt- und Teilfunktionen des Absatzes hat Erich *Schäfer* (Die Unternehmung, 8. Aufl. 1974) entworfen (sie ist oben Seite 27 f. wiedergegeben).

Diese verschiedenen Tätigkeiten haben innerhalb des Betriebes einen sehr ungleichen arbeitsmäßigen Umfang. Daher sind sie zum Teil in Abteilungen zusammengefaßt, zum Teil auseinandergezogen. Die *Abteilungsgliederung* ist natürlich je nach der Größe, der Art der Unternehmung sowie nach der Art der Ware und der Absatzwege sehr verschieden. Siehe die Beispiele der Abteilungsgliederung auf S. 498 f.

„Gestaltungsbereiche der Vertriebspolitik" (Mellerowicz)

Unter den einzelnen Teilfunktionen des Absatzes sind die von besonderer Bedeutung, die die Absatz- oder Vertriebspolitik gestalten, die unternehmerische Entscheidungen verlangen. Es sind nach Mellerowicz (Unternehmenspolitik, Bd. 2, 1963; vgl. auch Mellerowicz, Allg. Betriebswirtschaftsl., Bd. 2, Kap. Leitung) folgende Gestaltungsbereiche der Vertriebspolitik, die auch „die Kernfragen des Marketing" sind:

1. P r o d u k t g e s t a l t u n g : Konstruktion und Formgebung des Produkts sowie seine Änderung und Anpassung an die sich ändernde Nachfrage;

2. G e s t a l t u n g d e s V e r t r i e b s p r o g r a m m e s (d e s S o r t i m e n t s) : Abstimmung der Produkte aufeinander — im Hinblick einmal auf die Produktionsvoraussetzungen, zum andern auf die Absatzmöglichkeiten;

3. W a h l d e s A b s a t z w e g e s : direkter Absatz an den Konsumenten, indirekter Absatz über Wiederverkäufer, insbesondere den Handel;

4. P r e i s p o l i t i k : Preisstellung;

5. G e s t a l t u n g d e s K u n d e n d i e n s t e s : alle Maßnahmen zur Erleichterung des Kaufs sowie alle Absatzförderungsmaßnahmen beim Wiederverkäufer;

6. W e r b e p o l i t i k .

Grundlage vertriebspolitischer Entscheidungen sind die *Marktforschung* und die *Vertriebsanalyse*.

„Das absatzpolitische Instrumentarium" (Gutenberg)

E. Gutenberg stellt in seinen „Grundlagen der Betriebswirtschaftslehre" den objektbezogenen „elementaren Produktionsfaktor" Arbeitsleistung dem funktionsbezogenen „dispositiven Produktionsfaktor" Arbeit gegenüber — nämlich der „Geschäfts- und Betriebsleitung", die Planung und Betriebsorganisation mit einschließt (s. oben S. 31). Dementsprechend stellt er von den Absatztätigkeiten diejenigen als das „absatzpolitische Instrumentarium" der Unternehmung heraus, die er zum *dispositiven Arbeitsbereich* der Unternehmensleitung rechnet; es sind *die vier einzelbetrieblichen Möglichkeiten der Marktbeeinflussung*:

1. „A b s a t z m e t h o d e n" oder „V e r t r i e b s - oder V e r k a u f s -
   m e t h o d e n", dazu gehören nach Gutenberg:

   a) *„Vertriebssysteme"*: zentralisierter oder dezentralisierter Verkauf, je
      nachdem ob das Unternehmen keine oder ob es Verkaufsniederlassungen
      (Filialen) unterhält;

   b) *„Absatzformen"*: Absatz mit Hilfe betriebseigener Verkaufsorgane (Rei-
      sende, Verkauf in Läden) oder betriebsfremde Verkaufsorgane (Handels-
      vertreter, Kommissionäre, Makler);

   c) *„Absatzwege"*: Verkauf an Groß- oder Einzelhandel;

   d) *„Verkauf gegen Teilzahlung"*.

2. „P r o d u k t - u n d S o r t i m e n t s g e s t a l t u n g" : die einzelnen Unternehmen konkurrieren mit den Eigenschaften ihrer Erzeugnisse oder ihres
   Sortiments (*„Qualitätskonkurrenz"* — s. oben S. 316).

3. W e r b u n g : sofern die Werbung mehr ist als nur eine Warenankündigung,
   wirkt sie auf die Marktverhältnisse ein; die Werbung hat in vielen Wirtschaftszweigen (Waschmittelindustrie) eine solche absatzpolitische Bedeutung erlangt, daß man von einem *„Werbewettbewerb"* spricht (s. oben S. 316).

4. P r e i s p o l i t i k : Preisstellung (*„Preiswettbewerb"*).

Diese vier absatzpolitischen Instrumente müssen in der Absatzpolitik als *Einheit* betrachtet werden. Da sie in gewissem Umfang substituierbar sind, muß
deshalb jeweils die *optimale Kombination der absatzpolitischen Instrumente*
getroffen werden. Das heißt, es ist diejenige Kombination zu suchen, bei der
die Kosten — unter Berücksichtigung der Produktionskapazität — im günstigsten Verhältnis zum Erfolg stehen. Infolge der zahlreichen Variablen ist die
optimale Kombination der absatzpolitischen Instrumente meist sehr schwierig
zu ermitteln — man hat mit einigem Erfolg die Methode der *linearen Programmierung* angewandt. Daß auch dann infolge der zahlreichen Unsicherheitsfaktoren das Resultat selbst unsicher ist, spricht natürlich nicht gegen die Anwendung mathematischer Methoden; denn die optimale Kombination der absatzpolitischen Instrumente „über den Daumen zu peilen", ist wesentlich unsicherer.

Robert *Nieschlag* fordert, die absatzwirtschaftlichen Instrumente stärker aufzugliedern, als es Gutenberg tut, um sie zielbewußter einsetzen zu können, sowie auch aus didaktischen Erwägungen: Es müßten noch gesondert aufgeführt
und behandelt werden: der Standort (besonders der Handels- und Dienstleistungsbetriebe), der Kundendienst, die Lieferungs- und Zahlungsbedingungen,
die Rabattgewährung, die Sales Promotion (koordinierter Einsatz von Werbemitteln und Verkaufspersonal). Siehe Nieschlag: Die Dynamik der Betriebsformen im Handel, Essen 1954.

Karl *Banse* stellt ein solches stärker aufgegliedertes absatzpolitisches Instrumentarium in Anlehnung an die Gliederung Gutenbergs auf (Vertriebs-[Ab-
satz]politik, in HdB, 3. Aufl.):

1. P r e i s p o l i t i k i m w e i t e r e n S i n n e (*„Preiswettbewerb"*)

   a) *Preispolitik im engeren Sinne.* Bei ihr ist der Preis Aktionsparameter der
      anbietenden Unternehmung.

b) *Mengenpolitik.* Sie ist immer dann wichtig, wenn statt des Preises die Menge Aktionsparameter ist. Die Mengenpolitik ist zur Preispolitik im weiteren Sinne zu rechnen, weil mit ihren Maßnahmen in der Regel ebenfalls auf den Preis „gezielt" wird.

2. Qualitätswettbewerb im weiteren Sinne:

a) *Qualitätswettbewerb im engeren Sinne:*

   (1) Produkt- und Sortimentsgestaltung,

   (2) Service,

   (3) Konditionen.

b) *Werbung.* Der Werbebegriff ist eng zu fassen, z. B. wird die Werbewirkung niedriger Preise ausgeschlossen. Nur auf diese Weise läßt sich ein System der vertriebspolitischen Instrumente bilden.

c) *Vertriebsorganisation im engeren Sinne:*

   (1) Vertriebsweg,

   (2) Zahl und Organisationsform der Vertriebsstätten („Vertriebssystem" im Sinne Gutenbergs),

   (3) Vertriebspersonen (Gutenberg: „Absatzform": Buddeberg: „Art des Absatzkontaktes").

d) *Verpackung* (soweit sie nicht zur Produkt- und Sortimentsgestaltung gehört).

Selektive Absatzpolitik

Die Absatzpolitik verfolgt nicht das Ziel, möglichst viel abzusetzen, sondern die Absatzmenge und die Absatzbedingungen so zu gestalten, daß der Gewinn maximiert wird. Viele Unternehmer suchen dagegen den Absatz zu maximieren, sie nutzen jede Absatzchance, nehmen jede Bestellung herein und bemühen sich mit Eifer und Kosten auch um den kleinsten Auftrag, statt eine *„selektive Absatzpolitik"* zu betreiben.

Carl *Hundhausen* versteht unter *„selektiver Markterfassung"* (ZfHF, 1953, Seite 521 ff.) „das Bestreben, aus der großen Zahl der Abnehmer nur eine bestimmte Art auszuwählen und von dieser bestimmten Art von Abnehmern auch nur eine gewisse Zahl zu beliefern, die einen gewinnbringenden Umsatz gewährleisten ... Es würde dem Prinzip der selektiven Markterfassung widersprechen, den Absatz auf jedem nur möglichen Vertriebsweg zu suchen, es würde ihm widersprechen, jedes geographische Gebiet einzubeziehen, und es würde ihm genauso widersprechen, auch solche Erzeugnisse zu führen, in denen nur gelegentlich Umsätze zu erzielen sind".

Manfred *Geist* hat in seinem grundlegenden Buch *„Selektive Absatzpolitik"* (2. Aufl. 1974) eine geschlossene Darstellung dieser Politik gegeben. Er versteht unter selektiver Absatzpolitik eine Methode, die die Absatzanstrengungen auf jene *„Absatzsegmente"*, d. h. auf jene Auftragsgrößen, Abnehmer, Absatzgebiete, Produktgruppen und Absatzmethoden, konzentriert, die der Unternehmung Erfolg bringen. Er behandelt die verschiedenen Erscheinungsformen der selektiven Absatzpolitik und entwickelt die Methoden zur Errechnung des Erfolges der einzelnen Absatzsegmente.

III. Die Absatzorganisation

Absatzwege (Handelsketten)

In unserer arbeitsteiligen Wirtschaft ist zwischen den Hersteller und den Verbraucher (Konsument) oder bei Produktionsgütern den „Verwender" der Handel eingeschaltet, und zwar der Großhandel und der Einzelhandel. Demnach können als Absatzpartner auftreten: Großhändler, Einzelhändler, andere Fertigungsbetriebe (Verwender) oder der Konsument.

Die Verbindung zwischen Hersteller und Verbraucher bzw. bei Produktionsgütern „Verwender" hat mannigfache Formen; man spricht von H a n d e l s - k e t t e n oder A b s a t z w e g e n. Soweit der Einzelhandel eingeschaltet ist (im folgenden 1—4), handelt es sich vornehmlich um den Absatz von Konsumgütern, doch können auch die Handelswege 5 und 6 beim Absatz von Konsumgütern eingeschlagen werden.

Wir können folgende Formen unterscheiden (nach Guido Fischer):

1. H e r s t e l l e r — S p e z i a l g r o ß h a n d e l — S o r t i m e n t s g r o ß - h a n d e l — E i n z e l h a n d e l — V e r b r a u c h e r.

    Diese längste Handelskette ergibt sich vielfach aus der Spezialisierung der Industrie, die einen Spezialgroßhandel notwendig macht, der sich entsprechend der spezialisierten Industrie ausrichtet, während für den Einzelhändler ein Sortimentsgroßhändler notwendig wird, der ihm das liefert, was er für seine Kunden benötigt. Man unterscheidet zwischen s o r t i m e n t s - m ä ß i g e r S p a n n u n g, so bei der Kombination von Papier-, Leder- und Schreibbedarf, und r ä u m l i c h e r S p a n n u n g, wenn der Sortimentsgroßhändler alles führt, was z. B. ein ländliches Gemischtwarengeschäft benötigt.

2. H e r s t e l l e r — G r o ß h a n d e l — E i n z e l h a n d e l — V e r - b r a u c h e r.

    Dies ist die häufigste Handelskette.

3. H e r s t e l l e r — E i n k a u f s g e n o s s e n s c h a f t o d e r V e r k a u f s - s y n d i k a t — E i n z e l h a n d e l — V e r b r a u c h e r.

    Diese besonderen Großhandelsformen werden von Einzelhandelsverbänden (EDEKA, Rabattvereine) oder von Industrieverbänden verwandt.

4. H e r s t e l l e r — E i n z e l h a n d e l — V e r b r a u c h e r.

    Diese kurze Handelskette finden wir vielfach beim Markenartikelhandel, die Fabrik übernimmt selbst die Großhandelsfunktion, da keine besonderen Probleme am Markt für Preise, Werbung, Sortimentsbildung usw. entstehen.

5. H e r s t e l l e r — G r o ß h a n d e l — V e r b r a u c h e r (bzw. Verwender).

Dieser Absatzweg ist, wenn der Verbraucher Endverbraucher ist, seltener, er wird meist von Importfirmen und Versandhäusern verwandt, die unmittelbar die Verbraucher beliefern.

6. H e r s t e l l e r — V e r b r a u c h e r (bzw. Verwender).

Bei diesem „Direktabsatz" ist der selbständige Handel ganz ausgeschaltet. Wir kommen auf diese Absatzform noch zurück.

Beim A u ß e n h a n d e l , insbesondere dem Überseehandel, erweitert sich meist noch die Handelskette; zwischen die Binnengroßhändler treten noch E x p o r t e u r und I m p o r t e u r. Doch werden infolge des intensiven Außenhandels heute häufig Exporteure und Importeure ausgeschaltet. Man spricht dann vom d i r e k t e n E x p o r t bzw. I m p o r t.

Die einzelnen Absatzformen

Je nach den Handelswegen haben sich verschiedene Absatzformen herausgebildet. Wir können vor allem folgende unterscheiden:

I. D i r e k t a b s a t z (Fabrikabsatz) durch betriebseigene Verkaufsorgane:
1. Geschäftsleitung
2. Verkaufsbüros
3. Eigene Reisende
4. Werkhandelsgesellschaften
5. Fabrikfilialen
6. Versandabteilung

II. I n d i r e k t e r A b s a t z durch betriebsfremde Verkaufsorgane:
1. *Selbständige Absatzvermittlung*
   a) Handelsvertreter
   b) Kommissionäre
2. *Selbständige Absatzbetriebe*
   a) Großhandel
      aa) Produktionszwischenhandel
      bb) Absatzgroßhandel
      cc) Händler-Einkaufsgenossenschaften
   b) Einzelhandel

Der direkte Absatz

Der direkte Absatz ist nur in bestimmten Fällen möglich. Er ist nach Guido *Fischer* nur zweckmäßig, wenn:

1. Fertigung und Verbrauch räumlich nicht zu weit getrennt liegen, z. B. Genußmittelindustrie in der Großstadt,

2. die Fabrik die Waren bereits in konsumfähiger Größe und Verpackung liefert, z. B. Schokolade-Packungen,

3. die Qualität gleichbleibt und Markencharakter trägt, z. B. die Zigarettenindustrie,

4. Fertigung und Absatz gleichmäßigen Marktschwankungen unterworfen sind,

5. bei großen Objekten, die auf Bestellung geliefert werden.

Im einzelnen haben sich hier folgende Absatzformen entwickelt:

1. Der *Absatz durch die Geschäftsleitung*, er kommt vor bei sehr großen Objekten, die auf Bestellung gekauft werden, wie z. B. im Brücken- und Hochbau, Schiffsbau, im Großmaschinenbau (Kraftwerke, Lokomotiven und dergleichen).

2. *Dezentrale Verkaufsbüros*, denen bestimmte Absatzbezirke zugeteilt sind, finden wir gleichfalls in der Schwerindustrie sowie der Elektro-Großindustrie. Das Verkaufsbüro pflegt den Verkehr mit der Kundschaft, bearbeitet Anfragen, erledigt kleinere Bestellungen vom Verkaufslager der Büros, stellt die Rechnung aus und erledigt das Inkasso. Bei schwierigeren Fragen, z. B. Sonderanfertigung, arbeitet es mit der Zentrale zusammen. Alle Fragen von grundsätzlicher absatzpolitischer Bedeutung (Preise, Liefertermine und dergleichen) erledigt die Zentrale.

3. *Eigene Reisende*, die rechtlich H a n d l u n g s g e h i l f e n sind, finden wir in der Regel nur bei Unternehmungen, die einen gesicherten und ausreichend großen Absatz aufweisen.

4. *Eigene Fabrikfilialen* finden wir besonders bei Massenartikeln, die außerdem noch Markenartikel sind, so z. B. in der Schuhindustrie (Salamanderschuhe), in der Bekleidungsindustrie sowie in der Lebensmittelindustrie. Voraussetzung ist ein gleichmäßig anfallender Bedarf während des ganzen Jahres. Spezialartikel eignen sich für diese Absatzform nicht. Je größer das Warensortiment sein muß, desto weniger ist dafür die Fabrikfiliale geeignet. Der Vorteil dieser Absatzform liegt in der direkten Marktkontrolle und der erleichterten Marktbeobachtung sowie in der Möglichkeit, auf Kundenwünsche rasch einzugehen.

5. Die *Werkhandelsgesellschaft* hat ähnliche Funktionen wie die dezentralen Verkaufsbüros, sie ist jedoch rechtlich selbständig, betrieblich und kapitalmäßig dagegen unselbständig. Derartige Organe werden vor allem auch von Konzernen als „Verkaufskontore" errichtet; sie sind dann meist auch für die Mengenkontingentierung der angeschlossenen Werke zuständig. Häufig sind solche Werkhandelsgesellschaften auch durch den Ankauf bisher wirtschaftlich selbständiger Handelsfirmen entstanden.

6. Die *Versandabteilung* übt ähnliche Funktionen aus wie das Versandgeschäft, sie sendet die Waren dem Kunden direkt ins Haus. Wir finden diese Form selten, insbesondere weil der selbständige Handel mit solchen Unternehmungen nicht gern zusammenarbeitet. Gelegentlich finden wir den Industrieversand bei chemischen Präparaten, Textilwaren, Kaffee, Zigarren, Lebensmitteln und dergleichen; doch hat er auch in der Möbelindustrie Eingang gefunden.

Indirekter Absatz durch betriebsfremde Organe

Die indirekten Absatzformen haben heute gegenüber dem Direktabsatz die weitaus größere Bedeutung. Sie sind erforderlich, wenn der Industriebetrieb wegen der Art der Ware und des Marktes nicht imstande oder gewillt ist, selbst Handelsfunktionen zu übernehmen. Das ist nach Mellerowicz der Fall bei:

1. M a s s e n p r o d u k t i o n , der ein Konsum in kleinen Mengen gegenübersteht;

2. P r o d u k t i o n i m k l e i n e n , K o n s u m oder Transport i n g r o ß e n Mengen (Aufkaufhandel, Sammelgroßhandel — s. unten);

3. W e i t e r v e r a r b e i t u n g d u r c h d e n H a n d e l zur Konsumfähigkeit;

4. bei technisch s c h w i e r i g e r L a g e r h a l t u n g und langem Transport;

5. bei der Notwendigkeit b e s o n d e r e r S a c h k e n n t n i s von Waren und Marktverhältnissen;

6. Erfordernis der Z u s a m m e n s t e l l u n g v o n W a r e n g r u p p e n verschiedenen Ursprungs (Absatz komplementärer Güter);

7. bei großen Q u a l i t ä t s u n t e r s c h i e d e n in der Produktion, dagegen Bedarf nach gleichartigen Erzeugnissen beim Konsum;

8. bei weitgehender S p e z i a l i s i e r u n g der Produktion, die infolge Fehlens eines Vollsortiments die Zwischenschaltung des Handels erfordert.

Wir unterscheiden zwei Grundformen des indirekten Absatzes, den der *selbständigen Absatzvermittler* und den der *selbständigen Absatzbetriebe*.

Selbständige Absatzvermittler: Der *Absatz* durch *Handelsvertreter und Kommissionäre* ist besonders beim Absatz an die weiterverarbeitende Industrie und an den Großhandel zu finden. Es handelt sich hier meist um große Posten, bei denen auch die besonderen Wünsche der Kunden berücksichtigt werden können. Der H a n d e l s v e r t r e t e r arbeitet im Auftrag und für Rechnung der betreffenden Fabrik (als Vermittlungs-, Abschluß- und Inkassovertreter). Der K o m m i s s i o n ä r verkauft unter eigenem Namen, aber für Rechnung seines Auftraggebers. Die Verkaufskosten sind, sofern der Vertreter nicht auch ein Fixum erhält, nur proportionale Kosten.

Selbständige Absatzbetriebe: Die selbständigen Absatzbetriebe sind die B e t r i e b e d e s H a n d e l s . Sie übernehmen die Funktionen der Finanzierung, des Transportes und der Lagerung der Güter, des Absatzes und das Absatzrisiko. Dadurch wird die Absatzorganisation des Industriebetriebes wesentlich vereinfacht.

Der Großhandel

Nach den Grundfunktionen unterscheiden wir zunächst den Sammelgroßhandel und den Verteilungsgroßhandel, die völlig andersartige Aufgaben haben.

Der *Sammelgroßhandel* kauft die Waren von vielen einzelnen Produzenten, insbesondere Landwirten oder auch Verbrauchern (Altmaterial), und verkauft sie im großen, meist sortiert, gereinigt und verpackt an Produktionsbetriebe (landwirtschaftliche Halbfabrikate, Felle, Altmaterial) oder an den Einzelhandel (landwirtschaftliche Endprodukte wie Eier, Gemüse, Obst).

Der *Verteilungsgroßhandel* (der Großhandel im eigentlichen Sinne) kauft vom Produzenten in großen Mengen Waren ein, die er geteilt weiterverkauft. Er hat im einzelnen *folgende Funktionen:*

1. Einkauf bei einem durch Spezialisierung der Fertigung und Differenzierung der Nachfrage zersplitterten Warenangebot;

2. Herstellung eines zeitlichen und örtlichen Ausgleichs im Warenangebot nach Menge und Preis;

3. Zusammenstellung von Sortimenten für den Bedarf des Einzelhandels;

4. Lagerhaltung und damit zugleich finanzielle Entlastung der Produzenten und der Einzelhändler;

5. Übernahme von Markterkundung, Markterschließung (Werbung) und sonstige Aufgaben der Absatzpolitik.

Die B e d e u t u n g d e s G r o ß h a n d e l s zeigt sein Beitrag zum Bruttoinlandsprodukt, der 1968 5,6 % betrug gegenüber dem Beitrag des Einzelhandels mit 4,4 %. 1967 gab es über 110 000 Großhandelsunternehmen mit einem Umsatz von 246 Mrd. DM.

Der Verteilungsgroßhandel gliedert sich in:

1. H a l b f a b r i k a t e - oder P r o d u k t i o n s z w i s c h e n h a n d e l : Er ist zwischen einzelne Produktionsbetriebe oder einzelne Stufen eines Industriezweiges (z. B. Stahlwerk und Kleineisenindustrie) als Absatzorgan für Halbfabrikate eingeschaltet.

2. A b s a t z g r o ß h a n d e l : Er ist nach Branchen spezialisiert und verkauft unmittelbar an den Kleinhändler.

Eine neuere Form des Großhandels ist der C a s h a n d C a r r y - G r o ß - h a n d e l , der nach dem Prinzip: „Zahle bar und nimm die Ware selbst mit!" gleichsam ein Selbstbedienungsladen des Großhandels ist. Er verkauft zu niedrigen Preisen, hat aber keinen Kundendienst.

Der Einzelhandel

Der Einzelhändler bildet das letzte Glied der Handelskette zwischen Produzent und Konsument. Er steht in der Regel nicht direkt, sondern unter Zwischenschaltung des Großhandels mit dem Produzenten in Verbindung. Er hat *folgende Funktionen:*

1. eine V e r t e i l u n g s f u n k t i o n *(Distributionsfunktion):* Abgabe der Güter in kleinen und kleinsten Mengen, wobei er meist die Verpackung und oft den Transport zum Haushalt übernimmt;

2. eine S o r t i m e n t s f u n k t i o n :

    a) Vorratshaltung einer großen Anzahl verschiedener Güter, um dem Verbraucher eine Wahl zwischen verschiedenen Qualitäten zu ermöglichen,

    b) Vorratshaltung eines bestimmten Warenangebots gleicher Güter, um Präferenzen der Käufer entsprechen zu können.

Die B e d e u t u n g d e s E i n z e l h a n d e l s geht daraus hervor, daß etwa 90 % aller Verbrauchsausgaben über den Einzelhandel getätigt werden.

Neue Absatzformen im Einzelhandel

Die Absatzformen im Einzelhandel sind im Vergleich zu den großen Fortschritten der Produktion teilweise stark zurückgeblieben; erst in neuester Zeit entwickelten sich neuartige Vertriebsformen. Die *Ursachen für dieses Zurückbleiben* der Distribution sieht K. Mellerowicz (Allg. Betriebswirtschaftslehre, Bd. 3)

1. in der Tatsache, daß die Distribution vergleichsweise weniger Ansatzpunkte für die Rationalisierung bietet als die Produktion, und

2. in der Tatsache, daß die Distributionsaufgabe als Folge der modernen Produktionsweise und der Wünsche des modernen Konsumenten immer umfangreicher und schwieriger wird.

Die *Rationalisierungsmöglichkeiten* sind im Vertrieb viel geringer als in der Produktion, weil in der Absatzfunktion die körperliche und erst recht die maschinelle Arbeit, das eigentliche Gebiet der Rationalisierung, völlig zurücktreten hinter der geistigen Arbeit, die freilich überwiegend Routinearbeit ist.

Während in der Produktion die Spezialisierung eine Rationalisierungsmaßnahme ist, bedeutet *„Spezialisierung" im Handel* den Übergang vom Gemischtwarenlager zum Fachgeschäft, der die Rationalisierung sogar noch erschwert. Der technische Fortschritt, der das Warenangebot nicht nur ständig vergrößert, sondern auch immer stärker differenziert, führte daher im Einzelhandel zu einer ständigen Erweiterung des Sortiments und einer Vergrößerung der Lager. Dadurch wurde das „Spezialgeschäft" stärker zurückgedrängt, und es entwickelte sich in den letzten Jahrzehnten eine Reihe *neuer Vertriebsformen*, und zwar:

1. *Das Warenhaus:* Es ist ein Großbetrieb des Einzelhandels, der nebeneinander die Waren verschiedener, nicht zusammenhängender Branchen oder Bedarfsartikelgruppen führt, erhebliche Umsätze erzielt, eine große Anzahl von Angestellten beschäftigt und ausgedehnte Verkaufsräume besitzt. Das Warenhaus strebt nach möglichst vollständiger Erfassung aller zur Befriedigung des großstädtischen Normalbedarfs notwendigen Waren. Derzeit bestehen im Bundesgebiet etwa 200 Warenhäuser mit einem Umsatz von etwa 8 Mrd. DM, das sind 10 % des gesamten Umsatzes des Einzelhandels.

2. *Filialbetriebe:* Es sind gleichfalls Großbetriebe des Einzelhandels, insbesondere des Lebensmittelhandels, die je nach Größe der Verkaufsstellen mindestens 4 bis 15 Filialen besitzen. Der Anteil des Umsatzes der Filialbetriebe am gesamten Einzelhandelsumsatz in Lebensmitteln ist im Bundesgebiet ständig im Steigen.

3. *Einkaufsgenossenschaften:* Es sind Genossenschaften kleinerer und mittlerer Einzelhandelsbetriebe zum gemeinsamen Warenbezug, um die durch Großeinkauf gebotenen Preisvorteile auszunutzen und die Zwischenstufe des Großhandels auszuschalten. Sie waren die erste Form der Gruppenbildung im Handel. Die größte Gruppe der Einkaufsgenossenschaften sind die E D E K A - G e n o s s e n s c h a f t e n („Einkaufsgenossenschaft der Kolonialwarenhändler"), die bereits 1888 gegründet wurden. Die örtlichen EDEKA-Genossenschaften gründeten 1907 die EDEKA-Zentrale eGmbH als Zentralgenossenschaft. In der Bundesrepublik bestanden Ende 1975 noch 64 örtliche EDEKA-Genossenschaften mit etwa 28 000 Mitgliedern; der Gesamtumsatz 1974 betrug 20 Mrd. DM. Die zweitgrößte Genossenschaftsgruppe sind die R e w e - G e n o s s e n s c h a f t e n , die 1921 gegründet wurden; zu ihnen gehören 93 örtliche Genossenschaften mit 8900 Mitgliedern; der Umsatz betrug 1963 rd. 3,9 Mrd. DM.

4. *Freiwillige Ketten:* Es sind freiwillige Zusammenschlüsse von Groß- und Einzelhändlern (also von zwei Handelsstufen) zum Zwecke gemeinsamer Absatzbemühungen. Sie beschränken sich nicht nur auf gemeinsamen Einkauf, sondern bemühen sich auch um die rationelle Gestaltung des Geschäftsablaufs der angeschlossenen Groß- und Einzelhandelsbetriebe durch die Schaffung einheitlicher Verkaufsorganisation, der Ladenausstattung, der Abpackung, sie schaffen eigene „Marken", bestimmen die Sortimentszusammensetzung und betreiben Gemeinschaftswerbung. In der Bundesrepublik bestehen 8 freiwillige Ketten (SPAR, VIVO, A & O, ELGRO, FACHRING, CENTRA u. a.), die heute schon wesentlich mehr Mitglieder haben als die auf genossenschaftlicher Basis arbeitenden EDEKA und Rewe;

5. *Konsumvereine, Konsumgenossenschaften:* Es sind Genossenschaften, deren Mitglieder Konsumenten (insbesondere Arbeiter und Angestellte) sind, zum gemeinsamen Einkauf von Lebensmitteln und auch anderen Konsumgütern und Absatz im Kleinen. Bereits 1894 wurde die *„Großeinkaufsgesellschaft deutscher Konsumgenossenschaften mbH" (GEG)* in Hamburg als Einkaufszentrale, die auch zur Eigenproduktion überging, gegründet. Die Abgabe von Waren an Nichtmitglieder war den Konsumvereinen nach § 8 des GenG verboten; dieses Verbot wurde nach dem zweiten Weltkrieg suspendiert und mit Wirkung vom 21. 7. 1954 endgültig aufgehoben. Konsumgenossenschaften bestehen heute in 44 Ländern der Welt, 1958 insgesamt 60 700 Einzelgenossenschaften mit 81 Mill. Mitgliedern. In Großbritannien gab es 12,6 Mill. Mitglieder, in Frankreich 3,1 Mill., in Italien 2,2 Mill. In der Bundesrepublik bestanden Ende 1963 239 Genossenschaften mit 8628 Läden und 2,4 Mill. Mitglieder; 1974 bestanden nur noch 115 Genossenschaften mit 4100 Läden.

6. *Versandhandelsbetriebe:* Sie werden auch *Katalog-Handel* genannt, da sie die Waren hauptsächlich durch Kataloge anbieten, doch auch durch Anzeigen, Prospekte oder durch Haushaltvertreter (Vertreter-Versandhandel); sie sind daher eine stark werbeintensive Verkaufsform. Der Versandhandel gewinnt von Jahr zu Jahr an Bedeutung und wird auch immer leistungsfähiger. Er hat besondere Bedeutung für die Bevölkerung auf dem Lande oder in kleinen Städten.

7. *Selbstbedienungsläden:* Diese um 1930 in den Vereinigten Staaten entwik-
kelte Betriebsform, insbesondere des Lebensmitteleinzelhandels, wurde nach
dem zweiten Weltkrieg auch in Deutschland eingeführt und hat sich außerordentlich schnell verbreitet. Während 1954 erst 300 Selbstbedienungsläden
bestanden, waren es 1970 bereits 85 600, das sind 60 %/o der Lebensmittel-
Einzelhandelsgeschäfte, mit einem Umsatz von 40 Mrd. DM, das sind 80 %/o
des gesamten Lebensmittelumsatzes. Sie haben seitdem noch weiter zugenommen.

8. *Supermarkt* (engl. supermarket): Diese Vertriebsform ist ein in den dreißiger Jahren in den USA aus den Selbstbedienungsläden entstandener Großbetrieb. Er verfügt über eine Verkaufsfläche von 1000 bis 4000 qm und über
die etwa 3fache Fläche als Parkplatz (meist liegt der Supermarkt an der
Peripherie der Stadt). Das Sortiment beträgt zwischen 3000 und 4000 Artikel, davon rund 80 %/o Lebensmittel. Da die Personalkosten und meist auch
die Raumkosten relativ gering sind, arbeitet der Supermarkt mit niedrigen
Handelsspannen (in USA mit etwa 16 bis 18 %/o). 1970 gab es etwa 2000 Super-
märkte in der Bundesrepublik. Sie verdrängen immer mehr die kleinen
Lebensmittelgeschäfte („Tante-Emma-Läden"); in den letzten zehn Jahren
haben etwa 80 000 dieser Läden schließen müssen.

9. *Diskonthäuser* (engl. discount houses): Auch diese neuartige Vertriebsform
hat sich in den USA entwickelt, und zwar als Reaktion auf die zum Teil
hohen Handelsspannen. Das Diskonthaus verkauft nichtpreisgebundene und
z. T. preisgebundene Waren, deren Preisbindung lasch gehandhabt wird,
mit bedeutendem Rabatt gegen Verzicht auf Kundendienst, teure Ladenausstattung, großes Sortiment. In der Bundesrepublik bestehen, insbesondere
in der Lebensmittelbranche, etwa 1900 Diskonthäuser (s. auch unten S. 565 f.);

Die innerbetriebliche Absatzorganisation

Die Abteilungsgliederung ist je nach der Größe, der Art der Unternehmung sowie nach der Art der Ware sehr verschieden. Wir geben im folgenden ein Beispiel für die *Organisation einer Absatzabteilung nach Funktionen:*

1. Abteilung: Markterkundung und Absatzplanung
2. Abteilung: Werbung
3. Abteilung: Auftragsabteilung (Kundenkartei)
4. Abteilung: Buchhaltung
5. Abteilung: Rechnungsabteilung
6. Abteilung: Verkaufslager
7. Abteilung: Versand.

M e l l e r o w i c z hat als Beispiel für die Gliederung der Absatzabteilung des
Industriebetriebes folgende Unterabteilungen angeführt:

1. Angebots- und Auftragsannahme,
2. Vertreter und Filialen,
3. Export,
4. Marktforschung und Absatzplanung,
5. Verkaufsförderung und Kundendienst,
6. Werbung,

7. Verkaufslager,

8. Versand,

9. Rechnungsausstellung,

10. Kredit und Inkasso,

11. Debitoren-Buchhaltung (u. U.),

12. Verkaufsstatistik.

Je nach der Art der Unternehmung werden die einzelnen Abteilungen n o c h n a c h a n d e r e n G e s i c h t s p u n k t e n untergliedert, und zwar (1) nach Erzeugnisgruppen und weiter nach Erzeugnisarten, (2) nach Absatzgebieten: Inland, Ausland und beide weiter unterteilt nach Bezirken oder Ländern, und (3) nach Abnehmern: Filialen, Großhändler, Einzelhändler, Exporteure usw.

Häufig trifft man eine Kombination dieser Gliederungsmöglichkeiten: Die Haupteinteilung erfolgt nach Gebieten, die erste Unterteilung nach Fabrikaten und die zweite Unterteilung nach Abnehmergruppen.

Im modernen Industriebetrieb ist heute vielfach ein **Produkt-Manager** eingestellt, das ist eine Fachkraft, die dem Marketing-Direktor untergeordnet ist. Seine Aufgabe ist die maximale Koordination der verschiedenen Marketing-Mittel, wie Marktforschung, Werbung, Verkauf usw. für eine bestimmte Gruppe von Produkten. (Vgl. dazu N. Grüneberg, Das Produkt-Management, seine Funktionen im Marketing, Wiesbaden 1974.)

IV. Literaturhinweise

Behrens, Karl Christian: Wandel im Handel. 2. Aufl. Wiesbaden 1966.

Bergler, Georg: Schrifttum über Absatz und Werbung. München 1961.

Dallmer und Thedens (Hrsg.): Handbuch des Direct-Marketing. 2. Aufl., Wiesbaden 1976.

Fischer, Guido: Betriebliche Marktwirtschaftslehre. 5. Aufl. Heidelberg 1972.

Grüneberg, N.: Das Produkt-Management, seine Funktionen im Marketing. Wiesbaden 1974.

Gutenberg, Erich: Grundlagen der Betriebswirtschaftslehre. 2. Bd. Der Absatz. 15. Aufl. Berlin, Heidelberg, New York 1977.

Henzler, R.: Betriebswirtschaftslehre des Außenhandels. Wiesbaden 1962.

Henzler, R.: Außenhandel — Betriebswirtschaftliche Hauptfragen von Export und Import. Wiesbaden 1961.

Koch, Waldemar: Grundlagen und Technik des Vertriebes. 2 Bde. 2. Aufl. Berlin 1959.

Meffert, H. (Hrsg.): Neue Entwicklungstendenzen im Marketing. Wiesbaden 1975.

Mellerowicz, Konrad: Allgemeine Betriebswirtschaftslehre (Sammlung Göschen). Bd. 3. 13. Aufl. 1971.

Nieschlag, Robert, E. Dichtl und E. Hörschgen: Marketing. 7. Aufl., Berlin 1974.

Ruberg, Carl: Statistik im Groß- und Einzelhandelsbetrieb. 3. Aufl., Wiesbaden 1974.

Schäfer, Erich: Die Aufgabe der Absatzwirtschaft. 2. Aufl. Köln und Opladen 1950.

Seyffert, R. und E. Sundhoff: Wirtschaftslehre des Handels. 5. Aufl. Köln, Opladen 1972.

Sundhoff, Edmund: Absatzorganisation. (Auch in „Die Wirtschaftswissenschaften".) Wiesbaden 1958.

Tietz, B. (Hrsg.): Handwörterbuch der Absatzwirtschaft. Stuttgart 1974.

B. Absatzvorbereitung

I. Die betriebswirtschaftliche Marktforschung

1. Wesen und Begriff der Marktforschung

Markterkundung und Marktforschung

Die Marktforschung, d. h. die planmäßige und systematische Feststellung und
Überwachung der auf eine Unternehmung einwirkenden Markteinflüsse, gewinnt in der Gegenwart infolge der Differenziertheit der Märkte eine ständig
wachsende Bedeutung. Sie ist heute ein sehr wichtiges Mittel der Betriebsplanung.

Marktforschung in der weiten und einfachen Bedeutung von *Markterkundung*
ist nicht erst eine „Erfindung unserer Tage", sie ist schon Jahrhunderte alt,
nämlich so alt wie die „Marktproduktion" überhaupt. In der Zeit, als die mittelalterlichen Handwerker, die bisher nur auf Bestellung arbeiteten („Kundenproduktion"), dazu übergingen, für den Markt zu produzieren („Markt- oder
Überschußproduktion"), mußten sie den Markt nach dem mutmaßlichen Bedarf
erkunden. Infolge der einfachen Struktur der damaligen Märkte war der Markt
leicht überschaubar, und diese Markterforschung war rein intuitiv und gründete sich ausschließlich auf die Erfahrung.

Mit dem großen Aufschwung der i n d u s t r i e l l e n M a s s e n p r o d u k -
t i o n im 19. und 20. Jahrhundert änderte sich diese Markterkundung zunächst
noch nicht. Der Bedarf stieg derart schnell, daß auch die Massenproduktion nicht
nachkam. Die F e r t i g u n g b e h e r r s c h t e weitgehend auch d i e A b -
s a t z p o l i t i k . Die absatzpolitischen Maßnahmen der Unternehmer erschöpf-
ten sich in der Frage: Wie kann ich die Nachfrager (Bedarfer) dazu bringen, daß
sie die Produkte meines Erzeugnisprogrammes kaufen?

Mit der immer schärfer werdenden Konkurrenz, dem wachsenden Wohlstand,
der die Verbraucher wählerischer macht, mit der starken Vermehrung der Produktarten und den starken Bedarfsschwankungen (Mode!) gewann der Absatz
einen wachsenden Einfluß auf das Erzeugnisprogramm. Die Frage des Unternehmers lautet nunmehr: Was muß ich produzieren, um die Wünsche der Nachfrager möglichst zu befriedigen? Wie muß ich mein Erzeugnisprogramm gestalten, um möglichst vollbeschäftigt zu sein? Damit beginnt die *systematische, mit
wissenschaftlichen Methoden arbeitende Marktforschung.*

Die Entwicklung der „wissenschaftlichen" Marktforschung

Wie viele wirtschaftliche Einrichtungen „K i n d e r d e r K r i s e" sind, so ist
es auch die „wissenschaftliche" Marktforschung. A m e r i k a litt nach dem
ersten Weltkrieg, der die Rüstungsindustrie außerordentlich stark angekurbelt
hatte, an einer großen Überkapazität vieler Industriezweige, die sich infolge des
großen Nachholbedarfs nach Friedensschluß zunächst noch nicht nachteilig bemerkbar machte, aber von etwa 1924 an zu einer ständig zunehmenden Absatz-
krise führte. In jener Zeit der großen Rationalisierungen lag nun der Gedanke
sehr nahe, auch den A b s a t z systematisch zu rationalisieren. Große Unternehmungen errichteten Absatzforschungsabteilungen, und zahlreiche private

Marktforschungsinstitute entstanden. Sogar die amerikanische Regierung unterstützte weitgehend diese Bestrebungen und gründete eigene Konjunktur- und Marktforschungsinstitute. Wie stark und breit diese Idee in die Wirtschaft drang, zeigen die zahlreichen Namen, die man diesem neu erschlossenen Forschungsgebiet gab: Commercial Research, Market Research, Market Analysis, Advertising Research, Advertising Analysis.

In E u r o p a war es zuerst Deutschland, das diese Gedanken aufgriff. Bereits 1925 gründete W i l h e l m   V e r s h o f e n an der Handelshochschule Nürnberg das „Institut für Wirtschaftsbeobachtungen". E r i c h   S c h ä f e r schrieb 1928 die „Grundlagen der Marktbeobachtung". Doch setzte das Interesse für die Absatzwirtschaft erst nach der großen Krise zu Beginn der 30er Jahre, die auch uns vor schwierige Absatzprobleme stellte, stärker ein. In zunehmendem Maße wandte sich die Betriebswirtschaftslehre dem Absatz und der Absatzforschung zu. 1933 gab Vershofen das „Quellenhandbuch für Handel und Industrie: Marktanalyse und Marktbeobachtung" heraus. 1935 errichtete er in Nürnberg die „G e s e l l s c h a f t   f ü r   K o n s u m f o r s c h u n g (GfK)". Im Jahre 1940 erschienen die „Grundlagen der Marktforschung" von Erich S c h ä f e r, die heute in vierter Auflage (1966) vorliegen und ein deutsches Standardwerk der Marktforschung darstellen. Im gleichen Jahr (1940) brachte Vershofen sein „Handbuch der Verbrauchsforschung, Band I: Grundbegriffe" heraus.

Allerdings ist die Bedeutung der Marktforschung in Deutschland während der Zeit des nationalsozialistischen Regimes sehr stark zurückgegangen, da die sich immer stärker aufblähende Rüstungskonjunktur den Absatz der Unternehmungen auch ohne Marktforschung sicherstellte.

Begriff der betriebswirtschaftlichen Marktforschung

Die betriebswirtschaftliche Marktforschung hat *die Aufgabe, die auf den Betrieb einwirkenden gegenwärtigen und zukünftigen Umwelteinflüsse, insbesondere die Markteinflüsse, planmäßig und systematisch festzustellen und laufend zu überwachen.*

Es sind „letzten Endes alle bewußten Einwirkungen wie auch die unbewußten Strömungen, die einschließlich des Klatsches und der Gerüchte auf ihre Gründe und Folgen hin untersucht werden müssen. Diese Umwelteinflüsse können in ihren Trägern wie in ihren Auswirkungen teils auf Zahlen gebracht oder sogar gemessen werden, teils sind sie unwägbar. Beides, das Quantitative wie das Qualitative, ist Gegenstand der Erforschung. Daraus folgt, daß auf der einen Seite die mathematisch-exakten Methoden vom bloßen Zählen bis zur Statistik anwendbar sind und daß auf der anderen Seite die des deutenden Verstehens, das Gestalterfassen der Geisteswissenschaften am Werke sein müssen. Die Ermittlung kann sich auf Daten beziehen, die zeitbeziehungslos, ja als zeitbeziehungslose überhaupt in einem Zeitpunkt nebeneinanderstehen, oder auf solche, die im Ablauf der Zeit ein — wiederum gestalthaftes — Ganzes ergeben." (Lisowsky, Grundprobleme der Betriebswirtschaftslehre, 1954, S. 314.)

Marktforschung ist p r a k t i s c h meist die E r f o r s c h u n g   d e r   B e z i e h u n g e n   e i n e r   W a r e (oder Dienstleistung) z u m   M a r k t. Die Ware ist also vor allem Bezugsgegenstand der Marktforschung. Es kann aber auch der g a n z e B e t r i e b sein. In diesem Fall ist der Betrieb an sich Bezugsobjekt. Die Marktforschung hat dann zu ergründen: Wie liegt der Betrieb an sich im Markt, und zwar als Betriebsform, als Sozialgebilde und totale Lebenserscheinung überhaupt (vgl. Lisowsky). Natürlich hängen beide Forschungsobjekte sehr eng zusammen.

Die Marktforschung kann sich also nicht nur auf q u a n t i t a t i v faßbare Größen und Größenverhältnisse stützen, die der statistischen Erfassung und der mathematischen Bearbeitung zugänglich sind, sie muß sich auch der Begriffe und Methoden der P s y c h o l o g i e , S o z i o l o g i e und V ö l k e r k u n d e bedienen. „Die betriebswirtschaftliche Marktforschung braucht deshalb keineswegs ein Sammelsurium von Wissensbrocken aller Art zu sein ..." (Schäfer, Betriebswirtschaftliche Marktforschung, 1955). Besonders die p r a k t i s c h e P s y c h o l o g i e und S o z i o l o g i e sind wichtige Hilfswissenschaften der Marktforschung, da sie die verschiedenen Motivationsweisen der Marktbeteiligten untersuchen und systematisieren. *Die Marktforschung gründet sich also auf ein Zusammenwirken von exakten quantitativen Methoden mit geisteswissenschaftlichem „Verstehen".*

2. Arten der Marktforschung

Absatzforschung und Beschaffungsforschung

Die Marktforschung beschäftigt sich zwar vor allem mit dem Absatzmarkt und ist dann *Absatzforschung, Verbrauchsforschung* oder *Bedarfsforschung,* sie hat aber auch den Beschaffungsmarkt zum Gegenstand und ist dann *Beschaffungsforschung.*

Primäre und sekundäre Marktforschung

Je nach den empirischen Unterlagen, auf die sich die Marktforschung stützt, unterscheidet man *primäre oder unmittelbare Marktforschung* (E. Schäfer) oder *„Feldarbeit"* (field-research), bei der man die empirischen Unterlagen der Marktuntersuchungen durch eigene Erhebungen selbst beschafft, und die *sekundäre oder mittelbare Marktforschung* oder *„Schreibtischarbeit"* (desk-research), bei der man bereits vorhandenes Material für die Untersuchungen auswertet. Die Materialquellen der Marktforschung sind danach:

1. S e k u n d ä r - S t a t i s t i k e n aller Art, wie z. B. amtliche Statistiken, Branchenstatistiken, Verbandszahlen, Bevölkerungsstatistiken, Außenhandelsstatistiken, Statistiken über Währungs- und Geldwesen usw. Sehr wertvoll sind auch die K a u f k r a f t z a h l e n („Absatz-Kennziffern") der Gesellschaft für Konsumforschung (GfK) in Nürnberg. Es sind Vergleichszahlen, die angeben, wieviel Kaufkraft in den einzelnen Bezirken der Bundesrepublik (bis hinunter zu den Stadt- und Landkreisen ermittelt) vorhanden ist. Sie werden in einem Tabellenband sowie in einer mehrfarbigen „Kaufkraftkarte der Bundesrepublik" veröffentlicht.

2. S p e z i e l l e K o n j u n k t u r - P r o g n o s e n , wie sie von den Wirtschaftsforschungsinstituten (z. B. IfO, München) für einzelne Branchen angestellt werden.

3. Primär-Erhebungen, die in der Regel in Form von Repräsentativ-Erhebungen zur Durchleuchtung des Marktes angestellt und von verschiedenen Instituten ausgeführt werden.

Eine systematische Marktforschung erkundet nicht nur allgemein die Absatzchancen, sie kann auch aussichtsreiche Marktlücken sowie Schwachstellen der Konkurrenz aufdecken. Es werden Erfahrungen über die Wünsche des Marktes hinsichtlich der technischen Leistungsfähigkeit der Erzeugnisse, ihrer Lebensdauer, ihrer Gestaltung nach Form, Aussehen, Farbe und dergleichen sowie über die den Markt beherrschenden Preise gesammelt.

Die Marktforschung ist besonders wichtig für Unternehmungen, die Massen- oder Seriengüter für den freien Markt erzeugen. Für Unternehmungen dagegen, die nur auf Bestellung liefern, also Unternehmen der Einzelanfertigung, wie Großmaschinenbau (Turbinen-, Hochöfen- und Walzstraßenbau), ferner für Brückenbau und Schiffsbau hat die Marktanalyse nicht die Bedeutung, weil hier wegen der Länge der Produktionszeit und der sehr geringen Zahl der Nachfrager nur ein sehr extensiver Marktverkehr besteht.

Bei der Markterkundung müssen Verkaufsleitung und Fertigung zusammenwirken, um alle Möglichkeiten zu ergründen, neue Kunden für die geplanten Erzeugnisse zu gewinnen. Konstruktion, Arbeitsvorbereitung, Fertigungsabteilungen und Vorkalkulation müssen der Vertriebsabteilung alle notwendigen Daten liefern, um den günstigsten Absatzplan aufzustellen.

Demoskopische und ökoskopische Marktforschung

Eine neuartige, theoretisch und praktisch sehr brauchbare Gliederung der Marktforschung entwickelte K. CH. *Behrens* (Demoskopische Marktforschung, 2. Aufl., Wiesbaden 1966).

Der Markt ist nach Behrens das Erfahrungsobjekt sowohl der Wirtschaftswissenschaft als auch der (soziologischen und sozialpsychologischen) Sozialforschung. Die Wirtschaftswissenschaften beschäftigen sich primär mit den objektiven Marktgrößen (Güterqualitäten, Gütermengen und Güterpreisen) und mit den zwischen ihnen bestehenden Beziehungen (Abhängigkeiten) — und zwar einmal theoretisch „zur Formulierung genereller Aussagen" über die Märkte „als abstrakte, raum- und zeitlose Gebilde" und zum anderen empirisch zur Ermittlung spezieller Daten über ganz konkrete Teilmärkte in einem bestimmten räumlichen Gebiet und einer bestimmten zeitlichen Periode. Während der Volkswirt die Markterscheinung gewissermaßen „von oben" aus der „Vogelperspektive" sieht, betrachtet der Betriebswirt den Markt stets aus dem Blickwinkel der einzelnen Unternehmung; so ist betriebswirtschaftlich nicht die Nachfrage nach einer bestimmten Produktgattung als undifferenzierter Gesamtgröße von Interesse, sondern vielmehr die Art, wie sich diese Gesamtnachfrage unter bestimmten Einflüssen auf die konkurrierenden Betriebe verteilt („Demand as seen by the seller").

Das Erkenntnisobjekt der Marktuntersuchung der Sozialforschung sind die Handlungssubjekte in ihrer Funktion als Marktteilnehmer, d. h. als Verursacher der objektiven Marktverhältnisse selbst. Behrens hat daher die im Rahmen der Wirtschaftswissenschaften betriebene (ökonomische) Marktfor-

schung als objekt- oder sachbezogene Marktforschung bezeichnet und die innerhalb der Marktforschung stehenden Marktuntersuchungen als subjektbezogene
Marktforschung gekennzeichnet. Marktuntersuchungen, die innerhalb der empirischen Sozialforschung betrieben werden, bezeichnet Behrens als „demoskopische Marktforschung" und entsprechend die Marktuntersuchung, die in das
Gebiet der empirischen Wirtschaftsforschung fallen, als „ökoskopische Marktforschung". Danach teilt er das Gebiet der

Marktforschung

a) als Teilbereich der Wirtschaftsforschung: objektbezogene (sachbezogene
   Marktforschung, in

   (1) theoretische wirtschaftswissenschaftliche Marktforschung (wiederum
       unterteilt in volkswirtschaftliche und betriebswirtschaftliche Markt-
       forschung)

   (2) empirische, *ökoskopische Marktforschung,*

b) als Teilbereich der Sozialforschung: subjektbezogene Marktforschung, in

   (1) theoretische sozialwissenschaftliche Marktforschung

   (2) empirische, *demoskopische Marktforschung.*

G e g e n s t a n d demoskopischer Marktforschung sind:

1. *objektive Sachverhalte:* sie haben äußerlich wahrnehmbare Merkmale:

   a) Aktionen (z. B. Kaufhandlung)

   b) biologisch-demographische Merkmale (z. B. Alter, Geschlecht, Familien-
      stand)

   c) soziographische Gegebenheiten (z. B. Beruf, Einkommen, Besitz, Wohn-
      verhältnisse)

2. *subjektive Sachverhalte:* sie haben innere psychische Merkmale:

   a) Wissen (z. B. um die Existenz einer bestimmten Marke)

   b) Wahrnehmungen (z. B. einer Werbebotschaft)

   c) Vorstellung (z. B. solche, die mit einem bestimmten Markenbild oder
      Firmennamen assoziiert werden)

   d) Meinungen. Hierunter verstehen wir entweder das Für-wahr-Halten
      bestimmter sachlicher Gegebenheiten („Ansichten") oder sog., oft kurz-
      fristig wandelbare und im besonderen Maße der Mode unterliegende
      „Geschmacksrichtung".

   e) Einstellung (z. B. zu einer politischen Richtung oder zur modernen Tech-
      nik). Hierbei handelt es sich im Unterschied zu den Meinungen um struk-
      turierte, meist dauerhafte Werthaltungen.

   f) Intensionen (z. B. die Absicht, ein bestimmtes Produkt zu kaufen oder
      eine bestimmte Partei zu wählen)

   g) Wünsche (z. B. nach einem Eigenheim)

   h) Strebungen (Instinkte, Gefühle, Triebe usw.)

Diese subjektiven Sachverhalte bezeichnet die tiefenpsychologische Richtung der demoskopischen Marktforschung als „Motiv" (M o t i v f o r s c h u n g — s. unten S. 526 f.).

Die wichtigste Erhebungsmethode der demoskopischen Marktforschung ist die Befragung (Repräsentativerhebung) auf Grund von Fragebogen durch Interviewer. Daneben werden noch angewandt: die Beobachtung, bei der das Verhalten der Marktsubjekte unmittelbar zum Gegenstand der Erhebung erhoben wird, ohne daß eine verbale Aussage dazwischengeschaltet ist, ferner das „Experiment (Befragungsexperiment oder Beobachtungsexperiment)", bei dem die zu erforschenden Zusammenhänge den Probanden selbst unbekannt sind und bleiben, also jenseits ihrer Aussagefähigkeit liegen.

3. Märkte und Marktkräfte

Der Begriff des Marktes in der Marktforschung

Der T e r m i n u s M a r k t wird in der Marktfoschung in verschiedener Bedeutung gebraucht, und zwar unterscheiden wir (in Anlehnung an Lisowsky, Grundprobleme der Betriebswirtschaftslehre, a. a. O.) folgende Marktbegriffe:

1. M a r k t i m w e i t e s t e n S i n n e ist der Markt der „Marktproduktion" als der Inbegriff aller Erzeuger und aller Verbraucher; er ist „das große, mehr oder weniger undurchsichtige Unbekannte, das wieder bekannt und transparent zu machen eben die Aufgabe der Marktforschung ist" (Lisowsky). Diesem Marktbegriff sind alle folgenden Marktbegriffe ein- und untergeordnet.

2. M a r k t i m S i n n e v o n N a c h f r a g e. „Ist für diese oder jene Ware ein Markt (d. h. Nachfrage) vorhanden?"

3. M a r k t i m r ä u m l i c h e n S i n n e (M a r k t p l a t z) als das organisierte Zusammentreffen „zahlreiche Käufer und Verkäufer an einem bestimmten Ort zu bestimmter Zeit" (Karl Bücher), so z. B. Wochenmarkt, Jahrmarkt, Mustermesse, Börse, Auktion oder Ausschreibung (Submission).

4. M a r k t i m v o l k s w i r t s c h a f t l i c h e n S i n n e als bloßer Inbegriff von Angebot und Nachfrage. Dieser Begriff ist eine rein mengenhafte, gedankliche Abstraktion der Volkswirtschaftslehre. Das Gegenüberstehen von Angebot und Nachfrage ist hier nicht mehr auf die P e r s o n e n des Anbieters und Nachfragers bezogen. Der Markt in diesem Sinne ist vor allem das Objekt der *Konjunkturforschung*. Sie beginnt in Deutschland 1920 mit der Gründung des „Instituts für Konjunkturforschung" in Berlin. Heute bestehen solche Institute in Berlin, Köln, München, Kiel und in Essen. Die Konjunkturforschung ist auch für die betriebswirtschaftliche Marktforschung eine sehr wichtige Erkenntnisquelle ebenso wie die Erforschung der Märkte im räumlichen Sinne, insbesondere der Börse, die man ja als Konjunkturbarometer bezeichnet.

5. M a r k t a l s T e i l m a r k t für ein bestimmtes Produkt oder eine Produktgruppe, z. B. der Baumwollmarkt, der Markt für Perlonstrümpfe, der Kupfermarkt, der Markt für ein bestimmtes wissenschaftliches Buch usw. Die Teilmärkte sind das eigentliche Gebiet der betriebswirtschaftlichen Marktforschung, doch werden sie auch von der Konjunkturforschung untersucht.

Die Unternehmung zwischen den Märkten

Die Verbindungslinien zwischen allen Unternehmungen und zwischen den Unternehmungen und den Haushaltungen laufen stets über einen Markt. Eine Bratpfanne, die eine Hausfrau im Warenhaus kauft, hat, ehe sie „konsumreif" wurde, von der Eisengrube (als Rohstoff) bis zum Warenhaus zahlreiche Unternehmungen und ebenso viele Märkte durchlaufen, und zwar vom Standpunkt des einzelnen Unternehmens jeweils einen *Beschaffungsmarkt* und einen *Absatzmarkt*. Die Topffabrik hat auf dem Beschaffungsmarkt das Walzblech eingekauft, aus dem die Bratpfanne hergestellt wurde, und auf dem Absatzmarkt die fertige Bratpfanne verkauft.

Die einzelne Unternehmung hat es jedoch nicht mit e i n e m *Beschaffungsmarkt* zu tun, sondern mit zahlreichen, oft vielen hunderten. So steht eine Druckerei in Verbindung mit den Beschaffungsmärkten für Setz- und Druckmaschinen, Schriftgießereierzeugnissen, Papieren (diverse Märkte), Farben, Ölen, Chemikalien, Kalkschiefersteinen (Lithographie), Textilwaren (Bucheinbände, Heftgarn), Leder (Einbände), Bürsten, Büromöbel, Büromaterial usw. Wir ersehen jedoch aus dieser Aufzählung, daß nicht alle diese Märkte für die Druckerei von gleicher Bedeutung sind. Nur einige haben als ihre *Hauptmärkte* eine entscheidende Bedeutung, die anderen sind „*Nebenmärkte*"

Die *Absatzmärkte* der einzelnen Unternehmungen sind meist sehr viel weniger zahlreich. Es kommt dabei nicht einmal so sehr auf das Warensortiment an. Beim Lebensmitteleinzelhandel kann man z. B. nicht von so vielen Absatzmärkten sprechen, wie er Waren führt. Umgekehrt hat eine Fabrik, die nur Fotofilme herstellt, mit verschiedenen Märkten zu tun, nämlich mit dem Markt der Haushaltungen, dem „Konsumentenmarkt", dem Markt der Kinofilmproduzenten und dem Markt der Industrie. Die Struktur und die Dynamik dieser Märkte kann völlig verschieden sein.

Daneben hat es die einzelne Unternehmung noch mit dem *Geld- und Kapitalmarkt* sowie mit dem *Arbeitsmarkt* zu tun. Diese Märkte haben aber meist den Charakter von Nebenmärkten, sie können freilich auch in besonders gelagerten Fällen für eine Unternehmung zu Hauptmärkten werden; denken wir nur an die Schwierigkeit der Arbeitsbeschaffung bei der Umstellung einer Fabrik auf die Automation.

Die „marktlichen Erfolgsfaktoren" (E. Schäfer)

Der Kräfte- und Beziehungskomplex „Markt" im betriebswirtschaftlichen oder unternehmungssubjektiven Sinne weist verschiedene Einzelzüge aus, die Erich *Schäfer* näher untersucht hat (Betriebswirtschaftliche Marktforschung, Essen 1954).

Die Kosten sowie der im Verkaufserlös hereingebrachte Ertrag werden durch eine Reihe von Faktoren beeinflußt. Ein Teil dieser Faktoren liegt im Entscheidungs- und Einflußbereich der Unternehmung selbst, es sind die „inneren oder betrieblichen Faktoren", ein anderer Teil liegt außerhalb des Machtbereichs der Unternehmung, er hängt von den Märkten ab. Danach unterscheidet Schäfer:

(1) *äußere oder marktliche* und (2) *innere oder betriebliche Erfolgsfaktoren.*
Daraus entwickelt Schäfer folgende Systematik der Erfolgsfaktoren:

Kostengestaltung		**Ertragsbildung**	
innere oder	äußere oder	innere oder	äußere oder
betriebliche	marktliche	betriebliche	marktliche
Kostenfaktoren	Kostenfaktoren	Ertragsfaktoren	Ertragsfaktoren

Innere Kostenfaktoren sind nach Schäfer z. B. sparsame Materialwirtschaft, Arbeitsfleiß, gutes Zusammenspiel aller menschlichen und sachlichen Kräfte im Betrieb. *Innere Ertragsfaktoren* sind insbesondere alle diejenigen Kräfte und Maßnahmen, die zu schöpferischer Gestaltung führen, wie neue Konstruktionen der Ingenieure, neue Fertigungsverfahren usw.

Äußere Kostenfaktoren sind die Preise, die auf dem Beschaffungsmarkt bezahlt wurden, ferner die Löhne und die Zinsen. Die *äußeren Ertragsfaktoren* sind die Bedarfsverhältnisse und die Bedarfsveränderungen, die Konkurrenzverhältnisse, das Preisniveau in den einzelnen Absatzgebieten, die allgemeine Wirtschaftslage.

Der *betriebswirtschaftliche Markt* ist danach der „*Inbegriff der äußeren Kosten- und Ertragsfaktoren des einzelnen Unternehmens*" oder allgemeiner „die Gesamtheit der für ein Unternehmen wirtschaftlich relevanten Umweltbedingungen".

Die *betriebswirtschaftliche Marktforschung* ist „*die systematische Erfassung und Beobachtung der äußeren Kosten- und Ertragsfaktoren eines Unternehmens —* oder auch einer Gruppe von Unternehmungen gleicher Art".

Die *Beschaffungsmarktforschung* ist die Erforschung der äußeren Kostenfaktoren der Unternehmung und die *Absatzmarktforschung* die Erforschung der äußeren Ertragsfaktoren.

Die Marktkräfte

Die *Marktkräfte oder „Grundformen des Marktprozesses"* (Schäfer) sind Nachfrage, Angebot und Absatzwege.

1. **Die Nachfrage** ist der Inbegriff der Käufer eines Produktes.

Der Zwischenhandel muß bei der Marktforschung vielfach ausgeschaltet werden, da er nur eine Weitergabefunktion hat. — Lisowsky hat allerdings darauf aufmerksam gemacht, daß *Nachfrage und Bedarf* nicht einfach gleichgesetzt werden können. Vielmehr führt eine sich zahlenmäßig immer verengende Stufenleiter vom *bedürfenden Menschen* über den „*Bedarfer*" (bei dem das Bedürfnis bereits bewußt auf bestimmte Güter gerichtet und mengenmäßig gesehen wird) zum *Nachfrager*, der allein erst als d u r c h K a u f k r a f t g e s t ü t z - t e r B e d a r f e r auf den Markt geht. „Wir sehen hier, wie die sogenannte ‚Bedarfsforschung', die zunächst rein wirtschaftlich und mengenmäßig gemeint scheint und alle Stufen von Absatzempfängern, insbesondere alle Wiederverkäufer einbezieht, unmerklich in ‚Bedürfnis- und Konsumforschung' übergeht . . ." (Lisowsky, Grundprobleme der Betriebswirtschaftslehre, 1954, S. 309).

Die Nachfrage tritt in zwei wesensverschiedenen N a c h f r a g e t y p e n auf:

a) Die Nachfrage der privaten Haushalte oder „letzten Verbraucher", die *Konsumentennachfrage* und die

b) Nachfrage der *Unternehmungen,* die *gewerbliche Nachfrage.* Diese beiden Nachfragetypen bilden zwei wesensverschiedene Märkte: den *Konsumenten-* markt und den *gewerblichen Markt,* die wirtschaftlich, soziologisch und psychologisch oft völlig anders zu beurteilen sind.

2. **Das Angebot,** mit dem sich die Marktforschung zu befassen hat, betrifft weniger die eigene Produktion, als vielmehr die P r o d u k t i o n d e r M i t - a n b i e t e r, der *Konkurrenz.* Sie ist in quantitativer und qualitativer Hinsicht zu untersuchen: Wieviel und was hat die Konkurrenz anzubieten, und wie bietet sie es an? Welche Stellung hat die Konkurrenz im Markt?

3. **Die Absatzwege** sind die organisatorischen Verbindungen zwischen dem Hersteller und dem eigentlichen Verbraucher. Es geht hier um die Frage, ob über den Zwischenhandel, gegebenenfalls einen mehrstufigen Zwischenhandel, verkauft werden soll, oder ob man die Ware direkt an den eigentlichen Verbraucher absetzen soll, ob sich eine eigene Absatzorganisation lohnt, ob man z. B. Selbstbedienungsläden einrichten soll, und dgl.

Marktuntersuchung und Marktbeobachtung

Die Marktforschung wird heute vielfach (nach dem Vorbild von Erich Schäfer) eingeteilt in (1) M a r k t u n t e r s u c h u n g oder Marktanalyse und (2) M a r k t b e o b a c h t u n g.

1. *Die Marktuntersuchung oder Marktanalyse* untersucht die Struktur des Absatz- bzw. Beschaffungsmarktes. Das Verhalten der Marktkräfte wird i n e i n e m b e s t i m m t e n Z e i t p u n k t erfaßt. Man stellt z. B. die Gesamtnachfrage nach einem Erzeugnis, die Wettbewerbsverhältnisse in einem bestimmten Markt oder die Vorliebe einzelner Bevölkerungsgruppen für bestimmte Erzeugnisse fest.

2. *Die Marktbeobachtung* befaßt sich mit den Struktur v e r ä n d e r u n g e n der Marktfaktoren im Zeitablauf. So werden untersucht: die Preisbewegungen für bestimmte Erzeugnisse, die Veränderungen im Auftragsbestand, die Veränderungen der Mode, Beschäftigungsschwankungen im eigenen Betrieb und bei der Konkurrenz.

Schäfer hat das Wesen der betriebswirtschaftlichen Marktforschung (Absatzforschung) in dem *gegenüberstehenden Schema* zusammengefaßt.

In der praktischen Marktforschung wird allerdings die Unterscheidung zwischen Marktuntersuchung und Marktbeobachung stark, wenn nicht ganz verschwimmen, weil eine Marktforschung nur dann praktischen Wert hat, wenn die Z e i t in die Untersuchung einbezogen wird. Es ist ja vor allem das Ziel der Marktforschung, eine P r o g n o s e zu geben, das erfordert aber immer eine Untersuchung der Dynamik der Marktkräfte.

Schäfers Schema der Marktforschung (Absatz)

Schema der betriebswirtschaftlichen Marktforschung	Marktforschung	
	A **Marktuntersuchung** **räumlich** **Strukturermittlung**	**B** **Marktbeobachtung** **zeitlich** Fortlaufendes Verfolgen von **Veränderungen**
1. Bedarf (Nachfrage)	**A 1. Bedarfsuntersuchung** (= Ermittlung der Bedarfsstruktur) [z. B. Zahl der Haushaltungen, Wohnungsgrößen, Elektrizitätsversorgung usw.]	**B 1. Bedarfsbeobachtung** (= Beobachtung der Bedarfsverschiebungen und der Bedarfsschwankungen) [z. B. unmittelbar: Schwankungen des Schuhbedarfs, mittelbar: Einkommensschwankungen]
2. Konkurrenz (Angebot)	**A 2. Konkurrenzuntersuchung** (= Ermittlung der konkurrierenden Betriebe und ihrer Angebotskraft quantitativ und qualitativ)	**B 2. Konkurrenzbeobachtung** (= Beobachtung der Konkurrenzveränderungen) [z. B. Preisänderungen, neue Reklamemaßnahmen der konkurrierenden Betriebe und Warenzweige]
3. Absatzwege (Verteilungsapparat)	**A 3. Untersuchung der Absatzwege** (= Ermittlung der möglichen Absatzmittler für eine Ware)	**B 3. Beobachtung der Absatzwege** (= Beobachtung der Verschiebungen im Verteilungsapparat und der Marktlage im Handel) [z. B. Vordringen der Einheitspreisgeschäfte, Erweiterung des Tätigkeitsgebietes der Warenhäuser; Bewegung der Einzelhandelsumsätze und -preise]

(Zeile ganz links, vertikal: **Marktfaktoren**)

4. Die Erforschung der einzelnen Marktfelder

Die Beschaffungsforschung

Auch die Erforschung des Beschaffungsmarktes zerfällt in Marktuntersuchung und Marktbeobachtung. Für die Erforschung des Beschaffungsmarktes kann deshalb ein ähnliches Schema wie für die Absatzforschung aufgestellt werden.

Die Beschaffungsforschung hat die Z u s a m m e n h ä n g e mit den eigenen betrieblichen Erfordernissen zu klären, wie sie sich aus den vorhandenen und geplanten Fertigungsprogrammen ergeben. Die Beschaffungsforschung hängt also auch mit der Bedarfsforschung zusammen. Je genauer die Erkenntnisse sind, die die betriebliche Beschaffungsforschung vermittelt, desto leichter und wirksamer kann die betriebliche Beschaffungspolitik eingesetzt werden.

Die Beschaffungsforschung hat nach Guido *Fischer* (Betriebliche Marktwirtschaftslehre, 5. Aufl. 1972) folgende A u f g a b e n zu erfüllen:

1. F e s t s t e l l u n g d e r v o r h a n d e n e n u n d m ö g l i c h e n L i e f e r a n t e n und deren Konkurrenzverhältnisse.

2. B e u r t e i l u n g d e r L i e f e r a n t e n b e t r i e b e und deren Inhaber und Mitarbeiter, Beurteilung der Leistungsfähigkeit der einzelnen Lieferanten nach Umsatz, Beschäftigtenzahl, Maschinenausstattung, Fertigungsverhältnissen, Standortbedingungen, Bezugs- und Lieferverhältnissen usw.

3. L i e f e r p ü n k t l i c h k e i t , V e r t r a g s t r e u e , besondere Absprachen seitens der Lieferanten, Umfang des Kundendienstes usw.; Vergleich mit den brancheüblichen Verhältnissen und deren Änderungen.

4. B e u r t e i l u n g der von den einzelnen Lieferanten hergestellten und vertriebenen W a r e n u n d E r z e u g n i s s e nach Qualität, Preiswürdigkeit, Lagerung und Fertigungseignung.

5. Z a h l u n g s b e d i n g u n g e n und mögliche Sondervereinbarungen bei den einzelnen Lieferanten, ihre Kreditierungsgewohnheiten, Verhalten bei Reklamationen usw.

6. K o n z e n t r a t i o n s b e s t r e b u n g e n und Zusammenschlußtendenzen bei den Lieferanten usw.

7. Formen der vorhandenen „Beschaffungswege" (Handelswege und Handelsketten) am Beschaffungsmarkt.

Bedarfsforschung

Die Bedarfs- oder Nachfrageforschung untersucht den Bedarf und die Bedarfsgewohnheiten der Bedarfer sowie ihre Kaufentschlossenheit und Kaufkraft. Daraus ergeben sich (1) Bedarfsträger, (2) Bedarfsgebiete, (3) Bedarfsinhalt, (4) Bedarfsäußerung und (5) Bedarfsfaktoren.

Bei der *Bedarfsforschung der Letztverbraucher* ist von den m e n s c h l i c h e n B e d ü r f n i s s e n auszugehen. Die Nachfrage hängt hier von fünf Faktoren ab:

1. der I n t e n s i t ä t d e s B e d ü r f n i s s e s für die betreffende Ware,

2. der v o r a u s s i c h t l i c h e n D a u e r d e r B e d ü r f n i s s e sowie den Möglichkeiten einer Bedarfsänderung (Mode),

3. der den Bedarfern zur Verfügung stehende K a u f k r a f t ,

4. den U n t e r s c h i e d e n d e r e i g e n e n W a r e zu den gleichartigen Waren der Konkurrenz und

5. den Möglichkeiten der B e d a r f s w e c k u n g durch die eigene Werbung.

Bei der Erforschung des Bedarfs der Letztverbraucher ist oft auch die Untersuchung des Altersaufbaus der Bevölkerung wichtig, z. B. bei Spielzeug, Kinderwäsche, Schulbedarf; oder die Zusammensetzung der Käuferkreise nach Berufen, Kaufkraftschätzung, Lebensgewohnheiten usw. Derartige Untersuchungen sind auch für die Werbung von Bedeutung.

Bei der *Erforschung des Bedarfs von Unternehmen* ist eine Analyse der in Frage kommenden Betriebe nach Arbeiterzahl, Kapitalausstattung, Erzeugungsmengen, Absatzlage, Liquidität, Saison- und Konjunkturverhältnissen usw. wichtig.

Aus der Analyse des Bedarfs innerhalb eines bestimmten Absatzgebietes ergibt sich dessen *Aufnahmefähigkeit*, die in absoluten Zahlen oder Kennziffern ausgedrückt werden kann. Die p o t e n t i e l l e   A u f n a h m e f ä h i g k e i t berücksichtigt die möglichen Bedarfer, die e f f e k t i v e   A u f n a h m e f ä h i g - k e i t die Nachfrager, d. h. die mit der notwendigen Kaufkraft ausgestatteten Bedarfer. Der Bedarf unterliegt qualitativen und quantitativen Schwankungen. Den Schwankungsgrad bezeichnet man als die *Bedarfselastizität*. Sie ist quantitativ, wenn die Bedarfsmenge schwankt, sie ist q u a l i t a t i v, wenn die Bedarfsqualität schwankt. Von einer s t a t i s c h e n   B e d a r f s e l a s t i z i - z i t ä t spricht man bei einer Nachgiebigkeit von Verbraucher zu Verbraucher im gleichen Zeitabschnitt, von einer d y n a m i s c h e n   E l a s t i z i t ä t bei einer Nachgiebigkeit bei ein und demselben Verbraucher zu verschiedenen Zeiten.

II. Die Absatzplanung

Nach der Abstimmung der betrieblichen Teilbereiche (auf Grund des „Ausgleichsgesetzes der Planung" — s. oben S. 202) wird in aller Regel zuerst der Absatzplan aufgestellt. Er ist in den meisten Fällen der A u s g a n g s p l a n der gesamten Betriebsplanung (s. oben S. 206 f.). Bei ihm steht im Mittelpunkt

(1) die **Planung des Verkaufsprogramms,** die Pläne der Artikel nach Art, Menge und Wert. — Auf Grund des Verkaufsprogramms werden weiterentwickelt

(2) der **Verkaufsförderungsplan,** der folgende Teilpläne umfaßt

    (21) Planung der Absatzwege und der Verkaufsorganisation,

    (22) Werbeplan,

    (23) Planung sonstiger Verkaufsförderungsmaßnahmen;

(3) der **Absatzkosten- und Erlösplan,** der aus folgenden Teilplänen besteht:

    (31) Absatzkostenplan,

    (32) Planung der Preispolitik,

    (33) Erlösplanung.

Die Marktforschung als Planungsunterlage

Die Voraussetzung einer brauchbaren Absatzplanung ist eine genaue und gründliche Kenntnis des Marktes und der Absatzmöglichkeiten. Die Unterlagen dazu bilden die Grundlage der gesamten Absatzplanung; sie werden beschafft durch die b e t r i e b l i c h e   M a r k t f o r s c h u n g, die wir im vorhergehenden Abschnitt bereits ausführlich behandelt haben.

Die Umsatzanalyse

Die Analyse der bisherigen Umsatzentwicklung dient vor allem zur Feststellung der Entwicklung des eigenen Marktanteils. Voraussetzung ist natürlich eine aussagefähige eigene *Verkaufsstatistik;* auch der Verkaufsplan des Vorjahres ist zugrunde zu legen. *Weit mehr als die Fertigung ist der Vertrieb bei seiner Planung auf die Daten der Vergangenheit angewiesen.* — Besonders dort, wo bei Massenfabrikation der Markt groß, konkurrenzreich und schwer überschaubar ist, ist eine systematische Vertriebsstatistik unerläßlich, so z. B. eine Erfassung der Umsätze nach Absatzgebieten, nach Absatzwegen (durch eigene oder selbständige Reisevertreter, Kommissionäre, Händler usw.) und nach Käufergruppen (Großhändler, Einzelhändler, Ausfuhrhändler, Verbraucher usw.). Um die Entwicklung des eigenen Marktanteils festzustellen, werden dann die Umsätze der gesamten Branche (sofern die erforderlichen Zahlen vorliegen) und die Verkaufsprogramme der einzelnen Branchenmitglieder mit dem eigenen Umsatz und dem eigenen Verkaufsprogramm verglichen.

Sortimentsgestaltung (Erzeugnisplanung)

Die Sortimentsgestaltung (Erzeugnisplanung) ist eine wichtige Aufgabe der Absatzplanung. Das *Sortiment* (ital. das Ausgewählte) ist das nach dem Bedarf des Absatzmarktes zusammengestellte Angebot verschiedenartiger Waren und Dienstleistungen einer Unternehmung. Seine Gestaltung ist ein wichtiges absatzpolitisches Instrument, da das Sortiment die Absatzbedingungen wesentlich beeinflussen kann.

E. Gutenberg zieht die Sortimentsgestaltung mit in die *Produktgestaltung* ein: „Die Produktgestaltung kann einmal darin bestehen, daß gewisse Eigenschaften bereits produzierter Güter geändert werden ... Produktgestaltung umfaßt aber auch den Fall, daß von einem Gut mehrere Muster, Typen, Qualitäten, Dessins hergestellt und geändert werden. Von Produktgestaltung sprechen wir auch dann, wenn das Verkaufsprogramm eines Unternehmens erweitert oder eingeengt wird." (Grundlagen der Betriebswirtschaftslehre, 2. Bd., a. a. O.)

An das *Sortiment des Industriebetriebes* stellen die Produktion und der Vertrieb meist einander zuwiderlaufende Forderungen. Die Produktion, bedacht auf rationellste Fertigung und Herabsetzung des Sorten- und Serienwechsels, strebt nach einem möglichst kleinen Erzeugnisplan (Sortiment); der Vertrieb dagegen, der den differenzierten Wünschen der Kundschaft möglichst nachkommen will, tritt für ein reichhaltiges Sortiment ein. Durch exakte Kostenrechnung muß versucht werden, das *„optimale Sortiment"* zu finden.

Im *Handelsbetrieb,* bei dessen Absatzpolitik das Sortiment meist eine weit größere Rolle spielt als beim Industriebetrieb, verursacht ein reichhaltiges Sortiment große Lagerbestände mit u. U. vielen „Ladenhütern" und hohe Kapitalbindung. Auch hier ist ein aussagefähiges Rechnungswesen, eine Kosten- und Ertragsanalyse und nicht zuletzt eine gute Lager- und Umsatzstatistik notwendig, um das optimale Sortiment zusammenzustellen. Mellerowicz bringt ein „groteskes" Beispiel aus dem Rundfunkgroßhandel (Allg. Betriebswirtschaftslehre, Bd. 3, a. a. O., S. 211): 250 verschiedene Typen von Rundfunkgeräten erzielten in einem Jahr folgende Umsatzquoten:

6 Typen	44 %	des Umsatzes
26 Typen	41 %	des Umsatzes
218 Typen	15 %	des Umsatzes

13 % aller Typen erzielten also 85 % des Umsatzes, 87 % der Typen dagegen nur 15 %. Hier kann man bereits ohne Kalkulationsunterlagen sagen, daß mit einem wesentlich geringeren Sortiment eine höhere Rentabilität erzielt worden wäre, da wenig gängige Waren hohe Lagerkosten verursachen.

Bei der Sortimentsgestaltung im Handel spielen S o r t i m e n t s b r e i t e und S o r t i m e n t s t i e f e eine große Rolle. Die Einzelhandelsgroßbetriebe (Warenhaus, Versandgeschäft, Filialbetriebe) streben nach Sortimentsbreite: möglichst viele verschiedenartige Artikel, und verzichten auf Sortimentstiefe: von jedem einzelnen Artikel nur ein relativ geringes Sortiment; das Fachgeschäft dagegen hat ein zwar kleines, aber reich differenziertes Sortiment, so führt ein Krawatten-Spezialgeschäft nur Krawatten, diese aber in riesiger Auswahl.

Die *Gestaltung des Sortiments* geht aus von den bisherigen Gebrauchs- und Verbrauchsgewohnheiten der Kundschaft nach Umfang, Dauer und Wiederholung. Dabei müssen aber auch voraussehbare zukünftige Entwicklungen mit berücksichtigt werden. Das Sortiment darf deshalb nicht starr gestaltet sein. Der technische Fortschritt mit seinen neuen Produktions- und Produktdifferenzierungen verlangt häufig eine ständige Umgestaltung des Erzeugnisplans, verführt aber auch leicht zu einer unrentablen Ausweitung des Sortiments. Andererseits ist die Industrie darauf bedacht, ihr Produktionsprogramm durch Typung zu vermindern, was sich auch auf den Handel günstig auswirkt.

Eine ähnliche Rolle spielt bei der Erzeugnisplanung häufig der *Markenartikel* (ein Erzeugnis von gleichbleibender Güte, das mit einem Firmen-, Wort- oder Bildzeichen, der „Marke", versehen ist). Eine Fabrik (z. B. für Waschmittel), die bisher zahlreiche Sorten erzeugte, konzentriert die Produktion auf wenige Markenartikel. Dadurch wird der Markt auch transparenter.

Planung des Verkaufsprogramms

Auf Grund der Marktforschung, der Umsatzanalyse und der Sortimentsgestaltung kann jetzt das detaillierte V e r k a u f s p r o g r a m m oder der Umsatzplan festgelegt werden, das ist der Plan des mengen- und wertmäßigen Absatzvolumens der einzelnen Warenarten und Warengruppen.

Das V e r k a u f s p r o g r a m m ist nicht mit dem P r o d u k t i o n s p r o - g r a m m (Fabrikationsprogramm) identisch, wenn die Begriffe auch vielfach in Wissenschaft und Praxis synonym gebraucht werden. Das Verkaufsprogramm enthält alle in der Planperiode a b z u s e t z e n d e n Waren nach Art und Menge, das Produktionsprogramm die zu e r z e u g e n d e n Waren nach Art und Menge. So enthält das Verkaufsprogramm vielfach Waren, die nicht im eigenen Betrieb erzeugt werden; ferner können bei Massenfabrikation und Saisonbetrieben diese beiden Programme stark voneinander abweichen, wenn aus absatzpolitischen Gründen zwischen Fertigung und Verkauf große Lager eingeschaltet sind. Das ist der Fall beim „Stufen-" und beim „Ausgleichungsprinzip" (siehe oben S. 207). Nur beim „Parallelprinzip" sind Verkaufsprogramm und Fertigungsprogramm inhaltlich gleich.

Das Verkaufsprogramm enthält für jede Warenart und Warengruppe das mengen- und das wertmäßige Absatzvolumen. Bei Massen- und Verbrauchsgütern wird es weiter unterteilt, und zwar erfolgt:

(1) eine ö r t l i c h e   A u f t e i l u n g : es wird quotenmäßig auf die einzelnen Absatzgebiete verteilt. Als Maßstäbe für diese Verteilung eignen sich, je nach der Art des Produktes, die Bevölkerungszahl, das Einkommen der Bevölkerung, die Anzahl der Händler und vor allem der bisherige Verkaufsanteil;

(2) eine   z e i t l i c h e   V e r t e i l u n g : es wird in kleineren Phasen auf die Planungsperiode verteilt. Die Verteilung muß insbesondere bei Massenartikeln und Verbrauchsgütern differenziert erfolgen, damit die saisonalen Schwankungen berücksichtigt bzw. beobachtet werden können. Man wählt infolgedessen, ausgehend von dem Jahresprogramm, meist als Kontrollperiode den Monat, unter Umständen noch kürzere Perioden, so insbesondere in der Nahrungsmittelindustrie.

Abweichungen von dem Verkaufssoll

Das Verkaufsprogramm hat nur dann einen Sinn, wenn die   S o l l z a h l e n monatlich mit den   I s t z a h l e n   verglichen werden, und zwar sowohl die des Gesamtverkaufsprogramms als auch die der Verkaufsprogramme der einzelnen Bezirke, falls das Programm örtlich aufgeteilt ist. Dabei ist der gesamte Verkäuferstab über die Abweichungen gegenüber den Sollzahlen zu unterrichten, nicht nur jeweils über den eigenen Bezirk, sondern über alle, um einen Wettbewerb unter den Verkäufern auszulösen. Am besten eignen sich dazu graphische Darstellungen. So hat der Amerikaner Henry L. Gantt ein besonderes Verfahren ausgearbeitet, das den Soll-Ist-Vergleich besonders anschaulich macht. Gantt hat eine Tabelle aufgestellt, deren horizontale Spalten die Monate wiedergeben. Die Spaltenbreite der einzelnen Spalten entspricht dem Soll. Die Ist-Zahlen werden nun jeweils derart in den einzelnen Kästchen vermerkt, daß dem Maßstab der Soll-Zahlen entsprechend waagerechte d ü n n e Striche eingezeichnet werden. Ist die Ist-Zahl gleich der Soll-Zahl, geht dieser Strich über die ganze Breite der Spalte. Ist sie größer, wird sie durch zwei oder mehrere Striche übereinander angezeigt. Die Summe dieser waagerechten d ü n n e n Linien wird in durchlaufenden waagerechten f e t t e n Linien ausgedrückt, so daß man an der Länge der fetten Linien jederzeit mit einem Blick ablesen kann, welche Bezirke am besten und welche am schlechtesten abgeschnitten haben. Wie sich die Abweichungen vom Soll im Laufe der einzelnen Monate entwickelt haben, ersieht man aus der Länge der dünnen Striche in den einzelnen Kästchen.

Wird der   G e s a m t v e r k a u f s p l a n   ganz allgemein n i c h t   e r r e i c h t , so sind vor allem (1) jeder Artikel und seine Ausstattung, (2) die Werbung nach Qualität und Quantität, (3) die Preise und (4) die Verkaufsorganisation zu überprüfen. Sind die Abweichungen durch strukturelle Änderungen der Wirtschaftsentwicklung bedingt, ist die Planung zu ändern.

Der Verkaufsförderungsplan

Auf das Verkaufsprogramm ist als zweiter Plan der Absatzplanung der Verkaufsförderungsplan aufzubauen, der aus folgenden Teilplänen besteht:

(1) **Plan der Absatzwege und der Verkaufsorganisation.** Die Planung der Verkaufsorganisation und der Absatzwege betrifft einmal die I n n e n o r g a n i s a -t i o n , die Organisation der Vertriebsabteilungen: Vertriebsleitung, Markt-

erkundung, Werbeabteilung, die Vertriebsabteilungen nach Warengruppen und Absatzgebieten, zum andern die A u ß e n o r g a n i s a t i o n, die heute sehr vielgestaltig sein kann und zunehmend an Bedeutung gewinnt.

Die einzelnen A b s a t z w e g e sind je nach der Handelsstufe (Hersteller, Großhandel, Einzelhandel, Außenhandel) und nach den Absatzmethoden (Direktvertrieb oder Einschaltung von Zwischengliedern) auszuwählen. Die häufigsten Formen sind: Absatz des Erzeugers an den Großhandel, des Großhandels an den Einzelhandel, des Einzelhandels an den Verbraucher, Aufnehmen des Versandgeschäfts, Einstellung von Handelsvertretern (Einschaltung auf verschiedenen Wirtschaftsstufen, insbesondere in der Industrie und dem Großhandel), von Kommissionären, Errichtung von Verkaufsfilialen und Verkaufskontoren der Industrie u. dgl. (s. oben S. 491). Bei allen Maßnahmen, die die Absatzwege betreffen, handelt es sich um die Frage des Kostenvergleichs, der Kostenkontrolle und der Auswahl des günstigsten Absatzweges. Die Planung der Absatzwege und der Verkaufsorganisation ist zwar l a n g f r i s t i g e r Natur, sie ist jedoch kurzfristig zu überprüfen und beim Auftreten von Mängeln oder bei der Möglichkeit von Rationalisierungen zu ändern.

(2) **Werbeplan.** Die Werbeplanung ist heute, insbesondere für die Massen- und Verbrauchsgüter, von sehr großer Bedeutung. Sie setzt deshalb eine gute Planung voraus. Die Vorbereitungen für den Werbeplan setzt — ebenso wie für das Verkaufsprogramm — mindestens fünf bis sechs Monate vor Beginn des neuen Geschäftsjahres ein, damit genügend Zeit für eine sorgfältige Gestaltung der gesamten werblichen Maßnahmen vorhanden ist. Es genügt aber auch hier nicht, nur zu planen, der Werbeerfolg muß auch kontrolliert werden durch Gegenüberstellung von Kosten und Nutzen. Das ist meist nicht sehr leicht; es handelt sich bei der Werbeerfolgskontrolle letztlich immer um ein Vergleichen von Umsätzen mit und Umsätzen ohne Werbung sowie von Umsätzen, die mit verschiedenen Werbemethoden erzielt wurden, wobei natürlich alle anderen Faktoren konstant bleiben müssen (Näheres unten S. 526 ff.).

(3) **Die Planung sonstiger Verkaufsförderungsmaßnahmen** erstreckt sich auf kundenbezogene und auf vertreterbezogene Maßnahmen. Bei den k u n d e n b e z o g e n e n M a ß n a h m e n handelt es sich um die Verkaufsförderung von Händlern, z. B. Bereitstellung von Verkaufsförderungsmaterial, wie Verkaufshilfen, ferner Schulung der Händler (durch Schriften, Film u. dgl.) und allgemeine Kontaktpflege; bei den v e r k ä u f e r b e z o g e n e n V e r k a u f s f ö r d e r u n g s m a ß n a h m e n um Vertreterschulungen, Vertreterkonferenzen, Schaffung von Hilfsmitteln zur Unterstützung der Verkäuferarbeit und dergleichen mehr.

Vertriebs- und Erlösplanung

Der Vertriebskostenplan, der sämtliche Kosten des Vertriebs erfaßt, ist wegen der Höhe der ständig wachsenden Vertriebskosten heute von sehr großer Bedeutung. Doch ist die Abgrenzung und Zurechnung der V e r t r i e b s k o s t e n oft sehr schwierig. Man rechnet zu ihnen:

1. die direkten Verkaufskosten (Aufwendungen für Verkäufer, Vertreter, sowie alle Aufwendungen der Verkaufsbüros);

2. Kosten der Werbung und Absatzförderung;

3. Versand- und Frachtkosten;

4. Lagerkosten von Fertigwaren;

5. Kosten für Kreditierung und Inkasso;

6. finanzielle Aufwendungen (Zinsen auf Forderungen und für das Fertigwarenlager, Kosten des Betriebskapitals, soweit es dem Vertrieb dient, Kassa-
   skonti usw.);

7. allgemeine Vertriebskosten (für Vertriebsrechnungswesen, Planung, Statistik, Marktforschung und dgl.).

Die **Vertriebskostenanalyse,** die im Mittelpunkt der Planung steht, dient zunächst der K o s t e n k o n t r o l l e und hat die Kostenentwicklung nach sehr
verschiedenartigen Merkmalen zu analysieren, nämlich nach Kostenstellen, nach
Artikeln, Bezirken, Absatzwegen, Kundengruppen, Lieferarten usw. Dabei
macht die Wahl einer geeigneten Bezugsbasis für nicht direkt zurechenbare Vertriebskosten nicht nur sehr erhebliche Schwierigkeiten, sondern führt auch oft
zu Verzerrungen und falschen Entscheidungen. Denn die Vertriebskostenanalyse dient auch der A b s a t z p o l i t i k , insbesondere der P r e i s p o l i t i k
und der A r t i k e l w a h l . Man wendet deshalb mit Erfolg heute die G r e n z -
p l a n k o s t e n r e c h n u n g an. Sie ist nicht nur einfacher, sondern ermöglicht auch richtige Entscheidungen hinsichtlich der Preise, der Artikelauswahl
und der Investitionen (s. unten S. 852 ff.).

Bei der G r e n z p l a n k o s t e n r e c h n u n g werden nur die variablen
Kosten, d. h. die direkt zurechenbaren Kosten (Einzelkosten und zurechenbare
Sonderkosten) den Kostenstellen oder den Kostenträgern zugerechnet und die
fixen (Gemein-)Kosten als Kostendeckungsbeitrag im „Block" berücksichtigt
und global überwacht. Wir kommen darauf noch zurück (s. S. 852 ff.).

Die v a r i a b l e n und f i x e n V e r t r i e b s k o s t e n müssen deshalb
sorgfältig getrennt werden. **Fixe Vertriebskosten** sind vor allem die Gehälter
des Innen- und Außendienstes der Vertriebsorganisation, Fixum und pauschale
Spesen für Vertreter, Mieten für Lagerräume, Kraftfahrzeugkosten u. a. Diese
Kosten, die sehr erheblich sind, werden global überwacht, um eine uner-
wünschte Ausweitung zu verhindern, sie werden aber unabhängig von der
Realisierung des Absatzplanes vorgegeben; denn sie haben keinen unmittelbaren Einfluß auf die Ergebnisse der Kostenträger und Kostenstellen. Die
variablen Vertriebskosten, wie Reisekosten, Werbekosten, Provisionen, Porto-
und Frachtkosten, Umsatzsteuer u. a. sind vom Umsatz, von der Zahl der Aufträge, der Auftragsgröße, den Absatzwegen und anderen Bezugsgrößen abhängig. Sie werden deshalb unmittelbar nach diesen Bezugsgrößen vorgegeben.

Die Planung der Preispolitik. Preis und Absatz stehen in einem funktionalen
Zusammenhang, den besonders die moderne Wirtschaftstheorie untersucht hat.
Er äußert sich in der Preispolitik des Betriebes. Ziel der Preispolitik ist es,
das optimale Verhältnis zwischen Preishöhe und Aufnahmefähigkeit des Marktes für jede einzelne Warenart zu bestimmen. Dabei ist zu beachten, daß nicht
der den höchsten Gewinn bringende Preis der optimale ist, sondern der, der
den Betrieb auf die Dauer so beweglich macht, daß er sich den Marktverhältnissen leicht anpassen kann und auf die Dauer den höchsten Beschäftigungsgrad
und einen dauernden Standardgewinn gewährleistet.

Schmalenbach, der als erster eine e l a s t i s c h e P r e i s p o l i t i k gefordert hat, nennt als die wichtigsten Voraussetzungen einer dynamischen Preisgestaltung: 1. die Kenntnis der eigenen Selbstkosten; 2. die Kenntnis des erzielbaren Marktpreises; 3. die Kenntnis der Preisuntergrenze (das sind die Grenzkosten); 4. die Kenntnis der Kosten- und Absatzverhältnisse bei Konkurrenzbetrieben; 5. die Kenntnis der allgemeinen Produktionsstruktur, d. h. der Leistungsfähigkeit des eigenen Betriebes (siehe unten S. 553 ff.).

Diese preispolitischen Planungen sind natürlich für das V e r k a u f s p r o - g r a m m unter Umständen noch von erheblicher Bedeutung. Es kann nicht nur zu einer Änderung der Preise, sondern auch zu einer Änderung des Artikelsortiments führen. Gerade dieses Beispiel zeigt, daß die einzelnen Teilpläne nicht der Reihe nach jeder für sich aufgestellt werden können, sondern daß stets eine enge Koordinierung und gegenseitige Abstimmung der Teilpläne erforderlich ist.

Der Erlösplan und das Absatzergebnis. Sind die Richtlinien für die Preispolitik gegeben, so läßt sich aus dem Verkaufsplan leicht der Erlösplan entwickeln. Der Erlösplan gestattet weiterhin, das A b s a t z e r g e b n i s vorauszuberechnen, das dann in den späteren Soll-Ist-Vergleich mit einzogen wird.

Endgültige Aufstellung des Absatzplanes

Da die einzelnen Teilpläne aufeinander abgestimmt und gegenseitig aneinander angeglichen werden müssen, geht man in der Praxis meist so vor, daß man zunächst in Umrißplanungen die G r u n d l a g e n des Absatzplanes und die Prinzipien seiner Gestaltung festlegt und dann erst den Absatzplan mit allen Detailplänen ausarbeitet.

Es werden zunächst für jede einzelne Artikelgruppe in Gegenüberstellung zu den Ist-Umsatzzahlen des alten Jahres die genau ermittelten Umsatzzahlen (Sollzahlen) des Planjahres festgestellt — wegen der Preisschwankungen häufig in Verrechnungspreisen. Die Umsatzsollzahlen werden dann in M o n a t s z a h - l e n unter Berücksichtigung etwaiger Saisonschwankungen aufgeteilt. Diese Monatszahlen wiederum sind auf die einzelnen A b s a t z b e z i r k e zu verteilen, wobei die Bezirkszahlen gegebenenfalls noch in A b n e h m e r g r u p - p e n (Großhandel, industrielle Abnehmer, Produktionszwischenhandel u. a.) aufzugliedern sind.

Elastizität des Absatzplanes

Der Absatzplan ist, besonders bei Massen- und Verbrauchsgütern, in aller Regel weit mehr Änderungen unterworfen als die Pläne der übrigen Funktionsbereiche des Betriebs. Das hängt damit zusammen, daß der Absatz unmittelbar den oft sehr stark wechselnden Markteinflüssen (Mode, Geschmackswandlungen, Konkurrenz) ausgesetzt ist und deshalb schnell den veränderten Verhältnissen angepaßt werden muß. Auf die Fertigung — wie auch auf Beschaffung und Finanzierung — hat die Unternehmensleitung in der Regel weit größere Einwirkungsmöglichkeiten. Natürlich kann eine Änderung des Absatzplanes oft eine einschneidende Änderung des Produktionsplanes zur Folge haben; deshalb müssen auch das Fertigungsprogramm und die Fertigungsplanung — und in Abhängigkeit von diesen Finanzplan und Beschaffungsplan — elastisch gestaltet werden; denn auch sie müssen sich durch absatzwirtschaftlich bedingte Veränderungen schnell anpassen können. Umgekehrt können auch Beschaffungs- und Finanzbereich auf den Absatzplan zurückwirken. Wir kommen darauf noch zurück.

In den meisten Fällen kann jedoch der Absatzplan den sich verändernden Verhältnissen durch absatzpolitische Maßnahmen wie Werbung, Preisstellung, Absatzorganisation usw. so angepaßt werden, daß die übrigen Pläne nicht geändert zu werden brauchen. Aus diesem Grunde müssen die Absatzpläne elastisch gestaltet werden. Das hat zur Voraussetzung, daß die Absatzanalyse sehr umfassend ist und das Verkaufsprogramm sehr detailliert aufgestellt wird. Nur dann läßt sich erkennen, wo in den einzelnen Planbereichen Veränderungen auftreten können, die bereits bei der Planung beachtet werden müssen. Dafür sind dann A l t e r n a t i v p l ä n e aufzustellen, auf die bei Situationsänderungen zurückgegriffen werden kann. Auch das Ausgabenbudget ist elastisch zu gestalten, und zwar auf Grund der Umsatz- und Programmanalysen nach Posten differenziert. So muß der Werbeleiter die Möglichkeit haben, aus einem unvorhergesehenen Anlaß heraus zur Verstärkung von Werbemaßnahmen auf Reserven zurückgreifen zu können. Das bedeutet natürlich, daß auch solche Reserven in den Finanzplan eingebaut werden müssen; denn die notwendigen Mittel müssen, wenn sie gebraucht werden sollten, auch zur Verfügung gestellt werden können.

III. Die Werbung

1. Begriffliches

„Werbung" im weiteren Sinne

Der Begriff Werbung wird nicht eindeutig verwandt, und zwar wird der Begriff vor allem *sehr verschieden weit gefaßt*.

W e r b u n g   i m   w e i t e s t e n   S i n n e ist *die planmäßige Massenbeeinflussung anderer Menschen, um sie zu einem bestimmten Verhalten anzuregen.* Gelegentlich wird der Begriff noch weiter gefaßt und nicht nur die Massenbeeinflussung, sondern auch die Beeinflussung eines einzelnen Menschen, ihn zu einem bestimmten Verhalten anzuregen, als Werbung bezeichnet. So versteht Rudolf *Seyffert* (Werbung, in HdB., 1957) unter Werbung „eine Form der seelischen Beeinflussung, die durch bewußten Einsatz von Verfahren andere Menschen zum freiwilligen Aufnehmen, Selbsterfüllen und Weiterpflanzen des von ihr dargebotenen Zweckes veranlassen will". In diesem sehr weiten Sinne kann die Werbung religiösen, humanitären, kulturellen, künstlerischen, politischen und wirtschaftlichen Zwecken dienen, ist dann auch mit der *Erziehung* eng verwandt, wie R. Seyffert feststellt. „Aber die Erziehung hat immer auch ein ihr immanentes Ziel und basiert durchaus nicht nur auf der Freiwilligkeit des Zöglings". (Seyffert, a. a. O.) Schließlich handelt es sich bei der Erziehung niemals um eine Massenbeeinflussung, sondern um eine langandauernde, sehr individuelle Einflußnahme auf den zu Erziehenden.

Guido *Fischer* (Betr. Marktwirtschaftslehre, 5. Aufl. 1972) ordnet dem allgemeinen Werbebegriff, den er allerdings nicht näher definiert, die *„Propaganda"* (politische und religiöse Werbung) und die *„Wirtschaftswerbung"* unter, die letzte

gliedert er wiederum in „*Meinungsbildung durch den Betrieb*" (Public Relations
und Human Relations) sowie „*Absatzwerbung*". — Eine ähnliche Einteilung finden wir bei Karl Christian *Behrens* (Absatzwerbung, 1963).

Absatzwerbung

Der Begriff Werbung wird jedoch heute meist *enger* gefaßt und auf die *Absatzwerbung* beschränkt. Man versteht darunter *den Einsatz von Werbemitteln, um
die Absatzbedingungen eines Betriebes günstig zu beeinflussen.* Es mögen
gewisse Gemeinsamkeiten etwa zwischen religiöser Werbung und Absatzwerbung bestehen, aber ihre Zwecke und damit auch ihre Verfahren differieren
doch derart, daß es kaum zweckmäßig erscheint, sie einem Oberbegriff unter-
zuordnen, um etwa eine Allgemeine Werbelehre zu entwickeln, die auch die religiöse, politische und kulturelle Werbung mit umfaßt. Das schließt natürlich
nicht aus, daß sich heute Kirchen und Parteien für gewisse Zwecke zum Teil
der gleichen Werbemittel wie die Wirtschaft bedienen. — Vgl. dazu auch
Gutenberg, Grundlagen der Betriebswirtschaftslehre, Bd. II, 8. Kapitel: Die
Werbung.

Die Begriffe Reklame und Propaganda

Bis kurz vor dem zweiten Weltkrieg wurde statt des Wortes „Werbung" meist
der Terminus „R e k l a m e" gebraucht. Da jedoch in den wirtschaftlich turbu-
lenten 20er Jahren oft sehr anrüchige Werbemittel und Werbemethoden angewandt wurden, erhielt das Wort Reklame den abwertenden Sinn von markt-
schreierischer, übertriebener oder unwahrer Anpreisung. — R. *Seyffert* möchte
den Ausdruck Reklame als eine besondere Art der Werbung erhalten, nämlich
„*die betriebliche Mengenumwerbung oder Kollektivumwerbung*", d. h. die Massenbeeinflussung von Menschen — im Gegensatz zur „*Einzelumwerbung* oder
Individualumwerbung", bei der sich die Werbung nur an eine einzelne Person
wendet, etwa im persönlich geführten Verkaufsgespräch oder durch einen wirklich persönlichen Brief. Gegen diese Gliederung wird eingewandt, daß eine
„Einzelumwerbung", wie z. B. das Verkaufsgespräch oder der echte persönliche
Verkaufsbrief, nicht mehr zur Werbung gehören, denn Zweck der „Einzelumwerbung" sei es, zu verkaufen und nicht bloß zu werben. Gutenberg rechnet
daher die „Einzelumwerbung" Seyfferts zu den „Absatzmethoden" (Verkaufs-
methoden).

Das Wort „P r o p a g a n d a" wurde bereits im 17. Jahrhundert verwandt, und
zwar ursprünglich nur im religiösen Bereich; gegenwärtig versteht man vorwiegend darunter Massenbeeinflussung auf politischem und weltanschaulichem
Gebiet. Auch dieses Wort hat heute einen abwertenden Sinn erhalten und wird
in diesem abwertenden Sinn gelegentlich auch für Werbung gebraucht.

Werbung und Public Relations

Zwischen Public Relations (engl. öffentliche Beziehungen) und Werbung besteht eine gewisse Verwandtschaft. *Public Relations im allgemeinen Sinn ist
das Werben einer Unternehmung, einer Partei, eines Vereins, eines Politikers
um öffentliches Vertrauen, im engeren Sinn v e r s t e h t m a n d a r u n t e r
die besonderen Maßnahmen zur Erlangung dieses öffentlichen Vertrauens.* Man

will das „*Image*" der Unternehmung heben. Carl *Hundhausen,* der sich in Deutschland sehr intensiv mit diesen Fragen beschäftigt hat, kennzeichnet den Gegensatz der Public Relations zur Werbung wie folgt (ZfB, 1951, S. 336): „Public Relations hat über die Haltung, das Verhalten oder die Politik einer Unternehmung (oder Arbeitergewerkschaft, Religionsgemeinschaft, eines Staates, einer Organisation usw.), und die Werbung hat über die Vorteile oder Eigenschaften einer Ware (oder Dienstleistung) in sachlicher Beweisführung zu unterrichten. ... Die Wirtschaftswerbung hat mit konkreten Dingen zu tun, die zu beschreiben sind, Public Relations aber mit völlig unprägbaren Bekundungen nach außen, mit der Politik, mit dem Wollen, von dessen Richtung man nur bei einer wahren Persönlichkeit eine Ahnung haben kann". Trotzdem kann eine gewisse Verwandtschaft beider Begriffe nicht geleugnet werden.

Humor in der Werbung

Daß dem Humor in der Werbung eine besondere Bedeutung zukommt, hat *Wilhelm Hasenack* in seiner sehr beachteten Schrift „Humor in der Werbung. Zusammenhänge und Beispiele" (Taylorix Fachverlag, Stuttgart [1974]) nachgewiesen und an zahlreichen Beispielen offenkundig gemacht.

2. Funktionen der Werbung

Die Werbung kann nach *C. Hundhausen* (Wesen und Formen der Werbung, 2. Aufl. 1965) folgende Einzelfunktionen haben (nachstehend gekürzt wiedergegeben):

1. *Allgemeine Aussage* („Bekanntmachungsfunktion" — Gutenberg): Die Werbung soll mit einer Ware (Markenartikel) oder Dienstleistung („Erholung im Schwarzwald") allgemein bekanntmachen. Es wird lediglich die Ware oder Dienstleistung angezeigt oder in Erinnerung gebracht (Erinnerungswerbung). Gemeinschaftswerbung („Eßt mehr Obst!") beschränkt sich häufig auf allgemeine Aussagen. Doch kommen meist noch Informationen dazu.

2. *Repräsentation:* Die Werbung will die Leistungsfähigkeit des Betriebes zeigen (etwa durch Bilanzanzeigen, repräsentative Ausstattung der Geschäftsräume, repräsentative Beteiligung an Ausstellungen und dgl.). Die Maßnahmen der Repräsentation dienen häufig den Public Relations und gehören dann nicht mehr zur eigentlichen Werbung.

3. *Unterrichtung* (Informationsfunktion): Im Gegensatz zur Reklame bemüht sich heute die Werbung, insbesondere seriöser Firmen, sachlich zu unterrichten. Es wird heute mit Recht von vielen Wissenschaftlern (Seyffert, Hundhausen, Waldemar Koch) und Praktikern gefordert, die Werbung müsse auf dem *Grundsatz der Wahrheit* beruhen. Je mehr er erfüllt werde, um so transparenter würden auch die Märkte. Man darf jedoch die Informationsfunktion der Werbung nicht überschätzen. Denn jeder Werbetreibende will verkaufen, d. h., er muß seine Waren preisen und versuchen, seine Konkurrenten vom Markte zu verdrängen. Die Forderung, die Werbung müsse die Märkte transparent machen, kann daher nicht erfüllt werden. Aus diesem Grunde fordert man heute so dringlich ein großes neutrales Waren-Test-Institut. Denn wenn auch die Tendenz zur sachlichen Werbung besteht, so schließt das nicht aus, daß sich hinter

einer vermeintlichen Sachlichkeit noch sehr viel unseriöse Reklame verbirgt (Heilmittelwerbung).

4. *Bedarfsweckung:* Nicht nur für völlig neuartige Waren muß erst der Bedarf geweckt werden, bei steigendem Lebensstandard können für eine Ware (z. B. Autos) oder für Dienstleistungen (Italienreisen) neue Käuferschichten durch die Werbung gewonnen werden; man will von der steigenden Nachfrage, die durch das wachsende Volkseinkommen verursacht wird, einen möglichst großen Anteil an sich ziehen. In der Wohlstandsgesellschaft kann allerdings diese Art der Werbung durch Weckung höchst unsinniger Bedürfnisse zu einem unseriösen Verhalten führen, das sehr drastisch kritisiert wurde und wird (V. Packard, Die geheimen Verführer, Düsseldorf 1958).

5. *Angleichung von Bedürfnissen und Bedarf:* Die fortschreitende Massenproduktion verlangt nach einer Vereinheitlichung der Bedürfnisse; deshalb hat die Werbung die Tendenz, die Bedürfnisse den Produktionsmöglichkeiten anzupassen. Diese Entwicklung kann aber auch zu einer kulturell nicht zu begrüßenden Uniformierung der Bedürfnisse führen.

6. *Einkaufs-, Absatz- und Verkaufserleichterung:* Die Werbung sucht durch die Ankündigung eines besonderen Kundendienstes, durch Gewährung von Rabatten bei größeren Einkäufen und dgl. die Kunden an sich zu ziehen. Es entsteht hier allerdings die Frage, ob es sich dabei noch um Werbung handelt oder ob diese Maßnahmen nicht viel mehr zu den Absatzmethoden (etwa dem Kundendienst) oder zur Preispolitik (Gewährung von Rabatten) gehören.

7. *Umsatz- und Verbrauchssteigerung:* Jede Werbung sucht den Umsatz zu erhöhen und den Verbrauch zu steigern. Gerade der Umsatz werbeintensiver Betriebe, wie etwa Versandhäuser sowie Markenartikel-Produzenten, ist völlig von der Intensität der Werbung abhängig.

8. *Auslesefunktion:* Jede Werbung ist bestrebt, den Marktanteil der eigenen Produkte zu vergrößern und den Konkurrenten aus dem Felde zu schlagen. Das führt in vielen Wirtschaftszweigen zu einer scharfen „*Werbekonkurrenz*", bei der häufig nicht die Qualität und Brauchbarkeit der Waren entscheidet, sondern die wirksamere Werbung tüchtiger Werbespezialisten.

3. Arten der Werbung

Einzelwerbung und Gemeinschaftswerbung

Bei der *Einzelwerbung* wirbt ein einzelnes Unternehmen; es ist die gebräuchlichste Form der Werbung. Bei der *Gemeinschaftswerbung* wirbt ein ganzer Wirtschaftszweig *(Verbandswerbung).* Sie hat den Zweck, den Produkten des betreffenden Wirtschaftszweiges einen größeren Marktanteil gegenüber den Produkten anderer Wirtschaftszweige zu verschaffen (z. B. Obst, Fisch, Milch, Blumen). Gemeinschaftswerbung wird auch oft durch Surrogatkonkurrenz verursacht (Wolle wirbt gegen Kunstfaser, Butter gegen Margarine, Bier gegen Wein, die Eisenbahn gegen den Kraftverkehr); hier konkurrieren ganze Wirtschaftszweige unmittelbar miteinander. Oft wird auch durch bestimmte Ereignisse eine Gemeinschaftswerbung ausgelöst (so verursachten die medizinischen Gutachten gegen das Zigarettenrauchen eine umfangreiche Zigarrenwerbung).

Extensive und intensive Werbung

Extensive oder „*akzidentelle*" (Gutenberg) *Werbung* betreiben Unternehmungen, bei denen sich Werbemaßnahmen nicht wesentlich auf die Absatzbedingungen auswirken („werbeextensive Unternehmungen"), das sind vor allem Unternehmungen mit einem festen Käuferkreis, so z. B. Landwirtschaftsbetriebe, die meist gar keine Werbung treiben, kleine Einzelhandelsgeschäfte mit fester Stammkundschaft, sie beschränken sich häufig auf Schaufensterwerbung, sowie Versorgungsbetriebe (Elektrizitäts-, Gas-, Wasserwerke), die zwar einen sehr großen, aber festen Abnehmerkreis haben. Doch auch Großunternehmen mit Einzelfertigung, wie Großmaschinen-, Brücken-, Hochbauunternehmen, Schiffswerften und dgl., brauchen, weil ihr kleiner Kundenkreis hinreichend über sie informiert ist, keine planmäßige und systematische Werbung zu betreiben, sie beschränken ihre Werbung vielfach auf „allgemeine Aussagen" und „Repräsentation".

Intensive oder „*dominante*" (Gutenberg) *Werbung* müssen die Unternehmungen betreiben, deren Absatz ohne intensive Werbung nicht möglich ist. Die Werbung „dominiert" im absatzpolitischen Instrumentarium. Mit der wachsenden Undurchsichtigkeit der Märkte und dem ständig steigenden Lebensstandard nimmt in vielen Wirtschaftszweigen die Zahl der potentiellen Käufer ständig zu, die Unternehmungen müssen deshalb immer werbeintensiver arbeiten. Denn *je größer die Zahl der potentiellen Käufer ist, um so größer muß die Werbeintensität sein.* Beispiel dafür sind die Zigaretten-, die Waschmittel-, sowie die Markenartikelindustrie, das zeigt bereits ein Blick in die Zeitungen.

Anteil der Werbekosten am Gesamtumsatz in Prozent

Wirtschaftsbereiche	Werbekosten in % des Gesamtumsatzes	
Industrie	0,90	
darunter: Grundstoffe und Produktionsgüter		0,53
Investitionsgüter		1,05
Verbrauchsgüter		0,86
Großhandel	0,44	
darunter: Rohstoffe, Halbwaren und Investitionsgüter		0,38
Konsumgüter		0,49
Einzelhandel	0,92	
darunter: Lebens- und Genußmittel		0,43
Textilien und Bekleidung		1,45
Versandhandel	4,51	
Verlagswesen	2,78	

Die größte Werbeintensität unter den Handelsbetrieben hat der *Versandhandel*, dessen Absatz ganz von der Werbung, insbesondere der (sehr teuren) Katalogwerbung, abhängt. Einige kleinere Industriegruppen erreichen allerdings eine noch höhere Werbeintensität, wie die Kosmetika- und Zigarettenindustrie. Außerordentlich werbeintensiv ist ferner der *Verlagsbuchhandel*, der ja auch eine Art Versandhandel ist. Er kann seine Produkte nur durch intensive Werbung beim Sortimentsbuchhandel, durch Anzeigen und Kataloge (Verlagsverzeichnisse) bekanntmachen. Auch der Einzelhandel für Textilien und Bekleidung ist relativ werbeintensiv. Exakte Zahlen fehlen hierüber leider, doch zeigt eine instruktive Repräsentativerhebung des Ifo-Instituts für 1956 den Anteil der Werbekosten am Gesamtumsatz (ohne Personalkosten) einzelner Wirtschaftsbereiche (s. vorstehende Tabelle).

Da die Produzenten werbeintensiver Wirtschaftszweige, insbesondere der Markenartikelindustrie (Zigaretten, Waschmittel), in ihrer Werbung unmittelbar den Konsumenten ansprechen, droht in manchen Wirtschaftszweigen dem Handel die Gefahr, zu bloßen Verteilstellen der Industrie herabzusinken. Die Preisbindung bei Markenartikeln fördert diese Tendenz.

Informative und suggestive Werbung

Eine *rein informative Werbung* sucht den potentiellen Käufer sachlich über das Werbeobjekt zu unterrichten. Wir finden sie vor allem dort, wo die Werbung sich an Fachkundige richtet, etwa bei Halbfabrikaten an andere Unternehmungen, bei Büchern an Wissenschaftler, bei Medikamenten an Ärzte u. dgl. Die *Suggestivwerbung* dagegen appelliert an das Emotionale, wie der weitaus überwiegende Teil der Konsumgüterwerbung, etwa, wenn der Qualm einer Zigarette dem Wohlstandsbürger den „Duft der großen weiten Welt" in seine Stube tragen soll oder wenn ein Waschmittel „weißer wäscht als weiß".

Streng genommen hat jedoch jede Werbung, die nicht nur „allgemeine Aussage" ist, eine suggestive Wirkung, sofern wir unter Werbung eine Massenbeeinflussung verstehen. Selbst bei der Werbung für den anerkannt besten Kommentar eines Gesetzes geht es nicht nur um die Güte des Kommentars, sondern auch um seinen Preis. Die Werbung muß den potentiellen Käufer zu überzeugen suchen, daß die Güte des Kommentars seinen hohen Preis reichlich aufwiegt. Nur wenn für einen Massenartikel ein absolutes Monopol besteht (Post-, Zündholz-, Strom-, Gasmonopol), ist keine Suggestivwerbung notwendig. Da die Suggestivwerbung sich an das Emotionale wendet, kann sie auch bewußt Schwächen des Menschen ausnutzen und ihn zu Käufen anregen, die er später bereut. Eine solche Werbung, die leider sehr häufig ist (z. B. bei zweifelhaften Heilmitteln), ist zu verurteilen und sollte gesetzlich stärker bekämpft werden.

„Unterschwellige Werbung"

Abzulehnen ist auch jede Suggestivwerbung, die über das Unterbewußtsein wirken will, die „unterschwellige Werbung" (engl. subliminal advertising). Man kann R. Seyffert zustimmen, daß hier gar keine Werbung mehr vorliegt, weil ein Verfahren angewandt wird, „das ähnlich wie die Hypnose wirkt"; der Mensch handelt nicht mehr freiwillig, sondern unter psychischem Zwang.

So wurde in den USA — nach einem sehr interessanten wissenschaftlichen Experiment — verboten, in einen Spielfilm in ständiger, schneller Folge stets den gleichen kurzen Werbeslogan einzublenden, dessen Verweildauer auf der

Leinwand, jeweils Bruchteile von Sekunden, jedoch so kurz bemessen war, daß
er gar nicht ins Oberbewußtsein der Zuschauer drang, aber dem Unterbewußtsein durch seine ständige Wiederholung fest eingehämmert wurde. Als die Zuschauer — nach jenem Experiment — das Kino verließen, haben sie zwar, wie
sie bezeugten, keinerlei Reklame wahrgenommen, aber alle hatten Durst nach
jenem Getränk, das ihnen ihr durch den Werbeslogan bearbeitetes Unterbewußtsein zu trinken befahl. Wir haben dieses Beispiel so ausführlich geschil-
dert, doch weniger um an einem extremen Fall zu zeigen, welche gefährlichen
Möglichkeiten eine Bearbeitung des Unterbewußtseins für wirtschaftliche und
auch politische Zwecke haben kann, sondern weil auch die moderne Werbung,
meist ohne, aber auch mit Absicht, das Unterbewußtsein ihrer potentiellen
Käufer sehr stark für ihre Zwecke beeinflußt. Es sei hier nur die oft sehr unterschwellige Teenager-Werbung erwähnt. Doch ist das kein Feld mehr für den
Betriebswirt, sondern für den Betriebs- und Werbepsychologen.

Gezielt und ungezielt gestreute Werbung

Da Werbung eine Massenbeeinflussung bezweckt, müssen die Werbemittel möglichst viele potentielle Käufer erreichen; die Werbemittel müssen *„gestreut"*
werden. Der Kreis der potentiellen Käufer ist bei den einzelnen Werbeobjekten
(Waren oder Dienstleistungen) sehr verschieden groß und verschiedenartig
strukturiert. Potentielle Käufer sind bei Zigaretten alle Erwachsenen, bei
Waschmitteln alle Hausfrauen, bei Benzin alle Kraftfahrer, beim Mercedes 600
nur sehr wenige vermögende Personen, insbesondere solche, die repräsentieren
wollen oder müssen (Diplomaten, Großindustrielle, Filmstars). Ist der Kreis der
potentiellen Käufer genau bekannt und erreichbar, kann die Werbung *„gezielt"*
eingesetzt werden. So wendet sich die Werbung für eine Zahnbohrmaschine nur
an Zahnärzte (Adressenverlage stellen die Adressen vieler Berufs- und verschiedenartiger Bevölkerungsgruppen sowie Branchen zur Verfügung), oder ein
Produzent von Baumaterial spricht die Bausparer an, eine Universitätsbuch-
handlung die „Ersten Semester". Hier ist die Werbung *„fein"* gestreut. Will man
Personen mit gehobenerem Lebensstandard ansprechen, wählt man als *„Streu-*
felder" (Seyffert) der Werbung (Postwurfsendung) die Villenviertel großer
Städte oder läßt Werbedrucksachen durch die Post allen Fernsprechteilneh-
mern einer Stadt oder eines Bezirkes zustellen. Hier ist die Werbung *„grober"*
gestreut. Ist der Kreis der potentiellen Käufer sehr groß (bei Zigaretten, Seife,
Kaffee), muß die Werbung „grob" gestreut werden, sie ist „ungezielt". Doch
wird eine Werbung nur selten ganz ungezielt sein, da man auch bei sehr großer
Streuung die Werbemittel durch eine entsprechende Werbestrategie so verteilt,
daß sie einen möglichst großen Kreis potentieller Käufer ansprechen; man wird
mit Bedacht die Art der Werbemittel und die Streufelder auswählen.

4. Werbemittel

Arten der Werbemittel

Die moderne Wirtschaft hat im harten Werbewettbewerb zahllose Werbemittel
entwickelt, und es kommen immer wieder neue hinzu. Die heute gebräuchlichsten Werbemittel sind folgende:

I. P e r s ö n l i c h e   W e r b e m i t t e l

1. *der Werbevortrag* auf Ausstellungen, Presseempfängen, bei Betriebs-besichtigungen, heute vor allem wichtig im Rundfunk und Fernsehen (das individuelle Verkaufsgespräch ist kein Werbevortrag);

2. *die Demonstration* in eigenen Ausstellungsräumen oder auf Ausstellungen, Messen, bei Werbevorführungen und in Modeschauen;

II. S c h r i f t - ,   B i l d -   u n d   T o n w e r b u n g

3. *der unpersönliche Werbebrief* (oft als persönlicher Brief kaschiert);

4. *Werbedrucksachen* (Handzettel, Prospekte, Kataloge, Zeitungsbeilagen, Hauszeitschriften, Geschäftsberichte, Empfehlungsschreiben usw.);

5. *Anzeigen* (Einzelanzeigen, Serienanzeigen in Zeitungen, Zeitschriften und Büchern);

6. *Werbeplakate* (Werbeanschläge), und zwar
   Bogenanschläge an Plakatsäulen und Plakatwänden,
   Daueranschläge durch Bemalung von Hauswänden,
   Sonderanschläge in Straßenbahnen, an Fesselballons; getragen von „Sandwich-Männern" (auf Brust und Rücken je ein Werbeschild — vergleichbar dem Sandwich);

7. *Leuchtwerbemittel* (in Schaufenstern, an Häusern, auf Dächern, im Bahnhof);

8. *Projektionswerbemittel* (Werbefilm, Werbedias, Fernsehsendung);

9. *Werbefunksendungen;*

III. G e g e n s t ä n d l i c h e   W e r b e m i t t e l

10. *Schaufenster,* Schauvitrinen;

11. *Ausgestaltung der Geschäftsräume* unter Werbeaspekten;

12. *Warenproben,* Kostproben;

13. *Modelle* zu Werbezwecken (Einfamilienhaus-Modelle der Bauunternehmer, Schiffs-, Flugzeugmodelle der Verkehrsunternehmen);

14. *Werbegeschenke* (hierzu rechnet man auch die Besprechungsexemplare von Büchern und die Freikarten für Theaterrezensenten);

IV. S o n s t i g e   W e r b e m i t t e l

15. *„Werbehilfen"*, darunter versteht man Teilwerbemittel, die neben der Werbung auch anderen Zwecken dienen, so werbewirksame Verpakkung und Ausstattung, Beschriftung der Lieferwagen, Gestaltung der Briefbogen, Formulare, Etiketten, repräsentative Geschäftsausstattung (ohne einen betonten Werbeaspekt), Kundendienst usw.

Grundsätze für den Einsatz von Werbemitteln

E. Gutenberg (a. a. O.) hat „einige Grundsätze und Postulate" für den Einsatz von Werbemitteln herausgearbeitet und erläutert, die für jedes Werbemittel gelten, wenn es werbewirksam eingesetzt werden soll:

1. Das Werbemittel soll durch seine Art und Beschaffenheit eine möglichst große *Aufmerksamkeitswirkung* erzielen; es soll die Angesprochenen stutzig und neugierig machen.

2. Das Werbemittel muß eine *„nachhaltige"* Wirkung erzielen.

3. Das Werbemittel muß diejenigen ansprechen, für die es bestimmt ist. Man spricht vom *„Hinstimmen"* der Werbemittel auf die Aufnahmefähigkeit, den Geschmack und die Lebens- und Wertvorstellungen der angesprochenen sozialen Gruppe.

4. Bei der *Kombination mehrerer Werbemittel* müssen die verschiedenen Werbemittel sorgfältig aufeinander abgestimmt, oder wie man sagt, miteinander *„verkettet"* sein, und zwar sowohl in der äußeren Verknüpfung der Werbemittel, im Zusammenspiel der Werbemittel in ihrer zeitlichen Abfolge und räumlichen Verknüpfung als auch in ihrer inneren, „fast möchte man sagen, ästhetischen Abstimmung" (Gutenberg) der Werbemittel.

Werbeträger (Werbe-Media) und Mediaselektion

Werbeträger (nicht zu verwechseln mit Werbemitteln) sind die Gegenstände und Einrichtungen, durch die die Werbemittel gestreut werden. Werbeträger sind vor allem: Zeitungen, Zeitschriften und Bücher; Plakatsäulen und Plakattafeln; Innen- und Außenwände sowie Dächer von Geschäftshäusern, Bahnhöfen, der Post usw., ferner Kinos, Sportplätze sowie andere geschlossene oder offene Versammlungsräume u. dgl.

Die Werbeforschung untersucht auch die Werbewirkung der Werbeträger, allerdings meist im Zusammenhang mit der Werbeanalyse der Werbemittel, und wählt die Medien aus, durch die die Werbebotschaft verbreitet werden soll (M e d i a s e l e k t i o n); dabei sind in Theorie und Praxis zahlreiche mathematische Methoden und Modelle entwickelt worden (s. Schweiger: Mediaselektion, Wiesbaden 1975).

5. Die Werbeplanung

Die Daten der Werbeplanung

Die Marktforschung bietet die wichtigsten Daten für die Werbeplanung; Marktforschung ist zu einem wesentlichen Teil „Werbeforschung". Sie zeigt die Bedarfsverhältnisse auf dem Markt, die Struktur der potentiellen Käufer, ihre Kaufkraft, unterrichtet über die Absatzgebiete und auch über die Konkurrenzverhältnisse. Die Absatzplanung liefert die Daten über das Erzeugnisprogramm (Sortiment), die Preise, die Absatzorganisation u. a. Die Werbeplanung muß ferner gewisse Daten der Produktion berücksichtigen, vor allem die Kapazität der Unternehmung und die Teilkapazität der einzelnen Betriebe sowie die Fertigungsverfahren. Schließlich und nicht zuletzt muß auch die Finanzplanung berücksichtigt werden; denn das Werbebudget muß mit dem Finanzplan abgestimmt werden.

Die Motivforschung

Die Motivforschung (engl. motivation research), die heute in Marktforschung und Werbeplanung eine große Rolle spielt, sucht mit psychoanalytischen Methoden die Beweggründe (Motive) der Verbraucher und ihre Ursachen oder, wie man auch sagt, ihre *„Motivationsstrukturen"* oder *„Antriebsstrukturen"* zu erkennen, aus denen heraus die Verbraucher ihre Entscheidungen treffen. Die Motivforschung, die in der Wirtschaft zuerst von dem Deutsch-Amerikaner Ernest *Dichter* eingeführt wurde, dringt mit Hilfe der Psychoanalyse, die die große Bedeutung des Unterbewußtseins für das menschliche Verhalten entdeckte, auch in die „Tiefe des Unbewußten" (*„Tiefenpsychologie"*). Sie verwendet dabei die Methoden der psychoanalytischen Diagnostik. Ihre Untersuchungsergebnisse werden bei der Produktgestaltung, der Ausstattung und Verpackung, der Wahl der Streufelder, der Wahl und Gestaltung der Betriebsmittel verwendet. (Vgl. darüber J. W. Newman, Motivforschung und Absatzlenkung, Frankfurt 1960; G. Katona, Das Verhalten der Verbraucher und Unternehmer, Tübingen 1960 und — kritisch — Vance Packard, Die geheimen Verführer, Düsseldorf 1958.)

Die einzelnen Phasen der Werbeplanung

Die Werbeplanung vollzieht sich in der Regel in folgenden Phasen:

1. F e s t l e g u n g   d e r   W e r b e z i e l e : Sie steht am Anfang der Werbeplanung. Zunächst ist zu berücksichtigen, wieweit die Unternehmung werbeintensiv ist. Je werbeintensiver der Betrieb, um so genauer müssen die Werbeziele festgelegt werden. Werbeextensive Betriebe brauchen keine systematische Planung. Weiterhin ist festzustellen, ob es sich um eine Einführungs-, Erweiterungs-, Erhaltungs- oder Erinnerungswerbung handelt. Eine Einführungswerbung verlangt eine weit systematischere Planung als eine Erinnerungswerbung.

2. Die „S t r e u f e l d a n a l y s e " (Seyffert): Das „Streufeld" ist das Absatzgebiet des werbenden Betriebes, in das die Werbemittel ausgestreut werden sollen. Zunächst ist das Streufeld abzugrenzen; das ist in der Regel sehr einfach, wird aber schwierig, wenn das Absatzgebiet ausgedehnt werden soll, vor allem ins Ausland, etwa in die Länder des „Gemeinsamen Marktes", was heute sehr aktuell ist. In diesem Fall ist eine exakte „Streufeldanalyse" notwendig. Das Absatzfeld ist auf seine Aufnahmebereitschaft und Aufnahmefähigkeit für die geplante Werbung und für das Werbeobjekt genau zu analysieren, weil davon die Wahl und der Umfang der wirksamsten Werbemittel abhängen.

3. D i e   l a n g f r i s t i g e   W e r b e p l a n u n g : Werbeintensive Unternehmen müssen einen langfristigen Werbeplan im Rahmen ihrer gesamten Unternehmungspolitik festlegen. Es handelt sich dabei stets nur um eine Umrißplanung, deren Spezifizierung ganz von der Art des Betriebes abhängt.

4. D i e   m i t t e l f r i s t i g e   W e r b e p l a n u n g stützt sich auf den langfristigen Werbeplan, gilt meist für ein Jahr und ist das Kernstück der Werbeplanung. Sie legt die „Werbefeldzüge" fest, d. h. es werden die Werbemittel bestimmt, ihr zeitlicher und räumlicher Einsatz, und es wird der Werbeetat ausgearbeitet. Danach gliedert sich der mittelfristige Werbeplan in

a) den *Plan der Werbemittel (Media-mix-Planung, Mediaselektion);* in ihm werden alle Werbemittel und Werbeträger möglichst detailliert aufgeführt;

b) die *Streupläne:* sie enthalten den genauen zeitlichen Einsatz für jedes einzelne Werbemittel (nach Monaten und Wochen aufgegliedert);

c) den *Werbeetat:* in ihm sind die Sollkosten für die einzelnen Werbemittel und ihre Verteilung auf die einzelnen Monate aufgeführt.

5. Die kurzfristigen Werbepläne: in ihnen sind die einzelnen Planungsmaßnahmen, die in einem Monat oder einem Quartal oder im Halbjahr durchgeführt werden sollen, noch stärker detailliert. Geht jedoch der mittelfristige Werbeplan schon sehr stark in die Einzelheiten, wird auf diese kurzfristigen Pläne verzichtet. Das hängt auch von der Werbeintensität der einzelnen Unternehmungen ab. Kurzfristige Werbepläne werden auch für Sonderaktionen aufgestellt („*Spezialwerbepläne*"), z. B. für den Schlußverkauf im Einzelhandel.

Die Größe des Werbeetats (Werbeaufwand)

Die Größe des Werbeetats, der Werbeaufwand, kann nach folgenden Verfahren ermittelt werden:

1. *Der Werbeetat wird einseitig nach der jeweiligen Finanzlage des Unternehmens festgesetzt;* es wird soviel geworben, wie Mittel vorhanden sind. Dieses Verfahren ist nur in werbeextensiven Wirtschaftszweigen vertretbar. In werbeintensiven Unternehmungen muß auch das Werbeziel berücksichtigt werden.

2. *Der Werbeetat wird einseitig nach dem Werbeaufwand der Konkurrenz bestimmt.* Dieses Verfahren ist nur gerechtfertigt, wenn die Konkurrenz unerwartet einen großen Werbefeldzug startet, und führt häufig zu einem „Werbekrieg". Doch schließt das nicht aus, daß bei der Festlegung des Werbeplans und des Werbeaufwands auch die Werbung der Konkurrenz berücksichtigt werden muß.

3. *Der Werbeaufwand wird von den Schwankungen des Umsatzes abhängig gemacht* (entweder Ist-Umsatz oder Plan-Umsatz). Auch dieses sehr viel angewandte Verfahren ist in werbeextensiven Betrieben durchaus gerechtfertigt, in werbeintensiven Betrieben wird dabei aber das Werbeziel nicht berücksichtigt. Zudem wird bei diesem Verfahren bei steigenden Umsätzen immer mehr geworben, während bei sinkendem Umsatz die Werbung vermindert wird (prozyklische Werbung), obgleich sie dann häufig am notwendigsten ist. Wir kommen darauf noch zurück.

In den USA wurde dieses Verfahren im „mechanical budget" durch Berücksichtigung auch anderer Faktoren verfeinert, die als Variable in eine Formel gebracht werden, nach der das Werbebudget jährlich gleichsam „mechanisch" ermittelt wird. So hat nach gründlichen Marktanalysen ein Ölkonzern für jeden seiner 125 Hauptmärkte eine Formel entwickelt, deren wichtigste Variable sind: (1) Umsatz, (2) erwarteter Rückgang oder Anstieg des Umsatzes, (3) Werbung der Konkurrenz, (4) Kosten der Werbemittel. Die Formel mit der Gewichtung der einzelnen Variablen wird geheim gehalten (zit. bei Mellerowicz, Allg. Betriebswirtschaftslehre, a. a. O., Bd. III).

4. *Der Werbeaufwand richtet sich sowohl nach den Werbezielen wie nach den verfügbaren Mitteln.* Auf Grund eines systematischen Werbeplanes läßt sich

der zur Erreichung des Werbeziels notwendige Werbeaufwand hinreichend genau ermitteln. In der Finanzplanung ist dann festzustellen, ob die benötigten Mittel vorhanden sind oder beschafft werden können; ist das nicht der Fall, muß der Werbeplan entsprechend reduziert und geändert werden. Das ist die für werbeintensive Unternehmungen beste Methode.

5. *Die Werbekosten werden nach dem Grenzkostenprinzip bestimmt.* Es werden so lange Mittel für die Werbung zur Verfügung gestellt, bis die Grenzwerbekosten gleich dem Grenzertrag sind; es wird also so lange geworben, wie der letzte Werbeaufwand noch einen zusätzlichen Ertrag bringt. In diesem Fall hat der Betrieb das Gewinnmaximum erreicht. Dieses Verfahren gibt einen sehr guten Einblick in das Verhältnis der Werbekosten zum Ertrag. Praktisch läßt es sich jedoch nur selten anwenden, weil der Grenzertrag zusätzlicher Werbekosten meist auch nicht annähernd genau ermittelt werden kann.

Prozyklische und antizyklische Werbung

Bei der *prozyklischen Werbung* wird die Höhe des Werbeaufwands nach einem festen Prozentsatz vom Umsatz einer Rechnungsperiode (Jahr, Quartal, Monat) ermittelt. Wir kennen dieses Verfahren bereits (s. oben S. 528 Nr. 3) und haben bereits erwähnt, daß hier bei steigenden Umsätzen immer mehr, bei sinkenden Umsätzen dagegen immer weniger geworben wird. Es scheint aber im allgemeinen wenig sinnvoll, wenn ein Unternehmen dann am stärksten wirbt, wenn es die größten Umsätze hat und vollbeschäftigt ist, während in der Flaute, wo für ein werbeintensives Unternehmen die Werbung am nötigsten ist, am wenigsten geworben wird. Wie empirische Untersuchungen in Deutschland und den USA ergeben haben, bewegt sich in der Wirtschaft jedoch der Werbeaufwand ausgesprochen prozyklisch. Das bedeutet vom volkswirtschaftlichen Gesichtspunkt, daß in der Hochkonjunktur die Werbung zu einem allgemeinen Werbekrieg führt, während in der Krise der Werbeaufwand radikal gedrosselt wird, was, so könnte man vermuten, wiederum die Krise verschärfen kann.

Aus diesem Grunde wird heute vielfach die *antizyklische Werbung* empfohlen und gelegentlich wohl auch angewandt, bei der die Höhe des Werbeaufwandes gegenläufig zur Umsatzentwicklung und zum Konjunkturzyklus verläuft. Steigt der Umsatz, sinkt der Werbeaufwand, sinkt dagegen der Absatz, dann steigen die Werbekosten. Die antizyklische Werbung will damit als *konjunkturpolitisches Mittel* verwendet werden. Das mag in vielen Wirtschaftsbereichen, die sehr werbeintensiv sind, wirksam sein und den sinkenden Geschäftsgang beleben, so etwa im Versandhandel, ferner in der Markenartikelindustrie, die einen möglichst gleichbleibenden Absatz anstreben muß; doch geht diese Absatzbelebung dann auf Kosten der werbeextensiven Wirtschaftsbereiche, die in der Krise ihre Werbung stark vermindern werden, da sie ohnehin keinen großen Einfluß auf den Absatz hat. Deshalb wird eine in der Krise allgemein verstärkte Werbung den Konjunkturverlauf kaum beeinflussen können, zumal dadurch die Krisenursachen nicht beseitigt werden. Andererseits werden in der Hochkonjunktur, in der reichlich Werbemittel vorhanden sind, die werbeintensiven Unternehmungen danach streben, ihren Marktanteil noch zu vergrößern. Jedenfalls wird kein werbeintensives Unternehmen, selbst nicht in einer „überhitzten" Hochkonjunktur, seinen Werbeetat aus allgemeinen konjunkturpolitischen Gründen herabsetzen.

6. Der Werbeerfolg

„Umworbenen-Gruppierung" (R. Seyffert)

R. Seyffert (Werbelehre. Theorie und Praxis der Werbung, 1966) unterscheidet zur Beurteilung des S t r e u e r g e b n i s s e s folgende Personengruppen der bei einer Werbemaßnahme *„Umworbenen"*:

1. *die Werbegemeinten* (Adressaten): die Umworbenen, für die die Werbung gemeint ist. Ihre Zahl ist die *Adressatenzahl;*

2. *die Werbeberührten:* die Umworbenen, bei denen ein Werbeträger eine Sinneswirkung erzielt hat. Ihre Zahl ist die *Perzeptionszahl* (lat. perceptio Wahrnehmung);

3. *die Werbebeeindruckten:* die Umworbenen, bei denen ein Werbeeindruck, mindestens Aufmerksamkeitswirkung, erzielt ist. Ihre Zahl ist die *Aperzeptionszahl* (lat. aperceptio Verarbeitung von Eindrücken);

4. *Werbeerfüller:* die Umworbenen, die sich den Werbezweck zu eigen machen. Ihre Zahl ist die *Akquisitionszahl* (lat. acquisitii, die Hinzugeworbenen).

Streuergebniszahlen oder Dispersionszahlen

Aus den Beziehungen der einzelnen Gruppen ergeben sich die Streuergebniszahlen oder Dispersionszahlen; Seyffert erläutert sie an Beispielen; wir greifen eines davon heraus: Ein Reisebüro zeigt vor geladenen Gästen einen Werbefilm über Gesellschaftsreisen und legt dabei Prospekte aus:

Adressatenzahl: alle Eingeladenen;

negative Adressatenzahl: die Eingeladenen, die nicht gekommen sind;

positive Adressatenzahl: die erschienenen Eingeladenen;

Perzeptionszahl: alle Zuschauer;

Nicht beabsichtigte Perzeptionszahl: die nicht eingeladenen Zuschauer;

Aperzeptionszahl: alle Zuschauer, die Prospekte mitnehmen;

beabsichtigte Aperzeptionszahl: die eingeladenen Prospektnehmer;

nicht beabsichtigte Aperzeptionszahl: die nicht eingeladenen Prospektnehmer;

beabsichtigte Akquisitionszahl: alle Eingeladenen, die eine Reise buchen lassen;

nicht beabsichtigte Akquisitionszahl: alle Nicht-Eingeladenen, die eine Reise buchen lassen.

Die einzelnen Dispersionszahlen können zueinander in ein Verhältnis gesetzt werden (Kennzahlen) und geben dann folgende Erfolgszahlen an:

B e r ü h r u n g s e r f o l g oder D i s p o s i t i o n s e r f o l g

$$= \frac{\text{Zahl der Werbeberührten}}{\text{Zahl der Werbegemeinten}} \qquad = \frac{\text{Perzeptionszahl}}{\text{Adressatenzahl}}$$

In der Regel wird der Quotient kleiner als 1 sein. Ist er größer als 1, dann wurden von der Werbung auch Personen berührt, die nicht zu den Werbegemeinten zählten. Soll der Erfolg in Prozenten ausgedrückt werden, ist hier und bei den folgenden Formeln der Bruch mit 100 zu multiplizieren.

Der Beeindruckungserfolg

$$= \frac{\text{Zahl der geplanten Werbebeeindruckten}}{\text{Zahl der Werbegemeinten}} = \frac{\text{Aperzeptionszahl}}{\text{Adressatenzahl}}$$

Auch diese Kennzahl wird in der Regel kleiner sein als 1; sie ist größer, wenn auch Nicht-Gemeinte zu den Werbebeeindruckten gehörten.

Der Akquisitionserfolg (Seyffert), Streuerfolg (Gutenberg) oder Aktionserfolg (Behrens)

$$= \frac{\text{Zahl der Werbeerfüller}}{\text{Zahl der Werbegemeinten}} = \frac{\text{Akquisitionszahl}}{\text{Adressatenzahl}}$$

Diese Kennzahlen sind in vielen Fällen gar nicht oder nur sehr scnwer zu ermitteln. Es wurden jedoch zahlreiche Methoden entwickelt, die in vielen Fällen anwendbar sind und zu brauchbaren Kennzahlen führen (s. hierzu Behrens, Absatzwerbung a. a. O., S. 147 ff.)

Die Werberendite

Die bisher besprochenen Erfolgskennziffern zeigen nur die technische Effizienz der Werbemittel, nicht aber ihre finanzielle Auswirkung auf Umsatz und Gewinn, die „Werberendite". Das ist nach Gutenberg (a. a. O.) die **Differenz zwischen den auf ein oder mehrere Werbemittel zurückzuführenden Umsatzzuwächsen und den Kosten.** Verursacht z. B. die Herstellung und Versendung von 20 000 Werbedrucksachen Kosten in Höhe von 4000 DM und gehen auf Grund dieser Werbung 2000 Bestellungen zu je 9 DM mit einem Stückgewinn von 3 DM ein, so beträgt der entstehende Umsatzgewinn 6000 DM und die Werberendite 2000 DM. Der Streuerfolg beträgt in diesem Beispiel $\dfrac{2000 \cdot 100}{20\,000}$ = 10 %; sinkt der Streuerfolg auf 5 %, dann erhält man unter sonst gleichen Bedingungen eine negative Werberendite von — 1000 DM.

Gutenberg untersucht ferner die Frage, von welchem Streuerfolg an man eine positive Werberendite erhält. Diese Rendite nennt er den „kritischen Streuerfolg". Unter Verwendung der folgenden Symbole: r = Werberendite; a = Anzahl der Bestellungen; g = Stückgewinn; d = Anzahl der Adressaten; h = Stückwerbekosten, errechnet sich die Werberendite wie folgt:

$$r = a \cdot g - d \cdot h$$

Diese Gleichung ist bei Erreichung der kritischen Werberendite gleich Null zu setzen.

$$0 = a \cdot g - d \cdot h$$

oder

$$d \cdot h = a \cdot g \text{ oder } \frac{a}{d} = \frac{h}{g}$$

Das bedeutet: Der kritische Streuerfolg liegt da, wo das Verhältnis von Anzahl der Bestellungen zu Anzahl der Adressaten (Streuerfolg) gleich ist dem Verhältnis von Werbekosten je Werbeexemplar zu Stückgewinn. Benutzen wir die Zahlen unseres Beispiels, so ergibt sich ein kritischer Streuerfolg von 6,6 %; die Anzahl der Bestellungen muß sich auf 1333 belaufen. Die Werberendite beträgt dann 0; jede weitere Bestellung ergibt eine positive Werberendite.

Diese Rendite wird in der Praxis oft nur sehr schwer zu berechnen sein, so ist insbesondere, wenn mehrere Werbemittel gleichzeitig eingesetzt werden, eine Zurechenbarkeit des Gewinns auf die einzelnen Werbemittel nur selten möglich.

IV. Literaturhinweise

Marktforschung

Behrens, Karl Christian (Hrsg.): Handbuch der Marktforschung. Wiesbaden 1974.

Behrens, Karl Christian: Demoskopische Marktforschung. 2. Aufl. Wiesbaden 1965.

Berekoven, Ludwig, Werner Eckert und Peter Ellenrieder: Marktforschung. Wiesbaden 1976.

Bergler, Georg: Die Entwicklung der Verbrauchsforschung in Deutschland und die Gesellschaft für Konsumforschung. Kallmünz 1960.

Bibliographie zur Marktforschung. Hamburgisches Welt-Wirtschafts-Archiv. 1955.

Cordes, H.: Unternehmensforschung und Absatzplanung. Wiesbaden 1968.

Gerth, E.: Betriebswirtschaftliche Absatz- und Marktforschung. Wiesbaden 1970.

Grochla, E.: Grundlagen der Materialwirtschaft. Das materialwirtschaftliche Optimum im Betrieb. 2. Aufl. Wiesbaden 1973.

Hüttner, Manfred: Grundzüge der Marktforschung. 3. Aufl., Wiesbaden 1977.

Kropff, Hanns F. J.: Motivforschung — Methoden und Grenzen. Essen 1960.

Leitherer, E.: Absatzlehre, 3. Aufl., Stuttgart 1974.

Meyer, C. W.: Marktforschung und Absatzplanung. 3. Aufl. Herne 1974.

Meyer, Paul Werner: Marktforschung. Düsseldorf 1957.

Ott, W. (Hrsg.): Handbuch der praktischen Marktforschung. München 1972.

Petermann, G.: Marktstellung und Marktverhalten des Verbrauchers. Wiesbaden 1963.

Schäfer, Erich: Grundlagen der Marktforschung. 4. Aufl. Köln und Opladen 1966.

Stroschein, F.-R.: Die Befragungstaktik in der Marktforschung. Wiesbaden 1965.

Vershofen, Wilhelm: Die Marktentnahme als Kernstück der Wirtschaftsforschung. Neuausgabe. Berlin/Köln 1959.

Zeitschrift für Markt- und Meinungsforschung. Vierteljährlich. Tübingen.

Absatzplanung

Gutenberg, E. (Herausgeber): Absatzplanung in der Praxis. Wiesbaden 1962.

Jirasek, J.: Marketing-Absatzplanung. Heidelberg 1966.

Kilger, W.: Optimale Produktions- und Absatzplanung. Opladen 1974.

Mellerowicz, K.: Planung und Plankostenrechnung. Band 1. 3. Aufl. Freiburg 1972.

Vischer, P.: Simultane Produktions- und Absatzplanung. Wiesbaden 1967.

Werbung

Behrens, Karl Christian (Hrsg.): Handbuch der Werbung. Wiesbaden 1970.

Behrens, Karl Christian: Absatzwerbung. 2. Aufl. Wiesbaden 1976.

Edler, F.: Werbetheorie und Werbeentscheidung. Wiesbaden 1967.

Hasenack, Wilhelm: Humor in der Werbung. Stuttgart 1974.

Hundhausen, Carl: Wesen und Formen der Werbung. 2. Aufl. Essen 1965.

Hundhausen, Carl: Wirtschaftswerbung (Sammlung Göschen). Berlin/New York 1971.

Jacobi, H.: Werbepsychologie. Wiesbaden 1972.

Kropff, Hanns F. J.: Angewandte Psychologie und Soziologie in Werbung und Vertrieb. Stuttgart 1960.

Leitherer, E.: Werbelehre (Smlg. Poeschel). 2. Aufl. Stuttgart 1975.

Maecker, Eugen J.: Planvolle Werbung. 2 Bände. Essen 1953 und 1958.

Seyffert, Rudolf: Werbelehre. Theorie und Praxis der Werbung. 2 Bde. Stuttgart 1966.

Siehe auch die Literaturhinweise über allgemeine Literatur über Absatz und Handel auf S. 499.

C. Preistheorie und Preispolitik

I. Die Marktformen (Morphologie des Marktes)

Die Abkehr von der klassischen Preislehre

Seit der klassischen Nationalökonomie stand — bis nahezu in die Gegenwart — die objektive Wertlehre und die aus ihr abgeleitete Preistheorie im Mittelpunkt der Volkswirtschaftslehre. Sie legte ihrer Lehre die v o l l k o m m e n e K o n - k u r r e n z zu Grunde und sah in den unvollkommenen Märkten eine entartete Abart des vollkommenen freien Marktes, der aber — wie man allmählich erkannte — in der Wirklichkeit äußerst selten ist.

Bereits Augustin C o u r n o t (1801—1877) untersuchte 1838 in seinen „Untersuchungen über die mathematische Grundlage der Theorie des Reichtums" (deutsch Jena 1924) die Preisbildung auf den unvollkommenen Märkten, insbesondere beim Monopol, Oligopol und Dyopol. Er fand aber erst nach 100 Jahren N a c h f o l g e r , die nun die Marktformen nach der A n z a h l der Teilnehmer klassifizierten und die „V e r h a l t e n s w e i s e n" der Anbieter und Nachfrager, also der Unternehmungen und der Haushalte, untersuchten. Es wurde und wird der konkrete Betrieb analysiert und eine „Theorie der Unternehmungen" entwickelt, die verständlicherweise sehr stark b e t r i e b s w i r t - s c h a f t l i c h ausgerichtet ist. Im Mittelpunkt dieser Lehre steht die Analyse der Verhaltensweisen der Unternehmer auf den verschiedenen Märkten.

Das Marktschema

Mit Heinrich von Stackelberg (Grundlagen der theoretischen Volkswirtschaftslehre, 1948) erreichte die Lehre von den Marktformen einen gewissen Abschluß. Er entwickelte folgendes Schema der Marktformen:

I. *Polypol* (griech. = Handel durch viele) oder *atomistischer Markt:* Es sind viele Anbieter und/oder Nachfrager vorhanden; wir unterscheiden:

   1. v o l l s t ä n d i g e , r e i n e , h o m o g e n e o d e r a t o m i s t i s c h e K o n k u r r e n z : viele Anbieter, viele Nachfrager;

   2. a t o m i s t i s c h e A n g e b o t s s t r u k t u r auf vollkommenem Markt: viele Anbieter, wenige oder ein Nachfrager; diese Marktform, der „*Verkäufermarkt*", ist identisch mit Nr. 7 oder Nr. 11;

3. **atomistische Nachfragestruktur** auf vollkommenem Markt: wenige oder ein Anbieter, viele Nachfrager; diese Marktform, der *„Käufermarkt"*, ist identisch mit Nr. 6 oder Nr. 9;

4. **unvollständige, heterogene, polypolistische oder monopolistische Konkurrenz**: bei dieser Zwitterform sind zwar viele Anbieter (oder Nachfrager) vorhanden, die aber wegen der *Unvollkommenheit des Marktes* (s. S. 535) eine schwache monopolistische Stelle haben (z. B. bei Herstellung einer neuartigen Ware). Der Anbieter kann wegen gewisser „Präferenzen" (Wettbewerbsvorteile) seinen Preis innerhalb bestimmter Grenzen selbständig verändern.

II. *Oligopol* (griech. = Handel durch wenige): Es sind wenige (relativ große) Anbieter und/oder wenige (relativ große) Nachfrager vorhanden (bei zwei Anbietern oder zwei Nachfragern spricht man vom *Dyopol);* wir unterscheiden:

5. **zweiseitiges (bilaterales) Oligopol**: wenige Anbieter, wenige Nachfrager;

6. **Angebotsoligopol**: wenige Anbieter, viele Nachfrager (Wettbewerb oder Nachfrager);

7. **Nachfrageoligopol**: viele Anbieter, wenige Nachfrager (Wettbewerb der Anbieter, Produzentenwettbewerb);

III. *Monopol* (griech. = Handel durch einen): es ist nur **ein** Anbieter, und/ oder **ein** Nachfrager vorhanden. Wir unterscheiden dabei:

8. **zweiseitiges (bilaterales) Monopol**: ein Anbieter, ein Nachfrager (z. B. auf dem Arbeitsmarkt: ein Arbeitgeberverband und eine Gewerkschaft);

9. **Angebotsmonopol**: ein Anbieter, viele Nachfrager (Wettbewerb der Nachfrager);

10. **beschränktes Angebotsmonopol**: ein Anbieter, wenige Nachfrager;

11. **Nachfragemonopol**: viele Anbieter, ein Nachfrager (Wettbewerb der Anbieter);

12. **beschränktes Nachfragemonopol**: wenige Anbieter, ein Nachfrager.

Beim Monopol unterscheiden wir ferner zwischen **absolutem Monopol**, wenn keine Substituierung des „monopolistischen" Gutes möglich ist, und **relativem Monopol**, wenn der Nachfrager auf ein anderes Gut „überspringen" kann (z. B. statt Butter Margarine kauft).

Andere Gliederungen der Marktformen

Der *vollständige Wettbewerb* hat nach Stackelberg *drei Voraussetzungen:*

1. *Tauschfreiheit:* Jeder kann tauschen, was und mit wem er will. Ist das Prinzip der Tauschfreiheit durch Rationierung, Kontingentierung oder Lieferungszwang aufgehoben, so können sich die Preise nicht mehr frei bilden. Danach unterscheiden wir **freie** und **regulierte Märkte**.

2. *Unterschiedslosigkeit* der Preise für Güter gleicher Art und zum gleichen Zeitpunkt: es gilt auf einem Markt nur e i n Preis. Märkte, auf denen das Prinzip der Unterschiedslosigkeit erfüllt ist, bezeichnet Stackelberg als v o l l k o m m e n e   M ä r k t e , denen er die unvollkommenen Märkte gegenüberstellt. Der u n v o l l k o m m e n e M a r k t ist durch *Präferenzen"* gekennzeichnet, und zwar durch sachliche (nicht ganz gleichartige Güter), personelle (Ruf der Firma, Reklameeinfluß, psychologische Momente), räumliche (räumliche Trennung der Anbieter) und zeitliche Präferenzen (höhere Preise bei sofortiger Lieferung). Man spricht auch von P r o d u k t d i f f e - r e n z i e r u n g (Chamberlin). Bei der P r e i s d i f f e r e n z i e r u n g kann ein Anbieter für Güter gleicher Art und Qualität infolge der Präferenzen verschiedene Preis fordern.

3. *Preisunabhängigkeit:* Die Preise sind für jeden Betrieb Plandaten, nach denen er sich richten muß, ohne sie irgendwie abändern oder beeinflussen zu können. Fehlt das Prinzip der Preisunabhängigkeit, so haben wir es mit einem m o n o p o l i s t i s c h e n   M a r k t zu tun. Doch wird der Mono- polist von sich aus den Preis keineswegs als unabhängig ansehen. Ihm steht die Vielheit der Nachfrager gegenüber. Wenn er nach G e w i n n m a x i - m i e r u n g strebt, dann muß er den Preis und die Absatzmenge entspre- chend dem Nachfragegesetz in ein bestimmtes Verhältnis bringen. Er verfügt über einen *Aktionsparameter"* (Parameter, griech. = veränderliche Hilfs- größe der Funktion), der wahlweise entweder die A b s a t z m e n g e   o d e r d e r   V e r k a u f s p r e i s sein kann. Der Monopolist hat also die Entschei- dungsfreiheit, für seine Ware wahlweise entweder (1) den V e r k a u f s - p r e i s nach Belieben festzusetzen und es der Nachfrage zu überlassen, wieviel sie zu diesem Preis kaufen will, oder umgekehrt (2) die A b s a t z - m e n g e festzusetzen und die Bildung des Preises der Nachfrage zu über- lassen. Im ersten Fall ist der Preis *Aktionsparameter* und die Menge „*Erwar- tungsparameter"*, im zweiten Fall ist es umgekehrt.

Die gleichgewichtslosen Märkte

v. Stackelberg zeigte in seinen Analysen, daß bei u n v o l l s t ä n d i g e r Konkurrenz fast stets gleichgewichtslose Marktsituationen gegeben sind. Es sind sogar, mit Ausnahme des vollständigen Wettbewerbs und des reinen Monopols (von den seltenen „Asymmetrien" abgesehen), sämtliche möglichen elementaren Marktformen und deren Kombinationen ohne Gleichgewicht. Aus dieser Fest- stellung ergeben sich z w e i   e n t s c h e i d e n d e   F o l g e n :

(1) für die W i r t s c h a f t s t h e o r i e : Eine geschlossene a l l g e m e i n e P r e i s l e h r e , wie sie der klassischen Nationalökonomie vorschwebte, ist u n m ö g l i c h ; an ihre Stelle tritt die Analyse des Verhaltens der einzelnen Betriebe, und zwar der Unternehmungen sowie der Haushalte. — Damit steht im Zusammenhang die z w e i t e   F o l g e :

(2) für die W i r t s c h a f t s p o l i t i k : Es gibt k e i n e   a u t o m a t i s c h e S e l b s t r e g e l u n g   a u f   d e n   v e r s c h i e d e n e n   M ä r k t e n . Wenn die Verhaltensweisen der Betriebe (Unternehmungen und Haushalte) nicht be- kannt sind, fällt die Aufgabe, das fehlende Gleichgewicht wiederherzustellen oder ein unerwünschtes Gleichgewicht zu beseitigen, nach Stackelberg und

Amoroso dem Staat zu. Er kann die Marktform verändern und kann im Oligopol und zweiseitigen Monopol (z. B. dem modernen Arbeitsmarkt: hier Arbeitgeberverband, dort Gewerkschaft) durch Festsetzung eines Preises ein ihm richtig erscheinendes Gleichgewicht verwirklichen. Auf unvollkommenen Märkten stellt nach Stackelberg der R i c h t p r e i s ein zweckmäßiges preispolitisches Mittel dar, auch K a l k u l a t i o n s k a r t e l l e können ähnlich wirken.

Die Dynamisierung der Marktlehre

Während Stackelberg die einzelnen Märkte vornehmlich statisch sieht, versucht man heute ihre Dynamik zu analysieren. So stellt L. J. Z i m m e r m a n (The Propensity to Monopolize, 1953) die Frage nach der Änderung der Marktformen und kommt zu folgender Typologie:

K o n s t a n t e r K o n k u r r e n z m a r k t : hohe Elastizität der Nachfrage, niedrige Elastizität des Angebots (über Nachfrage- und Angebots-Elastizität siehe unten);

K o n s t a n t e r M o n o p o l m a r k t : hohe Elastizität des Angebots, niedrigere der Nachfrage;

V e r ä n d e r l i c h e r K o n k u r r e n z m a r k t : beide Elastizitäten sind gering;

V e r ä n d e r l i c h e r M o n o p o l m a r k t : beide Elastizitäten sind hoch.

Diese Dynamisierung der Marktlehre bedingt notwendigerweise eine Beschränkung der Marktformen und bildet damit den Übergang zu der Lehre von den Verhaltensweisen.

Die Typen der Verhaltensweisen

Die Lehre von den Verhaltensweisen wurde von Ragnar F r i s c h 1933 begründet und u.a. von Erich S c h n e i d e r (Einführung in die Wirtschaftstheorie, Bd. 2, 1948, 13. Aufl. 1972) weiter entwickelt. Schneider geht also nicht von den Marktformen aus, sondern untersucht die Verhaltensweisen der Nachfrager und Anbieter. Er unterscheidet folgende fünf Typen der Verhaltensweise:

1. *Mengenanpassung:* ihr folgt ein Unternehmer, für den die Preise der zu verkaufenden Güter und die Preise der Produktionsmittel gegebene, von ihm unbeeinflußbare Größen sind. Der Mengenanpasser kann nur bestimmen, welche Mengen verkauft bzw. eingekauft werden sollen; die Gütermengen sind sein Aktionsparameter;

2. *Preisfixierung auf Grundlage einer konjekturalen Preis-Absatzfunktion:* sie liegt dann vor, wenn ein Unternehmer die Entscheidungsfreiheit hat, den Verkaufspreis einer Ware nach eigenem Belieben zu fixieren, während die Käufer jene Mengen bestimmen, die sie zu diesem Preis kaufen wollen. Aktionsparameter des Preisfixierers ist der Preis, sein Erwartungsparameter die Absatzmenge. Die Verhaltensweisen des Verkäufers können monopolistisch, oligopolistisch und polypolistisch sein;

3. *Mengenfixierung auf Grundlage einer konjekturalen Preis-Absatzfunktion:* der Anbieter hat die Entscheidungsfreiheit — genau umgekehrt wie unter 2 —, die Angebotsmenge seiner Ware nach Belieben zu fixieren;

4. *Optionsfixierung* liegt vor, wenn ein Anbieter Preis und Menge eines Gutes zugleich fixiert und dem Nachfrager nur die Wahl zwischen Annahme und Ablehnung läßt; der Nachfrager heißt *Optionsempfänger;*

5. *Kampf- und Verhandlungsstrategie* liegt im Gegensatz zu den Verhaltensweisen der friedlichen Anpassung (1—4) den Verhaltensweisen zugrunde, in denen die Wirtschaftssubjekte ihren Willen durch Verhandlungen durchzusetzen suchen (Lohn- und Preiskämpfe).

Die Triffinschen Marktsituationen (Substitutionskoeffizient)

Ebenso wie E. Schneider geht auch Robert T r i f f i n (Monopolistic Competetion and General Equilibrium Theory, 1941) nicht von abstrakten Marktformen aus und sucht den Begriff des partiellen Gleichgewichtes durch den des t o t a - l e n Gleichgewichts zu ersetzen. Für ihn ist der *Betrieb* die „maximierende Einheit", die nach Gewinnmaximierung (Unternehmung) oder Nutzenmaximierung (Haushalt) strebt. Er geht von der *Substituierbarkeit der Güter* aus und untersucht die verschiedenen Möglichkeiten der Substituierbarkeit, oder genauer, den verschiedenen Wirkungsgrad, der infolge der Substituierbarkeit von Preisänderungen eines Anbieters auf die Absatzmenge eines anderen Anbieters ausgeht. (Beispiel: Steigen die Butterpreise, so wird in vielen Haushaltungen die Butter durch Margarine substituiert, die Absatzmenge der Margarine steigt, die der Butter sinkt.) Die *Anzahl* der Unternehmungen auf dem Markt ist *irrelevant,* der Markt wird nur noch als das Betätigungsfeld der Unternehmung und des Haushaltes betrachtet. Die „Marktformen", wie sie oben dargestellt wurden, spielen also hier keine u n m i t t e l b a r e Rolle mehr. Triffin spricht deshalb von „*Marktsituationen*".

Von diesen Voraussetzungen ausgehend, sucht nun Triffin den W i r k u n g s - g r a d mathematisch zu bestimmen, der von Preisänderungen eines Anbieters auf die Absatzmenge eines anderen Anbieters ausgeht *(Substitutionskoeffizient).* Ändert das Unternehmen A den Verkaufspreis seiner Produkte p_A um einen Betrag ∂p_A, so beträgt die relative Preisänderung $\dfrac{\partial p_A}{p_A}$. Wird durch diese Preisänderung das bisherige Absatzvolumen x_B eines Konkurrenten B derart beeinflußt, daß sich die Absatzmenge um ∂x_B ändert, so beträgt bei B die relative Mengenänderung $\partial x_B/x_B$. Triffin hat nun die relative Mengenänderung bei B zu der sie verursachenden relativen Preisänderung von A in Beziehung gesetzt und so einen Maßstab für die Stärke der Konkurrenzbeziehung zwischen A und B gefunden, der als der *Triffinsche Substitutionskoeffizient* bezeichnet wird:

$$\tau = \frac{\partial x_B}{x_B} : \frac{\partial p_A}{p_A} = \frac{p_A \cdot \partial x_B}{x_B \cdot \partial p_A}$$

Auf der Grundlage dieses Koeffizienten hat Triffin d r e i F o r m e n d e r
K o n k u r r e n z g e b u n d e n h e i t (Marktsituation) entwickelt:

1. *Das reine Monopol* (pure monopol, isolated selling): es liegt vor, wenn der
   K o e f f i z i e n t g l e i c h N u l l ist. In diesem Fall hat eine Preisänderung der Unternehmung A auf die Absatzmenge der Unternehmung B nicht
   den geringsten Einfluß. Das Gut ist nicht substituierbar.

2. *Die homogene Konkurrenz:* sie ist der entgegengesetzte Grenzfall. Der
   K o e f f i z i e n t i s t u n e n d l i c h g r o ß. Das heißt, selbst die geringste
   Preisänderung der Unternehmung A beeinflußt bereits die Absatzmenge der
   Unternehmung B. Das Gut ist völlig substituierbar. Das setzt einmal voraus,
   daß die Erzeugnisse vollkommen homogen sind, und zum andern, daß sich
   die Nachfrager gegen die Anbieter indifferent verhalten, daß also von seiten
   der Käufer keine Präferenzen gegenüber den Verkäufern bestehen. Sie
   kann oligopolistisch und atomistisch sein.

3. *Die heterogene Konkurrenz:* sie liegt vor, wenn der K o e f f i z i e n t z w i -
   s c h e n N u l l u n d U n e n d l i c h liegt. Das Gut ist mehr oder weniger
   substituierbar. Während die Grenzfälle äußerst selten vorkommen, liegt hier
   die unendliche Vielfalt aller möglichen Konkurrenzbeziehungen. Die heterogene Konkurrenz setzt einen unvollkommenen Markt voraus, auf dem von
   seiten der Nachfrager Präferenzen gegenüber den Anbietern bestehen. Je
   größer der Koeffizient ist, um so schärfer ist die Konkurrenz. Auch sie kann
   oligopolistisch und atomistisch sein.

II. Die Preisbildung durch Angebot und Nachfrage

Angebotsfunktion und Angebotskurve

Wenn die Preise einer Ware steigen, verlockt das die Unternehmer, mehr zu
produzieren, die Angebotsmenge steigt, und umgekehrt drosselt der Unternehmer bei sinkenden Preisen die Produktion und vermindert damit das Angebot.
Das *Angebot* ist also eine *Funktion von Preis und Angebotsmenge.* Änderungen
der Angebotsmenge sind die Angebotsreaktion von Wirtschaftssubjekten auf
verschieden hohe Preise. Als Kurve im Koordinatenkreuz dargestellt, verläuft
sie in der Regel steigend nach rechts aufwärts: steigende Preise bewirken wachsende Angebotsmengen (s. Abb. 1: Kurve A).

Die Angebotselastizität

Die *Reaktion des Angebots auf Preisänderungen* bezeichnen wir als Angebotselastizität. Ist die Angebotselastizität groß, so bedeutet das, der Anbieter kann
sich Preissteigerungen durch Erhöhung, Preissenkungen durch Verminderung
der Angebotsmenge schnell anpassen. Die Angebotselastizität ist bei den einzelnen Gütern sehr verschieden und hängt vor allem von der Elastizität der Produktionen ab, d. h. wie weit die Unternehmungen imstande sind, bei Preissteigerungen ihre Produktion schnell zu erhöhen und bei Preissenkungen schnell zu

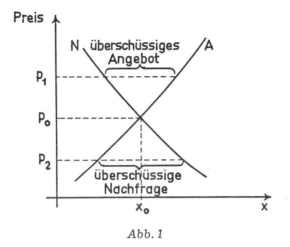

Abb. 1

drosseln. *Das Angebot ist in der Regel um so unelastischer, je kapitalintensiver die Produktion ist.* Die Angebotskurve einer Ware ist um so flacher, je elastischer das Angebot dieser Ware ist.

Die Formel der Angebotselastizität

Die Angebotselastizität ist also das *Verhältnis zwischen der relativen Änderung der Angebotsmengen und der sie bewirkenden relativen Änderung des Preises.* Bezeichnen wir die Angebotsmenge mit x, die *absolute* (infinitesimale) Veränderung der Angebotsmenge mit dx und die *absolute* (infinitesimale) Veränderung des Preises p mit dp, dann ist die *relative* Änderung des Absatzes $\dfrac{dx}{x}$, die relative Änderung des Preises $\dfrac{dp}{d}$. Die Angebotselastizität η ist dann:

$$\eta^0 = \frac{dx}{x} : \frac{dp}{p} = \frac{dx}{x} \cdot \frac{p}{dp} = \frac{p}{x} \cdot \frac{dx}{dp}$$

In dieser Gleichung ist entweder dx positiv und dp negativ oder umgekehrt, je nachdem, ob der Preis gestiegen oder gesunken ist. η^0 ist also kleiner als Null. Man schreibt deshalb:

$$\eta = -\frac{dx}{x} \cdot \frac{p}{dp} = -\frac{p}{x} \cdot \frac{dx}{dp}$$

Diese Formel besagt folgendes: Ist die Angebotselastizität gleich 1, so ist die relative Änderung des Angebots gleich der relativen Änderung des Preises. Der Erlös ist unverändert. Ist sie kleiner als 1, sinkt der Erlös, ist sie größer, steigt er. Siehe auch die untenstehenden Ausführungen zur Formel der Nachfrageelastizität.

Bei der sehr seltenen, *anomalen Angebotsreaktion* sind steigende Preise sinkenden Angebotsmengen zugeordnet, das kann z. B. der Fall beim individuellen Angebot von Arbeitsleistungen bei Überschreitung einer gewissen Lohnhöhe sein: je höher die Löhne über ein bestimmtes Minimum steigen, um so weniger ist der Arbeiter geneigt, Überstunden zu machen.

Ändert sich die Angebotsmenge in ihrem Verhältnis zum Preis, so verschiebt sich auch die Angebotskurve, und in aller Regel ändert sich auch die Angebots-reaktion, d. h. die Angebotselastizität.

Nachfragefunktion und Nachfragekurve (Preis-Absatz-Funktion)

Die Nachfrage als Funktion bezeichnet das *Verhältnis zwischen verschieden hohen Preisen des nachgefragten Gutes und den zugehörigen (meist) verschie-den großen Nachfragemengen.* Die Nachfragekurve im Koordinatensystem ver-läuft zur Angebotskurve gegenläufig, d. h. steigend nach links aufwärts. Stei-genden Preisen sind also abnehmende Nachfragemengen zugeordnet (s. Abb. 1: Kurve N). Eine anomale Nachfragereaktion liegt vor, wenn bei hohen Preisen viel, bei niedrigen Preisen wenig nachgefragt wird, etwa bei „inferioren" (geringwertigen) Gütern. So stellte Giffen fest, daß in englischen Haushalten mit niedrigem Einkommen die Nachfrage nach Brot mit steigendem Brotpreis wuchs („*Giffenscher Fall*"), diese Haushalte mußten wegen des höheren Brot-preises auf teurere Nahrungsmittel verzichten und mehr Brot essen.

Die Nachfrageelastizität

Auch die *Reaktion der Nachfrage auf Preisänderungen,* die Nachfrageelastizi-tät, ist bei den einzelnen Gütern sehr verschieden groß. Sie hängt vor allem von der *Dringlichkeit der Bedürfnisse* ab. So ist die Nachfrage nach Luxusgütern meist elastischer als die nach lebensnotwendigen Waren; selbst eine erhebliche Senkung des Salzpreises würde kaum die Nachfrage erhöhen, eine Senkung der Preise für Fernseher kann dagegen die Nachfrage erheblich steigern. Die *Nach-fragekurve* einer Ware ist um so flacher, je elastischer die Nachfrage nach die-ser Ware ist. Wir haben auch hier die entsprechenden *Grenzfälle* wie bei der Angebotsfunktion: Bei vollkommen elastischer Nachfrage ist die Preiselastizi-tät gleich unendlich, bei vollkommen unelastischer Nachfrage gleich Null.

Die Formel der Nachfrageelastizität

Die *Nachfrageelastizität* ist also das *Verhältnis zwischen der relativen Ände-rung der Absatzmenge und der sie bewirkenden relativen Änderung des Prei-ses.* Für die Nachfrageelastizität können wir deshalb die gleiche Formel entwik-keln wie für die Angebotselastizität, wir müssen nur statt „Angebotsmenge" „Absatzmenge" setzen: Wir bezeichnen also die *absolute* (infinitesimale) Ver-änderung der Absatzmenge mit dx und die *absolute* (infinitesimale) Veränderung des Preises p mit dp sowie die *relative* Änderung des Absatzes $-\dfrac{dx}{x}$ und die *relative* Änderung des Preises $\dfrac{dp}{p}$. Die Nachfrageelastizität ist dann:

$$\varepsilon = -\frac{dx}{x} : \frac{dp}{p} = -\frac{dx}{x} \cdot \frac{p}{dp}$$

$$\varepsilon = -\frac{p}{x} \cdot \frac{dx}{dp}$$

Auch aus dieser Formel können wir schließen: Ist die Nachfrageelastizität gleich 1, so ist die relative Änderung des Absatzes gleich der relativen Änderung des Preises. Der Erlös nimmt weder zu noch ab, d. h. der Grenzerlös ist in diesem Fall Null. Ist die Nachfrageelastizität größer als 1, so ist die relative Änderung des Absatzes größer als die relative Änderung des Preises. Der Erlös steigt, der Grenzerlös ist positiv. Das Umgekehrte ist der Fall, wenn die Nachfrageelastizität kleiner als 1 ist, dann ist die relative Änderung des Absatzes kleiner als die relative Änderung des Preises. Der Erlös sinkt, der Grenzerlös ist negativ. Daraus können wir schließen: *Der Grenzerlös nähert sich dem Preis, je größer die Nachfrageelastizität ist.*

Es gibt *zwei Extremfälle:* Bei *vollkommener Elastizität* der Nachfrage bleibt der Preis bei sich ändernder Nachfrage immer konstant, die Nachfrageelastizität ist bei jeder Nachfrage unendlich groß; die Nachfragekurve ist eine Parallele zur x-Achse (Mengenachse). Umgekehrt bleibt bei *vollkommener Unelastizität* der Nachfrage die Absatzmenge bei sich ändernden Preisen konstant. Die Nachfrageelastizität ist bei jedem Preis gleich Null; die Nachfragekurve verläuft parallel zur y-Achse (Preisachse). (Die entsprechenden Extremfälle gibt es auch bei der Angebotselastizität.)

Wir wollen das Wesen der Nachfrageelastizität an einem *kleinen Zahlenbeispiel* veranschaulichen:

Preis	Absatzmenge		ε	
0	25	ME	0	
1	20	ME	— 0,25	} unelastisch
2	15	ME	— 0,67	
2,5	12,5	ME	— 1,0	
3	10	ME	— 1,5	} elastisch
4	5	ME	— 4,0	
5	0	ME	—	

Elastizität bei p = 2

$$\varepsilon = -\frac{2}{15} \cdot \frac{5}{1} = -0,67$$

Elastizität bei p = 4

$$\varepsilon = -\frac{4}{5} \cdot \frac{5}{1} = -4,00$$

Beim Preis von Null würde (bei diesem theoretischen Modell) der Markt noch 25 Mengeneinheiten (ME) aufnehmen, ist aber dann gesättigt; wir sprechen vom S ä t t i g u n g s p u n k t, die 25 ME sind die S ä t t i g u n g s m e n g e. Beim Preis von fünf wird nichts mehr abgesetzt; es ist der „H ö c h s t p r e i s". *Änderungen der Nachfragemenge in ihrem Verhältnis zum Preis* verschieben auch die Nachfragekurve und ändern in aller Regel die Nachfrageelastizität.

Preisbildung auf dem vollkommenen Markt

Auf dem *vollkommenen Markt bildet sich der Preis aus den Kaufgeboten der Nachfrager und den Verkaufsangeboten der Anbieter.* Der Preis ist für den einzelnen Anbieter und den Nachfrager Plandatum, kann also von ihm in keiner Weise beeinflußt werden. Der „richtige Preis" oder G l e i c h g e w i c h t s - p r e i s ist der, bei dem die umgesetzte Menge maximal ist, d. h. bei dem kein *überschüssiges Angebot* (excess supply) bzw. keine *überschüssige Nachfrage* (excess demand) mehr vorhanden ist, bei dem also „Gleichgewicht" zwischen Angebot und Nachfrage herrscht.

Im *Koordinatenkreuz* ist der *Gleichgewichtspreis* p_0 bei der Gleichgewichts-
menge x_0 der Schnittpunkt von Angebots- und Nachfragekurve (s. Abb. 1). Bei
diesem Punkt ist die umgesetzte Menge am größten, bei jedem anderen Preis
ist entweder die angebotene oder die nachgefragte Menge kleiner. Es ist der
Punkt, wo die meisten Anbieter und Nachfrager befriedigt werden. Liegt der
Preis über p_0 — etwa p_1 —, entsteht ein überschüssiges Angebot, liegt er
unter p_0 — etwa bei p_2 — eine überschüssige Nachfrage.

III. Die Preispolitik des Angebots-Monopolisten

Nachfrage- und Grenzerlösfunktion beim Angebots-Monopol

Während für Anbieter und Nachfrager bei vollkommener Konkurrenz der Preis
ein Datum ist und sie nur Angebotsmenge bzw. Nachfragemenge bestimmen
können, kann der Angebots-Monopolist nicht nur die Menge, sondern auch den
Preis beliebig festsetzen, d. h. er hat einen *Aktionsparameter*, der wahlweise
entweder die Absatzmenge oder der Preis ist, er steht einer „konjekturalen
Preis-Absatzbeziehung" gegenüber (Schneider). Senkt der Monopolist die Absatzmenge, steigt der Preis, erhöht er den Preis, sinkt die Menge. Ist der Preis
ein Datum, wie bei vollkommener Konkurrenz, dann erzielt der Betrieb den
höchsten Gewinn, wenn die Produktion ihr Kostenminimum erreicht. Das ist
der Fall, wenn die durchschnittlichen Kosten je Produkteinheit, die Stückkosten,
am niedrigsten sind, nämlich wenn sie gleich den Grenzkosten sind (optimaler
Kostenpunkt oder Kostenminimum — s. oben S. 458). Der als Datum gegebene
Preis ist bei vollkommener Konkurrenz das Maß der Gesamterlössteigerung; da
die Gesamterlöskurve aber linear verläuft, ist der Preis bei allen Absatzmengen
konstant.

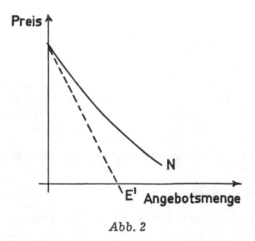

Abb. 2

Der Monopolist variiert jedoch mit den Angebotsmengen (sie entspricht der
Produktionsmenge des Konkurrenten) *auch den Preis.* Erhöht er die Angebotsmenge um m, so sinkt der Preis und erbringt für m nur noch E', nämlich
den Grenzerlös, den Erlöszuwachs für m (s. Abb. 2). Für den reinen Angebots-
Monopolisten ist also die *Nachfrage eine gegebene Größe*, da der Verkaufspreis

für ihn um so niedriger wird, je größer sein Absatz ist. Die Nachfragekurve ist eine nach rechts abfallende Kurve. Sie ist für den monopolistischen Anbieter zugleich auch die Kurve der Durchschnittserlöse für die verkaufte Produkteinheit. Damit liegt für den Monopolisten aber auch die Kurve seiner Grenzerlöse (Grenzerlöskurve) fest. Erhöht er seine Produktion um eine weitere Einheit, so muß er seine gesamte Produktion (nicht nur das Grenzprodukt) zu einem niedrigeren Preis absetzen, d. h. die Grenzerlöse liegen unter den Verkaufspreisen, die *Grenzerlöskurve sinkt stärker als die Absatzkurve N* (s. Abb. 2).

Der Monopolist wird also, um das Gewinnmaximum zu erreichen, die *Absatzmenge (die Monopolmenge x_0)* dort festlegen (Abb. 3), wo die *Grenzkosten K' gleich dem Grenzerlös E' sind;* der Monopolpreis p_0 liegt dann über dem Grenzerlös. H. von Stackelberg nennt diese Relation das „*Gesetz des erwerbs-wirtschaftlichen Angebots*". Es gilt allgemein, auch für die vollkommene Konkurrenz, doch dort ist der Grenzerlös gleich dem (konstanten) Preis, infolgedessen genügt es hier zur Maximierung des Gewinnes, das Kostenminimum zu erreichen. Beim Monopol ist jedoch der Grenzerlös kleiner als der Preis.

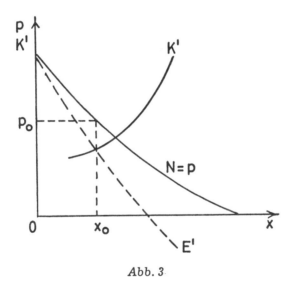

Abb. 3

Erlös und Grenzerlös beim Angebotsmonopol

Der *Erlös* ist das Produkt aus Preis und Absatzmenge

$$E = p \cdot x$$

Bei der *atomistischen Konkurrenz* hat der einzelne Unternehmer keinen Einfluß auf den Preis, der Erlös ist allein von der Absatzmenge x abhängig, er steigt deshalb proportional mit der Absatzmenge; die Erlöskurve steigt linear vom Nullpunkt aus (s. unten Abb. 8, S. 549).

Der *Monopolist* dagegen steht einer „*konjekturalen Preis-Absatz-Beziehung*" gegenüber, er kann als Aktionsparameter sowohl den Preis wie die Absatzmenge wählen, d. h. jedem Preis entspricht eine bestimmte Absatzmenge. Bei einem bestimmten Punkt, nämlich C, ist der Erlös am größten. Er liegt in Abb. 4 bei der Absatzmenge x_1 und dem Preis p_1. Senkt der Monopolist den Preis unter p_1, so steigt zwar die Absatzmenge, aber das Produkt aus Preis und Menge, der Erlös sinkt, bis in x_2 die *Sättigungsmenge* erreicht ist, der Preis ist gleich Null. Senkt der Monopolist die Absatzmenge unter x_1, so steigt der Preis, doch der Erlös sinkt wiederum, und zwar bis auf Null, nämlich im Nullpunkt des *Koordinatenkreuzes,* wo der Preis (p_2) so hoch ist, daß nichts mehr abgesetzt werden kann. Die Erlöskurve E des Monopolisten berührt also zweimal die x-Achse: im Sättigungspunkt x_2 ($p = 0$) und im Nullpunkt des Koordinatenkreuzes ($x = 0$). Die Erlöskurve beschreibt eine *Parabel.* Das Erlösmaximum beträgt beim linearen Verlauf der Absatzkurve die Hälfte der Sättigungsmenge. — *Das Erlösmaximum ist aber keineswegs mit dem Gewinnmaximum identisch,* da der Gewinn (die Differenz von Erlös und Kosten) nicht nur von der Größe des Erlöses abhängt, sondern auch von der Höhe der Kosten; wir kommen darauf noch ausführlich zurück.

Der *Grenzerlös* ist die (infinitesimale) Erlöszu- oder -abnahme bei Änderung der Absatzmenge. Er ist mathematisch die erste Ableitung der Erlösfunktion:

$$E' = \frac{dE}{dx}$$

oder in graphischer Darstellung die Steigung der Erlösfunktion (s. Abb. 4). E' ist bei $x = 0$ ebenso groß wie der Preis, sonst liegt E' *stets unter* p_2. Diese Grenzerlöskurve zeigt folgende Beziehungen:

(1) *Ist die Nachfrageelastizität ε größer als 1,* ist E' positiv. Der Erlös steigt also mit sinkenden Preisen, denn infolge der Elastizität der Nachfrage werden die Preisabnahmen durch die Mengenzunahmen überkompensiert.

(2) *Ist die Nachfrageelastizität gleich 1,* dann ist E' gleich Null. Der Erlös hat hier sein Maximum erreicht. Die Preiszunahme gleicht die Mengenabnahme genau aus.

(3) *Ist die Nachfrageelastizität kleiner als 1,* dann ist E' negativ. Der Erlös sinkt bei sinkenden Preisen, denn infolge der starren Nachfrage können die Mengenzunahmen die Preisabnahmen nicht mehr ausgleichen.

Wir können daraus schließen, und die Abb. 2 macht es offensichtlich: *Je größer die Differenz zwischen Preis und Grenzerlös, um so unelastischer ist die Nachfrage.*

Amoroso-Robinson-Relation

Die Beziehung des auf die Absatzmenge bezogenen Grenzerlöses zur Größe der Nachfrageelastizität hat Luigi *Amoroso* (Principii di economica corporativa, Bologna 1938) mathematisch untersucht und eine wichtige Formel entwickelt (E. Schneider nennt sie *„Amoroso-Robinson-Relation".*)

Die absolute (infinitesimale) Änderung des Erlöses dE ist abhängig von der relativen Änderung des Absatzes $\frac{dx}{x}$ und der relativen Änderung des Preises $\frac{dp}{p}$. Daraus können wir folgende Beziehung feststellen:

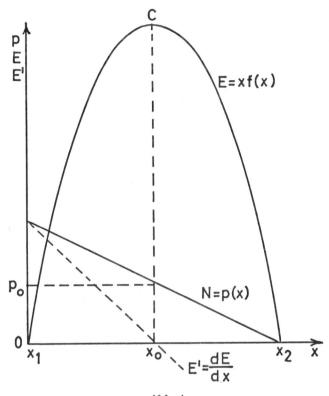

Abb. 4

$$dE = p \cdot x \cdot \frac{dx}{x} + p \cdot x \cdot \frac{dp}{p}$$

Das Vorzeichen von dx ist entweder positiv und das von dp negativ oder umgekehrt, denn eine Preissenkung ist mit einer Absatzerhöhung verbunden und umgekehrt, eine Preissteigerung mit einer Absatzminderung. x und p lassen sich in der Gleichung kürzen:

$$dE = p \cdot dx + x \cdot dp$$

Wir dividieren die Gleichung durch dx und erhalten die Grenzerlösfunktion:

$$\frac{dE}{dx} = p + x \cdot \frac{dp}{dx}$$

Auf der rechten Seite der Gleichung klammern wir p aus und erhalten:

$$\frac{dE}{dx} = p \left(1 + \frac{x}{p} \cdot \frac{dp}{dx}\right)$$

Für den Ausdruck $\frac{x}{p} \cdot \frac{dp}{dx}$ **läßt sich auch schreiben** $-\dfrac{1}{-\dfrac{p}{x} \cdot \dfrac{dx}{dp}}$

dann ist: $\dfrac{dE}{dx} = p\left(1 - \dfrac{1}{-\dfrac{p}{x}\cdot\dfrac{dx}{dp}}\right)$

Nun ist der Ausdruck $-\dfrac{p}{x}\cdot\dfrac{dx}{dp}$ nichts anderes als die Nachfrageelastizität ε

und der Ausdruck $\dfrac{dE}{dx}$ ist gleich dem Grenzerlös, denn unter Grenzerlös

verstehen wir den zusätzlichen Erlös, wenn die Absatzmenge um eine Einheit
vermehrt wird. Wir können also nun schreiben:

$$E' = p\left(1 - \frac{1}{\varepsilon}\right) = p - \frac{p}{\varepsilon}$$

oder in Worten: Grenzerlös $=$ Preis $-\ \dfrac{\text{Preis}}{\text{Nachfrageelastizität}}$

Das Cournotsche Theorem und der Cournotsche Punkt

Wenden wir die Formel Amorosos auf das „Gesetz des erwerbswirtschaftlichen
Angebots" an, so erhalten wir das *„Gesetz des erwerbswirtschaftlichen Mono-
polangebotes"* (Stackelberg):

*„Der Monopolist bestimmt seine Absatzmenge so, daß die Differenz zwischen
dem Preis und den Grenzkosten dem Quotienten aus dem Preis und der Preis-
elastizität der Gesamtnachfrage nach dem angebotenen Gut gleich wird."* (Vgl.
Abb. 5.) Die Monopolmenge x_0 ergibt sich aus der Gleichung zwischen Grenzerlös und Grenzkosten. Sie wird zum Monopolpreis p_0 abgesetzt. Der Punkt
C auf der Nachfragekurve N ist der Cournotsche Punkt. Er ist der

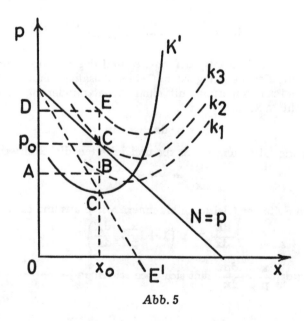

Abb. 5

Schnittpunkt einer Senkrechten auf der x-Achse, die durch den Schnittpunkt C' der Grenzerlöskurve E' und der Grenzkostenkurve _:' gezogen wird, und der Nachfragekurve. Durch die Koordination von C wird der Angebotspreis p_0 und die Angebotsmenge x_0 eines Anbieters bestimmt (bei atomistischer Konkurrenz nur die Angebotsmenge). Der Erlös wird durch das Rechteck $0p_0Cx_0$ dargestellt. *Im Cournotschen Punkt ist der Gewinn des Monopolisten am größten.* (Augustin Cournot: Recherches sur les principes mathématiques de la théorie des richesses, 1838; deutsch 1924.)

Der G e w i n n läßt sich mit Hilfe der Durchschnittskostenkurve k (Stückkostenkurve) darstellen, doch kann er auch mit Hilfe der Grenzkostenkurve K' errechnet werden, deren Integral die Gesamtkosten darstellt. Beim M o n o p o l bzw. bei monopolistischer Konkurrenz sind drei Fälle möglich (vgl. Abb. 5):

1. Die Durchschnittskurve k_1 schneidet das Lot Cx_0 unterhalb des Cournotschen Punktes, und zwar in B. Der Betrieb arbeitet in diesem Fall mit Gewinn, der durch das Rechteck Ap_0CB dargestellt wird.

2. Der fallende Ast der Durchschnittskurve tangiert im Cournotschen Punkt die Preisabsatzfunktion, in der Abbildung k_2. Der Betrieb arbeitet ohne Gewinn und ohne Verlust. Diese Situation kennzeichnet die Lage eines Betriebes bei monopolistischer Konkurrenz, wenn sich die Industrie im Gleichgewicht befindet. Es besteht keine Tendenz zur Neugründung oder zur Ausscheidung von Betrieben in dem betreffenden Wirtschaftszweig.

3. Die Durchschnittskurve k_3 schneidet das Lot Cx_0 oberhalb des Cournotschen Punktes in E. Der Betrieb arbeitet in diesem Fall mit Verlust, der durch das Rechteck p_0DEC dargestellt wird.

Der Cournotsche Punkt als gewinnmaximaler Punkt

Wird der Cournotsche Punkt durch Nachfragekurve, Grenzerlös- und Grenzkostenkurve dargestellt, so geht daraus nicht so offensichtlich hervor, daß der Cournotsche Punkt der gewinnmaximale Punkt ist. Eine solche Darstellung ist mit Hilfe der G e s a m t e r l ö s k u r v e E und der G e s a m t k o s t e n k u r v e K möglich (Abb. 6). Die Gesamterlöskurve verläuft bei geneigter Nachfragekurve parabolisch, da Menge, Preis und Grenzerlös veränderlich sind. An die Gesamterlöskurve ist nun eine Tangente zu legen, die die gleiche Steigung hat wie die Tangente, die den optimalen Kostenpunkt an der Gesamtkostenkurve K berührt (beide Tangenten laufen also parallel). Verläuft die Gesamtkostenkurve linear, so läuft die Tangente an die Gesamterlöskurve parallel zur Gesamtkostenkurve. Der M o n o p o l g e w i n n ist in unserer Abbildung (s-förmige Gesamtkostenkurve) gleich der Strecke zwischen den Optimalpunkten A und B der Kurven, es ist das G e w i n n m a x i m u m. Gleichzeitig gehen aus der Abbildung die Bereiche hervor, wo der Monopolist mit Verlust V und wo er mit Gewinn G („*Gewinnlinse*") arbeitet.

Unsere Abbildungen lassen weiterhin erkennen, daß die Bedingung E' = K' keine hinreichende Bedingung für die Gewinnmaximierung darstellt. Ein Gewinnmaximum liegt im Cournotschen Punkt nur dann vor, wenn die Steigung der Grenzkostenkurve (das ist der zweite Differentialquotient der Gesamtkostenfunktion) größer ist als die Steigung der Grenzerlöskurve (das ist der

zweite Differentialquotient der Gesamterlösfunktion), wenn also die Grenzkostenkurve steigt, die Preisabsatzkurve dagegen negativ geneigt oder eine Parallele zur Mengenachse ist.

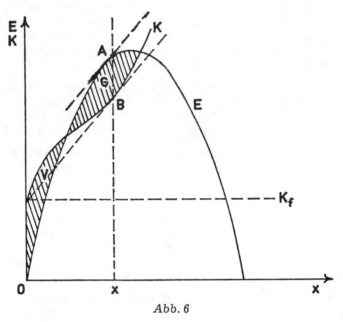

Abb. 6

Das Nachfragemonopol

Beim Nachfragemonopol steht ein einziger Nachfrager mehreren oder zahlreichen Anbietern gegenüber. Es kommt, anders als das Angebotsmonopol,
äußerst selten vor. Auch beim Nachfragemonopol sind die Preise des Produk-
tionsgutes keineswegs unabhängig vom Verhalten des Käufers. Je größer die
Menge ist, die der Nachfragemonopolist von dem einen Produktionsgut verwenden will, desto höher ist auch der Preis, den er bezahlen muß. Bei einem
bestimmten Preis kann der Nachfragemonopolist gerade die Menge des Gutes
kaufen, die diesem Preis auf der Angebotskurve seiner Lieferanten zugeordnet
ist. Diese Angebotskurve ist demnach die Bezugskurve des Nachfragemonopo-
listen, ebenso wie die Nachfragekurve der Kunden (der Käufer) die Absatzkurve des Angebotsmonopolisten ist.

Das zweiseitige Monopol

Beim zweiseitigen Monopol sind sowohl der Nachfrager als auch der Anbieter
Monopolisten. Es ist verständlich, daß hier die Preisbildung von den Machtver-
hältnissen der beiden Marktpartner abhängt. Das Schulbeispiel für das zwei-
seitige Monopol ist die Lohnbildung zwischen Arbeitgeberverband und Gewerkschaft. Dieses Beispiel zeigt, daß natürlich auch hier rein wirtschaftliche Erwägungen für die Preis- bzw. Lohnbildung maßgebend sein sollten, doch handelt es sich hierbei vornehmlich um volkswirtschaftliche und nicht um
betriebswirtschaftliche Erwägungen; denn wenn es den Gewerkschaften gelingt
überhöhte Lohnforderungen mittels Streiks durchzusetzen, so hat das inflato-
rische Effekte.

Das Oligopol

Beim *Angebotsoligopol* stehen einige wenige Anbieter einigen oder zahlreichen Nachfragern gegenüber. Die einfachste Oligopolform ist das *Dyopol,* bei dem zwei Anbieter der gesamten Nachfrage gegenüberstehen. Cournot, der als erster das Oligopol untersucht hat, bringt hierfür ein B e i s p i e l : Zwei Mineralquellen liefern gleichartiges Mineralwasser, das es sonst nirgends gibt; sie gehören zwei verschiedenen Eigentümern. Das „Gesetz der Unterschiedslosigkeit" (Stackelberg, s. oben S. 535) schließt hier eine Verschiedenheit der Verkaufspreise der beiden Dyopolisten aus. Deshalb können nur die Absatzmengen ihre Aktionsparameter sein.

Nehmen wir nun mit Cournot an (wir folgen der Darstellung Stackelbergs), daß zunächst nur der erste Dyopolist ein Angebot herausbringt, er wird jetzt ein Monopolangebot verwirklichen. Der zweite Dyopolist wird nun, wenn er auf dem Markt erscheint, so viel Mineralwasser anbieten, daß bei dem gegebenen Absatz seines Konkurrenten sein Eigenabsatz für ihn am gewinnreichsten ist. Der erste Dyopolist wird nun die Absatzmenge des zweiten als ein Datum ansehen und sein Angebot dementsprechend anpassen, worauf der zweite ebenfalls durch eine Korrektur seiner Angebotsmenge reagiert. Der Prozeß dieser gegenseitigen Anpassung setzt sich so lange fort, bis ein Punkt erreicht wird, von dem fortzurücken keiner der beiden Anbieter Veranlassung hat, sofern er den gleichzeitigen Absatz seines Konkurrenten als Plandatum ansieht. Das ist die C o u r n o t s c h e L ö s u n g des Dyopolproblems. (Über die mathematische Darstellung siehe Stackelberg, a. a. O., S. 207—218.)

Doch werden sich die Dyopolisten nicht so friedlich einander anpassen. Jeder sucht den anderen mit einem erhöhten Angebot zuvorzukommen und seine „Unabhängigkeit" auf den Markt zu bringen. Es entsteht ein Machtkampf mit Verlusten („B o w l e y s c h e s D y o p o l").

IV. Die Preispolitik bei atomistischer Konkurrenz

Erlöskurven und Gewinn

Bei der atomistischen Konkurrenz ist die Nachfragekurve (Preisabsatzfunktion) eine Parallele zur Mengenachse, d. h. der Anbieter hat keine Möglichkeit, durch Änderung der angebotenen Mengen den Preis zu beeinflussen. Er kann nur

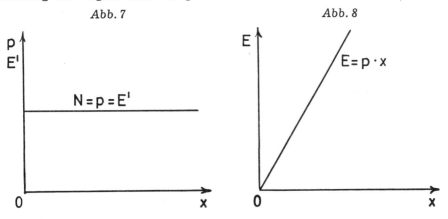

Abb. 7   Abb. 8

„Mengenanpassung" betreiben. Die Nachfragekurve ist gleich der Grenzerlöskurve (s. Abb. 7). Die Gesamterlöskurve E = f(x) verläuft deshalb linear steigend vom Nullpunkt (s. Abb. 8).

Die entsprechenden Gleichungen sind:

Erlös   = Preis · Menge; E = p · x

Erlösfunktion: E = f(x); siehe Abb. 8

Grenzerlös   = Preis; E' = p; siehe Abb. 7

Da bei atomistischer Konkurrenz die Grenzerlöskurve und die Absatzkurve N zusammenfallen, ist der Cournotsche Punkt (vgl. Abb. 9) der Schnittpunkt der Absatzkurve N und der Grenzkostenkurve K', d. h. C und C' fallen zusammen.

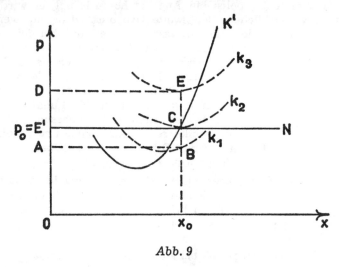

Abb. 9

Der Gewinn bei atomistischer Konkurrenz kann ebenfalls mit Hilfe der Durchschnittskosten dargestellt werden (s. Abb. 9). Dabei sind wiederum die drei Fälle möglich wie beim Monopol (s. oben):

1. Die Durchschnittskostenkurve k_1 schneidet das Lot Cx_0 unterhalb der Absatzkurve, der Betrieb arbeitet mit Gewinn, der durch das Rechteck Ap_0CB dargestellt wird.

2. Der fallende Ast der Durchschnittskostenkurve k_2 tangiert in C (Cournotscher Punkt) die Absatzkurve N. Der Betrieb arbeitet ohne Gewinn und ohne Verlust.

3. Die Durchschnittskostenkurve k_3 schneidet das Lot Cx_0 oberhalb von C; der Betrieb arbeitet mit Verlust, der durch das Rechteck p_0DEC dargestellt wird.

Das langfristige Gleichgewicht einer Industrie bei atomistischer und monopolistischer Konkurrenz unterscheidet sich dadurch, daß bei atomistischer Konkurrenz die Betriebe langfristig im Minimum der Durchschnittskosten produzieren, während die Betriebe bei monopolistischer Konkurrenz langfristig links vom Minimum der Durchschnittskosten produzieren. Die Kapazitäten sind also im zweiten Fall nicht voll ausgenutzt. Mit der unteroptimalen Auslastung der Kapazitäten bei monopolistischer Konkurrenz läßt sich theoretisch z. B. die Unwirtschaftlichkeit des Handels erklären.

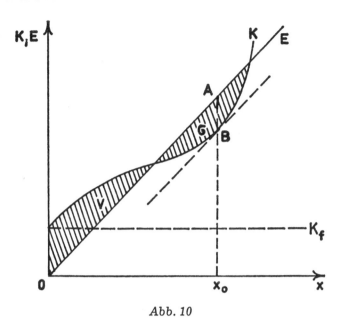

Abb. 10

Das Gewinnmaximum

Zur Bestimmung des Gewinnmaximums benutzen wir wieder (wie beim Monopolisten — Abb. 6) die Gesamtkostenkurve und die Gesamterlöskurve (Abb. 10), die hier aber linear verläuft, da Preis und Grenzerlös konstant (unbeeinflußbar) sind. Die Gesamtkostenkurve wird als s-förmig angenommen. (Das Verhältnis der Kurven zueinander ist das gleiche wie in Abbildung 6.) Dort, wo die Erlöskurve unter der Gesamtkostenkurve liegt, befindet sich der Betrieb in der Verlustzone, dort wo sie darüber liegt, in der Gewinnzone („Gewinnlinse"). Das Gewinnmaximum liegt dort, wo die Tangente an die Gesamtkostenkurve parallel zur Gesamterlöskurve verläuft, da dort der vertikale Abstand der beiden Kurven am größten ist (Strecke AB).

Bei l i n e a r e m   V e r l a u f   d e r   G e s a m t k o s t e n k u r v e, bei der es weder Degression noch Progression gibt, nehmen die Gewinne gleichmäßig zu und erreichen ihr Maximum an der Kapazitätsgrenze.

V. Das Problem der Preisdifferenzierung

Begriff der Preisdifferenzierung

Unter Preisdifferenzierung versteht man den *Absatz eines Gutes* (Ware, Dienstleistung) von gleicher Qualität auf den einzelnen „Elementarmärkten" *zu verschiedenen Preisen.* H. v. Stackelberg versteht unter E l e m e n t a r m ä r k t e n

die einzelnen vollkommenen Teilmärkte eines unvollkommenen Gesamtmarktes
für ein Gut. Der Inlands- und Auslandsmarkt sind z. B. zwei „Elementarmärkte"
für ein Produkt. Preisdifferenzierung treibt auch ein Arzt, der die Honorare
nach dem Einkommen der Patienten staffelt; hier bildet jede Patientenschicht,
die das gleiche Honorar zahlt, einen „Elementarmarkt". Preisdifferenzierung
finden wir auch bei der Eisenbahn mit ihren Sozialtarifen. Man spricht auch
vielfach statt von Elementarmärkten von „*Käuferschichten*".

Die Preisdifferenzierung sucht die verschieden große Nachfrage-Reaktion auf
den einzelnen Elementarmärkten auszunutzen. Das Ziel ist die „A b s c h ö p -
f u n g   d e r   K o n s u m e n t e n r e n t e n" (Marshall); da der Wohlhabende
ein höheres Arzthonorar zu zahlen bereit ist, erzielt der Arzt eine Konsumenten-
rente. Die Preisdifferenzierung führt fast immer zu einem größeren Umsatzgewinn als die Preisgleichheit, d. h. bei einem Einheitspreis, doch nicht notwendig zu einer größeren Absatzmenge, so wird der preisdifferenzierende Arzt
wohl kaum mehr Dienstleistung „absetzen". Man spricht von „p e r f e k t e r
P r e i s d i f f e r e n z i e r u n g" (Arthur C. Pigou), wenn auf jedem Elementarmarkt der höchst erzielbare Preis gefordert wird. — Wir wollen die Wirkung
der Preisdifferenzierung an einem *Beispiel* veranschaulichen, in dem auf jedem
der sieben Elementarmärkte 10 t zu einem jeweils um 1 DM je Tonne niedrigeren Preis abgesetzt werden.

Beispiel für eine Preisdifferenzierung

Preis	Menge	Erlös bei Preisgleichheit	Erlös auf Elementar-Markt	
			je Element.-Markt	gesamt
DM	t	DM	DM	DM
7	10	70	70	70
6	20	120	60	130
5	30	150	50	180
4	40	160	40	220
3	50	150	30	250
2	60	120	20	270
1	70	70	10	280

Bei Preisgleichheit (gleicher Preis für alle Käufer) beträgt der höchste Erlös
160 DM und gilt für einen Preis von 4 DM und eine Absatzmenge von 40 t. Bei
siebenfacher Preisdifferenzierung werden 70 t abgesetzt und bringen einen
Erlös von 280 DM.

Arten der Preisdifferenzierung

Man unterscheidet folgende Arten der Preisdifferenzierung:

1. Räumliche Preisdifferenzierung:

Die Elementarmärkte sind räumlich getrennt. Wichtigstes Beispiel ist das
Dumping: Die Nachfrage ist im Inland meist unelastischer als im Ausland. Im
Inland hat der Monopolist häufig eine Marktherrschaft, die er auf dem Aus-
landsmarkt infolge der Konkurrenz nicht hat. Deshalb wird der Auslandspreis

in diesem Fall unter dem Inlandspreis festgesetzt. Das Dumping kann immer nur durch einen Monopolisten, z. B. durch ein Preiskartell, betrieben werden.

2. Zeitliche Preisdifferenzierung:

Die Elementarmärkte liegen zeitlich auseinander: z. B. höhere Hotelpreise in der Saison, „Sonntagspreise" in Gaststätten.

3. Personelle Preisdifferenzierung:

Die Elementarmärkte bestehen aus verschiedenen Personen oder Personengruppen. Wichtigstes Beispiel: Die Tarifpolitik der Eisenbahnen. Der sogenannte Werttarif ist in seinen verschiedenen Ausprägungen ein typisches Beispiel für die personelle Preisdifferenzierung entsprechend der Belastbarkeit der Nachfrage (Stackelberg). Auch der Funktionsrabatt (er wird differenziert z. B. nach Großhandel, Einzelhandel) gehört hierzu.

4. Preisdifferenzierung nach Absatzmengen:

Auf den einzelnen Elementarmärkten werden verschieden große Absatzmengen verkauft. Es handelt sich hierbei freilich meist um Produktdifferenzierung (keine Preisdifferenzierung!); denn Großaufträge erfordern geringere Kosten (Mengenrabatt).

5. Preisdifferenzierung nach dem Verwendungszweck:

Die Elementarmärkte sind je nach Verwendungszweck des angebotenen Gutes verschieden, z. B. ist Alkohol als denaturierter Spiritus für Industriezwecke wesentlich billiger als zur Herstellung von Spirituosen; Haushaltsstrom ist teurer als Industriestrom (Großabnehmer); Markenartikel werden häufig ohne „Marke" und in anderer Verpackung zu niedrigeren Preisen auf anderen Absatzwegen (z. B. über Warenhäuser, Filialbetriebe) vertrieben.

Voraussetzungen der Preisdifferenzierung

Preisdifferenzierung ist nur bei einer konjekturalen Preis-Absatz-Beziehung möglich. Der Mengenanpasser hat ja auf den Preis keinen Einfluß. Weiterhin dürfen in vielen Fällen die Elementarmärkte keine Berührung miteinander haben, da sonst ein Austausch zwischen den einzelnen Elementarmärkten stattfindet und die Preisdifferenzierung zunichte macht.

VI. Die Preispolitik in der betrieblichen Praxis

1. Die Berechnung des erzielbaren Preises nach Eugen Schmalenbach[1])

Elastische Preispolitik

Der nach dem Kostenprinzip errechnete Preis — der „Kostenpreis" — ist eine Funktion der Kosten, d. h. mit der Änderung der Kosten ändert sich auch der Preis:

$$\text{Preis} = \text{Kosten} + \text{Gewinnzuschlag}$$

---

[1]) Schmalenbach, Kostenrechnung und Preispolitik, 8. Aufl. 1963, insbes. S. 486 ff.

Nun entspricht der Marktpreis keineswegs immer dem Kostenpreis. Denn der Marktpreis wird grundsätzlich von Angebot und Nachfrage bestimmt. In der Regel wird nur bei solchen Produkten, die keinen allgemeinen Marktpreis haben, der Kostenpreis gleich dem Marktpreis sein; das sind Produkte, die einen hohen Grad von Vielgestaltigkeit und minderer Massenhaftigkeit zeigen. Die Anpassung der Kostenpreise an die Marktpreise ist die Aufgabe der Preispolitik der Unternehmung.

Eine Unternehmung, die mehrere Erzeugnisse herstellt, geht bei der Aufstellung der Preisliste zwar von den Selbstkosten aus, aber die Anpassung an den Markt geschieht in der Regel durch den G e w i n n z u s c h l a g. Die Höhe des Gewinnzuschlags wird vielfach nach den Preisen der Konkurrenz ausgerichtet. Dabei wird bei einzelnen Waren der Gewinnzuschlag prozentual höher, bei anderen wird er niedriger festgelegt. In diesem Fall ist auch die S p a n n u n g d e r G e w i n n z u s c h l ä g e zu berücksichtigen. Fallen die Preise oder wird der Auftragsbestand zu groß, so wird der Gewinnzuschlag verändert. Das geschieht innerhalb gewisser Grenzen durch A u f s c h l ä g e (Teuerungszuschläge) und A b s c h l ä g e (Rabatte).

Sinken die Preise bis nahe an die Selbstkosten, dann werden vielfach die Selbstkosten „nochmals durchkalkuliert", d. h. die Selbstkosten werden revidiert, um etwaige „Reserven" aus den Selbstkosten „herauszurechnen".

Bei der Errechnung des erzielbaren Preises spielen also theoretische Erörterungen keine ausschlaggebende Rolle; entscheidend sind vielmehr die Gewohnheiten derjenigen, die jeweils auf den Preis eine maßgebliche Wirkung haben, das sind die Konkurrenten. Aus diesen Erwägungen heraus fordert Schmalenbach, daß ein Betrieb eigentlich verschiedene Kostenrechnungen nebeneinander führen müsse; eine zur Berechnung des erzielbaren Preises, eine zur Berechnung der Preisuntergrenze und gegebenenfalls noch andere.

Die *wichtigsten Voraussetzungen* einer erfolgreichen Preispolitik sind deshalb:

1. die Kenntnis der eigenen Selbstkosten;
2. die Kenntnis des erzielbaren Marktpreises;
3. die Kenntnis der Preisuntergrenze;
4. die Kenntnis der Kosten- und Absatzverhältnisse bei Konkurrenzbetrieben;
5. die Kenntnis der allgemeinen Wirtschaftslage und der Nachfragekurve;
6. die Kenntnis der eigenen Produktionsstruktur; man muß wissen, wo der Betrieb leistungsfähig und wo er schwach ist.

Reine Ausgabenrechnung oder Betriebswertrechnung (Grenzwertrechnung)

Schmalenbach wirft auch die Frage auf, ob der erzielbare Preis mit der einfachen Ausgabenrechnung oder mit der Betriebswertrechnung errechnet werden soll. Unter der reinen A u s g a b e n r e c h n u n g versteht er eine Kostenrechnung, in der die tatsächlich gemachten Ausgaben oder Anschaffungskosten für die beim Fertigungsprozeß verbrauchten Güter und Dienste eingesetzt werden. Die B e t r i e b s w e r t r e c h n u n g dagegen geht vom „Betriebswert" aus. Der B e t r i e b s w e r t kann ein *Grenzkostensatz* oder ein *Grenznutzensatz* sein. *Grenzkosten* sind die „Kosten, die bei Mehrbedarf zusätzlich entstehen bzw. bei Minderbedarf zusätzlich wegfallen". Unter *Nutzen* versteht Schmalenbach „die Summe, die man im Höchstfall für einen Gegenstand anlegen kann, also den Kostenbetrag, bei dessen Überschreitung der Unternehmer es vorzieht, auf die Beschaffung bzw. Produktion zu verzichten". Der *Grenznutzen* ist der zusätzliche Nutzwert einer weiteren Verwendungseinheit. Sinkt z. B. der Gewinn bei der Herstellung eines Produkts infolge steigender Rohstoffpreise, so sinkt der Grenznutzen. Sinkt er auf Null, so ist der Gewinn so niedrig, daß die Produktion des Artikels eingestellt werden sollte. Die Grenzkosten sind der Betriebswert, solange überhaupt der Betriebswert von der Kosten- und nicht von der Nutzenseite her bestimmt wird, solange also, wie es möglich ist, die Beanspruchung der verbrauchenden Betriebe durch Produktion zu befriedigen. Der Grenznutzensatz ist anzuwenden, wenn die Produktion irgendwie gehemmt wird und der Bedarf der verbrauchenden Betriebe trotzdem weiter steigt.

Der H a u p t u n t e r s c h i e d zwischen der Ausgabenrechnung und Betriebswertrechnung tritt nach Schmalenbach im Stadium der K o s t e n d e g r e s s i o n ein. Da die Unternehmung, die mit Betriebswerten rechnet, die *fix wirkenden Kosten bei ihrer Kalkulation unberücksichtigt* läßt, kommt sie mit ihren Angeboten hinsichtlich des Selbstkostenpreises billiger heraus, hat aber den Unterschied durch Bruttogewinnzuschläge, die auch die fixen Kosten berücksichtigen, auszugleichen. Sie ist also *in ihren Preisforderungen beweglicher* als die Unternehmung, die die fix wirkenden Kosten in die Selbstkosten einrechnet. Die Ausgabenrechnung führt notwendigerweise zu bürokratischer Handhabung, und das gerade ist in Zeiten der Depression ein großes Übel.

Verwendung eines konstanten Gewinnzuschlags

S c h m a l e n b a c h hat auch die Frage aufgeworfen, ob eine Unternehmung zur Ermittlung des erzielbaren Preises auf die ermittelten Durchschnittskosten einfach einen konstanten Gewinnzuschlag, ausgedrückt in Prozenten der Stückkosten, berechnen könne. Er lehnt diese Methode ab, weil der zugeschlagene Gewinn eine veränderliche Größe sei, mit der die Unternehmung sich an den erzielbaren Marktpreis heranfühle.

G u t e n b e r g (Grundlagen, a. a. O. Bd. II, 15. Aufl. 1976) hat die Auswirkungen eines solchen Verfahrens in einem Kurvendiagramm dargestellt und konnte nachweisen, daß eine Unternehmung ihr Gewinnmaximum verfehlt, wenn sie ihre Preise streng auf der Basis Stückkosten + einem konstanten prozentualen Gewinnzuschlag stellt. Die Größe der Abweichung von dem maximal möglichen Gewinn hängt von der Höhe des Zuschlagssatzes ab. Schmalenbach fordert sogar, wie bereits dargestellt, daß bei der Preisermittlung von den *Grenzkosten* auszugehen sei. Das setzt natürlich eine atomistische Konkurrenz auf einem vollkommenen Markt voraus, wo die Nachfragekurve parallel zur Mengenachse verläuft (vgl. oben Abb. 7 S. 549). „Die Ausbringung, bei der die Bedingung Grenzkosten gleich Preis gilt, ist im übrigen nur dann mit dem Kostenoptimum (Ausbringung zu niedrigsten Stückkosten) identisch, wenn die Bedingung erfüllt ist, daß Grenzkosten = Preis = Durchschnittskosten sind" (Gutenberg, a. a. O. II, S. 350).

2. Die Berechnung der Preisuntergrenze

„Wirtschaftsprinzip" und „Gerechtigkeitsprinzip" Schmalenbachs

Die Berechnung des erzielbaren Preises und die Berechnung der Preisuntergrenze haben nach Schmalenbach einen ganz verschiedenen Zweck. Die E r -
m i t t l u n g   d e s   e r z i e l b a r e n   P r e i s e s soll einen Schluß von den eigenen auf die Selbstkosten der Konkurrenz zulassen. Die B e r e c h n u n g   d e r
P r e i s u n t e r g r e n z e dagegen betrachtet die eigenen Selbstkosten nicht als
Maßstab, sondern als entscheidenden Rechnungsgegenstand. Sie gewinnt eine
besondere Bedeutung dann, wenn der Preis an die Untergrenze nahe heran-
rückt, also bei schlechter Konjunktur. Die Preisuntergrenze wird nach den
Regeln der Betriebswertrechnung ermittelt, also nach den Grenzkosten oder
dem Grenznutzen. Schmalenbach erläutert das Verfahren an dem bekannten
B e i s p i e l   v o m   S t e i n b r u c h :

Ein Steinbruch fördert täglich 200 t Steine; die Kosten je Tonne betragen 4 DM.
Die Tagesförderung wird nunmehr auf 250 t erhöht. Infolge der dadurch her-
vorgerufenen (sprunghaften) Kostenprogression (Abbau an ungünstigen Stellen,
Fuhrwerktransport statt Gleisbeförderung usw.) steigen die Kosten für die
weiteren 50 Tonnen auf 5,50 DM je Tonne. Die Kosten sind demnach:

$$
\begin{array}{lll}
200 \text{ Tonnen} & 800,\!- \text{ DM} & = 4,\!- \text{ DM durchschnittlich} \\
250 \text{ Tonnen} & 1075,\!- \text{ DM} & = 4,30 \text{ DM durchschnittlich} \\
\hline
50 \text{ Tonnen} & 275,\!- \text{ DM} & = 5,50 \text{ DM Grenzkosten}
\end{array}
$$

Der bisherige Preis von 5 DM muß nach Schmalenbach für die gesamte Produktion auf mindestens 5,50 DM erhöht werden. Es ist nach Schmalenbach
p r i v a t w i r t s c h a f t l i c h falsch, bei der Überschreitung von 200 Tonnen
Tagesproduktion weniger als 5,50 DM zu fordern. Es wäre aber auch nach
Schmalenbach g e s a m t w i r t s c h a f t l i c h falsch, weniger zu fordern; denn
wenn die Steine unter 5,50 DM veräußert werden, so werden Verbraucher herangezogen, deren Nutzwert nicht 5,50 DM erreicht, und es tritt eine Güterver-
schleuderung ein. Daraus folgert nun Schmalenbach das „Wirtschaftsprinzip":

*Der Verkäufer muß sowohl vom privatwirtschaftlichen als auch vom gesamt-
wirtschaftlichen Standpunkt für seine Leistungen die Grenzkosten kalkulieren.*
Die Ansicht S c h ä r s , der für eine Preisdifferenzierung eintritt, lehnt Schmalenbach ab. Wenn der Beschäftigungsgrad so ist, daß der Betrieb i n   p r o -
g r e s s i v e   K o s t e n hineinkommt, dann muß nicht nur der letzte Besteller,
sondern genauso jeder alte Besteller durch entsprechende Preisstellung veranlaßt werden, die Steine nur zu gebrauchen, wenn für ihn ein Nutzwert von
5,50 DM dabei herauskommt.

Umgekehrt sind aber auch bei fallender Beschäftigung, also im Stadium der
K o s t e n d e g r e s s i o n , die Grenzkosten die Preisuntergrenze. Da in diesem
Fall die Durchschnittskosten über den Grenzkosten liegen, arbeitet der Betrieb
mit V e r l u s t .

Nach Schmalenbach gilt dieses „Wirtschaftsprinzip" nur unter einer bestimmten
Voraussetzung: „Nur wer dem Grundsatz folgt, daß die Preise in erster Linie
dazu da sind, den höchsten Grad der Gesamtwirtschaftlichkeit zu sichern, kann

sich mit dem oben entwickelten Kalkül befreunden." Da aber dieses „Wirt-schaftsprinzip" häufig zu überhöhten Gewinnen und überhöhten Verlusten führt, kann es mit einer gewissen Berechtigung als ungerecht abgelehnt und ein „gerechter Preis" gefordert werden. Doch wer dieses „Gerechtigkeitsprinzip" vertritt, muß sich darüber klar sein, „daß man bei diesem Grundsatz des ‚ge-rechten' Preises nicht zu einer optimalen Wirtschaft gelangen kann. In Zeiten der Unterbeschäftigung wird eine Nachfrage befriedigt, die während der Dauer der Überbeschäftigung zur Ruhe verwiesen werden müßte. Und in den Zeiten der Unterbeschäftigung kommt ein latenter Bedarf, der wirtschaftlicherweise befriedigt werden könnte, nicht zum Zuge" (a. a. O., S. 287 f.).

Ausnahmsweise kann aber auch der Betrieb nach Schmalenbach u n t e r d e n G r e n z k o s t e n verkaufen, nämlich dann, wenn es darum geht, die Unter-nehmung vor endgültiger Stillegung zu bewahren und sie nach Überwindung einer kurzen und schweren Depression wieder in Gang zu bringen.

Die Staffelkalkulation von F. Schmidt

Fritz Schmidt fordert ein anderes Verfahren, um zu erreichen, daß der Betrieb immer möglichst nahe dem Punkt geringster Kosten arbeitet[2]). Man kann nach ihm diesen Punkt für den Gesamtbetrieb n i c h t mittels einer reinen D u r c h s c h n i t t s k a l k u l a t i o n , sondern nur mit einer S t a f f e l k a l -k u l a t i o n errechnen, die den Betrieb in verschiedene Beschäftigungsschich-ten zerlegt. Doch genügt nach Schmidt keine Gesamtstaffelkalkulation, sondern nur eine Einzelstaffel für jede Kostenart, weil nur sie zeigt, ob für alle Kosten-teile auch gerade der günstigste Beschäftigungsgrad besteht. Wenn der Kosten-teil 1 bei einem Umsatz von 100 Stück, der Kostenteil 2 bei 200 Stück und 3 bei 250 Stück die geringsten Kosten aufweist, so wird der Gesamtbetrieb zwar auch noch einen Punkt minimaler Kosten zeigen, aber da die Einzelkostenteile bei ganz verschiedener Beschäftigung ihre geringste Kostenwirkung erreichen, wird der Kostenteil 1 schon lange progressive Kosten verursachen, ehe 2 und 3 ihren günstigsten Beschäftigungsgrad aufweisen. Seinem K a l k u l a t i o n s -b e i s p i e l legt er zugrunde, daß die veränderlichen Kosten pro Stück 10 DM,

Kalkulationsbeispiele der Staffelkalkulation

a) Produzierte Stückzahl	1	2	4	6	8	10	11	12	14	16	18	20
b) Proportionale Periodenkosten	10	20	40	60	80	100	110	120	140	160	180	200
c) Fixe Periodenkosten	100	100	100	100	100	100	200	200	200	200	200	200
d) Gesamt-Periodenkosten	110	120	140	160	180	200	310	320	340	360	380	400
e) Durchschnittliche Stückkosten	110	60	35	26,6	22,5	20	28,7	26,9	24,3	22,5	21,1	20
f) Kosten des jew. letzten Stückes („Grenzkosten")	110,-	10,-	10,-	10,-	10,-	10,-	110,-	10,-	10,-	10,-	10,-	10,-

---

[2]) F. Schmidt, Kalkulation und Preispolitik, Berlin 1930, S. 103 ff. — Ders., Allg. Betriebswirtschaftslehre, in Handelshochschule, 3. Aufl. 1952, Bd. 2, S. 258 ff.

die festen Kosten der Anlage 100 DM und die normale Beschäftigung 10 Stück pro Tag betragen; weiter nimmt er an, daß feste Anlagen und sonstige Kosten der Betriebsbereitschaft mit starrer Kostenwirkung einerseits und festen Stückkosten von je 10 DM pro Stück zugleich auftreten. Bei der Produktion von 10 Stück ist die Kapazität der Anlage erreicht, bei weiterer Erhöhung der Produktion muß die Anlage verdoppelt werden.

Als Ergebnis zeigt Zeile e der Tabelle ein allmähliches Sinken der durchschnittlichen Stückkosten von 110 auf 20 bei einem Umsatz von 10 Stück. Dann erfolgt ein Sprung nach oben, weil die Anlage verdoppelt werden muß, und nun sinken die Kosten wieder auf 20 bei einem Umsatz von 20 Stück. Man kann den Punkt minimaler Kosten wohl erkennen, doch weiß man nicht, ob man noch mit Nutzen über 10 bzw. 20 Stück hinaus produzieren darf.

Entscheidend für die Beurteilung der Staffelkalkulation ist die Z e i l e f: Grenzkosten. Wie die Tabelle zeigt, muß bei der Ausdehnung des Umsatzes von 10 auf 11 Stück eine Parallelanlage angeschafft werden, die das 11. Stück allein mit ihren Kosten von 100 DM + 10 DM Stückkosten belastet. Bei 12 Stück können wir uns diese Erweiterungskosten auf die zusätzlichen 2 Stück verteilt denken, so daß jedes 60 DM Kosten verursacht. Hier zeigt sich der Wert solcher Staffelrechnung deutlich. Einmal ersehen wir, daß, falls die Anlage besteht, *jeder Absatz über 1 Stück hinaus schon Vorteile bringt, wenn man einen Preis erzielt, der über den proportionalen Kosten liegt.* Besonders aufschlußreich ist der Einblick in die Kostengestaltung beim Übergang des Umsatzes von 10 auf 12 Stück. Die Durchschnittsberechnung zeigt bei einer Produktion von 10 Stück durchschnittliche Stückkosten von 20 DM, bei einem Umsatz von 12 Stück dagegen 26,90 DM durchschnittliche Stückkosten. Nach diesen Zahlen müßte es noch gewinnversprechend sein, die Produktion auf 12 Stück zu erhöhen, wenn ein Preis von etwa 30 DM erzielt werden könnte. Die Staffelkalkulation dagegen zeigt deutlich, daß die beiden letzten Stücke je 60 DM Kosten verursachen. Wir würden an jedem dieser Stücke 33 DM verlieren, wenn wir sie herstellten.

Richtige Preispolitik und richtige Anlagenpolitik ist nach Schmidt nur auf Grund der Staffelkalkulation möglich, die die Kostengestaltung für jedes Einzelstück bei verschiedenem Beschäftigungsgrad zeigt. Nur bei ihr ist eindeutig sichtbar, ob nicht die letzten Stücke bereits Verluste bringen, ob nicht eine Veränderung der Nachfrage im Markt auch eine Änderung der Anlagen notwendig macht.

Über *F. Schmidts* „organische Betriebswirtschaftslehre" siehe unten S. 909 ff.

Problem im Kurvendiagramm

Gutenberg hat das Grenzkostenprinzip in der Theorie der Preisbildung mathematisch im Kurvendiagramm dargestellt und untersucht (a. a. O., II, S. 350 f.). Er unterstellt zunächst, daß es ein richtiger preispolitischer Grundsatz sei, zu erreichen, daß die Betriebe im Bereich kostenminimaler Ausbringung produzieren, und prüft dann die Frage, ob nach der These Schmalenbachs und Schmidts die Preisbestimmung auf der Grundlage von Grenzkosten die Unternehmung aus der Zone der Überbeschäftigung bzw. der Unterbeschäftigung herausbrächte und zum günstigsten Betriebserfolg durch Vollbeschäftigung

führe. Er untersucht dabei den funktionalen Zusammenhang zwischen Grenzkostenkurve und Nachfragekurve und stellt fest: „Solange der durch den Grenz-
kostenverlauf eines Betriebes bestimmte Angebotspreis nicht mit dem zu der
gleichen Preismenge gehörenden Preis der Nachfragekurve (Nachfragepreis)
übereinstimmt, werden von dem Unternehmen entweder Kunden abwandern,
oder es werden ihm Kunden zuströmen. Hieraus folgt, daß eine Gleichgewichts-
lage nur dann eintreten kann, wenn der Angebotspreis (Grenzkosten) gleich
dem Nachfragepreis ist. Geometrisch gesehen, ist das nur im Schnittpunkt zwischen der Grenzkostenkurve und der Nachfragekurve der Fall." Die Kurven
des Diagramms (a. a. O., Abb. 76) lassen erkennen, daß der Preisbildungsprozeß
bei der Absatzmenge allmählich ein Gleichgewicht erreicht, „bei der die Grenzkosten gleich dem Preis (Nachfragepreis) sind. Das Optimum (Kostenminimum),
das preispolitisch angestrebt wird, wird also nicht erreicht. Nur für den Fall,
daß die Nachfragekurve zufällig durch das Kostenminimum geht und einen
relativ steilen Verlauf aufweist, läßt sich mit Hilfe der Preispolitik auf Preis-
kostenbasis eine Beschäftigung im Kostenminimum erreichen" (a. a. O., S. 352).
Doch können die G r e n z k o s t e n die P r e i s u n t e r g r e n z e bilden, wenn
bei der Hereinnahme eines zusätzlichen Auftrages zu niedrigerem Preis die
Preise der übrigen Aufträge nicht beeinflußt werden. Drückt jedoch der Preis
des zusätzlich hereingenommenen Auftrages die Preise der übrigen Aufträge,
so muß nach Gutenberg der Preis des zusätzlichen Auftrages nicht nur seine
Grenzkosten, sondern auch die Erlösminderung, die durch den Rückgang des
Preises für die bisherigen Aufträge verursacht wird (bezogen auf eine Einheit
des zusätzlichen Auftrages), decken. Nur wenn dies der Fall ist, wird das Unternehmen zweckmäßigerweise den zusätzlichen Auftrag ausführen.

3. Preisermittlung unter Anwendung von Wiederbeschaffungspreisen

Ein Problem, das bis heute noch nicht ganz zur Ruhe gekommen ist, ist die
Frage, ob bei der Preisermittlung die Einzelkosten zu den Anschaffungswerten
oder den Wiederbeschaffungspreisen anzusetzen seien. F. S c h m i d t , der dieses Problem als erster eingehend untersucht und daraus seine o r g a n i s c h e
B e t r i e b s a u f f a s s u n g entwickelte, fordert, daß die Kostenwerte mit dem
Preis des Beschaffungsmarktes am Umsatztag (Wiederbeschaffungspreis, Tageswert) zu rechnen seien[3]).

Steigen die Anschaffungspreise der Kostenteile zwischen Anschaffungs- und
Umsatztag, so argumentiert Schmidt, dann wird durch die Kostenrechnung mit
dem Wiederbeschaffungspreis ein kleinerer Gewinn ausgewiesen als bei der
Rechnung mit Anschaffungswerten, die einen *Scheingewinn* ermitteln würde.
Man behält genügend Kaufkraft zurück, um den Betrieb und das Vermögen zu
erhalten. Man wird dann auch nicht in Versuchung geführt, den Betrieb übermäßig zu erweitern, weil die Rentabilitätsrechnung zeigt, daß Neukapital kaum
Überschüsse erbringen kann. Die Preise werden vielleicht höher sein als bei
der Rechnung mit Anschaffungswerten, aber dadurch wird ein übermäßiger und

---

[3]) F. Schmidt, Kalkulation und Preispolitik, 1930. — Ders., Betriebswirtschaftliche
Konjunkturlehre, 1933. — Ders., Die organische Tageswertbilanz, 4. Aufl. (1951). —
Siehe auch unten S. 783 ff. und 909 ff.

auf die Dauer nicht aufrechtzuerhaltender Absatz vermieden. Die geringere Gewinnausschüttung mindert auch die Kaufkraft der Konsumenten und die Preissteigerung. Die finanzielle Lage der Unternehmung bleibt im Gleichgewicht, weil aus den Beträgen für Kostenersatz alle Neuanschaffungen gleichen Ausmaßes finanziert werden können (Näheres siehe unten S. 783 ff.).

Sinken die Anschaffungspreise im Beschaffungsmarkt zwischen Anschaffungstag und Umsatztag, so wird wiederum die Errechnung von *Scheinverlusten* vermieden, wenn mit dem Wiederbeschaffungspreis gerechnet wird; denn die Kostenbeträge, welche dem Erlös gegenüberstehen, sind geringer als die des Anschaffungstages. Folglich ergibt die Rechnung mit Wiederbeschaffungspreisen einen höheren Gewinn, der häufig den Anlaß zu Betriebseinschränkungen beseitigen oder mindern wird und dadurch Arbeitslosigkeit vermeidet. Da nach voller Erhaltung von Betrieb und Vermögen der ausgeschüttete Gewinn größer ist, wird auch die Überliquidität der Krise vermieden, und die Produkte sind leichter absetzbar, weil die Empfänger des größeren Gewinnbetrages imstande sind, zu den an sich billigen Preisen mehr zu kaufen.

Die Differenz zwischen dem Anschaffungswert und dem Wiederbeschaffungspreis ist nach Schmidt „*Wertänderung am ruhenden Vermögen*". In der Betriebswirtschaftslehre besteht heute wohl nahezu Einheitlichkeit darin, daß diese Wertänderungen am ruhenden Vermögen nicht Teil des Betriebs- oder Umsatzgewinnes sein können, daß also Schmidts These grundsätzlich richtig ist.

Nach G u t e n b e r g hängt jedoch die Frage, ob die *substantielle Kapitalerhaltung* tatsächlich mit Hilfe der Preispolitik erreicht werden kann, von der Elastizität des Absatzes und dem preispolitischen Verhalten der Konkurrenzbetriebe ab. „Wie sich die Gewinnlage der Unternehmungen als Folge effektiver oder vorgelagerter Kostenverschiebungen verändert, hängt einzig und allein von Form und Lage der Absatzkurven ab. Es ist deshalb durchaus möglich, daß sich auch bei einer Preisstellung auf Basis der Wiederbeschaffungskosten ein Verlust ergibt, und zwar ein echter Verlust im Sinne des Prinzips der substantiellen Kapitalerhaltung. Jedenfalls ist es ausgeschlossen, daß sich lediglich mit Hilfe preispolitischer Maßnahmen eine Substanzerhaltung erzwingen läßt, ohne daß der Markt die notwendigen Voraussetzungen dafür bietet." (Gutenberg, a. a. O., Bd. 2, 15. Aufl. 1976, S. 356.)

4. Preispolitik bei Mehrproduktbetrieben

In der Regel wird von einer Unternehmung nicht nur *ein* Erzeugnis, sondern es werden *mehrere* hergestellt bzw. verkauft. Die Preispolitik steht hier vor einem besonderen Problem. Es ist durchaus möglich, aber keineswegs die Regel, daß die Preise der einzelnen Produkte nicht nur die zurechenbaren Kosten, sondern auch einen ihnen extra entsprechenden Anteil der nicht direkt zurechenbaren Kosten (Gemeinkosten) decken. Meist wird jedoch ein Teil der Produkte außer den direkt zurechenbaren Kosten auch sämtliche oder einen unverhältnismäßig hohen Anteil der Gemeinkosten tragen, während andere Produkte nur mit den direkt zurechenbaren Kosten und einem unverhältnismäßig geringeren Anteil an den Gemeinkosten belastet werden.

Die Kalkulationsprinzipien

Die Kalkulation wird je nach ihrem Zweck von zwei verschiedenen Prinzipien bestimmt: dem *Verursachungsprinzip* (K o s t e n p r i n z i p) und dem *Trag-fähigkeitsprinzip* oder *Deckungsbeitragsprinzip* (W e r t p r i n z i p). Sollen die S e l b s t k o s t e n eines Produktes ermittelt werden, so folgt die Kalkulation in der Regel dem Verursachungsprinzip; wird dagegen der e r z i e l b a r e P r e i s gesucht, so ist das Tragfähigkeitsprinzip entscheidend. Die Kalkulation hat in diesem Fall die Frage zu beantworten: Welche Kosten können im Preis welcher Produkte durch einen entsprechenden „*Deckungsbeitrag*" untergebracht werden? Die Kalkulation dient dann der betrieblichen Preispolitik. Das Verfahren ist die *Grenzkostenrechnung* (s. unten S. 850 f.).

Die Abweichungen der Kostenpreise von den Angebotspreisen werden keineswegs immer vom Markt erzwungen, sie werden sehr häufig aus den verschiedensten Gründen auch b e w u ß t vorgenommen: Der Betrieb verzichtet bei einzelnen Artikeln auf volle Kostendeckung, um seine Kapazität besser auszunutzen und durch diese „Verlustverkäufe" einen Beitrag zur Deckung der fixen Kosten zu erlangen; oder der Betrieb verkauft gewisse Artikel unter Vollkosten, um im Markt zu bleiben oder um lästige Konkurrenten auszuschalten.

Im H a n d e l s b e t r i e b mit seinem großen Sortiment sind solche Angebotspreisdifferenzierungen sogar ein wesentliches preispolitisches Prinzip. So fordert bereits *Filene* (Mehr Rentabilität im Einzelhandel, 1925), daß in jeder Warengattung ein „preiswertester" und ein „gewinnbringendster" Artikel zu führen sei. Dabei soll das gleichzeitige Führen eines preiswertesten und eines gewinnbringendsten Artikels einen Ausgleich bringen. Der preiswerteste Artikel muß in seiner Art, Aufmachung oder Qualität so ansprechend sein, daß er Konkurrenzartikel im Preis übertrifft. Er ist gleichsam das Mittel, um den Firmenwert zu erhöhen. Um die niedrigere Gewinnspanne bei diesem Artikel auszugleichen, muß für den gewinnbringendsten Artikel ein ausreichender Umsatz erzielt werden. Dieses Prinzip wird vielfach von Warenhäusern angewandt, um Käufer anzulocken.

Der kalkulatorische oder preispolitische Ausgleich

Die Angebotspreisdifferenzierungen dürfen der Unternehmung im ganzen keinen Verlust bringen. Die einzelnen Angebotskalkulationen müssen so aufeinander abgestimmt sein, daß sich die Angebotspreisdifferenzen gegenseitig ausgleichen. Man spricht daher von einem k a l k u l a t o r i s c h e n A u s g l e i c h, d. h. von einem Ausgleich der einzelnen Angebotskalkulationen. (Gutenberg — a. a. O., Bd. II. S. 351 — hält den Ausdruck „kalkulatorisch" für mißverständlich, da der Preis nicht im eigentlichen Sinne kalkuliert werde; er schlägt deshalb vor, statt von kalkulatorischem Ausgleich von „p r e i s p o l i t i s c h e m A u s - g l e i c h" zu sprechen.)

Auch in der I n d u s t r i e sind solche Angebotspreisdifferenzierungen häufig. Sie kommen z. B. bei Reihenfertigungen vor, wenn einzelne Artikel (Typen) unter Verlust angeboten werden, um an anderen (meist den größeren Typen) der Reihe und an Ersatzteilen die Verluste wieder auszugleichen. In der Mode-industrie werden modische „Neuheiten" in der ersten Zeit zu einem „überhöh-ten" Preis angeboten, da dann die kaufkräftigere Kundschaft die Nachfrage stellt, während später, wenn der Artikel den Glanz der Neuheit allmählich verliert, durch periodische Preissenkungen immer weitere Käuferschichten erfaßt werden. Es handelt sich hier bereits um die Prinzipien der Grenzkostenkalkulation (s. unten S. 854 f., 869 f.).

Solche Preisdifferenzierungen (s. oben S. 561) spielen auch im V e r k e h r eine große Rolle, so vor allem bei den „Sozialtarifen der Eisenbahn", ferner bei den K r e d i t i n s t i t u t e n, in der L a n d w i r t s c h a f t und den f r e i e n B e r u f e n (Ärzten).

Zeit- und Stellenausgleich

Neben diesem Artikelausgleich kennt man weiterhin noch einen *Zeitausgleich*, d. h. einen Ausgleich von Kosten verschiedener Perioden; so können z. B. bei einem Saisonbetrieb die fixen Kosten, die ja gleichmäßig anfallen, nicht auf die verursachenden Perioden, sondern müssen auf das ganze Jahr verteilt werden. Man spricht ferner vom *Stellenausgleich*, d. h. dem Ausgleich innerhalb einer Unternehmung zwischen den einzelnen Gliedbetrieben. So müssen z. B. Engpaßabteilungen übermäßig ausgelastet werden, wodurch höhere Kosten entstehen; doch dadurch ist es möglich, die anderen Abteilungen voll zu beschäftigen.

5. Die Preispolitik bei Kuppelprodukten

Unter Kuppelproduktion, die wir bereits behandelten (s. oben S. 430), verstehen wir eine Produktion, bei der aus natürlichen oder technisch-organisatorischen Gründen zwangsläufig verschiedenartige Produkte aus ein und demselben Produktionsgang hervorgehen. Sie bietet in Kostenrechnung und Preispolitik besondere Schwierigkeiten.

Die Kostenrechnung bei Kuppelprodukten

Zum besseren Verständnis der Preispolitik bei Kuppelprodukten seien kurz die Verfahren der Kostenrechnung bei Kuppelprodukten zur Ermittlung des Kostenpreises dargestellt:

1. Die *Restwertrechnung* (S u b t r a k t i o n s m e t h o d e): Sie wird dann angewandt, wenn im Erzeugungsprozeß *Nebenprodukte* und *Abfälle* entstehen. Man subtrahiert von den Gesamtkosten den Nettoveräußerungswert der Abfall- und Nebenprodukte (ggf. abzüglich einer normalen Gewinnspanne). Die dann verbleibenden Restkosten werden durch Division auf die erzeugten Einheiten des Hauptproduktes umgelegt.

2. Die *Kostenverteilungsrechnung*: Sie wird bei gleichzeitigem Anfall mehrerer *Hauptprodukte* angewandt. Das Verhältnis der Kosten der gleichzeitig entstandenen Produkte wird gemäß dem Verhältnis der A b s a t z p r e i s e angenommen. Man bildet also aus den Absatzpreisen Wertungsziffern, die nach der Methode der Äquivalenzrechnung zur Kostenermittlung verwendet werden (z. B. Aufteilung der Kosten der Produkte wie 3 zu 5).

3. Die *retrograde Rechenmethode*: Sie wird angewandt, wenn die Nebenprodukte keinen Marktpreis haben, sondern durch Weiterverarbeitung zu weiteren Nebenprodukten führen, wenn also z. B. aus Koksgas nacheinander

Teer, Ammoniak und Benzol erzeugt werden. In diesem Fall zieht man (umgekehrt zum technischen Fabrikationsverlauf) vom Verkaufspreis des letzten Produktes dessen besondere Fertigungskosten sowie die branchenübliche Gewinnspanne ab und schreibt den dann verbleibenden Rest dem vorigen Produkt kostenmäßig gut usw., durch die gesamte Reihe hindurch, so daß zum Schluß die Kosten des „eigentlichen" Hauptproduktes übrigbleiben.

4. Die *Schlüsselung der Kosten nach technischen Maßgrößen:* Sie wird (verhältnismäßig selten) bei einzelnen technischen Kuppelprozessen angewandt. Man zieht technische Maßgrößen als Hilfsgrößen heran, z. B. Verteilung der Kosten im Verhältnis der Gewichtsanteile am Rohstoff usw. Diese Methode ist betriebswirtschaftlich nicht befriedigend.

Diese Methoden zeigen schon hinreichend, daß eine *genaue Kostenverrechnung bei der Kuppelproduktion* nicht möglich ist. Doch gewähren diese Rechnungsweisen zweckmäßige Unterlagen für Angebotsbestimmung und Betriebsdisposition, sagen aber nichts über die Wirtschaftlichkeit des Betriebes aus.

Absatzprobleme bei der Kuppelproduktion

Wie aus diesen Kostenrechnungsverfahren weiterhin hervorgeht, liegen die Hauptprobleme der Kuppelproduktion auf absatzwirtschaftlichem Gebiet. Paul R i e b e l hat in einer grundlegenden Monographie (Die Kuppelproduktion, Betriebs- und Marktprobleme, 1955) gezeigt, daß die entscheidende ökonomische Problematik aus den Spannungen zwischen den besonderen Zwangsverhältnissen der Produktion und den ganz anders gelagerten Verhältnissen des Bedarfs hervorgeht. „Das Maß dieser Spannungen nimmt einerseits mit der Starrheit der Produktion, andererseits mit den Graden der Bindungen an den Bedarf zu. In welchem Grad sich der produktionstechnische Zwang in einer nach der Herkunftsseite gerichteten produktions- und absatzwirtschaftlichen Aktivität auswirkt, hängt von der Art der wirtschaftlichen Zielsetzung und der technischen Stoffverwertung ab."

Die Betriebswertrechnung (Grenzwertrechnung) bei der Kuppelproduktion

Die Bewertung der Nebenprodukte und der verwertbaren Abfallstoffe, die Schmalenbach besonders untersucht hat, kann nach ihm nur mit Hilfe einer „B e t r i e b s w e r t r e c h n u n g" (s. oben S. 554 f.) durchgeführt werden. Der höchste der unerledigt bleibenden Verwendungszwecke gibt hierfür den Maßstab ab. Der auf diese Weise bestimmte Wert *(Grenzwert oder optimale Geltungszahl)* wird praktisch kaum von dem Wert abweichen, der sich unter Zugrundelegung der letzten noch durchgeführten Verwendung ergibt. Dieser Wert hat nach Schmalenbach den Vorteil, daß man mit wirklichen und nicht nur mit angenommenen Tatsachen rechnen kann. Schmalenbach kommt zu folgendem Ergebnis:

„Die U n t e r g r e n z e des Wertes für Neben- und Abfallprodukte sind die durch sie verursachten Kosten, die darin bestehen können, daß die Neben- und Abfallprodukte zur Brauchbarmachung einer Verarbeitung zu unterziehen sind, oder daß das Hauptprodukt ohne einen Erlös für die Neben- oder Abfallprodukte nicht wirtschaftlich erzeugt werden kann.

Kann das Neben- oder Abfallprodukt, statt selbst verwendet zu werden, auch verkauft werden, so ist der Locoverkaufspreis die Untergrenze, es sei denn, daß der Verkauf auf bestimmte Mengen beschränkt ist.

Die O b e r g r e n z e des Wertes für Neben- und Abfallprodukte ist der Grenznutzen, d. h. die g e r i n g s t e der Nutzungsmöglichkeiten.

Der Wert der Neben- und Abfallprodukte wird weiterhin nach oben begrenzt durch den Wert von Konkurrenzmaterialien, wie z. B. oben in unserem Beispiel (Schmalenbach untersucht die vollwertige Kohle als das konkurrierende Produkt der Abfallkohlen) durch die Kosten der Vollkohle, die von einem gewissen Punkt an billiger werden kann als Abfallkohle." (Kostenrechnung und Preispolitik, 8. Aufl. 1963, S. 262.)

Die mathematische Untersuchung der Mehrproduktbetriebe

von S t a c k e l b e r g und E. S c h n e i d e r haben eine „Theorie der Mehrproduktunternehmung" entwickelt.

Bei der Untersuchung des Gewinnplans einer Mehrproduktunternehmung untersucht Schneider zunächst das Verhalten eines Anbieters, der zwei Güter *in simultaner oder alternativer Produktion* herstellt. Dieser Anbieter wird jeweils den partiellen Grenzerlös (Schneider spricht vom „Grenzumsatz") jedes Gutes mit den entsprechenden partiellen Grenzkosten vergleichen. „Solange noch für ein Gut der partielle Grenzumsatz die partiellen Grenzkosten übersteigt, ist es für den Anbieter vorteilhaft, die Absatzmenge dieses Gutes zu vergrößern ... Die günstigste Kombination der beiden Absatzmengen muß also der Bedingung genügen, daß a) partieller Grenzumsatz und partielle Grenzkosten gleich sind, b) der partielle Grenzumsatz für jede kleinere (größere) Menge eines Gutes größer (kleiner) ist als die partiellen Grenzkosten." (Einführung in die Wirtschaftstheorie, Bd. II, a. a. O., S. 156 f.). Für die Kuppelproduktion mit variablem Mengenverhältnis gilt naturgemäß das gleiche.

Für die *Kuppelproduktion mit konstantem Mengenverhältnis* sind die Beziehungen wesentlich komplizierter. Für einen M e n g e n a n p a s s e r , der mit gegebenen Preisen für die Kuppelprodukte rechnet, liegen die Verhältnisse ebenso wie beim Einproduktunternehmen: Der maximale Umsatzgewinn wird bei derjenigen Absatzmenge erzielt, für welche die Grenzkosten der komplexen Mengeneinheit gleich dem Preis sind. Schwieriger hat es der Anbieter, der in bezug auf die Kuppelprodukte einer k o n j e k t u r a l e n P r e i s - A b - s a t z - F u n k t i o n gegenübersteht, und wenn beide Produkte nachfragemäßig voneinander unabhängig sind. Für jedes Produkt besteht eine Preis-Absatz-Funktion und eine ihr entsprechende Erlösfunktion (Umsatzfunktion.) Nun entspricht aber durchaus nicht immer das Verhältnis der beiden vorteilhaftesten Absatzmengen dem Mengenverhältnis, in dem sie aus dem Produktionsprozeß hervorgehen. „Der Anbieter wird von jedem Gut diejenige Menge planen, für die der Grenzumsatz gleich Null ist. Sind die technischen Bedingungen der Produktion derart, daß der Herstellmenge eines Gutes, für die der Grenznutzen gleich Null ist, eine Herstellmenge des verbundenen Gutes entspricht, für die der Grenzumsatz negativ ist, so muß ein Teil der Herstellmenge dieses Gutes vernichtet werden." (Schneider, a. a. O., S. 160.)

6. Preisbindung der zweiten Hand

Die Preisbindung der zweiten Hand, die wir bereits eingehend behandelt haben (s. oben S. 172 ff.), ist die vertragliche Verpflichtung der Handelsbetriebe gegenüber dem Hersteller, beim Wiederverkauf der Erzeugnisse einen bestimmten Preis einzuhalten und ihren Abnehmern die gleiche Verpflichtung aufzuerlegen. Sie ist nach dem Kartellgesetz vom 27. 7. 1957 grundsätzlich verboten. Von diesem Grundsatz wurden allerdings zwei wichtige Ausnahmen gemacht: 1. Markenartikel und 2. Verlagserzeugnisse. Wir wollen hier nur kurz auf die preispolitische Bedeutung der Preisbindung der zweiten Hand eingehen.

Preispolitische Bedeutung der Preisbindung zweiter Hand

Für den Hersteller hat die Preisbindung der zweiten Hand den V o r t e i l , daß er, wenn sich die Werbekraft der Marke und der Gebrauchswert der Ware durchgesetzt haben, in seiner Preispolitik in gewissem Umfang frei ist, insbesondere dadurch, daß er nicht nur seinen eigenen Verkaufspreis festlegt, sondern auch die Preise der weiteren Handelsstufen einschließlich des Endverkaufspreises. Weiterhin kann er sich in seiner Werbung unmittelbar an den Verbraucher wenden und dabei gleichzeitig den Preis verbindlich angeben.

Die N a c h t e i l e d e r P r e i s b i n d u n g der zweiten Hand liegen in der Starrheit der Preise. Der gebundene Preis ist eine feste Grenze, die der einzelne Händler weder über- noch unterschreiten darf. Wenn er mit niedrigen Kosten arbeitet, hat er eine zum Teil erhebliche D i f f e r e n t i a l r e n t e (hohe *Handelsspanne*). Andererseits ist ihm durch den gebundenen Preis die Möglichkeit genommen, durch Preisunterbietung neue Kunden zu werben und so die Vorteile seiner günstigen Kostenstruktur an den Verbraucher weiterzuleiten.

„Während der freie Marktpreis dem Betrieb einen Ausgleich zum Preis hin erlaubt, wenn sich die Verhältnisse der Betriebsstruktur und die Gebrauchswertung ändern, muß beim gebundenen Preis in umgekehrter Richtung die A u s g l e i c h s t e n d e n z i n e i n e r S c h m ä l e r u n g u n d R a t i o n a l i s i e r u n g d e r K o s t e n gesucht werden, wenn nicht auf den Gewinn verzichtet werden soll" (Guido Fischer). Weiterhin werden häufig, besonders in Zeiten des Wirtschaftsaufschwunges, die Preise auf Kosten der Verbraucher sehr hoch festgesetzt, um den Einzelhändlern einen Anreiz zu geben, sich für den betreffenden Markenartikel besonders einzusetzen. Bei einem Rückgang der Konjunktur beharren dann die Händler auf der hohen Handelsspanne. Aus allen diesen Gründen wird die Preisbindung der zweiten Hand von verschiedenen Seiten, auch z. T. vom Handel selbst, abgelehnt. (Näheres s. oben S. 172 ff.) Vielfach sind die Hersteller dazu übergegangen, statt den Preis fest zu binden, einen bestimmten Preis zu „empfehlen" („e m p f o h l e n e r R i c h t p r e i s").

„Diskonthäuser"

Gegenwärtig wird ein heftiger Streit um die sogenannten „Diskonthäuser" (discount houses), die vor allem in Amerika weit verbreitet sind, geführt. Diese Diskonthäuser gewähren auf Waren, deren Preisbindung wegen überhöhter Handelsspannen oder wegen der Eigenart der Waren nicht streng gehandhabt werden kann, einen „Diskont" (richtiger Rabatt), der teilweise 20 bis 30 % des

Festpreises ausmacht. Sie verzichten dafür zum Teil auf einen gewissen „Kundendienst" („Service"). Sie haben zweifellos sehr stark zur Auflockerung der starren Handelsspannen bei vielen Arten von Markenartikeln (teure und dauerhafte Konsumgüter wie Waschmaschinen, Rundfunkgeräte u. dgl.) beigetragen. Strenggenommen dürften Diskonthäuser von dem Kartellamt genehmigte Preisbindungen der zweiten Hand nicht unterbieten.

7. Die Praxis der Preispolitik

Wir haben bereits die Verhaltensweisen der Unternehmer bei den verschiedenen Marktformen auf Grund der quantitativen Zusammenhänge von Angebot und Nachfrage, wie sie die moderne Wirtschaftstheorie untersucht, kennengelernt. Im folgenden sollen einige Einzelfragen der praktischen Preispolitik betrachtet werden.

Die Unternehmung im Gleichgewicht

Eine Unternehmung befindet sich im Gleichgewicht, wenn sie bei Deckung aller Kosten, einschließlich des Zinses für Eigenkapital und des Unternehmerlohns, voll beschäftigt ist. Wird kein Gewinn erzielt, so bedeutet das, daß die Unternehmung innerhalb ihres Wirtschaftszweiges der Grenzbetrieb mit den höchsten Stückkosten ist. F. *Schmidt* hat im einzelnen untersucht, wie die Markteinflüsse das Gleichgewicht beeinträchtigen und bestimmte Preisgestaltungen veranlassen können (Einführung in die Betriebswirtschaftslehre, a. a. O., S. 289 ff.). Bei all diesen Analysen ist von größter Bedeutung, die Ursache einer Preisänderung richtig zu erkennen. Sie kann ebenso im eigenen Betrieb wie auch bei den Konkurrenten oder den Käufern liegen. Richtige Anpassung ist immer nur möglich bei klarer Erkenntnis der Ursachen einer Marktveränderung. Im folgenden behandeln wir die wichtigsten Faktoren, die als Ursachen in Betracht kommen.

Veränderung der Produktivität

Infolge des technischen Fortschritts hat die Produktivität die Tendenz, anhaltend zu steigen. Deshalb bringt eine eigene Produktionserhöhung dem Betrieb nur dann einen Übergewinn, wenn er in der allgemeinen Produktivitätssteigerung einen Vorsprung vor seinen Konkurrenten hat. Steigt die Produktivität in allen Betrieben gleichmäßig, so müssen auch die Preise im gleichen Umfang sinken, es sei denn, daß die Kosten pro Stück proportional der Menge steigen, wie z. B. beim Akkordlohn. Bei gleichbleibendem Preis ist jedoch auch dann eine Vermehrung der Absatzmöglichkeiten möglich, weil alle Produzenten in den gleichbleibenden Stückkosten bei vermehrter Stückzahl pro Zeiteinheit auch ein höheres Einkommen beziehen, wie z. B. die Akkordarbeiter, die dann auch mehr Produkte zu gleichem Preise aus dem höheren Einkommen kaufen können. Die Anpassung des Betriebes an die Produktivitätssteigerung ist nur durch Mengensteigerung möglich. Dieser Fall ist keineswegs selten — wie es scheinen könnte —, er ist sogar grundsätzlich die Regel, weil sich ja alle Betriebe bemühen, mit der technischen Entwicklung Schritt zu halten. Eine Produktivitätssteigerung muß unter allen Umständen zu einer Vermehrung der Produktmenge führen. In der Preissphäre dagegen wird sie nur dann kosten- und preissenkend wirken, wenn die Einkommen bei zunehmender Leistung gleichbleiben, weil dann dem unveränderten Einkommen mehr Produkte gegenüberstehen. Eine Produktivitätsminderung wirkt umgekehrt.

In der gegenwärtigen Wirtschaft findet jedoch die Produktivitätssteigerung selten ihren Ausdruck in einer Kostensenkung pro Stück, weil die Empfänger der Kostenbeträge, in erster Linie die Arbeiter, ihren Anteil an der Produktivitätssteigerung in Gestalt von Lohnerhöhungen ausgezahlt haben wollen. In diesem Fall kann die Kostengestaltung in Geld nicht als Maßstab der Produktivität dienen, sondern nur die Mengengestaltung. Würden die Löhne nicht erhöht, so käme die Steigerung der Produktivität den Arbeitern in Gestalt sinkender Preise zugute. „Leider aber sind die Menschen so sehr auf das nominale Geld und den Geldlohn eingestellt, daß sie immer wieder in kindlicher Freude die Erhöhung des Geldbetrags ihrer Einkommen viel mehr beachten als die Steigerung ihrer Kaufkraft in Produktmenge" (F. Schmidt, a. a. O.).

Veränderungen der Bedürfnisschätzung im Absatzmarkt

Der freie Marktpreis der Produkte wird von der Einschätzung der letzten noch auf den Markt gelangenden Gütermenge bestimmt. Der Preis ist der unmittelbare Ausdruck dieser Schätzung, und demnach muß sich jede Änderung in der Bedürfnisschätzung für ein Produkt auch sogleich im Preis ausdrücken, wenn nicht etwa gleichzeitig andere Ursachen auf den Preis entgegengesetzt einwirken. Doch ist ohne Veränderung der Durchschnittseinkommen eine Steigerung der Schätzung einzelner Güter nur möglich, wenn gleichzeitig die für andere Güter sinkt. Es handelt sich also um eine Bedürfnisverschiebung von einem Produkt zum anderen (Mode!). Eine Änderung der Nutzenschätzungen für ein bestimmtes Produkt kann der Unternehmer nur an der Steigerung des Preises und der Gewinnspanne erkennen. In den Wirtschaftszweigen mit steigender Nutzenschätzung steigen die Preise und damit auch die Gewinnspannen. Diese Marktlage verlockt zu einer Erhöhung der Produktmenge durch Aufnahme von Neukapital und dem Aufbau von neuen Betrieben, was unter Umständen zu einer *Überkapazität* führt. Das ist besonders gefährlich bei Produkten, die von der Mode abhängig sind.

Eine sehr große Rolle spielen auch die Einflüsse der S a i s o n auf die Nutzenschätzung der Konsumenten. Warme Kleidungsstücke werden nur im Winter, leichtere nur im Sommer geschätzt. Der Unternehmer hat hier die Nutzenschätzung der Konsumenten nach Zeit, Menge und Preishöhe im voraus seinerseits zu analysieren und seine Position danach einzurichten. Da die Herstellung von Saisonprodukten in der Regel auf das ganze Jahr verteilt wird, muß die Preisspanne auch hoch genug sein, um die Zinskosten zwischen frühester Produktion und spätestem Absatz im Preis zurückzuvergüten. Wenn bis zum Ende der Verkaufsperiode nicht alle Bestände abgesetzt sind, werden in der Regel im „*Schlußverkauf*" durch Preissenkungen noch Nutzenschätzungen geringerer Höhe zum Absatz herangezogen.

Veränderungen im Beschaffungsmarkt

Von großem Einfluß auf das Gleichgewicht der Unternehmung und damit auf die Preispolitik ist auch die Lage am Beschaffungsmarkt. Hier sind Ursachen von Preisveränderungen vor allem der w e c h s e l n d e   A u s f a l l   d e r

Ernten von Naturgütern. Nach Schmidts „*organischer Betriebsauffassung*" wäre es nun vollkommen falsch, etwa bei einer Steigerung der Baumwollpreise infolge einer geringen Baumwollernte die noch vorhandenen Vorräte bei der Kalkulation und der Ermittlung der niedrigsten Verkaufspreise mit einem niedrigen, früheren Anschaffungspreis anzusetzen, denn dann würde man nicht imstande sein, aus dem Erlös wieder die im Produkt steckende Baumwollmenge zu kaufen. „Betriebswirtschaftlich wie volkswirtschaftlich richtig wäre vielmehr, sogleich den Tageswert der Baumwolle auch im Preis der Produkte zu verlangen und lieber auf Absatz zu verzichten, als die Bestände zu verschleudern, denn jede Verschleuderung relativ seltener gewordener Produkte würde auch volkswirtschaftlich einen Vermögensverlust bedeuten, weil dann Nutzenschätzungen geringer Höhe in der Gegenwart befriedigt würden, die zugunsten der Zukunftsversorgung besser ausfallen müßten ..." (a. a. O.).

VII. Die Preispolitik des Staates

1. Mängel der Preisbildung und Preiswirkung

Unzulänglichkeiten des freien Wettbewerbs

Das charakteristische Lenkungsmittel der freien Marktwirtschaft ist der Preis, und zwar im weitesten Sinne, also einschließlich des Lohnes als Preis für die Arbeit und des Zinses als Preis für die Kapitaldisposition. Der Preis als das Ergebnis von Grenzkosten und Grenznutzen bringt einerseits die Güterschätzungen der Käufer, andererseits die Kostengestaltung der anbietenden Betriebe zum Ausgleich. Vermehrung der kaufkräftigen Güterschätzung wie Abnahme der Gütermengen bewirken Preissteigerungen, Minderung der Schätzungen und Vermehrung der Gütermengen Preisminderungen. Preissteigerung bei gleichbleibenden Kosten regt die am steigenden Gewinn interessierten Unternehmer zur Vermehrung der Gütermengen durch Betriebserweiterungen an. Preisminderungen bei unveränderten Kosten senken den Gewinn und veranlassen Abbau der Produktion und der Betriebe.

Die Theoretiker und Politiker des **Laissez-faire-Prinzips** („Manchestertum"[1])) waren der Ansicht, daß der Preis allein genüge, um das Gleichgewicht in der Wirtschaft herzustellen, Vollbeschäftigung herbeizuführen und für den wirtschaftlichen Fortschritt zu sorgen. Doch ist die These des Laissezfaire längst aufgegeben, da eine völlig freie Preisbildung in einem „Nachtwächterstaat" (Lassalle) nicht zu einem Ausgleich der widerstreitenden Interessen führt, sondern große Unzuträglichkeiten in der Wirtschaft zur Folge haben würde. Der Staat muß als lenkend in die Preisbildung des Marktes und in die Preispolitik der Unternehmer eingreifen.

Die Ursachen unerwünschter Preisbildung

Der „Eigennutz" ist die **endogene Ursache** unerwünschter Preisbildung. „Eigennutz", den jeder freie Wettbewerb, auch in der sozialen Markt-

---

[1]) Bezeichnung für eine radikal-liberale wirtschaftspolitische Richtung in England in der ersten Hälfte des 19. Jahrhunderts. Ihre Führer waren der Manchester-Unternehmer Richard *Cobden* (1804—1865) und der Staatsmann John *Bright* (1811—1889), die durch das „Anti-Corn-Law-League" ihre extrem-liberalen Ideen in der englischen Wirtschaftspolitik durchzusetzen vermochten.

wirtschaft, voraussetzt und voraussetzen muß, weil er die Triebfeder des Fortschrittes ist, führt, wenn er ungehemmt und ungelenkt sich auswirkt, zu
mannigfachen wirtschaftlich und sozial unerwünschten Preisbildungen, denen
die staatliche Preispolitik direkt oder indirekt entgegenwirken muß. Wenn es
auch nicht immer erkennbar ist, so sind doch fast alle Unzuträglichkeiten in
Preisbildung und Preiswirkung, sofern sie nicht außerwirtschaftliche Ursachen
haben, eine Folge des entgleisenden Eigennutzes; denn man kann nicht erwarten,
daß die Marktbeteiligten stets und hinreichend bei der Preisstellung das
Gemeinwohl berücksichtigen. Im einzelnen treten vor allem folgende Mängel
in der Preisbildung auf, die aber nicht immer scharf voneinander zu trennen
sind:

1. *Tendenz zur Bildung von Monopolen.* Soll der Preis die Wirtschaft lenken,
so muß er frei und beweglich sein und alle Einflüsse von der Kosten- und
Nutzenseite schnell zum Ausdruck bringen. Die Voraussetzung dazu, freier
Wettbewerb unter allen in Betracht kommenden Unternehmen, ist aber im
kapitalistischen Jahrhundert nur sehr beschränkt vorhanden gewesen. Im Streben nach möglichst hohem Gewinn haben die Unternehmer jede Gelegenheit
benutzt, um durch Verabredungen, Syndikate, Kartelle und Trusts den Wettbewerb auszuschalten und dann gemeinsam einen überhöhten Monopolpreis
durchzusetzen. Die derart überhöhten Gewinne führen aber infolge der Bindungen aller Erzeuger nicht zu der notwendigen besseren Versorgung der
Verbraucher, weil Betriebsausdehnungen nur preisdrückend hätten wirken
können. Erst wenn Außenseiter auf Grund der Wettbewerbsfreiheit auftreten,
führen ihre zusätzlichen Verkäufe zu gesenkten Preisen auch zu einer erhöhten Ausbringung der ehemaligen Monopolisten. Die preispolitischen Maßnahmen des Staates zur Beseitigung dieser Auswüchse sind in allen Ländern die
K a r t e l l g e s e t z e (vgl. oben S. 162 ff. u. S. 166 ff.).

2. *Mangelnde Anpassung der Produktion an die Nachfrage.* Zwischen Preisveränderungen und ausgleichender Wirkung der Preise liegt eine unvermeidliche
Reaktionszeit, die oft recht ausgedehnt ist. Wenn die Preise für ein Produkt
steigen, weil das Angebot infolge unzureichender Produktionskapazität zu gering ist, so werden die überhöhten, dem vorhandenen Stande der Technik nicht
entsprechenden Preise so lange bestehenbleiben, bis auf Grund der Unterneh-
merentscheidungen die Produktionskapazitäten durch Erweiterung oder Neugründung von Betrieben der gestiegenen Nachfrage angepaßt sind. Man spricht
hier von „Friktionen". Die Anpassung kann oft mehrere Jahre dauern. Man hat
es nun vielfach als einen wirtschaftlichen Nachteil angesehen, daß der Verbraucher während der Übergangszeit einen Überpreis bezahlen muß, obgleich
die Hersteller für den erhöhten Gewinn bis zur durchgeführten Erweiterung
der Kapazitäten nicht mehr leisten. Es wäre natürlich unangebracht, die Unternehmer zu zwingen, am alten niedrigen Preis festzuhalten. Der Staat hat hier
die Aufgabe, die Kapazitätserweiterungen zu erleichtern. Besteht die Gefahr,
daß infolge der Preissteigerungen Überkapazitäten errichtet werden, so hat auch
hier der Staat einzugreifen, deshalb wird in einzelnen Staaten eine mehr oder
weniger straffe „*volkswirtschaftliche Gesamtplanung*" (Planification) durchgeführt. In vielen Fällen wird allerdings auch der Kostenpreis des betreffenden
Produktes stark ansteigen, und zwar infolge der erhöhten Nachfrage der betreffenden Unternehmungen nach Arbeitskräften, Rohstoffen und dergl., die dadurch im Preise steigen.

3. *Schädliche Einflüsse der Spekulation.* Die Spekulation hat zwar auch eine gesunde ausgleichende Funktion, da sie Güter aus den Zeiten der Fülle in die Zeiten des Mangels verteilt und weiter die Preisänderungen der Zukunft vorwegnimmt. Doch können Übertreibungen der Spekulation leicht zu Preisverzerrungen führen. Das hat sich besonders in den Märkten der Wertpapiere, also in der Kapitalverteilung, wie auch in den Großmärkten der Massenrohstoffe gezeigt. Deshalb ergibt sich als wichtige Aufgabe der Preisregelung die Freimachung der Preise von solchen Übertreibungen. Meistens genügt schon die Beschränkung spekulativer Kredite auf diesen Märkten, um die Hauptfehler der Preisbildung zu vermeiden.

4. *Die Einflüsse der Weltwirtschaft auf die Preisbildung* sind eine exogene Ursache der Preisverzerrung. Der allen Einflüssen der gesamten Weltwirtschaft ausgesetzte vollkommen freie Preis macht eine Volkswirtschaft oft in sehr weitem Umfange von den Wirtschaftsverhältnissen anderer Länder abhängig. Dieser Einfluß reicht, wie wir erlebt haben, bis in die Bevölkerungsstruktur hinein, indem zeitweise die niedrigen Getreidepreise des Auslandes die Erhaltung des deutschen Bauernstandes bedrohten. Es ist klar, daß eine gradlinige Wirtschaftspolitik des Staates durch Lenkung der Preise, sei es durch Zölle, Einfuhrkontingentierungen, Einfuhrverbote, Regelung der Inlandspreise und Subventionen eine Wirtschaftslage schaffen muß, die den Bauern wirtschaftlich sichert und gleichzeitig durch den erhöhten Preis einen Anreiz schafft, die Erzeugungsmenge im Inland zu erhöhen.

5. *Einflüsse außerwirtschaftlicher Faktoren,* wie Naturereignisse, z. B. Mißernten, aber auch übermäßig hohe Ernten, Naturkatastrophen, ferner Kriege usw., machen in aller Regel preispolitische Maßnahmen des Staates notwendig.

Staatlicher Einfluß auf „natürliche Preise"

Es können aber auch „natürliche Preise", d. h. Preise, die sich unter normalen Verhältnissen im freien Wettbewerb gebildet haben, aus sozialen oder kulturellen Gründen im Interesse der staatlichen Wirtschafts- und Kulturpolitik unerwünscht sein. B e i s p i e l e aus dem s o z i a l e n und w i r t s c h a f t l i c h e n S e k t o r : Subventionen in der Landwirtschaft zur Senkung der Agrarpreise, Sozialtarife der Eisenbahn, Schulgelderlaß bei Minderbemittelten, Steuerbegünstigung von Spargeldanlagen im Interesse der Kapitalbildung usw. usw. oder a u f k u l t u r e l l e m S e k t o r : Subventionen der Theater, Unterstützung von Forschungsinstituten, Bibliotheken, Steuervergünstigung künstlerisch wertvoller Filme usw. usw. — Umgekehrt kann die Preisbildung von Produkten, deren Absatz aus kulturellen oder gesundheitlichen Gründen gehemmt werden soll, ungünstig beeinflußt werden, so z. B. durch die hohe Besteuerung von Tabakwaren und Spirituosen.

2. Staatliche Preisfestsetzungen

Preisfestsetzungen durch den Staat in Form von Festpreisen, Höchstpreisen, Richtpreisen, Stopppreisen, von Handelsspannen und Höchstgewinnzuschlägen sind das starrste Mittel staatlicher Preispolitik und werden daher nur dort angewandt, wo der besondere Schutz von Anbietern oder Verbrauchern erforderlich ist. In der gegenwärtigen sozialen Marktwirtschaft hat sich gezeigt, daß *staatliche Preisfestsetzungen nur in Ausnahmefällen gerechtfertigt sind.*

Die Arten der staatlichen Preisfestsetzungen

1. *Der Festpreis* ist starr und verhindert in der Regel die Auswirkung der Kostenänderungen auf das Preisgefüge. Festpreise finden wir vor allem im System der Preisregelung für gewisse Erzeugnisse der L a n d w i r t s c h a f t , deren Produktionsperioden von der Natur langfristig bemessen sind. Aber auch hier ist der Festpreis nicht unveränderlich, sondern wird in längeren oder kürzeren Abständen den veränderten Verhältnissen wieder angepaßt (Agrarpolitik der EWG.) Außerdem berücksichtigen die landwirtschaftlichen Festpreise sowohl die Einflüsse der Verkehrslage der Produktionsgebiete wie auch der Verbrauchszeit der Erzeugnisse, so daß diese Art der Festpreisverwendung die Vorteile einer erheblichen Stabilität für Erzeuger und Volkswirtschaft mit ausreichender Anpassungsfähigkeit an die jeweilige Wirtschaftslage verbindet. Festpreise finden wir ferner in den V e r k e h r s t a r i f e n , z. B. den Eisenbahn-Güter- und -Personentarifen, den Binnenschiffahrtstarifen, den Güterkraftverkehrstarifen, den Möbeltransporttarifen usw. Für die Erzeugnisse der I n d u s t r i e ist der Festpreis nicht geeignet. Er erfordert in diesem Falle eine fortlaufende Überwachung der Kostengestaltung und schnelle Anpassung an Kostenveränderungen, wenn er nicht zum Monopolpreis werden soll. Im K a r t e l l hat der Festpreis oft eine volkswirtschaftlich sehr nachteilige Rolle gespielt.

2. *Der Höchstpreis* war ein preispolitisches Mittel des Staates in der Kriegswirtschaft und in der Inflation. Er darf grundsätzlich unterboten werden, doch hat sich nahezu immer gezeigt, daß dies nicht geschieht. Er wird also sehr leicht zum Festpreis, wie in der Inflationszeit, als er politischen Gruppeninteressen diente und den Bauern zur Ablieferung seiner Produkte ohne gerechte Rücksichtnahme auf Kosten und Lebenshaltung zwingen wollte. Als Ausweg entwickelt sich leicht das noch weniger erfreuliche System des S c h w a r z h a n d e l s . In einer geordneten Wirtschaft kann der Höchstpreis Vorteile vor dem Festpreis bieten, weil er den Wettbewerb nach unten frei läßt. Wir finden heute noch Höchstpreise für Kohle, für Düngemittel, bei Kreditinstituten für Habenzinsen usw., auf der Verbraucherseite bis September 1963 für Trinkmilch.

3. *Der Stopppreis* ist eine Abart des Höchstpreises. Er ist aber kein neugebildeter Preis, sondern soll nur eine Preisänderung verhindern. Stopppreise dürfen nach einem bestimmten Stichtag nicht erhöht werden. Das berühmteste Beispiel ist die Preisstoppverordnung von 1936. Stopppreise gelten heute noch z. T. für Altbaumieten.

4. *Der Mindestpreis,* das Gegenteil des Höchstpreises, ist besonders in Krisenzeiten anzutreffen, wenn es sich darum handelt, bedrängte Berufsstände vor wirtschaftlicher Vernichtung zu bewahren. Doch wird in diesem Fall von der Möglichkeit, den Mindestpreis zu überschreiten, kaum Gebrauch gemacht werden können. In einer vollbeschäftigten Wirtschaft hat der Staat kaum ein Interesse, Mindestpreise als Schutzmittel festzusetzen. Mindestpreise gelten heute für Raps, Rüben und Zuckerrüben.

5. *Der Richtpreis* kann sowohl unter- wie überschritten werden. Er kam verhältnismäßig selten vor, so z. B. bei den Sollzinssätzen der Kreditinstitute, doch hat er heute in der Markenartikelindustrie größere Bedeutung erlangt, wo er

vielfach als *„empfohlener Preis"* an die Stelle des gebundenen Preises getreten ist (s. oben S. 174). Die Richtpreise lassen genügend Freiheit der Preisbildung und Preisbewegung und haben den Vorteil, eine einwandfreie Preisbildung zu garantieren. Es hängt natürlich sehr von dem Leistungswillen der betroffenen Unternehmen ab, ob der Richtpreis zum Festpreis wird oder sich dem freien Preis nähert.

6. *Von-bis-Preise* geben eine Preisspanne an, innerhalb deren sich der Preis bewegen darf. Sie sind heute z. B. für Roggen und Weizen festgesetzt.

7. *Listenpreise* sind von der Montanunion (Europäische Gemeinschaft für Kohle und Stahl) angeordnet. Danach müssen sich alle Unternehmungen der Kohlen-, Eisenerz- und Stahlindustrie verpflichten, ihre Preise zu veröffentlichen. Die Preisbildung selbst ist zwar frei, doch sind die Unternehmen an die von ihnen veröffentlichten Listenpreise gebunden.

8. *Zonenpreise* sind von der Montanunion festgelegte Nachlässe auf diese Listenpreise und können für die Lieferung in bestimmte Zonen berechnet werden.

9. *Höchstgewinnzuschläge.* In der kaufmännischen Kalkulation werden vielfach die Gemeinkosten auf Grund einer Schlüsselung in oft für längere Zeit gleichbleibenden Prozentsätzen dem Produkt zugeschlagen. Wenn nun die ausländischen Rohstoffe erheblich teurer und in der Kostenrechnung zu dem erhöhten Preis eingesetzt wurden, so erhöhten sich bei großem Rohstoffbedarf die Gemeinkosten, weil sie ja prozentual aufgeschlagen wurden, gleichfalls erheblich, obgleich sie nicht gestiegen waren. Dem ist die staatliche Preispolitik mehrfach entgegengetreten und hat Höchstgewinnzuschläge, die nur die a b s o l u - t e n Beträge umfassen, angeordnet.

3. Preisermittlung bei öffentlichen Aufträgen

a) Preisermittlung in der dirigistischen NS-Wirtschaft

Die Regelung der Preisermittlung bei öffentlichen Aufträgen

Für sehr viele der ständig steigenden Kriegs- und Rüstungsaufträge vor dem letzten Weltkrieg war kein Markt vorhanden (z. B. für neu zu entwickelnde Waffen), der die Preise bestimmt hätte. Es wurden deshalb am 15. November 1938 die *RPÖ: Richtlinien für die Preisbildung bei öffentlichen Aufträgen* sowie die *LSÖ: Leitsätze für die Preisermittlung auf Grund der Selbstkosten bei Lieferungen für öffentliche Auftraggeber* erlassen, die später ergänzt wurden durch die *LSBÖ: Leitsätze für die Preisermittlung auf Grund der Selbstkosten bei Bauleitungen für öffentliche Auftraggeber* vom 25. April 1940.

Für die Ermittlung des volkswirtschaftlich gerechtfertigten Preises galten danach in erster Linie die damals geltenden zahlreichen *Preisvorschriften* (z. B. Preisstoppverordnung von 1936, Lederpreisverordnung von 1937, Spinnstoffgesetz von 1935 usw.) und in zweiter Linie die *Selbstkostenrechnung*, deren Grundlagen in den LSÖ vereinheitlicht waren.

Bedeutung der LSÖ für das Rechnungswesen

Die LSÖ von 1938 wurden zwar aus politischen Gründen eingeführt — das NS-Regime wollte sich bei seinen ständig wachsenden Rüstungsaufträgen vor ungerechtfertigten Preisen schützen —, doch waren die LSÖ für die Entwicklung der Kostenrechnung in Deutschland von sehr großer Bedeutung. Aus diesem Grund sei auch näher darauf eingegangen. Die Kostenrechnung war in zahlreichen Betrieben und vielen Wirtschaftszweigen damals noch sehr unzulänglich. Die LSÖ haben nun die *Verfahren festgelegt, wie die Kostenrechnung in den Betrieben aufzubauen ist*. Sie haben den Inhalt der *Kostenarten* bestimmt und angegeben, was als *betriebs- und fertigungsnotwendige Kosten* abzugrenzen und für die Preisbildung allein zu verwenden war. Ebenso wurden die Begriffe der *kalkulatorischen Kosten* und des kalkulatorischen Gewinns bestimmt und ihre Berechnungsverfahren neu festgelegt. Dabei grenzten sie Kosten und Gewinn anders gegeneinander ab, als dies sonst üblich war, sie nahmen bestimmte Kosten in die Gewinnspanne hinein, wie beispielsweise die gesamte Kapitalverzinsung. Das geschah aus Gründen der leichteren Überprüfbarkeit und Vergleichbarkeit der einzelnen Kalkulation.

Die LSÖ galten zwar nur für die Kosten und Preise öffentlicher Aufträge, wurden aber — zumal bei der Fülle der öffentlichen Aufträge — schon sehr bald *in der gesamten Wirtschaft als die allgemeinen Kostenrechnungsverfahren und Kalkulationsgrundsätze angesehen*.

„Allgemeine Grundsätze der Kostenrechnung (KRG)"

Die LSÖ wurden auch die Grundlage für die am 16. 1. 1939 erlassenen „*Allgemeinen Grundsätze der Kostenrechnung*" (Kostenrechnungsgrundsätze — KRG), auf denen wiederum die von der Reichsgruppe Industrie aufgestellten „*Allgemeinen Regeln für die industrielle Kostenrechnung*" (Kostenrechnungsregeln — KRR) basierten. Diese allgemein verbindlichen Grundsätze und Regeln hatten den Zweck, durch richtige Ausgestaltung und Auswertung in der Kostenrechnung in den Betrieben die Wirtschaftlichkeit der Leistungserstellung zu steigern. Jeder Betrieb sollte sich ein zweckmäßiges, die wirklichen Kostenverhältnisse zeigendes Rechnungswesen schaffen, das die bis dahin weitgehend übliche summarische und undifferenzierte Behandlung der Kosten, die einseitig auf die Preisfindung ausgerichtet war, ablösen sollte. An die Stelle einer groben Durchschnittsverteilung der Kosten sollte ein nach Kostenarten, Kostenstellen und Kostenträgern gegliedertes Abrechnungsgefüge treten, das nicht nur eine spezielle Ermittlung des kurzfristigen Betriebserfolges, sondern auch eine Überwachung des Betriebsgebarens bis hin zu den einzelnen Funktionsbereichen gestattete.

Es sei hier noch erwähnt, daß zwei Jahre zuvor die „*Grundsätze für Buchhaltungsrichtlinien*" vom 11. 11. 1937 vom Reichswirtschaftsminister erlassen worden waren; sie enthielten „1. Richtlinien zur Organisation der Buchführung; 2. Kontenrahmen und Beispiel eines Kontenplans für Fertigungsbetriebe; 3. Erläuterungen zum Kontenrahmen und zum Kontenplan". Diese allgemein verbindlichen Grundsätze hatten bereits den Zweck, das Rechnungswesen der Betriebe zu vereinheitlichen. Auf ihnen bauten auch die KRG und KRR auf.

Bei all diesen Erlassen handelte es sich um Grund- und Leitsätze, die *für alle Betriebe verbindlich* waren. Der damals sehr mächtige *Preiskommissar* mit seiner riesigen Behörde hat ein übriges getan, damit diese Grundsätze und Regeln, die zudem sehr klar und systematisch gefaßt waren, in der Praxis auch durchgeführt wurden.

Kostendenken und marktwirtschaftliches Denken

Wenn diese maßgebenden Kostenrechnungs- und Preisermittlungsvorschriften auch das Rechnungswesen der Betriebe außerordentlich stark förderten, so haben sie andererseits doch ein sehr *einseitiges Kostendenken* der Unternehmungen erzeugt und das marktwirtschaftliche Denken verdrängt. In der dirigistischen Kriegswirtschaft war das auch nicht anders möglich, es wirkte sich aber nach dem Krieg beim Wiederaufbau der freien Marktwirtschaft nachteilig aus, zumal die LSÖ auch noch nach dem Zusammenbruch die Grundlage vieler Kalkulationen waren und erst 1953 durch die LSP abgelöst wurden.

Von der RPÖ (1938) zur VPÖ (1943)

In der Kriegswirtschaft war es zunächst üblich, bei großen Rüstungsaufträgen, insbesondere bei Neufertigungen, die Produktion ohne bestimmte Preisvereinbarung zu beginnen und erst nachträglich den sogenannten Selbstkosten-Erstattungspreis durch die Nachkalkulation zu ermitteln. Je mehr die Wirtschaft nun zu einer „totalen Kriegswirtschaft" mit Stopppreisen wurde, um so umständlicher schien dieses Verfahren, und man ging mehr und mehr zu „*Einheits- oder Gruppenpreisen*" über, die schließlich die Preisermittlung ganz beherrschten. Die RPÖ wurden deshalb abgelöst durch die *VPÖ: Verordnung über die Preisbildung bei öffentlichen Aufträgen* vom 11. 8. 1943. Sie unterschied fünf Arten von Preisen, die in folgender Rangordnung angewandt werden sollten:

1. *Einheits- oder Gruppenpreise:* Es waren Preise, die auf Grund der Nachkalkulation eines *guten* Betriebes einheitlich für den ganzen Wirtschaftszweig oder wegen großer Kostenstreuungen innerhalb des Wirtschaftszweiges unterschiedlich für mehrere (meist drei) Gruppen von Betrieben von einer Preiskommission für lange Zeit verbindlich festgesetzt wurden. Diese Preiskategorie sollte wenn irgendwie möglich von nun an angewandt werden.

2. *Marktpreise:* (Stopppreise und Höchstpreise);

3. *Selbstkosten-Festpreise:* bei Vertragsabschluß festzusetzen;

4. *Selbstkosten-Richtpreise:* bei Vertragsabschluß festzusetzen und sobald als möglich in Festpreise umzuwandeln, und

5. *Selbstkosten-Erstattungspreise:* diese sollten nur in besonderen Ausnahmefällen ermittelt werden.

b) Die Preisregelungsvorschriften nach dem Krieg

Unterschied zwischen VPÖ und VPöA

Die Preisermittlungsvorschriften der NS-Zeit wurden nach dem Krieg den geänderten Verhältnissen angepaßt. Als Anlage zur *VPöA: Verordnung über die Preise bei öffentlichen Aufträgen* vom 21. November 1953 wurden die *LSP: Leitsätze für die Preisermittlung auf Grund von Selbstkosten* erlassen.

VPÖ (1943) und LSÖ (1938) wurden in der Kriegszeit immer mehr als die einzigen Grundsätze einer wirtschaftlichen Kosten- und Preisermittlung weiter entwickelt, da durch die Kriegswirtschaft die freie Preisbildung auf dem Markt ständig zurückging und durch den Preisstopp („zurückgestaute Inflation") dann fast ganz ausgeschaltet wurde. Der weitaus überwiegende Teil der damaligen Wirtschaft hatte schließlich nur noch den Staat mit seinen Beschaffungsstellen als Auftraggeber.

Nach dem Krieg haben sich diese Verhältnisse grundlegend geändert, und ihnen sind die VPöA und die LSP von 1953 angepaßt. Es besteht wieder ein sehr leistungsfähiger *freier Markt,* der auch für die öffentlichen Aufträge maßgebend ist. Deshalb ist der VPöA die entscheidende Bestimmung vorangestellt, daß die *Vereinbarung von Marktpreisen grundsätzlich den Vereinbarungen anderer Preise voranzugehen hat,* also besonders der verschiedenen Selbstkostenpreise. Während in der Vorkriegspraxis der RPÖ der endgültige Preis bei öffentlichen Aufträgen meist erst in der Nachkalkulation festgestellt wurde, muß nach der VPöA bereits *vor* Vertragsabschluß ein für beide Teile verbindlicher Preis vereinbart werden, der den vergleichbaren Marktpreisen entspricht. Nur wenn vergleichbare Marktpreise nicht ermittelt werden können, weil etwa ein neues Fertigungsverfahren angewandt oder ein neues Erzeugnis entwickelt wird, kann auf die Selbstkosten zurückgegriffen werden. Aber auch hier bestimmen die LSP, daß möglichst immer auf Grund der Vorkalkulation ein *Selbstkosten-Festpreis* oder vorübergehend ein Selbstkosten-Richtpreis zu vereinbaren ist und daß nur in Ausnahmefällen auf Grund der Nachkalkulation der Selbstkosten-Erstattungspreis in Frage kommen darf.

Ermittlung betriebsindividueller Preise

Während die VPÖ (1943) die Einheits- und Gruppenpreise einführte und die betriebsindividuellen Unterschiede im Rechnungswesen der einzelnen Betriebe allmählich beseitigte, wurde das betriebliche Rechnungswesen nach dem Krieg wieder neu aufgebaut und in mannigfachen Varianten weiter entwickelt. Betriebliche Verrechnungswerte, Standardkosten, Plankosten, Grenzkosten und Kennzahlen werden bereits in sehr vielen Betrieben verwandt. Neben den Anschaffungspreisen wurden in der Bilanzbewertung und besonders in der Kostenrechnung vielfach Wiederbeschaffungspreise eingeführt. Alle diese Varianten des Rechnungswesens werden in den LSP berücksichtigt, da sie (ebenso wie bereits vor dem Krieg die LSÖ von 1938) *betriebsindividuelle Preise* ermitteln wollen. Die LSP wollen also nicht in die betriebliche Ausgestaltung des Rechnungswesens eingreifen und geben daher stets betriebsindividuellen Einrichtungen den Vorrang, sofern diese den Grundsätzen eines geordneten Rechnungswesens entsprechen.

Die Preisermittlung bei öffentlichen Aufträgen

Für die Preisermittlung bei öffentlichen Aufträgen gilt nach der VPöA ebenso wie nach der VPÖ von 1943 das sogenannte S t u f e n p r i n z i p in der Reihenfolge der verschiedenen Preisarten. Doch ist die Rangfolge der einzelnen Stufen bei der VPöA anders. Bei ihr sind zunächst die *allgemeinen preisrechtlichen Vorschriften* gültig (z. B. Höchstpreisbestimmung für Kohle), dann folgt in diesem Stufenprinzip der im allgemeinen Wirtschaftsverkehr maßgebende Preis, nämlich der *Marktpreis*. Nur wenn ein solcher nicht besteht und auch kein vergleichbarer Marktpreis vorhanden ist, darf die Preisberechnung auf Grund der Selbstkosten erfolgen. Bei der VPÖ von 1943 stand an erster Stelle der dirigistisch ermittelte Einheits- oder Gruppenpreis, ihm folgt zwar der Marktpreis, der aber damals durchweg Stopppreis oder Höchstpreis war.

Der S e l b s t k o s t e n p r e i s darf, wie bereits nach den LSÖ, nur die betriebs- und fertigungsnotwendigen, also die leistungsbedingten Kosten enthalten.

Ferner bestimmt die VPöA, daß soweit irgendwie möglich F e s t p r e i s e zu vereinbaren sind, die bereits vor Vertragsabschluß ermittelt werden sollen. Die nach der VPöA zu ermittelnden Preise haben H ö c h s t p r e i s c h a r a k - t e r. Auftraggeber und Auftragnehmer können auch niedrigere Preise vereinbaren, als sie nach der VPöA und dem LSP ermittelt wurden. Das ist ein sehr wesentlicher Grundsatz. Umgekehrt kann sich herausstellen, daß eine Preisverordnung mit M i n d e s t c h a r a k t e r notwendig wird, um Übervorteilungen der Auftraggeber zu verhindern.

Eine A u s n a h m e von den Grundsätzen des Höchstpreischarakters und der Festpreisvereinbarung bilden die besonderen L e i s t u n g s a u f l a g e n oder L e i s t u n g s a n w e i s u n g e n eines öffentlichen Auftraggebers. Bei vielen Aufträgen, insbesondere Rüstungsaufträgen, müssen erst die notwendigen Einrichtungen geschaffen und neue Fertigungsverfahren und Erzeugnisse entwickelt werden. Die dabei anfallenden Einrichtungs-, Entwicklungs- und Versuchskosten werden b e s o n d e r s a b g e r e c h n e t. Diese Bestimmung soll verhindern, daß der Auftragnehmer zu einem ungerechtfertigten Nachgeben bei der Ermittlung der Preishöhe gezwungen werden kann.

Der öffentliche Auftraggeber und sein Prüfungsrecht

Die VPöA gilt für alle Aufträge, die von einer Behörde des Bundes, der Länder, der Gemeinden und der Gemeindeverbände sowie von sonstigen juristischen Personen des öffentlichen Rechts erteilt werden. Auch die Aufträge der in Deutschland stationierten Nato-Verbände sind nach den Bestimmungen der VPöA und der LSP auszuführen und abzurechnen. Weiterhin können nach den

Grundsätzen der VPöA und besonders der LSP auch private Vereinbarungen außerhalb des öffentlichen Auftragswesens auf freiwilliger Basis getroffen werden.

Die öffentlichen Auftraggeber haben auch ein P r ü f u n g s r e c h t , das allerdings s e h r b e s c h r ä n k t ist. Jeder öffentliche Auftraggeber muß beim Bundeswirtschaftsministerium beantragen, wenn er einmalig oder dauernd mit einem Prüfungsrecht betraut werden will. Das Bundeswirtschaftsministerium darf aber n u r d a n n einem solchen Antrag stattgeben, wenn es sich um S e l b s t k o s t e n p r e i s e handelt, die vereinbart worden sind. Alle öffentlichen Aufträge dagegen, die zu Marktpreisen oder in Anlehnung an diese vergeben werden, schließen ein Prüfungsrecht des öffentlichen Auftraggebers aus. Eine weitere Einschränkung betrifft die Aufträge zu vorkalkulierten S e l b s t - k o s t e n - R i c h t p r e i s e n . Hier gilt das Prüfungsrecht nur bis zu dem Zeitpunkt der Umwandlung der Richtpreise in Festpreise. Bei S e l b s t k o s t e n - F e s t p r e i s e n erstreckt sich das Prüfungsrecht nur auf die Zeit von der Angebotsabgabe bis zu der Preisvereinbarung. Das Hauptanwendungsgebiet der Preisprüfung durch den öffentlichen Auftraggeber sind somit die (seltenen) S e l b s t k o s t e n - E r s t a t t u n g s p r e i s e und deren Errechnung nach den Grundsätzen der LSP.

VIII. Gemeinschaftsrichtlinien und Gemeinschaftskontenrahmen

Auch die Industrie nahm nach dem Kriege die Bestrebungen zu einer Vereinheitlichung des gesamten industriellen Rechnungswesens wieder auf. Der „Arbeitsausschuß Betriebswirtschaft Industrieller Verbände" arbeitete 1949 den „*Gemeinschafts-Kontenrahmen Industrieller Verbände (GKR)*" aus. Während die „Grundsätze und Erläuterungen zum Erlaßkontenrahmen" von 1937 nur wenige Seiten umfassen, wurden dem GKR noch „Grundsätze und Gemeinschafts-Richtlinien für das Rechnungswesen" im Umfang von vier Bänden beigegeben. Der erste Teil dieses Werkes (Band 1) enthält die „*Gemeinschafts-Richtlinien für die Buchführung* (GRB)", der zweite Teil (Band 2—4) die „*Gemeinschafts-Richtlinien für die Kosten- und Leistungsrechnung (GRK)*". Neuartig ist das den eigentlichen Gemeinschafts-Richtlinien in den zwei letzten Bänden (Band 3 und 4) beigegebene Werk über die „*Verfahrenstechnik*", in dem „an Hand eines immer wiederkehrenden Zahlenbeispiels verschiedene Formen und Verfahrenstechniken der Betriebsabrechnung und Kalkulation stufenweise, d. h. von einfacher bis zu umfassender Ausgestaltung, entwickelt, dargestellt und erläutert worden sind". — Im Gegensatz zu den Kostenrechnungsgrundsätzen und Kostenrechnungsregeln von 1939 sind der Gemeinschafts-Kontenrahmen und die Gemeinschafts-Richtlinien *nicht allgemein verbindlich*. Man ist also grundsätzlich von allen Zwangsvorschriften abgegangen. (Siehe auch unten S. 743.)

Einzelheiten der Selbstkostenermittlung

A r t e n d e r S e l b s t k o s t e n p r e i s e . Werden die Preise nach geprüfter Vorkalkulation festgelegt, so handelt es sich um S e l b s t k o s t e n - F e s t - oder R i c h t p r e i s e , bei Preisermittlungen auf Grund von Nachkalkulationen um S e l b s t k o s t e n - E r s t a t t u n g s p r e i s e .

Mengenansatz und Bewertung. Bei Preisvereinbarungen auf Grund von V o r - k a l k u l a t i o n e n sind die im Zeitpunkt der Angebotsabgabe voraussehbaren Güter- und Dienstleistungsmengen anzusetzen, die mit den Tagespreisen zum Zeitpunkt der Angebotsabgabe zu bewerten sind.

Bei Preisvereinbarungen auf Grund von N a c h k a l k u l a t i o n e n werden die tatsächlich verbrauchten Güter und in Anspruch genommenen Dienste mit Anschaffungspreisen bzw. den entsprechenden Entgelten für Dienste bewertet, wenn die Güter und Dienste für den Auftrag besonders beschafft wurden, und mit Tagespreisen, abgestellt auf den Zeitpunkt der Lagerentnahme, soweit Stoffe nicht besonders für den Auftrag beschafft, sondern dem Lager entnommen wurden.

Angaben zur Preiskalkulation. Es sind stets anzugeben:

1. die genaue Bezeichnung des Kalkulationsgegenstandes (Auftrags-, Stücklisten-, Zeichnungsnummern usw.),

2. das Lieferwerk und die Fertigungsabteilung,

3. die Bezugsmenge, auf die die Zahlenangaben der Kalkulation abgestellt sind (Stück, kg, m und dgl.),

4. der Tag des Abschlusses der Kalkulation,

5. die Liefermenge, für die die Kalkulation maßgebend sein soll,

6. die Lieferbedingungen, soweit sie den Selbstkostenpreis beeinflussen.

Bei N a c h k a l k u l a t i o n e n sind außerdem anzugeben:

1. der Zeitabschnitt, in dem die abgerechneten Leistungen erstellt wurden, und

2. die den abgerechneten Leistungen vorausgegangenen lt. Auftrag noch folgenden gleichartigen Leistungen.

Kalkulationsschema. Die Kosten sind mindestens zu gliedern in:

1. Fertigungsstoffkosten,

2. Fertigungskosten,

3. Entwicklungs- und Entwurfskosten,

4. Verwaltungskosten,

5. Vertriebskosten.

Außerdem ist der Ansatz eines k a l k u l a t o r i s c h e n G e w i n n e s zulässig, mit dem das allgemeine Unternehmerwagnis und die besondere unternehmerische Leistung (Unternehmerlohn) abgegolten werden. Einzel- und Gemeinkosten sind getrennt auszuweisen.

Bestandteile des Selbstkostenpreises

1. S t o f f e :

   a) Fertigungsstoffe: zu ihnen zählen die Grundstoffe und Halbzeuge, die Bestandteile der Erzeugnisse werden, die Zwischenerzeugnisse und auswärts bezogene Fertigungserzeugnisse,

   b) Hilfs- und Betriebsstoffe,

   c) Sonderbetriebsmittel (z. B. Modelle, Schablonen, Sonderwerkzeuge),

   d) Brennstoffe und Energie.

2. P e r s o n a l k o s t e n : Es sind zu unterscheiden

   a) unmittelbar dem Kostenträger zurechenbare Kosten (Fertigungslöhne) und

   b) mittelbar dem Kostenträger zurechenbare Kosten (Hilfslöhne, Gehälter, Unternehmerlohn).

   Der kalkulatorische U n t e r n e h m e r l o h n kann auch unter den kalkulatorischen Kosten ausgewiesen werden.

3. I n s t a n d h a l t u n g s k o s t e n : Sie sind dem Verbrauch entsprechend zeitanteilig zu verrechnen.

4. E n t w i c k l u n g s - , E n t w u r f s - u n d V e r s u c h s k o s t e n : Arbeiten dieser Art, die das werksnormale Maß überschreiten, sind zwischen Auftraggeber und -nehmer ausdrücklich zu vereinbaren.

5. S t e u e r n u n d G e b ü h r e n b e i t r ä g e : Hierzu gehören insbesondere die Gewerbe-, Vermögen-, Grund-, Kraftfahrzeug- und Beförderungsteuer. Die Umsatzsteuer und andere auf dem Erzeugnis lastende Verbrauchsteuern sind als S o n d e r k o s t e n auszuweisen. Nicht kalkulierbare Steuern sind vor allem die Einkommen-, Körperschaft-, Kirchensteuer- und Erbschaftsteuer.

6. L i z e n z g e b ü h r e n , P a t e n t k o s t e n u. ä. sind als Sonderkosten auszuweisen.

7. S o n s t i g e K o s t e n a r t e n : z. B. Miete, Büro-, Werbe-, Transportkosten und Kosten des Zahlungsverkehrs.

8. V e r t r i e b s s o n d e r k o s t e n sind stets gesondert auszuweisen.

9. K a l k u l a t o r i s c h e K o s t e n :

   a) Anlageabschreibungen,

   b) Zinsen für die Bereitstellung des betriebsnotwendigen Kapitals,

   c) Einzelwagnisse, d. h. mit der Leistungserstellung in den einzelnen Tätigkeitsbereichen des Betriebes verbundene Verlustgefahren.

10. K a l k u l a t o r i s c h e r G e w i n n : Er soll das allgemeine Unternehmerwagnis und einen Leistungsgewinn bei Vorliegen einer besonderen unternehmerischen Leistung abgelten.

VIII. Literaturhinweise

Brandt, K.: Preistheorie. Ludwigshafen 1960.

Erb, G., und P. Rogge: Preispolitik im teilintegrierten Markt. Basel 1958.

Fettel, Johannes: Marktpreis und Kostenpreis. 2. Aufl. Meisenheim a. G. 1962.

Grob, H. L.: Computergestützte Preispolitik. Wiesbaden 1975.

Grochla, E.: Die Kalkulation von öffentlichen Aufträgen. Berlin und München 1954.

Gutenberg, E.: Grundlage der Betriebswirtschaftslehre. Bd. 2: Der Absatz. 15. Aufl. Berlin, Heidelberg, New York 1976.

Hilke, W.: Statische und dynamische Oligopolmodelle. Wiesbaden 1973.

Jacob, H.: Preispolitik. 2. Aufl. Wiesbaden 1971.

Krelle, W.: Preistheorie. Tübingen 1961.

Metzner, M.: Kostengestaltung, Preisbildung und Marktprobleme. 2. Bde. Berlin, München 1953/1954.

Nagtegaal, H.: Der Verkaufspreis in der Industrie. Wiesbaden 1974.

Ott, A. E.: Grundzüge der Preistheorie. Göttingen 1968.

Pribilla, Max E.: Kostenrechnung und Preisbildung. Das Recht der Preisbildung bei öffentlichen Aufträgen. Kommentar zur VPöA, LSPu. VPöA-Bau. Loseblattwerk. München, Berlin.

Richter, R.: Preistheorie. Wiesbaden 1963.

Scheibler, A.: Betriebs- und volkswirtschaftliche Produktions- und Kostentheorie. Wiesbaden 1975.

Schmalenbach, E.: Kostenrechnung und Preispolitik. 8. Aufl. Köln und Opladen 1963.

Schmidt, F.: Kalkulation und Preispolitik, Berlin 1937.

Schmidt, F.: Einführung in die Betriebswirtschaftslehre, 2. Teil, in: Die Handelshochschule, 3. Aufl. 1951 Bd. II.

Schneider, E.: Einführung in die Wirtschaftstheorie. 2. Bd. 13. Aufl. Tübingen 1972.

Vormbaum, H.: Differenzierte Preisforderungen als Mittel der Preispolitik. Köln und Opladen 1960.

Siebtes Kapitel

Betriebliche Finanzwirtschaft

A. Die Grundlagen der Finanzwirtschaft

I. Begriff und Wesen der Finanzwirtschaft

Von der „Finanzierung" zur „betrieblichen Finanzwirtschaft"

Jede wirtschaftliche Tätigkeit der Unternehmung hat ihre finanziellen Auswirkungen, die sich in der Finanzwirtschaft der Unternehmung niederschlagen. „Jeder güterwirtschaftliche Vorgang stellt zugleich einen Akt der Kapitaldisposition dar" (Gutenberg). Die laufenden Geld- und Kapitaldispositionen gehören heute zu den wichtigsten Aufgaben der Unternehmungsleitung. Das war nicht immer so. In der extensiven Wirtschaft des 19. Jahrhunderts bis etwa zum ersten Weltkrieg standen die großen Kapitaltransaktionen der anhaltend wachsenden Unternehmung im Vordergrund, die ja beim Aufstieg der jungen Industrie eine weit größere Rolle spielten als heute bei der intensiven Wirtschaftsweise. Diese Entwicklung spiegelt sich auch im Begriff der „betrieblichen Finanzwirtschaft" wieder.

Die ältere Literatur zu Beginn unseres Jahrhunderts über die betriebliche Finanzwirtschaft erschöpft sich in Darstellungen der Finanzierung in ihrem „allerengsten" Sinne, nämlich der langfristigen Kapitalbeschaffung. Je tiefer man dann in diesen Problemkreis eindrang, um so mehr weitete sich der Begriff der Finanzierung aus, es wurden bald schon „Rückerstattung und Verlust des aufgenommenen Kapitals" (Schmalenbach) dazugerechnet, dann die kurzfristige Finanzierung und schließlich die gesamte Tätigkeit der Unternehmung, soweit sie die finanzwirtschaftliche Seite der Betriebstätigkeit berührt. Diese Ausweitung des finanzwirtschaftlichen Problemkreises von der Finanzierung im engsten Sinne bis zur betrieblichen Finanzwirtschaft in des Wortes weitester Bedeutung zeigt gleichzeitig die allmählich wachsende, zunächst noch unbewußte Tendenz der betriebswirtschaftlichen Methodik zur *funktionalen Betrachtungsweise*, und vermutlich haben gerade die Besonderheiten der finanziellen Sphäre des Betriebsprozesses wesentlich zur Entwicklung der betriebswirtschaftlichen Funktionslehre beigetragen.

Jedes Unternehmen besteht (nach *Gutenberg*) aus den *drei güterwirtschaftlichen Teilbereichen* Beschaffung, Leistungserstellung und Leistungsverwertung, die zu einer funktionsfähigen Einheit verknüpft sind (s. oben S. 24 ff.). Diesen drei güterwirtschaftlichen Teilbereichen des betrieblichen Vollzugs steht die *„finanzielle Sphäre"* gegenüber, die den drei güterwirtschaftlichen Teilbereichen *nicht* als vierter Teilbereich hinzugefügt werden darf, weil sie nicht in dem Funktionszusammenhang steht, der die drei güterwirtschaftlichen Teilbereiche untereinander verknüpft. Die finanziellen Vorgänge bilden „gewissermaßen das Medium für den gesamtwirtschaftlichen Leistungsvollzug". Durch Beschaf-

fungs- und Veräußerungsakte werden in ständiger Abfolge Kapitalbeträge gebunden und wieder freigesetzt. Die Vielzahl finanzieller Situationen ist nicht
einseitig das Ergebnis von Vorgängen im finanziellen Bereich als solchem, sondern das Ergebnis wechselseitiger Beziehungen zwischen den drei güterwirtschaftlichen Bereichen auf der einen und dem finanziellen Bereich auf der
anderen Seite. (Gutenberg, Grundlagen der Betriebswirtschaftslehre, 3. Bd.:
Die Finanzen, 7. Aufl., Berlin - Heidelberg - New York 1975.)

1. Kapital und Vermögen, Geld und Kredit

Die Entstehung des Kapitalbegriffs

„Kapital" ist ein *systembezogener Begriff*. Es ist charakteristisch für die Unternehmung und hat sogar dem „kapitalistischen Wirtschaftssystem" den Namen
gegeben.

Als in der Renaissance der in Italien aufblühende Handel große und ständig
wachsende Vermögen schuf und zur Rechenhaftigkeit zwang, entstand mit der
doppelten Buchführung im Laufe einiger Jahrhunderte die „Unternehmung",
die sich als (selbständige) „juristische" und „ökonomische Person" (Sombart)
aus der traditionellen Familienwirtschaft des mittelalterlichen Zunftbetriebes,
der zur „privaten Haushaltung" wurde, herauslöste (Näheres s. oben S. 62 f.).
In der langen Entwicklungsgeschichte der doppelten Buchführung zum geschlossenen System (von etwa 1250 bis 1420) ist die Einführung des „Kapitalkontos"
(etwa um 1410) der bedeutsamste Schritt. Auf ihm erfaßt der Kaufmann erstmals die Mittel, die er der verselbständigten Unternehmung zu Investitionszwecken zur Verfügung gestellt hat, sowie die Gewinne und Verluste seiner
Geschäfte (der Erfolg eines jeden Geschäftes wurde damals einzeln ermittelt —
„Partierechnung"). Dieses „Kapital" (ital. capitale, lat. capitalis pars, Hauptteil)
ist „eine sehr reale Wertsumme . . ., die Gewinn oder Verlust bringt, die aber
unmittelbar zu keinem dinglichen Gegenstand, weder zu Grundstücken, noch zu
Waren, noch zu Geld, in einer ursächlichen Beziehung steht. Man kann mit
Recht sagen: *Es entstand mit dem ersten Kapitalkonto das erste Kapital.*"
(J. Löffelholz, Geschichte der Betriebswirtschaft und der Betriebswirtschafts-
lehre, Stuttgart 1935.) Nunmehr war es nur noch ein kleiner Schritt bis zur
Entwicklung des Bilanzkontos (etwa um 1420).

Doch auch die Betriebe einer kommunistischen Planwirtschaft dürften über
„Kapital" verfügen, so hat man mit Recht das sowjetische Wirtschaftssystem
einen „Staatskapitalismus" genannt. Was dort in der Wirtschaftsrechnung
„Grundmittel" oder „Grundfonds" genannt wird, entspricht ihrem Wesen nach
dem „Kapital", wenn sie auch teilweise andere Eigenschaften haben, so fehlen
ihnen vor allem die freie Übertragbarkeit.

Das Kapital sind also die *Finanzierungsmittel der Unternehmung für Investitionen, die als Passiva in der Bilanz erfaßt sind.* Es ist nicht identisch mit Geld
oder Gütern, es ist vielmehr die abstrakte, in Geldwerten quantifizierte Summe
der Finanzmittel, die der Unternehmung vom Eigentümer der Unternehmung
oder von Dritten zu Investitionszwecken zur Verfügung gestellt wurden. Ähnlich drückt es Guido *Fischer* aus: „Kapital ist die Größe der Verpflichtungen,

die der Betrieb gegenüber dem Eigentümer oder gegenüber Dritten besitzt als Gegenleistung für die Hergabe von Geld- oder Sachwerten." (Allg. Betriebswirtschaftslehre, 9. Aufl. 1964). Kürzer definiert Erich *Preiser* in einer sehr verbreiteten Formulierung: Kapital sind „die Finanzierungsmittel für Investitionszwecke".

Diese übereinstimmenden Begriffe entsprechen dem heutigen Sprachgebrauch und werden in diesem Sinne wieder in den Wirtschaftswissenschaften vertreten. Die *klassischen Nationalökonomen* haben dann allerdings einen völlig neuen Kapitalbegriff eingeführt, der — auch in der Betriebswirtschaftslehre — viel Verwirrung stiftete und sich teilweise bis in die Gegenwart erhalten hat. Sie verstanden unter Kapital — neben Arbeit und Boden — als den dritten Produktionsfaktor die *„produzierten Produktionsmittel"*, also Betriebsmittel und Werkstoffe. Später fand man wieder zu dem ursprünglichen Begriff zurück (als einer der ersten Karl Marx: Kapital ist das Mehrwert heckende Unternehmervermögen). Man unterschied dann das *„Realkapital"*, die produzierten Produktionsmittel, von dem *„Erwerbskapital"* (Rodbertus und Adolf Wagner sprechen vom *„Privatkapital"*). Die jahrzehntelange Diskussion um den Kapitalbegriff (insbesondere im Zusammenhang mit dem Zinsproblem) ist heute ganz verstummt, weil es sich vor allem um einen terminologischen Streit handelte, der zudem entstanden war, weil man sich zu sehr vom Kapitalbegriff des Alltags entfernt hatte. Mit Recht schreibt Friedrich von Wieser 1914: „Die wirtschaftlichen Kapitalbegriffe... stimmen fast alle darin überein, daß sie ohne Rücksicht auf den verbreiteten Sprachgebrauch, ja geradezu im Gegensatz zu ihm formuliert sind... Erst in letzter Zeit suchen einzelne Autoren den Anschluß an ihn wiederzugewinnen." (In: Grundriß der Sozialökonomie, I, 1914.)

Die Kapitalbildung

Kapital entsteht also dadurch, daß Vermögenswerte eines Haushaltes in die Produktionswirtschaft, d. h. in die Unternehmung, überführt werden. Und zwar überträgt der Haushalt Güter, auf deren *Konsum er verzichten will*, d. h. E r s p a r n i s s e , als Eigenkapital auf die Unternehmung oder als Fremdkapital (Kredit) auf eine fremde Unternehmung. Es braucht sich bei der Übertragung von Kapital also nicht um Eigentumsübertragung im Rechtssinne zu handeln. Mit der Übertragung des Geldes oder auch eines Sachgutes (z. B. Grundstück) auf die Unternehmung bildet sich Kapital. Auch die *Selbstfinanzierung* können wir in diesem Sinne als Kapitalbildung auffassen: Bei ihr werden Gewinne, statt daß sie der Haushaltung zu Konsumzwecken zugeführt werden, in der Unternehmung zu Investitionszwecken belassen und vergrößern das Eigenkapital. Andererseits können in der Haushaltung gehortete Vermögenswerte niemals „Kapital" darstellen.

Die Kapitalbildung beruht also stets auf einem Sparakt. Einkommens- oder Vermögensteile der Haushaltung werden statt zu konsumtiven zu produktiven Zwecken verwendet. Dieser Vorgang hat auch *volkswirtschaftliche Konsequenzen;* denn beim Ansteigen der Sparquote in einer Volkswirtschaft geht die Nachfrage nach Konsumgütern zugunsten der Nachfrage nach Produktivgütern zurück. Doch auf dieses volkswirtschaftliche Problem können wir hier nicht näher eingehen.

In der *volkswirtschaftlichen Theorie,* das sei noch erwähnt, wird vielfach die Kapitalbildung durch Nichtausschüttung von Gewinnen, um sie zu investieren, nicht als Sparakt ausgelegt. Das ist letztlich eine Frage der Interpretation. In diesem Falle setzt sich das neugebildete Kapital aus den Ersparnissen der Haushaltungen u n d den nichtausgeschütteten Gewinnen der Unternehmungen zusammen. — Überdies ist vom volkswirtschaftlichen Standpunkt, wie die moderne Theorie darlegt, zu beachten, daß sich die *volkswirtschaftliche Kapitalbildung* aus dem *Sparvorgang und der Investition der Ersparnisse* zusammensetzt. Beide müssen getrennt beobachtet werden, da die Sparpläne und die Investitionspläne von verschiedenen Personenkreisen aufgestellt werden und daher in ihren Größen voneinander abweichen können.

Die betriebswirtschaftliche Bedeutung des Kapitals

Die Unternehmung betrachtet also alle Wertbewegungen im Hinblick auf ihren Geldwert. Dieses *Denken in Geld,* das erst durch die „Kapitalrechnung" der doppelten Buchhaltung ermöglicht wurde, ist in der modernen Wirtschaft notwendig, um zahlenmäßig exakt zu ermitteln, wie hoch das Kapital ist, wie es sich zusammensetzt, welche Erfolge (Gewinn oder Verlust) es der Unternehmung gebracht hat, mit anderen Worten, ob es rentabel arbeitet, ferner ob seine Zusammensetzung (Eigen- und Fremdkapital, kurzfristiges und langfristiges Kapital) optimal ist, ob das finanzielle Gleichgewicht besteht, wann Fremdkapital zu tilgen, Kredit zurückzuzahlen ist usw. Man kann also von „einer *betriebswirtschaftlichen Schlüsselstellung des Kapitals*" (P. Deutsch) in der Unternehmung sprechen. — Vgl. auch die Übersicht der typischen Merkmale des Eigenkapitals und des Fremdkapitals oben S. 127 f.

Die Übertragbarkeit des Kapitals

Nicht minder bedeutsam ist die Übertragbarkeit des Kapitals im zwischenbetrieblichen Verkehr. Die Unternehmung kann grundsätzlich jederzeit Kapital in dem benötigten Ausmaß aufnehmen, um Investitionen durchzuführen. Das ist ein Wesensmerkmal des „kapitalistischen Wirtschaftssystems". Das Kapital, gleichgültig, ob es auf Eigentums- oder Forderungsrechten beruht, ist grundsätzlich übertragbar. Man kann die Beteiligung an einer Unternehmung oder ein Guthaben bei ihr kaufen und verkaufen. Man kann Kapital wie ein dingliches Gut übertragen und verpfänden, ohne daß an dem Betriebsablauf grundsätzlich etwas geändert wird. Der Handel mit solchen Kapitalwerten wird dadurch sehr erleichtert, daß man sie in *Wertpapieren,* Aktien oder Schuldverschreibungen, verbrieft. Hier ist das Kapital zu einem vertretbaren Gut erster Ordnung geworden, sein Markt ist der Kapitalmarkt. Man spricht in diesem Zusammenhang vom „*Effektenkapitalismus*".

Die Formen des Kapitals

Das Kapital der Unternehmung wird zunächst nach der Rechtsform der Übertragung in Eigen- und Fremdkapital und das letzte wieder nach der Dauer seiner Hingabe in kurz- und langfristiges Fremdkapital gegliedert.

1. Das **Eigenkapital** ist das Kapital, das vom Eigentümer der Unternehmung herrührt, es steht der Unternehmung grundsätzlich *unbefristet* zur Verfügung.

Nach der Rechtsform der Unternehmung ist das Eigenkapital

— *Beteiligungskapital* bei der Einzelfirma und den Personengesellschaften

— *Grund- oder Aktienkapital* bei der Aktiengesellschaft

— *Stammkapital* bei der GmbH

— *Geschäftsguthaben* bei den Genossenschaften;

ferner gehören zum Eigenkapital:

— *Rücklagen oder Reserven („Zusatzkapital");* sie können sein

    a) *gesetzliche* oder Pflichtrücklagen oder

    b) *freiwillige* oder Spezialrücklagen.

    Diese wiederum sind

        (1) *offene Rücklagen,* die in der Bilanz ausgewiesen sind,

        oder

        (2) *stille Rücklagen,* die durch Unterbewertung von Aktiven oder (seltener) Überbewertung von Passiven entstehen und die aus der Bilanz nicht zu ersehen sind,

— der *Gewinnvortrag* und der *Jahresreingewinn.*

2. Das **Fremdkapital** oder **„Kreditkapital"** ist das Kapital, das Dritte dem Unternehmer zur Verfügung gestellt haben, es sind die Schulden der Unternehmung. Es steht der Unternehmung in Form von Anleihen (Obligationen), Hypothekarkrediten oder anderen Krediten auf lange oder kürzere Zeit zur Verfügung und behält im Gegensatz zum Eigenkapital seine rechtliche Selbständigkeit. Wichtig ist vor allem die Unterscheidung in langfristiges und kurzfristiges Fremdkapital.

a) L a n g f r i s t i g e s Fremdkapital ist durch Vertrag für 4 bis 20 Jahre und länger gebunden (z. B. eine Siemens-Anleihe hat eine Laufzeit von 99 Jahren, bei einer derartig langen Laufzeit ist auch das Fremdkapital praktisch unbefristet). Das Fremdkapital dient — wie das Eigenkapital — vor allem zur Finanzierung dauerhafter Anlagewerte (Anlagevermögen).

b) K u r z f r i s t i g e s Fremdkapital ist bis zu 3 oder 6, aber auch bis 12 Monaten an die Unternehmung gebunden. — Vom *„mittelfristigen Kapital",* das die Lücke zwischen langfristigem und kurzfristigem Fremdkapital ausfüllen könnte, spricht man seltener, weil „e c h t e" mittelfristige Kredite nicht oft vorkommen. Entweder braucht die Unternehmung langfristiges Kapital für langfristige Investitionen oder kurzfristiges Kapital, um den Umsatz zu finanzieren. Doch wird kurzfristiges Kapital sehr häufig durch ständige Prolongation der Kredite zu mittel- oder gar langfristigem Kapital.

Ein Posten auf der Passivseite gehört allerdings nicht zum Kapital, es sind die **„Wertberichtigungen"** für zu hoch angesetzte Aktiva. Es ist ein durch die Technik der doppelten Buchführung bedingter Korrekturposten, um den die Aktiva vermindert werden müssen; er entsteht einmal bei der (seltenen) indirekten Abschreibung (die einzelnen Vermögenswerte werden bis zu ihrem Ausscheiden mit dem Anschaffungswert unter den Aktiva ausgewiesen, die Wertminderung wird als Korrekturposten auf die Passivseite gesetzt) und zum anderen als Korrekturposten für „zweifelhafte Forderungen".

Das „Sozialkapital", ein neuerdings vielfach gebrauchter Begriff, umfaßt die *Sozialrücklagen,* z. B. für zusätzliche Unterstützungen bei lange dauernden Krankheiten, für Fortbildung usw., sowie die *Sozialrückstellungen,* z. B. durch betriebliche Pensionskassen, Unterstützungsvereine u. dgl. (Guido Fischer). Das Sozialkapital hat eine Mittelstellung zwischen Eigenkapital und Fremdkapital; denn Sozialrücklagen sind im allgemeinen nicht mehr frei verfügbar, die Sozialrückstellungen dagegen gewähren eine größere Dispositionsfreiheit. Das Sozialkapital spielt heute insbesondere bei den großen Gesellschaften eine erhebliche Rolle. Das in den Bilanzen der Aktiengesellschaften ausgewiesene Sozialkapital beträgt durchschnittlich 8 bis 15 % des Gesamtkapitals (wobei der tatsächliche Anteil oft höher liegt, da Teile des Sozialkapitals unter anderen Positionen ausgewiesen werden).

Gliederung des Kapitals auf der Passivseite

A. Eigenkapital

    1. *Grundkapital* (bei der AG); *Stammkapital* (bei der GmbH)

    2. *Offene Rücklagen* oder *Reserven:* das über Grund- oder Stammkapital hinaus in der Bilanz ausgewiesene Eigenkapital

       a) gesetzliche und

       b) freiwillige Rücklagen

    3. *Gewinnvortrag* und Gewinn

B. Fremdkapital

    1. *Langfristiges Fremdkapital* (Laufzeit mehr als 4 Jahre)
       Anleihen (Obligationen)
       Passivhypotheken
       Sonstiges langfristiges Fremdkapital

    2. *Kurzfristiges Fremdkapital*
       Verbindlichkeiten aus Warenlieferungen und Leistungen
       Wechselverbindlichkeiten
       Bankkredite
       Erhaltene Anzahlungen
       Sonstige Verbindlichkeiten

    3. *Rückstellungen:* Verbindlichkeiten über deren Höhe noch keine Sicherheit besteht, z. B. Pensionsverpflichtungen, demnächst fällige Steuern, Aufwendungen für laufende Prozesse usw.

    4. *Bedingtes Fremdkapital, Eventualverbindlichkeiten:* Verbindlichkeiten, die nur unter bestimmten Bedingungen, im „Normalfall" aber nicht eintreten, z. B. Verbindlichkeiten aus Bürgschaften, aus bereits weitergegebenen Wechseln usw.

Die typischen *Merkmale des Eigen- und des Fremdkapitals* sind oben S. 127 f. einander gegenübergestellt.

Kapitalbedarf und Kapitalfonds (Gutenberg)

Da die Abfolge der aus der Unternehmung ausgehenden Auszahlungen (die Auszahlungsreihen) und der in sie eingehenden Einzahlungen zeitlich gegeneinander verschoben sind (die Auszahlungen erfolgen meist erheblich früher als die entsprechenden Einzahlungen), entsteht *Kapitalbedarf*. Die Gesamtheit der finanziellen Mittel, die zu einem bestimmten Zeitpunkt zur Verfügung stehen, um den Kapitalbedarf zu decken, ist der *Kapitalfonds* der Unternehmung, der aus dem gebundenen (investierten) und dem nicht gebundenen (nicht investierten) Teil besteht. Aufgabe der Unternehmensleitung ist es, den Kapitalbedarf und den Kapitalfonds aufeinander abzustimmen. Sie muß die Kapitaldeckungsmöglichkeiten aussondern, die bestimmten Kriterien genügen, so z. B das finanzielle Gleichgewicht der Unternehmung (s. unten S. 598 ff.) nicht stören. (Gutenberg, Die Finanzen, a. a. O.)

Das Vermögen

Das Kapital dient zu Investitionszwecken der Unternehmung, es wird investiert in Grundstücken, Gebäuden, Maschinen, Roh- und Hilfsstoffen usw., kurz in den Produktionsmitteln, die auf der Aktivseite der Bilanz ausgewiesen werden. (Man könnte sie treffend als *„Investitionsgüter"* der Unternehmung bezeichnen, doch ist dieser Begriff — nicht ganz richtig — an die „Investitionsgüter-Industrie" vergeben.)

Allgemein hat sich für die Aktiva der Begriff *„Vermögen der Unternehmung"* (zuerst wohl von Nicklisch gebraucht) eingebürgert, und auch wir wollen ihn beibehalten, wenngleich man auch das Kapital als das „Vermögen der Unternehmung" bezeichnen kann und gelegentlich auch bezeichnet.

Eigentümer der gesamten Aktiva sind der oder die Eigentümer der Unternehmung; nur im Konkursfall haben die Gläubiger direkte Ansprüche auf das „Vermögen".

Auf der Aktivseite der Bilanz werden nur die materiellen und immateriellen Güter der Unternehmung erfaßt, die einen *Geldwert* haben. Erfindungen, Patente und Lizenzen sind gleichfalls Vermögen, auch wenn sie in der gewöhnlichen Bilanz aus dem geschäftspolitischen Prinzip der Vorsicht nicht erfaßt werden. Man kann sie als nicht quantifizierbare stille Reserven auffassen. Imponderable Werte, wie etwa der Persönlichkeitswert des Unternehmers, das besondere Talent leitender Mitarbeiter, die Tüchtigkeit der Belegschaft, das gute Betriebsklima, rechnet man nicht zum Vermögen, da sie in der Regel nicht durch Investition von Kapital beschafft wurden; gleichwohl werden sie beim Verkauf der Unternehmung als *„Geschäftswert"*, *„Firmenwert"* oder *„Goodwill"* der Unternehmung in Geldform bewertet und zählen dann auch zum Vermögen (Näheres s. unten S. 615 ff.). — Auch der *Kassenbestand* der Unternehmung sowie ihre Bankguthaben gehören zum Vermögen der Unternehmung.

Das Vermögen der Unternehmung besteht nach der Nutzungsdauer aus zwei Güterkomplexen:

1. *Anlagevermögen:* Das sind die Produktionsmittel, die mehrere Produktionsprozesse überdauern, z. B. Grundstücke, Gebäude, Maschinen, die gesamte Betriebseinrichtung; und

2. *Umlauf- oder Betriebsvermögen:* Das sind die Produktionsmittel, die nur einmal im Produktionsprozeß, nämlich im Umsatz, verwandt werden können, z. B. Rohstoffe, Hilfsstoffe, flüssige Mittel und Forderungen, insbesondere zum Einkauf von Waren und zur Bezahlung von Gehältern, Löhnen und Steuern. Das Anlagevermögen wird „gebraucht", das Betriebsvermögen dagegen im täglichen Betriebsprozeß „verbraucht".

Die flüssigen Mittel und Forderungen nennt man auch „F i n a n z v e r - m ö g e n".

Auf die effektive Gesamtsumme der Geldwerte des Vermögens (nicht jedoch wie sie in der „frisierten" Bilanz ausgewiesen werden) gründet sich der Wert des Kapitals.

Gliederung des Vermögens auf der Aktivseite

A. Anlagevermögen (oder „Gebrauchsvermögen", es wird „gebraucht" und nicht wie das Umlaufvermögen „verbraucht")

1. M a t e r i e l l e s   A n l a g e v e r m ö g e n :

    a) *Nutzungsgüter:* Sie werden gebraucht, aber nutzen sich nicht ab (wer- nicht „verschlissen"); hierzu gehören vor allem Grundstücke, sofern sie keine abbaufähigen Materialien enthalten.

    b) *Abnutzungsgüter:* Ihr Nutzwert mindert sich durch Gebrauch (sie „verschleißen"), so vor allem Gebäude, Maschinen, Transporteinrich- tungen usw.

    c) *Sozialvermögen:* das sozialen Zwecken dienende Betriebsvermögen, wie Werkswohnungen, Werkskantinen, Werkssportplätze usw.

2. I m m a t e r i e l l e s   A n l a g e v e r m ö g e n :

    a) *Patente, Markenschutzrechte, Lizenzen,* gewisse Konzessionen usw.

    b) *Immaterielle Güter,* die *nicht für sich* (als selbständige Wirtschafts- güter) *veräußert* werden können. Hierzu gehört vor allem der Fir- men- oder Geschäftswert (Goodwill) eines Unternehmens (s. unten S. 616).

3. F i n a n z i e l l e s   A n l a g e v e r m ö g e n :

    a) *Beteiligungen*

    b) *Wertpapiere,* die ohne Beteiligungsabsicht zu Anlagezwecken erwor- ben wurden,

    c) *langfristige Darlehensforderungen*

    d) *Aktivhypotheken*

B. Umlauf- oder Betriebsvermögen („Verbrauchsvermögen"):

1. V o r r a t s v e r m ö g e n :

    Roh-, Hilfs- und Betriebsstoffe
    Halb- und Fertigfabrikate
    Handelswaren

2. F o r d e r u n g e n :

Forderungen auf Grund von Warenlieferungen und Leistungen
Wechselforderungen (Besitzwechsel)
kurzfristige Darlehen
sonstige kurzfristige Forderungen
Vorauszahlungen an Lieferanten
Transitorische Aktiva

3. W e r t p a p i e r e , die nicht zu Anlagezwecken, sondern zur *Liquiditäts-reserve* bestimmt sind;

4. Z a h l u n g s m i t t e l :

Kassenbestände
Bankguthaben
Postscheckguthaben

Verhältnis des Anlagevermögens zum Umlaufvermögen: Die Vermögensstruktur

Das Verhältnis des Anlagevermögens zum Umlaufvermögen ist in den Unternehmungen der einzelnen Wirtschaftszweige sehr verschieden. Das Verhältnis wird einmal vom Produktionsprozeß und zum anderen von den Marktnotnotwendigkeiten bestimmt. Je nach dem Produktionsprozeß ist der Anteil der Anlagen am Gesamtvermögen verschieden hoch, je nach den Marktnotwendigkeiten der Anteil der Vorräte und Forderungen. Danach unterscheiden wir

1. a n l a g e i n t e n s i v e B e t r i e b e : das sind vor allem die Grundstoffindustrien, stark maschinisierte und mechanisierte Betriebe sowie die Verkehrs- und Versorgungsbetriebe;

2. v o r r a t s i n t e n s i v e B e t r i e b e : sie sind produktions- oder markttechnisch bedingt, etwa wenn der Produktionsanfall periodisch ist (z. B. Gemüsekonservenindustrie) oder wenn eine lange Lagerung technisch notwendig ist (Holz-, Lederindustrie), wenn die Industrie zugleich Handelsfunktionen ausübt (Metallindustrie) oder der Produktionsprozeß sehr lange dauert (Schiffsbau);

3. f o r d e r u n g s i n t e n s i v e B e t r i e b e : Dazu gehören viele Handelsbetriebe, ferner Industriebetriebe, die selbst sehr stark die Kundenfinanzierung übernommen haben, vor allem aber die Banken und Versicherungen.

Falsche Finanzdispositionen, die das richtige Verhältnis des Anlagevermögens zum Betriebsvermögen nicht einhalten, mindern die Rentabilität. Ist das Anlagevermögen größer als notwendig, so erhöht sich durch die notwendigen Abschreibungen sowie die Unterhalts- und Instandsetzungskosten der Aufwand und schmälert den Gewinn. Häufig kann durch Auflösung oder Abstoßung nicht vollausgenutzter Anlagen das Anlagevermögen vermindert werden. Das Betriebsvermögen andererseits muß so groß sein, daß eine normale Ausnutzung des Anlagevermögens gesichert ist. Bei einem zu hohen Betriebsvermögen weist die Unternehmung einen zu großen Bestand an flüssigen Mitteln aus, die oft zu betriebsfremden spekulativen Geschäften verleiten.

Das Geld und der Kredit

Kapital ist, wie bereits erwähnt, mit Geld keineswegs identisch, wie ein falscher Sprachgebrauch leicht vermuten lassen könnte. Doch ist das Geld der *wichtigste Wertträger des Kapitals*. Kredite werden in aller Regel in Geld gegeben, Effekten werden bar gekauft. Man nennt daher Kapital, dessen Wertträger Geld ist „*Geldkapital*" (wenngleich dieser Terminus nicht ganz glücklich gewählt ist).

Das Geld, das der Unternehmung als Beteiligung oder als Kredit zufließt, geht zunächst in die „Kasse" und wird dann Vermögen der Unternehmung, der Gegenposten steht als („abstraktes") Kapital auf der Passivseite, seine Verbindung zu dem Geldbetrag ist völlig gelöst.

Schwierig ist die Frage bei dem Bankkredit, der nicht durch einen Sparakt, sondern durch *Kreditschöpfung* entstanden ist, der also grundsätzlich kein „Kapital" darstellen kann. Wenn dieser Kredit später durch langfristiges Kapital, das aus Ersparnissen hervorgegangen ist, abgelöst wird, kann man von „*antizipativer Kapitalbildung*" sprechen. Ist das nicht der Fall, wird man den kurzfristigen Barkredit *volkswirtschaftlich* nicht zum Kapital rechnen können. Doch ist das eine Frage, die zum Gebiet der Volkswirte gehört.

2. Die betriebliche Finanzwirtschaft und ihre Funktionen

Begriff der betrieblichen Finanzwirtschaft

Die betriebliche Finanzwirtschaft umfaßt *die Ermittlung des Kapitalbedarfs, die Beschaffung, Verwaltung und Verwendung des benötigten Kapitals*.

Dieser Begriff ist zwar *systembezogen*, da er auf die (kapitalistische) Unternehmung abgestellt ist, doch auch der Haushaltsbetrieb und der vorkapitalistische Betrieb, die über kein Kapital verfügen, haben einen finanzwirtschaftlichen Sektor, ja ihn hat sogar der Betrieb eines Wirtschaftssystems *ohne Geldwirtschaft;* denn auch beim Naturaltausch muß der Betrieb die Tauschgegenstände, die er gegen andere austauschen will, beschaffen, wenn er sie nicht zur Verfügung hat. Die Finanzwirtschaft des Betriebes eines jeden Wirtschaftssystems muß also nach dem systemindifferenten „*Prinzip des finanziellen Gleichgewichts*" handeln (s. oben S. 17 und unten S. 598).

Funktionen der betrieblichen Finanzwirtschaft

Nach unserer Definition hat die Finanzwirtschaft der Unternehmung folgende drei Funktionen:

1. *Die Kapitalbeschaffung oder Finanzierung:* Es ist die Beschaffung (aber auch die Rückerstattung) des auf Grund einer Kapitalbedarfsrechnung benötigten Eigen- und Fremdkapitals, wozu wir auch die Einbehaltung von Gewinnen *(Selbstfinanzierung)* rechnen.

2. *Die Kapitalverwendung oder Investition:* Es ist die Anlage des beschafften Kapitals in Unternehmungsvermögen. Mit den Problemen der Investition beschäftigt sich systematisch die moderne Investitionstheorie.

3. *Die Kapitalverwaltung oder betriebswirtschaftliche Finanzverwaltung:* Dazu gehören alle verwaltungstechnischen Maßnahmen zur sachgemäßen Durchführung des *Zahlungs- und Kreditverkehrs*.

Diese drei Funktionen sind infolge ihrer Integration nicht zu trennen. Jede Kapitalbeschaffung löst auch Maßnahmen der Kapitalverwendung und der Kapitalverwaltung aus. Selbst die Kapitalbeschaffung durch Einbringen eines Grundstückes als Sacheinlage macht eine Investitionsplanung und Investitionsrechnung erforderlich. Vor allem müssen *Finanzplan und Investitionsplan* simultan entwickelt werden. Weiterhin müssen Vermögen und Kapital (Aktiv- und Passivseite der Bilanz) strukturell so aufeinander abgestimmt sein, daß das *finanzielle Gleichgewicht* der Unternehmung immer gewahrt ist. Aus diesem Grunde hat es die betriebliche Finanzwirtschaft nicht nur mit der Kapitalbeschaffung, der Finanzierung, zu tun, sondern auch mit der Verwendung des beschafften Kapitals, der Investition. Die Finanzverwaltung ist gleichfalls wesentlich an der Finanzplanung beteiligt.

Die Begriffe „Finanzwirtschaft" und „Finanzierung" in der Literatur

Die Begriffe „betriebliche Finanzwirtschaft" und „Finanzierung" werden, wie bereits bemerkt, in der Literatur in sehr verschiedener Bedeutung gebraucht. Doch handelt es sich dabei meist um rein terminologische Differenzierungen, die sich zum Teil daraus erklären, daß der Begriff Finanzierung in den letzten Jahrzehnten immer mehr erweitert wurde.

Den weiten Begriff der betrieblichen Finanzwirtschaft, wie er auch unserer Definition zu Grunde liegt, hat bereits kurz nach dem ersten Weltkrieg Friedrich *Leitner* verwandt (Wirtschaftslehre der Unternehmung, 5. Aufl. 1926), der auch bereits den Terminus „Finanzwirtschaft der Unternehmung" gebraucht. Er zieht auch die Investition in den Begriff mit ein. Die gleiche Auffassung vertritt Karl *Theisinger* (in „Leistungswirtschaft", Berlin 1942).

Eine noch stärkere Funktionsgliederung der betrieblichen Finanzwirtschaft fordert Oswald *Hahn* (Zahlungsmittelverkehr der Unternehmung, Wiesbaden 1962):

Die Finanzwirtschaft umfaßt nach ihm folgende Bereiche:

I. *Kapitalwirtschaft*

1. Kapitalbeschaffung oder Finanzierung

2. Kapitalverwendung oder Investition

3. Kapitaltilgung

II. *Zahlungsmittelwirtschaft oder Zahlungsmittelverkehr*

1. Zahlungsmittelbeschaffung, insbesondere durch Inkasso, jedoch nicht durch Kredit; den Kreditverkehr rechnet Hahn zur Kapitalwirtschaft;

2. Zahlungsmittelverwaltung, nämlich Zahlungsmittelumwandlung (Bankguthaben in Bargeld) und Zahlungsmittelverwahrung;

3. Zahlungsmittelverwendung, das ist die eigentliche Zahlung.

Eugen *Schmalenbach* hat zwar die Finanzierungen als „einen Unterabschnitt der *Kapitalwirtschaft*" bezeichnet, aber, abhold der „Begriffsbildnerei", hat er sich über diese Begriffe nicht näher ausgelassen.

Paul *Deutsch* unterscheidet zwei Hauptgebiete der betrieblichen Finanzwirtschaft, wovon das erste ein strukturpolitisch-organisatorisches, das andere ein dynamisch-dispositionelles Gepräge hat (Grundfragen der Finanzierung im Rahmen der betrieblichen Finanzwirtschaft, 2. Aufl., Wiesbaden 1967), und gibt dann folgende

Systematik der betrieblichen Finanzwirtschaft.

I. Die *organische Gestaltung der finanziellen Struktur* der Betriebswirtschaften von ihrer Entstehung bis zur Auflösung:

    1. *Bereitstellung und Einsatz langfristig gebundenen Kapitals* unter Inanspruchnahme des Kapitalmarktes oder des Gewinns,

        a) *ordentliche Finanzierung* von Investitionen in Anlage- und Umlaufwerten beim Gründungsprozeß und im organischen Wachstum der Betriebe,

        b) *außerordentliche Finanzierung* von Investitionen in Anlage- und Umlaufwerten beim Ausbau und Umbau der Betriebswirtschaften, z. B. zur Sanierung oder in der Vorbereitung und Folge von Umwandlungen und Verschmelzungen,

    2. *finanzwirtschaftliche Maßnahmen* neben und außerhalb der Kapitalbereitstellung, u. a. bei den unter 1 b genannten organisatorischen Vorgängen sowie bei Konzernverflechtungen und freiwilligen oder erzwungenen Auflösungen von Betriebswirtschaften.

II. Die *finanzwirtschaftlichen Dispositionen* im dynamischen Betriebsablauf:

    1. Bereitstellung und Einsatz kurzfristig gebundenen Kapitals unter Inanspruchnahme des Geldmarktes,

    2. permanente Steuerung des Kapitaleinsatzes in Form von Umlauf- und Anlagevermögen zur optimalen Verwirklichung der Betriebsaufgaben, angefangen bei den Ausgaben für die Beschaffung und abschließend mit den Erlösen aus dem Absatz ...

Den Bereich der *Investition* rechnet Paul *Deutsch* nicht zur betrieblichen Finanzwirtschaft, da er „eine klare Trennung der Begriffe Kapital und Vermögen" anstrebt und die Investition als die „Ausstattung des Unternehmens mit den betriebsnotwendigen Vermögenswerten" ansieht.

Die *Autoren, die den Begriff betriebliche Finanzwirtschaft nicht verwenden,* trennen durchweg „Finanzierung" und „Investition", wobei wiederum der Begriff „Finanzierung" sehr verschieden weit gefaßt wird.

Kalveram kennt einen doppelten Begriff der Finanzierung:

    1. *Finanzierung im engeren Sinne* sind nach Kalveram alle besonderen Finanzierungsmaßnahmen,

    2. *Finanzierung im weiteren Sinne* ist dagegen schlechthin jede Kapital- und Gelddisposition. Dieser Finanzierungsbegriff entspricht der herrschenden Lehre. (Finanzierung, in: Handelshochschule, Bd. 6, Wiesbaden 1952).

K. Mellerowicz versteht unter Finanzierung zwar die „Kapitalbeschaffung für Betriebszwecke", doch er faßt den Begriff der Kapitalbeschaffung sehr weit und versteht darunter schließlich „jede Ordnung der betrieblichen Kapitalverhältnisse ... Die Theorie der Finanzierung hat die *gesamte finanzielle Führung der Unternehmung* zu erfassen und Grundsätze für die gesamte Finanzgebarung aufzustellen. Sie umfaßt also auch die tägliche Kapital-(Geld-, Kassen-)Disposition. Das *Ziel ist rationale Finanzwirtschaft.*" (Allg. Betriebswirtschaftslehre, Band 3.)

Karl Hax versteht unter *Finanzierung im (engeren) klassischen Sinn* „Versorgung des Unternehmens mit Kapital ... Finanzierungsvorgänge sind demgemäß alle diejenigen Vorgänge, welche die Passivseite der Bilanz verändern. Es kann sich dabei sowohl um Kapitalbeschaffung ... als auch um eine Kapitalrückzahlung ... handeln. Es gehören dazu aber auch bloße Tausch- und Umschichtungsvorgänge ... auf der Passivseite. (Die langfristigen Finanzdispositionen, in: Handbuch der Wirtschaftswiss., 2. Aufl. 1966). Die *Finanzierung im weiteren (und „moderneren") Sinne* umfaßt nach Hax auch den normalen Umsatzprozeß als Finanzierungsquelle. Zur Finanzierung gehören also außer der Kapitalbeschaffung auch noch die *„Kapitalfreisetzung" auf der Aktivseite,* um diese Mittel an anderer Stelle wieder zu investieren, Kapitalfreisetzungen durch Abschreibungen, ferner andere Vermögensumschichtungen auf der Aktivseite, wie Umwandlung von nichtbetriebsnotwendigen Vermögen (Effekten) in werbendes Vermögen, Kapitalfreisetzung durch Rationalisierungen. Es handelt sich hierbei auch um *Investitionsvorgänge.* (Liesel Beckmann nennt sie „unechte Selbstfinanzierung", Art. Finanzierung, in HdB 1958.)

Nach *Erich Gutenberg* besteht die „zentrale Aufgabe der Finanzwirtschaft"

a) in der Bereitstellung des für die Durchführung des Unternehmungszweckes oder speziellen Betriebsvorhabens erforderlichen Kapitals,

b) in der Abstimmung des bereitgestellten bzw. bereitzustellenden Kapitals nach Art und Höhe auf die zu finanzierenden Vorhaben,

c) in Maßnahmen zur Aufrechterhaltung des finanziellen Gleichgewichts, der Liquidität. (Einführung in die Betriebswirtschaftslehre, Wiesbaden 1958.)

3. Arten der Finanzierung

Laufende und besondere Finanzierung

N a c h d e r H ä u f i g k e i t d e s F i n a n z i e r u n g s f a l l e s unterscheiden wir:

A. **Laufende Finanzierung:** die K a p i t a l b e s c h a f f u n g f ü r t ä g l i c h e o d e r p e r i o d i s c h v o r k o m m e n d e B e d a r f s f ä l l e. Die Maßnahmen der laufenden Finanzierung sind die Beschaffung von flüssigen Mitteln für den jeweiligen Zahlungsbedarf (z. B. Aufnahme kurzfristiger Kredite zur Beschaffung von Lohngeldern, Rohstoffen und dergleichen, Käufe auf Kredit, Diskontierung von Wechseln und dergleichen). Die Einnahmen aus dem üblichen Vertrieb berühren zwar auch die finanzielle Sphäre, sie sind aber in der Regel nicht Ausfluß von Finanzierungsmaßnahmen. Wenn dagegen Waren unter ungünstigen Bedingungen abgesetzt werden, um Lohngelder zu beschaffen, so handelt es sich um eine Finanzierungsmaßnahme. Natürlich wirken alle Vorgänge im Betrieb, die die Finanzsphäre berühren, wie Ein- und Verkäufe, Betriebserweiterungen und Betriebseinschränkungen, Kreditgewährung und Kreditnahme, Produktionsumfang, Markt- und Lagerpolitik, auf den Finanzstatus der Unternehmung ein und erfordern laufend F i n a n z i e r u n g s - m a ß n a h m e n. Zu den Maßnahmen der laufenden Finanzierung kann man auch Kapitalfreisetzungen durch Abschreibungen und durch Rationalisierungen rechnen (s. unten S. 675 ff.).

Die besondere K u n s t d e r F i n a n z d i s p o s i t i o n ist es, nicht nur immer die notwendigen flüssigen Mittel zur Verfügung zu haben, um den laufenden Verpflichtungen nachkommen zu können, sondern auch jede überflüssige Anhäufung von flüssigen Mitteln zu vermeiden, da sie sich unwirtschaftlich auswirkt.

B. Besondere Finanzierung: Der Finanzierungsfall ist einmalig und gelegentlich. Die besondere Finanzierung umfaßt folgende fünf Fälle:

1. die G r ü n d u n g der Unternehmung;

2. die E r w e i t e r u n g der Unternehmung, und zwar durch Erhöhung des Eigenkapitals („K a p i t a l e r h ö h u n g") oder durch Aufnahme langfristiger Kredite (Fremdkapital);

3. die F u s i o n o d e r V e r s c h m e l z u n g zweier oder mehrerer Unternehmungen zu einer einzigen;

4. die S a n i e r u n g : die finanzielle Neuordnung einer Unternehmung zur Verbesserung der Finanzlage;

5. die A u f l ö s u n g o d e r L i q u i d a t i o n einer Unternehmung.

Auf die Durchführung dieser verschiedenen Finanzierungsvorgänge werden wir später ausführlich zurückkommen.

Eigen- und Fremdfinanzierung

N a c h d e n Q u e l l e n d e s K a p i t a l s unterscheiden wir

A. Eigenfinanzierung (Gutenberg: „Beteiligungsfinanzierung"):

Bei ihr wird Eigenkapital erhöht. Sie kann erfolgen als:

1. *Externe Finanzierung, Außenfinanzierung oder Beteiligungsfinanzierung* (Gutenberg: Eigenfinanzierung): Es werden neue Einlagen von dem Unternehmer erbracht, neue Gesellschafter aufgenommen oder neue Aktien ausgegeben;

2. *Interne Finanzierung oder Innenfinanzierung:* sie kann erfolgen als

 a) *Selbstfinanzierung:* Ein Teil des Gewinnes wird nicht ausgeschüttet, sondern in der Unternehmung investiert (s. unten S. 651 ff.),

 b) *Finanzierung aus freigestelltem Kapital:* Die Finanzierung aus laufend durch den Umsatzprozeß freigestelltem Kapital, das in der Unternehmung gebunden war, insbesondere die Investition von „verdienten" Abschreibungen im Anlagevermögen (s. unten S. 675 ff.).

B. **Fremdfinanzierung:** Kapitalbeschaffung durch Aufnahme von Krediten. Dabei spielt die Fristigkeit des Kredits eine entscheidende Rolle, wir sprechen daher von *kurz-, mittel- und langfristiger Fremdfinanzierung*. Die Fremdfinanzierung wird in der Regel nur als Außenfinanzierung angesehen. Doch wird zuweilen die (umstrittene) Ansicht vertreten, die Bildung von Rückstellungen für Pensionen, Steuern und dergleichen sei eine *Innenfinanzierung*.

Die Zusammenhänge dieser Finanzierungsformen zeigt die folgende schematische Darstellung:

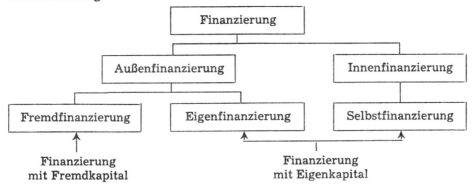

Vorfinanzierung

Unter *Vorfinanzierung* versteht man die Beschaffung kurzfristiger Kredite (Zwischenkredite), die später durch langfristiges Kapital ersetzt werden sollen. Beim Aufbau der deutschen Wirtschaft im 19. Jahrhundert war es üblich, die Produktionserweiterungen mit Kontokorrentkrediten zu finanzieren, die dann zu gegebener Zeit durch Emission von Aktien oder Anleihen abgelöst wurden. Voraussetzung war natürlich ein gut funktionierender Kapitalmarkt. Bei der *Baufinanzierung* spielt die Vorfinanzierung auch eine gewisse Rolle. So gewährt z. B. die Deutsche Bau- und Bodenbank Zwischenkredite, die dann nach Fertigstellung des Baues durch Hypotheken abgelöst werden. Das Risiko der Vorfinanzierung liegt in der Ungewißheit, den kurzfristigen Kredit rechtzeitig zu konsolidieren.

Überfinanzierung und Unterfinanzierung

Ü b e r f i n a n z i e r u n g oder Ü b e r k a p i t a l i s i e r u n g stellt sich ein bei einer zu hohen Bemessung des Eigenkapitals einer Unternehmung. Sie entsteht durch zu hohe Bewertung von Sacheinlagen, durch Wachstum der eigenen Mittel aus Gewinnen in einem Ausmaß, das im Mißverhältnis zur Produktionsstruktur und zu den Absatzverhältnissen steht. Die Ertragsfähigkeit wird dadurch stark herabgesetzt. Die Gefahr einer allgemeinen Überfinanzierung ergibt sich besonders nach einer Inflation bei einer Kapitalumstellung auf eine neue Währungsgrundlage, wenn sich die künftige Geschäftsentwicklung und die Gestaltung der Ertragslage noch nicht voll übersehen lassen wie seinerzeit 1924 bei der Goldmarkumstellung. Das DM-Bil.Ges. zur Umstellung der RM-Bilanzen auf D-Mark sah daher die Einstellung eines *Kapitalentwertungskontos* vor, wodurch die endgültige Festsetzung des neuen Kapitals hinausgeschoben werden konnte. Im allgemeinen ist die DM-Umstellung aber so vorsichtig erfolgt, daß sich eher eine Unterkapitalisierung ergab. Der *Kapitalsättigungsgrad* eines Unternehmens ist jene Kapitalhöhe, bei der sich unter der Voraussetzung wirtschaftlicher Arbeitsweise ein optimaler Ertrag erzielen läßt.

Die U n t e r f i n a n z i e r u n g ist das Gegenteil der Überfinanzierung, nämlich das Mißverhältnis zwischen Betriebs- bzw. Umsatzgröße und Kapitalhöhe infolge ungenügender Ausstattung bei der Gründung oder bei einem Anwachsen der Kapitalbedürfnisse oder bei starken Kapitalverlusten. Sie äußert sich meist in einem Mißverhältnis zwischen einem (zu großen) Anlagevermögen und einem (zu kleinen) Umlaufvermögen. Sie kann behoben werden durch Aufnahme neuen Kapitals oder durch Verringerung der Kapazität.

4. Der Umsatzprozeß

Die Phasen des Umsatzprozesses

Das Vermögen der Unternehmung durchläuft den Umsatzprozeß in folgenden Phasen, die auch den Umschlag des Kapitals von der Geldform über Investition, Produktion und Absatz wieder in die Geldform zeigen:

(1) die Umwandlung des Geldkapitals in Vermögen (die Investition);

(2) die Umwandlung der Vermögensteile im Fertigungsprozeß in absatzfähige Güter;

(3) die Umwandlung der absatzfähigen Güter durch den Absatz in Geld; die flüssigen Mittel werden zur Rückzahlung des Kapitals oder wieder zu Investitionen verwandt.

Umschlagshäufigkeit und Umschlagsdauer des Kapitals

Die einzelnen Vermögensteile durchlaufen die Phasen des Umsatzprozesses mit sehr unterschiedlicher Geschwindigkeit, d. h. das Kapital ist in den einzelnen Vermögensteilen verschieden lang gebunden. In Kennzahlen kann man die Umlaufgeschwindigkeit einzelner Vermögensteile sowie auch des Gesamtvermögens (Gesamtumsatz) ermitteln. Die Umlaufgeschwindigkeit des Gesamtvermögens ist gleichbedeutend mit der *Umlaufgeschwindigkeit des in ihm gebundenen Gesamtkapitals*. Die Kennzahl gibt die *Umschlagshäufigkeit des Kapitals* an, d. h. wie oft sich das Gesamtkapital in einer Rechnungsperiode umgeschlagen hat:

$$\text{Umschlagshäufigkeit des Kapitals} = \frac{\text{Umsatz}}{\text{Kapital}}$$

Aus der Umschlagshäufigkeit kann die *Umschlagsdauer* leicht ermittelt werden, d. h. wie lange das Kapital im Durchschnitt einer Rechnungsperiode im Betrieb gebunden war:

$$\text{Umschlagsdauer des Kapitals} = \frac{\text{Kapital} \times 360 \text{ Tage}}{\text{Umsatz}}$$

Beträgt der Jahresumsatz einer Unternehmung 600 000 DM und das Gesamtkapital 80 000 DM, so beträgt die Umschlagshäufigkeit des Kapitals 7,5, seine Umschlagsdauer 48 Tage. — Umschlagshäufigkeit und Umschlagsdauer sind reziproke Werte.

Aussagefähig können auch entsprechende Umschlagskennziffern für das *Eigen-* und das *Fremdkapital* sein.

In der gleichen Weise lassen sich auch Umschlagshäufigkeit und Umschlagsdauer des in einzelnen Vermögensteilen investierten Kapitals ermitteln, z. B.:

$$\text{Umschlagshäufigkeit des Fertigwarenlagers} = \frac{\text{Umsatz}}{\text{durchschn. Lagerbestand}}$$

$$\text{Umschlagsdauer des Fertigwarenlagers} = \frac{\text{durchschn. Lagerbestand} \times \text{Zeit}}{\text{Umsatz}}$$

$$\text{Umschlagshäufigkeit der Rohstoffe} = \frac{\text{Verbrauch an Rohstoffen}}{\text{durchschn. Rohstoffbestand}}$$

$$\text{Umschlagshäufigkeit des Anlagevermögens} = \frac{\text{Abschreibungen}}{\text{Anlagevermögen}}$$

$$\text{Umschlagsdauer des Anlagevermögens} = \frac{\text{Anlagevermögen} \times \text{Zeit}}{\text{Abschreibungen}}$$

Betragen z. B. das Anlagevermögen (ohne Grund und Boden, der ja nicht umgesetzt wird) 50 000 DM und die („verdienten") Abschreibungen im Jahr 10 000 DM, so ist die Umschlagshäufigkeit im Jahr 0,2 (in fünf Jahren = 1,0). Die Umschlagsdauer beträgt 1800 Tage = fünf Jahre.

Häufig wird auch der *Gewinn* in Beziehung zum Umsatz gebracht, man erhält dann den U m s a t z e r f o l g oder die U m s a t z r e n t a b i l i t ä t.

$$\text{Umsatzerfolg} = \frac{\text{Gewinn} \times 100}{\text{Umsatz}}$$

Beträgt z. B. der Jahresumsatz 600 000 DM, das Gesamtkapital 80 000 DM und der Gewinn 7000 DM, so sind

$$\text{Kapitalrentabilität} = \frac{7\,000 \times 100}{80\,000} = 8{,}75\,\%$$

$$\text{Umsatzerfolg} = \frac{7\,000 \times 100}{600\,000} = 1{,}17\,\%$$

Den Umsatzerfolg und die Umschlagshäufigkeit hat man in eine heute sehr gebräuchliche Formel gebracht, die das „R e t u r n   o n   I n v e s t m e n t", den „*Ertrag des investierten Kapitals*" oder die „*Kapitalrendite*" analysiert:

$$\text{Return on Investment} = \frac{\text{Gewinn} \times 100}{\text{Umsatz}} \times \frac{\text{Umsatz}}{\text{Kapital}}$$

Näheres über das Return on Investment siehe unten S. 630.

II. Das finanzielle Gleichgewicht — Die Liquidität

1. Bedeutung und Wesen der Liquidität

Das Kapital wird der Unternehmung für sehr verschieden lange Dauer zur Verfügung gestellt, das Eigenkapital in der Regel unbefristet, das Fremdkapital teilweise sehr langfristig (bis zu Jahrzehnten), teilweise sehr kurzfristig (bis zu einem Tag — „Tagesgeld"). Das bedeutet, daß die Unternehmung stets über die notwendigen flüssigen Mittel verfügen muß, um fällige Verbindlichkeiten zurückzuzahlen, aber auch um betriebsnotwendige Güter und Dienstleistungen beschaffen zu können. Sie muß stets im *finanziellen Gleichgewicht* sein, oder, wie wir allgemein sagen, sie muß *liquide* (lat. = flüssig) sein, sie muß ihre *Liquidität* wahren.

Das Liquiditätsproblem

Unter Liquidität verstehen wir ganz allgemein die Zahlungsfähigkeit einer Unternehmung, d. h. die „Fähigkeit, allen Zahlungsverpflichtungen und Zahlungsnotwendigkeiten zu jedem Zeitpunkt fristgerecht nachkommen zu können" (Mellerowicz, Die Liquidität, in: Die Bank, 1951, Bd. II).

Das Liquiditätsproblem ist ein Merkmal der Tauschwirtschaft. Auch innerhalb einer Tauschwirtschaft, die noch kein Geld kennt, gibt es ein Liquiditätsproblem. Die Tauschmittel, die zur Abwicklung des Betriebes notwendig sind, müssen jeweils zur Verfügung stehen.

Die Ansicht Mellerowicz': „Aus dem Kredit heraus entsteht das Problem der Liquidität", ist in dieser Formulierung deshalb nicht richtig. Der moderne Kreditverkehr hat allerdings das Liquiditätsproblem zu einem Zentralproblem der Betriebswirtschaft gemacht. Alle Unternehmungen arbeiten heute mit Krediten: Lieferanten- und Bankkrediten, Darlehen und Hypotheken. Diese Kreditwirtschaft kann nur dann reibungslos funktionieren, wenn die Kredite fristgerecht zurückgezahlt werden. Dazu bedarf es einer besonderen Liquiditätspolitik.

Liquiditätspolitik

Die Zahlungseingänge müssen mit den Zahlungsverpflichtungen in Einklang gebracht werden. Das Liquiditätsproblem betrifft also stets die Zukunft. Einnahmen und Ausgaben müssen in einer Finanzvorschau geplant werden. Bei kleineren Betrieben kann der Betriebsleiter den Liquiditätsstatus meist ohne besondere Aufstellungen übersehen, bei größeren dagegen ist ein exakter Finanzplan notwendig, damit für alle zukünftigen Ausgaben (Zahlungsverpflichtungen und Zahlungsnotwendigkeiten) stets die notwendigen flüssigen Mittel bereit stehen, damit aber andererseits auch nicht mehr liquide Mittel gehalten werden, als nötig. „Denn Liquidität kostet Geld" (Mellerowicz). Liquidität und Rentabilität stehen in einer gewissen Gegensätzlichkeit zueinander.

Liquidität in Betriebswirtschaft und Volkswirtschaft

Die Liquidität ist zunächst ein betriebswirtschaftliches Problem. Doch spricht man auch von volkswirtschaftlicher Liquidität und versteht darunter die Zahlungsfähigkeit der Gesamtwirtschaft, d. h. aller Betriebe. Sie ist von der Versorgung der Volkswirtschaft mit flüssigen Mitteln, d. h. mit Bargeld und Krediten abhängig. Dabei spielen die Banken, die ja die Volkswirtschaft mit Geld versorgen, die ausschlaggebende Rolle. Da jede Konjunkturveränderung die monetäre Versorgungslage beeinflußt, hat sie auch eine Veränderung der volkswirtschaftlichen Liquidität zur Folge. Das Liquiditätsproblem ist also auch von volkswirtschaftlichen Gesichtspunkten aus zu untersuchen. Damit haben sich in neuerer Zeit vor allem befaßt John Maynard K e y n e s (Allgemeine Theorie der Beschäftigung, des Zinses und des Geldes, München/Leipzig 1936), Otto V e i t (Volkswirtschaftliche Theorie der Liquidität, Frankfurt a. M. 1948), A. P a u l s e n (Liquidität und Risiko in der wirtschaftlichen Entwicklung, Frankfurt a. M./Berlin 1950) und A. F o r s t m a n n (Geld und Kredit, Göttingen 1952).

Die praktische Notwendigkeit der Liquiditätsberechnung

Die Aufstellung von Liquiditätsberechnungen ist vor allem notwendig z u r l a u f e n d e n Ü b e r w a c h u n g d e r L i q u i d i t ä t. Durch entsprechende Gelddispositionen muß die Geschäftsleitung dafür sorgen, daß stets die „Optimalliquidität", d. h. der für die Unternehmung günstige Liquiditätsgrad, angestrebt wird. „... kein Pfennig zu wenig, aber auch keiner überflüssig — und das muß das höchste Ziel der Unternehmerpolitik sein" (Rieger).

Besonders vorbildlich ist die Gelddisposition in den Kreditinstituten eingerichtet, die tägliche Dispositionsstaffeln aufstellen, um alle Abteilungen mit den notwendigen flüssigen Mitteln zu versorgen und um andererseits nicht benötigte Mittel sofort nutzbringend anzulegen.

Darüber hinaus sind Liquiditätsberechnungen bei allen F i n a n z i e r u n g s - v o r g ä n g e n notwendig: bei Gründungen, Erweiterungen, Produktionseinschränkungen, bei Umwandlungen, Fusionen und Sanierungen, ferner bei Kreditaufnahme und Anträgen auf Steuerstundung und Steuererlaß.

2. Arten der Liquidität

Über den Begriff der Liquidität herrscht in der Literatur keine Einmütigkeit. Das ist zum Teil darauf zurückzuführen, daß der Terminus Liquidität meist — oft unbewußt — in doppelter Bedeutung gebraucht wird.

Liquidität als Merkmal des Vermögens

Nach N i c k l i s c h u. a. ist die Liquidität eine Eigenschaft des Vermögens. „Diese ist desto größer, je größere Teile des Vermögens sich rasch und sicher in flüssige Mittel umwandeln lassen." (Die Betriebswirtschaft, 1930, S. 456.)

Auch A. F o r s t m a n n (a. a. O.) sieht in der Liquidität „ganz allgemein die Eigenschaft eines Gutes . . ., gegen andere Güter und insbesondere gegen Geld ausgetauscht werden zu können. Je nach der Leichtigkeit, mit der sich ein solcher Austausch vollzieht, kann von einem ‚Grad der Liquidität' gesprochen werden". „Der Grad der Liquidität ist also durch den Grad der ‚Vertretbarkeit' bestimmt". Der Begriff „Liquiditätsgrad" wird hier in einem anderen Sinne als sonst üblich gebraucht.

M. R. L e h m a n n lehnt diese Definitionen als irreführend ab und will für die Liquidität als „Eigenschaft des Vermögens" den Begriff **L i q u i d i e r b a r-
k e i t** einführen (Allgemeine Betriebswirtschaftslehre, 3. Aufl., Wiesbaden 1956).

le C o u t r e hat die Liquidität des Vermögens als *absolute Liquidität* bezeichnet und die Liquidität als Relation als *relative Liquidität* (Grundzüge der Bilanzkunde, 4. Aufl. 1949).

Liquidität als Relation

Die meisten Autoren sehen in der Liquidität eine Relation, und zwar das *Verhältnis zwischen bestimmten Teilen des Umlaufvermögens zu bestimmten Teilen der Schulden.*

le C o u t r e bezeichnet als relative Unternehmungsliquidität das Verhältnis zwischen Schulden und dafür in Betracht kommende Deckungsmittel.

M e l l e r o w i c z : Liquidität „ist etwas Relatives, von der Höhe der flüssigen Mittel und der Dringlichkeit der Verpflichtung zur Zahlung Abhängiges".

M. R. L e h m a n n bezeichnet als Liquidität „das Verhältnis zwischen Kapitaldeckung und Kapitalbedarf". Eine Unternehmung ist als liquide anzusehen, wenn

1. für einen bestimmten Zeitpunkt

Kapitaldeckung > Kapitalbedarf

2. für einen kürzeren oder längeren Zeitraum, von dem Zeitpunkt unter „1" aus gerechnet:

Einnahmen > Ausgaben.

Die Kapitaldeckung ergibt sich aus dem Eigen- und Fremdkapital, der Kapitalbedarf aus den Vermögenspositionen der Bilanz. Das Verhältnis zwischen Kapitaldeckung und -bedarf ist nach Lehmann die „Kapitalauskömmlichkeit", die entsprechende Differenz ist die „Kapitalreserve". Über das Verhältnis von Einnahmen und Ausgaben in den künftigen Monaten, Quartalen oder Jahren sollen die Finanzpläne Auskunft geben (Laufende Liquiditätskontrolle, in ZfB 1950, S. 717).

Bei Lehmann zeigt sich das Bestreben, die Liquidität nach der Fristigkeit zu staffeln.

Der *dynamische Charakter der Liquidität* wird von R i e g e r , S t r o b e l und P a u l s e n besonders betont (im Gegensatz zu N i c k l i s c h u. a.): „Die Liquidität ist nicht ein Zustand, der nur einmal begründet werden muß, um dann ewig da zu stehen, um für alle Zeiten gesichert zu sein. Sie ist . . . durchaus dynamisch" (Rieger, Einführung in die Privatwirtschaftslehre, 3. Aufl. 1964).

Vom *Kapitalbegriff* leitet Otto V e i t die Liquidität ab. Sie ist nach ihm „die durch Tauschgüter repräsentierte Verfügungsmacht über Bedarfsgüter". Der Liquiditätsbegriff korrespondiert mit dem Begriff der K a p i t a l d i s p o s i - t i o n (a. a. O. S. 63).

Absolute und relative Liquidität

le C o u t r e bezeichnet, wie bereits erwähnt, die Liquidität des Vermögens als absolute, die Liquidität als Relation als relative Liquidität (s. unten S. 603 f.). Doch werden die Ausdrücke „absolute" und „relative Liquidität" von A. F o r s t m a n n in einem völlig anderen (u. E. wenig glücklichen) Sinne ge- braucht. Forstmann versteht unter absoluter Liquidität Güter, die „absolut" vertretbar sind. Das ist im allgemeinen nur das Geld, sofern sein Gegenwert unverändert bleibt. Es ist „das Geld in einem solchen Falle hundertprozentig liquide" (a. a. O. S. 693). In einer Bilanz (vornehmlich der Bankbilanz) herrscht nach Forstmann „absolute Liquidität", wenn in der nach Liquiditätsgesichts- punkten aufgeteilten Bilanz sich die einzelnen Teile der Aktiv- und Passivseite nach Höhe und Fälligkeit genau entsprechen (solche Bilanzen gibt es in der Praxis natürlich nicht, vor allem nicht bei Kreditinstituten).

Formelle und materielle Liquidität

Die f o r m e l l e oder b i l a n z m ä ß i g e L i q u i d i t ä t wird aus der Bilanz errechnet. Die Bezeichnungen stammen von Walb und Mellerowicz. Leitner spricht von der äußeren, Nicklisch von der nominellen Liquidität. Sie ist in der Regel nicht sehr aussagefähig, insbesondere wenn es sich um Bilanzen handelt, die für die Öffentlichkeit bestimmt sind. Bei ihnen ist häufig die Liquidität durch bewußte Ansammlung von Barreserven oder durch Kreditaufnahmen verbessert. Auch läßt sich die wirkliche Liquidität der einzelnen Positionen für den Außenstehenden gar nicht beurteilen. In der Regel stehen aber für den Außenstehenden keine anderen Ziffern zur Verfügung.

Die m a t e r i e l l e oder w i r k l i c h e L i q u i d i t ä t ist die Liquidität, die sich auf die tatsächliche Liquiditätslage gründet. Sie wird an Hand eines Liqui- ditätsstatus ermittelt. Leitner nennt sie die innere, Nicklisch die effektive Liquidität.

Die strukturelle (konstitutive) und dispositive Liquidität

Die s t r u k t u r e l l e (Mellerowicz) oder k o n s t i t u t i v e (M. R. Lehmann) L i q u i d i t ä t wird durch die Struktur des Betriebes bestimmt und ist bei den bei der Gründung getroffenen Finanzierungsmaßnahmen zu berücksichtigen.

Die d i s p o s i t i v e L i q u i d i t ä t gründet sich auf die täglichen Geld- dispositionen der Geschäftsleitung.

Die ursprüngliche und abgeleitete Liquidität

Die u r s p r ü n g l i c h e oder eigene Liquidität ergibt sich aus den Barmitteln des Betriebes. Die a b g e l e i t e t e oder „fremdwirtschaftliche" Liquidität um- faßt jene Liquiditätsreserven, die durch die Hilfe fremder Betriebe liquidiert werden können, so z. B. diskontfähige Wechsel, noch nicht ausgenutzte Kredit- reserven, Kreditzusagen von Banken, Konzernhilfen, u. dgl.

Illiquidität, Grenzliquidität und Überliquidität

Die *Illiquidität* oder Zahlungsunfähigkeit kann auf zwei Ursachen beruhen: Sie ist d i s p o s i t i v bedingt, d. h. infolge von Dispositionsfehlern entstanden, und ist dann in der Regel vorübergehend; oder sie ist s t r u k t u r e l l bedingt als Folge eines finanzwirtschaftlichen Strukturfehlers. — S t r o b e l unterscheidet Z a h l u n g s s t o c k u n g und Z a h l u n g s e i n s t e l l u n g, um den Unterschied zwischen vorübergehender und endgültiger Zahlungsunfähigkeit zu kennzeichnen.

Die *Grenzliquidität* ist jene Mindestliquidität, „die den Fortbestand der Unternehmung gerade noch ermöglicht, bei der sie aber in ständiger Gefahr schwebt, bei der geringsten Stockung oder infolge unvorhergesehener Ausgaben zahlungsunfähig zu werden" (Strobel, Die Liquidität, 1953, S. 53).

Die *Überliquidität* ist der Gegensatz zur Illiquidität, nämlich überreichliche Versorgung mit flüssigen Mitteln. Sie ist meist ein Zeichen falscher Finanzdispositionen. Die Überliquidität ist für den Betriebsablauf nicht unmittelbar gefährlich wie die Illiquidität, sie verursacht aber unnötige Kosten.

Die *Finanzplanung* (s. unten S. 610 ff.) hat als Hauptziel, ein *Gleichgewicht optimaler Liquidität* zu bestimmen und zu erhalten.

3. Die Liquiditätsgrade

Die absolute Liquidität der Aktiva

Die *baren Mittel,* nämlich Geld- und Bankguthaben, sind die liquiden Mittel ersten Grades (absolute Barliquidität).

Wechsel sind, sofern sie diskontfähig sind, liquiditätsmäßig kaum schlechter zu beurteilen als die liquiden Mittel ersten Grades. Nicht diskontfähige Wechsel dagegen sind schwerer zu liquidieren.

Die *Wertpapiere* sind liquiditätsmäßig in börsengängige, lombardfähige und nicht lombardfähige zu unterscheiden.

Debitoren sind nur so weit liquide, als ihre Fälligkeit nahe bevorsteht und die Zahlung fristgerecht erwartet werden kann. Den liquiden Charakter der Debitoren kann ein Außenstehender nicht beurteilen. Zu beachten ist, daß in Krisenzeiten der liquide Charakter der Debitoren sehr stark sinken kann. Eine Liquidisierung vor Verfall ist meist nicht oder nur unter Opfern möglich: hoher Skontoabzug für frühere Zahlung, Abtretung der Buchforderung.

Die *Warenvorräte* haben gleichfalls einen unterschiedlichen Liquiditätscharakter, und zwar je nach der Eigenart der Ware und nach der Marktlage. R o h - u n d H i l f s s t o f f e sind im allgemeinen leichter absetzbar, Fertigwaren sind oft nur schwer veräußerlich oder beleihbar (Spezialmaschinen u. dgl.). H a l b - f a b r i k a t e können fast unveräußerlich sein, wenn eine anderwärtige Weiterverarbeitung nicht möglich ist. Soweit Rohstoffe und Halbfabrikate zur Aufrechterhaltung des Betriebes notwendig sind, sind sie natürlich gleichfalls gebundenes Vermögen und nicht liquidisierbar. Das gleiche gilt von dem sogenannten „E i s e r n e n B e s t a n d".

Das *Anlagevermögen* (Gebäude, Maschinen usw.) ist in der Regel nicht veräußerbar, jedoch allenfalls beleihbar. Es gehört zu den illiquiden Mitteln. Ist ein Betrieb in einer besonderen Notlage gezwungen, Gebäude, Maschinen oder dgl. zu veräußern, so bedeutet das eine Kapazitätseinschränkung.

Nichtbetriebsnotwendiges Anlagevermögen: Zuweilen verfügen Unternehmungen über Anlagevermögen, wie Gebäude, Maschinen u. dgl., die nicht betriebsnotwendig sind; so z. B. infolge von Produktionsänderungen nicht mehr benötigte Maschinen, Gebäude u. dgl. Diese Vermögenswerte sind natürlich anders als das gebundene Anlagevermögen zu beurteilen, da ihre Veräußerung, selbst unter hohen Opfern, den Betriebsablauf nicht beeinträchtigt.

Bei der Berechnung der Liquidität werden die einzelnen Aktiven nach ihrem Liquiditätswert und die Passiven nach der Zahlungsdringlichkeit zusammengefaßt und einander gegenübergestellt. Diese Berechnungsart ist besonders im Kreditwesen üblich. Man unterscheidet dabei je nach den verschiedenen Relationen verschiedene Liquiditätsgrade.

Liquiditätsgrade der Kreditbanken

a) *Barliquidität* = Kasse + Guthaben bei LZB und Postscheckämtern : Gesamtverbindlichkeiten ∕ Spareinlagen.

b) *Liquidität 1. Grades* = Kasse + Guthaben bei LZB und Postscheckämtern + rediskontfähige Wechsel + rediskontfähige Wertpapiere : Gesamtverbindlichkeiten ∕ Spareinlagen.

c) *Liquidität 2. Grades* = Kasse + Guthaben bei LZB und Postscheckämtern + rediskontfähige Wechsel + rediskontfähige Lombardpapiere + sonstige liquide Mitte : Gesamtverbindlichkeiten ∕ Spareinlagen.

d) *Kassenliquidität* = Kasse + Guthaben bei LZB und Postscheckämtern + Warenwechsel + rediskontfähige Effekten : kurzfristige Verbindlichkeiten.

Allgemeine Liquiditätsgrade (relative Liquidität)

Verschiedentlich wurde vorgeschlagen, auch für Industrieunternehmungen Liquiditätsgrade e i n h e i t l i c h festzulegen.

Die *Aktiva* sind einzuteilen in:

a) *Liquide Mittel 1. Grades:* Kasse + Guthaben bei LZB und Postscheckämtern + Giroeinlagen bei Banken.

b) *Liquide Mittel 2. Grades:* diskontfähige Wechsel + lombardfähige Wertpapiere + kurzfristig fällige Debitoren + leicht realisierbare Warenbestände.

c) *Liquide Mittel 3. Grades:* schwer realisierbare Vermögenswerte, wie Haus- und Grundbesitz, Maschinen, Hypothekenforderungen sowie die Teile des Umlaufvermögens, die z. Z. schwer veräußerbar sind.

Die *Verbindlichkeiten* werden entsprechend nach Dringlichkeitsgraden gestaffelt.

a) *Verbindlichkeiten 1. Grades:* Verbindlichkeiten aus Wareneinkäufen, Löhne, Sozialversicherungsbeiträge, Steuern, Wechsel- und Kontokorrentverbindlichkeiten.

b) *Verbindlichkeiten 2. Grades:* Festgeldeinlagen bei Banken, Kreditoren mit 30 bis 90 Tagen Ziel.

c) *Verbindlichkeiten 3. Grades:* Mittel- und langfristige Schulden und Darlehen.

Je nach der Relation zwischen den liquiden Mitteln verschiedenen Grades und den Verbindlichkeiten verschiedenen Dringlichkeitsgrades ergeben sich die einzelnen Liquiditätsgrade.

Kassenliquidität = Liquide Mittel 1. Grades : Verbindlichkeiten 1. Grades

Barliquidität = Liquide Mittel 1. und 2. Grades (Umlaufvermögen) : Gesamtverbindlichkeiten.

Liquiditätskennzahlen

Arno S t r o b e l (a. a. O.) ermittelte folgende Kennzahlen der Schuldendeckung:

1. Grad der Deckung durch Barvermögen
$$= \frac{\text{Barvermögen} \cdot 100}{\text{Kurzfristige Schulden} + \text{Kurzfristigen Baraufwand}}$$

2. Grad der Deckung durch Geldvermögen
$$= \frac{(\text{Barvermögen} + \text{geldmarktfähige Wertpapiere}) \cdot 100}{\text{Kurzfristige Schulden} + \text{Kurzfristigen Baraufwand}}$$

3. Grad der Deckung durch freies Finanzvermögen
$$= \frac{(\text{Geldvermögen} + \text{Kurzfristige Forderungen}) \cdot 100}{\text{Kurzfristige Schulden} + \text{Kurzfristigen Baraufwand}}$$

4. Grad der Deckung durch das freie Vermögen
$$= \frac{\text{Freies Vermögen} \cdot 100}{\text{Kurzfristige Schulden} + \text{Kurzfristigen Baraufwand}}$$

5. Grad der Gesamtdeckung
$$= \frac{(\text{Freies Vermögen} + \text{Reserven}) \cdot 100}{\text{Kurzfristige Schulden} + \text{Kurzfristigen Baraufwand}}$$

6. Deckung des Baraufwands (in Tagen)

   a) durch arbeitendes Kapital
$$= \frac{\text{Arbeitendes Kapital} \cdot 360}{\text{Jährlichen Baraufwand}}$$

   b) durch Geldvermögen
$$= \frac{\text{Geldvermögen} \cdot 360}{\text{Jährlichen Baraufwand}}$$

7. Kreditanspannung
$$= \frac{\text{Kurzfristige Forderungen} \cdot 100}{\text{Kurzfristige Schulden}}$$

Liquiditäts- und Finanzkontrolle

Wir unterscheiden „zeitpunkt-" und „zeitraumbezogene Finanzkontrollen". Sie sind *zeitpunktbezogen*, wenn sie die finanzielle Lage eines Unternehmens in einem bestimmten Zeitpunkt darstellen, sie sind zeitraumbezogen, wenn sie die voraussichtliche finanzielle Entwicklung im Zeitablauf anzeigen. *Gutenberg* hat die einzelnen Verfahren der Finanzkontrolle zusammengestellt (Einführung in die Betriebswirtschaftslehre, Wiesbaden 1958, S. 115 f.).

a) Zu den zeitpunktbezogenen Instrumenten der Finanzkontrolle rechnen:

   aa) der Liquiditäts- oder Finanzstatus, eine Aufstellung der Aktiva nach ihrer absoluten Liquidität (Liquidierbarkeit), ab) die Liquiditätskennzahlen,

ac) die Liquiditätsstaffeln, ein Finanzstatus in Staffelform, um Über- oder Unterdeckung der einzelnen Liquiditätschichten zu ermitteln,

ad) die Kennzahlen der Verschuldungs- und Deckungsverhältnisse,

ae) die Kennzahlen des Kapitalumschlags.

b) Zeitraumbezogene Instrumente der Finanzkontrolle sind:

ba) Die Kapitalverwendungsrechnung auf der Grundlage der Bilanz, nämlich Bewegungsbilanz und Kapitalflußrechnung (s. unten S. 774 ff., 798 f.),

bb) die kurz-, mittel- und langfristige Finanzplanung (s. unten S. 610).

III. Die finanzwirtschaftliche Struktur der Unternehmung

1. Die „vertikale Kapitalstruktur"

Verhältnis von Eigenkapital zu Fremdkapital (Verschuldungsgrad)

Das Verhältnis von Eigenkapital zu Fremdkapital, die „vertikale Kapitalstruktur" (Lipfert), ist je nach der Art und den Aufgaben der Unternehmung sehr verschieden. Es ist vor allem abhängig vom *Bedarf an Anlagevermögen*, das wegen der langfristigen Bindung an das Unternehmen grundsätzlich durch Eigenkapital und langfristiges Fremdkapital gedeckt werden sollte. Die Industrie pflegt mit dem sehr hohen Eigenkapital von 40—60 % des Gesamtkapitals zu arbeiten — entsprechend ihrem hohen Anlagevermögen, geringer ist der Eigenkapitalanteil beim Handel und ganz gering bei den Banken, wo er gegenwärtig in Deutschland etwa 4 bis 6 % des Gesamtkapitals ausmacht.

Das Verhältnis des Eigenkapitals zum Fremd- bzw. Gesamtkapital wird in zwei Formen dargestellt: (1) Der *Verschuldungsgrad* ist das Verhältnis des Fremdkapitals zum Eigen- oder zum Gesamtkapital ($\frac{F}{E}$ oder $\frac{F}{K}$) und (2) die *vertikale Eigenkapital-Quote* ist der prozentuale Anteil des Eigenkapital am Gesamtkapital.

Änderungen des Verschuldungsgrades haben Einfluß auf (1) die Sicherheit, (2) die Rentabilität und (3) die Autonomie der Unternehmung.

(1) Ein hoher Verschuldungsgrad kann die S i c h e r h e i t e i n e r U n t e r - n e h m u n g sehr beeinträchtigen. In der Hochkonjunktur wird sehr viel Fremdkapital aufgenommen, in einer Krise kann die hohe Zinslast die Existenz der Unternehmung gefährden. „Mit dem Risiko zurückgehender oder fehlender Gewinne steigt das Risiko aus der Verschuldung" (Gutenberg, Grundlagen, a. a. O. Bd. III, Die Finanzen, 1969, S. 187; dort wird die Problematik des Verschuldungsgrades eingehend untersucht). Die „klassischen" Finanzierungsregeln, die wir gleich behandeln, stellen meist die Sicherheit in den Vordergrund.

(2) Die R e n t a b i l i t ä t dagegen kann von dem Verhältnis Eigenkapital zu Fremdkapital sehr erheblich beeinflußt werden. Ein Reingwinn entsteht erst dann, wenn die Erträge des Unternehmens die Aufwendungen einschließlich

der Zinsen des Fremdkapitals übersteigen. Ist das der Fall, so wird die Rentabilität um so größer, je billiger das Fremdkapital ist. Wir wollen die Zusammenhänge an einem *Zahlenbeispiel* veranschaulichen: Bei einem Unternehmen mit einem Gesamtkapital von 300 000 DM wechselt das Verhältnis von Eigenkapital und Fremdkapital sowie der Erfolg des Gesamtkapitals (d. h. vor Abzug der Fremdkapitalzinsen). Das Fremdkapital ist in allen fünf Fällen mit 6 % zu verzinsen.

Fall	Gesamt-kapital 1000 DM	Eigen-kapital 1000 DM	Fremd-kapital 1000 DM	Erfolg vor Abzug der FK-Zinsen 1000 DM	%	Fremd-kapital-Zinsen 1000 DM	%	Reingewinn 1000 DM	%
I	300	200	100	18	6	6	6	12	6
II	300	200	100	30	10	6	6	24	12
III	300	150	150	30	10	9	6	21	14
IV	300	200	100	15	5	6	6	9	4¹/₂
V	300	100	200	15	5	12	6	3	3

F a l l I : Ist der prozentuale Erfolg des Gesamtkapitals (vor Abzug der Fremdkapitalzinsen = 6 %) gleich dem Zinssatz des Fremdkapitals (6 %), so hat das Verhältnis Eigen- zu Fremdkapital keinerlei Einfluß auf die Rentabilität.

F a l l I I u n d I I I : Ist der prozentuale Erfolg des Gesamtkapitals (10 %) größer als der Zinssatz des Fremdkapitals (6 %), so ist die Rentabilität (12 % bzw. 14 %) um so größer, je höher der Anteil des Fremdkapitals am Gesamtkapital (Verschuldungsgrad) ist (1 : 3 und 1 : 2).

F a l l I V u n d V : Ist der prozentuale Erfolg des Gesamtkapitals (5 %) niedriger als der Zinssatz für Fremdkapital (6 %), so ist die Rentabilität (4¹/₂ bzw. 3 %) um so niedriger, je höher der Anteil des Fremdkapitals am Gesamtkapital ist (1 : 3 und 2 : 3).

(3) Die A u t o n o m i e d e r U n t e r n e h m u n g (s. oben S. 19 u. 187), d. h. ihre Entscheidungsfreiheit kann gleichfalls durch den Verschuldungsgrad stark beeinträchtigt werden. Wenn der Verschuldungsgrad eine bestimmte Grenze überschreitet, fürchten die Gläubiger, ihre Kredite zu verlieren und greifen in die Geschäftsleitung ein. Doch kann auch bei einem geringen Verschuldungsgrad ein Großgläubiger einen Druck auf die Unternehmungsleitung ausüben und sich in die Geschäftsleitung eindrängen.

Das Verhältnis von Eigenkapital zu Fremdkapital zeigt gewisse langfristige Schwankungen im Rhythmus des Konjunkturverlaufs. In der *Hochkonjunktur*, in der die Rentabilität hoch und das Fremdkapital billig ist, steigt in der Regel der Fremdkapitalanteil, in Zeiten der *Krise* geht bei sinkender Rentabilität und sinkendem Fremdkapitalangebot der Fremdkapitalanteil zurück. In der Nachkriegszeit sank der Anteil des ausgewiesenen Eigenkapitals am ausgewiesenen Gesamtkapital der deutschen Industrie-Aktiengesellschaften von 47,2 % im Jahr 1953 auf 37,7 % im Jahre 1966, seitdem ist er wieder leicht gestiegen. Infolge der ständigen Intensivierung des Kapital- und Kreditverkehrs ist jedoch in einem sehr langfristigen Trend eine Erhöhung des Fremdkapitalanteils festzustellen (vgl. dazu auch unten S. 767 ff.).

Normierte Relationen zwischen Eigenkapital und Fremdkapital

Es wurden häufig feste Relationen von Eigen- und Fremdkapital beim Industriebetrieb gefordert, so ein Verhältnis von mindestens 1 : 1 (sog. „klassische Regel"), möglichst 2 : 1 (Otto Bredt), mindestens 1 : 3 (die Bankpraxis nach M. Lohmann) usw. Solche für die gesamte Industrie geforderten Mindestrelationen wurden und werden einer heftigen Kritik unterzogen (vgl. insbesondere D. Härle, Finanzierungsregeln und ihre Problematik, Wiesbaden 1961); denn Liquidität, Sicherheit und Rentabilität sind noch von anderen und gewichtigeren Faktoren abhängig als vom Verhältnis Eigen- zu Fremdkapital. Dennoch muß es stutzig machen, daß bei den Unternehmungen der gleichen Branche sehr ähnliche Kapitalstrukturverhältnisse bestehen, die von denen anderer Branchen ganz erheblich abweichen. Bei der Bilanzanalyse sollte deshalb möglichst auch die Kapitalstruktur der betreffenden Branche zu Vergleichszwecken herangezogen werden. Man kann dann aus der Kapitalstruktur im Rahmen der Bilanzanalyse u. U. gewisse Schlüsse ziehen, wenn die Kapitalstruktur des untersuchten Unternehmens erheblich vom Branchendurchschnitt oder von den Strukturverhältnissen der Unternehmung in den vorangegangenen Jahren abweicht. — Scharf abzulehnen ist aber die Praxis der Banken, die Kreditwürdigkeit eines jeden Industriebetriebes an einer starren, für die gesamte Industrie geltenden Kapitalstruktur-Norm (etwa 1 : 3) zu messen, wie es heute (nach M. Lohmann) leider noch teilweise der Fall ist.

Nun besteht kein Zweifel, daß es für jeden Betrieb hinsichtlich Rentabilität und Sicherheit (weniger der Liquidität) eine *optimale vertikale Kapitalstruktur* gibt, die sich auch hinreichend genau ermitteln läßt. Sie wird innerhalb der einzelnen Branchen sehr ähnlich sein. Solche *Kapitalstrukturrechnungen*, wie sie Helmut Lipfert fordert (ZfbF 1965, S. 58 ff.), werden heute noch nicht angestellt, obgleich ihre Bedeutung der sehr weit entwickelten Investitionsrechnung nicht viel nachstehen dürfte. Mit dem Wachstum der Unternehmungen dem rapiden technischen Fortschritt und der Ausdehnung der Märkte setzte auch eine Intensivierung des Kredit- und Kapitalverkehrs ein, die Finanzierungsmethoden wurden verfeinert und hielten sich nicht mehr an die geforderten Relationsnormen. Es werden daher heute größere Anforderungen an eine fundierte Finanzplanung gestellt, als jene Faustregeln zur Norm erhoben.

2. Die horizontale Kapitalstruktur (Goldene Bilanzregel)

Das Verhältnis von Eigenkapital zu Anlagevermögen

Die Goldene Bilanzregel, die „horizontale Vermögens-Kapital-Struktur-Regel", sucht *das Verhältnis des langfristig gebundenen Vermögens zum Eigenkapital und dem langfristigen Fremdkapital zu bestimmen.* Sie begegnet uns vor allem in zwei verschiedenen Fassungen:

(1) Die Goldene Bilanzregel im *engeren Sinne*, in der sogen. *klassischen Form,* verlangt, daß das Anlagevermögen durch Eigenkapital finanziert werde;

(2) Die Goldene Bilanzregel im *weiteren Sinne* fordert, daß nicht nur das Anlagevermögen, sondern *auch das dauernd gebundene Umlaufvermögen,* der „eiserne Bestand des Umlaufvermögens", durch Eigenkapital *und durch lang-*

fristiges Fremdkapital, das restliche Umlaufvermögen durch kurzfristiges Fremdkapital gedeckt sei.

Die Goldene Bilanzregel in ihrer weiteren Fassung ist *als Faustregel durchaus richtig,* denn sie besagt, daß langfristige Investitionen grundsätzlich nicht mit kurzfristigem Fremdkapital finanziert werden sollen. Sie ist also ein lapidarer Liquiditätsgrundsatz. Daß ihr eine Berechtigung nicht abzusprechen ist, zeigen auch die Bilanzen: Je größer der Anteil des Anlagevermögens am Gesamtvermögen ist, desto größer ist in aller Regel auch der Anteil des Eigen- und langfristigen Fremdkapitals am Gesamtvermögen. — Aus den veröffentlichten Bilanzen ist allerdings dieses Verhältnis nicht genau zu ermitteln, weil die Unternehmungen durch Finanztransaktionen vor dem Bilanzstichtag das Verhältnis möglichst günstig zu gestalten suchen.

Die Goldene Bilanzregel in der modernen Theorie

Die Goldene Bilanzregel ist jedoch auch nur eine Faustregel der Praxis, die gleichfalls in einer exakten Theorie der optimalen Unternehmungsfinanzierung nicht zu befriedigen vermag. Denn Anlagevermögen und langfristig verfügbares Kapital sowie Umlaufvermögen und kurzfristige Verpflichtungen werden nur global einander gegenübergestellt, während die einzelnen Vermögensteile eine sehr unterschiedliche Umschlagsdauer und die einzelnen Verpflichtungen ganz verschieden lange Fristigkeiten haben. Es ist ein großer Unterschied, ob das Anlagevermögen eine Umschlagsdauer von 3 oder von 10 Jahren hat oder ob ein langfristiger Kredit nach 4 oder nach 10 Jahren rückzahlbar ist. Derartige vielgestaltige Differenzierungen sind in der Vermögens- und Kapitalstruktur infolge der schnellen technischen Entwicklung und der zunehmenden Kapitalintensität ein Kennzeichen der modernen Unternehmung und stellen deshalb an die Finanzierungspolitik besonders hohe Anforderungen.

Dazu kommt ferner das Risiko der K a p i t a l s u b s t i t u t i o n und der K r e d i t p r o l o n g a t i o n : Wenn im Umsatzprozeß kurz- oder langfristige Kredite fällig werden, dann besteht in aller Regel die Notwendigkeit, die Kredite entweder zurückzuzahlen und neue aufzunehmen (das Kapital zu substituieren) oder die Kredite zu prolongieren, um den infolge der Kapitaltilgung neuentstehenden Kapitalbedarf zu decken. Da das nicht immer möglich ist, verliert die Goldene Bilanzregel hier ihre Gültigkeit. Und solche Fälle sind keineswegs selten, sie können besonders dann eintreten, wenn die Konjunktur zurückgeht, oder die Unternehmung irgendwelche Schwierigkeiten hat, die den Kapitalgeber mißtrauisch machen. Bekannt ist der boshafte Börsenwitz: „Der Bankkredit ist mit einem Regenschirm zu vergleichen, den man bei gutem Wetter gerne ausleiht, ihn aber sofort zurückfordert, sobald die ersten Regentropfen fallen."

Die „Goldene Bankregel"

Die Goldene Bankregel, eine erweiterte Form der Goldenen Bilanzregel gilt als *Liquiditätsgrundsatz der Kreditinstitute,* wird aber als „G o l d e n e F i n a n - z i e r u n g s r e g e l" auch für alle anderen Unternehmungen gefordert. Sie verlangt in ihrer strengsten Fassung „vollkommene Liquidität", d. h. die von einer Bank gewährten Kredite (Aktivkredite) müssen sowohl ihrem Umfang

als auch ihrer Fälligkeit nach genau den der Bank zur Verfügung gestellten
Beträgen (Passivkredite) nach Umfang und Fälligkeit entsprechen. Die Goldene
Bankregel in dieser strengen Form wurde nur in der Renaissance (im
16. Jahrhundert) nach zahlreichen Bankzusammenbrüchen gefordert. Von der
modernen Kreditbank kann und soll sie gar nicht eingehalten werden, denn
es liegt im Wesen der Bank, die *kürzer fristigen Einlagen in längerfristige
Kredite zu transformieren*. Es kommt lediglich darauf an, daß die Bank jederzeit ausreichend Barmittel zur Verfügung hat, um allen Anforderungen an
Bargeld gerecht werden zu können, sie muß ferner ausreichende Rückgriffs-
möglichkeiten (z. B. rediskontfähige Wechsel) besitzen, um ggf. die Barbestände
erhöhen zu können. Je länger die durchschnittlichen Kreditfristen im Aktivgeschäft gegenüber den Fristen des Passivgeschäftes sind, um so größer ist die
Rentabilität, aber es besteht auch die Gefahr einer Illiquidität. Bis zu einem
gewissen, z. T. sehr erheblichen und von der Erfahrung bestimmten Grade können jedoch den kurzfristigen Einlagen langfristige Ausleihungen gegenüberstehen (*„Transformation der Kredite"*). So sind Spareinlagen rechtlich kurzfristige, wirtschaftlich jedoch langfristige Verpflichtungen der Bank; die Sparkassen dürfen deshalb 50 % der (kurzfristigen) Spareinlagen in (langfristigen)
Hypotheken anlegen. Doch sind die Liquiditätsverhältnisse der Banken je nach
der Konjunkturlage sehr schwankend; es wurden deshalb, obgleich die Möglichkeit im Kreditwesengesetz von 1939 gegeben war, nie starre Mindestrelationen zwischen den sich in der Fristigkeit entsprechenden Vermögens- und
Kapitalpositionen festgelegt (es gibt allerdings eine Reihe von Vorschriften, die
die Liquidität der Kreditinsitute stark beeinflussen).

Diese *finanzielle „Nicht-Kongruenz"* der verschiedenen Vermögens- und
Kapitalwerte bei den Banken und die *Unmöglichkeit allgemeingültige Mindest-
normen für ihr Verhältnis* festzulegen, zeigen, daß auch die Goldene Bankregel
nur als Faustregel in sehr erweiterter Form, die sich auf Erfahrungswerte
stützt, Bedeutung haben kann. So sind auch die von der Bundesbank regelmäßig
veröffentlichten statistischen Übersichten „Zur Entwicklung der Bankenliquidi-
tät" zu werten; ihre Bedeutung für die volkswirtschaftliche und betriebswirtschaftliche Finanzpolitik darf nicht unterschätzt werden.

3. Die „optimale Unternehmensfinanzierung"

In seiner „Theorie der optimalen Unternehmensfinanzierung" (ZfbF, 1965
S. 58 ff.) macht Helmut *Lipfert* einige Vorschläge zur optimalen Gestaltung
der „Bilanz- und Kapitalstruktur". Er sieht in den Bilanz- und Kapitalstruktur-
regeln nur *„limitierende Bedingungen der Gewinn- und Wachstumsoptimie-
rung"*. Um das O p t i m u m d e r F r e m d k a p i t a l - E i g e n k a p i t a l -
s t r u k t u r zu erreichen, sind „die quantitativen und qualitativen Finanzierungskosten" zu minimieren und ist die „Aufbrauchdauer kapitalstrukturabhängiger Reservenbildung" zu maximieren. Die *quantitativen Finanzierungskosten* sind beim Fremdkapital die Zinsen und Nebenkosten, beim Eigenkapital
die angemessenen Dividenden. Die *qualitativen Finanzierungskosten* sind (1)
das Nichtprolongationsrisiko von Krediten (unter Einschluß des Risikos bei künd-
barem Eigenkapital) und (2) das Risiko, daß die Fremdkapitalkosten derart ansteigen, daß sie zu einem Verlustausweis, also zu einer Verminderung des sicht-
baren Eigenkapitals führen. Diese qualitativen Kosten sind durch Wahrschein-

lichkeitsrechnungen zu ermitteln. Bei der Analyse der Fremdkapitalkosten ist auch die *Strukturierung des Fremdkapitals* zu untersuchen, um zu teuere Fremdkapitalpositionen (wie z. B. Lieferantenkredite) nach Möglichkeit abzubauen, billigere dagegen zu begünstigen.

Bei dem Theorem Lipferts von der *„Maximierung der Aufbrauchdauer kapitalstrukturabhängiger Reservenbildung"* ist zu untersuchen, wie lange die offenen und vor allem die stillen Reserven unter Beibehaltung der derzeitigen Relation: Grundkapital zu Fremdkapital bei sinkender Erfolgslage ausreichen, um noch eine unveränderte oder verminderte Dividende ausschütten zu können.

Die Vorschläge Lipferts sind ein wesentlicher Beitrag zur exakten Kapitalstrukturrechnung; allerdings berücksichtigt er noch nicht die horizontale Vermögen-Kapital-Struktur- sowie die integrierte Unternehmensplanung, in die eine exakte Finanzierungsrechnung einbezogen werden muß.

IV. Die Finanzplanung

Begriff und Wesen

Die Finanzplanung ist die systematische Erfassung und die Gegenüberstellung der innerhalb eines bestimmten Zeitraumes zu erwartenden Einnahmen und der voraussichtlichen Ausgaben sowie die finanziellen Maßnahmen zu ihrem Ausgleich. Auf Grund der Finanzpläne kann die Geschäftsleitung für kommende Zahlungsverpflichtungen beizeiten vorsorgen sowie rechtzeitig eine günstige Anlage für frei werdende Gelder ermitteln. Zahlungsschwierigkeiten bedrohen unmittelbar die Existenz eines Unternehmens. Überliquidität hingegen verwässert die Rentabilität.

H a u p t z i e l der Finanzplanung ist es demnach, ein G l e i c h g e w i c h t o p t i m a l e r L i q u i d i t ä t zu bestimmen und zu erhalten. Wenn die tatsächlichen Zahlungsströme der Zahlungsperiode (Einnahmen und Ausgaben) hinsichtlich Höhe und Fälligkeit mit den erwarteten (geplanten) übereinstimmt, besteht finanzielles Gleichgewicht.

Die Finanzplanung hat außer der L i q u i d i t ä t auch die S i c h e r h e i t und die R e n t a b i l i t ä t zu berücksichtigen. Alle drei Faktoren sind von der Höhe des Kapitalbedarfs und den Möglichkeiten seiner Deckung abhängig. Diese kann aber eine Finanzplanung allein gar nicht ermitteln, sie ist vielmehr von der Absatz-, der Produktions-, der Investitions- und der Beschaffungsplanung abhängig, die die Finanzplanung wesentlich mitgestalten. Daraus geht hervor, daß die optimale Unternehmungsfinanzierung nur in einer *langfristigen integrierten Unternehmungsplanung* gefunden werden kann. Liquidität, Sicherheit und Rentabilität sind wechselseitig voneinander abhängig. Alle Pläne der Unternehmung müssen daher durch eine schrittweise Annäherung aufeinander abgestimmt werden, bis die optimale Kombination der Liquidität, Sicherheit und Rentabilität gefunden ist. (Über das besonders enge Verhältnis der Finanzplanung zur Investitionsplanung s. unten S. 643.) Das soll jedoch die Bedeutung der Finanzplanung nicht herabsetzen, denn sie ist entscheidend vor allem für die Liquidität, sie muß den dynamischen Fluß der zukünftigen Einnahmen und Ausgaben berücksichtigen und durch Finanzmaßnahmen ausgleichen.

Eine langfristige Unternehmungsplanung wird heute in der *Praxis* allerdings erst selten und dann meist nur für Teilpläne, insbesondere Investitionspläne, durchgeführt. Für langfristige integrierte Gesamtplanungen fehlen zum Teil auch noch die theoretischen Grundlagen und die praktischen Erprobungen.

Die Einordnung der Finanzplanung in die Unternehmungsplanung

Die künftigen Einnahmen und Ausgaben hängen unmittelbar von allen übrigen Teilplänen ab, und zwar auch von der langfristigen Planung (insbesondere den Investitionsplanungen). Die Zahlen, die zur Erstellung des Finanzplanes benötigt werden, werden vor allem folgenden Plänen entnommen:

1. dem A b s a t z p l a n : er enthält die voraussichtlichen Einnahmen aus den Verkäufen, ferner die Einzelkosten des Vertriebs sowie die Ausgaben für Umsatzsteuer, Frachten und Vertreterprovisionen,

2. dem B e s c h a f f u n g s p l a n : er enthält die Ausgaben für die geplanten Einkäufe für Roh- und Hilfsstoffe,

3. dem P r o d u k t i o n s p l a n : er enthält die voraussichtlichen Ausgaben für geplante Investitionen sowie auch einen Teil der Löhne, die aus den voraussichtlichen Maschinenlaufzeiten (Planarbeitstagen) ermittelt werden,

4. dem L a g e r p l a n : er enthält die Lagerhaltungskosten,

5. dem P e r s o n a l p l a n : er enthält die zu zahlenden Löhne und Gehälter,

6. den v e r s c h i e d e n e n G e m e i n k o s t e n p l ä n e n : sie enthalten die Fertigungs- bzw. Verwaltungs- und Vertriebsgemeinkosten für ein bestimmtes Produktionsvolumen,

7. dem P l a n d e r F i n a n z a b t e i l u n g : er enthält die voraussichtlichen Aufwendungen für Dividenden, Kreditrückzahlungen und Steuerzahlungen sowie die Eingänge aus aufgenommenen Krediten.

Die Teilpläne, auf denen die Finanzplanung aufbaut, werden als v o r l ä u f i g e P l a n u n g e n zunächst ohne f i n a n z i e l l e Erwägungen aufgestellt. Bei der Finanzplanung werden dann die finanziellen Möglichkeiten zur Verwirklichung der Teilpläne untersucht. In der Regel müssen die Teilpläne entsprechend den bei der Finanzplanung ermittelten Liquiditäts- und Rentabilitätsbedingungen (z. B. zu kostspielige Kapitalbeschaffung) geändert werden.

Der Aufbau des Finanzplanes

Es empfiehlt sich, die verschiedenartigen Finanzpläne möglichst nach einem Grundschema aufzubauen, da sie sehr stark voneinander abhängig sind. So werden z. B. die kurzfristigen Finanzpläne aus den langfristigen entwickelt. Das folgende G r u n d s c h e m a wird von K. Mellerowicz vorgeschlagen (Mellerowicz: Planung und Plankostenrechnung, Bd. I, 3. Aufl., Freiburg 1972):

1. **Finanzgrundplan** (laufende Betriebstätigkeit)

　　Einnahmen (Umsatzerlöse, neutrale Einnahmen)

　　— Ausgaben (Materialbeschaffung, Fertigungsaufwand, neutraler Aufwand)

　　+ Überdeckung

　　— Unterdeckung

2. **Kreditplan** (finanzwirtschaftliche Zahlungsvorgänge)
   Anfangsbestand (kurz-, mittel- und langfristige Zahlungsvorgänge)
   + Einnahmen (Neuverschuldung)
   — Ausgaben (Tilgung)

   Endbestand

3. **Zahlungsmittelplan** (Zahlungsmittelbestand)
   Anfangsbestand (Kasse, Bank-, Postscheckguthaben)
   ± Über/Unterdeckung lt. Finanzplan
   — Kredittilgung
   + Neuverschuldung

   Endbestand
   + freie Kredite (Kreditrahmen ∕ beanspruchte Kredite)

   Disponierbare Zahlungsmittel

Der „Finanzgrundplan" besteht aus den Einnahme- und Ausgabeplänen, die die Zahlungsvorgänge der laufenden Betriebstätigkeit erfassen, aber selten ausgeglichen sind. Aus ihrer Gegenüberstellung ergibt sich meist entweder eine Unterdeckung („Fehlbetrag") oder Überdeckung („Überschußbetrag"). Ein etwaiger Fehlbetrag ist der Kapitalbedarf.

Der Ausgabeplan weist je nach der Art der Betriebstätigkeit verschiedene Strukturen auf. In arbeitsintensiven Betrieben sind dies die Löhne, Gehälter und sozialen Leistungen, in anderen Betrieben sind es die „Kreditoren", die vielfach derart vorherrschend sind, daß der Ausgabeplan nochmals aufgeteilt wird in Ausgaben aus Kreditoren und sonstige Ausgaben. Es kommt (nach Mellerowicz) sogar vor, daß aus Vereinfachungsgründen sämtliche sonstigen Ausgaben in einer Position zusammengefaßt sind, die Kreditoren aber spezifiziert werden nach Märkten, Produktgruppen usw. Die Positionen des Ausgabeplans sind zeitlich und in der Höhe der Beträge meist wenig elastisch.

Der Einnahmeplan enthält vor allem die Zahlungseingänge aus der Umsatztätigkeit: Bareinnahmen, Wechseleingänge, Forderungen (evtl. aufgeteilt). Der Einnahmeplan ist meist etwas elastischer als der Ausgabeplan, dafür sind aber viele Posten wesentlich unsicherer, da die Einnahmen sehr stark von der Zahlungsfähigkeit und Zahlungswilligkeit der Kunden bestimmt werden. Die sich aus dem Finanzplan ergebende Überdeckung oder Unterdeckung wird durch die Kreditplanung ausgeglichen.

Der Kreditplan enthält die in der Planungsperiode zu erwartenden Einnahmen und Ausgaben aus der Aufnahme und Tilgung von Krediten, ferner die Kreditmöglichkeiten innerhalb des Kreditrahmens (Kreditzusagen) u. dgl. Weist der Finanzgrundplan einen Fehlbetrag *(Kapitalbedarf)* auf, so ist im Kreditplan die fehlende Deckung durch Kreditaufnahmen auszugleichen, und umgekehrt ist ein Überschuß durch Rückzahlung von Krediten, Anschaffung von Wertpapieren oder durch Neuinvestitionen u. dgl. auszugleichen. Bei der Neuaufnahme von Krediten sind natürlich auch die verschiedenen Möglichkeiten der Kreditaufnahme kostenmäßig zu prüfen. Die Hauptaufgabe des Kreditplanes muß es natürlich sein, ein Gleichgewicht optimaler Liquidität zu bestimmen und zu erhalten.

Der Z a h l u n g s m i t t e l p l a n ist die Zusammenfassung von Grundplan und Kreditplan. Er weist den Zahlungsmittelbestand, die Zahlungsmittelbewegungen und die jeweils disponierbaren Zahlungsmittel (Zahlungsmittelbestand und freie Kredite) aus. Der disponierbare Zahlungsmittelbestand (das Endergebnis) soll der erforderlichen Mindestliquidität entsprechen.

Teile und Arten der Finanzpläne

Jede systematische Finanzplanung besteht in der Regel aus folgenden Teilplänen:

1. laufende Finanzpläne
   a) ordentliche Finanzpläne,
   b) außerordentliche Finanzpläne,

2. einmalige Finanzpläne für besondere Finanzierung (Gründungen, Kapitalerhöhungen durch Emissionen, Fusionen und Sanierungen).

Der l a u f e n d e F i n a n z p l a n umfaßt die Finanzvorgänge des normalen Betriebsablaufs. Der o r d e n t l i c h e F i n a n z p l a n enthält die mit der Betriebstätigkeit verbundenen Zahlungsvorgänge, wie sie durch den s t ä n - d i g e n Umsatzprozeß verursacht werden, der a u ß e r o r d e n t l i c h e F i n a n z p l a n dagegen die laufenden Investitionen und ihre Finanzierung. Die Aufteilung des laufenden Finanzplans in ordentliche und außerordentliche Finanzpläne ist deshalb notwendig, weil die laufenden Investitionen einen anderen zeitlichen Rhythmus und andere Schwerpunkte haben als der ordentliche Umsatzprozeß. Die Verbindung zwischen beiden wird durch die mit dem Umsatzprozeß erwirtschafteten A b s c h r e i b u n g e n und Gewinne hergestellt. In der Praxis sind ordentlicher und außerordentlicher Finanzplan häufig zusammengefaßt. (Näheres darüber s. Mellerowicz, a. a. O., S. 784.)

Eine andere sehr wichtige Einteilung ist die nach der F r i s t i g k e i t , danach unterscheiden wir

1. l a n g f r i s t i g e F i n a n z p l ä n e , die sich über mehrere Jahre (3, 5 und 10 Jahre) erstrecken, es sind grobe Umrißplanungen auf lange Sicht,

2. k u r z f r i s t i g e F i n a n z p l ä n e , die drei bis vier Monate, höchstens ein Jahr umfassen und detaillierte Feinplanungen sind, und

3. m i t t e l f r i s t i g e F i n a n z p l ä n e .

Bei der sehr großen Unsicherheit der Finanzvorgänge können Feinplanungen meist nur auf sehr kurze Sicht (etwa drei Monate, oder gar nur einen Monat) zuverlässig geplant werden. Zwischen die langfristige Umrißplanung und die kurzfristige Feinplanung werden deshalb in der Regel noch weitere Phasen der Finanzplanung auf m i t t l e r e S i c h t eingeschoben (Planung der Aufnahme mittelfristigen Kapitals).

V o r a u s s e t z u n g für jede feinere Planung ist jedoch stets eine finanzielle U m r i ß p l a n u n g auf lange und mittlere Sicht; aus ihr sind die Feinplanungen zu entwickeln. Da die Finanzstruktur der Unternehmung ständigen unvorhersehbaren Wandlungen unterworfen ist, sind die Umrißplanungen immer wieder zu korrigieren, gleichsam auf den neuesten Stand zu bringen.

Die langfristige Finanzplanung

Die Schwerpunkte der langfristigen Unternehmungsplanung liegen auf der Investitionsplanung und der Finanzplanung (s. unten S. 627). Dabei ist die Größe, die Leistungsfähigkeit, das Wachstumspotential, die Stellung des Unternehmens innerhalb seines Wirtschaftsbereiches, die Sicherheit der Arbeitsplätze der Belegschaft, die Position im Markt, die Garantie der Qualität u. dgl. zu berücksichtigen.

Da die langfristige Finanzplanung aus dem Investitions- und Kapazitätsplan zu entwickeln ist, steht im Vordergrund die Kapitalbedarfsermittlung.

Die Höhe des Kapitalbedarfs einer Unternehmung hängt ab

(1) von der beabsichtigten Betriebskapazität, der Summe der Umsätze und

(2) von der Umschlagsdauer des Kapitals. Die Umschlagsdauer ist der Zeitraum, der zwischen der Investierung des Geldkapitals und dem Rückfluß des Kapitals in Geldform liegt. Sie ist in den einzelnen Wirtschaftszweigen außerordentlich verschieden. Das folgende Schema der Kapitalbedarfsrechnung von M. R. *Lehmann* (Allg. Betriebswirtschaftslehre, 3. Aufl. 1957) stützt sich auf die Formel:

Aktiva		Schema der betrieblichen Kapitalbedarfsrechnung					Passiva
U	T		U × T	U	T		U × T
Mark	Jahre		Mark	Mark	Jahre		Mark
		Anlage-kapital-bedarf (+)				*Umlauf-kapital-bedarf (÷)*	
0	∞	Grundstück¹)	8 500	24 000	0,25	Schulden	6 000
1 000	20,0	Gebäude	20 000	11 000	0,3	Gewinn in Forderungen	3 300
4 000	10,0	Maschinen	40 000				
1 300	5,0	Werkzeuge	6 500			*Gesamt-kapital-bedarf (+)*	
		Umlauf-kapital-bedarf (+)				Saldo aus positivem und	
25 600	0,2	Materialien	5 120			negativem	
47 800²)	0,05	Zwischen-erzeugnisse	2 390	113 000	1,06	Kapital	119 890
70 000	0,1	Fertig-erzeugnisse	7 000			bedarf³)	
124 000	0,3	Forderungen	37 200				
124 000	0,02	Kasse	2 480				
			129 190				129 190

¹) Das Produkt aus 0 und ∞ ist jede beliebige Zahl, also u. a. auch 8500.

²) Mark 47 800 ist die Hälfte der Summe aus Mark 25 600 (Materialaufwand zu Einstandspreisen) und Mark 70 000 (Herstellkosten der Erzeugnisse). Die Fertigungskosten betragen 70 000 — 25 600 = Mark 44 400 und deren Hälfte Mark 22 200. Bei der Berechnung des Werts der Zwischenerzeugnisse ist also angenommen, daß sie im Mittel die Hälfte der Fertigungskosten neben den Materialkosten verursacht haben.

³) Der dem Gesamtkapitalbedarf entsprechende Umsatz (Kostenanfall) ist die Summe von Herstellkosten (70 000) und Vertriebs- und Verwaltungskosten (43 000); 1,06 Jahre = durchschnittliche Umsatzzeit des Kapitals (Vermögens).

Kapitalbedarf = Σ Umsätze (U) × Umsatzdauer (T). Beim Anlagekapital ist der Umsatz gleich den Abschreibungen.

Der Umlaufkapitalbedarf umfaßt auch *negative* Rechnungsglieder, so daß der Gesamtkapitalbedarf, der im Endergebnis zustande kommt, Saldo-Charakter hat. Dabei macht Lehmann jedoch ausdrücklich darauf aufmerksam, daß das Vorzeichen (∤) der negativen Kapitalbedarfselemente sowohl darauf beruhen kann, daß die in Betracht kommende Umsatzgröße (Ziel im Einkauf) negativ ist, als auch darauf, daß die Umsatzgröße, von der ausgegangen wird (Rohgewinn in den Forderungen), negativen Charakter hat (Abzugskosten vom Verkaufswert des Absatzes).

Der kurzfristige Finanzplan

Aus dem langfristigen Finanzplan werden die mittel- und kurzfristigen Finanzpläne entwickelt, d. h. die Feinanpassung an den jeweils erwarteten Kapitalbedarf oder Kapitalüberschuß. Bei den mittelfristigen und auch bei den kurzfristigen Finanzplänen ist die Aufstellung von Alternativplänen, besonders in bewegten Zeiten, notwendig. Die kurzfristigen Finanzpläne werden einen Zeitraum von vier Monaten meist nicht überschreiten.

Die Planung der Geldeingänge und -ausgänge sollte in einem Unternehmen in grober Übersicht auch für Tagesfrist (Kassenbericht) durchgeführt und kontrolliert werden. Auch Übersichten über die Aktiven und Passiven geringeren Liquiditätswertes sind notwendig. Dazu gehören alle kurzfristig realisierbaren Vermögenswerte, Wechsel, Forderungen, diese unterteilt nach Fristigkeit, dann schließlich auch die Warenvorräte, unterteilt nach ihrer vermutlichen Realisierung; die Fertigfabrikate im Warensektor haben natürlich eine wesentlich höhere Liquiditätsstufe als etwa Halbfabrikatebestände im Schwermaschinensektor.

Zahlreiche Beispiele und Formulare der Finanzplanung bringt Helmut S e l - l i e n in „Finanzierung und Finanzplanung" (2. Aufl. Wiesbaden 1964).

V. Wert und Bewertung ganzer Unternehmungen

Der Wert der Unternehmung als Ganzes spielt bei vielen Finanzierungsvorgängen eine Rolle, so wenn eine Unternehmung verkauft werden soll, wenn bei Personengesellschaften und Gesellschaften mit beschränkter Haftung neue Gesellschafter aufgenommen werden oder Gesellschafter ausscheiden (oft wird jedoch nach dem Gesellschaftsvertrag die Auseinandersetzung auf Grund des nominellen Kapitals vorgenommen), wenn große Aktienpakete verkauft werden, wenn Unternehmen fusionieren sowie auch bei der Veranlagung zu den Steuern vom betrieblichen Gesamtvermögen (Vermögensteuer, Gewerbesteuer usw.). Wir wollen deshalb an dieser Stelle die Bewertung der Unternehmung als Ganzes behandeln.

1. Der Firmen- oder Geschäftswert

Begriff des Firmenwertes

Wenn eine Unternehmung völlig neu errichtet wird, dann ist im Zeitpunkt der Gründung ihr Gesamtwert in der Regel gleich dem Substanzwert, nämlich der Summe der Wiederbeschaffungs- oder Reproduktionswerte der einzelnen Vermögensgegenstände. Arbeitet diese Unternehmung mit guten Gewinnen und setzt sich im Markt erfolgreich durch, dann wird der Inhaber der Firma nicht mehr bereit sein, das Unternehmen zum Substanzwert zu verkaufen; denn der Gewinn des Unternehmers ist höher als der Ertrag des von ihm investierten Kapitals, wenn er es zum landesüblichen Zinsfuß angelegt hätte. Die *Ursachen* für die Erhöhung des Unternehmenswertes über den Substanzwert hinaus sind mannigfach: die gute Lage der Unternehmung, ihre günstige Konkurrenzsituation (gegebenenfalls Monopol), die gute Organisation, die erfolgreiche Werbung, der tüchtige Mitarbeiterstamm, günstige Verträge, große Kreditwürdigkeit u. dgl. m. Es handelt sich dabei um *immaterielle* Güter, deren Bewertung sehr schwierig ist und zum Teil auf vagen Schätzungen beruht.

Die Differenz zwischen dem Wert der Unternehmung als Ganzes und dem Substanzwert nennen wir den *Firmen* oder *Geschäftswert*, den *Goodwill* (engl.), den Façon-Wert (frz.), den „Kapitalisierungsmehrwert" (Schmalenbach), den „Ertragsmehrwert" (F. Schmidt), den „Betriebsmehrwert" (Münstermann) und ähnlich.

Die Aktivierung des Firmenwertes

Wenn das Prinzip der Bilanzwahrheit voll verwirklicht werden könnte (was niemals auch nur annähernd der Fall sein kann), dann müßten auch alle immateriellen Werte aktiviert werden; das gilt vor allem für den Firmenwert. In der Tat wurde die Aktivierung des Firmenwertes auch verschiedentlich, so vor allem von F. Schmidt in seiner Organischen Bilanzlehre, aus Gründen der Bilanzwahrheit gefordert. Da man den imponderablen Firmenwert nur mit zum Teil sehr vagen Schätzungen erfassen kann, verbietet nach der gegenwärtigen Rechts- und Wirtschaftspraxis der sog. „Grundsatz der Vorsicht" (§ 39 HGB) seine Aktivierung. Nach dem Aktiengesetz darf ausdrücklich „für den Geschäfts- oder Firmenwert . . . kein Aktivposten eingesetzt werden". Dagegen dürfen sog. immaterielle Güterrechte, wie Patente u. dgl., aktiviert werden, insbesondere wenn sie gegen Entgelt erworben oder im eigenen Betrieb mit einem Kostenaufwand entwickelt wurden; sie brauchen aber nicht aktiviert zu werden — was in der Praxis die Regel ist; auch der Ausweis eines Erinnerungspostens für diese Werte ist nicht erforderlich.

Diese Grundsätze über die Aktivierung des Firmenwertes gelten aber nur für den sog. „selbsterarbeiteten", den *originären Geschäfts- oder Firmenwert*, nicht dagegen für den entgeltlich erworbenen, den *derivativen Geschäftswert*. Dieser spielt eine Rolle bei Veräußerungen ganzer Unternehmungen, Einbringung von Unternehmungen, Auseinandersetzungen, bei Konzentrationsvorgängen, Umwandlungsgründungen, Fusionen, bei der Aufnahme neuer Gesellschafter, bei Abfindungen und Restitutionen, ferner zum Zweck der Wertbesteuerung. Dementsprechend bestimmt auch das Aktiengesetz, daß bei der Übernahme eines

Unternehmens der Geschäfts- oder Firmenwert aktiviert werden kann. Er ist allerdings durch angemessene jährliche Abschreibungen spätestens innerhalb von fünf Jahren zu tilgen, auch wenn eine Wertminderung *nicht* eintritt (§ 153 Abs. 3 AktG 1965).

Methoden zur Berechnung des Firmenwertes

Bei der Berechnung des Firmenwertes unterscheiden wir vor allem zwei Methoden: die direkte oder englische und die indirekte oder deutsche Methode.

Die direkte oder englische Methode

Die einfache, sog. *Umsatzmethode* legt der Berechnung des Firmenwertes den Umsatz zugrunde, der mit einem Multiplikator vervielfältigt wird. Dieses Verfahren war in Deutschland vor allem bei der Bewertung der Apotheken üblich. Der Multiplikator wurde aus den Kaufpreissammlungen der Apothekenkammern ermittelt und betrug vor dem ersten Weltkrieg das 7- bis 8fache, nach diesem das 2- bis 3fache des jährlichen Umsatzes. Bei den Apotheken war diese grobe Methode insofern bis zu einem gewissen Grad gerechtfertigt, weil einmal die Ein- und Verkaufspreise verbindlich tarifiert und weil zum anderen die Apotheken sehr krisenfest sind. Bei kleinen Unternehmungen mit konstantem Umsatz und stark preisgebundenen Waren, wie Bäckereien, Fleischereien, Tabakläden u. dgl. ist das Verfahren teilweise vertretbar.

Man hat diese Umsatzmethode insofern vervollkommnet, als man bei der Berechnung auch noch den Gewinn berücksichtigt. Man stellt die Umsatzrentabilität aus dem Verhältnis des Umsatzes zum Jahresgewinn fest und berechnet wiederum mit einem Multiplikator den Geschäftswert.

Die *direkten Ertragsmethoden* gehen vom Gewinn aus, und zwar vom Reingewinn. Dabei unterscheidet man wiederum zwei verschiedene Verfahren, man legt entweder den Gesamtgewinn oder nur den Teil des Gewinnes, der auf den Firmenwert unmittelbar zurückzuführen ist, der Berechnung zugrunde. Bei der letzten Methode wird von dem Gesamtgewinn des Unternehmens der branchenübliche Reingewinn abgezogen und der Rest mit einem Multiplikator vervielfältigt. Der branchenübliche Reinertrag wird dadurch gefunden, daß man das Unternehmungskapital mit dem branchenüblichen Zins verzinst und diese Summe vom effektiven Reinertrag abzieht. Auch dieses Verfahren ist sehr grob. Vor allem ist die Bestimmung des Multiplikators immer sehr willkürlich. In den USA gingen z. B. die Gerichte nach dieser Methode vor: Von dem Durchschnittsertrag der letzten drei bis fünf Jahre wurden 6 % für die Verzinsung des investierten Kapitals abgezogen, der Rest wurde mit drei multipliziert und ergab den Goodwill. Dabei wurden meist nicht einmal die Branchenunterschiede berücksichtigt.

Bei der *Gesamtertragsmethode* wird der gesamte Reingewinn mit einem Multiplikator vervielfältigt. Das Produkt ergibt unmittelbar den Goodwill. Bei der Ermittlung des Reinertrags wird teilweise Unternehmerlohn und Kapitalverzinsung vom Ertrag abgezogen. Der Multiplikator ist natürlich wesentlich niedriger als bei der Teilertragsmethode. Er betrug in Amerika, wo dieses Verfahren häufiger angewandt wurde, ja nach der Branche, das Ein- bis Fünffache des Reinertrags.

Die indirekte oder deutsche Methode

Während die direkten Methoden die individuelle Lage des Betriebs nicht berücksichtigen und den Substanzwert überhaupt nicht in die Rechnung einbeziehen, spielen diese bei der indirekten Methode eine wesentliche Rolle. Die indirekte Methode stellt den Geschäftswert dadurch fest, daß sie den *Substanzwert* der Unternehmung, die Summe der Reproduktionswerte aller Vermögensteile, von dem *Ertragswert* der Unternehmung abzieht. Sie muß also den Wert der Unternehmung als Ganzes feststellen. Wir kommen damit zum zweiten Teil dieses Abschnittes, zur Bewertung der Unternehmung als Ganzes.

2. Die Bewertung der Unternehmung als Ganzes

Substanzwert und Ertragswert

In früheren Zeiten wurde der Wert von Unternehmungen und ganzen Produktionsanlagen einfach dadurch festgestellt, daß man die einzelnen Vermögensteile mit ihren Reproduktionswerten (abzüglich der Abnutzungswerte) bewertete und diese Werte addierte. Der Wert der Unternehmung war also gleich dem Substanzwert. Diese Methoden wurden insbesondere von den Technikern durchgeführt und im allgemeinen willig hingenommen. Schmalenbach macht jedoch darauf aufmerksam, daß Zusammenschlüsse von Unternehmungen, bei denen man sich auf die Festlegung des Substanzwertes beschränkte, oft zu verhängnisvollen Kapitalfehlleitungen geführt hätten (Finanzierungen, 6. Aufl. 1937, S. 28).

Der **Substanzwert** ist nicht, wie vielfach behauptet wird, ein Vergangenheitswert, denn er bewertet ja die einzelnen Vermögenswerte zu den Reproduktionskosten. Dennoch ist er fast immer ein *völlig unrealistischer Wert*. Ist der Firmenwert positiv, dann ist der wirkliche Gesamtwert der Unternehmung höher, ist er dagegen negativ, dann liegt der Wert der Unternehmung gewöhnlich noch unter dem Substanzwert, der Wert ihrer Aktien sinkt unter pari. Wenn das Unternehmen liquidationsreif ist, dann haben teure Spezialmaschinen mit einem hohen Reproduktionswert oft nur noch Schrottwert, auch der Wert von Fabrikhallen liegt meist weit unter ihrem Reproduktionswert.

Der Wert eines Unternehmens hängt nur von seinem *künftigen Erfolg* ab, von den Gewinnen, die man aller Voraussicht nach erwarten kann. „Derjenige, der eine Unternehmung kaufen will, ist wirtschaftlich an nichts anderem interessiert, als daran, was eine Unternehmung ihm in Zukunft bringen wird" (Schmalenbach). Maßgebend sollte also der *Ertragswert* sein.

Der **Ertragswert,** terminologisch richtiger der „**Zukunftserfolgswert**" (Münstermann, Busse von Colbe), ist der durch Kapitalisierung zukünftiger Erfolge aus einer bestimmten Erfolgsquelle (z. B. Mieteinnahmen eines Hauses, Erträge von Wertpapieren, Gewinne einer Unternehmung) errechnete Gegenwartswert. Die Kapitalisierung kann auf zwei verschiedene Weisen vorgenommen werden, je nachdem, ob man annimmt, die Zukunftsgewinne werden für unbegrenzte Zeit oder nur während einer bestimmten Anzahl von Jahren erzielt. Legt man, was

in der Praxis die Regel ist, eine unbegrenzte Dauer zugrunde, so benutzt man
die Formel für die ewige Rente:

$$\text{Zukunftserfolgswert} = \frac{\text{jährlicher Zukunftserfolg} \times 100}{\text{Zinsfuß}}$$

$\dfrac{100}{\text{Zinsfuß}}$ ist der *Kapitalisierungsfaktor.*

Legt man der Gewinnerzielung eine begrenzte Anzahl von Jahren zugrunde,
so muß man die Formel zur Ermittlung des Barwertes einer nachschüssigen
Rente wählen. Der Zukunftserfolgswert besteht nicht nur aus dem bilanzmäßigen Gewinn, sondern auch aus den Zinsen für Eigen- und Fremdkapital.

Der Zukunftserfolgswert entspricht theoretisch dem „wirklichen Wert der
Unternehmung". Doch stößt seine *praktische Ermittlung* auf erhebliche Schwierigkeiten, da (1) der zukünftige Erfolg, (2) der Kapitalisierungsfaktor und (3) die
der Rechnung zugrunde gelegte Dauer der Unternehmung ganz unsichere Größen sind. — Die zukünftigen Erfolge sind vor allem von der zukünftigen Konjunkturentwicklung stark abhängig (die auch einige Autoren in ihrem Rechenverfahren berücksichtigen). Dazu kommen noch andere Faktoren (Konkurrenz-
lage, Unternehmerpersönlichkeit), die entscheidend den Zukunftserfolgswert
beeinflussen. Doch selbst wenn diese Werte exakt zu ermitteln wären (was nie
der Fall sein wird), dann spielt weiterhin die Wahl des *Kapitalisierungsfaktors*
eine ganz wesentliche Rolle, man kann ihn — als den sehr umstrittenen „landesüblichen Zinsfuß" — aus der Effektivverzinsung für Staatsanleihen, für
Pfandbriefe und erststellige Hypotheken errechnen. Abgesehen davon, daß diese
Zinsfüße verschieden hoch sind, schwanken sie zudem noch sehr stark.

Ein Beispiel mag die Auswirkung unterschiedlich gewählter Zinssätze zeigen,
wie sie z. B. gegenwärtig durchaus vorkommen können. Nehmen wir an, ein
Unternehmen wird in den nächsten Jahren voraussichtlich im Durchschnitt
jährlich 1 000 000 DM Betriebsgewinn erzielen. Wählen wir als Kapitalisierungszinsfuß 8 %, so hat es einen Zukunftserfolgswert von 12,5 Mill. DM, rechnen wir
dagegen mit einem Zinsfuß von 6 %, so beträgt sein Wert bereits 16,7 Mill. DM
und bei einem Zinsfuß von 4 % schwillt der Zukunftserfolgswert gar auf
25 Mill. DM an. Diese simple Rechnung zeigt, welche große Wirkung allein die
Höhe des Zinsfußes auf die Höhe des Ertragswertes hat.

Einige neuere Autoren — insbesondere Münstermann, Busse von Colbe und
G. Sieben — definieren den *Zukunftserfolg* nicht als Differenz zwischen zu-
künftigem Ertrag und Aufwand, sondern entsprechend der modernen Investitionsrechnung als *Differenz zwischen den zukünftigen Einnahmen und Ausgaben;* es werden also zur Ermittlung der Zukunftserfolgswerte die ein- und
ausfließenden Zahlungsströme kapitalisiert.

Die großen Schwierigkeiten, die mit der Ermittlung des Zukunftserfolgswertes
verbunden sind, ist der Grund, weshalb so viele und heftig umstrittene Verfahren zur Unternehmensbewertung entwickelt wurden. Die wichtigsten und
zugleich typischsten wollen wir im folgenden kurz darstellen: (1) die *Mittelwertmethode,* (2) die reine *Ertragswertmethode,* (3) die *subjektive Methode* und
(4) die Methode der *verkürzten Goodwill-Rentendauer* mit Zinseszinsen.

3. Die Mittelwertmethode

Die Begründung Schmalenbachs

Die Mittelwertmethode ist heute wohl die in der Praxis gebräuchlichste. Da sie besonders von Schmalenbach vertreten und entwickelt wurde, sei hier kurz der Gedankengang Schmalenbachs wiedergegeben. (Die Beteiligungsfinanzierung, 9. Aufl. 1966.)

Obgleich Schmalenbach betont, daß „nur zukünftige Tatsachen und Geschehnisse für die Bewertung bestimmend sind", so betrachtet er dennoch die Vergangenheit „als Maßstab der Zukunft". Wie alle neueren Betriebswirtschaftler, geht er von der Unternehmung als einem *unteilbaren Wirtschaftsganzen*, einem einheitlichen „Organismus" aus. Ein Fabrikgebäude hat für die Unternehmung einen entscheidenden Wert: „Seine Nutzbarkeit ist völlig aufgegangen in der Nutzbarkeit der Gesamtunternehmung."

Wenn nun auch die „Addition von Einzelwerten nicht den Gesamtwert einer Wirtschaftseinheit ergibt", so hält Schmalenbach doch den *Reproduktionswert* der Unternehmung für einen sehr wesentlichen Hilfswert bei der Unternehmungsbewertung. Dabei versteht Schmalenbach unter dem Reproduktionswert „die Reproduktionskosten des toten Inventars" und „der lebendigen Organisation", die sich allerdings niemals zuverlässig schätzen lassen.

Schmalenbach stellt zwar den Zukunftserfolg in den Mittelpunkt seiner Betrachtungen, doch erscheint ihm seine alleinige Berücksichtigung bei der Bestimmung des Unternehmenswertes nicht zulässig, weil diese Rechnung, die „Konkurrenzgefahr" nicht beachtet. Denn je höher der Firmenwert einer Unternehmung, um so größer ist die Gefahr, daß die Konkurrenz erfolgreiche Anstrengungen macht, um gleichfalls die günstigen Marktchancen auszunutzen.

Aus diesem Grund tritt Schmalenbach für die in der Praxis übliche *Mittelwertmethode* für die Bewertung der Unternehmung ein; ihre Formel lautet:

$$\text{Wert der Unternehmung} = \frac{\text{Zukunftserfolgswert} + \text{Reproduktionswert}}{2}$$

Der Unternehmungswert ist also gleich der Hälfte der Summe des höheren Zukunftserfolgswertes und des niedrigeren Reproduktionswertes der Unternehmung. Ist der Zukunftserfolgswert niedriger als der Reproduktionswert, so ist der Zukunftserfolgswert der entscheidende Wert.

Schmalenbach glaubt, daß in dieser Formel die *Konkurrenzgefahr* ziffernmäßig in Ansatz gebracht sei. „Natürlich läuft diese Konkurrenzgefahrschätzung immer auf einen mehr oder weniger falschen Ansatz hinaus; dieser Umstand ist nicht zu beseitigen."

Um den Firmenwert oder „Kapitalisierungsmehrwert" zu ermitteln, braucht man nur die Differenz von Zukunftserfolgswert und Reproduktionswert zu halbieren. Schmalenbach erläutert sein Verfahren an einem Zahlenbeispiel:

1. Reproduktionswert der Realien   320 000 DM

2. Zukunftserfolgswert ohne Berücksichtigung der Konkurrenzgefahr 400 000 DM

3. Zukunftserfolgswert mit Berücksichtigung der Konkurrenzgefahr 360 000 DM

Wenn die Unternehmung mit 360 000 DM tatsächlich bewertet und demgemäß die Eröffnungsbilanz der neuen Firma aufgemacht wird, so entfallen

auf die Realien	320 000 DM
auf den Mehrwert (Firmenwert)	40 000 DM
Zusammen	360 000 DM

Bei der Errechnung des Zukunftserfolgswertes sind eine ganze Reihe von Faktoren zu berücksichtigen, so die verschiedenartigen Nutzungsmöglichkeiten der Unternehmung, die stillen Reserven, die den Ertrag gemindert haben, die Durchschnittserträge (man rechnet gewöhnlich den Durchschnittsertrag auf Grund der letzten drei Geschäftsjahre). Weiterhin sind aus dem zu kapitalisierenden Erfolg der Unternehmerlohn sowie der auf der Persönlichkeit des Unternehmers beruhende Teil des Erfolges zu eliminieren.

Bei der Festlegung des *Kapitalisierungsfaktors* ist vor allem auch die Unternehmungsform, ferner die Unternehmungsgröße und der Geschäftszweig zu berücksichtigen. Schließlich beeinflußt auch das Risiko den Zinsfuß.

4. Die reine Ertragswertmethode

Ertragswert und Sachwert

Da diese Methode vor allem von K. *Mellerowicz* vertreten und weiterentwickelt wurde, stützen wir uns im folgenden auf seine Darstellung (Der Wert der Unternehmung als Ganzes, Essen 1952).

„Der Wert der Unternehmung ist ... gleich der Differenz der beiden Ströme: Ertrag und Aufwand, diskontiert auf einen bestimmten Stichtag." — „Der *Ertragswert*, der auf dieser Differenz beruht, ist der Nutz- und endgültige Wert der Unternehmung. Es ist *kein anderer Wert neben ihm denkbar*." Doch sieht auch Mellerowicz, ähnlich wie Schmalenbach, in dem „Reproduktions- oder *Sachwert*" einen wichtigen Hilfswert für die Bestimmung des Unternehmungswertes, „weil er relativ leicht und sicher ermittelt werden kann, während dem Ertragswert diese Möglichkeit der sicheren Feststellung fehlt". Der Reproduktionswert soll aber — im Gegensatz zu Schmalenbach — nur Kontroll- und Vergleichsgröße sein, er wird nicht in der Ertragswertformel berücksichtigt.

Die Berechnung des Ertragswertes (Zukunftserfolgswert)

Die *Komponenten des Ertragswertes* sind (1) der zukünftige, nachhaltig erzielbare Reinertrag der Unternehmung, (2) der Zinsfuß, mit dem diese Größe kapitalisiert werden kann, (3) das Risiko der Unternehmung und (4) die zeitliche Dauer der Unternehmung.

Reinertrag und *Zins* sind die Grundgrößen, aus der sich nach der Kapitalisierungsformel der Ertragswert berechnet. Risiko und Zeit müssen entweder über den Ertrag oder über den Zins berücksichtigt werden.

Mellerowicz empfiehlt folgendes Verfahren:

1. Auszugehen ist von der Handels-, nicht der Steuerbilanz.

2. Stille Reserven sind aufzulösen.

3. Es muß eine betriebswirtschaftlich richtige Ergebnisrechnung zugrunde ge-legt werden:

    a) eine genaue Prüfung aller Aufwands- und Ertragsposten hat voranzu-gehen,

    b) als Kosten verschleierte Gewinnbestandteile sind zu eliminieren, z. B. ver-deckte Gewinnausschüttung,

    c) auf eine genaue Periodisierung der Aufwände und Erträge ist besonders zu achten.

4. Das ausgewiesene Gesamtergebnis ist um die Zinsen auf Eigen- und Fremd-kapital, um Reservezuweisungen (offene und stille) und um Substanz-abschreibungen zu erhöhen.

Weiter ist zu untersuchen, inwieweit Lasten auf den Gewinn von diesem abzu-setzen sind oder nicht.

Der *Kapitalisierungszinsfuß* ist aus dem „Mittel zwischen brancheüblichem Zins und Landeszins" zu wählen. Dazu muß noch ein „spezieller Zuschlag kom-men, der den betriebsindividuellen Verhältnissen Rechnung trägt" (S. 79), näm-lich vor allem dem Risiko und der Zeitdauer.

Die Kapitalisierung wird entweder in Form der ewigen Rente oder in Form der zeitlich begrenzten Rente vorgenommen.

Der auf diese Weise festgestellte *Ertragswert* ist nach Mellerowicz *der allein gültige Wert der Unternehmung.* „Es gibt keine Ausnahme von dieser Regel" (S. 147). „Der Sachwert ist lediglich maßgeblich für die Struktur des Betriebs-aufwandes, da er das Medium ist, durch das diese Aufwände fließen müssen; für die Höhe der Risikofaktoren, die sich aus seiner nicht optimalen Konstitu-tion ergeben" (146). Die Formel Schmalenbachs lehnt er als willkürlich ab.

5. Der Zukunftserfolgswert als subjektive Größe

Die meisten Autoren, die sich mit der Unternehmensbewertung befaßt haben, wollen einen *objektiven* Unternehmenswert ermitteln. So meint z. B. Mellero-wicz, der Grund für die Bewertung träte von außen an die Unternehmung heran, nämlich vom Käufer; es sei deshalb nicht haltbar, bei der Bewertung „den subjektiven Standpunkt des zu bewertenden Objektes einzunehmen", d. h. von Seiten des Verkäufers; es könne aber andererseits auch nicht Aufgabe der Bewertung sein, „den Käufer zu beraten, wie er am besten sein Kapital anlegt".

Die moderne *Investitionstheorie* geht indessen bei der Errechnung des Kapitalwertes einer Investition von subjektiven Gegebenheiten aus, da dadurch bei Investitionsentscheidungen mehr Variable berücksichtigt werden. So wird untersucht, wie ein Investor am vorteilhaftesten entscheidet, wenn er zwischen verschiedenen Investitionen zu wählen hat. Es wird also bei der Veräußerung einer Unternehmung ein Investitionskalkül entweder vom Standpunkt des Käufers oder von dem des Verkäufers aufgemacht. Man entgeht bei der Ermittlung eines solchen subjektiven Unternehmungswertes der Schwierigkeit, einen objektiven Wert zu errechnen, der gar nicht objektiv sein kann. Am exaktesten wurde diese Methode von *W. Busse von Colbe* entwickelt (Der Zukunftserfolgswert, 1957). Busse von Colbe tritt konsequent dafür ein, daß alle von dem präsumtiven Erwerber eines Unternehmens erwarteten Erfolgsveränderungen durch die verschiedenartigsten Maßnahmen bei der Ermittlung des Zukunftserfolgswertes berücksichtigt werden müßten, so z. B. die Änderung der Betriebsgröße, der Produktionsmethoden, des Produktionsprogrammes, der Preispolitik, der Werbung, der Betriebsorganisation u. dgl. „Die Wertermittlung für ein Unternehmen aus der Sicht des Käufers muß sich auf den Nutzenzuwachs aufbauen, den er insgesamt infolge der Aufnahme des Unternehmens in seinen Wirtschaftsbereich erfährt." (S. 155.)

Für den präsumtiven Käufer hat dieser subjektive Zukunftserfolgswert in der Tat seine Berechtigung, doch er wird in der Regel nicht bereit sein, den Zukunftserfolgswert seiner geplanten Rationalisierung usw. dem Verkäufer anzubieten.

Selbst der *Kalkulationszinsfuß* ist nach dieser Auffassung eine subjektive Größe. So schreibt E. Schneider: „Da die für die Höhe des Kalkulationszinsfußes relevanten Faktoren wesentlich von der subjektiven Beurteilung des Investors abhängen, ist auch der Kalkulationszinsfuß selbst in allen Fällen eine subjektiv bestimmte Größe ... zum Unterschied von dem objektiven langfristigen Zinsfuß des Marktes." (Wirtschaftlichkeitsrechnung, 7. Aufl., 1968.)

6. Die Methode der „verkürzten Goodwill-Rentendauer"

Die Methode der U. E. C.

Die Union Européenne des Experts Comptables Economiques et Financiers (U. E. C.), in der Berufsvertreter von elf westeuropäischen Ländern zusammengeschlossen sind, hat jetzt allgemeinverbindliche Richtlinien für die Bewertung ganzer Unternehmungen aufgestellt. Nach diesen Richtlinien soll ein *objektiver* Unternehmenswert festgestellt werden. Er setzt sich aus dem materiellen Substanzwert und dem ideellen Mehrwert, dem Goodwill, zusammen. „Beide Werte unterscheiden sich bezüglich ihrer rechnerischen Ermittlung dadurch, daß der Substanzwert sich als *Summe konkreter Teilwerte* feststellen läßt, während der *Goodwill*, der dem kapitalisierten Mehrwert gegenüber dem Normalgewinn entspricht, nur auf Grund des Unternehmungserfolges geschätzt werden kann." (Diese Definition widerspricht dem Schmalenbachschen Grundsatz der Wirtschaftseinheit der Unternehmung.)

Die (sehr umstrittene) *Bewertungsformel* der Kommission geht nach der Methode der verkürzten Goodwill-Rentendauer unter Zinseszinsen vor. Die Formel lautet:

$$W = K + a_n (R - i \cdot W)$$

W = gesuchter Unternehmenswert

K = Substanzwert

R = Zukunftsrente (nachhaltiger Gewinn)

a_n = nachschüssiger Rentenbarwertfaktor

$i = \dfrac{p}{100}$

n = Anzahl der Jahre.

7. Sonstige Bewertungsverfahren

Es wurden noch zahlreiche andere Verfahren zur Unternehmensbewertung entwickelt, die aber letztlich alle nur Abwandlungen der beschriebenen Methoden sind. Erwähnt sei hier wegen seiner praktischen Bedeutung noch das bei der Vermögensbesteuerung von nichtnotierten Aktien und anderen Unternehmungsanteilen angewandte „*Stuttgarter Verfahren*", bei dem der der Besteuerung zugrunde zu legende gemeine Wert der Anteile aus Substanz- und Ertragswert der Unternehmung ermittelt wird, wobei dem Substanzwert (gegenüber dem früher angewandten „*Berliner Verfahren*") mehr Einfluß eingeräumt wird.

VI. Literaturhinweise

Axmann, N. J.: Flexible Investitions- und Finanzierungspolitik. 2. Aufl. Wiesbaden 1966.

Bellinger, B.: Langfristige Finanzierung. Wiesbaden 1964.

Blumentrath, U.: Investitions- und Finanzplanung mit dem Ziel der Endwertmaximierung. Wiesbaden 1969.

Braunschweig, K. E.: Grundlagen der Unternehmensfinanzierung. Wiesbaden 1977.

Busse v. Colbe, W.: Der Zukunftserfolgswert. Wiesbaden 1957.

Deutsch, Paul: Grundfragen der Finanzierung im Rahmen der betrieblichen Finanzwirtschaft. 2. Aufl. Wiesbaden 1967.

Giersch, H.-H.: Investitionsfinanzierung und Besteuerung. Wiesbaden 1960.

Gutenberg, E.: Grundlagen der Betriebswirtschaftslehre. 3. Band. Die Finanzen. 6. Aufl. Berlin - Heidelberg - New York 1975.

Hahn, Oswald: Zahlungsmittelverkehr der Unternehmung. Wiesbaden 1962.

Härle, Dietrich: Finanzierungsregeln und ihre Problematik. Wiesbaden 1961.

Hartmann, Bernhard: Das Kapital in der Betriebswirtschaft, Meisenheim a. G. 1957.

Hax, Karl: Die Substanzerhaltung der Betriebe. Köln und Opladen 1957.

Heinen, Edmund: Das Kapital in der betriebswirtschaftlichen Kostentheorie. Wiesbaden 1966.

Horn, Adam: Betriebsgröße und Kapitalbedarf. 1957.

Janberg, H. (Hrsg.): Finanzierungs-Handbuch. 2. Aufl. Wiesbaden 1969.

Kirschbaum, A.: Fremdfinanzierung und Wert einer Unternehmung. Wiesbaden 1967.

Kolbe, Kurt: Der Finanzbedarf, 2. Aufl., Düsseldorf 1959.

Kortzfleisch, G. v.: Die Grundlagen der Finanzplanung, Berlin 1957.

Lipfert, Helmut: Optimale Unternehmensfinanzierung, 3. Aufl., Frankfurt 1969.

Liquiditätsrechnung im Dienste der Unternehmensführung, Hrsg.: RKW. 2. Aufl., Wiesbaden 1961.

Lücke, W.: Finanzplanung und Finanzkontrolle. Wiesbaden 1962.

Lücke, W.: Finanzplanung und Finanzkontrolle in der Industrie. Wiesbaden 1965.

Mellerowicz, K.: Der Wert der Unternehmung als Ganzes. Essen 1952.

Mühlhaupt, L.: Der Bindungsgedanke in der Finanzierungslehre. Wiesbaden 1966.

Münstermann, H.: Wert und Bewertung der Unternehmung. 3. Aufl., Wiesbaden 1970.

Rittershausen, H.: Industrielle Finanzierungen. Wiesbaden 1965.

Schmalenbach, Eugen: Kapital, Kredit und Zins. 4. Aufl., Köln und Opladen 1961.

Schmalenbach, Eugen: Die Beteiligungsfinanzierung. 9. Aufl., Köln und Opladen 1966.

Schmölders und Rittershausen: Moderne Investitionsfinanzierung. Essen 1959.

Sellien, H.: Finanzierung und Finanzplanung. 2. Aufl., Wiesbaden 1964.

Sieben, G.: Der Substanzwert der Unternehmung. Wiesbaden 1963.

Strobel, A.: Die Liquidität. Stuttgart 1953.

Thieß, Erich: Kurz- und mittelfristige Finanzierung. Wiesbaden 1958.

Vormbaum, H.: Finanzierung der Betriebe. 3. Aufl., Wiesbaden 1974.

Zumbühl, M.: Finanzanalyse in der Praxis. Wiesbaden 1976.

B. Investitionsplanung und Investitionsrechnung

I. Begriff und Arten der Investition

Der Begriff der Investition

Investition (lat. = Einkleidung) bedeutet allgemein die *Umwandlung von Geldkapital in werbendes Unternehmungsvermögen.* Über den Umfang des werbenden Unternehmungsvermögens, des *Investitionsobjekts,* in dem Investitionsbegriff gehen die Meinungen stark auseinander, und das ist bestimmend für die auf dem Investitionsbegriff aufgebaute Investitionstheorie.

Früher verstand man ganz allgemein unter Investition nur die *langfristige Anlage von Geldkapital in Produktionsmitteln des Anlagevermögens* (Maschinen, Gebäude), die „Umwandlung von Zahlungsmitteln in Anlagevermögen" (Schmalenbach). Die *moderne Investitionstheorie* (Irving Fisher, Keynes, v. Stackelberg, E. Schneider, E. Gutenberg, F. und V. Lutz, M. Lohmann, H. Albach, H. Jacob, L. Pack u. a.) verbindet zwar auch den Begriff der Investition mit der Geldkapitalanlage in langfristiges Anlagevermögen, bezieht aber in das Investitionsobjekt auch noch *das gesamte übrige werbende Unternehmensvermögen* mit ein, nämlich das Umlauf- und Finanzvermögen, da sich ein Investitionsvorhaben auch auf die Höhe des Umlauf- und Finanzvermögens langfristig auswirkt; denn Anlage-, Umlauf- und Finanzvermögen müssen, bedingt durch die Produktionsstruktur, stets in einem bestimmten Verhältnis zueinander stehen, und dieses Verhältnis ändert sich in der Regel bei jeder Investition. Eine Investition ist deshalb nach der modernen Investitionstheorie auch nicht mit der Anschaffung einer neuen Maschinenanlage abgeschlossen, auch die laufenden

Kosten bzw. Ausgaben, die durch die Neuanlage entstehen, sind in der Investitionsrechnung zu berücksichtigen. Der Investitionsprozeß ist erst beendet, wenn der Produktionsprozeß abgeschlossen ist, wenn z. B. die Produktionsanlage stillgelegt wird. „Investition ist die vollständige Geschichte der Zahlungsströme in und aus einem Konto" (K. E. Boulding).

Der Unterschied zwischen dem traditionellen und dem moderneren Investitionsbegriff zeigt sich auch deutlich beim Begriff der **Desinvestition,** d. h. der Deckung der Investitionskosten durch die im Lauf des Investitionsprozesses eingehenden Erträge. In der traditionellen Investitionslehre ist die Desinvestition infolge des engen Investitionsbegriffs auf die kalkulatorischen Abschreibungen beschränkt, in der modernen Investitionslehre umfaßt die Desinvestition sämtliche während des Investitionsprozesses eingehenden Erträge. Nach E. *Heinen* „ist der (betriebliche) Leistungsprozeß als ein ‚Rotationsprozeß' von Investitionen, Desinvestitionen und Reinvestitionen anzusehen".

Arten der Investition

Der Zweck der Investition ist, den Produktionsprozeß aufrechtzuerhalten, zu erweitern oder zu rationalisieren. Danach unterscheiden wir:

1. **Erst-, Anfangs- oder Ausrüstungsinvestition** bei der Unternehmensgründung: sie kann sich nicht an einer bereits eingelaufenen Betriebsorganisation ausrichten; wichtigstes Datum der Planung ist das vorhandene Kapital.

2. **Ersatzinvestition oder Reinvestition:** das ist eine Investition zum Ersatz verbrauchter oder durch Veralten unbrauchbar gewordener Produktionsmittel; reine Ersatzinvestitionen erfordern in der Regel kein zusätzliches Kapital, da die dazu erforderlichen Geldwerte durch die „verdienten" Abschreibungen bereits vorhanden sind. Dagegen wird eingewandt, daß die „verdienten" Abschreibungen in der Regel sofort nach Eingang wieder investiert werden; wir kommen darauf noch zurück (s. unten S. 675 ff.).

3. **Neuinvestition oder Nettoinvestition:** das sind entweder

    a) *Erweiterungsinvestitionen:* sie dienen zur Erweiterung der Produktionsanlagen, zur Erhöhung der Kapazität, oder

    b) *Rationalisierungsinvestitionen:* sie bezwecken eine Rationalisierung der Produktionsanlagen zur Senkung der Produktionskosten oder zur Steigerung der Qualität der Erzeugnisse. Dazu gehören auch die sogenannten *„Modernisierungsinvestitionen".*

Eine Investition ist heute in der Regel zum Teil Ersatz-, zum Teil Neuinvestition. So wird eine zu ersetzende Anlage durch eine technisch-wirtschaftlich verbesserte Anlage ersetzt, die meist teurer ist, durch die aber entweder die laufenden Kosten gesenkt (Rationalisierungsinvestition) oder die Kapazität erweitert wird (Erweiterungsinvestition) und damit die Erträge erhöht werden — vorausgesetzt, daß der erhöhte Ausstoß auch abgesetzt werden kann.

Karl H a x will die Unterscheidung von Ersatz-, Rationalisierungs- und Erweiterungsinvestition ersetzen durch (1) *„Erhaltungsinvestition",* die weitgehend identisch ist mit der „Ersatzinvestition", die aber heute nur noch wenig Bedeutung hat, weil alte Anlagen meist durch modernere teuere Anlagen ersetzt werden. Derartige „Modernisierungsinvestitionen" nennt Hax (2) *„Anpassungsinvestitionen".* Sie entsprechen weitgehend den Rationalisierungsinvestitionen.

(3) „*Gestaltungsinvestitionen*" sind bei Hax Investitionen, mit denen der Unternehmer neue Produkte auf den Markt bringen oder neuartige Produktionsverfahren anwenden will (Hdbuch der Ww., Bd. I ²1966, S. 403).

Wir unterscheiden ferner zwischen *produktionswirtschaftlicher Investition* oder *Sach-* oder *Realinvestition*, bei der sachliche Produktionsmittel (Maschinen, Gebäude) erworben werden, und *finanzwirtschaftliche oder finanzielle Investitionen* beim Erwerb von Forderungen, Wertpapieren, Beteiligungen und dergleichen. Bei der industriellen Produktion haben wir es vorwiegend mit Sachinvestitionen zu tun; finanzwirtschaftliche Investitionen im Industriebetrieb sind meist betriebsfremde Investitionen. Dagegen ist bei Kreditinstituten die finanzwirtschaftliche Investition in der Regel keine betriebsfremde Investition; denn die Anlage der im Aktivgeschäft eingegangenen Mittel in Forderungen und Wertpapieren gehört ja zur Aufgabe der Kreditinstitute.

In der **volkswirtschaftlichen Investitionsstatistik** handelt es sich zwar auch um *Sachinvestitionen*, doch ist der Begriff nicht ganz mit dem betriebswirtschaftlichen identisch. Das *Bruttosozialprodukt*, d. h. die Summe der im Laufe eines Jahres produzierten Güter und Dienste, kann verwandt werden: (1) zum privaten Verbrauch, (2) zum Staatsverbrauch, (3) als Abgabe an fremde Volkswirtschaften („Außenbeitrag") und (4) zu Investitionen. Alles, was nicht in privaten oder öffentlichen Haushalten verbraucht oder an fremde Volkswirtschaften abgegeben wurde, ist automatisch zu Investitionen verwendet worden, dazu gehören also auch die Vermehrung der Lagervorräte, nicht aber der Erwerb von Grund und Boden sowie von Gütern, die in früheren Perioden produziert wurden, da sie ja nicht zum Bruttosozialprodukt der erfaßten Periode gehören.

Die *Verteilung des Bruttosozialproduktes* ist auch für den Betriebswirtschaftler interessant. Es betrug 1960 302 Mrd. DM, und stieg bis 1975 auf 1040 Mrd. DM; davon wurden verwandt zum privaten Verbrauch 172 bzw. 578 Mrd. DM, zum Staatsverbrauch 41 bzw. 221 Mrd. DM und zu Brutto-Anlageinvestitionen 73 bzw. 219 Mrd. DM, davon Ausrüstung (Maschinen u. dgl.) 32 bzw. 100 Mrd. DM und Bauten 40 bzw. 120 Mrd. DM. Es wurden also 27 % bzw. 21 % des Bruttosozialproduktes zu Investitionen verwandt.

II. Die Investitionsplanung

Die Investitionsplanung gehört zu den langfristigen Planungen, da sie den Einsatz neuen Geldkapitals zur Erweiterung oder Rationalisierung des Produktionsprozesses festlegt. Die Investitionsplanung geht bei erhöhten Absatzerwartungen von der *Absatzplanung* aus oder bei Investitionen zur Verbesserung der Produktionsstruktur durch Rationalisierung und Modernisierung der Anlagen unmittelbar von der *Produktionsplanung*. Doch auch alle anderen Teilpläne stehen bei einer integrierten Gesamtplanung in enger Wechselwirkung zum Investitionsplan, insbesondere gilt das von der **Finanzplanung**, die ja die Finanzierungsmöglichkeiten der Investitionen untersucht und die günstigste Finanzierung festlegt. Deshalb verbindet man vielfach Investitionsplan und Finanzplan zum *Investitionsbudget*. Daneben sind auch noch andere Faktoren, wie Risiko, Konkurrenzverhältnisse, Anpassungsfähigkeit, soziale Faktoren und dergleichen zu berücksichtigen; das sind zum Teil imponderable Größen, die sich nicht quantifizieren lassen.

Nach Ermittlung des *Investitionsbedarfs* sind die alternativen Investitionsmöglichkeiten festzustellen und in der *Investitions- oder Wirtschaftlichkeitsrechnung* miteinander zu vergleichen. Diese Rechnung ist maßgebend für die Investitionsentscheidung und steht deshalb im Mittelpunkt der Investitionsplanung; sie ermöglicht die Aufstellung eines optimalen Investitionsprogramms und die rationellste Verwendung des zu investierenden Kapitals.

Die Investitionsrechnungen sind betriebswirtschaftlich von großer Bedeutung, da die Investition die Anlage liquider Mittel in langfristige Vermögenswerte darstellt, den Betrieb für längere Zeit an eine bestimmte Produktionsstruktur bindet und die künftige Kapazität festlegt. Das *Risiko* der Investition kann also sehr groß sein. Zudem gewinnt mit der zunehmenden Kapitalintensität (Automatisierung) und dem schnellen technischen Fortschritt (schnelles Veralten der Maschinen) die Investitionsrechnung eine ständig wachsende Bedeutung, die auch die Verfeinerung der Methoden der Investitionsrechnung erklärt.

Fehlinvestitionen

Ist eine Investition unwirtschaftlich und unrentabel, so spricht man von Fehlinvestition, die in jedem Fall einen *Kapitalverlust* bedeutet. Sie kann einmal auf *falschen Absatzerwartungen* beruhen; in der Hochkonjunktur werden die Absatzchancen oft überschätzt und können in ganzen Wirtschaftszweigen zur Überkapazität führen (wie z. B. in der amerikanischen Autoindustrie, in der Kühlschrank- und Rundfunkindustrie). Natürlich können auch externe Faktoren (politische Ereignisse, Mißernten u. dgl.) den Absatz zurückgehen lassen, doch kann man dann nicht von Fehlinvestitionen sprechen. Weiterhin können Fehlinvestitionen auf einer *falschen Investitionsrechnung* beruhen sowie auf fehlerhafte Einschätzung anderer zum Teil imponderabler Faktoren wie z. B. geringe Anpassungsfähigkeit neuer Maschinen, erhöhte Bruchgefahr, große Unfallgefährdung. Schließlich kann die Investitionsplanung nicht genügend mit der *Finanzplanung* koordiniert worden sein, die Unternehmung hat sich mit ihren Erweiterungs- oder Rationalisierungsinvestitionen „übernommen" und verliert ihr „finanzielles Gleichgewicht".

III. Die Investitionsrechnung

1. Die statischen Verfahren der Investitionsrechnung

Primitive Verfahren der Praxis

Wirtschaftlichkeitsüberlegungen bei industriellen Investitionen wurden selbstverständlich von jeher schon angestellt, nur basierten sie auf sehr unvollkommenen Daten, aus denen sich gewisse *Faustregeln* herausbildeten, die auch heute noch in kleinen und Mittelbetrieben, ja sogar zum Teil noch in Großbetrieben angewandt werden. Eine Ersatzinvestition wird z. B. für notwendig gehalten, wenn eine Anlage voll abgeschrieben ist; wenn die Instandhaltungskosten größer geworden sind als die Abschreibungskosten der Ersatzanlage; wenn die Investition nicht mehr kostet als das 20fache der mit ihr erzielten Betriebskostenersparnis.

Bei Neuinvestitionen stützt man sich heute noch vielfach einseitig auf *technische Daten und Berechnungen:* Der technische Wirkungseffekt entscheidet über die Investition, ohne daß die Rentabilität der Neuanlage und ihre Finanzierungs-möglichkeiten berücksichtigt werden. Nach John Diebold, dem bekannten amerikanischen Automations-Fachmann, sind zahlreiche Fehlinvestitionen bei der Automatisierung in den USA auf die einseitige Berücksichtigung des tech-nischen Wirkungseffekts der Automatisierung zurückzuführen.

Kostenvergleichsrechnung

Bei der Kostenvergleichsmethode werden bei Reinvestitionen sämtliche, in einem Jahr anfallenden Kosten der alten und neuen Anlage und bei Neu-investitionen die in einem Jahr anfallenden Kosten zweier oder mehrerer zur Wahl stehender Anlagen miteinander verglichen, also die Kosten der Anlagen-nutzung (Fertigungslöhne, Kosten der Energie, der Instandhaltung und der Hilfsstoffe), die Abschreibungen, Steuern, Versicherungen und Zinsen für das durchschnittlich genutzte Kapital (x % vom halben Anschaffungswert). Die Anlage, bei der die Kosten am niedrigsten sind, ist danach die günstigste. Die jährliche Kostenersparnis ist also der einzige Beurteilungsmaßstab für die In-vestitionsentscheidung. Dieses Verfahren wird meist, insbesondere bei größeren Investitionsvorhaben, zu falschen Ergebnissen führen (vergleiche Horst Brandt, Investitionspolitik des Industriebetriebes, 3. Aufl., Wiesbaden 1969):

1. weil es die *Erträge* nicht berücksichtigt, die durch eine Investition — insbe-sondere bei Erweiterungsinvestitionen — oft stark beeinflußt werden, es ist des-halb bei Neuinvestitionen meist unbrauchbar;

2. weil es nur die einmaligen *Jahreskosten* erfaßt und nicht die Wertunter-schiede, die auf dem unterschiedlichen zeitlichen Ablauf von Investitionen be-ruhen (Überalterung und Verschleiß z. B. können zunehmen, entweder konstant oder gar progressiv); die Kapitalverzinsung der Investition wird also nur ober-flächlich berücksichtigt;

3. weil es den *Restwert* der Anlagen, das sind die noch nicht „verdienten" Ab-schreibungskosten (die in den Erlösen noch nicht hereingekommenen Ab-schreibungen) unbeachtet läßt; der Restwert ist häufig mit dem *Liquidations-wert* identisch, nämlich dann, wenn die zu ersetzende Anlage verkauft werden soll;

4. weil es etwaige Änderungen der Kapazität nicht erfaßt.

Das Verfahren ist jedoch anwendbar — was häufig vorkommt —, wenn die Erträge der zu vergleichenden Investitionen gleich hoch und wenn die bei der Ersatz- oder Neuinvestition jährlich anfallenden Kosten immer konstant sind (H. Koch spricht von „homogener Zukunftsvorstellung"). Ist dagegen mit sich verändernden Erträgen oder Kosten zu rechnen („heterogene Zukunftsvorstel-lung"), dann ist das Verfahren unbrauchbar.

Schließlich setzt das Verfahren — ebenso wie die folgenden — voraus, daß der Investor über die erforderlichen Beträge zu einem Zinsfuß, der nicht über dem Kalkulationszinsfuß („landesüblicher Zinsfuß") liegt, verfügen kann, andern-falls kann die Investition wegen zu teurer Finanzierungsmittel unrentabel wer-den. Das festzustellen, ist Aufgabe eines i n t e g r i e r t e n F i n a n z p l a n s.

Die Gewinnvergleichsrechnung

Der Gewinnvergleich ist etwas vollkommener als der Kostenvergleich, da er auch die durch die Investitionen erzielten Erträge berücksichtigt; er wird deshalb vorwiegend bei Erweiterungsinvestitionen angewandt. Er stellt den Jahresgewinn (Differenz zwischen Kosten und Erträgen) der alten und der neuen Anlage oder bei Erweiterungsinvestitionen den Jahresgewinn zweier oder mehrerer zur Wahl stehender Anlagen gegenüber. Sofern der Gewinn der Einzelanlage nicht feststellbar ist, werden die Gewinne der gesamten alten und neuen Kapazitätsschicht miteinander verglichen.

Gegen dieses Verfahren können die gleichen *Einwände* erhoben werden wie gegen die Kostenvergleichsrechnung mit Ausnahme des ersten Einwandes. Weiterhin spricht gegen das Verfahren, daß es die unterschiedliche Ertragsentwicklung während des Investitionsprozesses nicht berücksichtigt. Bei *homogener Zukunftsvorstellung* ist es natürlich anwendbar.

Die Kapitalrendite oder das Return on Investment

Die in der amerikanischen Wirtschaftspraxis gebräuchlichste Investitionsrechnung ist das Return on Investment oder Return on Capital Employed (Ertrag des investierten Kapitals), das die jährliche Rentabilität des investierten Kapitals zu ermitteln sucht *(Rentabilitätsrechnung)*. In seiner *einfachsten Form* ist das Return on Investment lediglich der Quotient aus Gewinn und investiertem Kapital. Doch hat man diese Formel durch die Einbeziehung des *Jahresumsatzes* sehr verfeinert. Es wird einmal der Jahresgewinn zum Jahresumsatz und zum anderen der Jahresumsatz zum investierten Kapital in Beziehung gesetzt, und zwar in folgender Formel (vgl. auch oben S. 597):

$$\text{Return on Investment} = \frac{\text{Gewinn}}{\text{Umsatz}} \times \frac{\text{Umsatz}}{\text{Invest. Kapital}}$$

Die beiden Faktoren der Formel sind (1) *Umsatzerfolg* und (2) *Umschlag des investierten Kapitals;* das Produkt beider zeigt die jährliche Rentabilität des investierten Kapitals. Die Formel berücksichtigt also alle am Gewinn des investierten Kapitals beteiligten Faktoren des Betriebes, die einzeln analysiert werden. Die Kapitalrentabilität kann für den ganzen Betrieb, für einzelne Gliedbetriebe und für einzelne Investitionen ermittelt werden. Auf Grund dieser Analysen wird in vielen amerikanischen Betrieben nicht nur die Geschäftspolitik bestimmt, sondern auch die Betriebsplanung aufgebaut. In der *Investitionsrechnung* werden für die einzelnen zur Wahl stehenden Investitionsvorhaben die Rentabilitätsziffern ermittelt und verglichen. Bei Rationalisierungsinvestitionen wird als Gewinn die jährliche Kostenersparnis, bei Erweiterungsinvestitionen der Jahresgewinn der Investitionen eingesetzt.

Als *Investitionsrechnung* hat dieses Verfahren die gleichen *Mängel*, die auch der zuvor besprochenen Methode anhaften. Die Rentabilitätszahl beruht auf kurzfristigen Erwartungen; die während des mehrjährigen Produktionsprozesses eintretenden Kosten- und Ertragsveränderungen bleiben unberücksichtigt. Man hat deshalb eine *kumulative Rentabilitätsrechnung* vorgeschlagen, in der das Return on Investment für alle zukünftigen Nutzungsjahre einzeln ermittelt und kumuliert wird.

Amortisationsrechnung oder Payback-Period

Die Amortisationsrechnung, die in der amerikanischen Praxis als Payback-, Payoff- oder Payout-Period sehr verbreitet ist, sucht den Zeitraum zu ermitteln, in dem die Netto-Mehreinnahmen die Anfangs-Mehrausgaben der Investition ausgleichen. Es wird also die Zeit ermittelt, in der sich die Investition aus den Netto-Mehreinnahmen oder bei Rationalisierungsinvestitionen aus den Mehrersparnissen „selbst bezahlt" macht („Selbstzahlungszeit"). Betragen die Anschaffungskosten einer Investition K = 120 000 DM, die erwarteten jährlichen Nettoeinnahmen E = 48 000 DM, dann ist

$$\text{Payback-Period} = \frac{K}{E} = \frac{120\,000}{48\,000} = 2^{1}/_{2} \text{ Jahre.}$$

Wendet man in der Investitionsrechnung die Pay-back-Periode an, so ermittelt man für die alternativen Investitionen die einzelnen Pay-back-Perioden; die Investition mit der kürzesten Pay-back-Periode ist die günstigste. Dieses Verfahren weist die gleichen Nachteile auf wie die vorher besprochenen. Weiterhin werden bei ihm auch die laufenden Kosten der Investition nicht berücksichtigt.

Das Verfahren wird auch für die F i n a n z p l a n u n g benutzt, um die Dauer der durch eine Investition gebundenen Kapitalien zu ermitteln. Wird z. B. die Investition durch einen Kredit finanziert, so muß der Kredit für mindestens die Pay-back-Periode (in unserem Beispiel 2¹/₂ Jahre) gewährt werden, wenn er aus den Netto-Mehreinnahmen der Investition getilgt werden soll und nicht aus anderen Kapitalquellen oder gar aus der Vermögenssubstanz.

Der *reziproke Wert* der Payback-Period ergibt den *internen Zinsfuß* der Investition bei praktisch *unbegrenzter Nutzungsdauer* der Investition. (Der interne Zinsfuß ist die effektive Verzinsung einer Investition; wir kommen darauf noch ausführlich zurück.)

$$\text{interner Zinsfuß} = \frac{1 \times 100}{\text{Payback-P.}} = \frac{E \times 100}{K} = \frac{48\,000 \times 100}{120\,000} = 40\,\%$$

Je kürzer die Nutzungsdauer ist, um so niedriger ist der interne Zinsfuß, er ist dann der Zinsfuß, bei dem der Barwert der Kosten gleich dem Barwert der Erträge ist (s. unten S. 634 f.).

Vielfach ermittelt man zur Beurteilung der Rentabilität einer Investition auch den *Kapitalumschlag während der Nutzungsdauer*. Stimmen Nutzungsdauer und Payback-Period überein (im Beispiel 2¹/₂ Jahre), so müssen die gesamten Nettoeinnahmen zur Kapitaldeckung verwendet werden, die Rentabilität der Investition ist gleich Null. Ist in unserem Beispiel die Nutzungsdauer n = zehn Jahre, so wird das investierte Kapital viermal umgeschlagen (4 Kapitalrückflüsse); die Investition ist günstig. — Die Formel lautet:

$$\text{Kapitalumschlag} = \frac{n}{P} = \frac{10}{2,5} = 4$$

Die Investitionsrechnung in der Praxis

Von den meisten größeren Unternehmungen werden bei allen größeren Neu-investitionen Wirtschaftlichkeitsrechnungen durchgeführt, doch vielfach nicht bei „routinemäßig durchgeführten Ersatzinvestitionen", wie die sehr instruktiven „Untersuchungen über die Investitionsentscheidungen industrieller Unternehmen" (Köln/Opladen 1960) von *Erich Gutenberg* auf Grund einer umfassenden Umfrage zeigen. Meist wird die Investitionsrechnung in den befragten Betrieben nach der Kostenvergleichs- oder der Amortisationsmethode, bisweilen auch nach der Rentabilitätsrechnung durchgeführt.

2. Die dynamische Investitionsrechnung

Statische und dynamische Investitionsrechnungen

Die in der Praxis überwiegend gebräuchlichen Verfahren sind *statische Investitionsrechnungen,* weil sie die sich während des Investitionsprozesses ändernden jährlichen Kosten, Erträge oder Gewinne nicht berücksichtigen. Solche Verfahren sind nur bei „homogenen Zukunftsvorstellungen", d. h. bei während der Nutzungsdauer konstant bleibenden laufenden Kosten, Erträgen oder Gewinnen, anwendbar, ein Fall, der allerdings häufiger vorkommt.

Dynamische Investitionsrechnungen sind bei allen „heterogenen Zukunftsvorstellungen" notwendig, wenn sich also die Kosten, Erträge bzw. Gewinne während des Investitionsprozesses ändern, entweder ab- oder zunehmen.

Die *„mathematische" Investitionstheorie* bezeichnet allerdings diese dynamischen Investitionsrechnungen auch noch als „statische" Verfahren, da sie nur auf ein bestimmtes aktuelles Investitionsvorhaben abstellen und nicht die mannigfachen durch die Entwicklung der Produktionsstruktur auch in absehbarer Zukunft ausgelösten Investitionsmöglichkeiten sowie ihre Finanzierung berücksichtigen. Wir kommen darauf noch zurück.

Bei den dynamischen Investitionsrechnungen unterscheiden wir vor allem *drei Methoden:* 1. die Kapitalwertmethode, 2. die Rechnung mit internem Zinsfuß und 3. die Annuitätenmethode.

(1) Die Kapitalwertmethode

Die dynamischen Investitionsrechnungen fassen, wie bereits erwähnt, das Investitionsobjekt sehr weit und ziehen außer dem Anlagevermögen auch das Umlauf- und Finanzvermögen hinzu. Eine Ausgabe für Löhne ist natürlich keine selbständige Investition, aber sie ist stets ein Teil einer Investition.

Nehmen wir ein *einfaches Beispiel,* das auch Erich Schneider in seinem Hauptwerk: „Einführung in die Wirtschaftstheorie", II. Teil (13. Aufl. 1972), benutzt: Ein Unternehmer will eine Omnibuslinie zwischen zwei Orten einrichten und kauft ein Auto. Die Wirtschaftlichkeit dieser Investition kann er nur ermitteln, wenn er sämtliche zukünftigen Kosten und Erträge vorausplant und einander gegenüberstellt. Die *laufenden Kosten* gehören also auch noch zur Investition, nämlich die Löhne für das Fahrpersonal, die Kosten für Treibstoffe, Instandhaltung, die Abschreibungen, Steuern, Versicherungen und dergleichen.

Gleichgültig, ob er das Auto auf Kredit kauft oder gleich bar bezahlt, er muß auch noch eine angemessene *Verzinsung des Kapitals* als Kosten einsetzen. Er wählt dazu den (allerdings umstrittenen) landesüblichen Zinsfuß. Darüber hinaus ist auch noch eine Risikoprämie zu berücksichtigen, die (nach Keynes, E. Schneider u. a.) in den Zinsfuß für das Kapital mit eingerechnet wird. Der so ermittelte *Kalkulationszinsfuß* ist um so größer, je größer das Risiko ist. — Natürlich kann das Risiko so unbestimmt sein, daß eine Investitionsrechnung sinnlos wird; so führen nach Gutenbergs Erhebung (a. a. O.) die von ihm befragten zwei Erdölgewinnungsunternehmen für ein ganzes Bauvorhaben niemals Wirtschaftlichkeitsrechnungen durch, weil sich über das Ergebnis eines solchen Vorhabens keine genauen Voraussagen machen lassen. Die Kosten werden aber exakt vorausgeplant.

Weiterhin sind die *Erträge* der einzelnen Jahre zu berücksichtigen, die ja die Kosten der Investition decken sollen. Bei heterogenen Zukunftsvorstellungen ändern sich auch die einzelnen Jahreserträge. Der Investitionsprozeß besteht also aus einer *Kosten- und Ertragsreihe*. — Man spricht auch von Ausgaben- und Einnahmenreihen (so z. B. E. Schneider); doch ist diese Bezeichnung betriebswirtschaftlich insofern nicht richtig, als man die kalkulatorischen Kosten (Kapital, Zinsfuß, Abschreibung u. a.) nicht als Ausgaben bezeichnet.

Ein Investitionsplan ist stets langfristig, ja häufig wird eine Investition auf unbegrenzte Zeit geplant, insbesondere „*Anfangsinvestitionen*" (die bei Beginn einer Unternehmung gemacht werden), wie z. B. der Plan unseres Omnibusunternehmers.

Doch kann man nicht die Kosten, die erst in Jahren anfallen, ohne weiteres mit den Erträgen des ersten Jahres vergleichen. Kosten und Erträge müssen auf einen bestimmten Zeitpunkt, das ist meist der Zeitpunkt unmittelbar vor Beginn des Investitionsprozesses, der *Kalkulationszeitpunkt*, durch *Abzinsung (Diskontierung)* bezogen werden. Der gegenwärtige *Kapitalwert einer Investition* ist die Differenz der auf den *Kalkulationszeitpunkt mit dem Kalkulationszinsfuß abgezinsten* (diskontierten) *Erträge und Kosten*. Mathematisch ausgedrückt ist der Kapitalwert einer Investition die Differenz zwischen dem Barwert der Erträge und dem der Kosten:

$$E_0 = \frac{e_1}{q} + \frac{e_2}{q^2} + \frac{e_3}{q^3} + \cdots \frac{e_n}{q^n} + \frac{1}{q^n}$$

$$K_0 = k + \frac{k_2}{q} + \frac{k_3}{q^2} + \cdots \frac{k_n}{q^{n-1}}$$

$$C_0 = E_0 - K_0$$

E_0 = Barwert der Erträge

e = Jahreserträge

1 = Liquidationserlös der Anlage (Restwert)

K_0 = Barwert der Kosten

k = Jahreskosten

C_0 = Kapitalwert der Investition

q = Zinsfaktor $1 + \dfrac{p}{100}$

p = Kalkulationszinsfuß

Ist die Differenz positiv, d. h. ist der Barwert der Erträge höher als der Barwert der Kosten, dann ist die Investition vorteilhaft. Je größer die Differenz ist, um so rentabler ist die Investition. E. Schneider nennt diesen Satz das „Fundamentalprinzip der langfristigen Wirtschaftsplanung".

In der Wirtschaftspraxis hat der Unternehmer bei einem Investitionsvorhaben in der Regel die Wahl zwischen zwei oder mehr Investitionsmöglichkeiten. So hat unser Omnibusunternehmer die Möglichkeit, einen kleinen, mittleren oder großen Omnibus zu kaufen, er hat weiterhin die Wahl, das Auto ein-, zwei- oder mehrmals am Tag die Strecke befahren zu lassen, und er kann möglicherweise zwischen verschiedenen Strecken zwischen den beiden Orten wählen. Selbst dieses einfache Unternehmen hat eine große Anzahl Wahlmöglichkeiten. Für jede ist die Investitionsrechnung aufzustellen und dann die günstigste Investition auszuwählen, d. h. die, deren Kapitalwert am größten ist.

Bei der Investitionsrechnung ist auch der Restwert (Liquidationswert) nach Abnutzung der investierten Anlage als Ertrag zu berücksichtigen (natürlich nicht der Buch-, sondern der kalkulatorische Restwert oder der Liquidationswert).

Die Investitionsrechnung wird komplizierter, wenn das Investitionsvorhaben unbegrenzt ist und die investierten Vermögensobjekte gleichsam „kettenförmig" reinvestiert werden müssen, wie z. B. bei unserem Omnibusunternehmer, der von Zeit zu Zeit das abgenutzte Auto durch ein neues ersetzen muß.

Bei zwei alternativen Investitionen, die einen verschieden hohen Kapitaleinsatz bei dem Anlageobjekt erfordern, können nicht einfach die Kapitalwerte der beiden Investitionen verglichen werden. Nehmen wir an, Investition A erfordere einen Kapitaleinsatz von 4000 DM, Investition B einen von 5000 DM. Hat die Investition A einen geringeren Kapitalwert, so ist trotzdem nicht gesagt, ob nicht die Investition A doch günstiger als Investition B ist, weil bei ihr ja auf die Investition von 1000 DM verzichtet wird. Zu dem Kapitalwert der Investition A muß deshalb noch — lediglich rechnerisch, um die beiden Investitionen auf „einen Nenner zu bringen" — der Kapitalwert einer anderweitigen Investition (Supplementinvestition) von 1000 DM (etwa in Wertpapieren) hinzugezählt werden. Erst dann kann man beide Investitionen vergleichen.

(2) Der interne Zinsfuß

Der interne Zinsfuß ist die Effektivverzinsung, die „interne Rendite" (Albach) einer Investition. Die Investitionsrechnung, die den internen Zinsfuß einer Investition ermittelt, um ihn zur Beurteilung der Wirtschaftlichkeit der Investition mit dem Kalkulationszinsfuß zu vergleichen, ist lediglich eine andere mathematische Fassung der Kapitalwertmethode und beruht auch auf dem bereits erwähnten „Fundamentalprinzip der langfristigen Wirtschaftsplanung" (E. Schneider). Der Kalkulationszinsfuß (Kapitalisierungszinsfuß + Risikozuschlag) ist die geforderte Kapitalverzinsung (einschließlich Risikoprämie), während der interne Zinsfuß auf Grund der geschätzten Kosten und Erträge der Investition die tatsächliche Verzinsung des investierten Kapitals wiedergibt. Der interne Zinsfuß ist also der Zinsfuß, bei dem der auf den Kalkulationszeitpunkt bezogene Kapitalwert gleich Null ist oder, was dasselbe bedeutet, bei dem der Barwert der (zukünftigen) Kosten gleich dem Barwert der (zukünftigen) Erträge der Investition ist.

Ein einfaches *Beispiel* mag das erläutern. Die einmaligen Kosten einer Investition betragen 15 000 DM, die Erträge belaufen sich in den vier Jahren der Nutzungsdauer auf jährlich 5000 DM. r sei der gesuchte interne Zinsfuß in Bruchform $\left(\dfrac{p}{100}\right)$:

$$\frac{5\,000}{1+r} + \frac{5\,000}{(1+r)^2} + \frac{5\,000}{(1+r)^3} + \frac{5\,000}{(1+r)^4} - 15\,000 = 0$$

$$5\,000\,\frac{(1+r)^4 - 1}{r(1+r)^4} = 15\,000$$

$$\frac{r(1+r)^4}{(1+r)^4 - 1} = \frac{5000}{15\,000} = 0{,}3$$

$$r \cdot 100 = 8\,\%$$

Der interne Zinsfuß beträgt also 8 %, d. h. die Erträge bringen eine Wiedergewinnung der Kosten mit einer Verzinsung von 8 %, daher wird der interne Zinsfuß auch „Kapitalwiedergewinnungsfaktor" genannt (er kann in einer Annuitätentabelle direkt abgelesen werden). Ist der Kalkulationszinsfuß niedriger als der interne Zinsfuß, sagen wir in unserem Fall 6 %, so bedeutet das, daß die Investition von 15 000 DM sich mit 8 % verzinst, wenn wir sie dagegen zum Kalkulationszinsfuß anlegen, sich nur mit 6 % verzinst. Die „interne Rendite" ist also größer als der Kalkulationszinsfuß. Ist dagegen der interne Zinsfuß kleiner, dann ist die Investition unrentabel. Sind beide gleich, ist der Kapitalwert gleich Null, die Investition bringt weder Gewinn noch Verlust.

Der interne Zinsfuß bei *unbegrenzter* Nutzungsdauer einer Investition ist der reziproke Wert der Payback-Period-Formel (siehe oben S. 631).

(3) Die Annuitätenmethode

Die Annuitätenmethode, die in der Praxis am meisten benutzt wird, ist gleichfalls eine mathematische Umformung der Kapitalwertmethode. Bei der Annuitätsrechnung werden Anschaffungswert und alle zukünftigen Kosten einerseits und alle zukünftigen Erträge andererseits in gleich große Jahreswerte (Annuitäten) umgerechnet. Man muß also — streng genommen — die beiden Reihen der (ungleich großen) zukünftigen Kosten und der zukünftigen Erträge in äquivalente, uniforme Reihen transformieren. Das ist allerdings ein rechnerisch kompliziertes Verfahren. In der Praxis macht man es sich mit Recht leichter, indem man annimmt, daß die jährlichen Kosten einerseits und die jährlichen Erträge andererseits als gleich groß angenommen werden. (Sie wird dann jedoch zur „statischen" Methode.) Da die Investitionsrechnungen immer Planungsrechnungen sind, denen geschätzte Werte zugrunde liegen, kann man von dieser Voraussetzung in der Praxis ausgehen. In diesem Fall sind die laufenden jährlichen

Betriebs- und Instandhaltungskosten k immer gleich. Die Kosten K des dauerhaften Investitionsobjekts, die zwar zu Beginn der Investition bezahlt wurden, aber sich gleichmäßig auf die n Jahre der Lebensdauer verteilen, müssen mit dem uns bereits bekannten Internen Zinsfuß (Kapitaldienstrate) auf den Kalkulationszeitpunkt abgezinst werden. Von den einmaligen Kosten K des dauerhaften Investitionsobjektes ist der Restwert R, der am Ende der Nutzungsdauer noch besteht, abzuziehen. Wir erhalten dann für die d u r c h s c h n i t t l i c h e n J a h r e s k o s t e n A_k die Formel

$$A_k = (K - R)\frac{r(1 + r)^n}{(1 + r)^n - 1} + k$$

Wesentlich einfacher ist die Formel für den d u r c h s c h n i t t l i c h e n J a h r e s e r t r a g A_e:

$$A_e = e$$

Beispiel

Die Anschaffungskosten einer Maschine betragen 20 000 DM. Die Lebensdauer ist 5 Jahre, die jährlichen Kosten belaufen sich auf 3000 DM, die jährlichen Erträge auf 9500 DM. Der Kalkulationszinsfuß ist 6 %. (Den Wiedergewinnungsfaktor lesen wir in der Tabelle ab.)

$$A_k = 20\,000\,\frac{r(1 + r)^5}{(1 + r)^5 - 1} + 3\,000$$
$$= 20\,000 \cdot 0{,}23740 + 3\,000$$
$$= 7\,748$$
$$A_e = 9\,500$$
$$A_e - A_k = 9\,500 - 7\,748 = 1752$$

Die Investition ist günstig, der durchschnittliche Jahresertrag übersteigt die durchschnittlichen Jahreskosten um fast 18,5 %. Auf diese Weise können auch mehrere alternative Investitionen miteinander verglichen werden.

Vereinfachte Annuitätenmethode der Praxis

In der Praxis werden häufig, vor allem wenn keine Tabellen für die Wiedergewinnungsfaktoren vorhanden sind, approximative (annäherungsweise) Investitionsrechnungen angewandt. Geht man von einer gleichbleibenden Jahresabschreibung aus (lineare Abschreibung), so beträgt die jährliche Abschreibung $\frac{K}{n}$. Da der Restwert der Anlage gleichmäßig fällt, werden die jährlichen Zinsen für das durchschnittlich gebundene Kapital $\left(\frac{K}{2}\right)$ ermittelt, mithin betragen bei einem Zinssatz p die Zinskosten $\frac{K}{2} \cdot \frac{p}{100}$. Die durchschnittlichen Jahreskosten werden dann nach folgender Formel errechnet:

$$A_k = \frac{K}{n} + \frac{K}{2} \cdot \frac{p}{100} + k$$

Legen wir dieser Formel unser Zahlenbeispiel zugrunde, so erhalten wir:

$$A_k = \frac{20\,000}{5} + \frac{20\,000}{2} \cdot \frac{6}{100} + 3\,000$$

$$= 4\,000 + 600 + 3\,000$$

$$= 7\,600$$

$$A_e = 9\,500$$

$$A_e - A_k = 9\,500 - 7\,600 = 1\,900$$

Die Differenzen von A_k bei der exakten Methode und der approximativen Methode ($7748 - 7600 = 148$) sind relativ gering und betragen etwa 1,9 %. Die Differenz wird aber um so größer, je größer die Investitionsdauer und (oder) der Zinsfuß sind; betragen die Investitionsdauer 10 Jahre und der Zinsfuß 8 %, so ist die Differenz 3 %. (Das nach der vereinfachten Methode errechnete A_k ist stets kleiner als das mit der mathematischen Methode ermittelte.)

Man kann auch die approximative Methode in einer der Praxis geläufigeren Form unter Verwendung der angegebenen Formel anwenden:

Jährliche Abschreibung	4 000 DM
Durchschnittliche jährliche Zinsen	600 DM
Kapitaldienst	4 600 DM
Durchschnittliche jährliche Betriebsausgaben	3 000 DM
Durchschnittliche jährliche Ausgaben	7 600 DM
Durchschnittlicher jährlicher Ertrag	9 500 DM
Durchschnittliches jährliches Ergebnis	1 900 DM

Die Fassung der Annuitätsrechnung als dynamische Methode

Gehen wir davon aus, daß die jährlichen Kosten $k_1, k_2 \ldots k_m$ sowie die jährlichen Erträge $e_1, e_2, \ldots e_n$ voneinander verschieden sind, was die Rechnung außerordentlich kompliziert, weshalb sie in der Praxis auch wohl kaum angewandt wird, dann erhalten wir die durchschnittlichen Jahreskosten A_k für die Nutzungsdauer von n Jahren nach folgender Formel ($i = p/100$):

$$A_k = \left(K + \frac{k_1}{1+i} + \frac{k_2}{(1+i)^2} + \ldots + \frac{k_n}{(1+i)^n} \right) \frac{i(1+i)^n}{(1+i)^n - 1}$$

Der außerhalb der Klammer stehende Faktor ist der Wiedergewinnungsfaktor, der aus Tabellen abgelesen werden kann.

In der gleichen Weise wird der durchschnittliche Jahresertrag ermittelt:

$$A_e = \left(\frac{e_1}{1+i} + \frac{e_2}{(1+i)^2} + \ldots + \frac{e_n}{(1+i)^n} + \frac{1}{(1+i)^n} \right) \frac{i(1+i)^n}{(1+i)^n - 1}$$

Eine Investition ist rentabel, wenn der durchschnittliche Jahresertrag die durchschnittlichen Jahreskosten übersteigt.

Die Annuitätenrechnung in dieser Form ist für die Praxis viel zu kompliziert und wäre auch nur in seltenen Fällen notwendig. Doch zeigen diese Formeln sehr gut das Wesen der „dynamischen" Annuitätenrechnung.

Die MAPI-Methode

Der Forschungsdirektor George *Terborgh* des Machinery and Allied Products Institute (MAPI), Washington, hat ein exaktes, auf der Theorie aufgebautes Verfahren der Investitionsrechnung für die Praxis entwickelt, bei dem alle voraussehbaren, die Wirtschaftlichkeit einer Ersatz- oder Neuinvestition beeinflussenden Faktoren berücksichtigt werden, und zwar auch die Unsicherheitsfaktoren, wie technischer Fortschritt und Überalterung, Flexibilität (Ist das Verfahren produktionstechnisch elastischer?) u. a. Dabei ist das MAPI-Verfahren durch Formulare und Diagramme so ausgearbeitet, daß es nicht mehr Mühe macht als die Anwendung einer Faustregel. Die Methode ermittelt (1) die Rentabilität zweier Investitionen, (2) gibt eine eindeutige Antwort auf die Frage: Wann ist es wirtschaftlich richtig, eine Maschine zu ersetzen?, (3) informiert die Unternehmensleitung über die Mindestkosten, die aus einer Verschiebung der Erneuerung der Anlage auf das nächste Jahr erwachsen, (4) liefert Analysen zur Schätzung und Budgetierung von Investitionen, (5) berücksichtigt das zukünftige Veralten der neuen Anlage, und (6) kann auch für eine Mischung von Erneuerung und Erweiterung der Maschinenanlagen benutzt werden.

Kernstück des Systems ist die *MAPI-Formel,* mit deren Hilfe die „Dringlichkeit" einer Investition gemessen wird, d. h. die Dringlichkeit gegenüber der Unternehmenslage *ohne* die Investition. Genauer gesagt: Die Formel ermittelt die „relative Rentabilität", die im nächsten Jahr auf das durch die Investition gebundene Kapital im Vergleich mit der Unternehmenslage o h n e die Investition erzielt wird. Die Formel lautet

$$\text{Dringlichkeitsmaßstab} = \frac{b + c - d - e}{a}$$

a = erforderliches Kapital

b = Betriebsgewinn der Investition des nächsten Jahres

c = vermiedener Kapitalverzehr des nächsten Jahres, d. h. Verminderung des Liquidationserlöses — zuzügl. sonstiger Kosten — der alten Anlage im nächsten Jahr

d = eintretender Kapitalverzehr des nächsten Jahres, d. h. die Differenz zwischen Anschaffungskosten des Investitionsobjekts und dem Liquidationswert nach einem Jahr

e = Ertragsteuerbetrag (Nettosteigerung der Ertragsteuer infolge der Anschaffung).

In den einzelnen Gliedern dieser Formel, deren Kenntnis bei Anwendung des MAPI-Verfahrens gar nicht notwendig ist, werden bei ihrer praktischen Anwendung alle voraussehbaren, die Wirtschaftlichkeit der Investition beeinflussenden Faktoren berücksichtigt. Die einzelnen Daten der Formel werden in dem umfangreichen MAPI-Formular (s. S. 640 f.) eingetragen bzw. ermittelt; die gesamten Investitionskosten werden berücksichtigt: Anschaffungskosten, Liquidationswert der zu ersetzenden Anlagen; Kosten von Großreparaturen an der alten Anlage, falls die neue Anlage nicht angeschafft wird, freigesetztes Kapital, ferner die Ergebnisse des Investitionsvorhabens im nächsten Jahr, die Ertragsveränderungen und die Betriebskostenveränderungen.

Dieses Formular wird durch die wichtigen *MAPI-Diagramme* (s. Abb. S. 642) ergänzt. Aus den Diagrammen wird der bei der Investition eintretende Kapitalverzehr des nächsten Jahres in Prozent, unter Berücksichtigung der Nutzungsdauer der Anlage, abgelesen und mit dem Anschaffungswert multipliziert. Das MAPI-Verfahren stellt *drei Diagramme* für folgende Normverläufe der absoluten Gewinne eines Investitionsvorhabens zur Verfügung, zwischen denen man wählen kann.

1. *Standardverlauf:* Die Gewinne nehmen während der ganzen Nutzungsdauer konstant ab bzw. die Überalterung und der Verschleiß nehmen konstant zu.

2. *Variante A:* Die Gewinne nehmen zunächst langsam, später schneller ab.

3. *Variante B:* Die Gewinne nehmen zunächst schneller, später langsamer ab, die Gefahr vorzeitiger Überalterung ist besonders groß.

Die horizontale Achse der Diagramme enthält die Nutzungsdauer (5—40 Jahre), die vertikale den „Diagrammsatz". Jedes Diagramm besteht aus zwei Kurvenscharen, die eine dick ausgezogen, die andere dünn. Die Kurven innerhalb jeder dieser Gruppen unterscheiden sich durch den jeweils zugrundeliegenden Satz für den Liquidationserlös (Restwert, Schrottwert) in Prozenten (0—50 %) der Anschaffungskosten. Die stark ausgezogenen Kurven gelten für die digitale oder degressive, die schwach ausgezogenen für lineare Abschreibungen.

Der Kostenrechner kann also in den Diagrammen wählen: den Normverlauf, die wahrscheinliche Nutzungsdauer, den wahrscheinlichen Liquidationserlös, die Abschreibungsmethode (degressiv oder linear) und den Steuersatz, der allerdings aus einer Tabelle, die jedem der drei Diagramme beigegeben ist, abgelesen werden muß. Dagegen sind die drei Variablen: Verschuldungskoeffizient (Verhältnis von Fremdkapital zum Gesamtkapital), Fremdkapitalzins und Eigenkapitalrentabilität, bereits in die Berechnung der Diagrammwerte eingebaut (Verschuldungsgrad 25 %, Fremdkapitalzins 3 % und Eigenkapitalrentabilität nach Abzug der Steuern 10 %). Das ist natürlich ein Nachteil des Verfahrens, der aber in Kauf genommen werden kann, da andernfalls wesentlich mehr Diagramme notwendig gewesen wären. Der Kostenrechner wählt nun aus den Diagrammen den für die Investition in Frage kommenden „Diagrammsatz" und trägt ihn in das Formular ein. Wie der MAPI-Dringlichkeitsmaßstab praktisch ermittelt wird, geht eindeutig aus dem Formular hervor.

Die MAPI-Methode hat Terborgh in einem leicht verständlichen, ganz auf die Praxis ausgerichteten „Leitfaden der betrieblichen Investitionspolitik" (engl.: Business Investment Policy 1958; deutsche Übersetzung von Horst Albach Wiesbaden 1962) dargestellt.

MAPI-Formular Blatt 1

Vorhaben: Molkerei-Pasteurisier-Apparat   Blatt 1

Zusammenfassung der Investitionsanalyse
I. Erforderliches Kapital

1 Anschaffungskosten der neuen Anlage	.......15 000	1
2 Liquidationswert der zu ersetzenden Anlage	.... 3 600	2
3 Erforderliche Ausgaben für Großreparaturen, falls neue Anlage nicht angeschafft wird	.... 0	3
4 Freigesetztes oder nicht benötigtes Kapital (2+3)	.... 3 600	4
5 Erforderliches Kapital (1—4)	.......11 400	5

II. Vorteile des Investitionsvorhabens im nächsten Jahr
A. Betriebsgewinn

6 Wahrscheinlicher Beschäftigungsgrad (Stunden pro Jahr) 6

Ertragsveränderungen	Erhöhung DM	Senkung DM	
7 Qualitätsveränderung der Produkte	....	....	7
8 Ausstoßerhöhung			8
9 Gesamte Ertragsveränderung	.... A	.... B	9

Betriebskostenveränderungen	DM	DM	
10 Fertigungslöhne	....	.... 1 286	10
11 Gemeinkostenlöhne (Instandhaltung)	....	.... 270	11
12 Sonstige Lohnkosten	....	....	12
13 Instandhaltungskosten	....	....	13
14 Werkzeugkosten	....	....	14
15 Hilfs- und Betriebsstoffe	....	....	15
16 Ausschuß und Nacharbeit	....	....	16
17 Stillstandszeiten	....	....	17
18 Energiekosten	....	.... 1 644	18
19 Raumkosten	....	....	19
20 Vermögensteuer und Versicherung	....	....	20
21 Kosten für Zulieferer	....	....	21
22 Kosten der Vorratshaltung	....	....	22
23 Sicherheit	....	....	23
24 Flexibilität	....	....	24
25 Sonstige	....	....	25
26 Summe	.... A	.... B	26
27 Nettoertragssteigerung (9A—9B)		....	27
28 Nettokostensenkung (26B—26A)		.... 3 200	28
29 Betriebsgewinn des nächsten Jahres (27+28)		.... 3 200	29

B. Kapitalkostenveränderung
(nur im Falle einer Eintragung in Zeile 4 auszufüllen)

	DM
30 Vermiedener Kapitalverzehr im nächsten Jahr:	30
A Verminderung des Liquidationswertes während des Jahres (3 600 DM — 2 100)	.... 1 500 .... A
B Anteil des nächsten Jahres an den Ausgaben für Großreparaturen	...................0 .... B
Summe	.... 1 500 ....

C. Gesamtgewinn

31 Gesamtgewinn des Vorhabens im nächsten Jahr (29+30) 4 700 31

MAPI-Formular Blatt 2

Vorhaben: Molkerei-Pasteurisier-Apparat   Blatt 2

III. Berechnung des MAPI-Dringlichkeits-Satzes

DM

32 Gesamtgewinn des nächsten Jahres
   nach Abzug von Steuern (31 — Steuer) — (50 %)   .... 2 350 ....
33 MAPI-Diagramm-Betrag für das Investitionsvorhaben
   (Summe aus Spalte F unten)   .... 780 ....

(nur abnutzbare Wirtschaftsgüter einsetzen)

Gegenstand oder Gruppe	Investitions-kosten des Aggregats oder der Gruppe (DM)	Wahr-scheinliche Nutzungs-dauer (Jahre)	Wahr-scheinlicher Liquida-tionserlös (in % der Anschaf-fungs-kosten)	MAPI-Diagramm-Nummer	Diagramm-Prozentsatz	Diagramm-Prozentsatz × Investitions-kosten (E × A) (DM)
	A	B	C	D	E	F
Pasteu-risier-App.	15 000	10	20 %	Nr. 1	5,2 % lineare Abschr.	780

Summe   .... 780 ....

34 Verfügbarer Betrag für die Verzinsung
   des Kapitals (32—33)   ....1 570 DM
35 MAPI-Dringlichkeitsmaßstab (34 : 5) × 100   .... 13,8 .... %

41 BRep.

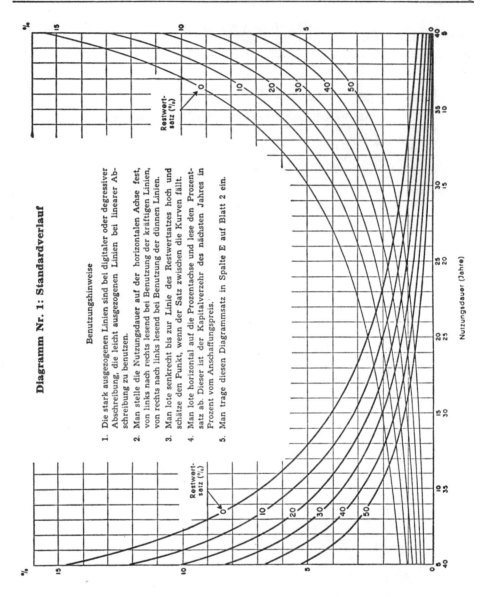

Diagramm Nr. 1: Standardverlauf

Benutzungshinweise

1. Die stark ausgezogenen Linien sind bei digitaler oder degressiver Abschreibung, die leicht ausgezogenen Linien bei linearer Abschreibung zu benutzen.

2. Man stelle die Nutzungsdauer auf der horizontalen Achse fest, von links nach rechts lesend bei Benutzung der kräftigen Linien, von rechts nach links lesend bei Benutzung der dünnen Linien.

3. Man lote senkrecht bis zur Linie des Restwertsatzes hoch und schätze den Punkt, wenn der Satz zwischen die Kurven fällt.

4. Man lote horizontal auf die Prozentachse und lese den Prozentsatz ab. Dieser ist der Kapitalverzehr des nächsten Jahres in Prozent vom Anschaffungspreis.

5. Man trage diesen Diagrammsatz in Spalte E auf Blatt 2 ein.

Restwertsatz (%)

Nutzungsdauer (Jahre)

Nr. 1 *Standardverlauf:* Die Gewinne nehmen während der ganzen Nutzungsdauer konstant ab, bzw. die Überalterung und der Verschleiß nehmen konstant zu;

Nr. 2 *Variante A:* Die Gewinne nehmen zunächst langsam, später schneller ab; der Verschleiß und die Gefahr einer Überalterung sind geringer;

Nr. 3 *Variante B:* Die Gewinne nehmen zunächst schneller, später langsamer ab; der Verschleiß und die Gefahr vorzeitiger Überalterung sind besonders groß.

3. Optimale Investitionsplanung durch lineare Programmierung

Es erscheint selbstverständlich, daß ein Investitionsplan nicht lediglich aus der Investitionsrechnung entwickelt werden kann. Er muß als Teilplan „maßgerecht" in den *Gesamtplan* der Unternehmung eingepaßt sein. Vor allem steht er in enger Wechselwirkung zum *Finanzplan,* denn ein Investitionsvorhaben kann nicht ausgeführt werden, wenn es das finanzielle Gleichgewicht der Unternehmung stört oder zu stören droht. Investitions- und Finanzplan haben einen „*Totalitätscharakter*" (Albach). In der Praxis werden deshalb, wie bereits erwähnt, häufig *Investitionsbudgets* aufgestellt, in denen der Investitionsbedarf und seine Finanzierungsmöglichkeiten gegenübergestellt werden.

Doch können nach Ansicht der „mathematischen" Investitionstheorie die bisher üblichen Verfahren der Investitionsrechnung dem Totalitätscharakter der Investitions- und Finanzplanung nicht gerecht werden. Denn, wie Horst *Albach* (Investition und Liquidität. Die Planung des optimalen Investitionsbudgets, Wiesbaden 1962) in einer umfassenden Untersuchung zeigt, können Investitionsplan und Finanzplan nicht, wie es bisher geschah, in zwei Phasen aufgestellt und dann aneinander angepaßt werden. „Er ist dasjenige Investitionsbudget gesucht, das alle augenblicklichen Investitions- und Finanzierungsmöglichkeiten so ausschöpft, daß ein möglichst hoher Gewinn erzielt wird und gleichzeitig die finanzielle Stabilität des Unternehmens gewahrt bleibt." (S. 59.) Weiterhin darf nicht nur die Planperiode selbst berücksichtigt werden: „Bei der Ermittlung des Investitionsbudgets aus den augenblicklich vorhandenen Investitions- und Finanzierungsmöglichkeiten muß auch die zukünftige Geschichte der Ein- und Auszahlungen, welche von diesen Investitions- und Finanzierungsmöglichkeiten ausgeht, berücksichtigt werden ... Eine solche Kombination unterschiedlicher Liquiditäts- und Rentabilitätskomponenten zu einem einheitlichen, den Rentabilitäts- und den Liquiditätserfordernissen optimal gerecht werdenden Investitionsbudget kann die traditionale Investitionstheorie nicht berechnen." (S. 60.) Das optimale Investitionsbudget muß also aus einer *simultanen* Entscheidung über Investitions- und Finanzierungsmöglichkeiten hervorgehen. Es muß *gleichzeitig* den optimalen Gewinn eingeplant haben und die Aufrechterhaltung des finanziellen Gleichgewichts in jedem Augenblick gewährleisten.

Um aus der Vielzahl der in der Gesamtplanung ermittelten zulässigen Investitionsbudgets das optimale herauszufinden, bedarf es eines „Wegweisers". Ihn sieht Albach in dem „*Opportunitätskostenprinzip*", dem grundlegenden Theorem der Grenzproduktivitätstheorie, „Welches besagt, daß eine Entscheidung dann besser ist als eine andere, wenn der Gewinn, auf den man verzichten muß, um die eine Entscheidung treffen zu können, mehr als aufgewogen wird von dem Gewinn, den man durch diese Entscheidung realisieren kann. Dieses Opportunitätskostenprinzip kann man auch so benutzen, daß man unter den zulässigen Investitionsbudgets von einem bereits gefundenen zulässigen Investitionsbudget nur zu demjenigen vorschreitet, welches unter den möglichen Alternativen den höchsten Gewinnzuwachs verspricht. Stellt man fest, daß das dann gefundene Investitionsbudget noch nicht optimal ist, wählt man wieder unter den sich bietenden Alternativen nur diejenige aus, die den größten Gewinnzuwachs verspricht." (S. 81) Diese Methode führt zu einer *simultanen Bestimmung von Investitions- und Finanzierungsprogramm.* Das angewandte Rechenverfahren gehört folglich in die Gruppe der „modernen kombinatorischen Rechenverfahren", nämlich der *linearen Programmierung,* die sich insbesondere der Simplexmethode bedient.

Dann entwickelt Albach die Modelle für Investitionsprogramme im Fall einmaliger Entscheidungen und im Fall einer Abfolge von Investitionsentscheidungen, und zwar jeweils bei Eigen- und bei Fremdfinanzierung sowie bei Ersatz- und Erweiterungsinvestitionen.

Einwände gegen die lineare Programmierung bei langfristiger Planung

Helmut K o c h steht — wie auch andere Autoren — der Anwendung der linearen Programmierung nach der Simplex-Methode bei langfristiger Unternehmungsplanung skeptisch gegenüber. Er bezweifelt, daß die mathematische Programmierung als Methode der langfristigen Planung anwendbar sei. „Sind hier doch vor allem nichtquantifizierbare Größen, wie z. B. die Produktarten, das Fertigungsverfahren, die Absatzorganisation und dgl. festzulegen. Diese Größen müßten bei einer mathematischen Programmierung als Konstanten vorausgesetzt werden. Dies aber würde bedeuten, daß man die Planung entgegen der eigentlichen Absicht nicht simultan, sondern sukzessiv vornimmt. Allenfalls bei sehr kurzfristigen Gesamtplanungen kann m. E. die mathematische Programmierung sinnvoll sein. Denn nur hier kann der Fall eintreten, daß alle nichtquantifizierbaren Variablen durch die lang- bzw. mittelfristige Planung im vorhinein fixiert worden sind und somit nur quantitative Variablien — ... bei Industrieunternehmen die Einsatzmengen und die Ausstoßmengen — zur Entscheidung stehen. Aber auch in dieser Frage der Methode der Optimumsbestimmung ist die Forschung noch längst nicht am Ende." (H. Koch, Diskussionsbeitrag, in ZfbF 1965, Heft 2/3, S. 125 ff.).

IV. Literaturhinweise

Albach, Horst: Investition und Liquidität. Wiesbaden 1961.

Albach, Horst: Wirtschaftlichkeitsrechnung bei unsicheren Erwartungen. 2., erweiterte Auflage. Köln und Opladen 1969.

Albach, Horst (Hrsg.): Investitionstheorie. Köln 1975.

Axmann, N. J.: Flexible Investitions- und Finanzierungspolitik. 2. Aufl. Wiesbaden 1966.

Blohm, H., und K. Lüder: Investitionen. 3. Aufl., München 1974.

Blumentrath, U.: Investitions- und Finanzplanung. Wiesbaden 1969.

Brandt, H.: Investitionspolitik des Industriebetriebes. 3. Aufl. Wiesbaden 1969.

Dean, J.: Kapitalbeschaffung und Kapitaleinsatz. Wiesbaden 1969.

Gutenberg, Erich: Untersuchungen über das Verhalten industrieller Unternehmungen bei Investitionsentscheidungen. Köln und Opladen 1959.

Jacob, H. (Hrsg.): Optimale Investitionspolitik. Wiesbaden 1968.

Jacob, H.: Investitionsplanung und Investitionsentscheidung. 2. Aufl. Wiesbaden 1971.

Leffson: Programmiertes Lehrbuch der Investitionsrechnung. Wiesbaden 1973.

Lüder, K.: Investitionskontrolle. Wiesbaden 1969.

Munz, M.: Investitionsrechnung. 2. Aufl. Wiesbaden 1974.

Pack, Ludwig: Betriebliche Investition. 2. Aufl. Wiesbaden 1966.

Schneider, Erich: Wirtschaftlichkeitsrechnung. Theorie der Investition. 8. Aufl. Tübingen/Zürich 1973.

Terborgh, G.: Leitfaden der betrieblichen Investitionspolitik. Wiesbaden 1962.

C. Die Kapitalbeschaffung

Die Kapitalbeschaffung erfolgt — mit Ausnahme der Innenfinanzierung — über die Kreditmärkte. Bevor wir daher auf die F o r m e n   d e r   K a p i t a l - b e s c h a f f u n g näher eingehen, müssen wir uns zunächst mit den Kreditmärkten befassen.

I. Die Kreditmärkte

Begriff und Wesen des Kreditmarktes

Der Markt, auf dem Geldkapital und Kapitalrechte (Gläubigerrechte, Anteilsrechte) gehandelt werden, ist der Kreditmarkt. Man wählte diese Bezeichnung mit Recht, denn Geldkapital kann nur im Weg des Kredits oder einer Beteiligung (was unternehmungswirtschaftlich ein kreditähnlicher Vorgang ist; man spricht auch von „Beteiligungs k r e d i t e n") übertragen werden.

Das Angebot auf den Kreditmärkten ist das Geldkapital. Seine Quellen sind

1. von den Banken geschöpfte Kredite (s. unten S. 709),
2. Kassenreserven der Unternehmungen,
3. Neuersparnisse,
4. Altersparnisse, die ihre Anlage wechseln,
5. Rückfluß von exportiertem Inlandskapital,
6. importiertes Auslandskapital.

Die Nachfrage: Dieses Geldkapital, das als Bargeld oder als Bankeinlagen auftritt, sucht „Anlage", und zwar *Anlage in Kapitalrechten jeder Art:*

1. v e r b r i e f t e   R e c h t e oder W e r t p a p i e r r e c h t e :
   a) Anteilsrechte: Aktien und Kuxe,
   b) Gläubigerrechte: Wechsel, Schatzwechsel, Schuldverschreibungen (Staatsanleihen, Industrieobligationen, Pfandbriefe), Hypothekenbriefe,
2. u n v e r b r i e f t e   A n t e i l s r e c h t e :
   GmbH-Anteile, OHG-Anteile, KG-Anteile u. a.,
3. u n v e r b r i e f t e   G l ä u b i g e r r e c h t e :
   kurzfristige und langfristige Darlehen.

Auf den Kreditmärkten werden also Geldkapital und Kapitalrechte jeder Fristigkeit und Art gehandelt.

Die Kreditmärkte sind keine örtlich und zeitlich bestimmten Zusammenkünfte von Kapitalsuchenden und Kapitalanbietern (eine Ausnahme macht die Börse), sie sind vielmehr *die ideelle Zusammenfassung der gesamten Nachfrage und des gesamten Angebots von Geldkapital und von Kapitalrechten.*

Man teilt die Kreditmärkte theoretisch und praktisch in zwei scharf voneinander verschiedene Teilmärkte: den G e l d m a r k t und den K a p i t a l - m a r k t . Auf dem Geldmarkt wird Geldkapital gehandelt, das vor allem den

Umsatzprozeß erleichtern soll; es ist also von kurzfristiger Natur. Auf dem Kapitalmarkt dagegen wird S p a r k a p i t a l gehandelt, also „echtes" Kapital, das durch einen Konsumverzicht entstanden ist und zu Investitionen dient.

1. Der Geldmarkt

Der Geldmarkt ist der Markt für kurzfristiges Geldkapital. Das Geldkapital ist die dünne, flüssige Schicht, die dem Geldfonds der Wirtschaft entstamm und über der tiefen Masse des gesamten volkswirtschaftlichen Kapitals fließt, vorübergehende Ebben in den Kassen der Unternehmungen oder der öffentlichen Körperschaften regulierend. Der Geldmarkt erfüllt eine a u s g l e i c h e n d e F u n k t i o n i m Z a h l u n g s v e r k e h r. Er gleicht die vielen kleinen, unvorhersehbaren Schwankungen im Geldbedarf der Unternehmungen aus. Er versorgt in Zeiten des regen Geldflusses die Unternehmen mit flüssigen Mitteln und ermöglicht die Anlage vorübergehend nichtbenötigter Gelder.

Er reguliert auch den Strom des Kapitals, beeinflußt also den Kapitalmarkt, indem die Geldmarktmittel (kurzfristig) in Zeiten unzureichenden Kapitalangebots der Vorfinanzierung dienen (antizipative oder vorausgenommene Kapitalbildung) und indem umgekehrt der Geldmarkt bei großem Kapitalangebot vorübergehend Sparkapitalien aufnimmt. Er ist dann auch das Staubecken im Flusse der Kapitalbildung. Der Geldmarkt hat also im Gegensatz zum Kapitalmarkt nicht die Aufgaben, den Produktionsprozeß umgestaltend zu verändern, sondern lediglich ausgleichend im Strombett der Geldströme zu wirken, um den Umsatzprozeß zu erleichtern.

Wir unterscheiden a) den Geldmarkt der Börse, b) den Geldmarkt der Banken, c) den unorganisierten Geldmarkt.

a) Der Geldmarkt der Börse

Er umfaßte früher den Handel in Wechseln und kurzfristigem Leihkapital, häufig gegen Wertpapierlombard (Verpfändung von Wertpapieren). Der Handel in Wechseln erstreckte sich auf Privatdiskonten (das sind erstklassige Bankakzepte mit dem Mindestbetrag von 5000 DM und einer Mindestlaufzeit, die zu besonders niedrigem Zinsfuß, dem „Privatdiskont", gehandelt werden), ferner auf Schatzwechsel und erstklassige Warenwechsel mit Bankunterschrift. Der Geldmarkt der Börse hat heute keine Bedeutung mehr. Geld wird heute durchweg zwischen den Banken im Telefonverkehr gehandelt.

Dagegen werden an den deutschen Börsen noch Devisen gehandelt, das sind Ansprüche auf Zahlungen in fremder Währung an einem ausländischen Platz (also Guthaben bei ausländischen Banken, im Ausland zahlbare Wechsel und Schecks). Die Börsen stellen allgemeinverbindliche Geld-, Mittel- und Briefkurse in D-Mark fest.

b) Der Geldmarkt der Banken

Der Geldmarkt der Banken, der „geschlossene Geldmarkt", wickelt sich zwischen Bank und Bank oder Bank und Kunden ab, und zwar gibt es folgende bankgeschäftliche Grundformen: (über weitere Kreditarten s. unten S. 656 ff.).

1. Der Kontokorrentkredit

Der Kontokorrentkredit ist neben dem Diskontkredit (s. unten) der wichtigste Aktivkredit der Banken. Dem kreditsuchenden Kunden wird ein *„Kreditkontingent"* eingeräumt, über das er im Bedarfsfall jeweils auf seinem Kontokorrentkonto verfügen kann. Die Eigenart des Kontokorrentkredites, der also ein *„offener Buchkredit"* ist, besteht darin, daß die Kreditsumme ständig wechselt, denn auf dem Kontokorrentkonto werden dem Kunden auch alle Eingänge im bargeldlosen Zahlungsverkehr sowie diskontierte Wechsel gutgeschrieben. So ist es durchaus keine Ausnahme, wenn das Kontokorrentkonto einen erheblichen Guthabensaldo für den Kunden aufweist.

Z u s ä t z l i c h e S i c h e r h e i t e n : Um sich vor Verlusten zu schützen, verlangen die Banken in den meisten Fällen bei der Begebung des Kontokorrentkredites eine dingliche Sicherheit. Als solche kommen vor allem in Betracht (1) Effekten, also Aktien, Schuldverschreibungen und dgl., (2) Hypotheken und Grundschulden, (3) Abtretung von Buchforderungen, (4) Sicherungsübereignungen.

N a c h d e m F i n a n z i e r u n g s z w e c k lassen sich die Kontokorrentkredite einteilen in:

a) k u r z f r i s t i g e B e t r i e b s k r e d i t e : Waren- oder Finanzkredite aller Art;

b) S a i s o n k r e d i t e : in der Landwirtschaft, bei Mühlen, bei Brauereien, in der Modeindustrie und dgl., zur „Überbrückung" der Saison;

c) Z w i s c h e n k r e d i t e : Bevorschussung langfristiger Darlehen, Vorfinanzierung von Neubauten, Vorfinanzierung von Wertpapieremissionen.

2. Der Wechseldiskontkredit

Er steht an Bedeutung dem Kontokorrentkredit kaum nach. Der Wechsel ist in der modernen Wirtschaft besonders dadurch zu einem wichtigen Kreditmittel geworden, daß die Bank den Wechsel vor seiner Fälligkeit von ihrem Kunden ankauft, den Wechsel unter Abzug der Wechselzinsen „diskontiert". Das geht in der Praxis meist so vor sich, daß der Kunde bei seiner Bank ein bestimmtes Kreditkontingent beantragt, bis zu dem die Bank die Wechsel dieses Kunden hereinnimmt und sie unter Abzug der Diskontzinsen auf seinem Konto gutschreibt. Die Sicherheit dieses Geschäftes liegt vor allem in den strengen Bestimmungen des Wechselrechts; der Bank haften alle Wechselverpflichteten. Meist diskontieren die Banken jedoch nur solche Wechsel, die einem Umsatzprozeß entstammen („Warenwechsel") und gute Unterschriften tragen.

N a c h d e m F i n a n z i e r u n g s z w e c k der Wechsel unterscheidet man:

a) Warenwechsel, das sind Wechsel, die auf einem Warenumschlag beruhen. B e i s p i e l : Ein Händler kauft Waren gegen Hingabe eines Wechsels mit der Laufzeit von drei Monaten; innerhalb dieser drei Monate kann er aus den Verkaufserlösen dieser Ware die Wechselschuld zurückzahlen. Diese Wechsel sind in der Regel sehr sicher und werden von den Banken bevorzugt angekauft, zumal wenn sie von guten Firmen ausgestellt sind. Die Notenbank rediskontiert nur Warenwechsel.

b) Finanzwechsel oder „*Leerwechsel*", das sind Wechsel, denen kein Warengeschäft zugrunde liegt und die nur zur Beschaffung von „Geld" dienen. B e i s p i e l : Der Kaufmann A, der Geld braucht, zieht auf seinen Freund B und sucht das Akzept bei seiner Bank zu diskontieren. Da diese Wechsel in vielen Fällen wirtschaftlich ungesund sind, werden sie von den Banken meist nicht angekauft, zumal sie auch von den Notenbanken nicht rediskontiert werden. Der D i s k o n t s a t z , der von den Notenbanken (Deutsche Bundesbank mit ihren Landeszentralbanken) veröffentlicht wird, gilt nur für die Wechsel, die die Notenbank von den Geschäftsbanken ankauft. Die Kreditbanken verlangen einen etwas höheren Diskontsatz und außerdem noch eine Diskontprovision.

3. Der Lombardkredit

Er ist ein kurzfristiges Darlehen gegen ein leicht realisierbares „F a u s t - p f a n d ". Im Gegensatz zu einem faustpfandgesicherten Kontokorrentkredit (unechter Lombardkredit) ist der echte Lombardkredit ein Kredit mit f e s t - s t e h e n d e m Darlehensbetrag. Faustpfänder sind vor allem: 1. börsengängige Wertpapiere (Aktien, Schuldverschreibungen), 2. Wechsel, 3. Edelmetalle, 4. vertretbare Kaufmannswaren (Getreide, Wolle, Zucker und dgl.). — Die K o s t e n des Lombardkredits sind wegen der Verwaltung der Faustpfänder etwas höher als die des Diskontkredits (in der Regel 1 %).

4. Die Kreditleihe

Bei der Kreditleihe stellt die Bank — im Gegensatz zu den eben besprochenen Kreditgeschäften — keine Geldmittel, sondern nur ihre „Namen" zur Verfügung, sie leiht gleichsam ihren „Kredit" (im übertragenen Sinne). Die beiden wichtigsten Formen der Kreditleihe sind:

a) Der Avalkredit: Bei ihm übernimmt die Bank bis zu einer bestimmten vereinbarten Höhe die B ü r g s c h a f t für die Verbindlichkeiten ihres Kunden. Der Kunde bleibt Hauptschuldner seines Gläubigers. Die Bank wird nur dann in Anspruch genommen, wenn ihr Kunde an seinen Gläubiger nicht zahlt. Der Avalkredit wird vor allem beantragt, wenn Behörden einer Firma Zölle oder Abgaben stunden oder wenn Behörden aus sonstigen Gründen, z. B. bei der Vergebung von Aufträgen, Sicherheiten verlangen. Der Avalkredit ist sehr billig, da die Banken selten in Anspruch genommen werden.

b) Der Akzeptkredit: Bei ihm zieht der Kunde (im Rahmen eines Kreditvertrages) auf die Bank einen Wechsel, den die Bank akzeptiert. Durch das Bankakzept wird der Wechsel begebbar und diskontfähig. Der Kunde verpflichtet sich, vor Fälligkeit des Wechsels (den ja die Bank einlösen muß) für Deckung zu sorgen. Der Akzeptkredit ist in der Regel der billigste Bankkredit, da auch hier die Bank nur selten in Anspruch genommen wird. Er wird aber nur erstklassigen Firmen gewährt.

Der Rembourskredit ist eine besondere Form des Akzeptkredites und dient zur Finanzierung von Außenhandelsgeschäften. Der Exporteur, der die finanziellen Verhältnisse seines ausländischen Geschäftspartners nicht kennt, zieht auf die Bank des Importeurs einen Wechsel, den diese akzeptiert und den der Exporteur von seiner Bank diskontieren läßt.

Die Rolle der Banken auf dem Geldmarkt

Mit allen diesen Kreditgeschäften befassen sich die *„privaten Kreditbanken"* (Großbanken, Regionalbanken, Privatbankiers), die *Sparkassen* und die *Kreditgenossenschaften.* Die *Notenbank* (Deutsche Bundesbank) steht im Mittelpunkt des Geldmarktes, da ihr in der modernen Wirtschaft die Lenkung des Geldmarktes zufällt, und zwar mit grundsätzlich marktkonformen Mitteln, wie (1) *Diskontpolitik:* Beeinflussung des Geldmarktes durch Festlegung des Diskontsatzes, zu dem die Notenbank gute Warenwechsel ankaufen muß; (2) *Offen-Markt-Politik:* Beeinflussung des Geldmarktes durch An- oder Verkauf größerer Mengen von Schuldverschreibungen, und (3) *Mindestreservenpolitik:* Die Mindestreserve ist ein Sichtguthaben, das jede Geschäftsbank in einem bestimmten prozentualen Verhältnis (Mindestreservesatz) zu ihren Verbindlichkeiten (Einlagen) bei der Notenbank unterhalten muß; durch Änderung des Mindestreservesatzes wird die Liquidität der Banken und damit ihre Fähigkeit, Kredit zu geben, unmittelbar beeinflußt.

c) Der nichtorganisierte Geldmarkt

Er spielt sich außerhalb der Banken und der Börsen ab. Trotzdem kommt auch ihm eine sehr große Bedeutung zu, denn auf ihn gehören vor allem die *Lieferantenkredite;* ferner Gefälligkeitskredite zwischen Kaufleuten, Kreditgewährung zwischen Privaten und dgl. mehr. Die Umsätze auf diesem unorganisierten Geldmarkt sind nicht zu erfassen.

Der Finanzierungszweck des Geldmarktkredites

Der Geldmarktkredit soll seiner wirtschaftlichen Natur nach e i n   s i c h   s e l b s t   l i q u i d i e r e n d e r   K r e d i t sein, d. h. der Kredit soll zur *Finanzierung eines betrieblichen Umsatzes* verwendet werden, aus dessen Erlösen er zurückgezahlt werden kann. Auf keinen Fall darf bei einem gesunden Geldmarktkredit die Rückzahlung aus der Kapitalsubstanz erfolgen; denn das bedeutet in der Regel eine Kapitalvernichtung.

Das schließt natürlich nicht aus, daß auf dem Geldmarkt nicht auch reine Finanzkredite gewährt werden dürfen. R e i n e   F i n a n z k r e d i t e des Geldmarktes wird ein Unternehmen in der Regel nur dann in Anspruch nehmen müssen, wenn infolge falscher Dispositionen oder aber infolge von Markteinflüssen seine Liquidität sehr angespannt ist. In der Regel sollen Geldmarktkredite nicht zu langfristigen Investitionen in Anspruch genommen werden. Das ist wirtschaftlich nur dann vertretbar, wenn die Ablösung des kurzfristigen Geldmarktkredites durch einen langfristigen Kredit gesichert ist *(Zwischenkredit, Vorfinanzierung).* In Zeiten stetiger Sparkapitalbildung — insbesondere in den Jahrzehnten vor dem ersten Weltkrieg — war diese Vorfinanzierung die „klassische Form" der deutschen Industriefinanzierung.

2. Der Kapitalmarkt

Auf dem Kapitalmarkt wird „Sparkapital" gehandelt, und zwar

1. Sparkapital, das (durch Konsumverzicht) n e u gebildet wurde und das in Wertpapieremissionen, Hypotheken, Beteiligungen u. dgl. Anlage sucht, und

2. Sparkapital, das nur seine Anlage wechselt, wie es überwiegend im Effektenhandel zum Ausdruck kommt.

Über den Kapitalmarkt fließt das gesamte volkswirtschaftliche Kapital, das u m g e s t a l t e n d die Produktion beeinflußt und N e u i n v e s t i t i o n e n e r m ö g l i c h t. Allerdings haben bei weitem nicht alle Bewegungen auf dem Kapitalmarkt einen Einfluß auf die Produktionsgestaltung. Ja, der weitaus größte Teil der Geschäfte auf dem Kapitalmarkt betrifft den bloßen Wechsel der Kapitalform. Pfandbriefe werden verkauft und dafür Aktien gekauft, Spareinlagen werden in Schuldverschreibungen oder in Hypotheken angelegt und dgl. Wenn dadurch auch die Produktionsstruktur nicht beeinflußt wird, so ist dieser Kapitalhandel doch auch für die Konjunkturbewegungen von sehr großer Bedeutung.

Einteilung des Kapitalmarktes

Man kann den Kapitalmarkt nach den verschiedensten Gesichtspunkten gliedern:

1. N a c h d e r A r t d e r K a p i t a l r e c h t e , die angeboten werden, unterscheidet man (a) den Markt für Beteiligungen (z. B. Aktien, GmbH-Anteile, OHG-Anteile) und (b) den Markt für langfristige Darlehen.

2. N a c h d e r F o r m d e r K a p i t a l r e c h t e unterscheidet man eine Reihe von Sondermärkten: (a) den Aktienmarkt, (b) den Rentenmarkt, (c) den Hypothekenmarkt, (d) den Markt für sonstige langfristige Darlehen.

3. N a c h d e r O r g a n i s a t i o n s f o r m : Es ist die wichtigste Einteilung, sie entspricht auch unserer Einteilung des Geldmarktes. Es werden hier unterschieden (a) der Kapitalmarkt der Börse, (b) der Banken und (c) der unorganisierte Kapitalmarkt.

a) Der Kapitalmarkt der Börse (die Effektenbörse)

Die Börse hat heute größte Bedeutung für die Kapitalbeschaffung und die Kapitalverteilung, da sie infolge der Leichtigkeit, mit der sie die Umwandlung von Geldkapital in Wertpapiere und umgekehrt ermöglicht, die f l ü s s i g e n K a p i t a l i e n z u r A n l a g e a n r e g t und zudem durch die Kursnotierungen die Beurteilung der einzelnen Unternehmungen wesentlich erleichtert. Den Banken bietet die Börse die Möglichkeit, die zu Investitionszwecken gegebenen oder sonst ihrer Natur nach langfristigen Kredite durch Emission von Aktien oder Obligationen ihrer industriellen Schuldner zu refundieren.

Es werden allerdings keineswegs alle Effekten an der Börse gehandelt, sondern nur die Papiere, die von einer Kommission der Börse zugelassen sind, und zwar werden nur die Effekten erstklassiger Firmen zum Börsenhandel zugelassen. Staatsanleihen bedürfen keiner besonderen Zulassung.

Die Effektenbörse zerfällt in:

(1) A k t i e n m a r k t , auf dem Aktien und Kuxe gehandelt werden, und

(2) R e n t e n m a r k t , der den Emissionen und dem Handel von Schuldverschreibungen (Obligationen) vorbehalten ist.

b) Der Kapitalmarkt der Banken

Er verbindet Bank und Kunden. Es werden aber hauptsächlich nur Hypothekarkredite gewährt. Hiermit befassen sich die Sparkassen, die bis zu 50 % der Spargelder in Hypotheken anlegen dürfen, sowie die Realkreditinstitute (Hypothekenbanken und öffentlich-rechtliche Grundkreditanstalten), die das Kapitalgeld durch Ausgabe von Pfandbriefen beschaffen. L a n g f r i s t i g e K r e d i t e z u i n d u s t r i e l l e n I n v e s t i t i o n e n g e b e n d i e (p r i - v a t e n) K r e d i t b a n k e n g r u n d s ä t z l i c h n i c h t, da das Risiko für derartige Kredite zu groß ist.

c) Der unorganisierte Kapitalmarkt

Er umfaßt den Kapitalverkehr zwischen „Privaten". Dabei spielen Zeitungsanzeigen und private Mitteilungen, ferner verwandtschaftliche Beziehungen eine große Rolle. K r e d i t g e b e r sind häufig Beamte, Angestellte und Geschäftsleute, die glauben, ihr Geld unmittelbar besser anlegen zu können als durch Vermittlung der Banken und Börsen.

II. Die Formen der Kapitalbeschaffung

1. Die Selbstfinanzierung

Die Selbstfinanzierung ist die Finanzierung von Unternehmungen durch *Nichtausschüttung von Gewinnteilen*. Bei der Selbstfinanzierung wird also der Unternehmungsgewinn ganz oder zum Teil zur Erhöhung des Eigenkapitals bei Personenunternehmen (Einzelkaufmann oder OHG), zur Legung offener und stiller Reserven, zur Ausgabe von Gratisaktien und dgl. bei Kapitalgesellschaften verwendet. Der Teil des Kapitals, der durch Selbstfinanzierung entsteht, wird „*Zusatzkapital*" genannt.

Auch die Selbstfinanzierung ist eine echte Kapitalbildung, die bekanntlich stets auf Ersparnisse aus Einkommen zurückgeht; denn die Gewinne der Unternehmung sind Einkommen des Unternehmers bzw. der Gesellschafter, die nicht ausgeschüttet werden.

Vorteile der Selbstfinanzierung

Die Selbstfinanzierung mag auf den ersten Blick als die gegebene Form der Kapitalbildung erscheinen. Denn eine Unternehmung, die ihre Produktionserweiterungen aus ihren Gewinnen finanziert, w ä c h s t g l e i c h s a m a u s e i g e n e r K r a f t. Die praktischen Vorteile bestehen vor allem darin, daß die K a p i t a l e r h ö h u n g e n o h n e b e s o n d e r e F o r m a l i t ä t e n und o h n e F i n a n z i e r u n g s k o s t e n vorgenommen werden und daß die Unternehmung n i c h t m i t s t a r r e n Z i n s - u n d T i l g u n g s v e r b i n d - l i c h k e i t e n b e l a s t e t wird. Weiterhin hat die Selbstfinanzierung u. U. s t e u e r l i c h e V o r t e i l e. So wird vor allem die Doppelbesteuerung bei Kapitalgesellschaften umgangen. Der ausgeschüttete Jahresgewinn wird bei Kapitalgesellschaften z. Z. von der Körperschaftsteuer erfaßt und unterliegt der Einkommensteuer. Wenn der Kapitalmarkt sehr schwach ist, wird die Selbstfinanzierung auch durch besondere Steuerbegünstigungen gefördert. So waren

in den Jahren des Wiederaufbaues nach der Währungsreform hohe Sonderabschreibungen gestattet, die der Selbstfinanzierung zugute kamen.

Nachteile der Selbstfinanzierung

Wenn auch eine Unternehmung durch die Selbstfinanzierung gleichsam aus
„eigener Kraft" wächst und sie daher als die ursprünglichste Form der Kapitalbildung erscheint, so stehen Gewinne und Kapitalbedarf doch sehr häufig in
einem sich widersprechenden Verhältnis zueinander. Denn hohe Gewinne sind
keineswegs ein Beweis für die Notwendigkeit einer Produktionserweiterung,
und es kann umgekehrt ein hoher Kapitalbedarf bestehen, ohne daß dies durch
hohe Gewinne angezeigt wird.

Die praktischen Vorteile der Selbstfinanzierung verführen die Unternehmer
in den optimistischen Zeiten eines Wirtschaftsaufschwungs leicht zu K a p i -
t a l f e h l l e i t u n g e n , indem sie die Produktionsbasis durch Gewinnakku-
mulierung erweitern, obgleich der Absatzmarkt des betreffenden Wirtschaftszweiges vielleicht schon gesättigt ist.

Bei der Aufnahme von F r e m d k a p i t a l würde eine objektive Kapitalbedarfskalkulation den Unternehmer vor der Investition warnen, oder die
Kapitalanbieter (Banken, Emissionshäuser) bzw. die Zulassungsstellen würden
in diesem Fall eine Kapitalerhöhung als zu risikoreich ablehnen. Umgekehrt
sind in Zeiten der Wirtschaftsflaute die Gewinne meist sehr niedrig und reichen
nicht aus, um den Kapitalbedarf zu decken. In einer Wirtschaft, in der die
Selbstfinanzierung großen Umfang angenommen hat, besteht also die Gefahr
eines unorganischen Wachstums der Produktion. Es werden durch Selbstfinanzierung an solchen Stellen Investitionen durchgeführt, wo sie nicht mehr gerechtfertigt sind, während an anderen Stellen notwendige Investitionen aus
Kapitalmangel unterbleiben müssen.

Es kann ferner der Fall sein, daß die Selbstfinanzierung kostspieliger ist als
die Fremdfinanzierung.

Dazu kommt noch, daß bei einer sehr ausgedehnten Selbstfinanzierung der
Ü b e r b l i c k ü b e r d e n U m f a n g d e r K a p i t a l b i l d u n g u n d d e s
K a p i t a l b e d a r f s v e r l o r e n g e h t , daß der K a p i t a l m a r k t s e h r
s c h w a c h wird und seine Funktion als Organ der Kapitalverteilung nicht
mehr befriedigend erfüllen kann. Das Z i n s n i v e a u b l e i b t s t a r r und
ist gewöhnlich überhöht und ohne Einfluß auf die Produktionsentwicklung. Doch
wäre es andererseits wirtschaftspolitisch völlig falsch, die Selbstfinanzierung
ganz zu unterbinden. Das könnte nur durch eine dirigistische Beschneidung der
Gewinne geschehen, die die Unternehmerinitiative lähmen würde. Deshalb ist
auch das Aktiengesetz vom 6. 9. 1965 auf derartige irreale Wünsche nicht eingegangen; der Selbstfinanzierung sind keine Grenzen gesetzt, doch ist die Legung „willkürlicher" s t i l l e r Reserven unterbunden. Der Jahresgewinn muß
offen ausgewiesen werden. Über die Hälfte des Jahresgewinnes kann der Vorstand verfügen, über die andere Hälfte entscheidet die Hauptversammlung.

„Unechte Selbstfinanzierung"

Eine „unechte Selbstfinanzierung" liegt (nach Eberhard *Witte*) vor, wenn sie
aus einer von der Unternehmensleitung bewirkten Fremdfinanzierung besteht,

z. B. Finanzierung aus verzögerter Gewinnversteuerung (der Gewinn wird erst nach Monaten oder Jahren versteuert) oder Finanzierung aus Rückstellungen (etwa Pensionsrückstellungen), die ja kein Eigenkapital sind. Auch die Finanzierung aus Abschreibungen (s. unten S. 675 ff.) ist keine Selbstfinanzierung.

Entwicklung der Selbstfinanzierung

Im 19. Jahrhundert, als der industrielle Großbetrieb entstand und der Entwicklung der Produktion wegen des labilen Bedarfs noch keine so engen Grenzen gezogen waren, machten sich nachteilige Wirkungen der Selbstfinanzierung noch nicht bemerkbar. Krupp, Haniel, Thyssen, Borsig und andere haben ihre großen Unternehmungen fast ganz durch Selbstfinanzierung hochgebracht. In der Folgezeit — den Jahrzehnten vor dem ersten Weltkrieg — änderte sich die Finanzierungsmethode, weil es wegen des sinkenden Zinsniveaus und der durchschnittlich sehr hohen Unternehmerrendite günstiger wurde, in größerem Ausmaß Fremdkapital zur Finanzierung heranzuziehen. Bezeichnend dafür war, daß Unternehmungen mit ihren Gewinnen neue Unternehmungen gründeten oder kauften, die dann mit Fremdkapital weiter ausgebaut wurden. Nach dieser Methode hat z. B. Stinnes seinen Konzern aufgebaut.

Eine große Rolle, besonders in den Jahrzehnten vor dem ersten Weltkrieg mit ihren großen Konjunkturschwankungen, spielte bei den meisten Aktiengesellschaften auch das *Streben nach gleichbleibender Dividendenzahlung*. Man sammelte möglichst große Reserven an, um in schlechten Jahren nicht dividendenlos zu bleiben und dem Ruf des Unternehmens dadurch nicht zu schaden.

N a c h d e m e r s t e n W e l t k r i e g war der Kapitalmarkt zunächst sehr schwach und die Unternehmungen betrieben eine beinahe rücksichtslose Selbstfinanzierung. Die nationalsozialistische Regierung brachte dann durch die ständig wachsende Kreditexpansion den Kapitalmarkt zu einer Scheinblüte. Trotzdem waren die privaten Unternehmungen auch weiterhin auf die Selbstfinanzierung angewiesen, da die Regierung den Kapitalmarkt für die Aufrüstungen beanspruchte. Die private Wirtschaft wurde durch die Dividendenstoppverordnung sowie steuerliche Maßnahmen geradezu zur Selbstfinanzierung gedrängt. (Nach dem Anleihestockgesetz von 1934 durften die Kapitalgesellschaften nur Gewinne in Höhe von 6—8 % ausschütten; der darüber hinaus zur Ausschüttung kommende Betrag sollte in Reichsanleihen angelegt werden.)

N a c h d e r W ä h r u n g s r e f o r m v o n 1 9 4 8 wurde die stark zerstörte westdeutsche Wirtschaft zum größten Teil durch Selbstfinanzierung aufgebaut. Die Erlöse aus dem Verkauf der großen Warenlager, die vor der Währungsreform gehortet waren, wurden zu einem sehr erheblichen Teil investiert. Das ü b e r h ö h t e P r e i s n i v e a u gab gleichfalls große Möglichkeiten zur Selbstfinanzierung. Die Preise wurden zwar laufend gesenkt, aber nicht den sinkenden Kosten entsprechend. Die Gesetzgebung hat die Selbstfinanzierung zudem noch durch zahlreiche Möglichkeiten der S t e u e r b e g ü n s t i g u n g sehr stark gefördert. Die N a c h t e i l e liegen auf der Hand. Die Unternehmer versuchten, ihren dringlichen Kapitalbedarf möglichst schnell und unmittelbar aus dem Umsatz zu decken. Das setzte überhöhte Preise und die Belastung der Kalkulation mit Scheinkosten voraus. Eine derartige Preispolitik wurde durch den sehr hohen Bedarf der Konsumenten an allen lebensnotwendigen Verbrauchsgütern ermöglicht. Die Preise enthielten also eine zum Teil recht erhebliche „Sparquote", die der Wirtschaft die Selbstfinanzierung ermöglichte. Es war eine Art Z w a n g s s p a r e n : Die Wirtschaft zwang den Verbraucher, im Preis eine unverzinsliche, nichtrückzahlbare „Sparquote" an ihn abzuführen. Der Kapitalmarkt wurde dadurch weitgehend ausgeschaltet und war in den ersten Jahren nach der Währungsreform nicht funktionsfähig. Dazu kamen dann auf der einen Seite die steuerlichen Begünstigungen der Selbstfinanzierung und auf der anderen Seite der Druck der hohen Steuern, wodurch manche Selbstfinanzierung betrieben wurde, die wirtschaftlich nicht gerechtfertigt war.

2. Die Beteiligungsfinanzierung

Begriff und Wesen

Beteiligungsfinanzierung ist die *Kapitalbeschaffung durch Aufnahme von Eigenkapital*, und zwar durch Erhöhung der Einlage des Einzelkaufmannes oder eines Gesellschafters oder durch Aufnahme eines neuen Gesellschafters bzw. durch Ausgabe von Aktien oder Kuxen.

Der von Schmalenbach eingeführte Ausdruck „Beteiligungsfinanzierung" ist insofern etwas eng, als er nicht auch die Finanzierung beim Einzelkaufmann (Einzelfirma) umfaßt. Denn der Einzelkaufmann ist ja nicht an seiner Unternehmung „beteiligt".

Die Eigentümer des Eigenkapitals sind auch zugleich die Inhaber der Unternehmung; daraus ergeben sich die Merkmale der Beteiligungsfinanzierung.

Wesentliche Merkmale der Beteiligungsfinanzierung

Infolge des Beteiligungsverhältnisses hat der Kapitalgeber (im Gegensatz zum K r e d i t geber):

1. **Anspruch auf Gewinnbeteiligung.** Er erhält in der Regel keinen festen Zins für seine Kapitalanlage, sondern einen seiner Einlage entsprechenden Anteil am Gewinn.

2. **Anspruch auf Beteiligung am Liquidationserlös der Unternehmung,** wenn diese aufgelöst und abgewickelt wird. Der Liquidationserlös ist der Teil des Vermögens der Unternehmung, der nach Bezahlung aller Schulden und nach Abzug der nominalen Kapitaleinlagen der Gesellschafter übrig bleibt. Er ist aus den nichtausgeschütteten Gewinnen des Unternehmens entstanden.

3. **Einfluß auf die Geschäftsführung,** der bei den einzelnen Unternehmungsformen sehr verschiedenartig ist:

a) Der E i n z e l k a u f m a n n sowie die G e s e l l s c h a f t e r d e r O H G üben unmittelbar die Geschäftsführung aus (vgl. dazu auch oben S. 129 ff.).

b) Bei der K o m m a n d i t g e s e l l s c h a f t liegt die Geschäftsführung in den Händen des Komplementärs. Der Kommanditist hat nur gewisse Überwachungsrechte.

c) Bei der S t i l l e n G e s e l l s c h a f t liegen die Verhältnisse ähnlich, nur daß die Überwachungsbefugnisse des Stillen Gesellschafters noch stärker eingeschränkt sind.

d) Auch bei der G m b H liegt die Geschäftsführung grundsätzlich in den Händen aller Gesellschafter; vielfach wird sie aber auf einzelne Gesellschafter oder auf angestellte Geschäftsführer übertragen.

e) Bei der A k t i e n g e s e l l s c h a f t , der bergrechtlichen G e w e r k - s c h a f t und der G e n o s s e n s c h a f t liegt die Geschäftsführung bei dem Vorstand, der von einem Aufsichtsrat überwacht wird. Die Gesellschafter, Gewerken bzw. die Genossen wählen direkt oder indirekt (über den Aufsichtsrat) den Vorstand. Die Hauptversammlung der Aktionäre, Gewerken bzw. Genossen hat außerdem gewisse Kontrollrechte (Entlastung des Vorstandes und Aufsichtsrates, Genehmigung des Jahresabschlusses u. a.)

4. Die **Haftung für die Schulden** der Unternehmung; sie ist entsprechend dem Einfluß auf die Geschäftsführung bei den einzelnen Unternehmungsformen gleichfalls unterschiedlich, und zwar:

a) Der E i n z e l k a u f m a n n (Einzelfirma) sowie alle G e s e l l s c h a f t e r d e r O H G , ferner der K o m p l e m e n t ä r d e r K G u n d d e r K G a A sowie der geschäftsführende Gesellschafter der stillen Gesellschaft haften unbeschränkt mit ihrem ganzen Vermögen.

b) Der S t i l l e G e s e l l s c h a f t e r sowie die K o m m a n d i t i s t e n d e r K G haften für die Schulden der Gesellschaft nur mit ihrer Einlage.

c) Bei der G m b H und der A G haftet nur das Vermögen der Gesellschaft; der einzelne Gesellschafter trägt also nur das Risiko, daß seine Kapitaleinlage verlorengeht. — Bei der GmbH kann allerdings der Gesellschaftsvertrag den Gesellschafter zu Nachschüssen verpflichten.

d) Bei der G e w e r k s c h a f t haftet zwar auch nur das Gesellschaftsvermögen; doch sind alle Gewerken zu unbeschränkten Nachschüssen verpflichtet, so daß ihre Haftung praktisch unbegrenzt ist. Der einzelne Gewerke kann sich allerdings seiner Nachschußpflicht dadurch entziehen, daß er auf seinen Anteil an der Gewerkschaft durch (entgeltliche) Rückgabe des Kux verzichtet (*Abandon*).

e) Bei der G e n o s s e n s c h a f t haftet gleichfalls nur das Genossenschaftsvermögen; die Genossenschafter sind aber ja nach der Rechtsform der Genossenschaft entweder unbeschränkt oder bis zur Höhe einer bestimmten „Haftsumme", die mindestens so hoch sein muß wie der Anteil, beschränkt zu Nachschüssen verpflichtet.

3. Mischformen zwischen Eigen- und Fremdfinanzierung

Es gibt eine Reihe von Mischformen, die sowohl Merkmale einer Beteiligung als auch eines Kredites tragen. W a l b unterscheidet folgende Grundtypen:

1. **Beteiligung in Darlehensform:** das „p a r t i a r i s c h e D a r l e h e n " : das ist ein Darlehen, für das kein fester Zins ausbedungen ist, sondern eine Beteiligung am Gewinn. Zuweilen wird der Darlehensgeber sogar noch am Liquidationserlös beteiligt und ihm ein Einfluß auf die Geschäftsführung eingeräumt.

2. **Darlehen in Beteiligungsform:** Die Kapitaleinlage ist rechtlich eine Beteiligung, hat aber wirtschaftlich den Charakter eines Darlehens. Zu ihr gehören z. B. die stimmrechtlosen Aktien mit begrenzter und nachzahlbarer (kumulativer) Dividende und Rückzahlung zum Nennwert.

3. Darlehen, das ein Recht auf Beteiligung gibt: Hierher gehören vor allem die Wandelschuldverschreibungen, die in Aktien umgewandelt werden können oder die ein Bezugsrecht auf Aktien gewähren (s. unten S. 674 f.).

Bei vielen Mischformen ist nicht leicht zu entscheiden, ob es sich um eine B e t e i l i g u n g   o d e r   e i n   D a r l e h e n   handelt. „Die J u r i s t e n   sind im allgemeinen geneigt, den Einfluß auf die Geschäftsführung als entscheidend und die Gewinnbeteiligung als weniger wichtig anzusehen. Der Einfluß auf die Geschäftsführung erscheint ihnen als ein Hoheitsrecht, die Gewinnbeteiligung dagegen als eine weniger hohe, materielle Angelegenheit.

„K a u f l e u t e   sehen diese Dinge anders, für sie steht die Gewinnbeteiligung gewöhnlich im Vordergrund, und wo es sich um den Einfluß auf die Geschäftsführung handelt, wird diese vorwiegend nur deshalb erstrebt, um durch ihn den Gewinn und den Gewinnanteil günstig zu beeinflussen" (Schmalenbach). Nach Schmalenbach sollte die juristische Anschauungsweise maßgebend sein, wenn sie sich bereits durchgesetzt hat und feste Begriffe entstanden sind. Der kaufmännischen Auffassung sei nur soweit nachzugeben, daß, wenn nicht besondere Gegengründe vorliegen, die Gewinnbeteiligung auf Beteiligungscharakter und fester Zins auf Darlehenscharakter schließen läßt.

4. Die Fremdfinanzierung

Fremdfinanzierung oder „Darlehensfinanzierung" (Schmalenbach) ist die *Kapitalbeschaffung durch die Aufnahme von Krediten.*

Kredit ist die *befristete Überlassung von Kaufkraft gegen Zahlung eines Zinses.* Er ist Objekt der Kreditmärkte.

Anlage- und Betriebskredit, Zwischenkredit

(1) Der B e t r i e b s k r e d i t   oder U m s a t z k r e d i t   ist ein kurzfristiger Kredit zur Deckung eines vorübergehenden Zahlungsmittelbedarfs. Der Kreditnehmer gewährt gewissermaßen einen Vorschuß auf die Markterlöse von be- oder verarbeiteten Materialien oder Handelswaren. Jeder echte Betriebskredit läßt sich aus dem U m s a t z prozeß, für den er bereitgestellt wurde, liquidieren. Deshalb auch „Umsatzkredit". Häufig werden solche Kredite sogleich wieder dem Unternehmen zur Verfügung gestellt und prolongiert, um auch den nächsten Umsatzprozeß zu finanzieren. Der Betriebskredit läuft je nach der Dauer des Umsatzaktes 1 bis 3, evtl. bis 9 Monate.

(2) A n l a g e k r e d i t e   sind Kredite zur Erstellung der Betriebsbereitschaft oder zur Beschaffung von Dauergütern zur Verwirklichung des Unternehmungszieles. Kredite zu produktiven Zwecken, die nicht aus dem Umsatzprozeß innerhalb der Warenumschlagsdauer zurückgezahlt werden können oder sollen, sind ihrer wirtschaftlichen Natur nach immer Anlagekredite. Auch Kredite, die zur Erstellung des betriebsnotwendigen eisernen Bestandes an Roh- und Hilfsstoffen und Fertigungswaren dienen, sowie die Mittel für den Leistungsprozeß der Belegschaft, also der normale „Lohn und Gehaltsfonds", sind grundsätzlich Anlagekredite. Denn der Umsatz des Unternehmens würde, wenn man diese zur Aufrechterhaltung notwendigen Mittel herausbrechen wollte,

absinken und u. U. zum Zusammenbruch des Unternehmens führen. Solche Kredite können nur aus dem Gewinn des Unternehmens abgedeckt werden. Der Anlagekredit ist ein langfristiger Kredit.

Der Rückfluß des Umsatzkredites läßt sich auf Grund des F i n a n z p l a n e s mit ziemlicher Sicherheit voraussagen; der Anlagekredit dagegen vermischt sich mit dem bereits vorhandenen Unternehmungskapital. Er ist stärker an das Schicksal der Unternehmung gebunden und stets mit höheren Verlustrisiken behaftet als der Betriebskredit.

(3) Z w i s c h e n k r e d i t e sind kurzfristige Kredite, die zur *Vorfinanzierung* bis zur Ablösung durch bereits zugesagten langfristigen Kredit gegeben werden, sie kommen heute besonders in der Baufinanzierung vor, wo nach Fertigstellung des Hauses die Refundierung durch einen Hypothekarkredit erfolgt. Über die *Vorfinanzierung* siehe oben S. 595.

Lang-, mittel- und kurzfristige Kredite

Nach der Dauer des Kredites werden unterschieden:

(1) **langfristige Kredite:** die Kreditdauer beträgt mehrere Jahre oder Jahrzehnte. Er ist in der Regel ein Anlagekredit. Die wichtigsten Formen sind

a) der H y p o t h e k a r k r e d i t : ein Kredit, der durch die Belastung von Grundstücken gesichert ist;

b) die A u s g a b e v o n S c h u l d v e r s c h r e i b u n g e n (Obligationen).

(2) **kurzfristige Kredite,** in der Regel B e t r i e b s k r e d i t e (s. oben): sie haben eine Kreditdauer von 3 bis 6, gelegentlich auch bis 12 Monate (z. B. in der Landwirtschaft). Die beiden wichtigsten Formen des kurzfristigen Kredites sind:

a) der **Lieferantenkredit,** das ist der Kredit des Warenlieferanten an seinen Kunden. Er ist seit jeher die übliche Form des Warenumschlages mit Zielgewährung, bis die Ware an den Konsumenten abgesetzt ist (bis 6 Monate und länger). Bei Barzahlung wird meist der Abzug eines S k o n t o s gestattet. Der Lieferantenkredit wird vielfach durch Eigentumsvorbehalt gesichert. Die Kosten des Lieferantenkredites sind meist höher als die eines Bankkredites. Der Warenlieferant gibt den Lieferantenkredit aus eigenen Mitteln oder nimmt selbst Bankkredit auf, zum Teil bei Spezialbanken.

b) der **kurzfristige Bankkredit,** das Gelddarlehen eines Kreditinstitutes auf Grund eines Kreditvertrages (vgl. oben S. 646 ff.: Der Geldmarkt der Banken). Diese Kontokorrentkredite haben jedoch wirtschaft häufig einen längerfristigen Charakter, da das Kontokorrentkonto über Monate oder gar Jahre einen durchweg schwankenden Sollsaldo aufweisen kann.

(3) **mittelfristige Kredite:** sie haben eine Zwitterstellung zwischen Betriebskredit und Anlagekredit; sie dienen z. B. zur Anschaffung von Kraftfahrzeugen, Maschinen u. dgl. Sie gehören nicht mehr zu den typischen Bankkrediten, die grundsätzlich nur kurzfristig sind. Sie gewinnen gegenwärtig wachsende Bedeutung beim Ratenkredit (s. unten S. 661 ff.).

Revolvierendes Schuldscheindarlehen

Das Schuldscheindarlehen als neuartiges „*Revolving-System*" wurde in jüngster Zeit in der Bundesrepublik von Finanzmaklern entwickelt, gewann ständig
an Bedeutung und wird heute auch von Kreditinstituten betrieben.

Der S c h u l d s c h e i n ist eine Urkunde, in der sich der Schuldner zu einer
bestimmten Leistung, in der Regel zur Zahlung einer Geldsumme, verpflichtet.
Die Angabe des Schuldgrundes (meist Gewährung eines Darlehens) ist nicht
erforderlich. Der Schuldschein ist *kein Wertpapier*, der Besitz der Urkunde ist
zur Geltendmachung des Rechts nicht erforderlich.

Ein R e v o l v i n g - K r e d i t (engl. revolve = sich drehen, umlaufen) ist ein
kurzfristiger Kredit, der während des vereinbarten Zeitraumes im wirtschaftlichen Rhythmus der kreditnehmenden Unternehmung entsprechend zurückgezahlt wird *und sofort wieder beansprucht* werden kann, z. B. ein Diskontkredit, bei dem entsprechend dem Warenumschlag an Stelle der fällig gewor-
denen und gezahlten Wechsel andere aus neuen Warengeschäften herrührende
eingereicht werden. Beim Schuldscheindarlehen wurde der Revolving-Kredit
zu einem besonderen „System" entwickelt.

Beim r e v o l v i e r e n d e n S c h u l d s c h e i n d a r l e h e n sammeln Finanzmakler, neuerdings auch Kreditinstitute, die zwar auch zum Deckungsstock[1])
gehörenden, aber aus Liquiditätsgründen kurzfristig anzulegenden Gelder der
Versicherungsunternehmen sowie anderer Kapitalsammelstellen und vermitteln
sie als langfristige Kredite (bis zu 10 Jahren und länger) gegen (Revolving-)
Schuldscheine in großen Beträgen (durchschnittlich 20 bis 30 Mill. DM) an die
Industrie. Die Industriekredite werden jedoch nur als Dreimonatsgelder gegeben, aber fortlaufend prolongiert. Von den Versicherungsunternehmen und
Kreditinstituten zurückgerufene Gelder werden durch andere ersetzt.

Es entwickelten sich zwei Systeme: 1. Beim „d i r e k t e n S y s t e m" hat das
Schuldscheindarlehen eine Laufzeit von höchstens 10 Jahren. Dem Schuldner
wird keine Garantie für die ständige Verfügbarkeit der Kredite gegeben. Die
Zinsen werden für jedes Teildarlehen bei der Fälligkeit neu ausgehandelt, so
daß der Kreditnehmer die effektive Zinsbelastung nicht einkalkulieren kann.
2. Das „i n d i r e k t e S y s t e m" unterscheidet sich von dem ersten nur dadurch, daß eine Bank als Kapitalsammelstelle zwischengeschaltet ist, wodurch
sich der Kredit etwas verteuert. Diese Systeme der Schuldscheindarlehen sind
durchaus nicht gefährlich, denn der Schuldner kann nicht mit einer Verlänge-
rung der Kredite und mit festen Zinssätzen rechnen. Doch werden diese Schuldscheindarlehen nie große Bedeutung in der Finanzierung erlangen. Anders verhält es sich beim „S y s t e m 7 M", das der Münchener Finanzmakler Rudolf
Münemann gegen Ende der 50er Jahre entwickelt hat und das zunächst einen
märchenhaften Aufschwung nahm und viel Bewunderer fand. Der Darlehens-
bestand stieg binnen weniger Jahre auf eine halbe Milliarde an. Bei diesem

---

[1]) D e c k u n g s s t o c k ist der von Lebensversicherungsunternehmungen zu bildende
Prämienreservefonds zur Sicherung der Ansprüche der Versicherungsnehmer. Das
Deckungskapital muß angelegt werden in erstklassigen Wertpapieren, das sind alle
mündelsicheren Wertpapiere, wie Anlagen des Bundes und der Länder, Pfandbriefe
und Kommunalobligationen; doch können auch Industrieobligationen und *Schuldscheine* vom Bundesaufsichtsamt für das Versicherungs- und Bausparwesen als
deckungsstockfähig erklärt werden.

System wurden langfristige Schuldscheindarlehen bis zu 35 Jahren bei *konstanten* Zinssätzen gegeben. Den Gläubigern gegenüber übernahm ein von dem Makler kontrolliertes besonderes Institut die Haftung für fristgemäße Rückzahlung ihrer Teildarlehen. Dem Darlehensnehmer wurde garantiert, daß während der vereinbarten Laufzeit bei Fälligkeit der einzelnen, kurzfristig zur Verfügung gestellten Darlehen jeweils die Refinanzierung durch andere kurzfristige hereingegebene Gelder gesichert war. Daß dieses System ein luftiges Kartenhaus war, weil es gegen die goldene Bankregel verstieß, wurde schon bei seiner Einführung von vielen behauptet. In der Tat, Ende 1969 brach das Kartenhaus infolge der großen Versteifung des Geldmarktes und der sehr hohen Zinssätze zusammen. Die Zinssätze für die kurzfristigen Kredite waren höher als die Zinssätze der langfristigen Darlehen.

5. Das Factoring — ein neuartiger Lieferantenkredit

Wesen und Bedeutung

Das Factoring ist eine in den Vereinigten Staaten entwickelte neuartige Form des Lieferantenkredits, bei der die Factoring-Gesellschaft, häufig eine Bank, auf Grund eines Rahmenvertrages alle offenen Buchforderungen ihres Kunden, die aus Warenlieferungen herrühren, ankauft und bevorschußt, nachdem sie die Kreditwürdigkeit des Lieferantenkunden geprüft hat. Sie übernimmt das volle Kreditrisiko für die Forderungen, stellt die Rechnungen an die Lieferantenkunden aus (mit dem Zessionsvermerk, daß die Forderung an die Factoring-Gesellschaft übertragen ist) und zieht die Forderungen ein, die meist die übliche Zahlungsfrist (bis zu 60 Tagen, im Außenhandel bis zu 90 Tagen und mehr) haben. Beim Factoring handelt es sich aber nicht um Forderungen an letzte Verbraucher (Konsumenten), wie vorwiegend bei den Teilzahlungsbanken. Weiterhin kauft die Factoring-Gesellschaft nicht jeweils Einzelforderungen, sondern auf Grund eines Rahmenvertrages sämtliche Buchforderungen ihres Kunden auf Grund von Warenlieferungen.

Für den Factoring-Kunden hat das Factoring vor allem *drei Vorteile:*

1. Er erhält laufend auf Grund des Rahmenvertrages ohne besondere Formalitäten für alle Warenlieferungen Lieferantenkredite in Höhe von 80 bis 95 % der Forderung; er braucht jedoch bei günstiger Liquidität den Kredit für die abgetretene Forderung nicht in Anspruch zu nehmen. Darüber hinaus geben die Factoring-Gesellschaften in der Regel noch gesicherte Kredite.

2. Das volle *Kreditrisiko* übernimmt die Gesellschaft; sie übt also auch eine Kreditversicherungsfunktion aus; das Warenrisiko (bei Warenmängeln) übernimmt sie selbstverständlich nicht.

3. Durch den Ankauf gehen die Forderungen in das Vermögen des Factors über und damit in dessen Verwaltung; er übernimmt *Debitorenbuchhaltung, Kreditwürdigkeitsprüfung, laufende Bonitätsüberwachung, Mahnwesen* und *Inkasso.* Mit Hilfe moderner Datenverarbeitungsanlagen ist der Factor in der Lage, Umsatzstatistiken aller Art, Provisionsabrechnungen und ähnliches zu erstellen und als Service Fakturierung und Lagerbuchhaltung anzubieten. Das Factoring wird von den Kunden immer häufiger wegen des gebotenen Service angestrebt, zumal die Kosten verhältnismäßig gering sind.

Kosten des Factoring

Die Kosten des Factoring setzen sich zusammen aus den Zinsen für die Vorschüsse und aus Gebühren für die Dienstleistung. Die *Zinsen* werden für die Zeit belastet, die zwischen dem Tag der Vorschußgewährung und dem Durchschnittsfälligkeitstag der Forderungen liegt. Der Zinssatz richtet sich nach dem Bankzins und liegt in der Regel 1 bis 2 % darüber, da sich die Gesellschaften meist bei Banken refinanzieren müssen. Die *Gebühren* betragen bei den amerikanischen Factoring-Gesellschaften etwa 1 bis 2 % des monatlichen Nettoumsatzes.

Refinanzierung

Sehr häufig wird das Factoring von Banken betrieben. In diesem Fall werden die Factoring-Kredite im Rahmen des üblichen Kreditgeschäfts finanziert. In anderen Fällen sind spezielle Factoring-Gesellschaften von Bankgruppen gegründet worden, bei denen sich die Factoring-Gesellschaften refinanzieren können.

Das Factoring in Deutschland

In der Bundesrepublik wurde das Factoring vor allem von der Mittelrheinischen Kreditbank Dr. Horbach & Co. KG, Mainz, gepflegt. Im September 1963 wurde dann die *International Factor AG, Frankfurt*, gegründet, eine Holdinggesellschaft zur Intensivierung des Factoring in Deutschland vor allem auch im Exportgeschäft. Beteiligt ist mit 50 % die *International Factors AG Chur*, eine Schweizer Holdinggesellschaft, die von amerikanischen und englischen Banken gegründet wurde, und selbst wieder in den meisten westeuropäischen Staaten nationale Tochtergesellschaften gegründet hat. An der Frankfurter Gesellschaft sind weiterhin beteiligt, die erwähnte Mittelrheinische Kreditbank, die Frankfurter Bank und ein Frankfurter Privatbankhaus. Die Frankfurter Gesellschaft ihrerseits gründete die Kommanditgesellschaft *Inter-Factor-Bank AG & Co., Mainz*, die das gesamte Factoring-Geschäft und den Factoring-Betrieb der Mittelrheinischen Kreditbank übernommen hat. Auch einige andere Gesellschaften haben inzwischen in Deutschland das Factoring aufgenommen, insgesamt sind z. Z. etwa 20 Factoring-Gesellschaften in der Bundesrepublik tätig; der Gesamtumsatz des Factoring in der Bundesrepublik beträgt z. Z. etwa eine Milliarde DM.

6. Kreditorenfinanzierung

Die Kreditorenfinanzierung ist ein neuartiges Finanzierungsverfahren, insbes. im *Einzelhandel*. Sie erfolgt durch Beleihung des Warenbestandes eines Unternehmens durch Spezialfinanzierungsinstitute, die alle Einkaufsrechnungen an die in- und ausländischen Lieferanten bezahlen. Der Kreditnehmer verpflichtet sich, einen genau festgelegten Anteil der gesamten Bareinnahmen aus Warenverkäufen an das Finanzierungsinstitut abzuführen. Der Anteil der Rückzahlungen richtet sich jeweils nach der Höhe der in einer Periode vom Finanzierungsinstitut bezahlten Rechnungen.

Die Kreditfinanzierung ist — ähnlich wie das Factoring — mit D i e n s t - l e i s t u n g e n verbunden: Das Finanzierungsinstitut führt die Lieferantenbuchhaltung und die Wareneinkaufsjournale des Kreditnehmers. In der Bilanz des Kreditnehmers tritt an die Stelle der Kreditoren das Darlehen des Finanzierungsinstituts.

Die K o s t e n der Kreditfinanzierung bestehen aus Zinsen, Buchungsgebühren und Kosten der Kreditversicherung; sie sind insgesamt höher als die Kosten eines Bankkredits. Die Kreditversicherung wird derzeit in Deutschland, der Schweiz und Belgien betrieben.

7. Absatzfinanzierung durch Ratenkredite

Der *Ratenkredit* — als *Oberbegriff der Teilzahlungs- und Kleinkredite* — hat zur Finanzierung des Absatzes in der modernen Wirtschaft sehr an Bedeutung gewonnen. In den USA erreichte er im Mai 1966 rund 89 Mrd. $, in der Bundesrepublik belief sich der von Kreditinstituten gewährte Ratenkredit Ende 1974 auf rund 37 Mrd. DM, während er Ende 1968 noch rd. 12 Mrd. DM, Ende 1959 noch 4,7 und Ende 1953 kaum 2 Mrd. DM betragen hatte. Seine wachsende Bedeutung kann auch daraus ersehen werden, daß seit etwa 1960 neben anderen Kreditbanken sogar die Großbanken den Ratenkredit besonders pflegen.

Begriff des Ratenkredits

Der Ratenkredit oder TZ-Kredit *im weiteren Sinne* ist ein (kleinerer) Kredit an Verbraucher oder auch an Kleinbetriebe, der in Raten (Teilzahlungen) zurückgezahlt wird. Er ist meist ein Konsumkredit, kann aber auch ein Produktionskredit sein, der von Kleinbetrieben zur Beschaffung von Maschinen und Kraftfahrzeugen in Anspruch genommen wird.

Volkswirtschaftliche Beurteilung

Der Ratenkredit wird häufig als volkswirtschaftlich schädlich stark angegriffen. Das gilt jedoch nur insoweit, als der Ratenkredit ein *Konsumkredit* ist. Denn der Konsumkredit wirkt sich volkswirtschaftlich im allgemeinen ungünstig aus, da er als Vorgriff auf künftiges Einkommen zu Konsumzwecken („vorgegessenes Brot", Röpke) genau der entgegengesetzte Vorgang ist wie das Sparen, bei dem auf den Konsum von gegenwärtigen Einkommensteilen verzichtet wird, um sie produktiven Zwecken zuzuführen. Der Konsumkredit muß im allgemeinen aus Ersparnissen refinanziert werden. Der „organisierte Konsumkredit", der von Kreditinstituten gewährt wird, ist natürlich volkswirtschaftlich wesentlich günstiger zu beurteilen als der unorganisierte, da er dem sonst sehr verbreiteten Kreditwucher stark entgegentritt. Andererseits können durch allzu intensive Werbung für Anschaffung kostspieliger Gebrauchsgüter auf Abzahlung (Auto, Fernseher, Waschmaschine) Übersteigerungen vorkommen, wie sie z. B. in den Klagen von Betrieben im Ruhrgebiet über starke Verschuldung ihrer Arbeitnehmer durch Konsumkredite und über ein Überhandnehmen der Lohnpfändungen wegen rückständiger Ratenzahlungen zum Ausdruck kommen. Auch hier können Kreditinstitute durch sorgfältige Kreditwürdigkeitsprüfungen bremsend eingreifen, z. B. durch Rückfragen beim Arbeitgeber u. dgl. Um vor Überraschungen geschützt zu sein, werden alle Ratenkredite der Kreditinstitute und ihre Verwendung neuerdings von der Bundesbank durch monatliche Erhebungen statistisch erfaßt.

Arten des Ratenkredits

Wir können zunächst zwei Hauptarten des Ratenkredits unterscheiden: 1. den *offenen Buchkredit:* der Kunde „läßt bei seinem Einzelhändler anschreiben"; der Kredit wird in einem Posten oder in unregelmäßigen Raten zurückgezahlt; und 2. den *regulären Raten- oder Abzahlungskredit:* der Kaufpreis oder die nach Anzahlung verbleibende Restkaufschuld sind vereinbarungsgemäß in mehreren gleichen Raten zu zahlen.

Beim *regulären Ratenkredit* unterscheiden wir wiederum (1) den gewöhnlichen Ratenkredit und (2) den „organisierten Ratenkredit".

1. Beim *gewöhnlichen Ratenkredit* wird der Kredit auf Grund eines Ratenkreditvertrages vom Verkäufer selbst gewährt. Dieser Ratenkredit ist bereits sehr alt. Er hat nach Sombart seinen Ursprung in London (um 1750), wurde dann planmäßig in Frankreich weiterentwickelt, wo um 1800 die Firma Dufayel den Ratenkredit aufnahm. 1807 führte die Firma Cowperthwait & Sons, die heute noch besteht, in New York den Ratenkredit ein. In den Vereinigten Staaten hat sich dann der Ratenkredit sehr rasch entwickelt und verbreitet.

In den *deutschen Einzelhandel* ist der reguläre Ratenkredit erst sehr viel später eingedrungen und hat erst nach 1870/71 stärker an Ausdehnung gewonnen. Nach und nach entwickelte sich das *Warenkredithaus* zu einem Sondertyp des deutschen Einzelhandels. Alle diese Formen des Ratenkredits werden aus den „Mitteln des Eigenbetriebes" finanziert.

2. Der *organisierte Ratenkredit* ist ein Kundenkredit, bei dem das Kreditgeschäft von dem eigentlichen Warengeschäft getrennt ist. Besondere *Finanzierungsinstitute* oder auch allgemeine *Kreditbanken* übernehmen alle Kreditfunktionen, großenteils auch die Prüfung der Kreditwürdigkeit, die Technik der Abwicklung des Kredits und die Bereitstellung der erforderlichen Kapitalien.

Der organisierte Ratenkredit ist in den Vereinigten Staaten entstanden und spielt heute dort eine sehr große Rolle. Er erreichte im Mai 1966 einen ausstehenden Betrag von rund 89 Mrd. $. Davon entfielen auf Automobilwechsel 30 Mrd. $, andere Konsumgüter-Wechsel 18 Mrd. $, Personalkredite 19 Mrd. $, Hausreparaturen und -modernisierungen 4 Mrd. $. Von dem Gesamtbetrag stellten die Kreditbanken 31 Mrd. $, die Teilzahlungsfinanzierungsgesellschaften 21 Mrd. $ und die Einzelhändler 5 Mrd. $.

In *Deutschland* wurden Ratenkredite in geringem Umfang zuerst von Sparkassen und Volksbanken gewährt. Die ersten Spezialinstitute, die *Teilzahlungsbanken*, entstanden erst allmählich nach dem ersten Weltkrieg; sie haben allerdings nach dem zweiten Weltkrieg einen überraschenden Aufschwung genommen. Daneben haben sich in den letzten Jahren in zunehmendem Maß auch die Sparkassen und später auch die übrigen Bankgruppen dem Ratenkredit zugewandt. In der Bundesrepublik betrugen am 30. 6. 1974 die ausstehenden Ratenkredite von Kreditinstituten 36 Mrd. DM, davon waren 17 Mrd. DM mittel- und 16 Mrd. DM langfristig. Das Kreditvolumen der Teilzahlungsbanken betrug am gleichen Zeitpunkt 12,5 Mrd. DM.

Arten des organisierten Ratenkredites

Man unterscheidet heute in Deutschland folgende Arten des organisierten Ratenkredits: (1) den *„Persönlichen Kleinkredit"*, (2) den *„Anschaffungskredit"* und (3) den *Teilzahlungskredit im engeren Sinne.*

(1) Der **„Persönliche Kleinkredit"** ist ein Ratenkredit, der (laut Bestimmung der Bankenaufsichtsbehörde) auf einen Höchstbetrag von 2000 DM bei einer Laufzeit von 6 bis 12 Monaten beschränkt ist und der in regelmäßigen Raten zurückgezahlt werden muß. Er wird von Teilzahlungsbanken, Sparkassen und neuerdings Kreditbanken — nicht zuletzt als Folge der zunehmenden bargeldlosen Lohnzahlung — sehr stark gepflegt und vorwiegend an Konsumenten für langlebige Verbrauchsgüter, doch auch an Kleinbetriebe zur Beschaffung von Maschinen, Kraftfahrzeugen, Büroeinrichtungen u. dgl. gewährt. Vom Teilzahlungskredit im engeren Sinne unterscheidet sich der Kleinkredit dadurch, daß bei ihm der Kreditbetrag dem Kreditnehmer *bar* ausgezahlt wird, was beim TZ-Kredit nicht der Fall ist. Das hat für den Schuldner den Vorteil, daß er bei Käufen als Barzahler auftreten kann. Daraus erklärt sich auch das starke Anwachsen der Kleinkredite auf Kosten der eigentlichen Teilzahlungskredite. Wegen der hohen Zins- und Verwaltungskosten dieser Kleinkredite dürfen für sie (laut Beschluß der Bankenaufsichtsbehörden) höhere Sätze, als im Sollzinsabkommen der Kreditinstitute vorgesehen, vereinbart werden. *Zinsen und Kreditprovision* dürfen höchstens 0,4 bis 0,5 % pro Laufzeit im Monat vom ursprünglichen Darlehnsbetrag betragen; außerdem darf eine einmalige Bearbeitungsgebühr von 2 % des Darlehnsbetrages erhoben werden.

(2) Das **Anschaffungsdarlehen,** das vor wenigen Jahren von den Sparkassen als besondere Kreditart neu eingeführt und gepflegt wurde, soll den Kleinkredit ergänzen. Wie man im Namen zum Ausdruck zu bringen sucht, soll es zu großen „Anschaffungen" dienen; der Kreditbetrag beläuft sich auf 2000 bis 6000 DM und die Laufzeit von 6 Monaten bis zu 3 1/2 Jahren. Die Zinsen sind wie beim Kleinkredit auf 0,4 % je Monat vom ursprünglichen Kreditbetrag festgelegt, doch entfällt die Verwaltungsgebühr. 1962 hat auch die den Gewerkschaften nahestehende Bank für Gemeinwirtschaft AG das Anschaffungsdarlehen eingeführt, ihr folgten kurz darauf auch die anderen Banken, die allerdings die Zinsen etwas abweichend regelten (Zinssatz 0,32 % je Monat auf den ursprünglichen Kreditbetrag, dazu eine einmalige Bearbeitungsgebühr von 2 %). Die Anschaffungsdarlehen werden für private wie gewerbliche Zwecke gewährt, so zum Kauf von Wohnungseinrichtungen, hochwertigen elektrischen Geräten für den Haushalt, von Praxis- und Büroeinrichtung, von Automobilen, Maschinen und Geräten für Kleingewerbetreibende.

Der Teilzahlungskredit im engeren Sinne

(3) Der eigentliche Teilzahlungskredit ist ein Ratenkredit, bei dem der Kredit nicht bar ausgezahlt wird und nur zum Kauf bei Firmen benutzt werden kann, mit denen das Kreditinstitut Rahmenverträge abgeschlossen hat; der Kredit ist also — anders als Kleinkredit und Anschaffungsdarlehen — strenger zweckgebunden.

Wir unterscheiden beim eigentlichen Teilzahlungskredit *drei Geschäftsformen,* die von den Teilzahlungsbanken in Deutschland entwickelt wurden, heute aber auch von den Kreditbanken gepflegt werden.

(a) Das *A-Geschäft* (Kaufscheck- oder Kreditscheckverfahren) besteht in der direkten Gewährung von TZ-Krediten ohne Vermittlung der Verkäuferfirma. Der Kredit wird gewährt, ohne daß die Händlerfirma eingeschaltet wird und haftet. Der Konsument erhält von dem Kreditinstitut eine Reihe von *Kreditschecks* (Kaufanweisungen), die auf feste Beträge lauten (10, 20, 50 DM) und die er bei allen der Bank angeschlossenen Einzelhandelsgeschäften (das sind häufig die Genossen einer genossenschaftlichen Teilzahlungsbank) in Zahlung geben kann. Im sog. A-Geschäft überwiegen die Textilkredite, doch werden auch langlebige Wirtschaftsgüter (Möbel, Kühlschränke usw.) in dieser Form finanziert. Das A-Geschäft wird selten von Sparkassen und Geschäftsbanken betrieben.

(b) Das „*B-Geschäft*" (bei den Sparkassen „Kaufkredit" genannt) besteht aus einem TZ-Kredit an Konsumenten sowie an Gewerbetreibende und Landwirte, der von der Verkäuferfirma vermittelt wird, die auch für den Kredit mit haftet. Hierbei wird neben dem Kreditnehmer auch der Händler bei Abschluß eines Kreditvertrages eingeschaltet. Zwischen der von Kreditkunden aufgesuchten Händlerfirma und dem Kreditinstitut besteht ein Rahmenfinanzierungsvertrag, auf Grund dessen sich das Kreditinstitut verpflichtet, den Kunden des Händlers Teilzahlungskredite einzuräumen. Das Kreditkontingent der Händler ist festgelegt. Im sog. B-Geschäft werden hauptsächlich hochwertige und langlebige Gebrauchsgegenstände (Möbel, Kühlschränke, Näh- und Waschmaschinen, Fernsehapparate u. dgl.) sowie Produktionsmittel (Maschinen, Lkw, Traktoren u. dgl.) finanziert. Es wird von TZ-Banken, Sparkassen und Kreditbanken gepflegt.

(c) Das „*C-Geschäft*" umfaßt TZ-Kredite an Konsumenten und Gewerbetreibende zur Finanzierung von Kraftfahrzeugen und Maschinen. Auch beim C-Geschäft wird dem Kunden durch Vermittlung und unter Mithaftung des Händlers ein Darlehen vom Kreditinstitut eingeräumt, das aber durch Wechsel, die vom Verkäufer auf den Käufer gezogen sind, zusätzlich gesichert ist. Der Verfall der einzelnen Wechsel, die jeweils auf einen Ratenbetrag lauten, deckt sich mit den vereinbarten Zahlungsterminen. Es wird gleichfalls von TZ-Banken, Sparkassen und anderen Kreditinstituten gewährt.

Der eigentliche *Teilzahlungskredit* ist immer noch die Domäne der *Teilzahlungsbanken*. Ende 1968 betrugen bei ihnen die ausstehenden TZ-Kredite 4,7 Mrd. DM, bei allen übrigen Bankgruppen nur 5,7 Mrd. DM. Allerdings hat sich das Verhältnis mittlerweile stark verschoben, so betrugen am 30. 6. 1974 die ausstehenden TZ-Kredite bei den Teilzahlungsbanken 12,5 Mrd. DM, bei den übrigen Bankgruppen 23,5 Mrd. DM.

Die *Kosten der TZ-Kredite*, die gleichfalls eine Laufzeit von 24 Monaten nicht überschreiten sollen, liegen wegen der größeren Verwaltungsarbeit etwas höher als die der Kleinkredite. Die *Kreditinstitute* berechnen an Stelle von Sollzinsen, Kreditprovision und Umsatzprovision eine Kreditgebühr von etwa 0,6 % pro Monat vom ursprünglichen Kreditbetrag. Die *Teilzahlungsbanken* durften, als noch die Zinsregelung galt (seit 1. 4. 1968 sind die Bankzinsen frei), für die TZ-Kredite wegen der höheren Refinanzierungskosten eine noch höhere Kreditgebühr erheben. Während nämlich die Kreditinstitute die TZ-Kredite aus den Einlagen, insbesondere den Spareinlagen, refinanzieren können, ist den TZ-Banken die Annahme von Einlagen von Wirtschaft und Privaten verboten. Sie müssen sich die Mittel vor allem durch teure aufgenommene Darlehen (insbesondere bei Kreditinstituten) beschaffen. Zudem sind *Teilzahlungswechsel* seit 1956 grundsätzlich vom Rediskont bei den Landeszentralbanken ausgeschlossen.

Die Teilzahlungsbanken

Teilzahlungsbanken finden wir in den USA und anderen Ländern bereits vor dem ersten Weltkrieg. Im deutschen Einzelhandel hat sich der Gedanke der TZ-Finanzierung nur unter starken Hemmungen durchzusetzen vermocht. Erst 1926 entstanden mehrere Geschäftsverbindungen zwischen dem Einzelhandel und den neugegründeten Teilzahlungsbanken, ohne aber in der Absatzfinanzierung größere Bedeutung zu erlangen. Vor dem zweiten Weltkrieg arbeiteten in Deutschland etwa 50 Teilzahlungsbanken. Doch nach der Währungsreform nahmen die Teilzahlungsbanken auch hier einen ungewöhnlichen Aufschwung; während es 1950 etwa 70 Institute mit 10 Mill. DM Eigenkapital gab, waren es im Juni 1974 163 Institute mit 422 Zweigstellen und 886 Mill. DM Eigenkapital.

Die Teilzahlungsbanken wenden alle drei Verfahren des organisierten Teilzahlungskredits (A-, B- und C-Geschäft) an. Im A-Geschäft (Schaltergeschäft) werden fast nur noch Barkredite gegeben, zum Teil auch auf Kosten des B-Geschäfts.

Über die *Kosten* und den *Umfang* der TZ-Kredite der TZ-Banken siehe oben.

8. Das Leasing — eine neuartige Finanzierungsform

Begriff und Wesen

Das Leasing ist die Vermietung von Industrieanlagen und Investitionsgütern durch die Produzenten der Investitionsgüter oder (Leasing im engeren und eigentlichen Sinn) durch spezielle Miet- und Pachtgesellschaften (Leasing Companies). Die Vermietung von Investitionsgütern durch die Produzenten ist schon recht alt, so die Vermietung von Lochkartenmaschinen, Elektronischen Datenverarbeitungsanlagen, Kraftfahrzeugen u. dgl. Dagegen ist das Leasing durch Spezialinstitute eine in den Vereinigten Staaten erst seit etwa 1950 entwickelte und dort schon sehr verbreitete Form der Industriefinanzierung. Die Leasing-Gesellschaften vermieten im großen industrielle Ausrüstungen sowie ganze Industrieanlagen, die die vom Mieter gewählte Lieferfirma nach den Wünschen des Mieters errichtet. Die Miete ist monatlich an die Leasing-Gesellschaft zu entrichten (Ausnahme: Mietfinanzierung). In den Vereinigten Staaten soll bereits jedes zweite Unternehmen heute einen Teil seiner Anlagen und Ausrüstungen gemietet haben; das Gesamt-Leasing-Volumen beträgt in den USA rund 10 % der jährlichen Bruttoinvestitionen.

Die Mietobjekte von 100 000 bis 500 000 $ haben in den USA mit 25 % wertmäßig den größten Anteil an der Gesamtheit der Mietobjekte. Daraus geht hervor, daß das Leasing auch von Großunternehmen in Anspruch genommen wird.

Der Charakter des Leasing als Finanzierungsform

Es könnte zunächst scheinen, als gehöre das Leasing nicht zur Finanzierung, denn ein Anlagegut wird *gemietet*, es berührt also die Bilanz überhaupt nicht, weder die Kapital- noch die Vermögensseite. Unter produktionswirtschaftlichem Aspekt wird durch das Leasing jedoch die Kapazität der Unternehmung in der gleichen Weise erweitert, als ob das Anlagegut gekauft wäre. Es ergibt sich daraus die Frage: Ist es günstiger ein Anlagegut zu kaufen oder zu mieten? Das aber ist nicht nur eine finanzwirtschaftliche, sondern auch eine reine Finanzierungsfrage, wenn man den Begriff Finanzierung so weit faßt, wie man es in der modernen Theorie tut. Kauft man ein Anlagegut, so hat man einmalig hohe Anschaffungskosten, mietet man dagegen das Anlagegut, so hat man laufend bis zum Ausscheiden des Gutes hohe Mietraten zu zahlen, deren Barwert mindestens den Anschaffungskosten des Anlagegutes entsprechen muß; denn die Miete besteht ja aus den Abschreibungen, die die Leasing-Gesellschaft ermittelt, sowie den Kapitalzinsen, der Risikoprämie und den Verwaltungskosten der Leasinggesellschaft.

Arten des Leasing

Man unterscheidet:

Nach dem *Vermietungsobjekt:*

1. Das *Equipment-Leasing*, die Ausrüstungsvermietung, das ist die Vermietung von Büromaschinen, Büromöbeln, Werkzeugmaschinen, Baumaschinen, Transportmaschinen, Kühlhauseinrichtungen, Ladeneinrichtungen usw. (die Vermietung übernimmt häufig auch der Produzent). Die Laufzeit dieses Leasing beträgt mindestens 3 Jahre.

2. Das *Industrieanlagen-Leasing*, in Deutschland auch „Anlagenverpachtung" genannt, es ist die Vermietung bzw. Verpachtung von ganzen Industrieanlagen (Zweigfabriken, Verwaltungsgebäuden, Wohngebäuden für Betriebsangehörige, ferner Sozialbauten, Krankenhäuser u. dgl.). Die Laufzeit dieses Leasing ist wesentlich länger als die des Equipment-Leasing und beträgt bis zu 30 Jahren und mehr.

3. Das *Konsumgüter-Leasing*, die Vermietung von Kühlschränken, Waschmaschinen, Fernsehgeräten u. dgl., die meist mit einem Service verbunden ist; in den USA und Großbritannien ist sie schon sehr verbreitet, in Deutschland wurde sie vor allem von der Kundenkreditbank KGaA, Düsseldorf, und einigen Sparkassen eingeführt. Vielfach rechnet man diese Mietfinanzierung nicht mehr zum eigentlichen Leasing.

Nach der *Laufzeit der Mietverträge* unterscheiden wir:

1. das *Operating-Leasing*, das ist die saisonale Ausrüstungsvermietung mit Service, kurzfristig und oft auch jederzeit kündbar (es wird von Leasing-Gesellschaften meist nicht betrieben), und

2. das *Finance-Leasing*, die Vermietung von Investitionsgütern, Industrieanlagen u. dgl. mit einer Mindestlaufzeit von drei Jahren.

Zwei *Sonderformen des Leasing* sind noch zu erwähnen:

1. das *Sale-lease-back*, bei ihm erwerben die Leasing-Gesellschaften bereits gekaufte Anlagegüter oder ganze Teilbetriebe, die sie dann unmittelbar wieder an den Verkäufer vermieten;

2. Die *Mietfinanzierung*, sie ist eine Art des Konsumgüter-Leasing, bei dem die Leasing-Gesellschaft von dem Produzenten der Güter nur die Forderungen aus dem von ihm mit dem Kunden abgeschlossenen Mietvertrag kauft; der Produzent ist und bleibt also rechtlich selbst der Vermieter; doch ist die Miete an die Leasing-Gesellschaft zu zahlen, die ja die Forderung erworben hat.

Die Refinanzierung des Leasing

Die Refinanzierung des Leasing erfolgt vorwiegend über Banken (nicht selten die Hausbank des Mieters, weil sie die Kreditwürdigkeit des Mieters am besten kennt), doch auch über Versicherungsunternehmen und besondere Finanzierungsinstitute. Die Leasing-Gesellschaften sind häufig Gründungen von Banken, ähnlich wie die Factoring-Gesellschaften. Einige sehr große amerikanische Institute haben sogar schon Obligationen ausgegeben.

Die Kosten des Leasing

Die Kosten des Leasing sind wegen des Verwaltungsaufwandes, der Refinanzierungskosten und des Risikos recht erheblich. Sie betragen in den USA — ähnlich hoch werden sie auch in Deutschland liegen — beim Equipment-Leasing insgesamt 115 bis 130 % des Anschaffungspreises der Anlagen; dazu kommt, daß gekaufte Anlagen nach Außerdienststellung noch einen Restwert haben.

Bei der Industrieanlagen-Vermietung („Anlagen-Verpachtung"), bei der die Mietdauer bis zu 30 Jahren und mehr beträgt, besteht die Miete (nach den Bedingungen der „Münemann-Industrie-Anlage-AG") aus (1) der marktkonformen Verzinsung (landesüblicher Zinsfuß) der für die Finanzierung aufgewendeten Mittel, (2) den Abschreibungen, den effektiven Unterhaltskosten, Abgaben und Steuern und (3) einem angemessenen Verwaltungskostenzuschlag.

Verwertung des Investitionsobjekts nach Ablauf der Mietdauer

Nach Ablauf der Mietdauer hat der Mieter die Möglichkeit, (1) das Investitionsobjekt zurückzugeben, (2) zu kaufen, (3) die Mietdauer zu verlängern oder (4) eine modernere Ausrüstung zu mieten. Der „Mietkauf" ist aus steuerlichen Gründen weder in den USA noch in Deutschland üblich; denn dort wird ein Mietvertrag mit Kaufoption während oder nach Ablauf der Miete als sogenannte „unechte Miete" rechtlich dem Kauf gleichgestellt, wenn der Mieter das Mietobjekt käuflich erwirbt, und Absetzungen, die über die AfA zuzüglich Fremdzinsen hinausgehen, sind steuerlich nicht mehr zulässig.

Der Vermieter verschrottet nach Beendigung der Miete meist das Mietobjekt; doch kommt es auch vor, daß er es an einen anderen Produzenten weiter vermietet (Second-Hand-Leasing).

Vor- und Nachteile des Leasing für den Mieter

Da die Erfahrungen mit dem Leasing in Deutschland noch gering sind, sind die Vor- und Nachteile des Leasing noch sehr umstritten. Man gibt folgende Vor- und Nachteile an:

(1) Das Leasing eröffnet dem Unternehmer eine *weitere Kapitalquelle;* allerdings muß die Leasing-Gesellschaft die Kreditfähigkeit des Mieters wegen der

langen Laufzeit des Leasing besonders sorgfältig prüfen, auch eine Bank muß
bei Kreditgewährungen die Leasing-Verpflichtungen bei der Prüfung der Kreditfähigkeit berücksichtigen; denn das Leasing bringt eine unter Umständen
erhebliche fixe Belastung, die durchweg höher ist als Tilgungs- und Zinsendienst
bei einem gleichgroßen Investitionsobjekt, das fremd finanziert wurde. Für die
sehr langfristige Anlagenverpachtung kommen aus diesem Grund nur sehr
große, gut fundierte Unternehmen in Frage. — Für Klein- und Mittelbetriebe
füllt das Leasing die Lücke der *mittelfristigen* Finanzierung aus.

(2) Die *Liquidität* der mietenden Unternehmen wird durch die Leasing-Investi-
tion zunächst erhöht, da weder eigene noch fremde Mittel benötigt werden.
Dieser große Vorteil des Leasing kann aber ein Unternehmen dazu verführen,
seine Ertragskraft zu überschätzen und zu große Leasing-Verpflichtungen zu
übernehmen. — Umgekehrt ergeben sich beim Kauf in den späteren Jahren
Liquiditätsvorteile.

(3) Ein Nachteil des Leasing gegenüber der Eigenkapitalfinanzierung ist die
starre Belastung durch den Mietzins, wohingegen die Kosten der Eigenkapitalfinanzierung meist kalkulatorisch sind (also zu keinen effektiven Ausgaben
führen) und bei konjunkturellen Anspannungen sehr niedrig angesetzt werden
können. Eine Leasing-Gesellschaft wird bei kleinen Liquiditätsanspannungen,
kaum aber bei größeren dem Mieter entgegenkommen können.

(4) Das Leasing kann auch *steuerliche Vorteile* haben, da die Mietraten *steuerlich* voll als Aufwendungen abgesetzt werden können. Doch ist das Leasing
steuerlich nur dann vorteilhaft, wenn die Laufzeit der Leasing-Verträge kürzer
ist als die steuerlich zulässigen Abschreibungsfristen. Dabei ist zu bedenken,
daß die Kosten einer schnellen Amortisation durch eine sehr kurz gewählte
Mietzeit auch ganz beträchtlich höher sind (s. u. unter 6). Entspricht die Mietzeit der steuerlich zulässigen Abschreibungsfrist, so bietet das Leasing gegenüber den alten Finanzierungsformen keinen Vorteil mehr, da ja die Abschreibungen und die Fremdzinsen voll absetzbar sind. Der steuerliche Vorteil wird
also meist nicht so erheblich sein, wie er häufig dargestellt wird. Zudem darf
der Leasing-Vertrag kein Mietkauf sein, d. h. mit Kaufoption während oder
nach Ablauf der Mietzeit, da diese „unechte Miete" rechtlich dem Kauf gleichgestellt wird und die Absetzungen, die über die AfA zuzüglich Fremdzinsen
hinausgehen, deshalb steuerlich nicht zulässig sind.

(5) Die gemieteten Anlagen erscheinen *nicht in der Bilanz*, was dem Vorstand
einer AG in seiner Investitionspolitik eine gewisse Freiheit gibt, die allerdings
begrenzt ist, da die Leasing-Verträge im Geschäftsbericht erwähnt werden
müssen, wenn sie von größerer Bedeutung sind, was häufig — bei der „Anlagen-
pachtung" stets — der Fall sein wird.

(6) Der häufig hervorgehobene Vorteil, das Leasing schütze den Unternehmer
vor der Überalterung seiner Anlagen, trifft in der Regel nicht zu; denn ein
schneller Wechsel der Anlagen verursacht auch beim Leasing ganz erhebliche
Kosten, die allerdings durch den steuerlichen Vorteil bis zu einem gewissen
Grad ausgeglichen werden können.

Bei der betriebswirtschaftlichen Verschiedenartigkeit des Leasing und der
Finanzierung durch Eigen- und Fremdkapital, ist ein Vergleich beider Formen

sehr schwierig und wird von Fall zu Fall zu anderen Ergebnissen führen. Deshalb sind jeweils sehr sorgfältige Investitionsrechnungen notwendig.

Für die Herstellerfirmen der Mietanlagen hat das Leasing auch Vorteile, es erschließt ihnen einen neuen Absatzweg und nimmt ihnen das Kreditrisiko ab.

Verbreitung des Leasing

In Europa wurde das Leasing durch eine der größten amerikanischen Leasing-Gesellschaften, die „Lease-Plan-International-Corporation", eingeführt, sie gründete gemeinsam mit einheimischen Banken in England, Frankreich und in Deutschland Leasing-Gesellschaften, so in Düsseldorf 1962 die *„Deutsche Leasing GmbH"*, die sich ganz auf das Equipment-Leasing beschränkt. Daneben betreibt auch eine wachsende Zahl anderer, meist neu gegründeter Unternehmen das Leasing.

Eine Industrieanlagen-Leasing-Gesellschaft gründete im Januar 1963 der Münchner Finanzmakler Rudolf Münemann, die *„Münemann-Industrie-Anlagen-AG"* in München, die in Deutschland, den EWG-Ländern, Österreich und der Schweiz ganze Industrieanlagen, Verwaltungsgebäude und Wohngebäude für Betriebsangehörige sowie für Gemeinden und Länder insbesondere Krankenhäuser nach den Wünschen der Mieter bzw. Pächter errichtet und vermietet. Die Mietdauer beträgt bis zu 30 Jahren. Die Gesellschaft firmiert jetzt „Leasing gesellschaft für Handel und Industrie m. b. H."

Im Verlauf der letzten Jahre wurden dann an zahlreichen Orten Europas Leasing-Gesellschaften gegründet.

III. Kapitalbeschaffung mittels Effekten

1. Begriff und Wesen der Effekten

Die in der modernen Wirtschaft wichtigste Form der Finanzierung ist die Kapitalbeschaffung durch die Ausgabe von Effekten. Sie kann sowohl Beteiligungsfinanzierung (Ausgabe von Aktien oder Kuxen) wie auch von Fremdfinanzierung (Ausgabe von Schuldverschreibungen) sein.

E f f e k t e n sind *verbriefte Forderungen oder Anteilsrechte*, die einen Anspruch auf dauernden Ertrag zusichern und sich infolge ihrer *Vertretbarkeit* (Fungibilität) durch große Marktfähigkeit auszeichnen. Die Effekten sind also zur langfristigen Kapitalanlage besonders geeignet. Sie sind keine individuellen Papiere, wie z. B. Hypothekenbrief oder Wechsel. Jedes Stück derselben Ausgabe gewährt die gleichen Rechte. Dadurch werden die Effekten zu einer Gattungsware des Kapitalmarktes.

Der Begriff „W e r t p a p i e r e" ist wesentlich umfassender, da zu ihnen auch noch die Warenpapiere (kaufmännische Anweisung und Traditionspapiere — Konnossement und dgl.), die sachenrechtlichen Papiere (Hypothekenbrief), ferner Wechsel, Scheck, Banknoten usw. gehören. Trotzdem wird in der Bankpraxis der Begriff Wertpapiere vielfach in einem engeren Sinne den Effekten gleichgesetzt, z. B. Wertpapierbörse (Effektenbörse), Wertpapierkonto (Effektenkonto) usw.

Der Eigentumswechsel bei Effekten

Für die E f f e k t e n ü b e r t r a g u n g ist die Rechtsform maßgebend; danach unterscheiden wir:

1. I n h a b e r p a p i e r e , das sind Wertpapiere, in denen der Berechtigte namentlich nicht genannt ist, vielmehr jeder Inhaber berechtigt sein soll; sie sind durch einfache Übergabe übertragbar, so bei den Effekten die I n h a b e r - a k t i e und I n h a b e r o b l i g a t i o n .

2. O r d e r p a p i e r e , das sind Wertpapiere, die durch eine schriftliche formelle Übertragungserklärung auf dem Papier, das Indossament, und Übergabe des Papiers übertragen werden. Durch Blankoindossament kann das Orderpapier faktisch (nicht rechtlich) in ein Inhaberpapier umgewandelt werden. Die Orderpapiere sind unter den Effekten verhältnismäßig selten, es sind vor allem die N a m e n s a k t i e (die sogar g e b o r e n e s Orderpapier ist) und der aktienrechtliche I n t e r i m s s c h e i n . Nicht voll eingezahlte Aktien (wie z. B. viele Versicherungsaktien) müssen als Namensaktien ausgestattet sein.

3. R e k t a p a p i e r e , das sind Wertpapiere, die auf den Namen einer bestimmten Person lauten, die allein (bzw. ihr Rechtsnachfolger) den verbrieften Anspruch geltend machen kann. Die Übertragung erfolgt durch Abtretung des Anspruchs. Rektapapiere unter den Effekten sind der G e n u ß s c h e i n und die N a m e n s a k t i e , s o f e r n d i e I n d o s s i e r u n g a u s d r ü c k l i c h a u s g e s c h l o s s e n ist *(Vinkulierung)*.

Gliederung der Effekten

Die Effekten können nach den verschiedensten Merkmalen eingeteilt werden. Im Wirtschaftsleben ist besonders wichtig die Einteilung in schuldrechtliche Effekten und Anteilspapiere sowie die von ihnen abgeleiteten Zwischenformen oder Mischformen. Wir unterscheiden danach

   I. Anteilspapiere oder Dividendenpapiere
      1. Aktien
      2. Kuxe

  II. Festverzinsliche Schuldverschreibungen (schuldrechtliche Papiere)
      1. Staats-, Provinz-, Gemeinde- und Kommunalanleihen
      2. Anleihen öffentlich-rechtlicher Körperschaften
      3. Pfandbriefe
      4. Kommunalobligationen
      5. Industrieobligationen

 III. Zwischenformen
   a) Von der Schuldverschreibung abgeleitete Formen:
      1. Gewinnschuldverschreibungen
      2. Wandelschuldverschreibungen
   b) Von der Aktie abgeleitete Formen:
      1. Vorzugsaktien
      2. Genußscheine
   c) Investmentzertifikate.

2. Das Anteilpapier

Die Aktie

Die Aktie verbrieft ein *Anteilsrecht am Eigenkapital* der Aktiengesellschaft, und zwar bei der „*Summenaktie*" (die auf eine feste „Summe" lautet) im Verhältnis ihres festen Nennwerts (50, 100, 200 oder 1000 DM) zum *nominellen* Eigenkapital, dem „*Grundkapital*". Das reale Eigenkapital besteht jedoch aus dem Grundkapital, den offenen und stillen Reserven sowie dem Gewinnvortrag. Da die Reserven häufig ein Mehrfaches des Grundkapitals betragen, kann der Wert der Aktie, der auch im Kurs zum Ausdruck kommt, ein Mehrfaches ihres festen Nennwertes betragen. Ist das reale Eigenkapital niedriger als das Grundkapital, liegt der Wert der Aktie unter ihrem Nennwert. Der Börsenkurs der Summenaktie wird in Prozenten des Nominalbetrages notiert, die Dividende wird in Prozenten ebenfalls des Nennbetrags festgesetzt. Kurswert und Dividende der Summenaktie sind optisch also meist stark verzerrt. Eine 100 DM-Aktie, die einen Kurswert von 1500 hat und auf die eine Dividende von 30 % (vom Nennwert) ausgeschüttet wird, hat nur eine Effektivrente von 2 %. Man hat deshalb mit Recht gesagt, der *Nennwert der Summenaktie ist eine „unnatürliche Größe"*.

Der Aktionär hat also einen anteilmäßigen Anspruch auf das Vermögen der Gesellschaft, das nach Befriedigung der Gläubiger übrigbleibt. Die Aktie verbrieft ferner einen *Anspruch auf den Reingewinn*, der früher in Prozenten des Aktiennennwertes, jetzt in DMark je Stück festgesetzt wird. Schließlich gewährt jede Aktie das *Stimmrecht* in der Hauptversammlung. Dieses wird nach den Aktiennennbeträgen ausgeübt (jede Aktie gewährt eine Stimme). Eine Ausnahme machen solche Vorzugsaktien, die zwar ein Dividendenvorrecht genießen, bei denen aber das Stimmrecht in der Satzung ausgeschlossen wurde; Vorzugsaktien mit höherem Stimmrecht als die „Stammaktien" (Mehrstimmrechtsaktien) gab es früher, ihre Aufgabe ist aber jetzt grundsätzlich verboten. „*Gratisaktien*" oder besser „*Kapitalberichtigungsaktien*" werden an die Aktionäre „gratis" ausgegeben, wenn die Aktien infolge sehr hoher Rücklagen der Gesellschaft „zu schwer" geworden sind, d. h. wenn ihr überhöhter Kurswert ihre Verkehrsfähigkeit behindert. Durch Ausgabe von Gratisaktien kann der Kurswert beliebig gedrückt werden. Wenn z. B. auf je drei Aktien eine Gratisaktie ausgegeben wird, sinkt der Kurs um rund 25 %. Rücklagen werden in Grundkapital umgewandelt („*Kapitalerhöhung aus Gesellschaftsmitteln*" — §§ 270 AktG).

Die Quotenaktie

Bei den *Quotenaktien*, den „*nennwertlosen Aktien*" oder „*Anteilsaktien*", lautet die Aktie nicht auf eine feste Summe (wie die Summenaktie), sondern auf einen festen Anteil am Gesellschaftskapital (wie beim Kux). Sind z. B. 1000 Aktien ausgegeben, lautet die Quotenaktie auf „ein Tausendstel des Gesellschaftskapitals". Als Vorteil der Quotenaktie werden besonders bezeichnet: Die Aktienkurse werden je Stück notiert, die Dividende je Stück ausgeschüttet; Kurse und Rendite sind deshalb nicht verzerrt. Werden die Aktien „zu schwer", können sie ohne Schwierigkeiten in zwei oder drei Aktien aufgeteilt (gesplittet) werden. Bei der Aktiengesellschaft besteht also kein festes Grundkapital; das hat auch Vorteile bei der Sanierung und bei Fusionen.

Quotenaktien gibt es in den USA, Kanada, Belgien und Italien, in Deutschland sind sie nicht zulässig; auch das neue Aktiengesetz von 1965 hat sie, da ihre Einführung sehr schwierige, noch ungeklärte Probleme aufwirft, noch nicht zugelassen, doch wird ihre Einführung stark befürwortet. Seit September 1966 wird zunehmend bei den Aktien bereits ein *Stückkurs* für je 50 DM nominal notiert; es sollen künftig alle Aktien an deutschen Börsen je Stück notiert werden; doch wurde kein bestimmter Nennwert festgelegt. Das führte dazu, daß der Stückwert 50, 100, 200, 700 und 1000 DM betrug. Doch werden mittlerweile fast alle Aktien zum Stückkurs von 50 DM notiert.

Die Volksaktie

Unter der Volksaktie oder „Sozialaktie" versteht man eine kleingestückelte Aktie, die wegen ihrer Sicherheit zur Anlage der Spargelder breitester Volksschichten und als Mittel der „Eigentumsstreuung" geeignet ist, insbesondere Aktien, die bei der *Reprivatisierung öffentlichen Erwerbsvermögens ausgegeben werden und mit besonderen Vorrechten ausgestattet sind.* Die ersten Volksaktien wurden in Österreich 1956 ausgegeben, um dem Staat neue Mittel zuzuführen. Es waren Aktien der bundeseigenen Creditanstalt-Bankverein und der Österreichischen Länderbank.

In der *Bundesrepublik* machte man 1959 den ersten Versuch mit Volksaktien bei der Teil-Reprivatisierung der bundeseigenen *Preußischen Bergwerks- und Hütten-AG (Preußag),* Hannover. Insgesamt wurden 83 Mill. DM Nominalkapital für Volksaktien zum Kurse von 145 % zur Zeichnung aufgelegt. Der Ausgabekurs lag etwa 30 % unter dem „inneren Wert". Zeichnungsberechtigt waren nur Personen mit Jahreseinkommen bis zu 16 000 DM. Das restliche Aktienkapital (21 %) ist im Besitz des Bundes.

Bei der Privatisierung des *Volkswagen-Werkes* (Grundkapital 600 Mill. DM) wurden 60 % (= 360 Mill. DM) der Aktien Anfang 1961 als Volksaktien veräußert, 40 % blieben je zur Hälfte bei dem Bund und Niedersachsen. Der „Sozialrabatt" betrug beim Erwerb der Volksaktien je nach Familienstand und Einkommenshöhe (Höchstbetrag bei Verheirateten 16 000 DM) 25—10 %. Der Ausgabekurs war 350 %. Die Emission wurde sehr stark überzeichnet.

Im Sommer 1965 wurden weiterhin Volksaktien bei der Teil-Privatisierung des bundeseigenen *Veba-Konzerns* (Vereinigte Elektrizitäts- und Bergwerks-AG) ausgegeben. Insgesamt wurden 528 Mill. DM des Grundkapitals (das sind 64 %) für die Volksaktien zur Verfügung gestellt. Der Ausgabekurs betrug 210 %. Die Zeichnungsberechtigten wurden je nach der Einkommenshöhe in drei Gruppen eingeteilt, wobei die Kaufanträge der jeweils niedrigeren Einkommensgruppen vor denen der höheren berücksichtigt werden sollten. Doch wurde die Emission derart überzeichnet, daß nur die Gruppe 1 (Jahreseinkommen für Ledige bis 8000 DM, für Eheleute bis 16 000 DM) berücksichtigt wurde.

Würdigung der Volksaktie: Die Volksaktien sollten nach Meinung der Sachverständigen keine rechtlichen Sonderformen der Aktie sein, sondern normale Aktien in kleiner Stückelung. Die Schaffung *rechtlicher Sonderformen* verzerrt die Struktur des Kapitalmarktes. Infolge der Beschränkung des *Stimmrechts* wird ein sehr großer Teil Aktionäre sich nicht vertreten lassen können. Problematisch ist auch der *Ausgabekurs:* Ist er niedrig, also „sozial", führt er zu einer u. U. gefährlichen Haussebewegung; so stieg der Kurs der VW-Aktien anfangs hektisch bis über 1100 %. Vielfach wird nicht zu Unrecht behauptet, daß die kleinen Sparer in Deutschland noch nicht reif für das Aktiensparen seien (eine Meinungsumfrage im Ruhrgebiet ergab, daß nur 5 % der Befragten wußten, was eine Aktie ist). So kann ein Kursrückgang der Volksaktie unter den kleinen Sparern schon zu einer Panik führen; das hat sich bei dem starken Rückgang des VEBA-Aktienkurses gezeigt. Der Ausgabe von Volksaktien sollte deshalb eine umfassende Aufklärung der Sparer vorangehen. Weiterhin ist eine grundlegende Umstellung in der Haltung der Unternehmensleitungen notwendig. Auf die Kleinaktionäre muß, wie man es in Amerika tut, weit mehr Rücksicht genommen werden. Gerade der Kleinaktionär will einen Ertrag sehen.

3. Die Schuldverschreibung

Die Schuldverschreibung, Anleihe oder Obligation ist eine *Schuldurkunde, in der sich der Aussteller dem Gläubiger gegenüber zu einer verzinslichen Geldleistung verpflichtet.*

Der *Nennwert* der Obligation ist die zu verzinsende Geldsumme. Die T e i l s c h u l d v e r s c h r e i b u n g e n sind die einzelnen Stücke der Schuldverschreibung.

Der *Ertrag* einer Schuldverschreibung besteht in der Regel nicht nur aus dem Zinsertrag. Die Schuldverschreibung wird häufig zu einem niedrigeren Kurs ausgegeben und zu einem höheren Kurs zurückgezahlt. Der Ertrag ist also auch von dem Emissionskurs oder bei späterem Erwerb vom Anschaffungskurs, ferner vom Rückzahlungskurs abhängig (Emissionsdisagio und Rückzahlungsagio). So lag die Effektivverzinsung der 8 %igen Bayern-Anleihe, die mit 98 % verkauft wurde und mit 103,5 % zurückgezahlt wird, am Tage der Ausgabe bei 9,1 %.

Die Rückzahlung

Je nach der Art der Rückzahlung unterscheidet man:

1. R e n t e n a n l e i h e n , bei denen kein Rückzahlungszwang besteht (sog. *„Ewige Renten"*). Diese Form ist in Deutschland nur für Staatsanleihen zugelassen, kommt aber nicht vor; in Frankreich war sie früher sehr beliebt.

2. T i l g u n g s a n l e i h e n , bei denen die Art der Rückzahlung vor Ausgabe der Schuldverschreibung genau festgelegt wird. Dabei unterscheidet man verschiedene Tilgungsformen:

a) T i l g u n g n a c h f e s t e m P l a n , und zwar Rückzahlung der ganzen Anleihe zu einem bestimmten Termin oder Rückzahlung in gleichen Raten zu regelmäßigen Terminen oder Rückzahlung in um die ersparten Zinsen steigenden Raten und Rückzahlung in steigenden oder fallenden Raten.

b) R ü c k z a h l u n g d u r c h e i n e n v o m S c h u l d n e r f e s t z u s e t z e n d e n Z e i t p u n k t , jedoch mit Bestimmung des spätesten Rückzahlungstermins.

c) P l a n m ä ß i g e R ü c k z a h l u n g , jedoch mit beliebiger Tilgung.

Arten der festverzinslichen Schuldverschreibungen

1. *Staats- und Kommunalanleihen:* Kurzfristige Staatsanleihen sind die Schatzwechsel (dreimonatige Laufzeit) und die unverzinslichen Schatzanweisungen (U-Schätze mit einer Laufzeit bis zu 2 Jahren); bei beiden sind die Zinsen im Nominalbetrag enthalten. Mittelfristige Staatsanleihen (Laufzeit bis 20 Jahre) sind die verzinslichen Schatzanweisungen, die zu bestimmten Terminen ausgelost werden. Die langfristigen Anleihen sind heute stets Tilgungsanleihen.

Schuldbuchforderungen sind Staatsanleihen, die nicht in Form von Schuldverschreibungen ausgegeben werden, sondern in das „Schuldbuch" des Staates oder öffentlicher Körperschaften eingetragen werden (das Schuldbuch der Bundesrepublik befindet sich in Homburg v. d. H.); sie können durch Umschreibungen im Schuldbuch übertragen werden.

2. *Anleihen öffentlich-rechtlicher Kreditanstalten:* Sie dienen meist dem Kommunalkredit und dem Bodenkredit.

3. *Pfandbriefe:* Das sind Schuldverschreibungen der Realkreditinstitute (Hypothekenbanken), deren Erlöse zu Hypothekarkrediten verwendet werden müssen.

4. *Kommunalobligationen:* Schuldverschreibungen der privaten Hypothekenbanken, die auf Grund von Darlehen an Gemeinden ausgegeben werden.

5. *Industrieobligationen:* Schuldverschreibungen großer industrieller Unternehmungen. (Handelsbetriebe und Banken geben selten Obligationen aus.) Sie sind meist durch Hypotheken gesichert, seltener durch Verpfändung von Wertpapieren oder Bürgschaft.

4. Sonderformen

a) Von der Schuldverschreibung abgeleitete Formen:

1. *Gewinnschuldverschreibung:* Sie gewährt außer dem Anspruch auf eine feste Verzinsung ein Anrecht auf einen bestimmten Anteil am Reingewinn der Unternehmung. Sie sind eine Verbindung von normaler Schuldverschreibung und Genußschein (s. unten).

2. *Wandelschuldverschreibungen oder Wandelanleihen:* Sie treten in zwei Formen auf: Bei den Wandelschuldverschreibungen mit Umtauschrecht (die übliche Form!) wird dem Gläubiger das Recht gewährt, innerhalb einer bestimmten Frist in einem festen Austauschverhältnis die Schuldverschreibungen in Aktien umzutauschen *(convertible bonds).* Bei den Wandelschuldverschreibungen mit Bezugsrecht auf Aktien, sogenannte Optionsanleihen, wird dem Gläubiger das Recht auf den Bezug von Aktien innerhalb einer bestimmten Frist und zu einem bestimmten Bezugskurs gewährt. — Die Wandelanleihen mit Umtauschrecht bieten für das angelegte Kapital eine zusätzliche Sachsicherung, wenn der Aktienmarkt unsicher oder wenig ergiebig ist. So wurden 1951 und 1952 in der Bundesrepublik zahlreiche Wandelanleihen ausgegeben.

b) Von der Aktie abgeleitete Formen:

1. Die *Vorzugsaktien* oder *Prioritätsaktien* gewähren ein Vorrecht in den Grundrechten der Aktie, und zwar

a) bei den Vorzugsaktien m i t f e s t e m E r t r a g wird den Vorzugsaktionären eine nach oben begrenzte Vorzugsdividende mit oder ohne Kumulation (Nachzahlungsverpflichtung für ausgefallene Jahresdividenden) gewährt. Meist sind sie auch mit einem Vorrecht im Liquidationsfall ausgestattet.

b) Vorzugsaktien m i t v e r ä n d e r l i c h e m E r t r a g gewähren über den festen Ertrag hinaus noch einen Anteil am Reingewinn, die sogenannte Ü b e r d i v i d e n d e ;

c) Vorzugsaktien o h n e S t i m m r e c h t dürfen jetzt zur Erleichterung der Kapitalerhöhung (z. B. Familienbetriebe) bis zum Gesamtnennbetrag der anderen Aktien (vordem nur bis zur Hälfte) ausgegeben werden. Stammaktien ohne Stimmrecht sind verboten.

d) M e h r s t i m m r e c h t s a k t i e n gewähren dem Inhaber einer Aktie auf der Hauptversammlung mehrere Stimmen; sie waren früher erlaubt, sind aber seit 1937 grundsätzlich nicht mehr zulässig.

2. Der *Genußschein* gewährt das Recht auf Anteil am Reinertrag. Er kann mit oder ohne Nennwert ausgegeben werden. Zuweilen gewähren Genußscheine auch einen Anspruch am Liquidationserlös. Sehr selten besitzen sie ein Stimmrecht. Genußscheine werden meist bei Sanierungen ausgegeben oder als Entschädigung bei anderen Gelegenheiten sowie zu Kapitalbeschaffungszwecken; sie sind meist nicht sehr langlebig, da ihre Geltungsdauer befristet ist.

c) Die I n v e s t m e n t - Z e r t i f i k a t e sind Anteilsscheine an einem Wertpapierfonds einer *Investmentgesellschaft (Kapitalanlagegesellschaft)*. Die Investment-Gesellschaften, durchweg Gründungen von Banken oder Bankgruppen, sammeln durch Verkauf kleingestückelter Zertifikate an den Bankschaltern Sparkapital, das sie in eigenem Namen für gemeinschaftliche Rechnung der Einleger nach dem Grundsatz der Risikomischung in verschiedenartigen börsengängigen Wertpapieren, die den *Fonds* bilden, anlegen. Die Investment-Gesellschaft hat meist mehrere Fonds mit andersartiger Zusammensetzung der Wertpapierarten (nur deutsche Aktien, nur festverzinsliche Papiere, ausländische Wertpapiere, Aktien und festverzinsliche Papiere gemischt, Aktien bestimmter Wirtschaftszweige usw.). Es gibt auch Immobilienfonds, die aus Grundstücken und Liegenschaften bestehen. Der Wert der Effekten-Zertifikate wird täglich aus den Börsenkursen der im Fonds enthaltenen Wertpapiere ermittelt. Mit einem kleinen Abschlag werden die Zertifikate jederzeit zurückgekauft. In der BRD bestehen z. Z. 13 Investment-Gesellschaften mit 32 Fonds mit rund 7 Mrd. Anlagevermögen. Sie unterliegen der Bundesaufsicht.

IV. Finanzierungen aus Abschreibungen

Kapazitätserweiterungseffekt (Kapitalfreisetzungseffekt)

Die Abschreibungen dienen, wie bereits verschiedentlich erwähnt, grundsätzlich zur *Ersatzbeschaffung* des Abschreibungsgegenstandes (Re-Investition). Doch wirken auch die verbrauchsbedingten Abschreibungen als eine Quelle der Neuinvestition, ein Vorgang, der zuerst von H. Ruchti und M. Lohmann beschrieben wurde **(Lohmann-Ruchti-Effekt)**. Dieser Effekt beruht auf der Tatsache, daß in den Verkaufspreisen der hergestellten Erzeugnisse der Abschreibungswert für

die Anlagennutzung in der Regel früher vergütet wird, als er für die verschleiß-
bedingte Erneuerung der Anlagegüter benötigt wird, von denen die Abschreibungsbeträge stammen, d. h. daß die Verflüssigung des im Anlagevermögen
gebundenen Kapitals und das Ausscheiden verbrauchter Anlagegüter aus dem
Produktionsprozeß zeitlich auseinanderfallen. Werden die in diesem Sinne vor-
weggenommenen Abschreibungsbeträge laufend re-investiert, so führt das zu
einer Anlagenexpansion, ohne daß es der Zuführung neuer Mittel (durch Aufnahme von Fremdkapital oder Erhöhung des Eigenkapitals) bedarf.

Lohmanns Reeder-Beispiel

M. Lohmann erläutert diesen „Kapazitätserweiterungseffekt" an dem bekannten
Beispiel des Reederei-Unternehmens (Einführ. in die Betriebswirtschaftslehre,
4. Aufl. 1964): Ein Reeder setzt eine Flotte von 10 Schiffen im Preise von je
100 000 DM, also insgesamt ein Kapital von 1 Million DM, ein; einer 20jährigen
Lebensdauer entspricht eine 5 %ige lineare Abschreibung. Dann hat er bereits
nach zwei Jahren (2 × 50 000 = 100 000) die Mittel zur Beschaffung eines elften
Schiffes aus seinen Einnahmen zur Verfügung. Der Prozeß beschleunigt sich,
da die neuen Schiffe, was vorausgesetzt wird, ihrerseits Abschreibungsquoten
einbringen, so daß bis Ablauf des 20. Jahres ein Bestand von 24 Schiffen erreicht wird. Nach Ausscheiden der 10 anfänglich eingestellten Schiffe am Ende
des 20. Jahres beginnt das Spiel erneut und führt im Lauf einer geraumen Zeit
bei zunehmender Streuung des Lebensalters der einzelnen Schiffe zu einem
ständigen Bestand von 18 bis 19 Schiffen, ohne daß das Bilanzbild, sei es in den
Anlagewerten, sei es in einer entsprechenden Zunahme des Kapitals, dem
Außenstehenden, der Börse und dem flüchtigen Bilanzkritiker davon irgend
etwas verriete.

Ein Zahlenbeispiel

Wir wollen den Vorgang an einem durchgerechneten Zahlenbeispiel noch verdeutlichen (siehe nebenstehende Tabelle).

Beispiel: 10 Maschinen von je 10 000 DM Wert und einer Nutzungsdauer von je
5 Jahren werden linear abgeschrieben (Abschreibungssatz 20 %); der Abschrei-
bungsgegenwert wird laufend re-investiert. Es ergibt sich folgende Erweiterung
der Kapazität (Spalte 2) bei gleichbleibendem Kapitaleinsatz (Spalte 3 + 6).

Der Maschinenpark wächst also durch die Re-Investition bis zum 5. Jahr um
das Doppelte. Im 6. Jahr fallen die 10 alten Maschinen aus, und es kommen
4 neue hinzu, so daß der Bestand 14 Maschinen beträgt. Der Maschinenpark
steigt aber wieder bis zum 8. Jahr auf 16 Maschinen, die er dann konstant
beibehält.

Der Ausweitungskoeffizient

Dieser Effekt läßt sich damit erklären, daß bei linearer Abschreibung während
der gesamten Nutzungsdauer im Durchschnitt nur die Hälfte der Anschaffungskosten gebunden ist, so daß theoretisch die Investition der Abschreibungsmittel
genau eine Verdoppelung der Anlagewerte bewirken müßte. Doch kann eine
Verdoppelung praktisch nie erreicht werden, weil die Abschreibung jeweils erst

Jahre	Anzahl der Maschinen	Gesamtwert der Anlagen	Summe der Abschreibungen	Reinvestition	Abschreibungsrest
1	2	3	4	5	6
1	10	100 000	20 000	20 000	—
2	12	100 000	24 000	20 000	4 000
3	14	96 000	28 000	30 000	2 000
4	17	98 000	34 000	30 000	6 000
5	20	94 000	40 000	40 000	6 000
6	14	94 000	28 000	30 000	4 000
7	15	96 000	30 000	30 000	4 000
8	16	96 000	32 000	30 000	6 000
9	16	94 000	32 000	30 000	8 000
10	16	92 000	32 000	40 000	—
11	16	100 000	32 000	30 000	2 000
12	16	98 000	32 000	30 000	4 000
13	16	96 000	32 000	30 000	6 000
14	16	94 000	32 000	30 000	8 000
15	16	92 000	32 000	40 000	—
16	16	100 000	32 000	30 000	2 000
17	16	98 000	32 000	30 000	4 000
18	16	96 000	32 000	30 000	6 000
19	16	94 000	32 000	30 000	8 000
20	16	92 000	32 000	40 000	—

zum Jahresschluß erfolgt und weil die Abschreibungsobjekte nicht beliebig teilbar sind (wie auch unser Zahlenbeispiel zeigt). Je niedriger nun der Abschreibungssatz, um so größer ist der Kapazitätserweiterungseffekt.

Hans Ruchti (Die Abschreibung, 1953) hat unter Zugrundelegung der „Einnahmen- und Ausgabenreihen" die Kapazitätsausweitungskoeffizienten bezogen auf ein Kapital von 1 DM für die Abschreibungssätze von 100 % bis 0 % ermittelt und dafür folgende Reihe aufgestellt:

Abschreibungssatz in %	100	50	33^1/$_3$	25	20	12^1/$_2$	10	5	2^1/$_2$	0
Ausweitungskoeffizient	1	1,33	1,50	1,60	1,66	1,77	1,81	1,90	1,95	2

Danach hat ein Anlagegut, das überhaupt nicht abgeschrieben wird (wie z. B. unbebaute Grundstücke), den Ausweitungskoeffizient 2, d. h. es müßte sich in (mathematisch) unendlich langer Zeit verdoppelt haben, ein praktisch nicht vorkommener Grenzfall. Wird ein Gut mit 100 % abgeschrieben, ist der Koeffizient 1, der Erweiterungseffekt ist Null. Bei dem Reeder betrug der Abschreibungssatz 5 %, der Koeffizient ist 1,9 (die Flotte erweiterte sich von 10 auf 19 Schiffe), in unserem Zahlenbeispiel war der Abschreibungssatz 20 %, der Koeffizient ist 1,66 (der Maschinenpark wuchs von 10 auf 16 Maschinen).

Die Würdigung des Kapazitätserweiterungseffekts

Der Kapazitätserweiterungseffekt wird häufig in der Praxis als graue Theorie hingestellt. Er ist jedoch voll wirksam, wenn die Abschreibungsmittel sofort wieder investiert werden, was die Regel ist. Nur wird er schwer erkannt, denn nichts verrät das „Bilanzbild, sei es in den Anlagewerten, sei es in einer entsprechenden Zunahme des Kapitals, dem Außenstehenden, der Börse und dem flüchtigen Bilanzkritiker" (Lohmann). Zudem tritt er wohl kaum in der reinen Form auf, wie er hier in dieser isolierten Betrachtung dargestellt wurde; denn es müßte dann auch die Absatzentwicklung genau der Kapazitätserweiterung entsprechend verlaufen. Doch die Unternehmung richtet ihre Investitionspolitik nicht nach dem Kapitalfreisetzungseffekt, sondern vor allem nach der Absatzplanung aus. Trotzdem muß sie bei einer exakten Investitionsrechnung auch die Kapazitätserweiterung durch Abschreibungen berücksichtigen. In unserem Zahlenbeispiel tritt ein kritischer Punkt im 6. Jahr ein, wenn sich der Maschinenpark von 20 auf 14 Maschinen verringert. Hier müssen neue Mittel für 6 neue Maschinen zugeführt werden, wenn die Kapazität von 20 Maschinen im 5. Jahr voll ausgelastet war und nicht verringert werden soll. Ferner müssen häufig die Abschreibungen zur Tilgung eines Investitionskredits benutzt werden.

Dazu kommt weiterhin, daß sich das Anlagevermögen einer Unternehmung aus zahlreichen Anlagen von sehr verschieden langer Nutzungsdauer und sehr verschieden langem Alter zusammensetzt, so daß eine Ermittlung eines einheitlichen Ausweitungskoeffizienten sehr schwierig ist. Schließlich wirken sich auch die verschiedenen Abschreibungsmethoden sehr unterschiedlich aus. In unserem Beispiel legten wir der Einfachheit halber die lineare Abschreibungsmethode zu Grunde, doch tritt der Effekt auch bei allen anderen Abschreibungsmethoden ein. — Das alles spricht aber nicht gegen die volle Wirksamkeit des Kapazitätserweiterungseffektes im praktischen Betriebsleben.

V. Die Bedeutung der Unternehmungsformen für die Finanzierung

Die verschiedenen Unternehmungsformen, so wie sie durch das Gesetz genormt sind, sind für die Art der Finanzierung von entscheidener Bedeutung. Das geht vor allem aus der Kapitalstruktur der einzelnen Unternehmungen hervor, wie sie sich vor allem bei der Unterscheidung der Unternehmungsformen in Personenunternehmungen und Kapitalgesellschaften zeigt. Diese Bezeichnungen sind methodisch vielleicht nicht ganz glücklich gewählt, aber sie kennzeichnen den Charakter dieser beiden Hauptformen. Bei den Personenunternehmungen, die in der Regel eine kleine Kapitalbasis haben, sind Kapitaleigner und Unternehmer identisch; sie sind an einen bestimmten Personenkreis gebunden. Die Kapitaleigner, nämlich der Einzelkaufmann und die Gesellschafter der Offenen Handelsgesellschaft, sind allein verantwortlich für die Geschäftsführung. Sie haften deshalb auch für die Schulden der Unternehmung mit ihrem ganzen Vermögen. Bei den Kapitalgesellschaften dagegen, die eine sehr große Kapitalbasis haben, steht die Bedeutung des anonymen Kapitals im Vordergrund; die Gesellschafter sind grundsätzlich nur durch ihre Kapitaleinlage, nicht durch ihre persönliche Mitarbeit gebunden; es haftet nur das Gesellschaftsvermögen, nicht der Gesellschafter.

Die *finanzwirtschaftlichen Besonderheiten* der einzelnen Unternehmungsformen haben wir bereits bei der allgemeinen Darstellung der Unternehmungsformen ausführlich mitbehandelt (s. oben S. 126—150).

VI. Literaturhinweise

Brandes, H.: Der Euro-Dollarmarkt. Wiesbaden 1968.

Bruns, Georg: Wertpapier und Börse. Frankfurt 1972.

Bruns, Georg: Entwicklungsprobleme des Effektenwesens. Frankfurt 1966.

Büschgen, H. E.: Aktienanalyse und Aktienbewertung nach der Ertragskraft. Wiesbaden 1962.

Hagenmüller, K. F. (Hrsg.): Leasing-Handbuch. 3. Aufl., Frankfurt 1973.

Hiebler, H.: Die Praxis der Kreditgewährung. Wiesbaden 1972.

Hintner, O.: Wertpapierbörsen. Wiesbaden 1961.

Jährig, A, und H. Schuck: Handbuch des Kreditgeschäfts. 2. Aufl., Wiesbaden 1975.

Jonas, H.: Grenzen der Kreditfinanzierung. Wiesbaden 1960.

Lipfert, Helmut: Der Geldmarkt. 8. Aufl., Frankfurt.

Lipfert, Helmut: Internationale Finanzmärkte. Frankfurt 1964.

Lipfert, Helmut: Optimale Unternehmensfinanzierung. 3. Aufl., Frankfurt 1969.

Müller, Gerhard, u. J. Löffelholz: Bank-Lexikon. 7. Aufl. Wiesbaden 1973.

Münstermann, H.: Geschichte und Kapitalwirtschaft. Wiesbaden 1963.

Reinboth, Helmut: Schuldscheindarlehen als Mittel der Unternehmungsfinanzierung. Wiesbaden 1965.

Schmidt, R. H.: Aktienkursprognose. Wiesbaden 1976.

Staehle, W.: Die Schuldscheindarlehen. Wiesbaden 1966.

Tormann, W.: Die Investmentgesellschaften. 4. Aufl. Frankfurt 1973.

Ungerer, M.: Der Personalkredit. Wiesbaden 1959.

D. Sonderformen der Finanzierung

Während man heute unter Finanzierung die gesamte finanzielle Führung der Unternehmung versteht, faßte man früher, wie wir bereits oben darlegten, den Begriff der Finanzierung wesentlich enger und verstand darunter nur die b e s o n d e r e n   a u ß e r g e w ö h n l i c h e n   F i n a n z i e r u n g s m a ß n a h m e n , nämlich bei:

1. Errichtung und Erweiterung von Unternehmungen: Gründung, Umwandlung, Kapitalerhöhung;

2. kapitalmäßiger Verschmelzung und Verschachtelung von Unternehmungen: Fusion, Konzernbildungen, Beteiligungen usw.;

3. Stützung finanziell geschwächter Unternehmungen: Sanierung;

4. Abbau und Auflösung von Unternehmungen: Kapitalherabsetzung und Abwicklung.

Es muß hier noch darauf hingewiesen werden, daß Gründung, Umwandlung, Fusion, Sanierung und Abwicklung keineswegs reine Finanzierungsprobleme sind, wie oft angenommen wird; sie berühren meist alle Unternehmungsfunktionen. Die finanzwirtschaftlichen Vorgänge stehen allerdings in der Regel im Vordergrund.

I. Die Gründung

1. Das Wesen der Gründung

Der Begriff der Gründung

Bei der Gründung müssen wir den juristischen und den betriebswirtschaftlichen Begriff unterscheiden. J u r i s t i s c h versteht man unter der Gründung lediglich die rechtliche Entstehung einer Unternehmung. B e t r i e b s w i r t - s c h a f t l i c h dagegen ist der Gründungsbegriff wesentlich weiter und schließt auch die gesamte Errichtung der Unternehmung mit ein. Zur Gründung gehören daher alle Maßnahmen vom Gründungsentschluß bis zur Erreichung der Betriebsbereitschaft. Juristisch ist die Gründung der Unternehmung abgeschlossen, wenn die Firma in das Handelsregister eingetragen ist, während sie betriebswirtschaftlich dann in aller Regel noch nicht abgeschlossen ist.

Arten der Gründung

Wir unterscheiden bei der Gründung j e n a c h d e r A r t d e r E i n b r i n - g u n g s g e g e n s t ä n d e :

1. Die *Bargründung*, bei der das von den Gründern zur Verfügung gestellte Unternehmungskapital aus Barmitteln besteht.

2. Die *Sachgründung*, bei der Sacheinlagen eingebracht werden. Wir müssen hier wiederum zwei Arten unterscheiden, und zwar

a) die *einfache Sachgründung*: Neben dem Barkapital werden einzelne Sacheinlagen eingebracht: bewegliche oder unbewegliche Sachen, Grundstücke, Gebäude, Waren; ferner Rechte: Patente, Erfindungen, Anteilsrechte an fremden Unternehmungen, Rechte aus Pacht- und Mietverträgen; oder Forderungen aus Schuldverhältnissen;

b) die *Umgründung* oder *Umwandlung*. Auch sie ist *rechtlich eine Sachgründung*. Bei ihr wird ein bestehendes Unternehmen in eine andere Unternehmungsform umgewandelt. Während es sich bei der Bargründung grundsätzlich um eine Neugründung handelt, ist die Umgründung, *wirtschaftlich gesehen, keine „echte" Gründung* mehr (wir behandeln sie deshalb gesondert im nächsten Abschnitt S. 685 ff.). Der Gesamtwert des Unternehmens als wirtschaftliche Einheit mit allen Aktiven und Passiven (einschließlich der immateriellen Werte, wie Firmenwert, Kundschaft, Organisation) wird eingebracht. Bei Aufstellung der *Übernahmebilanz* ist darauf zu achten, daß die einzelnen Positionen nicht überbewertet sind, daß vor allem eine Garantie für den Eingang der bestehenden Forderungen vorhanden ist. Vielfach hat ein Sachverständiger zu prüfen, ob die Außenstände, die ausgewiesenen Forderungen, den schriftlichen Darlehensverträgen entsprechen. Auch K o n k u r r e n z k l a u s e l n sind in Gründungsverträgen nicht selten; der Einbringer muß sich verpflichten, für eine bestimmte Zeit auf die Errichtung eines ähnlichen Unternehmens zu verzichten; bei Zuwiderhandlungen muß er eine Konventionalstrafe leisten.

Die Gründungsbilanz

Vor jeder Gründung bzw. Umgründung ist eine fiktive *Gründungsbilanz* aufzustellen. Ihr muß die zu wählende Betriebsgröße und Betriebsstruktur zugrunde gelegt werden. Die Gründungsbilanz soll die Vermögenszusammensetzung klarlegen und das notwendige Betriebskapital für eine Umschlagsperiode bestimmen. Unter Berücksichtigung der geschätzten Umsatzziffern und der wahrscheinlichen Schwankungen des Umsatzes, der Höhe der Zinszahlungen und der einzukalkulierenden Risiken aus Preissenkungen, Kreditgewährungen usw. ist eine *Erfolgsrechnung* f ü r   e i n   G e s c h ä f t s j a h r aufzustellen. Besonders wichtig ist die *Kapitalbedarfskalkulation;* denn es kommt bei der Errichtung neuer Unternehmungen nicht selten vor, daß sich über kurz oder lang herausstellt, daß die „Kapitaldecke" zu schwach ist. (Näheres s. oben S. 614 f.)

2. Gründung von Einzelfirmen

Bei der *Bargründung* einer Einzelfirma ist, wie bei jeder Gründung auf S t a n d o r t und K o n k u r r e n z f ä h i g k e i t des geplanten Unternehmens zu achten. Bei der Aufstellung der Gründungsbilanz sind auch die Möglichkeiten für Lieferanten- und Bankkredite und gegebenenfalls für die Heranziehung von Kommanditisten oder stillen Teilhabern zu erwägen. Jede Zahlungsstockung kann die wirtschaftliche Stellung des Einzelkaufmanns und seiner Kreditwürdigkeit zerstören.

Bei einer *Übernahmegründung* — darunter versteht man die Übernahme eines bereits bestehenden Unternehmens durch Kauf — ist die frühere Ertragslage des Unternehmens besonders genau zu prüfen. Es ist ferner zu untersuchen, ob das Verhältnis der Lagervorräte zum Umsatz gesund ist, ob das Lager marktfähige oder veraltete Waren enthält, welchen Gütegrad die zu übernehmenden Außenstände haben und welche zweifelhaften Forderungen bestehen u. dgl. m. Die Bilanzen der letzten Jahre, die Umsatzziffern und der Auftragsbestand können hier hinreichend Aufschluß geben.

3. Die Gründung von Personengesellschaften

Die Gründung von Personengesellschaften vollzieht sich in der gleichen Art wie die von Einzelfirmen. Es ist hier weiterhin noch darauf zu achten, ob die Persönlichkeit der Gesellschafter eine harmonische Zusammenarbeit gewährleistet und ob das Unternehmen mehreren Inhabern ein hinreichendes Auskommen bietet. Anmeldung zum Handelsregister muß beim Amtsgericht erfolgen. Eingetragen werden: Firmenname, Lage der Unternehmung, Angabe der Gesellschafter und des Zweckes der Unternehmung. Die Kapitalverhältnisse der Firma werden nicht eingetragen.

Beispiel für die Gründung einer Offenen Handelsgesellschaft

Zur Ausbeutung eines technischen Artikels soll eine Offene Handelsgesellschaft gegründet werden. Der Hauptgründer verfügt über sehr große Beziehungen zu Verbraucherkreisen, so daß ein Absatz von mindestens 5 % des Gesamtbedarfs an diesem technischen Artikel verbürgt ist. Das Unternehmen soll vorläufig auf eine Produktionskapazität in diesem Ausmaß eingestellt werden. Umsatz und Bedarf sind von jahreszeitlichen Schwankungen wenig berührt. Der Fabrikationsprozeß wickelt sich in etwa 7 bis 8 Tagen ab. Rohstoffe müssen gegen bar eingekauft werden. Ein ständiges Rohstofflager, das für drei Monate reicht, ist mit Rücksicht auf mögliche Störungen bei der Eindeckung und dem notwendigen Trocknungsgrad dieser Rohstoffe erforderlich. Die übliche Regulierung der Verkäufe erfolgt 30 Tage netto.

Kapitalbedarfsrechnung

1. **Anlagevermögen:** Grundstücke, Maschinen, Einrichtungen — aus technischen Daten errechnet . . . . 44 000,— DM

2. **Umlaufvermögen** — für 3 Monate
   a) Fertigungsmaterial . . . . 36 000,— DM
   b) Fertigungslöhne . . . . 12 000,— DM
   c) Fertigungsgemeinkosten
   Miete für Fabrik und Büroräume . . . . 1 200,— DM
   Strom und Dampf . . . . 900,— DM
   sonstige Fertigungsgemeinkosten . . . . 2 400,— DM   4 500,— DM
   d) Verwaltungs- und Vertriebsgemeinkosten . . . . 3 500,— DM
   100 000,— DM

3. **Reservekapital** für Schwankungen des Beschäftigungsgrades und des Zahlungseingangs sowie für unerwartete Erfordernisse . . 10 000,— DM
   110 000,— DM

Dieses Geschäftskapital wird auf folgende Weise eingebracht:

Gesellschafter A (Hauptgründer)	60 000,— DM in bar
Gesellschafter B	30 000,— DM in bar
Stiller Gesellschafter C	15 000,— DM in bar
Laufender Bankkredit	5 000,— DM

Erfolgsrechnung für ein Geschäftsjahr

1. Aufwendungen
   a) Fertigungsmaterial . . . . 144 000,— DM
   b) Fertigungslöhne . . . . 48 000,— DM
   c) Fertigungsgemeinkosten . . . . 18 000,— DM
   d) Verwaltungs- und Vertriebsgemeinkosten
   (einschl. Unternehmerlohn) . . . . 34 000,— DM
   e) Abschreibungen auf Anlagen . . . . 22 000,— DM
   266 000,— DM
2. Erträgnisse (180 000 kg zu 1,54 DM) . . . . 277 200,— DM
3. Jahresgewinn . . . . 11 200,— DM

Die Gründungskosten werden von den beiden persönlich haftenden Gesellschaftern anteilig getragen. Da in den Verwaltungsgemeinkosten auch ein angemessenes Entgelt für die Mitarbeit dieser Gesellschafter und die vertraglichen 6 % Zinsen auf das Kapital des stillen Gesellschafters enthalten sind, so ergibt sich eine Unternehmerrentabilität von etwa 11 % des Eigenkapitals. (Das Beispiel wurde entnommen: Kalveram, Finanzierungen, in „Handelshochschule", 3. Aufl. S. 29. — Vgl. auch oben S. 614 f.)

4. Die Gründung von Aktiengesellschaften

Bargründung, Sachgründung, Nachgründung

Bei der *Bargründung* werden alle Aktien gegen Barzahlung übernommen. Zuweilen wird für jede Aktie ein höherer als der Nennbetrag bezahlt (z. B. für eine 1000-DM-Aktie 1200 DM). Das Agio dient dazu, die Kosten der Gründung zu decken und gesetzliche Reserven zu bilden. Die Ausgabe von Agio-Aktien bei einer Bargründung ist gerechtfertigt, um sogleich mit einer Rücklage die Kapitalbasis zu stärken.

Bei einer *Sachgründung* müssen die Objekte der Sacheinlage oder Sachübernahme, die Namen der Sacheinleger, der Nennbetrag der als Gegenleistung zu gewährenden Aktien bzw. die bei Sachübernahme zu gewährenden Vergütungen in der Satzung festgelegt werden. Der Gesetzgeber will damit zum Schutz der Aktionäre verhüten, daß den Sacheinlegern durch unbegründete Höherbewertung der eingebrachten Gegenstände Sondervorteile erwachsen, was früher gelegentlich vorkam.

Eine „*Nachgründung*" liegt dann vor, wenn innerhalb von zwei Jahren nach der Gründung der Gesellschaft Vermögensgegenstände erworben werden, die den zehnten Teil des Grundkapitals übersteigen. Diese „Nachgründung" wurde früher vielfach vorgenommen, um eine Sachgründung zu umgehen. Der Gesetzgeber bestimmt, daß eine Nachgründung nur dann wirksam ist, wenn der Erwerb der Vermögensgegenstände vom Aufsichtsrat geprüft worden ist und von der Hauptversammlung mit Dreivierteln des vertretenen Kapitals gebilligt wird.

Qualifizierte Gründung

Die qualifizierte Gründung ist zwar das Gegenstück zur Bargründung, sie deckt sich jedoch nicht mit der Sachgründung. Der Begriff ist weiter. Eine qualifizierte Gründung liegt vor:

1. bei der S a c h g r ü n d u n g ;

2. wenn durch Vertrag Anlagen oder sonstige Vermögensgegenstände von der zu errichtenden AG übernommen werden (S c h e i n b a r g r ü n d u n g),

3. wenn e i n z e l n e A k t i o n ä r e b e s o n d e r e V o r t e i l e, oder wenn Aktionäre oder andere Personen einen G r ü n d e r l o h n erhalten,

4. wenn ein M i t g l i e d d e s A u f s i c h t s r a t e s o d e r V o r s t a n d e s zu den G r ü n d e r n gehört.

In allen Fällen der qualifizierten Gründung muß der Vorgang durch „Gründungsprüfer" geprüft werden; der Bericht der Gründungsprüfer ist dem Gericht einzureichen.

Einheits- und Stufengründung

Bei der *Einheits- oder Simultangründung* werden sämtliche Aktien von den Gründern, die aus m i n d e s t e n s f ü n f natürlichen oder juristischen P e r s o n e n bestehen müssen, übernommen. Sie ist i n D e u t s c h l a n d d i e ü b l i c h e Form.

Bei der *Stufen- oder Sukzessivgründung* übernehmen der Gründer nur einen Teil der Aktien selbst, während der Rest durch die der Errichtung vorangehende Zeichnung untergebracht wird. Das Registergericht beruft vor der Eintragung eine Hauptversammlung der Aktionäre ein, die über die Errichtung der Gesellschaft Beschluß fassen muß. Dann erst erfolgt die Eintragung. Die Stufengründung k o m m t i n D e u t s c h l a n d n i c h t v o r und ist nach dem neuen Aktiengesetz von 1965 auch nicht mehr zulässig.

Die Kapitalbedarfsrechnung

Das folgende s c h e m a t i s c h e Z a h l e n b e i s p i e l zeigt uns, wie der Kapitalbedarf überschläglich berechnet wird (vgl. auch das Schema auf S. 614).

1. **Anlagevermögen** (Grundstücke, Maschinen, Einrichtungen), aus
   technischen Daten errechnet   1 000 000,— DM

2. **Kosten der Ingangsetzung und Kapitalbeschaffung** (Gehälter,
   Steuern, Gebühren, Einführungswerbung)   150 000,— DM

3. **Umlaufvermögen**

Produktionsdauer	20 Tage
Lagerdauer der Fertigfabrikate	10 Tage
Debitorenziel	80 Tage
	110 Tage

Tägliche Kostenvorlagen den technischen Daten der Anlagen entsprechend bei voraussichtlicher Ausnutzung der Kapazität:

Material	8 000,— DM	
Löhne	5 000,— DM	
Sonstige Ausgaben für Ver- waltung, Zinsen, Steuern	2 000,— DM	
	15 000,— DM × 110 Tg.	= 1 650 000,—
Rohstofflager		250 000,—
Kassenbestand und Bankguthaben zur Abwicklung der laufenden Geschäfte		100 000,—
		2 000 000,—
Debitorenziel 60 Tage × 800,—	— 480 000,—	1 520 000,— DM
N o t w e n d i g e s K a p i t a l (ohne Lieferantenkredite)		2 670 000,— DM

Der Gründungsvorgang

Das Aktiengesetz von 1965 (wie auch das von 1937) schreibt *folgende Erfordernisse* für die Gründung einer AG z w i n g e n d vor (§§ 23 ff.):

1. *Abschluß des Gesellschaftsvertrages, der „Satzung", durch die Gründer.*
Sie muß notariell beurkundet werden und f o l g e n d e P u n k t e enthalten:

   a) Firma und Sitz der AG;

   b) Gegenstand der AG;

   c) Höhe des Grundkapitals (Mindestbetrag 100 000 DM);

   d) die Nennbeträge der einzelnen Aktien (Mindestnennbetrag 50 DM, früher 100 DM);

   e) Zusammensetzung des Vorstandes;

   f) Form der Bekanntmachungen der AG;

   g) bei q u a l i f i z i e r t e n Gründungen: Angabe über die Art der Sacheinlagen und die Höhe der Entschädigung; Angabe der zugunsten einzelner Aktionäre bedungenen besonderen Vorteile;

   h) Angabe eines gegebenenfalls von der Gesellschaft zu tragenden Gründungsaufwandes unter Angabe der Begünstigten.

2. *Übernahme der Aktien durch die Gründer.* Mit dieser Übernahme gilt die Gesellschaft im Sinne des Aktiengesetzes als „e r r i c h t e t".

3. *Bestellung des ersten Aufsichtsrates und der Abschlußprüfer* durch die Gründer in einer notariell zu beurkundenden Verhandlung. Der Aufsichtsrat bestellt sodann den *Vorstand.*

4. *Einzahlung des Grundkapitals* zuzüglich eines etwaigen Agios zur Verfügung des Vorstandes. Inhaberaktien müssen sofort voll eingezahlt werden, Namensaktien bis zu mindestens 25 %.

5. *Erstattung eines Gründungsberichtes* durch die Gründer; der Bericht muß u. a. die Angemessenheit des für Sacheinlagen gewährten Aktienbetrages dartun, ferner Angaben über etwaigen Gründerlohn und die Übernahme von Aktien für Rechnung des Vorstandes und des Aufsichtsrates enthalten.

6. *Prüfung des Gründungsvorganges* durch Aufsichtsrat und Vorstand. Gehören Gründer dem Aufsichtsrat oder Vorstand an oder liegt eine qualifizierte Gründung vor, so muß der Gründungsvorgang außerdem noch von einem gerichtlich bestellten „G r ü n d u n g s p r ü f e r" überprüft werden.

7. *Eintragung der AG ins Handelsregister* des für den Sitz der AG zuständigen Amtsgerichtes. Die Anmeldung muß von allen Gründern sowie den Aufsichtsrats- und Vorstandsmitgliedern erfolgen. *Erst durch die Eintragung wird die AG zur juristischen Person.* Rechtlich ist damit die Gründung beendet.

8. *Bekanntmachung der Handelsregistereintragungen* im Bundesanzeiger und den in der Satzung angegebenen Zeitungen (Gesellschaftsblätter).

9. *Ausgabe der Aktienurkunden.*

II. Die Umwandlung oder Umgründung

1. Das Wesen der Umwandlung

Unter Umwandlung oder Umgründung verstehen wir die *Überführung eines Unternehmens in eine andere rechtliche Unternehmungsform,* vor allem der Einzelunternehmung in eine OHG, der OHG in eine GmbH oder eine AG, der GmbH in eine AG, aber auch umgekehrt einer Kapitalgesellschaft in eine Personengesellschaft oder in eine Einzelunternehmung.

Die wirtschaftlichen Gründe für eine Umwandlung

Die wichtigsten Gründe für eine Umwandlung sind:

1. *Verbreiterung der Kapital- und Kreditbasis.* Beispiele: Eine Einzelunternehmung, die eine Erweiterung ihrer Produktion plant, verwandelt sich durch die Aufnahme eines neuen Gesellschafters in eine OHG. — Eine OHG, deren Gesellschafter unbeschränkt haften, nimmt neue Gesellschafter auf, um ihr Kapital zu erhöhen und die Kreditbasis zu verbreitern, und verwandelt sich deshalb in eine GmbH. — Eine OHG, die zur Produktionserweiterung beträchtliche Kapitalien braucht, wird in eine AG umgegründet.

2. *Verminderung des Risikos durch Beschränkung der Haftung.* Beispiele: Die Gesellschafter einer OHG beschließen, um ihre Haftung zu beschränken, die Umwandlung ihrer Gesellschaft in eine GmbH.

3. *Erhöhung der Kreditwürdigkeit.* Beispiele: Eine Stille Gesellschaft wird in eine OHG umgewandelt durch die Aufnahme des Stillen Gesellschafters als haftender Gesellschafter. Dadurch, daß das Gesellschaftsverhältnis jetzt erkennbar ist, verbessert sich die Kreditwürdigkeit der Unternehmung.

4. *Verringerung der steuerlichen Belastung.* Dieser Grund hat gerade in den letzten Jahrzehnten bei Umwandlungen eine sehr große Rolle gespielt. Ist z. B. die Körperschaftsteuer höher als die Einkommensteuer, so werden zahlreiche Kapitalgesellschaften in Personengesellschaften umgewandelt. Wenn dagegen die Körperschaftsteuer niedriger als die Einkommensteuer ist, so wird das zur Umwandlung von Personengesellschaften oder Einzelunternehmungen in Kapitalgesellschaften führen. Die Steuerpolitik gibt mithin dem Staat die Möglichkeit, die Unternehmungsformen entscheidend zu beeinflussen.

5. *Vorbereitung einer Fusion.* Da die Fusion von Kapitalgesellschaften wirtschaftlich einfacher ist als die Fusion von Kapital- und Personengesellschaften oder Personengesellschaften untereinander, wird vielfach eine OHG oder auch eine Einzelfirma vor der Fusion in eine GmbH oder AG umgewandelt.

6. *Gesetzliche Vorschriften.* Eine Umgründung kann auch durch gesetzliche Vorschriften erzwungen werden. So bestimmte z. B. das AktG von 1937, daß Aktiengesellschaften, deren Grundkapital unter 100 000 DM betrüge, innerhalb einer bestimmten Frist aufzulösen oder umzuwandeln wären. Infolge des Krieges wurde diese Frist auf unbestimmte Zeit verlängert.

Die rechtlichen Formen der Umwandlung

Die Umwandlung kann rechtlich in zwei verschiedenen Formen erfolgen:

1. *Umwandlung mit Gesamtrechtsnachfolge.* In diesem Fall geht das gesamte Vermögen der umzuwandelnden Unternehmung durch einen einzigen Rechtsakt (z. B. durch Eintragung in das Handelsregister) in das Eigentum der neuen Unternehmung über (G e s a m t r e c h t s n a c h f o l g e). Es werden also nicht die Vermögensgegenstände einzeln übereignet, das Vermögen wird im ganzen übertragen. Die Umwandlung im Wege der Gesamtrechtsnachfolge kann sich wiederum in zwei Formen vollziehen, und zwar:

a) *Formwechselnde Umwandlung:* Bei ihr wechselt nur die Rechtsform des Unternehmens; seine Identität bleibt aufrechterhalten. Diese Form ist nur bei der Umwandlung einer Kapitalgesellschaft in eine andere Kapitalgesellschaft möglich, also eine GmbH in eine AG oder eine AG in eine GmbH.

b) *Übertragende Umwandlung:* Hier wird die bisherige Unternehmung rechtlich aufgelöst, aber ihr Vermögen auf die neugegründete Unternehmung im Wege der Gesamtrechtsnachfolge übertragen. Diese Form der Umwandlung wurde erst durch das Gesetz über die Umwandlung von Kapitalgesellschaften vom 5. 7. 1934 ermöglicht. Der Nationalsozialismus war gegen die „anonyme" Kapitalgesellschaft und suchte ihre Umwandlung in Personengesellschaften zu erleichtern. Vor dem Erlaß dieses Gesetzes war bei der Umwandlung einer Kapitalgesellschaft in eine Personengesellschaft nur die Umwandlung ohne Gesamtrechtsnachfolge möglich. Die Umwandlung wurde weiterhin durch die Festsetzung hoher Körperschaftsteuern und durch Vorschriften über die Mindesthöhe von Grund- und Stammkapital wesentlich erleichtert und beschleunigt. Das Umwandlungsgesetz gilt heute in der Fassung vom 12. 11. 1956; die steuerlichen Erleichterungen bei der Umwandlung sind weggefallen.

2. *Umwandlung ohne Gesamtrechtsnachfolge:* Bei ihr müssen alle Vermögensgegenstände der umzuwandelnden Unternehmung einzeln dem neuen Unternehmen übereignet werden: Auflassung und Eintragung der Grundstücke, Einigung und Übergabe bei beweglichen Sachen, Zession bei Forderungen. Die Umwandlung ohne Gesamtrechtsnachfolge ist also sehr u m s t ä n d l i c h und auch k o s t s p i e l i g ; so verursacht z. B. die gesonderte Eigentumsübertragung der Grundstücke Notariats- und Grundbuchkosten. Die Umwandlung ohne Gesamtrechtsnachfolge ist bei der Umwandlung von Personenunternehmungen (Einzelunternehmung und Personengesellschaft) in Kapitalgesellschaften (GmbH oder AG) der einzig mögliche Weg.

Umwandlung mit oder ohne Liquidation

Eine formelle Liquidation findet bei allen Umwandlungen o h n e Gesamtrechtsnachfolge statt. Sie ist ferner bei einer umzuwandelnden Personenunternehmung notwendig, wenn einzelne Gesellschafter ausscheiden oder neue Gesellschafter aufgenommen werden sollen.

In diesen Fällen wird in einer sogenannten *Umwandlungsbilanz* das tatsächliche Kapital der Unternehmung festgestellt. Die stillen Rücklagen werden aufgelöst, die Vermögenswerte zum Tageswert eingesetzt, ferner werden die immateriellen Vermögenswerte (Firmenwert, Kundenkreis usw.) festgestellt.

Eine formelle Liquidation ist dann n i c h t notwendig, wenn lediglich die Rechtsform des Unternehmens geändert wird und weder Gesellschafter ausscheiden, noch neue Gesellschafter aufgenommen werden.

2. Die Umwandlung verschiedener Unternehmungsformen

Die Umwandlung einer Einzelfirma oder einer Personengesellschaft in eine Kapitalgesellschaft ist vom rechtlichen Gesichtspunkt aus eine Neugründung mit Sacheinlagen. In der Regel wird die umzuwandelnde Unternehmung liquidiert.

Umwandlung einer OHG in eine GmbH

Zunächst ist der Wert der umzuwandelnden Unternehmung festzustellen, wobei auch die immateriellen Werte, wie Firmenwert (Geschäftswert), Standort, Kundenkreis, Firmenname, Organisation, Leitung und Mitarbeiterstamm, Erfindungen sowie Rechte (Patente, Lizenzen, Konzessionen, Urheberrechte usw.) mit zu berücksichtigen sind.

In Vorverhandlungen sind die zu leistenden Geld- und Sacheinlagen, die Höhe des Grundkapitals, die Bestellung der Geschäftsführer und eventuell des Aufsichtsrates und die Verrechnung der Gründerkosten festzulegen. In der Regel werden die Ergebnisse dieser Verhandlung in einem *Gründungsvertrag* schriftlich festgehalten, damit nicht wegen Uneinigkeiten über frühere Vereinbarungen der Fortgang der Umgründung erschwert wird. Da die Gesellschaft vor Eintragung in das Handelsregister noch nicht besteht, kann der einzelne Partner bis dahin immer noch zurücktreten, wenn man ihn nicht bindet; und das tut man vielfach, indem man in dem Gründungsvertrag eine Konventionalstrafe für einen ausweichenden Vertragspartner vorsieht. Im Gründungsvorvertrag wird auch niedergelegt, wie etwaige Unterschiede zwischen dem Wert der eingebrachten Sachgüter und der übernommenen Stammeinlagen sowie über die bei verspäteten Einzahlungen entstehenden Zinsverpflichtungen ausgeglichen werden sollen.

Weiterhin wird der *Zeitpunkt* bestimmt, von dem an das einzubringende Unternehmen für Rechnung der neuen Gesellschaft geführt werden soll, damit bindende Preisabmachungen getroffen werden können, die von den Marktschwankungen während des Umwandlungsprozesses und von den sich ändernden Meinungen der Gründer über den Wert ihrer Sacheinlagen nicht mehr beeinflußt werden können.

Die *Aufstellung der Übernahmebilanz* schließt sich an die Vorverhandlungen an. Man geht dabei in der Regel von der letzten Jahresabschlußbilanz aus, deren Positionen entsprechend den Vereinbarungen geändert werden.

Dann wird der *Gesellschaftsvertrag* in gerichtlicher oder notarieller Verhandlung formuliert. Nach § 3 GmbH-Gesetz muß er enthalten: Firma, Sitz der Gesellschaft, Gegenstand des Unternehmens, Betrag des Stammkapitals und der von jedem Gesellschafter zu leistenden Einlage. Soll das Unternehmen auf eine gewisse Zeit beschränkt sein, oder sollen den Gesellschaftern außer der Leistung von Kapitalanteilen noch andere Verpflichtungen gegenüber der Gesellschaft auferlegt werden, so müssen auch diese Bedingungen in den Gesellschaftsvertrag aufgenommen werden. Außer diesen gesetzlichen Erfordernissen kann der Vertrag noch Bestimmungen über Art der Geschäftsführung, der Vertretung, der Gewinnverteilung, der Bildung eines Reservefonds, Wahl eines Aufsichtsrates usw. enthalten.

Da es sich bei dieser Umwandlung um eine *qualifizierte Gründung* handelt, hat der Gesetzgeber Maßnahmen getroffen, um die Gläubiger der Gesellschaft zu schützen. Die Bestimmungen bei der GmbH gehen allerdings nicht so weit wie bei der AG. Bei der qualifizierten Gründung einer GmbH müssen die Personen der Sacheinleger, der Gegenstand der Einlage (oder Übernahme) und der Übernahmepreis im Gesellschaftsvertrag genannt und außerdem ins Handelsregister eingetragen werden. Die Gesellschafter übernehmen ferner eine Kollektivhaftung dafür, daß das in den Satzungen festgesetzte Grundkapital vollständig eingezahlt wird und daß auch in späterer Zeit eine Verminderung des Gesellschaftskapitals durch ungerechtfertigte Verteilung bzw. Ausschüttung an die Gesellschafter unterbunden wird.

Andererseits haften die Geschäftsführer aber lediglich für die Sorgfalt eines ordentlichen Kaufmanns (§ 43 GmbHG). Die Sacheinleger sind nur nach den allgemeinen Grundsätzen des BGB haftbar (Schadenersatzpflicht bei vorsätzlicher Schadenszufügung, § 826 BGB; Sorgfalt, die man in eigenen Angelegenheiten anzuwenden pflegt, bei Erfüllung der obliegenden Pflichten, § 277 BGB). Die anmeldenden Geschäftsführer sind nur der Gesellschaft (solidarisch), nicht aber außenstehenden Dritten für die Richtigkeit der Angaben haftbar. Haben sämtliche Gesellschafter den Gründungsvertrag unterzeichnet, so erfolgt die *Auflösung der Offenen Handelsgesellschaft.* Dazu ist der gemeinsame

Beschluß aller Gesellschafter notwendig (§ 131 HGB). Dem Auflösungsbeschluß folgt aber in unserem Fall nicht die Abwicklung, sondern die Einbringung des Betriebes in seiner Vermögensgesamtheit in eine neue Gesellschaft. Bis die Eintragung erfolgt ist, kann die Gesellschaft auch in dieser Form ihre Geschäfte ungehindert fortsetzen (§ 158 HGB).

Die GmbH entsteht erst d u r c h die Eintragung in das Handelsregister. Erst nach dieser Eintragung können Vermögen und Schulden der Offenen Handelsgesellschaft von der GmbH übernommen werden. Eine Übernahme im Wege der *Gesamtrechtsnachfolge* ist v e r b o t e n , weil mit der Umwandlung sich das Rechtssubjekt ändert. Daher muß die Übereignung der Vermögensbestandteile im einzelnen erfolgen. Die Schulden werden von der GmbH übernommen; sie haftet für alle Verbindlichkeiten der Vorgängerin, auch wenn das Statut darüber nichts Näheres bestimmt (§ 25 HGB). Während die juristische Existenz der GmbH mit der Eintragung ins Handelsregister beginnt, wird die wirtschaftliche Existenz durch die Aufstellung der Eröffnungsbilanz begründet. Vielfach werden in die Eröffnungsbilanz die Werte der Übernahmebilanz eingesetzt, vielfach wird auch ein neues Inventar und eine neue Bilanz aufgestellt. In der Eröffnungsbilanz wird vor allem auch ausgewiesen, in welchem Umfang die von den Gründern im Statut vereinbarten Leistungen erfüllt sind. Diese formelle Aufgabe wird am besten dadurch gelöst, daß Gesellschaftsanteile, Stammkapital und eingebrachte Sachwerte in der gleichen Höhe wie in der Übernahmebilanz erscheinen, auch wenn in der Zwischenzeit Wertverschiebungen stattgefunden haben sollten.

Umwandlung von Kapitalgesellschaften in Personenunternehmen

Die Umwandlung einer Kapitalgesellschaft (AG, KGaA oder GmbH) in eine OHG, Kommanditgesellschaft oder Einzelfirma bedarf des Beschlusses der Haupt- bzw. Gesellschafterversammlung mit einer Mehrheit von grundsätzlich neun Zehnteln des Grundkapitals. Der Vorstand der Gesellschaft hat die Umwandlung zur Eintragung in das Handelsregister anzumelden. Mit der Eintragung gilt die Kapitalgesellschaft als aufgelöst. Das Vermögen kann auf Grund des Gesetzes vom 12. 11. 1956 (s. oben) im Wege der Gesamtrechtsnachfolge, d. h. ohne jegliche Abwicklung, übernommen werden. Den ausscheidenden Aktionären, die gegen die Umwandlung gestimmt haben, muß eine nach dem inneren Wert der Aktien gemessene Abfindung gewährt werden. Das Gesetz enthält auch einige *Gläubigerschutzbestimmungen*, weil die Haftungsgrundlage durch die Umwandlung wesentlich geändert wird. So kann innerhalb von 6 Monaten nach der Eintragung des Umwandlungsbeschlusses in das Handelsregister jeder Gläubiger Befriedigung seiner Forderungen oder aber Sicherheitsleistung verlangen. Haben Gläubiger von diesen Möglichkeiten Gebrauch gemacht, so ist das Vermögen der Kapitalgesellschaft bis zu ihrer Befriedigung oder Sicherstellung von dem Vermögen der neuen Firma getrennt zu verwalten.

Umwandlung einer AG in eine GmbH

Der Beschluß der Hauptversammlung, eine AG in eine GmbH umzuwandeln, bedurfte nach dem alten Aktienrecht einer Dreiviertelmehrheit des vertretenen Grundkapitals. Das Aktiengesetz 1965 hat jedoch diese Umwandlung wesentlich erschwert, um die „Flucht in die GmbH" wegen der erhöhten Publizität der AG zu verhindern und um die Minderheitsaktionäre zu schützen, da GmbH-Anteile nicht so verkehrsfähig sind wie Aktien. Es verlangt grundsätzlich die Zustimmung s ä m t l i c h e r Aktionäre zu dem Umwandlungsbeschluß. Wenn die AG weniger als 50 Aktionäre hat, genügt eine Mehrheit von neun Zehnteln des Grundkapitals.

Der *Nennbetrag der Geschäftsanteile* kann abweichend von dem Nennbetrag der Aktien festgesetzt werden. Der abweichenden Festsetzung muß jeder Aktionär zustimmen, der durch sie gehindert wird, dem Gesamtbetrag seiner Aktien sich entsprechend zu beteiligen.

Der *Umwandlungsbeschluß* ist in das Handelsregister einzutragen. Gleichzeitig sind die Geschäftsführer zur Eintragung anzumelden, außerdem ist die *Umwandlungsbilanz dem Registergericht* einzureichen. Von der Eintragung der Umwandlung an besteht die Gesellschaft als GmbH weiter. Das Grundkapital ist zum Stammkapital, die Aktien sind zu Geschäftsanteilen geworden. Rechte Dritter an der Aktie bestehen an dem betreffenden Gesellschaftsanteil weiter. Die Gläubiger der Gesellschaft können auch hier binnen sechs Monaten nach Bekanntmachung der Eintragung der Umwandlung Sicherheiten verlangen.

Die Gesellschafter, die der Umwandlung widersprochen haben, können innerhalb einer bestimmten Frist, sofern sie den Widerspruch zur Niederschrift erklärt haben, ihre Geschäftsanteile der Gesellschaft zur Verfügung stellen.

Umwandlung einer GmbH in eine AG

Der *Beschluß der Gesellschafterversammlung* zur Umwandlung einer GmbH in eine AG bedarf nach wie vor einer Mehrheit von drei Vierteln der abgegebenen Stimmen und muß notariell beurkundet werden. Eine Erhöhung der den Gesellschaften nach dem Gesellschaftsvertrag obliegenden Leistungen kann nur mit Zustimmung sämtlicher beteiligten Gesellschafter beschlossen werden. Im Umwandlungsbeschluß selbst sind die Firma, die Art der Zusammensetzung des Vorstandes und des Aufsichtsrates sowie die weiteren zur Durchführung der Umwandlung nötigen Abänderungen des Gesellschaftsvertrages festzusetzen. Gesellschafter, die dem Umwandlungsbeschluß schriftlich widersprechen, können ihre Aktien der Gesellschaft zur Verfügung stellen (Ausschlußfrist mindestens drei Monate). Die Aktien werden dann an der Börse oder durch öffentliche Versteigerung für Rechnung der Aktionäre verkauft.

Nach dem Umwandlungsbeschluß ist der *erste Aufsichtsrat* durch die Gesellschafter zu bestellen (gerichtliche oder notarielle Beurkundung erforderlich). Die Geschäftsführer haben dann eine den aktienrechtlichen Vorschriften entsprechende Bilanz aufzustellen.

Da es sich um eine q u a l i f i z i e r t e G r ü n d u n g handelt, ist in jedem Fall eine *Gründungsprüfung* entsprechend den Bestimmungen bei Neugründung einer AG durchzuführen. Durch diese Vorschrift soll vermieden werden, daß zunächst nur eine GmbH gegründet wird, die bekanntlich keiner Prüfungspflicht unterliegt, und daß dann später diese GmbH ohne Prüfung in eine AG umgewandelt wird. Zugleich mit dem Umwandlungsbeschluß sind die Vorstandsmitglieder zur Eintragung in das Handelsregister anzumelden. Die Eintragung der Umwandlung hat zur Folge, daß die Gesellschaft von nun an als AG weiter besteht.

Besondere *Gläubigerschutzbestimmungen* hat das Gesetz n i c h t vorgesehen, da das Interesse der Gläubiger sowohl durch die neue Unternehmungsform als auch durch die Prüfung und die stärkere Publizität gewahrt ist.

Umwandlung anderer Unternehmungsformen

Weiterhin behandelt das Aktienrecht noch

1. *Die Umwandlung der Kommanditgesellschaft auf Aktien* in eine *Aktiengesellschaft*. Dabei ist nicht nur der Beschluß der Hauptversammlung notwendig, sondern auch die Zustimmung aller persönlich haftenden Gesellschafter.

2. *Die Umwandlung der Aktiengesellschaft in eine Kommanditgesellschaft auf Aktien*. Sie setzt außer dem Umwandlungsbeschluß der Hauptversammlung den Beitritt mindestens eines persönlich haftenden Gesellschafters voraus.

3. *Die Umwandlung einer bergrechtlichen Gewerkschaft in eine Aktiengesellschaft*. Sie bedarf grundsätzlich des Beschlusses einer Mehrheit von mindestens drei Vierteln aller Kuxe. Der Beschluß ist außerdem durch die Bergbehörde zu bestätigen. Mit der Eintragung ins Handelsregister besteht die Gewerkschaft als Aktiengesellschaft weiter. Die Kuxe sind zu Aktien geworden; die an einem Kux bestehenden Rechte Dritter bestehen an der an seine Stelle tretenden Aktien weiter.

3. Umwandlung unter gleichzeitiger Kapitalbeschaffung

Bei einer Umwandlung wird sehr häufig *neues Kapital herangezogen*. Das kann auf zweierlei Weise geschehen:

1. Die bisherigen Eigentümer einer Personengesellschaft oder GmbH gründen die AG allein, ohne neues Kapital zu beanspruchen. E r s t n a c h v o l l z o - g e n e r U m g r ü n d u n g wird bei einer Bank oder auf dem Kapitalmarkt neues Kapital herangezogen. Die Einleger sind dann unabhängig bei der Bewertung der Sacheinlagen bzw. bei der Bestimmung der Höhe des Aktienkapitals.

2. Die U m w a n d l u n g w i r d m i t d e r B e s c h a f f u n g n e u e n K a - p i t a l s v e r b u n d e n. Die Bank bzw. die Kapitalgeber bilden dann mit den Vorbesitzern ein G r ü n d u n g s k o n s o r t i u m, das die Aktiengesellschaft gründet. Die Vorbesitzer haben, besonders wenn sie mit ihrem ganzen oder einem Teil ihres Besitzes a u s s c h e i d e n wollen, ein großes Interesse an einer möglichst günstigen Bewertung ihrer Einlagen. Im Gegensatz dazu sind die neuen Kapitalgeber geneigt, die einzubringenden Sacheinlagen geringer zu bewerten, um dadurch ihr Übernahmerisiko zu vermindern und aus der späteren Kurserhöhung der übernommenen Aktien Kursgewinne zu erzielen. In oft sehr langwierigen Verhandlungen müssen diese Gegensätze ausgeglichen werden. Dabei werden die einzelnen Posten der letzten Jahresbilanz entsprechend neu gebildet und in die Übernahme- oder Einbringungsbilanz aufgenommen, in der der Saldo zwischen Aktiven und Passiven als Bewertungskonto oder Wert der Einbringung erscheint.

Beispiele:

Eine OHG, die in eine AG umgewandelt werden soll, hat einen Buchwert von 600 000 DM (Vermögensteile abzüglich Schulden), der dem inneren Wert entspreche. Das neu heranzuziehende Kapital soll durch die Ausgabe von 300 000 DM Aktien zu pari beschafft werden, und zwar

1. n a c h v o l l z o g e n e r G r ü n d u n g , so daß also neue Kapitalgeber die Gründung nicht beeinflussen,

2. b e i d e r G r ü n d u n g durch Bareinleger als Mitbegründer. Unter ihrem Einfluß wird der Wert der einzubringenden Unternehmung auf 400 000 DM gedrückt. Der zur Verteilung stehende Gewinn des ersten Geschäftsjahres der AG betrage 54 000 DM. Wie hoch beläuft sich nun der V e r k a u f s e r l ö s d e r A k t i e n , welche den Sacheinlagen zugeteilt werden, nach der Kapitalerhöhung, und wie hoch ist ihr G e w i n n a n t e i l in beiden Fällen?

	a) Gründung ohne Kapitalgeber	b) Gründung mit Kapitalgebern
Wert des Unternehmens	600 000,— DM	400 000,— DM
Kapitalzufluß	300 000,— DM	300 000,— DM
Aktienkapital		
900 Aktien zu pari	900 000,— DM	
700 Aktien zu pari		700 000,— DM
Aktienkurs gemäß innerem Wert	100 %	128⁴/₇ %
Erlös der Aktien der Sacheinleger durch Verkauf	600 000,— DM	514 285,— DM
Dividende (54 000 DM)	6 %	7⁵/₇ %
Gewinnanteil der Sacheinleger	36 000,— DM	30 857 ¹/₇ DM

Die Kapitalgeber haben auf die Bewertungshöhe der Sacheinlagen einen derartigen Druck ausgeübt, daß der Verkaufserlös stark gemindert und der Gewinnanteil der Sacheinleger herabgedrückt wurde. (Beispiel aus Kalveram, Finanzierungen, Wiesbaden 1952.)

Für die Höhe der Bewertung ist von Einfluß, ob die neuen Kapitalgeber Aktien zu pari oder mit einem Agio übernehmen. Würden alle stillen Reserven durch Höherbewertung aufgehoben, was wohl niemals geschieht, so wäre es billig, daß auch die Geldgeber Aktien zu pari bzw. zum gleichen Kurs wie die Vorbesitzer erhalten und daß die Kosten der Gründung zwischen beiden Gruppen nach dem Verhältnis der Kapitalbildung aufgeteilt werden. Sind aber die Anlagen unterwertig eingebracht worden, so ist es gerechtfertigt, daß die Bareinleger Aktien mit einem den stillen Reserven entsprechenden Agio erhalten bzw. daß ein Ausgleich durch Abwälzung der Gründungskosten auf sie stattfindet. Da in dem oben angeführten Beispiel in den Sacheinlagen eine stille Reserve von 200 000 DM, also von 50 % des Einbringungswertes, steckt, müßten die Bareinleger bei gleichmäßiger Behandlung ebenfalls ein Agio von 50 % zahlen. Bei einem Kapitalbedarf von 300 000 DM dürften sie also nur 200 000 DM Aktien zu 150 % erhalten, sofern die Gründungskosten auf beide Gruppen verteilt würden.

Übernehmen die Sacheinleger nicht alle Aktien, so müssen sie durch die Aufnahme entsprechender Vorschriften in der Satzung darauf hinwirken, daß ihr Einfluß auf die neugegründete AG nicht geschwächt werden kann.

Weiterhin ist der Frage besondere Sorgfalt zu widmen, zu welchen Geschäften der Vorstand der Zustimmung des Aufsichtsrates bedarf. Es kommt dabei darauf an, welche Stellung die Sacheinleger (Vorbesitzer) im Aufsichtsrat oder Vorstand einnehmen.

III. Die Kapitalerhöhung

1. Die Kapitalerhöhung allgemein

Bei Unternehmungen mit v e r ä n d e r l i c h e m E i g e n k a p i t a l k o n t o (Einzelkaufmann, OHG und KG) erfolgt die Kapitalerhöhung formlos. Die Gewinne oder die Einzahlungen können unmittelbar auf dem Eigenkapitalkonto verbucht werden.

Bei den Unternehmungen mit f e s t e m N o m i n a l k a p i t a l (GmbH, AG und KGaA) ist die Erhöhung des Nominalkapitals an eine Reihe von Vorschriften gebunden. Bei der Erhöhung des Stammkapitals einer G m b H müssen die Unterschriften der Übernehmer notariell beglaubigt werden, und die Erhöhung der Stammeinlagen ist im Handelsregister einzutragen. Sacheinlagen müssen im Gesellschaftsvertrag, der dem Registergericht eingereicht werden muß, aufgenommen werden.

2. Die Kapitalerhöhung bei Aktiengesellschaften

Eine Aktiengesellschaft kann ihren Kapitalbedarf auf verschiedene Weise decken:

(1) durch Aufnahme von F r e m d k a p i t a l , insbesondere durch Ausgabe von Schuldverschreibungen (s. oben),

(2) durch Erhöhung des E i g e n k a p i t a l s , und zwar

    a) durch die *Bildung stiller oder offener Reserven* und

    b) durch *Ausgabe junger Aktien;*

    c) durch *„verdeckte Kapitalerhöhung"*. Die Aktiven werden z. B. durch freiwillige Zuzahlungen der Aktionäre erhöht, während das Nominalkapital unverändert bleibt. Die verdeckte Kapitalerhöhung kommt besonders bei der Sanierung vor (siehe unten S. 699 f.).

Die ordentliche Kapitalerhöhung durch Ausgabe neuer Aktien

Die Erhöhung des Grundkapitals durch Ausgabe neuer Aktien muß mit mindestens Dreiviertelmehrheit des vertretenen Aktienkapitals beschlossen werden. Voraussetzung ist die volle Einzahlung des bisherigen Grundkapitals. Die neuen Aktien dürfen n i c h t u n t e r p a r i , wohl aber unter dem Börsenkurs ausgegeben werden. Der Kapitalerhöhungsbeschluß der Hauptversammlung ist zur Eintragung in das Handelsregister anzumelden.

Die neuen Aktien müssen z u e r s t d e n a l t e n A k t i o n ä r e n angeboten werden, sofern die Hauptversammlung mit einer Dreiviertel-Mehrheit nichts anderes beschließt. Die Zeichnung der jungen Aktien muß durch Ausfüllung von *Zeichnungsscheinen* bewirkt werden.

Das Bezugsrecht

Die alten Aktionäre erhalten entsprechend ihrem Anteil am Grundkapital ein Bezugsrecht auf neue Aktien. Wird z. B. das Aktienkapital von 3 auf 4 Mill. DM erhöht, so kann den Aktionären auf drei alte Aktien eine junge Aktie angeboten werden; das Bezugsverhältnis beträgt 3 : 1.

Durch Beschluß der Hauptversammlung (qualifizierte Mehrheit) kann das gesetzliche Bezugsrecht ausgeschlossen werden. Als Ausschluß gilt nach dem neuen Aktiengesetz (§ 186) nicht mehr, wenn — was die Regel ist — die Banken, die die Durchführung der Kapitalerhöhung besorgen, sich verpflichten, die neuen Aktien den Aktionären zum Bezug anzubieten. Die Aufforderung zum Bezug der neuen Aktien ist in den Gesellschaftsblättern unter Angabe des Bezugskurses zu veröffentlichen. Der *Bezugskurs,* der in der Regel unter dem Börsenkurs der alten Aktien liegt, ist der in Prozenten des Nennwertes festgesetzte Preis, zu dem das Bezugsrecht auf Aktien ausgeübt werden kann. Je tiefer der Bezugskurs unter dem Börsenkurs der alten Aktien liegt, um so tiefer wird der zukünftige Börsenkurs sinken.

Das *Bezugsrecht ist verkäuflich.* Davon wird insbesondere Gebrauch gemacht, wenn ein Aktionär nicht die zur Ausübung erforderliche Zahl alter Aktien besitzt oder wenn er keine neuen Aktien erwerben will. An der Börse wird häufig das Bezugsrecht an den drei Börsentagen, die dem letzten Bezugstage vorangehen, amtlich notiert.

Der *Wert des Bezugsrechtes* beruht auf der Möglichkeit, junge Aktien billiger als alte Aktien kaufen zu können.

Beispiel: Auf drei alte Aktien, die einen Kurs von 140 DM je Stück haben, werden zwei neue Aktien zum Bezugskurs von 120 DM angeboten. Der Preis dieser fünf Aktien (nominell je 50 DM) beträgt 660 DM. Jede Aktie kostet also im Durchschnitt 132 DM. Auf diesen Kurs werden sich die Aktien zukünftig einspielen. Der alte Kurs (140 DM) abzüglich des Durchschnittskurses (132 DM) ergibt den Wert des Bezugsrechtes, der also 8 DM beträgt.

Der Bezugskurs kann auch m a t h e m a t i s c h ermittelt werden:

A = alter Kurs (im Beispiel 140)
B = Bezugskurs der neuen Aktien (im Beispiel 120)
a = Zahl der alten Aktien, die zum Bezug nötig sind (im Beispiel 3)
b = Zahl der neuen Aktien eines Bezuges (im Beispiel 2).

$$\text{Bezugsverhältnis} = \frac{a}{b} = \frac{3}{2}$$

$$\text{Durchschnittskurs (künftiger Kurs)} = \frac{aA + bB}{a + b} = 132 \text{ DM}$$

$$\text{Wert des Bezugsrechts} = \frac{\dfrac{aA + bB}{a + b} - B}{\dfrac{a}{b}} = \frac{(A - B)\,b}{a + b} = \frac{A - B}{\dfrac{a}{b} + 1} = 8 \text{ DM}$$

$$\text{Wert des Bezugsrechts} = \frac{\text{Kurs alter Aktien} - \text{Kurs neuer Aktien}}{\text{Bezugsverhältnis} + 1}$$

Vielfach wird die i r r i g e   M e i n u n g vertreten, daß sich der Bezug junger Aktien für den Aktionär um so günstiger auswirke, je tiefer der Bezugskurs unter dem Börsenkurs liege. Das ist aber nur dann der Fall, wenn die neuen Aktien an eine bestimmte bevorzugte Gruppe der Aktionäre (Vorzugsaktien) ausgegeben werden. Werden die jungen Aktien allen Aktionären angeboten, dann spielt es keine Rolle, wie hoch der Bezugskurs ist; denn je größer die Spanne zwischen dem alten Börsenkurs und dem Bezugskurs ist, um so stärker wird der zukünftige Börsenkurs sinken.

Bedingte Kapitalerhöhung

Bei der bedingten Kapitalerhöhung, die durch das Aktiengesetz von 1937 eingeführt wurde, ermächtigt die Hauptversammlung den Vorstand, bis zu einem bestimmten Betrag in folgenden Fällen n e u e   A k t i e n auszugeben,

(1) wenn die Inhaber von Wandelschuldverschreibungen dieser AG den Umtausch in Aktien vornehmen oder das ihnen etwa zustehende Aktienbezugsrecht ausüben wollen oder

(2) wenn für die Durchführung einer Fusion Aktien zum Umtausch vorhanden sein müssen; die Kapitalerhöhung findet also nur dann statt, wenn die Berechtigten ihr Umtausch- oder Bezugsrecht endgültig ausüben, oder

(3) (nach dem AktG von 1965) wenn an die Arbeitnehmer Bezugsrechte gewährt werden sollen.

Die bedingte Kapitalerhöhung muß mit mindestens Dreiviertelmehrheit des in der Hauptversammlung vertretenen Grundkapitals beschlossen werden. Der Nennbetrag des bedingten Kapitals darf nicht höher sein als die Hälfte des Grundkapitals.

Genehmigte Kapitalerhöhung

Der Vorstand einer AG kann durch die Satzung oder durch einen satzungsändernden Beschluß der Hauptversammlung (Dreiviertelmehrheit des vertretenen Grundkapitals) für höchstens 5 Jahre ermächtigt werden, das Grundkapital bis zu einem bestimmten Nennbetrag durch Ausgabe neuer Aktien zu erhöhen. Das genehmigte Kapital darf nicht höher sein als die Hälfte des Grundkapitals (§§ 202 AktG).

Durch diese Finanzierungsform soll der Vorstand von der Hauptversammlung ermächtigt werden, je nach dem Kapitalbedarf (bei einer sich entwickelnden Unternehmung) und je nach der Situation am Kapitalmarkt, unabhängig von besonderen Beschlüssen der Hauptversammlung, das Grundkapital zu erhöhen. Nach § 202 AktG 1965 kann die Satzung auch vorsehen, daß die neuen Aktien an Arbeitnehmer der AG ausgegeben werden.

Kapitalerhöhung aus Gesellschaftsmitteln (Kapitalberichtigungsaktien)

Bei der „formellen Kapitalerhöhung" wird das Grundkapital aus Gesellschaftsmitteln erhöht, und für den Erhöhungsbetrag werden „Gratisaktien" ausgegeben. Der Name Gratisaktien ist irreführend; denn durch die Ausgabe von Gratisaktien werden Rücklagen oder Gewinne in Grundkapital verwandelt; die

Kurse sinken entsprechend; man nennt sie deshalb besser „Kapitalberichtigungsaktien". Zu diesem Finanzierungsverfahren entschließt sich eine AG,
wenn der Kurs ihrer Aktien zu hoch ist, wenn diese infolge offener oder stiller
Reserven „zu schwer" geworden sind und an Mobilisierbarkeit verloren haben;
es findet eine „Kapitalverwässerung" statt (§§ 207 ff. AktG 1965; s. auch oben
S. 671).

IV. Die Kapitalherabsetzung

Die Kapitalherabsetzung bei der AG bedeutet eine *Verminderung des Grundkapitals.* Der Zweck kann sein: (1) das Eigenkapital zur Sanierung der Unternehmung einer Vermögensminderung rechtlich und buchhalterisch anzupassen,
d. h. einen Verlust auszugleichen oder erforderliche Abschreibungen zu machen,
und (2) einen Teil des Grundkapitals, das (etwa durch Verkleinerung des Betriebes) überhöht ist, zurückzuzahlen oder in Rücklagen zu verwandeln. Das
Aktiengesetz kennt drei Arten der Kapitalherabsetzung: (1) ordentliche, (2) vereinfachte Kapitalherabsetzung sowie (3) Kapitalherabsetzung durch Einziehung
von Aktien (§§ 222 ff. AktG).

Die ordentliche Kapitalherabsetzung

Die Herabsetzung des Grundkapitals kann erfolgen (1) mit *Auszahlung* oder
(2) *ohne Rückzahlung von Geldmitteln.* Im ersten Fall *(effektive Kapitalherabsetzung)* verschwinden entsprechende Aktivteile (Bankguthaben u. dgl.). Im
zweiten Fall *(nominelle Kapitalherabsetzung)* soll ein Verlust ausgeglichen oder
sollen erforderliche Abschreibungen gemacht werden — oder aber es wird zur
Verbesserung der Kapitalstruktur ein Teil des Grundkapitals in Rücklagen verwandelt. Der Nennwert der Aktien wird in allen Fällen entweder herunter-
gestempelt, oder es werden Aktien in einem bestimmten Verhältnis zusammengelegt. Der Beschluß der Hauptversammlung bedarf der Dreiviertelmehrheit
des vertretenen Kapitals. Die Gläubiger können innerhalb von sechs Monaten
nach Bekanntgabe der Herabsetzung Befriedigung bzw. Sicherheit verlangen.

Die vereinfachte Kapitalherabsetzung

Zum Zweck eines *Ausgleichs von Verlusten oder Wertminderungen* oder zur
Überführung von Beträgen in die gesetzliche Rücklage kann das Grundkapital
in vereinfachter Weise herabgesetzt werden. Die Einzelvorschriften sind vornehmlich auf die Bedürfnisse von S a n i e r u n g e n abgestellt. Doch sind die
grundlegenden Bestimmungen über die ordentliche Kapitalherabsetzung anzuwenden, mit Ausnahme der Gläubigerschutzbestimmungen. Es dürfen aber nicht
eher wieder Zahlungen an die Aktionäre erfolgen, bis die gesetzliche Rücklage
wieder 10 % des Grundkapitals erreicht hat. Auch dürfen innerhalb der ersten
zwei Jahre nach der Kapitalherabsetzung keine höheren Dividenden als 4 %
ausgeschüttet werden. Die Kapitalherabsetzung wird vielfach mit einer Kapitalerhöhung verbunden (§§ 229 ff. AktG).

Kapitalherabsetzung durch Einziehung von Aktien

Sie kann in z w e i F o r m e n erfolgen: Entweder werden *Aktien zwangsweise
eingezogen* oder *am freien Markt erworben.* Auch hierfür gelten grundsätzlich

die Vorschriften über die ordentliche Kapitalherabsetzung. Eine Zwangseinzie-
hung darf nur erfolgen, wenn sie in der Satzung vorgesehen ist, wie das bei
H e i m f a l l u n t e r n e h m u n g e n der Fall ist (Heimfallunternehmungen
sind private oder gemischt-wirtschaftliche Unternehmungen, die als Konzes-
sionsnehmer vom Staat bzw. von der Gemeinde einen Betrieb mit der Auflage
führen, daß das Unternehmen mit allen Aktiven und Passiven nach Ablauf der
Konzession ohne Gegenwert an den Konzessionsgeber zurückfällt, so etwa die
auf Grund staatlicher Genehmigung errichteten Schienenbahnen, Drahtseilbah-
nen und ähnl.). Der Aktionär weiß in diesem Fall, daß er seine Aktien nach
Ablauf einer bestimmten Frist wieder an die Gesellschaft zurückverkaufen muß.

Wenn voll eingezahlte Aktien der Gesellschaft *unentgeltlich* zur Verfügung gestellt oder *aus dem Reingewinn oder einer freien Rücklage erworben* werden,
so finden die Bestimmungen über die vereinfachte Kapitalherabsetzung Anwendung (Beschluß der Hauptversammlung mit einfacher Mehrheit). Ein Gläubigerschutz ist in diesem Fall nicht notwendig, weil das Vermögen der Gesellschaft
durch die Einziehung nicht vermindert wird. Gesellschaften mit nur wenigen
Aktionären verfahren gern nach dieser Methode, da sie sehr einfach ist. Auch
die Tilgung der Aktien aus Gewinnen ist von vielen Formvorschriften befreit
(§§ 237 ff. AktG).

V. Die Verschmelzung oder Fusion

Begriff und Formen

Die Verschmelzung oder Fusion ist der wirtschaftliche und juristische *Zusammenschluß zweier oder mehrerer Unternehmungen zu einer Unternehmung*. Die
Verschmelzung von *Personenunternehmen* ist rechtlich und *meist auch* wirtschaftlich verhältnismäßig einfach, dagegen bedarf die Fusion von *Kapitalgesellschaften* einer umfassenden Regelung.

Eine Verschmelzung im Sinne des Aktiengesetzes liegt vor, wenn zwei Kapitalgesellschaften miteinander u n t e r A u s s c h l u ß d e r A b w i c k l u n g vereinigt werden. Das Gesetz kennt zwei Arten der Verschmelzung: (1) die Verschmelzung durch Aufnahme, (2) die Verschmelzung durch Neubildung.

Verschmelzung durch Aufnahme

Bei der Verschmelzung durch Aufnahme *veräußert die übertragende Gesellschaft das Gesellschaftsvermögen als Ganzes an die übernehmende Gesellschaft,
die dafür als Gegenleistung Aktien gewährt* (§§ 339 ff. AktG).

Eine Verschmelzung durch Aufnahme vollzieht sich in folgenden E t a p p e n :

a) B e s c h l u ß d e r H a u p t v e r s a m m l u n g e n jeder der fusionierenden
Gesellschaften mit mindestens Dreiviertelmehrheit des vertretenen Grundkapitals über den *Verschmelzungsvertrag*. Dieser muß alle Einzelheiten der
Durchführung der Fusion, insbesondere Bestimmungen über die Art der Kapitalbeschaffung und das Umtauschverhältnis, den Gesamtbetrag der zur Verschmelzung dienenden Aktien und die Regelung der Übernahme der Verschmel-
zungskosten enthalten.

b) Gerichtliche oder notarielle Beurkundung des Verschmelzungsvertrages.

c) Wird die Verschmelzung mit Hilfe einer Kapitalerhöhung durchgeführt, so finden wichtige Vorschriften über die Kapitalerhöhung keine Anwendung (Zeichnung der neuen Aktien, Bezugsrecht usw.), weil das Neukapital bereits zweckgebunden ist.

d) Anmeldung der Verschmelzung zur Eintragung in das Handelsregister unter Beifügung der Fusionsverträge, der Niederschriften über die Verschmelzungsbeschlüsse sowie der Genehmigungsurkunde, falls die Verschmelzung staatlich genehmigt werden muß.

e) Aufstellung einer Schlußbilanz der übertragenden Gesellschaft. Die einzelnen Werte dieser Bilanz sind in die Jahresbilanz der übernehmenden Gesellschaft als Anschaffungskosten aufzunehmen.

f) Eintragung der Verschmelzung mit Kapitalerhöhung, nachdem die Durchführung der Kapitalerhöhung bei der übernehmenden Gesellschaft eingetragen ist.

Zum *Schutz der Aktionäre* der übertragenden Gesellschaft müssen die zu gewährenden Aktien einem Treuhänder übergeben werden, der dem Gericht den Besitz der Aktien anzuzeigen hat.

Zum *Schutz der Gläubiger* der übertragenden Gesellschaft bestimmt das Gesetz, daß ihnen Sicherheit zu leisten ist, falls sie sich innerhalb von 6 Monaten nach der Bekanntmachung der Eintragung melden. Die Vorstands- und Aufsichtsratsmitglieder der übertragenden Gesellschaft sind den Gläubigern und Aktionären für den durch die Verschmelzung entstehenden Schaden haftbar.

Verschmelzung durch Neubildung

Bei der Verschmelzung durch Neubildung wird eine *neue AG gegründet,* auf die das Vermögen der sich vereinigenden Gesellschaften als Ganzes übertragen wird (§ 353 AktG).

Als Gegenleistung muß die neue Gesellschaft Aktien gewähren. Diese Art der Verschmelzung kann von der GmbH und der bergrechtlichen Gewerkschaft nicht gewählt werden. Die Gründung der neuen Gesellschaft ist durchweg eine Sachgründung. Die Verschmelzung durch Neugründung ist nur möglich, wenn die zu verschmelzenden Gesellschaften bereits mehr als zwei Jahre im Handelsregister eingetragen sind. Dadurch soll verhütet werden, daß die strengen Vorschriften über die Nachgründung umgangen werden.

Die Auseinandersetzung

Bei der Verschmelzung ist die Bewertung der Anteile der fusionierenden Gesellschaften schwierig, aber besonders wichtig; denn aus der Bewertung der Anteile ergibt sich das Umtauschverhältnis der Aktien. Dabei ist nicht nur der innere Wert der verschiedenen Aktiengruppen zu berücksichtigen, sondern auch der Einfluß, den die Verschmelzung auf die Aktien des fortbestehenden bzw. neu ins Leben tretenden Unternehmens ausüben wird. Der Börsenkurs ist meist der einzige reale Maßstab, der herangezogen werden kann. Doch wird der Börsenkurs meist auf Grund einer genauen Nachprüfung der Bilanzen der fusionierenden Unternehmungen aus den letzten drei bis fünf Jahren berichtigt. Bei einem (berichtigten) Kurs der übernehmenden AG von 180 % und der übertragenden AG von 120 % ist das Umtauschverhältnis 3 : 2.

VI. Die Sanierung

Wesen und Ursachen

Unter S a n i e r u n g   i m   w e i t e s t e n   S i n n e versteht man alle Maßnahmen organisatorischer und finanzieller Natur, die zur Gesundung eines kranken Unternehmens führen können, z. B. Reorganisation des technischen, des kaufmännischen Betriebes, Einführung rationeller Arbeitsmethoden, Auflösung und Abstoßung unrentabler Abteilungen, Umstellung des Fabrikationsprogramms usw.

Unter S a n i e r u n g   i m   e n g e r e n   S i n n e versteht man nur die finanziellen Maßnahmen zur Wiederherstellung der Zahlungsfähigkeit und zur Beseitigung der Überschuldung.

Wiederherstellung der Zahlungsfähigkeit

Bei einem illiquiden Unternehmen kommt es entscheidend darauf an, ob es sich um eine *vorübergehende oder eine strukturelle Illiquidität* handelt. Eine v o r - ü b e r g e h e n d e Illiquidität kann meist durch einen Überbrückungskredit beseitigt werden, vielfach kann man auch mit den Gläubigern ein Stillhalteabkommen (Moratorium) abschließen, in dem die Gläubiger, häufig gegen Gewährung von Sonderrechten, ihre Kredite prolongieren. Bei Offenen Handelsgesellschaften kann die Illiquidität durch einen N a c h s c h u ß   v o n   E i n - l a g e n der Gesellschafter beseitigt werden. Auch bei Aktiengesellschaften (z. B. Familienunternehmen) finden sich vielfach Aktionäre bereit, neue Mittel einzuschießen, um einen drohenden Konkurs zu verhüten. Auch durch Verkauf von Sachwerten oder Aufnahme von Gläubigern als Teilhaber oder Umgründungen in eine andere Unternehmungsform unter Aufnahme der Gläubiger als Teilhaber und schließlich durch die Aufgabe der Selbständigkeit durch Verschmelzung mit einem anderen Unternehmen kann die Illiquidität beseitigt werden.

Bei der *strukturellen Illiquidität* kann nur eine Sanierung „im weiteren Sinne" helfen, mit Maßnahmen, wie sie oben angeführt wurden.

Beseitigung einer Überschuldung

(1) Reine Sanierung durch bloße Kapitalherabsetzung

Diese erfolgt o h n e   Z u f l u ß   n e u e n   K a p i t a l s und ist eine rechnungsmäßige buchtechnische Operation *(buchtechnische Sanierung)*. In diesem Fall wird entweder der Nennbetrag jeder Aktie durch Abstempelung vermindert, etwa von 1000 DM auf 700 DM (D e n o m i n a t i o n). Oder die Aktien werden nach einem von der Hauptversammlung bestimmten Sanierungsdivisor z u s a m m e n g e l e g t (s. oben Kapitalherabsetzung). Eine derartige Zusammenlegung ist jedoch nur erlaubt, wenn ohne sie der Mindestnennbetrag für Aktien nicht innegehalten werden kann.

Die Rechte der K l e i n a k t i o n ä r e können bei solchen Umtauschaktionen geschädigt werden. Können sie die fehlenden Aktien nicht hinzukaufen, dann werden sie aus der Gesellschaft hinausgedrängt und erhalten zudem für ihre Anteile einen geringeren Erlös, weil gleichzeitig viele Aktionäre ihre Spitzen zum Verkauf anbieten und so den Kurs drücken.

Da bei einer Zusammenlegung von 5 : 2 die verbleibenden Aktien das gleiche Anteilsrecht verkörpern wie vordem fünf Aktien, so wird der Kurs der verbleibenden Aktien entsprechend steigen. War der innere Wert der Aktien vor der Sanierung 50 DM, so beträgt er nachher $\dfrac{50 \cdot 5}{2} = 125\ \text{DM}$.

(2) Sanierung durch Zufluß neuer Mittel

Ein krankes Unternehmen, dessen Aktien unter pari stehen, kann im allgemeinen keine jungen S t a m m a k t i e n ausgeben. Daher muß der Ausgabe neuer Aktien eine buchtechnische Sanierung vorausgehen, durch die der Börsenkurs über 100 % gebracht wird. Dagegen kann ein überschuldetes Unternehmen junge Aktien als V o r z u g s a k t i e n ausgeben, die dem Aktienbesitzer besondere Vorrechte wie Vorzugsdividende, Liquidationsvorrechte usw. gewähren. Zuweilen werden diese Vorrechte in besonderen Urkunden (G e n u ß s c h e i - n e n — s. oben S. 675) verbrieft.

Schließlich kann die Sanierung auch durch Z u z a h l u n g auf die alten Aktien, die dann in V o r z u g s a k t i e n umgewandelt werden, erfolgen. Die Aktionäre werden z. B. aufgefordert, einmalig 40 % auf ihre Aktien zuzuzahlen und gleichzeitig ihre Aktien durch Abstempelung in Vorzugsaktien verwandeln zu lassen („verdeckte Kapitalerhöhung").

Das Aktienkapital wird hierbei weder reduziert, noch erhöht. Aber es entstehen nunmehr zwei Gruppen von Aktien. Der Anreiz zur freiwilligen Zuzahlung kann auch durch Hingabe von G e n u ß s c h e i n e n ausgeübt werden, die nicht passiviert zu werden brauchen, so daß die zufließenden Gelder die Unterbilanz ausgleichen.

(3) Sanierung durch Rückzahlungen

Liegt der Börsenkurs erheblich unter pari, so kann ein sanierungsbedürftiges Unternehmen, das sich durch Abstoßung unrentabler Abteilungen und betriebsfremder Anlagen flüssige Mittel verschafft hat, die Unterbilanz dadurch tilgen, daß es einen Teil der eigenen Aktien freiwillig zurückkauft. Der Erwerb eigener Aktien ist jedoch nur zur Abwendung eines schweren Schadens oder, wenn die Aktien den Arbeitnehmern der AG angeboten werden sollen, und in jedem Fall nur bis zu einem Gesamtbetrag von 10 % des Grundkapitals gestattet. (§ 71 AktG 1965.)

VII. Literaturhinweise

Beckmann, Liesel und E. Pausenberger: Gründungen, Umwandlungen, Fusionen, Sanierungen. (Auch in „Die Wirtschaftswissenschaften") Wiesbaden 1961.
Bussmann, Karl Ferdinand: Finanzierungsvorgänge. München 1955.
Deutsch, Paul: Grundfragen der Finanzierung im Rahmen der betrieblichen Finanzwirtschaft. 2. Aufl. Wiesbaden 1967.

Kalveram, Wilhelm: Finanzierung der Unternehmung, in „Die Handels-Hochschule", Band 6. Wiesbaden 1953.

Linhardt, H.: Wegweiser für die Prüfung von Finanzierung und Sanierung. Berlin 1964.

Die auf Seite 624 f. angegebenen allgemeinen Werke über die betriebliche Finanzwirtschaft behandeln meist auch ausführlich die besonderen Finanzierungsvorgänge (Gründungen, Umwandlungen, Fusionen, Sanierungen).

E. Die betriebliche Finanzverwaltung: Der Zahlungsverkehr der Unternehmung

Begriff der Finanzverwaltung

Die Finanzverwaltung ist — neben Kapitalbeschaffung (Finanzierung) und Kapitalverwendung (Investition) — die dritte Hauptfunktion der betrieblichen Finanzwirtschaft. Sie umfaßt alle verwaltungsorganisatorischen und -technischen Maßnahmen zur optimalen Durchführung der Kapitalbeschaffung und Kapitalverwendung. Sie steht beim Durchlauf des Kapitals durch die Unternehmung also zwischen Kapitalbeschaffung und Kapitalverwendung, d. h. sie empfängt das „Geldkapital" in Form der Zahlungsmittel, verwaltet sie und verwendet sie zur Zahlung. Die betriebliche Finanzverwaltung hat es mit dem „Zahlungsbereich" der Unternehmung zu tun und äußert sich in dem „Zahlungsverkehr" der Unternehmung. Man könnte sie auch als Teil der Kapitalbeschaffung und der Kapitalverwendung auffassen, doch hat sie sich zu einem so umfangreichen und eigenständigen Sektor der Finanzwirtschaft entwickelt, daß sie heute als ein besonderes Gebiet der Finanzwirtschaft angesehen werden kann.

Da die Geld- und Kreditinstitute im modernen Zahlungsverkehr eine sehr große Rolle spielen, wurde der Zahlungsverkehr bisher allerdings vorwiegend aus der Sicht der Kreditinstitute von der Bankbetriebslehre behandelt. Den ersten systematischen Versuch, den Zahlungsverkehr aus der Perspektive der Unternehmung zu sehen, unternahm Oswald H a h n in seinem Buch „Zahlungsmittelverkehr der Unternehmung. Eine betriebswirtschaftliche Analyse der inländischen Zahlungsmittel und ihrer Bewegungen" (Wiesbaden 1962).

I. Die Entwicklung des Zahlungsverkehrs

Bedeutung des modernen Zahlungsverkehrs

Der Zahlungsverkehr hat in der modernen Wirtschaft eine sehr komplizierte Organisation. Er vollzieht sich zum weitaus größten Teil in Form der bargeldlosen Zahlung mit Hilfe der Kreditinstitute. Die Bedeutung dieses unbaren Zahlungsverkehrs geht daraus hervor, daß rund 60 % des Personals der Kreditinstitute heute im Zahlungsverkehrsgeschäft tätig sind, daß häufig mehr als die Hälfte der Gesamtkosten der Kreditinstitute darauf entfallen und die Umsätze des bargeldlosen Zahlungsverkehrs bis 90 % des Gesamtumsatzes der einzelnen Kreditinstitute betragen. Die mannigfachen Formen, die der Zahlungsverkehr entwickelt hat, versteht man am besten, wenn man ihre geschichtliche Entstehung verfolgt. Wir beschränken uns aber auf eine etwas schematische Darstellung. (Näheres siehe bei J. Löffelholz, Geschichte der Betriebswirtschaft und Betriebswirtschaftslehre, Stuttgart 1935.)

Die Entstehung des Geldes

Beim reinen Naturaltausch gibt es noch keine Zahlung, dagegen können bei den Naturvölkern Güter allgemeiner Wertschätzung zu Zahlungsmitteln werden, zum *Naturalgeld*, wie Vieh, Getreide, Muscheln, Waffen usw. Als brauchbarstes Tauschmittel erwiesen sich die Metalle und im weiteren Verlauf besonders die *Edelmetalle*, weil sie relativ selten, von gleichmäßiger Beschaffenheit, leicht teilbar und dauerhaft sind. Sie erfüllten die Funktionen des Geldes als Tauschmittel, als Wertmaßstab, als Recheneinheit und als Thesaurierungsmittel am besten. Sie gestalten auch die Fixierung des Wertes durch *Prägung*. Zunächst benutzte man genormte Barren, an deren Stelle um 600 v. Chr. die *Münzen* traten. Noch war es der Stoffwert, der den Münzen die Geldfunktion verlieh, jedoch erwies sich der Verkehr bald auch als aufnahmefähig für gewisse Mengen unterwertig ausgeprägten Geldes, nämlich der *Scheidemünzen*. Das vollwertig ausgeprägte *Kurantgeld* wurde später zum „gesetzlichen Zahlungsmittel" erklärt, d. h. mit ihm kann man jede Schuld rechtskräftig tilgen.

Die Entstehung des Wechsels

In der Renaissance wuchs der internationale Handelsverkehr in ungeahntem Ausmaß und als Folgeerscheinung auch der Wechsel der Münzen von einer Währung in die andere, und es gab damals zahllose Währungen, denn jeder Staat, jedes kleine Fürstentum, ja sogar jede größere Stadt hatten eine eigene Währung. Auf den alten italienischen Märkten des 13. Jahrhunderts standen inmitten der Stände der Marktkrämer auch die „Bänke" (banco oder scamnium) der ersten Geld- oder Wechselhändler, der campsores oder banchieri, die zunächst nur den *Bargeldtausch* betrieben.

Doch entwickelten sie bereits im 13. Jahrhundert den *Wechsel*, der aber damals noch keine Kreditfunktion hatte, sondern *nur dem Zahlungsverkehr diente*. Doch sollte er keineswegs die Bequemlichkeit und Schnelligkeit der Zahlung fördern, er entwickelte sich vielmehr wegen der Unsicherheit des damaligen Geldtransportes (Raubritter) sowie der Münzwirren. Der Kaufmann, der zur Reise rüstete, übergab dem Geldwechsler seines Heimatortes den Betrag, den er für seine Handelsgeschäfte in dem fremden Meßplatz brauchte. Die Summe quittierte der Kampsor in einer besonderen Urkunde, dem „*Wechselbrief*", in dem er seinen Geschäftsfreund in dem fremden Meßplatz anwies, an den Überbringer das Geld auszuzahlen, und zwar in der dort gebräuchlichen Währung. Die Kampsoren bildeten allmählich eine feste Organisation, sie stellten Wechsel aufeinander aus und zahlten sie an den reisenden Kaufmann, den Remittenten, aus. In verhältnismäßig kurzer Zeit legte sich über alle damaligen Handelsstaaten ein Netz, das mittels des Wechselbriefes einen zwar langwierigen, aber sicheren bargeldlosen Fernzahlungsverkehr ermöglichte. Die Wechselhändler trafen sich von Zeit zu Zeit auf den großen *Wechselmessen*, um die unkompensierten Spitzenbeträge dieses Wechselverkehrs auszugleichen. Es war ein großartig organisierter internationaler Clearingverkehr.

Akzept und *Indossament* entwickelten sich erst im 17. Jahrhundert und ermöglichten das *Wechseldiskontgeschäft*, das erstmals bankmäßig von der Bank von

England (etwa ab 1700) gepflegt wurde. Damit gewann der Wechsel eine immer größere Bedeutung als Kreditpapier.

Entstehung des Giroverkehrs

Um die gleiche Zeit entstand ein lokaler Giroverkehr, und zwar aus den gleichen Ursachen wie der internationale Wechselverkehr: Die Kaufleute brauchten auch für den lokalen Handelsverkehr eine von den Münzwirren unabhängige Grundlage für ihren Zahlungsverkehr und gründeten als Selbsthilfeinstitute die *Girobanken*. Der lokale Giroverkehr wurde auf der Grundlage des Depositengeschäfts organisiert. Die wertbeständigen Einlagen waren Gold- und Silbermünzen oder -barren. Der Giroverkehr wurde zum Schutz gegen Inflation in einer eigenen fiktiven Rechenwährung, dem Bankogeld, das auf einer festen Edelmetallbasis beruhte, durchgeführt. Die Sicherheit der Girozahlung hat sehr zu der schnellen Organisation des Giroverkehrs beigetragen. Doch war das Verfahren noch sehr schwerfällig. Bei jeder Umschreibung mußten beide Parteien, sowohl Gläubiger wie auch Schuldner, anwesend sein. Erst sehr viel später gestattete man, daß der Schuldner nicht mehr zu erscheinen brauchte. Diese umständliche Umschreibung hat sich bei den Girobanken bis ins 18. Jahrhundert erhalten.

Die Einlagen waren zunächst *Regulardepositen*, d. h. sie wurden im Tresor der Bank verwahrt und dem Einleger in den gleichen Stücken wieder zurückerstattet. Die Girobanken konnten deshalb zunächst noch nicht mit diesen Einlagen im Kreditgeschäft arbeiten. Doch haben die italienischen Girobanken später häufig die verlockenden Gold- und Silberschätze im Tresor im Handelsverkehr eingesetzt, vor allem zur Finanzierung des Imports von Metallen, Gewürzen, Textil- und Lederwaren. Auch gewährte man gelegentlich große Kredite an weltliche und geistliche Fürsten, meist nicht gegen Zinsen, sondern man verlangte als Leihgebühr wichtige Handels-, Zoll- und Steuerprivilegien zur selbständigen Ausbeutung. Doch führten diese spekulativen Geschäfte sehr häufig zu großen Bankzusammenbrüchen. Den merkantilistischen Girobanken in Mittel- und Westeuropa, die auch Selbsthilfeorganisationen der Kaufmannschaft zur Organisation des lokalen Zahlungsverkehrs waren, wurde deshalb das Kreditgeschäft im Statut grundsätzlich verboten. Erst im 18. Jahrhundert ging man langsam und vorsichtig dazu über, in beschränktem Maße auch Lombardkredite (Kredite gegen Faustpfand) zu gewähren. Bei der Umschreibung im Giroverkehr mußte aber immer noch der Schuldner persönlich erscheinen.

Doch kam es bereits im 17. Jahrhundert in England, wo im Wirtschaftsleben schon früher eine größere Rechtssicherheit und eine höhere Kaufmannsmoral herrschte, zur Entstehung des *Schecks*.

Die Kameralisten-Banken

Von größter Bedeutung für den modernen Kredit- und Zahlungsverkehr waren jedoch die Bankgründungen der Fürsten und ihrer wirtschaftlichen Ratgeber, der Kameralisten, die im 17. und 18. Jahrhundert große Bankprojekte ausarbeiteten, um einmal die Manufakturen und Fabriken, das Gewerbe und den Handel zu fördern und um gleichzeitig die ständigen Finanznöte der Fürsten zu beseitigen. Das Hauptgeschäft dieser projektierten Banken war die *Notenaus-*

gabe („Zettelbanken"). Eine Reihe dieser Pläne wurde verwirklicht, doch mit sehr unterschiedlichem Erfolg. Die einen endeten in katastrophalen Zusammenbrüchen, wie die „Banque Générale" (1716—1720) des genialen Engländers John Law, die anderen führten zu Bankinstituten, die noch heute bestehen.

Die B a n k v o n E n g l a n d war die erfolgreichste dieser Gründungen. Der geniale schottische Kameralist William *Paterson* schlug in seinem Projekt vor, eine Anleihe aufzulegen und die Anleihegläubiger (eine Art Aktionäre) zu einer Bankgesellschaft zusammenzuschließen, die, zum erstenmal in der Geschichte, alle Bankgeschäfte einschließlich des Notengeschäfts betreiben sollte. Der Plan Patersons beruht auf sehr soliden bankwirtschaftlichen Grundsätzen. Die Notenausgabe sollte grundsätzlich nur bei entsprechender Edelmetalldeckung erfolgen. Das eingezahlte Aktienkapital in Höhe von 1,2 Mill. Pfund floß dem Staate zu; nur bis zu dieser Höhe durfte die Bank Kredite gewähren. Die Hauptaufgabe der Bank war das Banknotengeschäft. Daneben konnte die Bank der Kaufmannschaft Faustpfandkredite gewähren. Auch der Wechselhandel war ihr erlaubt. Das Wechseldiskontgeschäft, das von ihr erstmalig bankmäßig betrieben wurde, hat sich schnell entwickelt. Bereits zu Beginn des 19. Jahrhunderts war die Bank von England die Zentralstelle des gesamten englischen Geld- und Kreditwesens.

Ähnlich erfolgreich waren die *„Zettelbanken" Friedrichs des Großen,* die beiden Schwesterbanken, die „Giro- und Lehnbanken zu Berlin und Breslau". Sie betrieben sowohl das Notenbankgeschäft wie den Zahlungsverkehr und das Kreditgeschäft. Aus ihnen ging später die deutsche Reichsbank hervor. Die Kaufmannschaft hatte zwar zunächst kein Vertrauen zu diesen Kameralisten-Banken, doch wurden sie zum Vorbild der modernen Kreditbank.

II. Grundlegende Begriffe

Zahlung und Zahlungsmittel

Zahlung ist die *(Eigentums-)Übertragung von Werten, die in einer Gesellschaft Gelddienste verrichten* (W. Gerloff, ähnlich Mellerowicz, Lipfert, Hertlein u. a.). Solche Werte können sein: Naturalgeld, Münzen, Banknoten, Buchgeld, Scheck, Anweisung, Akkreditiv usw. — oder kurz die *„Zahlungsmittel".*

Der *Zweck der Zahlung* ist sehr verschieden, die Zahlung kann sein: die Gegenleistung beim Kauf eines Sachgutes (Ware, Aktie usw.) oder einer Forderung (Obligation usw.) oder der Gegenwert bei Inanspruchnahme einer Leistung (Lohn, Miete, Pacht, Versicherungsprämie, Fracht usw.) oder die Geldübertragung zur Begründung eines Schuldverhältnisses (Gewährung eines Geldkredites) oder die Tilgung einer Schuld oder die Geldübertragung ohne Gegenleistung (Schenkung, Spende). Eine Schuld kann auch durch *Aufrechnung* zweier gegenseitiger Forderungen getilgt werden (nach Leitner die *„uneigentliche Zahlung"*).

Andere Betriebswirtschaftler (Leitner, Oswald Hahn u. a.) fassen den Begriff Zahlung *enger* und verstehen darunter nur die *Tilgung einer Schuld* durch Zahlungsmittel. Sie gehen dabei von der juristischen Konstruktion aus, die alle Vorgänge, bei denen Zahlungen stattfinden, in zwei selbständige Vorgänge zerlegt. Der Kauf einer Ware „Zug um Zug" z. B. besteht danach (1) aus der Hingabe der Ware, durch die eine Schuld begründet wird, und (2) aus der Zahlung, durch die diese Schuld getilgt wird. Diese Konstruktion, die in der Jurisprudenz Vorteile haben mag, widerspricht jedoch dem allgemeinen Sprachgebrauch; denn wer im Automaten eine Schachtel Zigaretten zieht, hat nicht den Eindruck, daß er durch den Einwurf einer D-Mark eine Forderung begründet, die dann durch Entnahme der Zigarettenschachtel getilgt wird.

Es entsteht hier die grundlegende Frage, ob die verschiedenen Definitionen der Zahlung in der Betriebswirtschaftslehre zu Mißverständnissen führen können. Das ist unseres Erachtens nicht der Fall. Es berührt das Wesen der Zahlung nicht, ob wir sie im weiteren oder engeren Sinn auffassen, in jedem Fall ist sie letztlich eine Eigentumsübertragung von Zahlungsmittel, und das ist unseres Erachtens allein relevant für die betriebswirtschaftliche Problematik.

Wirtschaftliche und juristische Begriffe

Es mag an dieser Stelle — als Exkursion — kurz auf das Verhältnis von wirtschaftlichen und juristischen Begriffen eingegangen werden. Vielfach werden bestimmte Begriffe, wie Vertrag, Willenserklärung, Eigentum, Forderung, Verpflichtung, Anweisung, Hypothek, Darlehen, Aktiengesellschaft, Verjährung usw., als primär juristische Begriffe bezeichnet, die die Wirtschaftswissenschaften von der Rechtswissenschaft übernehmen. Diese Auffassung ist u. E. falsch. Es handelt sich hier um Institutionen, die sich in einer Gesellschaft entwickelt haben und die, n a c h d e m sie entstanden waren, rechtlich, d. h. für die Gesellschaft verbindlich, geregelt wurden, um Mißhelligkeiten, die sie geschaffen haben oder schaffen könnten, zu beseitigen. Häufig widersprechen sich dabei — leider — allgemeiner Sprachgebrauch und juristische Terminologie, was sich manchmal wohl nicht vermeiden läßt. So werden im allgemeinen Sprachgebrauch meist „Besitz" und „Eigentum" synonym gebraucht. Wir wollen damit die Verdienste des Gesetzgebers und der Rechtswissenschaft keineswegs schmälern, denn die Gesellschaft könnte ohne ihre ordnende Kraft nicht bestehen. Und weil es nun sehr viele Begriffe, besonders im Wirtschaftsleben, gibt, die der ordnenden Hand der Jurisprudenz in ganz besonderem Maße bedürfen, ist man geneigt, diese Begriffe als primär juristische zu bezeichnen, was aber nicht zutrifft.

Der Zahlungsverkehr

Der Zahlungsverkehr ist der *Inbegriff der Zahlungen innerhalb einer Volkswirtschaft* (nationaler Zahlungsverkehr) oder einer Volkswirtschaft *mit anderen Volkswirtschaften* (internationaler Zahlungverkehr) *oder einer Unternehmung* (betrieblicher Zahlungsverkehr). Der betriebliche Zahlungsverkehr, mit dem wir es hier vor allem zu tun haben, vollzieht sich heute vornehmlich bargeldlos, die Geld- und Kreditinstitute sind zu den Kassenhaltern der Wirtschaft geworden. Das verlangt eine besondere Organisation des Zahlungsverkehrs und ständige Dispositionen über die Zahlungsmittel hinsichtlich ihrer Art (Bargeld oder Buchgeld) und ihrer Fristigkeit. Die Anlage vorübergehend nicht benötigter Zahlungsmittel in Termineinlagen oder in Wertpapieren sind zwar kein Vorgang des Zahlungsverkehrs, aber sie gehören zur Finanzverwaltung. Insofern ist der Begriff „Finanzverwaltung" etwas weiter als der Begriff „Zahlungsverkehr".

Mit Recht weist Oswald *Hahn* (Der Zahlungsmittelverkehr, Wiesbaden 1962) auf die unlogische Wortkoppelung „Zahlungs-Verkehr" hin, denn „Zahlungen" sind keine Güter, die allein an einem Verkehr teilnehmen, sondern *Vorgänge*, die nicht bewegt werden können. Er schlägt den Terminus „Zahlungsmittelverkehr" vor und weist darauf hin, daß Nicklisch bereits vom „Zahlungsmittelverkehr" sprach und die Deutsche Notenbank der Sowjetzone die Bezeichnung „Zahlungsmittelverkehr" eingeführt hat. Doch ist der Begriff „Zahlungsverkehr" in Wissenschaft und Praxis schon seit den Merkantilisten heimisch, so daß es schwer sein dürfte, ihn zu ersetzen, zumal er wohl kaum zu Mißverständnissen Anlaß gibt.

III. Bereiche des betrieblichen Zahlungsverkehrs

Wir können die Funktionsbereiche des betrieblichen Zahlungsverkehrs gliedern in:

1. Z a h l u n g s e i n g a n g , besser Zahlungsmittel-Eingang, „Zahlungsmittelbeschaffung" (O. Hahn), „Geldquellen der Unternehmung" (Leitner);

2. Z a h l u n g s m i t t e l - V e r w a l t u n g ;

3. Z a h l u n g s a u s g a n g , besser Zahlungsmittel-Ausgang, „Zahlungsmittelverwendung" (O. Hahn) oder kurz: die Zahlung.

Zahlungseingang (Zahlungsmitteleingang)

Der Eingang von Zahlungsmitteln bei einer Unternehmung hat sehr verschiedene Ursachen. Friedrich *Leitner* (Wirtschaftslehre der Unternehmung, 1926, S. 215) nennt folgende „G e l d q u e l l e n   d e r   U n t e r n e h m u n g ":

1. Betriebseinnahmen als Folge der Zweckerfüllung der Unternehmung, zurückströmende Mittel (zum Teil Reproduktionen von Betriebsausgaben): Warenverkäufe und Leistungen in Bar- oder Buchgeld, Zahlungen der Schuldner der Unternehmung zur Tilgung einer Buch-, Wechsel-, Hypothekenschuld oder anderen Geldschulden; im Erlös eingehende Abschreibungen; zurückströmende Depositengelder, Zuschüsse anderer Wirtschaftseinheiten (Subventionen, Dividenden, Garantien u. ä.).

2. Freie Vermögensteile, die in kurzer Zeit in die Geldform umgewandelt werden können: Wechsel (durch Diskontierung), Verkauf von börsengängigen Wertpapieren, Umwandlungen von Termineinlagen bei Kreditinstituten.

3. Noch nicht erschöpfte Kreditquellen: Zugesagte, aber noch nicht voll ausgenutzte Bankkredite, noch nicht begebene Anleihen usw.

4. Zuführung neuer eigener Mittel: Kapitalvermehrung durch Nachschüsse der Gesellschafter und Ausgabe junger Aktien; Einforderungen von Zubußen, Zuzahlungen u. ä.

5. Erschließung neuer Geldquellen: Aufnahme von Bankkrediten, Hypothekarkrediten oder einer Anleihe.

Die ersten drei Geldquellen berühren nur die Zahlungsmittelwirtschaft, die beiden letzten dagegen sind primär Funktionen der Finanzierung und nur sekundär der Zahlungsmittelwirtschaft.

Oswald *Hahn* (a. a. O.) bezeichnet den Zahlungseingang als „Zahlungsmittel-beschaffung" und unterscheidet die „*mittelbare Zahlungsmittelbeschaffung*", die nach Hahn die drei letzten „Geldquellen" Leitners umfaßt und die er ganz zur Finanzierung rechnet, sowie die „*unmittelbare Zahlungsmittelbeschaffung*" (die beiden ersten „Geldquellen" Leitners), die zur Zahlungsmittelwirtschaft gehören. Zu welchen der beiden Sektoren man die dritte Geldquelle, die zugesagten, aber noch nicht in Anspruch genommenen Bankkredite rechnet, hängt von der Interpretation ab; Volkswirtschaftslehre und Statistik rechnen sie bereits zum Geldvolumen; die englischen Banken weisen sie (unseres Erachtens mit Recht) in ihren Bilanzen aus.

Zahlungsmittelverwaltung

Die Zahlungsmittel der Unternehmung müssen von ihrem Eingang bis zu ihrem Ausgang (durch die Zahlung) verwaltet werden. Die Verwaltung besteht aus der zweckmäßigen Dispositon und Umdisposition der Zahlungsmittelbestände. Die Zahlungsmittelverwaltung hat zunächst über die Bestände auf den einzelnen Verwahrungsstellen zu disponieren. Die eingehenden Zahlungsmittel sind z. B. auf die einzelnen Bankkonten je nach deren Umsatz zu verteilen, oder Zahlungsmittel sind aus Rentabilitätsgründen von Bankkonten mit hohem Habensaldo auf Konten mit einem Sollsaldo zu überführen. Zur Umdisposition gehört ferner die Abhebung von Bargeld etwa zu Lohnzahlungen, das Inkasso fälliger Forderungen usw.

Weiterhin dürfen aus Rentabilitätsgründen keine nicht benötigten Zahlungsmittelbestände unterhalten werden. Vorübergehend nicht benötigte Zahlungsmittel sind möglichst gewinnbringend anzulegen, etwa als Termingelder (befristete Einlagen bei Banken mit vereinbarter fester Laufzeit oder einer Kündigungsfrist von einem Monat oder mehr) oder auch in lombardfähigen (bei der Bundesbank beleihfähigen) oder börsengängigen Wertpapieren. Es handelt sich dabei um keine „echten" Investitionen, da sie kurzfristig sind und nur die Zahlungsmittelwirtschaft berühren. (O. Hahn unterscheidet bei der Zahlungsmittelverwaltung: (1) *Zahlungsmittelverwahrung* und (2) *Zahlungsmittelumwandlung;* Näheres darüber a. a. O., S. 80 ff.).

Der Zahlungsausgang: die Zahlung

Die Verwendung der Zahlungsmittel ist in aller Regel die Zahlung, denn darin liegt ja ihr Zweck. Doch können Zahlungsmittel in gewissen Fällen auch eine andere Verwendung finden. So brauchten in Ländern mit Goldumlaufswährung (die es heute nirgendwo mehr gibt) Juweliere, die Gold benötigten, kein Gold zu kaufen, sie schmolzen einfach umlaufende Goldmünzen ein. Gewisse Münzen und Banknoten, die in Sammlerkreisen aus irgendwelchen Gründen höher bewertet werden als ihr Nennwert, werden aus dem Verkehr gezogen und einer Sammlung einverleibt. Weiterhin kommt es nicht selten vor, daß eine Unternehmung eine fällige Forderung nicht geltend macht, weil ihre Eintreibung entweder erfolglos bliebe oder höhere Kosten verursachte, als der zu erwartende Ertrag ausmacht. Doch das alles sind ungewöhnliche Fälle, die Zahlungsverwendung ist in aller Regel die Zahlung.

IV. Die Zahlungsmittel

1. Das Geld

Bargeld und Buchgeld

Je stärker sich in einer Wirtschaft der bargeldlose Zahlungsverkehr durchsetzt, um so geringer wird der Anteil des Bargeldes (Münzen und Banknoten) am gesamten Geldvolumen. So betrug 1948, unmittelbar nach der Währungsreform, die Bargeldmenge 6,4 Mrd. DM, die Buchgeldmenge (Sichteinlagen bei Banken) 7,9 Mrd. DM. Ende 1975 liefen an Bargeld 60 Mrd. DM um, an Buchgeld rund 127 Mrd. DM. Das Bargeld beherrscht zwar noch vollkommen den Zahlungsverkehr in der Konsumsphäre („Konsumentengeld"), obwohl auch hier heute der bargeldlose Zahlungsverkehr ständig steigt, insbesondere seit der Einführung der bargeldlosen Lohn- und Gehaltszahlung. Im Zahlungsverkehr der Unternehmungen und öffentlichen Stellen herrscht dagegen der bargeldlose Zahlungsverkehr vor („Produzentengeld"). Die Unternehmungen bevorzugen das Buchgeld gegenüber dem Bargeld vor allem aus folgenden Gründen:

1. Beim bargeldlosen Zahlungsverkehr übernimmt das Kreditinstitut weitgehend die Kassenhaltung der Unternehmung.

2. Das Buchgeld wird durchweg an Zahlungs Statt angenommen, es ist deshalb für die Unternehmung hinsichtlich der Liquidität gleichgültig, ob die flüssigen Mittel in Buchgeld oder in Bargeld gehalten werden. Das Buchgeld wird bei Errechnung der Liquidität in die Barliquidität einbezogen (nicht allerdings bei den Kreditinstituten).

3. Die Kosten des bargeldlosen Zahlungsverkehrs sind wesentlich geringer als die des Barzahlungsverkehrs; es entfällt das Aufbewahren und der Transport von Bargeld. Ferner sind beim bargeldlosen Zahlungsverkehr die notwendigen flüssigen Mittel meist zinsbringend angelegt.

Das Buchgeld oder Giralgeld

Buchgeld, Giralgeld oder Kreditgeld sind Guthaben bei einem Geldinstitut, über die der Inhaber durch Scheck oder Überweisung verfügen kann — also *die täglich fälligen Einlagen bei den Geldinstituten aller Art*, LZB-Giroguthaben, Postscheckguthaben, täglich fällige Einlagen und Kontokorrentguthaben bei Banken und Sparkassen. Termingelder mit Befristung unter 3 Monaten gehören auch noch zum Buchgeld. Vom volkswirtschaftlichen Standpunkt rechnet man zum Buchgeldvolumen ferner die auf Grund einer Kreditzusage verfügbaren Geldbeträge, die noch nicht in Anspruch genommen und noch nicht als Guthaben gebucht sind, die aber praktisch ein Guthaben darstellen.

Die Geldschöpfung

Unter Geldschöpfung verstehen wir die Schaffung neuen („zusätzlichen") Geldes, das keinen Warencharakter wie vollwertige Goldmünzen hat. Wir unterscheiden.

1. die f i s k a l i s c h e G e l d s c h ö p f u n g oder „a u t o n o m e G e l d -
   s c h ö p f u n g", das ist die Schaffung neuen Geldes durch einen staat-

lichen Hoheitsakt; eine solche autonome Geldschöpfung ist in der Regel die Ausgabe unterwertiger Scheidemünzen sowie des Papiergeldes durch den Staat, mit denen der Staat unmittelbar seine Ausgaben bestreitet; und

2. die K r e d i t s c h ö p f u n g , die Schaffung neuen Geldes durch einen Kreditakt. Vielfach werden die Termini „Geldschöpfung" und „Kreditschöpfung" synonym gebraucht.

Die Ausgabe vollwertigen Metallgeldes ist keine Geldschöpfung im eigentlichen Sinne, da dieses Geld den Charakter einer Ware behält.

Die G e l d s c h ö p f u n g d e r N o t e n b a n k e n beruht heute fast ausnahmslos auf einem Kreditakt. Das Notenbankgeld („Zentralbankgeld") sind die Banknoten und die Giroguthaben bei der Notenbank. Das Zentralbankgeld wird in Verkehr gebracht durch den Wechselankauf, den Lombardkredit und die Kreditgewährung an den Staat, ferner durch die Offenmarktpolitik (Ankauf von Staatsschuldverschreibungen auf dem offenen Markt, um die Entwicklung des Geld- und Kapitalmarktes zu beeinflussen). Wenn die Bank monetäres Gold ankauft, liegt keine Kreditschöpfung vor.

Die K r e d i t s c h ö p f u n g d e r G e s c h ä f t s b a n k e n hat den bargeldlosen Zahlungsverkehr zur Voraussetzung. Die Bankkredite werden größtenteils heute zu bargeldlosen Zahlungen verwandt und schlagen sich auf anderen Girokonten wieder nieder. Die Sichteinlagen entstehen also größtenteils nicht durch Bareinzahlungen, sondern durch Kreditgewährung der Banken. In einer Wirtschaft, in der nur noch bargeldlos gezahlt würde, könnten die Banken unbegrenzt Buchgeld schöpfen. Eine Bank muß aber heute immer damit rechnen, daß Kunden Einlagen abheben, vor allem zu Lohnzahlungen. Die Bank muß also ständig eine Barreserve bereithalten, um liquide zu bleiben. Maßgebend für die mögliche Kreditgewährung der Bank ist also ausschließlich ihr jeweiliger Liquiditätsstatus. Eine Bank kann neue (zusätzliche) Kredite nur gewähren, wenn ihre Liquidität größer als notwendig ist, d. h. wenn ihr ein Liquiditätsüberschuß an baren Mitteln zur Verfügung steht. Doch können wir auf diese Probleme nicht weiter eingehen, da sie mehr die Volkswirtschaft berühren.

2. Hilfszahlungsmittel (Geldersatzmittel)

Der Wechsel

Der Wechsel, eine Anweisung auf eine Zahlung, ist zwar in erster Linie Kreditmittel, doch übernimmt er daneben meist auch Zahlungsmittelfunktion. Mit dem Wechsel bezahlt sehr häufig der Kleinhändler seine Lieferanten, der Großhändler den Produzenten, der Fabrikant seine Rohstoffbezüge. In diesen Fällen handelt es sich um einen *Warenwechsel*, der, wenn er gute Unterschriften trägt, gerne in Zahlung genommen wird und deshalb oft durch mehrere Hände geht. Damit tritt der Charakter des Wechsels als Zahlungsmittel deutlich hervor, denn mit jeder Weitergabe des Wechsels wird eine Zahlung bewirkt. Der Wechsel kann ferner als Zahlungsmittel bezeichnet werden, wenn er als Kassenreserve verwahrt wird, um durch Weitergabe des Wechsels jederzeit Zahlung leisten zu können. Lediglich die Wechsel, die nur zwischen Aussteller und Akzeptant bewegt werden, wozu auch Depot- oder Kautionswechsel gehören, sind keine Zahlungsmittel.

Der Scheck

Der Scheck dient ausschließlich dem Zahlungsverkehr. Man sagt: Der Scheck-aussteller h a t Geld, der Wechselaussteller b r a u c h t Geld. Der Scheck ist wie der Wechsel *eine Anweisung auf eine Zahlung*, ist also selbst kein Buch-geld. Aus diesem Grunde werden Schecks (ebenso wie auch Wechsel) nicht an Zahlungs Statt angenommen, sondern zahlungshalber (erfüllungshalber), d. h. der Zahlungsempfänger behält seinen Anspruch gegen den Zahlungspflichtigen bis zur endgültigen Einlösung des Schecks.

Der Scheck hat, wirtschaftlich gesehen, Ähnlichkeit mit der B a n k n o t e. Er kann, wie die Banknote, durch mehrere Hände gehen, bevor er eingelöst wird. Der Unterschied liegt vor allem darin, daß der Scheck nicht über einen einheit-lichen Betrag lautet, daß der Gesetzgeber, um ihn nicht zur Banknote in Kon-kurrenz treten zu lassen, die Vorlegungsfrist auf 8 Tage beschränkt hat. (Wenn der Scheck nach Art. 29 SchG nicht binnen 8 Tagen nach der Ausstellung zur Zahlung vorgelegt wird, verliert der Inhaber das Regreßrecht; doch pflegen die Banken ihn noch einzulösen.)

Gesetzliche Formen des Schecks

1. *Orderscheck.* Nach dem Scheckgesetz ist der Scheck grundsätzlich ein Order-papier, d. h. er ist auch ohne die Klausel „oder an Order" nur durch Indossa-ment übertragbar. Dabei ist allerdings Blankoindossament zulässig. In der Praxis kamen Orderschecks früher nur im Auslandsverkehr vor. Doch werden sie heute auch im Inland aus Gründen der Rationalisierung und der Sicherheit wegen häufiger benutzt.

2. *Inhaber- oder Überbringerscheck.* Er enthält hinter dem Zahlungsempfänger den Zusatz „oder Überbringer". Er ist ein Inhaberpapier und braucht infolge-dessen nicht indossiert zu werden. Der Stempelaufdruck (ohne Unterschrift), den Firmen häufig auf der Rückseite anbringen, um den Weg des Schecks fest-zuhalten, ist kein Indossament. Der Vermerk „oder Überbringer" darf nach all-gemeinem Bankenbrauch bei innerdeutschen Schecks grundsätzlich nicht durch-gestrichen werden, damit bei Barauszahlung oder Gutschrift die Mühe und das Risiko der Legitimationsprüfung des Scheckinhabers erspart werden.

3. *Der Rektascheck* ist die Urform des Schecks. Der Scheck trägt den Vermerk „nicht an Order", d. h. die Auszahlung oder Gutschrift an einen anderen als den im Scheck selbst angegebenen Empfänger ist nur auf Grund eines besonderen Abtretungsverfahrens möglich. Rektaschecks kommen im Zahlungsverkehr nur beim eigentlichen Postscheck vor. Die Postscheckordnung schreibt vor, daß Schecks, in denen ein bestimmter Zahlungsempfänger angegeben ist, nur durch den Briefträger oder im Abrechnungsverkehr an diesen Empfänger unmittel-bar ausgezahlt werden dürfen. — Doch wird aus Sicherheitsgründen und zu Rationalisierungszwecken (Faksimile-Unterschrift) die Einführung des Rekta-schecks gefordert.

Verrechnungsscheck

Beim Verrechnungsscheck ist quer über die Vorderseite der Vermerk „Nur zur Verrechnung" oder eine gleichlautende Bezeichnung gesetzt. Diese Schecks dürfen grundsätzlich nur durch Gutschrift auf einem Bankkonto ausgezahlt werden. Der Mißbrauch des Schecks durch unbefugte Personen wird dadurch weitestgehend ausgeschaltet.

Die Scheckkarte (eurocheque)

Die Kreditinstitute haben 1968 die Scheckkarte eingeführt, die dem Inhaber eines Kontokorrentkontos auf Antrag ausgehändigt wird. Sie ist ein Legitimationspapier und bietet dem Schecknehmer eine Einlösungsgarantie bis zu 300 DM je Scheck. Auf der Vorderseite sind der Name der Bank und der des Kontoinhabers mit dessen Kontonummer, das Geltungsjahr und die Nummer der Scheckkarte angegeben, ferner trägt sie die Unterschrift des Kontoinhabers. Auf der Rückseite ist die Garantieerklärung abgedruckt. Der „eurocheque" hat sich sehr bewährt und wird in fast allen westeuropäischen Ländern anerkannt.

Der bestätigte (zertifizierte) Scheck

Der bestätigte Scheck trägt einen Bestätigungsvermerk, ein Akzept, das von dem bezogenen Bankinstitut angebracht wird und das bestätigt, daß für den Scheckbetrag Deckung vorhanden ist. In Deutschland ist die Bestätigung oder Akzeptierung von Schecks den Kreditinstituten verboten; sie ist allein der Bundesbank (den Landeszentralbanken) vorbehalten. Die bestätigten Schecks müssen innerhalb von einem Monat zur Zahlung vorgelegt werden. Die LZB hat sie auch dann einzulösen, wenn über das Vermögen des Ausstellers inzwischen Konkurs eröffnet wurde.

Sonstige Hilfszahlungsmittel

Die (einfachen) A n w e i s u n g e n (§§ 783 ff. BGB, §§ 363 ff. HGB) werden gelegentlich neben dem Scheck als Hilfszahlungsmittel benutzt. Sie werden auf Banken oder auch von einem Kaufmann auf einen anderen gezogen. Erfolgt die Ausstellung am gleichen Ort wie die Auszahlung, sind solche Anweisungen als „Platzanweisungen" stempelfrei, andernfalls bedingen sie den Wechselstempel (Steuer, durch Aufkleben einer Marke erhoben).

Das Ü b e r w e i s u n g s f o r m u l a r wird gelegentlich auch als Anweisung benutzt, wenn es in der gleichen Art wie der Scheck dem Zahlungsempfänger in die Hand gegeben wird, der allerdings nicht so schnell zu seinem Gelde kommt wie bei der Überreichung eines Schecks.

V. Kreditinstitute als Träger des Zahlungsverkehrs

1. Organisation und Grundlagen des Zahlungsverkehrs

Die Träger oder Mittler des Zahlungsverkehrs

Träger oder Mittler des Zahlungsverkehrs kann in der modernen Wirtschaft nicht mehr eine einzelne isolierte Bank sein, denn sie könnte nur Zahlungen zwischen den eigenen Kunden vermitteln. Die Geld- und Kreditinstitute haben sich deshalb ihrer jeweiligen Sonderheit entsprechend zu *Zahlungsverkehrs-Systemen* oder *Gironetzen* zusammengeschlossen, die wiederum über die *zen-*

trale Notenbank zu einem einzigen nationalen Zahlungsverkehrs-Netz verbunden sind. Und da die einzelnen Zahlungsverkehrs-Netze heute auch mit den ausländischen Zahlungsverkehrs-Systemen gemeinsame Abrechnungsstellen haben, können fast von jedem Geld- und Kreditinstitut der Welt zu jedem anderen Institut Zahlungen bargeldlos vermittelt werden.

In der *Bundesrepublik* bestehen folgende Zahlungsverkehrs-Netze:

1. Die *Deutsche Bundesbank* mit ihren 11 *Landeszentralbanken:* Sie dient als Zentralstelle für Zahlungen zwischen den einzelnen Gironetzen, da fast alle Kreditinstitute ein Konto bei einer Landeszentralbank (LZB) unterhalten. Ein Girokonto bei einer LZB kann jedermann eröffnen; da die Bundesbank aber kein „Direktgeschäft" mehr betreiben darf (d. h. sie darf im Gegensatz zur Reichsbank keine Kredite mehr an Nicht-Banken gewähren), ist die Zahl ihrer Girokonten gegenüber der Reichsbank stark zurückgegangen.

2. Die *Sparkassen:* Sie gleichen regional über ihre 11 Girozentralen (Landesbanken) aus und zentral über die „Deutsche Girozentrale — Deutsche Kommunalbank", Düsseldorf, dem Spitzeninstitut der Sparkassenorganisation.

3. Die *Kreditgenossenschaften* sind ihren regionalen 12 „Zentralkassen" angeschlossen und haben als Spitzeninstitut die „Deutsche Genossenschaftskasse", Frankfurt a. M.

4. Die *privaten Kreditbanken:* sie haben keine so straffe Giroorganisation; doch stellt jede Großbank mit ihren Filialen ein ansehnliches Gironetz dar.

5. Die *Postscheckämter.*

Da nicht jedes Kreditinstitut mit jedem anderen im Verrechnungsverkehr stehen kann, müssen bei bargeldlosen Zahlungen meist eine oder zwei oder gar drei Zentralstellen eingeschaltet werden, die gegenseitig Konten führen. Doch sucht man die Zahlungen möglichst innerhalb eines Zahlungsverkehrsnetzes abzuwickeln, um Zeit und Kosten zu sparen. Früher verwendeten die einzelnen Gironetze sehr verschiedenartige Scheck- und Überweisungsvordrucke, die aber in der Bundesrepublik heute völlig vereinheitlicht sind, so daß der Sprung in ein anderes Gironetz sehr erleichtert ist. Die einzige Ausnahme machten bisher die Postscheckämter, die aber auch jetzt versuchen, sich anzupassen.

Das Girokonto

Jedes Girokonto (Kontokorrentkonto), das bei einer Bank oder Sparkasse geführt wird, ist zur Verbuchung von bargeldlosen Zahlungen des Kunden oder an ihn bestimmt. Das Geldinstitut nimmt Bareinzahlungen auf das Konto entgegen und leistet Barauszahlungen; es führt Zahlungsaufträge in Form von Überweisungen, Einlösungen von Schecks und bei ihr zahlbar gestellten Wechseln durch. Dazu kommt die Ausstellung von Akkreditiven, Kreditbriefen, Reiseschecks und dergleichen.

Wir unterscheiden Girokonten, die nur dem Zahlungsverkehr dienen (z. B. Postscheck- und LZB-Girokonten) und solche, über die auch Kreditgeschäfte abgerechnet werden. In der g e m i s c h t e n K o n t e n f ü h r u n g bei den Banken und Sparkassen kommt zum Ausdruck, daß Kreditgeschäft und Zahlungsverkehr sich gegenseitig bedingen. Wegen dieser Verschmelzung von Kontokorrent-

(Kredit-)konto und Zahlungsverkehr bevorzugt die Wirtschaft großenteils den bankmäßigen bargeldlosen Zahlungsverkehr.

Die reine Buchgeldzahlung ist nur möglich, wenn Zahler und Empfänger bei einem der Zahlungsverkehrsorganisation angeschlossenen Geldinstitut ein Konto unterhalten.

Jeder Kunde einer privaten Kreditbank, einer Sparkasse oder einer Volksbank ist über sein Konto an das große Gironetz der deutschen Geldanstalten angeschlossen; denn alle Geldinstitute stehen in irgendeiner Weise in Konto- oder Verrechnungsbeziehung zueinander.

Der bargeldsparende Zahlungsverkehr

Beim bargeldsparenden Zahlungsverkehr wird nur bei einem Akt der Zahlung Bargeld benutzt, entweder vom Zahlenden (er zahlt bar auf ein Girokonto) oder vom Zahlungsempfänger (es wird bar von einem Girokonto ausgezahlt).

Bareinzahlungen auf das Girokonto, die v o m K u n d e n s e l b s t geleistet werden, erfolgen, um überflüssige Kassenbestände auf ein Girokonto zu überführen, oder zur Auffüllung des Guthabens, damit für etwa beabsichtigte Verfügungen Deckung vorhanden ist. Bareinzahlungen v o n D r i t t e n haben entweder den Zweck, eine Schuld zu tilgen, z. B. eine Rechnung zu bezahlen, oder (seltener) ein Kreditverhältnis neu zu begründen.

Barauszahlungen (Abhebungen vom Konto) nimmt der Kunde meist nur vor, um seinen eigenen Barkassenbestand zu ergänzen, insbesondere zum Zweck von Lohnzahlungen. Barauszahlungen a n D r i t t e erfolgen meist an Zahlungsempfänger, die nicht selbst über ein Bankkonto verfügen. Zur schnelleren Abwicklung von Ein- und Auszahlungen werden Vordrucke verwendet, sofern nicht ein Barscheck ausgezahlt wird.

2. Der Überweisungsverkehr

Die Überweisung

Die Überweisung ist neben der Scheckzahlung die wichtigste Form der bargeldlosen Zahlung. Sie beruht auf dem *Auftrag* (Geschäftsbesorgungsvertrag, darum keine Anweisung wie der Scheck) eines Bankkunden an seine Bank, zu Lasten seines Girokontos einen bestimmten Betrag dem Konto eines Dritten gutzuschreiben bzw. gutschreiben zu lassen. Die Gutschrift steht wirtschaftlich und rechtlich einer Barzahlung gleich. Die Überweisung bewirkt also eine „bargeldlose Zahlung". Sie führt, wenn ein Schuldverhältnis vorlag, zur Schuldentilgung *an Erfüllung Statt*, d. h. die Schuld erlischt mit der Gutschrift.

Der Überweisungsvordruck

Ein Überweisungs-Auftrag kann auf einem Vordruck, in einem Brief, mündlich oder telegraphisch erteilt werden. Doch dringen die Kreditinstitute aus Rationalisierungsgründen auf „*Formularstrenge*", die aber nur bei den Landeszentralbanken und den Postscheckämtern durchgeführt wird. Es werden heute nur noch vereinheitlichte, dreiteilige „*durchlaufende Vordrucke*" verwandt (ein Original mit zwei Durchschriften). Das Original ist der Überweisungsauftrag,

der als Buchungsbeleg bei der beauftragten Bank bleibt; die erste Durchschrift
ist der „durchlaufende Teil", der „Überweisungsträger", der von der über-
weisenden Stelle als Buchungsunterlage über die zwischengeschalteten Institute
und die Empfängerbank und dann als Gutschriftsanzeige bis zum Empfänger
durchläuft. Die zweite Durchschrift erhält der Auftraggeber als Lastschrift
zurück.

Die *Vereinheitlichung der Vordrucke* ist innerhalb des Kreditwesens seit 1960
völlig erreicht; die Bemühungen, auch den Postscheckverkehr einzubeziehen,
sind dagegen bisher am Widerstand der Postverwaltung gescheitert. Für die
Abwicklung des europäischen Überweisungsverkehrs wurde 1959 ein Einheits-
vordruck entwickelt, der bereits in fast allen westeuropäischen Staaten benutzt
wird.

Dauerauftrag und Lastschriftverkehr (rückläufige Überweisung)

Der *Dauerauftrag* ist eine besondere Form der Überweisung. Er wird vom
Kunden für regelmäßig wiederkehrende Zahlungen in gleicher Höhe, wie Mie-
ten, Versicherungsprämien, Steuern und dergleichen, dem Kreditinstitut erteilt.
Die Bearbeitung erfolgt karteimäßig und erfordert bei der Bank besondere
Kontrollen, da die Bank für die termingerechte Erfüllung haftet.

Vorteilhafter ist heute meist die rückläufige Überweisung, d. h. die *Einziehung
von Lastschriften.* Bei ihr erteilt — auf Grund eines Dauerauftrags des Kontoinhabers — der Zahlungsempfänger, z. B. das Elektrizitätswerk, der Kontostelle
des Zahlungspflichtigen jeweils mittels Lastschriftkarte den Auftrag, das Konto
des Zahlungspflichtigen mit dem ausmachenden Betrag (monatliche Stromrechnung) zu belasten. So werden heute großenteils die Prämien der Versicherungsgesellschaften, die Gebühren von Versorgungsbetrieben, Wohnungsgesellschaften
(Mieten) und dgl. eingezogen. Im Gegensatz zum einfachen Dauerauftrag ist
dieses Verfahren auch dann geeignet, wenn die Beträge jeweils verschieden hoch
sind (Stromrechnung, Steuerzahlung, Telefonrechnung und dgl.).

Die Sammelüberweisung

Überweisungen werden durch die Sammelüberweisung sehr vereinfacht. Bei
der gleichzeitigen Überweisung durch einen Kontoinhaber an mehrere oder
viele Gutschriftenempfänger werden für jeden Einzelempfänger lediglich die
Überweisungsträger (der Mittelteil des dreiteiligen Formulars) ohne Unterschrift ausgefüllt. Den Überweisungsauftrag erteilt man auf einem Sammel-
vordruck, in dem man nur Nummer und Betrag der Einzelüberweisungen ein-
trägt. Bei Großumsätzen genügt die Einlieferung lediglich der Überweisungsträger unter Beifügung eines Additionsstreifens, über dessen Endbetrag der
Sammelauftrag zu erteilen ist. Das bedeutet eine große Zeit- und Kostenersparnis.

3. Der Scheckverkehr

Der Weg des Schecks

Im Überweisungsverkehr beauftragt der Zahlende unmittelbar seine kontoführende Bank, zu Lasten seines Kontos den Überweisungsbetrag dem Konto
des Zahlungsempfängers gutzuschreiben bzw. von der das Konto des Zahlungsempfängers führenden Bank gutschreiben zu lassen. Der Weg des Schecks verläuft umgekehrt wie die Überweisung. Der Zahlende übergibt unmittelbar dem

Zahlungsempfänger den Scheck, in dem die Bank des Zahlenden angewiesen wird, zu Lasten seines Kontos einen bestimmten Betrag dem Überbringer des Schecks auszuzahlen bzw. gutzuschreiben; der Scheckinhaber übergibt seiner Bank den Scheck zur Einlösung. Die Bank schreibt ihm in der Regel den Betrag „E. v." (Eingang vorbehalten) gut und sendet den Scheck direkt oder indirekt durch Einschaltung zentraler Stellen an die Bank des Zahlenden, die den Betrag auf dessen Konto abbucht und der Bank des Zahlungsempfängers gutschreibt. Während der Zahlungsvorgang bei dem Überweisungsweg mit der Belastung des Kontos des Zahlenden *beginnt, endet* der Umlauf des Schecks mit der Einlösung und der Belastung des Scheckbetrags.

Die Zahlungsaufträge können in beiden Fällen natürlich nur ausgeführt werden, wenn das Konto des Zahlenden einen entsprechenden Betrag („*Deckung*") aufweist. Ist beim Überweisungsauftrag nicht genügend Geld auf dem Konto, geht der Auftrag ohne weiteres zurück. Beim Scheck dagegen, bei dem erst das Konto des Empfängers erkannt wird, stellt es sich erst am Ende des Zahlungsvorganges heraus, daß das Konto des Zahlungsleistenden keine Deckung enthält. Da der Scheck inzwischen unter Umständen mehreren Personen zur Zahlung gedient hat, wird die Ausstellung ungedeckter Schecks als „*Scheckbetrug*" geahndet (nicht zu verwechseln mit *Scheckfälschung*, bei der die Unterschrift gefälscht oder der Betrag unbefugterweise abgeändert wird). Hat der Scheckzahler bei seiner Bank Kredit, so löst sie den Scheck auch dann ein, wenn das Konto des Scheckzahlers keine „Deckung" aufweist.

4. Das Akkreditiv

Begriff und Wesen

Das Akkreditiv ist der einer Bank erteilte Auftrag, aus einem Guthaben des Auftraggebers, des *Akkreditivstellers*, innerhalb einer bestimmten Frist einem Dritten, dem *Akkreditierten*, einen bestimmten Geldbetrag zur Verfügung zu stellen. Meist gibt die Bank den Auftrag an eine zweite Bank, mit der sie in laufendem Geschäftsverkehr steht, weiter. Das Akkreditiv spielt besonders im *Außenhandel* eine große Rolle und wickelt sich dann etwa in folgender Form ab: Ein deutscher Importeur (Akkreditivsteller) beauftragt seine Bank (Eröffnungsbank), einem Exporteur in Kanada (dem Akkreditierten), von dem er Waren gekauft hat, ein Akkreditiv bei einer Bank in Kanada (Akkreditiv-Bank) zu eröffnen, die dem Exporteur den Betrag gegen Übergabe der Verschiffungsdokumente auszahlt.

Das Akkreditiv ist nach herrschender Meinung ein *Geschäftsbesorgungsvertrag* (§ 675 BGB) und keine Anweisung (§§ 783 BGB), da dem Akkreditierten keine Urkunde ausgehändigt wird (Der *Kreditbrief* — s. nächste Seite — ist deshalb kein Akkreditiv, wenn er ihm auch sehr ähnelt.) Das Akkreditiv ist auch kein *Kredit*auftrag, sondern ein *Zahlungs*auftrag.

Arten des Akkreditivs

Das *glatte oder offene Akkreditiv* (auch freie, einfache oder Bar-Akkreditiv) ist ein Akkreditiv, bei dem die Zahlung nicht von der Übergabe bestimmter Dokumente abhängig gemacht wird. Es kommt in der Praxis selten vor, da der gleiche Zweck besser durch einen Auszahlungsauftrag, einen Kreditbrief (siehe unten) oder eine Überweisung erreicht werden kann.

Das *Dokumenten-Akkreditiv* oder *Waren-Akkreditiv*, das Akkreditiv im engeren Sinne, wird von der Akkreditivbank nur ausgezahlt gegen Aushändigung bestimmter vom Auftraggeber bezeichneter „*Dokumente*" (meist Orderpapiere), die die Ausführung der Gegenleistung verbürgen und durch deren Übergabe die Verfügungsgewalt über die verbrieften Waren dem Akkreditierten entzogen wird. Die Dokumente sind im allgemeinen Verladepapiere (im Seeverkehr Konnossemente, im Luftverkehr der Luftfrachtbrief, im Binnenverkehr Ladeschein der Frachtführer usw.), ferner die Transportversicherungspolice, die Konsulatsfaktura, unter Umständen auch Ursprungszeugnis, Qualitätsbescheinigung u. dgl. — Wir unterscheiden beim Dokumenten-Akkreditiv (1) das (seltene) *widerrufliche Akkreditiv*, bei dem das Akkreditiv jederzeit gegen den Willen des Begünstigten aufgehoben oder abgeändert werden kann, solange die Dokumente noch nicht aufgenommen sind; (2) das (übliche) *unwiderrufliche Akkreditiv*, bei dem sich die Eröffnungsbank verpflichtet, den Betrag zu zahlen. Das Dokumenten-Akkreditiv kann weiterhin sein: ein *unbestätigtes Akkreditiv*, bei dem die Eröffnungsbank die zweite Bank beauftragt, das Akkreditiv dem Begünstigten lediglich anzuzeigen, und ein *bestätigtes Akkreditiv*, bei dem die zweite Bank beauftragt wird, das (in diesem Fall stets unwiderrufliche) Akkreditiv dem Akkreditierten zu bestätigen und damit gleichfalls die Verpflichtung zur Zahlung zu übernehmen (abstraktes Schuldversprechen).

Das Akkreditiv unterscheidet sich vom *Remboursgeschäft* dadurch, daß beim Akkreditiv die Zahlung gegen Übergabe der Dokumente geleistet wird, während beim Remboursgeschäft die beauftragte Bank ihr Akzept hergibt. Dem Remboursgeschäft liegt also eine *Kreditgewährung* an den Importeur bis zur Anschaffung des Gegenwertes der Tratte zugrunde (s. oben S. 648).

Der Kreditbrief

Der Kreditbrief hat mit dem Akkreditiv große Ähnlichkeit, doch ist er eine *Anweisung* an eine oder mehrere Banken, dem Begünstigten Beträge bis zu der im Kreditbrief bezeichneten Höchstsumme auszuzahlen. Die ausbezahlten Beträge werden im Kreditbrief abgeschrieben. Die wichtigste Form war vor Einführung des „eurocheques" der *Reisekreditbrief*, der in der Form der *Reiseschecks* (Traveller-Schecks) allseits bekannt war. Trotz des Namens ist ein Kredit mit den „Kreditbriefen" grundsätzlich nicht verbunden.

5. Das Inkasso

Wesen des Inkassos

Das Inkasso ist die *Einziehung von Außenständen*, insbesondere von fälligen Rechnungen, Wechseln und Schecks, verlosten Wertpapieren, Akkreditiven, Versicherungsprämien u. dgl. Meist wird der Begriff enger gefaßt und darunter nur die gewerbsmäßige Einziehung von fälligen Forderungen durch Handelsvertreter, Inkassobüros und die Kreditinstitute verstanden.

Die I n k a s s o b ü r o s erhalten vom Gläubiger eine Inkassovollmacht, die sie ermächtigt, im Namen des Gläubigers gegen den Schuldner vorzugehen. Die Inkassobüros sind meistens mit „*Auskunfteien*" verbunden, das sind Unternehmen, die gewerbsmäßig über die wirtschaftlichen Verhältnisse von Firmen und auch Einzelpersonen Auskunft erteilen.

Das Inkassogeschäft der Kreditinstitute

Das Inkasso- oder Einziehungsgeschäft der Kreditinstitute befaßt sich mit der Einziehung von Schecks, Wechseln, Zins- und Dividendenscheinen, Dokumenten, Rechnungen u. a. Es hat durch den bargeldlosen Zahlungsverkehr sehr große Bedeutung erlangt.

(1) S c h e c k i n k a s s o oder S c h e c k e i n z u g : Schecks auf Kreditinstitute am Platz (Platzschecks) werden in der Regel über die Abrechnungsstelle der LZB eingezogen. Schecks auf auswärtige Kreditinstitute (Fernschecks) werden über die gleichen Zentralinstitute geleitet wie die Überweisungen.

(2) W e c h s e l i n k a s s o : Es wird ähnlich durchgeführt wie das Scheckinkasso; oft wird das Wechselinkasso durch Postauftrag erledigt.

(3) I n k a s s o   v o n   Z i n s -   u n d   D i v i d e n d e n s c h e i n e n : Die zum Inkasso eingereichten Scheine werden an die Zahlstelle weitergegeben (Gutschrift: Eingang vorbehalten) und meist über Abrechnungsstellen verrechnet.

(4) D o k u m e n t e n i n k a s s o : Warendokumente (Konnossement, Ladeschein) liefert die mit dem Inkasso beauftragte Bank dem Verpflichteten (meist Importeur) gegen Zahlung des Inkassobetrages oder Übergabe seines Akzeptes aus.

(5) Das I n k a s s o   v o n   R e c h n u n g s e i n z u g s p a p i e r e n gewinnt ständig an Bedeutung; wir wollen deshalb darauf etwas ausführlicher eingehen.

Das Rechnungseinzugsverfahren der Kreditinstitute

Die Kreditinstitute haben neuerdings Verfahren zum rationellen Einzug von Warenrechnungen entwickelt. Dabei benutzen Markenartikelfirmen und auch andere Unternehmen entweder (1) *Bankquittungen* (das ältere Verfahren, das heute kaum noch vorkommt) oder (2) die *Lastschriftkarten*.

Beim B a n k q u i t t u n g s - V e r f a h r e n bescheinigt die Lieferfirma in einer Einzugsquittung, der „Bankquittung", ihrem Abnehmer, daß sie von ihm den Betrag der Rechnung vom soundsovielten durch Vermittlung der X-Bank erhalten hat. Der *Fälligkeitstermin* ist vorgeschrieben und muß von der Bank beachtet werden. Die Bank der Gläubigerfirma bringt die Quittung (ggf. über die Abrechnung der Landeszentralbank) bei der Bank des Käufers der Ware zum Einzug. Die Quittung ist *vorlagepflichtig*, läuft also bis zum Schuldner durch, nachdem seine Bank den Betrag am Fälligkeitstermin seinem Konto belastet hat. Für das Inkasso ist eine *Gebühr* zu zahlen. Das Quittungsverfahren ist jetzt fast ganz von der Lastschriftkarte verdrängt worden.

Durch die L a s t s c h r i f t k a r t e , die anders als die Bankquittung streng genormt ist, wurde das Rechnungseinzugsverfahren (seit 1963) sehr vereinfacht und ist heute stark verbreitet. Sie ist keine Quittung, sondern ein *Auftrag* der Lieferfirma an die Bank, das Konto ihres Kunden s o f o r t zu ihren Gunsten zu belasten auf Grund einer allgemeinen Einzugserklärung des Kunden. Die Lastschriftkarte darf *keinen Fälligkeitstermin* enthalten, andernfalls gilt sie als (gebührenpflichtige) Bankquittung. Sie ist auch *nicht vorlagepflichtig* und bleibt bei der belastenden Bank. Bei Nichteinlösen der Karte wird ein Vorlegungsvermerk angebracht wie beim Scheck. Eine *Gebühr* wird bei der Lastschriftkarte nicht erhoben. — Doch wird die Lastschriftkarte nicht mehr nur von Markenartikelfirmen zum Einzug von Rechnungen benutzt, sondern in wachsendem Maße auch von Versicherungsgesellschaften, Wohnungsbauunternehmen u. dgl. zum Einzug der Prämien, der Mieten usw. Das bedeutet zwar für die automatisierten Versicherungsbetriebe usw. eine Rationalisierung, belastet aber die Banken sehr stark. Der einfache Dauerauftrag wird in vielen Bereichen von diesem Verfahren stark zurückgedrängt.

VI. Literaturhinweise

Fell, Falko: Der Zahlungsverkehr der Unternehmung. Wiesbaden 1958.

Hagenmüller, K. F.: Der Bankbetrieb. Bd. II: Aktivgeschäfte und Dienstleistungsgeschäfte. Wiesbaden 1964.

Hahn, Oswald: Zahlungsmittelverkehr der Unternehmung. Wiesbaden 1962.

Hahn, Oswald: Das Zahlungs- und Inkassogeschäft der Banken. Frankfurt 1970.

Kleiner, B.: Girovertrag. Der Auftrag an die Bank zur Besorgung des Zahlungsverkehrs. Zürich 1960.

Lipfert, H.: Nationaler und internationaler Zahlungsverkehr, 2. Aufl., Wiesbaden 1970.

Maaz, W.: Moderner Zahlungsverkehr. München 1966.

Mellerowicz, K.: Der Zahlungsverkehr, in: „Die Bank". Bd. 2. Wiesbaden 1953.

Ruberg, Carl: Formulare für den inländischen Zahlungsverkehr. Wiesbaden 1955.

Sellien, Reinhold: Wechsel- und Scheckrecht. 3. Aufl. Wiesbaden 1960.

Sewering, Karl: Der Zahlungsverkehr. Essen 1952.

Weisser, Karl: Bargeldlose Lohn- und Gehaltszahlung. 2. Aufl. Wiesbaden 1960.

Zahn, Johannes C. D.: Zahlung und Zahlungssicherung im Außenhandel. 5. Aufl. Berlin 1975.

Achtes Kapitel

Das Rechnungswesen der Unternehmung

A. Grundbegriffe und System des Rechnungswesens

I. Die Entwicklung des Rechnungswesens der Unternehmung

Das System des betrieblichen Rechnungswesens hat sich allmählich geschichtlich entwickelt, wir verstehen es deshalb am besten, wenn wir in schematischer Darstellung die einzelnen Etappen seiner Entwicklung betrachten (vgl. auch oben S. 62 f.).

Entstehung und Bedeutung der Geschäftsbuchhaltung

Die doppelte Buchhaltung wurde in der Renaissance „erfunden". Ihre eigentliche Bedeutung lag nicht in den Vorteilen des technischen Verfahrens für den damaligen Kaufmann, sie war vielmehr das Mittel, mit dem die („kapitalistische") Unternehmung als selbständiges, soziales Gebilde, als „ökonomische Person" (Sombart) konstituiert wurde, sie ist die „Konstitutionsformel" der modernen Unternehmung (vgl. oben S. 62 f.). Die Buchhaltung sucht den Durchlauf der wirtschaftlichen Werte vom Beschaffungsmarkt durch die Unternehmung in den Absatzmarkt als System quantitativer Größen zu erfassen, um in diesem Spiegelbild das betriebliche Geschehen und seine Ergebnisse zu erkennen. Die Buchhaltung ist ein echtes semiotisches System, ein kybernetisches Modell der Unternehmung[1].

Sie war damals ausschließlich Geschäfts- oder Finanzbuchhaltung, die für den extensiven Handelsbetrieb völlig genügte. Es werden alle quantitativ erfaßbaren Geschäftsvorfälle, die die Unternehmung mit dem Markt verbinden, systematisch aufgezeichnet. Die Kostenrechnung beschränkte sich auf Preis-Kalkulationen, die vorwiegend „über den Daumen gepeilt" wurden.

---

[1] So hat bereits Schmalenbach 1925, als die K y b e r n e t i k noch unbekannt war, in sehr anschaulicher Weise den Rückkopplungsprozeß des Rechnungswesens in Analogie zum Nervensystem des Menschen dargestellt (woran kürzlich Kosiol erinnerte): „Wenn man den Betrieb mit einem anderen Wirtschaftskörper, etwa einem menschlichen Körper, vergleicht, dann fällt dem Rechnungswesen des Betriebes zum Teil die Aufgabe des Gedächtnisses und der Nerven zu. Die Nerven des Menschen zeigen an, daß irgendwo im Körper eine Reizung sich vollzieht; eine Verwundung, ein Mangel, eine Störung lösen durch die Nerven Abwehrfunktion aus. So hat das Rechnungswesen des Betriebes, und ganz besonders das innere Rechnungswesen, die Aufgabe, jeden Mangel, jede Verwundung, jede Indisposition des Betriebes, die nicht durch andere, gröbere Mittel offenbar wird, dem Gehirn des Betriebes, das heißt der Betriebsleitung, kundzutun. — Der Arbeiter und selbst der Ingenieur sind geneigt, diese Arbeit als eine unproduktive Aufgabe anzusehen; als produktiv erscheinen ihm nur die Muskeln. Das ist begreiflich. Aber die Muskeln leisten nichts, wenn das Nervensystem gestört ist. Und auch im Betriebe ist die Arbeit der ausführenden Organe nicht fruchtbar, wenn nicht die großen und kleinen Störungen, denen diese Arbeit unterworfen ist, dem Kopf des Betriebes offenbar werden." (Zit. nach Kosiol, Kostenrechnung 1964, Seite 62.)

Im Merkantilismus wurde die Buchhaltung in mannigfacher Weise ausgebaut, aber sie blieb auf den Handelsbetrieb beschränkt. Auch die *Preiskalkulation* wurde teilweise etwas verfeinert. Erste Ansätze einer Betriebsbuchhaltung finden sich in den merkantilistischen Manufakturen.

Die Entwicklung der Kostenrechnung

Das änderte sich mit der Entstehung der Industrie im 19. Jahrhundert. Die *Abschreibung,* die in den relativ kleinen Handelsbetrieben überflüssig und unbekannt war, wurde in Deutschland erstmals etwa um 1850 im Industriebetrieb eingeführt. Die Problematik der *Gemeinkosten* wurde um die Jahrhundertmitte erkannt, die Gemeinkosten, damals „Unkosten" genannt, werden als Zuschläge auf die Fertigungslöhne in der Kostenrechnung berücksichtigt. Noch am Jahrhundertende wird von Kalkulationsspezialisten (A. Messerschmidt, 1884) der allgemeine Brauch befürwortet, 100 % auf die Fertigungskosten zu schlagen, das würde die „Unkosten" voll decken. Derart willkürlich gewählte pauschale Zuschlagsätze hielten sich bis weit ins 20. Jahrhundert, obgleich auch schon Ansätze zu einer *Kostenstellenrechnung* in der zweiten Hälfte des 19. Jahrhunderts entwickelt wurden.

Es mag überraschen, daß sich die Kostenrechnung so langsam entwickelte, obgleich damals schon viele industrielle Großbetriebe bestanden. Doch die Industrie war noch sehr extensiv, alles, was sie trotz des großen technischen Fortschritts erzeugte, wurde infolge der außerordentlich starken Bevölkerungsvermehrung ohne Schwierigkeiten abgesetzt. Der technische Produktionsprozeß — und nicht der Absatz — stand damals im Mittelpunkt, der Unternehmer war Techniker und nicht Ingenieur. Eine exakte *Betriebsbuchhaltung* war bei dieser Wirtschaftsweise noch nicht notwendig.

Auch die *Finanzbuchhaltung* wurde weiter entwickelt. Als die ersten modernen Aktiengesellschaften zum Schutz der Aktionäre ihre Bilanzen veröffentlichen mußten, entstand unter den Juristen eine große Diskussion über Wesen und Gliederung der Bilanz, die bereits zur Bildung von Bilanztheorien führte.

Die Entstehung der Betriebsbuchhaltung

Die langsame Entwicklung beschleunigte sich nach der Jahrhundertwende, als das Wachstum der Bevölkerung schlagartig zurückging, der technische Fortschritt aber unvermindert anhielt. Die Märkte wurden enger, der Absatz schwieriger und die Gewinne kleiner. Jetzt galt es, nicht nur schärfer zu kalkulieren, die Betriebe mußten auch versuchen, den innerbetrieblichen Kostenfluß exakt zu erfassen. Bisher war es noch nicht üblich, die in einem Betrieb anfallenden Kosten, die für die Leistung weiterverrechnet werden und die den Erfolg wesentlich beeinflussen, systematisch zu ermitteln. Die Preise wurden mehr oder weniger unabhängig von den angefallenen Kosten kalkuliert. Die Kalkulation hatte keinerlei Verbindung zur Geschäftsbuchhaltung. Es erwies sich deshalb als notwendig, Buchhaltung und Kostenrechnung organisch zu verbinden. Nun entwickelte sich neben der Finanzbuchhaltung die *periodische Betriebsbuchhaltung,* die den innerbetrieblichen Wertefluß, die Kosten und Ergebnisse (kurzfristige Erfolgsrechnung) erfaßt, als *Bindeglied zwischen Finanzbuchhaltung und Kalkulation.* Man erkannte, daß das betriebliche Rechnungswesen eine organische Einheit bilden müsse.

Hier war in den zwanziger Jahren Eugen S c h m a l e n b a c h der Bahnbrecher, der für eine „*Einheitsbuchhaltung*" eintrat, in der Finanzbuchhaltung und Betriebsbuchhaltung zu einem System verschmolzen sein sollten. Das letzte Ergebnis dieser Bestrebung war der von ihm entwickelte einheitliche *Kontenrahmen* (s. unten), der die Konten systematisch gliederte und die organische Verbindung zwischen Finanzbuchhaltung, die die Aufwendungen und Erträge erfaßt, und der Betriebsbuchhaltung, die nur diejenigen Aufwendungen berücksichtigt, die an der Leistungserstellung beteiligt sind — nämlich die Kosten (formell monistisches System). Damit wurde scharf zwischen Geschäftserfolg (Finanzbuchhaltung) und dem Erfolg aus der Betriebstätigkeit (Betriebsbuchhaltung) unterschieden.

Ausbau der Betriebsbuchhaltung

In der Folgezeit hat sich dieses formale monistische System nicht allgemein durchgesetzt, weil die Betriebsbuchhaltung immer stärker und differenzierter ausgestaltet wurde, und eine streng formale monistische Buchführung das System zu schwerfällig gemacht hätte. Das schließt natürlich nicht aus, daß Finanzbuchhaltung und Betriebsbuchhaltung organisch verbunden sein müssen, denn beide sind aufeinander angewiesen.

Die Plankostenrechnung

In den dreißiger Jahren wurde dann erstmals die Forderung gestellt, um die Dispositionen der Unternehmensleitung zu erleichtern, die Kosten in einer *Vorschau zu planen*, das heißt unter Berücksichtigung aller erreichbaren internen und externen Daten die zukünftige Kostenentwicklung zu ermitteln. Zunächst wurden nur für Teilbereiche Kostenpläne aufgestellt, doch in sehr fortschrittlichen Betrieben wird bereits die gesamte Betriebsbuchhaltung in der Form der Plankostenrechnung geführt.

Die revolutionäre Entwicklung der *elektronischen Datenverarbeitung* hat zwar, so könnte man meinen, nur rein technische Bedeutung für das Rechnungswesen. Doch die EDV-Anlagen erledigen in kurzer Zeit Rechenoperationen, die mit den herkömmlichen Verfahren nicht durchzuführen sind und eröffnen völlig neue Perspektiven für die Weiterentwicklung des Rechnungswesens.

II. Aufgaben und System des Rechnungswesens

Begriff und Zweck des betrieblichen Rechnungswesens

Das betriebliche Rechnungswesen ist die *systematische Erfassung und Auswertung aller quantifizierten und quantifizierbaren Vorgänge der Unternehmung*. In dieser sehr weiten Fassung wird der Begriff Rechnungswesen meist gebraucht.

Das betriebliche Rechnungswesen dient vor allem der *Information der Unternehmensführung* als Grundlage für die meisten Entscheidungen auf allen Ebenen der Unternehmensführung sowie zur laufenden Betriebskontrolle. Das Rechnungswesen hat aber auch die Aufgabe, die *Außenwelt zu informieren*. So hat die Aktiengesellschaft Jahresbilanz, Erfolgsrechnung und Geschäftsbericht zum Schutz der Aktionäre und der Gläubiger, doch auch zur Information der Allgemeinheit zu veröffentlichen. Ferner muß das Finanzamt durch die Steuerbilanzen über Vermögen und Gewinn der Unternehmen informiert werden. Auch die Kreditinstitute prüfen an Hand der Bilanzen und des Kreditstatus die Kreditwürdigkeit ihrer Kunden.

Aufgaben des Rechnungswesens im einzelnen

Die Aufgaben des Rechnungswesens sind nach den „Grundsätzen für das Rechnungswesen" vom 12. 12. 1952 des Bundesverbandes der Deutschen Industrie, bei gleichzeitiger Erfüllung der gesetzlichen Anforderungen:

— die zahlenmäßige Festhaltung aller wirtschaftlichen und rechtlichen Vorgänge, soweit sie Veränderungen des Vermögens und des Kapitals herbeiführen,

— die Feststellung der Aufwendungen, Erträge und Ergebnisse am Ende und während der Wirtschaftsperiode (Jahresabschluß, Zwischenbilanzen, Ergebnisrechnung),

— die Ermittlung von Kosten und Leistungen, die Schaffung von Unterlagen, deren Auswertung eine Überwachung der Kosten und Leistungen sowie der Wirtschaftlichkeit ermöglicht und die unternehmerische Disposition erleichtert,

— die Schaffung von Unterlagen für zwischenbetriebliche Vergleiche,

— die Schaffung von Unterlagen, die dem Betrieb die Beurteilung seiner Kostenlage im Verhältnis zum Marktpreis ermöglichen,

— die Schaffung von Unterlagen, die für die Ermittlung von Angebotspreisen dienen können.

Das System des Rechnungswesens

Die „Grundsätze für Buchhaltungsrichtlinien" von 1937 teilten das Rechnungswesen in

1. Buchhaltung und Bilanz,
2. Selbstkostenrechnung (Stückrechnung, Kalkulation),
3. Betriebsstatistik,
4. Planungsrechnung.

Diese Gliederung in die Hauptgebiete des Rechnungswesens wird in der Literatur heute noch vielfach benutzt. Sie wird jedoch der Differenziertheit des modernen Rechnungswesens nicht gerecht. So kann man das Rechnungswesen etwas stärker aufgliedern in:

1. Die integrierte Planungsrechnung (Zeitraumrechnung)
2. Die Buchhaltung (Zeitraumrechnung)
    a) Geschäfts- oder Finanzbuchhaltung, auch Bilanzbuchhaltung, „pagatorische Buchhaltung" (Kosiol)

b) Betriebsbuchhaltung, Betriebsabrechnung, „kalkulatorische Buchhaltung" (Schär, Kosiol), Kosten- und Leistungsrechnung, eventuell in Form der Plankostenrechnung; ihre integrierten Teile sind:

    aa) Kostenartenrechnung

    bb) Kostenstellenrechnung

    cc) Kostenträger-Zeitrechnung

    dd) Kurzfristige Erfolgsrechnung

3. Kostenträger-Stückrechnung, Kalkulation oder Selbstkostenrechnung (objektbezogene Rechnung) insbesondere zur Ermittlung des Angebotspreises eines Produktes, eventuell in Form der Plankalkulation; hierbei unterscheidet man

    a) Vorkalkulation

    b) Nachkalkulation

4. Betriebsstatistik (Betriebsvergleich)

Erläuterung der Gliederung

Meist wird die *Planungsrechnung* an letzter Stelle genannt. Doch haben wir sie an den Anfang gestellt, weil sie die Ziele und das Betriebsgebaren der Unternehmen für alle betrieblichen Bereiche festlegt und damit wichtige Daten für fast alle Zweige des Rechnungswesens liefert und sich umgekehrt auf seine Unterlagen stützt. Mit der Betriebsbuchhaltung ist sie durch die Plankostenrechnung, mit der Kostenträger-Stückrechnung durch die Plankalkulation verbunden. Allerdings wird die Planungsrechnung auch heute noch meist nur auf Teilgebieten angewandt, in diesem Fall kann sie als „Sonderrechnung" an letzter Stelle geführt werden.

Planungsrechnung und Buchhaltung sind *zeitraum-* oder *periodenbezogen*, das heißt, die Rechnung dient der Ermittlung der Kosten, der Leistung und des Erfolges einer Rechnungsperiode (P e r i o d e n - oder Z e i t r a u m r e c h - n u n g). Die Periode kann verschieden lang sein; in der Geschäftsbuchhaltung ist sie in der Regel ein Jahr in der langfristigen Planungsrechnung mehrere Jahre, in der kurzfristigen ein Halbjahr, ein Vierteljahr, ein Monat oder gelegentlich noch weniger.

Die Kostenträger-Stückrechnung ist dagegen objektbezogen, das heißt, sie ermittelt die Kosten *(Einheitskosten, Stückkosten)*, die erzielbaren Erlöse *(Stückerlöse)* und den Erfolg *einer Leistungseinheit* (eines Produkts, einer Dienstleistung, eines „Stückes"). Betriebsstatistik und Betriebsvergleichsrechnung können sowohl periodenbezogen als auch objektbezogen sein.

Das moderne Rechnungswesen soll mit allen seinen Teilen eine *organische Einheit* bilden. Die Kosten- und Leistungsrechnung der Betriebsbuchhaltung soll mit der Aufwands- und Ertragsrechnung der Geschäftsbuchhaltung abgestimmt sein, da sie sich gegenseitig Unterlagen liefern müssen. Ebenso muß die Kalkulation, insbesondere die Nachkalkulation, mit der Betriebsbuchhaltung und damit indirekt auch mit der Geschäftsbuchhaltung integriert sein. Dabei spielt es grundsätzlich keine Rolle, ob die Betriebsbuchhaltung kontenmäßig im System der Buchhaltung oder ob sie „statistisch" (besser „tabellarisch") geführt wird.

III. Grundbegriffe des Rechnungswesens

Ausgaben und Einnahmen

Ausgaben sind alle *vom Betrieb geleisteten Zahlungen* mittels Bar- oder Buchgeld. Sie sind also ein Zahlungsvorgang und berühren nur die Finanzbuchhaltung, nicht die Betriebsbuchhaltung und Kostenrechnung.

Der Korrelat-Begriff sind die *Einnahmen*, nämlich jede im Betrieb eingehende Zahlung.

Aufwand oder Aufwendungen

Aufwand oder Aufwendungen sind die von einer Unternehmung *während einer Abrechnungsperiode verbrauchten Güter- und Dienstleistungen*, die in der Erfolgsrechnung der Geschäftsbuchhaltung den Erträgen gegenübergestellt werden. Die Aufwendungen stimmen mit den Ausgaben der gleichen Abrechnungsperiode meist nicht überein; in diesem Fall ist eine zeitliche Abgrenzung notwendig, worauf wir noch zurückkommen.

Arten der Aufwendungen

Wir können zunächst unterscheiden zwischen

1. Aufwendungen für den Gebrauch und Verbrauch von Gütern:
   a) Aufwendungen für *Verbrauchsgüter* (Roh-, Hilfs- und Betriebsstoffe)
   b) Wertminderungen an *Gebrauchsgütern* (Abschreibung auf Anlagevermögen)
2. Aufwendungen für die *Inanspruchnahme von Leistungen* (Löhne und Gehälter, Ausgaben für fremde Dienstleistungen, Versicherungsprämien u. dgl.).
3. Aufwendungen für *Außenlasten* (Steuern, öffentliche Abgaben usw.).

Für die Zwecke der Erfolgsrechnung sind in der Buchhaltung (nach Schmalenbach) zu trennen:

1. Z w e c k a u f w a n d , das sind Aufwendungen, die zur Erstellung von Gütern und Dienstleistungen anfallen; sie sind zugleich auch Kosten;
2. n e u t r a l e r A u f w a n d , das sind Aufwendungen, die nicht zur Erreichung des Betriebszweckes gemacht werden (Schenkungen, Spekulationsverluste, Aufwendungen für eine zu Bruch gegangene Maschine); sie dürfen nicht die Kostenrechnung belasten. Wir kommen darauf noch zurück.

Die Kosten

Unter Kosten versteht man heute allgemein — mit Schmalenbach — *den in Geld bewerteten Güterverzehr, der für die Erstellung betrieblicher Leistungen anfällt.*

Danach hat der Kostenbegriff d r e i W e s e n s m e r k m a l e (vgl. dazu S. Menrad, Der Kostenbegriff, 1965):

1. Kosten sind „G ü t e r v e r z e h r" das heißt: „Nicht auf die Ausgaben kommt es an, sondern darauf, ob ... Güter verzehrt wurden" (Schmalenbach).

Dadurch unterscheiden sich die Begriffe „*Kosten*" und „*Ausgaben*". Es gibt Ausgaben, die nicht, noch nicht oder nicht mehr Kosten sind: Ausgaben für eine nicht betriebsnotwendige karitative Spende oder übermäßig hohe Repräsentationsausgaben, Überstundenzuschläge, die aus Gründen, die der Betrieb nicht zu vertreten hat, notwendig waren, um den Termin einer Warenlieferung einzuhalten, das alles sind k e i n e Kosten; Ausgaben für eine Maschine sind n o c h k e i n e K o s t e n , erst wenn sie als kalkulatorische Abschreibungen in die Kostenrechnung eingehen, werden sie zu Kosten; Ausgaben für (kreditierte) Rohstoffe, die bereits in der vorangegangenen Abrechnungsperiode in den Leistungsprozeß eingegangen sind, sind n i c h t m e h r K o s t e n . Ferner gibt es Kosten, die überhaupt n i c h t z u A u s g a b e n führen, die sogenannten **kalkulatorischen Kosten,** zum Beispiel die Zinsen für das Eigenkapital, der Unternehmerlohn, die Miete bei Benutzung eigener Räume des Unternehmens. Zu den kalkulatorischen Kosten rechnen wir auch die Kosten, die durch Umformung gleichartiger Aufwendungen entstehen, deren Höhe für die Kostenrechnung aber ungeeignet ist; hierzu zählen kalkulatorische Abschreibungen und kalkulatorische Risikoprämien u. dgl.

2. Kosten müssen für die Erstellung betrieblicher Leistungen anfallen. Jeder Güterverzehr, der nicht leistungsverbunden ist, ist zwar Aufwand (neutraler Aufwand) aber keine Kosten.

3. Kosten müssen in Geld (in einer Währungseinheit) bewertet sein, um sie auf einen einheitlichen Nenner zu bringen.

Abgrenzung der Kosten gegenüber dem Aufwand

Neutraler Aufwand

Da Aufwand j e d e r Verbrauch von Gütern und Dienstleistungen für Rechnung des Betriebes ist (s. oben), stellen nicht alle Aufwendungen Kosten dar. Schmalenbach hat den Teil des Aufwands, der kein Kostenbestandteil ist, *neutralen Aufwand* genannt. Man unterscheidet z w e i A r t e n von neutralem Aufwand:

1. B e t r i e b s f r e m d e r A u f w a n d : Er steht mit der eigentlichen Fertigung in keinem Zusammenhang. Hierzu gehören z. B. Kursverluste einer Wertpapieranlage, Schenkungen für karitative Zwecke und ähnliches.

2. A u ß e r o r d e n t l i c h e r A u f w a n d : Darunter verstehen wir einen Aufwand, der zwar im Zusammenhang mit der Fertigung steht, aber, durch ungewöhnliche Umstände hervorgerufen, keiner bestimmten Betriebsleistung zugerechnet werden kann. Hierher gehören z. B. die Aufwendungen für eine zu Bruch gegangene Maschine. Dieser Schaden kann nicht, insbesondere wenn er sehr erheblich ist, den Kosten der erstellten Güter zugerechnet werden.

Zusätzliche Kosten

Umgekehrt gibt es Kosten, die nicht Aufwand sind, d. h. also Kosten, die nicht in der Erfolgsrechnung, sondern nur in der Kostenrechnung erscheinen. Man nennt sie deshalb auch *kalkulatorische Kosten.* Der Ausdruck ist nicht ganz glücklich, da alle Kosten eo ipso Bestandteile der Kalkulation sind. Dazu gehören die Zinsen für das Eigenkapital und der Unternehmerlohn, ferner die verbrauchsbedingten Abschreibungen, die häufig von den in der Erfolgsrechrechnung ausgewiesenen Abschreibungen abweichen. Man nennt solche Kosten, die dadurch entstehen, daß der gleiche Werteverzehr in der Aufwandsrechnung (Erfolgsrechnung) anders bewertet wird als in der Kostenrechnung, auch b e - w e r t u n g s v e r s c h i e d e n e K o s t e n oder „A n d e r s - K o s t e n" (Kosiol). Solche bewertungsverschiedenen Kosten entstehen vielfach auch dadurch, daß der gleiche Werteverzehr in der Aufwandsrechnung zum Anschaffungspreis, in der Kostenrechnung zum Wiederbeschaffungspreis eingesetzt ist.

Die Überschneidung der Begriffe Kosten und Aufwand

Die Begriffe Aufwand und Kosten und ihre Überschneidungen sind zuerst von Schmalenbach in folgendem Schema dargestellt worden:

Neutraler Aufwand	Zweckaufwand	
	Grundkosten	Zusatzkosten

Wir unterscheiden also:

1. G r u n d k o s t e n oder a u f w a n d s g l e i c h e K o s t e n. Sie decken sich mit dem Z w e c k a u f w a n d, dem kostengleichen Aufwand.

2. Z u s a t z k o s t e n oder aufwandverschiedene Kosten.

3. N e u t r a l e n A u f w a n d oder kostenverschiedenen Aufwand.

Der größte Teil des Aufwandes ist in der Regel kostengleich, d. h. er deckt sich mit den entsprechenden Kosten.

Ein a n d e r e s S c h e m a das diese Überdeckung zum Ausdruck bringt, ist das folgende:

$$
\textbf{Aufwand} = \left\{ \begin{array}{l} \text{Betriebsfremder Nebenaufwand} \\ \text{Betriebsfremder Neutralaufwand} \\ \text{Zeitraumfremder außerordentlicher Aufwand} \\ \text{Zweckaufwand} = \text{Grundkosten} \\ \qquad\qquad\qquad \text{Zusatzkosten} \end{array} \right\} = \textbf{Kosten.}
$$

G u i d o F i s c h e r hat in seiner „Allgemeinen Betriebswirtschaftslehre" (10. Auflage 1967) ein Schaubild gebracht, das auch die Begriffsüberschneidungen der Ausgaben und des Aufwandes zeigt und in der Gliederung stärker in die Einzelheiten geht.

Leistungen

Unter Leistungen verstehen wir *die in Geld bewerteten Güter* (auch Dienste), *die im Produktionsprozeß erbracht wurden*, also der erzeugten, nicht der abgesetzten Güter. Es ist der Korrelat-Begriff des Begriffes Kosten. Dementsprechend unterscheiden wir den Wert der einzelnen Leistung *(Einzelleistung)* und den Wert der *Leistung einer Periode*, den Ausbringungswert (Out-put) der erzeugten Güter. Leistungswert ist entweder nur der Kostenwert (Herstellkosten oder Verrechnungspreise) der erzeugten Güter oder die Erlöse bei bereits abgesetzten und die Kostenwerte der noch im Betrieb befindlichen Gütern.

Erträge

Erträge sind *alle in einer Periode entstandenen Werte betrieblicher und außerbetrieblicher Art.* Es sind die Leistungen und die Erlöse des Betriebes, die auf der rechten Seite der Gewinn- und Verlustrechnung verzeichnet sind. Der Ertrag ist der Korrelat-Begriff des Aufwandes, die Differenz zwischen Erträgen und Aufwand ergibt den Erfolg (Gewinn oder Verlust).

Wir unterscheiden:

1. Betriebliche Erträge,

das sind Erträge aus den an den Markt abgegebenen und im eigenen Betrieb verwendeten Leistungen. Der betriebliche Ertrag entspricht also der betrieblichen Leistung. Zu den betrieblichen Erträgen rechnen Umsatzerträge, innerbetriebliche Erträge, Erträge aus Bestandsänderungen und betriebliche Nebenerträge.

Umsatzerträge sind die Werte der Umsatzträger, der veräußerten Betriebsleistungen und Handelswaren. Sie bestehen entweder in Bareinnahmen oder in Forderungsrechten.

Innerbetriebliche Erträge sind die Selbstkostenwerte der auftragsweise abgerechneten *innerbetrieblichen Leistungen,* die nicht sogleich verbraucht werden und daher nicht unmittelbar in die Betriebsrechnung eingehen, sondern aktiviert und zeitlich begrenzt werden. Dazu gehören z. B. Instandsetzungen, die den Wert erhöhen, Herstellung von Werkzeugen und dgl.

Nebenerträge sind Erträge aus der Verwertung von Abfällen, Schrott und Reststoffen, ferner Mieteinnahmen aus Werkswohnungen und dgl.

2. Neutrale Erträge

Die neutralen Erträge sind der Korrelatbegriff zu den neutralen Aufwendungen. Sie sind Erträge, aber keine Betriebsleistungen und bestehen aus:

1. *betriebsfremden Erträgen,* das sind Erträge aus nicht betriebsnotwendigen Vermögenswerten. Sie gehören nicht in die Kostenrechnung und die Betriebsergebnisrechnung. Dazu gehören Kursgewinne und Zinseinnahmen aus nicht betriebsnotwendigen Wertpapierbeständen, Währungs- und Spekulationsgewinne. Dagegen sind Erträge aus geschenkten betriebsnotwendigen Vermögenswerten keine neutralen Erträge;

2. *außerordentlichen Erträgen;* das sind Erträge z. B. aus Verkäufen von Grundstücken, Maschinen und sonstigen Gütern, sofern der Erlös den Buchwert übersteigt, Erträge aus der Auflösung von stillen und offenen Rücklagen und dgl.

In der Ergebnisrechnung stehen die Gesamtaufwendungen (Kosten + neutrale Aufwendungen) den Gesamterträgen (betriebliche + neutrale Erträge) gegenüber; der Saldo ist der Gewinn oder der Verlust.

Abgrenzung der Erträge von den Einnahmen

Ebenso wie sich die Ausgaben einer Periode nicht immer mit den Kosten dieser Periode decken, so entsprechen auch die Einnahmen einer Periode nicht immer den Erträgen dieser Periode. Danach unterscheiden wir:

1. *Nacheinnahmen.* Sie entstehen, wenn die Erträge den Einnahmen vorausgehen, z. B. Verkäufe auf Kredit, der erst in den nächsten Perioden getilgt wird; solche Erträge sind zu aktivieren.

2. *Voreinnahmen.* Sie entstehen, wenn die Einnahmen den Erträgen vorausgehen, so sind z. B. Anzahlungen noch keine Erträge, wenn die Gegenleistung erst in der nächsten Periode erfolgt. Die Voreinnahmen sind zu passivieren.

IV. Der Kostenbegriff in der Literatur

Der Kostenbegriff, wohl der wichtigste Begriff des Rechnungswesens, wird in der Literatur nicht einheitlich gebraucht. Da in den letzten Jahren gerade über diesen grundlegenden Begriff sehr stark diskutiert wurde, wollen wir einige typische Auffassung, die von der Schmalenbachschen abweichen, behandeln. (Vgl. dazu auch E. Heinen: Betriebswirtschaftliche Kostenlehre, 4. Aufl. 1974; und Siegfried Menrad, Der Kostenbegriff, 1965).

Heinrich Nicklisch

Heinrich Nicklisch versteht unter Kosten „Ausgaben für einen Gegenstand, der erworben ist, wird oder werden soll" (Art. Kosten, in HdB 1939). „*Kostenrechnung* ist ihrem Inhalt nach ... Beschaffungsrechnung, Bezugskalkulation." „Ganz anders die *Aufwandsrechnung*. Sie hat es nicht mit den Kosten, sondern mit den Kostengegenwerten zu tun, und zwar insoweit, als sie dem Betriebsprozeß zugeführt werden ..." (Wirtschaftliche Betriebslehre, 1922). Nicklisch hält sich an den *Sprachgebrauch*, der im allgemeinen „Kosten" — nicht dagegen den „Aufwand" — mit „Ausgaben" gleichsetzt, so daß also bei Nicklisch der Begriff „Kosten" dem betriebswirtschaftlichen Begriff „Aufwand" sich nähert, der Begriff „Kosten" dem Begriff „Ausgaben" entspricht. Auch andere, meist ältere Autoren haben diesen Begriff verwandt.

Fritz Schmidt

Fritz Schmidt geht zwar von dem herrschenden Kosten- und Aufwandsbegriff aus, sieht aber in der jetzt gebräuchlichen Bilanz „Fälschungen vielerlei Art". Wenn die Grundsätze der organischen Bilanz (s. unten S. 783) durchgeführt seien, dann würden die Unterschiede zwischen Kosten und Aufwand stark vermindert. Zahlreiche Zusatzkosten würden zu Aufwand, viele neutrale Aufwendungen zu Kosten.

Erich Schneider

Erich Schneider geht vom *Wertumlauf* in der Unternehmung aus, dessen äußerer Bereich die „Transaktionen der Unternehmung mit der Umwelt" umfaßt, die „*Nominal-Güterströme*", dessen innerer Bereich dagegen den komplementären (reinen) „*Realgüterstrom*" betrifft. Den Nominalgüterstrom erfaßt die Finanzbuchhaltung als Aufwand und Erträge, den Realgüterstrom die Betriebsbuchhaltung als Kosten und Leistungen. Kosten sind mithin nur Realgüterverbrauch, deshalb rechnet Schneider die Zinsen des Eigen- u n d Fremdkapitals nicht zu den Kosten. „Ein Geldbetrag repräsentiert kein Gut, sondern stellt eine Anweisung auf Güter dar ... Behandelt man gleichwohl die Zinsen des Eigen- und Fremdkapitals als Bestandteil der Kosten, so muß man sich darüber im klaren sein, daß es sich hier in Wirklichkeit um eine Normgröße für den durch Verwendung des Kapitals zu erzielenden Erfolg handelt. Zinsen haben deshalb in der Kostenrechnung nur den Charakter von *Als-Ob-Kosten*." (Industrielles Rechnungswesen, 5. Aufl. 1969.)

Dieter Pohmer

Dieter Pohmer geht gleichfalls wie Erich Schneider von dem Nominalgüter- und dem Realgüterfluß aus, auch für ihn sind Kosten nur Realgüterverbrauch, doch sieht er in den Zinsen das Entgelt für ein Realgut. Dagegen bereitet ihm die Zuordnung der Steuern Schwierigkeiten, da „sie sich nicht auf das Leistungsaustauschprinzip gründen". Für die „Berücksichtigung von gegenwertlosen Ausgaben in der Kostenrechnungspraxis muß man dann — wie Erich Schneider — den Begriff der ‚Als-Ob-Kosten‘ einführen. Diese Lösung befriedigt nicht restlos ... Trotzdem neigt ihr der Verfasser zu; denn die Kennzeichnung der Steuern als ‚Quasi-Kosten‘ lenkt die Aufmerksamkeit darauf, daß die unentgeltlichen Vorgänge ein Fremdkörper in dem grundsätzlich durch Leistungsaustausch gesteuerten Werteumlauf bilden." (Pohmer: Über die Bedeutung des betrieblichen Werteumlaufs ..., in: Organisation und Rechnungswesen, Berlin 1964.)

Der pagatorische Kostenbegriff (Helmut Koch)

Die bisher behandelten Kostenbegriffe weichen im Grundsätzlichen nicht von dem herrschenden Kostenbegriff ab. Helmut Koch dagegen wendet sich gegen diesen traditionellen Kostenbegriff in einem stark beachteten Aufsatz (Zur Diskussion über den Kostenbegriff, in: ZfhF, 1958, S. 355 ff.) und definiert den Kostenbegriff als „eine spezifische Ausgabenkategorie", als „pagatorischen Kostenbegriff". Danach sind Kosten „*die mit Herstellung und Absatz einer Erzeugniseinheit bzw. einer Periode verbundenen ‚nicht kompensierten‘ Ausgaben*", das sind solche Ausgaben, „welche als Entgelte für die im Betriebsprozeß eingesetzten Produktionsmittel, für die zur Verfügungstellung von Fremdkapital sowie für die Beschaffung von Umschlagsgütern ... zu entrichten sind, sowie sonstige Ausgaben, welche mit der Durchführung der Unternehmung verbunden sind (z. B. Steuerzahlungen ...)". Denn — so sagt er an anderer Stelle — „der ‚wertmäßige‘ oder ‚technisch-monetäre‘ Kostenbegriff — nach diesem wird unter ‚Kosten‘ der ‚in Geld ausgedrückte‘ oder ‚bewertete‘ Güterverbrauch verstanden — will als problematisch erscheinen. Einmal nämlich ist er ... nicht exakt definiert, sondern läßt völlig offen, ob es sich um Beschaffungs- oder Veräußerungspreise handelt. Zum anderen ist er widersprüchig, weil sich heterogene nicht monetäre Gütermengen sinnvollerweise nicht durch einen Geldbegriff, sondern nur durch den Begriff eines gemeinsam übergeordneten nicht-monetären Guts einheitlich ausdrücken lassen". (ZfB, 1965, S. 329.)

Dieser Kostenbegriff, der als *rein theoretischer* Begriff auch von anderen, insbesondere den „Nominalisten" (wie Rieger, Linhardt, Fettel u. a.), vertreten wird, soll nach Koch aber auch „als gegebene Größe den Ausgangspunkt für die Kostenrechnung" bilden. Nun gibt es je nach dem Zweck der Kostenrechnung verschiedene Kostenbegriffe (z. B. Stückkosten, Periodenkosten, Grenzkosten); doch sind auch sie nach Koch als *„spezifisch-pagatorische Kostenbegriffe"* der Kostenrechnung vorgegeben und „zur Gewinnung theoretischer Aussagen geprägt". Daraus folgert er, „daß in der Kostenrechnung nur mit einer Art von Preisen gerechnet werden darf, nämlich dem Preis, der im Kostenbegriff eingeschlossen ist", und der stets der Anschaffungspreis ist. Das bedeutet, daß kalkulatorischer Unternehmerlohn und kalkulatorische Eigenkapitalzinsen überhaupt keine Kosten sind. Weiterhin zeigt sich, daß in der Praxis der Kostenrechnung „je nach Umständen oder Rechnungszweck der Produktionsmittelverbrauch mit ganz unterschiedlichen Geldbeträgen multipliziert wird".

Diesen Widerspruch sucht Koch dadurch zu beseitigen, daß zwar „dem pagatorischen Kostenbegriff entsprechend stets mit Anschaffungspreisen gerechnet wird, dabei aber in der Kostenrechnung unterschiedlich *Hypothesen* eingeführt werden". Aus dem jeweiligen Zweck der Kostenrechnung ergeben sich die konkreten Bedingungen, die mit den Erfahrungstatsachen oder den zu erwartenden empirischen Bedingungen übereinstimmen müßten. Doch aus zwei Anlässen sei „diese oder jene konkrete Bedingung nicht der Wirklichkeit zu entnehmen, sondern mit Hilfe von Hypothesen zu bilden", nämlich (1) wenn es der Zweck der Kostenrechnung verlange (*„zweckbedingte Hypothesen"*) oder (2) wenn sich „die empirischen Bedingungen des konkreten Falles und die dem Kostenbegriff zugrunde liegenden Prämissen" nicht entsprächen (*„prämissenbedingte Hypothesen"*). Zweckbedingte Hypothesen müssen zum Beispiel bei Soll-Kosten und Verrechnungspreisen gemacht werden, prämissenbedingte Hypothesen bei Schenkungen an die Unternehmung und bei Verwendung des Wiederbeschaffungspreises bei Preisschwankungen. (Siegfried Menrad, a. a. O., ist der Ansicht, daß es sich hier nicht um „Hypothesen", sondern um „Fiktionen" handele.)

Diesen „Ansatz verschiedenartiger Preise" betrachtet Koch jedoch nicht als Bewertung (*„es gibt in der Kostenrechnung kein Bewertungsproblem"*), er läßt sich vielmehr „sinnfällig und zwanglos in der Weise interpretieren, daß vom pagatorischen Kostenbegriff ausgegangen wird und die zur Verifikation dieses Begriffs erforderlichen Hypothesen gebildet werden, wobei diese je nach dem Zweck der Kostenrechnung und den jeweils in der Wirklichkeit vorliegenden Bedingungen unterschiedlich sind".

Würdigung der Theorie Kochs

Die dem Nominalismus Riegers nahestehenden Autoren, die die „reine Geldrechnung" vertreten, sind im Grundsätzlichen mit Kochs „pagatorischem Kostenbegriff" einverstanden: „Einnahmen und Ausgaben sind für uns Elemente der unternehmerischen Rechnung" (Fettel).

Siegfried Menrad (a. a. O.), ähnlich Dieter Pohmer (a. a. O.) sowie E. Kosiol (Kostenrechnung, Wiesbaden 1964) sind der Ansicht: „Ob man also vom ‚pagatorischen' Kostenbegriff ausgeht oder von dem (von Koch) sogenannten ‚wertmäßigen' Kostenbegriff — die Kosten als Gegenstand der Kostenrechnung bleiben dieselben. Der Ausgabenbegriff Kochs muß also in bezug auf die realen Gegenstände, die er umfaßt, genauso weit sein, wie der Begriff (Geld-)Wert, den er ersetzen soll, und seine reale Bedeutung ist ebensowenig und ebensosehr ,materiell bestimmt' wie die des letzteren." (Menrad.)

Andere Autoren (z. B. Engelmann, ZfB 1958, S. 558 ff.; Zoll, ZfB 1960, S. 15 ff. und 105 ff.) sehen als gekünstelt an, „daß der eigentlich nominalistische pagatorische Kostenbegriff nur mit Hypothesen in Wirtschaftlichkeitsschemata gepreßt werden kann, ohne daß aber auch nicht immer wieder Rentabilitätsgesichtspunkte an die Oberfläche kommen. Sowie dies der Fall ist, gewinnt der pagatorische Kostenbegriff Farbe". Und Zoll fährt fort: „Er ist der typische Begriff für alle geldliche Erfolgsrechnung. Er ist der Begriff der kalkulatorischen Vorrechnung, auch wenn er sich dabei an fiktiven (künftigen) Ausgaben orientiert. Er besitzt auch bei Planbetrachtung seine volle Bedeutung. Mit ihm allein kommt man in jeder Lage durch."

Siegfried Menrad (a. a. O.) beanstandet gleichfalls die „Hypothesen"-bildung und bemerkt dazu, bei Koch trete „an die Stelle der ,Bewertung' und des ,Bewertungsproblems' ... die Bildung entsprechender ,Hypothesen' und das Problem, welche Hypothesen jeweils zu bilden sind. Statt ,Zusatzkosten' werden Geldbeträge verrechnet, die mittels geeigneter ,Hypothesen' als Ausgaben gedeutet werden, obschon sie ,realiter keine Ausgaben sind'. Die für die Ermittlung der Kosten relevanten Preise werden, soweit sie nicht tatsächlich für die Beschaffung verbrauchter Realgüter bezahlte Preise sind, nach Einführung eigens zu diesem Zweck gebildeter ,Hypothesen' als Anschaffungspreise interpretiert. Die Benennung von Begriffen ist aber eine Frage der Zweckmäßigkeit".

Erich Kosiol, sein Urteil wollen wir abschließend bringen, schreibt (Kostenrechnung, Wiesbaden 1964): „Kochs Vorschlag läuft letztlich auf nichts anderes hinaus, als durch Hypothesen verschiedener Art neben den tatsächlichen Anschaffungspreisen auch andere Preiskategorien als Wertansatz der Kosten zu verwenden und dabei die Kosten unbedingt ,pagatorisch' zu frisieren. Wenn ihm dabei vorschwebt, den auf Schmalenbach zurückgehenden, weithin anerkannten Kostenbegriff aufzugeben und auch kalkulatorisch letztlich nur mit dem Aufwandsbegriff zu arbeiten, so ist im längst vorhandenen Fachausdruck Zweckaufwand (leistungsbezogener Aufwand) der von Koch gesuchte Terminus gegeben."

V. Die Kostenarten

Die Kosten werden nach den verschiedensten Gesichtspunkten eingeteilt, und zwar vor allem

a) *nach ihrer Entstehungsweise:* in (1) Arbeitskosten, (2) Kapitalkosten, (3) Materialkosten, (4) Fremdleistungskosten, (5) sonstige Kosten;

b) *nach ihrer Verrechnung:* (1) Einzel- oder Direktkosten und (2) Gemeinkosten oder indirekte Kosten;

c) *nach der Häufigkeit:* (1) einmalige Kosten, (2) laufende Kosten;

d) *nach ihrem Verhalten bei schwankendem Beschäftigungsgrad:* (1) fixe Kosten, (2) variable Kosten.

1. Die Kostenarten nach ihrer Entstehung

Gliederung der Kosten nach ihrer Entstehung

Die fünf Hauptkostenarten: Arbeitskosten, Kapitalkosten, Materialkosten, Fremdleistungskosten, sonstige Kosten werden wieder nach Kostengruppen untergliedert, und man erhält dabei folgendes Schema:

I. Arbeitskosten:

    1. Löhne und Lohnnebenkosten,
    2. Gehälter und Gehaltsnebenkosten,
    3. Personalversicherung,
    4. Unternehmerlohn (evtl. kalkulatorische Kosten),
    5. Sonstige Personalkosten.

II. Kapitalkosten:

    1. Kalkulatorische Zinsen,
    2. Kalkulatorische Abschreibung,
    3. Kalkulatorische Wagnisse (Risiko).

III. Materialkosten:

    1. Roh-, Hilfs-, Betriebsstoffe, Fertigteile,
    2. Büromaterial.

IV. Fremdleistungskosten:

    a) der Transportbetriebe:

        1. Güterbeförderungskosten,
        2. Nachrichtenbeförderungskosten,

    b) sonstige Sach- und Dienstleistungen:

        3. Miete und sonstige Gebäudekosten,
        4. Elektrizitäts-, Gaslieferungskosten,
        5. Werbekosten (soweit nicht Leistungen des eigenen Betriebes),
        6. Patente und Lizenzgebühren,
        7. Anwalts-, Organisations-, Revisionskosten usw.
        8. Versicherungskosten.

V. Sonstige Kosten:

    1. Steuern,
    2. Gebühren, Beiträge, Zölle.

Arbeitskosten

Die Arbeitskosten bestehen nicht nur aus den L ö h n e n und G e h ä l t e r n, sondern auch aus den N e b e n k o s t e n, so vor allem den Arbeitgeberanteilen zur Sozialversicherung, ferner den freiwilligen sozialen Leistungen. Letzte sind allerdings nur insoweit Kosten, als sie b r a n c h e n ü b l i c h sind, da sie sonst nicht als Betriebsaufwand bezeichnet werden können. So ist die Weihnachtsgratifikation in der Regel Kostenbestandteil.

Die Arbeitskosten sind meist die g r ö ß t e n K o s t e n p o s i t i o n e n, insbesondere in arbeitsintensiven Betrieben.

Der *Unternehmerlohn* gehört gleichsfalls zu den Arbeitskosten, auch wenn er in der Aufwandsrechnung meist im Gewinn enthalten ist. Schwierig ist natürlich die Festsetzung des Unternehmerlohns. Es besteht hier nur die Möglichkeit, ihn nach den Gehältern von Angestellten mit gleicher Funktion in Betrieben gleicher Art und Größe zu bestimmen. — Der Unternehmerlohn gehört meist zu den „kalkulatorischen Kosten".

Kalkulatorische Kosten

(1) Kalkulatorische Zinsen

Die Kapitalzinsen sind die Zinskosten, die durch die Nutzung von Fremd- und Eigenkapital für betriebliche Zwecke entstehen. Dementsprechend unterscheidet man:

1. *Die Zinsen für Fremdkapital.* Hierher gehören alle Zinsen, die für Darlehen gezahlt werden. Sie sind aber keine kalkulatorischen Kosten (s. oben S. 725).

Man muß dabei, streng genommen, die Risikoprämie, die für die Überlassung des Fremdkapitals gezahlt werden muß, von dem „reinen Zins" (Nettozins) getrennt erfassen. Denn die Risikoprämie kann in gewissen Zeiten und je nach der Sicherheit der Kredite sehr verschieden hoch sein.

2. *Die Zinsen für das Eigenkapital.* Der Kostencharakter der Eigenkapitalzinsen war lange Zeit umstritten, da sie in der Aufwandsrechnung nicht besonders ausgewiesen werden und — ähnlich wie der Unternehmerlohn — im Gewinn enthalten sind. Heute geht jedoch die herrschende Meinung dahin, daß die Eigenkapitalzinsen echte Kosten darstellen, da das Eigenkapital am Unternehmungserfolg in der gleichen Weise beteiligt ist wie das Fremdkapital. Wenn in zwei Unternehmungen der gleichen Art und Größe ein verschieden hohes Eigenkapital eingesetzt ist, so werden, wenn die Eigenkapitalzinsen nicht berücksichtigt werden, bei dem Unternehmen, das mit weniger Fremdkapital arbeitet, die Kosten entsprechend geringer sein als bei dem Unternehmen, das über weniger Eigenkapital verfügt und mehr Fremdkapital aufgenommen hat. Aus diesem Grunde ist die Berücksichtigung des Eigenkapitalzinses in der Kostenrechnung notwendig, um Kapitalfehlleitungen zu vermeiden. In der Kostenrechnung ist daher ein besonderer k a l k u l a t o r i s c h e r Z i n s einzusetzen. Es wird heute vielfach gefordert, daß der Eigenkapitalzins auch in der Geschäftsbuchhaltung zu verrechnen ist.

Eigen- und Fremdkapitalzinsen dürfen aber *nur für das betriebsnotwendige Kapital* in der Kostenrechnung in Anrechnung gebracht werden.

(2) Kalkulatorische Abschreibungen

Bei allen Vermögensbestandteilen einer Unternehmung können Wertminderungen auftreten, regelmäßig vor allem bei Anlagegütern (mit Ausnahme von Grund und Boden). Diese Wertminderungen haben einen Kostencharakter und werden im Rechnungswesen häufig als Abschreibungen bezeichnet.

Unter A b s c h r e i b u n g e n i m e n g e r e n S i n n e versteht man jedoch nur die *Wertminderungen an Anlagegütern.* Die Wertminderungen von Kundenforderungen, die sogenannten „Delkredereabschreibungen", stellen Risikokosten dar. Auch die Abschreibungen, die wegen eines Mißverhältnisses von

Ertragswert und Kostenwert oder infolge von Marktwertveränderungen notwendig werden, sind keine Abschreibungen im engeren Sinne. Sie können grundsätzlich nicht als Kosten verrechnet werden.

Nach dem *Verrechnungsbereich* der Abschreibung unterscheiden wir bilanzmäßige und kalkulatorische Abschreibungen.

Die *bilanzmäßigen Abschreibungen* haben den Zweck, die Anschaffungskosten der Anlagegüter auf die Zeit ihrer Nutzung periodenweise zu verteilen. Die Beträge, die in den einzelnen Perioden in die Erfolgsrechnung eingesetzt werden, sind wertmäßiger Aufwand der Periode.

Die *kalkulatorischen Abschreibungen* dagegen dienen der Ermittlung der Kosten der bei der Fertigung entstandenen Wertminderungen der Anlagegüter. Die Abschreibungen werden als (verteilte) Kosten in die einzelnen Fertigungsgüter bzw. Dienstleistungen eingerechnet. Die kalkulatorische Abschreibung soll den Ersatz der Wertminderungen der Anlagegüter im Preis sichern. Daher kommen auch n u r   d i e   v e r b r a u c h s b e d i n g t e n   W e r t m i n d e r u n - g e n   der Anlage in Frage, und zwar n u r   d e r   b e t r i e b s n o t w e n d i g e n   A n l a g e n.

Auf die im Rechnungswesen sehr wichtigen Abschreibungen kommen wir noch ausführlich zurück (s. unten Abschnitt C. III, S. 825 ff.).

(3) Kalkulatorisches Risiko

Unter Risiko verstehen wir die mit jeder wirtschaftlichen Tätigkeit verbundene Gefahr, daß der erwartete Erfolg ausbleibt, daß höhere als die veranschlagten Kosten entstehen und das eingesetzte Kapital ganz oder zum Teil vernichtet wird. Wird ein Risiko akut, so bedeutet das stets einen K a p i t a l v e r l u s t. Das wirtschaftliche Risiko ist daher letztlich immer ein Kapitalrisiko. (Über das Risiko siehe oben S. 44 ff. und 51 f.)

Im allgemeinen werden R i s i k o   und   W a g n i s   synonym gebraucht. Doch werden vielfach auch (so von G. Fischer) als R i s i k o   nur die irgendwie m e ß - b a r e n   Betriebsgefahren bezeichnet, während der Begriff W a g n i s   für alle n i c h t   m e ß b a r e n   Gefahren angewandt wird. Das (nicht meßbare) Wagnis ist nicht versicherungsfähig. Doch ist man heute bestrebt, auch für das (nicht meßbare) Wagnis in geschätzten Größen kalkulatorische Kosten zu verrechnen, insbesondere wenn die Marktverhältnisse einen entsprechenden Preis erlauben.

Auch die moderne *„Entscheidungslehre"* versteht unter Risiko nur die exakt meßbaren Unsicherheiten der Erwartungen, die „Risiko-Erwartungen" (s. oben S. 196 f.).

(4) Der Unternehmerlohn

Er gehört meist auch zu den kalkulatorischen Kosten (s. oben S. 725).

Materialkosten

Materialkosten sind alle Aufwendungen, die durch den Verbrauch von Roh-, Hilfs- und Betriebsstoffen entstehen.

Die R o h s t o f f e   sind die Güter, die Hauptbestandteil des Erzeugnisses werden (z. B. Holz bei Möbeln).

Die H i l f s s t o f f e gehen zwar auch in das fertige Erzeugnis ein, bilden aber keinen Hauptbestandteil (z. B. Leim, Schrauben bei der Möbelfertigung).

Die B e t r i e b s s t o f f e sind die Stoffe, die nicht in das Erzeugnis eingehen, ohne die aber die Fertigung nicht möglich ist (z. B. Kohle, Öle, Büromaterial u. ä.).

Die Aufwendungen für Anlagegüter (wie z. B. Maschinen) sind keine Material-kosten. Die Nutzung der Anlagegüter wird durch die Abschreibung erfaßt.

Fremdleistungskosten

Die Fremdleistungskosten sind alle die Aufwendungen, die durch Inanspruch-nahme von Dienstleistungen fremder Betriebe für die betrieblichen Zwecke entstehen. Wir haben sie in unserer Übersicht auf Seite 732 im einzelnen auf-geführt. Sie bedürfen keiner besonderen Erläuterung.

Sonstige Kosten

Diese Gruppe der Kostenarten umfaßt die S t e u e r n   u n d   A b g a b e n.

Die S t e u e r n sind nur dann Kosten, wenn sie durch den Betrieb als solchen und nicht durch den betrieblichen Erfolg bedingt sind. So ist z. B. die V e r - m ö g e n s t e u e r ein Kostenfaktor, soweit sie das betriebsnotwendige Ver-mögen betrifft. Die E r t r a g s t e u e r n (Einkommen- und Körperschaft-steuern) dagegen sind keine Kosten (und *auch kein Aufwand!),* weil sie von dem Gewinn des Unternehmens abhängen und ihn belasten.

G e b ü h r e n ,   B e i t r ä g e ,   Z ö l l e u. dgl. sind in der Regel Kosten. Sie kön-nen nur dann nicht in die Kostenrechnung aufgenommen werden, wenn sie betriebsfremden Zwecken dienen oder durch den Betriebsablauf nicht notwen-dig verursacht sind.

2. Die Kostenarten nach ihrer Verrechnung

Eine der wichtigsten Gliederungen der Kosten ist die nach ihrer Verrechnung in der *Kostenrechnung.* Sie werden eingeteilt in (1) *Einzel-* und (2) *Gemeinkosten.*

Einzelkosten oder Direktkosten

Einzelkosten sind die *Kosten, die einem Erzeugnis unmittelbar zugerechnet werden können.* Man nennt sie daher auch Direktkosten. Die Selbstkostenrech-nung hat das Bestreben, möglichst alle Kosten, die ein Produkt unmittelbar verursacht, zu erfassen. Die Einzelkosten zerfallen wieder in

a) E i n z e l m a t e r i a l k o s t e n , das sind die Kosten für das Material, das für einen bestimmten Auftrag verwendet wird und erfaßt werden kann; da-zu gehören auch die Bezugskosten wie Fracht, Zoll u. dgl. (Der Abfall und der Ausschuß müssen abgerechnet werden.)

b) E i n z e l l ö h n e (Fertigungslöhne), das sind die Löhne, die unmittelbar für die Fertigung des Produktes aufgewandt werden.

c) S o n d e r e i n z e l k o s t e n , und zwar

   aa) *Betriebssonderkosten,* das sind Kosten für Pläne, Modelle und Konstruktion, Abschreibung für Spezialmaschinen und -werkzeuge, sofern sie einem Erzeugnis unmittelbar zugerechnet werden können.

   bb) *Vertriebssonderkosten.* Dazu gehören die Kosten für Absatzwerbung eines Produktes, Absatzprovision, Umsatzsteuer, Lizenzen u. dgl.

Die Einzelkosten haben in der Regel den Charakter von proportionalen Kosten, d. h. sie verändern sich im gleichen Verhältnis wie der Beschäftigungsgrad (Ausbringung).

Die Einzelkosten werden durch die *Stück-* oder *Lohnlisten,* die jedem Auftrag beigegeben sind, erfaßt. Nach Ausführung des Auftrages dienen die Listen der Nachkalkulation zur Errechnung der Einzelmaterialkosten und Einzellöhne.

Gemeinkosten oder indirekte Kosten

Gemeinkosten sind solche *Kosten, die nicht unmittelbar durch ein Produkt verursacht werden und deshalb nur indirekt auf das Produkt verrechnet werden können* (indirekte Kosten). Sie wirken sich für die ganze Unternehmung oder mehrere Betriebsabteilungen (Kostenstellen) aus und werden infolgedessen von einer Reihe von Produkten, die in der betreffenden Zeit in der Fertigung sind, verursacht. Auch diese Kosten müssen grundsätzlich von den einzelnen Produkten getragen werden, sie können aber nur durch indirekte Verrechnung den einzelnen Produkten zugerechnet werden.

Die Gemeinkosten enthalten auch die A u f w e n d u n g e n für das M a t e r i a l und die L ö h n e , die nicht in unmittelbarer Beziehung zu den einzelnen Produkten stehen. Sie werden deshalb als H i l f s m a t e r i a l i e n und H i l f s l ö h n e bezeichnet. Die wichtigsten *Arten der Gemeinkosten* sind:

a) Abschreibungen auf Gebäude, Maschinen und sonstige Anlagen,

b) Zinsen auf Eigen- und Fremdkapital,

c) Hilfsmaterialien (Brennmaterial, Öl, Nägel, Nieten, Leim, Poliermittel usw.),

d) Hilfslöhne und Gehälter (z. B. für Arbeiter in der Kraftzentrale, Pförtner, Meister, kaufmännische und technische Angestellte),

e) Personal- und Sachversicherung,

f) Werbekosten, sofern sie nicht einem Erzeugnis zugeordnet werden können,

g) Steuern und Abgaben.

Es gibt zahlreiche Kosten, die als Einzelkosten erfaßt werden könnten, deren direkte Verrechnung aber zu unwirtschaftlich wäre (z. B. die Kosten für Nägel, Nieten, Poliermittel u. dgl.); sie werden daher als Gemeinkosten behandelt.

Eine Hauptschwierigkeit der Kostenrechnung liegt in der Verrechnung der Gemeinkosten, sofern die *Zuschlagskalkulation* angewandt werden muß, das sind in der Regel alle die Betriebe, in denen mehrere Produkte hergestellt werden. Wird dagegen nur e i n Produkt erzeugt, wie z. B. in Ziegeleien, Brauereien, Zementfabriken, Wasser- und Elektrizitätswerken, so können sämtliche anfallenden Kosten als Einzelkosten aufgefaßt und unmittelbar den Produkten zugeschlagen werden *(Divisionskalkulation).* Näheres s. S. 750 ff.

3. Die Kostenarten nach ihrem Verhalten bei schwankendem Beschäftigungsgrad

Fixe und variable Kosten und die „Kostenauflösung"

Die einzelnen Kostenarten reagieren auf Veränderungen des Beschäftigungsgrades sehr verschieden, je nachdem, ob es sich um fixe oder proportionale Kosten handelt. Wir haben dieses Problem oben schon eingehend dargestellt (Seite 450 ff.). *Fixe oder feste Kosten* sind danach der Teil der Gesamtkosten, der von Änderungen des Beschäftigungsgrades grundsätzlich unbeeinflußt bleibt. *Variable oder veränderliche* Kosten sind dagegen der Teil der Gesamtkosten, dessen Höhe vom Beschäftigungsgrade des Betriebes abhängig ist. Es ist nun in der Praxis der Kostenrechnung oft sehr schwer zu bestimmen, ob eine Kostenart fixen oder proportionalen Charakter hat. Man wendet bei dieser sogenannten „K o s t e n a u f l ö s u n g" der Gesamtkosten in ihre fixen und proportionalen Bestandteile zwei Methoden an, nämlich (1) die buchtechnische und (2) die mathematische Methode.

Die buchtechnische Kostenauflösung

Bei der buchtechnischen Methode der Kostenauflösung untersucht man die effektive Kostenzusammensetzung an den *Entstehungsstellen nach Höhe und Entwicklung bei verschiedenen Beschäftigungsgraden innerhalb der wahrscheinlichen Höchst- und Niedrigstbeschäftigung* und sammelt die Kosten nach ihrer Zugehörigkeit zu den beiden Gruppen fix und variabel. Das ist möglich, wenn die untersuchten Beschäftigungsgrade eine gewisse Dauer haben. Die Gesamtsumme der fixen und der proportionalen Kosten ergibt sich aus der Addition der jeder Gruppe zugewiesenen Kostenarten. Bei dieser Aufspaltung kann sich eine mehr oder minder große Willkür auswirken.

Eine Ermittlung der Kosten für einen unbekannten Beschäftigungsgrad durch *Interpolation zweier bekannter Beschäftigungsgrade,* die den zu suchenden Beschäftigungsgrad einschließen, ist innerhalb geringer Beschäftigungsspannen annähernd zuverlässig. Wenn man etwa feststellt, daß sich eine Kostenart bei 75 %oiger Beschäftigung auf 90, bei 50 %oiger Beschäftigung auf 55 beläuft, so kann man zwar nicht mit Sicherheit, aber doch mit annähernder Genauigkeit durch Interpolation auf das Kostenmaß bei 60 %oiger Beschäftigung schließen und dieses mit 69 annehmen. Exakt ist diese Rechnung nicht, weil man nicht weiß, ob sich die untersuchte Kostenart im Beschäftigungswandel gleichmäßig oder sprunghaft bewegt und an welchen Punkten solche Sprünge entstehen.

Die mathematische Kostenauflösung

Bei der mathematischen Methode werden die Gesamtkosten auf Grund folgender Erwägung rechnerisch in einen festen und einen proportionalen Anteil zerlegt: Der Kostenzuwachs über einen bestimmten Beschäftigungsgrad hinaus wird als dem Leistungszuwachs proportionale Kostenentwicklung unterstellt. Diese Differenzkosten der letzten Schicht werden als Maßstab für die proportionalen Kosten der vorgelagerten Schichten angesehen. Nachstehend sei ein erläuterndes Beispiel gegeben.

Bei Erzeugung von 20 Stück ergeben sich 2000 Gesamtkosten, bei Erzeugung von 30 Stück ergeben sich 2500 Gesamtkosten. 10 Stück bewirken also 500 Mehrkosten. Werden diese als rein proportionale Kosten angenommen, so entfallen auf die Gesamterzeugung von 30 Stück 1500 proportionale bzw. Mengenkosten. Die restlichen 1000 werden als Fixkosten angenommen. Diese Aufspaltung der Gesamtkosten von 2500 in 1500 proportionale und 1000 fixe gilt aber nur, wenn man von einer bestimmten Beschäftigungszone ausgeht. Je nach der Wahl der Grenzpunkte eines Beschäftigungsintervalls und innerhalb der verschiedenen Beschäftigungszonen kann sich das Verhältnis von Zeit- und Mengenkosten verändern.

Formelmäßig läßt sich die mathematische Kostenauflösung wie folgt darstellen: Es wird die Differenz der zu den Beschäftigungsgraden x_1 und x_2 gehörenden Gesamtkosten K_1 und K_2 errechnet; daraus werden die Differenzkosten gebildet:

$$\frac{\Delta K}{\Delta x} = \frac{K_2 - K_1}{x_2 - x_1}$$

Wird das Ergebnis mit der Beschäftigung (ausgedrückt im Mengenausstoß) x_1 oder x_2 multipliziert, so entstehen die dazugehörigen proportionalen Gesamtkosten. Werden diese von den Gesamtkosten K_1 oder K_2 subtrahiert, so bleiben die fixen Gesamtkosten übrig. Die mathematische Kostenauflösung, die von Schmalenbach entwickelt wurde, läßt sich nur bei linearem Gesamtkostenverlauf anwenden. (Siehe die kritische Darstellung der mathematischen Kostenauflösung bei E. Heinen: Kosten und Kostenrechnung. Wiesbaden 1975.)

VI. Der Kontenrahmen

Kontenplan und Kontenrahmen

Ein *Kontenplan* ist eine systematisch gegliederte Aufstellung sämtlicher Konten, die in dem Buchhaltungssystem e i n e r b e s t i m m t e n Unternehmung geführt werden. Diese Aufstellung erfolgt vielfach nach einem Schema, dem K o n t e n r a h m e n.

Der *Kontenrahmen* ist ein Einheitsschema für die Aufstellung von Kontenplänen. Besondere Bedeutung hatte der Kontenrahmen des Erlasses des Reichswirtschaftsministeriums vom 11. 11. 1937 (E r l a ß - K o n t e n r a h m e n), der — aufbauend auf dem Kontenrahmen von Schmalenbach — als Grundlage für die Pflichtkontenrahmen der einzelnen Wirtschaftszweige diente. Dieser Kontenrahmen wurde nach dem Krieg für die Industrie ersetzt durch „einen für alle Wirtschaftszweige der Industrie anwendbaren Kontenrahmen mit Richtlinien und Erläuterungen für Buchführung und Kosten- und Leistungsrechnung". Dieser „G e m e i n s c h a f t s - K o n t e n r a h m e n i n d u s t r i e l l e r V e r b ä n d e" (GKR) wurde vom „Arbeitsausschuß Betriebswirtschaft industrieller Verbände" herausgegeben. — 1971 hat der Bundesverband der Deutschen Industrie einen neuen *„Industriekontenrahmen"* herausgebracht (s. unten S. 743).

Die Einteilung der Kontensysteme

Je nach den Prinzipien, die für die Ordnung der Buchhaltung und die Systematik eines Kontenrahmens von Bedeutung sind, unterscheiden wir:

A. In formeller Hinsicht

1. *den formellen Monismus* oder das *Einsystem* (auch Einkreissystem [Sewering], radikaler Monismus [Erich Schneider] genannt): Die Konten der

Geschäftsbuchhaltung und der Betriebsbuchhaltung sind zu einem einzigen einheitlichen, in sich geschlossenen Kontennetz zusammengefügt; die gesamte Betriebsbuchhaltung ist also in das doppische System eingegliedert. In kleineren Betrieben und in Einprodukt-Betrieben kann dieses System durchaus zweckmäßig sein, in größeren Betrieben mit differenziertem Produktionsprogramm führt aber der radikale Monismus zu einer starken Aufblähung der Buchhaltung. — Typische Vertreter: Calmes, Schär, Schmalenbach. Auch im Erlaßkontenrahmen ist der Einbau der Kostenstellenrechnung in die Buchführung vorgesehen, doch soll sie grundsätzlich im *Betriebsabrechnungsbogen* durchgeführt werden. Der GKR läßt beide Verfahren als gleichberechtigt zu — im Gegensatz zum neuen Industriekontenrahmen (s. unten S. 743).

2. *den formellen Dualismus*, das *Zweisystem* oder Zweikreissystem: Geschäftsbuchhaltung und Betriebsbuchhaltung sind völlig getrennt und bilden für sich je ein geschlossenes System. Hier können wir wiederum verschiedene Organisationstypen unterscheiden:

   a) *den radikalen Dualismus:* Geschäftsbuchhaltung und Betriebsbuchführung stehen völlig zusammenhanglos nebeneinander. Es kann sich hierbei handeln um eine

      α) u n e n t w i c k e l t e B u c h h a l t u n g s o r g a n i s a t i o n, die nur in kleinen Betrieben vorkommt und die, wie Sewering sagt, dort zu finden ist, „wo sich Kaufmann und Techniker nicht ergänzen". Die Geschäftsbuchhaltung ist ein geschlossener Buchungskreis, während die Betriebsbuchhaltung meist nur aus zusammenhanglosen Aufzeichnungen über Materialverbrauch und Lohnausgaben besteht. Der Gemeinkostenaufschlag wird ziemlich willkürlich festgesetzt oder aus den Gemeinkostenkonten der Geschäftsbuchführung gewonnen, die aber auf diese Aufgabe nicht ausgerichtet sind. — Freilich hängt der Grad der Vollkommenheit von der Organisation der Buchhaltung ab; denn die Geschäftsbuchhaltung kann so eingerichtet werden, daß sie der Betriebsbuchhaltung einen einwandfreien Buchungsstoff liefert. Wir kommen damit zu dem Organisationstyp:

      β) „a n g e h ä n g t e B e t r i e b s b u c h h a l t u n g"; die Betriebsbuchhaltung ist eine Nebenbuchhaltung der Geschäftsbuchhaltung, die die innerbetriebliche Abrechnung insofern vorbereitet, als sie den die gesamte Kostenrechnung betreffenden Buchungsstoff ungegliedert auf wenigen Sammelkonten erfaßt. Die Betriebsbuchhaltung gliedert nun dieses Material der Geschäftsbuchhaltung statistisch (tabellarisch) auf dem B e t r i e b s a b r e c h n u n g s b o g e n auf. Auch hier sind verschiedene Formen möglich, wodurch sich dieses Verfahren anderen Organisationstypen stark nähern kann.

   b) das *verbundene Zweikreissystem.* Geschäftsbuchhaltung und Betriebsbuchhaltung sind hier zwar völlig getrennt, aber entweder durch Ü b e r - g a n g s k o n t e n oder durch V e r r e c h n u n g s k o n t e n verbunden. Danach unterscheiden wir

      α) das d u r c h V e r r e c h n u n g k o n t e n v e r b u n d e n e Z w e i - k r e i s s y s t e m . *(Spiegelbildsystem):* Geschäftsbuchhaltung und Betriebsbuchhaltung berühren sich in den V e r r e c h n u n g s -

k o n t e n (Klasse 5), die die Kostenartenkonten (Klasse 4) mit den Kostenträgerkonten (Klasse 7) (u. U. auch mit den Kostenstellenkonten — Klasse 7) verbinden. Die Kostenstellenrechnung wird statistisch im Betriebsabrechnungsbogen durchgeführt. — Um den doppischen Kontenkreis der Betriebsbuchführung abschließen zu können, muß ein formales Ausgleichskonto, das „b e t r i e b l i c h e A b - s c h l u ß k o n t o", eingeschoben werden, das alle die Gegenbuchungen aufnimmt, für die sich das eigentliche Gegenkonto in der Geschäftsbuchhaltung befindet. Bei diesem Abschlußkonto stehen Kosten und Erlöse, Gewinn und Verlust (anders als beim normalen GuV-Konto) natürlich auf der „verkehrten" Seite (da es ja das Bilanzkonto vertritt); es hat also einen S p i e g e l b i l d c h a r a k t e r , weshalb man vom „Spiegelbildsystem" spricht.

β) d a s d u r c h Ü b e r g a n g s k o n t e n v e r b u n d e n e Z w e i - k r e i s s y s t e m *(Übergangssystem):* die Geschäftsbuchführung, die u. a. die Konten der Lieferanten, Kunden, Kasse, Bank, Vertriebskosten und Erlöse umfaßt, hat als Verbindungskonto zur Betriebsbuchführung das Konto „Betrieb", das in mehrere Konten aufgeteilt sein kann. Die Betriebsbuchhaltung, die Materialverbrauch, Löhne, Gehälter, Abschreibungen, Zinsen, Halb- und Fertigerzeugnisse erfaßt, ist mit der Geschäftsbuchführung durch das Konto „Geschäft" oder „Zentrale" verbunden, das in mehrere Konten aufgeteilt sein kann und k o n t e n m ä ß i g geführt wird. Mit den Übergangskonten verrechnen die beiden Kreise wie fremde Betriebe miteinander. Jeder Kreis kann auch für sich abschließen.

B. In materieller Hinsicht:

1. *den materiellen Monismus:* In der Geschäftsbuchführung und der Betriebsabrechnung wird „mit denselben Rechenelementen gearbeitet, d. h. es wird nicht zwischen Kosten und Aufwand unterschieden" (Löwenstein);

2. *den materiellen Dualismus:* Geschäftsbuchführung und Betriebsabrechnung unterscheiden scharf zwischen Aufwand und Kosten[1]).

Entwicklung des Kontenrahmens

Ein Kontenrahmen wird zum erstenmal von Johann Friedrich Schär aufgestellt (in: Einführung in das Wesen der doppelten Buchhaltung, 1911); er entwickelte dort sein berühmtes „Geschlossenes Kontensystem", das in Kreisform dargestellt wird. Es ist nur für Handelsbetriebe gedacht, doch hat Schär diesen Kontenrahmen später durch ein „Grundblatt für die Betriebsbuchhaltung jeder industriellen Unternehmung mit Fakultät zur permanenten Zwischenbilanz" erweitert. In diesem Kontenrahmen ist erstmals die Betriebsbuchhaltung mit eingebaut, doch tat es Schär noch nicht in einer geschlossenen Form. Das war Eugen Schmalenbach vorbehalten.

---

[1]) Diese — wie u. W. auch die vorhergehende — Unterscheidung stammt von Kurt Löwenstein (Kalkulationsgewinn und bilanzmäßige Erfolgsrechnung in ihren gegenseitigen Beziehungen, Leipzig 1922); sie ist wenig gebräuchlich.

S c h m a l e n b a c h suchte auf der Grundlage seiner dynamischen Bilanzauffassung ein geschlossenes Buchhaltungssystem aufzubauen, das in seinem
Kontenrahmen seinen praktischen Ausdruck fand. Seine Lehre vom Kontenrahmen hat er erstmals in dem Werk „Der Kontenrahmen", 1927 (4. Aufl. 1935)
dargestellt. Dieses Werk hat auf die weitere Entwicklung des Kontenrahmens
und der Betriebsbuchhaltung nicht nur in Deutschland, sondern auch im Ausland einen wesentlichen Einfluß ausgeübt. (Vgl. über „Entstehung, Verbreitung
und Möglichkeiten des Kontenrahmens" das grundlegende Werk von *P. Scherpf:*
Der Kontenrahmen, München 1955).)

Der Aufbau des Schmalenbachschen Kontenrahmens

Der Kontenrahmen ist in zehn Klassen eingeteilt, die folgenden Inhalt haben:

F i n a n z b u c h h a l t u n g

Klasse 0: Ruhende Konten: Hierzu gehören die Anlagekonten, die Konten für
Beteiligungen, langfristige Ausleihungen, das Kapital, den Reservefonds und
schließlich das Jahres-Gewinn- und Verlustkonto sowie das Jahres-Bilanzkonto.

Klasse 1: Finanzkonten: Hierzu gehören: Kasse und Bankguthaben, Wechsel und
Devisen, kurzfristige Debitoren und Kreditoren,

Klasse 2: Neutraler Aufwand, neutraler Ertrag: Diese Begriffe wurden bereits
(S. 724 ff.) erläutert. Erwähnt seien hier noch die in dieser Klasse enthaltenen
„A u s g l e i c h s k o n t e n": Sie sind die sogenannten „Schleusenkonten", die
die Marktpreise der Finanzbuchhaltung in die festen Verrechnungspreise der
Betriebsbuchhaltung transponieren: „Sie sind für diejenigen Eingänge vorbehalten, die den Betrieb nicht zum Marktpreise, sondern zu festen Verrechnungspreisen belastet werden sollen."

B e t r i e b s b u c h h a l t u n g

Klasse 3: Kostenarten (Allgemeiner Aufwand): Diese Klasse sowie Klasse 4
(ggf. auch Klasse 5) erfassen den innerbetrieblichen Aufwand nach Kostenarten, wohingegen die reinen Verkaufskosten in Klasse 9 verrechnet werden.

Klasse 4: Kostenarten: Magazin- und Lohnkonten: Diese Klasse enthält die
Kostenarten, die nur auf Grund von Betriebsberichten oder an Hand der Aufschreibungen von Nebenbuchhaltungen verbucht werden, und das sind vor
allem die Lagerbuchhaltung und die Lohnbuchhaltung.

Klasse 5: Freie Klasse oder Kostenartenkonten mit Rückrechnung: Diese Klasse
kann verwendet werden für Konten, auf denen die Kosten mittels Rückrechnung (retrograder Rechnung) erfaßt werden sollen, oder sie kann als Kosten-
stellenklasse für die allgemeine Verwaltung dienen.

Klasse 6: Hilfskostenstellen: Die Klassen 6 und 7 enthalten die Kostenstellen.
Hilfskostenstellen sind solche Kostenstellen, deren Kosten nicht direkt den
Kostenträgern zugerechnet werden, z. B. Betriebsschlosserei, Wasserwerk, La-
boratorium, Arbeitsvorbereitung, technische Betriebsleitung usw.

Klasse 7: Hauptkostenstellen: Das sind die Kostenstellen, deren Kosten unmittelbar den Kostenträgern zugerechnet werden können, weil sie direkte Beziehung zu ihnen haben, so Dreherei, Fräserei, Gießerei, Härterei usw.

Klasse 8: Kostenträgerrechnung: Halb- und Fertigfabrikate: Diese Klasse nimmt
die in der Fertigung befindlichen Vorräte und die Fertigerzeugnisse auf.

Klasse 9: Verkaufskosten, Erlöse, Gesamtabrechnung: Diese Kosten gehören zum Teil zur Betriebs-, zum Teil zur Finanzbuchhaltung. Die Verkaufskosten sind nach kalkulatorischen Gesichtspunkten aufgegliedert, die Konten der Gesamtabrechnung enthalten Aufwands- und Ertragssammelkonten, die mit dem monatlichen Gewinn- und Verlustkonto abgeschlossen werden.

Die weitere Entwicklung des Kontenrahmens

Die planwirtschaftlichen Tendenzen des Nationalsozialismus waren der Entwicklung eines einheitlichen Rechnungswesens außerordentlich günstig. Durch die inflationistische Wirtschaftspolitik, die durch die ungeheueren staatlichen Aufträge (etwa Aufrüstung) verursacht wurde, war eine künstlich gezüchtete Hochkonjunktur entstanden. Es wurde daher notwendig, die Unternehmungen bei ihrer Preisstellung für öffentliche Aufträge scharf zu kontrollieren. Das setzte zuverlässige externe Betriebsvergleiche voraus. Es wurden deshalb unter Mitwirkung des RKW (Reichskuratorium für Wirtschaftlichkeit) Richtlinien für das Rechnungswesen ausgearbeitet, die vom Reichswirtschaftsminister als *„Grundsätze der Buchhaltungsrichtlinien"* vom 11. 11. 1937 für alle Betriebe allgemein verbindlich erlassen wurden. Kernstück der Grundsätze war der sogenannte *„Erlaßkontenrahmen"*, der sich weitgehend auf den Schmalenbachschen Entwurf stützte. Auf Grund dieses Erlaßkontenrahmens wurden bis Kriegsende etwa 200 Pflichtkontenrahmen für die einzelnen Branchen erlassen, die sehr stark voneinander abweichende eigene Grundsätze entwickelten und zu einer gewissen Zersplitterung führten. (Vgl. dazu auch oben S. 572 ff.)

Nach dem Kriege ging deshalb von der Industrie das Bestreben aus, die Richtlinien für das Rechnungswesen zu reformieren. So wurde bereits 1949 der *„Gemeinschafts-Kontenrahmen industrieller Verbände (GKR)"* veröffentlicht, der sich stark an den Vorkriegs-Kontenrahmen anlehnt. Während aber die erläuternden Grundsätze von 1939 nur wenige Seiten umfaßten, wurden dem GKR *„Grundsätze und Gemeinschaftsrichtlinien für das Rechnungswesen"* im Umfang von vier stattlichen Bänden beigegeben, die sowohl die Buchführung als auch die Kosten- und Leistungsrechnung behandeln. Der GKR wurde jedoch nicht für verbindlich erklärt, man ist grundsätzlich von allen Zwangsvorschriften abgegangen. Trotzdem wird er von weitaus den meisten Betrieben als Richtlinie für die branchenbedingten Kontenpläne benutzt.

Aufbau des Gemeinschafts-Kontenrahmens

Klasse 0: Anlagevermögen und langfristiges Kapital

Klasse 1: Finanzvermögen, Umlaufvermögen und kurzfristige Verbindlichkeiten

Klasse 2: Neutrale Aufwendungen und neutrale Erträge

Klasse 3: Stoff-Bestände

Klasse 4: Kostenarten

Klasse 5 und 6: Freie Klassen für Kostenstellen-Kontierungen der Betriebsabrechnung

Klasse 7: Bestände an halbfertigen und fertigen Erzeugnissen

Klasse 8: Erträge

Klasse 9: Abschluß

Der neue Industriekontenrahmen

Im Jahre 1971 entwickelte der Bundesverband der Deutschen Industrie einen neuen Industriekontenrahmen (IKR), der ganz streng nach dem Zweikreissystem aufgebaut ist.

Im IKR ist die Finanzbuchhaltung, die die Kontenklassen 0 bis 8 umfaßt, nach dem A b s c h l u ß g l i e d e r u n g s p r i n z i p bzw. Bilanzgliederungsprinzip gegliedert. Die Salden der jeweiligen Konten können so ohne Schwierigkeiten bei der Aufstellung der Bilanz gemäß den Gliederungsvorschriften des § 151 AktG oder der Gewinn- und Verlustrechnung gemäß den Gliederungsvorschriften des § 157 AktG übernommen werden. Die auf das Bilanzkonto zu übertragenden Bestandskonten sind in den Kontenklassen 0 bis 4, die auf das Gewinn- und Verlustkonto zu überführenden Ertrags- und Aufwandskonten sind in den Kontenklassen 5 bis 7 untergebracht. Die Kontenklasse 8 dient dem Abschluß.

Für die Kosten- und Leistungsrechnung ist die Kontenklasse 9 vorgesehen. Die Kontengliederung dieser Klasse ist dem betrieblichen Leistungserstellungsprozeß (P r o z e ß g l i e d e r u n g s p r i n z i p) entsprechend vorzunehmen.

93 Kostenstellen

94 Unfertige Erzeugnisse (Kostenträger)

95 Fertige Erzeugnisse

96 Interne Lieferungen und Leistungen sowie deren Kosten

97 Umsatzkosten und sonstige Betriebskosten

98 Umsatzleistungen

99 Ergebnisausweise

Ein buchhalterischer Zusammenhang zwischen der Finanzbuchhaltung und der Kosten- und Leistungsrechnung besteht nicht. So werden betriebsbedingte Aufwendungen (Kosten) im äußeren Kreis (z. B. Lohnaufwand an Kasse) und parallel dazu im inneren Kreis gebucht. Im Gegensatz zum GKR sind *keine „bizonalen" Buchungen*, d. h. Buchungen zwischen äußerem und innerem Kreis, sondern einschließlich „einzonale" Buchungen vorgesehen.

VII. Die Betriebsbuchhaltung (Kosten- und Leistungsrechnung)

1. Wesen der Betriebsbuchhaltung

Begriff der Betriebsbuchhaltung (Kosten- und Leistungsrechnung)

Die *Betriebsbuchhaltung, Betriebsabrechnung* oder *kalkulatorische Buchhaltung* (Schär, Kosiol) erfaßt alle quantitativ meßbaren Wertbewegungen, die bei der Leistungserstellung auftreten. „Hier wird eingehend und schrittweise der Fluß der Werterzeugung rechnerisch durchleuchtet, der Aufwandsprozeß in seinen Einzelheiten aufgespalten, die Ertragsbildung analysiert und so der Erfolg in seinen Quellen und Elementen aufgedeckt" (Kosiol). Wegen dieser Aufgaben muß sie notwendig eine k u r z f r i s t i g e A b r e c h n u n g sein (Quartals- und Monatsabrechnung). Ihre Erfolgskomponenten sind **Kosten und Leistung**. Wegen der engen Beziehung, in der die Betriebsbuchhaltung durch die Kostenrechnung zur Kalkulation steht, wurde sie von Schär und Kosiol „kalkulatorische Buchhaltung" genannt; heute spricht man meist von „**Kosten- und Leistungsrechnung**".

Die Eliminierung der Außeneinflüsse der Betriebsbuchhaltung

Der Geschäftserfolg, wie ihn die Finanzbuchhaltung erfaßt, wird nicht nur von den innerbetrieblichen Ergebnissen bestimmt, sondern auch von Außeneinflüssen, vor allem von Preisänderungen, von Schwankungen des Beschäftigungsgrades, von Änderungen der Auftragszusammensetzung und von „Sonderaufwendungen" infolge der Marktlage. Will man nun den *reinen Erfolg der Betriebstätigkeit* ermitteln, dann müssen diese Außeneinflüsse aus der Betriebsbuchhaltung eliminiert werden. Das geschieht — nach Schmalenbach — auf folgende Weise bei den einzelnen Außeneinflüssen:

1. Das „**Preisgefälle**". Alle Veränderungen der Marktpreise im Laufe einer Betriebsperiode beeinflussen naturgemäß den Gewinn; sie verzerren die kurzfristige Erfolgsrechnung, wenn sie nicht ausgeschaltet werden. „Die Schwankungen des Preisgefälles lassen sich beseitigen, indem entweder nur der Aufwand oder nur die Leistung, oder auch beide zugleich statt mit Marktpreisen mit festen Verrechnungspreisen abgerechnet werden." (Schmalenbach.) Das heißt, die Betriebsbuchhaltung soll nur mit festen Verrechnungspreisen arbeiten, die unbeeinflußt von den schwankenden Marktpreisen stabil sind. Zu diesem Zwecke müssen in die Buchhaltung gleichsam Schleusen eingebaut werden, die die Marktpreise aus der Finanzbuchhaltung auf das stabile Niveau der Verrechnungspreise in der Betriebsbuchhaltung transponieren. Das geschieht in den sogenannten „A u s g l e i c h s k o n t e n", die alle Preisdifferenzen abfangen (Beispiel s. oben S. 741).

2. **Schwankungen des Beschäftigungsgrades.** Die Einheits- oder Stückkosten verändern sich bekanntlich mit den Schwankungen des Beschäftigungsgrades. Befindet sich der Betrieb, was die Regel ist, in der Zone der Kosten-Degression, so sinken mit steigendem Beschäftigungsgrad die Stückkosten. Der Gewinn, der daraus entspringt, ist aber wiederum kein Gewinn, für den die Betriebsgebarung verantwortlich ist. Die Einflüsse, die von den Schwankungen des Beschäftigungsgrades auf den Gewinn ausgeübt werden, müssen also auch ausgeschaltet werden. Hier ist Schmalenbach einen neuen Weg gegangen, indem er fordert, die vom Beschäftigungsgrad abhängenden Kosten von denen, auf deren Gestaltung der Beschäftigungsgrad keinen oder nur einen sehr geringen Einfluß ausübt, scharf zu trennen. Er verlangt die r e c h n u n g s m ä ß i g e T r e n n u n g d e r f i x e n u n d p r o p o r t i o n a l e n K o s t e n .

Schmalenbach führt als die Z w e c k e d i e s e r T r e n n u n g an: Sie ist notwendig, um die Erfolge der Rationalisierung richtig beurteilen zu können. Es kommt sehr häufig vor, daß man durch Einsparung von proportionalen Löhnen rationalisiert, während die fixen Kosten sich vermehren. Dieses Verhältnis muß daher auf das sorgfältigste beobachtet werden. — Weiterhin muß man frühzeitig wissen, an welchem Punkte des Beschäftigungsgrades der Betrieb infolge von Unterbeschäftigung mit Verlust zu arbeiten beginnt. — Bei unrichtiger Kostenentwicklung sind bei fixen Kosten ganz andere Maßnahmen zu ergreifen als bei proportionalen Kosten. — Eine Budgetierung, insbesondere die Budgetierung des voraussichtlichen Finanzbedarfes, ist ohne die Trennung der fixen und proportionalen Kosten nicht möglich. Ein weiterer Punkt: Bei der Bewertung der Vorräte für die monatlichen sowie für die jährlichen Bilanzen müssen bei Unterbeschäftigung die fixen Kosten anders eingerechnet werden als die proportionalen. Auch zur Gesamtbeurteilung der Betriebsstruktur ist die Kenntnis des Kostenaufbaues notwendig. Eine besonders große Bedeutung hat die Trennung fixer und proportionaler Kosten für die Preispolitik. Die G r e n z - k o s t e n r e c h n u n g ist ohne diese Trennung gar nicht möglich.

3. Die **Änderung der Auftragszusammensetzung** kann sich auf den Produktionsprozeß und den Gewinn auswirken. Wenn durch eine größere Splitterung der Aufträge zusätzliche Kosten entstehen, so dürfen sie den Betrieb nicht belasten und müssen ihm vergütet werden.

4. Die „**Sonderaufwendungen infolge Veränderung der Marktlage**". Durch Konjunkturverhältnisse kann der Betrieb zu größeren Aufwendungen gezwungen werden, etwa zu erhöhter Werbung, zu größeren Ausfällen von Forderungen und dergleichen. Auch diese Aufwendungen müssen als neutrale Aufwendungen behandelt und dürfen nicht dem Betrieb belastet werden.

2. Die Teilbereiche der Betriebsbuchhaltung

Die Betriebsbuchhaltung kann man — wie bereits der Kontenrahmen zeigte — in folgende Teilbereiche, die sich stufenförmig aufeinander aufbauen, gliedern:

1. die Kostenartenrechnung,
2. die Kostenstellenrechnung,
3. die Kostenträger-Zeitrechnung und
4. die kurzfristige Erfolgsrechnung.

Die Betriebsabrechnung kann auch als *Plankostenrechnung* geführt werden, die wir ihrer Bedeutung wegen jedoch nicht hier, sondern in einem besonderen Abschnitt ausführlich behandeln, s. unten (S. 838 ff.).

Kostenartenrechnung

Die Kostenartenrechnung ist der erste Teilbereich der Betriebsbuchhaltung und bildet die Grundlagen für die Kostenstellenrechnung und die Kostenträgerrechnung. Hier werden die Kosten, gegliedert nach der Art der verbrauchten Güter (Material-, Arbeits-, Kapitalkosten, Kosten für Fremdleistungen usw.) erfaßt. Eine tiefe Unterteilung nach Kostenarten ermöglicht es, ihre Entwicklung von Periode zu Periode zu verfolgen, bei auffälligen Änderungen nach den Ursachen zu forschen und entsprechende Maßnahmen zu ergreifen. Da jede Kostenart nach dem Grundsatz der Verursachung entweder auf Kostenstellen oder auf Kostenträger verrechnet wird, dient die Aufgliederung nach Kostenarten auch dem Ziele, für jede Kostenart den geeignetsten *Umlegungsschlüssel* zum Zwecke einer exakten Kostenverteilung zu finden.

Um das Rechnungswesen zu vereinfachen, beschränkt man sich meist in der Finanzbuchhaltung auf wenige Kostenartengruppen und führt eine *feingliederige Kostenartenrechnung* außerhalb des Kontensystems tabellarisch durch. So haben sich **Kostenarten-Verteilungsblätter oder -bögen**, in denen der prozentuale Anteil der einzelnen Kostenarten an den Gesamtkosten des Zeitraums ermittelt wird, in der Praxis sehr bewährt.

Kostenstellenrechnung

K o s t e n s t e l l e n sind *abgegrenzte Verantwortungsbereiche der Unternehmung*, für die die Kostenbelastung gesondert ermittelt wird, um sie den Kostenträgern zurechnen zu können. Die Kostenstellen werden nach räumlichen, funktionellen, organisatorischen und rein rechnungstechnischen Merkmalen gebildet. Man unterscheidet dabei H a u p t k o s t e n s t e l l e n , deren Kosten unmittelbar den Kostenträgern zugerechnet werden können, und N e b e n k o s t e n s t e l l e n , die die Kosten der Nebenproduktion, z. B. Verarbeitung von Abfällen, erfassen, und A l l g e m e i n e oder H i l f s k o s t e n s t e l l e n , deren Kosten auf die Hauptkostenstellen umgelegt werden müssen. (Kontenklasse 5 und 6; s. oben S. 742.)

Die K o s t e n s t e l l e n r e c h n u n g ist der zweite Bereich der Betriebsbuchhaltung, nach der Kostenartenrechnung und vor der Kostenträgerrechnung. In ihr werden die in der Kostenartenrechnung ermittelten *Gemeinkosten den einzelnen Kostenstellen* zugerechnet, soweit sie nicht für die Kostenstellen direkt erfaßt werden.

Auch die Kostenstellenrechnung kann *kontenmäßig* durchgeführt werden, indem man jeder Kostenstelle ein besonderes Konto gibt. Sind jedoch sehr viel Kostenstellen vorhanden, ist ihre Eingliederung in das Buchhaltungssystem sehr kompliziert und umständlich, deshalb erfolgt die Kostenstellenrechnung meist in „statistischer" (tabellarischer) Weise in Form des *Betriebsabrechnungsbogens*.

Der Betriebsabrechnungsbogen

Die Kostenstellenabrechnung erfolgt in den meisten Betrieben heute außerhalb der Buchhaltung unter Verwendung eines Betriebsabrechnungsbogens (siehe nebenstehende Tabelle). Er ist senkrecht nach Kostenarten (Gemeinkosten), waagerecht nach Kostenstellen bzw. Kostenstellen-Gruppen aufgegliedert. Zunächst werden die Buchungsbeträge der einzelnen Kostenarten (Spalte 3) nach bestimmten Schlüsseln auf die einzelnen Kostenstellen verteilt. Dabei ist darauf zu achten, daß zwischen den Kostenstellen und den verschiedenen Gemeinkosten eine bestimmte Beziehung besteht, die in der Schlüsselgröße zum Ausdruck kommt. Solche Schlüssel sind zum Beispiel zeitliche Beanspruchung der Kostenstellen, Aufgliederung nach Flächen, Fertigungslohn, Fertigungsmaterial usw. Sind die Beträge der Kostenarten auf die einzelnen Hilfs- und Hauptkostenstellen verteilt, dann müssen jetzt die Gesamtsummen der einzelnen Hilfskostenstellen (in unserem BAB: Gebäude, Heizung und Betriebsschlosserei) auf die Hauptkostenstellen verteilt werden. Die angefallenen Stellengemeinkosten werden als verrechnete Gemeinkosten auf folgende Beziehungsgrößen in Prozenten bezogen: (1) Material-Gemeinkosten auf Fertigungsmaterial, (2) Fertigungs-Gemeinkosten auf Fertigungslöhne, (3) Verwaltungs-Gemeinkosten auf die Herstellkosten. Das Ergebnis sind die *effektiven Zuschläge*, die für die *Nachkalkulation* mit den kalkulierten oder Normalzuschlägen zur Ermittlung von *Über-* oder *Unterdeckungen* verglichen werden.

Kostenträger-Zeitrechnung

Die Kostenträgerrechnung ist die dritte Stufe der Betriebsbuchhaltung, nach Kostenarten- und Kostenstellenrechnung. Die K o s t e n t r ä g e r sind die

Betriebsabrechnungsbogen

Lfd. Nr.	Konto-Nr.	Kontenklasse 4 — Kostenart	Buchungsbetrag	Allg. Hilfskostenstellen — Gebäude 60	Heizung 61	Material-kostenstelle 62	Fertigungshauptkostenstellen — Modellbau 64	Holzbearbeitung 65	Montage 66	Lackiererei 67	Fertigungshilfskostenstelle (Betriebsschloss.) 63	Verwaltungskostenstelle 68	Vertriebskostenstelle 69
0	1	2	3	4	5	6	7	8	9	10	11	12	13
1	410	Gemeinkostenlöhne	7 930	70	320	—	240	1 880	3 500	1 270	530	—	120
2	411	Gehälter	9 400	—	—	1 000	950	1 620	2 490	1 220	320	1 000	800
3	415	Gesetzl. soz. Leistungen	3 380	20	30	110	210	680	1 680	460	60	80	50
4	420	Gemeinkostenmaterial	3 970	—	360	40	160	720	1 670	480	480	30	30
5	421	Werkzeugverbrauch	310	—	20	20	30	50	90	30	70	—	—
6	430	Instandhaltung	990	250	70	10	50	160	380	40	30	—	—
7	422	Energiekosten	1 950	70	60	20	240	490	660	210	120	40	40
8	440	Steuern	1 450	340	30	—	90	140	440	110	60	240	—
9	441	Versicherungen	450	40	20	40	50	60	100	40	40	40	20
10	450	Reisespesen	380	—	—	—	—	—	—	—	—	—	380
11	460	Kalk. Abschreibungen	1 430	350	90	70	60	210	290	190	110	30	30
12	461	Kalk. Zinsen	2 500	400	80	—	170	490	690	470	180	20	—
13	462	Kalk. Wagnisse	640	—	—	40	120	130	250	100	—	—	—
14	463	Kalk. Unternehmerlohn	3 600	—	—	—	500	850	1 400	500	50	150	150
15	442	Gebühren, Beiträge	650	20	20	—	30	70	130	50	40	290	—
16	490	Sonstige Gemeinkosten	240	—	—	90	—	20	30	—	—	40	60
17		Gemeinkostensummen	39 270	1 560	1 100	1 440	2 900	7 570	13 800	5 170	2 090	1 960	1 680
18		Umlage, Gebäude	1 560	↲	80	100	180	240	310	240	160	130	120
19		Umlage, Heizung	1 180		↲	60	100	260	290	210	80	90	90
20		Umlage, Betriebsschlosserei	2 330				220	630	1 100	380	↲		
21		Angefallene Stellengemeinkosten				1 600	3 400	8 700	15 500	6 000		2 180	1 890
22		Bezugsgrößen				32 000	3 500	7 000	15 000	5 600		91 300	91 300
23		Effektive Zuschläge				5 %	97,14%	124,29%	103,33%	107,14%		2,39%	2,07%
24		Normalzuschläge				5 %	95 %	125 %	100 %	110 %		2,5 %	2 %
25		Verrechnete Stellengemeinkosten				1 600	3 325	8 750	15 000	6 160		2 283	1 826
26		Überdeckungen (+) Unterdeckungen (—)........				—	— 75	+ 50	— 500			+ 103	— 64

Leistungseinheiten des Betriebs (die Produkte oder Produktgruppen, die Absatzleistungen und die innerbetrieblichen Leistungen), sie müssen, was ihr Name ausdrückt, sämtliche Kosten „tragen", denn um ihretwillen wurden sie je gemacht. (Kontenklasse 4 und 8, s. oben S. 742.)

Die K o s t e n t r ä g e r r e c h n u n g hat die in der Kostenartenrechnung erfaßten und in der Kostenstellenrechnung auf die Kostenstellen verteilten Kosten nunmehr auf d i e Kostenträger zu verteilen, die sie verursacht haben. Innerhalb der Betriebsbuchhaltung haben wir es mit der **Kostenträger-Zeitrechnung** zu tun, d. h. die Gesamtkosten der Periodenleistungen werden ermittelt. Auf ihr baut die **Kostenträger-Stückrechnung** auf, die Kalkulation, die die Kosten der einzelnen Kostenleistungseinheiten feststellt; sie werden wir im nächsten Abschnitt behandeln.

Auch unter den Kostenträgern besteht eine „Rangfolge": H a u p t k o s t e n t r ä g e r und N e b e n k o s t e n t r ä g e r sind die Leistungen der Hauptbetriebe und der Nebenbetriebe, sie sind *für den Markt bestimmt*. Die H i l f s k o s t e n t r ä g e r dagegen sind Leistungen der Hilfsbetriebe für die Haupt- und Nebenbetriebe, es sind die *„innerbetrieblichen Leistungen"*, deren Kostenermittlung besondere Probleme aufwirft. Die periodische Kostenermittlung der Leistung bezieht sich nicht nur auf die Fertigfabrikate, sondern auch auf die Periodenkosten der Halbfabrikate, deren Ermittlung nur für kurzfristige Erfolgsrechnung notwendig ist.

Die Zurechnung der Kosten auf die Kostenträger kann kontenmäßig oder auch tabellarisch im *Kostenträgerbogen* erfolgen. Man hat auch die Kostenträgerrechnung sowie die Erfolgsrechnung in den Betriebsabrechnungsbogen mit aufgenommen, so daß dieser *„große Betriebsabrechnungsbogen"* die gesamte Betriebsbuchhaltung umfaßt.

Innerbetriebliche Leistungsverrechnung

Ziel der innerbetrieblichen Leistungsverrechnung ist die Kostenüberwälzung aller Hilfskostenstellen auf die Hauptkostenstellen. Schwierigkeiten ergeben sich aus den Interdependenzen des Leistungsaustausches der Kostenstellen.

Verfahren: a) *Gleichungsverfahren:* Simultane Berechnung der Verrechnungssätze aller Hilfskostenstellen mit Hilfe von linearen Gleichungen, die zweckmäßig mit der Determinantenmethode gelöst werden. Die Zahl der Gleichungen entspricht der Zahl der Kostenstellen und damit der Unbekannten. Die Gesamtkosten einer Kostenstelle können erst ermittelt werden, wenn die Gesamtkosten der übrigen Kostenstelle bekannt sind und umgekehrt. Diese Bedingung erfüllt nur das Gleichungsverfahren. Im Sinne des Überwälzungsprinzips genauestes, aber rechentechnisch aufwendiges Verfahren. Alle weiteren Verfahren der innerbetrieblichen Leistungsverrechnung geben nur Näherungslösungen.

b) *Stufenleiterverfahren* (step ladder system, Kostenstellenumlageverfahren, Treppenverfahren): Verrechnung der Anteile der im Betriebsabrechnungsbogen (BAB) vorhergehenden Hilfskostenstellen auf die im BAB nachfolgenden Hauptkostenstellen. Die Anordnung der Kostenstellen im BAB wird so vorgenommen, daß die Kostenstellen, die wenig Leistungen von den übrigen Hilfskostenstellen empfangen, als erste aufgeführt werden. Die Leistungen der nachfolgenden Kostenstellen werden für die vorhergehenden vernachlässigt. Direkte Umlage nach Inanspruchnahme der Leistungen. Indirekte Umlage nach Schlüsseln, die möglichst kostenproportional sein sollen. Schwerfälliges Verfahren, da monatliche Ermittlungen der Kostensätze erforderlich.

c) *Festpreisverfahren:* Verrechnung der innerbetrieblichen Leistungen zu Festpreisen (Normalkosten, Planverrechnungssätze auf Voll- oder Grenzkostenbasis). Am Ende der Abrechnungsperiode treten Über- bzw. Unterdeckungen zwischen verrechneten und effektiv angefallenen Kosten auf. Werden die innerbetrieblichen Leistungsverrechnungen nur mit den variablen Kosten bewertet, dann spricht man von dem *Grenz-Festpreis-Verfahren.* Die fixen Kosten verbleiben zunächst auf den Hilfskostenstellen und werden entweder monatlich als Periodenkosten in das Betriebsergebnis ausgebucht oder den Hauptkostenstellen als sekundäre Fixkostenumlage angelastet. Das Grenz-Festpreis-Verfahren ist Teil der Grenzplankostenrechnung und verhindert, daß Fixkostenanteile über die Verrechnungssätze in die Grenzkosten der empfangenden Stellen gelangen; es ermöglicht eine exakte Grenzkostenkalkulation (Plankalkulation).

d) *Kostenartenverfahren:* Voraussetzung hierfür ist, daß die innerbetrieblichen Leistungsverrechnungen ausschließlich in den Hauptkostenstellen erzeugt werden. Erfassung der Einzelkosten und Verrechnung auf die empfangenden Stellen als Gemeinkosten. Gemeinkosten der Hauptkostenstellen verbleiben dort; daher ist dieses Verfahren nur dann annähernd genau, wenn der Gemeinkostenanteil sehr gering ist.

e) *Kostenstellenausgleichsverfahren:* Entspricht dem Kostenartenverfahren; darüber hinaus aber auch Verrechnung der Gemeinkosten durch Belastung und Gutschriften.

f) *Kostenträgerverfahren:* Innerbetriebliche Leistungsverrechnungen werden wie Absatzleistungen über besondere Konten verbucht. Nur für die Aktivierung der innerbetrieblichen Leistungen oder für Wirtschaftlichkeitsvergleiche.

g) *Anbauverfahren:* Einfachstes Verfahren der innerbetrieblichen Leistungsverrechnung, das jedoch den Leistungsaustausch völlig vernachlässigt und zu großen Fehlern führt.

Kritik der Verfahren: Die Kostenüberwälzung ist exakt nur mit dem Gleichungsverfahren möglich. Dieses Verfahren ist aber rechentechnisch schwerfällig. Auch die Verrechnung zu Festpreisen ist umständlich, da monatlich neue Verrechnungssätze gebildet werden müssen. Diese Werte sind Ist-Preise und widersprechen den Prinzipien der Kostenkontrolle. Vereinfachung durch Einführung von Festwerten auf Grenzkostenbasis zur Ermöglichung der Kostenkontrolle. Diesem Zweck entspricht also nur die Grenzplankostenrechnung (s. unten S. 852 f).

Kurzfristige Erfolgsrechnung

Die kurzfristige Erfolgsrechnung ist die „Krönung der Betriebsbuchhaltung", es ist eine Erfolgsrechnung, die vierteljährlich, monatlich oder sogar täglich (z. B. bei Banken) aufgestellt wird.

Das G e s a m t k o s t e n v e r f a h r e n, die älteste Form der kurzfristigen Erfolgsrechnung, lehnt sich an die Gewinn- und Verlustrechnung der Finanzbuchhaltung an, nur daß statt der gesamten Erträge die Betriebserträge berücksichtigt werden, von denen dann die Gesamtkosten, nach Arten gegliedert, subtrahiert werden. Das Verfahren ist zwar einfach im Aufbau, doch ist eine Inventur der Halb- und Fertigfabrikate notwendig, was in Unternehmungen mit größerem Fertigungsprogramm nicht möglich ist. Im Mehrproduktbetrieb entsprechen sich zudem die Ertragsposten und die Kostenartenposten nicht, so daß man sie im einzelnen nicht in Beziehung setzen kann. Das Verfahren ist daher nur im *Einproduktbetrieb* wirklich aussagefähig.

Das Umsatzkostenverfahren berücksichtigt statt der Erträge die Erlöse der einzelnen Kostenträger und — auf der anderen Seite — ihre Selbstkosten, wie sie die Kalkulation ermittelt hat. Bei diesem Verfahren werden nur die den Umsätzen entsprechenden Selbstkosten für das Betriebsergebnis erfaßt, man nennt es deshalb das „Umsatzkostenverfahren".

Das Umsatzkostenverfahren kann nach dem *Vollkostenprinzip* und nach dem *Grenzkostenprinzip* durchgeführt werden. (Näheres s. S. 872 ff.).

VIII. Die Kalkulation

1. Wesen und Arten der Kalkulation

Begriff und Aufgaben der Kalkulation

Die *Kalkulation* oder *Kostenträger-Stückrechnung* oder *-Einheitsrechnung* ermittelt die Kosten für eine Leistungseinheit („Stück") oder eine Leistungsgruppe. Die Kalkulation dient zur Kontrolle der Kostenentwicklung sowie zur Ermittlung der Angebotspreise; in diesem Fall ist zu den Stückkosten ein Gewinn zuzuschlagen und gegebenenfalls aus preispolitischen Gründen auf die Einbeziehung gewisser effektiver Kostenbestandteile zu verzichten.

Die Nachkalkulation ermittelt die Kosten bereits erstellter Leistung. Durch Vergleich der tatsächlich entstandenen Kosten und erzielten Erlösen kann der Erfolg festgestellt werden *(Gewinnkalkulation)*. Die Nachkalkulation der Einzelkosten kann sich bei entsprechender Organisation der Kostenrechnung auf die Erfassung des Mehr- oder Minderverbrauchs gegenüber der Vorkalkulation beschränken.

Die Vorkalkulation ermittelt die voraussichtlich zu erwartenden Kosten zukünftig zu erstellender oder abzusetzender Leistungen. Sie ermittelt zudem, welcher Gewinn bei dem geforderten Preis bzw. dem zu erwartenden Erlös nach Abzug der Selbstkosten sowie der Erlösschmälerungen (Skonti, Rabatte usw.) verbleibt. Bei Erzeugnissen, die schon einmal hergestellt worden sind, kann die Vorkalkulation aus der Nachkalkulation früherer Herstellungen unter Berücksichtigung eingetretener Kostenänderungen abgeleitet werden. Vorkalkulation und Nachkalkulation sind nach Möglichkeit in gleicher Weise zu gliedern, damit der sehr wichtige Soll-Ist-Vergleich jederzeit möglich ist.

Eine Zwischenkalkulation ist bei Gütern mit langer Produktionsdauer notwendig, um die innerhalb eines Produktionsabschnittes aufgelaufenen Istkosten zum Zweck der Bilanzbewertung, der Betriebskontrolle oder aus Dispositionsgründen zu ermitteln.

Die Arten der Kalkulation

Die Kalkulation hat zunächst die Kosten zu erfassen und sodann den Kostenträgern zuzurechnen. Die K o s t e n e r f a s s u n g nach Kostenarten und Kostenstellen kann je nach den Gegebenheiten formal in engerer oder weiterer Aufgliederung, materiell zu Anschaffungs-, Wiederbeschaffungs- oder Verrechnungspreisen erfolgen. Bei der K o s t e n z u r e c h n u n g auf die Kostenträger werden vor allem zwei Verfahren angewandt: (1) die *Divisionskalkulation* und die (2) *Zuschlagskalkulation*. Bei jedem dieser Kalkulationsverfahren bestehen mehrere Variations- und Kombinationsmöglichkeiten zur Anpassung an die betrieblichen Verhältnisse. Eine weitere wichtige Art der Kalkulation, die *Grenzplankalkulation*, werden wir später kennenlernen (s. S. 867 ff.).

2. Die Divisionskalkulation

Verfahrensweise

Bei der Divisionskalkulation werden die Gesamtkosten einer Periode (in der Regel eines Monats) unter Aussonderung der betriebsfremden und außergewöhnlichen Aufwendungen, nach Arten erfaßt und durch die Anzahl der im gleichen Zeitraum hergestellten Einheiten (Stück, Meter, Quadratmeter, Kilogramm, Kilowattstunde usw.) geteilt, um die Kosten der Einzelleistung zu ermitteln. Die Kalkulationsformel der Divisionsrechnung lautet demnach:

$$\text{Kosten des Kostenträgers} = \frac{\text{Summe der Kostenarten}}{\text{Anzahl der Kostenträger}}$$

Die Divisionskalkulation kann nur dann angewandt werden, wenn in dem Gesamtbetrieb oder in einem Teilbetrieb einheitliche und gleichartige Massenerzeugnisse hergestellt werden.

Einfache Divisionskalkulation

Die einfache Divisionskalkulation wird dort angewandt, wo die Kosten des Abrechnungszeitraumes einen *einzigen* Kostenträger betreffen, der *kontinuierlich* hergestellt wird. Diese einfache Divisionskalkulation finden wir z. B. im Braunkohlenbergbau ohne weitere Sortierung und Verarbeitung, in Ziegeleien und Zementfabriken mit nur einer Produktionsart, in Brauereien, die nur eine Biersorte herstellen, in Elektrizitätswerken u. dgl. Doch wird in manchen dieser Betriebe die mehrstufige Divisionskalkulation angewandt, um die Kostenentwicklung besser kontrollieren zu können. So sollte die einfache Divisionskalkulation auch nur dort angewandt werden, wo der Produktionsablauf relativ kurz ist und wo an den Stichtagen der Abrechnung nur geringe oder aber stets etwa gleiche Bestände an Halbfabrikaten vorhanden sind. Ändern sich die Bestände an Halbfabrikaten erheblich, dann muß der Minderbestand bzw. der Mehrbestand durch Zuschläge zu bzw. Absetzungen von den Gesamtkosten berücksichtigt werden. Bei der Produktion zusammengesetzter Erzeugnisse (Rundfunkapparate, Kühlschränke usw.) ist die Divisionskalkulation zu grob und überschlägig, weil sie keinen Einblick in die Kostenentwicklung der einzelnen Teile gewährt, aus denen das Gesamtprodukt sich zusammensetzt.

Die Divisionskalkulation kann auch für *Teilbetriebe* angewandt werden; in diesem Fall werden die Stückkosten der einzelnen Teilbetriebe oder Kostenstellen ermittelt, die dann in die Gesamtkalkulation einbezogen werden. In Gießereien werden z. B. die Kosten für das Schmelzen des flüssigen Eisens in der Form der Divisionskalkulation ermittelt, doch wird bei den weiteren Stufen, dem Formen, Gießen und Putzen, die Zuschlagskalkulation angewandt.

Werden in einer Unternehmung mehrere S o r t e n eines Produkts hergestellt, dann kann die Divisionskalkulation benutzt werden, wenn die einzelnen Sorten in jeweils besonderen Abteilungen hergestellt werden (Parallelproduktion).

Die Divisionskalkulation dient auch zur Kontrolle der einzelnen Kostenarten, indem man jede einzelne Kostenart gesondert erfaßt und durch die Zahl der erstellten Leistungseinheiten dividiert. Man erhält dann Kennzahlen, die die Entwicklung der einzelnen Kostenarten darstellen.

Mehrstufige Divisionskalkulation

Verläuft der Produktionsfluß nicht kontinuierlich und ändern sich infolge von Verarbeitungsverlusten, Bildung von stark schwankenden Halbfabrikate-Lagern, von Verkauf von Einzel- und Ersatzteilen usw. die in den einzelnen Bereichen bearbeiteten oder umgesetzten Mengen, dann muß die Divisionskalkulation mehrstufig durchgeführt werden. In der Regel laufen bei Massenprodukten Produktion und Absatz nicht parallel, d. h. es besteht ein Fertigwarenlager mit stark wechselnden Beständen. In diesem Fall müssen die *Produktionskosten von den Verwaltungs- und Vertriebskosten getrennt* werden. Man wird dann die auf dem Fabrikationskonto bzw. Fertigwarenkonto gesammelten Fertigungsaufwendungen (Betriebskosten) durch die Anzahl der *erzeugten,* dagegen die auf dem Verkaufskonto gesammelten Verwaltungs- und Vertriebskosten durch die Zahl der *umgesetzten* Einheiten dividieren und beide Ergebnisse addieren.

Auch die Kalkulation der *betrieblichen Herstellkosten* muß mehrstufig durchgeführt werden, wenn in jeder Fabrikationsstufe verschiedene und wechselnde Mengen hergestellt werden, so daß Zwischenlager als Puffer zwischen den einzelnen Produktionsstufen mit wechselnden Mengen bestehen. Zunächst werden die Gesamtkosten der ersten Bearbeitungsstufe ermittelt und durch die Anzahl der hier erzeugten Einheiten dividiert. Die Gesamtkosten der zweiten Bearbeitungsstufe bestehen aus den Kosten der von der ersten Stufe übernommenen Halbfabrikate zuzüglich der in der zweiten Stufe unmittelbar entstehenden Kosten. Sie wird durch die Anzahl der dort erzeugten Einheiten dividiert. Die dritte Stufe übernimmt die Kosten der weiterverarbeiteten Halbfabrikate aus Stufe zwei usf.

Diese S t u f e n k a l k u l a t i o n wird auch in Betrieben angewandt, die sich zwar für die einfache Divisionskalkulation eigneten, doch will man durch eine stufenweise Kalkulation eine bessere Betriebskontrolle haben. In der Zementindustrie kann man z. B. die Divisionskalkulation in folgende Stufen gliedern: Rohmaterialförderung, Rohaufbereitung, Klinkererzeugung, Zementmahlung, Packen und Verladen. Die Kostenträger der einzelnen Stufen sind: gefördertes Rohmaterial, aufbereitetes Rohmaterial, erbrannte Klinker, gemahlener Zement, gepackter und verladener Zement.

Sind nur die *Materialwerte* verschiedener Sorten einer Produktion unterschiedlich, die *Bearbeitungskosten* aber etwa gleich, dann kann man die einzelnen

Fertigungsstufen ohne Fertigungsmaterial abrechnen, so daß also der Division nur die Bearbeitungs- bzw. Veredlungskosten zugrunde gelegt werden. Dieses Verfahren wird z. B. in einzelnen Zweigen der Textilindustrie mit einheitlicher Fertigung angewandt, in denen Stoffe verschiedener Qualität gleichzeitig geschnitten und weiterverarbeitet werden.

Die Äquivalenzziffernrechnung

Die Äquivalenzziffernrechnung oder Kalkulation mit Wertungsziffern *(Gleichwertigkeitsrechnung)* ist eine Abart der Divisionskalkulation. Sie wird angewandt, wenn mehrere Leistungsarten mit verwandter Kostengestaltung erstellt werden, wenn z. B. das gleiche Produkt in verschiedenen Größen und Qualitäten hergestellt oder Produkte ähnlicher Struktur aus gleichen Rohstoffen und in etwa gleicher Produktionsweise erstellt werden (Drähte verschiedener Stärke, Garne verschiedener Nummern, Bier in mehreren Qualitäten usw.) Für die einzelnen Sorten ermittelt man Ä q u i v a l e n z z i f f e r n *(Wertungsziffern)*, indem man das Verhältnis zwischen den Kosten mehrerer ähnlicher Produkte auf Grund einer Schätzung oder einer Feststellung ihrer Normalkosten ermittelt und auf eine *Einheits-Sorte (Bezugssorte)* bezieht. Es werden also die übrigen zu kalkulierenden Produkte zu dieser Einheit so ins Verhältnis gesetzt, daß die entstehende Ziffernreihe eine Proportionalität zur Kostenverursachung aufweist. Wenn z. B. Drähte in fünf verschiedenen Stärken gezogen werden, so kann das Verhältnis der Kostenbeanspruchung dieser fünf Arten durch folgende Wertungsreihe ausgedrückt werden: 0,7 — 0,8 — 1,0 — 1,2 — 1,6. Die erzeugte Menge wird dann mit der Wertungsziffer multipliziert, und man erhält dann die Summe der *Rechnungseinheiten,* die der Divisionskalkulation zugrunde gelegt werden.

3. Die Zuschlagskalkulation

Begriff und Anwendungsbereich

Die Bedingungen zur Anwendung der Divisionskalkulation sind nur in bestimmten Wirtschaftszweigen und Betrieben gegeben. In den meisten Betrieben werden dagegen ungleichartige Einzelerzeugnisse verschiedener Typen in unterschiedlichen Arbeitsabläufen neben- und nacheinander hergestellt. Hier wird in der Regel die Zuschlagskalkulation angewandt.

Die Zuschlagskalkulation setzt eine *scharfe Trennung der Einzelkosten und Gemeinkosten* voraus. Die E i n z e l k o s t e n (Fertigungsmaterial, Fertigungslöhne und Sondereinzelkosten) werden unmittelbar auf die Produkteinheiten verteilt. Die G e m e i n k o s t e n dagegen werden gesammelt, nach gleichen Verursachungsmomenten gegliedert und durch einen prozentualen Zuschlag auf die Fertigungslöhne, die Fertigungsmaterialien oder die Summe von beiden durch Schlüsselung zugemessen. Dabei muß man bestrebt sein — ebenso wie in der Betriebsbuchhaltung —, nicht nur Fertigungsmaterial und Fertigungslöhne, sondern auch andere Kostenarten soweit als möglich als Einzelkosten zu verrechnen; denn die Zuschlagsrechnung wird um so aussagefähiger, je breiter die Zuschlagsbasis und je geringer die Summe der zu verrechnenden Gemeinkosten ist. Als Zuschlagsgrundlagen werden, um eine genauere Kostenzurechnung in der Kalkulation zu ermöglichen, häufig auch Maschinen- oder Fertigungsstunden für die Fertigungs-Gemeinkosten u. dgl. gewählt.

K o s t e n t r ä g e r sind entweder Einzelprodukte (bei Einzelfertigung, Brük-
kenbau, Großmaschinenbau), Serien oder Sorten (bei Reihenfertigung) — entweder als Kunden- oder Werksaufträge.

Die Grundsätze der Kostenverteilung

Jedem Kostenträger sind so viel Gemeinkosten zuzurechnen, wie er verursacht
hat. Die Schlüsselung muß also nach dem P r i n z i p d e r V e r u r s a c h u n g
vorgenommen werden. Die Kosteneinflüsse müssen also sehr genau untersucht
werden.

Weiterhin müssen die Schlüssel dem G r u n d s a t z d e r P r o p o r t i o n a l i -
t ä t entsprechen, d. h. Bezugsgrundlage und die zu verteilenden Gemeinkosten
müssen sich proportional verhalten.

Summarische Zuschlagskalkulation

Die einfachste Form der Zuschlagskalkulation ist die *summarische Zuschlags-*
oder *Betriebszuschlagskalkulation:* die Gesamtsumme der Gemeinkosten wird
mit Hilfe eines e i n z i g e n Zuschlagssatzes auf die als Maßgröße geltenden
Einzelkosten aufgeteilt. Diese primitive Methode wurde früher allgemein angewandt und wird heute noch von Kleinbetrieben benutzt. Sie ist nur in den
seltenen Fällen anwendbar, in denen Fertigung und Absatz sich für alle Produkte sowohl bezüglich der Arbeitsleistung und des Einsatzes von Maschinen
und Einrichtung als auch bezüglich der erforderlichen Verwaltungs- und Ver-
triebsfunktionen in etwa gleicher Weise und Folge und in etwa gleichen zeitlichen Abständen vollziehen. Zudem muß der mengen- und wertmäßige Anteil
des Materials an den einzelnen Produkten etwa gleich sein — andernfalls ist der
Grundsatz der Proportionalität nicht mehr gewahrt.

Die selektive Zuschlagsmethode

Bei der *selektiven Zuschlagsmethode* oder der *Zuschlagskalkulation nach homo-*
genen Gemeinkostengruppen werden die Gemeinkostenarten so in Gruppen aufgeteilt, daß zwischen jeder Gruppe und der für sie gewählten Zuschlagsgrund-
lage ein proportionales Verhältnis besteht. Die Gemeinkostenarten werden auch
hier für den Gesamtbetrieb ermittelt und nicht aufgegliedert nach Kostenstellen. Eine wichtige Kostengliederung ist schon gegeben, wenn man *material-*
abhängige und lohnabhängige Gemeinkosten aufteilt. In einem eisenverarbei-
tenden Werk sind z. B. die Transportabteilung und die Zuschneiderei material-
abhängig, da die Kosten vom Gewicht des transportierten oder verbrauchten
Materials abhängen; dagegen sind die Gemeinkosten der Schmiede, der Schlos-
serei und der Montage lohnabhängig und bei der Kalkulation als Prozentsätze
der Fertigungslöhne anzurechnen. Die materialabhängigen Kosten könnten noch
weiter untergliedert werden in mengen- und wertabhängige Kosten. So sind die
Kosten des Transportes und der Warenlagerung Mengenkosten, die der Verwaltung und der Versicherung des Warenlagers dagegen Wertkosten.

Aufgliederung der Gemeinkosten nach Abteilungen und Kostenstellen

Die Zuschlagskalkulation kann dadurch verfeinert werden, daß man die *Ver-*
waltungs- und Vertriebsgemeinkosten aussondert und sie auf die Fertigungskosten verteilt. Für die Aufschlüsselung der Verwaltungs- und Vertriebs-

Gemeinkosten wählt man am zweckmäßigsten entweder die Fertigungskosten (Fertigungslöhne plus Fertigungsgemeinkosten) oder die Herstellkosten (Materialkosten plus Fertigungskosten).

Die Zuschlagskalkulation kann noch wesentlich ausgebaut werden, wenn man die Fertigungsgemeinkosten *nach den Kostenstellen,* an denen sie entstehen, aufgliedert und Zuschlagssätze für die einzelnen Kostenstellen ermittelt. Durch diese Aufgliederung der Gemeinkosten nach Stellen entsteht Proportionalität zwischen den entstandenen Fertigungsgemeinkosten und dem zur Umlegung dieser Kosten gewählten Schlüssel.

Beispiel einer Zuschlagskalkulation

Materialeinzelkosten	20 000	
Materialgemeinkosten (20 % der Materialeinzelkosten)	4 000	
M a t e r i a l k o s t e n		24 000
Lohneinzelkosten	10 000	
Fertigungsgemeinkosten (200 % der Lohneinzelkosten)	20 000	
Sondereinzelkosten der Fertigung	2 000	
F e r t i g u n g s k o s t e n		32 000
H e r s t e l l k o s t e n		56 000
Verwaltungsgemeinkosten (10 % der Herstellkosten)		5 600
Vertriebsgemeinkosten (5 % der Herstellkosten)		2 800
S e l b s t k o s t e n		64 400

Die Kalkulation der Plankostenrechnung mit *Voll-* und *Grenzkosten* wird später noch ausführlich behandelt (S. 867 ff.).

IX. Literaturhinweise

Allgemeine Literatur über das Rechnungswesen

Busse v. Colbe, W. (Hrsg.): Das Rechnungswesen als Instrument der Unternehmensführung. Wiesbaden 1973.

Bussmann, K. F.: Industrielles Rechnungswesen. Stuttgart 1963.

Bussmann, K. F., u. a. (Hrsg.): Industrielles Rechnungswesen in programmierter Form. Schriftenreihe. 10 Bde. Wiesbaden 1971—1977.

Chmielewicz, K.: Betriebliches Rechnungswesen. 2 Bde., Reinbek 1973.

Greifzu, Julius: Das Rechnungswesen. 13. Aufl. Wiesbaden 1973.

Kalveram, Wilhelm: Industrielles Rechnungswesen. 6. Aufl. Wiesbaden 1968.

Kosiol, Erich (Hrsg.): Handwörterbuch des Rechnungswesens. Stuttgart 1970.

Marx, A.: Verbandseigene Buchführungs- und Kostenrechnungsrichtlinien. 2 Bände. Wiesbaden 1965.

Mattesich, Richard: Die wissenschaftlichen Grundlagen des Rechnungswesens. Wiesbaden 1975.

Münstermann, H.: Unternehmensrechnung. Wiesbaden 1969.

Buchhaltung (s. auch unten S. 816 f.)

Engelhardt, W. und H. Raffée: Grundzüge der doppelten Buchhaltung. 2. Auflage. Wiesbaden 1971.

Hasenack, Wilhelm: Buchführung und Abschluß. 2 Bde. I: Wesen und Technik. 2. Aufl. 1965. II: Organisationsformen und Rechtsvorschriften. Essen 1955.

Hennig, Karl-Wilhelm u. W. Kilger: Doppelte Buchführung. 5. Aufl. Wiesbaden 1973.

Klimmer, W. A.: Repetitorium der Buchführung. 2. Aufl. Wiesbaden 1970.

Kosiol, E.: Buchhaltung und Bilanz. (Slg. Göschen). 2. Aufl. Berlin 1965.

Pelzel, G.: Kontenrahmen als Mittel der Betriebssteuerung. Wiesbaden 1975.

Schmalenbach, Eugen: Die doppelte Buchführung. Köln/Opladen 1951.

Kostenrechnung (s. auch die Literaturhinweise in Kap. D. Plankostenrechnung)

Adam, D.: Entscheidungsorientierte Kostenbewertung. Wiesbaden 1970.

Beste, Theodor: Die kurzfristige Erfolgsrechnung. 2. Aufl. Köln/Opladen 1962.

Bossard, E.: Betriebsabrechnung und Kalkulation. Zürich 1961.

Haberstock, L.: Kostenrechnung. 3 Bde. Wiesbaden 1973—1975.

Heinen, E.: Kosten und Kostenrechnung. Wiesbaden 1975.

Heinen, Edmund: Betriebswirtschaftliche Kostenlehre. 4. Aufl. Wiesbaden 1974.

Henzel, Friedrich: Die Kostenrechnung. 4. Aufl. Essen 1964.

Herterich, K. W.: Kosten-Management. Wiesbaden 1974.

Kilger, W.: Einführung in die Kostenrechnung. Opladen 1976.

Kilger, Wolfgang: Die kurzfristige Erfolgsrechnung. Wiesbaden 1962.

Koch, H.: Grundprobleme der Kostenrechnung. Köln/Opladen 1966.

Kosiol, Erich: Anlagenrechnung. Theorie und Praxis der Abschreibung. 3. Aufl. Wiesbaden 1965.

Kosiol, Erich: Grundriß der Betriebsbuchhaltung. 4. Aufl. Wiesbaden 1966.

Kosiol, Erich: Kostenrechnung. Wiesbaden 1964.

Meffert, H.: Betriebswirtschaftliche Kosteninformation. Wiesbaden 1968.

Mellerowicz, Konrad: Kosten und Kostenrechnung. 5. Aufl., 3 Bde. Berlin 1973/1974.

Norden u. Wille: Der Betriebsabrechnungsbogen. 11. Aufl. 1973.

Pack, L.: Die Elastizität der Kosten. Wiesbaden 1966.

Pressmar, B.: Kosten- und Leistungsanalyse im Industriebetrieb. Wiesbaden 1970.

Schmalenbach, Eugen: Kostenrechnung und Preispolitik. 8. Aufl. Köln/Opladen 1963.

Schönfeld, H.-M.: Kostenrechnung. 2 Bde. 7./5. Aufl., Stuttgart 1974/70.

B. Die Bilanz — Instrument der Unternehmensführung

I. Wesen und Aufgaben der Bilanz

„Die Bilanz ist nicht Selbstzweck, sondern nur Instrument für die Wirtschaftsführung; es ist zu untersuchen, an der Lösung welcher Aufgaben sie mitzuwirken hat und wie sie nach Form und Inhalt zu gestalten ist, um die beste Erfüllung dieser Aufgabe zu erreichen" (le Coutre).

Das W o r t B i l a n z kommt vom italienischen bilancio, die Waage, das Gleichgewicht, lateinisch bilanx, das zurückgeht auf *„bis lanx"*, zwei (Waag-)-Schalen habend. Der Sinn „Gleichgewicht" im Wort „Bilanz" mag nicht zuletzt auch durch das verwandte Fremdwort französischer Herkunft „Balance" („die Balance halten") in unserem Sprachempfinden verstärkt werden.

Begriff und Aufgaben der Bilanz

Die B i l a n z i m w e i t e r e n S i n n e sind die beiden Abschlußkonten der doppelten Buchführung, nämlich die B e s t ä n d e b i l a n z oder Vermögensbilanz und die E r f o l g s r e c h n u n g oder — wie man auch treffend sagt — die E r f o l g s b i l a n z. Der Begriff der Bilanz im weiteren Sinne ist durchaus gerechtfertigt, da Beständebilanz und Erfolgsbilanz unlösbar zusammengehören. Doch hat sich diese Terminologie nicht allgemein durchgesetzt, wenn man auch häufig, besonders in der Praxis, den Begriff Bilanz in diesem weiten Sinne gebraucht, ja man zählt häufig den Geschäftsbericht noch zur Bilanz, nämlich als die notwendige Ergänzung und Erläuterung der Bilanz- und Erfolgsrechnung. Heute wird vielfach empfohlen, zwischen der Bilanz als Beständebilanz und der Erfolgsrechnung terminologisch zu unterscheiden und beide unter dem Oberbegriff „J a h r e s a b s c h l u ß" zusammenzufassen, zu dem häufig auch der Geschäftsbericht gerechnet wird.

Der periodisch (jährlich) vorgenommene Abschluß der doppelten Buchführung e n t s t e h t dadurch, daß die Bestandskonten über die Bilanz, die Erfolgskonten über die Erfolgsrechnung abgeschlossen werden. Bilanz- und Erfolgsrechnung, die auch untereinander ausgeglichen werden, sind also f o r m a l die Kontrolle für die Richtigkeit der Buchführung. M a t e r i e l l geben sie darüber hinaus durch eine Bilanzanalyse einen Einblick in die

1. Vermögens- und Kapitalstruktur der bilanzierenden Unternehmung,

2. die Rentabilität (Gewinnermittlung),

3. die Liquidität,

4. die Geschäftsentwicklung und

5. zum Teil in die Risiken der Unternehmung.

Je nach der Auffassung vom Betrieb und Betriebsablauf wird von einzelnen Betriebswirtschaftlern die eine oder andere Aufgabe der Bilanz mehr oder weniger stark in den Vordergrund geschoben.

Früher — bis in die 20er Jahre — war die Bilanz eines der wichtigsten Instrumente der Unternehmensführung. Mit der fortschreitenden Rationalisierung und Automatisierung wurden die Betriebe immer kapitalintensiver, die fixen Kosten schwollen immer stärker an. Als Folge davon dehnten sich die Markträume immer stärker aus, und die Unternehmensgröße wuchs außerordentlich stark an. In dieser komplizierten Großraumwirtschaft verlor die Bilanz als Instrument der Unternehmensführung immer mehr an Bedeutung; die integrierte Planungsrechnung, das Operations Research, die Kybernetik und andere mathematische Verfahren waren zur Steuerung des Betriebes weit bessere Informationsmittel. Die Bilanztheorien (s. unten Seite 776 ff.), die gegenwärtig wieder stark diskutiert werden, beschäftigen sich vornehmlich mit den Zwecken der Bilanz, ihrem Aussagewert und der Bewertung der Bilanzposten. Dabei weichen die Auffassungen auch der neueren Bilanztheoretiker sehr stark voneinander ab.

Bilanzgleichung

Man hat die Beziehungen zwischen der Aktiv- und der Passivseite in folgenden Bilanzgleichungen ausgedrückt:

1. Aktiva = Passiva (A = P): formale Grundgleichung,

2. Vermögen = Kapital (V = K): materielle Grundgleichung, deren Elemente bis zu den letzten Bilanzpositionen aufgelöst werden können:

Anlagevermögen + Umlaufvermögen + Verlust
= Fremdkapital + Eigenkapital + Gewinn

B u c h h a l t u n g s t e c h n i s c h sind Gewinn und Verlust die Ausgleichs-
posten der Bilanz; denn

Gewinn = Vermögen — Kapital
Verlust = Kapital — Vermögen

In der B i l a n z d e r E i n z e l u n t e r n e h m e n und der P e r s o n e n -
g e s e l l s c h a f t e n werden Gewinn und Verlust nicht besonders ausgewiesen.
In dem Bilanzposten Eigenkapital ist der Gewinn bereits enthalten, der Verlust
bereits abgezogen.

Das nominale E i g e n k a p i t a l der A k t i e n g e s e l l s c h a f t dagegen
setzt sich zusammen aus folgenden Posten:

1. Grundkapital
2. gesetzliche Rücklage
3. freie Rücklage
4. Gewinnvortrag
5. Jahresgewinn (bzw. abzüglich Jahresverlust).

Zum realen Eigenkapital gehören außerdem noch die stillen Reserven.

Die Bilanz als Kapital- und Vermögensrechnung

Die Bilanz (i. e. S.) zeigt uns die Kapital- und Vermögensstruktur der Unternehmung.

Die *linke Seite der Bilanz* zählt in systematischer und zusammenfassender Ordnung die Geldwerte der Produktionsmittel auf, über die die Unternehmung verfügt, oder genauer gesagt, an denen die Unternehmung ein E i g e n t u m s -
r e c h t hat.

Erfaßt werden nur die m a t e r i e l l e n und i m m a t e r i e l l e n Güter, die
einen Geldwert haben. I m p o n d e r a b e l e Werte, wie etwa der Persönlichkeitswert des Unternehmens, das besondere Talent leitender Mitarbeiter, die
Tüchtigkeit der Belegschaft, das gute „Betriebsklima" sind kein Vermögen, so
entscheidend sie auch für den Erfolg sein mögen. Dagegen stellen Erfindungen,
Patente, Firmenwert u. dgl. Vermögenswerte dar, auch wenn sie in der gewöhnlichen Bilanz, aus dem geschäftspolitischen Prinzip der Vorsicht heraus,
nicht alle erfaßt werden. Sie sind dann gleichsam stille Reserven, die nicht
ausgewiesenes Vermögen darstellen. Schließlich gehört auch der K a s s e n -
b e s t a n d der Unternehmung (einschl. der Bankguthaben) zum Vermögen der
Unternehmung.

Wir unterscheiden auf der A k t i v s e i t e wiederum zwischen

1. *Anlagevermögen*, das sind Kapitalgüter, die mehrere Produktionsprozesse
   überdauern, z. B. Grundstücke, Gebäude, Maschinen, die gesamte Betriebs-
   apparatur, und
2. *Umlauf- oder Betriebsvermögen*, das sind die Kapitalgüter, die nur einmal
   im Produktionsprozeß, nämlich im Umsatz, verwandt werden können, z. B.
   Rohstoffe, Hilfsstoffe, liquide Mittel (Kasse) und Forderungen.

Die Anlagegüter werden „gebraucht", die Umlaufgüter im täglichen Betriebsprozeß „verbraucht".

Die Gesamtsumme der Geldwerte aller Kapitalgüter ist das *Gesamtvermögen* der Unternehmung. Der Wert des „Unternehmungskapitals", das auf der Passivseite ausgewiesen wird, beruht auf diesen Vermögenswerten. „Wertträger" des Kapitals kann mithin jedes Produktionsgut sowie Geld sein. Identisch mit den Produktionsmitteln ist das Kapital aber nicht. Eine Maschine ist nicht deshalb Wertträger des Kapitals, weil sie ein Produktionsgut ist, sondern weil sie zum Vermögen der Unternehmung gehört. Eine Nähmaschine im Haushalt ist nicht Wertträger von Kapital, wohl aber die Nähmaschine in der Kleiderfabrik.

Die *rechte Seite* der Bilanz zeigt, aus welchen Q u e l l e n d a s G e s a m t - k a p i t a l der Unternehmung stammt und in welcher Form es der Unternehmung zur Verfügung gestellt wurde. Es werden also auf der Passivseite dargestellt: die Herkunft der Kapitalwerte, die das Gesamtkapital der Unternehmung ausmachen, sowie der Umfang, in dem verschiedene fremde Betriebe (auch die der Eigentümer der Unternehmung) r e c h t l i c h e Ansprüche an das gesamte Kapital haben. Man kann deshalb die einzelnen Werte der Passivseite auch als „K a p i t a l r e c h t e" bezeichnen. Vom innerbetrieblichen Standpunkt ist dabei die *rein rechtliche* Frage bedeutungslos, wer das Kapital zur Verfügung gestellt hat, ob es

1. *Eigenkapital* ist, d. h. ob es von dem Eigentümer der Unternehmung herrührt (Beteiligungskapital), oder ob es

2. *Fremdkapital* ist, d. h. ob es dem Betrieb rechtlich als Darlehen oder Kredit übergeben wurde.

W i r t s c h a f t l i c h e B e d e u t u n g hat in erster Linie die L i q u i d i t ä t der einzelnen Kapitalrechte, d. h. wirtschaftlich interessiert der Zeitraum, für den der Unternehmung das Kapital übergeben wurde. Danach können wir unterscheiden:

1. E i g e n k a p i t a l , das in der Regel unbefristeten Charakter hat,

2. l a n g f r i s t i g e s F r e m d k a p i t a l und

3. k u r z f r i s t i g e s F r e m d k a p i t a l .

Weiterhin spielen eine Rolle die Bedingungen, unter denen das Kapital von der Unternehmung übernommen wurde, ob gegen Z i n s e n , die bei Fälligkeit eine neue Schuld entstehen lassen, oder gegen Gewinnbeteiligung, gegen Sicherheitsleistungen oder als ungesicherter Personalkredit und dergleichen mehr. Die H ö h e der Kapitalkosten (Zinsen, Wertminderung und Kapitalrisiko) ist gleichfalls wirtschaftlich von Bedeutung. Über die „Kapitalstruktur" der Unternehmung siehe oben S. 605 ff.

Das Verhältnis der Aktiva zu den Passiva

Die Unternehmung hat das Eigentumsrecht an allen Vermögenswerten der Unternehmung. Die Gläubiger der Unternehmung haben also kein Recht an bestimmten Produktionsmitteln, sie haben lediglich einen Gläubigeranspruch auf „Kapital". Wenn z. B. eine Unternehmung völlig überschuldet ist, so hat der Eigentümer der Unternehmung juristisch immer noch das Eigentumsrecht an sämtlichen Vermögensarten, die auf der Aktivseite ausgewiesen sind; wirtschaftlich dagegen „gehört" alles bereits den Gläubigern. Der Kapital- und Vermögensaufbau der Unternehmung zeigt mithin folgendes Bild (das sich an die Vorschriften des neuen Aktiengesetzes von 1965 anlehnt):

Bilanz nach dem Aktiengesetz

Aktiva: Vermögen	Passiva: Kapital

A. Anlagevermögen
 	
  1. *Sachanlagevermögen*
    Grundstücke und Gebäude
    Maschinen
    Betriebs- u. Geschäftsinventar
    Konzessionen, Lizenzen u.
      ähnliche Rechte
 	
  2. *Finanzanlagevermögen*
    Beteiligungen
    Wertpapiere zur Anlage
    langfristige Ausleihungen
 	
B. Umlaufvermögen
 	
  1. *Vorräte*
    Roh-, Hilfs- u. Betriebsstoffe
    Halbfabrikate
    Fertigfabrikate
 	
  2. *Sonstiges Umlaufvermögen*
    geleistete Anzahlungen
    Forderungen aus Lieferungen
    Sonstige Forderungen
    Wechsel
    Schecks
    Kassenbestand
    Bankguthaben
    Wertpapiere zu vorüber-
      gehender Anlage
 	
**C. Rechnungsabgrenzungs-
    posten**
 	
D. Bilanzverlust
  (falls kein Gewinn)
	A. Eigenkapital
	
	  1. *Grundkapital*
	
	  2. *Offene Rücklagen*
	    gesetzliche Rücklage
	    freie Rücklage
	
	B. Fremdkapital
	
	  1. *Rückstellungen*
	    Pensionsrückstellungen
	    Sonstige Rückstellungen
	
	  2. *langfristige Verbindlichkeiten*
	    Anleihen
	    Hypothekarkredite
	    Sonstige langfristige
	      Verbindlichkeiten
	
	  3. *kurzfristige Verbindlichkeiten*
	    Verbindlichkeiten aus Lieferungen
	    Wechselverbindlichkeiten
	    Bankkredite
	    Erhaltene Anzahlungen
	    Sonstige Verbindlichkeiten
	
	C. Wertberichtigungen
	
	**D. Rechnungsabgrenzungs-
	    posten**
	
	E. Bilanzgewinn
	  (falls kein Verlust)

Der Erfolgsrechnung

Die Erfolgsrechnung oder *Gewinn- und Verlustrechnung* ist das Abschlußkonto der Buchhaltung, das Aufwendungen und Erträge einer Buchhaltungsperiode zusammenfaßt. Sie analysiert den Erfolg, indem sie einen Überblick über die Aufwendungen (Aktivseite) und die Erträge (Passivseite) gibt.

Eine aussagefähige Erfolgsrechnung setzt voraus: (1) eine möglichst vollständige Erfassung aller Aufwendungen und Erträge einschließlich der Reservezuweisungen und Reserveentnahmen, (2) den Ausweis des Umsatzerlöses, (3) starke und zweckentsprechende Aufgliederung der einzelnen Positionen, (4) getrennten Ausweis der betriebsfremden Aufwendungen und Erträge von den Aufwendungen und Erträgen aus der eigentlichen Betriebstätigkeit, (5) getrennten Ausweis der außerordentlichen Aufwendungen und Erträge. Diese Forderungen erfüllt weitgehend das Aktiengesetz von 1965.

Die Erfolgsrechnung in Form der *Bruttorechnung* weist, soweit wirtschaftlich zulässig, unsaldiert sämtliche Aufwendungen und Erträge einer Wirtschaftsperiode in möglichst starker Aufgliederung aus. Sie ist eine *Umsatzrechnung.*

Gewinn- und Verlustrechnung
(in Kontoform)

Aufwendungen	Erträge
Personalkosten	Umsatzerlöse
Material in Fabrikation	Innerbetriebliche Leistungen
Abschreibungen auf Anlagen	Sonstige Erträge
Wertminderung der Debitoren	Bestandsvermehrungen
Zinsen	Außerordentliche Erträge
Steuern	Verlust
Beiträge	
Sonstige Betriebsaufwendungen	
Bestandsverminderungen	
Außerordentliche Aufwendungen	
Gewinn	

Nach dem *Aktiengesetz von 1965* darf die Gewinn- und Verlustrechnung der besseren Übersicht wegen nur noch in *Staffelform* aufgestellt werden. Sie geht vom *Umsatz* aus. Ihm werden noch Bestandserhöhungen im Lager zugerechnet bzw. Bestandsverminderungen abgezogen sowie „andere Aktivierte Eigenleistungen" zugeschlagen. Die Zwischensumme ergibt die *Gesamtleistung.* Von ihr wird dann der Materialverbrauch abgezogen, so daß die nächste Zwischensumme den Rohertrag bzw. Rohaufwand ergibt. Dieser Zwischensumme werden dann die *„Besonderen Erträge"* zugeschlagen; die *Aufwendungen* werden von der Summe der Erträge abgezogen. Der Saldo ergibt den *Jahresüberschuß* bzw. den Jahresfehlbetrag. Ihm werden die Entnahmen aus offenen Rücklagen zugeschlagen und von ihm die Einstellungen in offene Rücklagen abgezogen. Es bleibt dann der *Bilanzgewinn* bzw. der *Bilanzverlust.*

Gewinn- und Verlustrechnung (nach dem Aktiengesetz)

1. *Umsatzerlöse* ....
2. Erhöhung oder Verminderung des Bestands an fertigen und unfertigen Erzeugnissen ....
3. andere aktivierte Eigenleistungen ....
4. *Gesamtleistung* ....
5. Aufwendungen für Roh-, Hilfs- und Betriebsstoffe ....
6. *Rohertrag / Rohaufwand* ....
7. Erträge aus Gewinngemeinschaften, Gewinnabführungs- und Teilgewinnabführungsverträgen ....
8. Erträge aus Beteiligungen ....
9. Erträge aus den anderen Finanzanlagen ....
10. sonstige Zinsen und ähnliche Erträge ....

11. Erträge aus dem Abgang von Gegenständen des Anlagevermögens
    und aus Zuschreibungen zu Gegenständen des Anlagevermögens   ....
12. Erträge aus der Herabsetzung der Pauschalwertberichtigung
    zu Forderungen   ....
13. Erträge aus der Auflösung von Rückstellungen   ....
14. sonstige Erträge   ....
15. Erträge aus Verlustübernahme   ....

   (7.—15. *Besondere Erträge*)   ....

16. Löhne und Gehälter   ....
17. soziale Abgaben   ....
18. Aufwendungen für Altersversorgung und Unterstützung   ....
19. Abschreibungen und Wertberichtigungen auf Sachanlagen
    und immaterielle Anlagewerte   ....
20. Abschreibungen und Wertberichtigungen auf Finanzanlagen   ....
21. Verluste aus Wertminderungen oder dem Abgang von Gegen-
    ständen des Umlaufvermögens außer Vorräten   ....
22. Verluste aus dem Abgang von Gegenständen des Anlagevermögens   ....
23. Zinsen und ähnliche Aufwendungen   ....
24. Steuern
    a) vom Einkommen und vom Vermögen   ....
    b) sonstige   ....
25. Aufwendungen aus Verlustübernahme   ....
26. sonstige Aufwendungen   ....
27. auf Grund einer Gewinngemeinschaft, eines Gewinn-
    abführungsvertrages abgeführte Gewinne   ....

   (16.—27. *Übrige Aufwendungen*)
28. *Jahresüberschuß / Jahresfehlbetrag*   ....
29. Gewinnvortrag / Verlustvortrag aus dem Vorjahr   ....

                                                                                     ....

30. Entnahmen aus offenen Rücklagen
    a) aus der gesetzlichen Rücklage   ....
    b) aus freien Rücklagen   ....

                                                                                     ....

31. Einstellungen aus dem Jahresüberschuß
    in offene Rücklagen   ....
    a) in die gesetzliche Rücklage   ....
    b) in freie Rücklagen   ....
32. *Bilanzgewinn / Bilanzverlust*   ==========

Die Problematik der Bilanz als „Führungsinstrument"

Die Bilanz ist, wie Nicklisch sagt, „ein Spiegelbild des Betriebslebens i n Z a h -
l e n , d i e W e r t e a u s d r ü c k e n ". Damit will Nicklisch zum Ausdruck
bringen, daß nur d i e Werte erfaßt werden können, die sich i n Z a h l e n
ausdrücken lassen. Die imponderabelen Werte, die im Betriebe gleichfalls eine
sehr große Rolle spielen, kann die Bilanz nicht oder nur sehr willkürlich erfassen. Die Bilanz gibt also immer nur den q u a n t i f i z i e r b a r e n A u s -
s c h n i t t des betrieblichen Prozesses wieder. So kann z. B. eine Bilanz, was
Kapital- und Vermögensstruktur, Liquidität, Rentabilität und Wirtschaftlichkeit

betrifft, einen vorzüglichen Eindruck machen, und doch können die betriebliche Organisation der Unternehmung und die sozialen Betriebsverhältnisse sehr viel zu wünschen übriglassen.

Doch auch bei den Werten, die sich quantifizieren lassen, ist meist der B e -
w e r t u n g s m a ß s t a b problematisch. Allein die Frage, ob die Anschaffungs- oder Wiederbeschaffungswerte der Bewertung des Anlage- und Umlaufvermögens zu Grunde gelegt werden sollen, zeigt, wie grundverschieden die Auffassungen über die Bewertungsmaßstäbe sein können. Diese Frage hängt wesentlich davon ab, welche Aufgaben man der Bilanz überhaupt stellt: Was kann man aus der Bilanz ersehen? Auch hierüber ist man sich heute keineswegs einig. Es geht dabei um die wesentliche Frage, ob die Bilanz vor allem die Kapital- und Vermögensstruktur der Unternehmung zeigen oder ob sie in erster Linie dem Erfolgsausweis dienen soll, oder ob sie beide Forderungen erfüllen kann. Das wirkt sich in der Bewertung aus; denn die Bewertung ist sehr verschieden, je nachdem ob man die Kapital- und Vermögensstruktur, oder ob man den Erfolg möglichst genau darstellen will. Natürlich spielt dabei auch die B i l a n z g l i e d e r u n g eine wesentliche Rolle.

Bei allen diesen Bilanz- und Bilanzierungsfragen spielt die theoretische Auffassung über den Betrieb und den Betriebsablauf die entscheidende Rolle. So entstanden eine Reihe von B i l a n z t h e o r i e n , die wir im Abschnitt III noch ausführlich besprechen.

Allerdings wird heute vielfach die Meinung vertreten, die Bilanz habe als Informationsquelle der Unternehmungsführung im Laufe der letzten Jahrzehnte ihre Bedeutung ganz oder fast ganz verloren. Bis weit ins 20. Jahrhundert hinein war sie in der Tat die vornehmlichste Informationsquelle nicht nur über die Geschäftsentwicklung, sondern auch über den betrieblichen Leistungsprozeß. Aufwand und Kosten bzw. Ertrag und Leistungen wurden noch synonym gebraucht. Die fortschreitende Technisierung machte die Unternehmen immer kapitalintensiver und ließ die fixen Kosten immer stärker anschwellen. Infolgedessen wurde die Kostenrechnung immer mehr verfeinert und ausgebaut. Die Informationen über den betrieblichen Leistungsprozeß werden deshalb heute von der modernen Kostenrechnung geliefert, die dabei von dem Operations Research und der Entscheidungsforschung ergänzt wird. Die moderne Investitionsrechnung, als scheinbar selbständiges Gebiet im Rahmen des modernen Rechnungswesens, gewinnt ständig an Bedeutung, und vor allem die Kybernetik scheint vollends den Rahmen des traditionellen Rechnungswesens zu sprengen. Und doch wird die Bilanz auch weiterhin das „Spiegelbild der Unternehmung" bleiben, so wie sie es seit Jahrhunderten gewesen ist. Auch sie nimmt teil an dem Fortschritt des betrieblichen Rechnungswesens (im weitesten Sinne). In der *integrierten Planungsrechnung* ist schließlich die Bilanzplanung das Kernstück, denn letztlich ist nicht eine erfolgreiche Investition für die Entwicklung der Unternehmung entscheidend, sondern der Gewinn der Bilanz. Dazu kommt noch, daß bei Verwendung von elektronischen Datenverarbeitungs-Anlagen und der Führung der Buchhaltung in Matrizen-Rechnung der Buchungsprozeß sehr stark beschleunigt wird und die Bilanz dadurch an Aktualität stark gewinnt.

Gewinn- und Bilanzplanung

In der integrierten Planungsrechnung ist die Gewinn- und Bilanzplanung das Kernstück des Systems, denn in sie münden schließlich alle Teilpläne.

Die Gewinn- und Erfolgsplanung ist bei der progressiven Methode eine Zusammenfassung der Endwerte der Absatz-, Beschaffungs-, Lohnkosten- und Gemeinkostenpläne. Sie weist den Gewinn aus und zeigt auch seine Zusammensetzung und Entstehung. Sie ermöglicht es der Geschäftsleitung, die Genauigkeit der Planungsarbeiten zu beurteilen und die Abweichungen schnell festzustellen.

Die Bilanzplanung geht von der Istbilanz der abgeschlossenen Periode aus und ändert die einzelnen Positionen entsprechend den Teilplänen, von denen die Investitions- und Finanzpläne von besonderer Bedeutung sind.

Doch geht man heute bei den modernen Methoden der Betriebsplanung zur Ermittlung des Plangewinns vielfach nicht progressiv von den Teilplänen aus, sondern beginnt mit der Gewinnplanung und entwickelt retrograd aus dem vorgeplanten Gewinn die einzelnen Teilpläne. Bei dieser retrograden Methode steht die Gewinnpolitik der Unternehmung im Mittelpunkt der gesamten Planung.

II. Die Bilanzanalyse

1. Zweck und Aufgaben der Bilanzanalyse

Aufgaben

Die Bilanzanalyse versucht durch zweckmäßige Gliederung, Gruppierung und Inbeziehungsetzung der Zahlen in der Bilanz und in der Gewinn- und Verlustrechnung die wirtschaftlichen Zusammenhänge einer Unternehmung zu ergründen und sichtbar zu machen.

Die *Analyse der Vermögensbilanz* vermittelt uns Einblicke in die Schichtung des Vermögens, die Schichtung des Kapitals, in die Veränderungen in dieser Schichtung, in die Verschuldung, die Solidität, die Liquidität, die Umschlagsgeschwindigkeit des Kapitals und die Rentabilität des Unternehmens, Einblicke in die Höhe des Gewinnes und seine Verwendung bzw. in die Höhe des Verlustes und seine Deckung.

Die *Analyse der Gewinn- und Verlustrechnung* vermittelt Einblicke in die Herkunft des Gewinns oder Verlustes und in die Zusammensetzung der Kosten- und Ertragsarten, deren Ergebnis der Gewinn bzw. der Verlust ist.

Arten der Bilanzanalyse

Die Bilanzanalyse kann sich erstrecken auf

1. eine einzelne Bilanz: Einzelanalyse, die allerdings, da Vergleichsmöglichkeiten fehlen, wenig aussagt;

2. mehrere Bilanzen derselben Unternehmung über verschiedene Perioden (mehrere Jahre): Untersuchung der Betriebsentwicklung durch zeitlichen Vergleich oder Periodenvergleich;

3. mehrere Bilanzen verschiedener Unternehmen des gleichen Geschäftszweiges über gleiche Perioden: Untersuchung der wirtschaftlichen Stellung der Unternehmung innerhalb des Geschäftszweiges durch z w i s c h e n - b e t r i e b l i c h e n   V e r g l e i c h .

Die   E i n z e l a n a l y s e   kann nur die absoluten Zahlen und Verhältniszahlen auswerten. Stehen mehrere Bilanzen zur Verfügung, spielt der   V e r g l e i c h   die entscheidende Rolle, der natürlich wesentlich tiefere Einblicke in die wirtschaftliche Lage und das Betriebsgebaren der Unternehmung gibt als die Einzelanalyse.

Beim Bilanzvergleich werden   a b s o l u t e   Z a h l e n ,   V e r h ä l t n i s z a h - l e n ,   I n d e x z a h l e n   und   K e n n z i f f e r n   verschiedener Zeitabschnitte bzw. verschiedener Unternehmungen miteinander verglichen. Zur Veranschaulichung der statistischen Entwicklungsreihen verwendet man Tabellen, graphische Darstellungen und Schaubilder.

Besonders bei der Einzelanalyse sind gute Kenntnisse der Lage des Geschäftszweiges und der allgemeinen wirtschaftlichen Zusammenhänge notwendig. Dazu können die vorzüglichen Branchenuntersuchungen des Statistischen Bundesamtes auf Grund der Bilanzen herangezogen werden, die in „Wirtschaft und Statistik" veröffentlicht werden, sowie die periodischen Veröffentlichungen des Statistischen Bundesamtes: „Abschlüsse der Aktiengesellschaften" (Kohlhammer-Verlag).

Eine aufschlußreiche Bilanzanalyse setzt eine   v o l l s t ä n d i g e   und gut   g e - g l i e d e r t e   B i l a n z   mit einheitlich und   r i c h t i g   b e w e r t e t e n   B i l a n z p o s t e n   voraus. Die veröffentlichten Bilanzen erfüllen diese Voraussetzungen nur selten. Dagegen stehen der   G e s c h ä f t s l e i t u n g   Bilanzen zur Verfügung, die stärker gegliedert sind, sowie eingehende Erläuterungen zu den Bewertungen. Dabei ist wesentlich, daß die   s t i l l e n   R e s e r v e n   erkennbar sind. Man unterscheidet danach:

1. den *externen Bilanzvergleich,* der sich auf die veröffentlichten Bilanzen stützt und

2. den *internen Bilanzvergleich,* der die nichtveröffentlichten, aussagefähigeren Bilanzen der Buchhaltung der Analyse zugrunde legt und eine Informationsquelle der Geschäftsleitung ist.

Doch sei hier nochmals darauf hingewiesen, daß der interne Bilanzvergleich für die Entscheidungen der Unternehmensleitung stark an Bedeutung verloren hat, da ihr heute bessere Informationsquellen zur Verfügung stehen (s. oben S. 722 f.).

2. Die Durchführung der Bilanzanalyse

a) Die Analyse der Vermögensstruktur

Vermögensaufbau

Die Untersuchung des Vermögensaufbaus gibt uns einen Einblick in die Schichtung des Vermögens, das angemessene Maß der betrieblichen Ausstattung der Unternehmung an Anlagen und Betriebsmitteln; sie zeigt ferner die Dauer der Bindung der investierten Kapitalien an die Unternehmung. Dabei müssen wir uns natürlich darüber im klaren sein, daß die Bilanz   n i c h t   d e n   „W e r t" der einzelnen Vermögensgegenstände am Bilanzstichtag ausweist, selbst wenn die stillen Reserven offengelegt sind, sondern z. B. für das Anlagevermögen die noch unverrechneten Reste, die bei der Verteilung der Beschaffungskosten für diese Gegenstände auf ihre wirtschaftliche Nutzungsdauer noch nicht Aufwand geworden sind. Man muß deshalb unterstellen, daß diese Beträge, solange nicht ein offensichtliches Mißverhältnis zu erkennen ist, gleich den „Werten" dieser Vermögensbestandteile sind.

Weiterhin darf man nicht übersehen, daß die Analyse der Vermögensstruktur nichts aussagt über die Zweckmäßigkeit der Verwendung dieser Vermögensteile, die richtige Aufstellung des Erzeugnisprogramms und die Auswahl der leistungsfähigsten Maschinen, den Grad der Kapazitätsnutzung usw.

Die Richtigkeit der Bewertung und die Angemessenheit der Abschreibungen läßt sich leicht nachprüfen, wenn man die Produktionsstruktur auf Grund typischer Kennziffern der Betriebstätigkeit untersucht: der Zahl der im Betrieb vorhandenen Maschinen, wie z. B. Spindeln, Webstühle und dgl., der Zahl der Arbeiter und Angestellten und der mengen- und wertmäßigen Umsatzzahlen. Einen noch tieferen Einblick würde eine Untersuchung des Ausnutzungsgrades der vorhandenen Maschinenkapazität ergeben; die Kennziffern würden die Intensität der Betriebsarbeit ausweisen.

Zwischenbetrieblicher Vergleich

Die Analyse der Vermögensstruktur wird wesentlich aussagefähiger, wenn wir die Gegenüberstellung von Anlage- und Umlaufvermögen mit Unternehmungen ähnlicher Art des gleichen Geschäftszweiges vergleichen. Weicht dabei die Vermögensstruktur vom üblichen Durchschnitt stark ab, so muß den Ursachen nachgegangen werden. Es kann sich dabei herausstellen, daß z. B. Fehlinvestierungen vorliegen oder daß die Unternehmung ungenügend mit Betriebsmitteln (Rohstoffen, Kassenreserven) ausgestattet ist oder daß die Läger unverhältnismäßig groß sind und dergleichen mehr.

Entwicklung der einzelnen Aktivposten

Die Vermögensstruktur kann noch weiter analysiert werden, wenn wir die einzelnen Aktivposten zusammenfassen und sie in Prozenten zur Bilanzsumme ausdrücken.

Die strukturelle Entwicklung der Vermögenspositionen zeigt die Art der Veränderungen der einzelnen Vermögensteile und damit die Risiken der Illiquidisierung und Entwertung, die mit der Verwendung von Betriebsmitteln verbunden sind. Jede Gruppe der Vermögenswerte hat ihre eigene Entwicklungstendenz, die in den Bilanzzahlen ihren Ausdruck findet, aber erst durch die Einwirkungen gesamtwirtschaftlicher Natur, wie z. B. Bedarfsveränderungen, Geldwertänderungen, Zinsänderungen und dgl., durch die Markteinflüsse in dem betreffenden Geschäftszweig sowie durch die technische und finanzielle Organisation der Unternehmung erklärt werden kann.

Die Risiken, die aus der Dauer der Vermögensbindung entstehen, lassen sich nach der Nutzungsdauer und Umsatzgeschwindigkeit der Vermögenswerte beurteilen. Je länger ein Vermögenswert im Betrieb bleibt, um so größer kann der Unterschied zwischen Anschaffungs- und Wiederbeschaffungspreis werden. Je geringer das Anlagevermögen ist und je schneller das Vermögen der Unternehmung umläuft, um so leichter ist die Anpassung der Unternehmung an veränderte Marktverhältnisse. Bei überdurchschnittlich großem Anlagevermögen wird die Bewegungsfreiheit der Unternehmung beschränkt. Darin liegen auch die Gefahren der Automatisierung.

Einfluß der „Kapitalrechte" auf die Unternehmungsführung

Die Art der „Kapitalrechte" (Eigenkapital, kurz- und langfristiges Fremdkapital) kann sich wesentlich auf die Verfügungsgewalt über das Unternehmungsvermögen auswirken. Die Bilanzanalyse kann auch hierüber einigen Aufschluß geben. Ist das F r e m d k a p i t a l relativ groß, so kann es auf die Unternehmungsleitung einen sehr großen wirtschaftlichen Druck ausüben und vermag die Verfügung über das Vermögen wesentlich zu beeinflussen. Zur Untersuchung dieser Verhältnisse ist eine Analyse der Passivseite der Bilanz notwendig.

Natürlich können neben einer solchen indirekten Einflußnahme auch noch direkte Rechte, die auf einzelnen Vermögensteilen lasten, von großer Bedeutung für die Bewegungsfreiheit der Unternehmungsleitung sein. Hierher gehören z. B. Übereignungen und Verpfändungen von Vermögensgütern und Forderungen. Sie sind aus der Bilanz jedoch nicht ersichtlich. Die Aktiengesellschaften sind allerdings verpflichtet, darüber in ihren Geschäftsberichten Auskunft zu geben.

b) Die Analyse der Kapitalstruktur

Der Kapitalaufbau

Die Analyse der Vermögensstruktur muß der Analyse der Kapitalstruktur vorausgehen; denn von der vollständigen Erfassung und richtigen Bewertung des Vermögens hängt die Größe des Eigenkapitals der Unternehmung ab. Die stillen Reserven (wir gehen ja davon aus, daß uns „interne Bilanzen" zur Verfügung stehen) sind dem Eigenkapital hinzuzurechnen und Wertminderungen sind entsprechend abzuziehen.

Die Kapitalanalyse der Unternehmung zeigt uns vor allem die Verhältnisse:

1. E i g e n k a p i t a l z u F r e m d k a p i t a l und

2. l a n g f r i s t i g e s Fremdkapital zu k u r z f r i s t i g e m Fremdkapital.

Je größer das Eigenkapital im Verhältnis zum Fremdkapital ist, um so geringer ist das R i s i k o d e s F r e m d k a p i t a l s , denn alle Verluste gehen zunächst zu Lasten des Eigenkapitals. Das Normalverhältnis von Eigenkapital zu Fremdkapital ist für jeden Geschäftszweig verschieden. Es richtet sich nach den Risiken, die aus der Verwendung des Kapitals entstehen, und hier vor allem nach dem Grade der Bindung an langlebige Anlagegüter. Je kapitalintensiver ein Betrieb ist, um so größer muß naturgemäß auch das Eigenkapital sein. Es ist zweckmäßig, hier Branchenziffern zum Vergleich heranzuziehen. (Vgl. oben S. 605 ff.)

Das Verhältnis von Eigenkapital zu Fremdkapital gibt uns Aufschluß zur Beurteilung der H e r r s c h a f t s v e r h ä l t n i s s e , über R e n t a b i l i t ä t und die L i q u i d i t ä t .

Aus dem Verhältnis zwischen langfristigem zu kurzfristigem Unternehmungskapital kann man Rückschlüsse auf die Liquiditätsverhältnisse der Unternehmung ziehen.

Besondere Beachtung verdienen unter den Positionen der Passivseite die meist sehr undurchsichtigen Positionen: R ü c k s t e l l u n g e n und R e c h n u n g s a b g r e n z u n g s p o s t e n ; das gilt besonders, wenn es sich um größere Beträge handelt. Ihre Zusammensetzung ist aufzudecken und ihre Entwicklung zu verfolgen.

Die S o l i d i t ä t der Geschäftsführung geht besonders aus einer vorsichtigen Gewinnausschüttungspolitik und der A n s a m m l u n g v o n R e s e r v e n hervor. Dabei ist natürlich die Feststellung der stillen Reserven besonders schwierig, selbst wenn man Einblick in die Unterlagen hat. Die wichtigsten Hinweise sind die Höhe der Abschreibungen. Für den externen Bilanzleser bringt das Aktiengesetz von 1965 wesentliche Verbesserungen der Bilanzpublizität; es verbietet vor allem die Legung stiller Willkürreserven.

Bei einer e x t e r n e n B i l a n z a n a l y s e gibt der Börsenkurs gewisse Anhaltspunkte für die Höhe der stillen Reserven. Wenn nämlich der Börsenkurs höher ist als der sogenannte B i l a n z k u r s , können stille Reserven vermutet werden.

Der Bilanzkurs wird nach folgender Formel errechnet:

$$\text{Bilanzkurs} = \frac{\text{Eigenkapital (Aktienkapital} + \text{Rücklagen} + \text{Gewinn} - \text{Verlust)}}{1\,\% \text{ des Aktienkapitals}}$$

Dem Bilanzkurs kommt bei der Bilanzkritik keine selbständige Bedeutung zu, da er immer nur eine recht vage Vermutung ausdrückt, weil die stillen Reserven nicht bekannt sind.

Beurteilung der Bankkredite

Die Höhe der Bankkredite ist deshalb zu beachten, weil der Bankkredit wegen seiner Kurzfristigkeit große Liquiditätsgefahren in sich birgt. Auch die Banken haben bei der Kreditwürdigkeitsprüfung auf die Höhe der Bankverpflichtungen sehr zu achten, denn je größer die Bankkredite sind, um so stärker wird die Bank an das Unternehmen gebunden. Es ist schon häufig vorgekommen, daß eine Bank einem Unternehmen, das überaus stark an die Bank verschuldet war, noch weitere große Kredite gab, obgleich das Unternehmen in Schwierigkeiten geraten war; die Bank tat dies in der oft trügerischen Hoffnung, durch die weitere Kredithingabe den Betrieb doch wieder flott zu machen und einen Teil der Kredite retten zu können.

Die Analyse der Passivpositionen

Auch die Aufgliederung der einzelnen Passivposten und die Berechnung ihres Prozentverhältnisses zur Bilanzsumme oder auch zueinander gibt wichtige Einblicke in die Kapitalstruktur der Unternehmung. Dabei sind auch die „E v e n t u a l v e r b i n d l i c h k e i t e n aus Bürgschaften und der Weitergabe von Wechseln und Schecks", die unter der Bilanz ausgewiesen werden, zu berücksichtigen.

Wichtige Kennziffern der Bilanzanalyse

1. *Anlagevermögen : Eigenkapital.* Es besteht bei der Finanzierung die Faust-regel, daß das Eigenkapital hinreichen soll, um mindestens das Anlagevermögen u n d e i n e n T e i l des Umlaufvermögens zu decken, da die schwer liquidier-baren und sich langsam umsetzenden Vermögensteile eine wesentliche Gefah-renquelle der Unternehmung darstellen. (Über diese „Goldene Bilanzregel" s. oben S. 607 ff.)

2. *Anlagevermögen : langfristigem Unternehmungskapital* (Eigenkapital und Fremdkapital). Diese Relation zeigt, inwieweit die Fristen und festen Bindungen der langfristigen Finanzierungsmittel der Lebensdauer der Anlagewerte an-gepaßt sind.

3. *Umlaufvermögen : Fremdkapital.* Man stellt das gesamte Umlaufvermögen dem gesamten Fremdkapital gegenüber, um zu ermitteln, inwieweit das Um-laufvermögen durch Fremdkapital gedeckt ist. Es empfiehlt sich, diese Ver-hältniszahlen sowie auch das Verhältnis von Anlagevermögen zu Eigenkapital durch zwischenbetriebliche Vergleiche zu untersuchen; denn diese Verhältnis-zahlen sind stark durch die Eigenart der einzelnen Branchen bestimmt.

4. *Umlaufvermögen ohne Vorräte : kurzfristigem Fremdkapital.* Diese Ver-hältniszahl ist in *den* Betrieben besonders aufschlußreich, in denen sich die Vor-räte nur langsam umschlagen. Sind dagegen die Vorräte schnell verwertbar — vielleicht schneller als Forderungen oder Wertpapiere —, dann besagt diese Verhältniszahl nicht viel.

5. *Flüssige Mittel : kurzfristigem Fremdkapital.* Diese Verhältniszahl soll uns über die L i q u i d i t ä t der Unternehmung Aufschluß geben. Dabei ist jedoch zu beachten, daß die flüssigen Mittel (Kasse, Bankguthaben und Wechsel) so-fort greifbar sind, während die gegenübergestellten kurzfristigen Verbindlich-keiten keineswegs in ihrer Gesamtheit als fällig bezeichnet werden können. Es ist deshalb notwendig, wenn man die Liquiditätsstruktur genau ermitteln will, die Forderungen und Verpflichtungen nach Fälligkeiten zu gruppieren und einander gegenüberzustellen. (Vgl. oben S. 602 ff.)

c) Die Analyse der Umsatzverhältnisse

Bedeutung der Umsatzzahlen

Der U m s a t z i m w e i t e r e n S i n n e umfaßt den gesamten Durchlauf der Güter, Dienste und Zahlungsmittel durch den Betrieb. Er schließt die Entnahme von Leistungen aus dem Markt, die Be- und Verarbeitung im Betrieb und die Abgabe der Betriebsleistung an den Markt mit ein. I m e n g e r e n S i n n e versteht man unter U m s a t z den A b s a t z, also die letzte Phase der Güter-bewegung durch die Unternehmung, den Verkauf der Güter auf den Absatz-märkten. Dieser Umsatzbegriff ist der in der Praxis übliche. Sowohl der steuer-liche Umsatzbegriff als auch die meisten Umsatzstatistiken, Umsatzziffern und Umsatzvergleiche beziehen sich auf den Absatz. Auch wir verwenden hier den Begriff im engeren Sinne. (Vgl. oben S. 484 f.)

E r h ö h u n g d e s U m s a t z e s ist das Ziel jeder Unternehmung. Je größer der Gesamtumsatz ist, um so größer ist die Möglichkeit, die Kosten zu decken und Kostendegressionen auszunützen. Auch der K a p i t a l b e d a r f ist von der Umsatzgeschwindigkeit abhängig. Je rascher ein Vermögenswert die Unternehmung durchläuft, um so geringer ist der Kapitalbedarf und damit der Zinsaufwand.

Die Umsatzmessung

Die Umsatzmessung dient der Feststellung der U m s a t z h ö h e. Der Umsatz kann dabei in M e n g e n e i n h e i t e n und in W e r t e i n h e i t e n gemessen werden. Dementsprechend unterscheiden wir *Mengenumsatz* und *Wertumsatz*.

Die Mengenumsätze haben bei Zeitvergleichen den großen Vorteil der wertmäßigen Beständigkeit und damit der besseren Vergleichbarkeit. Die wertmäßigen Umsatzzahlen sind dagegen weniger beständig und daher oft schwieriger zu vergleichen, und zwar je größer die Preisbewegung des Umsatzträgers und die Geldwertschwankungen sind. Doch ist es häufig unmöglich, exakte mengenmäßige Zahlen für den Gesamtbetrieb zu ermitteln.

Umsatzrechnung im Handel

Im Warenhandel, wo die Umsatzzahlen von ganz besonderer Bedeutung sind, weil sich die Leistung des Handels auf den Umsatz konzentriert, spielt die Umsatzrechnung zur Ermittlung der Handelsspanne eine große Rolle. Diese „H a n d e l s s p a n n e n r e c h n u n g" zeigt, wie hoch der Aufschlag (Rohgewinn) in dem zu beurteilenden Fall ist und gibt damit im Zusammenhang mit den Durchschnittssätzen (R i c h t z i f f e r n) des Geschäftszweiges Hinweise auf die Leistungskraft des Unternehmens. Auch die Finanzbehörde arbeitet zum Teil mit der Handelsspannenrechnung, da sie von vornherein zeigt, ob der zu prüfende Betrieb die betreffenden Richtzahlen aufweist oder erheblich von ihnen abweicht. Bei Abweichung bestimmt oft die Untersuchung der Ursachen den weiteren Verlauf der Prüfungshandlungen.

Schematisches Beispiel einer Umsatzrechnung:

Warenanfangsbestand	174 000
+ Zugänge (Kontenklasse 3)	1 886 000
	2 060 000
∕. Berichtigungen (Rücksendungen, Nachlässe usw.)	60 000
	2 000 000
∕. Warenendbestand	200 000
W a r e n e i n s a t z zum Einkaufswert	1 800 000
V e r k a u f s e r l ö s e (Kontenklasse 8)	2 400 000
H a n d e l s s p a n n e	600 000
im Verhältnis zum Wareneinsatz (Kalkulationsspanne) $33^{1}/_{3}$ %	
im Verhältnis zum Warenumsatz (Erlös) 25 %	

Bleibt die Handelsspanne hinter dem Richtsatz des betreffenden Geschäftszweiges zurück, dann ist der Ursache nachzugehen. Sie kann auf Mängel in der Dispositionsfähigkeit, in Finanzierungs- und Organisationsmaßnahmen, auf besonderen Schwierigkeiten am Markt, auf Unregelmäßigkeiten oder aber auch auf stillen Reserven in dem Warenendbestand beruhen. — Liegt beispielsweise

in unserem Beispiel im Warenendbestand eine s t i l l e R e s e r v e von
80 000 DM, dann ergibt sich folgende Rechnung:

Anfangsbestand + Zugang ∕. Berichtigungen	2 000 000
∕. Endbestand (+ stille Reserven)	280 000
Wareneinsatz	1 720 000
Verkaufserlös	2 400 000
H a n d e l s s p a n n e	680 000
im Verhältnis zum Wareneinsatz	40 %
im Verhältnis zum Erlös	28¹/₃ %

Die stille Reserve von 80 000 DM schmälert im Abschlußjahr das Jahresergebnis, doch erhöht sich automatisch der Gewinn des folgenden Jahres. Das muß
bei der Bilanzanalyse, sofern man Einblick in die stillen Reserven hat, berücksichtigt werden.

Umsatzgeschwindigkeit

Die Analyse der Umsatzverhältnisse konzentriert sich besonders auf die Ermittlung der Umsatzgeschwindigkeit verschiedener Betriebswerte. Je nachdem,
zu welchen Werten und Größen man den Umsatz in Beziehung setzt, erhält
man:

1. den K a p i t a l u m s c h l a g,

2. den A r b e i t s u m s c h l a g,

3. den L a g e r u m s c h l a g b z w. d i e L a g e r d a u e r.

Der Kapitalumschlag

Der Umsatz kann zunächst in Beziehung gesetzt werden zu dem U n t e r -
n e h m u n g s k a p i t a l (Eigen- u n d Fremdkapital). Dieses Wertverhältnis
gibt an, wie oft das in der Unternehmung tätige Kapital durchschnittlich umgeschlagen wurde (U m s c h l a g s g e s c h w i n d i g k e i t). Man kann auch
den Umsatz auf e i n e D-Mark Gesamtkapital beziehen. Man erhält dann beim
Zeitvergleich durch diese Indices eine aufschlußreiche Entwicklungsreihe.

Die Umschlagsgeschwindigkeit des Gesamtkapitals ist besonders wichtig für
zwischenbetriebliche Vergleiche bzw. für Vergleiche mit den R i c h t z a h l e n
des betreffenden Wirtschaftszweiges. Man muß aber bedenken, daß die Größe
des Kapitals von Tag zu Tag schwankt und daß außerdem die im Gesamtumsatz addierten Umsatzteile der verschiedenen Vermögenswerte von Null
(z. B. Grundstücke) bis zum 360fachen (z. B. Kassenbestand) variieren können.

Eine grobe F a u s t r e g e l für den Industriebetrieb besagt, daß der Jahresumsatz mindestens gleich, meistens aber größer sein soll als das Gesamtkapital.
Das Verhältnis ist bei den einzelnen Geschäftszweigen sehr verschieden. Stehen
Richtzahlen der einzelnen Geschäftszweige zur Verfügung, so ist die Umlaufs-
geschwindigkeit des Kapitals zur Beurteilung der Unternehmensverhältnisse
sehr aufschlußreich.

Die Wertverhältnisse U m s a t z : E i g e n k a p i t a l und U m s a t z : F r e m d -
k a p i t a l geben Aufschluß über den Kapitalbedarf. Sie sind weiterhin für den

zwischenbetrieblichen Vergleich, sofern Richtzahlen zur Verfügung stehen, sehr aussagefähige Kennziffern für die Angemessenheit des finanziellen Aufbaus. Das gleiche gilt von den Beziehungen U m s a t z : l a n g f r i s t i g e m U n t e r n e h m u n g s k a p i t a l und U m s a t z : k u r z f r i s t i g e m Unternehmungskapital.

Ausnutzungsgrad der Anlagen

Das Wertverhältnis U m s a t z : A n l a g e v e r m ö g e n kennzeichnet den Ausnutzungsgrad oder die Leistungsfähigkeit der Anlagen. Besonders aufschlußreich ist die Entwicklung des Mengenumsatzes. Sind außerdem noch Zahlen über das mengenmäßige Produktionsergebnis bekannt, so ist leicht festzustellen, inwieweit sich Produktion und Absatz in Einklang befinden und in welchem Maße sich der Lagerbestand verändert.

Umschlag des Umlaufvermögens

Das Wertverhältnis U m s a t z : U m l a u f v e r m ö g e n zeigt die Inanspruchnahme des kurzfristig gebundenen Vermögens und veranschaulicht seine rationelle Ausnutzung. Wegen der vielfältigen Zusammensetzung des Umlaufvermögens ist eine weitere Aufteilung der Umsatzgüter und Inbeziehungsetzung zum Umsatz zu empfehlen.

Sehr aufschlußreich ist auch das Wertverhältnis U m s a t z : B e s c h ä f t i g t e n z a h l (oder Löhnen).

Der Lagerumschlag

Eine besonders wichtige Kennziffer ist die Umschlagsgeschwindigkeit des Lagers: *Umschlag : durchschnittlichem Lagerbestand.* Oft stehen nur Zahlen für das Fertigwarenlager zur Verfügung. Um in diesem Fall zu einem annähernd richtigen Ergebnis des Lagerumschlags zu kommen, wäre es notwendig, den Umsatzwert gleichsam auf den Wert „ab Lager" zu reduzieren, also alle Gewinn- und Kostenbestandteile, die darüber hinausgehen, insbesondere die Vertriebskosten, vorher abzuziehen. Das ist aber nur in sehr beschränktem Umfang möglich; die errechnete Umsatzhäufigkeit des Fertigwarenbestandes ist deshalb stets zu hoch. Das schließt natürlich nicht aus, daß zwischenbetriebliche Vergleiche, insbesondere Vergleiche mit Branchenrichtzahlen, sehr aufschlußreich sind.

Der Lagerumschlag in den einzelnen Geschäftszweigen

Die Umschlagshäufigkeit in den einzelnen Geschäftszweigen ist außerordentlich verschieden, insbesondere im Warenhandel. Groß- und Einzelhändler in Gemüse und Obst haben außerordentlich hohe Umschlagsziffern wegen des Verderbs der Ware. So beträgt im Gemüsehandel die Umschlagshäufigkeit 250, d. h. die Umschlagsdauer beträgt 1 bis 1¹/₂ Tage. Im Lebensmittelhandel liegt die Umschlagsdauer bei 10 bis 12 Tagen. Eine sehr lange Umschlagsdauer finden wir erklärlicherweise im Gold- und Juwelenhandel. Durchschnittliche Umschlagszahlen der einzelnen Geschäftszweige sind von verschiedenen Instituten der Handelsforschung ermittelt worden.

d) Die Analyse des Erfolgs

Anforderungen an die Erfolgsrechnung

Die Erfolgsanalyse, die von der Gewinn- und Verlustrechnung ausgeht, erstreckt sich im wesentlichen auf die Rentabilitätslage der Unternehmung. Die gegenwärtig in der Gewinn- und Verlustrechnung veröffentlichten Daten reichen in der Regel nicht aus, um aussagefähige Rückschlüsse auf die Bewertung der einzelnen Bilanzposten sowie auf die Wirtschaftlichkeit (Verhältnis von Leistungen zu Kosten) ziehen zu können. Das ist im Interesse der Publizität zu bedauern. Doch können „interne Erfolgsrechnungen" — etwa Umsatzerfolgsrechnungen — gute Auskünfte geben.

Analyse der Aufwendungen

Die einzelnen Positionen der Aufwendungen und Erträge sind mit der Gesamtsumme in Beziehung zu setzen. Daraus ergeben sich mancherlei Rückschlüsse auf die Bewertung einzelner Bilanzposten sowie auf die Entwicklung der Wirtschaftlichkeit. So erkennt man aus dem Wertverhältnis der Aufwendungen für Arbeit zu den Aufwendungen für Material etwaige Änderungen der Preisverhältnisse oder auch der Wirtschaftlichkeit. Auch die Wertverhältnisse der Aufwandsposten zu Produktionszahlen geben manche wichtige Hinweise.

Die Rentabilitätsrechnung

Bei den veröffentlichten Gewinn- und Verlustrechnungen muß man sich meistens auf eine Untersuchung der Rentabilität beschränken und kann den eigentlichen Ursachen des Erfolges wenig nachgehen. Die Wertverhältnisse E r f o l g : K a p i t a l oder E r f o l g : U m s a t z ergeben die Rentabilität. Je nach den Beziehungsgrößen unterscheidet man dabei:

1. *Unternehmungsrentabilität:* Das Wertverhältnis Reingewinn + Zinsen für das Fremdkapital : Unternehmungskapital (in Prozenten ausgedrückt).

2. *Unternehmerrentabilität:* Das Wertverhältnis Reingewinn (bzw. Umsatzgewinn) : Eigenkapital.

3. *Betriebsrentabilität:* Das Wertverhältnis Umsatzgewinn : Unternehmungskapital bzw. Eigenkapital.

4. *Umsatzrentabilität:* Das Wertverhältnis Erfolg : Umsatz.

Die U n t e r n e h m u n g s r e n t a b i l i t ä t gibt den Ertragsanteil des in der Unternehmung tätigen Gesamtkapitals an. Die Höhe der Zinsen ist in der Regel aus der Gewinn- und Verlustrechnung nicht zu ersehen, da Soll- und Habenzinsen kompensiert sind.

Die U n t e r n e h m e r r e n t a b i l i t ä t, das Wertverhältnis Erfolg : Eigenkapital, zeigt den Erfolgsanteil des in der Unternehmung tätigen Eigenkapitals an. Dabei ist natürlich zu beachten, daß bei einer Analyse veröffentlichter Bilanzen die stillen Reserven, die oft eine außerordentlich große Rolle spielen, nicht berücksichtigt werden können. Da die so errechnete Unternehmerrentabilität wenig aussagefähig ist, läßt das Aktiengesetz von 1965 die Legung „willkürlicher" stiller Reserven nicht mehr zu.

Das Wertverhältnis Umlaufgewinn : Umlaufvermögen kann über die Unternehmertätigkeit auch gewisse Aufschlüsse geben.

In ähnlicher Weise lassen sich noch manche Wertverhältnisse ermitteln, die für die Erkenntnisse der Betriebszusammenhänge, der Produktions- und Absatzentwicklung aufschlußreich sind. Es kommt dabei natürlich auf den Geschäftszweig der betreffenden Unternehmung sowie auf den Zweck der Bilanzanalyse an.

Über die *Ursachen* eines Erfolges oder Mißerfolges vermögen die Rentabilitätszahlen, die aus der Bilanz gewonnen werden, selbst wenn die stillen Reserven bekannt sind, wenig Aufschluß zu geben. Dazu wäre vor allem eine Aufschlüsselung des Gewinn-Ergebnisses in ein solches für die Fertigung und den Vertrieb von Bedeutung. Sehr viel gewonnen ist bereits, wenn das neutrale Ergebnis ausgewiesen wird.

e) Bewegungsbilanz und Kapitalflußrechnung

Die finanzwirtschaftliche Bewegungsbilanz ist eine Bilanz, in der keine Bestände (wie in der üblichen Bilanz), sondern die Veränderungen der Bilanzpositionen während einer Periode ausgewiesen werden („Differenzenbilanz"). Die Bewegungsbilanz zeigt also, aus welchen Quellen dem Unternehmen im Berichtsjahr Finanzmittel zugeflossen sind und wie sie verwendet wurden (s. Tabelle 1). Sie zeigt die Vermögensumschichtungen und Finanzierungsvorgänge und ist deshalb für die Bilanzanalyse wichtig. (Siehe dazu auch unten S. 811 ff.: die ergänzte Mehrzweckbilanz von E. Heinen.)

Die Bewegungsbilanz wurde als *Kapitalflußrechnung* (Funds Statement, Finanzflußrechnung) weiter verfeinert und ist in dieser Form in den USA seit längerem sehr gebräuchlich, auch in der Bundesrepublik wird sie bereits von vielen Publikums-Aktiengesellschaften veröffentlicht. In ihrer aussagefähigsten Form ermittelt die Bewegungsbilanz auch den Umsatzüberschuß (Cash flow) und das Working Capital. — Siehe auch das Standardwerk: Karl Käfer: Kapitalflußrechnungen, Funds Statement, Liquiditätsausweis und Bewegungsbilanz, Stuttgart 1967, sowie H. Neubert: Totales Cash-flow-System und Finanzflußverfahren, Wiesbaden 1974.

Cash flow

Der *Cash flow* oder *Cash earnings* (deutsch wörtlich: Kassen-Zufluß, Kassen-Gewinn) ist der *Finanzüberschuß* oder *Umsatzüberschuß*, eine sehr aussagefähige Kennzahl zur Beurteilung der Finanzlage einer Unternehmung und auch zur Aktienbewertung; sie wird zunehmend auch in Europa verwendet, meist mit dem nicht sehr guten englischen Terminus. Der Cash flow ist der Ertrag einer Aktiengesellschaft, der über die reine Aufwanddeckung hinausgeht, also die Summe aus Reingewinn, Zuführungen an Rücklagen, Abschreibungen, Wertberichtigungen und Rückstellungen. Er wird in den USA von Banken, Börsenberatungsdiensten und der Finanzpresse ermittelt und veröffentlicht. — Man vergleicht entweder den Cash flow einer Unternehmung von Jahr zu Jahr (Zeitvergleich) oder — in eine Indexzahl (z. B. Cash flow pro Aktie) umgerechnet — mit den Cash flows von Unternehmungen der gleichen Branche (externer

Tabelle 1

Einfache Bewegungsbilanz
(Beständedifferenzbilanz)
in 1000 DM

Bilanzpositionen	Bestände 1966	Bestände 1967	Mittelverwendung	Mittelherkunft
A k t i v a				
Sachanlagen	60	70	10	
Beteiligungen	25	32	7	
Vorräte	19	18		1
Langfr. Forderungen	12	14	2	
Kurzfr. Forderungen	8	6		2
Liquide Mittel	7	6		1
	131	146	19	4
P a s s i v a				
Eigenkapital	65	70		5
Rücklagen	16	19		3
Wertberichtigungen	4	5		1
Rückstellungen	2	4		2
Langfr. Verbindl.	21	18	3	
Kurzfr. Verbindl.	16	19		3
Rechn.-Abgrenzung	3	4		1
Gewinn	4	7		3
	131	146	3	18
			22	22

Tabelle 2

Kapitalflußrechnung
in 1000 DM

	Mittelherkunft	Mittelverwendung
I. Umsatzüberschuß (Cash flow)		
Gewinn/Verlust	15	
Rücklagen	10	
Abschreibungen	70	
Wertberichtigungen	8	
Rückstellungen	11	
Rechn.-Abgrenzung	6	
Cash flow	(120)	—
II. Anlagebereich		
Sachvermögen		85
Beteiligungen		32
Eigenkapital	8	
Langfr. Verbindl.	2	
Langfr. Forderungen		12
Zwischensumme	(10)	(129)
III. Umlaufbereich		
Warenvorräte		10
Kurzfr. Forderungen		4
Kurzfr. Verbindl.	7	
Liquide Mittel	6	
Working Capital	(13)	(14)
Kapitalfluß	143	143

Vergleich). Er eignet sich auch für internationale Vergleiche (EWG) einer Branche; Cash flow-Vergleiche zwischen Unternehmungen verschiedener Branchen sind meist nicht aussagefähig. Im *Cash-flow-Statement* wird auch die Verwendung der durch den Cash flow angefallenen Mittel analysiert (siehe Tabelle 2: Kapitalflußrechnung).

Die oben angeführte Ermittlung des Cash flow basiert auf Erträgen und Aufwendungen, wobei unterstellt wird, daß alle Erträge in Geld hereingeflossen und alle Aufwendungen, außer Abschreibungen und den Zuführungen in langfristigen Rücklagen, in Geldform abgeflossen sind. Deshalb wird heute gefordert (z. B. von Busse von Colbe), als Cash flow den Nettozufluß an kurzfristigem Geldvermögen aus laufenden Operationen zu bezeichnen. Diese betrieblichen Nettoeinnahmen sind die Differenz des Mittelzuflusses und des Mittelabflusses an kurzfristigem Geldvermögen. (Busse von Colbe, Aufbau und Informationsgehalt von Kapitalflußrechnungen, in ZfB 1966, 1. Ergänzungsheft S. 53 ff.)

Working Capital

Das *Working Capital* oder *Net Working Capital* ist eine Kennzahl zur Überwachung der Liquidität von Industrieunternehmen; es ist die Differenz zwischen Umlaufvermögen und kurzfristigen Verbindlichkeiten (z. B. Umlaufvermögen

30 000 $ ∕. kurzfristige Verbindlichkeiten 15 000 $ = 15 000 $ Working Capital). Das Verhältnis von Umlaufvermögen und kurzfristigen Verbindlichkeiten ist die *Working Capital-Ratio* (deutsch: Liquiditätskoeffizient — im Beispiel = 2).

Das Working Capital wird auch als *Bewegungsbilanz* (siehe Tabelle Kapitalflußrechnung) dargestellt: Auf der linken Seite stehen die Zunahmen der Einzelposten des Umlaufvermögens und die Abnahmen der Posten der kurzfristigen Verbindlichkeiten, rechts die Zunahmen der kurzfristigen Verbindlichkeiten und die Abnahmen der Posten des Umlaufvermögens. Der Saldo ergibt Zunahme (Verbesserung der Liquidität) oder Abnahme (Verschlechterung der Liquidität) des Working Capital. Die Veränderungen des Working Capital werden oft graphisch dargestellt und in Geschäftsberichten veröffentlicht.

III. Die Bilanztheorien

Die Wandlungen der Bilanzauffassung

Bei allen diesen Bilanz- und Bilanzierungsfragen spielt die theoretische Auffassung über den B e t r i e b und den B e t r i e b s a b l a u f die entscheidende Rolle. Die Bilanz soll nach der traditionellen Auffassung gleichsam ein Schaltbrett mit vielen Ziffernblättern sein, die über den Verlauf des Betriebsprozesses möglichst genau unterrichten und die Lenkung der Betriebe erleichtern, ja überhaupt erst ermöglichen. Es geht daraus klar hervor, daß jeder Forscher, aber auch zum Teil die Praktiker, diese Zifferblätter ihrer theoretischen Auffassung vom Betrieb und vom Betriebsablauf entsprechend gestalten.

Bilanzen werden seit Erfindung der Buchhaltung aufgestellt. Doch dienten sie ursprünglich lediglich als rechnungsmäßiger Abschluß der Bücher. Es wurde bei der Bilanzierung noch gar nicht das Inventar verwendet. Erst mit der Ausgestaltung der Bilanz im neuzeitlichen Industriebetrieb gewinnen die Bilanzen als Lenkungsmittel der Unternehmungsführung mehr und mehr an Bedeutung. Zunächst wurden sie aber fast nur zur Abrechnung des U n t e r n e h m e r k a p i t a l s benutzt. Als Bilanztheoretiker taten sich um die Jahrhundertwende dabei besonders die Juristen hervor. Bahnbrechend wirkten dann die Betriebswirtschaftlichen Forscher der neugegründeten Handelshochschulen. Es entstand in heftigen Diskussionen eine Reihe von Bilanztheorien, so vor allem die d y n a m i s c h e , die o r g a n i s c h e , die s t a t i s c h e und t o t a l e sowie die p a g a t o r i s c h e Bilanzlehre. Diese Bilanzdiskussionen flauten gegen Ende der 30er Jahre fast ganz ab. Doch werden seit einigen Jahren, seitdem die Informations- und Entscheidungstheorie im Mittelpunkt steht, auch die Bilanzprobleme wieder stärker diskutiert.

Die Bilanztheorien wollen also W e s e n u n d A u f g a b e n d e r B i l a n z e r k l ä r e n . Ursprünglich beschränkten sie sich auf die Behandlung der Wertansätze, waren also reine B e w e r t u n g s l e h r e n . Das sind sie zum Teil auch heute noch, doch haben sie sich zwangsläufig darüber hinaus auch dem Inhalt und dem Zweck der Bilanz zugewandt. Dabei spielt die Frage eine entscheidende Rolle, ob die Bewertung nur unter dem Gesichtspunkt der E r f o l g s e r m i t t l u n g oder nur unter dem Gesichtspunkt bestimmter V e r m ö g e n s n a c h w e i s e oder unter b e i d e n G e s i c h t s p u n k t e n

zu erfolgen hat. So wurden aus den Bilanztheorien „Vermögens- und Kapital-
theorien" (Guido Fischer), die den Vermögenskreislauf der Unternehmung
untersuchen.

Wir geben die Thesen der „Bilanztheoretiker" im folgenden möglichst mit ihren
eigenen Worten wieder.

1. Die dynamische Bilanztheorie

Begriffliche Vorbemerkung

Dynamisch (griech.: lebendig, wirksam, in der Bewegung) heißt diese Bilanztheorie, weil sie die A u f g a b e   d e r   B i l a n z nicht darin sieht, den Stand
der Aktiva und Passiva (*statisch*, d. h. in Ruhelage) an einem bestimmten Tag
— dem Bilanzstichtag — festzustellen, sondern den Fluß des Betriebsgeschehens, die bewegenden Kräfte, die Bewegung, die D y n a m i k darzustellen.
Da eine Bilanz aber stets nur das Momentbild einer Bewegung, also praktisch
einen Zustand und nicht die Bewegung widerspiegeln kann, ist es erforderlich,
darauf zu achten, daß die einzelnen Bilanzergebnisse v e r g l e i c h b a r sind,
damit aus dem Vergleich mehrerer Bilanzen (Zeitvergleich oder Betriebsvergleich) die Bewegung zu erkennen ist.

Die *alleinige Hauptaufgabe* der Bilanz ist nach der dynamischen Bilanztheorie
der A u s w e i s   d e s   E r f o l g s. Als Erfolg wird die „Wirtschaftlichkeit"
(Schmalenbach) der Unternehmung angesehen. Was wirtschaftlich ist, kann von
Fall zu Fall unterschiedlich sein. Daher muß sich der G e w i n n, als Ausdruck
der Wirtschaftlichkeit, nach Zweckmäßigkeitserwägungen richten. Gewinn ist
hier der Wert der L e i s t u n g („Leistung" bei Schmalenbach ist identisch mit
dem heutigen „Ertrag"), vermindert um den Wert der A u f w e n d u n g e n.
Die dynamische Bilanzlehre stellt eine auf die Erfolgsrechnung abgestellte Bewertungslehre auf. Das Gewinn- und Verlustkonto ist nur „der Trabant der
Bilanz".

Die dynamische Bilanz kann auch gewisse s t a t i s c h e   A u f g a b e n erfüllen, sofern dadurch ihr Hauptzweck — die Gewinnerrechnung — nicht gefährdet wird. Was die dynamische Bilanz aber nicht kann, und was man auch nicht
von ihr verlangt, ist der (zuverlässige) Ausweis des Vermögens einer Unternehmung.

a) Die Grundsätze der dynamischen Bilanz

Der Subjektivismus und das Aufkommen der dynamischen Bilanzauffassung

Die dynamische Bilanztheorie wurde von *Eugen Schmalenbach* (1873—1955)
entwickelt und ist in seinem Werk „Dynamische Bilanz" (1. Aufl. 1933, 13. Aufl.
1962) dargestellt. Die ersten Ansätze einer dynamischen Bilanzauffassung finden wir in den siebziger Jahren des 19. Jahrhunderts bei den Eisenbahngesellschaften, die weniger an der Vermögensrechnung als vielmehr an der richtigen
Erfolgsrechnung interessiert waren. Die soliden Eisenbahngesellschaften haben
damals eine ausschließlich dynamische Bilanzierung angewandt, die von den
statisch orientierten Juristen als falsch bezeichnet wurde. Die gegensätzlichen

Auffassungen wurden durch das Aufkommen der „Subjektivitätstheorie", vertreten von Scheffler und Simon, etwas gemildert. Sie führt den „subjektiven Gebrauchswert" des bilanzierenden Betriebs ein.

Der Unterschied zwischen statischer und dynamischer Bilanz

Die *statische Bilanz* hat die Aufgabe, „das V e r m ö g e n eines Kaufmanns oder das in einem Betrieb befindliche Kapital zu ermitteln"; man weist „damit der Bilanz die Aufgabe zu, etwas Z u s t ä n d l i c h e s d a r z u s t e l l e n. Daß dieses Zuständliche nur für eine kurze Zeitspanne, vielleicht nur für einen Augenblick zuständlich ist, macht dabei nichts aus ... Es verschlägt nichts, daß man dieser Bilanz nebenher noch andere Zwecke zuweist, solange durch sie der Hauptzweck nicht gefährdet wird." (Schmalenbach)

Eine *dynamische Bilanz* dient der Erfolgsrechnung. Sie hat eine andere Funktion als die statische Bilanz. „Auch sie stellt insofern etwas Zuständliches dar, als aus der Bewegung ein flüchtiger Augenblick herausgegriffen wird, um sie in einem Zahlengebilde wiederzugeben. Aber es handelt sich hierbei um eine Erkenntnis nicht des Zustandes, sondern um die Erkenntnis der B e w e g u n g , die zwischen mehreren solcher Augenblicke stattgefunden hat. Die Bewegung, die wir zu erfassen suchen, ist im vorliegenden Fall eine Wirkung von Kräften, und zwar einer *Leistung auf der einen Seite* und eines *Kräfteverzehrs*, d. h. eines *Aufwandes, auf der anderen Seite*. Eine solche der Erkenntnis dieses Kräftespiels dienende Bilanz nennen wir eine d y n a m i s c h e. Auch die dynamische Bilanz kann N e b e n a u f g a b e n s t a t i s c h e r Art haben. Aber diese Aufgaben dürfen nicht dem Hauptzweck widerstreben." (Schmalenbach)

b) Die Bilanz als Erfolgsrechnung

Der Gewinn

Maßstab des Erfolges ist der Gewinn. „Gewinn hat (also) das zu sein, was wir als Ziel unserer Rechnung haben müssen. Und dieses Ziel hinwiederum wird von Zweckmäßigkeitserwägungen bestimmt" (Schmalenbach). Dabei soll die Gewinnrechnung so ausgestaltet werden, daß sich aus ihr eine möglichst richtige und eindringliche Vorstellung der Wirtschaftlichkeit der Unternehmung ergibt. Das von jedem Unternehmen anzustrebende Ziel ist es, seine Leistung so wirtschaftlich wie möglich zu erstellen. Damit das Unternehmen dies kann, muß es die W i r t s c h a f t l i c h k e i t (nach der herrschenden Terminologie = Rentabilität) seines Handelns m e s s e n können. Dazu dient bei der dynamischen Bilanz der mittels der E r f o l g s r e c h n u n g e r m i t t e l t e G e w i n n. Die Gewinnrechnung muß — unter Berücksichtigung der betriebsindividuellen Gegebenheiten — „so ausgestaltet werden, daß sich aus ihr eine möglichst richtige und eindringliche Vorstellung der Wirtschaftlichkeit der Unternehmung ergibt". Der Gewinn der einzelnen Perioden muß also sagen, ob die Wirtschaftlichkeit größer oder kleiner geworden ist. Es kommt daher entscheidend darauf an, daß die G e w i n n e d e r e i n z e l n e n P e r i o d e n v e r g l e i c h b a r sind, erst in zweiter Linie kommt es auf die R i c h t i g k e i t der Gewinne an. Man wird also nicht zu einem an sich besseren Gewinnerrechnungsverfahren übergehen als bisher, wenn dadurch die Vergleichbarkeit der Gewinne gestört wird. Diese Forderung führt dazu, störende Einflüsse von der

Erfolgsrechnung fernzuhalten. Die dynamische Bilanzlehre hält diese Entfernung von den tatsächlichen Gegebenheiten dadurch in Grenzen, daß sie grundsätzlich v o n d e n E i n n a h m e n u n d A u s g a b e n a u s g e h t und diese lediglich dem Verbrauch entsprechend korrigiert.

Der Totalgewinn

Der Gewinn nach abgeschlossenem, erledigtem Geschäft ist der „T o t a l g e w i n n". Bei kurzfristigen Geschäften ist er unmittelbar zu ermitteln. Dauerunternehmungen müssen noch während des Betriebsverlaufs, möglichst in einheitlichen Zeitabschnitten, den Gewinn errechnen. Solche Rechnungen nennen wir „*periodische Gewinnrechnungen*" und den durch sie ermittelten Gewinn „P e r i o d e n g e w i n n". Die *Summe der Periodengewinne = Totalgewinn.* „Die T o t a l g e w i n n r e c h n u n g ist, wenn wir die geldwerten Gegenstände dem Gelde gleichachten, nicht nur eine Erfolgsrechnung, sondern in der Regel zugleich eine E i n n a h m e n - u n d A u s g a b e n r e c h n u n g" (Schmalenbach).

Störung der „Kongruenz"

Bei der Periodenrechnung weichen Erfolgsrechnung einerseits und Einnahmen- und Ausgabenrechnung andererseits dadurch voneinander ab, daß in den Betrieb eingehende Güter und Kräfte nicht sogleich in ihm verzehrt werden, sondern zu einem Teil aufgespeichert werden, daß aber auch ein Kräfteverzehr stattfindet, ohne daß zunächst eine Gegenleistung dafür sichtbar wird, daß Leistungen ausgeführt werden, die nicht in der gleichen Periode zu Einnahmen führen, und daß Einnahmen da sind, die sinngemäß nicht als Leistungen anzusehen sind. Auch sind in der Einnahmen-Ausgabenrechnung der Perioden Kapitalleistungen der Unternehmer, Kapitalentziehungen und Gewinnbezüge, Aufnahme und Gewährung von Darlehen u. dgl. enthalten.

Die „*Kongruenz*" zwischen Totalgewinn und Summe der Periodengewinne wird häufig gestört. Stellt sich z. B. heraus, daß die Lebensdauer eines Anlagegegenstandes zu hoch veranschlagt war, daß also die zurückliegenden Perioden zu wenig Abschreibungen enthalten haben, so muß man eine Sonderabschreibung in der laufenden Periode vornehmen, denn die zurückliegenden können nicht mehr berichtigt werden. Die Sonderabschreibung läßt aber den Gewinn der laufenden Periode kleiner erscheinen, als er wirklich ist. Es bedeutet, daß wir der Kongruenz zuliebe eine falsche Periodenrechnung vornehmen und damit die Vergleichbarkeit stören. Man kann derartige periodenfremde Aufwendungen und Erträge auf einem besonderen Konto buchen. Will man den Zusammenhang zwischen Totalgewinn und Periodengewinn wieder herstellen, so kann dies durch Einrichten eines „aperiodischen" Erfolgskontos geschehen. In diesem Fall muß man zum Feststellen des Totalgewinnes den periodischen Gewinnen das aperiodische Erfolgskonto hinzurechnen. Die Kongruenz setzt die „K o n t i n u i t ä t" voraus. Dies bedeutet, daß alle Leistungen, die der Betrieb an andere macht, und alle Leistungen, die er von anderen empfangen hat, entweder in den abgeschlossenen Perioden bereits verrechnet oder zur Verrechnung in späteren Perioden vorgemerkt sind. Die Bilanz muß diese zwischen Erfolgsrechnung und Einnahmen-Ausgabenrechnung noch schwebenden Posten festhalten.

Leistung und Aufwand

Nach der dynamischen Bilanzlehre ist „G e w i n n" der Wert der L e i s t u n g (nach der herrschenden Terminologie = Ertrag) vermindert um den Wert der A u f w e n d u n g e n , beide gemessen an Ausgaben und Einnahmen.

Leistung der Unternehmung ist alles, was diese an Werten schafft, mit Ausnahme der Einnahmen, die wieder durch Ausgaben ausgeglichen werden müssen.

Aufwand ist der für Rechnung der Unternehmung verzehrte Wert der Güter. Aufwand und A u s g a b e fallen oftmals nicht in die gleiche Rechnungsperiode. Ebenso ist es mit Leistung und Einnahme. Damit ein Gewinn errechnet werden kann, der ein Maßstab der Wirtschaftlichkeit ist, müssen Einnahmen- und Ausgabenrechnung mit der Aufwands- und Leistungsrechnung verknüpft werden, und dies geschieht durch die Bilanz.

Die Bilanz als Hilfsmittel der Erfolgsrechnung

Schema der dynamischen Bilanz

Aktiva	Passiva
1. Ausgaben, noch nicht Aufwand	**6. Aufwand, noch nicht Ausgaben**
Gekaufte Anlagen, soweit sie dem Verschleiß und anderer Entwertung unterliegen. Unverbrauchte Materialien und Hilfsmaterialien. Vorausgezahlte Versicherungen, Zinsen, Mieten u. dergl. Vorauszahlungen an Lieferanten. Verteilungsfähige Ausgaben für Versuchskosten, Vorbereitungskosten u. dgl.	Schulden an Lieferanten. Zu erwartende Ausgaben für rückständige Instandsetzungen. Zu zahlende oder zu erwartende Steuern für rückwärtige Besteuerungsgründe. Zinsen und dgl. für verbrauchte, noch nicht gezahlte Leistungen anderer.
2. Leistungen, noch nicht Einnahmen	**7. Einnahmen, noch nicht Leistungen**
Selbsterstellte Anlagen, soweit nach Gebrauch verkäuflich. Fabrikate. Forderungen und Leistungen.	Vorauszahlungen von Kunden, andere Vorauseinnahmen für spätere Leistungen.
3. Ausgaben, noch nicht Einnahmen	**8. Einnahmen, noch nicht Ausgaben**
Gekaufte Anlagen, soweit sie nach Gebrauch veräußerlich sind. Warenvorräte im reinen Handel. Gegebene Darlehen. Gekaufte Effekten, Beteiligungen u. dgl.	Genommene Darlehen. Aufgenommenes Kapital.
4. Leistungen, noch nicht Aufwand	**9. Aufwand, noch nicht Leistungen**
Selbsterstellte Anlagen, soweit sie dem Verschleiß und anderer Entwertung unterliegen. Halbfabrikate und Fabrikate zur eigenen Verwendung. Verteilungsfähige Leistungen für Versuchsobjekte.	Zukünftige Leistungen für rückständige Instandsetzungen.
5. Geld	

Die *dynamische Bilanz* ist ein nützliches Mittel zur Darstellung nicht ausgelöster Vor- und Nachleistungen. Durchaus notwendig ist sie zur Erfolgsrechnung keineswegs. Sie zeigt das V e r h ä l t n i s d e s a k t i v e n u n d p a s s i v e n K r ä f t e v o r r a t s.

Das *Gewinn- und Verlustkonto* ist ein H i l f s m i t t e l in der Gewinnrechnung. Es enthält die Zahlen für Aufwand und Leistung, deren Saldo der Gewinn (Verlust) ist. Einnahmen und Ausgaben gehören nicht in das Gewinn- und Verlustkonto.

Das K a p i t a l k o n t o zeigt die Kapitaleinschüsse und Kapitalentnahmen, sowie den nicht ausgezahlten Gewinn. Das Kapitalkonto zeigt aber nicht die sonst noch wirksamen Einflüsse auf den Wert der ganzen Unternehmung, weder die werterhöhenden noch die wertmindernden.

Leistung ist im Gegensatz zum Aufwand die positive Komponente des Gewinns. Die Leistung setzt sich zusammen aus den auf tatsächlichen Einnahmen beruhenden Leistungen, aus Kundenbelastungen, aus innerbetrieblichen Leistungen und aus irregulären Leistungen, die erst beim Bücherabschluß zu berücksichtigen sind.

Erfassung von Leistung und Aufwand

Die *Erfassung des Aufwandes* geht von den Ausgaben aus, wobei die Posten auszuscheiden sind, die nicht Aufwand sind (Passiva beseitigende, Aktiva bildende). Neben dem Aufwand gibt es im betrieblichen Rechnungswesen keinen buchmäßigen Vermögensverlust. Nicht jeder Aufwand steht mit den Leistungen des Betriebs in ursächlichem Zusammenhang. Will man den Betriebsgewinn im engeren Sinne vom außerbetrieblichen Gewinn trennen, so ist neben der außerbetrieblichen Leistung auch der außerbetriebliche Aufwand gesondert darzustellen. Das Erfassen des Aufwandes aus Vorleistungen geschieht durch „Skontration", indem zum Anfangsbestand der Zugang hinzugerechnet und in jedem einzelnen Fall der Abgang gemessen wird (Fortschreibung); ferner durch „Befundrechnung", bei der der unverbrauchte Vorrat festgestellt und als Ausgabe, die nicht Aufwand war, in die Bilanz genommen wird, während Anfangsbestand + Zugänge — Endbestand = Aufwand ist; schließlich durch „L e b e n s d a u e r r e c h n u n g", wobei die Lebensdauer eines Gutes geschätzt und eine Abschreibung innerhalb der geschätzten Zeit vorgenommen wird. Dabei wird die auf die einzelne Periode entfallende Abschreibung Aufwand, und es ergibt sich: Anfangsbestand + Zugänge — Aufwand = Endbestand. Als irregulären Aufwand bezeichnet man die andere Perioden betreffenden Zahlungen, die bei der Befundrechnung nicht ohne weiteres zutage treten, und Aufwendungen, bei denen bis zum Abschluß noch keine Buchung vorliegt. Ein Teil dieser Posten wird als „t r a n s i t o r i s c h" bezeichnet.

c) Die Bewertungslehre

Die dynamische Erfolgsrechnung hat es in erster Linie mit dem „A n s c h a f - f u n g s w e r t" der Aufwendungen und dem „E r t r a g s w e r t" der Leistungen zu tun. Durch Sachwertschwankungen kommt der „Z e i t w e r t" zustande, der als Zeitwert ganzer Wirtschaftseinheiten und als Zeitwert der einzelnen in einer Wirtschaftseinheit gebundenen Gegenstände auftritt. Ist ein Gut für sich allein verfügbar, so handelt es sich um einen „wirklichen" Einzelzeitwert, sonst aber um einen „fiktiven" Einzelzeitwert.

Die Z e i t w e r t e können „B e s c h a f f u n g s z e i t w e r t e" sein, in welchem Fall auch die Beschaffungskosten zuzurechnen sind, oder „V e r ä u ß e - r u n g s z e i t w e r t e", bei dem die Veräußerungskosten abgezogen werden müssen.

Von theoretischer Bedeutung ist noch der *„Ersatzwert".* Das ist der wirkliche oder voraussichtliche Anschaffungspreis eines Gegenstandes, der einen anderen ersetzen soll. Die bisherigen Werte lehnen sich an die Preise der Wirtschaft an. Der *„Betriebswert"* hingegen hat innerbetrieblichen Charakter. Er entsteht z. B. wenn Material wider Erwarten jahrelang auf Lager liegt. Seine Untergrenze liegt beim gegenwärtigen Lokoverkaufspreis, seine Obergrenze ist der voraussichtliche Ersatzwert franko Lager, abzüglich der bis zum Tage der Wiederbeschaffung aufgelaufenen Lager- und Zinskosten.

Bei Bewertung der Leistung wird das *„Realisationsprinzip"* angewandt, dem zufolge es vor erfolgtem Verkauf kein Gewinn und keinen Verlust gibt und Realisation frühestens bei Ausgang der Rechnung eintritt. Ferner wird das *„Zeitwertprinzip"* verwendet, das nicht nach dem Anschaffungspreis, sondern nur nach dem Zeitwert fragt. Der Erfolg gilt dabei als bereits eingetreten, noch ehe ein Verkauf erfolgt ist. Beide Prinzipien werden kaum getrennt und rein angewandt. Herrschend ist vielmehr das *„Niederstwertprinzip",* das einen Zeitwertverlust schon vor der Realisation berücksichtigt, den Zeitwertgewinn aber erst nach der Realisation.

Zum Ausgleich der Geldwertschwankungen können „G e l d w e r t - K o r r e k - t u r e n" an einzelnen besonders wichtigen Posten vorgenommen werden („nicht systematische Geldwertumrechnung"), oder man führt eine „systematische Geldumwertung" durch, indem man beim Abschluß entweder die Geldwerte am Ende der Vergleichzeit auf den Geldwert am Anfang bringt, oder umgekehrt.

d) Die statischen Aufgaben der dynamischen Bilanz

„Bilanzieren nach dynamischer Art bedeutet, daß in der Bilanz die Gewinnrechnung die Vorhand hat, daß mithin überall dort, wo dieser Zweck mit anderen Zwecken in Wettbewerb steht, die anderen Zwecke die Gewinnrechnung nicht gefährden dürfen. Bilanzieren nach dynamischer Art bedeutet nicht, daß die Verfolgung anderer Zwecke ausgeschlossen ist" (Schmalenbach). Eine Bilanz, die ausschließlich auf die Gewinnrechnung zugeschnitten ist und dies Ziel in wirtschaftlicher Art, also mit geringstem Arbeitsaufwand, zu erreichen sucht, wird nur in seltenen Fällen gleichzeitig statischen Zwecken dienen können. Soll die Bilanz gewisse statische Aufgaben erfüllen, so wird man die Bilanz so umgestalten müssen, daß sie auch den ihr zugedachten statischen Nebenaufgaben in bester Weise gerecht wird. Vielfach wird es erforderlich sein, für statische Zwecke eine tiefergehende Gliederung zu verwenden, als sie für die Erfolgsrechnung nötig wäre.

2. Die organische Bilanztheorie

Die organische Bilanztheorie wurde von *Fritz Schmidt* (1882—1950) entwickelt, und zwar wurde er zu diesen Ideen während der Inflation von 1920—24 angeregt. (Jener Währungskatastrophe verdanken wir manche bedeutenden wissenschaftlichen Erkenntnisse.) Wir geben die Gedanken Schmidts möglichst mit seinen eigenen Worten wieder. Sie sind vor allem in seinem Hauptwerk: „Die organische Tageswertbilanz" (1. Auflage 1921, 4. Auflage 1951) entwickelt.

Die Amerikaner E. O. *Edwards* und Ph. W. *Bells* (The Theory of Measurement of Business Income, University of California Press, 1961) haben die organische Bilanztheorie weiterentwickelt. Sie fordern eine theoretisch richtige Ermittlung des Periodenresultats durch Verwendung von „Current Costs", d. h. Tageswerten.

a) Die Grundsätze der organischen Tageswertbilanz

Die Unternehmung in der Wirtschaft

Die organische Betrachtungsweise sieht in der Unternehmung einen Teil der gesamten Wirtschaft. Die Unternehmung ist ständig dem Spiel der Konjunkturbewegung ausgesetzt. Die Betriebswerte der Unternehmung sind daher aus zweierlei Gründen veränderlich:

1. aus der Wirtschaftlichkeit des Betriebes heraus und

2. auf Grund von Marktveränderungen, d. h. der Konjunkturbewegungen.

Letztere können sich auswirken: 1. g ü n s t i g , wenn die Werte bei Eingang relativ niedrig und bei Ausgang relativ hoch stehen; 2. u n g ü n s t i g , wenn die Werte bei Eingang relativ hoch stehen. Derartige von der Konjunkturbewegung (Geldwertänderung) verursachten Gewinne bzw. Verluste verfälschen sowohl die bilanzmäßigen Bestände wie auch Erfolge.

B e i s p i e l : Ist der Anschaffungspreis einer Ware 100,— DM, der Verkaufspreis 120,— DM, so liegt nach der üblichen Nominalwertung ein Gewinn von 20,— DM vor, auch wenn inzwischen der Anschaffungspreis der Ware auf 125,— DM gestiegen ist, tatsächlich also ein Verlust von 5,— DM vorliegt.

Nach der organischen Bilanzauffassung muß im Rechnungswesen der Unternehmung diese Geldwertänderung erfaßt werden, um 1. die w i r k l i c h e n B e s t ä n d e (die Substanzwerte) und 2. den w i r k l i c h e n E r f o l g der Unternehmungsleistung festzustellen.

Umsatzrechnung und Vermögensrechnung

Die organische Bilanzauffassung unterscheidet scharf zwischen der Bilanz als Vermögensrechnung und als Umsatzrechnung:

1. Die B i l a n z a l s R e c h n u n g d e r u n v o l l e n d e t e n U m s ä t z e , der Bestände, erfaßt alle Eingänge, die noch nicht wieder Ausgänge, und alle Ausgänge, die noch nicht wieder Eingänge geworden sind. Sie ist ein Augenblicksbild der Bestände. Sie ist eine Vermögensrechnung, ihr Wesen ist ausgesprochen statisch.

2. Die Erfolgsrechnung als Zusammenfassung der vollendeten Umsätze erfaßt nur die Aus- und Eingänge im Umsatzprozeß im Augenblick des jeweiligen Umsatzes. Sie ist die
historische Darlegung der Bewegungsvorgänge zwischen Unternehmung und
Markt für eine Rechnungsperiode. Sie ist die Umsatzrechnung, ihr Wesen ist
ausgesprochen dynamisch.

Gewinn und Bilanzwert

Gewinn der Unternehmung kann nur sein, was über die Erhaltung
des Unternehmungsvermögens hinaus erzielt wird. Damit wird
eine scharfe Linie zwischen dem Vermögen und dem Gewinn gezogen. Nur
durch *Umsatz* kann das Realvermögen der Unternehmung vermehrt werden.

Die **Tageswertbilanz** oder Reproduktionswertbilanz geht von der Grund-
anschauung aus, daß das Vermögen eines Volkes und einer Unternehmung nicht
in erster Linie in Geld, sondern in Gütern besteht. Oberster Grundsatz der
Tageswertrechnung ist die *Betriebserhaltung in ihrem realen Zustand.* Die
Unternehmung kann also nur einen Gewinn erzielen, wenn sie beim Umsatz für
ein ausgehendes Gut mehr erhält, als dieses Gut im Zeitpunkt des Ausganges
in der Neubeschaffung oder Neuherstellung kostet.

Gewinn im Sinne der organischen Bilanzauffassung ist also nur der Umsatzgewinn, der über den Tagesbeschaffungswert der Kosten hinaus erzielt wurde.
Die Differenzen zwischen dem Anschaffungs- und Wiederbeschaffungswert sind
Wertänderungen am ruhenden Vermögen. Diese Wertände-
rung, die auf konjunkturellen Einflüssen beruht, muß aus der Erfolgsrechnung
ausgesondert werden, indem man sie entweder dem Kapitalkonto direkt zuschreibt oder ein besonderes Konto dafür schafft, das „**Wertberichtigungskonto**".

Das Wertberichtigungskonto zeigt zusammen mit dem Kapitalkonto an, in welcher Richtung sich der Wert des Betriebsvermögens verschoben hat und gibt
Fingerzeige für die richtige Kapitaldisposition. Durch eine solche Vermögens-
wertberichtigung wird das **Prinzip der relativen Erhaltung der Unternehmung**
gewahrt.

Die organische Bilanz unterscheidet also streng zwischen Umsatzgewinn
(= Unternehmungsgewinn) einerseits und Vermögenszuwachs wie Vermögens-
abnahme durch Wertänderungen andererseits.

b) Die organische Vermögensrechnung

Ziel der Vermögensrechnung: die Feststellung des Wertes aller Aktiven und
Passiven für die jeweilige Gegenwart zum Marktpreis der Einzelteile.

Die Reproduktionswerte im einzelnen

Die *Geldwerte* (Bargeld, Geldforderungen und Geldschulden, Anleihen) sind
zum Nominalwert zu bilanzieren (wobei u. U. die Zinsen zu berücksichtigen
sind).

Die *realen Anlagewerte* sind zum Reproduktionswert des Bilanztages zu erfassen, wobei natürlich die Abnutzung zu berücksichtigen ist. Die Abschreibungen sind vom Reproduktionswert des Bilanztages zu machen (nicht vom Anschaffungswert). Bei schwankendem Preisniveau werden also die Anlagewerte von Periode zu Periode mit einem anderen Reproduktionswert in der Bilanz erscheinen. Die jeweilige Differenz zwischen diesen verschiedenen Reproduktionswerten wird in dem K o n t o f ü r V e r m ö g e n s w e r t ä n d e r u n g e n gebucht, das als Gegenkonto zu dem betreffenden Anlagekonto erscheint.

Die *realen Umsatzwerte* (Waren und Rohstoffe) sind zum Kalkulationswert zu bilanzieren, d. h. zu dem Wiederbeschaffungswert der Kostenmenge des betreffenden Umsatzwertes am Umsatztag, das ist in diesem Fall (noch nicht umgesetzte Waren) der Wert am Bilanztag.

Das *Eigenkapital* ist in der organischen Bilanz Träger des gesamten Risikos, d. h. auch Träger allen Wertzuwachses und aller Wertabnahme. Das Eigenkapitalkonto steht als gleichberechtigt neben dem Wertberichtigungskonto. Man kann also auch die Änderungen der Vermögenswerte direkt auf dem Konto des Eigenkapitals buchen. Mit anderen Worten, das Eigenkapital muß um die Vermögenswertänderung berichtigt werden.

Stille Reserven sind in der organischen Bilanz nicht zulässig, weil sie dem Prinzip des Tageswertes vollkommen widersprechen. Dagegen sind o f f e n e Reserven durchaus zulässig.

Für Einzelkaufleute und die OHG empfiehlt Schmidt ein einheitliches (berichtigtes) Kapitalkonto. Bei der Aktiengesellschaft muß das Wertberichtigungskonto so lange beibehalten werden, wie die Aktiengesellschaften nach dem Aktiengesetz ein starres Grundkapital aufweist.

Das *Wertberichtigungskonto* kann nach verschiedenen Gesichtspunkten aufgegliedert werden, z. B.

1. Wertänderung am Dauerbestand der Realwerte.
2. Wertänderung am spekulativen Bestand a) aus Fremdkapital, b) aus Eigenkapital.

Immaterielle Werte in der Bilanz können sein: I m m a t e r i e l l e K o s t e n - w e r t e , das sind Werte, für die Kosten aufgewendet wurden, ohne daß ein körperhafter Gegenstand dafür eingeht. Sie müssen, sofern es sich um noch nicht umgesetzte Aufwendungen handelt, in die organische Bilanz aufgenommen werden. Immaterielle Kostenwerte, die der Abnutzung unterliegen (z. B. der Kostenwert eines Patentes) sind abzuschreiben. — Dagegen sind alle von der persönlichen Leistung des Unternehmers abgeleiteten i m m a t e r i e l l e n M e h r - o d e r M i n d e r e r t r a g s w e r t e nach Schmidt nicht bilanzierungsfähig, wohl aber bezahlte Mehr- oder Minderertragswerte, die beim Eigentumsübergang eines Unternehmens durch Bezahlung realisiert werden.

Die Wertgleichheit in der Bilanz

Die Wertbewegung der Realwerte und die der (nominalen) Geldwerte sind gegenläufig. Die Bewegung der Geldwerte ist das Spiegelbild der Bewegung der Realwerte. Daraus folgt der G r u n d s a t z d e r W e r t g l e i c h h e i t in der Bilanz: da man über die Preisentwicklung der Zukunft nur bedingt unterrichtet sein kann, ist der einzig sichere Weg: das Gleichgewicht der Vermögensrechnung zu erhalten, d. h. die Beschaffung aller Realgüter der Aktivseite muß aus Eigenkapital, die Beschaffung aller Geldforderungen und Geldbestände der Aktivseite durch Aufnahme von Geldschulden erfolgen. Fremdkapital und Nominalwertgüter, Eigenkapital und Sachwertgüter sollen stets korrespondieren.

Umsatzsphäre: Reale Güterwerte = Eigenkapital
Geldsphäre: Geldwerte = Fremdkapital

Die Tendenz zum Ausgleich von Aktiv- und Passivseiten in der Einzelunternehmung ist auch daraus herzuleiten, daß in der Gesamtheit der Wirtschaftsbetriebe die Summe der Geldguthaben genau so groß sein muß wie die der Geldschulden, denn jedem Gläubiger steht ein Schuldner für den gleichen Betrag gegenüber. Das Prinzip der Wertgleichheit ist mit dem der L i q u i d i t ä t identisch.

Aus dieser Theorie der Wertgleichheit in der Bilanz hat Schmidt dann später seine Verkehrsgleichung der Wirtschaft entwickelt (ZfB 1950, S. 8 und unten S. 908 ff.).

c) Die organische Erfolgsrechnung

Reinerfolg der Unternehmung ist der Rest, der vom Verkaufserlös der umgesetzten Güter verbleibt, nachdem alle Ersatzbeträge für die am Umsatztage zur Erzeugung des Produktes notwendige Kostenmenge zum Beschaffungswerte des Umsatztages abgezogen sind. Von Erfolg kann im Sinne der organischen Bilanz nur gesprochen werden, wenn die Unternehmung durch den Erlös aus ihren Waren mindestens in der Lage ist, ihre relative Stellung in der Produktion der Gesamtwirtschaft zu behaupten.

Um ein harmonisches Verhältnis der Umsatzsphäre (= Eigenkapital) und der Geldsphäre (= Fremdkapital) zu garantieren, muß in der *Kalkulation* mit dem E r s a t z k o s t e n w e r t des Tages kalkuliert werden, an dem die fertigen Erzeugnisse in den Markt übergehen (M a r k t ü b e r g a n g s - oder U m s a t z t a g). Nach der organischen Kalkulation ist also der Wert eines Produktes gleich seinen Kostenmengen und Kostenwerten am Umsatztag.

Die **organische Gewinnberechnung** beseitigt alle Scheingewinne und Scheinverluste aus der Erfolgsberechnung. Die Quelle dieser Scheingewinne und Scheinverluste sind die Produktivitäts- und Einkommensveränderungen, die alle einzelnen Kostenteile zwischen dem Zeitpunkt ihres Eintretens in die buchhalterische Rechnung und ihrem Ausscheiden aus dieser zum Zeitpunkt des Verkaufs der fertigen Produkte oder der Warenbestände, in die sie eindeutig übergegangen sind, treffen. Damit ist die technische Aufgabe bereits eindeutig und klar umschrieben.

Die organische Erfolgsrechnung hat z w e i A u f g a b e n :

1. die Erfassung der beiden Zeitpunkte des Ein- und Ausganges jedes Kostenteils, und

2. die genaue Ermittlung der auf diese Zeit für jeden Kostenteil entfallenden Wertverschiebung.

Wenn sich zwischen Produktionstag und Umsatztag infolge Produktionsver-
schiebungen auch die Quanten der Kosten ändern, sind die des Umsatztages bei
der Ermittlung des Ersatzkostenwertes zugrunde zu legen.

Abschreibung

Jede Produktionsperiode hat den Teil der Abnutzung, der auf sie entfällt, zu
ihrem jeweiligen Durchschnittsertragswert zu ersetzen. Wenn nun jede Abnut-
zungsquote, die in einem Einzelprodukt enthalten ist, einen spezifischen Zeitpunkt für ihre Bewertung, nämlich den Umsatztag dieses Einzelprodukts hat,
so müßte eigentlich die während einer Umsatzperiode auf alle umgesetzten
Produkte entfallende Abnutzung unbedingt aufgeteilt werden. Da das jedoch
praktisch nicht möglich ist, muß ein Durchschnittswert ermittelt werden.

Die Voraussetzung richtiger Abschreibung ist die Anlagebewertung zum zeitlichen Reproduktionswert.

d) Bilanz und Konjunktur

Die Industriekonjunktur — ein Rechenfehler

Das Rechnungswesen der Unternehmungen ist heute auf die Fiktion von der
Unveränderlichkeit des Wertes der Geldeinheit aufgebaut. Wenn nun die Unternehmungsrechnung ohne Rücksicht auf etwaige Geldwertänderungen infolge
der Konjunkturschwankungen die Geldeinheit zum Eckstein ihres Rechnungswesens macht und alle geschäftlichen Erfolge an dieser Einheit mißt, muß eine
Fehlrechnung entstehen. Wenn im Fall einer Wertsteigerung im Beschaffungsmarkt der Unternehmer diesen Betrag **als Gewinn betrachtet, so wandelt er**
Vermögen in Einkommen um (S c h e i n g e w i n n). Umgekehrt ist der Betrag
der im Betrieb fälschlicherweise zurückgehaltenen Wertminderung am ruhenden
Vermögen ein S c h e i n v e r l u s t, verursacht durch Einsetzung von Schein-
kostenwerten. Derartige Fehlrechnungen haben nach F. Schmidt einen entscheidenden Einfluß auf den Konjunkturverlauf:

W e r t s t e i g e r u n g e n können nur allmählich als Einkommensvermehrung
durch Umsatz zur Auswirkung kommen, während sich W e r t m i n d e r u n -
g e n auch auf ruhende Bestände in voller Schärfe schon im Augenblick ihres
Eintretens auswirken müssen. Die Steigerung des Volkseinkommens in dem
Teil, der aus Unternehmergewinn fließt, wird sich bei der Wertsteigerung allmählich in dem Maß auswirken, wie die Vermögensteile der Unternehmung
umgesetzt werden, während eine Wertsenkung in vollem Umfang auch auf die
ruhenden Vermögensteile verrechnet wird. In dieser Tatsache liegt nach Schmidt
die wichtigste Ursache dafür, daß die Entwicklung der Hochkonjunktur allmählich, die der Krise aber plötzlich vor sich geht.

Schmidt sieht in diesem *Rechenfehler die Ursache der Industriekonjunktur*
überhaupt: In Zeiten steigender Werte verrechnen die Unternehmer die Wertsteigerung auf die Kostenteile zwischen Anschaffungs- und Umsatztag als Gewinn und damit als Einkommen, wandeln also Volksvermögen in Einkommen
um und erhöhen damit die verfügbare Kaufkraft derart, daß aus ihr übermäßige Nachfrage nach Gütern herauswächst, die neue Wertsteigerung bedingt.
In der K r i s e wird die infolge übermäßiger Ausdehnung der Betriebe und

ihrer Produktion eintretende Preissenkung durch die Verrechnung von Scheinkosten als Scheinvermögensersatz vom Erlös gekürzt. Damit mindert man die
Gewinne und das Einkommen so stark, daß die im Gütermarkt verfügbare geringere Kaufkraft eine übermäßige Preissenkung herbeiführt, die erst allmählich durch die zunehmende Geldflüssigkeit behoben wird. (Vgl. S. 909 ff.)

3. Die statische und totale Bilanztheorie

Im Gegensatz zu den dynamischen und organischen Bilanztheorien geht die statische Bilanztheorie nicht auf einen bestimmten Begründer zurück. Sie wurde
jedoch vor allem von *Walter le Coutre* (1885—1965) ausgebaut und zu einer
modernen Theorie entwickelt, zur Lehre von der *„Totalen Bilanz"*. Sie ist von
le Coutre vor allem in seinem Werk „Grundzüge der Bilanzkunde" (3 Bde,
1. Aufl. 1924, 4. Aufl. 1949) dargestellt worden. (Siehe ferner le Coutre: Was
sagt mir die Bilanz? Wirtschaftserkenntnis durch Bilanzkritik, 3. Aufl. 1962.)

a) Die statische Bilanzlehre

Wesen der statischen Bilanzlehre

„Die statische Bilanzauffassung ergibt sich aus der N a t u r der Bilanz" (le
Coutre). U r s p r ü n g l i c h war die statische Bilanzauffassung eine m o n i -
s t i s c h e L e h r e , deren Schwerpunkt im Gegensatz zur dynamischen Bilanz
auf dem *Vermögens- und Kapitalnachweis* lag. Ein solcher Vermögensnachweis
ist aber nur dann für die Unternehmungsleitung und die Betriebsführung aufschlußreich und wertvoll, wenn die Bilanz durch eine starke und sachgemäße
Gliederung auf beiden Seiten einen guten Einblick in den Unternehmungs-
aufbau gewährt. Die Erfolgsentwicklung läßt sich aus einer solchen Bilanz auch
ablesen. Deshalb legt die statische Bilanzauffassung ein ganz besonderes Gewicht auf eine a u s s a g e f ä h i g e G l i e d e r u n g beider Bilanzseiten.

Die *Bewertung* erfolgt grundsätzlich nach den A n s c h a f f u n g s p r e i s e n ;
denn die Bilanz soll ersichtlich machen, was an Geldeinheiten in den Betrieb
hineingesteckt wurde. Kleinere Schwankungen des Geldwertes müssen dabei
in Kauf genommen werden. Erhebliche Geldwertschwankungen sind aber auch
nach der statischen Auffassung zu berücksichtigen.

Die statische Bilanz kann von der *Kapitalstruktur* ausgehend folgende Tatbestände feststellen:

1. den Kapitalbestand = Kapitalinvestition   4. den Kapitalersatz = Verkaufserlös
2. die Kapitalbewegung = Kapitalumsatz   5. die Kapitalvernichtung = Verlust
3. den Kapitalverbrauch = Kosten   6. den Kapitalzuwachs = Gewinn

Die Bedeutung, die der stark gegliederten Vermögens- und Kapitalrechnung
sowie der Bilanzkontinuität zugesprochen wird, macht es verständlich, daß die
statische Bilanzlehre für die Bewertung die Einstellung aller Vermögensteile
stets zum *vollen Anschaffungswert* verlangt. Die entsprechende Korrektur hat
durch die Einstellung von Abschreibungsposten auf der rechten Seite der Bilanz
zu erfolgen *(indirekte Abschreibung)*.

Von der statischen zur totalen Bilanz

Doch mit der Entwicklung der Betriebswirtschaft und den Wandlungen der Wirtschaftspolitik wandelt sich die statische Bilanzauffassung zu einer d u a - l i s t i s c h e n L e h r e . Es wird nicht mehr das Schwergewicht auf die Beständebilanz gelegt, sondern auch auf die U m s a t z b i l a n z und die A u f - w a n d - u n d E r t r a g s r e c h n u n g , die als Erfolgsbilanzen „die Dynamik des Betriebes" darzustellen haben. Darüber hinaus hat die Bilanz aber noch „eine Reihe anderer, ebenfalls lebenswichtiger Aufgaben" zu erfüllen, die bei der Bilanzgestaltung ebenfalls zu berücksichtigen sind. Die Berücksichtigung aller „Bilanzfaktoren" bei der Bilanzgestaltung führte dann le Coutre zur *totalen Bilanz*. Er sagt darüber (a. a. O.): „Die Weiterführung der in der statischen Bilanzauffassung entwickelten Gedanken, die kritische Auseinandersetzung mit den vorgenannten Bilanztheorien, die naheliegende Erkenntnis des natürlichen Inhalts der Bilanz, die Beachtung der in Jahrhunderte alten Bilanzgewohnheiten des Wirtschaftslebens entwickelten Auffassung, die Frage nach der praktischen Zweckbestimmung der Bilanz ... zwingen geradezu zu einer totalen Bilanzauffassung."

b) Aufgaben und Arten der totalen Bilanz

Aufgaben der Bilanz

Nach der totalen Bilanzlehre hat die Bilanz folgende v i e r a l l g e m e i n e A u f g a b e n :

1. Wirtschaftsübersicht
2. Wirtschaftsergebnisfeststellung
3. Wirtschaftsüberwachung
4. Rechenschaftslegung.

Sie können nach le Coutre in zweierlei Weise gelöst werden:

a) rein f o r m a l als o r g a n i s a t o r i s c h e O r d n u n g s a u f g a b e nach den Grundsätzen ordentlicher Buchführung, oder darüber hinausgehend auch

b) durch s a c h g e m ä ß e A u f g l i e d e r u n g d e s B i l a n z i n h a l t e s nach wirtschaftlicher Zweckbestimmung.

Dementsprechend können auch unterschieden werden:

die **Elementaraufgabe:** Einlege-, Verbleibs- und Ergebnisrechnung;
die **Fundamentaufgabe:** sachgemäße Wirtschaftserkenntnis.

„Das volkswirtschaftlich wichtige Ziel sind nicht die Bilanzierung und Bilanzvorlage an sich, sondern die p r a k t i s c h e W i r t s c h a f t s f ö r d e r u n g dadurch, daß sich der einzelne Unternehmer mittels seiner Bilanz auf das genaueste und vollständigste über die w i r t s c h a f t l i c h e L e i s t u n g , L a g e u n d E n t w i c k l u n g seines Betriebes Klarheit verschafft."

Der *Bilanzbegriff* ist nach der totalen Bilanzlehre mithin s e h r w e i t . Ein sehr großer Teil der Meinungsverschiedenheiten und der sogenannten Bilanzprobleme erklärt sich nach le Coutre daraus, daß Verrechnungsgegenstand, Verrechnungszweck und Verrechnungsform der Bilanz nicht klar erkannt und auseinandergehalten, sondern sogar nicht selten miteinander verwechselt wer-

den. Die totale Bilanzlehre lehnt deshalb auch die ü b r i g e n B i l a n z a u f -
f a s s u n g e n n i c h t grundsätzlich ab. Alle enthalten ein mehr oder weniger
großes Korn „Wahrheit", aber sie sind alle e i n s e i t i g und darum u n z u ·
r e i c h e n d. Nach le Coutre muß man sich bei jeder Bilanz vor Augen halten

> „gewirtschaftet wird vom Menschen,
> gearbeitet wird mit Sachgütern (Vermögen),
> verkehrt wird mit Kapital,
> gerechnet wird mit Geldwerten."

Die elementare Einteilung der Bilanzen

Die Bilanzen werden nach den e l e m e n t a r e n B e w e g u n g s v o r g ä n -
g e n der Bilanzen eingeteilt, und zwar gibt es folgende typische Vorgänge:

1. die B e s t ä n d e an sich und in Ruhe,

2. die U m s ä t z e der Bestände,

3. der V e r b r a u c h der Bestände = Aufwand (Kosten),

4. der S u b s t a n z e r s a t z durch die Erträge (Erlöse),

5. die Vermögens v e r n i c h t u n g = Verluste,

6. der Substanz z u w a c h s = Gewinne.

Daraus ergeben sich nun als **typische Bilanzarten:**

1. die **Beständebilanz,**

2. die **Umsatzbilanz,**

3. die **Leistungsbilanz** (Aufwand- und Ertragsbilanz),

4. die **Erfolgsbilanz** (Gewinn- und Verlustrechnung).

c) Der Begriff der totalen Bilanz

Begriff der Beständebilanz

Die Beständebilanz ist eine nach dem Prinzip des Kontos und in der Regel in
Kontoform aufgestellte und auf die Angabe der Werte beschränkte Z u s a m -
m e n s t e l l u n g d e s V e r m ö g e n s, d e r S c h u l d e n u n d d e s
E i g e n k a p i t a l s einer Unternehmung oder, allgemein gesagt, eines Wirtschaftsbetriebes überhaupt, für einen bestimmten Zeitpunkt.

Begriff der Umsatzbilanz (Verkehrsbilanz)

Die Umsatzbilanz oder Verkehrsbilanz stellt d i e S u m m e n der Bewegungen
a u f j e d e r S e i t e d e r e i n z e l n e n K o n t e n zusammen. Sie gibt daher
ein Bild der gesamten wertmäßigen Kapital- und Vermögensbewegungen durch
ü b e r s i c h t l i c h e Z u s a m m e n s t e l l u n g d e r S u m m e n a l l e r Z u -
u n d A b g ä n g e bei jedem einzelnen Vermögens- und Kapitalteil.

Die Umsatzbilanz ist eine sehr wichtige Grundlage für die Betriebsdisposition
und Betriebsüberwachung. Sie gibt das gesamte wirtschaftliche Leben der
Unternehmung und ihres Betriebes — soweit es überhaupt in Geldwerten ausgedrückt werden kann — ungeschminkt wieder.

Der Begriff der Leistungsbilanz

Die Leistungsbilanz ist die u n k o m p e n s i e r t e A u f s t e l l u n g a l l e r
A u f w e n d u n g e n u n d E r t r ä g e. In dieser Form der Gewinn- und Verlustrechnung werden alle Aufwendungen und Erträge von ihren Konten unmittelbar mit ihren Endsummen einzeln oder zu Gruppen zusammengefaßt —
aber n i e m a l s gegeneinander s a l d i e r t — auf die Gewinn- und Verlustrechnung übernommen. Sie wird also als „**Bruttorechnung**" geführt und zeigt
damit den gesamten Aufwand und Ertrag der betreffenden Abrechnungsperiode
als Verbrauch und Ersatz des Vermögens, den die Betriebstätigkeit bewirkt hat.
Der Bilanzcharakter zeigt sich deutlich in der Zusammenfassung und Gegenüberstellung verschiedenartiger Posten.

Begriff der reinen oder eigentlichen Erfolgsrechnung

Die reine oder eigentliche Erfolgsrechnung ist eine k o m p e n s i e r t e G e -
w i n n - u n d V e r l u s t r e c h n u n g. Die Aufwendungen werden vorher
gegen die mit ihnen erzielten und für ihre Deckung in Betracht kommenden
Erträge aufgerechnet. Es werden lediglich die Salden als Gewinne oder Verluste in die Gewinn- und Verlustrechnung übernommen. Derartige „reine
Erfolgsrechnungen" haben gar k e i n e n oder nur einen s e h r b e s c h r ä n k -
t e n E r k e n n t n i s w e r t. Selbst die vom Aktiengesetz vorgeschriebene Min-
destgliederung lehnt le Coutre als betriebswirtschaftlich unzureichend ab, da sie
der Forderung nach klarer Rechnungslegung nicht entspricht.

d) Die Elementaraufgaben der Bilanz

Vermögens- und Kapitalabrechnung

Le Coutre fordert eine „f o r m a l r e c h n u n g s m ä ß i g e Vermögens- und
Kapitalabrechnung". Das heißt nach ihm

1. eine **sachgemäß gegliederte Aufstellung** d e r v o r h a n d e n e n V e r -
m ö g e n s - u n d K a p i t a l a r t e n, wie es in der Praxis in der Regel geschieht — insbesondere auf Grund der aktienrechtlichen und anderer Bilanz-
Vorschriften (z. B. für Kreditinstitute);

2. die **vollständige Erfassung** aller Vermögens- und Kapitalwerte.

Diese zweite Forderung erfüllt jedoch die heutige Praxis nicht. Während es als
selbstverständlich gilt, daß ein Kassierer jede Einnahme und Ausgabe sofort
und mit vollem Betrag verbucht, ist es dem Bilanzaufsteller durchaus erlaubt,
in der Bilanz erhebliche Vermögenswerte völlig verschwinden zu lassen: „Man
setzt nämlich mit der Bildung sog. stiller Reserven Vermögens- und Kapital-
teile außer Rechnung und läßt Gewinnteile wie Verluste nicht in Erscheinung
treten, entzieht sie also der Rechenschaftslegung!" *Die totale Bilanzlehre lehnt
darum die Bildung stiller Reserven grundsätzlich ab* und erkennt Ausnahmen
nicht an. Der einzig erkennbare Zweck der stillen Reserven ist nach le Coutre
der, dem Bilanzleser den Einblick in die wirklich erzielten Erfolge zu unterbinden, also zum mindesten keine volle Rechenschaft zu legen. Das widerspricht
aber völlig dem Grundzweck der Bilanz und der Bilanzvorlagepflicht.

Deshalb braucht der sog. Grundsatz der „v o r s i c h t i g e n Bewertung" nach le Coutre durchaus nicht aufgegeben zu werden; denn gefordert wird ja nur das Verbot der s t i l l e n Reserven. Offene Rücklagen können ohne weiteres gebildet werden. Freilich muß auch hier die Bilanzwahrheit beachtet werden. Diese Forderung le Coutres erfüllt das Aktiengesetz von 1965, das alle stillen Willkürreserven verbietet.

Weiterhin fordert le Coutre, daß die *Zweckbestimmung der Rücklagen* und ihre dispositionsmäßige Beachtung durch sachgemäße Gliederung und klare Bezeichnungen zum Ausdruck gebracht werden.

Die Fundamentalaufgabe: Wirtschaftserkenntnis

Die Bilanz kann nur dann einen klaren und ausreichenden Einblick in die Unternehmung zum Zweck wirtschaftlicher Dispositionen gewähren, wenn sie sachgemäß n a c h W i r t s c h a f t s z w e c k e n g e g l i e d e r t ist. Die totale Bilanz, die den Anforderungen an die Inhaltsgestaltung und den notwendigen Umfang der einzelnen Positionen erfüllt, kann einen sicheren Einblick in alle wesentlichen „*Lagekennzeichen*" gewähren. Das sind im einzelnen:

1. Die ausreichende und sachgemäße Ausstattung des Betriebes mit Vermögen für die ihm gestellten technischen und wirtschaftlichen Aufgaben (nach le Coutre die **materielle Konstitution des Betriebes).**

2. Der kapitalmäßige Aufbau der Unternehmung an sich wie im Hinblick auf die Bedürfnisse des Betriebes aus seiner Erzeugungs- und Absatztätigkeit (die **finanzielle Konstitution).**

3. Die *jeweilige Situation,* wie sie sich in den besonderen bzw. außergewöhnlichen Verschiebungen in einzelnen Vermögens- oder Kapitalteilen — hervorgerufen durch Unregelmäßigkeiten oder Störungen im praktischen Wirtschaftsablauf, Saisonschwankungen, Produktionsunterbrechungen usw. — äußert.

4. Der *Verkaufsumsatz,* denn er stellt den Umfang der Versorgungsleistung für den Markt dar, die ja die volkswirtschaftliche Aufgabe und damit die Daseinsrechtfertigung und -grundlage des Betriebes ist.

5. Die *gesamten Aufwendungen* (Kosten) *und Erträge* (Erlöse) der Wirtschaftsperiode in sachgemäßer Gliederung. Sie zeigen, was für die Erstellung der Leistung aufgewandt wurde und damit vom Vermögen verbraucht und entsprechend wieder ersetzt wurde.

6. Die in der Wirtschaftsperiode eingetretenen *effektiven Kapitalvernichtungen* (Verluste) in vollem Umfang und allen Arten sowie der *absolute Kapitalzuwachs* (Gewinn) ebenfalls in voller Höhe und nach sachlicher Herkunft.

7. Der *Grad der Wirtschaftlichkeit,* mit dem im Betrieb gearbeitet wurde,

8. Die *Entwicklungstendenzen,* die der Betrieb zeigt.

4. Die pagatorische Bilanztheorie

Die von *Erich Kosiol* entwickelte pagatorische Buchhaltungs- und Bilanztheorie will eine systematisch geschlossene Erklärung der F i n a n z b u c h h a l t u n g und der sie abschließenden Bilanz (Jahresschlußbilanz) geben. Sie sucht den formalen Aufbau der Buchhaltung und ihres Abschlusses durch Jahresbilanz und Aufwands- und Ertragsrechnung (Gewinn- und Verlustrechnung) unter dem dominierenden Gesichtspunkt der Ermittlung des jährlichen Erfolges sowie die diesem Rechnungsziel entsprechende Bewertung zu erklären. Zugleich wird damit das Problem der Kapitalerhaltung erfaßt. Schließlich gehören zum Gebiet der pagatorischen Buchhaltungs- und Bilanztheorie auch die Probleme des Sachinhalts der Finanzbuchhaltung, die in zweiter Linie als Vermögens- und Kapitalrechnung gekennzeichnet wird.

a) Wesen der pagatorischen Buchhaltungs- und Bilanztheorie

Die Finanzbuchhaltung und die Jahresschlußbilanz werden von Kosiol als Aufschreibungen von Zahlungsvorgängen bzw. als daran anknüpfend erklärt und deshalb durch das Adjektiv „p a g a t o r i s c h" gekennzeichnet. Das Wort geht auf das lateinische „p a c a r e" mit der Bedeutung „befriedigen" zurück. Daraus entstand im Vulgärlatein „p a g a r e" = zahlen (ital. pagare, span. pagar, engl. to pay, frz. payer). Damit ist die Entstehung des Wortes „k a l k u l a - t o r i s c h" von lat. calculare = rechnen vergleichbar. In Verbindung mit einer Erklärung der Finanzbuchhaltung, der jährlichen Erfolgsbilanz und ihrer Werte heißt pagatorisch „auf Zahlungsvorgängen beruhend", „mit Zahlungen zusammenhängend". In dieser Hinsicht enthält die Finanzbuchhaltung pagatorische Vorgänge und kann daher *pagatorische Buchhaltung* (im Gegensatz zur Betriebsbuchhaltung = kalkulatorische Buchhaltung) genannt werden.

Die pagatorische Buchhaltungs- und Bilanztheorie baut auf der von Schmalenbach geschaffenen und von Walb weiterentwickelten d y n a m i s c h e n B i l a n z t h e o r i e auf. Der Ausgangspunkt der bilanztheoretischen Arbeiten Kosiols ist ein Vergleich des Formalaufbaus der Jahresbilanz nach Schmalenbach und Walb sowie eine mit der Deutung des Formalaufbaus eng zusammenhängende Erklärung des Sachinhalts der Bilanz in der Festschrift für Ernst Walb (Leipzig 1940). Die spätere Veröffentlichung Kosiols über die pagatorische Buchhaltungs- und Bilanztheorie im „Lexikon des kaufmännischen Rechnungswesens" (2. Aufl. 1955 ff., Art.: Pagatorische Bilanz) stellt den Formalaufbau von Buchhaltung und Bilanz in vereinfachter Form dar, womit in dieser Hinsicht ein vorläufiger Abschluß erreicht sein dürfte. Die nachfolgende Darstellung stützt sich vor allem auf diesen Artikel.

b) Der Formalaufbau der pagatorischen Erfolgsrechnung

Das Problem der Periodenabgrenzung

Kosiol legt der Erklärung der Buchhaltung und ihres Abschlusses wie Schmalenbach das theoretische Gebilde der T o t a l e r f o l g s r e c h n u n g zu Grunde, die sämtliche während der Lebensdauer der Unternehmung angefallenen baren Einnahmen und Ausgaben miteinander vergleicht. Unter der Voraussetzung, daß während der Totalperiode keine Gewinne entnommen werden, ergibt sich der Totalerfolg als Kassenbestand (Bareinnahmeüberschuß).

Die Zahlungen, die den Erfolg bestimmen, sind die E r t r a g s e i n n a h m e n und die A u f w a n d s a u s g a b e n. Man geht dabei von der Möglichkeit aus, zum Zweck einer Erfolgsrechnung der Unternehmung den r e a l e n Güterverzehr und die r e a l e n Güterentstehungen substantiell festzustellen und primär zu bewerten, um dann Aufwendungen und Erträge miteinander zu vergleichen. Da jedoch in der modernen Wirtschaft (nahezu) alle realen Güterbewegungen von nominalen Geldbewegungen (in entgegengesetzter Richtung) begleitet werden, gewinnt man die buchhalterische Erfolgsrechnung durch die einfachere und zuverlässigere Aufschreibung der Zahlungsvorgänge. Die in der Totalperiode außerdem auftretenden reinen Finanzvorgänge (Ein- und Auszahlungen von Beteiligungs- und Darlehenskapital) gleichen sich grundsätzlich aus und lassen sich daher als wesensneutrale Zahlungen kennzeichnen.

Die praktisch allein relevante **Periodenrechnung** entsteht (gedanklich) durch Z e r l e g u n g d e r T o t a l p e r i o d e i n T e i l p e r i o d e n. Soweit nun die den Güterbewegungen entsprechenden Zahlungen nicht in der gleichen Periode anfallen, entsteht das Problem, die Zahlungen r e c h n u n g s m ä ß i g in der Periode der für die Erfolgsermittlung maßgebenden Gütervorgänge erfolgswirksam werden zu lassen. Dieses Problem ist z. B. dann zu lösen, wenn der Anschaffungsausgabe für eine Maschine oder ein Gebäude ein realer Verzehr in mehreren Perioden folgt. Gemessen an den Realvorgängen ist die Ausgabe in der Anschaffungsperiode zu hoch, in den Perioden der Abnutzung fehlen dagegen entsprechende Ausgaben. Umgekehrt können z. B. in einer Periode Vorauszahlungen von Kunden eingehen, denen erst in der nächsten Periode die Lieferungen, d. h. die Güterausbringungen folgen. Für die Periodenrechnung ist die gebuchte Bareinnahme als Erfolgskomponente ungeeignet, weil gütermäßig kein Ertrag realisiert wurde. In der späteren Periode, in der das geschieht, fehlt in der Geldrechnung die entsprechende Ertragseinnahme.

Die Zerlegung der Totalperiode führt auch dazu, daß die jeweils paarweise auftretenden Einnahmen und Ausgaben bei reinen Finanzvorgängen (z. B. Darlehenshingabe und Darlehensrückzahlung) nicht immer in der gleichen Teilperiode anfallen und sich deshalb auch nicht automatisch ausgleichen. In einer Erfolgsrechnung, die allein in der Aufschreibung von Barzahlungen besteht, würde dann insoweit auch eine Salden- bzw. Erfolgswirkung entstehen, ohne daß entsprechende Güterbewegungen stattgefunden hätten.

Es gibt also drei Möglichkeiten des Verhältnisses von Güterbewegungen bzw. Aufwands- und Ertragsrealisation (Erfolgsrealisation) und Barzahlungen:

1. Aufwands- und Ertragsrealisation und Barzahlungen fallen in eine Periode,
2. Aufwands- und Ertragsrealisation gehen den Barzahlungen in früheren Perioden voran,
3. Aufwands- und Ertragsrealisation folgen den Barzahlungen in späteren Perioden nach.

Für das zeitliche Verhältnis der positiven und negativen wechselbezüglichen Zahlungen zueinander ergeben sich zwei Möglichkeiten:

1. Einnahme und Ausgabe fallen in eine Periode und gleichen sich dadurch aus,
2. Einnahme und Ausgabe fallen in verschiedene Perioden.

Der formelle Aufbau der Buchhaltung, d. h. das Gefüge der verschiedenen Kategorien von Buchungen in bezug auf den Erfolg und in gegenseitiger Beziehung, läßt sich nun so erklären, daß die außer den Barzahlungen auftretenden Buchungen dazu dienen, die Einnahmen-Ausgabendifferenz der jeweiligen Abrechnungsperiode so zu modifizieren, daß der pagatorische Erfolg den maßgebenden Gütervorgängen entspricht. Diese Maßnahmen der rechnungsmäßigen Modifizierung der reinen Gelddifferenz nennt man P e r i o d e n a b g r e n - z u n g .

c) Die „systematische einfache Buchführung"

Vorverrechnung und Tilgungsverrechnung

Den Grundstock der buchhalterischen Erfolgsrechnung bilden auch in der Periodenrechnung die baren Ertragseinnahmen und Aufwandsausgaben. Über die in ihnen zum Ausdruck kommenden Gütereinsätze und Güterausbringungen hinaus können in der betrachteten Periode Gütervorgänge erfolgen, die erst in einer s p ä t e r e n Periode zu Zahlungsvorgängen führen, z. B. später zu bezahlende Fremdleistungen wie Lohnarbeit, Reparaturen, Dienstleistungen der Arbeiter und Angestellten, Raumnutzungen und Kapitalnutzungen, Gütereingänge aus Kreditkäufen; später zu vereinnahmende Erlöse aus Zielverkäufen, gewährten Raum- und Kapitalnutzungen. Im Hinblick auf eine den realen Vorgängen entsprechende pagatorische Erfolgsermittlung müssen diese späteren Barzahlungen rechnungsmäßig vorher in der betreffenden Periodenrechnung berücksichtigt werden. Das geschieht durch die Buchung von Zahlungsvorgriffen, von vorverrechneten Einnahmen und Ausgaben, kurz von **Voreinnahmen** und **Vorausgaben**. Das bedeutet nicht, daß die späteren Barzahlungen als solche buchmäßig vorweggenommen und im Zeitpunkt ihres tatsächlichen Anfalls dann nicht mehr aufgeschrieben werden. Vielmehr wird eine neue Kategorie von Zahlungen kreiert, nämlich „zukünftige Barzahlungen", die Voreinnahmen und Vorausgaben umfaßt. Man erweitert also den Zahlungsbegriff (Walb), indem man neben den Barzahlungen auch rechnungsmäßige Zahlungen, d. h. **Verrechnungszahlungen,** unter den Zahlungsbegriff subsumiert, in diesem Fall vorverrechnete, zukünftige Barauszahlungen.

Voreinnahmen bedeuten Forderungsentstehungen, Vorausgaben Schuldentstehungen. Forderungen und Schulden werden hier in wirtschaftlich-rechnungstheoretischem Sinne als zukünftige Barzahlungen definiert. Sie decken sich weitgehend mit den entsprechenden juristischen Kategorien, was auch für die Schuldverhältnisse gilt, die in den sogenannten antizipativen Rechnungsabgrenzungsposten zum Ausdruck kommen. Auf der Passivseite gehen jedoch die „buchhalterischen" Schulden in den Fällen des Eigenkapitals und bestimmter Rückstellungen über die „juristischen" Schulden hinaus.

Die Vorverrechnung umfaßt auch e r f o l g s u n w i r k s a m e , d. h. neutrale Voreinnahmen und Vorausgaben, die die Erfolgswirkung wechselbezüglicher Barzahlungen aufheben sollen, wenn diese in verschiedenen Perioden anfallen, in der Rechnungsperiode also einseitig auftreten. Die eine Darlehensforderung begründende Barausgabe nennt man **Forderungsausgabe**. In Erwartung der künftigen Rückzahlung des Darlehens wird eine Voreinnahme gebucht, die die Aufgabe hat, die sonst auftretenden Saldenwirkungen der Forderungsausgabe zu kompensieren. Die eine Darlehensschuld begründende Bareinnahme nennt man **Schuldeinnahme**. In diesem Fall kompensiert eine Vorausgabe die Salden-, d. h. Erfolgswirksamkeit dieser Barzahlung.

Während die *Entstehung* buchhalterischer Forderungen und Schulden verschieden erklärt wird, je nachdem, ob es sich um erfolgswirksame oder um neutrale Zahlungsvorgriffe handelt, bestehen hinsichtlich der *Tilgung* dieser Schuldverhältnisse keine Unterschiede. Der zwischenbetriebliche Ausgleich der Schuldverhältnisse wird durch Barzahlungen vollzogen, die man **Ausgleichszahlungen** nennt. **Ausgleichseinnahmen** entsprechen früheren erfolgswirksamen Voreinnahmen oder baren Forderungsausgaben bzw. wechselbezüglichen Voreinnahmen, **Ausgleichsausgaben** entsprechen früheren erfolgswirksamen Vorausgaben oder baren Schuldeinnahmen bzw. wechselbezüglichen Vorausgaben. Ohne weitere rechnungstechnische Maßnahmen würden die Ausgleichszahlungen erfolgswirksam sein. Ihre Erfolgswirkung ist aber entweder bereits vorweggenommen worden oder darf überhaupt nicht auftreten, d. h. sie muß in jedem Fall kompensiert werden. Das geschieht durch die **Tilgungsverrechnung.** Sie umfaßt die Buchung von **Tilgungseinnahmen,** die die Erfolgswirkung barer Ausgleichsausgaben kompensieren, und von **Tilgungsausgaben,** die die Erfolgswirkung barer Ausgleichseinnahmen aufheben. Tilgungseinnahmen und -ausgaben gehören zu den Verrechnungszahlungen.

Tilgungseinnahmen und Tilgungsausgaben werden stets in der ursprünglichen Höhe der entsprechenden Zahlungsvorgriffe angesetzt. Weichen also die späteren Ausgleichszahlungen — in der Regel nach unten — davon ab, dann sind die höheren Tilgungszahlungen insoweit erfolgswirksam. Man spricht in diesen Fällen (z. B. Debitorenausfälle, Schuldnachlaß) von T i l g u n g s a b w e i c h u n g e n .

Ü b e r s i c h t Nr. 1

Vor- und Tilgungsverrechnung

(zeitlicher Ablauf)

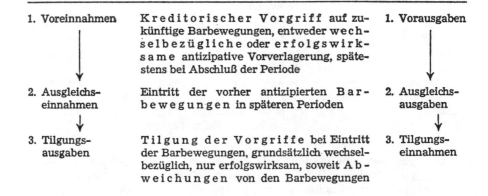

1. Voreinnahmen	K r e d i t o r i s c h e r V o r g r i f f auf zukünftige Barbewegungen, entweder w e c h s e l b e z ü g l i c h e oder e r f o l g s w i r k s a m e antizipative Vorverlagerung, spätestens bei Abschluß der Periode	1. Vorausgaben
2. Ausgleichs-einnahmen	Eintritt der vorher antizipierten B a r b e w e g u n g e n in späteren Perioden	2. Ausgleichs-ausgaben
3. Tilgungs-ausgaben	T i l g u n g d e r V o r g r i f f e bei Eintritt der Barbewegungen, grundsätzlich wechselbezüglich, nur erfolgswirksam, soweit A b w e i c h u n g e n von den Barbewegungen	3. Tilgungs-einnahmen

Für die Erklärung der praktisch vorkommenden Buchungen von Schuldverhältnissen ist der Gedanke der Periodenabgrenzung nur ein Ansatzpunkt, denn weithin erfolgen die erwähnten Verrechnungen nicht nur perioden-, sondern zeitpunktgerecht. Also auch dann, wenn etwa der bare Erlös aus einem Zielverkauf noch in dieselbe Periode fällt, wird im Zeitpunkt der Ertragsrealisation eine Voreinnahme gebucht. Dadurch wird außer der periodischen Erfolgsrechnung auch eine laufende Bestandsrechnung über Forderungen und Schulden möglich.

Rückverrechnung und Nachverrechnung

Das Vorangehen der Barausgaben oder auch kreditorischer Ausgaben vor der Erfolgsrealisation findet man bei Sachgüterkäufen aller Art sowie bei geleisteten Vorauszahlungen. Derartige sogenannte *Vorratsausgaben* beziehen sich auf Güter, deren Nutzung und Verbrauch den Rechnungszeitraum überschreiten. Sie müssen daher auch auf spätere Perioden verteilt werden. Dies geschieht dadurch, daß die Vorratsausgaben zunächst durch gleichhohe *Rückeinnahmen* erfolgsrechnerisch vorläufig neutralisiert und in der (den) Periode(n) der Erfolgsrealisation transitorisch durch rechnungsmäßige *Nachausgaben* aufwandswirksam aufgelöst werden. Die Aktivierung von Maschinen bedeutet eine Rückeinnahme (Soll), die Abschreibungen stellen Nachausgaben (Haben) dar.

Die den baren oder auch kreditorischen Vorratsausgaben entsprechenden Einnahmen werden als *Reservateinnahmen* bezeichnet. Es handelt sich bei ihnen um erhaltene Vorauszahlungen z. B. für Warenlieferungen, noch zu gewährende Raum- oder Kapitalnutzungen. Durch Buchung gleich hoher *Rückausgaben* (Passivierung) wird die in den betreffenden Einnahmen steckende Ertragswirkung vorläufig kompensiert, d. h. für spätere Zeiträume reserviert, in denen·die Ertrags- bzw. Erfolgswirkung durch Buchung rechnungsmäßiger *Nacheinnahmen*, die an früheren Rückausgaben anknüpfen, herbeigeführt wird. Rückeinnahmen und Rückausgaben umfassen auch die sogenannten transitorischen Rechnungsabgrenzungsposten.

Rückeinnahmen und Rückausgaben bilden zusammen die *Rückverrechnung*, Nacheinnahmen und Nachausgaben die *Nachverrechnung*. Die beiden Verrechnungsgruppen gehören ebenso wie die Vor- und Tilgungsverrechnung zu den Verrechnungszahlungen, die sich sämtlich auf Barzahlungen zurückführen lassen, wodurch die Voraussetzung zur Subsumtion unter den erweiterten Zahlungsbegriff erfüllt ist. Mit Hilfe der Verrechnungszahlungen ist es möglich, eine periodische Erfolgsrechnung auf den Zahlungsvorgängen aufzubauen. Die Barzahlungen werden durch die Verrechnungszahlungen derart modifiziert, daß der Unterschied sämtlicher Einnahmen und Ausgaben den Periodenerfolg ergibt.

Übersicht Nr. 2
Rück- und Nachverrechnung
(zeitlicher Ablauf)

1. Reservateinnahmen	Noch nicht erfolgswirksame Barbewegungen oder kreditorische Vorgriffe	1. Vorratsausgaben
↓		↓
2. Rückausgaben	Kompensatorische Wirkung, spätestens bei Abschluß der Periode	2. Rückeinnahmen
↓		↓
3. Nacheinnahmen	Übertragung in spätere Perioden, erfolgswirksame transitorische Nachverlagerung	3. Nachausgaben

Bewegungs-, Veränderungs- und Beständebilanz

Die Form der Aufschreibung der Geschäftsvorfälle bzw. der Bar- und Verrechnungszahlen (Konten, Journal, Tabellen oder dgl.) ist für die theoretische Entwicklung der pagatorischen Erfolgsrechnung unerheblich. Der Abschluß der Buchhaltung besteht in einer Bruttozusammenstellung bzw. Gegenüberstellung sämtlicher Bar- und Verrechnungseinnahmen und sämtlicher Bar- und Verrechnungsausgaben zum Zweck der s u m m a r i s c h e n Ermittlung des Periodenerfolges im Weg der Saldierung. Kosiol bezeichnet diese Zusammenfassung als *pagatorische Bewegungsbilanz*.

Ü b e r s i c h t N r. 3

Einnahmen	**Pagatorische Bewegungsbilanz** (Urform)	Ausgaben

Einnahmen	Ausgaben
I. Bareinnahmen	I. Barausgaben

II. Verrechnungseinnahmen
  a) Voreinnahmen
    (Forderungsentstehungen)
  b) Tilgungseinnahmen
    (Schuldtilgungen)
  c) Rückeinnahmen
  d) Nacheinnahmen
	II. Verrechnungsausgaben
	  a) Vorausgaben
	    (Schuldentstehungen)
	  b) Tilgungsausgaben
	    (Forderungstilgungen)
	  c) Rückausgaben
	  d) Nachausgaben

	Saldo = Periodenerfolg (Gewinn)

Die aktiven und passiven Vorträge in gleicher Gesamthöhe sind an sich für die Erfolgsermittlung entbehrlich. Praktisch braucht man sie jedoch zur Wahrung der Periodenkontinuität. Aus der Zusammenfassung der Vorträge und der entsprechenden Bewegungsgrößen unter gleichzeitiger Saldierung der zusammengehörenden positiven und negativen Komponenten entsteht die praktisch vorherrschende *Beständebilanz*. Weil sie aus der Aufschreibung von Zahlungsvorgängen hervorgeht und demnach s ä m t l i c h e B i l a n z b e s t ä n d e p a g a t o r i s c h e n C h a r a k t e r tragen, wird auch die Beständebilanz als pagatorische Bilanz bezeichnet. Die Ableitung der Beständebilanz aus der Bewegungsbilanz erlaubt die Unterordnung auch dieser Zusammenstellung unter den Bilanzbegriff.

Ü b e r s i c h t N r. 4

Aktiva	**Pagatorische Beständebilanz** (Grundgestalt)	Passiva

Aktiva	Passiva

I. Einnahmenbestände
  1. Kasse bzw. Guthaben = Barbestände
  2. Forderungen = Einnahmenvorgriffe
	I. Ausgabenbestände
	  1. Schulden = Ausgabenvorgriffe

II. Ausgabengegenwerte
  3. Vorräte
	II. Einnahmengegenwerte
	  2. Reservate

	Saldo = Periodenerfolg (Gewinn)

Als dritte Form der pagatorischen Bilanz gewinnt man die *pagatorische Veränderungsbilanz* durch Saldierung der einander entsprechenden Zahlungen der

Bewegungsbilanz, z. B. der Vorausgaben und Tilgungseinnahmen oder der Rückeinnahmen und Nachausgaben. Die so entstandenen Salden stellen B e - w e g u n g s d i f f e r e n z e n dar, die entweder Einnahmen- oder Ausgaben- überschüsse und identisch mit den B e s t a n d s d i f f e r e n z e n zwischen Anfangs- und Endbeständen sind; denn deren Veränderungen werden durch die Bewegungsvorgänge im Ausmaß der Bewegungsdifferenzen bewirkt.

d) Die Erweiterung der systematischen einfachen Buchführung zur Doppik

Die Bewegungs- und die Beständebilanz fassen den Inhalt der Bestandskonten in wenigen Posten zusammen. Diesen Teil der Finanzbuchhaltung nennt Kosiol s y s t e m a t i s c h e   e i n f a c h e   B u c h h a l t u n g, deren 5 Kontentypen (Kasse, Forderungen, Schulden, Vorräte, Reservate) in Anpassung an die prak- tische Gliederung der Bestände weitgehend aufgeteilt werden können. Kenn- zeichnet man die Konten nach ihrem Inhalt (Zahlungsvorgänge), dann enthält die systematische einfache Buchhaltung nur Z a h l u n g s k o n t e n, die man Finanz-, Bestands- oder Bilanzkonten nennt. Die Kontengruppe oder Konten- reihe der Zahlungskonten führt zur s u m m a r i s c h e n Erfolgsermittlung in der Bilanz.

Das Bestreben, außer der summarischen Erfolgsrechnung zu einer s p e z i f i - z i e r t e n Aufwands- und Ertragsrechnung durch gesonderten Ausweis und zweckmäßige Gliederung der Erfolgskomponenten zu gelangen, führt zur d o p - p e l t e n   B u c h h a l t u n g durch G e g e n b u c h u n g zu den Buchungen erfolgswirksamer Zahlungen auf den Zahlungskonten. Während in der systema- tischen einfachen Buchhaltung nur die nicht erfolgswirksamen Vorgänge dop- pelt, die erfolgswirksamen dagegen einseitig gebucht werden, wird in der dop- pelten Buchhaltung ein **allgemeines Prinzip der Gegenbuchung** verwirklicht. Damit erklärt Kosiol die Doppik als eine Erweiterung und Vollendung der syste- matischen einfachen Buchhaltung. Dies gilt nicht hinsichtlich der in der Praxis gehandhabten einfachen Buchführung, die nicht systematisch entwickelt ist und daher keine periodische Erfolgsrechnung durch Kontenabschluß gestattet.

Zu den fünf Kontentypen der systematischen einfachen Buchhaltung treten zwei weitere hinzu, nämlich Aufwandskonten und Ertragskonten, die praktisch weitgehend aufgeteilt werden können. Diese Konten werden auch als Erzeu- gungs- oder Erfolgskonten bezeichnet. Ihr Abschluß liefert die sogenannte Ge- winn- und Verlustrechnung, so daß nunmehr auch der Erfolg d o p p e l t er- mittelt wird.

Man kann zwei *Formen der Gewinn- und Verlustrechnung* unterscheiden:

1. Eine unsaldierte *Bruttorechnung*, die vorläufige Aufwendungen und Erträge enthält, die durch Minderungen später berichtigt werden müssen. So sind z. B. Aufwendungen, die der Zunahme des Bestandes an Halb- und Fertig- fabrikaten entsprechen, vorläufiger Natur. Der Ausweis derartiger Bestands- mehrungen auf der Ertragsseite stellt eine Minderung vorläufiger Aufwen- dungen dar. Diese A u s b r i n g u n g s r e c h n u n g wird auch ungenau Gesamtkostenverfahren genannt.

2. Eine aus der Bruttorechnung ableitbare saldierte *Nettorechnung*, die nur
die endgültigen Aufwendungen und Erträge ausweist. Diese A b s a t z -
r e c h n u n g (Umsatzrechnung) wird auch als *Umsatzkostenverfahren* bezeichnet.

Ü b e r s i c h t N r. 5 und 6 (gekürzt)

Unsaldierte Gewinn- und Verlustrechnung (Ausbringungsrechnung)

I. Aufwendungen	I. Erträge
II. Ertragsminderungen	II. Aufwandsminderungen
III. Vorläufige Aufwendungen	III. Vorläufige Erträge
IV. Minderungen vorläufiger Erträge	IV. Minderungen vorläufiger Aufwendungen
Saldo = Periodenerfolg (Gewinn)	

Saldierte Gewinn- und Verlustrechnung (Absatzrechnung)

I. Aufwendungen	I. Erträge
II. Ertragsminderungen	II. Aufwandsminderungen
Saldo = Periodenerfolg (Gewinn)	

Die Positionen I auf beiden Seiten der unsaldierten Gewinn- und Verlustrechnung stellen den H a u p t i n h a l t dar, nämlich Erträge aus Betriebsleistungen
und neutrale Erträge sowie leistungsbedingte und neutrale Aufwendungen, die
durch die in den vorläufigen Aufwendungen und Erträgen (III) steckenden
P e r i o d e n a n t e i l e ergänzt werden. Die Positionen I der Übersicht Nr. 6
ergeben sich folgendermaßen aus den Positionen der Übersicht Nr. 5: Aufwandsseite I + III — Ertragsseite IV bzw. Ertragsseite I + III — Aufwandsseite IV.
Die Positionen II (Ertrags- und Aufwandsminderungen) haben in beiden Übersichten den gleichen Inhalt. Es handelt sich dabei um Berichtigungen, die sich
auf Buchungen in v o r a n g e g a n g e n e n Perioden beziehen und daher mit
den Erfolgskomponenten der Rechnungsperiode nicht saldiert werden können,
ohne das Bild zu verfälschen. Praktisch wird man allerdings Aufwands- und
Ertragsminderungen der gegenwärtigen und der vergangenen Perioden nur un-
vollständig auseinanderhalten, so daß die Positionen II beide Tatbestände umfassen und somit einen erweiterten Inhalt aufweisen.

5. Die „finanzwirtschaftliche Bilanz" von Ernst Walb

Die finanzwirtschaftliche Bilanz von *Ernst Walb* (1880—1946) in seinem Werk:
„Die Finanzwirtschaftliche Bilanz" (1. Aufl. 1943, 3. Aufl. 1966) ist auch eine
Weiterentwicklung der dynamischen Bilanztheorie Schmalenbachs. Walb geht
dabei von seiner Kontenlehre aus, in der er die Konten der Buchhaltung in die
„Kontengruppe der Zahlungsreihe" und die *„Kontengruppe der Leistungsreihe"*
gliedert. Die Konten der Zahlungsreihe umfassen: Kasse, Debitoren, Wechsel,
Hypotheken, Obligationen, Kapital u. dgl. Die Konten der Leistungsreihe um-
fassen alle bewegten Sachgüterkonten (wie Waren, Maschinen u. dgl.) und die
Erfolgskonten (wie Löhne, Miete u. dgl.). Die Zahlungsreihe wird mit der Bilanz,
die Leistungsreihe mit dem Gewinn- und Verlustkonto abgeschlossen.

Der Periodenerfolg wird ermittelt „durch Rückverrechnung von Leistungen, die in der Periode nicht erfolgswirksam geworden sind, und der ihnen entsprechenden Zahlungen (Transitorien) sowie durch Nachverrechnung erfolgswirksam gewordener Leistungen, die noch nicht verbucht worden sind, ebenfalls in der Leistungs- und in der Zahlungsrechnung (Antizipationen)". Die Erfolgswirksamen Vorgänge, für die in einer Periode eine Zahlung als Gegenleistung erbracht worden ist, sind also durch zwei Arten von Verrechnungsvorgängen zu reduzieren und zu ergänzen, nämlich durch

1. *Rückverrechnungen* = Absonderung der erfolgswirksamen Vorgänge, die spätere Perioden betreffen, und

2. *Nachverrechnungen* = Ergänzung der Erfolgsrechnung durch solche der (Teil-)Periode zuzurechnenden Aufwendungen und Erträge, die noch zu keinen Zahlungsbewegungen geführt haben.

Die finanzwirtschaftliche Bilanztheorie ist nach le Coutre „in dreifacher Hinsicht bemerkenswert: 1. weil ein ausgesprochener Dynamiker nun doch den Inhalt der Bilanz als Zusammenstellung von konkreten Beständen ansieht, 2. weil es sich dabei betont um Kapitalbestände, das Lebenselement der Unternehmung, handelt, 3. weil hier die Bilanz zur Überwachung und Disposition dieser Kapitalien benutzt wird".

Walb legt noch besonderen Wert auf die *finanzwirtschaftliche Auswertung des Abschlusses.* „Diese letztere vollzieht sich in einer doppelten Form. Es handelt sich einmal um die für jedes finanzwirtschaftliche Gebaren entscheidende und erzieherische Frage nach der Herkunft und dem Verbleib der Mittel und weiter um die Feststellung nicht der formellen, sondern der materiellen, d. h. der wahren Liquidität." Erich *Kosiol* hat die Bilanzauffassung Walbs weiterentwickelt, insbesondere die Theorie des Forminhalts der Bilanz und versucht, Handels- und Steuerbilanz zur *„Einheitsbilanz"* zu vereinheitlichen (Bilanzreform und Einheitsbilanz, 2. Aufl. 1949).

6. Die „nominalistische Bilanzauffassung" Wilhelm Riegers

Die Bilanzauffassung *Wilhelm Riegers* (1878—1971), niedergelegt in seiner „Einführung in die Privatwirtschaftslehre" (1928, 3. Aufl. 1964) ist in den gegenwärtigen bilanztheoretischen Diskussionen stark in den Vordergrund getreten. Prof. S. Asztély, Göteborg, spricht von einer „Renaissance des Riegerschen Gedankenguts" (ZfB 1967, S. 292).

Rieger geht in diesem Werk von der Volkswirtschaft aus, die sich zu der „kapitalistischen Geldaustauschwirtschaft" entwickelt hat, und behandelt in seinem Buch nur die *kapitalistische Unternehmung,* die als „Träger und Exponent der Geldwirtschaft und des Kapitalismus entstanden" ist. Das wichtigste Kriterium der Unternehmung ist das *Gewinnprinzip,* das auch das *Risiko* als weiteres Kriterium der Unternehmung mit einschließt. In der Unternehmung spielt sich alles Wirtschaften im *Geldumwandlungsprozeß* ab. Am Anfang der Unternehmung steht das Geld, das in sie investiert wird, am Schluß der Unternehmung angelangt, steht wiederum das Geld, das als Gewinn entnommen wird. Da die Unternehmung durchweg auf unbestimmte Zeit arbeitet, kann erst bei ihrer Auflösung festgestellt werden, welcher Gewinn tatsächlich erzielt worden ist, da erst dann alle Aufwendungen die Geldform wieder erreicht haben. Nur eine bei Auflösung (oder auch beim Verkauf der Unternehmung als Ganzes) vorgenommene Gegenüberstellung aller Einnahmen und Ausgaben, die „Totalrechnung", kann als wahre Abrechnung angesprochen werden. Jede Zwischenrechnung, wie sie insbesondere die *Jahresbilanz* darstellt, ist eine Fiktion, die allerdings wegen gewisser Kontrollzwecke notwendig ist. Sie ist deshalb unwahr, weil der unterschiedliche Reifezustand der einzelnen Wertdinge im Hinblick auf die angestrebte Geldwerdung sowohl unsichere Einnahmen als auch unsichere Ausgaben erwarten läßt. Die Zwischenabrechnung ist deshalb nur ein fingierter Abschluß, sie muß für alles was den Betriebsprozeß noch nicht ganz durchlaufen hat, das geldliche Schicksal antizipieren, sie muß den *„heutigen Wert"* aller noch zu erwartenden Einnahmen und Ausgaben feststellen, muß also bewerten, d. h. das geldmäßige Schicksal vorausnehmen und auf den Bilanzstichtag umrechnen.

Dieser *„heutige Wert"* Riegers, der den echten, tatsächlich später einmal für das betreffende Objekt zu erhaltenden Geldbetrag, bezogen auf den Bilanzstichtag, darstellt, ist natürlich nicht mit dem Tageswert (Marktpreis bzw. Wiederbeschaffungswert) identisch. Es ist nach Rieger unmöglich, am Bilanzstichtag in der Praxis schon den späteren Geldwert der so zu bewertenden Güter festzustellen. Deshalb sei ein richtiger Zwischenabschluß unmöglich. Heute versucht man aber, insbesondere mit Hilfe der Planungs- und der Investitionsrechnung, die Zukunftswerte zu antizipieren.

Da das Rechnungswesen eine reine Geldrechnung darstellt, lehnt Rieger jede *Sachwertrechnung,* wie sie insbesondere die organische Bilanztheorie fordert, ab. Der Abschluß ist eine rechnerisch fiktive Umwandlung aller Bestände in die Geldform, wobei alle noch zu erwartenden Einnahmen und zu leistenden Ausgaben in die Buchführung einzubeziehen sind. Hier zeigt sich bereits, daß die moderne Investitionstheorie für die nominalistische Bilanzauffassung große Bedeutung gewinnen kann, wie es Prof. Rudolf *Gümbel* zu zeigen versucht hat (Die Bilanztheorie Wilhelm Riegers, in ZfB 1966, S. 333 ff.). Aufbauend auf dem Grundgedanken Riegers, daß bei der Bewertung das geldliche Schicksal der Güter und die Geldwerdung im ganzen simultan zu berücksichtigen sind, versucht Gümbel in Anlehnung an die synthetische Bilanztheorie *Albachs* (s. unten S. 806 f.) die Riegerschen Grundgedanken weiterzuentwickeln.

7. Die Rentabilitätsrechnungstheorie von M. R. Lehmann

Neuere bilanztheoretische Auffassungen

Die bilanztheoretischen Diskussionen waren bereits gegen Ende der 30er Jahre immer stärker abgeflaut; man hielt sie z. T. bereits für überwundene Streitfragen einer mehr technologisch ausgerichteten Epoche. Das war ein Irrtum. Mit der Hinwendung der Betriebswirtschaftslehre zur *Informations- und Entscheidungstheorie* rückten auch die Bilanzprobleme wieder stärker in den Vordergrund. Hierbei ging es um die Fragen, welche Informationen die Bilanz überhaupt geben kann und wie weit sie der Unternehmung als Entscheidungshilfe dient. Dabei werden die modernen Verfahren der Investitionsrechnung und des Operations Research herangezogen. *Doch bauen die modernen Theorien zumeist auf den alten Bilanzauffassungen auf.*

Auch in den Diskussionen um die *Aktienrechtsreform* spielten Bilanzprobleme eine erhebliche Rolle, und zwar ging es um die Frage, welchen Interessentengruppen die Bilanz Informationen geben sollte und wie sie zu diesem Zweck zu gestalten wäre. In diesen Diskussionen steht die Rentabilitätsrechnungs-Theorie *M. R. Lehmanns* (1886—1965) gleichsam auf der Schwelle zwischen den traditionellen Bilanztheorien und den neueren Bilanzauffassungen.

Die zwei Teillehren Lehmanns

Die Rentabilitätsrechnungs-Theorie Max Rudolf Lehmanns („Die Quintessenz der Bilanztheorie", ZfB 1955, S. 537 ff. u. 669 ff.) sucht aus dem Jahresabschluß vor allem vergleichbare Rentabilitätsziffern zu ermitteln. Lehmann stellt der „*formellen*" eine „*materielle Teillehre*" der Bilanztheorie gegenüber. Die *formelle Teillehre* umfaßt die statischen und dynamischen Bilanztheorien. Statische Bilanztheorien sind nach Lehmann dadurch gekennzeichnet, „daß sie die Posten der Bilanz als Bestandsgrößen auffassen. Allen dynamischen Bilanztheorien hingegen ist das Bestreben gemeinsam, die Posten der Bilanz gedanklich von oder aus Bewegungsgrößen abzuleiten". Die formellen Bilanztheorien gehen nach Lehmann von einer Bilanz ohne Gewinn- und Verlustrechnung aus. Bei den *materiellen Bilanztheorien* geht es um die Vollständigkeit des Zahlenstoffes, die adäquate Rechnungsgliederung sowie die richtige Bewertung von Vermögensgegenständen. Dazu dient die Bilanz einschließlich der Gewinn- und Verlustrechnung.

Lehmann unterscheidet ferner zwischen *allgemeinen Rechnungszwecken* und *konstituierenden Rechnungszwecken*. Die allgemeinen Rechnungszwecke bestehen aus Nachrechnungen und Zukunftsrechnungen. Dabei kann es sich je nach dem vorherrschenden Zweck um *Rechnungslegungs-* oder *Lenkungsrechnungstheorien* handeln. Je nach der Zahl der konstituierenden Rechnungszwecke unterscheidet Lehmann außerdem *Einzweck-* und *Mehrzwecktheorien*. So unterscheidet Lehmann zwischen folgenden Bilanztheorien:

1. Die *Vermögensrechnungstheorie:* Ihr konstituierender Rechnungszweck ist die Ermittlung des Vermögens der Unternehmung. Sie ist einerseits eine Einzwecktheorie (Ermittlung des Vermögens = Rechnungszweck), und andererseits ist sie eine Lenkungsrechnungstheorie (Blick in die Zukunft speziell bei der Bewertung ganzer Unternehmungen). Soll sie auch Lenkungsfunktion haben, so ist zu Tagespreisen zu bewerten.

2. Die *Kapitalrechnungstheorie:* Sie geht im Gegensatz zur Vermögensrechnungstheorie von der Passivseite der Bilanz aus und sucht die Kapitalquellen und die Deckung der Kapitalansprüche durch Vermögenswerte nachzuweisen (Einzwecktheorie). Ferner ist sie eine Rechnungslegungstheorie, und darum bewertet sie zum Anschaffungspreis. Ihr Hauptvertreter ist *le Coutre*.

3. Die *Erfolgsrechnungstheorie:* Sie sucht den vergleichbaren Erfolg zu ermitteln (Einzwecktheorie) und hat auch Lenkungsfunktionen (Lenkung des zukünftigen Betriebsgeschehens). Ihr Begründer und Hauptvertreter ist *Schmalenbach*.

4. Die *organische Bilanztheorie:* Sie ist nach Lehmann eine Zweizwecktheorie: Feststellung der Höhe des Vermögens und des Kapitals sowie Ermittlung des

Umsatzerfolges. Auch sie hat gleichzeitig Lenkungsfunktion. Ihr Begründer und Hauptvertreter ist *Fritz Schmidt.*

5. Die *Realkapitalrechnungstheorie:* Sie ist gleichfalls eine Zweizwecktheorie; Bilanz und Erfolgsrechnung erfüllen selbständige Rechnungsaufgaben. Sie ist zwar eine Fortentwicklung von Schmalenbachs dynamischer Bilanztheorie, doch berücksichtigt sie auch die Veränderung des Geldwertes. Ihr Begründer ist *Ernst Walb* („Finanzwirtschaftliche Bilanz" 1943, 3. Aufl., Wiesbaden 1966).

6. Die *Rentabilitätsrechnungstheorie* Lehmanns, auf die wir ausführlich eingehen wollen.

Die Rentabilitätsrechnungstheorie

Die Theorie Lehmanns ist eine materielle Bilanztheorie und fußt auf den Theorien von Schmalenbach, Schmidt und Walb. Von *Schmalenbach* übernimmt Lehmann das Ziel der Vergleichbarkeit der Zahlenergebnisse und fordert vor allem Vergleichbarkeit der Rentabilitätsziffern. Aus diesem Grund muß der Bilanz als Bestandsrechnung die gleiche Bedeutung beigelegt werden wie der Erfolgsrechnung als Bewegungsrechnung. Von *Schmidt* übernimmt er die Bewertung zu Tagespreisen am Bilanzstichtag, um den Substanzwert zu ermitteln. Die Bewertung der Aufwendungen zu Wiederbeschaffungswerten der Kostenmengen am Umsatztag machen die Gewinn- und Verlustrechnung zu einer Umsatzerfolgsrechnung im Sinne Schmidts. Schließlich setzt Lehmann das Kapital mit „Anschaffungswerten" unter Berücksichtigung der Geldwertschwankungen ein, wie es Ernst *Walb* in seiner „Finanzwirtschaftlichen Bilanzlehre" zum Grundsatz erhoben hat.

Die zwei üblichen Rechnungen, Bilanz und Erfolgsrechnung, ergänzt Lehmann deshalb durch die dritte. Die Bilanz ist für Lehmann Vermögens- und Kapitalnachweis, die Gewinn- und Verlustrechnung ist die Brutto-Aufwands- und Ertragsrechnung, und die neu zu erstellende *„Einnahmen- und Ausgabenrechnung"* ermittelt im Vergleich zu der vorhergehenden Bilanz die *Bilanzveränderungen,* die er als Einnahmen- und Ausgaben-Rechnung bezeichnet. Er ersetzt den Erfolg, der einen dieser Bilanzveränderungsposten darstellt, durch die Erträge und Aufwendungen aus der Erfolgsrechnung und gelangt auf diese Weise zu der *„kaufmännischen Einnahmen- und Ausgabenrechnung".* Es ist Lehmann damit gelungen, die problematische Einordnung der Zahlungsmittel in das dynamische System zu lösen: Beim Bilanzvergleich stellt er zwei Teilrechnungen auf, die er als „Kassenhaltungsrechnung" und „Investitions- und Finanzierungsrechnung" bezeichnet. Das Hauptziel seiner Mehrzwecktheorie sieht Lehmann in der Errechnung vergleichbarer Rentabilitätsziffern, die innerbetriebliche Zeitvergleiche sowie überbetriebliche Betriebs- und Branchenvergleiche ermöglichen sollen.

Die Rentabilitätsrechnungs-Bilanztheorie fordert ein systematisches Arbeiten mit *perioden-eigenen* (einschließlich periodengrenzen-eigenen) *Preisen* und *Geldwerten,* und zwar bedeutet das im einzelnen folgendes:

a) Die Aufwendungen sind in der Erfolgsrechnung so anzusetzen, daß diese zur Umsatzerfolgsrechnung im Sinne der Organischen Bilanztheorie wird (periodeneigene Preise für den Aufwandsgüter-Verbrauch).

b) Für die Vermögensbestandteile in der Bilanz ist mit Tagespreisen des Bilanzstichtages (periodengrenzen-eigenen Preisen) zu rechnen.

c) Das Kapital in den Bilanzen ist entsprechend der Realkapitalrechnungs-Theorie unter Berücksichtigung eingetretener Geldwertveränderungen bzw. (allgemeiner) gegebener Geldwertunterschiede einzustellen (perioden-eigene Geldwerte).

d) Alle durch die vorstehenden Rechnungsvorschriften bedingten Differenzbeträge (Auswirkungen der Unterschiede zwischen historischen und periodeneigenen Preisen bzw. Geldwerten) werden in der als *„Umwertungs-Rechnung"* bezeichneten Hilfsabschlußrechnung gesammelt und der Saldo dieser Rechnung in die Bilanz übertragen. Dort spielt er neben dem Umsatzerfolg die Rolle einer ergänzenden Erfolgsgröße, von der sich allerdings generell nur sagen läßt, daß er bei der Ermittlung der Rentabilität, wenn diese über die (kapitalorientierte) Wirtschaftlichkeit der eigentlichen Betätigung der Betriebswirtschaft Aufschluß geben soll, nicht berücksichtigt werden darf. Wie man ihn im einzelnen Fall zu deuten hat, wird im besonderen stark von den Finanzierungsverhältnissen abhängen.

8. Die Bilanz als Zukunftsrechnung (Karl Käfer)

Karl Käfer sieht in seiner Schrift „Die Bilanz als Zukunftsrechnung" (Zürich, 1962) die Bilanz als einen Bericht an „über den in einem bestimmten Zeitpunkt zu erwartenden zukünftigen Zufluß und Abfluß von Gütern und Leistungen für eine Einzelwirtschaft ...". Käfer geht dabei von der Bilanzauffassung Riegers aus und sucht das später geldliche Ende der Güter und Leistungen auf den Bilanzstichtag zu antizipieren. Die Zukunftsbilanz Käfers soll also die zukünftigen Entwicklungen im betrieblichen Güter- und Geldbereich darlegen und damit der Unternehmensentscheidung dienen. Sie läßt sich wie folgt gliedern:

Aktiva	**Bilanzschema**	Passiva

1. Erwartungen (Chancen) zukünftigen Güter- und Leistungsabganges ohne Gegenleistungen:
   a) aus zur Verfügung stehenden Sachgütern,
   b) auf Grund von Rechten gegenüber anderen Wirtschaftseinheiten,
   c) auf Grund tatsächlicher Verhältnisse.
		1. Erwartungen (Risiken) zukünftigen Güter- und Leistungsabganges ohne Gegenleistungen:
		   a) auf Grund von Verpflichtungen gegenüber anderen Wirtschaftseinheiten,
		   b) auf Grund tatsächlicher Verhältnisse,
		   c) wegen Förderung des Zweckes der Einzelwirtschaft durch Leistungen an Teilhaber oder andere Arten der Zweckerfüllung,
		   d) wegen eines Bestandes an „negativen Gütern", wie z. B. schädlichen Abfällen.

2. Aktive Berichtigungsposten
   a) Zuschläge zu Aktiven
   b) Abzüge an Passiven
		2. Passive Berichtigungsposten
		   a) Abzüge an Aktiven
		   b) Zuschläge zu Passiven

Das Vermögen ist die Summe der Erwartungen zukünftigen Güter- und Lei-
stungszuganges. Das Kapital stellt die Gesamtheit der Erwartungen zukünftigen
Güter- und Leistungsabganges dar. Hinzu kommen noch die aktiven und passiven Beteiligungsposten, die sich aus den Erfordernissen einer Bruttorechnung
ergeben.

Die Zukunftsbilanz ist jedoch keine „Planbilanz" im engeren Sinne (s. oben
S. 764), da sie die einzelnen Positionen auf den Bilanzstichtag antizipiert, während die Planbilanz, fußend auf einer integrierten Planung, die Bilanz eines
späteren Zeitpunktes darstellt.

9. Die „Prognosebilanz" von Wolfram Engels

Wolfram Engels hat in seinem Buch „Betriebswirtschaftliche Bewertungslehre
im Licht der Entscheidungstheorie" (Köln/Opladen 1962, S. 177 ff.) die Ergebnisse seiner theoretischen Überlegungen auf verschiedene betriebswirtschaftliche Bewertungsfragen angewandt, so auch auf die Bewertung in der Bilanz.
Es geht also bei ihm um die Frage, inwieweit sich die Bilanz für unternehmerische Entscheidungen eignet. Zunächst versucht Engels zu widerlegen, daß
die Gewinnermittlung das Hauptziel der Bilanzrechnung sei. Die Feststellung
des Gewinnes sei nur Mittel zum Zweck der Bilanz. Nur wenn eine Zielfunktion höherer Ordnung festgelegt sei, könne man zu Aussagen über die „Richtigkeit" verschiedener Bilanzierungsarten gelangen. Diese Zielfunktion ist nach
Engels die „lerntheoretische Prognose".

Eine Bilanzierungsform, die eine lerntheoretische Prognose als Oberziel hat,
erfüllt gleichzeitig auch die übrigen Bilanzzwecke. Aus vergangenen Abläufen
wird über den Vorgang des Lernens auf die Zukunft geschlossen. Die Zahlungsreihen der Vergangenheit setzen sich aber nicht nur aus echten Erfolgen, sondern auch aus Elementen dispositiver Willkür zusammen. Deshalb sind die
Zahlungsreihen nicht in die Zukunft projizierbar. Die Transformation finanz-
wirtschaftlicher Überschüsse und Defizite in eine prognosegerechte Form ergibt
Gewinne und Verluste, die Transformation der Finanzergebnisrechnung (als
Ausgaben- und Einnahmenrechnung) ergibt die Bilanz. Also eignet sich die
Bilanz als Basis einer lerntheoretischen Prognose. Die Überführung der pro-
gnoseungeeigneten Zahlungsreihen in prognosegeeignete, sogenannte „Ereignis-
oder Erfolgsreihen" sucht Engels durch die Einführung eines „Dispositions-
Standards" durchzuführen, der die dispositive Willkür aus den Zahlungsreihen
entfernt und die Vergleichbarkeit der Erfolgsziffern wahrt.

10. Die „synthetische Bilanz" von Horst Albach

H. Albach entwickelte in einer Abhandlung die „Grundgedanken einer synthetischen Bilanztheorie" (Zeitschrift für Betriebswirtschaft, 1965, S. 21 ff.). Auch
er ist der Ansicht, daß man die Bilanz nicht mehr als ein „Hilfsmittel für die
kaufmännische Unternehmensführung" verstehen kann. Die Bilanz ist heute
nur noch ein Kontrollkalkül. Sie ist ein Abrechnungsinstrument über die Teile
der geplanten und erwarteten Gewinne, die durch die Tätigkeit in der Bilanz-
periode realisiert worden sind. Diejenigen Teile der noch nicht realisierten Gewinne, zu deren Erzielung bereits Ausgaben bzw. Einnahmen getätigt worden

sind, werden in der Bilanz abgegrenzt. Das Prinzip der richtigen Perioden-Abgrenzung geht von einem betrieblichen Gesamtplan aus, der die Einnahmen- und Ausgabenströme eines Unternehmens als ein Ganzes betrachtet. Horst Albach sucht nun die Abweichungen zwischen Einzelbewertung und Gesamtbewertung zu überbrücken. Der Gesamtwert einer Unternehmung ergibt sich durch Diskontierung der für künftige Perioden geplanten Zahlungsüberschüsse. Dieser Gesamtplan stellt die optimale Kombination innerbetrieblicher Entscheidungsparameter dar, die, verglichen mit dem Einsatz außerhalb des Unternehmens, am besten ist. Der Optimalplan ist erstens durch einen Ausgabenbetrag für alle Wirtschaftsgüter des Unternehmens unmittelbar vor Beginn der Bilanzierungsperiode gekennzeichnet; zweitens ist er durch die vom Planungszeitpunkt aus zukünftigen Zahlungen des ersten Jahres gekennzeichnet, und zwar die Zahlungen des ersten Jahres, die aus Entscheidungen resultieren, die nicht mehr zu revidieren sind, und Zahlungen von der zweiten Periode ab, die auf noch nicht bindenden Entscheidungsparametern beruhen. Dem Optimalplan muß eine Eröffnungsbilanz genau entsprechen. Sie enthält auf der Aktivseite den Betrag der vergangenen Zahlungen und auf der Passivseite den Barwert der mit dem internen Zinsfuß diskontierten zukünftigen Zahlungen. Albach geht also von der Bilanzauffassung Riegers aus, doch reduziert er alles auf Zahlungsvorgänge, während Rieger auch die güterwirtschaftlichen Transformationsvorgänge als Aufwendungen und Erträge erfassen will.

Die Jahresbilanz ist also eine periodische Kontrollrechnung, die über die in der Periode realisierten Teile des erwarteten Gesamtgewinnes abrechnet. Verläuft die Entwicklung planmäßig, so ist der ausgewiesene Gewinn realisiert. Er entspricht der Verzinsung des zu Beginn der Periode gebundenen Kapitals mit dem internen Zinsfuß. Eine Bilanz, die der Bedingung genügt, daß die Summe der Einzelwerte gleich dem Gesamtwert des Unternehmens laut Optimalplan ist, bezeichnet Albach als „synthetische Bilanz". Sie bringt zum Ausdruck, daß das Unternehmen als Ganzes einen einzigen Gewinn und nicht aus verschiedenen Objekten verschiedene Gewinne erzielt.

Albach unterscheidet nun zwei Gruppen von *Kontrollinstanzen*, denen die Bilanz die gewünschten Informationen geben soll: *Erstens*, diejenigen Instanzen, die langfristig an dem Unternehmen beteiligt sind, und *zweitens*, diejenigen Gruppen, die nur in kurzfristige Beziehung zu dem bilanzierenden Unternehmen treten. Die Einteilung in diese beiden Gruppen rechtfertigt sich aus dem Merkmal der Fristigkeit der Entscheidungsprozesse: Die Entscheidungsprozesse der ersten Gruppe sind langfristiger Natur. Hier besteht eine Kompensationsmöglichkeit falscher Gewinnausweise in der Zukunft, d. h., der spezielle Entscheidungsprozeß der Kontrollinstanz besitzt den Grad von Vorläufigkeit wie der Gesamtplan des Unternehmens. Die Beziehungen, die die zweite Gruppe mit dem Unternehmen verbinden, sind dagegen kurzfristiger Natur. Eine an den Gewinnausweis geknüpfte Entscheidung ist hier natürlich ebenso irreversibel wie bei der ersten Gruppe, ist aber auch nicht mehr korrigierbar, weil keine „Organisation" mehr zwischen Unternehmen und damaliger Kontrollinstanz besteht. Der Interessenkonflikt beider Gruppen zwingt zur Aufstellung von Rechtsnormen über die Bilanzierung. Sie sollen den Bestand der Organisation gewährleisten. Die zulässige Bilanzierung liegt zwischen den erwarteten Werten und der Untergrenze des Schätzungsintervalls, das die erwarteten Werte einschließt.

11. Die Bilanzauffassung von A. Moxter

Adolf Moxter geht bei seiner Bilanzauffassung davon aus, daß die Eigentümer (bzw. Anteilseigner) sowie die Geschäftsführerunternehmer bestimmte *finanzielle Zielvorstellungen* haben, deren Realisierung sie sich aus dem Unternehmen erhoffen, und zwar versuchen sie, einen der Deckung ihrer Konsumausgaben dienenden, an sie fließenden künftigen Zahlungsstrom (*„Zielstrom"*) im Zeitablauf zu optimieren[1]). Der Zielstrom der Geschäftsführer besteht aus ihren sämtlichen Bezügen, der der Eigentümer aus den Ausschüttungen (Entnahmen), Veräußerungsgegenwerten der Unternehmungsanteile und Liquidationserlöse. Eigentümer und Anteilseigner sind daneben auch an dem „Wert" des Unternehmens interessiert, das ist jener Wert, den sie bei einer Veräußerung ihrer Rechte auf den Zielstrom mindestens erlösen müßten, wenn der Verkauf für sie vorteilhaft sein soll. Dieser Zielstrom wird mit alternativen Zielströmen anderer Unternehmen verglichen. Der jeweils beste *Alternativvertragssatz* (interne Zinsfuß einer Alternativanlage) wird bei der Ermittlung des Gegenwartswertes eines bestimmten Zielstromes als Diskontierungsfaktor gewählt. Dabei kommt Moxter zu dem Schluß, daß für eine direkte Ermittlung dieses Zielstromes *Bilanz und Gewinn- und Verlustrechnung völlig untauglich* sind, es sind Instrumente, die für ganz andere Aufgaben als die langfristige Finanzplanung geschaffen worden sind. Bilanzgewinn und Bilanzvermögen sind nicht an den finanziellen Zielvorstellungen der Beteiligten orientiert.

Moxter empfiehlt nun, den Abschluß (Bilanz und Gewinn- und Verlustrechnung) durch ein *finanzplanorientiertes Tableau* zu ersetzen. Dieses wäre in der Vertikalen in zweckmäßigerweise 10 Klassen von Zahlungen, und zwar nach den sie Leistenden und/oder Empfangenden aufzuteilen, etwa wie folgt: Anteilseigner; Arbeitnehmer; Verwaltung; Geldgläubiger; Lieferanten; Staat; Kunden; Beteiligungsunternehmen und Mitgliedschaftsrechte; Dienstleistungen und ähnliches; Geldschuldner und liquide Mittel. Diese vertikale Aufgliederung der Einzahlungen und Auszahlungen informiert darüber, in welchem Umfang die verschiedenen am Unternehmen interessierten Gruppen zu den Einzahlungen beitragen und an seinen Auszahlungen partizipieren.

12. Die „funktionsanalytische Bilanztheorie" von Stützel

Wolfgang Stützel entwickelte eine „funktionsanalytische Bilanztheorie" („Bemerkungen zur Bilanztheorie" in: Zeitschrift für Betriebswirtschaft 1967, S. 314 ff.). Er wendet sich zunächst sehr scharf gegen die traditionelle Auffassung, es komme in der Bilanztheorie darauf an, zu einer einzigen „richtigen" Bilanz oder auch nur zu einem den „richtigen Gewinn" oder das „wahre Vermögen" zeigenden Rechenwerk zu gelangen.

Stützel stellt zunächst eine „M e ß - T h e o r i e" auf. Buchführung und Jahresabschluß zeichnen sich vor anderen wirtschaftlichen Rechenwerken dadurch aus, daß *erstens* als Rechenoperationen nur *Addition und Subtraktion* vorkommen. Die Auffassung, in Bilanzen werde unter den Aktiven das Gesamtvermö-

---

[1]) A. Moxter, Die Grundsätze ordnungsmäßiger Bilanzierung . . ., ZfhF 1966, S. 28 ff.; A. Moxter: Bilanzlehre, Wiesbaden 1974.

gen ausgewiesen, aufgegliedert nach seiner gegenständlichen Zusammensetzung, und unter den Passiven dasselbe Vermögen, aufgegliedert nach den Personen, denen dieses Vermögen oder Kapital zusteht, wird scharf abgelehnt. — *Zweitens* zeichnen sich Buchführung und Jahresabschluß vor anderen Rechenwerken dadurch aus, daß in ihnen *nur Geldgrößen* vorkommen, Währungsbeträge gleicher Währung. Sie zeichnen sich *drittens* dadurch aus, daß als Merkmalsträger, für die solche Währungsbeträge aufgezeichnet werden, ausschließlich nach rechtlichen Kriterien abzugrenzende Gebilde, Unternehmen, in Betracht kommen, präziser: *Rechtspersonen, Haftungssubjekte.*

Im Hinblick auf die *Herkunft der einzelnen Währungsbeträge* unterscheidet Stützel *drei Unterklassen:* Die 1. Unterklasse bilden die Währungsbeträge, die einfach durch *Abzählen* ermittelt werden, so vor allem der Kassenbestand und die Kassenumsätze. Die 2. Unterklasse bilden Währungsbeträge, die *allein schon und nur durch Rechtsgeschäfte* entstehen. So entsteht und ändert sich der Grundkapitalbetrag allein durch rechtmäßige Eintragung eines gültigen Beschlusses in das Handelsregister. Außer dem *Grundkapital* gehören die *gesetzliche Rücklage* und die *freie Rücklage* zu dieser Unterklasse. — Die 3. Unterklasse umfaßt alle übrigen Währungsbeträge der Buchführung und der Bilanz, also Posten, die weder durch bloßes Abzählen, noch allein schon durch Rechtsgeschäfte zustande kommen: So z. B. die Beträge, mit denen Gegenstände des Sachanlagevermögens oder Vorräte zu Buch stehen.

Den drei genannten Wegen, auf denen Bilanzzahlen zustande kommen, entsprechen meßtheoretisch bestimmte *Genauigkeitsgrade:* Bloße Abzählung (Klasse 1) führt zu eindeutig pfenniggenauen Währungsbeträgen; das gleiche gilt für Währungsbeträge, die allein auf Rechtsgeschäften beruhen (Klasse 2). Die Bewertung der Beträge in Klasse 3 dagegen kann nur in Ausnahmefällen auf pfenniggenaue Beträge gerichtet sein.

In dieser Klasse 3 liegt die Problematik der Bilanzbewertung; denn hier enthält mangels Pfenniggenauigkeit die Skala zur Qualitätsbeurteilung von Bewertungsverfahren nie nur zwei diskrete Werte, sondern stets eine lange Skala von Werten. Wer soll aus dieser Skala nun die „richtigen" oder doch „sachgerechten" Werte auswählen? Das hängt offensichtlich davon ab, welche Funktionen die einzelnen Interessentengruppen der Bilanz zuweisen.

In seiner „f u n k t i o n s a n a l y t i s c h e n B i l a n z t h e o r i e" stellt Stützel nun die Funktionen zusammen, zu deren Erfüllung Rechenwerke nach Art *traditioneller handelsrechtlicher Jahresabschlüsse* benötigt werden und ausreichen.

Da Bilanzen *Informationsspeicher* sind, müssen insoweit bei Erörterung von Bilanzzwecken neben dem Personenkreis, in dessen Interesse Bilanzen erstellt werden, immer noch zwei weitere Merkmale angegeben werden:

1. die Art der Personen in der Welt und Umwelt des bilanzierenden Unternehmens, die Zugang zu diesem Speicher haben müssen, damit der betreffende Zweck der Bilanz erreicht wird, also der *Mindest-Adressatenkreis* der Information;

2. der Umfang der Information, den der Speicher mindestens enthalten muß, damit der betreffende Zweck erreicht wird, also der *Mindestumfang* der Information.

Stützel gelangt nun zu folgenden fünf „p r i m ä r e n   B i l a n z z w e c k e n":

1. Bündelung von Buchführungszahlen zur Sicherung von Urkundenbeständen gegen nachträgliche Inhaltsänderungen im Interesse der Rechtspflege. Der Mindestadressaten-Kreis dieser Bilanzinformation ist lediglich der Richter; der Mindestumfang der Information ist die Dokumentation der Geschäftsvorgänge.

2. Schutz von Gläubigern durch Zwang zur Selbstinformation des Unternehmers über seinen Vermögensstand. Interessentenkreis sind die Gläubiger, Mindestadressat ist der Unternehmer, und die Mindestinformation ist nicht die Information über Gewinn, sondern ausschließlich über Solvenz des Unternehmens.

3. Ausschüttungssperrfunktion der Bilanz bei Gesellschaften mit beschränkt haftenden Personen (AG, GmbH, KG). Stützel hält dies für die *Hauptfunktion* der Bilanz, die überhöhte Ausschüttungen zum Schutz von Gläubigern verhindern soll. Mindestadressaten-Kreis sind die Gläubiger im Konfliktfall; Mindestumfang der Bilanzinformation ist die Feststellung, ob die Ausschüttungssperre überschritten worden ist oder nicht; wenn ja, in welchem Umfang.

4. Die Bestimmung dessen, was unter den Vokabeln „Gewinn" oder „Verlust" und „Kapitalanteil" im Sinne der gesellschaftsvertraglichen Verteilungsschlüssel zu verstehen ist. Mindestadressaten-Kreis sind die Gesellschafter; der Mindestumfang der Bilanzinformation ist die Feststellung der Höhe des Gewinnes bzw. des Verlustes oder des Kapitalanteils.

5. Bewertung und Bilanz als Instrumente zur Bestimmung des Umfangs gegebener Sachkompetenzen von Gesellschaftsorganen und als Mittel zur verdeckten Verschiebung solcher Kompetenzen, z. B. bei Aktiengesellschaften. Der Mindestadressaten-Kreis sind die Mitglieder der Gesellschaftsorgane; der Mindestumfang der Information ist Aufgliederung des Eigenkapitals in Grundkapital, Rücklagen, Gewinnvorträge, Verlustvorträge, Jahresüberschuß, Bilanzgewinn.

Das sind die fünf Funktionen, zu deren Erfüllung die traditionellen handelsrechtlichen Jahresabschlüsse benötigt werden und auch ausreichen. Stützel führt nun noch weitere f ü n f   „s e k u n d ä r e   Z w e c k e" auf, zu deren Erfüllung Rechenwerk nach Art traditioneller Jahresabschlüsse *weder unbedingt erforderlich sind, noch Ausreichendes leisten,* die aber auch von neueren Bilanztheoretikern als Hauptfunktionen der Bilanz angesehen werden. Es sind folgende fünf weitere Zwecke:

6. Rechnungslegung im Sinne des Rechenschaftsberichtes von Geschäftsführern, Vorständen, Aufsichtsräten u. a.

7. Rechenschaftslegung der Unternehmungsleiter für sich selbst, als rückblickender Soll-Ist-Vergleich. Die Zwecke 6 und 7, zur rückschauenden Plankontrolle von Horst *Albach* besonders herausgestellt (s. oben), können nach Stützel von der üblichen Art der Jahresabschlüsse nicht voll erreicht werden; Auskunftspflichten und Geschäftsberichte müssen ergänzend hinzutreten.

8. Jahresabschluß als Zusammenstellung oder Lieferant von Zahlen, die unmittelbar in Kalküle für bevorstehende Entscheidung der Unternehmensleitung eingehen. Diesen Zweck, von Wolfram *Engels* besonders herausgestellt, kann der Jahresabschluß in der modernen Unternehmung nur ganz unvollkommen erfüllen; er wird ergänzt oder besser ersetzt durch die moderne Kosten- und

Betriebsergebnisrechnung sowie die Unternehmungsforschung und andere exakte Verfahren.

9. Der Jahresabschluß zur Kreditwürdigkeitsbeurteilung. Auch dazu reicht der Jahresabschluß nicht mehr aus; er kann allenfalls ein erster Anknüpfungspunkt zur Entwicklung eines aussagefähigen Kreditstatus sein. Dazu müssen meist noch Zusatzinformationen kommen, z. B. über Vorrechte Dritter, Haftungszusagen, über Fälligkeit und Diversifikation der Debitoren und Kreditoren, sowie über schwebende Kauf-, Miet-, Ausstellungs- und Pensionsverträge.

10. Die Bilanz zur Bewertung von Gesellschaftsanteilen zum Zweck der Auseinandersetzung (Auseinandersetzungs-Bilanz). Daß hierzu die Bilanz nicht ausreicht, geht schon daraus hervor, daß sie gleichzeitig zwei miteinander konkurrierende Funktionen hat, nämlich die Ausschüttungssperrfunktion, die eine einseitige pessimistische Schätzung verlangt, und die Aktionärsinformation in der Auseinandersetzungsbilanz, bei der möglichst neutral geschätzt werden muß.

13. Die „ergänzte Mehrzweckbilanztheorie" von E. Heinen

Bilanzgestaltung und Bilanzzwecke

Auch Edmund Heinen geht davon aus, daß die Bilanz gegenüber anderen Rechnungskalkülen eine Vielzahl möglicher Rechnungszwecke hat. Die oft erheblichen Abweichungen in den Bilanzauffassungen wurzeln vielfach in den unterschiedlichen Anschauungen der Autoren über die Bilanzzwecke. Heinen hat folgende möglichen Bilanzzwecke zusammengestellt, wobei die Bilanz als „Informationskalkül dient" (Handelsbilanz, 8. Aufl., Wiesbaden 1976):

I. Bilanzzwecke aus der Sicht des Gesetzgebers
1. Gläubigerschutz
2. Aktionärsschutz
3. Schutz der „Unternehmung an sich"
4. Besteuerungsgrundlage
5. Sicherung des Rechtsverkehrs

II. Bilanzzwecke aus der Sicht des bilanzierenden Unternehmers
   A. Externe Zwecke (Informationsmanipulation)
   1. Anregende Informationen
   2. Begrenzende Informationen

   B. Interne Zwecke (Bilanz als unternehmungsinternes Entscheidungsinstrument)
   1. Bilanzinformationen auf der Kontroll- bzw. Anregungsstufe des unternehmerischen Entscheidungsprozesses
   2. Bilanzinformationen auf der Such- und Auswahlstufe des unternehmerischen Entscheidungsprozesses.

Die vom *Gesetzgeber* berücksichtigten externen Organisationsteilnehmer (z. B. Gläubiger, Aktionäre, Finanzamt) nehmen bei ihren Anlageentscheidungen die Informationen des veröffentlichten Jahresabschlusses als Entscheidungsprämissen auf. Für den bilanzierenden Unternehmer ist die Bilanz daher ein Instru-

ment der Informationsmanipulation, da er die Verhaltensweisen der externen
Organisationsteilnehmer bei seinen Entscheidungen in seiner Bilanzpolitik
berücksichtigen muß. So will z. B. der Aktionär eine möglichst hohe Dividende,
die Verwaltung der AG dagegen möchte einen möglichst großen Teil des Gewinnes investieren, legt deshalb möglichst hohe stille Reserven und verheim-
licht die Höhe des tatsächlichen Gewinnes *(begrenzende Information)*.

Im Gegensatz zur publizitätspolitischen Seite der Bilanzrechnung besteht für
die Bilanzierung zur *unternehmungsinternen Informationsgewinnung* keine
rechtliche Beschränkung. Die Bilanz trägt zur Gewinnung von Informationen
für die Kontroll- bzw. Anregungsphase und für die Such- und Auswahlstufe des
Entscheidungsprozesses bei. Jeder Bilanzzweck erfordert eine entsprechende
Gestaltung von Inhalt und Formalaufbau der Bilanz.

Einige Bilanzzwecke stehen in Konflikt zueinander. Die Erfüllung des einen
Zweckes kann z. B. nur über eine Senkung des Realisierungsgrades des anderen
Zweckes verbessert werden. Um den Zielkonflikt aufzulösen, kann für jede
Zwecksetzung eine gesonderte Bilanz erstellt werden. Der Bilanzierende kann
den Konflikt aber auch durch ein Vorgehen lösen, das nicht von vornherein auf
ein System von Einzelrechnungen abzielt. Mit dieser Strategie entwickelt Heinen die *„ergänzte Mehrzweckbilanz"*.

Die ergänzte Mehrzweckbilanz

Die ergänzte Mehrzweckbilanztheorie versucht ein Grundmodell der Bilanz als
Entscheidungsmodell zu entwickeln, das zugleich mehreren Zwecken mit be-
stimmtem Anspruchsniveau dient. Der sukzessive Prozeß der Bilanzgestaltung
beginnt mit einer *hypothetischen Basisbilanz* als Ausgangspunkt. Es wird geprüft, ob sie die begrenzt formulierten Zwecke zu erfüllen vermag. Kann sie
das nicht, wird zweckmäßigerweise in einer ergänzten Mehrzweckbilanz ein
Rechnungskalkül entwickelt, der in der „Nähe" der Basisbilanz liegt. Die ergänzte Mehrzweckbilanz zeigt einen methodischen Weg bilanztheoretischer Forschung, der auch Anregungen und Forderungen einer praxisnahen Bilanz-
diskussion berücksichtigt.

Die erste Hypothese einer Basisbilanz gibt der *handelsrechtliche Jahres-*
abschluß. Er besitzt die wesentlichen Merkmale einer Mehrzweckbilanz, in der
grundsätzlich sowohl Bilanzzwecke aus der Sicht des Unternehmers als auch
solche des Gesetzgebers berücksichtigt werden. In dem bilanzrechtlichen Spielraum stehen dem bilanzierenden Unternehmer jedoch noch Freiheitsgrade autonomer Bilanzgestaltung offen. Das methodische Vorgehen der ergänzten Mehrzweckbilanz verdeutlicht anschaulich die *„Bewegungsbilanz"*, die eine Ergänzung zum Jahresabschluß darstellt und in seiner „Nähe" liegt. Der Jahresabschluß liefert nur wenig Informationen, die sich für die Kontrolle der Inve-
stitions- und Finanzierungsvorgänge eignen. Die Bewegungsbilanz (s. oben
S. 774 ff.) dagegen ist ein Rechnungskalkül, der exakte Kontrollsignale abgibt
und so die Unternehmungsleitung zu gezielten Anpassungsentscheidungen an-
regt — gleichsam als Rückkoppelung im kybernetischen System.

Die Bewegungsbilanz bzw. Kapitalflußrechnung spiegelt den Vorgang der
Kapitalbindung und Kapitalfreisetzung der vergangenen Periode wider und
erhellt den Rotationsprozeß von Investitionen, Desinvestitionen und Reinvesti-

tionen. Die Kontrolle umfaßt die Feststellung einer „Ist-Situation" und den Vergleich von Istdaten mit Plandaten. Dementsprechend werden in der Bewegungsbilanz die Kapitalbewegungen der vergangenen Periode in einer ex post- und in einer ex ante-Größe offengelegt. Die Planung liefert die ex ante-Größen für die betreffende Periode. Der Vergleich der ex post-Daten mit den entsprechenden ex ante-Daten ergibt die tatsächlichen Abweichungen, die den Unternehmer veranlassen können, neue Entscheidungsprozesse zur Anpassung an die veränderten Umweltbedingungen einzuleiten.

Zur Gliederung der in einer Bewegungsbilanz ausgewiesenen Positionen werden jetzt die betriebswirtschaftlichen Zahlungsströme in *kapitalbedarfsrelevante* und *kapitaldeckungsrelevante Zahlungen* eingeteilt. Die kapitalbedarfsrelevanten Zahlungen stellen *kapitalbindende Ausgaben* und *kapitalfreisetzende Einnahmen* dar. Kapitaldeckungsrelevante Zahlungen setzen sich hingegen aus *kapitalzuführenden Einnahmen* und *kapitalentziehenden Ausgaben* zusammen. Die betriebswirtschaftlichen Transaktionen, die diese verschiedenen Zahlungsströme bewirken, zeigt Tabelle 1.

Tabelle 1

Systematisierung der Zahlungsströme

Kapitalbedarfsrelevante Zahlungen		Kapitaldeckungsrelevante Zahlungen	
Kapitalbindende Ausgaben	Kapital-freisetzende Einnahmen	Kapitalzuführende Einnahmen	Kapital-entziehende Ausgaben
1. Ausgaben für die Beschaffung von Produktionsfaktoren	1. Einnahmen aus der marktlichen Verwertung von Leistungen	1. Einnahmen aus Eigenkapitaleinlagen	1. Ausgaben infolge Eigenkapitalentnahme
2. Ausgaben infolge Kapitalüberlassung an andere Wirtschaftseinheiten (aktive Finanzierung)	2. Einnahmen aus Rückzahlungen im Rahmen aktiver Finanzierung	2. Einnahmen aus Fremdkapitalaufnahme	2. Ausgaben für Fremdkapitaltilgung
3. Ausgaben für Fremdkapitalzinsen	3. Einnahmen aus Zinsen, Dividenden usw. im Rahmen aktiver Finanzierung	3. Gewinne	3. Ausgaben für Gewinnausschüttungen
4. Ausgaben für gewinnunabhängige Steuern (z. B. Umsatzsteuer, Vermögensteuer, Gewerbekapitalsteuer)	4. Einnahmen aus der marktlichen Verwertung nicht verzehrter Produktionsfaktoren		4. Ausgaben für gewinnabhängige Steuern
			5. Verluste

Bezieht man die Zahlungsströme auf den Aufbau der *Bewegungsbilanz* (s. Tabelle 2), so zeigt sich, daß die Posten der Mittelverwendung auf kapitalbindende oder kapitalentziehende Ausgaben zurückgehen. Die Mittelherkunftsseite setzt sich aus Positionen zusammen, die aus kapitalfreisetzenden und kapitalzuführenden Einnahmen herrühren. Der Posten III „Erhöhung oder Verminderung der liquiden Mittel" stellt den Saldoposten der Bewegungsbilanz dar.

In vielen Fällen wird das Anspruchsniveau für den Kontrollzweck nicht mehr ausreichen. Die Bewegungsbilanz muß dann durch ein anderes Rechnungsinstrument ersetzt werden, wie z. B. die Plankostenrechnung, spezifische Liquiditätskontrollrechnungen oder Umsatzkontrollrechnungen, die sich aber mehr und mehr von der Basisbilanz entfernen. Sie liegen nicht mehr in ihrer „Nähe". Der „Kompetenzbereich" der Bilanztheorie wird überschritten.

Tabelle 2
Ex post / ex ante-bestimmte Bewegungsbilanz

Mittelverwendung				Mittelherkunft			
	Ex ante	Ex post	Abweich		Ex ante	Ex post	Abweich.
I. Kapitalbedarfs-relevante Zahlungsvorgänge (kapitalbindende Ausgaben) 1. Anlageinvestitionen 2. Vorrätemehrung 3. Aktive Finanzierung				I. Kapitalbedarfs-relevante Zahlungsvorgänge (kapitalfreisetzende Einnahmen) 1. Anlagenabgänge 2. Vorräteabbau 3. Einnahmen aus Rückzahlungen im Rahmen aktiver Finanzierung 4. Abschreibungen*)			
II. Kapitaldeckungsrelevante Zahlungsvorgänge (kapitalentziehende Ausgaben) 1. Eigenkapitalentnahmen 2. Fremdkapitaltilgung 3. Gewinnausschüttung 4. Verluste				II. Kapitaldeckungsrelevante Zahlungsvorgänge (kapitalzuführende Einnahmen) 1. Eigenkapitaleinlagen 2. Gewinn*) 3. Rücklagen*) 4. Fremdkapitalaufnahme 5. Rückstellungen*)			
III. Erhöhung der liquiden Mittel				III. Verminderung der liquiden Mittel			

*) Die Summe aus Gewinn, Rücklagen, Abschreibungen und Rückstellungen wird als Umsatzüberschuß (cash flow) bezeichnet. Der Umsatzüberschuß ist die positive Differenz aus einnahmegleichen Erträgen und ausgabegleichen Aufwendungen.

14. Die zukunftsorientierte Bilanztheorie von H. Münstermann

Erfolgskapital und ökonomischer Gewinn

Hans Münstermann hat gleichfalls die dynamische Bilanz Schmalenbachs weiter ausgebaut[1]). Auch für ihn ist die Bilanz primär eine Erfolgsrechnung zum Zweck der richtigen Betriebssteuerung. Der Erfolg ist aber nach Münstermann keineswegs der in der Bilanz festgestellte ausschüttbare Gewinn. Feststellung des ausschüttbaren Gewinns und Erfolgsmessung sind zwei verschiedene Rechnungsziele, die jeweils eine unterschiedliche Ausgestaltung des Jahresabschlusses bedingen. Die Ermittlung des ausschüttbaren Jahresgewinnes basiert bei der Erfassung der Erträge auf dem Realisationsprinzip und ist somit vergangenheitsorientiert. Erfolgsmessung dagegen bedeutet Messung des Grades der Zielerreichung der Unternehmung zum Zweck der Beurteilung der unternehmerischen Dispositionen, d. h., es sind auch alle zukünftigen Auswirkungen, die durch die in der abzurechnenden Periode getroffenen Entscheidungen verursacht werden, einzubeziehen. Der Jahresabschluß wird nur dann ein wirkungsvolleres Informationsinstrument für die Unternehmungsleitung sowie für die Aktionäre, die Gläubiger, die Belegschaftsmitglieder, wenn das betriebliche Rechnungswesen stärker zukunftsorientiert ist. Eine ähnliche Zukunftsorientierung fordern auch Karl Käfer (s. oben S. 805 f.) sowie eine Reihe von Amerikanern, doch ist deren Bilanzauffassung statisch und nicht dynamisch.

Die dynamische Auffassung Münstermanns fordert deshalb eine *Neuorientierung des bilanziellen Gewinnbegriffs*, der von den erwarteten künftigen Leistungseingängen und Leistungsausgängen abzuleiten ist. Er ist das Korrelat zum Begriff des *„Erfolgskapitals"* (Busse von Colbe), das ist der Kapitalwert der künftigen Einnahmeüberschüsse und nicht, wie sonst üblich, „Geld für Investitionszwecke" (Preiser). Das Erfolgskapital drückt den Eignungsgrad der Unternehmung aus, künftig Gewinne zu erzielen und stimmt mit dem Gesamtwert der Unternehmung überein. Als *ökonomischer Gewinn* gilt (nach der „ökonomischen Theorie") der Betrag, über den der Betriebseigner beliebig verfügen kann, ohne daß das Erfolgskapital der Unternehmung gemindert wird. Änderungen des Erfolgskapitals beeinflussen unmittelbar den Periodenerfolg; Erhöhungen vergrößern den Gewinn, Minderungen verkleinern das Erfolgskapital.

Ermittlung des ökonomischen Gewinns

Viele Verfechter der zukunftsorientierten Bilanzauffassung fordern, die einzelnen Vermögensteile mit ihren Erfolgswerten zu bilanzieren. Abgesehen davon, daß die Zurechnung künftiger Einnahmen und Ausgaben auf einzelne Vermögensteile überaus schwierig ist, enthält die Bilanz nicht die erfolgswirksamen immateriellen Vermögensteile, aus denen der Firmenwert (Goodwill) besteht. Ferner verstößt eine Aufgliederung der Bilanz in Erfolgseinheiten gegen das für die Bewertung der ganzen Unternehmung unumgängliche Prinzip der Bewertungseinheit. Aus diesem Grund müssen die gesamten künftigen Einnahmen auf den Bilanzstichtag diskontiert als Aktiva und die gesamten künftigen Ausgaben auf den Bilanzstichtag diskontiert als Passiva in der Bilanz ausgewiesen

---

[1]) Seine Theorie ist in verschiedenen Schriften niedergelegt, zuletzt in „Unternehmungsrechnung", Wiesbaden 1969, S. 15–57.

werden. Der Überschuß des Barwertes der Einnahmen über den Barwert der Ausgaben stellt das Eigenkapital im Sinne des Erfolgskapitals der Unternehmung dar. Die zugehörige Gewinn- und Verlustrechnung enthält als Aufwendungen die Verminderung des Barwertes der Einnahmen, die Vermehrung des Barwertes der Ausgaben und etwaige Kapitaleinlagen. Die Erträge setzen sich aus der Verminderung des Barwertes der Ausgaben, der Vermehrung des Barwertes der Einnahmen und den Entnahmen zusammen. Als Differenz zwischen Erträgen und Aufwendungen erscheint dann auf der linken Seite der Gewinn- und Verlustrechnung der ökonomische Gewinn.

Zusammenfassend stellt Münstermann fest: „Eine Bilanzierung nach dem ökonomischen Gewinnprinzip entspricht zwar weitgehend den aus der Zwecksetzung der Erfolgsmessung hergeleiteten theoretischen Erfordernissen, ist indes wegen des Postulats der Wirtschaftlichkeit der Rechnungsführung sowie insbesondere der Objektivität und Kontrollierbarkeit der Bilanzwerte *praktisch nicht durchführbar.* Eine zweckmäßige Bilanzauffassung muß aber Regeln bieten, die sowohl dem Rechnungsziel der Bilanz wie auch den praktischen Schwierigkeiten der Realisation dieses Zieles gerecht werden. Diese doppelte Anforderung erfüllt die dynamische Bilanzlehre, die somit in betriebswirtschaftlicher Sicht auch heute noch ihre Gültigkeit für betriebsinterne und betriebsexterne Bilanzen behält."

IV. Literaturhinweise

Adler, Düring u. Schmaltz: Rechnungslegung und Prüfung der Aktiengesellschaft. Handkommentar. 4. Aufl., 3 Bde. Stuttgart 1968, 1971, 1972.

Albach, Horst: Grundgedanken einer synthetischen Bilanztheorie, in: Zeitschrift für Betriebswirtschaft, 1965, S. 21 ff.

Brönner, H.: Die Bilanz nach Handels- und Steuerrecht. 8. Aufl. Stuttgart 1971.

le Coutre, W.: Grundzüge der Bilanzkunde. 5. Aufl. Wolfenbüttel 1951.

Fürst, Reinmar: Bilanzierungsgrundsätze in der Praxis. Essen 1956.

Gutenberg, Erich: Bilanztheorie und Bilanzrecht. ZfB 1965, S. 13 ff.

Harder, U.: Bilanzpolitik. Wiesbaden 1962.

Heinen, Edmund: Handelsbilanzen. 7. Aufl. Wiesbaden 1974.

Jacob, H.: Das Bewertungsproblem in den Steuerbilanzen. Wiesbaden 1961.

Käfer, Karl: Kapitalflußrechnungen, Funds Statements, Liquiditätsausweis und Bewegungsbilanz. Stuttgart 1967.

Knoll, Heinrich: Bilanzkunde. 5. Aufl. Wiesbaden 1976.

Kosiol, Erich: Buchhaltung und Bilanz. 2. Aufl. Berlin 1967.

Lachnit, Laurenz: Zeitraumbilanzen. Ein Instrument der Rechnungslegung, Unternehmensanalyse und Unternehmenssteuerung. Berlin 1972.

Lehmann, Wolfgang: Die dynamische Bilanz Schmalenbachs. Wiesbaden 1963.

Lücke, W. u. U. Hautz: Bilanzen aus Zukunftswerten. Wiesbaden 1973.

Mayer, L. und L. Mayer: Bilanz- und Betriebsanalyse. 4. Aufl. Wiesbaden 1970.

Moxter, A.: Bilanzlehre. Wiesbaden 1974.

Münstermann, H.: Unternehmungsrechnung. Wiesbaden 1969.

Neubert, Helmut: Totales Cash-flow-System und Finanzflußverfahren. Wiesbaden 1974.

Schmalenbach, Eugen: Dynamische Bilanz. 13. Aufl. 1962.

Schmidt, Fritz: Die organische Tageswertbilanz. 4. Aufl. Wiesbaden 1951.

Seicht, G.: Die kapitaltheoretische Bilanz und die Entwicklung der Bilanztheorien. Berlin 1970.

Sellien, Reinhold: Bilanzlehre — kurzgefaßt. 8. Aufl. Wiesbaden 1973.

Stützel, W.: Bemerkungen zur Bilanztheorie. Sonderdruck der ZfB. Wiesbaden 1967.

Walb, E.: Finanzwirtschaftliche Bilanzen. 3. Aufl. Wiesbaden 1966.

Wöhe, G.: Bilanzierung und Bilanzpolitik. 2. Aufl. Berlin 1967.

Zimmerer, C.: Bilanzwahrheit. 2. Aufl. Wiesbaden 1973.

Siehe auch die Literaturhinweise oben Seite 755 f.

C. Die Bewertung im Rechnungswesen

I. Das Wesen betriebswirtschaftlicher Bewertung

Die Güter und Arbeitsleistungen, deren der Betrieb bedarf, gehen zu Preisen (auch Löhne sind Preise) des Beschaffungsmarktes in die Unternehmung ein und verlassen sie zu Preisen des Absatzmarktes. Das Bewertungsproblem des Betriebes ist daher großenteils eine „*Bepreisung*" (E. Schäfer, Bouffier), d. h. die Güter werden zu Marktpreisen (Marktwerten) bewertet. Doch gibt es zahlreiche Güter, deren Wert sich während ihrer Verweildauer im Betrieb oder durch den innerbetrieblichen Prozeß ändern und geschätzt werden müssen, wie z. B. der Restwert eines Anlagegutes, die Abschreibung und viele andere.

Da die Wertsteigerung eines Gutes durch den Betriebsprozeß bei freier Konkurrenz nicht von den aufgewendeten Kosten bestimmt wird, sondern vom *Marktpreis*, muß der Betrieb die Verkaufspreise seiner Güter den erzielbaren Preisen des Absatzmarktes anpassen. Die Preise des Absatzmarktes üben einen ständigen Druck aus, durch entsprechende Gestaltung des Betriebsprozesses die Kosten derart zu senken, daß sie den erzielbaren Preis nicht übersteigen, ja möglichst weit unter ihm liegen. Auch ein Monopolbetrieb kann die Preise nicht willkürlich festsetzen, sondern muß, da er bei elastischer Nachfrage mit dem Preis die Nachfrage mengenmäßig manipulieren kann, den Preis so festsetzen, daß die Grenzkosten gleich den Grenzerlösen werden und er somit den höchsten Gewinn erzielt (siehe oben S. 542 f.).

Zweck der betriebswirtschaftlichen Bewertung

Die Bewertung ist Aufgabe des Rechnungswesens. Sie spielt sowohl in der Buchhaltung wie in der Kostenrechnung, der Bilanz und Erfolgsrechnung eine Rolle. Danach sind die wichtigsten Zwecke der Bewertung:

1. die Bewertung der Güter im Beschaffungsmarkt: die Kalkulation des Einkaufs- oder Nachfragepreises;

2. die Bewertung der Güter für den Absatzmarkt: die Kalkulation des Verkaufs- oder Angebotspreises;

3. die Bewertung in der Buchhaltung zu Bilanzzwecken, und zwar
   a) für die Vermögensbilanz,
   b) für die Erfolgsbilanz;

4. die Bewertung zu Steuerzwecken, und zwar

   a) für die Einkommen- und Körperschaftsteuer sowie Gewerbesteuer (Steuerbilanz),

   b) für die Vermögensteuer (Vermögensaufstellung).

Die Bewertung ein und desselben Gutes wird in den einzelnen Bewertungsbereichen nach verschiedenen Prinzipien vorgenommen. „Jede Bewertung hängt ab vom verfolgten Rechnungszweck" (Schmalenbach). So kann das gleiche Gut in der Buchhaltung und Bilanz, in der Kostenrechnung, in Handels- und Steuerbilanz, in Liquidationsbilanz usw. in sehr unterschiedlichen Wertgrößen erscheinen. Der betriebswirtschaftliche Wert ist also *relativ*. Man spricht von einem „richtigen" Wert, wenn er dem verfolgten Rechnungszweck am besten entspricht.

Grundlegende Bedeutung hat die Bewertung in der *Bilanz*, die in periodischen Abständen einmal die *Vermögenslage* nach Größe und Struktur am Ende der Periode und zum anderen den *Erfolg* und seine Entstehung im Lauf der Periode feststellen soll. Die *Bewertungsgrundsätze der Bilanzierung* gelten großenteils — allerdings in oft starker Abwandlung — auch für die übrigen Gebiete des Rechnungswesens.

II. Die Bewertung in der Bilanz

1. Die Bewertungsgrundsätze der Bilanzierung

Die Werte der Güter sind während der Verweildauer im Betrieb fast ausnahmslos mit einem Unsicherheitsfaktor behaftet, der nur Schätzungen zugänglich ist. Das macht die Bewertung der Güter so schwierig. Es wurde deshalb eine ganze Reihe bestimmter Bewertungsgrundsätze entwickelt, die zum Teil nebeneinander angewandt werden können, zum Teil aber auch verschiedenen Auffassungen entspringen.

Das Anschaffungswert-Prinzip

Nach dem Anschaffungswertprinzip oder *Prinzip der nominalen Kapitalerhaltung* werden die Güter zum Wert am Zeitpunkt der Anschaffung (Rechnungspreis zuzügl. Beschaffungskosten: Fracht, Zoll usw.) abzügl. einer etwaigen Wertminderung (Abschreibung), insbesondere durch Abnutzung, bewertet. Es ist zwar ein *Wert der Vergangenheit*, der überholt sein kann, doch betonen seine Befürworter, die Wertansätze sollten nicht auf willkürlichen Schätzungen beruhen, wie es beim Tageswertprinzip der Fall sei, das Anschaffungswert-Prinzip gewährleiste eine sichere und stetige Bewertungsgrundlage. Überdies sei seine Handhabung wesentlich einfacher als die des Tageswert-Prinzips. Schließlich gewährleiste das Anschaffungswert-Prinzip die Kapitalerhaltung der Unternehmung.

Demgegenüber wenden die Vertreter des Tageswert-Prinzips ein, es handele sich beim Anschaffungswert-Prinzip nur um die n o m i n a l e Kapitalerhaltung. Ein Beispiel mag das erläutern: Ein Betrieb hat vor zwei Monaten eine Ware zu 100 DM gekauft, die er jetzt für 120 DM verkauft. Nach der *Nominalrechnung* beträgt der Gewinn 20 DM, auch dann, wenn der Anschaffungspreis der Ware inzwischen auf 125 DM gestiegen ist, also tatsächlich ein Verlust von 5 DM vorliegt. Bei einer allgemeinen Preissteigerung können bei der Anwendung des Anschaffungswert-Prinzips erhebliche sog. „Scheingewinne" entstehen, die, wenn sie ausgeschüttet werden, zu einer realen Kapitalminderung (Substanzverzehr) führen.

Das Anschaffungswert-Prinzip wird allgemein in der *Praxis* angewandt, es wird auch überwiegend — wenngleich teilweise mit Einschränkungen — in der Literatur befürwortet, insbesondere von *Schmalenbach* und seinen Schülern, und wird schließlich auch in der Rechtsprechung vertreten. (Vgl. oben S. 781 f.)

Das Tageswert-Prinzip

Nach dem Tageswert-Prinzip oder dem *Prinzip der realen Kapitalerhaltung* sind die Güter jeweils zum Beschaffungswert am Tag der Bewertung (gegenwartsgültiger Markt- oder Reproduktionskostenwert bzw. Wiederbeschaffungswert) zu bewerten. In dem obigen Beispiel wäre also die Ware mit 125 DM zu bewerten, es hätte sich dann ein Verlust von 5 DM ergeben.

Das Tageswert-Prinzip wird besonders von den Betriebswirtschaftlern vertreten, die die Bilanz zu einer „wahren Vermögensaufstellung" machen wollen. Das Anschaffungswert-Prinzip beruht auf einem „reinen Gelddenken": der Gewinn ist die Differenz zwischen dem Anfangskapital, zu effektiven Anschaffungswerten bewertet, und dem in gleicher Weise bewerteten Endkapital. Das Tageswert-Prinzip dagegen, das eine substantielle Erhaltung des Kapitals anstrebt, ist güterwirtschaftlich orientiert. Die Bilanz soll also die gegenwartsgültigen Güterwerte der Unternehmung in ihrer Gesamtheit erfassen.

Zwar tritt auch die bekannte Bewertungsvorschrift des § 40 HGB für das Tageswert-Prinzip ein: „Bei der Aufstellung des Inventars und der Bilanz sind sämtliche Vermögensgegenstände und Schulden nach dem Wert anzusetzen, der ihnen in dem Zeitpunkt beizulegen ist, für welchen die Aufstellung stattfindet" (Bilanzstichtag). Die Rechtspraxis jedoch hat sich durchweg der kaufmännischen Praxis angeschlossen und vertritt das Anschaffungswert-Prinzip, soweit nicht das Niederstwert-Prinzip, das wir gleich behandeln, angewendet werden muß.

Zweifellos hat die systematische Anwendung des Tageswert-Prinzips — auch nach der Ansicht der meisten Vertreter des Anschaffungswert-Prinzips — große Vorteile, doch macht sie das Rechnungswesen sehr kompliziert, denn bei der Bilanzierung müssen die Tageswerte aller Güter festgestellt werden, was bei vielen Gütern sehr schwierig ist, da sie keinen Marktpreis haben. (Vgl. oben S. 783 ff.)

In der *Kostenrechnung* wird dagegen heute ganz allgemein die Anwendung des Tageswert-Prinzips verlangt; denn die Kalkulation soll ja möglichst genaue Selbstkostenpreise ermitteln, das aber ist unmöglich, wenn man Güter zu längst überholten Anschaffungswerten einsetzt.

Realisations- und Imparitätsprinzip

Nach dem *Realisationsprinzip* dürfen *nur realisierte Gewinne* in der Bilanz ausgewiesen werden, doch nicht nur Gewinne, die bereits eingegangen sind, sondern auch Gewinne, die zwar noch nicht eingegangen sind, auf die aber ein

52*

Rechtsanspruch besteht (eine Ware wurde mit Gewinn gegen Zahlungsziel verkauft). Andererseits müssen aber nach dem *Imparitätsprinzip* noch nicht realisierte, aber erkennbare Verluste ausgewiesen werden. Das Imparitätsprinzip (Prinzip der ungleichen Behandlung) fordert die Erfassung des Aufwandes schon im Zeitpunkt seiner Verursachung, die Erfassung des Ertrages dagegen erst im Zeitpunkt seiner Realisation.

Das Realisationsprinzip verlangt nicht — wie häufig behauptet wird — die Bewertung zu Anschaffungswerten; auch beim Tageswert-Prinzip wird das Realisationsprinzip beachtet, denn die (Schein-)Gewinne und (Schein-)Verluste, die aus Geldveränderungen herrühren, werden auf dem Konto „Wertänderungen am ruhenden Vermögen" in die Bilanz aufgenommen und nicht in die Erfolgsrechnung.

Das Zukunftswert-Prinzip

Das Zukunftswert-Prinzip verlangt die Bewertung zu den Preisen, die voraussichtlich am Markt herrschen, wenn die Güter verkauft werden. Es handelt sich also um *geplante Werte.* Dieses Prinzip wird von W. *Rieger* (s. oben S. 801 f), Karl Käfer (S. 805 f.) u. a. vertreten und praktisch in der Planungsrechnung angewandt. Die Einwendungen, die man gegen den *„zukünftigen Verkaufswert"* macht: er sei irreal und zu vage, sind die gleichen, die man allgemein gegen die Planungsrechnung erheben könnte und die durchaus nicht irreal sind.

Das Niederstwert-Prinzip

Das Niederstwert-Prinzip, das auch im Handelsrecht verankert ist (§§ 153 ff. AktG 1965), hat als „Prinzip der Vorsicht" bei der Bilanzierung sehr große Bedeutung. Danach müssen bei der Bilanzierung von mehreren in Frage kommenden Werten die Güter nach dem n i e d r i g s t e n dieser Werte bewertet werden: nämlich nach dem Anschaffungswert o d e r nach dem Börsen- oder Marktpreis, oder, falls dieser nicht feststellbar, dem sorgfältig geschätzten Tageswert am Bilanzstichtag.

In der Praxis begegnet uns das Niederstwert-Prinzip in zwei Formen:

a) *Gemildertes Niederstwert-Prinzip:* Es gilt für alle Positionen des Anlagevermögens: der Höchstwert sind die Anschaffungskosten abzügl. Abschreibungen (der sog. Anschaffungswert). Der Anschaffungswert *darf* auch beibehalten werden, wenn der Tageswert (Marktzeitwert) niedriger ist. Eine Untergrenze gibt es nicht, so daß Wirtschaftsgüter bis auf 1 DM abgeschrieben werden können. Nach der Rechtsprechung gilt auch dann eine Bilanz der Wahrheit entsprechend, wenn Posten bis auf 1 DM abgeschrieben sind; dagegen wird die Bilanz nichtig, wenn Vermögensteile überhaupt nicht aufgeführt sind. In Anlagepositionen, die auf 1 DM abgeschrieben sind, stecken stets *stille Reserven.* — Doch sucht das *Aktiengesetz von 1965* eine *willkürliche* Unterbewertung der Aktiva zu unterbinden (vgl. unten S. 822 ff.).

b) *Strenges Niederstwert-Prinzip:* Es gilt für alle Positionen des Umlaufvermögens und der Verbindlichkeiten. Der Höchstwert ist auch bei ihm der Anschaffungswert. Wenn jedoch der Tageswert (Marktzeitwert) niedriger ist, *muß* dieser eingesetzt werden. Auch beim strengen Niederstwertprinzip gibt es im Handelsrecht keine Grenzen nach unten.

Bilanzwahrheit und Bilanzklarheit

Die Bilanzwahrheit ist neben der „Bilanzklarheit", die eine übersichtlich geordnete und gegliederte Bilanz, frei von Bilanzverschleierungen, verlangt, oberstes Ordnungsprinzip der Aufstellung von Bilanzen. Das Prinzip der Bilanzwahrheit kann jedoch nicht voll verwirklicht werden, und zwar vor allem aus folgenden Gründen:

a) Die einzelnen Positionen müßten zum *Tageswert* ausgewiesen werden. Für viele Vermögensbestandteile lassen sich Tageswerte jedoch nur in sehr vager *Schätzung* angeben. Es ist vielfach gar nicht möglich, den Wert einer besonderen Spezialmaschine oder den Wert von Patenten und anderen Rechten genau festzustellen.

b) Die *immateriellen Werte*, die sehr hoch sein können und in eine „wahre" Bilanz hineingehörten, können nur sehr grob geschätzt werden, so der Firmenwert (Goodwill), der Wert einer eingespielten Organisation, des Kundenstamms, der Wert von Erfindungen und besonderen Produktionsverfahren usw. Nach dem Aktiengesetz (§ 153 AktG 1965) dürfen sie grundsätzlich nicht aktiviert werden.

c) Der Wert der einzelnen Anlagegüter einer Unternehmung als *Teile eines* „*lebendigen Betriebes*", eines „Organismus", entspricht weder dem Anschaffungswert abzügl. Abschreibungen, noch dem Marktzeitwert, da diese Anlagegüter an der *Ertragsbildung* beteiligt sind. Ihr wahrer Wert wäre ein Ertragswert, der kapitalisierte Ertrag, der aber nicht festzustellen ist. Wir können wohl den Ertragswert einer Unternehmung als Ganzes schätzungsweise ermitteln, nicht aber den Ertragswert einer einzelnen Maschine.

Die *Anforderungen an die Bilanzwahrheit* sind deshalb relativ bescheiden; nach le Coutre ist eine Bilanz wahr, wenn sie (1) vollständig ist, (2) die Bilanzposten nicht irreführend bezeichnet sind, (3) keine fingierten Posten aufweist und (4) keinen gefälschten Wert enthält.

Window dressing

Unter Window dressing (engl.: „Schaufenster-dekorieren") oder *Silverputz* versteht man in der Bilanzpolitik (insbes. der Bankbilanzen) alle gesetzlich erlaubten Transaktionen v o r dem Bilanzstichtag, um das äußere Bilanzbild möglichst günstig zu gestalten, die „Bilanz zu frisieren" (nicht zu fälschen und nicht zu verschleiern). Es handelt sich dabei vor allem um die Umschichtung von Beständen. Man sucht insbes. eine *günstigere Liquidität* zu erreichen, indem eine Bank z. B. Guthaben bei Kreditinstituten in Bundesbankguthaben überführt, Wertpapiere in Pension gibt, Devisen veräußert oder über den Bilanztermin kurzfristiges Geld aufnimmt. Alle diese Bestandsumschichtungen sind erfolgsneutral und erlaubt, zumal sie ja nur begrenzt möglich sind.

2. Die Bewertung nach dem Handelsrecht (Handelsbilanz)

Handelsbilanz und Steuerbilanz

Die Bewertungsvorschriften für die Handelsbilanz und die für die Steuerbilanz stehen in einem gewissen Gegensatz zueinander.

Im *Handelsrecht* kommt es dem Gesetzgeber darauf an, daß die Vermögensteile nicht zu hoch bewertet sind, um den Gläubiger nicht zu täuschen und auch den Unternehmer vor einer Selbsttäuschung zu bewahren. Deshalb schreibt das Handelsrecht grundsätzlich für die Aktiva Höchstwerte und für die Passiva Mindestwerte vor. Doch sucht das *neue Aktiengesetz* eine willkürliche Unterbewertung der Aktiva zu unterbinden und fordert eine planmäßige Abschreibung der Anlagegüter, die unter Berücksichtigung der Nutzungsdauer der tatsächlichen Wertminderung aller Voraussicht nach entspricht (§ 154 AktG 1965).

Im *Steuerrecht* unterscheiden wir gleichfalls eine Erfolgs-Ermittlungsbilanz und eine Vermögens-Ermittlungsbilanz. Die letzte ist zur Ermittlung der Vermögensteuer aufzustellen, die Erfolgssteuerbilanz zur Ermittlung des Reingewinnes für die Einkommens-, die Körperschafts- und die Gewerbeertragsbesteuerung. Bei der Steuererfolgsbilanz ist es im Gegensatz zur Handelsbilanz dem Gesetzgeber darum zu tun, daß die Vermögensteile nicht zu niedrig bewertet werden, damit der Gewinn nicht geschmälert wird. Die handelsrechtlichen Bewertungsvorschriften geben also nur die obere Bewertungsgrenze an, die Steuerbilanzvorschriften bestimmen auch die Grenzen nach unten.

Bilanzwahrheit im Handelsrecht?

Wie bereits oben ausgeführt, verlangt § 40 HGB zwar die Bewertung sämtlicher Vermögensgegenstände nach dem Wert, „der ihnen in dem Zeitpunkt beizulegen ist, für welchen die Aufstellung stattfindet". Doch der gegenwärtigen Praxis entspricht diese Bestimmung nicht, sie geht von den Anschaffungs- und Herstellungskosten aus und vermindert sie um die Abschreibungen für Wertverluste, weil diese Werte leichter zu ermitteln sind, und sucht nach dem „*Prinzip kaufmännischer Vorsicht*" die Aktiva möglichst unterzubewerten, die Passiva überzubewerten. Dadurch entstehen zwangsläufig *stille Reserven* („Stille Zwangsrücklagen"). Der Tageswert (Marktzeitwert) des § 40 HGB wird nur als Höchstwert betrachtet. Von einer Bilanzwahrheit im absoluten Sinne kann deshalb im Handelsrecht keine Rede sein.

Das früher geltende Aktienrecht kannte bei der Bewertung der Aktivwerte keine Untergrenze, der Legung *stiller Reserven* war daher keine Grenze gesetzt. Die Unternehmungen machten von dieser Regelung bekanntlich ausgiebigen Gebrauch und verzerrten dadurch das Bilanzbild sehr erheblich (s. oben S. 652 f.). Das *neue Aktiengesetz* dagegen fordert, wie bereits erwähnt, bei der Bewertung der Anlagegüter einen Wertansatz, der den wirklichen Verhältnissen aller Voraussicht nach entspricht, wobei jedoch das Prinzip der Vorsicht nicht verletzt werden darf (§§ 153 f. AktG 1965). *Stille Willkürreserven* dagegen sind nach dem Aktiengesetz weder beim Anlage-, noch beim Umlaufvermögen erlaubt.

Bewertung nach Aktienrecht

Infolge der wachsenden Bedeutung des Rechnungswesens in den Unternehmungen hat bereits das Aktiengesetz von 1937 die „Rechnungslegung" der Aktiengesellschaft in einem Abschnitt behandelt. Darin werden neben den Bestimmungen über die Bilanzgliederung auch eingehende Bewertungsvorschriften gegeben. § 133 AktG 1937 kannte für die Bilanzbewertung nur zwei Werte: 1. den *Anschaffungswert* und 2. den *Börsen- oder Marktpreis*, an dessen Stelle bei nichtmarktgängigen Waren der auf andere Weise ermittelte „wirkliche" Wert treten soll.

Das *Aktiengesetz von 1965* teilt die Positionen hinsichtlich der Bewertung in zwei Gruppen: Das Anlagevermögen und das Umlaufvermögen (§ 151 AktG 1965).

1. Gegenstände des *Anlagevermögens* können zum Anschaffungswert abzüglich der Abschreibungen für Wertverlust eingesetzt werden, auch wenn er höher ist als der Marktpreis. Ist dagegen der Marktpreis höher, dann darf nur zu dem Anschaffungswert bewertet werden. Hier kann also das *„gemilderte Niederstwertprinzip"* angewandt werden.

2. Die *Umlaufwerte,* und zwar

a) Waren- und Wertpapiere *mit* Börsen- oder Marktpreis. Bei ihnen muß entweder nach dem Anschaffungswert oder dem Börsen- oder Marktpreis bewertet werden, und zwar muß von diesen Werten stets der niederste gewertet werden; es ist also das *„strenge Niederstwertprinzip"* anzuwenden.

b) Waren- und Wertpapiere *ohne* Börsen- oder Marktpreis: Auch hier gilt das Niederstwertprinzip; da aber der Tageswert schwer feststellbar ist, kann das Niederstwertprinzip nicht in dem strengen Sinne angewandt werden.

Werden die aktienrechtlichen Höchstsätze überschritten, so ist der Jahresabschluß nichtig.

Immaterielle Werte in der Handelsbilanz

Immaterielle Güter, wie Erfindungen, Patente, Urheberrechte, Brennrecht, Braurechte usw., sind zwar echte Vermögensbestandteile; da sie aber nur sehr schwer zu bewerten sind, dürfen sie aus Gründen der Vorsicht nach dem Handelsrecht nur dann aktiviert werden, wenn ihre Beschaffung Kosten verursacht hat (§ 153 Abs. 3 AktG 1965).

Für den *Geschäfts- oder Firmenwert* gelten die gleichen Vorschriften (§ 153 Abs. 5 AktG 1965). Der Firmenwert darf nur aktiviert werden, wenn beim Kauf eines Unternehmens mehr bezahlt wurde, als die Werte der einzelnen Vermögensgegenstände ausmachen. Doch muß dieser Wert durch angemessene jährliche Abschreibungen innerhalb von fünf Jahren getilgt werden, auch wenn keine Wertminderung stattgefunden hat. Diese Vorschriften gelten auch für Einzelkaufleute und Personengesellschaften.

Forderungen und Verbindlichkeiten

Forderungen sind gemäß § 40 Abs. 2 HGB zum Geldwert zu bilanzieren. Zweifelhafte Forderungen sind nach ihrem wahrscheinlichen Wert einzusetzen, uneinbringliche Forderungen abzuschreiben (§ 40 Abs. 3 HGB). Der Wert am Bilanzstichtag ist demnach der Höchstwert. — Die *Verbindlichkeiten* sind zum Nennwert zu bilanzieren. *Wechselforderungen* können zum Nennbetrag eingesetzt oder entsprechend auf den Bilanzstichtag abgezinst werden. *Akzepte* sind zum Nennwert zu bilanzieren, nicht zum abgezinsten Betrag.

Bilanzkontinuität

In der Betriebswirtschaftslehre wird die Bilanz als ein „Augenblicksbild" der
betrieblichen Wertestruktur, das aus einer kontinuierlichen Buchführung gewonnen wird, bezeichnet. Zwischen den Bilanzen besteht also ein unmittelbarer
Zusammenhang (Bilanzkontinuität), konkret ausgedrückt, die Schlußbilanz einer
Wirtschaftsperiode ist zugleich die Eröffnungsbilanz der nächsten.

Das *Handelsrecht* fordert eine solche Bilanzkontinuität grundsätzlich *nicht* (nur
für Aktiengesellschaften kann aus dem Aktiengesetz die Notwendigkeit der
Bilanzkontinuität abgeleitet werden). Handelsrechtlich sind also die Unternehmungen nicht an die Bewertung früherer Jahre gebunden. Vom betriebswirtschaftlichen Standpunkt ist eine Erfolgsrechnung jedoch ohne eine solche
Bilanzkontinuität gar nicht möglich. Eine Ausnahme machte erklärlicherweise
die DM-Eröffnungsbilanz nach der „Währungsreform" von 1948. Bei ihr wurden
die Bestände nur mengenmäßig übernommen und sodann neu bewertet. Die
neuen Werte galten zugleich für die folgenden Jahre als Anschaffungs- oder
Herstellungskosten.

3. Die Bewertung nach dem Steuerrecht (Steuerbilanz)

Wesen der Steuerbilanz

Die Steuerbilanz im Sinne der Einkommen- und Körperschaftsteuergesetz-
gebung ist eine Erfolgs-Ermittlungsbilanz; denn es ist dem Fiskus darum zu
tun, den *steuerpflichtigen Erfolg* („Reingewinn") festzustellen.

Die Steuerbilanz wird von der Handelsbilanz abgeleitet; sie ist keine selbständig aufgestellte Bilanz. Nach der Rechtsprechung ist sie „die Handelsbilanz mit
den durch das Steuerrecht bedingten Korrekturen" (BStBl. 1952, III, 71), d. h.
die in der Handelsbilanz angewandten Bewertungsgrundsätze sind auch für die
Steuerbilanz und damit für die Steuerveranlagung anzuwenden. Bei der Aufstellung der Handelsbilanz sind also weitgehend die steuerlichen Belange zu
berücksichtigen. Die Steuergesetzgebung hat mithin auf die Handelsbilanz und
damit auf das gesamte Betriebsgebaren unter Umständen einen erheblichen
Einfluß.

Eine *Bilanzkontinuität* ist, um den Gewinn einwandfrei festzustellen, notwendig, d. h. es muß nicht nur eine Bilanz auf der anderen aufbauen, es müssen
die für die einzelnen Wirtschaftsgüter einmal angesetzten Werte auch in Zukunft maßgebend sein, und es sind schließlich die in der vorjährigen Bilanz
angewandten Bewertungsgrundsätze weiterhin anzuwenden.

Die steuerlichen Bewertungsgrundsätze

Das Steuerrecht knüpft nicht an die Bilanzgliederung des Handelsrechts
(Aktiengesetz) an, wenn auch die steuerliche Gliederung sich weitestgehend mit
der handelsrechtlichen deckt. In der Steuerbilanz finden wir *zwei Hauptgruppen
von Positionen:*

1. *Abnutzbare Wirtschaftsgüter:* Das sind zwar ausschließlich Positionen des
Anlagevermögens, aber nicht alle, es gehören nicht dazu: Grund und Boden,
Beteiligungen und Geschäfts- oder Firmenwert. Für die abnutzbaren Güter gilt
auch im Steuerrecht das gemilderte Niederstwertprinzip. Doch wird statt des

Börsen- oder Marktpreises der „*Gemeine Wert*", d. h. der objektive Normal-verkaufswert, und im Einkommensteuergesetz der *Teilwert*, eingesetzt.

Der *Teilwert* ist der Betrag, den ein Erwerber der ganzen Unternehmung im Rahmen des Gesamtkaufpreises für das einzelne Wirtschaftsgut ansetzen würde, wenn er das Unternehmen weiterzuführen beabsichtigt (§ 12 BewG, § 6 EStG).

Nach dem Steuerrecht ist durch die Vorschrift einer weitgehenden Aktivierung eine willkürliche Unterbewertung von jeher grundsätzlich verboten. Weiterhin gestattet das Steuerrecht keine höheren Wertansätze als in der vorjährigen Steuerbilanz (§ 6 Nr. 1 EStG). Eine Ausnahme besteht bei geringwertigen Anlagegütern (bis 800 DM), die im Jahr der Beschaffung ganz abgeschrieben werden dürfen.

2. *Nichtabnutzbare Wirtschaftsgüter.* Dazu gehören sämtliche Umlaufswerte und die nicht abnutzbaren Anlagegüter (§ 6 Nr. 2 EStG), nämlich Grund und Boden, Beteiligungen und Geschäfts- oder Firmenwert. Für die nicht abnutz-baren Wirtschaftsgüter gilt auch im Steuerrecht das strenge Niederstwert-prinzip. Der Höchstwert ist der Anschaffungswert; ist aber der Teilwert niedri-ger, muß er eingesetzt werden. Regelmäßige Abschreibungen sind nicht statt-haft. Es kann nur bis auf den Teilwert heruntergegangen werden. Eine Wert-erhöhung gegenüber der Vorjahres-Steuerbilanz ist bis zu den Anschaffungs-kosten statthaft.

Die Vermögensaufstellung zur Ermittlung der Vermögensteuer

Die Vermögensaufstellung zur Ermittlung der Vermögensteuer, nicht ganz kor-rekt auch „Vermögensteuerbilanz" genannt, ist eine Aufstellung aller Besitz-posten und Schuldposten, die in einem Gewerbebetrieb am Stichtag vorhanden sind, zur Erfassung des steuerpflichtigen Vermögens. Die Bewertung erfolgt in der Regel zum Teilwert, das ist bei beweglichem Anlagevermögen und Umlauf-vermögen meist der Tagespreis. Die Aufstellung weicht von der Steuerbilanz ab, wenn dort Bewegungsfreiheit nach §§ 6 II, 7 a und 7 d EStG oder Abschrei-bungsfreiheit nach Investitionshilfegesetz in Anspruch genommen wurde, sowie bei der Bewertung der Betriebsgrundstücke und Gewerbeberechtigungen und beim Ansatz der Rückstellungen.

III. Die Bewertung des Anlagevermögens: Die Abschreibung

1. Das Wesen der Abschreibung

Begriff der Abschreibung

Die Abschreibung ist das Verfahren, mit dem die *Wertminderungen langlebiger Anlagegüter* einer Unternehmung als *Aufwand* oder als *Kosten* in den einzelnen Rechnungsperioden erfaßt und während der Nutzungsdauer der Anlagegüter auf die Rechnungsperioden verteilt werden.

Die Abschreibung hat also eine *doppelte Wirkung: einmal* wird der (buch-mäßige) Wert eines Anlagegutes der periodischen Wertminderung entsprechend herabgesetzt — das Anlagegut erscheint zu einem um die Wertminderung verminderten Wert in der *Bilanz,* und *zum anderen* werden der Aufwand bzw. die Kosten ermittelt, die durch die Wertminderung des Anlagegutes entstanden sind — die Abschreibungen gehen als Aufwand in die Erfolgsrechnung bzw. als Kosten in die Kostenrechnung ein. — Auch die periodische Wertminderung, der Abschreibungsaufwand, wird als „Abschreibung" bezeichnet.

Die Wertminderungen treten bei allen Anlagegütern auf, die einem langfristigen Werteverzehr unterliegen, also Gebäuden, Maschinen, Einrichtungsgegenständen und dgl., ferner Patenten, Gebrauchsmustern, Urheberrechten u. dgl., also Rechtsgütern, die einen befristeten Rechtsschutz genießen. Nicht abnutzbare Anlagegüter, wie vor allem unbebaute Grundstücke, Beteiligungen, langfristige Forderungen, können nicht abgeschrieben werden; auch der Geschäfts- oder Firmenwert ist zwar faktisch ein nicht abnutzbares Anlagegut, doch darf er grundsätzlich aus Gründen der Vorsicht nicht aktiviert werden.

Da die Abschreibung den Zweck hat, die ständige Wertminderung langlebiger Anlagegüter periodengerecht über die ganze voraussichtliche Nutzungsdauer der Anlage zu verteilen, ist sie stets eine *Vorschau-(ex-ante-)Rechnung,* die Abschreibungsbeträge sind also stets *geschätzte* Werte.

Uneigentliche Abschreibungen: In der Praxis werden häufig auch Wertminderungen am Umlaufvermögen als „Abschreibungen" bezeichnet, doch sie haben einen völlig anderen Charakter als die Abschreibungen am abnutzbaren Anlagevermögen. So sind die Abschreibungen von Kundenforderungen, die sog. „Delkredereabschreibungen", sowie die Wertminderungen durch uneinbringliche oder dubiose Forderungen keine „echten" Abschreibungen.

Die Ursachen der Wertminderung

Die Ursachen der Wertminderungen oder Entwertungen der Anlagen bestimmen naturgemäß ihren Charakter und ihre Höhe. Es können *innerbetriebliche Ursachen* sein, wie vor allem der technische Verschleiß der Anlage, und es können *außerbetriebliche Einwirkungen* sein, wie das Veralten der Anlage durch technischen Fortschritt, Konkurrenz- und Konjunkturverhältnisse, Entwertungen durch Katastrophen usw. Einige Ursachen, wie vor allem der technische Verschleiß, sind in Dauer und Höhe *voraussehbar;* für diese Wertminderungen können *regelmäßige* oder *ordentliche Abschreibungen* ermittelt werden, andere Entwertungsursachen sind dagegen wenig oder gar nicht voraussehbar, wie Konjunkturänderungen und Katastrophen. Wegen dieser Unsicherheitsfaktoren kann das Unternehmen *vorsorglich* regelmäßige Abschreibungen zur Bildung einer Risikoreserve machen, z. B. wegen der zu erwartenden Wertminderung durch Veralten der Anlage, oder es kann in der Hochkonjunktur als Risikoreserve oder aber bei Eintritt der Entwertungsursache *außerordentliche* oder *Sonderabschreibungen* vornehmen, oder es kann sich gegen das Risiko der Entwertung durch eine *Versicherung* schützen, z. B. gegen Schäden durch Feuer, Explosion, Maschinenbruch, Betriebsunterbrechung usw.

Die Ursachen der Wertminderung sind im einzelnen:

1. *Abnutzung durch Gebrauch (Gebrauchs-Verschleiß):* Das Anlagegut unterliegt durch Gebrauch einem ständigen Verschleiß, der, da voraussehbar, durch regelmäßige Abschreibungen erfaßt wird.

2. *Abnutzung durch natürlichen oder ruhenden Verschleiß (Ruheverschleiß):* Der Brauchbarkeitswert der meisten Anlagegüter mindert sich auch, wenn sie *nicht* betrieblich genutzt werden, z. B. durch Verwitterung, Verrosten, Verschmutzung u. dgl. Auch hier sind regelmäßige Abschreibungen möglich.

3. „*Wirtschaftlicher Verschleiß" durch Fristablauf:* Immaterielle Anlagegüter, wie Patente, Lizenzen, Konzessionen, Urheberrechte, Pachtrechte u. dgl. werden zu dem Zeitpunkt wertlos oder verlieren stark an Wert, wenn die Frist des Rechtsschutzes oder der Verwendungsmöglichkeit abgelaufen ist. Je näher dieser Zeitpunkt rückt, um so stärker vermindert sich der Wert dieser Anlagegüter, der also von Beginn der Nutzungsdauer an regelmäßig abzuschreiben ist.

4. *Wertminderung durch technisches Veralten, technische Überholung:* Eine Anlage, z. B. Maschinen, verliert an Wert, wenn infolge des technischen Fortschrittes entsprechende neue Anlagen entwickelt wurden, die leistungsfähiger sind und kostengünstiger arbeiten. Der Buchwert der Anlage kann, wenn man mit einem Veralten rechnet, durch regelmäßige, sonst durch unregelmäßige Abschreibungen berichtigt werden.

5. *Wertminderung durch wirtschaftliche Überholung:* Der Wert einer Anlage sinkt, wenn sie infolge Bedarfsverschiebungen (Mode), Entwicklung neuartiger Rohstoffe (Kunststoffe), Verminderung der Kaufkraft der Konsumenten durch Krieg, Inflation, Krisen und Steuern, infolge Zollerhöhungen in ausländischen Absatzgebieten u. dgl. nicht mehr voll oder gar nicht mehr eingesetzt werden kann. Nicht voraussehbar, daher außerordentliche Abschreibungen.

6. *Substanzverminderung:* Anlagen, wie Steinbrüche, Erzlager, Kohlenflöze, Kiesgruben u. dgl., verlieren durch den Abbau an Wert, der meist durch ordentliche Abschreibungen berichtigt werden kann.

7. *Wertminderung durch Preisrückgang:* Sinken die Wiederbeschaffungspreise eines Anlagegutes, so sinkt auch sein Buchwert entsprechend (nicht voraussehbar, daher außerordentliche Abschreibung). Doch darf wegen des Prinzips vorsichtiger Bewertung nur abgeschrieben werden, wenn ein Wiederanstieg der Preise in absehbarer Zeit nicht zu erwarten ist.

8. *Katastrophenverschleiß:* Wertminderung durch Brand, Explosion, Zusammenstöße u. dgl. werden durch außerordentliche Abschreibung im Katastrophenfall erfaßt, doch sucht man Risiken dieser Art meist durch Versicherungen oder Rückstellungen zu decken.

9. *Bilanz- und finanzpolitische Ursachen:* Da man wegen der zahlreichen unvorhersehbaren Ursachen der Wertminderungen die Nutzungsdauer eines Anlagegutes nie auch nur einigermaßen genau vorausbestimmen kann, ist der Bewertung der Anlagegüter — auch handelsrechtlich — ein sehr weiter Spielraum gegeben. Aus diesem Grund spielen bilanz- und finanzpolitische Gesichtspunkte bei der Bemessung der Abschreibungen eine sehr große Rolle. Doch beeinflussen diese Abschreibungen nicht die Aufwandsrechnung, sondern die *Gewinnverwendung,* da übermäßig hohe Abschreibungen die stillen oder auch offenen Reserven erhöhen und den Gewinn schmälern. Das kann auch steuerlich von Vorteil sein.

Die Zwecke der Abschreibung

Die Abschreibungen dienen verschiedenen Zwecken (die im Kausalzusammenhang zueinanderstehen):

1. Sie dienen dazu, die Vermögens- und Kapitalstruktur eines Betriebes in der Bilanz möglichst richtig wiederzugeben.

2. Durch die in den Erlösen eingehenden Abschreibungsquoten sollen die Mittel zur Ersatzbeschaffung des Abschreibungsgegenstandes (Reinvestition) nach Ablauf seiner Betriebsdauer dem Betrieb bereitgestellt werden (Substanzerhaltung des Betriebes).

3. Die Abschreibungen dienen zur exakten Ermittlung des Gewinns durch die Aufwandsverteilung in der periodischen Erfolgsrechnung, wobei betriebspolitische Gesichtspunkte eine wesentliche Rolle spielen.

4. Die Abschreibungen dienen als kalkulatorische Kosten der Selbstkostenermittlung.

Auffassung der Abschreibungen

Je nachdem, welcher dieser Zwecke in den Vordergrund gestellt wird, unterscheidet man verschiedene Auffassungen, die auch in der verschiedenartigen Bilanzierung der Abschreibungen zum Ausdruck kommen.

Die *vermögenstheoretische Auffassung* verlangt, daß in der Bilanz die Anlagegüter ihrem jeweiligen Wert am Bilanzstichtag entsprechend eingesetzt werden, um die Vermögensstruktur möglichst genau darzustellen. Dieser Forderung wird die *direkte Abschreibung* gerecht. Bei der direkten Abschreibung werden die Anlagekosten, von denen abgeschrieben wird, erkannt, während die Erfolgsrechnung mit dem Abschreibungsbetrag belastet wird. Die Vermögenswerte werden also zu dem um die Abschreibung verminderten Wert aktiviert. Das ist die in der Praxis übliche Methode.

Die *Theorie der Verlustantizipation* geht von folgendem Gedanken aus: Der Anlagegegenstand hat während seiner ganzen Nutzungsdauer im Betrieb annähernd die gleiche Leistungsfähigkeit. Er muß also bis zu seinem endgültigen Ausscheiden mit dem vollen Wert eingesetzt werden. Da dadurch jedoch die Kapitalstruktur verzerrt wird, werden „Rückstellungen für Erneuerungen", allmählich bis zur Höhe der Anschaffungen steigend, passiviert. Die Differenz zwischen dem (vollbilanzierten) Anlagewert und den Rückstellungen ergibt den tatsächlichen Wert am Bilanzstichtag. Diese *indirekte Abschreibung* soll nach ihren Befürwortern den Vorteil haben, daß sie einen besseren Einblick in die Vermögensstruktur des Betriebes gewährt; die Investitionsvorgänge sind leichter zu erkennen, da die Anschaffungskosten der Anlagegüter mit dem vollen Wert aktiviert werden.

Nominale oder reale Substanzerhaltung

Wie bereits erwähnt, haben die Abschreibungen den Zweck, die Substanz des Betriebes zu erhalten. Legt man der Anlagenrechnung eines Anlagegutes bis zum Ende einer Nutzung seinen *Anschaffungswert* zugrunde, ungeachtet der Schwankungen seines Wiederbeschaffungswertes, so erreicht man nur eine *nominale Substanz- oder Kapitalerhaltung;* d. h. eine zu ersetzende Anlage kann aus den Abschreibungserlösen nur beschafft werden, wenn der Wiederbeschaffungspreis nicht gestiegen ist. Berichtigt man jedoch den jeweiligen Buchwert eines Anlagegutes und seine Abschreibungsquote bei einer Änderung seines *Wiederbeschaffungswertes,* so erstrebt man eine *reale Substanz- oder Kapitalerhaltung.* Diese Forderung stellt vor allem Fritz Schmidt in seiner „Organischen Bilanztheorie" und entwickelte ein allerdings etwas kompliziertes Verfahren der Anlagenbewertung zum zeitlichen Wiederbeschaffungs- oder Reproduktionswert (s. oben S. 783 ff., insbes. 787).

2. Bilanzmäßige und kalkulatorische Abschreibungen

Nach der Verrechnung der Abschreibung unterscheiden wir die *bilanzmäßige* Abschreibung und die *kalkulatorische* Abschreibung. Bei der bilanzmäßigen Abschreibung wird periodisch der wertmäßige Aufwand, der durch die Wertminderung des Anlagevermögens bedingt ist, verrechnet, bei der kalkulatorischen Abschreibung wird nur die *normale leistungsbedingte Wertminderung* erfaßt, um zu einer exakten Kostenrechnung zu kommen.

Die bilanzmäßige Abschreibung

Sie hat die Aufgabe, die Anschaffungskosten der Anlagegüter (evtl. durch Wiederbeschaffungspreis berichtigt) auf die Dauer ihrer Nutzung zu verteilen. Die Beträge, die in den einzelnen Perioden in die Erfolgsrechnung eingesetzt werden, sind wertmäßiger Aufwand der Periode, da die Güter bestandsmäßig zwar noch vorhanden sind, aber in der Bilanz mit dem um die Abschreibung verminderten Wert erscheinen. — Das früher geltende Aktienrecht erlaubte Abschreibungen in jeder beliebigen Höhe, der Legung stiller (Willkür-)Reserven war daher keine Grenze gesetzt. Das *Aktiengesetz von 1965* fordert dagegen einen Wertansatz bei Anlagegütern, der den wirklichen Verhältnissen aller Voraussicht nach entspricht (§ 154 AktG 1965).

Die bilanzmäßige Abschreibung stellt keineswegs eine Wertvernichtung dar, sondern nur eine *Wertwandlung,* d. h. eine Änderung der Vermögensstruktur: *Teile des Anlagevermögens verwandeln sich in liquide Mittel.* Die Wertteile eines Webstuhls verwandeln sich in Wertteile des erzeugten Tuches, diese beim Verkauf in liquide Mittel. Das ist der Grund, warum die Abschreibungen als Elemente der Selbstkostenrechnung in die Kalkulation einbezogen werden. Die bilanzmäßige Abschreibung geht *buchhalterisch* gesehen so vor sich, daß die Abschreibungsaufwände in der Erfolgsrechnung gegen die Erträge aufgerechnet werden, und Erträge haben ja einen liquiden Charakter. Theoretisch gesehen werden also von Periode zu Periode *die liquiden Mittel in dem gleichen Umfang angesammelt, wie sich die Werte der Anlagegüter vermindern* (vorausgesetzt, daß die Erlöse den Abschreibungsaufwand decken).

Freilich sammelt die Unternehmung die durch die Abschreibung entstehenden liquiden Mittel nicht in einem besonderen Fonds an, sondern sie läßt sie in der Regel in irgendeiner Form wieder im Betrieb arbeiten, sie investiert sie. Die modernen Betriebe arbeiten ja mit einer mehr oder weniger großen Anzahl von ersatzbedürftigen Anlagegüter, die zu den verschiedensten Zeitpunkten angeschafft und erneuert werden. Durch die Abschreibung auf diese mannigfachen

Anlagegüter wird gewissermaßen der „Erneuerungsfonds" ständig aufgefüllt und kann laufend zu Ersatzbeschaffungen benutzt werden. Investierungen werden geradezu angestrebt, wenn durch übermäßige Abschreibung stille oder offene Rücklagen gebildet werden. Diese Reserven haben als Eigenkapital einen langfristigen Charakter und können infolgedessen ganz oder zu einem erheblichen Teil zu Investierungen benutzt werden. Über die *Finanzierung aus Abschreibungen* s. oben S. 675 ff.

Die kalkulatorische Abschreibung

Die kalkulatorische Abschreibung dient der Ermittlung der Selbstkosten, indem die Abschreibungen als (verteilte) Kosten in die einzelnen Fertigungsgüter bzw. Dienstleistungen eingerechnet werden. Sie soll also den Ersatz der Wertminderungen im Preis sichern. Es kommen natürlich nur die *verbrauchsbedingten Wertminderungen* der Anlage in Frage, und zwar nur der *betriebsnotwendigen Anlagen,* denn es ist klar, daß man mit den nicht verbrauchsbedingten Wertminderungen sowie mit den Wertminderungen nicht betriebsnotwendiger Anlagen die Selbstkostenrechnung nicht belasten darf.

Diese verbrauchsbedingten Wertminderungen gründen sich vor allem auf die technische Lebensdauer der Anlage. Doch werden auch gewisse voraussehbare wirtschaftliche wertmindernde Faktoren berücksichtigt; hier ist insbesondere an die Risiken (Veralten, Konjunkturrisiken und dgl.) gedacht.

Während bei der bilanzmäßigen Abschreibung der Grundsatz der Vorsicht eine besondere Rolle spielt (und zu beträchtlichen offenen und auch stillen Reserven führen kann), werden die kalkulatorischen Abschreibungen für Wertminderungen in ihrer *wirklichen Höhe,* soweit eine Schätzung sie ermöglicht, eingesetzt. Dagegen werden zweckmäßigerweise alle Wertminderungen, die auf besonderen Wagnissen beruhen, bei den zu verrechnenden Wagnissen berücksichtigt. (Das Aktiengesetz von 1965 fordert jedoch, wie bereits erwähnt, gleichfalls eine Abschreibung, die den wirklichen Verhältnissen entspricht.[1]

Die kalkulatorische Abschreibung berechnet stets *gleichbleibende Jahressätze* auf den Anschaffungs- oder besser den Wiederbeschaffungswert. Die kalkulatorischen Abschreibungen werden vielfach auf besonderen Abschreibungsbogen statistisch erfaßt, um Abschreibungen unter dem Anschaffungswert zu verhindern, denn jeder Vermögensverbrauch kann nur einmal im Preis kostenmäßig vergütet werden.

Die bilanzmäßigen und die kalkulatorischen Abschreibungen weichen also beträchtlich voneinander ab. Sie können *buchhaltungstechnisch* miteinander in Beziehung gebracht werden. Während die bilanzmäßige Abschreibung in der Kontenklasse 2 erfaßt wird, wird in Kontenklasse 4 auf dem kalkulatorischen Abschreibungskonto verbucht, wieviel Abschreibungen in die Fertigungsgüter eingerechnet und vom Abnehmer bezahlt wurden bzw., sofern die Güter noch auf Lager sind, bezahlt werden sollen. Das kalkulatorische Abschreibungskonto der Kontenklasse 2, das die Verbindung zur Kontenklasse 4 herstellt, enthält also gleichsam die Erlöse für die auf die Fertigungsgüter verteilten Kosten. Im Abgrenzungssammelkonto der Kontenklasse 9 wird die bilanzmäßige Abschreibung gegen die kalkulatorische aufgerechnet und im Gesamtergebniskonto ausgeglichen, so daß schließlich nur die bilanzmäßige Abschreibung in die Erfolgs-

rechnung eingeht. Die kalkulatorische Abschreibung ist eine rein innerbetriebliche Verrechnung; ist z. B. eine noch im Einsatz befindliche Anlage bilanzmäßig
bereits voll abgeschrieben, so müssen in der Kostenrechnung selbstverständlich
noch Abschreibungsbeträge eingesetzt werden.

Fehlerhafte Schätzung der Nutzungsdauer einer Anlage

Die richtige Schätzung der Nutzungsdauer einer Anlage ist von großer praktischer Bedeutung sowohl für die bilanzmäßige wie auch die kalkulatorische
Abschreibung. Doch wirken sich Fehler in der Schätzung der Nutzungsdauer in
Finanz- und Betriebsbuchhaltung unterschiedlich aus. Wurde die Nutzungsdauer einer Anlage in der *Finanzbuchhaltung* zu *kurz* gewählt, ist also die Anlage bereits voll abgeschrieben, aber noch im Einsatz, so besteht eine stille oder
offene Reserve. Weitere Abschreibungen sind wegen der Einmaligkeit des
Kostenersatzes selbstverständlich nicht möglich. Der Anlageposten darf aber
nicht aus der Bilanz verschwinden, er muß als „Merkposten" mit wenigstens
1,— DM ausgewiesen werden. — Wurde die Nutzungsdauer dagegen *zu lang*
eingeschätzt, scheidet die Anlage also früher als ursprünglich vorgesehen aus,
so wird der Restwert über Anlagewagniskonto als Verlust abgebucht.

Wenn in der *Kostenrechnung* die Nutzungsdauer zu kurz eingeschätzt wurde,
die abgeschriebene Anlage also noch im Betrieb ist, so muß dennoch die Produktion für die Nutzung der Anlage belastet werden, weil ja sonst die Herstellkosten zu niedrig ausfielen. Man kann aber auch in der Betriebsbuchhaltung,
insbesondere wenn sie mit der Finanzbuchhaltung verschmolzen ist, wegen der
Einmaligkeit des Kostenersatzes die Anlage nicht über ihren Wert abschreiben,
man muß deshalb die der verlängerten Lebensdauer der Maschine entsprechenden Nutzungsbeträge dem Anlagewagniskonto gutschreiben. Ist umgekehrt eine
Anlage nicht mehr nutzbar, bevor sie ganz abgeschrieben ist, so ist zwar das
Anlagewagniskonto mit dem Restwert zu belasten, doch gehört dieser Aufwand
grundsätzlich nicht mehr in die Kostenrechnung; man kann die Produktion nicht
mit dem Verlust infolge der Fehlschätzung belasten. Dafür wird jedoch in der
Kostenrechnung das Anlagewagnis in der Regel mit einem Wagniszuschlag berücksichtigt.

Der Grundsatz richtiger Periodenabgrenzung

Wenn der Willkür bei der Festlegung der Abschreibungsquoten zwar auch ein
großer Spielraum gegeben ist, so herrscht bei der Abschreibung doch der Grundsatz einer richtigen *Aufwandsverteilung* oder *Periodenabgrenzung* vor. Das gilt
natürlich nur für die voraussehbaren Wertminderungen, die eine regelmäßige
Abschreibung erlauben, also insbesondere bei der wichtigsten Form der ordentlichen Abschreibung, nämlich bei der Wertminderung durch *technischen Verschleiß*. Nun wird im allgemeinen die Leistungsfähigkeit einer Anlage fast während ihrer ganzen Nutzungszeit nur sehr schwach zurückgehen und erst gegen
Ende der Nutzungsdauer stark abfallen. Die Quoten des Verschleißes nehmen
also progressiv, zunächst sehr gering und dann immer stärker anwachsend, zu, sie
verlaufen in einer progressiven Kurve. Dementsprechend müßten auch die Abschreibungsquoten als progressiv steigende Reihe festgelegt werden. Doch wird
dieses Verfahren in der Praxis aus verschiedenen Gründen nur in spezifischen

Sonderfällen, auf die wir bei der Behandlung der Abschreibungsverfahren noch zurückkommen, angewandt.

Nach dem kaufmännischen Prinzip der Vorsicht wird eine progressiv steigende Abschreibung in der Regel abgelehnt, man will im Gegenteil durch *degressiv* fallende Abschreibungen rechtzeitig Reserven schaffen, um sich vor nicht voraussehbaren Wertminderungen der Anlagen zu schützen. Weiterhin steigen die Reparaturkosten einer Anlage progressiv mit ihrem Alter; degressiv fallende Abschreibungen und progressiv steigende Reparaturkosten gleichen sich dann aus. Schließlich kann eine degressive Abschreibung, sofern sie die Finanzbehörde anerkennt, steuerlich vorteilhaft sein, weil man in Jahren der Prosperität die Steuerschuld durch starke Abschreibungen mindern kann. Im allgemeinen entspricht daher die progressive Abschreibung nicht dem Grundsatz richtiger Periodenabgrenzung.

3. Die Abschreibungsverfahren

1. Die konstante oder lineare Abschreibung

Sie ist das einfachste Abschreibungsverfahren und wird in der Praxis sehr viel angewandt. Es besteht darin, daß die Anschaffungs- oder Herstellkosten entsprechend der voraussichtlichen Nutzungsdauer des Anlagegutes gleichmäßig auf alle Perioden verteilt werden.

Die Abschreibungsformel lautet:

$$A = \frac{W_0 - W_n}{n} = a\,(W_0 - W_n)$$

W_0 = Anschaffungswert oder Stammwert einer Anlage zu Beginn des ersten Jahres

W_n = Endwert oder Restwert einer Anlage nach Ablauf ihrer Nutzungszeit

n = Nutzungsdauer einer Anlage

A = Abschreibungsbetrag

a = Abschreibungssatz (Prozentsatz der Abschreibungssumme) bei der linearen und arithmetisch-degressiven Abschreibung

In unserer Formel wird auch der Endwert der Anlage (Schrottwert abzüglich Abbruchkosten) berücksichtigt. Das Anlagegut wird also nicht bis auf Null abgeschrieben. Doch erschwert das etwas die Rechnung, man verzichtet deshalb in der Praxis, wenn der Endwert der Anlage relativ gering ist, auf die Berücksichtigung dieses Endwertes; in diesem Fall wird also einfach der Anschaffungswert durch die Zahl der Jahre dividiert.

Würdigung der Methode: Das Verfahren ist in der *Kostenrechnung* allgemein üblich, da eine gleichmäßige Kostenbelastung der Produktion mit den Nutzungskosten der Anlage das Gegebene ist; auch in den Kostenrechnungsrichtlinien wird die lineare Abschreibung als die gebräuchliche angesehen. Anders dagegen muß bei der *bilanzmäßigen Abschreibung* vorgegangen werden; dort ist die lineare Abschreibung nur dann gerechtfertigt, wenn der Verschleiß während der Nutzungsdauer der Anlage verhältnismäßig konstant ist und auch die

Unterhalts- und Reparaturkosten relativ gleichmäßig anfallen. Das ist meist jedoch nicht der Fall, die Reparaturkosten nehmen in der Regel gegen Ende der Nutzungsdauer progressiv stark zu. Andererseits bleibt der Gebrauchswert der Anlage, ihre Leistungsfähigkeit, meist relativ konstant und sinkt erst gegen das Ende der Nutzungszeit. Dagegen ist das Ausfallrisiko infolge technischen Fortschritts häufig sehr groß; das wird bei der linearen Abschreibung nicht berücksichtigt.

Stellt sich während der *Nutzungsdauer* einer noch nicht voll abgeschriebenen Anlage heraus, daß man die Nutzungsdauer falsch eingeschätzt hat, so kann man die Abschreibungsquote selbstverständlich noch ändern. *Unvorhergesehene* Wertminderungen, etwa infolge großen Maschinenschadens, beträchtlicher Preisänderung und dergleichen, können in der Finanzbuchhaltung durch einmalige Abschreibung berücksichtigt werden. Solche einmaligen Abschreibungen können grundsätzlich nicht in die Kostenrechnung übernommen werden, insbesondere nicht, wenn sie beträchtlich sind.

Bei Anlagegütern, die durch *Fristablauf* entwerten (Patente, Konzessionen, sonstige Rechte und dergleichen), ist die lineare Abschreibung angebracht.

2. Die degressive Abschreibung

Begriff und Würdigung

Bei der degressiven Abschreibung, der Abschreibung in fallenden Quoten, werden, wie der Name schon sagt, die Abschreibungsquoten von Jahr zu Jahr geringer. Der betreffende Anlagewert wird also im Anfang wesentlich stärker abgeschrieben als später.

Dieses Verfahren ist in der *Finanzbuchhaltung* dann gerechtfertigt, wenn die Gebrauchsfähigkeit des betreffenden Anlagewertes in progressiver Entwicklung abnimmt, etwa durch ständig steigende Reparaturaufwendungen. Es hat weiterhin seine wirtschaftliche Berechtigung, wenn es sich um eine Anlage handelt, deren Wert erfahrungsgemäß *großen Risiken* infolge des *technischen Fortschrittes* ausgesetzt ist. Bei der degressiven Abschreibung gehen die Abschreibungsgegenwerte zu einem früheren Zeitpunkt ein als bei der linearen, sie begünstigt deshalb die Reservebildung. Aus diesen Gründen gewinnt sie heute in der Praxis zunehmend an Bedeutung, zumal sie jetzt auch steuerlich anerkannt wird. — Für die *Kostenrechnung* ist sie allerdings meist ungeeignet. Nach H. *Albach* ist die degressive Abschreibung in der Finanzbuchhaltung (nicht dagegen in der Kostenrechnung) „eine betriebswirtschaftlich notwendige Abschreibungsmethode. Mit ihr werden verbrauchsbedingte Abschreibungsbeträge berechnet". (Albach: Die degressive Abschreibung, 1967.)

Der *Degressionsgrad* kann sehr verschieden groß sein, die Degressionskurve in der graphischen Darstellung kann sich fast der geraden Linie nähern, und sie kann sehr stark gekrümmt verlaufen.

Die Verfahren der degressiven Abschreibung

Bei der degressiven Abschreibung werden zwei mathematische Verfahren mit je einer Sonderform angewandt:

(1) Bei der **arithmetisch-degressiven Abschreibung** nehmen die jährlichen Abschreibungsbeträge jeweils um den gleichen Betrag ab. Der Abschreibungsbetrag für das erste Jahr (A_1) wird beliebig gewählt, er muß aber höher sein als die einfache und niedriger als die doppelte Jahresquote bei konstanter Abschreibung. Der Betrag, um den jeweils die Abschreibung abnimmt (Differenzbetrag d), errechnet sich nach folgender Formel:

$$d = \frac{2 (n\,A_1 - W_0 + W_n)}{n\,(n-1)}$$

Beispiel: Anschaffungswert 110 000 DM, Endwert 10 000 DM, Nutzungsdauer 5 Jahre. Bei linearer Abschreibung ergibt sich eine Quote von 20 000 DM. Setzen wir nun den Abschreibungsbetrag für das erste Jahr mit 30 000 DM an (größer als 20 000 DM und kleiner als 2 × 20 000 DM), so erhält man folgenden Differenzbetrag:

$$d = \frac{2 (5 \cdot 30\,000 - 110\,000 + 10\,000)}{5\,(5-1)} = 5000$$

Die Abschreibungsbeträge der einzelnen Jahre zeigt folgende Tabelle:

Jahr	Restwert am Jahresanfang	Abschreibungs- betrag	Abschreibungs- quote
1	100 000	30 000	30 %
2	70 000	25 000	25 %
3	45 000	20 000	20 %
4	25 000	15 000	15 %
5	10 000	10 000	10 %
		Σ 100 000	100 %

Wie diese Tabelle zeigt, sinken bei der arithmetisch-degressiven Abschreibungsmethode die Abschreibungsbeträge sowie die Abschreibungsquote linear, nur die Restwerte fallen degressiv.

(2) Die **digitale Abschreibung** ist die bekannteste der arithmetisch-degressiven Abschreibungen. Bei ihr wird als Differenz der einzelnen Abschreibungsbeträge der letzte Abschreibungsbetrag (A_n) gewählt. Er wird errechnet nach der Formel:

$$A_n = \frac{W_0 - W_n}{1 + 2 + 3 + \ldots + n}$$

Man kann natürlich die Abschreibungsbeträge eines jeden Jahres der Nutzungsdauer errechnen. In diesem Fall gilt folgende Formel, wobei m die Restnutzungszeit der Anlage am Jahresbeginn angibt (z. B. bei 5jähriger Nutzungsdauer für das erste Jahr 5, für das zweite Jahr 4 usw.):

$$A_m = \frac{(W_0 - W_n)\,m}{1 + 2 + 3 + \ldots + n}$$

Nehmen wir wiederum die Zahlen unseres oben angeführten Beispiels, so beträgt die Abschreibungsquote im 5. Jahr:

$$A_5 = \frac{(110\,000 - 10\,000)\,1}{1 + 2 + 3 + 4 + 5} = 6666,7 \text{ DM}$$

Den Verlauf der Abschreibung während der fünfjährigen Nutzungsdauer zeigt folgende Tabelle:

Jahr	Restwert am Jahresanfang	Abschreibungs-betrag	Abschreibungs-quote
1	100 000	33 333,3	33,3 %
2	66 666	26 666,7	26,7 %
3	40 000	20 000,0	20 %
4	20 000	13 333,3	13,3 %
5	6 666	6 666,7	6,7 %
		Σ 100 000,0	100 %

In den Vereinigten Staaten ist die digitale Abschreibung sehr verbreitet, wohingegen sie in Deutschland noch wenig angewandt wird. Das mag zum Teil daran liegen, daß bei diesem Verfahren von vornherein ein Abschreibungsplan aufgestellt werden muß.

(3) Die **geometrisch-degressive Abschreibung** ist, wie der Name schon sagt, dadurch gekennzeichnet, daß die Abschreibungsbeträge nicht linear, sondern in Form einer gekrümmten Kurve sinken, also eine abnehmende geometrische Reihe darstellen. Die veränderliche Abschreibung wird durch einen gleichbleibenden Divisor bewirkt. Wenn also die Abschreibung des ersten Nutzungsjahres bestimmt ist, lassen sich die Abschreibungen der folgenden Jahre errechnen, indem man den Abschreibungsbetrag des vorhergehenden Jahres durch den Divisor teilt. Je nach der Wahl dieses Divisors kann der Degressionsgrad sehr verschieden bestimmt werden. Im Rechnungswesen hat nur eine Sonderform der geometrisch-degressiven Abschreibung Bedeutung erlangt, nämlich die *Buchwertabschreibung*.

(4) Bei der **Buchwertabschreibung** wird der jährliche Abschreibungsbetrag mit einem gleichbleibenden Prozentsatz vom jeweiligen Restbuchwert errechnet. Da dieser infolge der Abschreibung stets kleiner wird, verringert sich entsprechend die jährliche Abschreibungsquote. Bei dieser Methode ist natürlich eine 10 %ige Abschreibung nicht in zehn Jahren beendet, da ja stets von dem um die Abschreibung verminderten Wert abgeschrieben wird. Die vollständige Abschreibung einer Anlage ist daher bei dieser Methode mathematisch nicht möglich (*„Unendliche Abschreibung"*). Doch kann man den Abschreibungsprozentsatz so wählen, daß der Restwert am Ende der Nutzungsdauer etwa so groß ist wie der Endwert (Schrottwert) der Anlage.

Beispiel: Wir wählen wiederum die Zahlen unseres ersten Beispiels: Anschaffungswert der Anlage 110 000 DM, Endwert (Schrottwert) 10 000 DM und Nutzungsdauer 5 Jahre. Wir wählen einen Abschreibungssatz von 37 % vom jeweiligen Buchwert und erhalten dann folgenden Abschreibungsverlauf:

Jahr	Restwert am Jahresbeginn	Abschreibungsbetrag (37 % vom Buchwert)
1	100 000,00	37 000,00
2	63 000,00	23 310,00
3	39 690,00	14 685,30
4	25 004,70	9 251,74
5	15 752,96	5 818,60
$W_5 =$	9 934,36	9 934,36
		Σ 100 000,00

Wichtig ist natürlich die richtige Ermittlung des Abschreibungsprozentsatzes, der nach folgender Formel errechnet wird:

$$a = 100 \left(1 - \sqrt[n]{\frac{W_n}{W_o}} \right)$$

Das ergibt in unserem Beispiel den genauen Wert:

$$a = 100 \left(1 - \sqrt[5]{\frac{10\,000}{100\,000}} \right) = 36,9\,\%$$

Doch soll ein weiteres *Beispiel* die Nachteile dieses Verfahrens zeigen: Der Anschaffungswert $W_0 = 2000$ DM soll in fünf Jahren auf 1 DM abgeschrieben werden:

$$a = 100 \left(1 - \sqrt[5]{\frac{1}{2\,000}} \right) = 78\,\%$$

Die Abschreibungsbeträge verlaufen bei diesem Prozentsatz:

$A_1 = 1560$ DM; $A_2 = 343$ DM; $A_3 = 75$ DM; $A_4 = 17$ DM; $A_5 = 4$ DM; das ergibt eine Gesamtabschreibung von 1999 DM (Restwert also: $2 - 1$). Im ersten Jahr werden also bereits 78 % der Anschaffungskosten abgeschrieben.

Würdigung: Die geometrisch-degressive Abschreibung muß, wie gerade das letzte Beispiel zeigt, mit sehr hohen Abschreibungsprozentsätzen rechnen, da sonst am Ende der Nutzung ein zu hoher Restwert übrigbleibt. Deshalb ist die Methode, wie das letzte Beispiel zeigt, ungeeignet, wenn auf 0 oder 1 DM abgeschrieben werden soll; in diesem Fall ist der Prozentsatz derart hoch, daß das Verfahren praktisch nicht anwendbar ist. Doch muß der Prozentsatz mindestens 20 % betragen. Man belastet jedoch auch mit diesem Satz die ersten drei Jahre mit der halben Gesamtabschreibung, wenn das Objekt nach zehn Jahren bis auf 10 % des Anschaffungswertes abgeschrieben sein soll. Die jetzt außer Kraft gesetzten Einkommensteuerrichtlinien 1956/57 (Anlage 3) hatten bei zehnjähriger Nutzungsdauer einen Abschreibungssatz von 28,31 % vom jeweiligen Buchwert vorgesehen.

Der *rechnungstechnische Vorteil* der Buchwertabschreibung ist seine einfache Anwendung, da unmittelbar vom jeweiligen Bilanzwert abgeschrieben werden kann. Damit ist ein weiterer Vorteil dieser Methode verbunden, da man gleichartige Anlagewerte in *Gruppen* zusammenfassen und ohne Rücksicht auf die zeitlich verschiedenen Zu- und Abgänge vom jeweiligen *Gruppenbuchwert* abschreiben kann. Da der Anlagenpark einer Unternehmung wertmäßig relativ konstant ist, gleicht sich bei dieser Buchwertgruppenabschreibung der degressive Verlauf der Abschreibungsquoten aus, da sich der Maschinenpark aus Anlagewerten ganz verschiedenen Alters zusammensetzt.

Nach dem *Einkommensteuergesetz* (§ 7 Abs. 2) darf die degressive Abschreibung nur für bewegliche Wirtschaftsgüter des Anlagevermögens angewendet werden. Der bei der Buchwertabschreibung anzuwendende Hundertsatz darf höchstens das Doppelte des bei konstanter Abschreibung sich ergebenden Prozentsatzes betragen und 20 % nicht übersteigen. Diese Regelung gilt grundsätzlich für Wirtschaftsgüter, die nach dem 8. März 1960 angeschafft oder hergestellt worden sind und nicht unter die Ausnahmebedingungen des § 52 Abs. 4 und 10 EStG fallen. Wenn die degressive Abschreibung angewandt wird, sind Absetzungen für außergewöhnliche technische oder wirtschaftliche Abnutzung nicht zulässig.

3. Die progressive Abschreibung

Bei der progressiven Abschreibungsmethode wachsen die Abschreibungsbeträge von Periode zu Periode. Die ersten Jahre sind also geringer belastet als die späteren. Diese Methode wird nur in bestimmten Sonderfällen in der Praxis angewandt, wenn nämlich ein Betrieb eine gewisse Anlaufzeit braucht, bis er zu vollen Erträgen kommt; so z. B. neu angelegte Obstplantagen, Verkehrsbetriebe, Bergwerke und dgl.

Verzinsung der Abschreibungen

In der Literatur, weniger in der Praxis, wird vielfach die Berücksichtigung von Zinseszinsen bei der Abschreibung gefordert. Man geht dabei von dem Gedanken aus, daß die jährlichen Abschreibungsbeträge, wenn sie zinsbringend angelegt werden, sich durch die Zinsvergütungen vermehren. Deshalb werden die jährlichen Abschreibungsbeträge jeweils auf den Endpunkt der Nutzungsdauer abgezinst; es wird also jeweils nur der abgezinste Abschreibungsbetrag abgeschrieben, der durch die Zinseszinsen bis zum Ende der Nutzungsdauer des Anlagegutes auf den vollen Abschreibungsbetrag angewachsen ist.

Würdigung: Das Verfahren hat sich in der Praxis nicht durchsetzen können. Abgesehen davon, daß die Rechnung sehr umständlich ist, täuscht sie eine exakte Rechnung vor, indem sie unterstellt, daß die hereinkommenden Abschreibungsbeträge sich tatsächlich verzinsen würden. Das braucht durchaus nicht der Fall zu sein; in der Regel werden die hereingehenden Abschreibungsgegenwerte sofort wieder investiert. Schließlich kann auch die Wahl des Zinsfußes zu sehr unterschiedlichen Ergebnissen führen.

IV. Literaturhinweise

Albach, Horst: Die degressive Abschreibung. Wiesbaden 1967.

Brunner, D.: Die Rücklagenpolitik der Unternehmung. Wiesbaden 1967.

Dietz, H.: Die Normierung der Abschreibung in Handels- und Steuerbilanz. Opladen 1971.

Fürst, Reinmar: Bilanzierungsgrundsätze in der Praxis. Essen 1956.

Gudehus, Herbert: Bewertung und Abschreibung von Anlagen. Wiesbaden 1959.

Jacob, H.: Das Bewertungsproblem in den Steuerbilanzen. Wiesbaden 1961.

Kosiol, Erich: Anlagenrechnung. Theorie und Praxis der Abschreibung. 3. Aufl. Wiesbaden 1955.

Mellerowicz, K.: Abschreibungen in Erfolgs- und Kostenrechnung. Heidelberg 1957.

Ruchti, Hans: Die Abschreibung. Stuttgart 1953.

Werninger, Gerd: Rückstellungen in der Bilanz. Wiesbaden 1960.

Auch die allgemeinen Werke über Buchhaltung und Kostenrechnung behandeln mehr oder weniger ausführlich die Bewertung im Rechnungswesen (s. oben Seite 755 f.).

D. Die Plankostenrechnung

I. Entwicklung, Wesen und Grundbegriffe der Plankostenrechnung

In früheren Zeiten reichte zur Beurteilung der betriebswirtschaftlichen Leistung der betriebliche Zeitvergleich vollkommen aus. Es wurden die Erfolge der einzelnen Wirtschaftsperioden miteinander verglichen, und an den Gewinnen sah der Unternehmer, ob mit Erfolg gearbeitet wurde oder nicht. Mit der außerordentlichen Intensivierung der Wirtschaft, der schärfer werdenden Konkurrenz, den starken Rationalisierungen, der Zunahme der fixen Kosten wurde das Rechnungswesen immer mehr verfeinert, die jährliche Abrechnung reichte nicht mehr aus, man führte die kurzfristige Erfolgsrechnung ein, um eine bessere Kontrolle des Betriebsgebarens zu haben, und entwickelte allmählich die moderne Kostenrechnung.

1. Die Normalkosten und die Normalkostenrechnung

Die Normalkosten

Bei der Ausgestaltung der modernen Kostenrechnung in den ersten Jahrzehnten unseres Jahrhunderts wurden zwei grundlegende Probleme gelöst:

1. die **z e i t l i c h e   A b g r e n z u n g** der Ist-Kosten von den Ist-Ausgaben durch Eliminierung der transitorischen und antizipativen Posten und die **k a l k u l a t o r i s c h e   A b g r e n z u n g** der Ist-Kosten von dem Aufwand (der Geschäftsbuchhaltung). Bis dahin hatte man die gesamten Ist-Ausgaben und den periodischen Gesamtaufwand ohne Abgrenzung in die Kostenrechnung übernommen.

2. die **A u s s c h a l t u n g   d e r   S c h w a n k u n g e n   d e r   K o s t e n e i n f l u ß g r ö ß e n**, wie Preise, Beschäftigung, Faktormengen, Verfahren u. a. aus der Kostenrechnung. Beide Verfahren machten die Einführung von **N o r m a l k o s t e n** oder **P l a n k o s t e n** notwendig.

Normalkosten sind die Mittelwerte (Durchschnittswerte) aus den Ist-Kosten mehrerer vergangener Abrechnungsperioden, wobei in fortschrittlicheren Rechnungssystemen auch zu erwartende Schwankungen der Kosteneinflußgrößen berücksichtigt werden. Um Preisschwankungen auszuschalten, werden die Einsatzmengen zu festen Verrechnungspreisen bewertet, die oft sehr erheblich von den schwankenden Marktpreisen abweichen.

Die Normalkostenrechnung

Die Normalkostenrechnung ist als „Vorläufer" der Plankostenrechnung zu betrachten. Sie verteilt stoßweise auftretende Aufwendungen (z. B. Steuern, Reparaturen, Urlaubslöhne usw.) z e i t a n t e i l i g richtig, bewertet bei der Materialberechnung mit festen V e r r e c h n u n g s p r e i s e n, um Preisschwankungen auszuschalten, und verrechnet die Gemeinkosten mit sogenannten n o r - m a l i s i e r t e n K o s t e n s ä t z e n oder N o r m a l k o s t e n z u s c h l ä g e n.

Die **starre Normalkostenrechnung** berücksichtigt die Schwankungen der Beschäftigung nicht. Sie hat nur den Zweck, das Rechnungswesen technisch zu vereinfachen, normalisiert deshalb nur die Gemeinkostensätze. Bei der oft sehr umständlichen und zeitraubenden Nachkalkulation (Ermittlung der effektiv entstehenden Ist-Kosten für die Kostenträgerrechnung) kalkuliert man einfach mit den normalisierten Gemeinkostenzuschlägen der letzten Abrechnungsperioden. Etwaige Abweichungen werden als U n t e r - o d e r Ü b e r d e k - k u n g auf die nächste Abrechnungsperiode übertragen. Dadurch ist bei dieser starren Methode eine Kostenkontrolle nicht möglich, da sich die Abweichungen nicht nach ihren Ursachen aufspalten lassen.

Die **flexible Normalkostenrechnung** dagegen berücksichtigt die Beschäftigungsschwankungen. Die Normalkostensätze sind f l e x i b e l, d. h. sie werden laufend dem Beschäftigungsgrad angepaßt. Dazu ist notwendig, daß die für jede Kostenstelle ermittelten Normalgemeinkosten in ihre f i x e n und p r o p o r - t i o n a l e n B e s t a n d t e i l e zerlegt werden; denn die Beschäftigungsschwankungen sind auf die fixen Kosten ohne Einfluß, sie berühren nur die proportionalen Kosten. Da die flexible Normalkostenrechnung als Übergangsform zur Plankostenrechnung betrachtet werden kann, können wir hier auf das Verfahren zur Bestimmung der Beschäftigungsabweichung verzichten, die das Kernstück der Plankostenrechnung ist.

Die Normalkostenrechnung ist in Deutschland noch sehr verbreitet. Ja, man kann sagen, daß es reine Ist-Kostenrechnung überhaupt nicht mehr gibt.

2. Plankosten und Plankostenrechnung

Die Plankosten

Die Plankosten sind Einzel- und Gemeinkosten, deren Mengengerüst[1] und Preise nach fachgerechten Untersuchungen geplant werden. Im Gegensatz zu den Normalkosten sind die Plankosten soweit wie möglich von den Werten der Vergangenheit gelöst, die einzelnen Kostenbestandteile auf Grund der übrigen Teilpläne der Betriebsplanung genau untersucht und die Kosten aus den unter normalen Verhältnissen benötigten Mengen, Zeiten und Preisen vorgegeben. Man spricht deshalb auch von V o r g a b e k o s t e n. Die Plankostenrechnung setzt voraus, daß sämtliche an den Erzeugnissen ausgeführten Arbeitsgänge, Arbeitszeiten und Lohngruppen mittels exakter Arbeitsablauf-, Arbeitszeit- und Arbeitswertstudien festgelegt werden.

---

[1] Das ist die mengenmäßige Zusammensetzung der Kosten, die verfahrensbedingt und innerbetrieblich beeinflußbar sind.

Früher wurde für „Plankosten" noch eine Reihe anderer Termini verwendet, wie Standardkosten (der in Amerika gebräuchliche Ausdruck für Plankosten), Budgetkosten und Sollkosten, die heute meist in anderem Sinne gebraucht werden:

Standardkosten werden heute in der Regel auf das Erzeugnis, den K o s t e n - t r ä g e r , bezogen, und zwar je Mengeneinheit (1 Tonne, 1 Meter, 1 Stück). Es ist eine Mengenrechnung. Für die Mengeneinheit werden ohne Rücksicht auf die verbrauchte Zeit Plankosten vorgegeben. Die Standardkostenrechnung ist mithin eine K o s t e n t r ä g e r r e c h n u n g .

Budgetkosten sind die Kosten für einen Zeitabschnitt, z. B. einen Monat. Die Budgets sind nach Kostenarten unterteilt und beziehen sich auf einen Verantwortungsbereich. Die Budgetierung wird bis zu den Abteilungen, den Kostenstellen und sogar den Kostenplätzen vorgetrieben. Die Budgetkostenrechnung ist also eine K o s t e n s t e l l e n r e c h n u n g für einen bestimmten Zeitabschnitt.

Die **Sollkosten** sind die am Ende der Planperiode auf den *Ist-Beschäftigungsgrad* umgerechneten Plankosten, wobei der Anteil der fixen und proportionalen Kosten berücksichtigt wird; denn bei Beschäftigungsänderungen wird durch den starren Block der Fixkosten die Kostenstruktur verändert. Wir kommen darauf noch ausführlich zurück (s. unten S. 847).

Begriff und Aufgaben der Plankostenrechnung

D i e P l a n k o s t e n r e c h n u n g e r m i t t e l t d i e z u V e r r e c h n u n g s - p r e i s e n b e w e r t e t e n P l a n k o s t e n (1) d e r K o s t e n s t e l l e n (V e r a n t w o r t u n g s b e r e i c h e n) und (2) d e r K o s t e n t r ä g e r (E r - z e u g n i s s e) b e i N o r m a l b e s c h ä f t i g u n g und stellt im Soll-Ist-Vergleich die Ist-Kosten den Soll-Kosten gegenüber, um die Beschäftigungs-, Verbrauchs-, Verfahrens- und Preisabweichungen festzustellen und damit der Unternehmensführung ein wichtiges Kontroll- und Lenkungsmittel in die Hand zu geben.

Im Mittelpunkt der Plankostenrechnung steht der S o l l - I s t - V e r g l e i c h , in dem die Abweichungen in Beschäftigungs-, Preis- Verfahrens- und Verbrauchsabweichungen aufgespalten werden. Dadurch wird eine genaue Untersuchung der Ursachen ermöglicht, warum sich die Kosten anders entwickelt haben, als nach der Soll-Rechnung zu erwarten war. Da der Unterschied zwischen den Ist- und Soll-Kosten den Erfolg darstellt, spricht man auch von E r f o l g s s p a l t u n g .

Ferner ermöglicht es die Plankostenrechnung, die P r e i s u n t e r g r e n z e eindeutig festzulegen; sie ist damit ein wichtiges Mittel der Preis- und Verkaufspolitik. Wir kommen darauf noch zurück.

Da sich die Plankostenrechnung auf die Kostenstellen und teilweise sogar auf die Kostenplätze bezieht, gibt sie einen Einblick in die K o s t e n s t r u k t u r und Kostenentwicklung aller Betriebsstellen und ermöglicht es, die Leistungen der einzelnen Kostenstellen genau zu beobachten. Man hat infolgedessen vielfach auf Grund der Plankostenrechnung für die einzelnen Kostenstellen und

Kostenplätze bei positiven Abweichungen P r ä m i e n verteilt, die einem leistungsgerechten Lohn sehr nahekommen und infolgedessen einen erheblichen Anreiz zur Steigerung der Arbeitsleistung mit sich bringen.

3. Die Ermittlung der Plankosten

Die Plankosten müssen, wie bereits erwähnt, auf Grund genauer Mengen-, Zeit- und Arbeitsplanung abgestimmt auf den erwarteten Beschäftigungsgrad der einzelnen Kostenstellen und gegebenenfalls unter Beachtung der Erfahrung der Vergangenheit ermittelt werden. Sie werden in Zusammenarbeit mit Arbeitsvorbereitung, Meistern, Stellenleitern, Kalkulatoren und allen Betriebsangehörigen, die auf die Kostengestaltung einzuwirken vermögen, bestimmt. Natürlich dürfen die Plankosten nicht mit den Verantwortlichen ausgehandelt werden, wie das früher oft bei Akkordfestsetzungen der Fall war. Die Betriebsangehörigen müssen zu den Planzahlen u n b e d i n g t e s V e r t r a u e n haben. Deshalb sind auch n u r i n d i v i d u e l l e , n i c h t g l o b a l e K o s t e n v o r g a b e n für eine brauchbare Plankostenrechnung geeignet.

Die Vorgabe der Einzelkosten

Die K o s t e n d e s F e r t i g u n g s m a t e r i a l s werden wie bei anderen Kostenrechnungssystemen auf Grund der Zeichnungen, Stücklisten, Materialbedarfsaufstellungen, Rezeptvorschriften usw. ermittelt. Die Festlegung der Materialverbrauchsmengen erfordert stets unmittelbare technische Untersuchungen und ist nicht Sache des Kostenrechners. Um eine reine Mengenrechnung zu erhalten, werden Preisschwankungen durch Festlegung konstanter P l a n p r e i s e oder V e r r e c h n u n g s p r e i s e ausgeschaltet. Aus den Abweichungen der wirklich verbrauchten Werte von der vorgegebenen Menge *(Verbrauchsabweichungen)* kann man dann auf Wirtschaftlichkeit bzw. Mängel des Aggregats, des Materials usw. schließen.

Die Planung der F e r t i g u n g s l ö h n e stützt sich auf Zeitstudien, Arbeitsablaufpläne, Arbeitswertigkeitsuntersuchungen usw. nach dem REFA-System. Ausgehend vom Normalbelegungsplan für eine normale Ausrüstung in den einzelnen Kostenstellen wird die notwendige Produktionsbereitschaft für die Normalleistung, lückenlos von Stufe zu Stufe fortschreitend, ermittelt. Man sollte die Fertigungslöhne in die Vorgabe für die Kostenstellen einbeziehen, um deren Wirtschaftlichkeit aus der gesamten Kostenstruktur beurteilen zu können. Die Akkordrichtsätze, Zeitlohnsätze und die sonstigen Lohnentgelte werden in entsprechender Weise auf Grund von Betriebsvereinbarungen in zeitanteiliger Verrechnung für normale Beschäftigung festgelegt.

Vorgabe der Gemeinkosten

Die P l a n u n g d e r G e m e i n k o s t e n u n d i h r e U m l e g u n g a u f d i e K o s t e n s t e l l e n ist die wichtigste und schwierigste Arbeit beim Aufbau der Plankostenrechnung. Die einzelnen Kostenarten, Hilfsmaterial, Stromkosten und Hilfslöhne usw. werden auf Grund fachgerechter technischer und

sorgfältiger Überlegung nach Mengen und Zeit für ein bestimmtes Fertigungssoll im Planungszeitraum, d. h. für den Planbeschäftigungsgrad, z. B. für die
Fertigung von 100 Einheiten im Monat oder die Leistung von 5000 Planstunden
im Monat, so vorgegeben, daß die Planwerte bei wirtschaftlicher Arbeitsweise,
bei rationeller Verwendung der Maschinen und Einrichtungen, bei Berücksichtigung unvermeidlicher Verluste, Leerlaufzeiten usw. als ausreichend empfunden werden. Nach Möglichkeit wird man versuchen, die Kostenarten an den
Kostenstellen direkt zu erfassen und vorzugeben. Lassen sich aus Gründen der
Wirtschaftlichkeit die Kosten nur für den Gesamtbetrieb erfassen, so müssen sie
auf die Kostenstellen sehr sorgsam umgelegt werden. Die Zahlen früherer
Perioden sollen nur Anhaltspunkte sein; ihre Angemessenheit ist genau zu prüfen, da in ihnen die unwirtschaftliche Kostengebarung einzelner Kostenstellen
bereits zum Ausdruck gekommen sein kann. Man würde „Schlendrian durch
Schlendrian" (Schmalenbach) ersetzen.

Bei den H i l f s l ö h n e n sind u. a. folgende Fragen zu klären: Sind die Hilfs-
arbeiter in der Kostenstelle voll ausgelastet? Werden die Einrichtezeiten als
Hilfslöhne verrechnet, um den Kostenstellenleiter an niedrigen Einrichtelöhnen
zu interessieren? Können die Transportarbeiten weiter rationalisiert und mechanisiert werden? Ist die Werkzeug- und Materialausgabe so organisiert, daß weite
Wege und Wartezeiten vermieden werden? Sollen kleinere Reparaturen durch
eigene Reparaturkolonnen beseitigt oder grundsätzlich durch die Reparatur-
kostenstelle ausgeführt werden? Wird die Werkstatt durch die Beschäftigung
laufend so belegt, daß Überstunden vermeidbar sind?

Für die P l a n u n g d e r K o s t e n d e r H i l f s s t o f f e gilt ähnliches. Bei
Pflegematerialien für Maschinen darf die Sparsamkeit natürlich nicht über-
trieben werden, da sonst die Maschinen frühzeitig unbrauchbar werden.

Die Planung der R e p a r a t u r - u n d I n s t a n d h a l t u n g s k o s t e n ist
sehr schwierig, da Reparatur- und Instandhaltungsarbeiten sehr unregelmäßig
und vielfach unvorhersehbar anfallen. Die Höhe der Kosten hängt von der Beanspruchung, der Behandlung und dem Alter der Einrichtungen ab. Wert-
erhöhende und werterhaltende Reparaturen sind nach Möglichkeit zu trennen,
denn erstere erhöhen den Wert des Anlagegutes. Da die Reparaturen nach Art
der Maschinen und Einrichtungen wegen der verschiedenen Reparaturanfällig-
keit unterschiedlich sind, sollte man sie nicht für eine Kostenstelle pauschal,
sondern möglichst für die einzelnen Kostenplätze, d. h. für die einzelne Maschine, vorgeben. Dabei wird man zweckmäßig nicht nur von den Erfahrungen
im eigenen Betrieb ausgehen, sondern auch auf Erfahrungen anderer Betriebe
der gleichen Branche zurückgreifen. Die einzelnen Wirtschaftsverbände, so z. B.
die Bauwirtschaft, haben zum Teil wertvolles Zahlenmaterial zusammengestellt.
Der Vergleich zwischen Soll- und Ist-Kosten sollte sich wegen des unregelmäßigen Anfalles auf größere Zeiträume erstrecken. Starke Abweichungen von
den vorgefundenen Normen sind unter Umständen nicht nur vom bedienenden
Arbeiter bzw. dem zuständigen Meister zu begründen und zu verantworten,
sondern auch vom Instandhaltungspersonal, das die Maschinen in arbeitsfähi-
gem Zustand erhalten soll.

Die A b s c h r e i b u n g s s ä t z e müssen so vorgegeben werden, daß sie einen
rechtzeitigen Ersatz verbrauchter Anlagen durch neue gewährleisten. Die

Z i n s e n werden auf Grund der Ermittlung des betriebsnotwendigen Kapitals für jede einzelne Kostenstelle mit Normalsätzen angesetzt.

Bei der Planung der E n e r g i e k o s t e n und des W a s s e r v e r b r a u c h s ist zu unterscheiden, ob es sich um Eigenversorgung oder um Fremdbezug handelt. Bei Eigenversorgung wird in aller Regel die Bildung besonderer Hilfskostenstellen „Energieerzeugung" und „Wasserversorgung" zweckmäßig sein, von denen dann eine Umlage auf die verbrauchenden Kostenstellen erforderlich wird. Bei Fremdbezug geht man vom normalen Verbrauch aller angeschlossenen verbrauchenden Stellen unter Beachtung ihrer Auslastungsfaktoren aus.

Die gesetzlichen S o z i a l a u f w e n d u n g e n auf Lohn und Gehalt ergeben sich ohne weiteres aus der Höhe der vorgegebenen Lohn- und Gehaltssummen. Die freiwilligen Sozialaufwendungen werden in Betrieben meistens in besonderen Sozialstellen des allgemeinen Bereichs erfaßt und von dort auf die Hauptkostenstellen verrechnet. Sie können auf Grund von Erfahrungen für die Zukunft meist genau geplant werden und sind nach der Kopfzahl in die Vorgabe der Hauptkostenstellen einzusetzen.

S t e u e r n und ö f f e n t l i c h e L a s t e n sollte man der Kostenstelle „Allgemeiner Betrieb" zurechnen, die nicht auf Kostenstellen aufgegliedert wird. Man kann diese Kosten, die in keinem unmittelbaren Zusammenhang mit den Kostenstellen stehen, getrennt sammeln und als „allgemeine Gemeinkosten" unmittelbar auf die Gesamt-Herstellkosten, ähnlich wie Wagniszuschläge, aufrechnen. Dadurch wird nicht nur eine oft zwangsläufig mangelhafte und falsche Umschlüsselung vermieden, sondern auch eine wichtige Relation: „Öffentliche Lasten" zu „Herstellkosten" gewonnen.

V e r w a l t u n g s - und V e r t r i e b s g e m e i n k o s t e n werden in Gruppen aufgegliedert unter Zugrundelegung normaler Verhältnisse, also unter Ausschaltung von Zufälligkeiten und vorübergehenden Bedingungen. Hier handelt es sich im wesentlichen um fixe Kosten, die auch bei Schwankungen des Beschäftigungsgrades voll einzurechnen sind.

4. Die Planungsperiode

Die Durchplanung einer Unternehmung erfordert eine sehr erhebliche Arbeit. Infolgedessen wird die Planung der Kosten aus Gründen der Wirtschaftlichkeit nur in größeren Zeiträumen, z. B. alle Jahre oder gar alle zwei Jahre durchgeführt. Es handelt sich dabei natürlich nur um die Grundplanung, in der die Planzahlen für ein möglichst genau festgelegtes Programm und für den dafür erforderlichen Verbrauch von Kostengütern ermittelt werden. Natürlich bedarf diese Grundplanung, da sich der Betrieb ja weiter entwickelt, einer Überprüfung in kürzeren Perioden, etwa quartalweise. Es sind dann für die betreffenden Kostenstellen neue Plansätze festzulegen, die der betreffenden Kostenstelle gutgeschrieben werden. Die Plankalkulation wird man allerdings wegen der erheblichen Kosten meist nicht ändern können; man muß dann den Unterschied zwischen den in der Plankalkulation verwendeten und den der Kostenstelle gutgeschriebenen Plansätzen als V e r r e c h n u n g s a b w e i c h u n g behandeln.

5. Die Kostenstellenrechnung

Die Kostenstellen

Die Kostenstellenrechnung spielt in der Plankostenrechnung eine hervorragende Rolle. Den Kostenstellen werden die Einzel- und Gemeinkostenarten genau vorgegeben. Damit erhält jede Kostenstelle ihr Budget, das für die Leistungsbewertung grundlegend ist. Monatlich werden dann die Abweichungen der Soll- und Ist-Kosten für jede Kostenart festgestellt. Überschreiten die Abweichungen eine bestimmte Grenze, so ist den Ursachen nachzugehen. Der Betrieb wird also durch die Plankostenrechnung in rechnungsmäßige K l e i n b e t r i e b e m i t e i g e n e n k u r z f r i s t i g e n E r g e b n i s r e c h n u n g e n aufgegliedert. Dabei ist natürlich notwendig, daß die Kostenstelle von solchen Kosteneinflüssen möglichst freigehalten wird, die von anderen Stellen zu verantworten sind. Das hat in der *Grenzplankostenrechnung* dazu geführt, daß die fixen Kosten nicht auf die Kostenstellen verschlüsselt werden. Wir kommen darauf noch zurück.

Bei der G l i e d e r u n g d e r K o s t e n s t e l l e n sind zwei Grundsätze zu beachten:

1. Die einzelnen Kostenstellen müssen klar gegeneinander a b g e g r e n z t e V e r a n t w o r t u n g s b e r e i c h e darstellen;

2. für jede Kostenstelle müssen sich e x a k t e M a ß g r ö ß e n d e r K o s t e n - v e r u r s a c h u n g (Bezugsgröße oder Beschäftigungsmaßstab) bilden lassen. Darauf müssen wir jetzt gesondert eingehen.

Die Bezugsgröße

Als Bezugsgröße für die einzelnen Kostenstellen muß eine Größe gewählt werden, die mit der B e s c h ä f t i g u n g in unmittelbarer Beziehung steht; das können sein:

1. der F e r t i g u n g s l o h n : er hat als Bezugsgröße den Nachteil, daß er in den einzelnen Kostenstellen Schwankungen unterliegt, die n i c h t b e - s c h ä f t i g u n g s b e d i n g t sind. So kann z. B. die Auftragszusammensetzung innerhalb einer Kostenstelle Arbeiten mit höheren Lohngruppen notwendig machen; dadurch ändert sich der Fertigungslohn durchschnittlich je Fertigungsstunde unabhängig von der Beschäftigung.

2. die F e r t i g u n g s z e i t : sie ist bei zahlreichen Kostenstellen die beste Bezugsgröße, insbesondere in Betrieben mit differenzierter Erzeugung.

3. die E r z e u g n i s e i n h e i t (Stück, Tonne, Kilogramm, Meter, Kilowattstunde usw.): sie kann in allen Werkstätten mit einheitlicher Produktion gewählt werden; so wird z. B. in einer Gießerei für den Kupol-Ofen als Bezugsgröße das flüssige Eisen in Tonnen gewählt.

In manchen Werkstätten müssen z w e i B e z u g s g r ö ß e n (z. B. Stunden und Erzeugniseinheit) verwendet werden. Hier muß entweder die Werkstatt in zwei Kostenstellen zerlegt werden, oder, falls das nicht möglich ist, sollte für jede der Bezugsgrößen ein besonderer Kostenplan aufgestellt werden, weil andernfalls bei Zu- oder Abnahme der Beschäftigung die Kostenrechnung verzerrt wird.

Die Beschäftigungsplanung

Bei der Beschäftigungsplanung, die man heute auch vielfach B e z u g s g r ö - ß e n p l a n u n g nennt, geht man entweder von (1) der Kapazität oder (2) den Engpässen aus.

1. Die **Kapazitätsplanung** ermittelt zunächst die „theoretische" Maximalkapazität oder Optimalkapazität, die praktisch niemals erreicht werden kann, und sucht dann durch entsprechende Abschläge eine „N o r m a l k a p a z i t ä t" zu bestimmen. Es ist ein etwas schematisches Verfahren. Deshalb verwendet man heute meist

2. die **Engpaßplanung**; sie geht von den Engpässen aus, und zwar werden dabei a l l e planmäßigen Engpässe berücksichtigt. Als Planbeschäftigung ist also der Beschäftigungsgrad festzulegen, den man glaubt, im vorzuplanenden Geschäftsjahr, unter Berücksichtigung der Kapazität wie des zu erreichenden Absatzes sowie aller sonstigen Engpässe durchschnittlich innehalten zu können. Der Engpaß kann bei der Produktion liegen, aber auch beim Absatz, der Finanzierung oder bei der Beschaffung, etwa heute bei dem Vorhandensein von Arbeitskräften und dergleichen mehr.

Die Wahl der Beschäftigungsbasis — ausgedrückt in der Planbezugsgröße — wirkt sich, wie noch zu zeigen sein wird, unmittelbar auf die Höhe der Abweichungen aus. Deshalb ist die Planbeschäftigung sehr sorgfältig zu wählen.

Berücksichtigung der Änderungen des Beschäftigungsgrades („flexible PKR")

Änderungen des Beschäftigungsgrades beeinflussen die Kostenstruktur der Kostenstelle, da die fixen Kosten bei allen Beschäftigungsgraden gleichbleiben. Bei der Aufstellung des Kostenplanes muß daher der Einfluß der Fixkosten bei verschiedenen Beschäftigungsgraden berücksichtigt werden. Dazu eignen sich zwei Verfahren: (1) die Aufstellung mehrerer Budgets oder (2) das Variatorverfahren.

1. Die Aufstellung mehrerer Budgets: Für jede Kostenstelle werden mehrere Kostenpläne aufgestellt, in denen jede Kostenart für einige wichtige Beschäftigungsgrade, z. B. 60 %, 80 %, 100 %, 120 % der Normalbeschäftigung, etwa für 3000, 4000, 5000, 6000 Stück pro Monat vorgegeben wird. Etwa dazwischen liegende Werte der Ist-Beschäftigung können beim Soll-Ist-Vergleich durch Interpolation berücksichtigt werden. — Beträgt die Ist-Beschäftigung z. B. 80 %, dann gelten als Soll-Zahlen die Planzahlen des Budgets, das auf der Basis eines Beschäftigungsgrades von 80 % aufgestellt wurde. Die Differenz des Soll-Ist-Vergleichs sind dann die *Verbrauchsabweichungen.* — Dieses Verfahren hat den Vorteil, daß es den in der Kostenrechnung oft unerfahrenen Kostenstellenleitern sehr verständlich ist, hingegen den Nachteil, daß seine Aufstellung Mühe macht.

2. Das Variatorverfahren: Die einzelnen Kostenarten zeigen bei Beschäftigungsveränderungen einen ganz verschiedenen Verlauf, je nach dem Anteil der fixen Kosten an den Gesamtkosten der betreffenden Kostenart. Besteht eine Kostenart nur aus fixen Kosten, so wird sie von Beschäftigungsänderungen nicht berührt, enthält sie dagegen nur proportionale Kosten, so ändert sie sich proportional zum Beschäftigungsgrad. Man hat nun das Verhältnis der fixen und proportionalen Kosten einer Kostenart durch einen V a r i a t o r ausgedrückt. Er kennzeichnet den Proportionalitätsgrad einer Kostenart, und zwar zeigt er an, um wieviel sich die Kosten ändern, wenn sich der Beschäftigungsgrad um 10 %/o ändert. Beim Variator 0 sind keine proportionalen Kosten vorhanden, alle Kosten sind fix. Beim Variator 10 sind die Gesamtkosten proportional, fixe Kosten gibt es nicht. Der Variator 8 bedeutet 8 %/o Kostenänderung bei 10 %/o Beschäftigungsänderung. Wenn also ein Variator von 8 eine Kostenänderung von 8 %/o bei 10 %/o Beschäftigungsänderung ausdrückt, dann heißt das, daß bei 10 %/o Beschäftigungsänderung 80 %/o der Kosten proportional und 20 %/o fix sind. Beim Variator 7 sind 70 %/o der Kosten proportional und 30 %/o fix, wenn die Beschäftigungsänderung 10 %/o beträgt. Die Aufspaltung geschieht nach folgender Formel:

$$\text{Proportionale Kosten} = \frac{\text{Variator}}{10} \times \text{Plankosten}.$$

6. Der Soll-Ist-Vergleich

Abweichungen zwischen Ist und Soll

Der wichtigste Zweck aller Plankostenrechnungen ist die laufende Beobachtung der Kostenabweichungen zwischen Ist und Soll. Die Gesamtabweichung kann sehr verschiedene Ursachen haben und wird deshalb in der modernen Plankostenrechnung nach den Hauptursachen aufgespalten. Danach unterscheiden wir vor allem: die B e s c h a f f u n g s p r e i s a b w e i c h u n g , die V e r - b r a u c h s a b w e i c h u n g und die B e s c h ä f t i g u n g s a b w e i c h u n g .

Das folgende Schema zeigt, wie diese Abweichungen noch unterteilt werden.

Die Abweichungsarten

1. **Beschaffungspreisabweichungen:**

   Die Differenzen zwischen Einstandspreisen und den Planpreisen der vom Markt bezogenen Güter (Rohstoffe, Hilfsstoffe, Betriebsstoffe usw.) zerfallen in

   a) Preisabweichungen bei Einzelkostenarten:

      aa) Preisabweichungen beim Fertigungsmaterial,

      bb) Tarifabweichungen beim Fertigungslohn,

   b) Preisabweichungen bei Gemeinkostenarten:

      aa) Preisabweichungen beim Gemeinkostenmaterial,

      bb) Tarifabweichungen beim Gemeinkostenlohn.

2. **Mengenabweichungen:**

   a) *Verbrauchsabweichungen:* die vom Kostenstellenleiter zu verantwortenden Mehr- oder Minderkosten beim Zeit- oder Stoffverbrauch; sie sind die Differenz zwischen Ist-Kosten und Soll-Kosten. Man unterscheidet:

      aa) Verbrauchsabweichungen bei den Einzelkostenarten,

      bb) Verbrauchsabweichungen bei den Gemeinkostenarten,

      cc) auftrags- und typenbedingte Mehrkosten,

b) *Beschäftigungsabweichungen:* bei ihnen wird bei der einzelnen Kostenstelle der Einfluß der fixen Kosten auf die Soll-Kosten bei wechselndem
Beschäftigungsgrad berücksichtigt. Sie zeigen die nichtgenutzte Kapazität (Leerkosten). Man unterteilt sie vielfach in:

aa) eigentliche Beschäftigungsabweichung,

bb) Intensitätsabweichung.

3. Sonstige Abweichungen:

aa) V e r r e c h n u n g s a b w e i c h u n g e n : sie entstehen, wenn den
Kostenträgern andere Plansätze belastet, als den Kostenstellen gutgeschrieben werden,

bb) V e r f a h r e n s a b w e i c h u n g e n : sie entstehen, wenn andere Verfahren oder Betriebsmittel als geplant zur Fertigung eingesetzt werden.

Ermittlung der Abweichungen

Die zu Beginn der Planperiode ermittelten Plankosten oder genauer die „Basis-
Plankosten" können am Ende der Planperiode nicht einfach mit den Ist-Kosten
verglichen werden. Wir unterscheiden deshalb die *Basisplankosten* und die *abgeleiteten Plankosten*, die, wie der Name schon sagt, von den Basisplankosten
abgeleitet sind, doch wird bei ihnen die tatsächliche Ist-Beschäftigung am Ende
der Planperiode berücksichtigt. Dabei unterscheiden wir wiederum die „*verrechneten Plankosten* der Ist-Beschäftigung" und die „*Sollkosten*". Betragen
z. B. die Planbezugsgröße 5000 Arbeitsstunden und die Basis-Plankosten 10 000
DM, so beträgt der *Plankostensatz* oder *Verrechnungssatz* (10 000 : 5000 =)
2,— DM pro Arbeitsstunde. Beläuft sich nun die Ist-Beschäftigung auf 4500
Stunden (Beschäftigungsgrad = 90 %), so sind die „*verrechneten Plankosten der
Ist-Beschäftigung*" das Produkt aus Ist-Beschäftigung und Plankostensatz:
4500 × 2 = 9000 DM. Auch die fixen Basiskosten sind hier proportional miteinbezogen. Dieser Betrag von 9000 DM wird der Kostenstelle auf die Kostenträger verrechnet.

Bei den *Sollkosten* werden die *gesamten* Basis-Fixkosten miteinbezogen. Bestehen in unserem Beispiel die Basis-Plankosten von 10 000 DM aus 6000 DM fixen
und 4000 DM proportionalen Kosten, so sind die Sollkosten die Summe der verrechneten proportionalen Plankosten und der Basis-Fixkosten. Die Formel
lautet also:

$$\text{Sollkosten} = \frac{\text{proport. Plankosten}}{\text{Planbezugsgröße}} \times \text{Ist-Bezugsgröße} + \text{gesamte Fixkosten}$$

$$\text{In unserem Beispiel: Sollkosten} = \frac{4000}{5000} \times 4500 + 6000 = 9600 \text{ DM.}$$

(1) Die **Verbrauchsabweichungen** sind die Differenz der Istkosten und der Sollkosten. Nehmen wir an, die Istkosten betragen in unserem Beispiel 9400 DM,
so beträgt die (ungünstige) Verbrauchsabweichung: 9400 — 9600 = — 200 DM.
Die *Ursachen* der Verbrauchsabweichungen können in der Wirschaftlichkeit des
Verbrauchs, in veränderten Fertigungsverfahren (*Verfahrensabweichungen*), in
Qualitätsänderungen des Produkts und in vielem anderen liegen. Sie sind leicht
festzustellen, weil für jede Gemeinkostenart der Kostenstelle die Verbrauchsabweichung ermittelt wird (s. Tab. 2, S. 862).

(2) Die **Beschäftigungsabweichungen** sind die Differenz zwischen den verrechneten Plankosten und den Sollkosten. Da in ihnen die g e s a m t e n Fixkosten berücksichtigt werden, sind sie die *ungedeckten Fixkosten* (Leerkosten) bzw. die *überdeckten Fixkosten*, je nachdem, ob der Ist-Beschäftigungsgrad unter oder über der Planbeschäftigung liegt. In unserem Beispiel beträgt die (ungünstige) Beschäftigungsabweichung: 9000 — 9600 = — 600 DM. Die Beschäftigungsabweichungen hat der Kostenstellenleiter nicht zu verantworten.

(3) **Beschaffungspreisabweichungen:** Da beim Soll-Ist-Vergleich die Ist-Bezugsgrößen der Gemeinkostenarten mit *Planpreisen* (Verrechnungspreisen) bewertet werden, sind Preisabweichungen aus der Kostenstellenrechnung ausgeschaltet. Denn die Kostenstellen haben Preisabweichungen nicht zu vertreten.

Wenn man die Kostengüter am Tage des Verbrauchs zu Planpreisen bewertet, ergibt sich die Preisabweichung unmittelbar aus der Differenz der verbrauchten Istmenge, einmal bewertet zu P l a n p r e i s e n und zum anderen zu Istpreisen. Vielfach werden bereits die Lagereingänge zu Planpreisen bewertet. Das hat den Vorteil, daß die Lagerbuchführung mit einheitlichen Planpreisen (Verrechnungspreisen) geführt wird. Die Preisabweichung als Differenz der Eingangsmengen, einmal bewertet zu Planpreisen und zum anderen zu Istpreisen, muß aber dann in einer Hilfsrechnung in den Teil, der auf die Verbrauchsmengen, und den Teil, der auf die Lagerveränderung entfällt, aufgespalten werden.

Die Preisabweichungen werden in der K o s t e n t r ä g e r r e c h n u n g durch Aufschlüsselung (Vollkosten) oder durch Deckungsbeiträge verrechnet, oder sie werden gleich dem Betriebsergebniskonto zugeführt.

Die Abweichungsanalyse

Wir wollen nun die Abweichungsanalyse mit ihren beiden wichtigsten Verfahren an einem systematischen Beispiel veranschaulichen. Die Planbeschäftigung betrage im Monat 2000 Arbeitsstunden (Planbezugsgröße); die Plankosten belaufen sich auf 20 000 DM, die sich aus 12 000 DM fixen Kosten und 8000 DM proportionalen Kosten zusammensetzen. Der Planverrechnungssatz (Standardkostensatz) beträgt also 10 DM pro Stunde. Am Ende der Abrechnungsperiode wird festgestellt, daß für die I s t p r o d u k t i o n 1600 Planarbeitsstunden (Standardstunden) verbraucht wurden. Die Gesamt-Istkosten beliefen sich auf 21 500 DM. In der Praxis sind zur Ermittlung der Abweichungen zwei Methoden üblich: das Zwei-Abweichungen- und das Drei-Abweichungen-Verfahren.

Das Zwei-Abweichungen-Verfahren

Es berücksichtigt als Ist-Beschäftigung die für die Ist-Produktion aufgewendeten Planarbeitsstunden:

	DM	Abweichungen
Istkosten	21 500	⎫
Soll-Kosten der Ist-Produktion		⎬ ∕ 3 100 Verbrauchs-Abweichung.
$\dfrac{8\,000}{2\,000} \times 1\,600 + 12\,000 =$	18 400	⎭
Verrechnete Plan-Kosten der Ist-Beschäftig.		∕ 2 400 Beschäftigungs-
1 600 St. × 10 DM =	16 000	Abweichungen
Gesamtabweichung (21 500 ∕ 16 000)		∕ 5 500

Das Drei-Abweichungen-Verfahren

Bei der Analyse des Verhältnisses von Ist-Produktion zu Stundenverbrauch stellt sich heraus, daß die I s t - P r o d u k t i o n nach der Planung den Wert von 1600 Planarbeitsstunden (Standardstunden) hatte, daß aber in Wirklichkeit die I s t - B e s c h ä f t i g u n g 1800 Arbeitsstunden betragen hat. Es wurde also weniger intensiv gearbeitet. Diese Intensitätsabweichung, die beim Zwei-Abweichungen-Verfahren in der Beschäftigungsabweichung enthalten ist, wird beim Drei-Abweichungen-Verfahren berücksichtigt. Es spaltet also die Beschäftigungsabweichung in die e i g e n t l i c h e B e s c h ä f t i g u n g s a b w e i c h u n g und die I n t e n s i t ä t s a b w e i c h u n g (die strenggenommen auch keine Beschäftigungsabweichung ist).

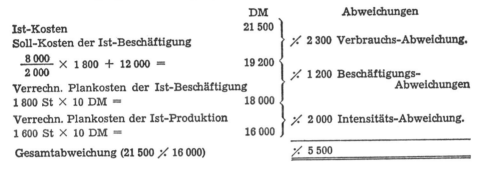

Kostenauflösung

Die Zerlegung der Kosten in ihre fixen und proportionalen Bestandteile (Kostenauflösung) ist für die Plankostenrechnung von besonderer Bedeutung. Man verwendet zur Kostenauflösung z w e i M e t h o d e n (s. auch oben S. 737 f.):

1. Die m a t h e m a t i s c h e M e t h o d e geht von dem Gedanken aus, daß der Kostenzuwachs über einen bestimmten Beschäftigungsgrad hinaus bei jedem weiteren Leistungszuwachs nur proportionale Kosten enthält. Die Differenzkosten der letzten Schicht werden als Maßstab für die proportionalen Kosten der vorgelagerten Schichten angesehen. Man ermittelt also demnach die Differenz der zu den Beschäftigungsgraden x_1 und x_2 gehörenden Gesamkosten K_1 und K_2.

Daraus werden die Differenzkosten $\dfrac{K_2 - K_1}{x_2 - x_1}$ gebildet. Wird das Ergebnis mit der Beschäftigung (ausgedrückt in Produkteinheiten) x_1 oder x_2 multipliziert, so entstehen die zugehörigen proportionalen Gesamtkosten. Werden diese von den Gesamtkosten K_1 oder K_2 subtrahiert, so bleiben die fixen Gesamtkosten übrig. Diese Methode setzt selbstverständlich einen linearen Gesamtkostenverlauf voraus. Doch auch dann wird das mathematische Verfahren im allgemeinen zu keinen genauen Ergebnissen führen.

2. Die b u c h t e c h n i s c h e M e t h o d e der Kostenauflösung untersucht die effektive Kostenzusammensetzung an den Entstehungsstellen nach Höhe und Entwicklung bei verschiedenen Beschäftigungsgraden innerhalb der wahrscheinlichen Höchst- und Niedrigstbeschäftigung und sammelt Kosten nach ihrer Zugehörigkeit zu den beiden Gruppen fix und proportional.

Verschiedentlich wurde empfohlen, die G e m e i n k o s t e n d e r K o s t e n -
k l a s s e 4 getrennt nach fixen und proportionalen Kosten aufzuteilen. Das ist
jedoch nicht sehr sinnvoll, denn es gibt nur wenige Kosten, die einen rein proportionalen oder rein fixen Charakter haben. Es ist zweckmäßig, die Kosten-
spaltung außerhalb der Buchhaltung und der Betriebsabrechnung in einer
Nebenrechnung durchzuführen und danach die Anteile auf den einzelnen
Kostenbereichen bzw. Hauptstellen festzustellen. Die Erfahrung spielt bei der
buchtechnischen Kostenauflösung eine sehr wichtige und wertvolle Rolle.

7. Die Kostenträgerrechnung in der Plankostenrechnung

Wir unterscheiden bei der Kostenträgerrechnung

1. die K o s t e n t r ä g e r s t ü c k r e c h n u n g oder P l a n k a l k u l a t i o n :
sie ermittelt die Plankosten und gegebenenfalls auch die kalkulatorischen Ist-
Selbstkosten für die Kostenträgereinheit, und 2. die K o s t e n t r ä g e r z e i t -
r e c h n u n g : sie ermittelt die Plankosten, die ein Kostenträger, eine Kosten-
trägergruppe oder auch alle Kostenträger innerhalb einer Periode verursachen.
Die Kostenträgerzeitrechnung wird zur vollständigen E r g e b n i s r e c h -
n u n g , wenn den Kosten der einzelnen Kostenträgergruppen die entsprechenden Erlöse gegenübergestellt werden.

Die Plankalkulation

Der große Vorteil der Plankalkulation gegenüber der traditionellen Vorkalkulation liegt in der größeren Zuverlässigkeit ihrer Ergebnisse. Die Plankalkulation
wird nicht von Fall zu Fall (bei Auftragsproduktion nicht für jeden Auftrag),
sondern generell aufgestellt und in größeren Abständen überprüft und auf den
neuesten Stand gebracht. Die Plankalkulation kann auch aus diesem Grunde
wesentlich genauer und differenzierter erstellt werden. Sie bleibt dabei für die
einzelnen Kostenträger solange konstant, wie die der Planung zugrunde liegenden Verhältnisse sich nicht ändern. Dient die Plankalkulation nur zur Kostenkontrolle und nicht zur Preiserstellung, so spielen auch Änderungen der Tagespreise keine Rolle. Die Standardpreise amerikanischer Kalkulationen sind oft
drei bis vier Jahre alt. Die Preisabweichungen betragen häufig mehr als 100 %.

Dienen dagegen die Kalkulationen der P r e i s e r s t e l l u n g , so müssen Planpreise verwandt werden, die den Marktpreisen möglichst nahekommen oder es
müssen die Preisabweichungen ermittelt werden.

In der Plankalkulation sind die gleichen Kalkulationsverfahren anwendbar wie
in der Ist-Kostenrechnung, also Divisions-, Äquivalenzziffern- und Zuschlagskalkulation (s. oben S. 750 ff.).

Die Plankalkulation einer Kostenträgereinheit enthält zunächst alle auf diese
Einheit entfallenden Plan-Materialeinzelkosten, nach Arten gegliedert. Es folgen die Plan-Materialgemeinkosten und -Fertigungsgemeinkosten, beide nach
Kostenstellen unterteilt. Die Gemeinkostenverrechnungssätze können den Gemeinkostenplänen unmittelbar entnommen werden. Die Plan-Lohneinzelkosten
werden nur eingesetzt, wenn sie nicht in den Fertigungsgemeinkosten enthalten
sind. Die Summe dieser Kosten ergibt die Plan-Herstellkosten, die natürlich
nicht mit den Ist-Herstellkosten identisch sind.

Die Verteilung der Abweichungen

Die Plan-Herstellkosten kann man nur dadurch in Übereinstimmung mit den Ist-Herstellkosten bringen, daß man die Abweichungen auf die Kostenträger verteilt.

Vielfach geht man jedoch noch so vor, daß man die Abweichung unmittelbar auf das Betriebsergebniskonto übernimmt und sie gar nicht den Kostenträgern anlastet. Das hat den sehr großen Vorteil, daß die Plankalkulation dann auch zugleich die laufende N a c h k a l k u l a t i o n ersetzt. Man begründet das meist damit, daß die Abweichungen sich über mehrere Perioden hinweg ausgleichen würden. Das mag sicherlich für viele Abweichungen stimmen, aber es ist keineswegs die Regel. Dieses Verfahren kann daher zu falschen Ergebnissen führen.

Wird es dennoch angewandt, so ist durch stichprobenweise Nachkalkulationen immer wieder zu prüfen, ob sich die Planwerte nicht zu weit von den Ist-Werten entfernt haben. Ist das der Fall, muß die Plankalkulation geändert oder ganz neu aufgestellt werden.

Im allgemeinen tritt man heute für eine V e r t e i l u n g der Abweichungen auf die Kostenträger ein. Über Umfang und Verfahren gehen die Meinungen allerdings noch auseinander. So wollen vor allem die einen nur einen Teil der Abweichungen auf die Kostenträger verrechnen und den Rest global in die Ergebnisrechnung übernehmen, andere wollen dagegen alle Abweichungen auf die Kostenträger verteilen. Vielfach wird die Verteilung der wichtigsten Abweichungen, nämlich der V e r b r a u c h s a b w e i c h u n g e n und der B e - s c h ä f t i g u n g s a b w e i c h u n g e n auf die Kostenträger abgelehnt, weil diese Abweichungen k o s t e n s t e l l e n b e d i n g t sind und in keinem ursächlichem Zusammenhang mit den Kostenträgern stehen. Dieses Verfahren ist für P r e i s kalkulationen nicht richtig, denn auf lange Sicht muß der Preis auch die stellenbedingten Abweichungen decken, wenn der Betrieb keinen Substanzverlust erleiden will. Die Verbrauchs- und Beschäftigungs-Abweichungen haben durchweg Kostencharakter, sie sind ein Teil der Ist-Kosten. Die Abweichungen werden entweder verschlüsselt (Vollkostenrechnung) oder als Dekkungsbeiträge (Grenzkostenrechnung) auf die Kostenträger umgelegt.

Die kostenträgerbedingten Abweichungen (insbesondere Preisabweichungen) sind direkt von den einzelnen Kostenträgern verursacht und lassen sich den Kostenträgergruppen leicht zurechnen. Die Preisabweichungen können als Prozente ermittelt und für die Einzelkosten leicht errechnet werden. Die Kostenstellenbedingten Abweichungen (Verbrauchsabweichungen) werden zweckmäßigerweise im Verhältnis der Plan-Fertigungskosten auf die Kostenträgergruppen verteilt. Die Verrechnung der Beschäftigungsabweichung bereitet die größten Schwierigkeiten. Man hat vorgeschlagen, sie auch im Verhältnis der Plan-Fertigungskosten gleichmäßig auf alle Kostenträger zu verteilen. (Vgl. Koller, Die Organisation der Plankostenrechnung, 2. Aufl.; Wiesbaden 1973.)

Für die Zwecke der Preiskalkulation müssen außer den Abweichungen noch die Sonderkosten des Vertriebs sowie ein kalkulatorischer Gewinnzuschlag eingesetzt werden, um den vollen Preis zu erhalten. Es ergibt sich dann folgendes Kalkulationsschema (entnommen: Koller, a. a. O.):

Schema der Plankalkulation

(1)	Plan-Stoffeinzelkosten
(2)	Plan-Stoffgemeinkosten [... % von (1)]
(3)	Plan-Stoffkosten [(1) + (2)]
(4)	Plan-Fertigungseinzelkosten
(5)	Plan-Fertigungsgemeinkosten
(6)	Plan-Fertigungskosten [(4) + (5)]
(7)	Plan-Herstellkosten A [(3) + (6)]
(8)	Plan-Ausschußkosten [... % von (7)]
(9)	Sonderkosten der Fertigung [(Typenkosten) ... % von (7)]
(10)	Plan-Herstellkosten B [(7) + (8) + (9)]
(11)	Plan-Verwaltungs- und Vertriebskosten [... % von (7)]
(12)	Plan-Selbstkosten [(10) + (11)]
(13)	Zuschlag für Preis-Abweichungen [... % von (1)]
(14)	Zuschlag für Kosten-Abweichungen [... % von (6)]
(15)	Kalkulatorische Ist-Selbstkosten A [(12) + (13) + (14)]
(16)	Sonderkosten des Vertriebes
(17)	Kalkulatorische Ist-Selbstkosten B [(15) + (16)]

Die Kostenträgerzeitrechnung (Ergebnisrechnung)

Aus der Kostenplanung und der Plankalkulation lassen sich anhand der Lohn- und Materialscheine monatlich die Herstellkosten der einzelnen Kostenträgergruppen erfassen. Sofern auch die Abweichungen in die Kostenträgerzeitrechnung aufgenommen werden, ergibt sich eine Ergebnisrechnung mit Ist-Kosten. Die Kostenträgergruppen können dabei nach Absatzgebieten, Absatzwegen u. dgl. aufgeteilt werden. In einer Ausgliederungsspalte werden die gesamten neutralen Abgrenzungen gesammelt.

Die „V e r t r i e b s l e i s t u n g", bewertet zu Planherstellkosten, entspricht dem Abgang der Fertiglagerkonten bzw. der Fertigungskonten, wenn auf die Führung besonderer Bestandskonten für Fertigerzeugnisse verzichtet wird. Sie wird durch Bewerten der Ausgangsrechnungen mit den Plan-Herstellkosten der Plankalkulation bewertet. Die in die Ergebnisrechnung verrechneten primären und sekundären Sonderkosten sind bereits zeitlich abgegrenzt. Die Plan-Verwaltungs- und Vertriebskosten werden in der Kostenstellenrechnung für die Betriebsleistung gutgeschrieben und von dort in Höhe der verrechneten Plankosten in die Ergebnisrechnung geleitet. Die Summe aller in der Ergebnisrechnung verrechneten Plankosten ergibt die P l a n - S e l b s t k o s t e n der Vertriebsleistung und unter Berücksichtigung der einzelnen Kostenträgergruppen werden die entsprechend aufgegliederten E r l ö s e gegenübergestellt (aus der Kontenklasse 8). Als Differenz der Umsatzkosten und der Nettoerlöse ergibt sich das aufgegliederte B e t r i e b s - E r g e b n i s (vgl. H. Koller, a. a. O., S. 89).

8. Die Grenzplankostenrechnung

Plan-Vollkosten- und Teilkostenrechnung (Grenzplankostenrechnung)

Die Grenzkostenrechnung hat nur als Vorschaurechnung, als Planungsrechnung einen Sinn. Das zeigt sich besonders bei einer systematisch aufgebauten Grenzplankostenrechnung. Wie aber die Plankostenrechnung kein Gegensatz zur Ist-kostenrechnung ist, sondern ihre folgerichtige Weiterentwicklung, so ist auch die Grenzplankostenrechnung eine Weiterentwicklung der Plankostenrechnung. Das geht besonders daraus hervor, daß sie neben einer flexiblen Plan-Voll-kostenrechnung als statistische Ergänzungsrechnung geführt werden kann und sehr häufig auch geführt wird, um z. B. die Preisuntergrenze festzustellen, die optimale Artikel- oder Produktionsverfahrensauswahl zu treffen, Leistungs-kontrollen durchzuführen und dergleichen. Alle Zahlen für eine solche Grenz-kostenanalyse stehen in der Plan-Vollkostenrechnung zur Verfügung, wenn auch häufig nicht so genau ermittelt wie in der Grenzplankostenrechnung. Doch auch eine systematisch durchgeführte Grenzplankostenrechnung wendet weitgehend die gleichen Rechnungsverfahren wie die Plan-Vollkostenrechnung an.

Die Ziele hat die Grenzplankostenrechnung mit der Plan-Vollkostenrechnung im wesentlichen gemein. Ihr Vorteil liegt nur darin, daß sie durch die gesonderte Verrechnung der Fixkosten zu aussagefähigeren Ergebnissen kommt.

Planungsgrundlagen

Die Befürworter der Grenzplankostenrechnung gehen davon aus, daß die Zu-rechnung der fixen Gemeinkosten auf Kostenstellen und Kostenträger im Mehrproduktbetrieb zu einer Verzerrung der Kostenstruktur führt, weil un-mittelbare Kausalzusammenhänge zwischen den Kostenstellen bzw. Kosten-trägern und den fixen Kosten gar nicht bestehen. Die Grenzkostenrechnung er-mittelt für die einzelnen Kostenstellen und Kostenträger sehr exakt die propor-tionalen Kosten, die sie von den fixen Kosten trennt. Die fixen Kosten werden als „Block" erfaßt und nicht aufgeschlüsselt.

Da die B e s c h ä f t i g u n g s a b w e i c h u n g e n nur bei der Verrechnung der fixen Kosten erscheinen, wird die Grenzplankostenrechnung nicht von Beschäf-tigungsänderungen berührt. Doch ist die Festlegung einer Planbeschäftigung in der Grenzplankostenrechnung auch notwendig; denn auch sie will die Beschäf-tigungsentwicklung analysieren. Nur berührt die Beschäftigungsplanung weder die Leistungskontrolle der Kostenstellen, noch die Plankalkulation, da sie ja den Planverrechnungssatz nur auf die proportionalen Kosten bezieht.

Bei der G e m e i n k o s t e n p l a n u n g der Grenzplankostenrechnung wer-den die Gesamtkosten scharf nach proportionalen und fixen Kosten getrennt. Doch werden die innerbetrieblichen Leistungen nur mit proportionalen Plan-kosten verrechnet. Die fixen Plankosten werden monatlich als Periodenkosten dem Betriebsergebniskonto zugeführt.

In der B e t r i e b s a b r e c h n u n g (Kostenstellenrechnung) werden nur die kostenstellenbedingten proportionalen Gemeinkosten erfaßt, also nur der Teil der Kosten, den die Kostenstelle beeinflussen kann. Das hat nicht nur den Vor-teil, daß die Betriebsabrechnung aussagefähiger ist, sie ist auch einfacher und schneller zu erstellen.

Gegen die Verwendung des B e t r i e b s a b r e c h n u n g s b o g e n s, der alle Kostenstellen enthält, wird hauptsächlich eingewandt, daß er zu s p ä t anfällt, meist erst etliche Wochen nach dem Abschlußtag. Infolge der sehr einfachen Er-stellung der Betriebsabrechnungen mittels der Grenzkostenrechnung können die Abrechnungszahlen nicht nur wesentlich früher, sondern auch in k ü r z e -

r e n Z e i t r ä u m e n , etwa in Dekaden, erstellt werden. Eine solche Kostenstellenrechnung ist natürlich nicht mehr so vollständig, aber dieser Nachteil wird
wettgemacht durch die Schnelligkeit und damit die Wirksamkeit des Soll-Ist-
Vergleichs. Daneben wird natürlich meist auch ein v o l l s t ä n d i g e r
Betriebsabrechnungsbogen, der sämtliche Kostenarten enthält, erstellt, doch genügt es dann, wenn man ihn für das Halbjahr oder das Jahr anfertigt.

Auch in die G r e n z p l a n k a l k u l a t i o n werden grundsätzlich nur die
proportionalen Kosten übernommen. Zweifellos ist die Grenzplankalkulation für
die Preis- und Absatzpolitik der Unternehmung sehr wichtig, so vor allem:

1. für die Ermittlung der Preisuntergrenze bei Unterbeschäftigung,

2. für die Optimierung des Erzeugnisprogramms bei Vollbeschäftigung,

3. für die Verfahrensauswahl in Fertigungsbetrieben,

4. für die Optimierung der Produktionsmengenkombination durch Rechnen mit
   Opportunitätskosten, auf die wir noch zurückkommen,

5. für die richtige Bewertung der Bestände bei Halb- und Fertigfabrikaten,

6. für die Ermittlung der Wirtschaftlichkeit von Investitionen, und schließlich

7. zur Kontrolle der beeinflußbaren Kosten.

(1) Ermittlung der Preisuntergrenze

Befindet sich ein Betrieb in der Unterbeschäftigung, so trägt jede Erhöhung der
Produktmenge, vorausgesetzt, daß sie verkauft werden kann, zur Verringerung
der *Leerkosten* bei, das sind die *nicht ausgenutzten Fixkosten*. Der Erlös des
Grenzprodukts, *der Grenzerlös,* bringt dann immer noch einen Gewinn, wenn
der *Verkaufspreis des „Grenzprodukts"* (oder der Grenzschicht) *über den Grenzkosten* (den proportionalen Kosten) liegt. Die Grenzschicht trägt zur Deckung
eines Teils der ohnehin anfallenden fixen Kosten bei (Deckungsüberschuß). Durch
die Ausnutzung der unterbeschäftigten Kapazität entsteht mithin ein Gewinn,
sofern der Verkaufspreis des Grenzprodukts über den Grenzkosten liegt.

Nehmen wir an, ein Betrieb sei unterbeschäftigt und produziere nur 1000 Stück
und verkaufe sie für 3,20 DM das Stück. Der Erlös ist 3200, der Erfolg ein Verlust von 300 DM (vgl. Tabelle 1). Eine Erhöhung der Produktion (2. Produktionsschicht) um 500 Stück ergibt einen Grenzerlös von 500 × 3,20 = 1600 und einen

Tabelle 1

Produk-tions-schicht	Produk-tions-menge	Gesamt-kosten	Durch-schnitts-kosten	Zuwachs-Gesamt-kosten	Grenz-kosten	Verkaufs-preis	Grenz-erlös	Grenz-erfolg
1	1000	3500	3,50	—	—	3,20	3200	— 300
2	1500	4500	3,—	1000	2,—	3,20	1600	+ 600
3	2000	5500	2,75	1000	2,—	3,20	1600	+ 600
4	2500	6500	2,60	1000	2,—	2,10	1050	+ 50
	2500	6500					7450 Gesamt-erlös	+ 950 Gesamt-erfolg

Grenzerfolg von 1600 — 1000 = 600. Eine weitere Erhöhung der Produktion um 500 Stück (3. Produktionsschicht) ergibt den gleichen Grenzerlös und den gleichen Grenzerfolg, da jetzt nur noch die proportionalen Kosten berücksichtigt werden.

Erhält nun der Betrieb einen weiteren Auftrag von 500 Stück zum Preise von 2,10 DM, so beginnen die Schwierigkeiten. Nach der *Durchschnittsrechnung* betragen die Durchschnittskosten für 2500 Stück 2,60 DM pro Stück. Nach dieser durchaus richtigen Kalkulation müßte der Betrieb den Auftrag strikt ablehnen, da er der irrigen Meinung ist, daß der Preis unter den Selbstkosten läge und Verlust brächte. In Wirklichkeit bringt jedoch die Ausführung des Auftrages noch einen Gewinn. Nach der *Grenzkalkulation* beträgt der Grenzerlös dieses Auftrags 1050 DM und bringt mithin einen Grenzerfolg von 50 DM, da er noch einen Teil der Leerkosten deckt. Der Gesamterfolg steigt von 900 auf 950 DM.

(2) Die Optimierung des Erzeugnisprogramms (Sortimentsgestaltung)

In einer Unternehmung läßt das Vollkostenergebnis eines Erzeugnisses, also die Spanne zwischen den Vollkosten des Erzeugnisses und seinen Erlösen, nur dann zuverlässige Rückschlüsse auf seine Rentabilität zu, wenn nur *ein einziges Erzeugnis* hergestellt wird. Denn dann werden die gesamten Kosten von diesem Erzeugnis verursacht und können ihm (in der Divisionskalkulation) auch zugerechnet werden. Das ist in der modernen Wirtschaft jedoch nur selten der Fall — nicht einmal bei einem Elektrizitätswerk, das zwar *technisch* nur ein Erzeugnis herstellt, nicht aber *wirtschaftlich*, wegen der verschiedenen, sehr differenzierten Tarife. In allen anderen Fällen, also bei Mehrproduktbetrieben mit verbundener Produktion, sind unmittelbare Kausalzusammenhänge zwischen den fixen Kosten und den *einzelnen* Kostenträgern nicht vorhanden.

Ein Zahlenbeispiel (nach H. G. Plaut) mag dies verdeutlichen:

Ein Unternehmen stellt folgende Artikel her:	A	B	C	D
Alle vier Artikel haben Grenzkosten von	100	100	100	100 DM
Die fixen Kosten betragen aufgeschlüsselt	60	20	150	200 DM
die Vollkosten mithin	160	120	250	300 DM
Der Erlös sei	200	170	270	285 DM
Der Gewinn auf der Basis der Vollkosten also	40	50	20	⅄ 15 DM
Grenzkostenergebnis (Erlös ⅄ Grenzkosten)	100	70	170	185 DM

Nach der *Vollkostenrechnung* ist der Artikel B (Gewinn 50) der förderungswürdigste, dann folgt der Artikel A (Gewinn 40) in der Reihenfolge der Rentabilität, der Artikel C (Gewinn 20) als nächster ist schon recht „uninteressant", der Artikel D (Verlust 15) schließlich würde am besten überhaupt nicht gefertigt, denn er hat scheinbar einen Verlust verursacht.

Betrachtet man das *Grenzkostenergebnis*, also die Spanne zwischen den Grenzkosten und Erlösen, so ergibt sich ein völlig anderes Bild. Der Artikel D, den man am liebsten ausrangieren wollte, der sogar 5 % Verlust auf den Umsatzerlös bezogen verursacht hatte, hat ein Grenzkostenergebnis von 185 DM, also von 64,9 %, der Artikel C, um den man sich kaum noch kümmern wollte, weist ein solches von 170 DM und somit von 62,9 % auf, der Artikel B hat nur noch ein Grenzkostenergebnis von 70 DM, damit 41,1 %, und der Artikel A ist mit einem Grenzkostenergebnis von 100 DM oder von 50 % ebenfalls sehr schlecht geworden. Der Unterschied beruht darauf, daß die fixen Kosten relativ willkürlich verteilt waren und Artikel D beinahe die Hälfte der fixen Kosten zu tragen hatte.

Dieses Beispiel mag etwas überspitzt gewählt sein, aber derartig krasse Fälle kommen in der Praxis vor und zeigen wohl eindeutig, wie groß die Gefahr ist, daß eine Vollkostenrechnung bei der Produkteplanung zu falschen Entscheidungen führt. Das gilt keineswegs nur für langfristige Erzeugnisplanungen, es gilt für jede Auftragszusammensetzung.

Wenn in einem Betrieb Engpässe bestehen, so wird man bei der Produktegestaltung das Grenzkostenergebnis auf die Engpaßeinheit beziehen, also so steuern, daß man z. B. die Erzeugnisse vorzieht, die je Webstuhlstunde das höchste Grenzkostenergebnis ausweisen.

Man kann also nur mit Hilfe der Grenzkostenrechnung die Erzeugnisplanung und die Auftragszusammensetzung optimal gestalten.

(3) Verfahrensauswahl im Fertigungsbetrieb

In ähnlicher Weise wie bei der Artikelauswahl und Sortimentsgestaltung wird die Grenzkostenrechnung bei der Wahl der Fertigungsverfahren verwendet, etwa ob man ein Werkstück an einer Universaldrehbank, an einer Revolverdrehbank oder an einem Automaten fertigen soll. Es ist längst nicht gesagt, ob eine höchst moderne kostspielige Maschine in einem bestimmten Fertigungsprozeß die kostengünstigste Maschine ist. So hat man in den USA vielfach die betrübliche Feststellung machen müssen, daß bei zahlreichen Fabriken neu eingeführte übermoderne Automationsverfahren sich höchst unrentabel auswirkten, weil sie nicht voll beschäftigt werden konnten.

Auch H. G. Plaut berichtet von Betriebsbesichtigungen, die in dieser Beziehung zu erstaunlichen Feststellungen führten. „Man zeigt uns voll Stolz moderne Fertigungsmaschinen, die aber, wie sich herausstellt, gerade stillstehen. Man hat gerade keine Beschäftigung für diese Anlage. Bei dem weiteren Betriebsrundgang zeigt sich aber, daß die alten unmodernen Anlagen voll ausgelastet sind. Die Arbeitsvorbereitung oder Fertigungsplanung hat es ja in der Hand, eine Bearbeitung hier und dort, auf modernen, teuren, fixkostenintensiven Maschinen vorzunehmen, oder sie auf alte, weniger leistungsfähige und mit geringen Fixkosten belastete Maschinen zu legen. Werden bei dieser Überlegung die *Vollkosten* herangezogen, dann liegt es auf der Hand, daß es hier zu Fehlentscheidungen kommen muß, zu Fehlentscheidungen, die unserer Meinung nach in sehr vielen Betrieben schon bei kurzen Betriebsrundgängen beobachtet werden können. Nicht das Verfahren ist das teuere, das die höchsten *Gesamtkosten* aufweist — wobei notabene diese Gesamtkosten, die Vollkosten, vielleicht gerade durch eine geringe Beschäftigung dieser Anlage besonders hoch sind —, sondern das Verfahren ist das wirtschaftliche, das in den *Grenzfertigungskosten* jeweils günstiger liegt."

Für die richtige Verfahrenswahl können also nur die Grenzfertigungskosten und dürfen nicht die Vollfertigungskosten herangezogen werden.

(4) Grenzkostenkalkulation und Beschäftigung

Von den Kritikern der Grenzkostenrechnung wurde immer wieder hervorgehoben, daß sie die Beschäftigungsänderungen unberücksichtigt lasse, was zwar die Abrechnung vereinfache und eine bessere Kontrolle der Kostenstellen erlaube, daß sie aber keinerlei Einblick in die *Beschäftigungsentwicklung* gebe. So läßt sich in der Tat — besonders bei schwer überschaubaren Erzeugnisprogrammen und Fertigungsverfahren — die Grenzkostenrechnung zur Artikelauswahl nur bei Unterbeschäftigung mit Erfolg anwenden. Denn bei Vollbeschäftigung läßt die Grenzkostenrechnung nicht ohne weiteres erkennen, ob durch Änderungen des Erzeugnisprogramms einzelne vollbeschäftigte *Teilkapazitäten* nicht über- oder unterschritten werden. Denn sämtliche Erzeugnisse stehen im Wettbewerb um die vorhandenen Kapazitäten jeder einzelnen der verschiedenen Werkstätten. Es ist also notwendig, bei der Programmplanung auch die verschiedenen *Kapazitätsgrenzen* zu berücksichtigen, oder mit anderen Worten, die *optimale Produktionsmengenkombination* zu ermitteln. Deshalb wird vielfach vorgeschlagen, die Grenzkostenrechnung durch eine Vollkostenrechnung zu ergänzen. Doch ist nach unseren bisherigen Erörterungen klar, daß auch hier die Heranziehung der Vollkostenrechnung zur Ermittlung des optimalen Produktionsprogramms unter gleichzeitiger Berücksichtigung der Teilkapazitäten, d. h. einer optimalen Produktmengenkombination, meist zu Fehlentscheidungen führen wird.

Die Schwierigkeit liegt darin, daß bei der Erzeugnisplanung die *Kosten der freien Teilkapazitäten* — und das sind die (fixen) Bereitschaftskosten — nicht berücksichtigt werden, das aber ist insbesondere notwendig, wenn Engpässe, d. h. vollbeschäftigte Teilkapazitäten oder „Minimumsektoren", vorhanden sind. Ein amerikanischer Professor bringt dazu ein treffendes Beispiel: Der Bäcker Weiß ist auf Kuchen spezialisiert, der Bäcker Schwarz, in der gleichen Straße, auf Brot. Beide versuchen nun die freie Kapazität ihrer noch warmen Öfen auszunutzen: Weiß backt noch zusätzlich Brot, Schwarz Kuchen, die sie beide zu Grenzkosten, d. h. hier reine Materialkosten (Heizung und Arbeitsaufwand rechnen sie auch nicht) verkaufen. Die Folge ist für beide sehr unerwartet: Die Kunden des Bäckers Weiß kaufen jetzt bei Schwarz den billigen Kuchen, die Kunden des Schwarz beim Bäcker Weiß das billige Brot. So ist aus dem ursprünglichen Brotspezialisten ein Kuchenbäcker und umgekehrt aus dem ursprünglichen Kuchenbäcker ein Brotspezialist geworden. Aber beide verkaufen jetzt zu Preisen, die ihre Fixkosten nicht mehr decken. Sie haben nur noch die Grenzkosten und nicht die fixen Kosten berücksichtigt.

In einem derart einfachen Fall hätte natürlich die Deckungsbeitragsrechnung die Fehlkalkulation schnell gezeigt. Weit schwieriger aber liegen die Verhältnisse in einem großen Betrieb mit differenziertem Erzeugnisprogramm. Hier sind die Amerikaner neue Wege gegangen: Sie ergänzen die Grenzkostenkalkulation durch eine besondere Kostenrechnung der Leistungen verfügbarer Teilkapazitäten, sie suchen die *alternativ realisierbaren Grenzgewinne der einzelnen produktiven Nutzungszeiten der verfügbaren Teilkapazitäten festzustellen und vergleichen die zuwachsenden Grenzerfolge mit den wegfallenden Grenzerfolgen. Diese Opportunitätskosten werden noch ausführlich behandelt (s. unten S. 874 ff.).*

(5) Bewertung der Bestände

Werden Halb- und Fertigfabrikate zu Vollkosten bewertet, dann gehen in Zeiten der Unterbeschäftigung die Erzeugnisse mit höheren Kosten in die Bestände ein als in Zeiten mit Vollbeschäftigung. Das ist jedoch eine fehlerhafte Bewertung. Auch wenn man die Bestände in einer Plankostenrechnung mit (konstanten) Plankosten bewertet, ändert das an der falschen Bewertung nichts, denn sie erscheint ja beim Soll-Ist-Kostenvergleich als Beschäftigungsabweichung. Diese Bewertungsmethode wird (nach Plaut) hingenommen werden können, wenn die Abweichungen Verluste sind. Treten die Abweichungen aber als Gewinne auf, dann ist sie *handelsrechtlich* unstatthaft, denn die Bestände dürfen nicht mit einem höheren Wert als den tatsächlich aufgewandten Kosten bewertet werden.

Wenn man schon die Bestände nicht mit den Verwaltungs- und Betriebskosten belastet, dann erscheint es durchaus angebracht, ihnen auch die fixen Fertigungskosten nicht zuzurechnen. Wie Plaut mitteilt, werden in der Schweiz die Bestände schon von jeher nur zu Einzelkosten (Fertigungsmaterial und Fertigungslohn) bewertet, ebenso wie bei dem Direct Costing in den USA.

Natürlich müssen in der Steuerbilanz den Beständen auch die fixen Fertigungskosten zugerechnet werden.

(6) Berechnung der Wirtschaftlichkeit von Neuinvestitionen

Bei der Ermittlung der Wirtschaftlichkeit einer geplanten Neuinvestition ist die Aufgliederung der Kosten in Grenzkosten und fixe Kosten notwendig, wenn es sich um eine mutative Betriebsgrößenerweiterung[1]) handelt. Das zeigt die folgende graphische Darstellung. Die linearen Gesamtkostenkurven (K_1 und K_2) laufen nicht parallel, wie es bei einer multiplen Betriebsgrößenerweiterung[1]) der Fall ist, die Gesamtkostenkurve nach der Neuinvestition (K_2) verläuft vielmehr flacher als die alte Gesamtkostenkurve (K_1), der Betrieb ist kapitalintensiver geworden. Da die fixen Kosten durch die Neuinvestition ge-

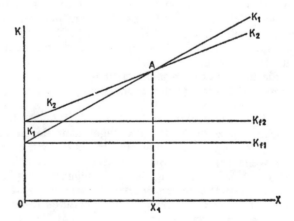

---

[1]) Über die multiple und die mutative Betriebsgrößenerweiterung siehe oben S. 306 und 479.

stiegen sind und K_2 flacher verläuft, liegen die Gesamtkosten nach der Investition zunächst höher als früher. Erst von einem bestimmten Beschäftigungsgrad an sind die Gesamtkosten des neuen Betriebes niedriger als die alten. Das zeigt auch die vorstehende Graphik. Die Gesamtkostenkurven schneiden sich in Punkt A, der „kritischen Beschäftigung"; der Ausstoß muß mindestens x_1 betragen.

II. Die Durchführung der Plankostenrechnung

1. Die Kostenartenrechnung

In der Kostenartenrechnung werden die Einzelkosten und die Gemeinkosten erfaßt. Dabei gilt vor allem in der Plankostenrechnung der allgemeine Grundsatz, daß möglichst viele Kostenarten als Einzelkosten verrechnet werden, wie z. B. die Sondereinzelkosten. Die E i n z e l k o s t e n werden grundsätzlich (meist mit Ausnahme der Einzellohnkosten) unmittelbar auf die K o s t e n t r ä -g e r , die G e m e i n k o s t e n zunächst auf die K o s t e n s t e l l e n verteilt und von diesen erst in die Kostenträgerrechnung übernommen.

Die Planung der Einzelkosten

Die M a t e r i a l e i n z e l k o s t e n (insbesondere die Fertigungsmaterialkosten) werden, wie bereits erwähnt, auf Grund der Zeichnungen, Stücklisten, Materialbedarfsaufstellungen erfaßt und mit Planpreisen (Verrechnungspreisen) bewertet. Sie werden nicht kostenstellen- und periodenweise, sondern nach Kostenträgern erfaßt. Doch erfolgt die laufende Kontrolle der Einzelmaterialkosten kostenstellenweise, um im Soll-Ist-Vergleich die Einzelmaterialverbrauchsabweichungen verursachungsgerecht erfassen zu können.

Die Planung der E i n z e l l o h n k o s t e n (insbesondere Fertigungslöhne), der die Arbeitsbewertung nach dem REFA-System zugrunde liegt, benutzt als Planlohnsätze (sie entsprechen den Planpreisen) grundsätzlich die Tariflohnsätze, die jedoch häufig noch etwas differenziert werden. Anders als die übrigen Einzelkosten werden die Einzellohnkosten in der Plankostenrechnung zusammen mit den Gemeinkosten ü b e r d i e K o s t e n s t e l l e n v e r r e c h n e t, weil die Gemeinkostenarten sehr häufig proportional zu den Fertigungszeiten der Einzellöhne verlaufen, d. h. die Fertigungszeiten werden als Bezugsgrößen der Kostenverursachung verwendet. Das vereinfacht die Kostenstellenrechnung und ist ohne Einfluß auf die Kostenträgerrechnung.

Die S o n d e r e i n z e l k o s t e n d e r P r o d u k t i o n (Energiekosten, Forschungs- und Entwicklungskosten, Kosten für Modelle, Hilfseinrichtungen u. a.) und die S o n d e r e i n z e l k o s t e n d e s V e r t r i e b s (z. B. Verpackungsmaterial, Frachtkosten, Mehrwertsteuer, Vertreterprovision) werden unmittelbar — ohne die Kostenstellenrechnung zu berühren — in die Kostenträgerrechnung übernommen.

Die Gemeinkostenplanung

Die Gemeinkostenarten müssen nach Zahl, Inhalt und Gruppierung überprüft werden, ob sie den Anforderungen einer Verantwortungsrechnung der Kostenstellen entsprechen. Man braucht sie nicht stärker zu untergliedern, als der

Kontierungsgenauigkeit bei der Kostenerfassung entspricht. Auch die starke Unterteilung der nur schlüsselmäßig unterteilbaren Kosten und die Verwendung sehr differenzierter Kostenschlüssel bedeutet keine Verbesserung der Verantwortungsrechnung der Stellen, da jeder Schlüssel problematisch ist. In der G r e n z p l a n k o s t e n r e c h n u n g werden deshalb die gesamten fixen Kosten „als Block" erfaßt und nicht aufgeschlüsselt. In der Plan-Vollkostenrechnung dagegen hebt eine Zusammenfassung von proportionalen Kosten und fixen Kosten in einer Kostenart die Aussagefähigkeit der proportionalen Kosten für die Verantwortungsrechnung auf.

Die Behandlung der wichtigsten G e m e i n k o s t e n a r t e n haben wir bereits besprochen (oben S. 841 ff.). Die Gemeinkosten werden in den G e m e i n - k o s t e n p l ä n e n d e r K o s t e n s t e l l e n , auf die wir noch näher eingehen, erfaßt.

2. Die Bestimmung der Planbezugsgröße

Die Wahl der Beschäftigungsbasis — ausgedrückt in der Planbezugsgröße — wirkt sich, wie bereits angedeutet, auf die Höhe der Planverrechnungssätze unmittelbar aus. Je niedriger die Planbeschäftigung gewählt wurde, um so höher ist der Planverrechnungssatz (Kalkulationssatz) und um so mehr Plankosten werden verrechnet. Dabei handelt es sich natürlich nicht um proportionale Kosten, die ja bei den mit der Ist-Beschäftigung verrechneten Plankosten stets gleich groß sind, sondern um die fixen Kosten (s. Tab. 1). Ist die Planbeschäftigung niedrig angesetzt, so enthält der Planverrechnungssatz einen höheren Anteil an fixen Kosten, als wenn sie hoch angesetzt wäre. Das gibt der Plan-Vollkostenrechnung eine große Unsicherheit.

Tabelle 1

Plan-Bezugs-größe	Plan-Beschäft.-Stunden	Plan-kosten-Summe	Plan-Verr.-Satz 3 : 2	Ist-Besch.-Stunden	Besch.-grad %	Verrechnete Plank.			Soll-kosten¹)	Ist-kosten	Abweichungen		
						Gesamt 5 × 4	fix	prop.			Gesamt 7 × 11	Verbrauchs- 10 × 11	Beschäft. 7 × 10
1	2	3	4	5	6	7	8	9	10	11	12	13	14
Optimale Kapazität	5 000	11 000	2,20	4 000	80 %	8 800	4 000	4 800	9 800	10 500	—1 700	—700	—1 000
Normal-Kapazität	3 500	9 200	2,63	4 000	114 %	10 520	5 720	4 800	9 800	10 500	+ 20	—700	+ 720

(in Anlehnung an Abb. 5 bei Agthe, Die Abweichungen in der Plankostenrechnung, 1958).
¹) Bei der optimalen Kapazität betragen die proportionalen Basis-Plankosten 6 000 DM, bei der Normalkapazität 4 200 DM; die fixen Basis-Plankosten bei beiden Kapazitäten 5 000 DM, also:
Sollkosten bei Optimalkapazität = $\dfrac{6\,000}{5\,000} \times 4\,000 + 5\,000 = 9\,800$.

Die Tabelle 1 zeigt den Einfluß der Beschäftigungsplanung auf die verrechneten Plankosten und auf die Abweichungen. Er ist auf die unterschiedliche Verrechnung der fixen Kosten zurückzuführen. Legt man die optimale Kapazität des Betriebes zugrunde, dann ergeben sich Beschäftigungsverluste, bei der Normalkapazität Beschäftigungsgewinne.

Die G r e n z p l a n k o s t e n r e c h n u n g verrechnet die fixen Gemeinkosten nicht auf Kostenstellen und Kostenträger. Den Kostenstellen- und Kostenträgerrechnungen werden also n u r   p r o p o r t i o n a l e Kosten zugerechnet; dadurch wird die Beschäftigungsabweichung von vornherein eliminiert. Trotzdem ist auch in der Grenzplankostenrechnung die Festlegung einer P l a n b e - s c h ä f t i g u n g nicht ohne Bedeutung; denn auch die Grenzplankostenrechnung will die Beschäftigungsentwicklung und damit die Fixkostenstruktur analysieren (siehe unten S. 864 f.). Nur berührt die Beschäftigungsplanung in der Grenzplankostenrechnung weder die Leistungskontrolle der Kostenstellen, noch die Plankalkulation, da sie ja den Planverrechnungssatz nur auf die proportionalen Kosten bezieht. Wir kommen darauf noch zurück.

3. Der Gemeinkostenplan

Die Erfassung der Gemeinkosten

Die Gemeinkosten werden im Gemeinkostenplan der Kostenstellen erfaßt. In einer P l a n - V o l l k o s t e n r e c h n u n g werden für die einzelnen Kostenarten in unserem Beispiel die gesamten Plankosten vorgegeben, sie werden nicht in fixe und proportionale Bestandteile aufgespalten. Man begnügt sich damit, in einer besonderen Spalte vor den Betrag den „*Variator*" einzusetzen, der angibt, in welchem Verhältnis sich der Betrag auf fixe und proportionale Kosten aufteilt (s. oben S. 845 f.). Außerdem werden im Gemeinkostenplan der Plan-Vollkostenrechnung die innerbetrieblichen Leistungen mit Vollkosten verrechnet. Da jedoch auch die proportionalen Vorgabemengen der innerbetrieblichen Leistungen mit Vollkostensätzen bewertet werden, enthalten die mittels des Variators gespaltenen proportionalen Kosten, die den Hilfskostenstellen belastet werden, auch fixe Kosten. Es ist also mit der Variatorrechnung nicht die sichere Kostenkontrolle erzielbar wie mit der Grenzplankostenrechnung. Schließlich werden die Planverrechnungssätze (Kalkulationssätze) der Hauptkostenstellen als Vollkostensätze ermittelt, und zwar durch Division der Summe der Plankosten durch die Planbezugsgröße. Der Planverrechnungssatz (auch Plankostensatz) wird in der Kostenträgerrechnung (Plankalkulation) als Leistungsverrechnungssatz einer Kostenstelle verwendet.

Beispiel für den Gemeinkostenplan nach der Plan-Vollkostenrechnung

Wir haben in Tabelle 2 das Beispiel eines Gemeinkostenplans nach der Plan-Vollkostenrechnung. Die Planbezugsgröße (Planbeschäftigung) beträgt 5000 Arbeitsstunden. In der Spalte Plankosten sind die Gesamtkosten (fixe und proportionale Kosten) der Kostenarten angegeben, der Variator in der mittleren Spalte zeigt den Proportionalitätsgrad der einzelnen Kostenarten (Variator 0 = nur fixe Kosten, Variator 10 = nur proportionale Kosten). Die Plankostensumme beträgt 16 500, der Planverrechnungssatz (Kalkulationssatz) 3,30 DM/St.

Beispiel für den Gemeinkostenplan der Grenzplankostenrechnung

In den Gemeinkostenplänen der Grenzplankostenrechnung werden die Plankosten der einzelnen Kostenarten scharf nach proportionalen und fixen Kosten getrennt. Die Pläne weisen für jede Kostenart drei Spalten auf, die erste enthält die vollen Plankosten, die in den beiden anderen Spalten in einen fixen und

Tabelle 2

Gemeinkostenplan

Plan-Vollkostenrechnung

Juni   Kostenstelle 531

Planbezugsgröße 5000 Stunden

	Verbrauchs-menge	Plan-Preis DM/Einh.	Variator	Plankosten		
				Gesamt	proport.	fix
Fertigungslöhne	5000 Stund.	2,00	10	10 000	10 000	—
Hilfslöhne	200 Stund.	2,00	7	400	280	120
Gehälter	—	—	0	2 500	—	2 500
Hilfsstoffe	200 kg	0,50	8	100	80	20
Werkzeugkosten	5000 Stund.	0,01	10	50	50	—
Reparatur- u. Insth.-Kosten	—	—	6	300	180	120
Kalkulatorische						
Abschreibungen	—	—	7	500	350	150
Zinsen auf Anlageverm.	70 000 DM	6 % : 12	0	350	—	350
Raumkosten	150 m²	2,00	0	300	—	300
Leitungskosten	—	—	2	2 000	400	1 600
Plankostensumme				16 500		
Planverrechnungssatz in DM/St. (16 500 : 5000)				3,30		

Anmerkung: Der Anschaulichkeit wegen haben wir in diesem Gemeinkostenplan die Gesamtplankosten nach dem Variator bereits in proportionale und fixe aufgeteilt.

einen proportionalen Teilbetrag aufgespalten werden. Die innerbetrieblichen Leistungen werden nur mit proportionalen Plankosten (Verrechnungspreisen) bewertet. Die fixen Plankosten der Hilfskostenstellen werden anderen Kostenstellen nicht belastet. In den Kostenstellen werden daher nur die proportionalen Plankosten durch die zugehörigen Bezugsgrößen dividiert. Man erhält also sowohl für die innerbetrieblichen Leistungen als auch für die Hauptkostenstellen nur proportionale Planverrechnungssätze (Kalkulationssätze). Die f i x e n P l a n k o s t e n werden monatlich als Periodenkosten im Betriebsergebniskonto erfaßt, sie werden nicht in die Betriebsabrechnung übernommen.

Den gleichen Gemeinkostenplan unseres Beispiels (Tabelle 2) zeigen wir in Tabelle 3 nach der Grenzplankostenrechnung. Die Gesamtkosten sind für jede einzelne Kostenart in proportionale und fixe Plankosten aufgeteilt. Weiterhin sind alle Kostenarten, die die Kostenstelle n i c h t z u v e r t r e t e n hat, nicht erfaßt. Das sind nicht nur die Gehälter, die reine fixe Kosten sind, sondern auch die k a l k u l a t o r i s c h e n K o s t e n a r t e n, die proportionale Bestandteile haben. Denn auch diese proportionalen Bestandteile können keine Verbrauchsabweichungen aufweisen. Der Gemeinkostenplan der Grenzkostenrechnung enthält also nur Kostenarten, auf deren Höhe die Kostenstelle einen Einfluß hat.

Tabelle 3

Gemeinkostenplan

Grenzkostenrechnung

Juni   Kostenstelle 531

Planbezugsgröße 5000 Stunden

	Plan-verrech-nungsmenge	Planpreis DM/Einheit	Plankosten		
			gesamt	propor-tional	fix
Fertigungslöhne	5000 St.	2,00	10 000	10 000	—
Hilfslöhne	200 St.	2,00	400	280	120
Hilfsstoff-Kosten	200 kg	0,50	100	80	20
Werkzeugkosten	5000 St.	0,01	50	50	—
Rep. u. Instandhaltung	—	—	300	180	120
Plankostensumme			10 850	10 590	260
Planverrechnungssätze				2,12	

4. Die Kostenstellenabrechnung als Soll-Ist-Vergleich

Die Abrechnung mit Vollkosten

Dem Gemeinkostenplan der Plan-Vollkostenrechnung (Tabelle 2) entspricht die
in Tabelle 4 wiedergegebene B e t r i e b s a b r e c h n u n g der gleichen Kostenstelle. Die I s t - B e s c h ä f t i g u n g (Ist-Bezugsgröße), die sich auf die Ma-
schinenlaufstunden bezieht, beträgt 5570 Stunden, der Beschäftigungsgrad mithin 111,4 % (Beschäftigungsgrad = Ist-Beschäftigung × 100 : Planbeschäftigung). Die Differenz der Ist-Kosten und der Soll-Kosten ergibt die V e r -
b r a u c h s a b w e i c h u n g. Die Sollkosten werden ermittelt nach der Formel:

$$\text{Sollkosten} = \frac{\text{proportionale Plankosten}}{\text{Planbezugsgröße}} \times \text{Istbezugsgröße} + \text{gesamte Fixkosten.}$$

Die verrechneten Plankosten in Höhe von 18 381 DM ergeben sich aus der
Multiplikation der Ist-Beschäftigung mit dem Planverrechnungssatz; in ihnen
werden die Fixkosten nur im Verhältnis der Ist- zur Planbeschäftigung verrechnet. Die Differenz aus den verrechneten Plankosten und der Summe der
Sollkosten ergibt die B e s c h ä f t i g u n g s a b w e i c h u n g.

Die Plankosten werden mit Hilfe des Variators (Variator : 100 × Plankosten =
proportionale Kosten) in proportionale und fixe Kosten aufgeteilt (z. B. bei den
Hilfslöhnen: Variator 7; Plankosten = 400; proportionale Plankosten = 280;
fixe Plankosten = 120; proportionale Sollkosten bei 111,4 % Beschäftigungsgrad = 312; Sollkosten = 432).

Der I s t - V e r r e c h n u n g s s a t z, der bei Nachkalkulationen verwendet
wird, wird nach folgender Formel ermittelt:

$$\text{Ist-Verrechnungssatz} = \frac{\text{Plan-Verrechnungssatz} \times \text{Ist-Kosten}}{\text{verrechnete Plankosten}}$$

Tabelle 4

Betriebsabrechnung

Plan-Vollkostenrechnung

Juni　　　　　　　　　　　　　　　　　　　　　　　　　　　Kostenstelle 531

	Vari-ator	Planbesch. 5000 Fertigungs-stunden	Istbesch. 5570 Fertigungs-stunden	Beschäfti-gungsgrad 111,4 %
	Vari-ator	Planverrech-nungssatz 3,30 DM	Verrechnete Plankosten 18 381,— DM	Ist-Verrech-nungssatz 3,26 DM
		Istkosten	Sollkosten	Verbr.-Abr.
Fertigungslöhne	10	11 283	11 140	+ 143
Hilfslöhne	7	490	432	+ 58
Gehälter	0	2 570	2 500	+ 70
Hilfsstoffe	8	117	109	+ 8
Werkzeugkosten	10	52	57	∕. 5
Reparaturkosten	6	430	320	+ 110
Kalkulatorische				
Abschreibungen	7	540	540	—
Zinsen	0	350	350	—
Raumkosten	0	300	300	—
Leitungskosten	2	2 050	2 050	—
Zwischensumme		18 182	17 798	+ 384
Verrechnete Plankosten		—	18 381	—
Beschäftigungsabweichung		—	∕. 583	—
Verfahrensabweichung		—	—	—
Gesamtsumme		18 182	17 798	+ 384

Die Abrechnung mit Grenzkosten

Die Abrechnung derselben Kostenstelle, doch als Grenzplankostenrechnung aufgestellt, und zwar ohne nicht beeinflußbare Kosten, zeigt Tabelle 5.

Den Vorteil dieser Abrechnung mit Grenzkosten zeigt schon der erste Blick auf
die Tabelle, sie ist wesentlich kleiner. Die Spalte mit den proportionalen Plankosten wird in der Regel auch noch fehlen. Weiterhin ist die Ermittlung der proportionalen Sollkosten wesentlich einfacher, da die Plankosten lediglich mit
dem Beschäftigungsgrad multipliziert werden müssen, wohingegen die Variatorrechnung verhältnismäßig umständlich ist. Es fehlen mithin auch die Beschäftigungsabweichungen. Unser Beispiel zeigt aber auch die engen Berührungspunkte zwischen Plan-Vollkostenrechnung und Grenzplankostenrechnung.

Tabelle 5

Betriebsabrechnung

Grenzkostenrechnung

Juni **Kostenstelle 531**

Beschäftigungsgrad: 111,4 %

| | proportionale | | | Verbr.-Abr. |
	Plan-Kosten	Ist-Kosten	Soll-Kosten	
Fertigungslöhne	10 000	11 283	11 140	+ 143
Hilfslöhne	280	370	312	+ 58
Hilfsstoffe	80	97	89	+ 8
Werkzeugkosten	50	52	57	⁒ 5
Reparatur und Instandhaltung	180	310	200	+ 110
Gesamtsumme	10 590	12 112	11 798	+ 314

Der weitere große Vorteil der Abrechnung mit Grenzkosten ist die b e s s e r e K o s t e n k o n t r o l l e , da sie nur die von der Stelle beeinflußbaren Kosten enthält.

Gegen die Verwendung des B e t r i e b s a b r e c h n u n g s b o g e n s , der alle Kostenstellen enthält, wird hauptsächlich eingewandt, daß er zu s p ä t anfällt, meist erst etliche Wochen nach dem Abschlußtag. Infolge der sehr einfachen Erstellung der Betriebsabrechnungen mittels der Grenzkostenrechnung können die Abrechnungszahlen nicht nur wesentlich früher, sondern auch in k ü r z e r e n Z e i t r ä u m e n , etwa in Dekaden, erstellt werden. Eine solche Kostenstellenrechnung ist natürlich nicht mehr so vollständig, aber dieser Nachteil wird wettgemacht durch die Schnelligkeit und damit die Wirksamkeit des Soll-Ist-Vergleichs. Daneben soll natürlich auch ein v o l l s t ä n d i g e r Betriebsabrechnungsbogen, der sämtliche Kostenarten enthält, erstellt werden, doch genügt es dann, wenn man ihn für das Halbjahr oder das Jahr anfertigt.

Es gibt auch Betriebe, die die Grenzplankostenrechnung eingeführt haben, aber doch nicht darauf verzichten wollen, einen vollständigen Betriebsabrechnungsbogen zu erstellen. In diesem Fall werden die fixen Kosten mit in den Betriebsabrechnungsbogen aufgenommen und außerdem eine Fixkostenabrechnung in den Betriebsabrechnungsbogen mit eingeführt. Doch kann man eine solche Fixkostenabrechnung auch gesondert erstellen (s. unten Tab. 6). Der um die Fixkostenabrechnung erweiterte Betriebsabrechnungsbogen der Grenzplankostenrechnung ist natürlich ebenso umständlich aufzustellen wie der Betriebsabrechnungsbogen der Plan-Vollkostenrechnung.

Fixkostenabrechnung

Die gesonderte Fixkostenabrechnung in der Grenzplankostenrechnung zeigt Tabelle 6. In ihr wird der Beitrag ermittelt, den die fixen Kosten jeweils zur Deckung der Vollkosten „beisteuern". Unter L e e r k o s t e n versteht man den

Teil der fixen Kosten, der auf die nicht genutzte Kapazität entfällt. Bezeichnet man die fixen Kosten einer Kostenstelle oder eines Aggregates mit K_f und beläuft sich die Kapazität der Kostenstelle auf M Mengeneinheiten (z. B. Fertigungsstunden), so entfällt auf die Einheit der Ausbringung der fixe Kostenbetrag von K_f : M. Produziert die Kostenstelle tatsächlich nur X Mengeneinheiten (X < M), dann errechnen sich die Leerkosten nach der Formel

$$\text{Leerkosten} = (M - X)\ \frac{K_f}{M}$$

In unserem Beispiel (Tab. 6) sind in Kostenstelle 1:

die Kapazität (Planbeschäftigung)   M = 5 000 Stunden

die tatsächliche Ausbringung   X = 4 500 Stunden

die fixen Kosten K_f = 5 160 DM

$$\text{Leerkosten} = (5000 - 4500)\ \frac{5160}{5000} = 516.$$

In unserem Beispiel (Tab. 6) entfallen in Kostenstelle 1 516 DM oder 10 % der fixen Kosten, im gesamten Betrieb 2769 DM oder 6,6 % der fixen Kosten auf die Leerkosten. Das heißt, 6,6 % der Kapazität blieb ungenutzt, 2769 DM der fixen Kosten wurden infolge Unterbeschäftigung nicht gedeckt.

Tabelle 6

Fixkostenabrechnung der Kostenstelle 1

Planbeschäftigung	5 000 Stunden
Istbeschäftigung	4 500 Stunden
Beschäftigungsgrad in %	90 %
Plan-Fixkosten	5 160 = 100 %
genutzte Fixkosten	4 644 = 90 %
Leerkosten	516 = 10 %

Fixkostenabrechnung des gesamten Betriebes

Kosten-stelle	Planfixe Kosten	Beschäfti-gungsgrad	Leerkosten in DM	Leerkosten in % der fixen Kosten	Abweichungen vom Gesamt-leerkostenprozentsatz
1	5 160	90 %	516	10 %	— 3,4
2	10 216	86 %	1 430	14 %	— 7,4
3	6 631	100 %	—	0 %	+ 6,6
4	19 596	95,8 %	823	4,2 %	+ 2,4
Summe	41 603	—	2 769	6,6 %	—

III. Die Durchführung der Kostenträgerrechnung

Mit dem *Wesen* der Plan-Kostenträgerrechnung haben wir uns bereits befaßt (siehe oben S. 758 ff.). Wir wollen nunmehr an einem Beispiel zunächst die Durchführung der Kostenträgerstückrechnung (Plankalkulation) und sodann der Kostenträgerzeitrechnung als kurzfristiger Erfolgsrechnung zeigen.

1. Die Kostenträgerstückrechnung (Plankalkulation)

Plankalkulation mit Vollkosten

In unserem Beispiel (Tabelle 7 auf der folgenden Seite) haben wir für 100 Stück des Artikels X zunächst die *Plan-Materialeinzelkosten* (1) erfaßt, die wir dem Materialeinzelkostenplan entnommen haben. Dazu kommen noch die *Kosten fremder Zulieferungen* (2). Die *Materialgemeinkosten* (4) betragen in unserem Beispiel 7 % der Materialeinzelkosten.

Die *Plan-Fertigungsgemeinkosten* (6) ermitteln wir aus den Gemeinkostenplänen der Stellen, die den Artikel X bearbeiten. So beträgt die Planbezugsgröße des Fertigungsganges in Kostenstelle A 140 Plan-Fertigungsminuten je 100 Stück; der Plankostenverrechnungssatz je 100 Stück ist 1,50 DM/Min., so daß wir in Kostenstelle A Plankosten in Höhe von 210,— DM je 100 Stück erhalten. In der gleichen Weise ermitteln wir die Plankosten der übrigen Kostenstellen. Die *Sondereinzelkosten der Fertigung* (7) werden nach Kostenarten erfaßt und unmittelbar in die Plankalkulation übernommen. Die Summe von (5), (6) und (7) ergibt die (8) *Plan-Herstellkosten.* Dazu kommen noch die Plan-Verwaltungs- und Vertriebskosten (9).

Um nun die Ist-Selbstkosten zu erhalten, müssen wir die *Abweichungen* (11) auf den Kostenträger verrechnen; denn die Abweichungen sind ja die Differenz (Mehr- oder Minderkosten) zwischen Soll- und Ist-Kosten. Auf die Problematik der Verteilung der Abweichung sind wir bereits eingegangen (siehe oben S. 851 f.). Danach unterscheiden wir *kostenträgerbedingte* Abweichungen, das sind insbesondere *Preisabweichungen,* und zum andern *kostenstellenbedingte* Abweichungen, das sind vor allem *Verbrauchs-* und *Beschäftigungsabweichungen.* Ihre Verteilung auf die Kostenträger ist ebenso problematisch wie die Verteilung der fixen Gemeinkosten auf Kostenstellen und Kostenträger.

Die *Preisabweichungen* bei Fertigungsmaterial in unserem Beispiel werden einfach nach der Formel: Planmenge × (Istpreis ∕ Planpreis) errechnet: 25 kg × (19,28 ∕ 17,52) = 44,— DM. Der Ist-Preis ist also höher als der Planpreis.

Die *Verbrauchsabweichungen* der Kostenstellen können den einzelnen Kostenträgern nach ihrem Anteil an den Fertigungskosten jeder Kostenstelle unmittelbar zugerechnet werden. Da jedoch die Verbrauchsabweichungen kostenstellenbedingt sind (ja streng genommen keine Kosten darstellen, sondern innerbetriebliche Verluste und Gewinne), wird ihre Verteilung auf die Kostenträger vielfach abgelehnt und ihre unmittelbare Übernahme in die Ergebnisrechnung gefordert. Doch widerspricht das dem Prinzip der Planungsrechnung mit Vollkosten. Verbrauchsabweichungen haben sich in unserem Beispiel beim Fertigungseinzelmaterial ergeben, und zwar in Höhe von 7 % des Fertigungsmaterials.

Tabelle 7

Plankalkulation
mit Vollkosten
für 100 Stück des Artikels X

(1)	Plan-Fertigungseinzelmaterial (Planmenge mal Planpreis)	438,—	
(2)	Fremde Zulieferungen	24,—	
(3)	Plan-Materialeinzelkosten [(1) + (2)]	462,—	
(4)	Plan-Materialgemeinkosten [7 % von (3)]	32,34	
(5)	Plan-Materialkosten		494,34
(6)	Plan-Fertigungsgemeinkosten (Planbezugsgröße × Verrechnungssatz)		
	Kostenstelle A (140 Min. × 1,50 DM/Min.)	210,—	
	Kostenstelle B (70 Min. × 2,00 DM/Min.)	140,—	
	Kostenstelle C (122 Min. × 3,20 DM/Min.	390,—	740,—
(7)	Sondereinzelkosten der Fertigung (Ausschuß, Werkzeug-kosten, Entwicklungskosten u. a.)		65,—
(8)	Plan-Herstellkosten [(5) + (6) + (7)]		1 299,34
(9)	Plan-Verwaltungs- und Vertriebskosten [15 % von (8)]		194,90
(10)	Plan-Selbstkosten [(8) + (9)]		1 494,24
(11)	Verrechnung der Abweichungen Zuschlag für Preisabweichung bei Fertigungs-Material [Planmenge × (Istpreis ⁄ Planpreis)]	44,—	
	Zuschlag für Verbrauchsabweichung bei Fert.-Material [7 % von (1)]	30,69	
	Abschlag für Beschäftigungsabweichung	⁄ 16,96	57,73
(12)	Kalkulatorische Ist-Selbstkosten [(10) + (11)]		1 551,97
(13)	Kalkulatorischer Gewinnzuschlag [10 % von (12)]		155,20
(14)	Kalkulatorischer Preis [(12) + (13)]		1 707,17
(15)	Sondereinzelkosten des Vertriebs		78,—
(16)	Angebotspreis [(14) + (15)]		1 785,17

Die *Beschäftigungsabweichungen* der Kostenstellen sind ebenso wie die Ver-brauchsabweichungen stellenbedingt. Sie können deshalb in ähnlicher Weise wie die Verbrauchsabweichungen behandelt werden, sofern sie allgemeiner Na-tur oder saisonbedingt sind und den gesamten Betrieb etwa gleichmäßig treffen oder sofern sie nur geringfügig sind, wie es in unserem Beispiel der Fall ist (sie betragen nur — 16,96 DM). Treten aber stärkere Beschäftigungsabweichungen (insbesondere Beschäftigungsrückgänge) nur bei *einzelnen* Kostenträgern, etwa durch unerwartete Absatzstockungen, auf, so können die Beschäftigungsabwei-chungen nicht auf die übrigen Kostenträger verteilt werden, weil dann die Kostenträger der mit Gewinn arbeitenden Kostenstellen die Verluste der Kostenträger schlecht-beschäftigter Stellen mittragen müßten. Solche Beschäf-tigungsabweichungen werden am besten unmittelbar in die Ergebnisrechnung übernommen.

Die *Verrechnung der Abweichungen* (11) ergibt die (12) *kalkulatorischen Ist-Selbstkosten*. Zu diesen wird noch ein *kalkulatorischer Gewinn* (13) von 10 % zugeschlagen. Das ergibt den *kalkulatorischen Preis* (14). Ihm fügen wir noch die (15) *Sondereinzelkosten des Vertriebs* (Verpackungsmaterial, Frachtkosten, Vertreterprovisionen und Umsatzsteuer) hinzu und erhalten dann den (16) *Angebotspreis.*

Plankalkulation mit Grenzkosten und Deckungsbeitragsrechnung

Eine reine Grenzplankalkulation berücksichtigt nur die proportionalen Plankosten, weil man bei den fixen Gemeinkosten nicht nachweisen kann, von welchen Kostenträgern sie überhaupt verursacht wurden. Die Ergebnisse der reinen Grenzplankalkulation zeigen deshalb — nach Ansicht der Vertreter der Grenzkostenrechnung — viel exakter die Kostenstruktur der einzelnen Kostenträger: „Die nach der Plangrenzkostenkalkulation je Kostenträgereinheit ermittelten Plankosten geben daher an, welche Kostenzu- oder -abnahmen bei planmäßig wirksamen Kostenbestimmungsfaktoren durch die Mehr- oder Minderproduktion einer Einheit der betreffenden Kostenträgerart wirklich entstehen. Hierin liegen die großen Vorteile begründet, welche die Grenzplankalkulation gegenüber der Vollkostenplankalkulation aufweist." (Kilger, Flexible Plankostenrechnung, 5. Aufl. 1973.)

Die kombinierte Voll- und Grenzkostenrechnung

Die Kalkulation (vor allem die Grenzkostenkalkulation) dient neben der Kostenkontrolle auch der *Absatz-* und *Preispolitik.* Es ist jedoch bei preispolitischen Erwägungen notwendig, auch die fixen Kosten der Plankalkulation in irgendeiner Weise zu berücksichtigen; denn auch die fixen Kosten müssen durch die Preise gedeckt werden. Dabei werden vor allem zwei Methoden angewandt:

1. Die kombinierte Voll- und Grenzkostenkalkulation und
2. die Fixkostenverteilung nach der Kostentragfähigkeit der einzelnen Kostenträger oder nach dem Deckungsprinzip *(Deckungsbeitragsrechnung).*

Die *erste Methode,* die häufig angewandt wird, ist sehr einfach: In die Grenzplankalkulation werden noch die Fixkosten entweder nach Kostenstellen getrennt oder global übernommen. In unserem Beispiel (Tabelle 7) sind also, um eine kombinierte Grenz- und Vollkostenrechnung zu erhalten, nur noch in einer zusätzlichen Spalte die proportionalen Kosten aufzunehmen. Diese Methode wird von den „strengen" Grenzkostenplanern abgelehnt (auf die Gründe wurde schon mehrfach eingegangen); sie setzen sich heute für eine Fixkostenverteilung nach dem Deckungsprinzip ein.

Fixkostenverteilung in der Deckungsbeitragsrechnung

Bei der Fixkostenverteilung nach dem Deckungsprinzip werden die Fixkosten nach der marktwirtschaftlichen Kostentragfähigkeit der einzelnen Kostenträger verteilt. Man geht also von den Absatzmöglichkeiten der einzelnen Kostenträger aus, berücksichtigt also ihre Marktpreise und die Marktentwicklung. Die *Kostentragfähigkeit* eines Erzeugnisses wird bestimmt durch die Differenz aus seinem Marktpreis und seinen proportionalen Selbstkosten, die als der „Bruttogewinn" oder das „Grenzkostenergebnis" eines Erzeugnisses bezeichnet wird. Sind hierbei Marktpreis und proportionale Selbstkosten geplante Werte, so gibt der Bruttogewinn des Erzeugnisses seine geplante Kostentragfähigkeit wieder. Sind dagegen beide Größen Istwerte, so zeigt er die effektive Kostentragfähigkeit an. Nach einer dieser beiden Größen müssen die fixen Kosten auf die Erzeugnisse verteilt werden. In dem einen Fall entspricht die Plankalkulation der Vorkalkulation, im anderen Fall der Nachkalkulation.

Tabelle 8 (siehe unten) zeigt ein einfaches *Beispiel* der Fixkostenverteilung nach dem Deckungsprinzip. Besonders bemerkenswert sind die Artikel 4 und 6. Bei Artikel 4 ist die Differenz zwischen Marktpreis und proportionalen Herstellungskosten je Stück sehr klein (Sp. 4), er hat die geringste Kostentragfähigkeit, bei Artikel 6 ist die Differenz besonders groß, er kann also am meisten zur Fixkostendeckung beitragen.

Bei der Verteilung der Fixkosten werden Bruttogewinn je Stück (Spalte 4) und der Gesamtbruttogewinn der Erzeugnismengen (Spalte 6) der einzelnen Artikel ermittelt. Der Summe der Gesamtbruttogewinne aller Artikel in Höhe von 437 000 DM steht ein *Fixkostenblock* von 174 800 DM gegenüber, das sind 40 % der Gesamtbruttogewinne. Mit diesem *Fixkosten-Deckungsprozentsatz* werden nun aus den Bruttogewinnen je Stück die fixen Herstellungskosten je Stück der einzelnen Artikel ermittelt und in Spalte 7 eingetragen (die fixen Herstellkosten je Stück betragen also bei Artikel 1 40 % von 34,— DM = 13,60 DM). Das Produkt aus diesen Fixkosten je Stück und den Erzeugnismengen der einzelnen Artikel ergeben die *gesamten fixen Herstellkosten* je Artikel, die in Spalte 8 zusammengestellt werden. Die fixen Herstellkosten je Stück (Spalte 7) sind bei Artikel 4 weitaus am niedrigsten, bei Artikel 6 am höchsten. Wenn trotzdem die Gesamt-Fixkostenbelastung (Spalte 8) bei Artikel 4 verhältnismäßig hoch und bei Artikel 6 am niedrigsten ist (man hätte das Gegenteil erwartet), so liegt das daran, daß Artikel 4 die höchste, Artikel 6 die niedrigste Fertigungsmenge hat. Das Verhältnis der Fixkostendeckung der einzelnen Artikel zueinander zeigt die Differenz zwischen Preis und Gesamt-Herstellkosten je Stück (Spalte 10). Sie ist bei Artikel 4 weitaus am niedrigsten (7,80 DM), bei Artikel 6 am höchsten (31,20 DM). Dieses Beispiel zeigt deutlich, welch große Vorteile die Fixkostenverteilung nach dem Deckungsprinzip für die Preis- und Absatzpolitik der Unternehmung hat. Es läßt aber auch erkennen, daß sich die

Tabelle 8

Fixkostenverteilung nach

Artikel	Marktpreis je Stück	Proportionale Herstellkosten je Stück	Bruttogewinn je Stück Sp. 2 ✗ Sp. 3	Fertigungsmenge Stück
1	2	3	4	5
1	64	30	34	2 000
2	71	39	32	3 000
3	80	45	35	3 000
4	81	68	13	4 000
5	102	70	32	2 000
6	124	72	52	1 000
Summe	—	—	—	—

Tabelle 9

Kostenträgerzeitrechnung (Vollkostenrechnung) für Erzeugnis A

Monat April

I. Abgesetzte Menge 2 000 Stück

II. Erzielter Preis 28 DM je Stück

(1)	Plankosten je Stück		17,34 DM
(2)	Anteile in Abweichungen		
(2a)	Einzelmaterialpreis	+ 0,68 DM	
(2b)	Einzelmaterialverbrauch	⁒ 1,12 DM	
(2c)	Gemeinkostenmaterialpreis	⁒ 0,43 DM	
(2d)	Beschäftigungsabweichung	+ 0,94 DM	
(2e)	Verbrauchsabweichung	+ 1,37 DM	1,44 DM
(3)	Ist-Kosten je Stück		18,78 DM
(4)	Erfolg je Stück		
(4a)	Planerfolg [II ⁒ (1)] = + 10,66		
(4b)	Ist-Erfolg [II ⁒ (3)] = + 9,22		
(5)	Erlös insgesamt [I × II]		56 000 DM
(6)	ISt-Kosten insgesamt [I × (3)]		37 560 DM
(7)	Erfolg		+ 18 440 DM

Grenzplankostenrechnung hervorragend für die Artikelwahl, das Produktionsprogramm, eignet; denn es ist offensichtlich, daß Artikel 4, der sogar die höchste Fertigungsmenge aufweist, unter allen 6 Artikeln am ungünstigsten abschneidet, während Artikel 6 mit der niedrigsten Fertigungsmenge den verhältnismäßig höchsten Deckungsbeitrag leisten kann. Die *Abweichungen der Kostenstellen* können ebenfalls nach dem Deckungsprinzip auf die Kostenträger verteilt werden (s. unten).

dem Deckungsprinzip

Gesamt-Bruttogewinn Sp. 5 × Sp. 4	Fixe Herstellkosten je Stück 40 % v. Sp. 4	Gesamte fixe Herstellkosten Sp. 5 × Sp. 7	Gesamte Herstellkosten je Stück Sp. 3 + Sp. 7	Differenz zwischen Preis u. Ges.-Herstellkosten je St. Sp. 2 ⁒ Sp. 9
6	7	8	9	10
68 000	13,60	27 200	43,60	20,40
96 000	12,80	38 400	51,80	19,20
105 000	14,00	42 000	59,—	21,—
52 000	5,20	20 800	73,20	7,80
64 000	12,80	25 600	82,80	19,20
52 000	20,80	20 800	92,80	31,20
437 000	—	174 800	—	—

Doch kann die Grenzkostenrechnung in dieser Form, so wird teilweise mit Recht eingewandt, nur dann zur Steuerung des Produktionsprogramms herangezogen werden, wenn noch genügend Kapazitäten zur Umstellung des Produktionsprogramms frei sind. Das ist vielfach nicht der Fall. Hier sucht die „*Standard-Grenzpreisrechnung*" neue Wege, auf die wir später noch kurz eingehen werden (S. 877 f.).

2. Die Kostenträgerzeitrechnung als kurzfristige Erfolgsrechnung

Wesen der Kostenträgerrechnung

Die Kostenträgerzeitrechnung dient der Kostenkontrolle und stellt meist monatlich oder auch vierteljährlich, dekadenweise oder täglich die Selbstkosten einzelner Kostenträger oder Kostenträgergruppen den Umsatzerlösen gegenüber und ermittelt aus ihrer Differenz den Umsatzerfolg je Kostenträger. Die Kostenträgerzeitrechnung wird zur kurzfristigen Erfolgsrechnung, wenn wir die Kostenträgerzeitrechnungen aller Produkte zusammenfassen. Sie enthält dann die Gesamtkosten des Betriebes, denen die Gesamterlöse gegenüberstehen; die Differenz ergibt den Gesamterfolg der Unternehmung (siehe Tabellen 9 und 10).

Während die *Kostenträgerstückrechnung* (Kalkulation) die Selbstkosten eines Erzeugnisses ermittelt, berechnet die *Kostenträgerzeitrechnung* den Periodenerfolg, den ein oder mehrere oder alle Kostenträger brachten oder bringen werden (Vorschau- oder Prognoserechnung).

Die Kostenträgerzeitrechnung ist in der traditionellen *Ist-Kostenrechnung* meist wenig aussagefähig, weil in ihr die Einflüsse der Kostenbestimmungsfaktoren nicht ausgeschaltet werden. Der mit ihr errechnete Erfolg eines Erzeugnisses basiert trotz exaktester Nachkalkulation auf Kostenbestandteilen, die das Erzeugnis gar nicht oder nicht in der betreffenden Periode verursacht hat. Eine aussagefähige Kostenträgerzeitrechnung ist deshalb nur in der Plankostenrechnung möglich.

Tabelle 10   **Betriebserfolgsrechnung**
                                                      mit Verrechnung der fixen Kosten

Artikel	Absatz-menge	Markt-Preis je Stück	Pro-portionale Plan-kosten	Anteile an trägerbed. Abwei-chungen (zusam-mengef.)	Pro-portionale Ist-Kosten je Stück Sp.4 + Sp.5	Fixe Ist-Kosten je Stück (einschl. stellenbed. Abweich.)
1	2	3	4	5	6	7
1	2 000	64	30	✗ 1,50	28,50	20,20
2	3 000	71	39	+ 0,70	39,70	19,20
3	3 000	80	45	✗ 1,30	43,70	21,—
4	4 000	81	68	+ 0,50	68,50	13,80
5	2 000	102	70	✗ 0,10	69,90	19,20
6	1 000	124	72	✗ 1,40	70,60	31,20
Summe		—	—	—	—	—

Ein Beispiel in der Plan-Vollkostenrechnung

In unserem Beispiel (Tabelle 9) einer Kostenträgerzeitrechnung gehen wir von den Plankosten je Stück, die in einem Monat angefallen sind, aus und verrechnen mit ihnen die Anteile an den verschiedenen Abweichungen, die in diesem Monat erfaßt wurden. Wir erhalten dann die *Ist-Kosten* je Stück.

Der *Planerfolg* beträgt 10,66 DM je Stück, der Ist-Erfolg plus 9,22 DM je Stück. Er ist also nicht so hoch wie der geplante.

Die *Erlöse* betragen insgesamt 56 000 DM, von ihnen ziehen wir die gesamten Ist-Kosten in Höhe von 37 560 DM ab und erhalten den Gesamt-Ist-Erfolg von 18 440 DM, den das Erzeugnis A im April brachte. Wir erhalten die gleiche Zahl, wenn wir die Absatzmenge mit dem Ist-Erfolg je Stück (Zeile 4 b) multiplizieren.

Bei der Kostenträger-*Zeitrechnung* mit Vollkosten gilt für die *Verrechnung der Kostenstellenabweichungen* nicht minder, was wir von ihr bei der Kostenträger-Stückrechnung sagten (s. oben S. 867 f.). So kann die Verrechnung der Beschäftigungsabweichungen aus den gleichen Gründen wie die Plankalkulation auch die Ergebnisrechnung völlig verzerren. H. G. Plaut gibt dafür mehrere sehr anschauliche *Beispiele* (ZfB 1951, S. 541), von denen eines hier angeführt sei:

Eine Unternehmung mit laufender Serienfertigung übernimmt einen Großauftrag, an dem sie über ein Jahr arbeitet. Ein Umsatz erfolgt in diesem Kostenträger noch nicht, da der Auftrag ja noch nicht abgeschlossen ist. Die entstandenen Beschäftigungsabweichungen werden nun den anderen laufend gefertigten und abgesetzten Kostenträgern belastet — also mit Kosten, die sie gar nicht verursacht haben. Das Ergebnis dieser Kostenträger hat sich also sehr verschlechtert, sie werden vielleicht sogar Verluste aufweisen. Wenn aber der Erlös für den ausgeführten Großauftrag eingeht, weist dieser einen übergroßen

nach dem Grenzprinzip
und der Abweichungen

Gesamte Ist-Kosten je Stück Sp.6 + Sp.7	Bruttoerfolge je Stück		Netto-erfolg je Stück Sp.3 ⨉ Sp.8	Erlöse Sp.2 ⨉ Sp.3	Gesamt-Kosten Sp.2 ⨉ Sp.8	Gesamt-Erfolg Sp. 12 ⨉ Sp. 13
	Plan Sp.3 ⨉ Sp.4	Ist Sp.3 ⨉ Sp.6				
8	9	10	11	12	13	14
48,70	+ 34	+ 35,50	+ 15,30	128 000	97 400	+ 30 600
58,90	+ 32	+ 31,30	+ 12,10	213 000	176 700	+ 36 300
64,70	+ 35	+ 36,30	+ 15,30	240 000	194 100	+ 45 900
82,30	+ 13	+ 12,50	⨉ 1,30	324 000	329 200	⨉ 5 200
89,10	+ 32	+ 32,10	+ 12,90	204 000	178 200	+ 25 800
101,80	+ 52	+ 50,60	+ 22,20	124 000	101 800	+ 22 200
—	—	—	—	1 233 000	1 077 400	+ 155 600

Gewinn aus, da die von ihm verursachten Abweichungen schon längst von anderen, gar nicht beteiligten Kostenträgern übernommen wurden. Dieses sehr anschauliche Beispiel — die Wirklichkeit ist viel weniger durchschaubar — macht die Problematik der Verrechnung der Kostenstellenabweichungen offensichtlich.

Die Kostenträgerzeitrechnung in der Grenzplankostenrechnung

Auch die Kostenträgerzeitrechnung ist in der Grenzplankostenrechnung ähnlich aufgebaut wie die Kostenträgerstückrechnung. In der reinen Grenzplankostenrechnung werden weder die *kostensstellenbedingten Abweichungen noch die Fixkosten* auf die einzelnen Kostenträger verteilt, sondern werden „im Block" dem Gesamtbruttoerfolg, der nur auf den proportionalen Kosten beruht, gegenübergestellt.

Doch können auch bei der Trägerzeitrechnung auf Grenzkostenbasis die Abweichungen und Fixkosten (nach dem Deckungsprinzip) auf die Träger verteilt werden. Der Aufbau dieser Rechnung ist zunächst ähnlich wie in unserem Beispiel der Tabelle 8.

In unserer Erfolgsrechnung sind noch eine Reihe von Spalten für die einzelnen *Abweichungsarten* eingefügt (vgl. Tabelle 10, doch sind die einzelnen Abweichungen dort bereits zusammengefaßt). Sie werden mit den proportionalen Plankosten verrechnet und ergeben dann die *proportionalen Ist-Kosten*. Ihnen werden die fixen Gesamtkosten sowie die stellenbedingten Abweichungen — gleichfalls nach dem Deckungsprinzip verteilt — zur Seite gestellt. Der *Bruttoerfolg* je Stück wird sowohl nach den proportionalen Plankosten wie nach den proportionalen Ist-Kosten errechnet. Der *Nettoerfolg* je Stück ergibt sich aus der Differenz des Marktpreises und der Gesamt-Ist-Kosten je Stück. Die *Erlöse* sind das Produkt aus Absatzmenge und Marktpreis, die *Gesamtkosten* ergeben sich als Produkt aus Absatzmenge und Gesamt-Ist-Kosten je Stück. Die Differenz der Erlöse und der Gesamtkosten ergibt den *Gesamterfolg*.

IV. Das Rechnen mit Opportunitätskosten

Die Grenzkostenrechnung hält es für falsch, Fixkostenanteile auf den einzelnen Kostenträger zu verrechnen, da sie von diesen nicht verursacht sind. Das Verursachungsprinzip ist die logische Grundlage jedes Systems der Grenzkostenrechnung. Und doch läßt die übliche Grenzkostenrechnung eine Reihe von Kosten unberücksichtigt, die unter dem Gesichtspunkt des Verursachungsprinzips klar und eindeutig dem Produkt zuzuordnen sind: die *Alternativ-* oder *Opportunitätskosten* (opportunity costs).

Unter *Opportunitätskosten* sind die Grenzerfolge der anderweitigen (alternativen) Verwendung der Leistungseinheit zu verstehen, die von einem zuwachsenden Produkt verhindert oder verdrängt werden — oder kürzer: *Opportunitätskosten sind die Grenzerfolge der verdrängten alternativen Verwendung der Leistungseinheit*. Jedem Kostenrechner sind die Alternativkosten in Form des kalkulatorischen Zinses bekannt: verhinderter Grenzerfolg der anderweitigen Verwendung der Leistungseinheit Kapital. — Die Berücksichtigung der Opportunitätskosten im System macht den Kern der Standard-Grenzpreisrechnung aus, die — angeregt durch amerikanische und deutsche Verfahren — vor allem von H. H. Böhm entwickelt wurde (Böhm u. Wille, Deckungsbeitragsrechnung und Programmoptimierung, München 1965).

Artikelwahl nach der „einfachen" Grenzkostenrechnung

Wir wollen an einem Beispiel (von Dr. Hartmut Michel[1])) das Wesen der Rechnung mit Opportunitäts- oder Alternativkosten erläutern.

Ein Walzwerk stellt Bleche in drei Stärken her:

1,5 mm — (Produkt A)

1,0 mm — (Produkt B)

0,5 mm — (Produkt C)

Die Artikelerfolgsrechnung auf Grenzkostenbasis zeigt folgendes Bild:

Produkt	A	B	C
Netto-Erlöse in DM/t	710	780	870
Grenzkosten in DM/t	660	720	800
Grenzgewinn in DM/t	50	60	70

Auf Grund dieser Rechnung stellt sich das Produkt C mit dem höchsten Grenzgewinn als das beste, das Produkt B als das zweitbeste und das Produkt A als das schlechteste Erzeugnis heraus. Die Unternehmung wird ihre Artikelwahl oder Erzeugnisplanung also so festlegen, daß zunächst eine möglichst große Menge des Artikels C, dann eine möglichst große Menge des Artikels B gefertigt und verkauft wird, und relativ am wenigsten Interesse wird sie am Artikel A haben. Die Grenze dieser Bemühungen wird der Betrieb wohl allein im Markt sehen. Der Betrieb wird so lange die Artikel C, dann B usw. fertigen, als der Markt sie noch abnimmt.

Diese Entscheidung des Betriebes, die auf Grund der Fabrikate-Erfolgsrechnung auf Grenzkostenbasis so selbstverständlich scheint, kann jedoch, wenn begrenzte Kapazitäten vorliegen, völlig falsch sein.

Das Problem der knappen Kapazität

Es ist durchaus denkbar, daß mit der alleinigen Produktion des laut Artikel-Erfolgsrechnung gewinnbegünstigsten Produktes C ein geringerer Gesamt-Unternehmens-Erfolg erzielt wird, als wenn ausschließlich der Artikel A mit geringstem Stückgewinn gefertigt wird. Das ist dann der Fall, wenn die *Kapazität* begrenzt ist und das Produkt C diese begrenzte (knappe) Kapazität (im Vergleich zum Produkt A) in stärkerem Maße in Anspruch nimmt, als der Gewinn des Produktes C höher ist als der des Produktes A. In diesem Fall ist der Gesamterfolg der innerhalb der verfügbaren Kapazität gefertigten Produktion C niedriger als der Gesamterfolg der innerhalb dieser Kapazität gefertigten Produktion A. Offensichtlich kommt es also für das Problem der Artikelwahl in entscheidendem Maße auch auf die zur Verfügung stehende Kapazität an.

---

[1]) Die Standard-Grenzpreisrechnung, ZfB 1962, Bwl. Repetitorium, Heft 10, S. 65 ff.

Die *Kapazität* unseres Walzwerkes betrage monatlich 600 Maschinenstunden bei 3-Schichten-Betrieb; Rüstzeiten seien vernachlässigt. Mit dieser verfügbaren Kapazität könnte man, wenn man jeweils nur e i n Produkt herstellt, erzeugen:

> von Produkt A: 1,5 mm — 50 000 t oder
>
> von Produkt B: 1,0 mm — 40 000 t oder
>
> von Produkt C: 0,5 mm — 30 000 t.

Das heißt nichts anderes, als daß man innerhalb der verfügbaren Kapazität von 600 Maschinenstunden bei *alleiniger* Fertigung eines der drei Produkte folgende Gewinne *(Grenzgewinne)* erzielen kann:

> A: 50 000 t $\times$ 50 DM = 2 500 000 DM
>
> B: 40 000 t $\times$ 60 DM = 2 400 000 DM
>
> C: 30 000 t $\times$ 70 DM = 2 100 000 DM

Hier zeigt sich nun ein Ergebnis, das zu der Aussage der Fabrikate-Erfolgsrechnung auf Grenzkostenbasis völlig im Widerspruch steht; der Artikel nämlich, der laut Fabrikate-Erfolgsrechnung der schlechteste war, bringt innerhalb der *verfügbaren Kapazität* den größten Gesamtunternehmensgewinn. Umgekehrt bringt das laut Fabrikate-Erfolgsrechnung günstigste Produkt den kleinsten Unternehmensgewinn.

Das Beispiel zeigt, daß die Fabrikate-Erfolgsrechnung auf Grenzkostenbasis hier versagt. Das liegt darin, daß die Fabrikate-Erfolgsrechnung in der üblichen Form das Problem der *begrenzten Kapazität* nicht berücksichtigt. Es führt zu falschen Schlüssen, wenn man bei knappen Kapazitäten den Gewinn auf die ausgebrachten Produkte bezieht (Artikelerfolgsrechnung); man muß vielmehr — und das ist der Kern der Standard-Grenzpreisrechnung — den Gewinn auf die knappe Größe: auf die Kapazitäten oder noch besser auf die eingesetzten Produktionsfaktoren, die kapazitätsbildend sind, beziehen.

Das Wesen der Opportunitätskosten

Die Grenzkostenrechnung verrechnet nur *die* Kosten auf den einzelnen Kostenträger, die von diesem verursacht sind. Und doch läßt die übliche Grenzkostenrechnung eine Reihe von Kosten unberücksichtigt, die unter dem Gesichtspunkt des Verursachungsprinzips klar und eindeutig dem Produkt zuzuordnen sind: die *Opportunitäts-* oder *Alternativkosten.*

Unter *Opportunitätskosten* sind, wie bereits erwähnt, die Grenzerfolge der anderweitigen (alternativen) Verwendung der Leistungseinheit zu verstehen, die von einem zuwachsenden Produkt verhindert oder verdrängt werden. Opportunitätskosten werden dann nicht anfallen, wenn der Betrieb unterbeschäftigt ist, wenn in allen Stufen der Produktion noch freie Kapazität besteht, wenn nirgends Engpässe vorhanden sind — aber vorausgesetzt, daß eine erhöhte Produktion auch abgesetzt wird. Ist das nicht der Fall, dann besteht ein Engpaß beim Absatz, und es muß auch hier wieder mit Opportunitätskosten gerechnet werden. Opportunitätskosten sind also in einem Betrieb mit Kapazitätsengpässen *die Grenzerfolge der verdrängten alternativen Verwendung der Leistungseinheit,* auch *Schattenpreise* genannt.

Die Rechnung mit Opportunitätskosten beruht auf dem Gedanken, daß in der Vollbeschäftigung die Erzeugung eines Produktes die Erzeugung eines anderen Produktes und dessen Gewinn unmöglich macht. Wenn man mit der Fertigung eines Produktes A die knappen Kapazitäten ausfüllt, dann verhindert man damit gleichzeitig die Fertigung des Produktes B und damit hat man wiederum den bei dem Produkt B entstehenden Gewinn (Grenzgewinn) verhindert. Diese Gewinnverhinderung bei Produkt B hat das Produkt A durch seine Fertigung verursacht; man muß ihm also nach dem wichtigsten Prinzip der Kostenrechnung, dem Verursachungsprinzip, den entgangenen Grenzgewinn des Produktes B belasten — und zwar zusätzlich zu seinen eigenen Grenzkosten, die es ja ebenfalls verursacht hat. Die Opportunitätskostenrechnung belastet also jedes Produkt mit seinen Grenzkosten *und* mit dem entgangenen Grenzgewinn der verdrängten alternativen Produkte.

Wie aber kann man rechnerisch der zuwachsenden Produktion die Gewinne der verdrängten Produktion belasten? Man muß einen gemeinsamen Nenner finden, auf den man die verdrängte Produktion und die zuwachsende Produktion beziehen kann, und dieser gemeinsame Nenner ist der kapazitätsbegrenzende Faktor, allgemein die *Kapazität.* Das zuwachsende Produkt verdrängt die alternative Produktion deshalb, weil es die verfügbaren Teilkapazitäten auslastet und diese somit dem alternativen Produkt nicht mehr zur Verfügung stehen. Auf die Einheit dieser Größe muß man die Grenzgewinne der verdrängten Produktion — nach Maßgabe ihrer Beanspruchung durch die verdrängte Produktion — beziehen, um sie der zuwachsenden Produktion als Kosten anrechnen zu können; damit hat man gleichzeitig den Preis gefunden, den die knappe Kapazität für das Unternehmen wert ist, den *Schattenpreis.*

**Die Durchführung der Rechnung mit Opportunitätskosten
(Standard-Grenzpreisrechnung)**

Bei einer in Zeit gemessenen Kapazität des Walzwerkes von monatlich 600 Maschinenstunden beträgt der auf die Standard-Belegungsstunde bezogene Grenzgewinn — oder: der Wert Standard-Belegungsstunde — bei Fertigung des Produktes

$$A: 50\,000\ t \times 50 = 2\,500\,000\ DM : 600\ h = 4\,166{,}67\ DM/h$$
$$B: 40\,000\ t \times 60 = 2\,400\,000\ DM : 600\ h = 4\,000{,}—\ DM/h$$
$$C: 30\,000\ t \times 70 = 2\,100\,000\ DM : 600\ h = 3\,500{,}—\ DM/h$$

Es ist nur noch notwendig, der zuwachsenden Produktion die Grenzgewinne der verdrängten Produktion nach Maßgabe der Beanspruchung der Teilkapazitäten (durch verdrängte und zuwachsende Produktion) zu belasten. Die zeitliche Beanspruchung der verfügbaren Kapazität pro t Erzeugnis beträgt bei

$$Produkt\ A: 600\ h : 50\,000\ t = 0{,}012\ h/t$$
$$Produkt\ B: 600\ h : 40\,000\ t = 0{,}015\ h/t$$
$$Produkt\ C: 600\ h : 30\,000\ t = 0{,}020\ h/t$$

Die notwendige Produktionszeit pro Tonne ist beim zuwachsenden Produkt A mit dem Wert der Standardbelegungsstunde des Produktes B, bei den zuwachsenden Produkten B und C mit dem Wert der Standardbelegungsstunde des Produktes A zu multiplizieren, denn diese Produkte werden von den jeweils zuwachsenden Produkten verdrängt.

Man wird davon ausgehen können, daß die Unternehmensleitung die knappen Kapazitäten stets mit denjenigen Produkten auslasten wird, die den höheren Gewinn bringen. Das bedeutet aber: in unserem Beispiel verdrängt das zuwachsende Produkt von den beiden anderen Produkten, die alternativ die Ausfüllung der Kapazitäten beanspruchen, dasjenige mit dem höheren Gewinn. Folglich verdrängen Produkt A Produkt B, Produkt B und Produkt C Produkt A.

So ergibt sich der dem zuwachsenden Produkt zu belastende verdrängte Grenzerfolg des alternativen Produktes pro Mengeneinheit wie folgt:

Produkt A: 0,012 h/t × 4 000,— DM = 48,— DM/t

Produkt B: 0,015 h/t × 4 166,66 DM = 62,50 DM/t

Produkt C: 0,020 h/t × 4 166,66 DM = 83,33 DM/t

Nun kann der Grenzpreis eines jeden Erzeugnisses als Summe von Grenzkosten und Grenzerfolg des verdrängten Produktes festgestellt werden:

Produkt		A: 1,5 mm	B: 1,0 mm	C: 0,5 mm
Grenzkosten	DM/t	660,—	720,—	800,—
Verdrängter Grenzerfolg	DM/t	48,—	62,50	83,33
Grenzpreis	DM/t	708,—	782,50	883,33
Netto-Erlös	DM/t	710,—	780,—	870,—
Erfolg	DM/t	+ 2,—	∕. 2,50	∕. 13,33

Das ausgewiesene Ergebnis bedeutet keinen absoluten Erfolg, sondern es zeigt, welches Ergebnis die Verwendung der knappen Kapazität für das abgerechnete Produkt relativ, d. h. im Vergleich zur anderweitigen Verwendung der Kapazität für das alternativ beste Produkte, bringt.

Die absoluten Ergebnisse betragen bei

Produkt A: 50 000 t × (48,— + 2,—) DM/t = 2 500 000 DM

Produkt B: 40 000 t × (62,50 — 2,50) DM/t = 2 400 000 DM

Produkt C: 30 000 t × (83,33 — 13,33) DM/t = 2 100 000 DM

Es ist danach also am sinnvollsten, die knappen Kapazitäten für das Produkt A zu verwenden. Die Standard-Grenzpreisrechnung zeigt damit ein Ergebnis, das dem der „einfachen" Grenzkostenrechnung völlig entgegengesetzt ist; nach der Artikel-Erfolgsrechnung auf Grenzkostenbasis optimale Artikel ist in Wirklichkeit der schlechteste, weil er die schlechtestmögliche Verwendung der knappen Kapazitäten bewirkt. Die Rechnung mit Opportunitätskosten ist das wirksame **Verfahren zur Verwirklichung der** *„pretialen Wirtschaftslenkung",* wie sie Schmalenbach entwickelt hat (s. unten S. 907).

Das Zurechnungsproblem bei einer Mehrzahl von knappen Teilkapazitäten

Das vorliegende Beispiel unterstellte bewußt vereinfachend, daß in dem gegebenen Betrieb eine einzige knappe Teilkapazität, ein einziger Engpaß gegeben war; dieser einen knappen Teilkapazität konnte man die Grenzerfolge zuordnen. Weit schwieriger liegt der Fall, wenn in einer Unternehmung mehrere knappe Teilkapazitäten gegeben sind — nach welcher Maßgabe sollen die Grenzerfolge dieser Teilkapazitäten zugeordnet, zugerechnet werden? Wir stoßen hier auf eine Hauptschwierigkeit der Grenzpreisrechnung, die wir hier nur andeuten können.

Bredt will diese Zurechnung durch eine „Rückwärts-Aufgliederung" der Leistungen lösen: „Im Rahmen des Gesamtpreises, der ... für die Gesamtleistung ... zur Verfügung steht, ist es Aufgabe der Kalkulation — wie ein innerbetrieblicher Preiskommissar —, mit den ‚Teilleistungen' ... auch die zu ihnen gehörenden ‚Teilpreise' vorzugeben."[1]) Böhm will diese Zurechnung innerhalb einer „Programmplanung" lösen[2]).

Das Problem scheint aber darin zu liegen, ob es überhaupt möglich ist, ohne Willkür, nach logisch klar zu begründenden Verfahren (Verursachungsprinzip) Grenzerfolge mehreren Teilkapazitäten zuzuordnen.

Dieses Zurechnungsproblem ist, wie gesagt, das wohl schwierigste Problem der Standardgrenzpreisrechnung. Andererseits ist seine Lösung für die Anwendung der Standardgrenzpreisrechnung in der Praxis von hervorragender Wichtigkeit, weil der Fall einer Mehrzahl von knappen Teilkapazitäten der Regelfall der Praxis ist; der Fall, daß nur ein einziger Engpaß die Produktion begrenzt, kommt in der betrieblichen Wirklichkeit nicht allzu häufig vor.

V. Literaturhinweise

Agthe, Klaus: Kostenplanung und Kostenkontrolle. Baden-Baden 1963.
Böhm u. Wille: Deckungsbeitragsrechnung und Optimierung. 4. Aufl. München 1970.
Haberstock, L.: Kostenrechnung. Bd. 2: (Grenz-)Plankostenrechnung. Wiesbaden 1976.
Käfer, Karl: Standardkostenrechnung. Lehr- und Handbuch. 2. Aufl. 1964.
Kilger, Wolfgang: Flexible Plankostenrechnung. 5. Aufl. Köln/Opladen 1973.
Kilger, Wolfgang: Die kurzfristige Erfolgsrechnung. Wiesbaden 1962.
Koller, Horst: Organisation der Plankostenrechnung. 2. Aufl. Wiesbaden 1973.
Kosiol, Erich (Hrsg.): Plankostenrechnung als Instrument moderner Unternehmungsführung. 2. Aufl. Berlin 1960.
Matz, Adolph: Plankosten, Deckungsbeiträge und Budgets. 3. Aufl., 2 Bände. Wiesbaden 1976.
Mellerowicz, Konrad: Planung und Planungsrechnung, 2 Bände. 3. Aufl. Freiburg 1976.
Plaut, Medicke und Müller: Grenzplankostenrechnung und Datenverarbeitung. 2. Aufl. München 1971.
Riebel, Paul: Einzelkosten- und Deckungsbeitragsrechnung. Opladen 1973.
Weber, Karl: Amerikanisches Direct Costing. Bern und Stuttgart 1970.
Wille, Friedrich: Plan- und Standardkostenrechnung. 2. Aufl. Essen 1960.

Auch die allgemeinen Werke über die Kostenrechnung behandeln mehr oder weniger ausführlich die Plankostenrechnung (s. Literaturhinweise oben S. 755 f.).

---

[1]) Otto Bredt, Die Krise der Betriebswirtschaftslehre, Düsseldorf 1956, S. 146 f.

[2]) Böhm u. Wille: Deckungsbeitragsrechnung und Optimierung, 4. Aufl. München 1970.

E. Die Wertanalyse (Wertgestaltung)

Wesen und Aufgaben der Wertanalyse

Die Wertanalyse, die nach dem zweiten Weltkrieg in den USA als Value Analysis oder Value Engineering von dem Ingenieur Lawrence D. Miles bei der General Electric Co entwickelt und ausgebaut wurde, ist eine exakte Funktions- und Kostenanalyse von Erzeugnissen, die den Zweck hat, entweder durch wertmäßige Analysen der Erzeugnisse der laufenden Produktion alle nicht notwendigen Kosten zu ermitteln *(Value Analysis)* oder durch wertmäßige Analyse neu zu entwickelnder Erzeugnisse der zukünftigen Produktion die kostengünstigsten Lösungen zu finden und kostenwirksame Entscheidungen vorzubereiten *(Value Engineering)*. Die Wertanalyse ist keineswegs — wie man oft liest — eine Methode zur Durchführung von Kostensenkungen oder zur Optimierung des Produktionsablaufs, sie hat vielmehr der Unternehmensleitung Informationen über nicht notwendige Kosten bei Erzeugnissen der laufenden Produktion bzw. kostengünstige Lösungen bei der Gestaltung der Erzeugnisse der zukünftigen Produktion zu vermitteln, also nur kostenwirksame Entscheidungen vorzubereiten. Weil die Wertanalyse das Value Analysis („Wertanalyse") und das Value Engineering umfaßt, spricht man neuerdings statt von Wertanalyse auch von *„Wertgestaltung"*.

Die Verbreitung der Wertanalyse

L. D. Miles begann 1947 mit seinem Value-Analysis-Program bei General Electric Co. 12 Jahre später, 1959, hatte seine Wertanalyse-Abteilung bereits 120 Wertanalytiker. Die Bedeutung der Wertanalyse geht besonders einleuchtend daraus hervor, daß 1963 durch ein Wertanalyse-Programm der Rüstungswerke, das von Präsident Johnson angeregt war, 112 Mill. $ im Wehretat eingespart werden konnten.

In Europa fand sie Ende der 50er Jahre Eingang, zunächst in England, dann auch in den übrigen europäischen Industriestaaten. In Deutschland haben bereits zu Beginn der 60er Jahre die Fahrzeugindustrie (Ford, Opel, BMW u. a.) und die Elektro-Industrie (IBM, AEG, Siemens u. a.) die Wertanalyse betrieben. Sie wird heute in den meisten größeren Betrieben eingesetzt.

Die drei verschiedenartigen Werte der Erzeugnisse

Die Wertanalyse hat es mit drei verschiedenartigen Werten der Erzeugnisse zu tun: der Qualität, der Rentabilität und der Produktionsdauer bei den einzelnen Erzeugnissen.

1. Die Qualität des Erzeugnisses: Sie wird bestimmt von den Funktionen, die das Erzeugnis nach den Erwartungen der Kunden zu erfüllen hat; sie wird in der *Funktionsanalyse des Erzeugnisses* untersucht.

2. Die Rentabilität: Sie zu untersuchen ist Aufgabe der *Kostenanalyse des Erzeugnisses*.

3. Die Produktionsdauer bei den Erzeugnissen (die „Aktualität"), auch sie ist Objekt der Wertanalyse, und zwar der *Ablaufanalyse*. Der Produktionsablauf muß so gestaltet werden, daß möglichst die Kapazitäten voll ausgenutzt werden und keine unnötigen Zwischen- und Endlager entstehen.

Der Begriff der Wertanalyse nach Hermann Böhrs

Die Wertanalyse ist nach Hermann Böhrs auf Grund der von ihm entwickelten „Direkten Funktionen im Industriebetrieb" eine Methode der Zusammenarbeit der Vertreter der direkten Funktionen:

Produkte produktionsreif gestalten,
Material beschaffen,
Arbeitsmethoden gestalten,
technologische Verfahren auswählen und entwickeln,
Methoden und Verfahren kalkulieren,

mit Hilfe der Leitungsfunktionen

Interpretieren der direkten und indirekten Funktionen,
Überwachen der Erfüllung der direkten und indirekten Funktionen,
Anleiten der unterstellten Mitarbeiter und
Koordinieren der Arbeiten der Mitarbeiter

mit dem Ziel, die kostengünstigsten Lösungen der Funktionen unter anregender, vermittelnder und kontrollierender Team-Lenkung durch einen Spezialisten der Wertanalyse zu finden. (H. Böhrs: Organisation des Industriebetriebes, Wiesbaden 1963.)

Die Hemmnisse bei der Wertanalyse

Die wichtigsten Hemmnisse, die die Wertanalyse zu überwinden hat, sind nach H. F. Orth (Die Wertanalyse, Wiesbaden 1968):

1. die *Gewohnheit und Tradition:* ein bestehender unwirtschaftlicher Zustand wird oft ungeprüft über Jahre beibehalten. Die schnelle Entwicklung der technischen Verfahren, die Erfindung neuer Kunststoffe und dgl. machen eine ständige Überprüfung der Materialien und Verfahren notwendig;

2. *mangelnde Kenntnis der Funktion* auf Grund ungenügender Informationen, so könnte z. B. eine Eigenfertigung bei besserer Kenntnis der Funktion und Marktlage durch billigeren Fremdbezug ersetzt werden;

3. *Vorurteile sachlicher oder persönlicher Art,* sie können auf früheren schlechten Erfahrungen basieren, die aber heute keine Gültigkeit mehr haben; es kann aber auch umgekehrt sein, was heute sehr häufig vorkommt, daß sehr moderne, aber sehr teure Maschinen angeschafft werden, die nicht voll ausgenutzt werden können; die alten Maschinen hätten oft noch ausgereicht;

4. *Zeitdruck,* er wird veranlaßt durch Ausstellungen, Messen, Wettbewerbseinflüsse, so daß eine genauere Untersuchung der Erzeugnisse nicht mehr möglich ist. Dadurch entstehen oft sehr erhebliche Kosten, die bei einer *zweiten* Kontrolle (Second Look) aufgedeckt werden könnten. Eine solche zweite Kontrolle wird heute allenthalben gefordert.

Die 10 Grundtests bei der General Electric Co.

Die 10 Grundtests der Wertanalyse bei der General Electric Co. zeigen, wie die Wertanalyse praktisch durchgeführt wird. Danach muß jedes Objekt der Wertanalyse (Material, Produkt, Verfahren) durch folgende 10 Tests untersucht werden:

1. Leistet es einen Beitrag zum Wert?

2. Stehen seine Kosten in einem wirtschaftlichen Verhältnis zu seiner Nützlichkeit?

3. Benötigt es alle Eigenschaften, die es jetzt hat?

4. Gibt es irgend etwas Besseres für den beabsichtigten Zweck?

5. Kann ein brauchbarer Teil durch ein anderes Verfahren mit niedrigeren
   Kosten hergestellt werden?

6. Kann ein Standortprodukt gefunden werden, das brauchbar sein wird?

7. Steht die Werkzeugausstattung im richtigen Verhältnis zu den Produktionsmengen?

8. Steht der Einkaufspreis in einem angemessenen Verhältnis zu den Herstellkosten?

9. Kann ein anderer zuverlässiger Lieferant es für weniger anbieten?

10. Kauft es irgend jemand für weniger?

Das Team für Wertanalyse

Die Wertanalyse wird stets von einem Team durchgeführt, das aus den Leitern
der für eine Wertanalyse wichtigen Abteilungen und gegebenenfalls noch
betriebsfremden Beratern besteht und das von dem hauptamtlichen Leiter der
Wertanalyse-Abteilung geleitet wird. Die Wertanalyse-Abteilung ist eine Stabs-
stelle, die direkt der Geschäftsleitung unterstellt ist. Es ist klar, daß für fast
jede Wertanalyse ein neues Team gebildet werden muß. Zu diesem Zweck werden jeweils Wertanalyse-Gruppen gebildet, in die Vertreter der einzelnen Verantwortungsbereiche nebenamtlich delegiert werden. Die Hauptarbeit, nämlich
das Sammeln und Bereitstellen aller Ausgangsinformationen wie auch die
Steuerung des weiteren Verlaufes, vollbringen der hauptamtliche Wertanalytiker und seine Mitarbeiter. Die ganze Gruppe wird dann tätig, wenn es gilt,
unterschiedliche Einzelkenntnisse nutzbar zu machen, wie insbesondere bei der
Suche nach Alternativen.

Literaturhinweise

Baier, Paul: Wertgestaltung. Ein Leitfaden zur organisierten Kostensenkung. München 1969.

Margot, Alfred B., und Herbert J. Schmitt: Brevier der Wertanalyse. Köln und Opladen 1968.

Miles, L. D.: Techniques of Value Analysis and Engineering. New York - Toronto -
London 1961.

Miles, L. D.: Value Engineering. Wertanalyse, die praktische Methode zur Kostensenkung. 3. Aufl. München 1969.

Miles, L. D.: The Fundamentals of Value Engineering, veröffentlicht in SAVE, Vol. I.
Washington 1966.

Orth, H.: Die Wertanalyse als Methode industrieller Kostensenkung und Produktgestaltung. Wiesbaden 1968.

Schulte, B., und H. Pursche: Höhere Rentabilität durch Wertanalyse, Ausschuß für
wirtschaftliche Fertigung. Frankfurt am Main 1967.

F. Die Betriebsstatistik

I. Wesen und Bedeutung der Betriebsstatistik

Die Betriebsstatistik im Rahmen des Rechnungswesens

Die Betriebsstatistik ist ein Teil des Rechnungswesens. Während die B u c h -
h a l t u n g „in ein strenges System gepreßt ist, das in regelmäßigen Zeit-
abständen nur bestimmte Zahlengruppen abgibt und das der Zahlengewinnung
in dem Streben nach Vollständigkeit eine gewisse Schwerfälligkeit aufzwingt"
und „die Selbstkostenrechnung nur solche Zahlen zur Betriebskontrolle zu liefern vermag, die mit dem Gutsverzehr bei der Erstellung der Betriebsleistungen
zusammenhängen", erweitert die *betriebswirtschaftliche Statistik* d i e M ö g -
l i c h k e i t e n z u r B e t r i e b s d u r c h l e u c h t u n g. Dazu ist sie befähigt,
weil sie von e n g e n B i n d u n g e n b e f r e i t ist. Sie kann das B e o b a c h -
t u n g s f e l d v o n Z e i t z u Z e i t v e r ä n d e r n, kann über die Beurteilung von Einzelvorgängen hinausgehen, vermag die zeitlichen Kontrollab-
schnitte beliebig lang zu wählen und ist in der Lage, bei der Betriebsbeurteilung
die Grenzen eines einzelnen Betriebes zu überschreiten. So ermöglicht sie —
nach Carl Ruberg — im Betrieb:

a) eine Ü b e r s i c h t ü b e r a l l e V o r g ä n g e, soweit die Erscheinungen
in Zahlen faßbar sind;

b) v i e l s e i t i g e K o n t r o l l e n;

c) die Beschaffung von U n t e r l a g e n z u p l a n m ä ß i g e n B e t r i e b s -
d i s p o s i t i o n e n;

d) einen V e r g l e i c h d e r V o r g ä n g e i n d e r e i g e n e n U n t e r n e h -
m u n g u n d i m e i g e n e n B e t r i e b m i t d e n j e n i g e n i n a n d e r e n
W i r t s c h a f t s z e l l e n (R u b e r g, Statistik im Groß- und Einzelhandelsbetrieb, 3. Aufl. Wiesbaden 1965).

Entwicklung der Betriebsstatistik

F r ü h e r sah man in der Betriebsstatistik ein Anhängsel an das Rechnungswesen, einen Lückenbüßer, der nur dort eingesetzt werden sollte, wo das geschlossene Buchhaltungssystem, das die Geschäfts- und Betriebsbuchhaltung
möglichst zusammenfassen sollte, nicht hinreichte. Dieser „formelle Monismus",
der das gesamte Betriebsgeschehen soweit als möglich in ein geschlossenes Buchhaltungssystem zu zwängen suchte, hat sich nie ganz durchsetzen können und ist
heute überwunden. Die Ursache dafür ist vor allem die S c h n e l l i g k e i t, mit
der die Ergebnisse des Rechnungswesens gebraucht werden, sowie die immer
größere Anwendung der Planungsrechnung. „Mit der Ausbreitung des planenden Rechnens aller Spielarten werden die Grenzen des traditionellen Rechnungswesens immer mehr durchbrochen. Die klassischen Vorstellungen von der
Strenge des Systems der doppelten Buchführung mit ihrer zwangsläufigen Ab-
stimmungskontrolle können nur noch für die reine Finanzrechnung, und zwar
auch hier nur im Falle der Rechnungslegung oder Abrechnung, Bedeutung behalten." (E. S c h ä f e r, Die Unternehmung, 8. Aufl. 1973.) Freilich sucht man
noch in vielen Bereichen die Geschlossenheit des Systems aufrechtzuerhalten;
man wagt noch nicht immer, die überkommene Form des alles umfassenden
„doppischen Systems" abzustreifen.

Die Aufgaben der Betriebsstatistik

Die Aufgaben der Betriebsstatistik lassen sich nach Alfred I s a a c (Betriebswirtschaftliche Statistik, 2. Aufl., 1955) wie folgt zusammenfassen:

1. Ü b e r s i c h t über die G e s c h ä f t s g e b a r u n g

2. B e t r i e b s k o n t r o l l e einzelner Teile der Unternehmung oder der Gesamtunternehmung

3. G e w i n n u n g v o n U n t e r l a g e n

   a) für die S e l b s t k o s t e n r e c h n u n g

   b) für die A b r e c h n u n g mit Kunden, Filialen, Vertretern, Syndikaten, Kartellen, Interessengemeinschaften

   c) für s t a a t l i c h e A n f o r d e r u n g e n (Steuerzwecke)

   d) für Anforderungen von Körperschaften (Handelskammern, Berufsgenossenschaften, Krankenkassen)

   e) für wissenschaftliche Zwecke

4. W e r b e m i t t e l

5. G e s a m t w i r t s c h a f t l i c h e E r k e n n t n i s s e

6. Betriebswirtschaftliche Forschung.

Der betriebswirtschaftlichen Statistik werden jedoch, wie Ruberg schreibt, von Wissenschaft und Praxis „je nach der Einstellung des Fordernden ganz v e r - s c h i e d e n e H a u p t a u f g a b e n zugewiesen: Sie soll entweder die E n t - w i c k l u n g d e r U n t e r n e h m u n g im Ganzen oder in ihren Teilen darstellen oder soll die W i r t s c h a f t l i c h k e i t s g e s t a l t u n g des Betriebs erkennen lassen oder soll die K o n t r o l l e d e s B e t r i e b s a b l a u f s ermöglichen oder soll U n t e r l a g e n f ü r d i e S e l b s t k o s t e n r e c h n u n g abwerfen. Jede dieser Forderungen kann im Einzelfall berechtigt sein. K e i n e dieser so eingeschränkten Forderungen kann aber d e n e r s t e n R a n g für sich beanspruchen." (Ruberg, a. a. O.)

Die Betriebsstatistik — Hilfsfunktion oder selbständige Funktion

Nach ihrer Aufgabenstellung hat die Betriebsstatistik zwei verschiedene Funktionen zu erfüllen:

1. Die Hilfsfunktion der Statistik: Die Betriebsstatistik wird in sehr vielen Fällen nur als Hilfsmittel herangezogen, sie dient n i c h t u n m i t t e l b a r d e r E r k e n n t n i s . So läßt sich bei der Selbstkostenrechnung der in Ansatz zu bringende Gemeinkostenanteil fast nur auf statistischem Wege ermitteln. Die Berechnung von Lohnsätzen sowie auch von Prämien stützt sich auf statistische Unterlagen. So wird bei der Errechnung des Akkordes etwa die Leistung des mittleren Arbeiters herangezogen, die nur auf Grund von Häufigkeitswerten ermittelt werden kann. Im Handelsbetrieb ist die Ermittlung des Satzes für die allgemeinen Kosten bei jeder Kalkulation von Bedeutung. Das ist in größeren Betrieben nur auf statistischem Wege möglich, indem man etwa die direkten Kosten und die allgemeinen Kosten zueinander in Beziehung setzt.

2. Die selbständige Funktion der Statistik. In anderen Fällen dient die Statistik unmittelbar der Erkenntnis von Betriebsvorgängen. Hierher gehören alle statistischen Rechnungen, die einen Überblick über die Geschäftsgebarung geben sollen oder die der Betriebskontrolle einzelner Teile der Unternehmung oder der Gesamtunternehmung dienen, so die Personalstatistik, die Beschaffungsstatistik, die Lagerstatistik, die Produktionsstatistik, die Finanzstatistik, die Absatzstatistik und die Erfolgsstatistik usw.

Umfang der Betriebsstatistik

Den Umfang der Betriebsstatistik hat Erich Schäfer (Art. „Statistik" im Handwörterbuch der Betriebswirtschaft, 2. Aufl.) folgendermaßen eingeteilt:

I. Statistik der betriebswirtschaftlichen Kräfte:
1. die menschlichen
2. die sachlichen

II. Statistik der betriebswirtschaftlichen Funktionen:
1. Statistik der Beschaffung
2. Statistik der Produktion (im weitesten Sinn, beim Verkehrsbetrieb z. B. die Transportleistung)
3. Statistik der Lagerung
   a) Beschaffungslagerung
   b) Fertigungslagerung
   c) Absatzlagerung
4. Statistik des Absatzes
5. Statistik der Finanzierung

III. Statistik der Erfolgsbildung:
1. Aufwandsstatistik
2. Ertragsstatistik
3. Erfolgsstatistik.

II. Die wichtigsten Betriebsstatistiken

1. Personalstatistik

a) *Beschäftigungsstatistik:* Sie umfaßt alle Angaben, die die beschäftigten Arbeiter und Angestellten betreffen: Zugang, Abgang, Bestand, in der ganzen Unternehmung und in den einzelnen Abteilungen, getrennt nach gelernten, angelernten und ungelernten Arbeitern, nach Angestellten und Lehrlingen, nach männlichen und weiblichen Beschäftigten; ferner nach der Dauer der Betriebszugehörigkeit, den Altersklassen, Familienstand, Verwendung in den einzelnen Abteilungen usw.; ferner Krankheitsfälle, Unfälle und dgl.

b) *Arbeitszeitstatistik:* Sie erfaßt alle Angaben über die Arbeitszeit: Arbeitsstunden, Lohnstunden, Überstunden, Maschinenstunden, Feierschichten, bezahlter und nicht bezahlter Urlaub, Akkordstunden usw. — Die gesamte Arbeitszeit kann aufgegliedert werden nach Innen- und Außendienst, nach kaufmännischem und technischem Betrieb, nach den einzelnen Abteilungen. Das Verhältnis der Ist-Arbeitsstunden zu den Soll-Arbeitsstunden ist eine Kennziffer für den Beschäftigungsgrad.

c) *Lohn- und Gehaltsstatistik:* Sie erfaßt die Bruttolöhne, Zulagen, Spesen, Prämien, Tantiemen; Zeit- und Akkordlöhne; Zahl und Höhe der Lohnerhöhungen. Daraus lassen sich errechnen: der Durchschnittsverdienst je Mann, je Werkstatt, je Berufsgruppe. Wichtig ist auch die Erfassung der Hilfslöhne nach Kostenarten.

d) *Sozialstatistik:* Sie erfaßt die sozialen Einzelleistungen sowie die allgemeinen Sozialaufwendungen: Gratifikationen, Gewinnbeteiligungen (soweit sie sozialen Charakter haben), Sonderzuwendungen, Unterstützungen, zusätzliche Altersversorgung, Betriebsfeiern, Werkzeitung, Werkbibliothek, Werksküche, Betriebssport, soziale Betreuung der Jugendlichen.

2. Die Beschaffungsstatistik

a) *Marktstatistik:* Sie ist eine externe Statistik und erfaßt die Daten des Beschaffungsmarktes: Preise, Anbieter usw.

b) *Bestellungsstatistik:* Sie erfaßt die hereingekommenen Angebote sowie die erteilten Aufträge mengen- und wertmäßig.

c) *Einkaufsstatistik:* Sie erfaßt die eingekauften Waren, und zwar nach Preisen, Menge, Wert, Qualität und der Abteilung, für die sie bestimmt sind.

3. Die Lagerstatistik

a) *Lagerhaltungsstatistik:* Sie erfaßt die lagernden Erzeugnisse, Waren, Rohstoffmaterialien, und zwar nach Menge und Wert und getrennt nach Warenarten und Lägern. Diese Statistiken sind wichtig zur Ermittlung der optimalen Lagerbestände.

b) *Materialverbrauchstatistik:* Sie erfaßt den Materialverbrauch nach Warenarten, Abteilungen, Aufträgen, und zwar mengen- und wertmäßig.

4. Die Fertigungsstatistik

a) *Auftragsstatistik:* Sie erfaßt den Auftragsbestand, und zwar insgesamt, nach Abteilungen gegliedert bis hinunter zu den einzelnen Maschinen und zum einzelnen Arbeitsplatz.

b) *Auftragseingang-Statistik:* Sie erfaßt die neu eingegangenen Aufträge.

c) *Anlagestatistik:* Sie erfaßt die Produktionsanlagen und Einrichtungen mengen- und wertmäßig, insgesamt und nach Abteilungen.

d) *Fertigungsstatistik:* Sie erfaßt die mengen- und wertmäßige Herstellung von Halb- und Fertigfabriken, den Ausschuß, gegliedert nach Abteilungen, Warenarten, Qualitätsstufen usw. Mit ihr hängt eng zusammen die

e) *Kostenstatistik:* Sie erfaßt die Kosten nach Kostenarten und nach Kostenstellen; den Stundenaufwand nach Kostenstellen; Stundenaufwand nach Erzeugnisgruppen; Anteil der Gemeinkosten an Materialkosten, Fertigungskosten und Gesamtkosten; Ausschußaufwand; Überstunden je Mann, je Werkstatt; Energieverbrauch (Gas, Wasser, Strom usw.).

f) *Materialverbrauchstatistik:* Sie erfaßt den Materialverbrauch nach Arten, Abteilungen, Aufträgen, wert- und mengenmäßig.

g) *Leistungsstatistik:* Sie erfaßt die Leistungen der einzelnen Beschäftigten sowie der Abteilungen; Leistungsschwankungen innerhalb eines Tages, einer Woche usw.; den allgemeinen Wirtschaftlichkeitsgrad der Leistungen; die durchschnittlich geleisteten Arbeitsstunden je Arbeiter; sie verfolgt die Arbeitsintensität (= Arbeitsstunde durch Arbeitsmenge); ferner die Entwicklung der Maschinenleistungen usw.

5. Die Absatzstatistik

a) *Statistik zur Erkundung des Absatzmarktes:* Sie ist interne Statistik, soweit sie den eigenen Abnehmerkreis erfaßt und gegliedert nach Preisen, Beruf und Einkommen der Käufer usw.; sie ist externe Statistik, soweit sie die Tätigkeit der Konkurrenz beobachtet (Konkurse usw.).

b) *Statistik der Werbung:* Sie erfaßt mengen- und wertmäßig die Arten der Werbung, den Kreis, an den sie sich wendet, und den Werbeerfolg.

c) *Lieferstatistik:* Sie erfaßt die Lieferfrist nach Warenarten Absatzgebieten und Absatzwegen.

6. Die Finanzstatistik

a) *Bilanzstatistik:* Sie erfaßt auf Grund der internen Bilanzen den Vermögensaufbau der Unternehmung sowie die Kapitalstruktur, untersucht die Verhältnisse von Eigenkapital zu Fremdkapital, von Anlagekapital zu Umlaufkapital, die Rangordnung der verschiedenen Werte nach ihrem Liquiditätsgrad, die Rentabilität usw.

b) *Geldstatistik* (und Finanzplan): Sie erfaßt den betrieblichen Zahlungsverkehr, den Geldbestand, Geldeingang und Geldausgang und entwickelt durch eine nach der Liquidität gestufte Aufstellung des zukünftigen Zahlungsmittelbedarfs und Zahlungsmitteleingangs den Finanzplan.

c) *Kapital- und Investitionsstatistik:* In ihr werden die für einen bestimmten Zeitraum beabsichtigten Investitionen einer Unternehmung auf Grund der Anforderungen der verschiedenen Betriebsabteilungen erfaßt. Der Geldbedarf, der sich aus dem Investitionsplan ergibt, wird in dem außerordentlichen Finanzplan erfaßt.

d) *Geld- und Kapitalmarktstatistik:* Sie erfaßt die Daten des Geld- und Kapitalmarktes, soweit er für die Unternehmung von Bedeutung ist.

III. Verfahren der Darstellung und Verarbeitung statistischer Daten

1. Die Technik der statistischen Darstellung

Die Ergebnisse der statistischen Untersuchungen werden in *Tabellen* oder *Zahlenübersichten* festgehalten. Nach Seutemann unterscheidet man (1) G l i e d e r u n g s t a b e l l e n , bei denen eine einheitliche statistische Masse nach zwei oder mehr Merkmalen aufgeteilt wird, z. B. Aufteilung der Kosten nach Kostenarten; (2) V e r g l e i c h s t a b e l l e n , bei denen die zeitliche Ermittlung mehrerer verwandter Erscheinungen dargestellt wird, z. B. die Preise verschiedener Waren; (3) z u s a m m e n g e s e t z t e   T a b e l l e n , in denen mehrere verschiedenartige statistische Massen nebeneinander dargestellt werden, z. B. Neuzugang und Abgang verschiedener Werkstoffe.

Jede Tabelle soll in s i c h   v e r s t ä n d l i c h sein und möglichst wenig Einteilungsgründe aufweisen.

Infolge des wachsenden Bedürfnisses nach schneller statistischer Unterrichtung werden die Ergebnisse der oft sehr unübersichtlichen statistischen Tabellen durch *graphische Darstellungen* leichter überschaubar gemacht. Es werden hierbei vor allem angewandt: das Diagramm in Form des Kurven-, Stab- und Flächendiagramms sowie das dreidimensionale Diagramm, ferner Kartogramme (Landkarten, in die z. B. der Umsatz in den verschiedenen Absatz- oder Vertreterbezirken eingetragen ist), schließlich figürliche Darstellungen, die besonders für Belehrungs- und Reklamezwecke (Ausstellung, Film) verwandt werden.

2. Die Technik der Zahlenverarbeitung

Absolute und relative Zahlen

1. Absolute Zahlen: Es sind die in der Erhebung gewonnenen Zahlen, die weiter nicht aufbereitet sind. Sie sind stets die Ausgangszahlen der Statistik und haben in Tabellen aufbereitet bereits großen Erkenntniswert. Wenn es jedoch darauf ankommt, Zusammenhänge aus der statistischen Aufstellung zu ersehen, sind absolute Zahlen meist kein geeignetes Ausdrucksmittel. Hier helfen die Kennzahlen.

2. Kennzahlen, Verhältniszahlen, relative Zahlen (Lehmann): Sie werden dadurch gewonnen, daß eine absolute Größe zu einer anderen in Beziehung gesetzt wird. Wir unterscheiden dabei:

a) G l i e d e r u n g s z a h l e n : Bei ihnen wird das Verhältnis eines Teiles zu seinem Ganzen in Prozenten ausgedrückt, z. B. eine Kostenart in Prozenten der Gesamtkosten, das Eigenkapital in Prozenten des Gesamtkaptials.

b) B e z i e h u n g s z a h l e n : Sie sind das Verhältnis zweier nicht gleichartiger statistischer Größen (Massen), zwischen denen eine Beziehung besteht, z. B. Lohn pro Kopf des Arbeiters, Kosten je Stück.

c) I n d e x z a h l e n . Durch sie wird eine statistische Entwicklungsreihe dergestalt dargestellt, daß die erste Zahl gleich 100 gesetzt wird und alle anderen Zahlen der Reihe darauf bezogen werden. — Beim gewogenen Index werden zwei Maßgrößen, z. B. Preis und Menge, berücksichtigt.

Planzahlen — Normwerte — Schlüsselzahlen

Neben diesen in der Statistik allgemein üblichen Verhältniszahlen benutzt der Betriebsstatistiker noch einige andere Kennzahlen, und zwar (wir folgen hier A n t o i n e , Kennzahlen, Richtzahlen, Planungszahlen, 2. Aufl. 1958):

1. Wahrscheinlichkeits- oder Planzahlen, das sind die S o l l w e r t e , die als wahrscheinliche oder angestrebte Zahlen in Beziehung zu den überhaupt möglichen oder tatsächlich erreichten (Istwerte) treten.

Der sogenannte S o l l - I s t - V e r g l e i c h gibt die Möglichkeit der Unterscheidung nach (1) Soll-Ist-Differenzen (Über- und Unterdeckungen), (2) Soll-Ist-Quotienten (Grade). Für den Statistiker ist die letzte Gruppe die wichtigere; er kennt zahlreiche Zahlenausdrücke, die im Sprachgebrauch des Betriebswirts als Grade erscheinen: Wirkungsgrad, Leistungsgrad, Ausbringungsgrad, Beschäftigungsgrad. Ausdruck des Grades ist der Prozentsatz.

2. Normwerte. Das sind Werte, die als Norm des Betriebes gelten können. Sie sind also keine direkten Sollwerte im Sinne von erstrebenswerten Bestwerten, sondern sind das „Normale", das Betriebsübliche. Sie sind das Ergebnis längerer Beobachtungen und geben einen festen Rahmen, so wie es der Begriff Norm im allgemeinen tut (Leistungsnorm).

3. Schlüsselzahlen sind eine besondere Art von Kennzahlen. Sie werden vor allem bei etatmäßigen Auswertungen oder Voranschlägen angewandt. Es sind Bemessungsmaßstäbe für Wertansätze von allgemeingültiger Bedeutung (z. B. Raumbedarf für e i n Belegschaftsmitglied, Gemeinkostenschlüssel zu Fertigungslohn usw.).

IV. Literaturhinweise

Antoine, H.: Kennzahlen, Richtlinien, Planungszahlen. 2. Aufl. Wiesbaden 1958.

Esenwein-Rothe, Ingeborg: Wirtschaftsstatistik. 2. Aufl. Wiesbaden 1969.

Hunziker, A. und F. Scherer: Betriebsstatistik und Betriebsüberwachung. 3. Aufl. Stuttgart 1968.

Isaac, A.: Betriebswirtschaftliche Statistik. 2. Aufl. Wiesbaden 1955.

Lehmann, M. R.: Methoden und Technik der Betriebsstatistik. Essen 1960.

Mand, Josef: Betriebsstatistik. 4. Aufl. Wiesbaden 1974.

Ruberg, Carl: Statistik im Groß- und Einzelhandelsbetrieb, 3. Aufl. Wiesbaden 1965.

Scharnbacher, K.: Betriebswirtschaftliche Statistik. 2 Bde., Wiesbaden 1975/76.

Staehle, W. H.: Kennzahlen und Kennzahlensysteme als Mittel der Organisation und Führung von Unternehmen. Wiesbaden 1969.

G. Der Betriebsvergleich

I. Wesen und Begriff des Betriebsvergleichs

Wesen des Betriebsvergleichs

Zu dem bekannten Ausspruch von Schmalenbach „Wirtschaften heißt wählen" schreibt Lisowsky ergänzend, daß dieser Ausspruch dasselbe bedeutet wie „Wirtschaften heißt vergleichen", und zwar zwischen „Aufwand und Ertrag, Aufwand und Aufwand, Ertrag und Ertrag". Die betriebswirtschaftliche Praxis wird beherrscht von dem Vergleich. Er spielt auch in der Wertanalyse eine große Rolle (s. oben S. 880 ff.).

Der Begriff „Betriebsvergleich" ist indes wesentlich enger gefaßt, als es der Ausspruch: „Wirtschaften heißt vergleichen", vermuten läßt. Der „Betriebsvergleich" dient ausschließlich der K o n t r o l l e . So werden z. B. die Leistungen, Beschäftigungen, Preise, Kosten, Gewinne u. dgl. den Zahlen der V o r - p e r i o d e gegenübergestellt, um die Entwicklung der Rentabilität und Wirtschaftlichkeit eines Betriebes zu überwachen.

Derartige „Z e i t v e r g l e i c h e" spielen in der Praxis eine sehr große Rolle, da man zur innerbetrieblichen Kontrolle immer wieder die Wirtschaftlichkeit einzelner Leistungen, Kosten, Beschäftigungen u. dgl. an den Zahlen früherer Perioden mißt. In vielen Fällen gibt es gar keine anderen Maßstäbe. Doch hat der Zeitvergleich den Nachteil, daß er, wie Schmalenbach treffend sagt, u. U. „Schlendrian mit Schlendrian" vergleicht. Der Zeitvergleich ist nicht geeignet, alle Mängel und Fehler des Betriebes aufzudecken. Dazu ist notwendig, daß man die Zahlen des zu untersuchenden Betriebes mit denen anderer Betriebe vergleicht, insbesondere solcher Betriebe, „in denen frischer Wind weht, dann kann sich der Schlendrian nicht länger verbergen" (Schmalenbach).

Die zwei Hauptarten

Wir können also zunächst zwei Hauptarten des Betriebsvergleichs unterscheiden: den Zeitvergleich und den zwischenbetrieblichen Vergleich.

1. Der Zeitvergleich. Diese Bezeichnung wurde von Schmalenbach eingeführt. Andere Autoren sprechen vom „Selbstvergleich" (Hauck), „innerbetrieblichen" oder „internen Vergleich", „einbetrieblichen Vergleich" (Schnettler) oder *„Entwicklungsvergleich"* (M. R. Lehmann). Von diesen Termini befriedigt keiner ganz, doch hat sich in der Literatur die Schmalenbachsche Bezeichnung „Zeitvergleich" am meisten eingebürgert.

Der *Soll-Ist-Vergleich* ist eine Abart des Zeitvergleichs. Er ist das Kernstück der Planungsrechnung (s. oben S. 846 f.). Er kann sich beziehen auf die Kosten (Plankostenrechnung), ferner auf Einkauf (Einkaufsplanung), auf Produktion (Produktionsplanung), auf Absatz (Absatzplanung), auf Lagerbestände (Lagerplanung) usw. Weichen die Ist-Zahlen über eine gewisse Toleranz hinaus von den Soll-Zahlen ab, dann ist nach den Ursachen der Abweichungen zu forschen.

2. Der zwischenbetriebliche Vergleich. Er wird auch außerbetrieblicher, externer, mehrbetrieblicher oder *Konstitutionsvergleich* (M. R. Lehmann) genannt. Bei ihm werden die Zahlen mehrerer Betriebe miteinander verglichen. Das Zahlenmaterial entstammt meistens der gleichen Rechnungsperiode oder bezieht sich auf einen bestimmten Zeitpunkt. Doch kann sich der Vergleich auch auf Zahlen mehrerer Zeitperioden oder auf eine Folge von Zeitpunkten beziehen. Insofern ist die Bezeichnung Zeitvergleich im Sinne von Selbstvergleich oder einbetrieblicher Vergleich nicht ganz richtig.

Über das zu vergleichende Objekt gehen die Meinungen auseinander. Teilweise werden zwischen - b e t r i e b l i c h e Vergleiche und Zwischen - U n t e r n e h m u n g s vergleiche scharf voneinander getrennt. Hauck, Weigmann, Schnettler, Schott u. a. hoben hervor, daß Vergleichsobjekte sowohl Unternehmen wie Betriebsteile wie Werke oder auch Arbeitsplätze und Funktionen sein können, je nach dem Umfang und Zweck des Vergleichs.

In der Literatur und vor allem in der Praxis wird der Begriff *„Betriebsvergleich"* vielfach auf den z w i s c h e n b e t r i e b l i c h e n Vergleich beschränkt. Man kann also den zwischenbetrieblichen Vergleich auch als den Betriebsvergleich im engeren und eigentlichen Sinne verstehen.

II. Arten des zwischenbetrieblichen Vergleichs

Je nach dem Vergleichsumfang, nach dem Vergleichsobjekt, nach den Vergleichsmethoden, nach den Vergleichszwecken, nach der Zeitbezogenheit und nach dem geographischen Bereich unterscheidet man eine Reihe von zwischenbetrieblichen Vergleichsarten.

(1) Nach dem Vergleichsumfang

Wie bereits erwähnt, kann sich der Betriebsvergleich auf ganze Unternehmungen, auf einzelne Betriebe und auf einzelne Verfahren erstrecken. Danach unterscheidet z. B. W e i g m a n n (Allg. Grundlagen des Betriebsvergleichs, Leipzig 1939):

1. *den Verfahrensvergleich*, bei dem verschiedene Verfahren verglichen werden, um ihre Wirtschaftlichkeit, Produktivität oder Rentabilität zu ermitteln.

Der Vergleich der *Arbeitsproduktivität* spielt innerhalb der Bestrebungen der OEEC eine große Rolle. Auf Veranlassung der ECA (Verwaltung für europäische wirtschaftliche Zusammenarbeit in Washington) wurden in den Marshallplanländern sogenannte „P r o d u k t i v i t ä t s z e n t r a l e n" errichtet (in Deutschland das RKW — Rationalisierungskuratorium der deutschen Wirtschaft), die als wesentliche Aufgaben den Vergleich der Produktivität der verschiedenen industriellen Verfahren innerhalb eines Landes und zwischen den Marshallplanländern haben. Zu diesem Zwecke wurde auch mit Erfolg versucht, eine einheitliche Terminologie für diese zwischenbetrieblichen Vergleiche zu schaffen.

2. *den Betriebsvergleich*, bei dem einzelne Teilbetriebe (Werke) miteinander verglichen werden. Er kann wieder untergliedert werden in K o s t e n v e r - g l e i c h und L e i s t u n g s v e r g l e i c h .

3. *den Unternehmungsvergleich*. Er bezieht sich auf den Vergleich ganzer Unternehmungen, z. B. der Bilanzvergleich.

(2) Nach den Objekten

Die zu vergleichenden Objekte können sehr verschiedenartig sein. Es seien hier als besonders wichtig herausgegriffen:

1. *Kostenartenvergleich*. Bei ihm werden die Kostenarten (Kontenklasse 4) miteinander verglichen, beim einbetrieblichen Vergleich Kostenarten verschiedener Perioden, beim zwischenbetrieblichen Vergleich die gleichen Kostenarten verschiedener Betriebe.

2. *Kostenstellenvergleiche* haben den Zweck, die Wirtschaftlichkeit der Kostenstellen zu messen. Er ist natürlich immer auch ein Kostenartenvergleich.

3. *Verfahrensvergleich*, der Vergleich verschiedenartiger Verfahren bei der Herstellung eines bestimmten Erzeugnisses, wobei Kosten und Leistungen gegenübergestellt werden.

4. *Erzeugnisreihenvergleich*. Bei ihm werden von einem bestimmten Erzeugnis verschiedene Typen, Ausführungen u. dgl. miteinander verglichen.

5. *Produktivitätsvergleich.* Bei ihm wird der Leistungsgrad verschiedener Betriebe verglichen. Der Leistungsgrad ist das Verhältnis der erstellten Leistung zu der dafür verbrauchten Leistung.

(3) Nach den Methoden

Nach den Methoden unterscheidet Hauck:

1. den *deskriptiven Vergleich,* bei dem „man zum Zwecke der Beschreibung von Gleichheiten und Unterschieden vergleicht";

2. den *Kausalvergleich,* der den Zweck hat, die Ursachen der Differenzen zu finden.

(4) Nach den Vergleichszwecken

Der letzte Zweck des Betriebsvergleichs ist natürlich stets die Aufdeckung von Verlust- bzw. Gewinnquellen. Doch wird dieser Zweck nicht immer unmittelbar angestrebt; so unterscheidet man zwischen

1. *Strukturvergleichen,* bei denen man die verschiedenartige Struktur von Betrieben, Unternehmungen miteinander vergleicht, z. B. verschiedenartige Betriebsformen oder verschiedenartige Branchen. Dabei werden die unterschiedlichen Wirtschaftlichkeitsgrade der Leistungserstellung eliminiert.

2. *Wirtschaftlichkeits- und Rentabilitätsvergleiche,* bei denen Unternehmungen gleicher Struktur einander gegenübergestellt werden, um die Wirtschaftlichkeit und die Rentabilität zu vergleichen.

(5) Nach der Zeitbezogenheit

Wir unterscheiden nach der Zeitbezogenheit

1. *Zeitpunktvergleiche* oder s t a t i s c h e   V e r g l e i c h e (Schnettler). Bei ihnen werden „entweder absolute Größen oder Verhältnisziffern, die aus zwei Statusgrößen gebildet sind, verglichen" (Schnettler). Es handelt sich dabei fast ausschließlich um Bilanz- und Belegschaftsvergleiche. Der Statusvergleich ist auf einen bestimmten Stichtag abgestellt. Die Bilanzvergleiche dienen vor allem der Analyse der Vermögens- und Kapitalstruktur. Es können einbetriebliche oder zwischenbetriebliche sowie Zeitvergleiche sein.

2. *Zeitraumvergleiche* oder d y n a m i s c h e   V e r g l e i c h e. Hierbei werden die Zeitraumgrößen, d. h. Größen, die sich auf einen Zeitraum, eine Periode beziehen, miteinander verglichen. Die wichtigsten Vergleichsgegenstände dieser Art sind Kosten, Aufwand, Ertrag und Erfolg. Schnettler unterscheidet beim Zeitraumvergleich: 1. K o s t e n v e r g l e i c h e : a) Kostenartenvergleiche, b) Kostenstellenvergleiche, c) Kostenträgervergleiche, 2. E r t r a g s v e r - g l e i c h e, 3. E r f o l g s v e r g l e i c h e, 4. V e r g l e i c h e   s o n s t i g e r U m s a t z g r ö ß e n, nämlich Umsatzziffern, Beschäftigung bzw. Beschäftigungsgrade, Intensitätsgrade u. a.

(6) Nach den geographischen Bereichen

Nach den geographischen Bereichen unterscheiden wir l o k a l e,   n a t i o - n a l e und i n t e r n a t i o n a l e Vergleiche.

Je größer der geographische Bezirk ist, um so schwieriger sind die Vergleiche. Das gilt vor allem bei i n t e r n a t i o n a l e n V e r g l e i c h e n , weil hier die Vergleichsgrundlagen sehr stark voneinander abweichen. Das hat sich vor allem bei den schon erwähnten, von der OEEC angeregten internationalen Vergleichen der Arbeitsproduktivität gezeigt.

III. „Das Schwächebild des Betriebsvergleichs"

Während zahlreiche Autoren im Betriebsvergleich das wichtigste Mittel zur Förderung der Wirtschaft, zur Ausschaltung von Kapitalfehlleitungen und zur Vermeidung von Depressionen sehen, findet sich auf der anderen Seite eine Reihe von Betriebswirten, die die Schwächen des Betriebsvergleichs dargelegt haben und seine Bedeutung stark einschränken. So hat O. R. S c h n u t e n - h a u s in einer kritischen Abhandlung „Das Schwächebild des Betriebsvergleichs" untersucht (in: Aktuelle Betriebswirtschaft, 1952). Er stellt folgende Schwächepunkte fest:

1. *Die Schwierigkeit der Vergleichbarkeit*

Das Problem der Vergleichbarkeit liegt nach Schnutenhaus „abgesehen von der materiellen Vergleichbarmachung der Voraussetzungen, in der Schwierigkeit der Auffindung des Vergleichsmaßstabes und seiner Eingliederung in den Zweckrahmen ..." Es gibt nach ihm „in der Alltagswirklichkeit nicht zwei Betriebe, die exakt vergleichbar sind. Wir müssen tatsächlich in unserer Vorstellungs- und Begriffswelt zuviel abstrahieren, so daß nur die Wesenheit übrigbleibt, die wir als individuelles Wesentliches erkennen".

2. *Mangelnde Einheitlichkeit im Rechnungswesen*

Man hat zwar versucht, das Rechnungswesen durch die Aufstellung einheitlicher Buchhaltungs- und Kostenrechnungsgrundsätze vergleichbar zu machen, doch sind diese Grundsätze und Richtlinien heute nicht mehr verbindlich. Selbst wenn diese Grundsätze wieder für verbindlich erklärt würden, so sind sie doch noch viel zu locker, um zum Zwecke des Betriebsvergleichs einwandfrei vergleichsfähige Beziehungszahlen und Kennzahlen zu liefern. So sagt auch K a l v e - r a m , daß „in den industriellen Wirtschafts- und Fachgruppen die individuellen Verschiedenheiten der einzelnen Betriebe meist so groß sind, daß ein Gesamtdurchschnittsbild jeden Aussagewert für wirtschaftlichkeitsfördernde Maßnahmen verliert". (Der zwischenbetriebliche Kostenvergleich, Berlin 1939). Dem fügt Schnutenhaus hinzu, „daß es innerhalb ein und derselben Branche in vielen Fällen praktisch unmöglich ist, elementare Vergleichsziffern zu produzieren durch Neutralisierung individueller Gegebenheiten".

3. *Mangelnde Einheitlichkeit der Bewertungsgrundsätze*

Der Vergleich einzelner Bilanzpositionen, selbst von Betrieben der gleichen Branche und der gleichen Größe und Struktur, wird dadurch problematisch, daß verschiedene Bewertungsgrundsätze befolgt werden können. Selbst wenn die Bewertungsgrundsätze vereinheitlicht wären, so hätte man doch noch keine Gewißheit, ob nun tatsächlich die Wertansätze richtig sind. Es ist in der Tat bei vielen Bilanzpositionen unmöglich, den „richtigen" Wert zu bestimmen, er hängt von der Willkür des Bewertenden ab.

4. Die Unüberwindlichkeit der betriebsindividuellen Eigenarten

Die drei ersten Schwächepunkte betreffen die methodische Seite des Problemes der Vergleichbarkeit. Nunmehr sind nach Schnutenhaus noch Schwächepunkte in m a t e r i e l l e r Hinsicht zu beachten. Das sind vor allem die Mannigfaltigkeit des Vergleichsmaterials selbst und die Schwierigkeit ihrer Überwindung. Es handelt sich hier um die Unmöglichkeit, die betriebsindividuellen „Ungleichheiten durch gedankliche Kombination sinnvoll auszumerzen. Je größer die Unterschiede der Führungsgrundsätze, um so schwieriger die Überwindung der individuellen Geschäftsergebnisse. Das Problem der materiellen Vergleichbarkeit von Zahlen besteht eben darin, daß die Zahlen Inhalte ein und derselben Gattung sein müssen, wobei ... durch Vergleiche der Zahlen ein Werturteil über die zu Grunde liegenden wirtschaftlichen Tatbestände gefällt werden soll." Solche Tatbestände sind nach Schnutenhaus vor allem das Erzeugungsprogramm, die Produktionstiefe, die technischen Verfahrensweisen, die Betriebsgröße, der Standort, der Beschäftigungsgrad, der Selbstversorgungsgrad und die Struktur der Belegschaft.

Die praktisch-sinnvolle Grenze des Betriebsvergleichs liegt nach Schnutenhaus darin, „daß bei gleichen Fehlerfeldern dem Betrieb die Position des Standortes, seiner Leistungen und seiner Organisation innerhalb der Konkurrenzbetriebe gezeigt wird, wobei die Unternehmungsleitung selbst beurteilen muß — und dies auch nur selbst vermag —, ob und inwieweit dispositive Maßnahmen getroffen werden müssen".

Versuche zur Ausschaltung der „Schwächepunkte"

Zur Ausschaltung der Schwächepunkte oder — wie andere Autoren sagen — der S t ö r u n g s f a k t o r e n wurden verschiedene Methoden entwickelt. S c h n e t t l e r (a. a. O.) nennt folgende Wege zu ihrer Eliminierung:

1. *Spezialisieren:* Der Vergleich beschränkt sich möglichst auf solche Betriebe, „bei denen Störungen nur in vertretbarem Umfang auftreten, so daß sie den Vergleich nicht allzu sehr stören können".

2. *Reduzieren.* Bei dieser Methode werden Objektteile, bei denen Störungseinflüsse auftreten, aus der Vergleichsrechnung herausgelassen. Statt Gesamtkostenvergleiche werden z. B. Teilkostenvergleiche durchgeführt, also nur d i e Kostenvergleiche, die von Störungen weniger beeinflußt und daher vergleichbar sind.

3. *Exponieren, Lokalisieren (Isolieren).* Bei dieser Methode werden die Störungsfaktoren zunächst zwar nicht berücksichtigt; doch werden sie im Vergleichsresultat besonders herausgestellt, „um ihr Gewicht besser zu erkennen, bzw. um die Begrenztheit der Auswertbarkeit des Ergebnisses besonders deutlich zu machen".

4. *Neutralisieren.* Die von Störungen beeinflußten Vergleichsobjekte werden auf einen einheitlichen Nenner umgerechnet, wodurch den Störungsfaktoren bei den zu vergleichenden Betrieben ein gleiches Gewicht gegeben wird. So können z. B. der unterschiedliche Beschäftigungsgrad oder unterschiedliche Lohnkosten infolge unterschiedlicher Belegschaftsstruktur neutralisiert werden.

5. *Verbale Methode.* Wo die bisher genannten Methoden nicht anwendbar sind oder nicht angewandt werden sollen, weil sich die Störungsfaktoren quantitativ nicht erfassen lassen, kann man wenigstens verbal auf ihr Vorhandensein, ihren Umfang und ihr Gewicht hinweisen, wodurch eine, wenn auch begrenzte Auswertbarkeit des Vergleichsverhältnisses ermöglicht wird.

IV. Durchführung des zwischenbetrieblichen Vergleichs

Die den Vergleich durchführenden Stellen

Der zwischenbetriebliche Vergleich wird im allgemeinen von *Wirtschafts- und Branchenverbänden, Instituten* (wie z. B. die Institute für Marktforschung) sowie von *Behörden* (Statistische Ämter, Finanzverwaltung, Preisämter und dgl.) angewendet.

Besonders erfolgreich waren bzw. sind die Betriebsvergleiche des RKW (Reichskuratorium für Wirtschaftlichkeit, jetzt Rationalisierungskuratorium der deutschen Wirtschaft), des VDMA (Verein Deutscher Maschinenbau-Anstalten e. V., zunächst durchgeführt von Schulz-Mehrin), der keramischen Industrie (durchgeführt von Prof. W. Vershofen), der DKBL (Deutsche Kohlenbergbau-Leitung), ferner einer Reihe anderer Verbände der eisen- und metallverarbeitenden Industrie und vor allem des Groß- und Einzelhandels. Bei diesen letzten Wirtschaftsgruppen wird der Vergleich dadurch erleichtert, daß die Unternehmen strukturell verhältnismäßig gleichartig sind.

Schnettler unterscheidet i n t e r n e und e x t e r n e V e r g l e i c h e. Er versteht darunter aber nicht, wie sonst vielfach, den einbetrieblichen bzw. den zwischenbetrieblichen Vergleich, sondern der interne Vergleich wird von Stellen durchgeführt, die auf die zu vergleichenden Unternehmungen Einfluß haben (Konzernleitungen und dgl.), der externe Vergleich wird von Stellen durchgeführt, die auf die Unternehmen keinen direkten Einfluß haben, wie Kartelle, Verbände, öffentliche Körperschaften, wissenschaftliche Institute und die Wirtschaftspresse.

Die Erfassung des Zahlenmaterials

Die Erfassung der Zahlen geschieht meist mit Hilfe von F r a g e b o g e n, denen ausführliche Erläuterungen beigegeben sind. Vielfach werden keine absoluten Zahlen gefordert, sondern Verhältniszahlen, um den Unternehmen die Zahlenangabe zu erleichtern. Meist enthält der Fragebogen nicht den Firmennamen, sondern nur eine Ordnungszahl, um die Geheimhaltung des Zahlenmaterials zu garantieren.

Die Erhebung durch Fragebogen ist natürlich mehr oder weniger unvollkommen, wenn die Zahlen nicht durch besondere Fachleute in den Betrieben auf ihre Vergleichbarkeit nachgeprüft werden können. Vielfach sind aber dazu die Betriebe nicht bereit.

Die Aufbereitung des Zahlenmaterials

Das Zahlenmaterial muß, insbesondere, wenn es die Angaben eines größeren Kreises von Unternehmen enthält, zunächst nach quantitativen, qualitativen und räumlichen Merkmalen in Gruppen aufgeteilt werden: z. B. nach der

Betriebsgröße, der Zahl der Beschäftigten, dem Umsatz, der Kapazität, dem Kapital, ferner nach dem Produktionsprogramm, der Produktionstiefe, der technischen und organisatorischen Struktur, der Belegschaftsstruktur usw. und schließlich nach dem Standort. Meist wird das Zahlenmaterial nach mehreren Gesichtspunkten aufgeteilt.

Die Verarbeitung des Zahlenmaterials

Da ein Vergleich der absoluten Zahlen wenig oder gar nichts auszusagen vermag, werden durch die Bildung von *Kennzahlen* oder *Richtzahlen* nach den Methoden der Statistik die wesentlichen Beziehungen herausgestellt und leicht vergleichbar gemacht. Dabei handelt es sich um:

1. Verhältniszahlen

a) B e z i e h u n g s z a h l e n : Zwei Werte werden zueinander in Beziehung gesetzt, z. B. Kosten zu Umsatz oder Kosten zur Leistungseinheit, Umsatz je Kopf der Belegschaft usw.

b) M e ß z a h l e n oder I n d e x z a h l e n : Eine fortlaufende Reihe von Werten wird auf die erste Zahl (oder den Durchschnitt) dieser Reihe bezogen. Die erste Zahl („Basiszahl") wird gewöhnlich = 100 gesetzt.

c) G l i e d e r u n g s z a h l e n : Eine Reihe von Werten wird in Prozenten der Gesamtsumme dieser Werte ausgedrückt, Summe = 100, Teilglieder z. B. 50, 30, 20; so können z. B. die einzelnen Bilanzposten in Prozenten der Bilanzsumme ausgedrückt werden.

Die Verhältniszahlen lassen sich leicht und schnell vergleichen und gewährleisten Anonymität und Objektivität. Sie haben aber den Nachteil, daß das Gewicht der absoluten Zahlen nicht mehr erkennbar ist.

2. Mittelwerte

a) M a t h e m a t i s c h e M i t t e l w e r t e : Der Mittelwert wird aus einzelnen Gliedern der Reihe berechnet. Bei dem a r i t h m e t i s c h e n Mittel werden die einzelnen Werte addiert und durch die Anzahl der Wertglieder dividiert. Vollkommener ist diese Methode, wenn dabei gewogene Mittelwerte errechnet werden. Beim g e o m e t r i s c h e n Mittel werden die Einzelwerte miteinander multipliziert und dann wird eine der Zahl der Glieder entsprechende Wurzel daraus gezogen (bei n Gliedern die n-te-Wurzel).

b) G e w ä h l t e M i t t e l w e r t e , M e d i a n w e r t e , Z e n t r a l w e r t e oder
m i t t l e r e W e r t e .
Diese Werte lassen sich nicht mathematisch bestimmen, sie sind „Mittelwerte der Lage", die die extremen Werte unberücksichtigt lassen. So wird aus der Reihe 1, 5, 7, 8, 10 der Mittelwert 7 gewählt. Obgleich sie in gewisser Beziehung willkürlich sind, sind sie für manche Vergleichsanalysen wertvoll. Das gilt besonders auch für den

c) h ä u f i g s t e n oder d i c h t e s t e n M i t t e l w e r t . Aus der Reihe 1, 1, 2, 7, 8, 8, 8, 8, 11, wird der dichteste Mittelwert 8 ausgewählt. Er wird zweifellos den wirklichen Verhältnissen besser gerecht als das arithmetische Mittel 6.

V. Literaturhinweise

Antoine, Herbert: Kennzahlen, Richtlinien, Planungszahlen. 2. Aufl. Wiesbaden 1958.

Der Betriebsvergleich in der Praxis. Grundlagen und Anwendung. Hrsg. Betriebsw. Institut der Eidgenöss. techn. Hochschule Zürich. Zürich 1959.

Erne, P. J.: Der Betriebsvergleich als Führungsinstrument. Bern und Stuttgart 1971.

Henzel, F.: Der Betriebsvergleich. Wiesbaden 1949.

Lehmann, M. R.: Industrielle Betriebsvergleiche. Wiesbaden 1958.

Schnettler, Albert: Der Betriebsvergleich. 3. Aufl. Stuttgart 1961.

Schott, Gerhard: Die Praxis des Betriebsvergleichs. Düsseldorf 1956.

Schulz-Mehrin, Otto: Betriebswirtschaftliche Kennzahlen als Mittel zur Betriebskontrolle und Betriebsführung. Berlin 1958.

Viel, Jacob: Betriebs- und Unternehmungsanalyse. 2. Aufl. Köln/Opladen 1958.

Vodrazka, K.: Betriebsvergleich. Stuttgart 1967.

H. Lehrbücher der Mathematik für Wirtschaftswissenschaften

Allen, R.: Mathematik für Volks- und Betriebswirte. 4. Aufl. Berlin 1972.

Bader, H., und S. Fröhlich: Einführung in die Mathematik für Volks- und Betriebswirte. 5. Aufl. München - Wien 1973.

Beckmann, M. J., und H. P. Künzi: Mathematik für Ökonomen I/II. 1973, in der Reihe Heidelberger Taschenbücher.

Berg, C. C., und U.-G. Korb: Mathematik für Wirtschaftswissenschaftler. 2 Bde., 2. Aufl. Wiesbaden 1976.

Falkenberg, Herbert: Mathematik für den Wirtschaftspraktiker, 2. Aufl. Wien 1974.

Hansen, G.: Methodenlehre der Statistik. München 1974.

Hofmann, W.: Lehrbuch der Mathematik für Volks- und Betriebswirte. 3. Aufl. Wiesbaden 1974.

Kemeny, Snell, Schleifer, Thompson: Mathematik für die Wirtschaftspraxis. 2. Aufl. Berlin 1972.

Körth, H., C. Otto, W. Runge und M. Schoch (Hrsg.): Lehrbuch der Mathematik für Wirtschaftswissenschaften. 3. Aufl. Opladen 1975.

Müller-Mehrbach, H.: Mathematik für Wirtschaftswissenschaftler. 2 Bde. München 1974/1976.

Schönlein, A., M. Linder und G. Schmiedel: Mathematik für Wirtschaftswissenschaftler (Analysis). 4. Aufl. Köln 1975.

Stöppler, S.: Mathematik für Wirtschaftswissenschaftler. 2. Aufl. Opladen 1976.

Schwarze, Jochen: Mathematik für Wirtschaftswissenschaftler. 3 Bde., 2. Aufl. Herne 1975/76.

Sommerfeld, J.: Mathematik — Grundkenntnisse für Betriebswirte. Wiesbaden 1974.

Vogt, Hubert: Einführung in die Wirtschaftsmathematik. 2. Aufl. Würzburg - Wien 1973.

Wetzel, Wolfgang, Skarabis, Naeve, Büning: Mathematische Propädeutik für Wirtschaftswissenschaftler. 3. Aufl. Berlin - New York 1975.

Witte, Th., J. F. Deppe und A. Born: Lineare Programmierung. Wiesbaden 1975.

Neuntes Kapitel

Die Entwicklung der Betriebswirtschaftslehre seit der Jahrhundertwende

I. Die Hauptströmungen in der Betriebswirtschaftslehre

Die Entstehung der modernen Betriebswirtschaftslehre

Das Objekt der Betriebswirtschaftslehre ist ein *„geschichtliches Produkt"*, das von der jeweiligen Gesellschaft und ihrem Wirtschaftssystem geformt wird. Das heißt, das Objekt wandelt sich und mit ihm wandeln sich Umfang und Inhalt seiner Probleme, insbesondere der systembezogenen Probleme. Es ist deshalb eine Verkennung des Wissenschaftscharakters der Betriebswirtschaftslehre, wenn man sagt, sie sei eine noch relativ junge Wissenschaft und habe deshalb noch nicht den Stand der jahrhundertealten und darum hochentwickelten Naturwissenschaften erreicht. Eine „Unternehmungslehre" konnte erst entstehen, nachdem die moderne Unternehmung geschaffen war.

In der *Renaissance* lag — wie wir bereits dargestellt haben (s. oben S. 62 ff.) — der Schwerpunkt der betriebswirtschaftlichen Problematik auf der Organisation des Innenbetriebes (Entstehung und Aufbau der Unternehmung); sie ist durch die Erfindung der Buchhaltung gekennzeichnet. Damit beginnt die „wissenschaftliche Betriebsführung, die ein notwendiges Begriffsmerkmal der kapitalistischen Unternehmung ist" (Sombart, Der mod. Kapitalismus, III, S. 889). — Im *Merkantilismus* liegt der Schwerpunkt der betriebswirtschaftlichen Problematik auf dem Auf- und Ausbau der Handelsbetriebsformen und der weltumspannenden Handels- und Verkehrsorganisationen. Es ist die Zeit der großen Kompendien, Lexika und „Systeme der Handlung" (damals gleichbedeutend mit „Handel"), die rein deskriptiv und kompilatorisch sind und deren *wissenschaftlicher* Wert gering ist. Im *Industriezeitalter* (19. Jahrhundert) rückt die Technologie in den Mittelpunkt der Betriebswirtschaftslehre. Es beginnt die Zeit der „Ingenieurwirtschaft", die sich nicht nur technologischen, sondern auch der betriebswirtschaftlichen Probleme des Industrie- und Verkehrsbetriebes annimmt; so war Emminghaus, der 1868 die erste Industriebetriebslehre schrieb, Professor am Polytechnikum in Karlsruhe. — Freilich spielten die rein betriebswirtschaftlichen Probleme der Industriewirtschaft — insbesondere den technischen gegenüber — noch keine große Rolle, solange die industrielle Entwicklung noch vorwiegend expansiv und extensiv war. Die eigentliche betriebswirtschaftliche L i t e r a t u r des 19. Jahrhunderts erschöpft sich deshalb im wesentlichen in zahllosen betriebs- und handelskundlichen Lehr- und Nachschlagebüchern für Schulunterricht und Praxis (s. oben S. 62).

Die Konzentration und die Intensivierung der industriellen Produktion in den Jahrzehnten um die J a h r h u n d e r t w e n d e bringen einen Umschwung in der betriebswirtschaftlichen Problematik. Der immer schärfer werdende Wettbewerb auf in- und ausländischen Märkten zwingt zu einer größeren Beachtung der wirtschaftlichen Fragen. So gewinnen die betriebswirtschaftlichen Probleme neben den technologischen ein immer größeres Gewicht und bereiten der Betriebswirtschaftslehre den Weg in die U n i v e r s i t ä t.

Die ersten Handelshochschulen und ihr Lehrgebiet

Im Jahre 1898 wurden deutschsprachige Handels-Hochschulen in Leipzig, Aachen, Wien und St. Gallen gegründet. Im Jahre 1901 folgten Frankfurt a. M. und Köln, 1906 Berlin, 1908 Mannheim, 1910 München, 1915 Königsberg und 1919 Nürnberg. Als erste Universität errichtete Zürich im Jahre 1903 einen Lehrstuhl für Handelswissenschaften, der Prof. Johann Friedrich Schär übertragen wurde. Die Handels-Hochschulen in Frankfurt und Köln wurden 1914 und 1919 zu Universitäten ausgebaut. In den folgenden Jahren wurden an fast allen Universitäten Lehrstühle für Betriebswirtschaftslehre errichtet.

Im Mittelpunkt des L e h r p l a n e s der ersten Handels-Hochschulen standen die „K o n t o r w i s s e n s c h a f t e n": Buchhaltung, kaufmännisches Rechnen, kaufmännischer Schriftverkehr und Kontorarbeiten — also das, was man heute als propädeutische Fächer aus dem eigentlichen Hochschulunterricht ausklammert. Doch wurden schon in der Zeit bis zum ersten Weltkrieg einige bedeutende Versuche gemacht, die Betriebswirtschaftslehre in einem wissenschaftlichen „S y s t e m" zu erfassen, so vor allem von Gomberg, Hellauer, Schär, Dietrich und Nicklisch.

Normative und empirisch-realistische Betriebswirtschaftslehre

Das Gliederungsprinzip der Hauptströmungen der Betriebswirtschaftslehre von Fritz *Schönpflug* (Das Methodenproblem in der Einzelwirtschaftslehre, 2. Aufl. u. d. T.: Betriebswirtschaftslehre, Methoden und Hauptströmungen, 1954) und seine Einordnung der einzelnen Forscher sind auf Kritik gestoßen. Er gliedert die Hauptströmungen und Systeme der Einzelwirtschaftslehre in:

I. Die normative Einzelwirtschaftslehre
   1. Johann Friedrich Schär
   2. Rudolf Dietrich
   3. Heinrich Nicklisch

II. Die empirisch-realistische Einzelwirtschaftslehre
   A. Die technologische Richtung
      1. Eugen Schmalenbach
      2. Friedrich Leitner
   B. Die theoretische Richtung
      1. Fritz Schmidt
      2. Wilhelm Rieger.

Eine n o r m a t i v e (besser normativistische, vgl. oben S. 68) Wissenschaft ist eine Wissenschaft, die Normen in Besinnung auf ideale Grundnormen setzt, die im Ethischen wurzeln. Sie bezieht sich natürlich auch auf die empirische Erfahrungswelt, sucht aber nicht nur festzustellen, „was ist", sondern vor allem auch, in welchem Verhältnis ein erkanntes Sein zu dem vorausgesetzten Sollen sich

bewegt, und mit der Absicht, das konkrete Sein in der Richtung der idealen
Zielsetzung hinzulenken.

Diese idealen Grundnormen brauchen keine nebulosen Ideale zu sein. So gehen
z. B. alle betriebswirtschaftlichen Untersuchungen, die die gegenwärtige Wirtschaftsordnung als sozial unvollkommen erkennen u n d glauben, sie mit
betriebswirtschaftlichen Mitteln, die zu erkennen Aufgabe der Betriebswirtschaftslehre sei, verbessern zu können, von idealen Grundnormen aus. Daher
haben viele *wissenschaftliche* Schriften über Unternehmensführung normativistischen Charakter.

Die normative Anschauung ist T o t a l i t ä t s a n s c h a u u n g , die alles
Seiende, das wesentliche, vollendete Sein (Soll-Sein) und das zufällige empirische
Sein (reale Wirklichkeit, Ist-Sein) mit umfaßt. Ihr Wollen läßt sich nach Schönpflug in drei Aufgabenkreise gliedern:

1. in die Auffindung und Festsetzung der maßgebenden Normen und Werte,

2. in die Erklärung des Geschehens im empirischen Sein, die sich

3. mit der doppelten Absicht verbindet, eine einheitliche Willensströmung in
   der Richtung des als richtig Erkannten herbeizuführen und die Mittel zur
   Verwirklichung dieses Zieles zu weisen.

Demgegenüber läßt sich der Standpunkt der e m p i r i s c h - r e a l i s t i
s c h e n R i c h t u n g folgendermaßen kennzeichnen: „Sie bestreitet die logische Möglichkeit der ersten Aufgabe und lehnt auch infolgedessen die Notwendigkeit der dritten Aufgabe ab, besonders soweit sie sich auf die Beeinflussung des Willenszieles bezieht. Ihr ganzes Erkenntnisinteresse beschränkt sich
ausschließlich auf die Erklärung des empirischen Geschehens. Erkenntnis reicht
für sie nur soweit, als die Erfahrung reicht, und als Erfahrung wird nur das
angesehen, was bewiesen werden kann, also allgemein aufzwingbar ist" (Schönpflug, a. a. O., S. 227). Die Geltung von Grundnormen und „höheren Werten"
wird keineswegs geleugnet, bestritten wird nur ihre Geltung als Erkenntnisgrundlage der Wissenschaft.

Diese empirisch-realistische Anschauung gründet sich auf den P o s i t i v i s
m u s , eine philosophische Richtung, die sich nur an das „Positive", das Gegebene halten will. Ihre Forschung und Darstellung beschränkt sich auf das
Tatsächliche, Gesicherte und Zweifelsfreie. Trotz den zahlreichen Richtungen
des Positivismus sind sich alle Positivisten darin einig, daß sich der Positivismus engstens an das Weltbild und die M e t h o d e n d e r N a t u r w i s s e n
s c h a f t anlehnen müsse. Der e i n z e l w i s s e n s c h a f t l i c h e P o s i t i
v i s m u s lehnt jede Bewertung der Ergebnisse der Forschung ab (M. Weber)
und verzichtet auf alle Verbindungen zwischen „Erkennen" und „Leben". „Die
Wissenschaft dient n u r der Wissenschaft, sie ist autonom und wertfrei" (Gerhard Lehmann). Demgegenüber behaupten die anderen philosophischen Richtungen, daß es dem menschlichen Denken unmöglich ist, in den Geisteswissenschaften jede Bewertung der Erkenntnisse bewußt völlig auszuschalten.

Zu den N o r m a t i v i s t e n d e r B e t r i e b s w i r t s c h a f t s l e h r e gehören vor allem S c h ä r , D i e t r i c h und N i c k l i s c h . Sie fanden zwar in
der Betriebswirtschaftslehre eine Reihe von z. T. bedeutenden Nachfolgern;
doch hat bisher keiner von ihnen ein „geschlossenes" „normatives System" der

Betriebswirtschaftslehre geschaffen. Die e m p i r i s c h - r e a l i s t i s c h e R i c h t u n g ist heute in der Betriebswirtschaftslehre die herrschende. Sie wurde vor allem von E u g e n S c h m a l e n b a c h begründet, obgleich auch Schmalenbach nicht zu Unrecht zur normativen Richtung gezählt wird, da er das normativistische „Gemeinwirtschaftlichkeitsprinzip" vertritt (s. unten S. 905).

Da wir hier keine systematische Geschichte der Betriebswirtschaftslehre bieten wollen und es problematisch ist, die einzelnen „Systeme" in ein Ordnungssystem zu bringen, wollen wir im folgenden einige charakteristische „Systeme", die besonders typisch für die Entwicklung der Betriebswirtschaftslehre sind, in zeitlicher Folge behandeln.

II. Wichtige „Lehrsysteme" der Betriebswirtschaftslehre

1. Johann Friedrich Schär

Das erste neuzeitliche Lehrbuch der Betriebswirtschaftslehre schrieb im Jahre 1911 Johann Friedrich Schär unter dem Titel „Allgemeine Handelsbetriebslehre".

Johann Friedrich S c h ä r , geboren in Urseln bei Bern, war in den verschiedensten Wirtschaftszweigen in leitenden Stellungen tätig, auch noch zwischendurch als er 1903 den neuerrichteten handelswissenschaftlichen Lehrstuhl an der Universität Zürich erhielt. Von 1906 bis 1919 lehrte er an der Handels-Hochschule Berlin. Er starb 1924 in Basel.

Jeden seiner Exkurse in die Praxis schloß Schär mit einer oder mehreren Monographien ab, in denen er gleichsam das empirische Material für sein Lehramt sammelte. Es sind Arbeiten über Buchhaltung, über Banken, Brauereien, über Kalkulation und Statistik im genossenschaftlichen Großbetriebe usw. Erst im Alter von 65 Jahren versuchte er systematisch zu sichten und schrieb als die „Quintessenz seines Lebens und Strebens" seine „A l l g e m e i n e H a n d e l s b e t r i e b s l e h r e" (1911). Das Buch untersucht den „ganzen kaufmännischen Betrieb in seiner gesamten Organisation im Inneren und seinen Beziehungen nach außen". Die Handelsbetriebslehre hat nach Schär eine doppelte Aufgabe: eine wissenschaftliche und eine praktische. Als W i s s e n s c h a f t ist sie seiner Ansicht nach ein Teil der Nationalökonomie, sie geht von nationalökonomischen Begriffen aus, stellt zwar den Betrieb in den Mittelpunkt ihrer Forschung, muß ihn aber immer in seinen Verflechtungen mit der gesamten Volkswirtschaft sehen. Infolge dieser ganzheitlichen und stark von der Nationalökonomie beeinflußten Betrachtungsweise lehnt Schär den wissenschaftlichen Begriff des Betriebes als einer nach G e w i n n s t r e b e n d e n Unternehmung ab. Er ist sogar der Ansicht „daß Sein oder Nichtsein der Handelsbetriebslehre als Wissenschaft ... davon abhängt, ob es gelingt, das Gewinnprinzip aus dem Handelsbegriff zu eliminieren". Damit wird Schär zum B e g r ü n d e r d e r „n o r m a t i v e n B e t r i e b s w i r t s c h a f t s l e h r e". Zweifellos unter dem Eindruck seiner langjährigen Tätigkeit im Genossenschaftswesen fordert er einen Solidarismus in der Wirtschaft, das heißt die Unternehmer müssen sich dem höheren Prinzip der Wirtschaftlichkeit der gesamten Volkswirtschaft unterwerfen. Diese sehr idealistische Forderung steht in einem gewissen Widerspruch zu der großen Fülle aufschlußreicher Analysen und wertvoller wirklichkeitsnaher Gedanken, denen das Erwerbsstreben des Betriebes zugrunde liegt. Infolgedessen gelingt es Schär nicht, ein geschlossenes System der Betriebswirtschaftslehre zu schaffen. Seine ethischen Forderungen bleiben im luftleeren Raum hängen. Doch hat das Buch nicht nur wegen seiner vielen neuen anregenden Gedanken, sondern auch wegen seiner ethischen Grundhaltung damals großes Aufsehen erregt, es ist auch heute noch durchaus lesenswert.

2. Heinrich Nicklisch

Heinrich N i c k l i s c h , geboren 1876 in Tettau (Niederschlesien), studierte an der Handels-Hochschule Leipzig und der Universität Tübingen, war von 1902 bis 1906 in der Bankpraxis, 1907 erhielt er einen Lehrauftrag von der Handels-Hochschule Leipzig. 1910 wurde er als Professor an die Handels-Hochschule Mannheim berufen, 1921 an die Wirtschaftshochschule Berlin, der er bis zu seinem Tode (1946) angehörte.

Die „Allgemeine kaufmännische Betriebslehre als Privatwirtschaftslehre des Handels (und der Industrie)" erschien bereits im Jahre 1912. Nicklisch hat jedoch sein System im Laufe der nächsten beiden Jahrzehnte ganz wesentlich umgestaltet und vervollkommnet, so insbesondere die fünfte Auflage 1922 (u. d. T. „Wirtschaftliche Betriebslehre") und die siebente Auflage 1932 (neuer Titel: „Die Betriebswirtschaft"). Wir wollen uns im folgenden nur mit dem „vollendeten System" Nicklischs beschäftigen. (Wir zitieren nach der 7. Auflage.) Über Nicklisch: Gerhard Völker, Heinrich Nicklisch, Sammlung Poeschel, Stuttgart 1961.

Gegenstand der Betriebswirtschaftslehre

Nicklisch hat vom geisteswissenschaftlichen Standpunkt aus wohl das umfassendste betriebswirtschaftliche System geschaffen. Der tragende Pfeiler dieses Systems (das *Identitätsprinzip*) ist die W i r t s c h a f t l i c h k e i t , nicht die Rentabilität. Der Gewinn ist nicht das Ziel des Produktionsprozesses, sondern die Leistung, die mittels der Wirtschaftlichkeit gemessen wird.

„Gegenstand der Betriebswirtschaftslehre ist das Leben der Einheiten der Wirtschaft, die Betriebe heißen. Dabei sind auch Haushaltwirtschaften als Betriebe angesehen..." (S. 6). Das E r k e n n t n i s o b j e k t ist der B e t r i e b s p r o z e ß , aber nicht als technisches, sondern als wirtschaftliches, d. h. bei Nicklisch als geistiges Phänomen. Das Technische wird freilich nicht ausgeschlossen, es ist die notwendige Voraussetzung des Wirtschaftlichen, das die Leistung zum Ziele hat, bestmögliche Überbrückung der Spannung zwischen dem Bedürfnis und seiner Deckung. Diese Leistung geht als „v o l k s w i r t s c h a f t l i c h e s G u t" in die Volkswirtschaft ein, stellt aber in der Volkswirtschaft einen bestimmten, unzerlegbaren Wert dar, der im Preis zum Ausdruck kommt. Die Leistung als Ergebnis des betriebswirtschaftlichen Produktionsprozesses, als „B e t r i e b s g u t", ist jedoch eine komplexe Wertgröße, deren einzelne „Teilwerte" dem Betriebsgut im Laufe des Produktionsprozesses zugewachsen sind. Der materielle Produktionsprozeß stellt sich somit als abstrakte Wertbewegung, als W e r t s c h ö p f u n g s p r o z e ß dar.

Der Gesamtprozeß zerfällt in v i e r H a u p t g l i e d p r o z e s s e : Beschaffung, Produktion im engeren Sinne, Absatz und Ertragsverteilung. Die ersten drei Glieder faßt Nicklisch zum „großen Produktionsprozeß" zusammen, dem er die „Ertragsverteilung" als gleichgewichtig gegenüberstellt (S. 506 ff.).

Diese Hauptglieder des Wertprozesses sind zugleich Träger des W e r t u m - l a u f s , der in zwei innerlich verbundene Wertumläufe zerfällt, den i n n e - r e n und den ä u ß e r e n . Der innere ist der Wertumlauf innerhalb des Be- triebes, der äußere der Wertumlauf zwischen den Betrieben. Beide bilden je- doch eine Einheit. Auf den Wertumlauf hat die „E r t r a g s v e r t e i l u n g " einen entscheidenden Einfluß. „Je höher der zur Verteilung kommende Teil des Ertrages ist, und je gerechter die Verträge die Verteilung bewirken, desto gün- stiger wird die Wirkung auf die Märkte sein, von der die Betriebe leben" (S. 509). In dieser Erkenntnis steckt zugleich die ethische Forderung nach ge- rechter Verteilung des Ertrages.

Das System Nicklischs

Auf diese Wertschöpfungslehre baut Nicklisch sein umfassendes S y s t e m der Betriebswirtschaftslehre auf. Er zeigt zunächst den „B a u d e s B e t r i e b e s", dessen Bausteine die d r e i B e t r i e b s e l e m e n t e : A r b e i t , V e r m ö - g e n und K a p i t a l sind. Das tragende Element ist die A r b e i t , deren Ord- nung zur „Betriebsgemeinschaft" führt oder doch führen soll. Das V e r m ö - g e n verkörpert die konkreten Eignungswerte, die Produktionsmittel, das K a p i t a l entspricht dem in den Betrieben konkret gegebenen und im Ver- mögen dargestellten Wertgesamt des Betriebes. „In dem Kapitalkonto der Buch- haltung jedes einzelnen Betriebes und seiner Bilanz ist sein Kapitalanteil dann, als von der Gesamtwirtschaft empfangen, verzeichnet" (S. 49).

Der „Bau des Betriebes" muß den Gesetzen der S t a t i k gehorchen, d. h. es muß ein G l e i c h g e w i c h t d e r W e r t v e r h ä l t n i s s e i m B e t r i e b e bestehen und erhalten werden. Das „große Gleichgewichtsproblem" (S. 443 ff.) zerfällt in zwei Problemkreise: in das R i s i k o p r o b l e m und das S i c h e - r u n g s p r o b l e m — nämlich Sicherung gegen Umlaufsunterbrechungen (der Erzeugung oder der Finanzen), gegen Umlaufschmälerungen (wiederum der Erzeugung oder der Finanzen) und Sicherung der Kreditfähigkeit.

Der Lehre von der Statik des Betriebes folgt die L e h r e v o n d e r K i n e - t i k (Dynamik), die sich mit dem Betriebsprozeß befaßt (S. 506 ff.). Sie bietet zwei Hauptprobleme: die Ertragserzielung und die Ertragsverteilung. Die E r t r a g s e r z i e l u n g führt zur Aufwandslehre (Kostentheorie) und zur Absatzlehre. Die E r t r a g s v e r t e i l u n g s l e h r e (S. 560 ff.) beschäftigt sich mit dem Verhältnis zwischen Lohn und Leistung, mit der Ertragsbeteiligung der Betriebsangehörigen und schließlich der Kapitalrentabilität.

Würdigung Nicklischs

Nicklisch ist der b e d e u t e n d s t e V e r t r e t e r d e r n o r m a t i v i s t i - s c h e n B e t r i e b s w i r t s c h a f t s l e h r e . Er sah im Betrieb ein geistiges Gebilde, das als Ganzheit nicht von seinen ethischen Bedingungen gelöst be- trachtet werden kann. So mündet sein System in einer O r d n u n g d e s B e - t r i e b s l e b e n s , in der der gemeinschaftzerstörende Gegensatz zwischen Arbeit und Kapital aufgehoben ist.

Die Bedeutung und die Geschlossenheit des betriebswirtschaftlichen Systems Nicklischs liegt in seiner geistig-philosophischen Fundierung. Fritz S c h ö n - p f l u g (a. a. O., S. 192—214) hat den Versuch gemacht, dieses geistig-philosophische Fundament der Nicklischschen Betriebswirtschaftslehre sichtbar zu machen. Danach entstammen dem Anschauungskreis des d e u t s c h e n I d e a - l i s m u s (Fichte, Hegel, Schelling), zu dem in einem weiteren Sinne auch noch K a n t gezählt werden muß, die fundamentalen Leit- und Grundideen der Nicklischschen Lehre: die Idee der Freiheit, die Idee der Pflicht, die Idee der Gemeinschaft. Die Idee der Pflicht gründet Nicklisch auf den kategorischen Imperativ Kants, die Idee der Freiheit und der Gemeinschaft auf die Philosophie Fichtes. Nicklisch geht aber als Sohn des „naturwissenschaftlichen Zeitalters" über den deutschen Idealismus hinaus, als er versucht, auch den „philosophischen Naturalismus" zu berücksichtigen, bzw. zu überwinden.

Seine philosophischen Anschauungen hat Nicklisch besonders dargelegt in seinem Buch: „Der Weg aufwärts! Organisation. Versuch einer Grundlegung". 2. Aufl. Stuttgart 1921.

3. Eugen Schmalenbach

Eugen Schmalenbach, geboren 1873 in Halver (Westfalen), studierte nach mehrjähriger technischer und kaufmännischer Praxis ab 1898 an der neugegründeten Handelshochschule Leipzig, war dann Assistent bei dem Nationalökonomen Karl Bücher, habilitierte sich 1903 an der Handelshochschule Köln (Arbeit: Verrechnungspreise in Großbetrieben — nur teilweise veröffentlicht), 1904 Dozent, 1906 bis 1933 und 1945 bis 1950 Professor der Privat- bzw. später der Betriebswirtschaftslehre in Köln, wo er 1955 starb. — Über Schmalenbach: Richard Bauer, Eugen Schmalenbach, Sammlung Poeschel, Stuttgart 1962.

Die wissenschaftliche Entwicklung Schmalenbachs

Die wissenschaftliche E n t w i c k l u n g S c h m a l e n b a c h s hat Schönpflug in drei Etappen geteilt (denen freilich, was auch Schönpflug zugibt, etwas Schematisches anhaftet): (1) die beschreibende, (2) die systematisierende und (3) die theoretisierende Epoche.

Die erste, „b e s c h r e i b e n d e E p o c h e" (K. Hax spricht von der „Periode des Sammelns") ist gekennzeichnet durch zahllose deskriptive Aufsätze über betriebswirtschaftliche Spezialthemen. Es ist wohl kein Zufall, daß Schmalenbach im Jahre 1906, in dem er Professor wurde, die „Zeitschrift für handelswissenschaftliche Forschung" gründete. Darin erschienen wahllos Beschreibungen von fortschrittlichen Betrieben, von Unternehmen der verschiedensten Branchen, von Buchführungsorganisationen, Handelseinrichtungen, bank- und börsentechnischen Neuerungen, des Lohn- und Beschaffungswesens, meist ausgezeichnete empirische Arbeiten, die großenteils von Schmalenbach selbst stammten.

Allmählich zeichneten sich jedoch gewisse Schwerpunkte der Forschung ab, die teils bewußt, teils unbewußt zu einer Systematisierung führten und die Etappe der „*Systematisierung*" einleiteten, etwa in der Zeit des ersten Weltkrieges. Es ist bezeichnend für Schmalenbachs Forschungsmethode, daß seine epoche-

machenden Werke ihre Keime in kleinen Aufsätzen seiner Zeitschrift haben,
die sich allmählich dann zu einer Theorie zusammenfügen. In der „t h e o r e -
t i s i e r e n d e n E p o c h e", die nach dem ersten Weltkrieg einsetzt, legt
Schmalenbach seine *„Grundlagen dynamischer Bilanzlehre"* (1919, 13. Aufl. u.
d. T.: Dynamische Bilanz, 1962) und seine *„Grundlagen der Selbstkostenrechnung und Preispolitik"* (1922, 8. Aufl. u. d. T.: Kostenrechnung und Preispolitik,
1963) vor. Mit diesen Werken, die von Auflage zu Auflage mehr und mehr ausgebaut wurden, beginnt der große Einfluß Schmalenbachs auf die Entwicklung
der Betriebswirtschaftslehre. Von nun an stehen z w e i P r o b l e m k r e i s e
im Mittelpunkt der Schmalenbachschen Forschung: *Kostenlehre* und *Gewinnproblem.*

Schmalenbachs Auffassung der Betriebswirtschaftslehre

Trotz dieser Wendung zur „Theorie" hat Schmalenbach — im Gegensatz zu
Schär und Nicklisch — kein „g e s c h l o s s e n e s S y s t e m" der Betriebswirtschaftslehre entwickelt. Das lag in seiner Forscherpersönlichkeit begründet.
Sein Denken war auf die Praxis gerichtet, mit der er auch stets engste Fühlung
hatte. Demzufolge sah er in der Betriebswirtschaftslehre stets nur eine K u n s t -
l e h r e, die auf „verwertbare Ziele hinarbeiten" muß. und er fordert: „Verlassen wir deshalb nicht das Prinzip, praktisch verwertbare Arbeit zu tun.
Resultate, die für die kaufmännische Praxis nicht brauchbar sind, sind für uns
keine Resultate ..." Eine „reine", d. h. wertfreie Theorie läßt er zwar gelten,
sieht aber in ihr „höchstens Vorstufen" der Kunstlehre.

Ihn selbst interessiert also nur die „p r a k t i s c h e Betriebswirtschaftslehre",
die natürlich auch n o r m a t i v e n C h a r a k t e r hat, wie jede „praktische
Wissenschaft". So war er zeitlebens auch von dem ethischen Postulat der „G e -
m e i n w i r t s c h a f t l i c h k e i t" durchdrungen. In der 1. Auflage der „Dynamischen Bilanzlehre" nennt er den Betrieb „Organ der Gemeinschaft", das das
„wirtschaftliche Optimum im Sinne der Gemeinschaft" zu erstreben hat. „Sinn
unserer Lehre ist lediglich zu erforschen, wie und auf welche Weise der Betrieb
seine g e m e i n w i r t s c h a f t l i c h e P r o d u k t i v i t ä t beweist." Immer
wieder weist er dem Kaufmann eine „staatswirtschaftliche Funktion" zu und
rechnet auch noch 1948 zu „den Aufgaben der Betriebswirtschaftslehre, dem
Studenten ein S t ö r u n g s g e f ü h l einzupflanzen gegenüber allen Handlungen, die privatwirtschaftlich profitlich sein mögen, gemeinwirtschaftlich aber
keine Bedeutung haben" („Pretiale Lenkung des Betriebes", 1948). Dieser Forderung wegen hat man Schmalenbach mit Recht zu den Vertretern der n o r m a -
t i v i s t i s c h e n B e t r i e b s w i r t s c h a f t s l e h r e gerechnet (z. B. Keinhorst und Linhardt).

Er hat allerdings nie die Brücke schlagen können zwischen dem privatwirtschaftlichen und dem gemeinwirtschaftlichen Nutzen, denn eine solche philosophische Spekulation lag seinem praktischen Denken nicht. So liegen trotz
seiner ethischen Postulate seine wissenschaftlichen Leistungen im e m p i -
r i s c h - r e a l i s t i s c h e n Forschungsbereich.

Schmalenbachs Kostenlehre

Die sehr intensive Beschäftigung mit den verschiedenen Verfahrensweisen der
Kostenrechnung führte Schmalenbach allmählich zu der Erkenntnis, daß die

einzelnen Kostenarten sich in einem verschiedenen Verhältnis zur Produktionsmenge verändern. Die Produktionsmenge ist infolgedessen durch einen
bestimmten Kostenfluß beeinflußbar. Mit Hilfe der Kostenrechnung und der
Preispolitik hat deshalb der Betrieb den Punkt des höchsten Optimums anzustreben. Damit hat Schmalenbach den wichtigen Begriff des B e t r i e b s -
o p t i m u m s entdeckt, das ist der optimale Beschäftigungsgrad, der dem
Betrieb bei feststehender Kapazität und veränderten Preisen einen maximalen
Gesamtnutzen bringt. Die A b h ä n g i g k e i t   d e s   K o s t e n v e r l a u f s
v o m   B e s c h ä f t i g u n g s g r a d hat Schmalenbach als erster sehr eingehend
analysiert, die K o s t e n k u r v e n entwickelt und die überragende Bedeutung
der f i x e n   K o s t e n und der G r e n z k o s t e n gezeigt. (Siehe auch oben
S. 450 ff.).

Die durch die Technisierung ständig zunehmende Konzentration der Betriebe
verschob immer stärker das V e r h ä l t n i s   z w i s c h e n   f i x e n   u n d   p r o -
p o r t i o n a l e n   K o s t e n. Daraus leitete Schmalenbach seine Theorie vom
E n d e   d e r   f r e i e n   W i r t s c h a f t ab, die er erstmals in seinem Aufsehen
erregenden Wiener Vortrag 1927 entwickelte: Die Epoche der f r e i e n Wirtschaft ist dadurch gekennzeichnet, daß die Produktionskosten im wesentlichen
p r o p o r t i o n a l waren; mit der Konzentration der Wirtschaft und der kapitalintensiven Produktionsweise wächst jedoch der Anteil der fixen Kosten
immer stärker, während der Anteil der proportionalen Kosten rapide abnimmt.
Diese „H e r r s c h a f t   d e r   f i x e n   K o s t e n" bestimmt die Gestaltung der
Produktion und macht die Betriebe immer unelastischer, sie sprengt die Grundlagen der individuellen Marktproduktion und zwingt die Produzenten, den
freien Wettbewerb möglichst auszuschalten und sich gegenseitig zu verständi-
gen. Die ständig anwachsende Konzentration nötigt dann den Staat, als Erhal-
ter, Förderer und Initiator der zentralisierten Wirtschaftsmacht immer stärker
einzugreifen.

Aus dieser Entwicklung leitete dann Schmalenbach weitere normative Aufgaben der Betriebswirtschaftslehre ab: Sie habe diese Wandlung des Wirtschaftssystems genau zu beobachten und dafür zu sorgen, daß der Übergang
von der freien Marktwirtschaft zur zentralisierten Planwirtschaft möglichst
ohne Störungen vor sich gehe.

Die Kostenrechnungslehre von Schmalenbach hatte den g r ö ß t e n   E i n -
f l u ß   a u f   W i s s e n s c h a f t   u n d   P r a x i s. So hat sie entscheidend die
LSÖ (Leitsätze für die Preisermittlung auf Grund der Selbstkosten bei Leistungen für öffentliche Auftraggeber vom 15. 11. 1938) sowie die Kostenrechnungsgrundsätze und -richtlinien (Regierungserlaß von 1939, durch die der einheitliche Aufbau des Rechnungswesens gesichert werden sollte) bestimmt. Hier ist
noch sein Werk über den „*Kontenrahmen*" (1927) zu nennen, das die Probleme
der Kontensystematik erneut aufwarf (ein erster Entwurf stammte von Schär)
und zu dem Kontenrahmenerlaß von 1937 führte, der die Buchhaltung vereinheitlichen sollte.

Von großer praktischer Bedeutung war auch sein Werk „*Finanzierungen*", das
zunächst in einem Band erschien und später zu einem dreibändigen Werk erweitert wurde: (1) „Kapital, Kredit und Zins in betriebswirtschaftlicher Be-

leuchtung" (1933, 4. Auflage 1961); (2) „Die Beteiligungsfinanzierung", 9. Auflage 1966; (3) „Die Aktiengesellschaft", 7. Auflage 1950.

Die dynamische Bilanzlehre

Der zweite Problemkreis, der im Mittelpunkt der Schmalenbachschen Forschung steht, ist die B i l a n z l e h r e. Er betrachtet als erster die Bilanz nicht mehr nur als buchhaltungstechnisches und rechtliches Problem, sondern untersuchte die Vorgänge, die in der Bilanz ihren Niederschlag finden. Da der Wert der Unternehmung durch ihre Ertragskraft bestimmt wird, gilt es, den während der *Lebensdauer* der Unternehmung erzielten T o t a l e r f o l g (Gesamteinnahmen ∕ Gesamtausgaben ∕ Kapitaleinlagen + Kapitalentnahmen) zu ermitteln, wobei die jährliche B i l a n z   n u r   d e n   Periodenerfolg d a r s t e l l t   für   n o c h   n i c h t   a b g e s c h l o s s e n e   E r f o l g s v o r g ä n g e (Ausgaben, Einnahmen, Aufwendungen, Leistungen). Die Bilanz besteht demnach nur aus transitorischen oder antizipativen Posten. Die A k t i v s e i t e   d e r   B i l a n z   enthält die „V o r l e i s t u n g e n   d e s   Betriebs", und auf der P a s s i v s e i t e   werden die „N a c h l e i s t u n g e n   d e s   Betriebes" aufgezeichnet. Die Bilanz dient lediglich der Ermittlung des wirtschaftlichen Erfolges einer Periode, des Jahresgewinns, der sich aus der Differenz von Ertrag und Aufwand ergibt. Diese sind beide von der Bewertung der Bilanzaktiven und Bilanzpassiven am Stichtag abhängig.

Die dynamische Bilanzlehre wurde bereits ausführlich behandelt (S. 777 ff.).

Pretiale Betriebslenkung

Das Alterswerk Schmalenbachs sind die zwei Bändchen „Pretiale Wirtschaftslenkung" (1947, 1948). Der Titel bedeutet soviel wie vom Preis (lat. Pretium) her erfolgende Lenkung innerbetrieblicher Vorgänge. Schmalenbach macht hier den Vorschlag, das System der Preismechanik in der freien Marktwirtschaft für die i n n e r b e t r i e b l i c h e   L e n k u n g   der Güter- und Dienstleistungen zwischen den einzelnen Betriebsabteilungen zu verwenden. Die Güter und Dienstleistungen werden gleichsam auf einem innerbetrieblichen „Markt" zu Preisen angeboten, die sich auf Grund des Wettbewerbs der Gliedbetriebe, Kostenstellen und Abteilungen um die Güter und Dienstleistungen bilden. Schmalenbach gibt bestimmte Regeln, nach denen sich die pretiale Lenkung vollziehen soll. Als Preis soll die „*optimale Geltungszahl*" gewählt werden, die in der Regel mit den Grenzkosten identisch ist. Die Betriebsorganisation soll dann durch den innerbetrieblichen Wirtschaftlichkeits-Wettbewerb der einzelnen Abteilungen hergestellt und aufeinander abgestimmt werden.

Die Kölner Schule

Die praktische Einstellung Schmalenbachs, die zu dem großen Erfolg seiner Lehre führte, sowie die hohen Anforderungen, die er an Mitarbeiter und Studenten stellte, verschafften der Kölner Universität einen sehr hohen Ruf. Um Schmalenbach sammelte sich eine Reihe junger Forscher, die seine Lehre selbständig weiterentwickelten, so daß man von einer „Kölner Schule" spricht. Zu ihr gehörtem vor allem Ernst W a l b (s. oben S. 800 f.), Walter M a h l b e r g, Erwin G e l d m a c h e r und Theodor B e s t e.

4. Fritz Schmidt

Fritz Schmidt, geboren 1882 in Wahrenbrück bei Halle, studierte in Leipzig und war von 1914 bis 1950 Professor an der Universität Frankfurt. Er starb 1950 in Oberursel.

Im Gegensatz zu Schmalenbach sieht Schmidt in der Betriebswirtschaftslehre eine t h e o r e t i s c h e   W i s s e n s c h a f t , nicht eine Kunstlehre, und er hat eines der in sich geschlossensten Systeme der Betriebswirtschaftslehre entwikkelt, das von einer bestechenden Logik ist. Er betrachtet nicht wie seine Vorgänger den B e t r i e b als ein selbständiges Gebilde, sondern als G l i e d d e r M a r k t w i r t s c h a f t . Man hat deshalb Schmidt gelegentlich zu Unrecht eine nationalökonomische Auffassung unterstellt.

Wir können in Schmidts w i s s e n s c h a f t l i c h e r   E n t w i c k l u n g drei Phasen unterscheiden: (1) die beschreibende Forschung — ähnlich wie bei Schmalenbach — (1907—1918), (2) die Entwicklung der organischen Bilanzlehre (1918—1936) und (3) den Ausbau der organischen Bilanzlehre zur organischen Theorie der Betriebswirtschaft (1936—1950).

In der e r s t e n   E t a p p e entstanden eine Reihe bedeutender empirischer Werke, insbesondere über das Börsenwesen und die Bankwirtschaft, so die beiden Bücher „Der bargeldlose Zahlungsverkehr in Deutschland" (1917) und „Der internationale Zahlungsverkehr" (1920). Seine Habilitationsschrift behandelte „Liquidation und Prolongation im Effektenhandel" (1912).

Die organische Bilanzlehre

Die organische Bilanzlehre, die Schmidt in der zweiten Etappe seiner wissenschaftlichen Entwicklung begründete und ausbaute, verdankt ihre Entstehung der Inflation und der Diskussion um die Einwirkungen der Währungszerrüttung auf das Rechnungswesen, insbesondere die Bilanz. Schmidt verlangt, um die Verfälschung der Bilanzzahlen durch Geldwertänderungen auszuschalten, die Bewertung zum Wiederbeschaffungspreis, und zwar in der stark beachteten Schrift „Die organische Bilanz im Rahmen der Wirtschaft" (1921). Die Lehre wurde in jener Zeit von der bedrängten Praxis lebhaft begrüßt, von der Wissenschaft (insbesondere Schmalenbach und Rieger) scharf abgelehnt. In der Folgezeit, als sich die Verhältnisse normalisierten, geriet sie in der Praxis in Vergessenheit, während sie in der Wissenschaft zunehmend an Anerkennung und Einfluß gewann und bis zum heutigen Tage immer wieder in den Diskussionen erscheint.

Schmidt geht davon aus, daß alle von der Konjunkturbewegung (Geldwertänderungen) verursachten Gewinne bzw. Verluste sowohl die bilanzmäßigen Bestände wie auch die Erfolge verfälschen. Deshalb müssen die realen Anlagewerte zum Reproduktionswert des Bilanztages, die realen Umsatzwerte zum Wiederbeschaffungswert am Bilanztag erfaßt werden. Die Differenz zwischen Wiederbeschaffungswert und Anschaffungswert, die *Wertänderung am ruhenden Vermögen*, wird in dem „Konto für Vermögenswertänderungen" erfaßt, das als Gegenkonto der betreffenden Aktivkonten erscheint und ein Unterkonto des Eigenkapitalkontos ist. Stille Reserven widersprechen dem Tageswertprinzip und sind unzulässig, eine Forderung, die das AktG 1965 erfüllt hat.

Oberster Grundsatz dieser Tageswertrechnung ist also die Betriebserhaltung in ihrem realen Zustand, die „R e l a t i v e   E r h a l t u n g   d e s   B e t r i e b e s". Werden die Wertänderungen am ruhenden Vermögen nicht beachtet, entstehen bei Preissteigerungen am Beschaffungsmarkt Scheingewinne, da die eingekaufte Ware noch zum alten Preis bewertet wird. Im umgekehrten Falle entstehen Scheinverluste. (Näheres siehe oben S. 783 ff.)

Die Industriekonjunktur — ein Rechenfehler

Derartige Fehlrechnungen haben nach Schmidt einen entscheidenden Einfluß auf den Konjunkturverlauf: „Die Industriekonjunktur — ein Rechenfehler" (1927). Denn in Zeiten steigender Preise rechnen die Unternehmer die Wertsteigerungen auf die Kostenteile zwischen Anschaffungs- und Umsatztag als Gewinn und damit als Einkommen, wandeln also Volksvermögen in Einkommen um und erhöhen dadurch die verfügbare Kaufkraft derart, daß aus ihr übermäßige Nachfrage nach Gütern herauswächst, die neue Preissteigerungen bedingt — „eine Schraube ohne Ende". In der Krise wird die infolge übermäßiger Ausdehnung der Betriebe eintretende Preissenkung durch die Verrechnung von Scheinkosten als Scheinvermögensersatz vom Erlös gekürzt. Die Gewinne und die Einkommen gehen so stark zurück, daß eine deflationistische Entwicklung eingeleitet wird. (Siehe auch oben S. 788 f.)

Die organische Theorie der Betriebswirtschaft

Die organische Bilanzlehre sieht in den Betrieben die Organe des gesamtwirtschaftlichen Organismus. Zwischen den einzelnen Organen und dem Gesamtorganismus bestehen Wechselwirkungen. Der Marktwert, der sich in der Gesamtwirtschaft bildet, beeinflußt mit seinen Schwankungen unmittelbar und dauernd die Vermögenswerte und Erfolge der Unternehmung. Die Unternehmung, die eingelagert ist zwischen Beschaffungs- und Absatzmarkt, kann auf die Dauer nur bestehen, wenn sie die Werte, die sie aus dem Beschaffungsmarkt erhält, in ihrer   r e l a t i v e n   H ö h e   in dem auf dem Absatzmarkt erzielten Preis des Umsatzgutes wieder ersetzt erhält.

Umgekehrt ist der Gesamtorganismus der Volkswirtschaft von dem Verhalten der Organe, den Unternehmungen, abhängig, die durch falsche Bewertung den Gesamtorganismus beeinflussen können. Schmidts organische Bilanzlehre ist damit die erste systematische   A n a l y s e   d e r   V e r h a l t e n s w e i s e n   der planenden Unternehmungen, eine Forschungsmethode, die später mehr und mehr in den Mittelpunkt der Wirtschaftstheorie rückt. So sind die drei grundlegenden psychologischen Faktoren (Liquiditätsvorsorge, Investitionsneigung, Hang zur Konsumtion), die nach der „General Theory of Employment" von Keynes (1936) den Wirtschaftsverlauf bestimmen, verwandt mit den Faktoren, auf die Schmidt in seiner Lehre von 1922 den Konjunkturverlauf zurückführte.

Diese dynamisch-organische Betrachtungsweise legt die Konstruktion eines K r e i s l a u f m o d e l l s   nahe, das Schmidt in seinen Grundzügen bereits 1923 in die betriebswirtschaftliche Theorie einführte und das er später weiter ausbaute, zuletzt in seiner großen posthumen Arbeit, die sein Lebenswerk krönt: „Allgemeine Betriebswirtschaftslehre" (in Handelshochschule 1950—zit. HaHo.) Er glaubt, „daß die Erkenntnis des Kreislaufs noch etwas weiter führt als die des freien Marktes", und er sucht „aus den Tatsachen des Kreislaufs allgemeingültige Grundsätze des Betriebsgeschehens und der Betriebsführung abzuleiten" (HaHo. S. 4).

Das **Kreislaufmodell** Schmidts hat „d r e i   S t a t i o n e n": die P e r s o n a l -
w i r t s c h a f t, die K a p i t a l w i r t s c h a f t und die U m s a t z w i r t -
s c h a f t. Personal- und Kapitalwirtschaft sind zusammen die Bestandswirtschaft. Die Umsatzwirtschaft ist die eigentliche Betriebswirtschaft. Der Kreislauf kann sowohl beim Einzelbetrieb wie bei den Betrieben ganzer Wirtschaftszweige oder den Betrieben der Gesamtwirtschaft beobachtet werden. Er besteht aus zwei gegenläufigen Strömen: dem G ü t e r s t r o m und dem G e l d -
s t r o m. Den Gütereingängen auf jeder Station entsprechen gleiche Geldausgänge und den Güterausgängen gleiche Geldeingänge. Doch ist das G e l d nur universales Tauschmittel und Transportmittel für Einkommen. „Es ist nur Ausdruck großer Oberflächlichkeit im wirtschaftlichen Denken, wenn gerade das kapitalistische Zeitalter seine Urteile einseitig auf den Erscheinungen des Geldkreislaufs aufbaute, wobei man sich vielfach vom Geldschleier täuschen ließ" (HaHo. S. 34). Sofern das Geld seinen n e u t r a l e n Charakter als reines Tauschmittel bewahrt, ist e n t s c h e i d e n d   f ü r   W i r t s c h a f t   u n d   B e -
t r i e b   n u r   d i e   G ü t e r s e i t e.

Die Bewegungen auf den einzelnen Stationen lassen sich kontenmäßig darstellen, wobei Vermögens- und Personalwirtschaft die Beständebilanz ergeben, die Umsatzwirtschaft die Erfolgsbilanz. Auf der güterwirtschaftlichen Eingangsseite der U m s a t z w i r t s c h a f t finden wir die Aufwendungen von produktiven Kräften des Vermögens und der Menschen (einschl. Unternehmerlohn). Die Ausgangsseite zeigt die Ergebnisse des Umsatzprozesses: die Fertiggüter und die Dienste, die entweder für Kapitalerhaltung oder Kapitalerweiterung an die Vermögenswirtschaft oder als Konsumgüter an die Personalwirtschaft gehen. In der bilanzmäßigen Darstellung finden wir auf der Gütereingangsseite, gleichsam als Negativposten, einen Geldausgang für Zins, Dividende, Gewinn und Pacht an Kapitalbesitzer.

Im Bereich der V e r m ö g e n s w i r t s c h a f t herrschen die Grundsätze der Vermögenserhaltung und der Wirtschaftsharmonie weitaus vor. Jeder Erfolg wird auch im Augenblick seines Entstehens zugleich Vermögen. Alles, was vor dem Augenblick des Umsatzes schon Vermögen war, kann dagegen nicht Erfolg durch Umsatz sein. Aufbau kann nur vorliegen, wenn die produktive Vermögensmasse eines Betriebes oder einer Volkswirtschaft real vermehrt worden ist. Der Grundsatz der V e r m ö g e n s e r h a l t u n g bezieht sich deshalb immer auf die G ü t e r w e l t. In der kontenmäßigen Darstellung finden wir die Gegenposten der Konten der Umsatzwirtschaft und der Personalwirtschaft: auf der Gütereingangsseite die Posten: Güter als (1) Ersatz der Anlagen in Höhe der Abnutzung, (2) Ersatz der Umlaufgüter, (3) Güter für die Erweiterung. Auf der Güterausgangsseite: Güter für Kapitalnutzung und Verbrauch, ferner als Negativposten Geldeingang aus Sparanlage für Betriebserweiterung.

In der modernen Wirtschaft gibt der Mensch seine Leistung an die Umsatzwirtschaft gegen einen Anteil an den Erzeugnissen ab. Nach der betriebswirtschaftlichen Auffassung ist der Lohn nach der Leistung zu bemessen. In der kontenmäßigen Darstellung der P e r s o n a l w i r t s c h a f t finden wir fast nur Beziehungen zur Umsatzwirtschaft, und zwar auf der Gütereingangsseite: Verbrauchsgüter für Personalerhaltung und Personalersatz (Nachwuchs und Zuwachs). Auf der Güterausgangsseite: Arbeitsleistungen jeder Art, ferner als Negativposten Geldeingang für Löhne, Zins, Dividende als Entgelt für Kapitalbesitzer. Die Personalwirtschaft hat zu der Vermögenswirtschaft nur eine Beziehung: Sie gibt Geld als S p a r a n l a g e für Betriebserweiterungen hin. Da dieser Posten den Gütereingang der Personalwirtschaft vermindert, finden wir ihn als Negativposten auf der Gütereingangsseite der Personalwirtschaft.

Im ganzen besteht für den Güterstrom eine dauernde Gleichheit zwischen dem Wert der produktiven Leistungen von Mensch und Kapital einerseits und der durch die Leistungen erzielten Produkte andererseits.

Würdigung der organischen Theorie

Schmidt entwickelte die betriebswirtschaftlichen Probleme aus der gesamtwirtschaftlichen Situation. Durch die Einbeziehung der Theorie der Marktwirtschaft in die Betriebswirtschaftslehre hat er viele neue Zusammenhänge zwischen Betrieb und Markt aufgedeckt und die Entwicklung der Betriebswirtschaftslehre stark beeinflußt. Die Lehre von der r e l a t i v e n E r h a l t u n g d e r B e t r i e b e wird heute wohl überwiegend als g r u n d s ä t z l i c h richtig anerkannt. Auch wird im allgemeinen nicht bezweifelt, daß bei stärkerer Geldentwertung die nominale Geldrechnung einen schädigenden Einfluß auf die Konjunkturentwicklung ausüben kann. Die Erkenntnis, daß „Scheingewinne" und „Scheinverluste" durch falsche Rechnung entstehen können, ist Allgemeingut der Wissenschaft geworden. Doch wird die These, daß die Ursache der Konjunkturbewegungen durchweg auf einem Fehler der Unternehmensrechnung beruhen, heute im allgemeinen als zu weitgehend verworfen. Man sieht den logischen Fehler dieser These darin, daß eine Preissteigerung *zunächst* nicht die Ursache einer falschen Rechnung ist, sondern ihr vorausgeht. Die Preissteigerung kann also durch die Tageswertrechnung nicht *generell* verhindert werden. So wird heute im allgemeinen die Ansicht vertreten, daß in Zeiten relativ stabilen Geldwertes die Tageswertrechnung in der Finanzbuchhaltung nicht angewandt zu werden braucht. Doch hat sich in der Praxis eine nach Schmidts Grundsätzen ausgebildete Betriebsbuchhaltung als Grundlage der Unternehmensentscheidungen vollständig durchgesetzt.

5. Die Privatwirtschaftslehre Wilhelm Riegers

Wilhelm Rieger, geboren 1878 in Saarburg, studierte nach mehrjähriger Praxis in Straßburg, wo er sich auch habilitierte. 1919 wurde Rieger Professor an der neugegründeten Handelshochschule Nürnberg, 1928 Professor an der Universität Tübingen, wo er 1947 emeritiert wurde. Er starb 1971 im 93. Lebensjahr in Stuttgart. Sein grundlegendes Werk ist die „Einführung in die Privatwirtschaftslehre" von 1927 (3. unveränderte Auflage 1964). — Über Rieger: Johannes Fettel, Wilhelm Rieger, Sammlung Poeschel, Stuttgart 1969.

Das Objekt der Privatwirtschaftslehre Riegers

Rieger geht in diesem Werk von der Volkswirtschaft aus, die sich zu der „k a p i t a l i s t i s c h e n G e l d a u s t a u s c h w i r t s c h a f t" entwickelt hat. Objekt der Privatwirtschaftslehre ist die p r i v a t e oder E i n z e l w i r t -

s c h a f t dieser kapitalistischen Geldaustauschwirtschaft, und zwar sowohl die Erwerbs- wie auch die Verbrauchswirtschaft. „Aus mannigfachen Gründen wird sich freilich eine getrennte Behandlung empfehlen; denn beide Gebilde sind völlig verschieden gestaltet". Rieger beschränkt sich in seinem Buch auf die k a p i t a l i s t i s c h e U n t e r n e h m u n g, „die als Träger und Exponent der Geldwirtschaft und des Kapitalismus entstanden" ist. Eine E r w e r b s - w i r t s c h a f t ist „eine geschlossene wirtschaftliche Einheit, die zum Zwecke des Gelderwerbs für ihre Rechnung und Gefahr Güter herstellt oder vertreibt, oder die sich in der gleichen Absicht in einem Hilfsgewerbe betätigt. Sie muß auf reine Geldrechnung abgestellt sein". Dazu gehören freilich auch die klein-gewerblichen Betriebe, selbständige Handwerker usw., die Rieger aber aus-drücklich ausklammert, „wir wollen ja das neue Phänomen charakterisieren", nämlich die kapitalistische Unternehmung.

Das wichtigste Kriterium der Unternehmung ist das G e w i n n p r i n z i p : „Wenn wir ... von einem Zweck der Unternehmung reden, so kann es nur einer sein, Gewinn zu erzielen, und zwar für den Unternehmer" (S. 157). „Wer dem Unternehmer das Gewinnprinzip als Leitmotiv nimmt, macht ihn steuerlos; er hat in unserer Wirtschaft keinen anderen Maßstab wie die Richtigkeit und Zweckmäßigkeit seines Handelns". Das Gewinnprinzip bedingt auch das R i s i k o , ein weiteres Kriterium der Unternehmung. „In dem Augenblick, in dem wir zu einer Wirtschaftsform gelangen, die ein risikofreies Wirtschaften zuläßt, hat die Unternehmung aufgehört zu sein".

Als irreführend bezeichnet es Rieger, „von der Versorgung des Marktes als Zweck der Unternehmung zu sprechen". „Man ist versucht, zu sagen: Die Unternehmung kann es leider nicht verhindern, daß sie im Verfolg ihres Stre-bens nach Gewinn den Markt versorgen muß".

Riegers Kritik an der Betriebswirtschaftslehre

Die „Betriebswirtschaftslehre" als Wissenschaft lehnt Rieger ab, weil ihr das eigentliche Objekt fehle. Rieger behauptet, „daß B e t r i e b e an sich über-haupt k e i n e w i r t s c h a f t e n d e n G r ö ß e n sind, daß sie im eigentlichen Sinne gar nicht wirtschaften. Vielmehr wird mit ihnen gewirtschaftet: sie sind Objekt, aber nicht Subjekt irgendeiner Wirtschaft. Sie sind r e i n t e c h n i - s c h e I n s t i t u t i o n e n und bedürfen erst einer übergeordneten Instanz, einer w i r t s c h a f t l i c h e n I d e e , der sie eingegliedert werden müssen, damit man sie als Wirtschaftseinheiten ansprechen kann."

W a s a b e r i s t „W i r t s c h a f t e n"? Rieger wirft den Anhängern der Be-triebswirtschaftslehre vor, sie verstünden darunter „das technische Tun, das Produzieren, den praktischen Verzehr von Stoffen und Kräften." Nach Rieger ist in unserem Wirtschaftssystem der Begriff „Wirtschaft" ein Begriff der „kapitalistischen Geldaustauschwirtschaft". „Alles Wirtschaften muß in Geld ausmünden." Begriffe wie Produktivität und Wirtschaftlichkeit streicht Rieger aus dem Vokabular der Privatwirtschaftslehre. Für die Unternehmung gilt ein-zig und allein die R e n t a b i l i t ä t . Produktivität und Wirtschaftlichkeit (ökonomisches Mittel) gelten nur für den technischen Betrieb. Die Fachwissen-schaft hat eben nicht scharf zwischen Wirtschaft und Technik, zwischen Betrieb und Unternehmung unterschieden.

Das System der Privatwirtschaftslehre

Alles Wirtschaften spielt sich im G e l d u m w a n d l u n g s p r o z e ß ab. Am Anfang der Unternehmung steht das Geld, am Schluß der Unternehmung angelangt, steht wiederum das Geld. „Das Gemeinsame bei allen Unternehmungen, seien sie technisch noch so verschieden, ist immer der Geldumwandlungsprozeß", und zwar soll die Geldsumme am Ende der Unternehmung größer sein als zu Beginn. *Die Probleme der Privatwirtschaftslehre sind also ausschließlich Probleme dieses Geldumwandlungsprozesses.*

Während sich Rieger im ersten Teil seines Werkes mit den grundlegenden Fragen der Privatwirtschaftslehre und der Unternehmung (Wesen und Arten u. a.) beschäftigt, untersucht er im zweiten Teil die Probleme des Geldumwandlungsprozesses. Diese sind natürlich infolge des Erkenntnisobjektes sehr begrenzt. Rieger macht selbst darauf aufmerksam: „Es ist schon wiederholt gesagt worden, daß hier nur das Allgemeingültige in der Unternehmung behandelt werden kann, das sind die Fragen des f i n a n z i e l l e n A u f b a u s , der K a p i t a l b e s c h a f f u n g , im weiteren auch solche der V e r r e c h n u n g , also der B u c h h a l t u n g und der B i l a n z , der L i q u i d i t ä t u.a.m. ... U n s e r e G e d a n k e n k r e i s e n a u s s c h l i e ß l i c h u m A u f w e n d u n g e n u n d E r t r ä g e , und der Betrieb stellt sich uns lediglich dar als eine Einrichtung, die Geld verbraucht, um Geld zu erzeugen." — Über Riegers *„nominalistische Bilanzauffassung"* s. oben S. 801 f.

Würdigung der Privatwirtschaftslehre Riegers

Riegers Privatwirtschaftslehre ist unbestritten eine in sich g e s c h l o s s e n e T h e o r i e d e r k a p i t a l i s t i s c h e n U n t e r n e h m u n g , ein System von bestechender Konsequenz. Das s y s t e m b i l d e n d e P r i n z i p dieser Theorie ist das Gewinnstreben der Unternehmung, das E r k e n n t n i s o b j e k t der Geldumwandlungsprozeß innerhalb der Unternehmung. Alle Probleme, die außerhalb dieses Geldumwandlungsprozesses stehen, dürfen nach Rieger keinen Eingang in die Privatwirtschaftslehre finden.

Eine Kritik, die Rieger vorwirft, er habe nur ein Teilgebiet der Betriebswirtschaftslehre behandelt, nämlich „die Unternehmung des Hochkapitalismus", und diese auch nur einseitig unter dem Aspekt des Gewinnstrebens, schießt am Ziel vorbei. Denn Rieger wollte ja gar nichts anderes, und das, was er wollte, hat er erreicht: Er hat eine geschlossene Theorie der kapitalistischen Unternehmung entwickelt.

Bessere Argumente haben die Einwände, die sich gegen die Ablehnung der „Betriebswirtschaftslehre" durch Rieger wenden, soweit sie sich mit Problemen beschäftigt, die über seine Privatwirtschaftslehre hinausgehen. So hat bereits bei Erscheinen des Riegerschen Buches Alfred I s a a c in einer Besprechung (ZfB 1928, S. 297) betont, die Privatwirtschaftslehre Riegers könne nicht der Betriebswirtschaftslehre antithetisch gegenübergestellt werden, sie sei vielmehr ein Teil der Betriebswirtschaftslehre, eben die Lehre von der kapitalistischen Unternehmung.

Weiterhin wenden die Gegner Riegers ein, Rieger ginge zwar bewußt und konsequent von dem Wirtschaftssystem des Hochkapitalismus aus, aber diesen Hochkapitalismus gäbe es gar nicht mehr (diese Meinung dürfte heute überwiegen). Die Betriebswirtschaftslehre Riegers habe deshalb nur noch eine sehr beschränkte Gültigkeit. Aus dem gleichen Grunde wird die These Riegers vielfach abgelehnt, daß die R e n t a b i l i t ä t das einzige Gestaltungsprinzip der Unternehmung sei und sich der Wirtschaftsablauf innerhalb der Unternehmung im Geldumwandlungsprozeß erschöpfe. Die Begriffe Wirtschaftlichkeit und Produktivität sind aus der Betriebswirtschaftslehre nicht mehr fortzudenken. Auch der B e t r i e b als t e c h n i s c h e K a t e g o r i e wirft wirtschaftliche Probleme auf, die heute sogar in zunehmendem Maße eine Rolle spielen. Um die Produktion, die Rieger ganz ausklammern will, hat sich eine eigene wirtschaftliche Theorie gebildet.

6. Konrad Mellerowicz

Konrad Mellerowicz, geboren 1891 in Jersitz bei Posen, studierte an der Handelshochschule Berlin; 1921 kaufmännische Diplomprüfung; 1923 Promotion an der Universität Hamburg; 1926 Habilitation an der Wirtschaftshochschule Berlin; 1934 bis 1950 Professor an der Wirtschaftshochschule Berlin; seit 1950 Professor an der Technischen Universität Berlin.

Mellerowicz schrieb eine Reihe grundlegender betriebswirtschaftlicher Werke, die heute zu den Standardwerken der Betriebswirtschaftslehre gerechnet werden können, so über Kosten und Kostenrechnung (3 Bände 5. Aufl. 1973), Wert und Wertung (1951), Betriebswirtschaftslehre der Industrie (2 Bände 6. Aufl. 1968), Planung und Plankostenrechnung (2 Bände 3. Aufl. 1974), Unternehmenspolitik (3 Bände, 2. Aufl. 1963/65) u. a. Sie finden ihren *theoretischen* Abschluß in der „Allgemeinen Betriebswirtschaftslehre", die zunächst (1929) in einem Bändchen (Sammlung Göschen) in gedrängter Form eine Einführung bot, mittlerweile aber auf fünf Doppelbände (12. und 14. Aufl. 1968/73) angewachsen ist und ein umfassendes theoretisches System der Betriebswirtschaftslehre bietet. — Über Mellerowicz: Horst Schwarz, Konrad Mellerowicz, seine Lehre, Sammlung Poeschel, Stuttgart 1965.

Das theoretische System Mellerowiczs

Das W i r t s c h a f t e n ist nach Mellerowicz immer ein A b w ä g e n und W ä h l e n , ein V e r g l e i c h e n u n d B e w e r t e n. Dieses wertende Wählen beim Einsatz der verfügbaren Mittel und der Vollzug der Entscheidung, nämlich die Erzeugung der Güter und ihre Weiterleitung an den Verbraucher, geht nur in Betrieben vor sich, a u ß e r h a l b d e r B e t r i e b e g i b t e s k e i n e W i r t s c h a f t. Der Betrieb ist „organisierte Werkverrichtung" (Sombart); es gibt daher soviel Arten der Betriebe, wie es Zwecke dauernder Werkverrichtung gibt: Wirtschafts-, öffentliche, Verwaltungs-, Schul-, private Haushaltsbetriebe usw.

Das Z i e l d e s B e t r i e b e s ist in den einzelnen Wirtschaftssystemen verschieden, doch ist in allen Wirtschaftssystemen das Mittel zur Erreichung dieses Zieles dasselbe: die g r ö ß t e W i r t s c h a f t l i c h k e i t. Das bedeutet etwas Doppeltes: größten Wirkungsgrad der Technik und zweckmäßigsten Einsatz der Mittel, also beste Zweckwahl.

D e r B e t r i e b ist s o w o h l O r g a n i s m u s als a u c h O r g a n d e r G e s a m t w i r t s c h a f t. Diejenige Richtung der Betriebswirtschaftslehre, die

den Betrieb ausschließlich als Organismus behandelt, ohne seine gesamtwirtschaftliche Bedeutung zu würdigen, finden wir einmal in den Anfangsstadien
der modernen Betriebswirtschaftslehre (so bei dem jungen Schmalenbach und
Mahlberg) und zum anderen bei Wilhelm R i e g e r , der „sich bewußt auf die
Seite ausschließlich betriebs-, und zwar rein unternehmungsorientierter Betrachtungsweise stellt, ohne gesamtwirtschaftliche oder gar soziale Aspekte"
zu berücksichtigen. Nach Mellerowicz ist eine solche Betrachtungsweise nur in
einer Zeit gerechtfertigt, in der sich der Wirtschaftsprozeß in der Gesamtwirtschaft ohne allzu große Störungen und staatliche Lenkung vollzog.

Die „*Idee des betriebswirtschaftlichen Organismus* als eines einheitlichen Sinnzusammenhangs" von der obersten Aufgabe bis hinunter zu den letzten Teilaufgaben konkretisiert sich räumlich und personell in der b e t r i e b l i c h e n
O r g a n i s a t i o n . Zum andern schlägt sich diese Idee wirtschaftlich im
b e t r i e b l i c h e n W e r t s y s t e m nieder, „durch das die Rationalität der
betrieblichen Funktionserfüllung eindeutig determiniert wird". Der betriebliche Organismus ist also gekennzeichnet: 1. durch die Selbständigkeit des betrieblichen Wertsystems, das dem Betrieb ein rationales Handeln ermöglichen
soll, und 2. die Funktionen, die der Betrieb als Organismus zu erfüllen hat.

Der Betrieb muß nach Mellerowicz aber auch als *Organ der Gesamtwirtschaft*
betrachtet werden. Typisch für diese Betrachtungsweise sind nach Mellerowicz
J. F. Schär, Heinrich Nicklisch und Fritz Schmidt. Diese Betrachtungsweise
erhellt erst das Problem der E i n o r d n u n g d e s B e t r i e b e s i n d i e
G e s a m t w i r t s c h a f t . Daß man diesem Problem bisher so wenig Beachtung
schenkte, liegt nach Mellerowicz daran, „daß der Betriebswirtschaftslehre der
hierzu notwendige methodische Ausgangspunkt fehlte, nämlich die Betrachtung
des Betriebes als Organismus u n d als Organ der Gesamtwirtschaft". Die
Organfunktion des Betriebes besteht in der Abstimmung des Betriebsprozesses
in sozialer und wirtschaftlicher Hinsicht mit den Belangen der Gesamtwirtschaft.

Für die Gestaltung der Betriebswirtschaft ist die *Wirtschaftsordnung* von ausschlaggebender Bedeutung. In der t o t a l e n P l a n w i r t s c h a f t soll der
Betrieb nur noch Organ sein und seine Organismuseigenschaften verlieren; nach
der streng l i b e r a l i s t i s c h e n A u f f a s s u n g ist er nur Organismus und
nicht mehr Organ. Beide Lehren lassen sich in der Praxis jedoch nicht verwirklichen, in den Wirtschaftsordnungen des „m i t t l e r e n W e g e s" zwischen
diesen beiden Extremen (soziale Marktwirtschaft, sozialer Liberalismus usw.).
ist der Betrieb stets Organismus u n d Organ zugleich. Die Untersuchung des
Betriebes in den verschiedenen Wirtschaftsordnungen führt zu einer L e h r e
v o n d e n B e t r i e b s s t i l e n .

Aufgabe und Gliederung der Betriebswirtschaftslehre

Die Betriebswirtschaftslehre kann daher nur vom Ganzen her, in das der Betrieb eingebettet ist, sinnvoll gestaltet werden. Den S t a n d o r t d e s B e -
t r i e b e s i n d e m G e s a m t z u s a m m e n h a n g f e s t z u s t e l l e n und
aus der Erkenntnis des Gesamtzusammenhanges heraus d e n B e t r i e b m i t
d e m g a n z e n L e b e n i n i h m s i n n v o l l z u g e s t a l t e n, das ist Sinn
und Aufgabe der Betriebswirtschaftslehre.

Die Betriebswirtschaftslehre **zerfällt** in T h e o r i e , P o l i t i k und T e c h -
n i k , die zusammen ein geschlossenes System bilden.

Aufgabe der **Theorie** ist es nach Mellerowicz, Zusammenhänge und Abhängigkeiten der Wirklichkeit zu erkennen und systematisch zu ordnen, um der Betriebspolitik N o r m e n als Maßstab für ihr Handeln zu geben. Diese Normen
ergeben sich zwangsläufig aus dem Erkenntnisobjekt, dem Betriebe als wirtschaftlicher und sozialer Einheit. In w i r t s c h a f t l i c h e r Hinsicht gibt es
für die Theorie nur eine Norm, die *Wirtschaftlichkeit*, sie ist ein objektiver,
zahlenmäßig ausweisbarer Maßstab. In s o z i a l e r Hinsicht gilt als Norm zur
Beurteilung der sozialen Sphäre des Betriebes der *Sozialleistungsgrad*. Beide
gelten in allen Wirtschaftsordnungen. Die betriebswirtschaftliche Theorie zerfällt vor allem in zwei Hauptgruppen: Probleme des Betriebsaufbaus (M o r -
p h o l o g i e) und Probleme des Betriebsablaufs (K a t a l l a k t i k).

Die **Unternehmenspolitik** oder die p r a k t i s c h e B e t r i e b s w i r t -
s c h a f t s l e h r e hat 1. V e r f a h r e n s r e g e l n zu entwickeln, die der richtigen Arbeitsdurchführung dienen, und 2. V e r h a l t e n s r e g e l n aufzustellen, die zu richtigen betrieblichen Entscheidungen führen sollen. Dabei gibt es
entsprechend der zwei Sphären des Betriebes eine k a u f m ä n n i s c h e
B e t r i e b s p o l i t i k und eine s o z i a l e B e t r i e b s p o l i t i k . Letztes Ziel
der Betriebspolitik als Wissenschaft ist die Aufstellung wissenschaftlich begründeter R e g e l n für alle innerhalb der betrieblichen Funktion zu treffenden
Entscheidungen. Ihre Teilgebiete sind: 1. Finanzierungs- und Investitionspolitik,
2. Einkaufs- und Lagerpolitik, 3. Produktions- und Kostenpolitik, 4. Vertriebs-
und Preispolitik, 5. Bilanz-, Gewinn-, Dividenden- und Steuerpolitik und
6. betriebliche Sozialpolitik.

Die **betriebswirtschaftliche Technik** befaßt sich mit der Technik der Buchhaltung und Bilanzgestaltung, wirtschaftlichem Rechnen, Technik der Betriebsabrechnung und Kalkulation, Statistik, Technik der Planung und Plankostenrechnung, Organisationstechnik usw.

Die betriebswirtschaftliche Denkweise

Die Betriebswirtschaftslehre ist durch eine ihr eigentümliche D e n k w e i s e
gekennzeichnet; es ist eine dreifache: 1. eine kalkulatorische, 2. eine organisatorische (konstruktive) und 3. eine gemeinwirtschaftliche.

Kalkulatorisch denken heißt, in Wirtschaftlichkeit denken, es ist ein dauerndes
Feststellen und Vergleichen von Kosten und Leistung, Aufwand und Ertrag.
Die *organisatorische Denkweise* ist konstruktiv und bezweckt, für eine Aufgabe
den besten Arbeitsablauf zu finden; sie ist eine Denkweise in Arbeitsabläufen,
im Einsetzen von Menschen, Maschinen und sonstigen Organisationsmitteln, um
für die Durchführung von Aufgaben beste Wege zu finden. *Gemeinwirtschaft-*
lich denken heißt, „bei allen Betriebshandlungen und Planungen zuerst an die
Gesamtheit und dann erst an den eigenen Betrieb denken, so daß im Betriebe
nicht betriebsegoistische, sondern gemeinschaftsgebundene Denkweise herrscht
und nicht maximale Rentabilität, sondern ‚gemeinwirtschaftliche Produktivität'
für alle Wertungen und Planungen maßgebend ist".

Diese *gemeinwirtschaftliche Denkweise* ist s o z i a l e t h i s c h ausgerichtet
und führt zu einer normativistischen Betriebswirtschaftslehre. Mellerowicz hat

allerdings an anderer Stelle gesagt: „Normen im Sinne der Betriebswirtschaftslehre sind keine ethischen Normen, keine Urteile a priori", sondern „1. wirtschaftliche, 2. technische Normen". Ein gemeinwirtschaftliches Denken, d. h. eine „nicht betriebsegoistische, sondern gemeinschaftsgebundene Denkweise", m u ß jedoch von sozialethischen Normen ausgehen.

Volkswirtschaftslehre und Betriebswirtschaftslehre

Nach Mellerowicz besitzen „die beiden Disziplinen einen verschiedenen A u s g a n g s p u n k t und eine unterschiedliche B l i c k r i c h t u n g . Die V o l k s wirtschaftslehre bezieht alle ihre Erfahrungen auf den gesellschaftlichen Gesamtprozeß. Ihr gegenüber steht die B e t r i e b s wirtschaftslehre, die die von ihr gewonnenen Fakten auf den Betriebsprozeß bezieht".

7. Erich Schäfer

Erich Schäfer, 1900 in Mohorn (Sachsen) geboren, studierte in Nürnberg und Köln, wurde 1939 o. Professor an der Handelshochschule Leipzig und ist seit 1942 Ordinarius an der Wirtschaftshochschule Nürnberg. Schäfer ist besonders durch seine bahnbrechenden Arbeiten auf dem Gebiete der Marktforschung und der Absatzwirtschaft bekanntgeworden (Grundlagen der Marktforschung, 1. Aufl. 1928, 4. Aufl. 1966; Die Aufgabe der Absatzwirtschaft, 1. Aufl. 1942, 2. Aufl. 1950; Betriebswirtschaftliche Marktforschung, 1955). Sein Hauptwerk auf dem Gebiet der Allgemeinen Betriebswirtschaftslehre ist „Die Unternehmung" 1950/1956 (es erschien zunächst in drei Teilen, jetzt 8. Aufl. 1973). Im folgenden ziehen wir auch seinen Aufsatz „Über einige Grundfragen der Betriebswirtschaftslehre" (ZfB 1950) mit heran. Erwähnt sei hier noch das grundlegende zweibändige Werk Schäfers: Der Industriebetrieb (1969/1970).

Das Erfahrungsobjekt der Betriebswirtschaftslehre

Das Erfahrungsobjekt der Betriebswirtschaftslehre ist, wie der Titel des Hauptwerkes schon sagt, die U n t e r n e h m u n g , wobei der B e t r i e b nur ein Aspekt der Unternehmung ist. „ ‚Unternehmung‘ und ‚Betrieb‘ stellen sich uns als zwei wesensverschiedene Aspekte ein und desselben Erfahrungsgegenstandes dar: der Produktiveinheiten der Wirtschaft, also aller Wirtschaftseinheiten mit Ausnahme der reinen Konsumtionseinheiten der Haushaltungen", die also nicht zum Erfahrungsobjekt der Betriebswirtschaftslehre gehören.

Die Betriebswirtschaftslehre hat sich auf die Unternehmung als W i r t s c h a f t s g e b i l d e zu beschränken. Bei der Beschäftigung mit S o z i a l f r a g e n des Betriebes „verlassen wir unseren Boden und können uns ehrlicherweise nicht als Fachleute ansehen". Die menschlichen Beziehungen im Betrieb unterliegen Voraussetzungen und Gesetzen, die außerhalb der Betriebswirtschaftslehre liegen. Doch kann und soll sich die Betriebswirtschaftslehre auch mit Fragen, die die Sozialsphäre berühren, wie z. B. die Frage der Mitbestimmung, befassen, doch muß sie dies mit den ihr eigentümlichen wirtschaftswissenschaftlichen Denkweisen und Werkzeugen tun. Das gleiche gilt für die technologisch ausgerichtete „B e t r i e b s w i s s e n s c h a f t". Natürlich müssen die sozialen, psychologischen und technischen Tatbestände als Bedingungen, als „D a t e n" des wirtschaftlichen Handelns in die betriebswirtschaftliche Betrachtung einbezogen werden, sie sind aber nicht Gegenstand betriebswirtschaftlicher Betrachtung.

Das Identitätsprinzip der Betriebswirtschaftslehre

Das Identitätsprinzip dient nach Alfred Amonn dazu, aus dem Erfahrungs-objekt die Tatbestände herauszulösen, die das E r k e n n t n i s o b j e k t einer Wissenschaft konstituieren. Schäfer ist der Ansicht, daß man das betriebswirt-schaftliche Denken (das von dem Identitätsprinzip bestimmt ist) zumeist als ein D e n k e n i n K o s t e n, als kostenwirtschaftliches oder kalkulatorisches Denken bezeichnete. Das vergleichende Kostendenken als generelle Grundposi-tion der Betriebswirtschaftslehre ist aber nach Schäfer zweifellos zu eng: wir müssen „statt dieses e i n e n ‚Scheinwerfers' deren drei brauchen", und zwar das f i n a n z w i r t s c h a f t l i c h e, das p r o d u k t i o n s w i r t s c h a f t-l i c h e und das m a r k t w i r t s c h a f t l i c h e Denken.

(1) Das *finanzwirtschaftliche Denken* ist ein Denken in Geldkapital, in Zah-lungs- und Kreditverhältnissen. Die wesentlichen betriebswirtschaftlichen Kri-terien auf dieser Ebene sind: R e n t a b i l i t ä t und L i q u i d i t ä t, allge-meiner: Kapitalergiebigkeit, Kapitalerhaltung, finanzielle Sicherheit.

(2) Das *leistungswirtschaftliche Denken* ist auf das Darinnenstehen der Unter-nehmungen und Betriebe im konkreten Leistungszusammenhang der Volkswirt-schaft gerichtet. Es ist ein Denken in Aufwand und Ertrag, in Kategorien der Wirtschaftlichkeit. Das leistungswirtschaftliche Denken hat wiederum zwei Aspekte:

a) Das *kostenbetonte Wirtschaftlichkeitsdenken* ist auf den p r o d u k t i o n s-w i r t s c h a f t l i c h e n Aspekt gerichtet, der es mit der kostengünstigsten Erstellung der Betriebsleistung (Erzeugung, Vermittlung usw.) zu tun hat.

b) Das *ertragsbetonte Wirtschaftlichkeitsdenken* steht auf der m a r k t - o d e r a b s a t z w i r t s c h a f t l i c h e n Ebene. Der Blick ist darauf gerichtet, wie mit einem bestimmten Aufwand eine möglichst große Marktwirkung her-vorgerufen wird. Schäfer hat die drei Aspekte betriebswirtschaftlicher Denk- und Sehweise übersichtlich zusammengestellt:

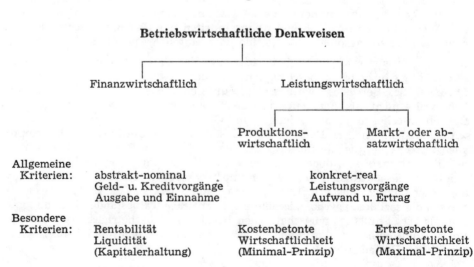

Betriebswirtschaftliche Denkweisen

	Finanzwirtschaftlich	Leistungswirtschaftlich	
		Produktions-wirtschaftlich	Markt- oder ab-satzwirtschaftlich
Allgemeine Kriterien:	abstrakt-nominal Geld- u. Kreditvorgänge Ausgabe und Einnahme	konkret-real Leistungsvorgänge Aufwand u. Ertrag	
Besondere Kriterien:	Rentabilität Liquidität (Kapitalerhaltung)	Kostenbetonte Wirtschaftlichkeit (Minimal-Prinzip)	Ertragsbetonte Wirtschaftlichkeit (Maximal-Prinzip)

Grundsätzlich sind diese Aspekte für jede Sachfrage von Bedeutung. „So gibt es kaum eine unternehmerische Entscheidung, für deren Klärung diese drei Scheinwerfer nicht gleichzeitig von Bedeutung wären." Dabei wird sich zumeist ein Widerstreit der Gesichtspunkte auftun (in der Unternehmung zwischen dem Finanzmann, dem Ingenieur und dem Absatzkaufmann). In der von Schäfer angedeuteten umfassenden Denkweise kommt der S p a n n u n g s c h a r a k t e r d e s   W i r t s c h a f t e n s in der Unternehmung zur Geltung.

Das System der Lehre von der „Unternehmung"

Im 1. T e i l des Werkes: „Die Unternehmung" zeigt Schäfer die „*Unternehmung als Glied der Volkswirtschaft*", zunächst „im volkswirtschaftlichen Leistungszusammenhang", vor allem als Glieder der Kette zwischen den Urstoffbetrieben und dem Haushalt, sodann in ihrem „rechtlich-finanziellen Zusammenhang zwischen Finanzsphäre und Leistungssphäre" klarzustellen und ein „Gesamtbild des betriebswirtschaftlichen Prozesses" zu gewinnen.

Der 2. T e i l zeigt als „*Betriebswirtschaftliche Strukturlehre*" den „*Aufbau der Unternehmung*": den äußeren Aufbau (Unternehmungszweck, finanzieller Aufbau, Unternehmenszusammenschlüsse, Standortfrage) und den inneren Aufbau (die menschlichen Kräfte, die sachlichen Kräfte, den Vermögensaufbau und sein Verhältnis zum Kapitalaufbau).

Der 3. T e i l behandelt den „*Betriebswirtschaftlichen Umsatzprozeß*", die „*Betriebswirtschaftliche Dynamik*". Im Mittelpunkt stehen Kostentheorie und Ertragstheorie.

Der 4. T e i l untersucht zunächst „*Erfolgsbildung und Erfolgsverwendung*". Schäfer vertritt hier die nominale Geldrechnung Riegers, dessen Theorie Schäfer stark beeinflußt hat. — Es folgt eine analytische Darstellung der „*Unternehmungskrisen*", deren systematische Darstellung in der Literatur fehlte.

8. Erich Gutenberg

Erich Gutenberg, 1897 in Herford i. Westf. geboren, studierte in Frankfurt a. M. und in Halle (Diss.: Thünens Isolierter Staat als Fiktion, 1922); Habilitation 1928 in Münster (Hab.-Schrift: Die Unternehmung als Gegenstand betriebswirtschaftlicher Theorie, 1929); 1938 a. o. Professor an der Bergakademie Clausthal, 1940 o. Professor in Jena, 1947 in Frankfurt, seit 1951 in Köln. Gutenberg, der lange Jahre praktisch tätig war, wurde über Deutschlands Grenzen hinaus bekannt durch sein umfassendes Werk: Grundlagen der Betriebswirtschaftslehre, Bd. 1: Die Produktion, 1. Aufl. 1951, 21. Aufl. 1975, Bd. 2: Der Absatz, 1. Aufl. 1955, 15. Aufl. 1976, Bd. 3: Die Finanzen, 1. Aufl. 1969, 6. Aufl. 1973.

Dieses Werk leitet die moderne Betriebswirtschaftslehre insofern ein, als es die neuere „mathematische Methode" konsequent anwendet. Dabei hat Gutenberg den Betriebsprozeß als eine Kombination der produktiven Faktoren erfaßt, und es ist ihm dadurch gelungen, *erstmals eine in sich geschlossene betriebswirtschaftliche Produktions- und Kostentheorie zu entwickeln*.

Zu dem von ihm herausgegebenen vielbändigen Sammelwerk „Die Wirtschafts-wissenschaften" (1958 ff.) hat Gutenberg eine „Einführung in die Betriebs-wirtschaftslehre", 1958, und „Unternehmensführung — Organisation und Ent-scheidungen", 1962, geschrieben. Weiterhin sind seine umfassenden „Unter-suchungen über das Verhalten industrieller Unternehmungen bei Investitions-entscheidungen" (Köln - Opladen 1959) zu erwähnen[1]. — Die folgenden Ausfüh-rungen stützen sich vor allem auf: „Grundlagen der Betriebswirtschaftslehre" (GB), die „Einführung in die Betriebswirtschaftslehre" (EB) und eine Kölner Universitätsrede von 1957: „Betriebswirtschaftslehre als Wissenschaft" (BW).

Das Identitätsprinzip nach Gutenberg

Gutenberg ist bestrebt, das Ganze der betriebswirtschaftlichen Erkenntnis aus einem einheitlichen Grunde zu entwickeln und zu einer „einheitlichen Konzep-tion von der Betriebswirtschaftslehre" zu gelangen. Das heuristische Prinzip sieht er in der *Kombination der Produktionsfaktoren* der Betriebswirtschaft: „Bezeichnet man die Arbeitsleistungen und die technischen Einrichtungen als Produktionsfaktoren und das Ergebnis der von diesen Produktionsfaktoren eingesetzten Mengen als Produktmengen, Ausbringung oder Ertrag (physisch-mengenmäßig gesehen), dann erhält man eine Beziehung zwischen dem Faktor-ertrag und dem Faktoreinsatz. Diese Beziehung ist eine Produktivitätsbezie-hung, und zwar nicht irgendeine, sondern die b e t r i e b l i c h e P r o d u k -t i v i t ä t s b e z i e h u n g s c h l e c h t h i n." (BW) „Dieses ganz und gar ur-sprüngliche Verhältnis zwischen Faktorertrag und Faktoreinsatz" ist als Grund-lage für ein Bezugssystem nach Gutenberg das Identitätsprinzip (Amonns), mit dem alle betrieblichen Vorgänge ihre natürliche Ordnung finden. „Da der Faktoreinsatz auf ein bestimmtes Ziel gerichtet ist, läßt er sich als eine E i n -h e i t im Sinne einer K o m b i n a t i o n d e r P r o d u k t i o n s f a k t o r e n auffassen. In dem Akt der Kombination ist das Nebeneinander der Produk-tionsfaktoren aufgehoben. Sie sind aus einem übergeordneten Prinzip heraus zu einer Einheit gefügt und miteinander in eine systematische Beziehung ge-bracht." (BW)

Betrieb und Wirtschaftsordnung

„Diese theoretische Ausgangslage verlangt nun aber nach einer Ergänzung, und zwar insofern, als das Verhältnis zwischen Faktorertrag und Faktoreinsatz einerseits wieder auf eine andere Größe bezogen werden muß, denn ein Unter-nehmen produziert nicht, um zu produzieren, also hier: um zu demonstrieren, wie sich aus einer gegebenen Faktoreinsatzmenge ein Maximum an Ertrag er-zielen läßt. Der Bezugspunkt, auf den die gesamte Produktivitätsbeziehung ihrerseits wieder hingeordnet werden müßte, besteht offenbar in Z i e l s e t -z u n g e n , die a u ß e r h a l b d e r b e t r i e b l i c h e n P r o z e d u r als solcher liegen, ihr aber erst ihren Sinn geben." (BW) Diese Zielsetzungen er-geben sich zum Teil aus den Prinzipien der einzelnen W i r t s c h a f t s -s y s t e m e . (Vgl. auch oben S. 17 ff.)

Daraus geht hervor: „Es gibt Grundsätze betriebspolitischen Handelns, die für alle Betriebe gelten, in welchem Wirtschaftssystem sie sich auch befinden

---

[1] Ein Schriftenverzeichnis der Arbeiten Gutenbergs enthält die Festschrift zu seinem 75. Geburtstag „Zur Theorie des Absatzes" (Hrsg.: H. Koch), Wiesbaden 1973.

mögen. Aber es gibt auch Prinzipien, die nur aus dem W i r t s c h a f t s -
s y s t e m zu verstehen sind, in dem sich die betriebliche Tätigkeit jeweils vollzieht. Die zuerst genannten Grundsätze und Vorgänge bezeichnen wir als vom
Wirtschaftssystem unabhängige, in diesem Sinne *systemindifferente Tatbestände*. Die zweite Gruppe betriebspolitischer Maximen gehört dagegen zu
den *systembezogenen Tatbeständen*." (EB)

Zu den *systemindifferenten Tatbeständen* der Betriebswirtschaft gehört zunächst die Kombination der Produktionsfaktoren, sodann das Prinzip der
W i r t s c h a f t l i c h k e i t. Denn die Betriebe aller Wirtschaftssysteme versuchen die Faktorenkombination nach dem Prinzip der Wirtschaftlichkeit zu
gestalten, ein möglichst hohes Maß an Produktivität, d. h. an Ergiebigkeit des
Faktoreinsatzes zu erreichen. Ein weiteres systemindifferentes Prinzip ist die
Maxime, das f i n a n z i e l l e G l e i c h g e w i c h t aufrechtzuerhalten, d. h.
die Kapitalüberlassungen und die Kapitalverwendungen zeitlich zu koordinieren.

Die *systembezogenen Prinzipien des marktwirtschaftlichen Systems* sind nach
Gutenberg: das A u t o n o m i e p r i n z i p : die einzelnen Betriebe bestimmen
ihre Produktionspläne autonom, das P r i n z i p d e r A l l e i n b e s t i m -
m u n g : der Betriebsinhaber trifft alle Entscheidungen unmittelbar oder mittelbar (über seine Beauftragten) allein, und das e r w e r b s w i r t s c h a f t l i c h e
P r i n z i p oder R e n t a b i l i t ä t s p r i n z i p, das „Gewinnmaximierung" erstrebt. — In einem *zentralgeleiteten Wirtschaftssystem*, einer P l a n w i r t -
s c h a f t, herrschen dagegen das O r g a n p r i n z i p : der Betrieb ist lediglich
Organ der Zentralstelle, das P r i n z i p d e r M i t b e s t i m m u n g : die Zentralstelle hat in jedem Betrieb ein entscheidendes Mitbestimmungsrecht, und
das P r i n z i p d e r p l a n d e t e r m i n i e r t e n L e i s t u n g s e r s t e l -
l u n g : jeder Betrieb hat ein bestimmtes Produktionssoll zu erfüllen. — Herrschen in einem Betrieb außer systemindifferenten Prinzipien das Autonomieprinzip, das Prinzip der Alleinbestimmung und das erwerbswirtschaftliche Prinzip ausschließlich, so haben wir es mit einem Betrieb des liberalistisch-kapitalistischen Wirtschaftssystems zu tun, nämlich der U n t e r n e h m u n g. Diese
systembezogenen Prinzipien herrschen allerdings heute nicht mehr ausschließlich, so werden z. B. den Betriebsangehörigen in zunehmendem Maße Mitbestimmungsrechte, Erfolgsbeteiligung und Miteigentum gewährt und zu gewähren
angestrebt. Das zeigt einen Wandel in dem gesellschaftlichen Bewußtsein an,
wie es heute der Begriff „s o z i a l e Marktwirtschaft" anzudeuten sucht
(GB I u. BW).

Diese Darstellung zeigt, daß Gutenberg — anders als Walther, Lohmann und
Schäfer — den B e t r i e b nicht als technisch-wirtschaftliche Kategorie, sondern als „die ständige sich realisierende Faktorkombination in allen betrieblichen Funktionsbereichen dieser Kombination" auffaßt. „Betrieb umfaßt somit
das Ganze der betrieblichen Betätigung, alle Funktionen und alle Funktionsbereiche. Aber er erhält Sinn und Aufgabe nicht aus sich selbst, sondern erst
aus seiner komplementären Ergänzung, den D e t e r m i n a n t e n, die ihm
Form, Inhalt und Richtung gibt", d. h. Betriebe gibt es in allen Wirtschaftssystemen, die Unternehmung nur im liberalistisch-kapitalistischen. „,Unter-
nehmung' ist immer zugleich ,Betrieb', aber Betrieb ist nicht immer zugleich
Unternehmung." (EB u. GB I)

Die Methode

Das Vorgehen bei betriebswirtschaftlichen Untersuchungen läßt sich nach Gutenberg im allgemeinen beschreiben (BW):

1. als G e w i n n u n g   v o n   T a t s a c h e n k e n n t n i s : Sammeln und Ordnen von Material;

2. als K a u s a l a n a l y s e : Erforschung der ursächlichen Gesamtzusammenhänge der Elemente des Betriebsprozesses. „Dieser Kausalnexus ist es, der die Betriebswirtschaftslehre interessiert und dessen Analyse ihr so große Schwierigkeiten bereitet. Beruht nun die Feststellung der Abhängigkeit, in dem die Größen stehen, auf Beobachtung und gelingt es, die Abhängigkeit quantitativ zu erfassen, d. h. zu messen . . ., dann handelt es sich offenbar um ein induktives Vorgehen. Werden — im Rahmen vornehmlich theoretischer Analysen — Prämissen gesetzt und variiert, um zu untersuchen, zu welchen Folgen die Änderung einer oder mehrerer Prämissen führt, dann wird deduziert."

3. als F i n a l a n a l y s e : sie untersucht vor allem, zu welchen Ergebnissen bestimmte Maßnahmen bei einer bestimmten Ausgangslage führen oder welche technische, absatzpolitische oder finanzielle Verfahren für bestimmte Zwecke besonders geeignet sind. Derartige Prüfungen münden in Verfahrensvergleiche aus, die oft nur mit großen Schwierigkeiten durchgeführt werden können. Die Finalanalyse setzt bestimmte Ziele voraus, die hier durch das Produktivitäts-, Wirtschaftlichkeits- und Rentabilitätsprinzip gegeben sind. Die Finalanalyse hat ihre größte Bedeutung in der praktischen Betriebswirtschaftslehre und der Betriebswirtschaftspolitik.

4. als A n a l y s e   n a c h   d e r   M e t h o d e   „ v e r s t e h e n d e r "   S o z i a l - w i s s e n s c h a f t : man versucht „durch ‚Verstehen' die Sinngehalte zu erschließen, um deren Analyse es geht" (BW). Über die analytisch-reduzierende Methode, die Methode der Naturwissenschaften, hinaus führt das „Verstehen" als die den G e i s t e s w i s s e n s c h a f t e n   a r t e i g e n e   M e t h o d e (als Methode in den Wirtschaftswissenchaften schon lange angewandt, aber zuerst von Sombart, Salin, Spiethof u. a. erkannt). Gutenberg wendet sich damit anscheinend gegen den Positivismus, denn die Methode des „Verstehens" ist das „intuitive Erfassen des Sinns, des Wesens eines Gegenstandes aus ihm selbst heraus" (Hoffmeister), es ist nach Spranger ein Akt, „der Objektivität und subjektiven Ursprung aufs engste aneinander knüpft". Zur Ergänzung und Erleichterung dieses methodischen „Verstehens" bildet man — was auch Gutenberg ausdrücklich betont — Idealtypen und Realtypen, d. h. Begriffe für typische, unter verschiedenen Bedingungen gleichartig wiederkehrende Züge.

Volkswirtschaftslehre und Betriebswirtschaftslehre

Es gibt nach Gutenberg Fragen so ausgesprochen volkswirtschaftlicher Art, daß die Betriebswirtschaftslehre zu ihrer Lösung kaum einen bedeutenden Beitrag wird leisten können, und auf der anderen Seite gibt es viele betriebswirtschaftliche Fragen, die nur ein geringes nationalökonomisches Interesse finden werden. Auf anderen Gebieten, wie Produktions-, Kosten-, Preis-, Investitions-, Kredit- und Wachstumstheorie, besteht jedoch ein enger wissenschaftlicher Kontakt zwischen beiden Disziplinen, wobei sich die Betriebswirtschaftslehre allerdings bevorzugt den einzelwirtschaftlichen Tatbeständen zuwenden muß. Gutenberg befürwortet also nicht, wie man zum Teil behauptete, eine Verschmelzung von Betriebs- und Volkswirtschaftslehre (BW).

Das System Gutenbergs

Gutenberg unterscheidet sieben betriebswirtschaftliche Hauptfunktionen: (1) die Führungsfunktion (Führung, Planung, Organisieren), (2) die Beschaffungsfunktion, (3) die Absatzfunktion, (4) die Funktion der Leistungserstellung, (5) die Gestaltungsfunktion, (6) die Finanzierungsfunktion und (7) die Kontrollfunktion des betrieblichen Rechnungswesens (EB).

Der Schwerpunkt liegt auf den Funktionen (1) der Leistungserstellung, d. h. der P r o d u k t i o n, (2) dem A b s a t z und (3) den F i n a n z e n. Dementsprechend sind auch die „Grundlagen der Betriebswirtschaftslehre" gegliedert. Der e r s t e B a n d behandelt die P r o d u k t i o n, der z w e i t e den A b s a t z und der dritte Band die F i n a n z e n, der erst 1969 erschien.

Das S y s t e m d e r p r o d u k t i v e n F a k t o r e n besteht aus drei E l e - m e n t a r f a k t o r e n: (1) menschliche Arbeitsleistung, (2) Betriebsmittel, ggf. auch (3) Werkstoffe und den drei d i s p o s i t i v e n F a k t o r e n: (1) Geschäfts- und Betriebsleitung, (2) Planung und (3) Betriebsorganisation. Im Mittelpunkt des e r s t e n B a n d e s steht die Lehre vom *Kombinationsprozeß*, die vor allem die Produktions- und Kostentheorie umfaßt (s. oben S. 447 ff.). Im letzten Teil des ersten Bandes beschäftigt sich Gutenberg mit den D e t e r m i - n a n t e n d e s B e t r i e b s t y p s, nämlich den systembezogenen und systemindifferenten Tatbeständen. Letztere betreffen vor allem das Faktorsystem, den Kombinationsprozeß und das Wirtschaftlichkeitsprinzip, erstere die obersten Leitmaxime betrieblicher Betätigung, die in den Zentren betrieblicher Willensbildung herrschen.

Der z w e i t e B a n d behandelt den *Absatz* (oder nach Gutenberg richtiger die „Leistungsverwertung", die auch Dienstleistungen umfaßt). Im ersten Teil werden, gleichsam einführend, „Die innerbetrieblichen Grundlagen der Absatzpolitik" dargestellt. Das Schwergewicht liegt auf dem zweiten Teil, der das „A b s a t z p o l i t i s c h e I n s t r u m e n t a r i u m" umfaßt: (1) die Absatzmethode, (2) die Produktgestaltung, (3) die Werbung und (4) die Preispolitik (s. oben S. 533 ff.). Während die ersten drei absatzpolitischen Mittel vornehmlich induktiv dargestellt werden, wird die P r e i s p o l i t i k (beim Angebotsmonopol, bei atomistischer und bei oligopolistischer Konkurrenz), das theoretisch bedeutsamste Problem der Absatzpolitik, großenteils mit Hilfe der „mathematischen Methode" untersucht (sonst nur noch die Kostenprobleme der Werbung). Besonders in diesem Kapitel sowie in dem kosten- und ertragstheoretischen Teil des ersten Bandes geht Gutenberg in der betriebswirtschaftlichen Literatur neue Wege, indem er auf die betriebswirtschaftlich relevanten Erkenntnisse der „mathematischen Wirtschaftstheorie" (besonders des Auslandes) zurückgreift und sie weiterentwickelt. In dem kurzen Schlußkapitel des zweiten Bandes geht er noch auf „die optimale Kombination des absatzpolitischen Instrumentariums" ein.

Im d r i t t e n B a n d : „*Die Finanzen*" vollendet Gutenberg seine Konzeption, den Betriebsprozeß als eine Kombination der produktiven Faktoren zu erfassen. Denn Gutenberg beschränkt sich nicht auf die Untersuchung der institutionellen Einrichtungen und Möglichkeiten der Kapitalbeschaffung, er bezieht vielmehr den gesamten güterwirtschaftlichen Leistungsvollzug, also die produktionswirtschaftlichen und absatzwirtschaftlichen Vorgänge, in die Analyse der finanziellen Vorgänge beeinflußt wird. Insofern vollendet also der 3. Band die Integration der produktionswirtschaftlichen, der absatzwirtschaftlichen und der finanzwirtschaftlichen Bereiche der industriellen Unternehmung.

Da die Abfolge der aus der Unternehmung ausgehenden Auszahlungen (die Auszahlungsreihen) und der in sie eingehenden Einzahlungen (die Einzahlungsreihen) zeitlich gegeneinander verschoben sind, entsteht K a p i t a l b e d a r f. Gutenberg stellt nun die zeitliche Ordnung im güterwirtschaftlichen Bereich der zeitlichen Ordnung im finanziellen Bereich der Unternehmung einander gegenüber. An die güterwirtschaftliche Zeitordnung, die von den Beschaffungs- und Veräußerungsakten im güterwirtschaftlichen Bereich bestimmt wird, ist die finanzwirtschaftliche Zeitordnung gekoppelt, die durch die Einzahlungs- und Auszahlungsakte determiniert wird. Die Zeitverschiebungen zwischen den Beschaffungsakten und den durch sie verusachten Auszahlungen einerseits und zwischen den Veräußerungsakten und den durch sie ausgelösten Einzahlungen andererseits bestimmen den Kapitalbedarf. Volumen und Struktur des Kapitalbedarfs wird durch f ü n f H a u p t d e t e r m i n a n t e n bestimmt: (1) die Prozeßanordnung, (2) die Prozeßgeschwindigkeit, (3) die Beschäftigungsschwankungen, (4) die Variationen des Produktionsprogramms und (5) die Betriebsgrößenänderungen. Ihre Einflüsse auf den Kapitalbedarf hat Gutenberg sehr eingehend untersucht und damit erstmals das in „Produktion" und „Absatz" verwendete Instrumentarium auch zur Klärung der Probleme der finanziellen Sphäre benutzt.

Im 2. Teil des 3. Bandes befaßt sich Gutenberg mit dem K a p i t a l f o n d s, das ist die Gesamtheit der finanziellen Mittel, die zu einem bestimmten Zeitpunkt zur Verfügung stehen, um den Kapitalbedarf eines Unternehmens zu befriedigen. Kapitalbedarf, Kapitalfonds und gebundenes (investiertes) Kapital sind in der Regel nicht gleich groß. Die Möglichkeiten, den Kapitalbedarf zum Aufbau des Kapitalfonds zu decken, sind bei der Fülle der Kapitalarten sehr vielfältig. Sie sind in der finanzwirtschaftlichen Literatur außerordentlich eingehend behandelt worden. Gutenberg legt deshalb den Schwerpunkt seiner Untersuchung auf die Frage, welchen unterschiedlichen Finanzierungsbedingungen emissionsfähige und nichtemissionsfähige Unternehmungen bei der Beschaffung von Eigen- und Fremdkapital unterworfen sind. Im Kapitel „S t r u k t u r i e r u n g d e s K a p i t a l f o n d s" geht es vor allem um den Einfluß der Ungewißheit auf Kapitaleinsatz und Kapitalstruktur. Die Risikowirkung zunehmender Verschuldung ist ein Regulativ, das ganz allgemein die Zufuhr von Eigen- und Fremdkapital steuert. Beim optimalen Verschuldungsgrad kommen das Streben nach maximaler Rentabilität und nach größtmöglicher Absicherung gegen die Risiken der Kreditfinanzierung zum Ausgleich. Im letzten Kapitel des 2. Buchteils beschäftigt sich Gutenberg mit der Bedeutung der Selbstfinanzierung von emissionsfähigen und nichtemissionsfähigen Unternehmen.

Im 3. und letzten Teil des Buches wird „die A b s t i m m u n g z w i s c h e n
K a p i t a l b e d a r f u n d K a p i t a l f o n d s " behandelt, eine wichtige Aufgabe der Unternehmungsleitung. Sie muß die Kapitaldeckungsmöglichkeiten
aussondern, die bestimmten Kriterien genügen, so z. B. das finanzielle Gleichgewicht der Unternehmung (s. oben S. 598 ff.) nicht stören. Zunächst setzt sich
Gutenberg mit den traditionellen „Finanzierungsregeln" (z. B. der goldenen
Bankregel, s. oben S. 605 ff.) kritisch auseinander und kommt zu dem Schluß, daß
an die Stelle der partiellen Betrachtungsweise dieser Finanzierungsregeln eine
Totalbetrachtung treten muß und eine Abstimmung zwischen dem Kapitalbedarf und seiner Deckung nur im Rahmen des gesamten interdependenten
Systems von Einzahlungen und Auszahlungen möglich ist. Dazu dient die integrierte Finanzplanung, die Gutenberg sehr ausführlich behandelt. Das optimale
Verhältnis zwischen Kapitalbedarf und Kapitaldeckung kann dabei nur durch
die Simultanplanung ermittelt werden, die Gutenberg an einem Simulations-
modell der Finanzplanung demonstriert (s. oben S. 674 ff.).

9. Edmund Heinen

Edmund Heinen, 1919 in Eschringen/Saarland geboren, studierte in Frankfurt
und Saarbrücken, wo er sich 1951 habilitierte. 1954 wurde er ao. Professor in
Saarbrücken, 1957 ordentlicher Professor in München, wo er heute noch lehrt.

Von seinen Werken sind besonders hervorzuheben: Betriebswirtschaftliche
Kostenlehre — Kostentheorie und Kostenentscheidungen, 4. Aufl., Wiesbaden
1974; Das Zielsystem der Unternehmung — Grundlagen betriebswirtschaftlicher
Entscheidungen, 3. Aufl. Wiesbaden 1976; Das Kapital in der betriebswirtschaftlichen Kostentheorie, Wiesbaden 1966; Handelsbilanzen, 8. Aufl., Wiesbaden 1976; Grundfragen der entscheidungsorientierten Betriebswirtschaftslehre, München 1976; Einführung in die Betriebswirtschaftslehre, 6. Aufl., Wiesbaden 1977. Die nachfolgende Darstellung des Systems Heinens stützt sich vor
allem auf das letzte Werk.

Die Entstehung der entscheidungsorientierten Betriebswirtschaftslehre

Bei den Versuchen, Systeme der Betriebswirtschaftslehre zu entwerfen, können
nach Heinen zwei Blickrichtungen unterschieden werden. Die eine Betrachtungsweise ist durch das Bestreben charakterisiert, die Aufgabenstellung der
Betriebswirtschaftslehre allein vom Menschen herkommend zu bewältigen,
während die andere die Produktivitätsbeziehung zwischen Faktoreinsatz und
Faktorertrag als zentrales Phänomen und damit als Ausgangspunkt für die
Entwicklung eines geschlossenen betriebswirtschaftlichen Aussagensystems
wählt.

„Diese beiden Alternativen stehen sich wie These und Antithese gegenüber. Die
entscheidungsorientierte Betriebswirtschaftslehre ... strebt eine gewisse Synthese und damit eine Vereinigung beider Wege an." Die Betriebswirtschaftslehre der Gegenwart „stellt in immer stärkerem Maße die menschlichen Entscheidungen auf allen Ebenen der betrieblichen Hierarchie und in allen Teilbereichen der Betriebswirtschaft in den Mittelpunkt des wissenschaftlichen Bemühens". (Heinen: Zum Wissenschaftsprogramm der entscheidungsorientierten
Betriebswirtschaftslehre, ZfB 1969, S. 207 ff.)

Tragendes Element bilden die Entscheidungen des wirtschaftenden Menschen in der Einzelwirtschaft. Die Erklärung und Gestaltung der menschlichen Entscheidungen auf allen Ebenen der betrieblichen Hierarchie und in allen Teilbereichen der Betriebswirtschaft stellen den Kern des neuen Wissenschaftsprogramms dar.

Theorien, Modelle und wissenschaftliche Sprache

Die Wissenschaft ist ein stetiger Prozeß der Entwicklung von Theorien, der Überprüfung dieser Theorien an der Realität, ihre Verwerfung, Annahme oder Anpassung, *Theorien* sind sprachliche Gebilde, die den Menschen helfen sollen, sich in der unübersichtlichen Wirklichkeit zurechtzufinden. Sie sind in sich widerspruchsfreie Systeme von Aussagen, die in zwei Klassen eingeteilt werden: in die *Axiome* oder *Prämissen* (Grundannahmen), die im Rahmen der Theorie nicht weiter begründet sind, und in die *Theoreme* oder *Schlußfolgerungen*, die sich auf rein deduktiv-logischem Wege aus den gegebenen Prämissen ableiten lassen. Doch setzt eine Theorie voraus, daß eine Verbindung zum tatsächlichen Geschehen hergestellt ist.

Modelle spielen heute in der wissenschaftlichen Diskussion eine große Rolle. Nun sucht Heinen zu zeigen, daß die synonyme Verwendung der Begriffe „Modell" und „Theorie" für den wissenschaftlichen Sprachgebrauch der Betriebswirtschaftslehre charakteristisch ist. Modell ist nach Heinen ein in sich widerspruchsfreies Aussagesystem eines Ausschnittes der Wirklichkeit, der von dem Aussagesystem in vereinfachender, abstrahierender Weise erfaßt wird.

Das „Material", aus dem Modelle bestehen, sind *sprachliche Ausdrücke*, d. h. Begriffe und solche Aussagen, die Beziehungen zwischen den durch die Begriffe wiedergegebenen Sachverhalten herstellen. Die Entwicklung betriebswirtschaftlicher Modelle setzt eine Sprache voraus, in der die Modellaussagen formuliert werden. Die Umgangssprache der betrieblichen Praxis ist für diese Zwecke nur begrenzt tauglich. Die betriebswirtschaftliche Forschung muß daher eine *theoretische Sprache* entwickeln, die von den genannten Mängeln frei ist. Die zunehmende mathematische Formulierung betriebswirtschaftlicher Modelle ist hieraus zu erklären. Die *Mathematik* ist eine durch exakte syntaktische Regeln beherrschte künstliche Sprache.

Die Entscheidungen und der Entscheidungsprozeß

Ihrem „Sachcharakter" nach beziehen sich betriebliche Tätigkeiten auf die Produktion, den Absatz und die Beschaffung. Unter dem Aspekt der „Phase" handelt es sich um planende, realisierende und kontrollierende Tätigkeiten. Danach unterscheidet Heinen (1) die *Planungsphase*, (2) die *Realisationsphase* und (3) die *Kontrollphase*. Ihrem „Rang" nach sind die jeweiligen Tätigkeiten entweder *ausführende Tätigkeiten* oder stellen *Entscheidungsakte* dar.

Die Betriebswirtschaftslehre analysiert den *gesamten* Entscheidungsprozeß, d. h. sie berücksichtigt alle ausführenden Tätigkeiten der Planungs-, Realisations- und Kontrollphase, soweit sie in einem Zusammenhang mit den Entscheidungen stehen.

Der Entscheidungsprozeß durchläuft mehrere Phasen, die Heinen in zwei Hauptphasen gliedert: (1) die Willensbildung und (2) die Willensdurchsetzung. Der Prozeß der *Willensbildung* wird in einer *Vorstufe* durch die Feststellung eines ungelösten Problems ausgelöst *(Anregungsphase):* die Wirklichkeit entspricht nicht mehr den Zielvorstellungen. Daran an schließt sich die Ursachenanalyse zur Klärung der offenen Fragen. In der nächsten Stufe des Entscheidungsprozesses, der *Suchphase,* werden die möglichen Handlungsalternativen und deren zu erwartende Konsequenzen erfaßt. Dann folgt die *Auswahl-* oder *Optimierungsphase,* in der die Alternativen in eine Rangordnung gebracht werden. Damit ist der Prozeß der Willensbildung abgeschlossen. Der Prozeß der *Willensdurchsetzung* bringt dann die tatsächliche Verwirklichung der gewählten Alternative. Da alle ordentlichen Vorgänge innerhalb eines Entscheidungsprozesses laufend überwacht werden müssen, überlagert *die Kontrollphase* den gesamten Prozeß der Willensbildung und Willensdurchsetzung.

Betriebswirtschaftliche Grundmodelle

Die Erklärungsaufgabe der Betriebswirtschaftslehre erfordert beschreibende Modelle des menschlichen Verhaltens in Betriebswirtschaften. Sie hat Grundmodelle zu entwickeln, die das betriebswirtschaftliche Geschehen unter beschreibenden Gesichtspunkten darstellen. Da in einer Betriebswirtschaft mehrere Menschen zusammenarbeiten und die Betriebswirtschaft mit ihrer Umwelt vielfältige Beziehungen unterhält, gibt es nach Heinen drei Arten der Grundmodelle: (1) *Modelle des wirtschaftenden Menschen* und darauf aufbauend (2) *Modelle der Betriebswirtschaft* und (3) *Modelle ihrer Umweltbeziehungen.* Bei der Entwicklung realistischer Grundmodelle muß die Betriebswirtschaftslehre soweit als möglich auf die Ergebnisse anderer sozialwissenschaftlicher Disziplinen zurückgreifen, so der Philosophie, Psychologie, Soziologie, Antropologie, der politischen Wissenschaften und der Nationalökonomie.

Heinen zeigt nun bei der Behandlung der *Modelle des wirtschaftenden Menschen,* wie unterschiedlich die Auffassungen hier sind. Das Modell des Behaviorismus', das psychologische Modell Freuds und das Modell des homo sociologicus gehen von einer weitgehend beschränkten Entscheidungsfreiheit des Menschen aus. In neuerer Zeit wird wiederum eine gegenläufige Tendenz sichtbar. Der Mensch wird nicht mehr als ein arationales Wesen angesehen, er handelt vielmehr, zumindest der Absicht nach, rational. Das Modell des rational entscheidenden Menschen, der homo oeconomicus, entscheidet und handelt streng nach dem Rationalprinzip. Heinen zeigt an verschiedenen Entscheidungsmatrizen die exakten Modelle, die die rationale Entscheidungstheorie entwickelt hat. Doch die oftmals brillianten entscheidungslogischen Modelle entsprechen insofern nicht der Praxis, als der Mensch schließlich kein vollständig und logisch geschlossenes System von Zielen, Wünschen oder Motiven hat, das ihm eine exakte Messung seines Nutzens oder Nutzenszuwachses bei der Wahl einer bestimmten Alternative erlaubt.

Die Betriebswirtschaft als Organisation

In den *Modellen der Betriebswirtschaft* stellt die Berücksichtigung des Organisationsphänomens ein zentrales Problem dar und führten zu einer „neuen" Organisationstheorie". Unter diesem Gesichtspunkt lassen sich nach Heinen historisch betrachtet *drei Modelltypen* unterscheiden. Der *erste Typ* ist durch eine völlige Vernachlässigung der Organisation gekennzeichnet. Dieses *„organisationslose" Modell* der Betriebswirtschaft entspricht der in der Nationalökonomie vorherrschenden makroökonomischen Betrachtungsweise. Die „Betriebswirtschaft" selbst ist das Entscheidungssubjekt, nicht die in ihr tätigen Menschen. Die Natioalökonomie muß von dieser Fiktion ausgehen, um die gesamtwirtschaftlichen Vorgänge erfassen zu können.

Die Grundmodelle des *zweiten Typs* dringen tiefer in das betriebswirtschaftliche Geschehen ein. Heinen erläutert sie an dem *Modell Gutenbergs*. Nach ihm ist eine Betriebswirtschaft durch systemindifferente und systembezogene Tatbestände gekennzeichnet, jene sind unabhängig vom Wirtschaftssystem, diese dagegen vom jeweiligen Wirtschaftssystem abhängig. Zu den systemindifferenten Tatbeständen zählt das System der Produktionsfaktoren, die Prinzpien der Wirtschaftlichkeit und des finanziellen Gleichgewichts. Die systembezogenen Tatbestände in den marktwirtschaftlichen Systemen, deren Betriebswirtschaft die Unternehmung ist, sind das erwerbswirtschaftliche Prinzip, das Prinzip der Autonomie und das der Alleinbestimmung.

Ablauf und Ergebnis betriebswirtschaftlicher Entscheidungsprozesse hängen von einer Reihe von *Einflußgrößen* ab. Diese Einflußgrößen lassen sich durch drei Entscheidungsdeterminanten erfassen: (1) *„Zielsystem"*, (2) *„Informationssystem"* und (3) *„Sozialsystem"*. Eine Betriebswirtschaft verfolgt in der Regel mehrere Ziele, die durch ein Netz von Beziehungen miteinander verknüpft sind; diese Ziele stellen die Elemente eines *Zielsystems* dar. Um die Ziele verwirklichen zu können, ist ein Prozeß der Gewinnung und Verarbeitung von Informationen notwendig; er stellt das *Informationssystem* dar. Die betriebswirtschaftlichen Entscheidungen werden selten von einer einzigen Person gefällt. An die Stelle der Einzelentscheidung treten Entscheidungen einer arbeitsteiligen Gruppe von Menschen eines sozialen Systems. Das *Sozialsystem* ist somit die dritte Entscheidungsdeterminante.

Heinen behandelt dann ausführlich die Grundstruktur der Betriebswirtschaft. Er geht dabei aus von der *Arbeitsteilung* in einer Organisation, die die Grundlage bildet für die *Gruppenstruktur* (Gliederung der Unternehmung in Abteilungen und Kollegien, in formale und informale Gruppen), für die *Kommunikationsstruktur* (die Gesamtheit der Kommunikationsbeziehungen in der Organisation) und schließlich für die *hierarchische Struktur* (die Rangordnung der Organisationsteilnehmer).

Das *Modell der Beziehungen zwischen Betriebswirtschaft und Umwelt* zeigt die Ströme des gesamtwirtschaftlichen Geld- und Güterkreislaufes.

Die betriebswirtschaftlichen Entscheidungstatbestände

Die Darlegungen der betriebswirtschaftlichen Grundmodelle zeigen eine Reihe von Tatbeständen, die alle Betriebswirtschaften mehr oder weniger kennzeichnen. Viele sind Freiheitsgrade. Es liegt im Ermessen der Entscheidungsträger, welche ihrer möglichen Ausprägungen verwirklicht werden. Tatbestände dieser Art sind die *Entscheidungstatbestände einer Betriebswirtschaft*. Diese Entscheidungstatbestände lassen sich nach verschiedenen Gesichtspunkten beschreiben und gliedern. Dabei sind nach Heinen vor allem drei Gesichtspunkte von Bedeutung: (1) der *begriffliche Inhalt der Entscheidungstatbestände*, (2) *ihre zeitliche Wirkung* und damit die kurz- und langfristige Beeinflußbarkeit und (3) *die Zuordnung auf die verschiedenen Entscheidungsträger einer Organisation.* Viele Gliederungsversuche der Entscheidungen knüpfen an organisatorische Gesichtspunkte an. So wird häufig zwischen Führungs- und Bereichs-(Ressort-)entscheidungen unterschieden. Nach der Fristigkeit kann man die Entscheidungen in kurzfristig und langfristig beeinflußbare Entscheidungstatbestände unterscheiden.

Die *Untersuchungswege* betriebswirtschaftlicher Entscheidungen können sein: (1) eine funktionale und (2) eine genetische Analyse. Die *funktionale Analyse* geht von den Hauptphasen des betriebswirtschaftlichen Güter- und Geldumlaufs aus: Produktion, Beschaffung, Absatz und Finanzierung. Dabei sind Beschaffung, Produktion und Absatz die leistungswirtschaftlichen Funktionen, die Finanzierung ist die geldwirtschaftliche Funktion.

Die *genetische Analyse* der Entscheidungstatbestände legt den „Lebensablauf" einer Betriebswirtschaft zugrunde und untersucht die Entscheidungen während der einzelnen „Lebensabschnitte", so vor allem der Gründungsphase, der Umsatzphase und der Liquidationsphase.

Betriebswirtschaftliche Erklärungsmodelle

Die Erklärungsmodelle lassen sich nach dem sprachlichen Ausdruck in *verbale* und *mathematisch-formale Erklärungsmodelle* gliedern. Die Mehrzahl der bestehenden Erklärungsmodelle in der Betriebswirtschaftslehre sind verbaler Natur; doch dringt mehr und mehr die mathematische Ausdrucksweise vor. Allerdings lassen sich viele Probleme gar nicht oder nur bedingt mathematisch formulieren.

Ein Erklärungsmodell besteht zunächst aus sogenannten *Erklärungsgleichungen.* Die unabhängigen Variablen in ihnen werden als „*Aktionsparameter*" oder „*Instrumentalvariable*" bezeichnet und geben die im Modell erfaßten Entscheidungstatbestände wieder. Sie zeigen in ihrer Gesamtheit die zur Verfügung stehenden *Handlungsmöglichkeiten (Alternativen).* Eine Alternative ist eine bestimmte zulässige Ordnung von Werten der Aktionsparameter.

Betriebswirtschaftliche Erklärungsmodelle können generell-bestimmender oder konkret-rechnerischer Natur sein. *Generell-bestimmende Modelle* enthalten nur allgemeine Aussagen über Tendenzen oder Veränderungsarten. Die Entscheidungskonsequenzen werden nicht durch konkrete Zahlen dargestellt. *Konkret-rechnerische Erklärungsmodelle* geben dagegen zahlenmäßig an, wie die Folgen von Entscheidungen sein werden. Sie sind die Domäne des betriebswirtschaftlichen *Rechnungswesens.*

Heinen behandelt dann die generell-bestimmenden Erklärungsmodelle der Produktions- und Kostentheorie, der Preis- und Absatztheorie und der Finanzierungstheorie.

Betriebswirtschaftliche Entscheidungsmodelle

Die Entscheidungsmodelle ermöglichen eine optimale oder „befriedigende" Gestaltung des betriebswirtschaftlichen Entscheidungsfeldes. Heinen sucht

dann die Grundlagen für das Verständnis mathematischer Entscheidungs-
modelle zu vermitteln. Die von ihm beispielhaft dargelegten Modelle bilden die
Basis für die Entwicklung umfassender und wirklichkeitsnaher Entscheidungsmodelle der modernen Betriebswirtschaftslehre. Auch die Entscheidungsmodelle gliedert Heinen in *generell-bestimmende* und *konkret-rechnerische
Entscheidungsmodelle*. In der betriebswirtschaftlichen Praxis sind nur solche
Entscheidungsmodelle unmittelbar anwendbar, die die optimalen Werte der
Aktionsparameter konkret-rechnerisch aufzeigen. Doch benötigt die Betriebswirtschaftslehre auch generell-bestimmende Entscheidungsmodelle als Vorstufe
für die Entwicklung konkret-rechnerischer Modelle. Sie liefern ferner Hinweise
für die Gewinnung und Verarbeitung konkret-rechnerischer Informationen.
Konkret-rechnerische Entscheidungsmodelle werden vor allem von dem *Operations Research* entwickelt.

Heinen zeigt dann einige kurz- und langfristige Entscheidungsmodelle der Ent-
scheidungslogik. Preis- und Kostentheorie befassen sich vornehmlich mit kurzfristigen Entscheidungsmodellen. Langfristige Entscheidungsmodelle stehen dagegen im Mittelpunkt der betriebswirtschaftlichen Kapitaltheorie, die investi-
tions- und finanzierungstheoretische Entscheidungsmodelle zusammenfaßt.
(Siehe auch oben S. 213 f.)

10. Erich Kosiol

Erich Kosiol, 1899 in Köln geboren, studierte zunächst von 1919 bis 1922 in Bonn
Mathematik, Naturwissenschaften und Philosophie und promovierte mit der
mathematischen Dissertation „Grundlagen der Kinematik im hyperbolischen
Raum". Danach studierte er in Köln bei Schmalenbach, Seyffert und Walb
Betriebswirtschaftslehre und war nach der Diplomprüfung von 1924 bis 1926
in der Praxis tätig. Dann wurde er Assistent an der Universität Köln und 1928
stellvertretender Direktor des dortigen Einzelhandelsinstituts. 1931 habilitierte
er sich bei Seyffert in Köln und wurde 1939 Ordinarius an der Hochschule für
Wirtschafts- und Sozialwissenschaften in Nürnberg und 1948 Ordinarius für
Betriebswirtschaftslehre an der Freien Universität Berlin, wo er jetzt noch
lehrt.

Kosiol hat neben zahlreichen Aufsätzen und Abhandlungen etwa 20 Bücher ver-
öffentlich, von denen besonders zu erwähnen sind: Finanzmathematik, 10. Aufl.,
Wiesbaden 1966; Kalkulatorische Buchhaltung 5. Aufl., Wiesbaden 1953; Anlagenrechnung — Theorie und Praxis der Abschreibungen, 2. Aufl., Wiesbaden
1955; Leistungsgerechte Entlohnung, 2. Aufl., Wiesbaden, 1962; Organisation der
Unternehmung, 2. Aufl., Wiesbaden 1976; Kostenrechnung, 1964; Einführung
in die Betriebswirtschaftslehre. Die Unternehmung als wirtschaftliches Aktions-
zentrum, Wiesbaden 1968 (auch in rowohlts deutscher enzyklopädie erschienen).
— Zuvor noch ein Wort über sein letztes Werk „Einführung in die Betriebswirtschaftslehre", in dem er die Grundgedanken seiner Lehre ordnend zusammenfaßt und vertieft und auf das sich die folgenden Ausführungen vorwiegend stützen. Der Titel dieses Werkes kann irreführend gedeutet werden, denn es handelt
sich nicht um eine „erste" Einführung in das Gebiet der Betriebswirtschaftslehre, sondern um eine sehr anspruchsvolle „Einführung in die Problematik und

die Betrachtungsweise der Betriebswirtschaftslehre ..., bei der die Vollständigkeit eines Lehrbuches nicht erstrebenswert ist."

Über Kosiol: Ralf-Bodo Schmidt, Erich Kosiol, Quellen, Grundzüge und Bedeutung seiner Lehre, Sammlung Poeschel, Stuttgart 1967.

Der Erkenntnisgegenstand der Betriebswirtschaftslehre

Kosiol bezeichnet als E r f a h r u n g s o b j e k t der Wirtschaftswissenschaft „die gesamte Kulturwelt des Menschen, in die das besondere ökonomische Geschehen eingebettet ist ... Sie muß z. B. auch die freien Berufe des Arztes und Rechtsanwalts, Krankenhäuser und Sanatorien, Schulen, Forschungsstätten, Theater und Museen, Kirchen, Behörden, öffentliche Verwaltung und Staatseinrichtungen auf ihre wirtschaftliche Problematik hin untersuchen ..."

Unter W i r t s c h a f t versteht Kosiol den „Aktionsbereich des Menschen", der „alle Vorgänge, Handlungen, Einrichtungen und Gebilde, durch die und mit denen gewirtschaftet wird," umfaßt. Das materiale oder *Sachziel* (Materialobjekt) der Wirtschaft ist nach Kosiol die Bedarfsdeckung. Es ist zugleich das naturale, technische Ziel des Wirtschaftens. Neben den Inhalt, den Sachcharakter der Wirtschaft, tritt das vom Inhalt unabhängige *Formalziel* der Wirtschaft, das sog. wirtschaftliche oder ökonomische Prinzip als Ausdruck der *Rationalität* des Handelns.

Aus dem weitgefaßten Erfahrungsobjekt wird mittels des Identitätsprinzips das *Erkenntnisobjekt* abgeleitet. In Anlehnung an Hans Meyer sieht er in der *relativen Knappheit der Mittel* das Identitätsprinzip der Wirtschaftswissenschaften. Er faßt also auch das Erkenntnisobjekt der Wirtschaftswissenschaften sehr weit. Es gilt sowohl für die *Betriebswirtschaftslehre* wie auch die *Volkswirtschaftslehre*. Der Unterschied zwischen diesen beiden Wissenschaften sieht er lediglich in der besonderen Betrachtungsweise, mit der das Erkenntnisobjekt analysiert wird. Die Betrachtungsweise der Volkswirtschaftslehre (Sozialökonomik) bezeichnet Kosiol als *makroskopisch;* sie untersucht die Gesamterscheinungen, wie Wirtschaftsordnung, Konjunktur, Preisniveau, Vollbeschäftigung und Sozialprodukt. Die Betriebswirtschaftslehre (Individualökonomik) dagegen ist eine Lehre von der Einzelwirtschaft, von deren Funktionsweisen und Gesetzmäßigkeiten; ihre Betrachtungsweise ist *mikroskopisch.* — Die „*Wirtschaftstheorie*" bildet das gemeinsame Fundament beider Disziplinen.

Die Methoden

Kosiol vertritt — wie die meisten Forscher — einen *Methodenpluralismus.* Induktion und Deduktion müssen sich gegenseitig ergänzen. „Induktion ohne Deduktion ist ein Schiff ohne Kompaß, Deduktion ohne Induktion ein Kompaß ohne Schiff!" (Franz Oppenheimer). Doch kommt Kosiol zu einer ähnlichen Ansicht wie Karl R. Popper, dessen „kritischer Rationalismus" dem „Logischen Empirismus" des Wiener Kreises nahesteht. Nach Popper sind alle Versuche als gescheitert anzusehen, die Induktion (den Schluß vom Einzelnen zum Allgemeinen) logisch zu begründen. Es werden generelle Hypothesen gebildet, die dem Inhalt nach dem Ergebnis des Induktionsvorganges entsprechen. „Vor Beginn der Untersuchung der realen Erfahrungswelt ist es notwendig, hierfür Arbeitshypothesen als theoretisches Konzept zu entwickeln, mit dem man fragend an die Wirklichkeit herangeht." (Kosiol)

Da Kosiol Mathematik studiert und sogar mit einer mathematischen Arbeit promoviert hat, ist es verständlich, daß er in der Betriebswirtschaftslehre *mathematische Verfahren* schon sehr früh anwendete und auf die große Bedeutung der Mathematisierung des wirtschaftlichen Handelns hinwies. Doch sieht er auch die *Grenzen der mathematischen Verfahren,* deren wesentliche Voraussetzung die Strukturgleichheit (Homomorphie oder partiale Isomorphie) zwischen der Problemstruktur der Realität und der Formalstruktur des Modells ist. Wenn diese Isomorphie nicht vorhanden ist, dann sind zwar die Kalkülergebnisse logisch durchaus richtig, doch sie sind in der Realität nicht anwendbar.

Den Begriff des M o d e l l s , der in der Betriebswirtschaftslehre zunehmend an Bedeutung gewonnen hat, legt Kosiol gleichfalls sehr weit aus. Modelle sind nach ihm „zusammengesetzte Gebilde, die aus der Totalinterdependenz der Wirklichkeit abgegrenzte und übersehbare Teilzusammenhänge ausgliedern, um die bestehenden Abhängigkeiten zu unterscheiden". Demnach sind Modelle nur partiale Abbildungen. Kosiol unterscheidet folgende *Arten der Modelle:*

(1) Nach der Funktion: *Beschreibungsmodelle* und *Erklärungsmodelle;* letztere sind auch für Prognosezwecke geeignet;

(2) nach der Abbildungsart: *ikonische* (bildhafte) und *symbolische* (abstrakte) *Modelle;* letztere werden unterteilt in verbale, logistische und mathematische Modelle; logistische und mathematische Modelle sind *Kalkülmodelle;*

(3) nach dem Merkmal des Realitätsbezuges: *Realmodelle,* die Gegenstände der empirischen Realität abbilden, und *Idealmodelle,* die keinen Realitätsbezug aufweisen; Realmodelle enthalten Hypothesen, die der empirischen Wirklichkeit entsprechen sollen, Idealmodelle dagegen enthalten unverbindliche Annahmen.

(4) *Kalkülmodelle* können sein: *Ermittlungsmodelle,* z. B. Buchhaltung und Kapitalwertermittlung, sowie *Entscheidungsmodelle,* z. B. lineare Verteilungsmodelle. Ermittlungsmodelle ermitteln lediglich ein quantitatives Ergebnis, Entscheidungsmodelle bestimmen darüber hinaus aus einem Variationsbereich die optimale Lösung; es sind die Modelle des Operations Research.

Technizität und Rentabilität

Erich *Kosiol* faßt auch den Begriff der Rentabilität wesentlich weiter, als es sonst üblich ist. Auch er geht aus von der Wirtschaftlichkeit, die er in technische und ökonomische Wirtschaftlichkeit gliedert. Wir haben diese Begriffe schon eingehend behandelt (s. oben S. 42 f.).

Aufbauorganisation der Unternehmung

Bei der *Analyse der Gesamtaufgabe* der Unternehmung unterscheidet Kosiol insgesamt fünf Merkmale:

(1) die *Verrichtungen:* Beschaffen, Fertigen, Lagern und Verkaufen, mit zahlreichen Unteraufgaben niedrigerer Ordnung;

(2) *Objekte:* zu bearbeitende Ausgangsobjekte (z. B. Rohstoffe), sodann End-
erzeugnisse sowie Arbeitsmittel und Personen;

(3) *Rang:* Entscheidung und Ausführung;

(4) *Phase:* Planung, Realisation und Kontrolle;

(5) *Zweck:* primäre oder exogene Aufgaben, z. B. Absatz, Lagerung, Herstellung usw., sowie sekundäre oder endogene Aufgaben, die durch die Existenz exogener Aufgaben entstehen, z. B. Personalverwaltung.

Die Aufgabenanalyse erfordert nun als zweiten Schritt die *Synthese der Teilaufgaben* zu verteilungsfähigen Aufgaben. Sie untersucht die Möglichkeiten
und Formen der Zusammenfassung der einzelnen Aufgabenelemente zu einem
strukturierten Gliederungsaufbau der Unternehmung. In der Synthese vollzieht
sich die Ausrichtung und Zusammenfassung der gewonnenen analytischen Aufgabenelemente im Hinblick auf ihre Verteilung auf menschliche Arbeitskräfte
zu einem einheitlichen Teilaufgabengesamt (Stellenbildung) und Übertragung
dieser Stellenaufgaben auf bestimmte Personen als Aufgabenträger (Aufgabenverteilung). Der sich zwischen den einzelnen Stellen ergebende organisatorische
Zusammenhang kann von fünf verschiedenen Seiten her betrachtet werden:

(1) als *Verteilungszusammenhang der Stellen und ihrer Aufgaben:* aus den
analytischen Teilaufgaben werden synthetische Stellenaufgaben gebildet
und auf Personen verteilt; Stellenaufgaben entstehen durch Zentralisation
von Teilaufgaben, die hinsichtlich eines analytischen Merkmals gleichartig
sind;

(2) als *Leitungszusammenhang,* der die instantiellen Rang- und Weisungsbezie-
hungen zwischen den Stellen ausdrückt: die Bildung einer rangmäßig ge-
stuften Instanzengliederung läßt sich als Delegationsprozeß erklären;

(3) als *Stabszusammenhang,* der die Beziehungen darstellt, die sich bei der
Unterstützung der Leitungsstellen durch bestimmte Mitarbeiter (Stäbe)
ergeben;

(4) als *Arbeitszusammenhang,* der die Informations- und Arbeitsbeziehungen
(Kommunikation) zwischen den Stellen wiedergibt, und schließlich

(5) als *Kollegiumzusammenhang,* der die zeitlich begrenzte Zusammenarbeit
mehrerer Stellen in Gremien zum Inhalt hat.

Über die Organisation als „integrative Strukturierung von Ganzheiten" siehe
oben S. 83 f.

Ablauforganisation der Unternehmung

Die Aufbauorganisation, die die Gebilde-Strukturierung zum Zweck hat, wird
durch die Ablauforganisation als *Strukturierung des sich raumzeitlich abspie-
lenden Arbeitsprozesses der Unternehmung* ergänzt. Die Prozeßstrukturierung
erfolgt gleichfalls in zwei Schritten: Die vororganisatorische *Arbeitsanalyse*
und die daran anknüpfende *Arbeitssynthese.* Die Arbeitsanalyse stellt eine Ver-
längerung der Aufgabenanalyse dar. Als Gliederungsprinzipien kommen für sie
die fünf der Aufgabenanalyse zugrundegelegten Merkmale in gleicher Weise in
Frage: Verrichtung, Objekt, Rang, Phase und Zweckbeziehung. Doch stehen die

beiden Sachprinzipien: Objekt und Verrichtung, bei der Arbeitsanalyse im Mittelpunkt.

Die *Arbeitssynthese* steht in enger Wechselbeziehung zur Aufgabensynthese; sie behandelt die sich an die Aufgabenbildung und -verteilung anschließenden Fragen der Aufgabenerfüllung, indem sie aus den analytisch gewonnenen Arbeitsteilen einzelne Arbeitsgänge für Aufgabenträger festlegt. Sie kann von drei verschiedenen Blickpunkten her betrachtet werden:

(1) *personale Arbeitssynthese* (Arbeitsverteilung): Zuteilung einer bestimmten Arbeitsmenge auf Stelleninhaber;

(2) *temporale Arbeitssynthese* (Arbeitsvereinigung): sie hat die verschiedenen Arbeitsgänge zeitlich aufeinander abzustimmen;

(3) *lokale Arbeitssynthese* (Raumgestaltung): die räumliche Anordnung der Arbeitsplätze im Hinblick auf minimale Transportwege und Transportkosten.

Der Informationsstrom in der Unternehmung

In der gesonderten Erfassung des Informationsstroms liegt Kosiols wesentliche Abweichung gegenüber anderen „Allgemeinen Betriebswirtschaftslehren".

Unter *Information* versteht Kosiol (mit W. Wittmann) ein zweckorientiertes Wissen. Ein bestimmtes Wissen ist für einen Entscheidungsträger nur dann eine Information, wenn Zwecke verfolgt werden, für die dieses Wissen geeignet ist. Sie werden von den Unternehmungen aufgenommen, gespeichert, verarbeitet und räumlich übermittelt. Wenn nur das Teilproblem der *raumzeitlichen Übermittlung* im Vordergrund des Interesses steht, spricht man vielfach von *Kommunikation*. Für organisatorische Betrachtungen hält es Kosiol allerdings für zweckmäßiger, den Kommunikationsbegriff weiter zu fassen. Er umschließt dann alle verbindenden Beziehungen und Vorgänge zwischen Gliederungseinheiten und Aufgabenträgern.

Der *Inhalt der übermittelten Informationen* kann beliebiger Art sein: Unterrichtungen, Anordnungen, Rückfragen, Auskünfte, Vorschläge, Berichte und Empfehlungen. Kosiol faßt also den Informationsbegriff sehr weit, weil er eine umfassendere Deutung des Problems gestatte und deshalb wissenschaftlich fruchtbarer sei.

Wird in einer Organisation der Weg des Informationsaustausches festgelegt, so spricht man von einem *Informationsweg*. Die Gesamtheit der Informationswege bildet das *Informationsnetz*.

Die Information durchläuft folgende *Phasen* des Informationsstroms:

(1) *Aufnahme der Information*: durch externe Kommunikationsvorgänge oder interne Uraufnahme;

(2) *Vorspeicherung der Informationen*: im menschlichen Gehirn oder in mechanischen Speichern;

(3) *Verarbeitung*: sie hat einmal den Zweck, die Speicherfähigkeit des Zeichenträgers zu erhöhen, z. B. durch Mikrofilme, Lochkarten u. dgl.; sie hat ferner

den Zweck, durch Änderung des Zeichensystems, z. B. Übersetzen oder Änderung des Zeicheninhalts, aus Eingangsinformationen neue aussagefähigere Informationen zu gewinnen; das ist die Hauptaufgabe des Rechnungswesens.

(4) *Nachspeicherung der Information:* sie hat die gleiche Funktion wie die Vorspeicherung, nur daß sie dem Verarbeitungsprozeß folgt;

(5) *Abgabe der Information:* transformierte oder gespeicherte Informationen werden an Empfänger innerhalb der Unternehmung oder an Außenstehende übermittelt.

Der *Informationsstrom* der Unternehmung ist ein *kybernetisches System* oder mit Rückkopplungen ausgestattetes Informationsnetz, dessen Verflechtungen durch Entscheidungsdelegationen gebildet werden. Das *Informationsnetz überlagert die Real- und Nominalgüterprozesse* und lenkt sie. Die Verbindungen zwischen den Knotenpunkten dieses Netzes stellen *Informationswege* dar. Die *Knotenpunkte* selbst sind Stellen, die Speicherungs- oder Verarbeitungsvorgänge durchführen oder nur als Zwischenglieder des Übermittlungsprozesses auftreten. Einige dieser Knotenpunkte bedeuten *Entscheidungszentren.*

Das ökonomische Entscheidungsproblem

Das Entscheiden ist ein Auswählen unter verschiedenen Möglichkeiten. Derartige Wahlentscheidungen im Sinne von Willensentscheidungen gehen grundsätzlich jeder Ausführung von Aktionen voran. Die Planüberlegungen, die dem eigentlichen Entscheidungsakt vorangehen, sind darauf gerichtet, die dem Entscheidungsproblem zugrundeliegende Fragestellung durch die Aufstellung von Entscheidungsalternativen zu erfassen.

In die Entscheidungen gehen auch die *Ausflüsse der Persönlichkeitsstrukturen* ein, die u. a. durch weltanschauliche, religiöse, ethische, politische und soziale Normen geprägt sind. Deshalb ist eine weitgehende *Zusammenarbeit mit Psychologie und Soziologie* notwendig, da sich diese Disziplinen ja auch mit den menschlichen Entscheidungsakten beschäftigen. Doch geht ein anderer Ansatz der Forschung dahin, die entscheidungspsychologischen und -soziologischen Fragen entweder ganz auszuklammern oder höchstens ergänzend anzufügen. Der Sachzusammenhang der Entscheidung wird hier formal betrachtet und als markanter Teil eines Informationsnetzes angesehen.

Die Unvollkommenheit der Information

Die Unvollkommenheit der Information kann mit Hilfe eines *Informationsgrades* (W. Wittmann) gemessen werden:

$$\text{Informationsgrad} = \frac{\text{tatsächlich vorhandene Informationen}}{\text{sachlich notwendige Informationen}}$$

Doch bezieht sich nach Kosiol der Informationsgrad primär stets nur auf ein konkretes Entscheidungsproblem. Sodann dient der Begriff des Informationsgrades gegenwärtig lediglich der Beschreibung statt der Messung des Sachverhaltes.

Die Unvollkommenheit der Informationen kann folgende verschiedene *Ursachen* haben:

(1) *Unvollständigkeit:* Es fehlen wichtige Teilinformationen, so daß der Informationsstand lückenhaft ist; die Unvollständigkeit der Information ist groß, wenn viele Informationen mit hoher Zweckeignung nicht gegeben sind.

(2) *Unbestimmtheit:* Es sind zwar ausreichend viele Informationen vorhanden, doch sie sind unbestimmt oder unpräzise, so daß ihr Informationsgehalt nur gering ist.

(3) *Unsicherheit:* Die vorhandenen Informationen sind zwar bestimmt, doch ihr empirischer Wahrheitswert ist zweifelhaft.

(4) *Ungewißheit:* Die drei ersten Sachverhalte sind intersubjektiver Natur, die Ungewißheit ist dagegen eine intrasubjektivpsysologische Eigenart des Menschen. Die Unvollkommenheit einer Information ist dem Menschen als Entscheidungssubjekt bekannt und übt damit zusätzlich einen lähmenden oder beflügelnden Einfluß aus.

Wenn in einer Entscheidungssituation ein niedriger Informationsgrad festgestellt wird, kann trotzdem die Entscheidung sofort gefällt werden. Doch kann der Entscheidungsträger versuchen, vor dem Entscheiden den Informationsgrad noch zu verbessern. Oft besteht die Möglichkeit, die Entscheidung noch aufzuschieben und den Informationsgrad zu verbessern.

Die Entscheidung als Ziel-Mittel-Relation

Kosiol untersucht nun die Entscheidung als Ziel-Mittel-Relation. Die Mittel stellen Entscheidungsalternativen dar, die im Hinblick auf eine *Zielvorstellung* oder *Zielkonzeption* zu beurteilen sind.

Da die Entscheidungsziele mit einem bestimmten wirtschaftlichen Erfüllungsgrad erreicht werden sollen, müssen für die Ziele Entscheidungskriterien als Beurteilungsmaßstäbe ausgesucht werden. So unterscheidet Kosiol — außer dem Entscheidungssubjekt — *vier Entscheidungselemente:* (1) *Entscheidungsrahmen:* er enthält die konstanten Größen (Parameter) als Daten, während (2) die *Entscheidungsalternativen* Variable darstellen. Das (3) *Entscheidungsziel* bestimmt, woran die Alternativen zu messen sind, z. B. Gewinn, Zeitdauer, Risiko (Zielfunktion). Das (4) *Entscheidungskriterium* bestimmt, in welcher Größenordnung Entscheidungsziele als erstrebenswert (optimal) anzusehen sind, z. B. Minimierung (von Kosten), Maximierung (von Erträgen), Maximierung (des Gewinns) u. dgl. Damit ist die Grundstruktur einfachster Entscheidungssituationen gekennzeichnet. Die Kombination von Entscheidungsziel und -kriterium bezeichnet Kosiol als *Zielvorstellung.*

In neuerer Zeit berücksichtigt man mehr und mehr die Tatsache, daß in der Realität die Wahl zwischen Alternativen meist von *mehreren Zielvorstellungen* zugleich abhängt; man spricht dann von „Zielkonzeption" (Ralf-Bodo Schmidt). Noch schwieriger ist das Entscheidungsproblem, wenn mehrere zu extremierende Zielfunktionen innerhalb der Zielkonzeption auftauchen. Eine Zielkonzeption, bei der zu einer zu maximierenden (minimierenden) Zielfunktion mehrere feste Fixierungen und/oder Ober- bzw. Untergrenzen als Zielvorstellungen hinzutreten, ist mathematisch als Maximierung (Minimierung) unter Nebenbedingungen zu interpretieren. Man unterscheidet daher *Haupt- und Nebenbedingungen.*

Die Zielkonzeption der Unternehmung

Eine Kernfrage der allgemeinen Entscheidungsforschung ist die wissenschaftliche Zulässigkeit von *Werturteilen*. Nach der Auffassung des logischen Empirismus oder kritischen Rationalismus sind normativistische Werturteile, d. h. solche, die ethische Normen setzen, zwar nötig, aber nicht wissenschaftlich begründbar; sie sind der wissenschaftlichen Fragestellung, ob sie empirisch wahr oder falsch sind, grundsätzlich nicht zugänglich. Normativistische Werturteile können durch die Realität weder widerlegt (falsifiziert) noch bestätigt (verifiziert) werden.

Dagegen ist Kosiol der Ansicht, daß die Lösung *praktischer Entscheidungsprobleme*, bei denen Wissenschaftler als Berater oder Gutachter auftreten, immer die Abgabe von Werturteilen verlangt und daß deshalb auch der Wirtschaftswissenschaftler dabei nicht werturteilsfrei agieren kann. Doch ist er gehalten, wenigstens in den entscheidenden Punkten nicht seine eigenen Normen über Ziele und Mittel anzuwenden, sondern von der Gesellschaft allgemein anerkannte Normen oder solche des Auftraggebers als Ausgangspunkt zu nehmen. Soweit es jedoch der *Wissenschaftler* für erforderlich hält, bei entscheidenden Fragen von eigenen normativistischen Werturteilen auszugehen, so hat er sie als persönliche Werturteile zu kennzeichnen.

Das *Formalziel des Betriebes* ist die *Wirtschaftlichkeit*, die in verschiedenen Formen auftritt, nach Kosiol als *Technizität* und *Rentabilität* (s. oben S. 42 f.).

11. Ralf-Bodo Schmidt

Ralf-Bod Schmidt, 1928 in Berlin geboren, studierte an der Freien Universität Berlin, wo er 1952 bei Prof. E. Kosiol promovierte. Von 1951 bis 1953 und von 1961 bis 1962 war er als Schüler Kosiols Assistent am Institut für Industrieforschung. In der Zwischenzeit von 1953 bis 1960 war er in leitenden Stellungen in der Wirtschaftspraxis tätig. Im Mai 196? habilitierte er sich an der Freien Universität Berlin mit der Arbeit „Die Ge.innverwendung der Unternehmung" (Berlin 1963). Seit 1963 ist er ordentlicher Professor für Betriebswirtschaftslehre, zunächst in Hamburg, dann in Freiburg. 1969 erschien das Werk „Wirtschaftslehre der Unternehmung — Grundlagen" (1969, 2. Aufl. 1977) und Bd. 2: Zielerreichung (1973)[1], auf das wir kurz eingehen wollen, da es ein wichtiger Beitrag zur „entscheidungsorientierten Betriebswirtschaftslehre" ist.

Erfahrungs- und Erkenntnisobjekt der Wirtschaftswissenschaft

Das *Erfahrungsobjekt* der Sozialwissenschaften (Wirtschaftswissenschaft, Soziologie, Rechtswissenschaft, Sozialpsychologie) ist nach Ralf-Bodo Schmidt das *„menschliche Handeln in der Sozialwelt"*. Dem ist ein Akt vorgelagert, der das Handeln bestimmt: die wirtschaftliche Entscheidung, d. h. die Entscheidung nach dem Prinzip der Wirtschaftlichkeit. Das *zielwirksame Entscheiden* über Wirtschaftsgüter zur Erreichung gesetzter Ziele und die Wahl bestimmter Ziele selbst ist nach Schmidt das *einheitliche Erkenntnisobjekt der Wirtschaftswissenschaft*. Betriebswirtschaftslehre und Volkswirtschaftslehre trennt voneinander allein eine sinnvolle Arbeitsteilung, die einem speziellen Blickwinkel folgt. Die *Volkswirtschaftslehre* betrachtet gesamtwirtschaftlich aggregierte

---

[1] Der 3. Band des Werkes behandelt die „Erfolgsverwendung" und erscheint 1978.

Auswirkungen und Ergebnisse von Entscheidungsprozessen. Demgegenüber analysiert die Betriebswirtschaftslehre Betriebsprozesse; sie behandelt Marktverflechtungen der Betriebe und gesamtwirtschaftliche Entscheidungskonsequenzen nur, soweit es einzelwirtschaftlich von Belang ist. Fließende Grenzen beider Disziplinen sind zwangsläufig und erwünscht.

Nicht nur die Betriebswirtschaftslehre beschäftigt sich mit den Betrieben, sondern auch andere Sozialwissenschaften, jeweils aus ihrem „speziellen Blickwinkel". Somit sind die Betriebe der wissenschaftlichen Analyse durch verschiedene Disziplinen zugänglich (*„disziplinäre Analyse der Betriebe"*). Diese sind damit zugleich Hilfswissenschaften der Betriebswirtschaftslehre, so die Volkswirtschaftslehre, die Soziologie, insbesondere die Betriebssoziologie und Organisationssoziologie, die Rechtswissenschaft, sodann die Wissenschaft vom bürgerlichen, Arbeits-, Handels- und Patentrecht, ferner die Psychologie, und zwar die Individual- und Sozialpsychologie.

Die methodische Grundlage der Wirtschaftswissenschaft

Ralf-Bodo Schmidt vertritt — wie gegenwärtig sehr viele, und von den jüngeren wohl die meisten Forscher — den logischen Empirismus (Carnap, Popper, Hans Albert und der Wiener Kreis), die, ebenso wie schon Max Weber, *ethisch fundierte Werturteile* als wissenschaftliche Aussagen ablehnen. Die *„normative Wirtschaftswissenschaft"*, die „philosophisch oft im Idealismus verwurzelt" ist, setzt Schmidt mit „Wirtschaftsethik und Wirtschaftsphilosophie" gleich. Siehe darüber oben S. 67 f., 383 f. und 899 f.

Die *„realtheoretische oder empirischtheoretische Wirtschaftswissenschaft"* verzichtet also auf die Abgabe „wissenschaftlicher Werturteile", ihr *„theoretisches Wissenschaftsziel"* ist die *Gewinnung von Realtheorien zur Erklärung und Prognose der Wirklichkeit"*. Sie strebt theoretische Aussagen an, die Erklärungen und Prognosen über die untersuchten Phänomene gestatten, wozu die Erkenntnis von Gesetzmäßigkeiten notwendig ist. Der *Erklärungsvorgang* besteht in seiner einheitlichen Formalstruktur aus (1) einem *Explanandum*, d. h. einer singulären Aussage, die einen zu klärenden Sachverhalt beschreibt, und (2) einem *Explanans*, das ist (a) eine generelle Aussage (ein *Gesetz*), das eine Regelmäßigkeit in der Natur- oder Sachwelt beschreibt, und (b) einer singulären Aussage als *Randbedingung*, die die Voraussetzungen für die Anwendbarkeit des Gesetzes beschreibt. Die empirischen Gesetze sind demnach das Kernstück theoretischer Forschung.

Die Wirtschaftswissenschaft kann daneben auch als *„entscheidungsorientierte Wirtschaftswissenschaft"* ein *pragmatisches* Wissenschaftsziel anstreben. Hierbei werden Theorien in instrumentale Ziel-Mittel-Systeme eingefügt, in dem theoretisch erkannte Wirkungen als Ziele gesetzt und die die Wirkungen hervorrufenden Ursachen zu Mitteln der Zielerreichung erklärt werden. Derartige *instrumentale* oder *praxeologische Aussagesysteme* oder *angewandte Theorien* sind direkt auf das menschliche Entscheiden ausgerichtet, wobei sie anwendungsorientierte Umformungen der Theorie darstellen. Ihr primäres Ziel ist nicht die Prognose, sondern die *Gestaltung*.

In der *Volkswirtschaftslehre ist diese Wissenschaftsrichtung als Theorie der (Volks-)Wirtschaftspolitik* bekannt. Ihre Zielformulierung (Vollbeschäftigung,

Wachstum, Geldwertstabilität u. dgl.) ist eine charakteristische entscheidungs-orientierte Konzeption, die sogar Niederschlag in staatlich kodifizierten Geset-zen findet.

Eine *Theorie der Betriebswirtschafts- oder Unternehmungspolitik,* die auch unverkennbar entscheidungsorientiert ist, wurde bereits von Schmalenbach gefordert (Betriebswirtschaftslehre — eine „Kunstlehre") und fand in neuerer Zeit größer angelegte Entwürfe in Schriften von Sandig (Betriebswirtschafts-politik, 2. Aufl., Stuttgart 1966) und Mellerowicz (Unternehmenspolitik, 3 Bde., 2. Aufl. Freiburg 1963/65).

Das pragmatische Wissenschaftsziel findet darüber hinaus in der sogenannten *„Unternehmensforschung"* (Operations Research) Anwendung. Die Unterneh-mensforschung ist allerdings im Gegensatz zur „Theorie der Unternehmungs-politik" streng mathematisch orientiert, während die Vertreter der Unterneh-mungspolitik gegenwärtig vielfach noch verbal argumentieren. Doch zeigt sich, daß dieser Gegensatz sich mit der Zeit auflöst, was bei den großen Erfol-gen der realtheoretischen Betriebswirtschaftslehre auch zu erwarten war.

Die Instrumentalfunktion der Unternehmung

Die Unternehmung als Instrument

Die Unternehmung ist ein Instrument des wirtschaftenden Menschen, mit dem er versucht, persönliche, an das Leben gestellte Ziele bestmöglich zu erreichen. Derartige — vom Menschen als Sozialwesen verfolgte — Ziele werden als *„metaökonomische"* bezeichnet. Da die Unternehmung als Einrichtung des Wirt-schaftslebens jedoch keine metaökonomischen Ziele verfolgen kann, ist die Erklärung des Unternehmungsgeschehens nicht direkt aus diesen Zielen mög-lich. Wenn sie sich jedoch in Unternehmungsziele transponieren lassen, stellen diese metaökonomischen Ziele die übergeordnete Zielgruppe für die zielsetzen-den und zielerreichenden Entscheidungen in der Unternehmung dar.

Die Endziele menschlichen Handelns, die als Primärziele nur vage beschreibbar sind, stehen zwar am Ende jeder Ziel-Mittel-Kette; sie sind aber nicht für bestimmte wirtschaftliche Handlungen als unmittelbare Ursache zweifelsfrei erkennbar. Werden sie jedoch auf ihre ökonomische Wirkung hin konkretisiert, so wird der zielerreichende Charakter vieler Entscheidungen der Wirtschafts-objekte deutlich. In der Realität sind in dieser Form als metaökonomische Ziele vor allem Streben nach materiellem Nutzen und Sicherheit, Befriedigung von Schaffensfreude, Streben nach Prestige, Anerkennung und Macht sowie nach Gerechtigkeit festzustellen. *E. Heinen* nennt diese Ziele *„nichtmonetär"* (s. oben S. 189 f.).

Eine Erklärung der metaökonomischen Ziele ist nicht Gegenstand einer wert-freien Wirtschaftslehre der Unternehmung, ihr geht es allein darum festzu-stellen, warum und inwieweit sie ökonomisch relevant sind. Die Bedürfnisse des wirtschaftenden Menschen materieller oder immaterieller Art kann die Unternehmung nur über die Verwirklichung von operationalen Zielen befriedi-gen, die sich aber nur aus den metaökonomischen Zielen der Unternehmungs-träger motivieren und erklären lassen. Dabei können i. d. R. mehrere metaökonomische Ziele gleichzeitig verfolgt werden, die dann im Hinblick auf ihre Vorzugswürdigkeit individuell abzustufen sind. Hierin kann sodann auch das Streben nach einem persönlichen Gleichgewichtszustand zum Ausdruck kommen.

Instrumentalthese

Die Unternehmung ist nicht nur ein Instrument des wirtschaftenden Menschen, sie ist auch eine das Handeln bestimmende *Institution,* da sie sowohl instrumentale als auch institutionelle Züge trägt. Beide Auffassungen sind nur dann miteinander unvereinbar, wenn die Unternehmung als eine in *jeder Hinsicht autonome Institution* angesehen wird, die einer instrumentalen Einwirkung von keiner Seite zugänglich ist; das ist aber ein ganz unrealistischer Grenzfall. Die institutionelle Auffassung besagt primär, daß die Unternehmung eine *Institution* und *nicht eine Person* ist. Sie steht also im Gegensatz zur *personellen Auffassung,* welche die Unternehmung (als Institution) und den Unternehmungsträger (als Person) identifiziert.

Diese personelle Auffassung liegt z. B. der juristischen Betrachtung zugrunde, die die Gesellschafter der Unternehmung als einen Kapitalgeber-, Haftungs- und Risikoverband in den Vordergrund stellt und konsequenterweise nicht von einer Institution, sondern einer (juristischen) „Person" spricht. Personen und Institutionen sind deshalb scharf zu trennen. Die institutionelle Auffassung liegt also mit der personellen in Konflikt, nicht notwendig aber mit der instrumentalen. Zu beachten ist auch, daß die institutionelle Deutung offenläßt, wer die Unternehmung instrumental beeinflußt.

Eine weitere alternative Auffassung ist die *organische Deutung* der Unternehmung. Man sieht sie in biologischer Analogie als das Organ eines Organismus. In letzter Konsequenz muß nach Schmidt dieser Gedanke dazu führen, die Unternehmung als ein von ihren menschlichen Trägern isoliertes Gebilde, als ein Organ der Volkswirtschaft, anzusehen. Die Funktionsweise der Unternehmung ist — nach dieser extremen Auffassung — allein von gesamtwirtschaftlichen Bedingtheiten und Notwendigkeiten her zu begreifen. Das ist natürlich nicht der Fall. Wird dagegen das Handeln der Unternehmung aus der Sicht der Wirtschaftsordnung und damit mehr volks- als betriebswirtschaftlich betrachtet, so liegt eine Deutung der Unternehmung als Organ nahe. In einer vollkommen gelenkten Planwirtschaft — einem theoretischen Grenzfall — ist die Unternehmung in der Tat reines Organ. Auch organische und instrumentale Betrachtungsweisen sind insofern nicht unverträglich, als aus betriebswirtschaftlicher Sicht das Organ Unternehmung ein Instrument in den Händen wirtschaftspolitischer Lenker der Planwirtschaft darstellt. In dem Maße jedoch wie die Wirtschaftsordnung Handlungsspielräume gewährt, nimmt die Bedeutung der Unternehmung als Instrument für die Durchsetzung individueller Zielvorstellungen anderer Träger zu.

Gegen die Instrumentalthese könnte eingewandt werden, daß der Instrumentalismus heute — besonders von Karl Popper — abgelehnt wird, weil es für Aussagen, die ausschließlich instrumental, d. h. unter dem Gesichtspunkt ihrer Anwendung, gesehen werden, ohne Belang ist, ob sie wahr sind, es ist allein erheblich, ob sie zweckmäßig sind; das Falsifizierbarkeitskriterium ist damit für sie irrelevant. Doch bezieht sich der Instrumentalismus auf die instrumentale Verwendung von T h e o r i e n in der Wissenschaft, während hier die instrumentale Verwendung der U n t e r n e h m u n g in der Praxis interessiert.

Die Trägerschaft an der Unternehmung

Von der großen Zahl von Personen und Institutionen, die über den Wirtschaftsprozeß der Unternehmung personenbezogene Ziele zu erreichen suchen, gelingt es in der Regel nur einem begrenzten Kreis, die Unternehmung nicht nur für eigene Ziel zu nutzen, sondern darüber hinaus instrumental den Unternehmungsprozeß zu lenken und damit Träger der Unternehmung zu sein. Schmidt stellt sich nun die Frage, wie die Trägerschaft an der Unternehmung inhaltlich zu fassen, d. h. mit Hilfe welcher Kriterien sie zu bestimmen ist. Er behandelt dann folgende Kriterien (Merkmale), die von mehreren Autoren aufgeführt werden und sucht festzustellen, welches Gewicht diesen Kriterien beizumessen ist:

(1) Die **Kapitalaufbringung:** Die beiden Arten der Kapitalaufnahme: Eigen- oder Fremdkapital sind für die Unternehmung verschieden bedeutsam. In der Regel üben die Eigenkapitalgeber eine die Unternehmung wesentlich stützende Funktion aus. Doch wird die Rolle des Eigentums an Unternehmungen von der „Eigentums-Ideologie" überschätzt. Denn der aus dem Eigentum am Unternehmungsvermögen abgeleitete Anspruch auf Weisungsbefugnis über die Mitglieder des Sozialgebildes Unternehmung ist vielfach nur eine rechtliche und ideologische Fiktion. Die Verfügungsgewalt über Kapital läßt über die sachliche Befähigung zu sinnvollen Entscheidungen weder eine positive noch eine negative Aussage zu. Es ist sogar zweifelhaft, ob die Eigenkapitalgeber überhaupt Eigentümer des Unternehmungsvermögens sind. Bei allen juristischen Personen ist die Unternehmung als selbständige Institution Eigentümerin des Unternehmungsvermögens. Das wird bei Kleinaktionären am deutlichsten. Die Trägerschaft der Eigenkapitalgeber ist als konstituierendes Kriterium bei Kapitalgesellschaften kaum noch gegeben.

(2) Die **Risikoübernahme:** Sie ist als begriffsbildendes Merkmal für die Trägerschaft an der Unternehmung von ganz untergeordneter Bedeutung, denn ein Risiko ist für jeden, der die Unternehmung als Instrument nutzt, insofern gegeben, als sie sich zur Durchsetzung individueller Ziele aus ungeeignet erweist. Auch Fremdkapitalgeber, Unternehmungsleiter und Arbeitnehmer tragen ein zum Teil erhebliches Risiko.

(3) Die **Beteiligung am Unternehmungserfolg:** Das Erfolgsziel der Unternehmung realisiert sich nicht automatisch, sondern seine Erfüllung geht auf zielgerichtete und zielwirksame Entscheidungen zurück. Die Deutung der Trägerschaft an der Unternehmung hätte also statt mittelbar an der Erfolgsbeteiligung unmittelbar an der *Ausübung der darauf gerichteten Entscheidungsfunktion* einzusetzen.

(4) Die **Entscheidungsausübung:** Das Unternehmungsgeschehen wird durch zahlreiche Entscheidungen unterschiedlicher Art, Tragweite und Bedeutung gesteuert. Doch nur die *unternehmungspolitischen* Entscheidungen prägen und koordinieren richtungweisend das Unternehmungsgeschehen. Sie geben dem Wirtschaftsprozeß der Unternehmung den maßgebenden Inhalt und bestimmen ihr Schicksal. Je größer und differenzierter die Unternehmungen wurden, um so größer wurde die Zahl der richtungsweisenden Entscheidungsbefugten, und

heute haben sogar die Arbeitnehmer in großen Unternehmungen eine kooperative Mitwirkung an den unternehmungspolitischen Entscheidungen.

Aus diesen Untersuchungen leitet Schmidt die These ab, daß das *maßgebende Merkmal der Trägerschaft* an der Unternehmung durch die Möglichkeit konstituiert wird, wirksamen *Einfluß auf die unternehmungspolitischen Entscheidungen* nehmen zu können und diesen Einfluß auch auszuüben.

Ziele typischer Unternehmungsträgergruppen

Schmidt hat dann sehr eingehend untersucht, wie sich konkrete metaökonomische Individualziele auf die Unternehmung übertragen lassen, wobei er die Betrachtung auf die hauptsächlich möglichen Unternehmungsträger begrenzt hat, nämlich: Eigenkapitalgeber, Unternehmungsleiter und Arbeitnehmer. Die Untersuchung läßt erkennen, daß von verschiedenen Unternehmungsträgern teils gleiche, teils aber auch unterschiedliche Ziele verfolgt werden, daß ferner einzelne Unternehmungsträger auch mehrere Ziele zugleich anstreben, was dann gegebenenfalls intra- und interpersonelle Zielkonflikte auslöst und Dominanzentscheidungen bezüglich der vorrangigen Erfüllung von Zielvorstellungen erforderlich macht. Hierdurch entsteht ein komplexes Geflecht von konvergierenden und divergierenden Interessenlagen.

Als konkrete metaökonomische Ziele — d. h. aus menschlichen Primär- oder Endzielen durch Präzisierung im Hinblick auf ihren wirtschaftlichen Niederschlag gewonnene Sekundärziele — lassen sich insbesondere ansehen: (1) Erzielung eines persönlichen Gleichgewichtszustandes zwischen Streben nach materiellem Nutzen und Sicherheit (er äußert sich in einer fallweise unterschiedlich abgestuften Relation von Einkommenshöhe und Sicherheit), (2) Befriedigung von Schaffensfreude, (3) Streben nach Prestige, Anerkennung und Macht, (4) Streben nach Gerechtigkeit.

Aus bestimmten Kombinationen metaökonomischer Ziele sucht Schmidt dann die wirtschaftlichen Ziele realtypisch feststellbarer Gruppen von Eigenkapitalgebern, Unternehmungsleitern und Arbeitnehmern zu deuten. Die Untersuchung zeigt, daß durchaus Trägergruppen auftauchen, die trotz der Zugehörigkeit zu einer anderen Hauptgruppe (Eigenkapitalgeber, Unternehmungsleiter, Arbeitnehmer) sehr ähnliche Interessenlagen aufweisen. Diese Erscheinung ist für die Erklärung von Koalitionsbildungen wichtig.

Die Zielkonzeption der Unternehmung

Bedeutung und Arten der Unternehmungsziele

Die *Zielkonzeption* der Unternehmung stellt nach Schmidt ein Bündel systematisch einander zugeordneter, erstrebter und in ihrer Realisierbarkeit ungewisser Zielvorstellungen dar. Sie ist für jede Wirtschaftseinheit von zentraler Bedeutung; denn die Unternehmung als ·Organisationseinheit verlangt ein geschlossenes Zielsystem, auf das alle zielerreichenden Einzelentscheidungen auszurichten sind. Bei der Untersuchung der Zielkonzeption geht es einmal um die Feststellung und Ordnung von verfolgbaren Unternehmungszielen, zum anderen um die Deutung der Entstehung und Veränderung von Zielkonzeptionen.

Über die *Arten von Unternehmungszielen* und damit über die Elemente von Zielkonzeptionen gibt Schmidt folgende Übersicht:

Z i e l e d e r U n t e r n e h m u n g :

1. *Erfolgsziele:* Der Erfolgsbegriff ist in der Regel als Unternehmungsgewinn nur auf den Eigenkapitalgeber zugeschnitten, der dann als alleiniger Träger der Unternehmung aufgefaßt wird. Werden aber auch die Unternehmungsleiter (Manager) und Arbeitnehmer als Unernehmungsträger angesehen, dann sind auch ihre Einkommen in den Erfolgsbegriff einzubeziehen;

   a) *Erfolgsentstehungsziele:* Ziel ist entweder maximaler Gewinn, befriedigender Gewinn, Aufwanddeckung, ggf. Verlusthinnahme;

   b) *Erfolgsverwendung:* Einbehaltung eines Teils des Erfolges (Gewinnes) zur Finanzierung oder Ausschüttung des Erfolgs als Unternehmerlohn, Gehalt oder Arbeitslohn;

2. *Liquiditätsziele;*

3. *Produktziele;*

   a) *Produktartenziele:* hier geht es darum, welche Güter als Produkte erzeugt und/oder abgesetzt werden sollen;

   b) *Produktmengenziele:* es geht um die Produktmenge, die entsprechend der Unternehmungsplanung zu erzeugen oder abzusetzen ist. Die Alternativen bestehen einmal in der Erzielung einer höchstmöglichen Produktmenge und zum zweiten in unterschiedlich begrenzten Produktmengen.

Die Untersuchung der metaökonomischen und wirtschaftlichen Individualziele von Unternehmungsträgern zeigt, daß sehr unterschiedliche Interessen hinsichtlich der Einkommenshöhe, der Sicherheit von Kapitalanlage oder Arbeitsplatz sowie nach Aufgabenbereichen in der Organisation geäußert werden können.

Die Unternehmung vermag aber die persönlichen Ziele der Unternehmungsträger nur unter bestimmten Bedingungen zu erfüllen: Sie müssen durch die Unternehmung überhaupt verfolgbar sein, sie müssen sich messen lassen, und sie müssen einen Zeitbezug aufweisen. Die Erfüllung dieser Bedingungen gewährleistet die Übertragbarkeit persönlicher Trägerziele als operationale Unternehmungsziele.

Entstehung von Zielkonzeptionen

Die Zielkonzeption wird in erster Linie von den hierfür kompetenten Unternehmungsträgern gewählt. Sie ist das Ergebnis des Durchsetzungsvermögens von Unternehmungsträgern oder eines intra- oder interpersonellen Kompromisses. Die Vielfalt persönlicher Interessenlagen einerseits und die Pluralität der Zielkonzeption von Unternehmungen andererseits zeigen den Umfang der möglichen Beziehungszusammenhänge. In der Realität ist die Struktur der einzelnen Zielkonzeption höchst unterschiedlich, da sie durch die Handlungsweisen der jeweils maßgeblichen Unternehmungsträger sowie vom aktuellen Aktionsspielraum der Unternehmung bestimmt wird. Gegen die Unternehmung richten sich Ansprüche auf hohes Kapital- und/oder Arbeitseinkommen sowie auf die Sicherheit von Kapitalanlage und Arbeitsplatz. Schreibt daneben der Staat der Unternehmung Ziele zum Vollzug vor, so werden sie als **Zielauflagen** Bestandteil ihrer Zielkonzeption, wobei die Operationalitätsbedingungen erfüllt sein müssen.

12. Josef Kolbinger

Josef Kolbinger wurde am 4. Juni 1924 in der Nähe von Wien geboren. Er studierte an der Hochschule für Welthandel in Wien. Von 1948—1958 war er Assistent bei Prof. Bouffier und habilitierte sich im Jahre 1953 an der Hochschule für Welthandel. 1958 wurde er auf den Lehrstuhl für Allgemeine Bankbetriebslehre an die Wirtschaftshochschule Mannheim berufen, 1966 folgte er einem Ruf an die Hochschule für Sozial- und Wirtschaftswissenschaften in Linz, wo er jetzt noch tätig ist.

Kolbinger gehört der leistungstheoretisch orientierten „W i e n e r S c h u l e" an und vertritt den U n i v e r s a l i s m u s , der bis auf Platon und Aristoteles zurückgeht, neuerdings von Othmar *Spann* (1878—1950) weiter ausgestaltet wurde und dem von Betriebswirten vor allem Karl *Oberparleiter*, Walter *Heinrich*, Fritz *Ottel*, Josef *Kolbinger* u. a. nahestehen. Seine betriebswirtschaftliche Konzeption hat Kolbinger vor allem niedergelegt in: Grundfragen betrieblicher Leistungs- und Entlohnungspolitik (1958), Bauplan sozialer Betriebsführung (1957) und in den beiden Bändchen: Das betriebliche Personalwesen (Sammlung Poeschel, 2. Aufl. 1972), ferner in der Abhandlung „Systematik sozialer Betriebsführung" (in HWB, 3. Auflage), neuerdings in „Soziale Betriebsführung — Betriebswirtschaftslehre als Sozialwissenschaft" (in dem von Kolbinger herausgegebenen Werk „Betrieb und Gesellschaft", Berlin 1966). Diese Abhandlung wird vom Verfasser zu einer Allgemeinen Betriebswirtschaftslehre ausgebaut.

Die universalistische Gesellschaftsbetrachtung

Der Universalismus erfaßt das Universum als Ganzheit und sucht das Individuum als das Glied eines Ganzen von dieser übergeordneten Ganzheit her zu erklären und zu verstehen. Er geht von der Erkenntnis aus, daß die Gesellschaft kein Produkt individueller, willkürlicher Willensakte ist, beherrscht von mehr oder weniger offensichtlichen triebhaften Instinkten, sondern daß vielmehr jedes Individuum als Glied eines Ganzen gedacht werden muß. Daher ist auch der Entfaltungsrahmen des Einzelnen aus dem Sachverhalt des Ganzen sinnvoll zu bestimmen. Dieses sinnvolle Bestimmen erfordert einen organischen Aufbau der Gesellschaft, der es gestattet, auf möglichst überschaubaren Gemeinschaftsstufen diesen Entfaltungsrahmen abzustecken und auf jeweils höherer Ebene den Entfaltungsrahmen der kleineren Gemeinschaften gegeneinander sinngemäß, vor allem durch Selbstverwaltung, abzuwägen. Der Universalismus baut aber keineswegs auf weltfremden „altruistischen" Gefühlen auf, wie seine Gegner vielfach behaupten.

Während der *Individualismus* das Einzelsubjekt als grundsätzlich „frei" ansieht, ist es *universalistisch* gesehen grundsätzlich gebunden. Diese Bindung ist dem Ursprunge nach eine rein geistige, die durch objektives Handeln verwirklicht, d. h. konkretisiert wird.

Betrieblich gesehen bedeutet dies: Es gibt keine Möglichkeit willkürlicher Mitbestimmung, sondern die Mitbestimmung folgt dem Grade der Einsicht in die Gesamtzusammenhänge. Das empirische Problem, das hieraus resultiert, liegt darin beschlossen, jenen Personenkreis zu bestimmen (im Sinne objektiven Erkennens), der geeignet ist, Sacherfordernisse bestimmter Handlungsbereiche — und Stufen, z. B. des Betriebs als Ganzes oder bloß der Arbeitsgruppe, in objek-

tiver Weise wahrnehmen zu können. Daraus leitet Kolbinger die Hauptlehrsätze
sozialer Betriebsgestaltung ab.

Hauptlehrsätze sozialer Betriebsgestaltung

1. Der Betrieb ist immer Glied vor- und nachgeordneter Gemeinschaften: Glied
von Orts- und Stadtgemeinschaften, Familien, Verbänden u. dgl. Sein Handeln
ist daher immer gleichzeitig ein Handeln für sich und für diese.

2. Das gesellschaftliche Ganze umfaßt verschiedene menschliche Lebensbereiche,
wovon den wirtschaftlichen dienende Eigenschaften zukommen. Wirtschaft kann
nur in sinnvoller Gegenseitigkeit zu den Nichtwirtschaftsbereichen entfaltet
werden und gedeihen. Wirtschaft ist wechselseitige soziale Dienstbarkeit.

3. Jede Stufe der menschlichen Gesellschaft (z. B. Volk, Familie, Unternehmung)
ist dem Gesellschaftsganzen ebenbildlich, aber nicht gleich. Der Wirtschaftsbetrieb muß daher ganz zwangsläufig auch einen gewissen Umfang nichtwirt-
schaftlicher Leistungen erbringen. Der Arbeiter oder Angestellte ist niemals
bloß Arbeitskraft, sondern immer ganze Persönlichkeit.

4. Jede Stufe der menschlichen Gesellschaft hat einen arteigenen Entfaltungsrahmen, mithin ein bestimmtes „Eigenleben". Soziale Betriebsgestaltung hat
daher die Aufgabe, dieses Eigenleben in allen Bereichen in richtiger Weise
wahrzunehmen und es sinnvoll gegen das Eigenleben anderer Stufen (Familie,
Verband u. dgl.) abzuwägen und abzugrenzen.

Die Betriebswirtschaftslehre als Leistungslehre

Nach der universalistischen Auffassung sind die Wirtschaftswissenschaften Lei-
stungslehren. Dabei wird unter *Leistung* eine Tätigkeit verstanden, doch ist die
Leistung erst dann erbracht, wenn das Wirtschaftsziel erreicht ist. Damit wird
dem Tätigsein das technologische Element zugunsten der Eigenschaft entzogen,
Glied in einem sinnvollen, menschlich-zielbezogenen Zusammenhang zu sein.
Nicht Tätigkeit schlechthin, sondern im sinnvollen Zusammenhang stehende,
mithin gesellschaftlich- und wirtschaftlich-gliedliche Tätigkeit macht damit das
Wesen der Leistung aus.

Das Gebäude der Wirtschaft ist nun ein stufenmäßig geordnetes System von
Leistungsgebilden, die zueinander in Entsprechung, also im Zustande organischer Ergänzung stehen müssen. Aus dieser Stufenbetrachtung ergibt sich auch
für die Betriebswirtschaftslehre der geeignete Anknüpfungspunkt für eine mit
dem Ganzen verbundene arteigene Leistungslehre. Die Betriebswirtschaftslehre
sucht nach Kolbinger den Zusammenhang zwischen betrieblicher Leistung und
volkswirtschaftlicher Fruchtbarkeit zu erklären und möglichst sichtbare Zusammenhänge zu zeigen. Doch ist das Problem der *Leistungsmessung* nicht mit
Hilfe von exakten Verfahren zu lösen. Wohl ist aber die Funktion der Leistungs-
größen im wirtschaftlichen Sinne, nämlich Wert und Preis, aus der Analyse von
Wirtschaft und Gesellschaft als bloß teleologische „Als-ob-Größe" erklärbar.
Diese „Als-ob-Größe" ist demnach nicht kausale Erscheinung, sondern hat selbst
eine Funktion zu erfüllen: den wirtschaftlichen Leistungsprozeß so zu beeinflussen zu helfen, daß dadurch die gesellschafts- und wirtschafts-politische Absicht
verwirklicht werden kann. Mit der Stufenbetrachtung ist das Problem der *Lei-
stungsanatomie*, des Gefügeplanes der Volks- und Betriebswirtschaftslehre ver-

bunden. Betriebswirtschaftlich geht es vor allem um die Frage des Wesens von Betrieb und Unternehmung sowie deren Stellung im volkswirtschaftlichen Organsystem.

Leistungsanalyse und Leistungssynthese

Die Betriebswirtschaftslehre hat sich nun im einzelnen mit einer Leistungsanalyse und einer Leistungssynthese zu befassen. Die *Leistungsanalyse* hat einmal die Ziele und zum anderen die Mittel der Leistung zu analysieren. Die *Ziele* werden bestimmt von den Bedürfnissen und den Bedarfsstrukturen, die durch den Betrieb zu befriedigen sind. Bei der Analyse der *Mittel* unterscheidet Kolbinger *qualitative* und *quantitative Mittelanalysen*. Die erstere untersucht die Stellung der Unternehmung in der Gesamtwirtschaft, ihre funktionale Struktur, ihren Leistungsprozeß und ihr qualitatives Leistungsergebnis. Die quantitative Mittelanalyse dagegen befaßt sich mit den quantitativen Entsprechungen dieser Sachverhalte in statischer und dynamischer Hinsicht.

Die *Leistungssynthese* baut auf der Leistungsanalyse auf. Sie hat auf Grund relevanter Kriterien Urteile darüber zu fällen, auf welche Weise die Leistung sinnvoll erbracht werden kann. Sie gliedert sich dementsprechend in eine Lehre von den *Leistungskriterien* und eine von der *Leistungsbeurteilung*. Die Leistungskriterien können metaökonomische und ökonomische Kriterien sein. Sie sind metaökonomisch, wenn sie ethische, ästhetische, hygienische und Rechtsnormen betreffen, sie sind ökonomisch, wenn sie sich auf den Grundsatz der Wirtschaftlichkeit stützen. Sie umfassen auch *akusale* und *kausale Unterkriterien;* bei den ersteren handelt es sich um die Kriterien der Betriebserhaltung und -gestaltung, der verhältnismäßigen Leistungsfähigkeit aller Wirtschaftsmittel, der Entsprechung der Mittel, der Beachtung der Umgliederungsfolgen, der Vorrangbeobachtung und der Beachtung der bereichseigenen Kriterien.

Der universalistischen Auffassung entspricht es auch, daß sie vom klassischen zeitdeterminierten Lohnarbeitsverhältnis (Zeitlohn) abrückt und für eine *erfolgsorientierte Entgeltungsgestaltung* (Leistungs-, Erfolgs- Gewinn-Beteiligung) eintritt. Kolbinger ist der Auffassung, daß sich eine immer deutlichere sozialwissenschaftliche Ausrichtung der Betriebswirtschaftslehre erkennen läßt.

Stichwortregister

A

Ablauforganisation der Unternehmung 933 f.

Absatz 484 ff.; Begriff 484; direkter und indirekter 492 f.; Teilfunktionen 487

Absatzertrag 58

Absatzfinanzierung 661 ff.

Absatzformen 491, 496

Absatzfunktion 27; systembezogen 486 f.

Absatzkosten (Vertriebskosten) 511

Absatzlager, Planung 416

Absatzmarkt 24, 315

Absatzmethoden 489

Absatzorganisation 491 ff.; innerbetriebliche 498

Absatzplan, Absatzplanung 205, 511 ff.

Absatzpolitik 487 ff.; selektive 490

absatzpolitisches Instrumentarium 488 ff.

Absatzsegmente 490

Absatzstatistik 887

Absatzvermittler 494

Absatzvorbereitung 500 ff.

Absatzwege 491 f.; als Marktkraft 507; Planung 511

Absatzwirtschaft, Begriff 485

Abschöpfung der Konsumentenrenten 552

Abschreibung 825 ff.; Auffassungen 828; bilanzmäßige 829 f.; indirekte 828; in der organischen Bilanztheorie 786; kalkulatorische 830 f.; Verfahren 832 ff.; lineare 832; degressive 833 f.; geometrisch-degressive 835; digitale 834; progressive 837; unendliche 835; vom Buchwert 835; als Finanzierungsmittel 675; steuerliche 61, 824 f.

Absetzung für Abnutzung (AfA) 61, 824 f.

Abweichungen zwischen Ist u. Soll 846 ff.; Arten 846 f.; der Beschäftigung 846, 848, 857, 863 f.; Ermittlung 847; der Preise 851, 867; Verbrauchsabweichungen 847, 862; Verrechnungsabweichungen 847; im Absatzplan 514; Verteilung 851

Abwicklung, s. Liquidation

Advertising Research 501

AfA, Abschreibung für Abnutzung 61, 824 f.

Agglomerationsfaktoren bei der Standortwahl 298

Akkordlohn (Stücklohn) 340 ff.; Einzelakkord und Gruppenakkord 346; Differential-Stücklohn 348

Akkordmeistersystem 347

Akkreditiv, Begriff und Arten 715 f.

Akquisitionserfolg 530

Akquisitionszahl 531

Aktie, Wesen 671 ff.; Volksaktie 672; Summenaktie 671; Quotenaktie 671

Aktiengesellschaft 134 ff.; Entwicklung in der Konzernverflechtung 177; Gründung 682 ff.; Kapitalerhöhung 693 ff.; s. auch Umwandlung, Sanierung, Verschmelzung

Aktionäre, ihre Stellung 136

Aktionserfolg 531

Aktionsparameter 535, 542

Akzeptkredit 648

Als-Ob-Kosten 729

alternative Produktion 429

alternative Substitution 448

Alternativkosten (Opportunitätskosten) 874 ff.

Alternativpläne 208

Altersversorgung, betriebliche 372 f.

Amoroso-Robinson-Relation 544 ff.

Amortisationsrechnung bei Investitionen 631

Anders-Kosten 726

Angebot, Einholung 398; Elastizität 538 ff.; Angebotskurve 538 ff.

Angebotsmonopol 542 ff.

Angemessenheitsprinzip 187

Das Wirtschafts-Lexikon erscheint wieder als un-
gekürzte Taschenbuch-Ausgabe in 6 Bänden. Jetzt in
der 10., völlig neu bearbeiteten Auflage.

ISBN 3 409 30382 0

GABLER POSTFACH 1546
6200 WIESBADEN 1